Una tierra prometida

Una tierra prometida

BARACK OBAMA

Traducción de
Andrés Barba, Carmen M. Cáceres,
Efrén del Valle, Marcos Pérez Sánchez
y Francisco J. Ramos

Título original: *A Promised Land*

Primera edición: noviembre de 2020

© 2020, Barack Obama
© 2020, Penguin Random House Grupo Editorial, S. A. U.
Travessera de Gràcia, 47-49. 08021 Barcelona
© 2020, Penguin Random House Grupo Editorial USA, LLC
8950 SW 74th Court, Suite 2010
Miami, FL 33156

© 2020, Andrés Barba, Carmen M. Cáceres, Efrén del Valle, Marcos Pérez Sánchez
y Francisco J. Ramos, por la traducción

Diseño de la cubierta: Christopher Brand
Fotografía de la cubierta: Pari Dukovic
Fotografía de la página XII: Dan Winters

La carta de Nicole Brandon del capítulo 12 ha sido editada y resumida por cuestiones de claridad

Printed in USA — Impreso en Estados Unidos

ISBN: 978-1-644732-57-1

Compuesto en Pleca Digital, S. L. U.

Penguin
Random House
Grupo Editorial

33614082160721

*A Michelle, mi amor verdadero y mi compañera de vida,
y a Malia y Sasha, cuya luz deslumbrante lo ilumina todo*

O, fly and never tire
Fly and never tire,
Fly and never tire,
There's a great camp-meeting in the Promise Land.

Espiritual afroamericano

No desdeñes nuestro poder;
nos hemos insinuado
al infinito.

ROBERT FROST, «Kitty Hawk»

Índice

Prefacio

Empecé a escribir este libro al poco tiempo del final de mi presidencia, después de que Michelle y yo hubiésemos embarcado por última vez en el Air Force One en un viaje hacia el oeste para un descanso que habíamos postergado durante mucho tiempo. El ambiente en el avión era agridulce. Los dos estábamos exhaustos, tanto física como emocionalmente, no solo por los afanes de los ocho años pasados sino por los inesperados resultados de unas elecciones en las que había sido elegido como mi sucesor alguien diametralmente opuesto a todo lo que representábamos. Aun así, tras haber completado nuestro tramo de la carrera, nos reconfortaba saber que lo habíamos hecho lo mejor que habíamos podido y que, por muchas carencias que hubiese tenido como presidente, por muchos proyectos que hubiese aspirado a llevar a cabo sin conseguirlo, el país estaba en una situación mejor que cuando asumí el cargo. Durante un mes, Michelle y yo dormimos hasta tarde, disfrutamos de las cenas, dimos largos paseos, nadamos en el mar, hicimos balance, recargamos nuestra amistad, redescubrimos nuestro amor e hicimos planes para un segundo acto sin tantos sobresaltos pero, con suerte, no por ello menos satisfactorio. Para cuando estaba en condiciones de volver al trabajo y me senté con un bolígrafo y un cuaderno de notas (aún prefiero escribir a mano: creo que el ordenador da incluso a mis borradores menos pulidos una pátina demasiado satinada, y confiere apariencia de pulcritud a las ideas a medio elaborar), ya tenía en la cabeza un esbozo definido del libro.

Por encima de cualquier otra consideración, confiaba en ofrecer un retrato honesto de mi tiempo en el cargo; no solo un registro histórico de los acontecimientos clave que tuvieron lugar mientras estuve al mando y de las figuras más importantes con quienes interactué, sino también una crónica de las corrientes adversas (políticas, económicas y culturales), que contribuyeron a determinar los desafíos a los que mi Administración se enfrentó y las decisiones que mi equipo y yo tomamos en respuesta a ellos. Siempre que fuera posible, quería ofrecer a los lectores una impresión de cómo es ser el presidente de Estados Unidos; descorrer ligeramente el velo y recordar a la gente que, a pesar de todo su poder y su pompa, la presidencia no deja de ser más que un trabajo, que nuestra administración federal es una empresa humana como cualquier otra, y que los hombres y mujeres que trabajan en la Casa Blanca experimentan la misma combinación cotidiana de satisfacción, decepción, fricciones con los compañeros, pifias y pequeñas victorias que el resto de sus conciudadanos. Por último, quería contar una historia más personal que pudiese inspirar a los jóvenes a plantearse una vida de servicio público: cómo mi carrera política en realidad había empezado como la búsqueda de un lugar donde encajar, una manera de explicar las distintas facetas de mi herencia mestiza, y cómo solo al ligar mi destino a algo que me trascendía había logrado en última instancia encontrar una comunidad y un sentido a mi vida.

Calculaba que podría contar todo esto en unas quinientas páginas. Esperaba haber terminado en un año.

Puede decirse que el proceso de escritura no transcurrió exactamente como yo lo había previsto. A pesar de mis mejores intenciones, el libro no hacía más que crecer en extensión y en alcance, motivo por el cual acabé decidiendo dividirlo en dos volúmenes. Soy plenamente consciente de que un escritor más dotado habría encontrado la manera de contar la misma historia con mayor brevedad (al fin y al cabo, mi despacho en la Casa Blanca estaba situado junto al dormitorio Lincoln, donde, en una vitrina, reposaba una copia firmada del discurso de Gettysburg, de 272 palabras). Pero cada vez que me sentaba a escribir —ya fuese para detallar las fases iniciales de mi campaña, la gestión de la crisis financiera por parte de mi Administración, las negociaciones con los rusos sobre la gestión de los armamentos nucleares, o las fuerzas que lideraron la Primavera Árabe— descubría que mi mente se resistía a un relato simple y lineal. A menudo me sentía obligado a proporcionar contexto para las decisiones que tanto otros como yo habíamos tomado, y no quería relegar esa información a notas a pie de página o al final del libro (odio unas y otras).

Descubrí que no siempre podía explicar mis motivaciones con tan solo hacer referencia a montones de datos económicos o con traer a colación una exhaustiva reunión informativa en el despacho Oval, pues en ellas habían influido una conversación que había mantenido con un desconocido en algún acto de campaña, una visita a un hospital militar o una lección de infancia que había recibido de mi madre años atrás. Una y otra vez mis recuerdos me devolvían detalles aparentemente menores (la búsqueda de un lugar discreto donde fumar un cigarrillo nocturno; las risas que mi equipo y yo nos echábamos mientras jugábamos a las cartas a bordo del Air Force One) que recogían, como nunca podría hacer lo que era de dominio público, mi experiencia vivida durante los ochos años que pasé en la Casa Blanca.

Más allá del esfuerzo para juntar palabras en una página, lo que no supe prever del todo es la manera en que los acontecimientos se han desarrollado en los tres años y medio transcurridos desde ese último vuelo en el Air Force One. Mientras escribo estas líneas, el país sigue preso de una pandemia global y la consiguiente crisis económica, con más de 178.000 estadounidenses muertos, empresas cerradas y millones de personas sin trabajo. A lo largo y ancho del país, gente de toda clase y condición ha salido a las calles para protestar por la muerte de hombres y mujeres negros desarmados a manos de la policía. Quizá lo más inquietante de todo sea que nuestra democracia parece encontrarse al borde de una crisis; una crisis cuyas raíces se encuentran en una contienda fundamental entre dos visiones opuestas de lo que Estados Unidos es y lo que debería ser; una crisis que ha dejado la comunidad política dividida, furiosa y desconfiada, y ha hecho posible la quiebra continuada de las normas institucionales, las salvaguardas procedimentales y la adhesión a los hechos básicos que tanto republicanos como demócratas daban por descontados en épocas pasadas.

Esta contienda no es nueva, por supuesto. En muchos sentidos, ha definido la experiencia estadounidense. Está incrustada en los documentos fundacionales, capaces al mismo tiempo de proclamar que todos los hombres son iguales y de contar a un esclavo como tres quintas partes de un hombre. Encuentra su expresión en los primeros dictámenes judiciales de nuestra historia, como cuando un magistrado jefe del Tribunal Supremo explica sin tapujos a una tribu de nativos americanos que sus derechos de transmisión de bienes no son aplicables, ya que el tribunal de los conquistadores no tiene competencia para reconocer las justas reclamaciones de los conquistados. Es una contienda que se ha librado en los campos de Gettysburg y Appomattox, pero también en los pasillos del Congreso, en un puente de Selma, en los viñedos de California y en las calles de Nueva York; una contienda en la que luchan soldados, aunque más a menudo lo hacen sindicalistas, sufragistas, mozos de estación, líderes estudiantiles, oleadas de inmigrantes y activistas LGBTQ, armados tan solo con pancartas, folletos o un par de zapatos para caminar. En lo más profundo de esta prolongada batalla hay una sencilla pregunta: ¿aspiramos a ajustar la realidad de Estados Unidos a sus ideales? Si es así, ¿creemos realmente que nuestras ideas de autogobierno y libertad individual, igualdad de oportunidades e igualdad ante la ley son aplicables a todas las personas? O, por el contrario, ¿estamos dedicados, en la práctica, cuando no por ley, a reservar todas estas cosas a unos pocos privilegiados?

Reconozco que hay quienes creen que ha llegado el momento de desechar el mito, que un análisis del pasado estadounidense, e incluso un rápido vistazo a los titulares de hoy, muestran que los ideales de este país siempre han ocupado un lugar secundario frente a la conquista y la subyugación, un sistema racial de castas y un capitalismo voraz, y que fingir que no ha sido así equivale a ser cómplices en un juego que estuvo amañado desde el principio. Y confieso que ha habido momentos mientras escribía este libro, mientras reflexionaba sobre mi presidencia y todo lo que ha sucedido desde entonces, en que he tenido que plantearme si también yo estaba siendo demasiado comedido al decir las cosas tal y como las veía, demasiado prudente, de hecho o de palabra, convencido como lo estaba de que, al apelar a lo que Lincoln llamó «los ángeles que llevamos dentro», tendría más posibilidades de conducirnos hacia los Estados Unidos que se nos habían prometido.

No lo sé. Lo que sí puedo decir con certeza es que aún no estoy dispuesto a abandonar la promesa de Estados Unidos, no solo por el bien de las generaciones futuras de estadounidenses, sino por el de toda la humanidad. Pues estoy convencido de que la pandemia que estamos viviendo hoy es tanto una manifestación de un mundo interconectado como una mera interrupción en la incesante marcha hacia un planeta así, en el que pueblos y culturas no pueden sino chocar. En ese mundo —de cadenas de suministro globales, transferencias de capital instantáneas, redes terroristas transnacionales, cambio climático, migraciones masivas y cada vez

XVI

mayor complejidad— aprenderemos a convivir, a cooperar los unos con los otros y a reconocer la dignidad de los demás, o pereceremos. Así pues, el mundo mira hacia Estados Unidos —la única gran potencia en la historia integrada por personas de todos los rincones del planeta, de todas las razas, confesiones y prácticas culturales— para ver si nuestro experimento con la democracia puede funcionar; para ver si podemos hacer lo que ningún otro país ha hecho jamás, para ver si podemos realmente estar a la altura de lo que nuestro credo significa.

Aún está por ver. Para cuando se publique este primer volumen, se habrán celebrado unas elecciones en Estados Unidos, y aunque creo que lo que hay en juego no podría ser más importante, también sé que unos comicios no bastarán para zanjar la cuestión. Si sigo teniendo esperanza es porque he aprendido a depositar mi fe en mis conciudadanos, en particular en los de la siguiente generación, cuya convicción en la igual valía de todas las personas parece algo instintivo y su empeño en llevar a la práctica los principios que sus padres y profesores les enseñaron que eran ciertos, aunque quizá sin estar plenamente convencidos de ello. Más que para cualesquiera otras personas, este libro es para esos jóvenes: una invitación a rehacer el mundo una vez más, y hacer realidad, a base de esfuerzo, determinación y una gran dosis de imaginación, unos Estados Unidos que por fin reflejen todo lo mejor que llevamos dentro.

Agosto de 2020

Primera parte

La apuesta

1

De todas las habitaciones, los salones y los espacios emblemáticos de la Casa Blanca, mi lugar favorito era la columnata Oeste.

Ese corredor enmarcó mis días durante ocho años: un minuto de paseo al aire libre, de casa a la oficina, y viceversa. Era ahí donde cada mañana sentía la primera ráfaga de viento invernal o el primer golpe de calor estival; el lugar donde ordenaba mis ideas, hacía repaso de las reuniones que tenía por delante, revisaba los argumentos para convencer a congresistas escépticos o a votantes ansiosos, y me preparaba para tomar tal o cual decisión o afrontar alguna crisis inminente.

En los primeros tiempos de la Casa Blanca los despachos del equipo de trabajo del mandatario y la residencia de la primera familia estaban bajo el mismo techo, y la columnata Oeste era poco más que un sendero hacia las caballerizas. Pero cuando Teddy Roosevelt accedió al cargo decidió que en un único edificio no había espacio suficiente para albergar un equipo de trabajo moderno, seis hijos bulliciosos y su propia cordura. Entonces ordenó la construcción de lo que acabarían siendo el Ala Oeste y el despacho Oval, y con el transcurso de las décadas y la sucesión de presidencias se asentó la configuración actual de la columnata: un corchete al jardín de las Rosas por el norte y el oeste; el muro grueso en el extremo norte, silencioso y desnudo salvo por las elevadas ventanas de medialuna; las imponentes columnas blancas en el costado oeste, como una guardia de honor que franquea el paso al caminante.

Por lo general, soy de andares lentos: un caminar hawaiano, como suele decir Michelle, a veces con un deje de impaciencia. Pero bajo la columnata caminaba de otra manera, consciente de la historia que allí se había fraguado y de quienes me habían precedido. Mis zancadas se alar-

3

gaban, mi marcha ganaba en vigor, mis pasos sobre la piedra resonaban acompañados del eco de los guardaespaldas del Servicio Secreto que me seguían a pocos metros. Cuando llegaba a la rampa al final de la columnata (legado de Franklin D. Roosevelt y su silla de ruedas; lo imagino sonriendo, con el mentón adelantado y la boquilla del cigarrillo firmemente sujeta entre los dientes mientras se esfuerza por subir la pendiente), saludaba al guardia uniformado situado justo pasada la puerta acristalada. A veces, el guardia estaba conteniendo a un grupo de sorprendidos visitantes. Si tenía tiempo, los saludaba también y les preguntaba de dónde venían. Pero lo más habitual es que me limitase a girar a la izquierda, siguiendo la pared exterior de la sala del Gabinete, y entrase por la puerta lateral al despacho Oval, donde saludaba a mi equipo, tomaba mi agenda, mi taza de té caliente y empezaba la rutina del día.

Varias veces a la semana, al salir a la columnata, me encontraba con los jardineros trabajando en el jardín de las Rosas, todos ellos empleados del Servicio de Parques Nacionales. Eran casi todos hombres mayores, vestidos con uniformes caqui, a veces con una gorra a juego para protegerse del sol, o un grueso abrigo para el frío. Si no llegaba tarde adonde fuera, me detenía a felicitarlos por las nuevas plantas o a preguntarles por los daños causados por la tormenta de la noche anterior, y me explicaban su trabajo con discreto orgullo. Eran hombres de pocas palabras, e incluso entre ellos se comunicaban mediante gestos con las manos o la cabeza; aunque cada uno se concentraba en su propia tarea, todos se movían de manera grácil y acompasada. Uno de los más mayores era Ed Thomas, un hombre negro, alto, nervudo y con las mejillas hundidas que llevaba cuarenta años trabajando en la Casa Blanca. Cuando lo conocí, se sacó un pañuelo del bolsillo trasero para limpiarse antes de darme la mano. Su mano, con venas gruesas y nudosas como las raíces de un árbol, envolvió la mía. Le pregunté cuánto tiempo pensaba seguir en la Casa Blanca antes de jubilarse.

«No lo sé, señor presidente —me contestó—. Me gusta trabajar. Las articulaciones empiezan a rechinar. Pero supongo que seguiré mientras usted esté aquí. Para asegurarme de que el jardín esté bien lucido.»

¡Y vaya si lo estaba! Los frondosos magnolios se elevaban en cada esquina, los setos eran espesos y de un verde intenso, y los manzanos estaban podados en su justa medida. Y las flores, cultivadas en invernaderos a unos pocos kilómetros de allí, ofrecían una constante explosión de colores: rojos y amarillos, rosas y morados; en primavera, los tulipanes agrupados en manojos, con las cabezas vueltas hacia el sol; en verano, heliotropos, geranios y lirios; en otoño, crisantemos, margaritas y flores silvestres. Y en todo momento unas pocas rosas, en su mayoría rojas, pero en ocasiones amarillas o blancas, siempre en el esplendor de su floración.

Cada vez que recorría la columnata o miraba por la ventana del despacho Oval, veía el fruto de la labor de los hombres y las mujeres que trabajaban en el exterior. Me recordaban al pequeño cuadro de Norman Rockwell que tenía en la pared, junto al retrato de George Washington y sobre el busto de Martin Luther King: cinco figuras a lo lejos con distintos tonos de piel, trabajadores en vaqueros y monos de trabajo, izados mediante cuerdas contra un refulgente cielo azul para sacar brillo a la lámpara de la Estatua de la Libertad. Los hombres del cuadro, los jardineros del jardín de las Rosas —pensaba yo—, eran los guardianes, los discretos sacerdotes de una orden solemne y dedicada al bien. Y me decía que necesitaba esforzarme tanto y poner en mi trabajo tanta atención como ellos en el suyo.

Con el tiempo, mis paseos por la columnata se fueron llenando de recuerdos. Estaban los grandes actos públicos, por supuesto: las declaraciones ante un batallón de cámaras, las conferencias de prensa con líderes extranjeros. Pero también momentos que pocos vieron: Malia y Sasha compitiendo por ser la primera en saludarme cuando las visitaba por sorpresa por la tarde, o nuestros perros, Bo y Sunny, dando saltos en la nieve y hundiéndose tanto en ella que de sus morros colgaban barbas blancas. Lanzándonos balones de fútbol americano un luminoso día de otoño o consolando a un ayudante que había sufrido una tragedia personal.

Esas imágenes me pasaban a menudo fugazmente por la cabeza, e interrumpían cualquier reflexión en que estuviese concentrado. Me recordaban que el tiempo pasa, y a veces hacían que me embargase un deseo: el de retroceder en el tiempo y volver a empezar. Algo que no podía hacer en mi paseo matutino. Entonces la flecha del tiempo solo iba hacia delante; el trabajo del día me reclamaba; necesitaba centrarme en lo que estaba por venir.

Por la noche era diferente. Cuando caminaba de vuelta a la residencia al final del día, con el maletín repleto de papeles, procuraba demorarme, a veces incluso me detenía. Respiraba el aire impregnado de olor a tierra, hierba y polen, y escuchaba el viento, o el repiqueteo de la lluvia. O me quedaba contemplando la luz contra las columnas, y la majestuosa figura de la Casa Blanca, con su bandera izada sobre el tejado, bien iluminada, o miraba hacia el monumento a Washington, que destaca en la distancia bajo el cielo oscuro, y ocasionalmente llegaba a atisbar la luna y las estrellas sobre el obelisco, o el parpadeo de las luces de un avión al pasar.

En momentos así, volvía la vista atrás con asombro hacia el extraño camino y la idea que me había llevado hasta allí.

No provengo de una familia muy interesada en la política. Mis abuelos maternos eran gente del Medio Oeste, de ascendencia mayormente escocesa e irlandesa. Se los habría podido considerar progresistas, sobre todo para los estándares de la época de la Gran Depresión en los pueblos de Kansas donde nacieron, y ponían interés en mantenerse al tanto de las noticias. «Forma parte de ser un ciudadano bien informado», me decía mi abuela, a la que todos llamábamos Toot (apócope de Tutu, «abuela» en hawaiano), mientras me miraba por encima de la edición matutina del *Honolulu Advertiser*. Pero ni ella ni mi abuelo tenían firmes inclinaciones ideológicas o partidistas propiamente dichas, más allá de lo que consideraban sentido común. Pensaban en trabajar —mi abuela era subdirectora de depósitos en uno de los bancos locales; mi abuelo, vendedor de seguros de vida—, en pagar las facturas y en las pequeñas diversiones que ofrecía el día a día.

Además, vivían en Oahu, donde nada parecía demasiado urgente. Tras haber pasado años en lugares tan dispares como Oklahoma, Texas y el estado de Washington, acabaron mudándose a Hawái en 1960, al año siguiente de que fuese reconocido como estado. Un ancho océano los separaba de disturbios, protestas y sucesos parecidos. La única conversación política que recuerdo entre mis abuelos, cuando yo era niño, trató sobre un bar de playa: el alcalde de Honolulu había demolido el chiringuito favorito del abuelo para renovar el paseo marítimo en el extremo más alejado de Waikiki.

Nunca se lo perdonó.

Mi madre, Ann Dunham, era distinta, sus ideales prevalecían sobre los hechos puntuales. Era su única hija y se rebeló contra las convenciones en el instituto: leía a poetas *beatniks* y a los existencialistas franceses, se escapaba durante días a San Francisco con una amiga sin avisar a nadie.

De niño, la oía hablar de las marchas por los derechos civiles, y de por qué la guerra de Vietnam era un desastroso error; del movimiento feminista (a favor de la igualdad salarial, pero no tanto de no depilarse las piernas) y de la lucha contra la pobreza. Cuando nos trasladamos a Indonesia a vivir con mi padrastro, se encargó de explicarme los pecados de la corrupción gubernamental («Es lo mismo que robar, Barry»), aunque parecía que todo el mundo lo hacía. Más tarde, durante el verano en que cumplí doce años, cuando pasamos un mes de vacaciones viajando a través de Estados Unidos, insistió en que viésemos cada noche las comparecencias por el caso Watergate, que aderezaba con sus observaciones («¿Qué se puede esperar de un macartista?»).

No se quedaba solo en los titulares. Una vez, cuando descubrió que yo había formado parte de un grupo que estaba molestando a una chica en el instituto, me obligó a sentarme frente a ella, con un gesto de decepción en los labios.

«¿Sabes qué, Barry? —dijo (este era el apodo con el que mis abuelos y ella se dirigían a mí cuando era niño, a menudo abreviado como «Bar»)—. En el mundo hay personas que solo piensan en ellas mismas. Les da igual lo que les pase a los demás, con tal de conseguir lo que quieren. Menosprecian a los demás para sentirse importantes. Y también hay gente que hace lo contrario, que es capaz de imaginar lo que sienten los demás y se esfuerza por evitar hacerles daño. Entonces —dijo mientras clavaba la mirada en mis ojos—, ¿qué clase de persona quieres ser tú?»

Me sentí fatal. Su pregunta se me quedó grabada durante mucho tiempo, como era su intención.

Para mi madre, el mundo estaba repleto de oportunidades para la formación moral. Pero no recuerdo que se implicase nunca en una campaña política. Como mis abuelos, desconfiaba de las plataformas políticas, las doctrinas y los absolutos, y prefería expresar sus valores en un ámbito más reducido. «El mundo es complicado, Bar. Por eso es interesante.» Consternada por la guerra en el sudeste asiático, acabó pasando la mayor parte de su vida allí, empapándose del idioma y la cultura, estableció programas de microcréditos para personas pobres mucho antes de que los microcréditos se pusieran de moda en el ámbito del desarrollo internacional. Horrorizada por el racismo, la casualidad quiso que se casara con personas de raza distinta a la suya no una vez sino dos, y derrochó un amor que parecía inagotable con sus dos hijos morenos. Exasperada por las limitaciones sociales que sufrían las mujeres, se divorció de ambos hombres cuando resultaron ser controladores o decepcionantes, se labró una carrera que ella escogió por sí misma, educó a sus hijos guiándose por sus propios estándares de decencia y, básicamente, hizo siempre lo que le vino en gana.

En el mundo de mi madre, lo personal era verdaderamente político, aunque el eslogan la habría dejado indiferente.

Con todo lo anterior no pretendo dar a entender que carecía de ambición para su hijo. A pesar de las estrecheces económicas, mis abuelos y ella me enviaron a Punahou, la mejor escuela privada de Hawái. A nadie se le pasó por la cabeza que no fuese a ir a la universidad. Pero a nadie en mi familia se le habría ocurrido que alguna vez ocuparía un cargo público. Si alguien le hubiese preguntado a mi madre por mi futuro, puede que hubiese imaginado que acabaría dirigiendo una institución filantrópica como la Fundación Ford. A mis abuelos les habrían encantado verme convertido en juez, o en un gran abogado litigante como Perry Mason.

«Así le sacaría provecho a su piquito de oro», decía mi abuelo.

Como casi no conocía a mi padre, no tuvo mucho que decir. Tenía una vaga idea de que había trabajado durante una temporada para el Gobierno keniano y, cuando yo tenía diez años, viajó desde Kenia para pasar un mes con nosotros en Honolulu. Esa fue la primera y la última vez que lo vi; después de aquella ocasión, solo supe de él a través de alguna que otra carta, escrita en fino papel azul para correo aéreo, diseñado para plegarlo y añadirle la dirección de envío sin necesidad de sobre. «Tu madre me dice que a lo mejor decides estudiar arquitectura —podía leerse en una de esas misivas—. Creo que es una profesión muy práctica, que puede ejercerse en cualquier lugar del mundo.»

No era demasiado a lo que aferrarme.

En cuanto al mundo más allá de mi familia, durante buena parte de mi adolescencia no parecía que yo fuera un líder en ciernes, sino más bien un estudiante apático, un jugador apasionado de baloncesto con talento limitado, además de un fiestero incansable y entusiasta. Nada de ser delegado de clase; nada de alcanzar el rango máximo en los *boy scouts* o de hacer prácticas en la oficina del congresista local. En el instituto, mis amigos y yo apenas hablábamos de algo que no fuese deportes, chicas, música y planes para ponernos ciegos.

Tres de estos chavales —Bobby Titcomb, Greg Orme y Mike Ramos— siguen estando entre mis mejores amigos. Aún somos capaces de reír durante horas recordando historias de nuestra juventud descarriada. En años posteriores, se volcarían en mis campañas con una lealtad por la que siempre les estaré agradecido, y desarrollarían una capacidad de defender mi historial digna de cualquier tertuliano de la MSNBC.

Pero hubo también momentos a lo largo de mi presidencia —después de verme hablar ante una gran multitud, o recibir una serie de saludos marciales de jóvenes marines durante mi visita a una base— en que pude atisbar en sus caras cierta perplejidad, como si intentasen reconciliar a ese hombre canoso y trajeado con el inmaduro niño grande al que conocieron tiempo atrás.

«¿Y este tío? —imagino que se dirían—. ¿Cómo coño ha llegado hasta ahí?»

Si me lo hubiesen preguntado directamente, no estoy seguro de que hubiese tenido una buena respuesta.

Sé que en algún momento durante el instituto empecé a hacerme preguntas: sobre la ausencia de mi padre y las decisiones de mi madre; sobre cómo había acabado viviendo en un lugar donde poca gente tenía mi aspecto. Muchas de esas cuestiones giraban en torno a la raza: ¿por qué los negros eran jugadores profesionales de baloncesto, pero no entrenadores? ¿Qué quería decir esa chica del instituto con que no pensaba en mí como negro? ¿Por qué todos los negros que salían en las películas de acción eran pirados con navaja salvo el único negro decente —el compañero, por supuesto—, al que siempre acababan matando?

Pero no solo me preocupaba la raza. Estaba la clase también. Al crecer en Indonesia, había observado el abismo que existía entre las vidas de las élites adineradas y las masas empobrecidas, y poseía una incipiente conciencia de las tensiones tribales que se vivían en el país de mi padre; el odio que podía existir entre aquellos que en apariencia se veían iguales. Día tras día, era testigo de las estrecheces que padecían mis abuelos, las decepciones que compensaban con televisión y bebida junto con alguna compra excepcional de un electrodoméstico o un coche nuevo. Fui consciente del precio que mi madre pagó por su libertad intelectual: dificultades económicas crónicas y el ocasional caos personal. Era muy consciente de las no tan sutiles jerarquías que existían entre mis compañeros de clase en la escuela privada, relacionadas principalmente con el nivel económico de sus padres. Y a todo ello se sumaba el hecho perturbador de que, dijese lo que dijese mi madre, a los acosadores, los tramposos y los vendedores de humo les iba de maravilla, mientras que daba la impresión de que a quienes ella consideraba personas buenas y decentes les iba bastante mal.

Todo esto me generaba una gran desazón. Era como si, por la simple particularidad de mi ascendencia, por el hecho de vivir entre dos mundos, fuese al mismo tiempo de todas partes y de ninguna, una combinación de piezas mal encajadas, como un ornitorrinco o una bestia imaginaria, confinado a un frágil hábitat, sin saber cuál era mi lugar. Y tenía la sensación, sin entender completamente por qué o cómo, de que, a menos que lograse recomponer los distintos pedazos de mi vida y encontrase un eje firme que me sirviese de guía, acabaría, en algún sentido fundamental, pasando la vida solo.

No hablaba de esto con nadie, y menos aún con mis amigos o mi familia. No quería herir sus sentimientos o llamar la atención más de lo que ya lo hacía. Pero sí encontré refugio en los libros. El hábito de la lectura se lo debo a mi madre, que me lo inculcó desde muy niño: era a lo que ella recurría cada vez que me quejaba de estar aburrido, o cuando no podía permitirse mandarme al colegio internacional en Indonesia, o cuando tenía que acompañarla a su oficina porque no tenía una niñera.

«Lee un libro —me decía—. Y luego ven y cuéntame algo que hayas aprendido.»

Hubo unos pocos años en que viví con mis abuelos en Hawái mientras mi madre seguía trabajando en Indonesia y cuidaba de mi hermana pequeña, Maya. Como no la tenía cerca para darme la lata, no aprendí tanto, como enseguida atestiguaron mis notas. Entonces, en torno a los dieciséis años, la cosa cambió. Aún recuerdo ir con mis abuelos a un rastrillo benéfico en la iglesia de Central Union, enfrente de nuestro piso, y toparme con un cesto de libros viejos de tapa dura. Por algún motivo, empecé a sacar los títulos que me llamaban la atención, o me sonaban vagamente; libros de Ralph Ellison y Langston Hughes, Robert Penn Warren y Dostoievski, D. H. Lawrence y Ralph Waldo Emerson. Mi abuelo, que buscaba un juego de palos de golf usados, me miró desconcertado cuando aparecí con mi caja de libros.

«¿Vas a abrir una biblioteca?»

Mi abuela lo hizo callar; mi repentino interés por la literatura le pareció admirable. Tan práctica como siempre, dejó caer que, antes de sumergirme en *Crimen y castigo*, quizá me convendría centrarme en las lecturas de clase.

Acabé leyendo todas esas obras, a veces a altas horas de la noche, después del entrenamiento de baloncesto y de tomar unas cervezas con mis amigos, o al llegar a casa, en el destartalado Ford Granada del abuelo, con una toalla enrollada en la cintura para evitar mojar la tapicería, tras haber pasado la tarde del sábado haciendo surf. Cuando terminé con el primer conjunto de libros, fui a otros rastrillos en busca de más. Apenas entendía buena parte de lo que leía; empecé a marcar las palabras desconocidas para buscarlas en el diccionario, aunque era menos escrupuloso a la hora de averiguar su pronunciación; hasta pasados con creces los veinte años supe el significado de palabras que era incapaz de pronunciar. No me guiaba por ningún sistema, ni seguía ningún orden o patrón. Era como un joven inventor en el garaje de la casa, acumulando antiguos tubos de rayos catódicos, tornillos y cables sueltos, sin saber muy bien qué hacer con todo ello pero convencido de que sería útil cuando por fin averiguase la naturaleza de mi vocación.

Puede que mi interés en los libros explique por qué no solo sobreviví al instituto, sino que llegué al Occidental College en 1979 con una fina aunque aceptable pátina de conocimiento sobre cuestiones políticas y una serie de opiniones fundamentadas a medias que iba soltando durante las charlas de madrugada en la residencia de estudiantes.

Al echar la vista atrás, me avergüenza reconocer hasta qué punto mi curiosidad intelectual durante aquellos primeros dos años de universidad corría paralela a los intereses de varias mujeres con las que intentaba intimar: Marx y Marcuse, para tener algo de lo que hablar con la socialista de interminables piernas que vivía en mi residencia; Fanon y Gwendolyn Brooks, para la estudiante de sociología de piel tersa que nunca se fijó en mí; Foucault y Woolf, para la etérea bisexual que vestía casi siempre de negro. Como estrategia para ligar con chicas, mi pseudointelectualismo fue casi inútil; mantuve con ellas relaciones afectuosas pero castas.

Aun así, esos infructuosos esfuerzos no cayeron en saco roto: en mi

11

mente empezó a conformarse algo parecido a una visión del mundo. Conté con la ayuda de un puñado de profesores que toleraban mis inconstantes hábitos de estudio y mi presunción juvenil. Y me ayudaron aún más un puñado de estudiantes, por lo general mayores que yo: chicos negros de ciudad, chicos blancos procedentes de pequeños pueblecitos que se habían abierto camino hasta la universidad, latinos estadounidenses de primera generación, alumnos procedentes de Pakistán o India, o de países africanos que estaban al borde del caos. Sabían lo que era importante para ellos; cuando hablaban en clase, las raíces de sus opiniones se hundían en comunidades reales, en luchas reales. «Esto es lo que estos recortes presupuestarios implican en mi barrio. Permitidme que os hable de mi escuela antes de que empecéis a quejaros de la discriminación positiva. La primera enmienda es fantástica, pero ¿por qué el Gobierno estadounidense no dice nada sobre los prisioneros políticos que hay en mi país?»

Los dos años que pasé en Occidental supusieron el inicio de mi despertar político. Pero eso no significa que creyese en la política. Con pocas excepciones, parecía sospechoso todo lo que veía de los políticos: el pelo lacado, las muecas lobunas, las perogrulladas y el autobombo en televisión, mientras por detrás hacían de correveidiles de las grandes corporaciones y de otros intereses adinerados. Llegué a la conclusión de que eran actores en un juego amañado, con el que yo no quería tener nada que ver.

Lo que sí cautivó mi atención fue algo más amplio y menos convencional: no las campañas políticas sino los movimientos sociales, en los que la gente corriente se unía para cambiar las cosas. Me volví un estudioso de las sufragistas y los primeros sindicalistas; de Gandhi, Lech Wałesa y el Congreso Nacional Africano. Y sobre todo encontré inspiración en los jóvenes líderes del movimiento por los derechos civiles: no solo en Martin Luther King, también en John Lewis, Bob Moses, Fannie Lou Hamer y Diane Nash. En sus heroicos esfuerzos —ir casa por casa para inscribir votantes, sentarse en las barras de las cafeterías y hacer marchas entonando canciones de protesta— vi la posibilidad de llevar a la práctica los valores que mi madre me había inculcado: que cada uno puede reforzar su poder no a base de menoscabar a los demás, sino elevándolos. Era la verdadera democracia en acción; una democracia que no era una concesión desde arriba, ni un reparto del botín entre grupos de interés, sino una democracia conquistada, obra de todos. El resultado no era solo un cambio en las condiciones materiales sino una sensación de dignidad para personas y comunidades, un vínculo entre quienes en un principio parecían estar muy alejados entre sí.

Decidí que este era un ideal que merecía la pena perseguir. Solo tenía que centrarme. Después de mi segundo año de universidad, me mudé a la Universidad de Columbia, con la idea de que allí podría comenzar de nuevo. Durante tres años en Nueva York, viviendo casi siempre en pisos ruinosos, lejos de viejos amigos y malas costumbres, viví como un monje: leía, escribía, rellenaba diarios, apenas me dejaba ver por las fiestas universitarias y algunas veces ni siquiera tenía una comida caliente. Me perdía en mi cabeza, obsesionado con preguntas que parecían apilarse unas sobre otras. ¿Qué hacía que algunos movimientos triunfasen y que otros fracasasen? ¿Significaba un éxito que partes de una causa fueran absorbidas por la política convencional, o era un indicio de que la causa había sido secuestrada? ¿Cuándo era aceptable hacer concesiones? ¿Cuándo equivalía a venderse? ¿Y cómo se puede distinguir entre una cosa y la otra?

¡Ah, qué serio era yo entonces! ¡Cuánto orgullo y qué poco sentido del humor! Cuando releo lo que escribí en aquella época en mi diario, siento un entrañable cariño por el joven que fui, desesperado por dejar su huella en el mundo, deseoso de formar parte de algo grandioso e idealista, algo que todo parecía indicar que no existía. Al fin y al cabo, aquello era Estados Unidos a principios de los años ochenta. Los movimientos sociales de la década anterior habían perdido fuerza. Se estaba afianzando un nuevo conservadurismo. Ronald Reagan acababa de ser elegido presidente; la economía se deslizaba hacia una recesión; la Guerra Fría estaba en pleno apogeo.

Si viajase hacia atrás en el tiempo, quizá instaría a ese joven a que se apartase de los libros por un momento y dejase entrar un poco de aire fresco (por aquella época mi hábito de fumador estaba en su máximo esplendor). Le diría que se relajase, que conociese a gente y que disfrutase de los placeres que la vida reserva a los veinteañeros. Los pocos amigos que tenía en Nueva York trataron de darme esos mismos consejos.

«Tienes que tomártelo con más calma, Barack.»

«Tienes que echar un polvo.»

«Eres demasiado idealista. Es estupendo, pero no sé si lo que cuentas es realmente posible.» Me resistía a hacerles caso. Me resistía precisamente porque temía que tuvieran razón. Lo que estaba incubando durante todas esas horas que pasaba solo, fuese la que fuese esa visión de un mundo mejor que dejaba florecer en el invernadero de mi mente juvenil, apenas soportaba el golpe de realidad de una mera conversación. En la luz mortecina del invierno en Manhattan, y a contracorriente del cinismo general de la época, mis ideas, expuestas en voz alta en clase o mientras tomaba un café con amigos, sonaban fantasiosas y descabelladas. Y era consciente de ello. De hecho, este es uno de los motivos por los que no acabé convertido en un completo cascarrabias antes de cumplir los veintidós años: entendía instintivamente lo absurdo de mi visión, la enorme brecha que existía entre mis formidables ambiciones y lo que hacía con mi vida en la práctica. Era como un joven Walter Mitty; un Don Quijote sin su Sancho Panza.

Esto también puede leerse en las entradas de por aquel entonces en mi diario, una crónica bastante fiel de todas mis carencias. De cómo prefería mirarme el ombligo a actuar. De cierta cautela, retraimiento incluso, que quizá se remontase hasta mi infancia en Hawái e Indonesia, pero era también el resultado de una profunda timidez. Una especial susceptibilidad a sentirme rechazado o hacer el ridículo. Quizá incluso una indolencia innata.

Me propuse purgarme de esas flaquezas mediante un régimen de mejora personal que nunca he llegado a abandonar. (Michelle y las chicas me hacen ver que, incluso a día de hoy, no puedo meterme en la piscina o en el mar sin sentirme impelido a hacer unos largos. «¿Por qué no te dejas flotar? —me dicen con una risita—. Es divertido. Ven, te mostramos cómo se hace.») Hacía listas. Empecé a hacer ejercicio, a salir a correr alrededor del estanque de Central Park o a lo largo del East River, y a comer latas de atún y huevos duros como fuente de energía. Me deshice de las pertenencias superfluas; ¿quién necesita más de cinco camisas?

¿Cuál era la gran prueba para la que me estaba preparando? Fuera la que fuese, sabía que no estaba preparado. Que la incertidumbre, las inseguridades, me impedían conformarme demasiado rápido con respuestas fáciles. Adopté la costumbre de cuestionarme mis propias premisas, algo que creo que, en última instancia, me resultó útil, no solo porque evitó que me convirtiese en alguien insufrible, sino también porque me vacunó contra las fórmulas revolucionarias que tanta gente en la izquierda adoptó en los albores de la era Reagan.

Ciertamente, así fue en lo tocante a las cuestiones raciales. Experimenté más que suficientes desaires raciales y podía constatar a la perfección la herencia de la esclavitud y del Jim Crow cada vez que caminaba por Harlem o por ciertas partes del Bronx. Pero mi biografía me había enseñado a no presentarme a la mínima como víctima, y a resistirme a la idea, que aceptaban algunas personas negras que conocía, de que los blancos eran irremediablemente racistas.

La convicción de que el racismo no era inevitable quizá explique también mi predisposición a defender el ideal estadounidense: lo que el país era y lo que podía llegar a ser.

Mi madre y mis abuelos nunca habían expresado su patriotismo de manera estridente. Recitar en clase el juramento de lealtad o agitar banderolas el Cuatro de Julio se veían como rituales agradables, no deberes sagrados (su actitud hacia la Pascua y las Navidades era básicamente la misma). Incluso se le quitaba importancia al hecho de que mi abuelo hubiese servido en el ejército durante la Segunda Guerra Mundial; me hablaba más de las raciones de comida militar —«¡Espantosas!»— que de la gloria de marchar en el ejército de Patton.

Pero el orgullo de ser estadounidense, la idea de que este era el mejor país del mundo, siempre se dio por descontado. De joven, me revolvía contra los libros que rechazaban la idea del excepcionalismo estadounidense, y me embarcaba en largas e interminables discusiones con amigos que insistían en que la hegemonía de nuestro país tenía su raíz en la opresión en todo el mundo. Había vivido fuera del país; sabía demasiado. Que Estados Unidos nunca había llegado a estar a la altura de sus ideales era algo que no me costaba reconocer. Lo que no aceptaba era la versión de su historia que se enseñaba en las escuelas, en la que prácticamente se omitía la esclavitud y la masacre de los nativos estadounidenses. El ejercicio abusivo del poder militar, la rapacidad de las multinacionales... Sí, vale, todo eso ya lo sabía.

Pero el «ideal» americano, la «promesa» estadounidense: a eso me aferraba con una obstinación que hasta a mí mismo me sorprendía. «Sostenemos como evidentes estas verdades: que todos los hombres son creados iguales.» Esos eran mis Estados Unidos. Aquellos sobre los que escribió Tocqueville, la campiña de Whitman y Thoreau, donde ninguna persona es inferior o superior a ninguna otra; los Estados Unidos de los pioneros que partían hacia el oeste en busca de una vida mejor, de los inmigrantes que llegaban a la isla de Ellis, impulsados por un anhelo de libertad.

Eran los Estados Unidos de Thomas Edison y los hermanos Wright, que hicieron que los sueños alzaran el vuelo, y de Jackie Robinson logrando un *home run*. Era Chuck Berry y Bob Dylan, Billie Holiday en el Village Vanguard y Johnny Cash en la prisión estatal de Folsom; todos esos inadaptados que aprovecharon los desechos que otros ignoraron o despreciaron para crear una belleza nunca vista hasta entonces.

Eran los Estados Unidos de Lincoln en Gettysburg, y de Jane Addams afanándose en un asentamiento de colonos en Chicago, y de los soldados exhaustos en Normandía, y de Martin Luther King en la Explanada Nacional armándonos y armándose de valor.

Era la Constitución y la Declaración de Derechos, redactadas por pensadores imperfectos pero brillantes que a base de argumentar dieron con un sistema al tiempo robusto y flexible.

Un país que podía explicarme.

«Sigue soñando, Barack», era la frase con la que solían zanjar esas discusiones mis amigos de universidad, mientras algún capullo engreído dejaba caer ante mí un periódico cuyos titulares pregonaban la invasión de Granada, los recortes en el programa de comedores escolares o alguna otra noticia descorazonadora. «Lo siento, pero estos son tus Estados Unidos.»

En ese estado me encontraba cuando me gradué en 1983: con grandes ideas pero ningún lugar adonde ir. No había movimientos a los que unirse, ningún líder altruista al que seguir. Lo más parecido que pude encontrar a lo que tenía en mente era algo llamado «trabajo social comunitario»: trabajo de base que congregaba a gente común en torno a cuestiones de ámbito local. Tras pasar en Nueva York por un par de trabajos que no eran para mí, me enteré de que había una vacante en Chicago para colaborar con un grupo de iglesias que estaban intentando proporcionar estabilidad a comunidades afectadas por el cierre de varias plantas siderúrgicas. Nada extraordinario, pero algo por donde empezar.

En otros lugares ya he dejado constancia de mis años como trabajador comunitario en Chicago. Las victorias fueron pequeñas y transitorias en los barrios de mayoría negra y de clase trabajadora donde pasé mi tiempo; mi trabajo allí fue un actor secundario a la hora de hacer frente a los cambios que estaban afectando no solo a Chicago sino a ciudades de todo el país: el declive industrial, el «éxodo de los blancos», el surgimiento de un proletariado disociado y desconectado, así como de una nueva clase con alto nivel de estudios que empezaba a propiciar la gentrificación de los centros urbanos.

Pero, aunque mi impacto en Chicago fue pequeño, la ciudad cambió el curso de mi vida.

Para empezar, me sacó de mi propia cabeza. Me obligó a escuchar qué era lo que preocupaba a la gente, en lugar de limitarme a pensar en abstracto sobre ello. Tuve que pedir a desconocidos que se uniesen a otros desconocidos y a mí en proyectos de la vida real: arreglar un parque, retirar el amianto de unas viviendas protegidas o empezar un programa de actividades extraescolares. Experimenté el fracaso y aprendí a poner buena cara para animar a quienes habían depositado su confianza en mí.

En otras palabras: maduré. Y recuperé el sentido del humor.

Llegué a querer a los hombres y las mujeres que trabajaron conmigo: la madre soltera que vivía en un bloque de pisos en muy malas condiciones y que se las ingenió para que sus cuatro hijos fuesen a la universidad; el sacerdote irlandés que cada noche abría de par en par las puertas de su iglesia para que los chavales tuvieran una alternativa a las pandillas; el obrero siderúrgico que, tras ser despedido, volvió a estudiar para convertirse en trabajador social. Las historias de dificultades y sus modestas victorias me permitieron constatar una y otra vez que la gente es en esencia decente. A través de ellos asistí a la transformación que se producía cuando los ciudadanos exigían responsabilidades a sus líderes e instituciones, incluso respecto a algo tan pequeño como colocar una señal de STOP en un cruce concurrido o incrementar el número de patrullas policiales. Vi cómo, cuando sentían que su voz importaba, esas personas caminaban ligeramente más erguidas y se veían a sí mismas de otra manera.

A través de ellos resolví las cuestiones pendientes en torno a mi identidad racial. Porque pude ver que no había una única manera de ser negro; bastaba con intentar ser buena persona.

A través de ellos descubrí una comunidad de fe: que no pasaba nada por tener dudas y preguntas, sin dejar por ello de intentar alcanzar algo que trascendiese el aquí y ahora.

Y cuando en los sótanos de las iglesias y en los porches de las casas oía hablar exactamente de los mismos valores —honestidad, esfuerzo y empatía— con los que mi madre y mis abuelos me habían machacado, constaté que existía un hilo común que unía a las personas.

No puedo dejar de preguntarme de vez en cuando qué habría pasado si hubiese seguido, de una u otra manera, con esa vida de trabajador comunitario. Como muchos héroes locales que he conocido a lo largo de los años, quizá habría conseguido construir una institución capaz de redefinir un barrio o una parte de la ciudad. Si hubiese echado raíces en una comunidad, quizá habría canalizado dinero e imaginación para cambiar no el mundo sino ese lugar en particular, o a un grupo concreto de chavales, y habría hecho un trabajo que afectase la vida de vecinos y amigos de alguna manera palpable y útil.

Pero no lo hice. Me fui a la Escuela de Derecho de Harvard. Y aquí es donde la historia se confunde en mi mente, y cabe interpretar mis motivos de diversas maneras.

En ese momento me dije —y me gusta seguir haciéndolo— que dejé la vida de trabajador comunitario porque me pareció que el trabajo que hacía era demasiado lento, demasiado limitado, incapaz de satisfacer las necesidades de las personas a las que aspiraba a servir. Un centro local de formación profesional no podía contrarrestar los miles de empleos en la siderurgia que se perdían cuando cerraba una planta. Un programa de actividades extraescolares no podía compensar el déficit crónico de financiación de las escuelas, o el hecho de que a los chavales los criasen sus abuelos porque ambos progenitores estaban en la cárcel. Daba la impresión de que, en cada caso, chocábamos una y otra vez contra alguien —un político, un burócrata, un remoto director general— que podía mejorar las cosas, pero no lo hacía. Y cuando les arrancábamos alguna concesión, casi siempre era demasiado poco, demasiado tarde. Lo que necesitábamos era ser capaces de elaborar presupuestos y marcar las líneas políticas, pero ese poder residía lejos de allí.

Además, me enteré de que apenas dos años antes de que yo llegase, había habido realmente un movimiento por el cambio en Chicago, un movimiento tanto social como político: una corriente profunda de fondo de la que no había sido del todo consciente porque no se había ajustado a mis esquemas. Se trató del movimiento para elegir a Harold Washington como primer alcalde negro de la ciudad.

Aparentemente había surgido de la nada, una campaña más de base que cualquier otra que se hubiese visto en la política moderna. Un pequeño grupo de activistas y líderes empresariales negros, hartos de los sesgos y de las inmensas desigualdades de la ciudad más segregada de Estados Unidos, decidieron inscribir a una cantidad récord de votantes y a continuación eligieron a un corpulento congresista de talento prodigioso pero ambición limitada para presentarse a unas elecciones que parecían perdidas de antemano.

Nadie daba un duro por él; ni siquiera el propio Harold las tenía todas consigo. La campaña funcionó mediante el boca a boca, y estaba integrada en su gran mayoría por voluntarios sin experiencia. Y entonces ocurrió: se produjo una especie de combustión espontánea. Gente que nunca había pensado en la política, gente que ni siquiera había votado antes, se vio arrastrada hacia la causa. Se empezó a ver a personas mayores y escolares con las chapas azules de la campaña. Un rechazo colectivo a seguir soportando la continua acumulación de injusticias y desaires —los controles de tráfico arbitrarios y los libros de texto de segunda mano; todas esas veces en que personas negras pasaban junto a una cancha de Park District en el North Side y se percataban de que era mucho mejor que la que había en su barrio; todas esas veces en que las habían relegado cuando llegaba el momento de un ascenso o les habían denegado un préstamo bancario— ganó fuerza y barrió el ayuntamiento como un ciclón.

Cuando llegué a Chicago, Harold estaba a mitad de su primer mandato. El Consejo municipal, que en otros tiempos se limitaba a aprobar lo que quisiera el Viejo Daley, se había dividido en facciones raciales, y estaba controlado por una mayoría de concejales blancos que bloqueaban cualquier reforma que Harold propusiera. Intentó engatusarlos y llegar a acuerdos con ellos, pero no cedieron. Por televisión, el espectáculo era fascinante, tribal y crudo, pero limitaba lo que Harold podía conseguir para quienes lo habían elegido. Hubo que esperar a que un tribunal federal redibujara el mapa de los distritos electorales, racialmente manipulado hasta entonces, para que Harold obtuviese por fin una mayoría y se rompiese el bloqueo. Pero antes de que pudiese hacer realidad muchos de los cambios que había prometido, murió de un ataque al corazón. Un heredero del antiguo régimen, Rich Daley, acabó recuperando el trono de su padre.

Alejado del meollo, asistí al desarrollo de este drama y procuré extraer lecciones de él. Vi cómo la tremenda energía del movimiento no pudo perdurar sin estructura, organización y liderazgo. Vi cómo una campaña política basada en la reparación racial, por muy razonable que fuera, generaba temor y una reacción en su contra y, en última instancia, limitaba el progreso. Y, en el rápido colapso de la coalición de Harold tras su muerte, vi el peligro de depender de un solo líder carismático para lograr el cambio.

Aun así, ¡qué fuerza la suya durante esos cinco años! A pesar de los obstáculos, Chicago cambió bajo su mandato. Los servicios municipales, desde la poda de árboles hasta la retirada de la nieve o la reparación de las calles, se repartieron de manera más equitativa entre los distritos. Se construyeron nuevas escuelas en barrios pobres. Los puestos de trabajo municipales dejaron de estar sujetos exclusivamente al clientelismo, y la comunidad empresarial por fin empezó a prestar atención a la escasa diversidad en sus filas.

Por encima de todo lo demás, Harold dio esperanza a la gente. La manera en que los negros hablaron de él durante esos años recordaba a cómo una generación anterior de progresistas blancos había hablado de Bobby Kennedy: no era tanto lo que hacía sino lo que te hacía sentir. Que todo era posible. Que eras capaz de rehacer el mundo.

Eso plantó una semilla en mí. Me hizo pensar por primera vez que algún día me gustaría ejercer un cargo público. (No fui el único que sintió esa inspiración: poco después de la muerte de Harold, Jesse Jackson anunció que se presentaba a las elecciones presidenciales.) ¿Era aquí, a la política electoral, adonde se había trasladado la energía del movimiento por los derechos civiles? ¿Acaso John Lewis, Andrew Young y Julian Bond no se habían presentado a unas elecciones y habían decidido que ese era el escenario en el que podrían ser más efectivos? Sabía que tenía sus riesgos: las concesiones, la constante búsqueda de financiación, el olvido de los ideales y la implacable persecución de la victoria.

Pero puede que hubiera otra forma. Quizá se pudiera generar esa misma energía, ese mismo propósito vital, no solo en el seno de la comunidad negra sino atravesando las fronteras raciales. Quizá con la suficiente preparación, conocimiento detallado de las políticas y capacidad de gestión podían evitarse los errores de Harold. Quizá los principios del trabajo comunitario se podían aplicar no solo a la dirección de una campaña electoral, sino también a la propia gobernanza: fomentar la participación y la ciudadanía activa entre quienes habían sido excluidos. Enseñar a las personas a confiar no solo en sus representantes políticos, sino también en los demás, y en ellas mismas.

Eso fue lo que me dije. Pero esa no es la historia completa. También estaba peleándome con cuestiones más concretas relacionadas con mis propias ambiciones. A pesar de lo mucho que había aprendido gracias al trabajo social comunitario, no contaba con muchos logros palpables que lo atestiguasen. Hasta mi madre, una mujer que siempre había ido por libre, estaba preocupada por mí.

«No sé, Bar —me dijo unas Navidades—. Puedes pasarte la vida entera trabajando fuera de las instituciones, pero tal vez lograrías más resultados si intentas cambiarlas desde dentro. Además, y te lo digo por experiencia —me comentó con una risa triste—, estar sin blanca no tiene ni pizca de gracia.»

Y así fue como en el otoño de 1988 me fui con mis ambiciones a un lugar donde tenerlas era algo de lo más normal. Primeros de la clase, delegados de clase, estudiosos del latín, campeones de los debates estudiantiles... las personas que conocí en la Escuela de Derecho de Harvard eran por lo general gente admirable que, a diferencia de mí, habían crecido con la justificada convicción de que estaban destinados a hacer de su vida algo importante. Que acabase desenvolviéndome bien en ese lugar lo atribuyo principalmente a que tenía unos pocos años más que mis compañeros de clase. Mientras que muchos de ellos se sentían abrumados por la carga de trabajo, a mí los días que pasaba en la biblioteca —o, mejor aún, en el sofá de mi piso fuera del campus, mientras en el televisor, sin volumen, tenía puesto un partido— me parecían un lujo absoluto después de estar tres años organizando reuniones comunitarias y llamando a las puertas de desconocidos a la intemperie.

Había una cosa más: resultó que estudiar Derecho no era algo tan diferente de lo que había hecho durante mis años de solitaria cavilación sobre asuntos cívicos. ¿Qué principios debían regir la relación entre el individuo y la sociedad? ¿Hasta dónde llegaban nuestras obligaciones para con los demás? ¿En qué medida debía el Gobierno regular el mercado? ¿Cómo se producen los cambios sociales? ¿Pueden las normas garantizar que la voz de cualquier persona sea escuchada?

No me cansaba de eso. Me encantaba el tira y afloja, sobre todo con los estudiantes más conservadores que, a pesar de nuestros desacuerdos, parecían apreciar que me tomase sus argumentos en serio. En los debates en clase no hacía más que levantar la mano, lo que me hizo merecedor de los gestos de exasperación de mis compañeros. No podía evitarlo; era como si después de años de haber estado confinado a solas con una extraña obsesión, por ejemplo, hacer malabares o tragar espadas, de pronto me encontrase en la escuela circense.

A mis hijas les digo que el entusiasmo compensa multitud de deficiencias. Al menos así fue para mí en Harvard. En mi segundo año, fui elegido como primer director negro de la *Law Review*, algo de lo que se hizo eco la prensa nacional. Firmé un contrato para escribir un libro. Me llegaron ofertas de trabajo de todo el país, y se daba por descontado que mi trayectoria ya estaba trazada, como lo había estado la de mis predecesores en la *Law Review*. Trabajaría como secretario para un juez del Tribunal Supremo, me incorporaría a uno de los grandes bufetes o a la Oficina del Fiscal de Estados Unidos y, cuando llegase el momento adecuado, si podía y quería hacerlo, probaría suerte en la política.

Daba vértigo pensarlo. Parecía que la única persona que tenía dudas sobre esta trayectoria de ascenso continuo era yo. Había sido demasiado rápido. Los grandes sueldos con los que me tentaban, toda esa atención... parecían una trampa.

Por suerte tenía tiempo para pensar cuál sería mi siguiente paso. Y, además, resultó que la decisión más importante que tendría que tomar no tenía nada que ver con el Derecho.

2

Michelle LaVaughn Robinson ya estaba ejerciendo la abogacía cuando nos conocimos. Tenía veinticinco años y era abogada asociada en Sidley & Austin, el bufete con sede en Chicago donde trabajé el verano anterior a mi primer año de Derecho. Era alta, guapa, divertida, extrovertida, generosa y endiabladamente lista; me quedé prendado de ella casi desde el momento en que la vi. El bufete le había pedido que se encargase de mí, que se asegurase de que encontraba la fotocopiadora de la oficina y de que me sintiese bienvenido. Todo eso implicaba también que almorzáramos juntos, lo que nos permitió pasar tiempo charlando, en un principio sobre trabajo, pero más adelante sobre cualquier otra cosa.

A lo largo de los dos años siguientes, durante las temporadas sin clases en la universidad y cuando Michelle venía a Harvard como parte del equipo de contratación de Sidley, salíamos a cenar y dábamos largos paseos junto al río Charles, en los que hablábamos de cine, de nuestras familias y de los lugares del mundo que nos gustaría visitar. Cuando su padre murió de repente por complicaciones relacionadas con la esclerosis múltiple, volé a Chicago para estar con ella, y Michelle me apoyó cuando me enteré de que mi abuelo tenía cáncer de próstata avanzado.

En otras palabras, nos hicimos amigos y también amantes y, cuando se acercaba la fecha de mi graduación en Derecho, empezamos a darle vueltas cautelosamente a la idea de vivir juntos. En una ocasión la llevé a un taller de trabajo social comunitario que estaba impartiendo como favor a un amigo que dirigía un centro comunitario en el South Side. La mayoría de los participantes eran madres solteras, algunas dependientes de las ayudas públicas; pocas tenían las aptitudes que el mercado laboral requería. Les pedí que describiesen su mundo tal y como era y cómo les gustaría que fuera. Era un ejercicio sencillo que había hecho muchas veces, una manera de que la gente relacionase la realidad de sus comunidades y su vida con los aspectos que podrían cambiar. Tras la sesión, cuando caminábamos hacia el coche, Michelle entrelazó su brazo con el mío y dijo que le había emocionado la naturalidad con la que me relacionaba con las mujeres.

—Les diste esperanza.

—Necesitan algo más que esperanza —repliqué. Intenté explicarle el conflicto que sentía: entre trabajar por el cambio desde dentro del sistema y oponerme a él; entre querer liderar y querer dotar a las personas de las herramientas para que fuesen ellas las que cambiasen las cosas; entre querer participar en política y no querer formar parte de ella.

Michelle me miró y me dijo con suavidad:

—El mundo tal y como es, y el mundo como debería ser.

—Algo así.

Michelle era excepcional; no conocía a nadie como ella. Y aunque aún no me había decidido, estaba empezando a plantearme pedirle que se casase conmigo. Ella daba el matrimonio por descontado: era el siguiente paso orgánico en una relación tan seria como la nuestra. A mí, que había crecido con una madre cuyos matrimonios no habían durado, la necesidad de formalizar nuestra relación siempre me había parecido menos urgente. Y no solo era eso: durante esos primeros años de noviazgo nuestras discusiones podían ser acaloradas. Yo llegaba a ser muy arrogante, pero ella nunca daba su brazo a torcer. Su hermano, Craig, una estrella del baloncesto en Princeton que había trabajado en la banca de inversión antes de hacerse entrenador, solía bromear diciendo que su familia no creía que Michelle («Miche», como la llamaban) fuese a casarse nunca porque era demasiado exigente: no habría nadie capaz de estar a su altura. Lo curioso era que a mí me gustaba que fuera así, que siempre estuviese a la contra y no me pasase ni una.

¿Y qué pensaba Michelle? La imagino justo antes de conocernos, una joven profesional de la cabeza a los pies, trajeada y elegante, centrada en su carrera y en hacer las cosas como había que hacerlas, sin paciencia para tonterías. Y entonces se presenta en su vida este tío raro de Hawái con su vestimenta desaliñada y sus sueños disparatados. Ese era parte de mi atractivo, me decía Michelle, lo diferente que era de los chicos con los que se había criado, de los hombres con los que había salido. Diferente incluso de su propio padre, a quien adoraba: un hombre que no llegó a terminar la universidad, a quien le habían diagnosticado la esclerosis múltiple apenas pasados los treinta, pero que nunca se quejó, que no faltó ni un solo día a su trabajo ni a las funciones de danza de Michelle o a los partidos de baloncesto de Craig, que siempre estuvo ahí para su familia, su verdadera fuente de orgullo y satisfacción.

La vida conmigo le auguraba a Michelle algo distinto, esas cosas que ella sabía que no había tenido de niña. Aventura. Viajes. La liberación de las limitaciones. De la misma manera que sus raíces en Chicago —su numerosa familia extendida, su sensatez, su deseo, por encima de todo, de ser una buena madre— me auguraban a mí el anclaje que tanto había echado en falta durante buena parte de mi juventud. No era solo que nos quisiésemos, nos hiciésemos reír y compartiésemos valores fundamentales, sino que existía una simetría en la manera en que nos complementábamos. Podíamos contar el uno con el otro, apoyarnos mutuamente frente a nuestras respectivas debilidades. Formábamos un equipo.

Por supuesto, esta era otra forma de decir que éramos muy distintos, en experiencia y temperamento. Para Michelle, el camino hasta la buena vida era angosto y estaba repleto de peligros. La familia era lo único con lo que se podía contar, no se asumían grandes riesgos a la ligera, un éxito visible —un buen trabajo, una buena casa— nunca te provocaba sentimientos ambivalentes, porque el fracaso y la penuria estaban siempre a un despido o un tiroteo de distancia. A Michelle nunca le preocupó aparentar nada, porque si habías crecido en el South Side siempre serías, en uno u otro sentido, un intruso. En su cabeza, los obstáculos en el camino al éxito eran más que evidentes; no había necesidad de ir buscándolos. Las dudas surgían cuando tenía que demostrar que, por bien que hiciese las cosas, no estaba fuera de lugar; demostrárselo no solo a quienes dudaban de ella, sino a ella misma.

Cuando se acercaba mi graduación, le conté mis planes a Michelle. No iba a trabajar como ayudante de un juez, sino que pensaba volver a Chicago y tratar de seguir vinculado al trabajo social comunitario mientras ejercía la abogacía en un pequeño bufete especializado en derechos civiles. Si se presentaba una buena oportunidad, le dije, no descartaba presentarme a unas elecciones.

Nada de lo anterior la pilló por sorpresa. Confiaba en mí, me dijo, y en que haría lo que considerase correcto.

—Pero tengo que decirte, Barack —añadió—, que creo que lo que quieres hacer es dificilísimo. Ya me gustaría a mí ser tan optimista como tú. A veces lo soy. Pero la gente puede ser muy egoísta, o sencillamente ignorante. Creo que muchos no quieren que los molesten. Y que parece que la política está llena de gente dispuesta a hacer cualquier cosa por el poder, que no piensa más que en sí misma. En particular en Chicago. No estoy segura de que vayas a poder cambiar eso.

—Pero puedo intentarlo, ¿no crees? —respondí con una sonrisa—. ¿De qué vale un prestigioso título de licenciado en Derecho si no puedo asumir ningún riesgo? Si no sale, pues no sale. Lo superaré. Lo superaremos.

Tomó mi cara entre sus manos.

—¿Te das cuenta de que, si hay una manera difícil y otra fácil, siempre eliges la difícil? ¿Por qué crees que es?

Nos reímos. Pero noté que Michelle creía haber dado con algo. Era una intuición que tendría consecuencias para ambos.

Tras varios años de novios, Michelle y yo nos casamos en la Trinity United Church of Christ el 3 de octubre de 1992, con más de trescientos de nuestros amigos, colegas y familiares abarrotando alegremente los bancos. Ofició la ceremonia el pastor de la iglesia, el reverendo Jeremiah A. Wright Jr., a quien conocía y admiraba desde mi época como trabajador comunitario. Rebosábamos felicidad. Empezaba oficialmente nuestro futuro juntos.

Había aprobado el examen para colegiarme, pero había retrasado un año mi entrada en la abogacía para dirigir el proyecto VOTE! de cara a las elecciones presidenciales de 1992, uno de los mayores esfuerzos para incrementar la inscripción de votantes en toda la historia de Illinois. Tras volver de nuestra luna de miel en la costa de California, impartí clases en la Escuela de Derecho de la Universidad de Chicago, terminé de escribir mi libro, y me incorporé oficialmente a Davis, Miner, Barnhill & Galland, un pequeño bufete dedicado a los derechos civiles y especializado en discriminación laboral que llevaba casos relacionados con el ámbito inmobiliario para grupos que propugnaban las viviendas asequibles. Michelle, entretanto, había decidido que estaba harta de la abogacía privada y había entrado en el Departamento de Planificación y Desarrollo del Ayuntamiento de Chicago, donde trabajó durante año y medio, tras el cual aceptó la propuesta de dirigir una organización no gubernamental para el desarrollo del liderazgo juvenil llamada Public Allies.

A ambos nos gustaba tanto nuestro trabajo como nuestros compañeros y, con el paso del tiempo, nos involucramos en diversos proyectos cívicos y filantrópicos. Nos acostumbramos a asistir a eventos deportivos, conciertos y cenas en grupo con un círculo creciente de amigos. Conseguimos comprar un apartamento humilde pero acogedor en Hyde Park, justo enfrente del lago Michigan y Promontory Point, a pocos metros de donde el hermano de Michelle vivía con su joven familia. Su madre, Marian, seguía viviendo en la casa familiar en el South Shore, a menos de quince minutos de distancia. Íbamos a verla a menudo, y nos agasajaba con pollo frito con verduras; o bien Pete, el tío de Michelle, preparaba una barbacoa y una tarta terciopelo rojo. Después de hartarnos de comida, pasábamos la sobremesa en la cocina, escuchando a sus tíos contar historias de su juventud, y el volumen de las risas iba subiendo a medida que entraba la noche, mientras primos y sobrinos daban brincos en los cojines del sofá hasta que los echaban al jardín.

En el trayecto en coche de vuelta a casa, Michelle y yo a veces hablábamos de tener nuestros propios hijos —¿cómo serían, cuántos tendríamos?, ¿y perro también?— e imaginábamos todo lo que haríamos en familia.

Una vida normal. Una vida productiva y feliz. Tendría que haber sido suficiente.

Pero entonces, en el verano de 1995, de pronto surgió una oportunidad política, a través de una extraña sucesión de acontecimientos. El congresista en ejercicio del Segundo Distrito de Illinois, Mel Reynolds, había sido acusado de varios delitos, entre ellos el de haber mantenido relaciones sexuales con una voluntaria de su campaña de dieciséis años. Si era condenado, se celebraría de inmediato una votación especial para sustituirlo.

Yo no vivía en el distrito, y no era lo suficientemente conocido ni contaba con los apoyos para lanzar una campaña electoral. Sin embargo, la senadora estatal de nuestra zona, Alice Palmer, sí reunía las condiciones para sustituir a Reynolds y, poco tiempo después de que el congresista fuese condenado en agosto, anunció su candidatura. Palmer, una exprofesora afroamericana con profundas raíces en la comunidad, había tenido hasta entonces un historial sólido, aunque anodino, y era vista con buenos ojos por los progresistas y por algunos de los veteranos activistas negros que habían contribuido a la elección de Harold. Aunque no la conocía personalmente, teníamos amigos en común. Debido al trabajo que había llevado a cabo en el proyecto VOTE!, me pidieron que la ayudase con su incipiente campaña y, con el transcurso de las semanas, varias personas me animaron a que me plantease presentarme para ocupar el escaño en el Senado que Alice pronto dejaría vacante.

Antes de hablar con Michelle, hice una lista de pros y contras. El de senador estatal no era un puesto glamuroso —la mayoría de la gente no tenía ni idea de quiénes eran sus representantes estatales— y Springfield, la capital de Illinois, era tristemente célebre por el viejo clientelismo, el intercambio de favores, los sobornos y otras jugarretas políticas. Por otra parte, en algún lugar tenía que empezar a lograr méritos. Además, la Asamblea estatal de Illinois solo se reunía unas pocas semanas al año, lo que significaba que podría seguir dando clases y trabajando en el bufete.

Para colmo, Alice Palmer accedió a darme su apoyo. Mientras aún se desconocía el desenlace del juicio a Reynolds, no era fácil saber cómo sería el desarrollo temporal del proceso. Técnicamente, Alice podía presentarse a la elección al Congreso sin renunciar a la posibilidad de conservar su escaño estatal si resultaba derrotada, pero nos insistió a mí y a otras personas en que su época en el Senado había terminado y quería pasar página. Si a ello se sumaba la oferta de apoyo de Toni Preckwinkle, nuestro concejal local, que se jactaba de disponer de la mejor organización de la zona, mis posibilidades pintaban más que bien.

Hablé con Michelle y le expuse mi razonamiento.

—Puedes verlo como un ensayo —dije.

—Mmm...

—Para tantear la situación.

—Ya...

—¿Qué te parece?

Me dio un besito en la mejilla.

—Creo que es algo que quieres hacer, así que deberías hacerlo. Solo tienes que prometerme que no tendré que pasar tiempo en Springfield.

Había una persona más con quien debía consultarlo antes de tomar mi decisión. Unos meses antes, mi madre había enfermado y le habían diagnosticado un cáncer de útero.

El pronóstico no era bueno. Al menos una vez al día pensaba en perderla y se me encogía el corazón. Justo después de que mi madre recibiese la noticia, volé a Hawái y me alivió ver que seguía siendo la misma y estaba animada. Confesó que estaba asustada pero quería coger el toro por los cuernos y someterse al tratamiento.

—Yo de aquí no me voy —me dijo— hasta que me des nietos.

Recibió la noticia de mi posible candidatura al Senado estatal con su entusiasmo habitual, y se empeñó en que le contase todos los detalles. Se dio cuenta de que sería muchísimo trabajo, pero a mi madre eso nunca le había parecido mal.

—Asegúrate de que a Michelle le parece bien —añadió—. Aunque tampoco es que yo sea experta en matrimonios, y ni se te ocurra usarme como excusa para dejar de hacerlo. Ya tengo bastante con lo mío para sentir que los demás dejan de hacer cosas por mí. Me pone enferma, ¿lo entiendes?

—Lo entiendo.

Siete meses después de su diagnóstico, la situación se complicó. En septiembre, Michelle y yo volamos a Nueva York para acompañar a Maya y a mi madre en su visita a la consulta de un especialista del Centro Oncológico Memorial Sloan Kettering. Estaba en plena quimioterapia, que la había transformado físicamente. Había perdido su largo pelo castaño; sus ojos parecían vacíos. Lo peor fue el resultado de la evaluación del especialista: su cáncer estaba en fase cuatro y las posibilidades de tratamiento eran limitadas. Mientras veía cómo mi madre chupaba cubitos de hielo porque sus glándulas salivales estaban cerradas, hice lo que pude por poner buena cara. Le conté historias graciosas sobre mi trabajo, y le expliqué la trama de una película que acababa de ver. Nos reímos cuando Maya —que era nueve años más joven que yo y estaba estudiando en la Universidad de Nueva York— nos recordó lo mandón que había sido como hermano mayor. Tomé a mi madre de la mano y me aseguré de que estaba cómoda antes de disponerse a descansar. Después volví a mi hotel y me eché a llorar.

Fue durante ese viaje a Nueva York cuando le propuse a mi madre que viniese a vivir con nosotros a Chicago; mi abuela era demasiado mayor para cuidar de ella todo el tiempo. Pero mi madre, siempre dueña de su propio destino, rechazó el ofrecimiento. «Prefiero estar en algún lugar conocido y cálido», dijo, mientras miraba por la ventana. Me quedé ahí, sintiéndome impotente, pensando en el largo trayecto que había recorrido en su vida, en lo inesperada que debió de haber sido cada fase de ese viaje, repleto de felices accidentes. Ni una sola vez la oí lamentarse de sus decepciones; parecía capaz de encontrar pequeños placeres en cualquier lugar.

Hasta entonces.

«La vida es extraña, ¿verdad?», murmuró.

Sí que lo era.

Seguí el consejo de mi madre y me embarqué en mi primera campaña política. Ahora me río al recordar lo humildísima que era nuestra organización: poco más sofisticada que una campaña a delegado escolar. No teníamos encuestas, ni investigadores, ni dinero para anuncios en radio o televisión. La presentación de mi candidatura, el 19 de septiembre de 1995, fue en el Ramada Inn en Hyde Park, con pretzels y patatas fritas, y un par de cientos de simpatizantes, de los cuales probablemente una cuarta parte eran familiares de Michelle. Todo lo que distribuimos en nuestra campaña fue una octavilla con lo que parecía una foto carnet, unas breves frases biográficas y cuatro o cinco ideas destacadas que había tecleado en mi ordenador. Las había imprimido en un Kinko's.

Sí me empeñé en contratar a dos veteranos de la política a los que había conocido cuando trabajábamos en el proyecto VOTE! Mi directora de campaña, Carol Anne Harwell, era alta y desenvuelta, rondaba los cuarenta años y estaba en excedencia de una oficina de distrito del West Side. Aunque transmitía una imagen de incontenible jovialidad, sabía moverse en los duros ambientes políticos de Chicago. Ron Davis, un tipo grandullón como un oso pardo, era nuestro director de campo y experto en avales. Tenía el pelo a lo afro, moteado de canas, la barba desgreñada, llevaba gruesas gafas de montura metálica y una camisa negra sin remeter, que parecía ser la misma todos los días y ocultaba su corpulencia.

Ron demostró ser indispensable: Illinois tenía una estricta normativa para admitir candidaturas, pensada para complicar la vida a los aspirantes que no contasen con el respaldo del partido. Para que lo incluyesen en las papeletas, un candidato necesitaba que más de setecientos votantes inscritos que viviesen en el distrito firmasen un aval que hubiese puesto en circulación y del que diese fe alguien que también viviese en la zona. Una firma «buena» debía ser legible, corresponder a un votante registrado y estar debidamente vinculada a una dirección local. Aún recuerdo la primera vez que unos cuantos de nosotros nos reunimos en torno a la mesa del comedor, y cómo Ron resoplaba mientras repartía carpetas con el aval, junto con listas de votantes y una hoja de instrucciones. Propuse que, antes de hablar de los avales, organizásemos varios encuentros con el candidato en distintos foros, y quizá también redactásemos documentos con nuestra postura sobre diversos asuntos. Carol y Ron se miraron y se echaron a reír.

«Jefe, te voy a explicar algo —dijo Carol—. Puedes guardarte todos esos rollos de la League of Women Voters para después de las elecciones. Ahora mismo, lo único que importa son los avales. Los tipos a los que te enfrentas van a revisarlos con lupa para ver si tus firmas son válidas. Si no lo son, te quedarás sin participar. Y te garantizo que, por muy cuidadosos que seamos, en torno a la mitad de las firmas acabarán siendo malas; por eso tenemos que conseguir al menos el doble de las que nos piden.»

«El cuádruple», la corrigió Ron mientras me daba una carpeta.

Debidamente aleccionado, conduje hasta uno de los barrios que Ron había seleccionado para la recogida de firmas. Me sentí como cuando empezaba en el trabajo social comunitario: iba de casa en casa, en algunas no había nadie o no querían abrirme la puerta; mujeres con rulos y niños correteando a su alrededor, hombres trabajando en el jardín; en alguna que otra, chicos jóvenes en camiseta y con un pañuelo anudado en la cabeza, que vigilaban las calles adyacentes mientras exhalaban un fuerte aliento a alcohol. Había quienes querían hablarme de los problemas de la escuela local o de la violencia con armas de fuego de la que se iba contagiando el que había sido hasta entonces un barrio tranquilo de clase trabajadora. Pero la mayoría de ellos tomaban el papel, lo firmaban y trataban de retomar cuanto antes lo que estuviesen haciendo.

Llamar a las puertas no tenía para mí nada de extraordinario, pero la experiencia era nueva para Michelle, que animosamente dedicaba parte de cada fin de semana a echar una mano. Y aunque a menudo conseguía recoger más firmas que yo —con su deslumbrante sonrisa y sus historias de infancia a pocas manzanas de distancia—, no había sonrisas dos horas después en el trayecto de vuelta a casa en coche.

«Solo sé —dijo en un momento dado— que tengo que quererte mucho para pasar los sábados por la mañana haciendo esto.»

A lo largo de varios meses conseguí recoger cuatro veces la cantidad de firmas requerida. Cuando no estaba en el bufete o dando clase, visitaba asociaciones de vecinos y residencias de ancianos o asistía a reuniones parroquiales para presentarme ante los votantes. No era fácil. El discurso que llevaba aprendido era rígido, plagado de lenguaje político y falto de inspiración y humor. Además, me sentía incómodo al hablar de mí mismo. Como trabajador comunitario, siempre había procurado permanecer en segundo plano.

Pero me fui relajando, cada vez lo hacía mejor y el número de mis simpatizantes fue en aumento. Poco a poco acumulé el respaldo de funcionarios locales, de pastores y de un puñado de organizaciones progresistas; hasta conseguí redactar unos cuantos documentos con mi postura sobre varios asuntos. Me gustaría decir que así fue como terminó mi primera campaña: el candidato joven e intrépido, y su exitosa, bella y paciente esposa, que comienzan con unos cuantos amigos en su salón y congregan a la gente en torno a una nueva manera de hacer política.

Pero no fue lo que sucedió. En agosto de 1995, nuestro congresista caído en desgracia al final fue condenado y sentenciado a pena de cárcel, y se convocó una votación especial para finales de noviembre. Con su escaño vacío y los plazos establecidos oficialmente, además de Alice Palmer se sumaron a la pugna otros candidatos, entre los que estaba Jesse Jackson Jr., que había acaparado la atención del país con la emocionante presentación que había hecho de su padre en la Convención Nacional Demócrata de 1988. Michelle y yo conocíamos a Jesse Jr., y le teníamos aprecio. Su hermana Santita había sido una de las mejores amigas de Michelle en el instituto y dama de honor en nuestra boda. Jesse Jr. era lo suficientemente popular para que el anuncio de su candidatura alterase de inmediato la dinámica de la contienda, y colocase a Alice en una situación de enorme desventaja.

Y puesto que ahora la votación extraordinaria al Congreso iba a celebrarse unas pocas semanas antes de la fecha límite para presentar los avales de las candidaturas a competir por el escaño de Alice en el Senado, mi equipo empezó a inquietarse.

—Más te vale confirmar de nuevo que Alice no va a jugártela si pierde contra Jesse Jr. —dijo Ron.

Negué con la cabeza.

—Me prometió que no se presentaría. Me dio su palabra. Y lo dijo públicamente. Incluso en los periódicos.

—Eso está muy bien, Barack, pero ¿podrías confirmarlo, por favor?

Eso hice. Llamé a Alice, que me volvió a asegurar que, con independencia del resultado de la votación al Congreso, pensaba dejar la política estatal.

Pero cuando Jesse Jr. se impuso holgadamente en la votación extraordinaria, y Alice acabó tercera a una distancia considerable, algo cambió. Empezaron a aparecer historias en la prensa local sobre una campaña para «Reclutar a Alice Palmer». Unos cuantos de sus simpatizantes de siempre pidieron reunirse conmigo, y cuando acudí me aconsejaron que retirase mi candidatura. Me dijeron que la comunidad no podía permitirse renunciar a la veteranía que Alice acumulaba. Yo debía tener paciencia, ya llegaría mi turno. Me mantuve firme. Al fin y al cabo, tenía voluntarios y donantes que ya habían invertido mucho en la campaña. No había dejado tirada a Alice ni siquiera cuando Jesse Jr. entró en escena. Pero mis interlocutores no se inmutaron. Cuando hablé con Alice, resultó evidente cuál sería el curso de los acontecimientos. La semana siguiente, ofreció una rueda de prensa en Springfield, en la que anunció que, antes de que se agotase el plazo, presentaría los avales para su candidatura a conservar su escaño.

—Ya os lo dije —sentenció Carol, mientras daba una calada a su cigarrillo y exhalaba un fino penacho de humo hacia el techo.

Me sentía abatido y traicionado, pero me dije que no todo estaba perdido. Habíamos construido una buena organización en los meses anteriores, y casi todos los representantes públicos que me habían dado su apoyo dijeron que lo mantendrían. Ron y Carol no eran tan optimistas.

—Siento mucho decirte, jefe, que la mayoría de la gente sigue sin tener ni idea de quién eres —dijo Carol—. Qué coño, tampoco saben quién es ella pero, y no te ofendas, «Alice Palmer» queda mucho mejor en una papeleta que «Barack Obama».

Sabía lo que querían hacerme entender, pero les dije que íbamos a capear el temporal, incluso aunque un grupo de prominentes ciudadanos de Chicago me estuviese instando a retirarme. Fue entonces cuando, una tarde, Ron y Carol llegaron a mi casa sin aliento y como si les hubiese tocado la lotería.

—Los avales de Alice —dijo Ron— son malísimos. Los peores que he visto en mi vida. Todos esos negros que intentaron echarte de mala manera de la contienda ni siquiera se molestaron en hacer su trabajo. Podría quedarse sin candidatura.

Repasé los recuentos rápidos que Ron y los voluntarios de nuestra campaña habían hecho. Era cierto. Daba la impresión de que los avales que había entregado Alice estaban plagados de firmas inválidas: personas cuyas direcciones no pertenecían al distrito; varias firmas con nombres distintos pero la misma caligrafía. Me puse a pensar.

—No sé, chicos...

—¿Que no sabes qué? —saltó Carol.

—No sé si quiero ganar así. Es verdad que estoy cabreado por lo que pasó. Pero estas reglas sobre las candidaturas no tienen mucho sentido. Preferiría derrotarla.

Carol se echó para atrás, con expresión tensa, y me espetó:

—¡Esa mujer te dio su palabra, Barack! Todos nos hemos dejado la piel aquí, basándonos en esa promesa. Y ahora, cuando intenta joderte y ni siquiera es capaz de hacerlo bien, ¿vas a dejar que se salga con la suya? ¿No crees que, si pudieran, ellos impugnarían tu candidatura al instante? —Sacudió la cabeza— No, Barack. Eres un buen tipo... y por eso creemos en ti. Pero si dejas pasar esto, ya puedes volver a ser profesor o lo que sea, porque la política no es para ti. Te harán picadillo, y no le harás ningún bien a nadie.

Miré a Ron.

—Tiene razón —me susurró a modo de respuesta.

Me recliné en la silla y encendí un cigarrillo. Me sentía suspendido en el tiempo mientras intentaba descifrar qué me decía mi instinto. ¿Con cuánta fuerza deseaba esto? Me recordé a mí mismo lo que pensaba que podría conseguir si accedía al cargo, y lo mucho que estaba dispuesto a dejarme la piel si tenía ocasión de hacerlo.

—Vale —dije por fin.

—¡Vale! —repitió Carol, que sonreía de nuevo.

Ron recogió sus papeles y los metió en su mochila.

El proceso tardaría un par de meses en concretarse pero, en la práctica, con mi decisión de ese día la contienda había terminado. Interpusimos nuestra reclamación ante la Junta Electoral de Chicago y, cuando quedó claro que esta iba a dictaminar en nuestro favor, Alice retiró su candidatura. En el proceso, desbancamos de la votación a varios demócratas más con malos avales. Sin un rival demócrata y con una oposición republicana únicamente simbólica, tenía despejado el camino hasta el Senado estatal.

Todas las ideas que tenía de una clase más noble de política tendrían que esperar.

Supongo que se podrían extraer lecciones útiles de mi primera campaña. Aprendí a respetar los entresijos de la política, la necesaria atención a los detalles, el trabajo monótono día tras día que acaba inclinando la balanza del lado de la victoria o de la derrota. También me confirmó algo que ya sabía sobre mí mismo: que por mucho que aspirase al juego limpio, desde luego no quería perder.

Pero la lección más importante que quedó grabada en mí no tuvo nada que ver con los mecanismos de la campaña o con los rigores de la política: fue resultado de una llamada telefónica desde Hawái que recibí un día de principios de noviembre, mucho antes de saber el desenlace de la campaña.

—Ha empeorado, Bar —me dijo Maya.

—¿Mucho?

—Creo que tienes que venir cuanto antes.

Ya sabía que el estado de mi madre se había ido deteriorando; había hablado con ella apenas unos días antes. Al detectar en su voz un nuevo nivel de dolor y resignación, reservé un vuelo a Hawái para la semana siguiente.

—¿Puede hablar? —le pregunté a Maya.

—Creo que no. Va y viene.

Colgué el teléfono y llamé a la aerolínea para adelantar mi vuelo a la mañana siguiente temprano. Llamé a Carol para cancelar varios actos de campaña y comentar lo que tenían que hacer en mi ausencia. Maya volvió a llamar pocas horas después.

«Lo siento, querido. Mamá ya no está.» Mi hermana me contó que no había vuelto a recuperar la consciencia; Maya había permanecido junto a su cama en el hospital, leyéndole en voz alta historias de un libro de cuentos populares mientras mi madre se fue desvaneciendo.

Celebramos un funeral esa semana, en el jardín japonés situado tras el East-West Center de la Universidad de Hawái. Recordé que había jugado allí de niño, que mi madre tomaba el sol y me vigilaba mientras yo me revolcaba en la hierba, saltaba por los escalones de piedra y atrapaba renacuajos en el arroyo que bajaba por una ladera. Después del funeral, Maya y yo fuimos en coche hasta el mirador cerca de Koko Head y esparcimos sus cenizas sobre el mar, mientras las olas rompían contra las rocas. Pensé en mi madre y mi hermana solas en la habitación del hospital, mientras yo estaba ausente, tan ocupado en mis grandes afanes. Sabía que nunca recuperaría ese momento. A la pena que sentía se sumaba un profundo remordimiento.

A menos que uno viva en el extremo meridional de Chicago, el camino más rápido para llegar a Springfield es a través de la I-55. En hora punta, al salir del centro y atravesar el extrarradio occidental, el tráfico va sumamente lento; pero una vez pasado Joliet la cosa se acelera, y una recta larga y llana te lleva hacia el sudoeste atravesando Bloomington (donde se encuentran las sedes de la aseguradora State Farm y de Beer Nuts) y Lincoln (llamado así en honor del presidente que ayudó a instituir su municipalidad cuando aún era tan solo un abogado), entre kilómetros y kilómetros de campos de maíz.

Durante casi ocho años hice ese recorrido en coche, por lo general solo, y normalmente en unas tres horas y media, yendo y viniendo de Springfield durante unas cuantas semanas en otoño y a lo largo de buena parte del invierno y principio de la primavera, cuando la Asamblea estatal de Illinois lleva a cabo el grueso de su trabajo. Salía de casa el martes por la noche, después de cenar, y volvía a última hora del jueves o el viernes por la mañana. A una hora de Chicago me quedaba sin cobertura en el móvil, y en la radio solo podía sintonizar emisoras de tertulias y de música cristiana. Para no dormirme, escuchaba audiolibros —cuanto más largos, mejor—; sobre todo novelas (John le Carré y Toni Morrison eran dos de mis favoritos), pero también libros de historia: sobre la guerra civil, la época victoriana y la caída del Imperio romano.

Cuando mis amigos escépticos me preguntaban, les explicaba lo mucho que estaba aprendiendo en Springfield; y era verdad, al menos durante los primeros años. De los cincuenta estados, Illinois es el que mejor representa la composición demográfica del país: una metrópolis abarrotada, extensas áreas residenciales en las afueras de esta, zonas agrícolas, ciudades industriales y una región situada justo al sur de Chicago considerada más sureña que norteña. Un día cualquiera, bajo la imponente cúpula del capitolio, podías ver pasar una muestra de lo más completa de la realidad estadounidense, como si cobrase vida un poema de Carl Sandburg. Había chavales venidos de la gran ciudad en una excursión escolar que se empujaban los unos a los otros, banqueros repeinados con sus teléfonos plegables en mano, agricultores con gorras que pretendían ampliar el ancho de las esclusas que permitían llevar sus cosechas al mercado en barcazas industriales. Se veían madres latinas que buscaban financiación para una nueva guardería y grupos de moteros de mediana edad, con sus grandes patillas y cazadoras de cuero, que intentaban bloquear otra iniciativa legislativa más para obligarlos a llevar casco.

Esos primeros meses me dediqué a no meterme en líos. Algunos de mis colegas desconfiaban de mi extraño nombre y mi paso por Harvard, pero hice lo que se esperaba de mí y ayudé a recaudar dinero para las campañas de otros senadores. Entablé relación con los demás parlamentarios y sus ayudantes, no solo en la cámara del Senado, también en la cancha de baloncesto, en escapadas a los campos de golf y durante las timbas bipartidistas de póquer que organizábamos: dos dólares para participar, con un límite de tres subidas en la apuesta, en una habitación cargada de humo donde nos vacilábamos los unos a los otros y se oía continuamente el lento silbido de otra lata de cerveza al abrirse.

Ayudaba el hecho de que ya conocía al líder de la minoría en el Senado, un corpulento hombre negro de sesenta y tantos años llamado Emil Jones. Había ascendido progresivamente en el seno de las organizaciones de barrio bajo la tutela del Viejo Daley, y era representante del distrito donde yo había trabajado como trabajador comunitario. Así fue como nos conocimos: había llevado a un grupo de padres a su oficina; exigíamos reunirnos con él con el propósito de conseguir financiación para un programa de preparación de ingreso a la universidad dedicado a los jóvenes de la zona. En lugar de evitarnos, nos invitó a pasar.

«Puede que ustedes no lo supieran —dijo—, pero ¡estaba esperando que vinieran!» Nos contó que no había podido graduarse en la universidad y quería asegurarse de que se destinara más dinero de fondos estatales a los barrios negros más desatendidos. «Dejaré que seas tú quien determine qué es lo que necesitamos —me dijo con una palmada en la espalda mientras mi grupo salía de su oficina—. Déjame a mí la política.»

En efecto, Emil consiguió financiación para el programa, y nuestra amistad continuó en el Senado. Curiosamente, se enorgullecía de mí; de hecho, llegó a convertirse en un paladín de mi estilo reformista. Incluso cuando Emil necesitaba un voto con desesperación para algún trato que tuviese entre manos (conseguir que se permitiese el juego en los barcos fluviales en Chicago era una de sus obsesiones), nunca me presionaba si le decía que no podía hacerlo; aunque se alejase maldiciéndome mientras buscaba otra persona a la que tratar de convencer.

«Barack es distinto —le dijo en una ocasión a un ayudante—. Llegará lejos.»

Pero ni toda mi diligencia ni la buena voluntad de Emil podían alterar un hecho palmario: pertenecíamos al partido minoritario. Los miembros republicanos del Senado de Illinois habían adoptado la misma estrategia de tierra quemada que Newt Gingrich estaba empleando por aquel entonces para neutralizar a los demócratas en el Congreso. El Partido Republicano ejercía un control absoluto sobre qué proyectos de ley salían de las comisiones y qué enmiendas se discutían. En Springfield se usaba una expresión para distinguir a los miembros más inexpertos del partido minoritario: «champiñones», porque «solo comen mierda y siempre están a oscuras».

Ocasionalmente, pude influir en la elaboración de leyes importantes. Contribuí a asegurar que la versión para Illinois del proyecto de ley nacional de reforma del Estado del bienestar firmado por Bill Clinton proporcionaba apoyo suficiente a quienes entraban en el mercado de trabajo. Tras uno de los recurrentes escándalos en Springfield, Emil me encomendó que representase al caucus* en un comité para poner al día la normativa sobre ética. Nadie quería ese trabajo, que se veía como una causa perdida, pero gracias a la buena relación con mi homólogo republicano, Kirk Dillard, aprobamos una ley que puso freno a algunas de las prácticas más vergonzosas. A raíz de esto, hubo senadores que estuvieron semanas sin dirigirnos la palabra.

Más típica fue esa vez, hacia el final del primer periodo de sesiones, cuando me levanté de mi escaño para oponerme a una escandalosa reba-

---

* Al contrario de unas elecciones primarias tradicionales, en las que los ciudadanos votan privadamente y de manera general a su candidato, el caucus representa un sistema de elección al estilo comunal en el que los votantes se reúnen a debatir sobre los méritos de cada uno de los candidatos hasta que designan un ganador de forma conjunta. *(N. de los T.)*

ja de impuestos a cierta industria favorecida cuando el estado estaba recortando servicios para los pobres. Había apuntado todo lo que quería decir y me había preparado a conciencia, como si fuese un abogado que comparecía en juicio; expliqué por qué una rebaja de impuestos injustificada violaba los conservadores principios del mercado en el que los republicanos afirmaban creer. Cuando me senté, el presidente del Senado, Pate Philip, un fornido exmarine de pelo canoso tristemente célebre por insultar a las mujeres y a las personas de color con llamativa frecuencia, se acercó hasta mi sitio.

—Ha sido un discurso cojonudo —dijo mientras mascaba un puro apagado—. Varias buenas ideas.

—Gracias.

—Quizá incluso hayas hecho cambiar de opinión a más de uno —continuó—. Pero no has cambiado ningún voto.

En ese momento dirigió mi atención hacia el secretario de la sesión y observó con satisfacción el panel iluminado por las luces verdes que indicaban el «SÍ».

Así era la política en Springfield: una sucesión de transacciones, la mayoría de ellas a puerta cerrada, en las que los parlamentarios contrapesaban las presiones que ejercían diversos grupos de interés con el desapasionamiento de mercaderes de bazar, sin dejar de prestar cuidadosa atención al puñado de asuntos que activaban los resortes ideológicos —armas, aborto, impuestos— capaces de encender a sus votantes.

No era que no supieran distinguir entre buenas y malas políticas. Sencillamente, eso daba igual. Lo que todo el mundo en Springfield tenía claro era que el 90 por ciento del tiempo los votantes, en sus hogares, no estaban prestando atención. Llegar a un acuerdo complicado pero meritorio, oponerte a la ortodoxia partidista para apoyar una idea innovadora... eso era lo que podía costarte un respaldo clave, la retirada de un importante apoyo financiero, un puesto de liderazgo, o incluso la derrota en unas elecciones.

¿Había manera de conseguir que los votantes prestasen atención? Lo intenté. Cuando estaba de vuelta en mi distrito, aceptaba cualquier invitación que me llegase. Empecé a escribir una columna para el *Hyde Park Herald*, un semanario del barrio con menos de cinco mil lectores. Convocaba reuniones de vecinos, en las que ofrecía refrescos y pilas de documentos con las novedades legislativas, y luego solía quedarme ahí junto a mi solitario ayudante, mirando el reloj mientras esperaba que llegase una multitud que nunca aparecía.

No podía culparlos. La gente estaba ocupada, tenía familia, y seguro que la mayoría de los debates en Springfield les resultaban ajenos. Entretanto, en los pocos asuntos de relevancia mediática que a mis electores les preocupaban, era probable que ya estuviesen de acuerdo conmigo, ya que mi distrito —como la mayoría de los distritos de Illinois— había sido delimitado con precisión quirúrgica para garantizar el predominio de uno de los partidos. Si quería más financiación para las escuelas de los barrios pobres, si quería mejorar el acceso a la atención primaria o fomentar la reinserción laboral de trabajadores en paro, no tenía que convencer a mis electores. Las personas con las que debía interactuar y a las que tenía que persuadir no vivían en mi distrito.

Al final de mi segundo periodo de sesiones, podía sentir que la atmósfera de la capital —la futilidad de estar en minoría, el cinismo que tantos de mis colegas consideraban algo de lo que enorgullecerse— empezaba a pesarme. Y saltaba a la vista. Un día, cuando estaba en el vestíbulo después de que se hubiese ido al garete una proposición de ley que había presentado, se me acercó un cabildero bienintencionado y me pasó el brazo por la espalda.

«Tienes que dejar de darte cabezazos contra la pared, Barack —me dijo—. La clave para sobrevivir en este lugar consiste en entender que es un negocio. Como la venta de coches. O la tintorería de la esquina. Si empiezas a pensar que es algo más que eso, acabarás desquiciado.»

Algunos politólogos argumentarán que todo lo que he dicho sobre Springfield describe exactamente la manera en que el pluralismo debe funcionar: que el tira y afloja entre grupos de interés quizá no sea edificante, pero permite que la democracia vaya tirando. Y quizá me hubiese costado menos aceptar entonces ese argumento de no ser por la vida que me estaba perdiendo en casa.

Los primeros dos años de legislatura fueron llevaderos: Michelle estaba ocupada con su trabajo y, aunque mantuvo su promesa de no ir a la capital del estado salvo para verme jurar el cargo, seguíamos teniendo agradables conversaciones telefónicas en las noches que yo estaba fuera. Entonces, un día del otoño de 1997, me llamó a la oficina con voz temblorosa.

—Ha pasado.

—¿El qué?

—Vas a ser papá.

Iba a ser papá. ¡Qué felices fueron los meses siguientes! No me ahorré ni uno solo de los clichés del futuro padre: ir a clases de preparación del parto, intentar averiguar cómo se monta una cuna, leer el libro *Qué se puede esperar cuando se está esperando* lápiz en mano para subrayar los pasajes clave. Alrededor de las seis de la mañana del Cuatro de Julio, Michelle me dio un golpecito y me dijo que había llegado el momento de ir al hospital. Me levanté dando tumbos, agarré la bolsa que tenía preparada junto a la puerta y apenas siete horas más tarde me presentaron a Malia Ann Obama, cuatro kilos y medio de perfección.

Entre sus muchos dones, nuestra hija tuvo el de la oportunidad: sin sesiones en el Senado, sin clases y sin grandes casos pendientes en los que trabajar, pude tomarme libre el resto del verano. Al ser de naturaleza noctámbula, me hice cargo del último turno para que Michelle pudiera dormir, y me ponía a Malia sobre las piernas para leerle alguna cosa mientras ella me miraba con sus ojazos curiosos, o me quedaba traspuesto con ella apoyada sobre mi pecho, tan calentita y serena, una vez libre de gases y de una buena caca. Pensé en las generaciones de hombres que se habían perdido momentos como ese, también pensé en mi padre, cuya ausencia me ha marcado más que el poco tiempo que pasé con él, y me di cuenta de que no querría estar en ningún otro lugar del planeta.

Pero los esfuerzos de la paternidad recién estrenada acabaron pasando factura. Tras unos meses dichosos, Michelle volvió al trabajo y yo volví a hacer malabarismos con los tres que tenía. Tuvimos la suerte de encontrar una niñera maravillosa que cuidaba de Malia durante el día, pero la incorporación de una empleada a tiempo completo a nuestra empresa familiar obligó a exprimir al máximo nuestro presupuesto.

Michelle soportó el peso de todo eso: compaginaba la maternidad con el trabajo mientras dudaba de que estuviera haciendo bien una u otro. Muchas noches, tras alimentar a Malia, bañarla y leerle un cuento, limpiar el piso, tratar de recordar si había recogido la ropa de la tintorería y ponerse una nota mental para pedir cita con el pediatra, caía rendida en una cama vacía, consciente de que el ciclo empezaría de nuevo en unas pocas horas, mientras su marido andaba por ahí haciendo «cosas importantes».

Empezamos a discutir más, muchas veces a última hora de la noche, cuando ambos estábamos completamente exhaustos. «Esto no es a lo que yo me había comprometido, Barack —me dijo en un momento dado—. Siento que lo estoy haciendo todo yo sola.»

Eso me dolió. Cuando no estaba trabajando, estaba en casa. Y si estaba en casa y olvidaba recoger la cocina después de cenar era porque tenía que quedarme despierto hasta tarde corrigiendo exámenes, o dándole los últimos retoques a un informe. Pero incluso mientras preparaba mi defensa sabía que no estaba dando la talla. Tras el enfado de Michelle había una verdad más concreta. Yo estaba intentando cumplir en muchos ámbitos distintos con muchas personas diferentes. Había tomado el camino difícil, tal y como ella había predicho cuando nuestras cargas eran más ligeras, nuestras responsabilidades personales menos enmarañadas. Pensé en la promesa que me había hecho a mí mismo cuando nació Malia: que mis hijos me conocerían, que crecerían siendo conscientes de mi amor por ellos, que sentirían que los había puesto siempre por delante de lo demás.

Bajo la tenue luz de nuestro salón, Michelle ya no parecía enfadada, solo triste. «¿Merece la pena?», preguntó.

No recuerdo lo que contesté. Sí sé que no podía reconocer ante ella que ya no estaba seguro.

Es difícil, al echar la vista atrás, entender por qué cometiste una estupidez. No hablo de minucias: estropear tu corbata favorita porque se te ocurrió tomar sopa en el coche o fastidiarte la espalda porque alguien te convenció para jugar al fútbol americano en Acción de Gracias. Me refiero a tomar decisiones tontas después de una deliberación considerable, a esas veces en que identificas un problema real en tu vida, lo analizas y a continuación, con toda la confianza del mundo, te decides por la peor de las opciones.

Fue eso lo que pasó cuando me presenté al Congreso. Tras numerosas conversaciones, tuve que reconocer que Michelle tenía razón al cuestionar si la influencia que yo estaba teniendo en Springfield justificaba el sacrificio. Pero, en lugar de aligerar mi carga, me lancé en la dirección contraria y decidí que debía pisar el acelerador y hacerme con un cargo de mayor influencia. En torno a esa misma época, el veterano congresista Bobby Rush, antiguo miembro de los Panteras Negras, se enfrentó al alcalde Daley en las elecciones de 1999 y fue aplastado: obtuvo malos resultados hasta en su propio distrito.

Pensé que a la campaña de Rush le había faltado inspiración, que había carecido de más razón de ser que la vaga promesa de continuar el legado de Harold Washington. Si así era como se manejaba en el Congreso, yo podría hacerlo mejor, me dije. Tras hablarlo con unos pocos consejeros de confianza, hice que mi equipo preparase deprisa una encuesta propia para ver si sería viable enfrentarme a Rush. Nuestro muestreo informal nos daba alguna posibilidad. Con esos resultados en mano, logré convencer a varios de mis amigos más cercanos para que contribuyesen a financiar la campaña. Y a continuación, a pesar de las advertencias de gente con más experiencia en las lides políticas de que Rush era más fuerte de lo que parecía, y de la perplejidad de Michelle ante el hecho de que yo hubiera podido pensar que le fuera a parecer mejor que estuviera en Washington que en Springfield, anuncié mi candidatura al Congreso por el Primer Distrito.

Casi desde el principio, la campaña fue un desastre. Al cabo de pocas semanas, empezaron a circular rumores difundidos desde la órbita de Rush: «Obama es un don nadie; lo respaldan los blancos; es un elitista de Harvard. Y con ese nombre... ¿es siquiera negro?».

Cuando recaudé dinero suficiente para encargar una encuesta de verdad, descubrí que el 90 por ciento de la gente del distrito sabía quién era Bobby, y tenía un índice de aprobación del 70 por ciento, mientras que solo el 11 por ciento de los votantes sabía quién era yo. Poco tiempo después, el hijo de Bobby murió trágicamente víctima de un disparo, lo que provocó una efusión de simpatía hacia él. En la práctica, suspendí mi campaña durante un mes y vi cómo la televisión cubría el funeral, que se celebró en mi propia iglesia, presidido por el reverendo Jeremiah Wright. Ya en una situación delicada en casa, llevé a mi familia a Hawái para unas breves vacaciones de Navidad; y fue entonces cuando el gobernador decidió convocar una sesión especial para someter a votación una medida sobre el control de armas que yo respaldaba. Pero con Malia, de dieciocho meses entonces, enferma e incapaz de subirse a un avión, falté a la votación y recibí palos de todos los colores en la prensa de Chicago.

Perdí por treinta puntos.

Cuando hablo con jóvenes sobre política, a veces les cuento esta historia como una lección práctica sobre lo que no hay que hacer. Normalmente añado un epílogo, en el que describo cómo, pocos meses después de mi derrota, un amigo, preocupado de que estuviese de bajón, se empeñó en que lo acompañase a la Convención Nacional Demócrata del año 2000 en Los Ángeles. («Tienes que volver a subirte al caballo», me dijo.) Pero cuando aterricé allí e intenté alquilar un coche, no pude hacerlo porque había superado el límite de gasto en mi tarjeta American Express. Logré llegar al Staples Center, pero entonces me enteré de que la credencial que mi amigo me había conseguido no permitía el acceso a la planta de la convención, por lo que no pude más que lamentar mi suerte mientras daba vueltas alrededor del recinto, y veía los festejos en las pantallas de televisión que habían montado. Por último, tras un incómodo episodio ocurrido esa misma noche, en el que mi amigo no logró que me dejaran entrar a una fiesta a la que él asistía, cogí un taxi al hotel, dormí en el sofá de su suite, y volé de vuelta a Chicago justo cuando Al Gore estaba aceptando la nominación.

Es una historia graciosa, sobre todo en vista de adónde acabé llegando tiempo después. Como le digo a mi público, refleja la impredecible naturaleza de la política, y la necesidad de aguantar el tirón.

Lo que no menciono es mi sombrío estado de ánimo en el avión de vuelta. Tenía casi cuarenta años, no tenía un duro, acababa de sufrir una humillante derrota y mi matrimonio estaba en horas bajas. Sentí, quizá por primera vez en mi vida, que había seguido un camino equivocado; que cualesquiera reservas de energía y optimismo que creía haber tenido, cualquier potencial en el que siempre hubiese confiado, se me habían agotado en esa misión imposible. Peor aún, tomé conciencia de que en la decisión de presentarme al Congreso había pesado no solo el sueño altruista de cambiar el mundo, sino también la necesidad de justificar las decisiones que ya había tomado, o de alimentar mi ego, o de aplacar mi envidia hacia quienes habían conseguido lo que yo no había logrado.

Dicho de otro modo, me había convertido exactamente en aquello contra lo que, cuando era más joven, me había prevenido a mí mismo: en un político, y uno no demasiado bueno.

3

Después de que Bobby Rush me vapuleara, me concedí unos meses para lamentarme y lamerme las heridas antes de revisar mis prioridades y ponerme manos a la obra. Le dije a Michelle que tenía que implicarme más en nuestra relación. Estábamos esperando otro bebé, y aunque yo seguía pasando fuera de casa más tiempo del que ella habría querido, al menos se daba cuenta de que me estaba esforzando. Planifiqué mis reuniones en Springfield de tal manera que pudiésemos cenar juntos más a menudo. Intenté ser más puntual y estar más presente. Y el 10 de junio de 2001, poco menos de tres años después del nacimiento de Malia, experimentamos la misma explosión de felicidad —el mismo asombro absoluto— cuando llegó Sasha, tan rolliza y adorable como lo había sido su hermana, con una mata de rizos negros a los que era imposible resistirse.

Durante los dos años siguientes llevé una vida más apacible, repleta de pequeñas satisfacciones, contento con el equilibrio que parecía haber alcanzado. Disfruté embutiendo a Malia en sus primeras mallas de ballet o tomándola de la mano cuando paseábamos por el parque; viendo cómo la pequeña Sasha no paraba de reír cuando le mordisqueaba los pies; escuchando la lenta respiración de Michelle, con su cabeza apoyada en mi hombro, mientras se dejaba vencer por el sueño a mitad de una película clásica. Volví a implicarme en el trabajo en el Senado y disfruté del tiempo que pasaba con mis alumnos de la Facultad de Derecho. Analicé con detenimiento las cuentas familiares y elaboré un plan para saldar nuestras deudas. Inmerso en los ritmos más pausados de mi trabajo y en los placeres de la paternidad, empecé a plantearme mis opciones para una vida después de la política: quizá dar clases y escribir a tiempo completo, o volver a ejercer la abogacía, o buscar trabajo en alguna fundación benéfica local, como mi madre había imaginado para mí.

Dicho de otro modo, tras mi malhadada candidatura al Congreso experimenté cierta sensación de liberación, puede que no del deseo de dejar mi huella en el mundo, pero sí al menos del empeño de que tenía que ser en un escenario más grande. Lo que tal vez empezó siendo una especie de resignación ante los límites que el destino me había impuesto acabó transformándose en algo más parecido a gratitud por la generosidad con la que me había tratado.

Pero había dos cosas que me impedían cortar por lo sano con la política. En primer lugar, los demócratas de Illinois habían conseguido el derecho a supervisar el rediseño de los mapas de distritos del estado para reflejar los nuevos datos del censo del año 2000, gracias a una peculiaridad de la Constitución estatal que establecía que la disputa entre la Cámara de Representantes, controlada por los demócratas, y el Senado republicano debía zanjarse sacando una papeleta con un nombre de uno de los viejos sombreros de copa de Abraham Lincoln. Con ello los demócratas podrían revertir la manipulación que los republicanos habían puesto en práctica a lo largo de la década anterior, y así incrementar de manera extraordinaria las posibilidades de lograr la mayoría en el Senado tras las elecciones de 2002. Sabía que, con una legislatura más, tendría por fin ocasión de aprobar algunos proyectos de ley, de conseguir algo sustancial para la gente a la que representaba y quizá de concluir mi carrera política con mejor sabor de boca.

El segundo factor era más una intuición que un hecho. Desde mi elección había procurado dedicar unos cuantos días cada verano a visitar a diversos colegas en sus respectivos distritos a lo largo y ancho de Illinois. Por lo general viajaba con mi ayudante principal en el Senado, Dan Shomon, un antiguo periodista de United Press International con gafas gruesas, energía inagotable y una voz atronadora. Echábamos en la parte trasera de mi Jeep nuestros palos de golf, un mapa y un par de mudas de ropa y partíamos hacia el sur o el oeste, para acabar llegando a Rock Island o Pinckneyville, Alton o Carbondale.

Dan era mi asesor político clave, un buen amigo y el compañero ideal para un viaje por carretera: era de fácil conversación, no le incomodaba en absoluto el silencio y compartía conmigo la costumbre de fumar en el coche. Además, poseía un conocimiento enciclopédico de la política del estado. La primera vez que hicimos un viaje de ese tipo, noté que le preocupaba un poco cómo reaccionaría la gente de la región al sur de Chicago ante un abogado negro de la ciudad cuyo nombre sonaba a árabe.

—Nada de camisas elegantes —me instruyó antes de salir.

—No tengo ninguna camisa elegante —respondí.

—Mejor. Solo polos y pantalones de *sport*.

—Entendido.

Contrariamente a la inquietud de Dan por que pudiera sentirme fuera de lugar, lo que más me llamó la atención durante nuestros viajes fue lo familiar que me resultaba todo, ya fuese una feria comarcal, un local sindical o el porche de una granja familiar. En la manera en que la gente describía a sus familias y sus trabajos; en su humildad y hospitalidad; en su entusiasmo por el baloncesto de instituto; en la comida que servían, el pollo frito, las alubias guisadas y los moldes de gelatina; en todo ello oía ecos de mis abuelos, de mi madre, de la madre y el padre de Michelle. Los mismos valores. Las mismas esperanzas y sueños.

Las excursiones pasaron a ser más esporádicas cuando nacieron mis hijas. Pero la enseñanza sencilla y recurrente que me proporcionaron se me quedó grabada. Fui consciente de que, mientras los residentes de mi distrito en Chicago y los de los distritos al sur de la ciudad siguiesen siendo extraños entre sí, nuestra política nunca cambiaría realmente. Siempre sería demasiado fácil para los políticos alimentar los estereotipos que enfrentaban a los negros contra los blancos, a los inmigrantes contra los nativos, los intereses rurales contra los urbanos.

Si, por el contrario, una campaña lograse poner en entredicho las premisas políticas dominantes sobre lo divididos que estábamos, quizá sería posible construir un nuevo pacto entre ciudadanos. La vieja guardia ya no tendría la capacidad de enfrentar a un grupo contra otro. Los parlamentarios no se verían empujados a definir los intereses de sus electores —ni los suyos propios— de una manera tan cicatera. Los medios de comunicación tomarían nota del cambio y, a la hora de analizar un asunto, no se centrarían en qué bando ganaba o perdía, sino en si se alcanzaban nuestros objetivos comunes.

En última instancia, ¿acaso no era eso a lo que aspiraba yo: una política que superase las divisiones raciales, étnicas y religiosas de la sociedad estadounidense, y que trenzase las muchas fibras de mi propia vida?

Quizá pecase de ingenuo; quizá esas divisiones eran demasiado profundas. Pero, por mucho que intentase convencerme a mí mismo, no conseguía sacudirme la sensación de que era demasiado pronto para renunciar a mis convicciones más profundas. Por mucho que intentaba convencerme de que la vida política había terminado para mí —o de que estaba a punto de terminar—, en el fondo sabía que aún no estaba dispuesto a renunciar a ella.

Al dedicar más tiempo a pensar sobre el futuro, una cuestión me pareció evidente: la política basada en tender puentes que tenía en mente no encajaba con una campaña al Congreso. El problema era estructural, y tenía que ver con la forma en que estaban trazados los contornos de los distritos: en un distrito abrumadoramente negro como en el que yo vivía, en una comunidad que había sido sacudida durante años y años por la discriminación y el abandono, lo que se esperaba de los políticos se definía la mayoría de las veces en términos raciales, como sucedía también en muchos distritos blancos y rurales que se sentían dejados a su suerte. «¿Cómo harías frente a quienes no son como nosotros —preguntaban los votantes—, a quienes se han aprovechado de nosotros, a quienes nos miran por encima del hombro?»

Incluso con un enfoque político tan limitado seguramente podrías cambiar algo; con cierta veteranía, podrías lograr mejores servicios para tus electores, atraer uno o dos proyectos grandes a tu distrito y, colaborando con aliados, tratar de influir en el debate nacional. Pero eso no sería suficiente para remover las restricciones políticas que hacen tan difícil proporcionar atención sanitaria a quienes más la necesitan, o conseguir mejores escuelas para los niños pobres, o puestos de trabajo donde antes no los había; esas mismas restricciones bajo las que Bobby Rush trabajaba a diario.

Me di cuenta de que, para cambiar las cosas de verdad, tenía que hablar con y para el público más amplio posible. Y la mejor manera de hacerlo era presentarme a las elecciones para alguna institución de ámbito nacional; como, por ejemplo, el Senado estadounidense.

Cuando ahora recuerdo mi descaro —mi pura desfachatez— al querer lanzar una campaña al Senado estadounidense justo después de sufrir una contundente derrota, me cuesta descartar la posibilidad de que estuviese simplemente desesperado por tener otra oportunidad, como un alcohólico que racionaliza una última copa. Pero no era eso lo que sentía. Al darle vueltas a la idea en mi cabeza, lo que sentí con toda claridad no fue tanto que ganaría sino que tenía la posibilidad y que, si lo lograba, quizá tuviese un gran impacto. Podía verlo, sentirlo, como un jugador de fútbol americano que detecta una apertura en la línea de defensa y sabe que, si consigue llegar a ese hueco lo suficientemente rápido y atravesarlo, ya no habrá más que terreno despejado entre él y la zona de finalización. Este presentimiento vino acompañado de una toma de conciencia: si no lo conseguía, habría llegado el momento de abandonar la política; y dado que había puesto todo de mi parte en el empeño, podría dejarla sin remordimientos.

A lo largo de 2002 empecé discretamente a poner a prueba la idea. Al analizar el panorama político en Illinois, vi que no era tan descabellada la idea de que un parlamentario estatal negro y poco conocido se presentase al Senado estadounidense. Varios afroamericanos habían conseguido ser elegidos por Illinois, entre ellos la exsenadora Carol Moseley Braun, una política de talento, aunque errática, cuya victoria había electrizado al país antes de caer en desgracia como consecuencia de una serie de errores propios relacionados con malas prácticas financieras. Por su parte, el republicano que la había derrotado, Peter Fitzgerald, era un banquero adinerado cuyas ideas marcadamente conservadoras lo habían vuelto algo impopular en nuestro estado, que era cada vez más demócrata.

Empecé hablando con un trío de senadores estatales compañeros de mis partidas de póquer —los demócratas Terry Link, Denny Jacobs y Larry Walsh— para ver si creían que podía competir en las zonas rurales de clase trabajadora blanca a las que representaban. Por lo que habían visto durante mis visitas, pensaban que tenía posibilidades, y los tres accedieron a darme su apoyo si me presentaba. Lo mismo hizo un grupo de progresistas blancos, representantes públicos de las zonas ubicadas a lo largo de la orilla del lago en Chicago, así como un puñado de parlamentarios latinos independientes. Le pregunté a Jesse Jr. si tenía algún interés en presentarse. Me dijo que no, y añadió que estaba dispuesto a darme su apoyo. El congresista Danny Davis, el afable tercer congresista negro en la delegación de Illinois, también se sumó. (No le pude reprochar a Bobby Rush que mostrase menos entusiasmo al respecto.)

El respaldo más importante era el de Emil Jones, que estaba a punto de convertirse en presidente del Senado estatal y era, por ende, uno de los tres políticos más poderosos de Illinois. En una reunión en su despacho señalé que, en ese momento, no había en el Senado estadounidense ni un solo afroamericano, y que a las políticas por las que habíamos luchado juntos en Springfield les iría de perlas contar con alguien que las defendiese en Washington. Añadí que, si ayudaba a que uno de los suyos lograse un escaño en el Senado nacional, seguro que irritaba a más de un miembro de la vieja guardia de republicanos blancos de Springfield, que Jones sentía que siempre lo habían subestimado. Creo que este argumento le gustó particularmente.

Con David Axelrod, adopté una estrategia diferente. Él era un asesor de medios que antes había trabajado como periodista, entre cuyos clientes se contaban Harold Washington, el exsenador nacional Paul Simon y el alcalde Richard Daley, y se había labrado en todo el país la reputación de ser inteligente y duro, así como un hábil creador de campañas publicitarias. Admiraba su trabajo y sabía que contar con él en mi equipo otorgaría credibilidad a mi incipiente campaña no solo dentro del estado, sino entre donantes y expertos de todo el país.

Sabía también que me costaría convencerlo. «No lo veo fácil», me confesó cuando quedamos a comer en un pequeño restaurante de River North. Axel había sido uno de los muchos que me habían aconsejado no enfrentarme a Bobby Rush. Entre contundentes bocados a su sándwich, me dijo que no podía permitirme una segunda derrota. Y dudaba de que un candidato cuyo apellido rimaba con «Osama» pudiese conseguir votos al sur de Chicago. Además, ya lo habían tanteado al menos otros dos probables candidatos al Senado —el interventor estatal Dan Hynes, y el multimillonario gestor de fondos de inversión de alto riesgo Blair Hull—, con aparentemente muchas más opciones de ganar, por lo que aceptarme como cliente probablemente supondría una considerable pérdida de ingresos para su empresa.

«Espera a que Rich Daley se jubile y preséntate entonces a alcalde —concluyó mientras se limpiaba la mostaza del bigote—. Es mejor apuesta.»

Tenía razón, por supuesto. Pero yo no estaba haciendo los cálculos convencionales. Y en Axel intuí —tras todos los datos de encuestas, documentos de estrategia y argumentarios que eran las herramientas de su oficio— a alguien que se veía como algo más que un pistolero a sueldo; a alguien que podía ser un espíritu afín. En lugar de discutir sobre los entresijos de la campaña, intenté apelar a su corazón.

«¿Alguna vez te has planteado cómo John y Bobby Kennedy conseguían conectar con lo mejor de las personas? —pregunté—. ¿O lo que se sentiría al ayudar a Lyndon B. Johnson a aprobar la Ley sobre Derecho al Voto, o a Franklin D. Roosevelt a instaurar la Seguridad Social, y saber que has mejorado la vida de millones de personas? La política no tiene por qué ser lo que la gente cree que es. Puede ser algo más.»

Axe arqueó sus imponentes cejas y escudriñó mi rostro de arriba abajo. Debió de ser evidente que no solo estaba intentando convencerlo a él; me estaba convenciendo a mí mismo. Al cabo de pocas semanas me llamó para decirme que, tras hablarlo con sus socios y con Susan, su mujer, había decidido aceptarme como cliente. Antes de que pudiese darle las gracias, añadió una condición.

«Tu idealismo es conmovedor, Barack... Pero, salvo que recaudes cinco millones para difundirlo por televisión y que la gente te oiga, no tienes ninguna posibilidad.»

Tras esto, me sentí por fin preparado para tantear a Michelle. Ahora trabajaba como directora ejecutiva de asuntos comunitarios del Centro Médico de la Universidad de Chicago, un puesto que le permitía más flexibilidad, aunque la seguía obligando a compaginar de mil maneras sus altas responsabilidades profesionales con las quedadas de las niñas para jugar y las recogidas en la escuela cada día. Así que me quedé un poco sorprendido cuando, en lugar de responder con un «¡Ni en sueños, Barack!», me propuso que lo hablásemos con algunos de nuestros amigos más cercanos, como Marty Nesbitt, un empresario de éxito cuya mujer, la doctora Anita Blanchard, había traído al mundo a nuestras dos hijas, y Valerie Jarrett, una abogada brillante y bien relacionada que había sido la jefa de Michelle en el Departamento de Planificación del Ayuntamiento y que se había convertido en una especie de hermana mayor para ambos. Lo que entonces yo no sabía era que Michelle ya había hablado con Marty y Valerie y les había encomendado la tarea de disuadirme de mi disparate.

Quedamos en el apartamento de Valerie en Hyde Park, y a lo largo de un prolongado brunch expliqué mi proceso mental, esbocé los posibles escenarios hasta la nominación demócrata y respondí a preguntas sobre las diferencias entre esta campaña y la anterior. No traté de minimizar ante Michelle la cantidad de tiempo que pasaría fuera. Pero prometí que sería todo o nada: si perdía, la política se habría acabado para nosotros.

Cuando terminé de hablar, Valerie y Marty estaban convencidos, sin duda para consternación de Michelle. Para ella no era una cuestión de estrategia: pensar en otra campaña le resultaba tan sugerente como una endodoncia. Además, lo que más le preocupaban eran las consecuencias para las finanzas familiares, que aún no se habían recuperado por completo de mi anterior tentativa política. Me recordó que teníamos préstamos estudiantiles, una hipoteca y deudas de las tarjetas de crédito en que pensar. Aún no habíamos empezado a ahorrar para la universidad de nuestras hijas y, para colmo, para evitar conflictos de interés, tendría que dejar de ejercer como abogado para poder presentarme al Senado, lo que reduciría aún más nuestros ingresos.

—Si pierdes, estaremos aún más entrampados —dijo—. ¿Y qué pasa si ganas? ¿Cómo vamos a mantener dos casas, en Washington y Chicago, cuando a duras penas conseguimos mantener una?

Esto lo tenía previsto.

—Si gano, amor —contesté—, tendrá repercusión nacional. Seré el único afroamericano en el Senado. Cuando sea más conocido, puedo escribir otro libro y vender un montón de ejemplares, y eso cubrirá los gastos adicionales.

Michelle soltó una risotada. Había ganado algún dinero con mi primer libro, pero ni remotamente la cantidad que íbamos a necesitar para pagar los gastos en los que incurriríamos. Para mi mujer —y supongo que para la mayoría de la gente también— un libro aún no escrito no era un gran plan financiero.

—En otras palabras —dijo—, llevas unas habichuelas mágicas en el bolsillo. Eso es lo que me estás contando. Tienes unas habichuelas mágicas, las vas a sembrar, y de la noche a la mañana crecerá una mata que llegará hasta el cielo, treparás por ella, matarás al gigante que vive en las nubes y traerás de vuelta a casa una gallina que pone huevos de oro. ¿Es eso?

—Algo así —respondí.

Michelle sacudió la cabeza y miró por la ventana. Ambos sabíamos lo que yo estaba pidiendo. Otro terremoto. Otra apuesta. Otro paso en la dirección de algo que quería pero ella realmente no.

—Hasta aquí, Barack —dijo Michelle—. Una última vez. Pero no esperes que participe ni mínimamente en la campaña. De hecho, ni siquiera deberías dar mi voto por descontado.

De niño, había visto varias veces cómo mi abuelo intentaba vender por teléfono pólizas de seguro de vida, cómo se reflejaba la desdicha en su rostro cuando, por la noche, se ponía a llamar a perfectos desconocidos desde nuestro piso en la décima planta de un edificio de apartamentos. Durante los primeros meses de 2003, me descubrí pensando en él a menudo mientras, sentado a mi mesa en la escasamente amueblada sede de mi recién lanzada campaña al Senado bajo un póster en el que Muhammad Ali se erguía triunfante sobre un derrotado Sonny Liston, intentaba animarme a mí mismo para hacer otra llamada a algún donante potencial.

Aparte de Dan Shomon y Jim Cauley, un tipo procedente de Kentucky que habíamos reclutado como director de campaña, nuestro equipo estaba formado en su mayoría por chavales de veintitantos años, de los cuales solo pagábamos a la mitad; dos de ellos aún estudiaban en la universidad. Sentía lástima especialmente por la única persona de mi equipo encargada a tiempo completo de recaudar fondos, que además tenía que obligarme a levantar el teléfono para que yo pidiera donaciones.

¿Iba mejorando en esto de ser político? No estaba seguro. En el primer debate organizado entre los candidatos, en febrero de 2003, estuve rígido y torpe, y fui incapaz de conseguir que mi cerebro produjese las frases ordenadas que esos formatos exigían. Pero mi derrota ante Bobby Rush me había mostrado claramente qué aspectos debía mejorar: tenía que interactuar de manera más efectiva con los medios, aprender a comunicar mis ideas en frases concisas. Debía construir una campaña que no girase tanto en torno a informes sobre políticas sino más bien alrededor de la conexión individual con los votantes. Y tenía que recaudar dinero; un montón de dinero. Realizamos varias encuestas, que parecían confirmar que podía ganar, pero solo si conseguía mejorar mi visibilidad a base de costosos anuncios de televisión.

Pero en la misma medida en que mi campaña al Congreso había sido malhadada, esta fue afortunada. En abril, Peter Fitzgerald decidió no presentarse a la reelección. Carol Moseley Braun, que con toda probabilidad se habría hecho con la nominación demócrata para su antiguo escaño, había optado inexplicablemente por presentarse a presidenta, lo que dejó la pugna abierta por completo. En unas primarias contra otros seis demócratas, me dediqué a sumar respaldos de sindicatos y miembros populares de nuestra delegación en el Congreso, lo que contribuyó a apuntalar mi base electoral entre los progresistas y al sur de Chicago. Con la ayuda de Emil y de una mayoría demócrata en el Senado estatal, encabecé la aprobación de una serie de proyectos de ley, como una que exigía la grabación en vídeo de los interrogatorios en casos que pudieran resultar en la pena capital o una ampliación del límite exento en el impuesto sobre la renta, lo que reforzó mis credenciales como parlamentario eficaz.

Además, el panorama político nacional se inclinó a mi favor. En octubre de 2002, antes incluso de que hiciese pública mi candidatura, me habían invitado a hablar en una concentración en el centro de Chicago contra la inminente invasión estadounidense de Irak. Para alguien que estaba a punto de presentar su candidatura al Senado, las implicaciones políticas de esta invitación eran poco claras. Tanto Axe como Dan pensaban que adoptar una postura clara e inequívoca contra la guerra ayudaría en unas primarias demócratas; otros advertían que, dado el estado anímico del país tras el 11-S (entonces las encuestas reflejaban que hasta el 67 por ciento de los estadounidenses estaban a favor de actuar militarmente contra Irak), la probabilidad de un éxito militar, al menos a corto plazo, y mi apellido y ascendencia, ya de por sí complicados, la oposición a la guerra podría lastrar mi candidatura cuando llegasen las elecciones.

«A Estados Unidos le gusta machacar enemigos», me advirtió un amigo.

Estuve algo más de un día dándole vueltas a la cuestión, y decidí que esta era mi primera prueba: ¿llevaría una campaña como la que me había prometido a mí mismo? Redacté un breve discurso, de cinco o seis minutos y, satisfecho porque reflejaba mis sinceras creencias, me fui a la cama sin enviárselo al equipo para que lo revisasen. El día de la concentración, más de mil personas se habían congregado en Daley Plaza, con Jesse Jackson como cabeza de cartel. Hacía frío y viento racheado. Hubo unos pocos aplausos, amortiguados por los guantes y mitones, cuando se anunció mi nombre y subí hasta el micrófono.

«Permítanme que comience diciendo que, aunque este acto se ha presentado como una concentración contra la guerra, me presento ante ustedes como alguien que no se opone a la guerra en todas las circunstancias.»

Se hizo el silencio en la multitud, que dudaba de adónde iría a parar. Describí la sangre derramada para preservar la Unión y dar lugar a un renacimiento de la libertad; el orgullo que sentía hacia mi abuelo porque se había presentado voluntario para combatir tras el ataque a Pearl Harbor; mi apoyo a nuestras acciones militares en Afganistán y mi propia disposición a empuñar las armas para evitar otro 11-S. «No me opongo a todas las guerras —dije—. A lo que me opongo es a una guerra estúpida.» A continuación, argumenté que Sadam Husein no suponía ninguna amenaza inminente para Estados Unidos o para sus vecinos, y que «incluso una guerra exitosa contra Irak exigirá una ocupación estadounidense del país de duración indefinida, a un coste indefinido, con consecuencias indefinidas». Concluí sugiriendo que si el presidente Bush tenía ganas de pelea, debería rematar el trabajo contra Al Qaeda, dejar de apoyar regímenes represivos, y cortar la dependencia de Estados Unidos del petróleo de Oriente Próximo.

Volví a mi asiento. El público aplaudió. Cuando abandoné la plaza, supuse que mis comentarios serían poco más que una nota al pie. Las informaciones de prensa apenas habían mencionado mi presencia en el acto.

Tan solo unos meses después de que una coalición liderada por Estados Unidos empezase a bombardear Bagdad, los demócratas comenzaron a dar la espalda a la guerra en Irak. A medida que aumentaban el caos y el número de víctimas, la prensa empezó a hacer preguntas que se deberían haber planteado desde el principio. Una oleada de activismo de base llevó a un casi desconocido gobernador de Vermont, Howard Dean, a enfrentarse a candidatos en las elecciones presidenciales de 2004, como John Kerry, que habían votado a favor de la guerra en Irak. El breve discurso que di en la concentración contra la guerra de repente parecía premonitorio y empezó a circular por internet. Mis jóvenes ayudantes tuvieron que explicarme qué diablos tenían que ver los «blogs» y «MySpace» con la avalancha de nuevos voluntarios y donaciones de base que de pronto estábamos recibiendo.

Ser candidato estaba siendo divertido. En Chicago, pasaba los sábados sumergiéndome en barrios étnicos —mexicanos, italianos, indios, polacos, griegos—, comiendo y bebiendo, participando en desfiles, besando bebés y abrazando abuelas. Los domingos asistía a iglesias negras, algunas de las cuales eran modestos edificios metidos con calzador entre salones de uñas y garitos de comida rápida, y otras, en cambio, gigantescas megaiglesias con zonas de estacionamiento del tamaño de campos de fútbol. Iba saltando de unos extrarradios a otros, desde la arbolada North Shore con todas sus mansiones hasta pueblos situados justo al borde meridional y occidental de la ciudad, a los que la pobreza y los edificios abandonados hacían, en algunos casos, indistinguibles de los barrios más difíciles de Chicago. Cada dos semanas visitaba la región al sur de la ciudad; algunas veces iba solo, lo más habitual era que fuera acompañado por Jeremiah Posedel o Anita Decker, los dos talentosos ayudantes que dirigían mis operaciones en la zona.

Cuando hablaba con los votantes en los primeros tiempos de mi campaña solía abordar los asuntos en torno a los que giraba mi candidatura, como acabar con las exenciones de impuestos a las empresas que estaban trasladando empleos al extranjero, promover las energías renovables o facilitar el acceso de los jóvenes a la universidad. Explicaba por qué me había opuesto a la guerra en Irak; agradecía el extraordinario servicio de nuestros soldados, pero cuestionaba por qué habíamos empezado una nueva guerra cuando todavía no habíamos acabado la de Afganistán y Osama bin Laden aún estaba huido.

Con el tiempo fui centrándome más y más en escuchar. Y cuanto más lo hacía, más se abría la gente a mí. Me contaban lo que sentían cuando los despedían después de toda una vida trabajando, cuando los desahuciaban o cuando tenían que vender la granja familiar. Me contaban que no podían permitirse pagar un seguro de salud, y que a veces partían por la mitad las pastillas que les prescribía el médico para intentar que les durasen más. Hablaban de los jóvenes que habían tenido que emigrar porque no había buenos trabajos en sus pueblos, o de quienes habían tenido que abandonar la universidad a punto de graduarse porque no podían pagar los gastos de matrícula.

Mi discurso dejó de ser una sucesión de tomas de posición sobre diversos asuntos y se convirtió en una crónica de estas voces dispares, un coro de ciudadanos de todos los rincones del estado.

«Esto es lo que pasa —decía—. La mayoría de las personas, sean de donde sean y tengan el aspecto que tengan, aspiran a lo mismo. No buscan hacerse multimillonarios. No esperan que otra persona haga lo que pueden hacer por sí mismas.

»Pero sí creen que, si están dispuestas a trabajar, deberían poder encontrar un empleo que permita mantener a una familia. Que no deberían arruinarse solo por haber caído enfermas. Que sus hijos deberían poder recibir una buena educación, que los prepare para esta nueva economía, y deberían poder costearse la universidad si se han esforzado para ello. Quieren estar a salvo de delincuentes y terroristas. Y consideran que, tras toda una vida de trabajo, deberían poder jubilarse con dignidad y respeto.

»Es básicamente esto. No es tanto. Y, aunque no esperan que el Gobierno resuelva todos sus problemas, sí saben, en lo más profundo, que bastaría un ligero cambio de prioridades para que el Gobierno pudiera ayudarles.»

El público permanecía en silencio, y yo contestaba a unas cuantas preguntas. Cuando el acto terminaba, la gente hacía cola para darme la mano, llevarse algunos documentos de la campaña, o hablar con Jeremiah, Anita o algún voluntario local sobre cómo podían participar en ella. Y yo iba hasta el siguiente pueblo sabiendo que la historia que contaba era cierta, convencido de que esta campaña ya no giraba en torno a mí, sino que me había convertido en un mero transmisor mediante el cual la gente podía reconocer el valor de sus propias historias, su propia valía, y compartirlas entre sí.

Tanto en los deportes como en la política es difícil entender la naturaleza exacta de lo que se conoce como «impulso». Pero a principios de 2004 nosotros lo teníamos. Axe nos hizo rodar dos anuncios para televisión. En el primero de ellos, salía yo hablando directamente a la cámara y terminaba con el eslogan «Sí se puede». (A mí me parecía sensiblero, pero Axe apeló de inmediato a un poder superior: se lo mostró a Michelle, que opinó que «no era sensiblero en absoluto».) En el segundo aparecía Sheila Simon, hija del querido exsenador por Illinois Paul Simon, que había muerto tras una operación de corazón días antes de cuando tenía previsto hacer público su respaldo a mi candidatura.

Los anuncios salieron en antena justo cuatro semanas antes de las primarias. En poco tiempo, mis apoyos casi se habían doblado. Cuando los cinco periódicos más importantes del estado me dieron su apoyo, Axe actualizó los anuncios para que lo destacasen, y me explicó que este tipo de refrendo era más beneficioso para los candidatos negros que para los blancos. Fue más o menos por esas fechas cuando la campaña de mi principal rival se vino abajo después de que los medios publicasen detalles de documentos judiciales hasta entonces secretos, en los que su exmujer alegaba haber sido víctima de abusos domésticos. El 16 de marzo de 2004, el día de las primarias demócratas, en que nos enfrentábamos a otros seis rivales, acabamos obteniendo casi el 53 por ciento de los votos: no solo más que el resto de candidatos demócratas juntos, sino más que todos los votos que se habían emitido en el estado entero en las primarias republicanas.

Solo recuerdo dos momentos de esa noche: los grititos de júbilo de nuestras hijas (que en el caso de Sasha, que tenía dos años, quizá se mezclasen con algo de miedo) cuando se dispararon los cañones de confeti en la celebración de la victoria, y a un Axelrod exultante diciéndome que, salvo en uno, había ganado en todos los distritos de mayoría blanca de Chicago, que en épocas pasadas habían servido como epicentro de la resistencia racial a Harold Washington. («Harold nos sonríe esta noche desde el cielo», añadió.)

También recuerdo la mañana siguiente, cuando, sin haber apenas dormido, fui a Central Station a saludar a los viajeros que se dirigían a sus trabajos. Había empezado a caer una suave nevada, con copos del tamaño de pétalos de flor, y toda la gente que me reconocía y me daba la mano parecía llevar puesta la misma sonrisa, como si hubiésemos hecho algo sorprendente juntos.

«Como si hubiésemos salido propulsados de un cañón», fue la manera que encontró Axe para describir los meses siguientes, y es exactamente lo que sentí. De la noche a la mañana nuestra campaña se convirtió en noticia nacional, las cadenas de televisión llamaban para entrevistarme y recibimos felicitaciones telefónicas de representantes políticos de todo el país. No era solo que hubiésemos ganado, ni siquiera la inesperada magnitud del margen de nuestra victoria; lo que interesaba a los observadores era la manera en que lo habíamos hecho, con votos procedentes de todos los segmentos demográficos, incluidos los condados blancos sureños y rurales. Los comentaristas especulaban en torno a lo que mi campaña evidenciaba del estado de las relaciones raciales en el país; y, debido a mi temprana oposición a la guerra de Irak, lo que podía significar para el rumbo del Partido Demócrata.

Mi campaña no podía permitirse el lujo de una celebración; nos esforzamos por no bajar el pistón. Incorporamos a más gente con experiencia, como Robert Gibbs, director de Comunicación, un tipo duro y avispado de Alabama que había trabajado en la campaña de Kerry. Aunque las encuestas me daban casi veinte puntos de ventaja sobre Jack Ryan, mi rival republicano, su currículum me invitaba a ser cauto y no dar nada por descontado: era un banquero que había dejado Goldman Sachs para dar clase en una escuela parroquial que atendía a niños desfavorecidos y cuyo aspecto de ídolo juvenil limaba las aristas de su programa republicano, extraordinariamente convencional.

Por suerte para nosotros, nada de esto se reflejó durante la campaña. La prensa criticó duramente a Ryan cuando, en un intento de presentarme como un progresista derrochador que subiría los impuestos, utilizó una serie de gráficas con cifras que se demostró que eran disparatadas y evidentemente erróneas. Más tarde, lo machacaron por haber enviado a un joven ayudante para que me siguiese de forma agresiva cámara de vídeo en mano, que llegó a entrar conmigo al servicio e incluso siguió pegado a mí mientras intentaba hablar con Michelle y las niñas, con la esperanza de pillarme dando un patinazo. La puntilla llegó cuando la prensa se hizo con documentos confidenciales del divorcio de Ryan, en los que su exmujer lo acusaba de haberla presionado para visitar clubes de alterne, y de intentar obligarla a mantener relaciones sexuales ante desconocidos. Al cabo de una semana, Ryan retiró su candidatura.

Cuando faltaban solo cinco meses para las elecciones generales, de pronto me quedé sin rival.

«Solo sé —anunció Gibbs— que, cuando todo esto acabe, nos vamos a Las Vegas.»

Igualmente mantuve una agenda extenuante: con frecuencia, tras terminar mi jornada en Springfield, recorría las ciudades cercanas para asistir a actos de campaña. Cuando volvía de uno de ellos, recibí una llamada de alguien del equipo de John Kerry, que me invitaba a dar el discurso inaugural en la Convención Nacional Demócrata que se celebraría en Boston a finales de julio. Que no sintiese vértigo ni me pusiese nervioso solo se explica por lo absolutamente inverosímil que había sido el año que acababa de vivir. Axelrod me ofreció reunir al equipo para iniciar el proceso de redactar un discurso, pero le dije que no hacía falta.

«Déjame probar a mí —añadí—. Sé lo que quiero decir.»

Dediqué varios días a escribir mi discurso, sobre todo por las noches. Tirado en mi cama en el Hotel Renaissance de Springfield, mientras el ruido de un partido en el televisor sonaba de fondo, rellené un cuaderno de notas amarillo con mis reflexiones. Las palabras fluían, una síntesis de la política a la que había aspirado desde mis inicios en la universidad y de mis conflictos internos que habían dado pie al viaje hacia el lugar en el que me encontraba. Sentía que tenía la cabeza llena de voces; de mi madre, de mis abuelos, de mi padre; de las personas con las que había colaborado como trabajador comunitario y de la gente que participó en la campaña. Pensé en todas esas personas que había conocido, que a pesar de tener sobrados motivos para acabar amargados y cínicos se habían negado a seguir ese camino y continuaban aspirando a algo más elevado, seguían intentado conectar unos con otros. En un momento dado, recordé una frase que oí alguna vez durante un sermón de mi pastor, Jeremiah Wright, que plasmaba este espíritu.

La audacia de la esperanza.

Tiempo después, Axe y Gibbs contarían chascarrillos sobre las idas y venidas previas a la noche en que hablé en la convención. Que tuvimos que negociar cuánto tiempo se me concedería (ocho minutos, que conseguimos aumentar hasta diecisiete). Los dolorosos recortes que Axe y su sagaz socio, John Kupper, introdujeron en mi borrador inicial, todos los cuales hicieron que el texto mejorara. Un vuelo a Boston con retraso mientras la sesión legislativa en Springfield se prolongaba hasta la noche. Practicar por primera vez con un teleprónter mientras mi preparador, Michael Sheehan, me explicaba que los micrófonos funcionaban perfectamente, así que «no tienes que gritar». Mi enfado cuando un joven ayudante de Kerry nos informó de que había eliminado una de mis frases favoritas porque el nominado pretendía apropiársela para su propio discurso. («Eres senador estatal —me recordó convenientemente Axe— y te han proporcionado una plataforma nacional. [...] Creo que no es demasiado pedir.») Michelle, entre bambalinas, hermosa, vestida de blanco, apretando mi mano, mirándome a los ojos con dulzura y diciéndome: «¡No la cagues, colega!». Los dos partiéndonos de risa, haciendo el tonto, cuando nuestro amor despuntaba siempre, y la presentación del veterano senador por Illinois Dick Durbin: «Permítanme que les hable de este tal Barack Obama...».

No he visto el vídeo de mi discurso en la convención de 2004 hasta el final más que una vez. Lo vi yo solo, bastante tiempo después de las elecciones, para intentar entender qué ocurrió en aquel auditorio. Con el maquillaje que llevo, parezco increíblemente joven, y detecto una pizca de nervios al principio, algunas partes en las que voy demasiado rápido o demasiado lento y unos gestos un poco torpes, que delatan mi inexperiencia.

Pero llega un momento en el discurso en que encuentro mi cadencia. El público guarda silencio en lugar de exaltarse. Es un momento que en años posteriores he reconocido de nuevo, en noches mágicas señaladas. Hay una sensación física, una corriente de emoción que va y viene entre el público y tú, como si sus vidas y la tuya de pronto se hubiesen entrelazado, como un rollo de película que se proyecta hacia atrás y hacia delante en el tiempo, y tu voz va elevándose hasta estar a punto de quebrarse porque, durante un instante, lo sientes en lo más profundo; puedes verlo en su totalidad. Has establecido conexión con un espíritu colectivo, algo que todos conocemos y a lo que aspiramos —una sensación de conexión que disuelve las diferencias que existen entre nosotros y las sustituye por una gigantesca ola de ilusión—, y como todas las cosas que más importan, sabes que el momento es efímero y que pronto el hechizo se romperá.

Antes de esa noche creía que entendía el poder que tienen los medios. Había visto cómo me habían catapultado los anuncios de Axe hasta la primera posición en las primarias, que desconocidos de pronto hacían sonar el claxon y me saludaban desde sus coches, o los niños se me acercaban corriendo en la calle y me decían con gran seriedad: «Te he visto en la tele».

Pero esta era una visibilidad de otra magnitud: una transmisión en directo y sin filtros a millones de personas, con fragmentos que llegaron a millones de personas más a través de los telediarios de las cadenas de televisión por cable y de internet. Cuando abandoné el escenario, sabía que el discurso había ido bien, y no me sorprendió en absoluto la pasión de la gente que se agolpaba para saludarnos en los distintos actos de la convención al día siguiente. Pero, aunque la atención que recibí en Boston fue muy gratificante, imaginé que sería algo circunstancial. Supuse que serían adictos a la política, gente que sigue este tipo de cosas minuto a minuto.

Inmediatamente después de la convención, Michelle, las niñas y yo metimos nuestros bártulos en una autocaravana y partimos en un viaje de una semana hacia la región al sur de Chicago, pensado para mostrar a los votantes que seguía centrado en Illinois y la popularidad no se me había subido a la cabeza. Íbamos por la autopista y, cuando quedaban pocos minutos para llegar a nuestra primera parada, Jeremiah, mi director de campaña en la región, recibió una llamada del personal que nos esperaba allí.

—Vale... vale... Se lo digo al conductor.

—¿Qué pasa? —pregunté, ya un poco agotado por la falta de sueño y la ajetreada agenda.

—Esperábamos que hubiese hasta unas cien personas en el parque —explicó Jeremiah—, pero ahora mismo cuentan al menos quinientas. Nos piden que nos demoremos un poco para darles tiempo a gestionar el exceso de público.

Veinte minutos después nos detuvimos y nos encontramos lo que parecía ser el pueblo entero apretujado en el parque. Había padres con sus hijos en hombros, personas mayores con sillas plegables que agitaban banderolas, hombres con camisas de cuadros y gorras de agricultor. Muchos de ellos tal vez estaban allí por mera curiosidad, para ver a qué se debía ese alboroto, pero otros esperaban pacientemente en pie. Malia se asomó por la ventana, sin hacer caso a los intentos de Sasha de quitársela de en medio.

—¿Qué hace toda esa gente en el parque? —preguntó Malia.

—Han venido a ver a papá —respondió Michelle.

—¿Por qué?

Me volví hacia Gibbs, que se encogió de hombros y me dijo: «Vas a necesitar un barco más grande».

A partir de ese momento, en cada parada nos recibían multitudes cuatro o cinco veces mayores que cualquiera que hubiésemos visto hasta entonces. Y, por mucho que nos dijésemos que el interés se disiparía y el globo se desinflaría, por mucho que intentásemos mantenernos precavidos contra la complacencia, las elecciones en sí casi pasaron a un segundo plano. En agosto, los republicanos —incapaces de encontrar un candidato local dispuesto a presentarse (aunque Mike Ditka, exentrenador de los Bears de Chicago, flirteó públicamente con la idea)—, en una decisión desconcertante, reclutaron al agitador conservador Alan Keys. («¡Mirad —dijo Gibbs con una sonrisa—, ellos también tienen a un tipo negro!») Aparte del hecho de que residía en Maryland, sus severos sermones sobre el aborto y la homosexualidad no sentaron muy bien a los habitantes de Illinois.

«Jesucristo nunca votaría a BEI-rack Oba-ma!», proclamaba Klein, pronunciando mi nombre incorrectamente de manera deliberada.

Lo derroté por más de cuarenta y cinco puntos; el mayor margen en unas elecciones al Senado en la historia del estado de Illinois.

Nuestros ánimos la noche de las elecciones estaban apagados, no solo porque el resultado de nuestra campaña ya se daba por sentado, sino por los resultados nacionales. Kerry había perdido frente a Bush; los republicanos habían conservado el control de la Cámara y el Senado; hasta el líder de la minoría demócrata en el Senado, Tom Daschle de Dakota del Sur, había sufrido una inesperada derrota. Karl Rove, el cerebro político de George Bush, se pavoneaba sobre su sueño de consolidar una mayoría republicana permanente.

Por nuestra parte, Michelle y yo estábamos exhaustos. Mi equipo calculó que, en los dieciocho meses anteriores, me había tomado exactamente siete días de descanso. Dedicamos las seis semanas previas a mi toma de posesión como senador de Estados Unidos a pequeños asuntos caseros que habíamos desatendido bastante. Volé a Washington para reunirme con quienes pronto serían mis colegas, entrevistar candidatos a formar parte de mi equipo, y buscar el piso más barato que pudiese encontrar. Michelle había decidido que las niñas y ella se quedarían en Chicago, donde contaba con un círculo de apoyo de familiares y amigos, por no hablar de un trabajo que realmente le encantaba. Aunque la idea de vivir separados tres días a la semana durante buena parte del año hacía que se me encogiera el corazón, su lógica era irrebatible.

Por lo demás, no dedicamos demasiado tiempo a pensar en lo que había ocurrido. Pasamos las Navidades en Hawái con Maya y Toot. Cantamos villancicos, hicimos castillos de arena y vimos a las niñas abrir sus regalos. Lancé al mar un collar de flores en el lugar donde mi hermana y yo habíamos esparcido las cenizas de mi madre y coloqué otro en el cementerio del Pacific National Memorial, donde estaba enterrado mi abuelo. Tras Año Nuevo, toda la familia voló a Washington. La noche anterior a mi toma de posesión, Michelle estaba en el dormitorio de nuestra suite de hotel preparándose para una cena de bienvenida para los nuevos miembros del Senado cuando recibí una llamada de mi editora. El discurso en la convención había aupado la reedición de mi libro, que había estado agotado durante cuatro años, hasta lo más alto en la lista de los más vendidos. Mi editora me llamaba para felicitarme por este éxito, y por el hecho de que tuviésemos un acuerdo para un nuevo libro, esta vez con un adelanto espectacular.

Le di las gracias y colgué el teléfono justo cuando Michelle salía del dormitorio en un reluciente vestido de gala.

—Estás guapísima, mami —dijo Sasha.

Michelle dio una vuelta sobre sí misma para las niñas.

—Bueno, chicas, portaos bien —dije, y les di un beso antes de despedirme de la madre de Michelle, que iba a cuidarlas esa noche.

Íbamos por el pasillo hacia el ascensor cuando de pronto Michelle se detuvo.

—¿Has olvidado algo? —pregunté.

Me miró y sacudió la cabeza, incrédula.

—No puedo creer que hayas conseguido todo esto: la campaña, el libro. Todo.

Asentí y la besé en la frente.

—Habichuelas mágicas, nena. Habichuelas mágicas.

Normalmente, lo que más le cuesta conseguir a un senador novato en Washington es que la gente preste atención a cualquier cosa que haga, pero yo acabé teniendo el problema contrario. En relación con mi estatus real de senador recién llegado, la expectación que me rodeaba había llegado a extremos cómicos. Los periodistas insistían a diario en conocer mis planes, y sobre todo me preguntaban si tenía intención de presentarme a presidente. Cuando, el día que juré mi cargo, un reportero me preguntó: «¿Cuál considera que es su lugar en la historia?», me reí y expliqué que acababa de llegar a Washington, ocupaba el puesto noventa y nueve entre los cien senadores por antigüedad, aún no había emitido ni un solo voto y ni siquiera sabía dónde estaban los aseos en el Capitolio.

No estaba haciéndome el interesante. Lograr un escaño en el Senado ya había sido algo suficientemente improbable de por sí. Estaba encantado de estar allí, y tenía muchas ganas de empezar a trabajar. Para contrarrestar todas esas expectativas desaforadas, mi equipo y yo nos fijamos en el ejemplo que ofrecía Hillary Clinton, que había llegado al Senado cuatro años antes entre un gran alboroto y se había labrado una reputación de diligencia, enjundia y atención a sus electores. Ser un caballo de tiro, no de exhibición; ese era mi objetivo.

Nadie tenía un temperamento más apropiado para llevar a la práctica esta estrategia que mi nuevo jefe de gabinete, Pete Rouse. Rondaba los sesenta años, tenía el pelo canoso y la complexión de un oso panda, y llevaba casi treinta años trabajando en el Capitolio. Su experiencia —venía de ser jefe de gabinete de Tom Daschle— y su amplia red de contactos en la ciudad hacían que la gente se refiriese a él afectuosamente como el «senador 101». Contra la imagen estereotipada de los profesionales de la política en Washington, Pete tenía alergia a los focos, y —tras una fachada jocosa y hosca— casi se diría que es tímido, lo que ayudaba a explicar su prolongada soltería y el cariño indulgente hacia sus gatos.

Había requerido un esfuerzo considerable convencer a Pete de que aceptase el trabajo de organizar mi oficina de novato. Según decía, le preocupaba menos el gran retroceso en estatus que esto suponía que la posibilidad de que no le dejase tiempo suficiente para ayudar a encontrar trabajo a todos los jóvenes del equipo que, tras la derrota de Daschle, se habían quedado sin empleo.

Era su inquebrantable decencia y rectitud, tanto como su conocimiento, lo que hacía de Pete un regalo del cielo. Y fue su reputación la que me permitió reclutar a personas del máximo nivel para integrar las filas de mi equipo. Junto con Robert Gibbs como director de Comunicación, incorporamos como director legislativo a Chris Lu, un veterano del Capitolio; a Mark Lippert, un joven y perspicaz reservista de la Marina, como asesor en política exterior; y Alyssa Mastromonaco, una de las principales lugartenientes de la campaña presidencial de Kerry, cuyo rostro aniñado escondía un talento sin par para la resolución de problemas y la organización de eventos, como directora de planificación. Por último, sumamos a un joven juicioso y apuesto de veintitrés años llamado Jon Favreau. Favs, como sería conocido, también había trabajado en la campaña de Kerry y fue la primera opción tanto de Gibbs como de Pete para ser nuestro redactor de discursos.

—¿No lo habíamos visto antes? —le pregunté a Gibbs tras la entrevista.

—Sí... Es el chaval que se presentó para decirte que Kerry se estaba apropiando de una de tus frases en la convención.

Lo contraté igualmente.

Bajo la supervisión de Pete, el equipó montó oficinas en Washington, Chicago y varios puntos en la región al sur de la ciudad. Para hacer hincapié en nuestra atención hacia los votantes de nuestro estado, Alyssa preparó un ambicioso calendario de reuniones públicas en Illinois (treinta y nueve el primer año). Establecimos una estricta norma de evitar a la prensa nacional y las tertulias televisivas de los domingos por la mañana, y centramos nuestra atención en los periódicos y las cadenas de televisión de Illinois. Y, lo más importante, Pete ideó un complejo sistema para gestionar el correo y las peticiones de los electores, además de pasar muchas horas con los ayudantes jóvenes y los becarios que trabajaban en la oficina de correspondencia para asegurarse de que estaban al tanto de todas las agencias federales que gestionaban los cheques de la Seguridad Social perdidos, las ayudas a los veteranos canceladas o los préstamos de la Administración de Pequeños Negocios.

«Puede que a la gente no le guste cómo votas —dijo Pete—, ¡pero nunca te acusarán de que no respondes al correo!»

Con la oficina en buenas manos, podía dedicar la mayor parte de mi tiempo a estudiar otros asuntos y a conocer a los demás senadores. Mi tarea se vio facilitada por la generosidad de Dick Durbin, el senador veterano por Illinois, amigo y discípulo de Paul Simon, y uno de los polemistas más dotados del Senado. En una cultura de egos desmedidos, en la que los senadores no solían ver con buenos ojos que un colega inexperto acaparase más atención mediática que ellos, Dick siempre se mostró amable. Me guio por las salas del Senado, se empeñó en que su equipo compartiera el reconocimiento con nosotros en varios proyectos relacionados con Illinois, y conservó la paciencia y el buen humor cuando —en los desayunos con votantes que organizábamos conjuntamente los jueves por la mañana— los visitantes se pasaban buena parte del tiempo pidiéndome fotos y autógrafos.

Lo mismo podía decirse de Harry Reid, el nuevo líder demócrata. La trayectoria de Harry hasta llegar al Senado había sido al menos tan improbable como la mía. Había nacido en la extrema pobreza en el pueblecito de Searchlight, Nevada, hijo de un minero y una lavandera, y había vivido sus primeros años en una chabola sin agua corriente ni teléfono. De algún modo se había abierto camino con uñas y dientes hasta llegar a la universidad, y desde ahí a la Escuela de Derecho de la Universidad George Washington; para pagarse los estudios, había trabajado entre clase y clase como agente uniformado de la Policía Federal del Capitolio, y era el primero en reconocer que aún tenía clavada esa espina.

«Barack, ¿sabías que boxeé de niño? —me dijo con su voz susurrante cuando nos conocimos—. Y desde luego no era un gran atleta. No era grande y fuerte. Pero sí tenía dos cualidades: soportaba los golpes y no me daba por vencido.»

Esa sensación de haber salido adelante contra todo pronóstico probablemente explique por qué, a pesar de nuestras diferencias en edad y experiencia, Harry y yo congeniamos. No era dado a mostrar sus emociones, y de hecho tenía la desconcertante costumbre de saltarse la cháchara habitual en cualquier conversación, especialmente por teléfono. A veces descubrías a mitad de una frase que ya había colgado. Pero, en la misma medida en que Emil Jones lo había hecho en la Asamblea estatal y a pesar de mi humilde rango, se desvivió por echarme una mano en todo lo relativo a los trabajos de los comités y por mantenerme informado de lo que se cocía en el Senado.

De hecho, el compañerismo parecía ser la norma. Los viejos toros del Senado —Ted Kennedy y Orrin Hatch, John Warner y Robert Byrd, Dan Inouye y Ted Stevens— tenían relaciones de amistad que trascendían las divisiones políticas, y se comportaban con una familiaridad natural que a mí me parecía propia de la Gran Generación. Los senadores más jóvenes socializaban menos y traían consigo las aristas ideológicas más marcadas que caracterizaban a la Cámara de Representantes desde la era de Gingrich. Pero incluso con los miembros más conservadores encontraba a menudo puntos de entendimiento: por ejemplo, Tom Coburn, de Oklahoma, un cristiano devoto y un irreductible oponente del gasto público, acabó siendo un amigo sincero y atento, y nuestros equipos trabajaron juntos en medidas para incrementar la transparencia y reducir el despilfarro en la contratación pública.

En muchos sentidos, mi primer año en el Senado fue un poco como revivir mis primeros años en la Asamblea de Illinois, aunque todo tenía mayores consecuencias, los focos eran más brillantes, y los cabilderos eran más habilidosos a la hora de esconder los intereses de sus clientes bajo los ropajes de los grandes principios. A diferencia de la Asamblea estatal, donde muchos miembros se limitaban a evitar líos, y muchas veces ni siquiera estaban al tanto de lo que ocurría, mis nuevos colegas estaban perfectamente informados y no tenían ningún recato a la hora de expresar sus opiniones, lo que hacía que las reuniones de las comisiones se hicieran interminables y me llevó a ser mucho más comprensivo con quienes habían sufrido mi propia verborrea en la Facultad de Derecho y en Springfield.

Al estar en minoría, mis compañeros demócratas y yo teníamos poco que decir sobre qué proyectos de ley proponían las comisiones y se sometían a votación en el pleno del Senado. Veíamos cómo los republicanos presentaban presupuestos que infrafinanciaban la educación o diluían las medidas para la protección del medioambiente, y nos sentíamos impotentes, más allá de las proclamas que pudiésemos hacer ante una cámara mayormente vacía y la mirada ininterrumpida de la cadena C-SPAN. Nos desesperábamos una y otra vez en votaciones pensadas no tanto para sacar adelante políticas como para debilitar a los demócratas y servir de leña con la que avivar el fuego de futuras campañas electorales. Como en Illinois, intenté hacer lo posible por influir en las políticas desde los márgenes, impulsando políticas modestas y no partidistas (como financiar alguna medida de protección contra el brote de una pandemia, o la reimplantación de las ayudas para un colectivo de veteranos de Illinois).

Por frustrantes que pudieran ser ciertos aspectos del Senado, lo cierto es que no me molestaba que el ritmo allí fuese más lento. Era uno de sus miembros más jóvenes, y contaba con un índice de aprobación del 70 por ciento en Illinois, por lo que sabía que podía permitirme ser paciente. En algún momento me plantearía presentarme a gobernador o, efectivamente, incluso a presidente, movido por la idea de que controlar el poder ejecutivo me brindaría más posibilidades de establecer una agenda. Pero de momento, a los cuarenta y tres años y apenas comenzando mi andadura en la escena nacional, me decía que tenía todo el tiempo del mundo.

Los avances en el frente doméstico contribuyeron también a elevar mi estado de ánimo. Salvo que hiciese mal tiempo, el trayecto entre Washington y Chicago no era más largo que el viaje de ida y vuelta a Springfield. Y, una vez en casa, no estaba tan ocupado o distraído como lo había estado durante la campaña o mientras compaginaba tres trabajos, lo cual me dejaba más tiempo para llevar a Sasha a su clase de danza los sábados o leerle un capítulo de *Harry Potter* a Malia antes de meterla en la cama.

La mejora de nuestra situación financiera también supuso un gran alivio. Nos compramos una casa nueva, una vivienda grande y hermosa de estilo georgiano situada frente a una sinagoga en Kenwood. Por un módico precio, un joven amigo de la familia y chef en ciernes llamado Sam Kass accedió a hacer la compra y preparar comidas sanas que pudiésemos ir consumiendo a lo largo de la semana. Mike Signator, un gerente de la compañía eléctrica Commonwealth Edison ya jubilado que había trabajado como voluntario durante la campaña, decidió seguir conmigo como chófer a tiempo parcial, y se convirtió prácticamente en uno más de la familia.

Más importante aún fue que, gracias al colchón económico de que ahora disponíamos, mi suegra, Marian, accedió a reducir su horario laboral y ayudarnos a cuidar de las niñas. Sensata, divertida y aún lo suficientemente joven para corretear detrás de dos niñas de cuatro y siete años, hacía que la vida de toda la familia fuese más fácil. Además, se daba la circunstancia de que adoraba a su yerno, y salía en mi defensa cada vez que llegaba tarde, cometía alguna pifia o no daba la talla en algún sentido.

Esa ayuda adicional nos proporcionó a Michelle y a mí el tiempo extra que tanto habíamos echado en falta. Nos reíamos más y volvimos a recordar que éramos los mejores amigos. Pero, más allá de eso, lo que nos sorprendió fue sentir lo poco que nuestras nuevas circunstancias nos habían cambiado. Seguíamos siendo de costumbres caseras, procurábamos evitar las fiestas ostentosas y las veladas profesionales, porque no queríamos renunciar a pasar las noches con las niñas, porque nos sentíamos ridículos al emperifollarnos demasiado a menudo, y porque a Michelle, que siempre ha sido madrugadora, le entraba el sueño a partir de las diez. Así que dedicábamos los fines de semana a hacer lo que siempre habíamos hecho: yo jugaba al baloncesto o llevaba a Malia y Sasha a una piscina cercana; Michelle salía de compras a Target y organizaba las salidas de las niñas con sus amigos. Teníamos cenas o barbacoas vespertinas con la familia o con nuestro círculo íntimo de amigos; sobre todo con Valerie, Marty, Anita, Eric y Cheryl Whitaker (una pareja de médicos cuyos hijos tenían la misma edad que nuestras hijas), junto a Kaye y Wellington Wilson (a los que llamábamos afectuosamente «Mama Kaye» y «Papa Wellington), una pareja mayor (él era director de un centro de formación profesional ya jubilado; ella, responsable de programas en una fundación local, además de una extraordinaria cocinera), a quienes conocía de mi época como trabajador comunitario y que se consideraban mis padres adoptivos en Chicago.

Eso no significa que Michelle y yo no tuviésemos que adaptarnos. La gente ya nos reconocía entre la multitud, y aunque por lo general fuese para mostrarnos su apoyo, esa repentina pérdida del anonimato nos resultaba desconcertante. Una noche, poco después de las elecciones, Michelle y yo fuimos a ver *Ray*, protagonizada por Jamie Foxx, y nos pilló por sorpresa que todos se pusiesen a aplaudirnos cuando entramos a la sala. A veces, cuando salíamos a cenar, notábamos que la gente de las mesas contiguas o bien intentaban entablar largas conversaciones o bien se quedaban muy callados, en un intento no demasiado sutil de oír lo que decíamos.

Las niñas también se daban cuenta. Un día, durante mi primer verano como senador, decidí llevar a Malia y Sasha al zoológico de Lincoln Park. Mike Signator me advirtió que el gentío en una espléndida tarde de verano como esa podía ser un poco abrumador, pero me empeñé en ir, confiando en que unas gafas de sol y una gorra de béisbol me protegerían de las miradas curiosas. Creo que durante la primera media hora todo salió como lo había planeado. Visitamos a los leones que merodeaban tras el cristal en el recinto de los grandes felinos y les hicimos muecas graciosas a los grandes simios, sin ninguna interrupción. Entonces, cuando nos detuvimos para buscar en la guía cómo llegar hasta donde estaban los leones marinos, oímos a un hombre gritar.

«¡Obama! Eh, mirad... ¡Es Obama! Eh, Obama, ¿me puedo hacer una foto contigo?»

En cuanto quise darme cuenta, estábamos rodeados de familias, gente que intentaba darme la mano o me pedía un autógrafo y padres que ponían a sus hijos a mi lado para hacerles una foto. Le hice un gesto a Mike para que se llevase a las niñas a ver los leones marinos sin mí. Durante los siguientes quince minutos me entregué a mis electores, agradecido por sus alentadoras palabras, mientras me recordaba a mí mismo que eso formaba parte del trato que había aceptado, pero sin poder evitar una pequeña congoja al pensar que mis hijas estarían preguntándose qué le había pasado a su papá.

Por fin me reuní con ellas y con Mike, y propuse que nos fuésemos de allí y buscásemos un lugar tranquilo donde tomar un helado. Mientras íbamos en el coche, Mike guardó un indulgente silencio; las niñas, no tanto.

—Creo que necesitas un alias —declaró Malia desde el asiento trasero.

—¿Qué es un alias? —preguntó Sasha.

—Es un nombre falso que usas cuando no quieres que la gente sepa quién eres —explicó Malia—. Como Johnny McJohn John.

Sasha soltó una risita.

—Eso, papá... ¡deberías ser Johnny McJohn John!

—Y tienes que cambiar tu voz —prosiguió Malia—. La gente la reconoce. Tienes que hablar con una voz más aguda. Y más rápido.

—Papá habla superlento —recalcó Sasha.

—Venga, papá —insistió Malia—. Inténtalo. —Y, con la voz más aguda y lo más rápidamente que fue capaz, añadió—: «¡Hola! ¡Soy Johnny McJohn John!».

Incapaz de contenerse, Mike soltó una carcajada. Más tarde, cuando llegamos a casa, Malia le explicó con orgullo su plan a Michelle, que le dio una palmadita en la cabeza.

—¡Es una idea estupenda, cariño! —dijo—, pero papá solo podría disfrazarse si se operase para quitarse las orejas de soplillo.

Una característica del Senado que me espoleaba era la capacidad que me daba de influir sobre la política exterior, algo que la Asamblea estatal no permitía. Desde la universidad me habían interesado particularmente las cuestiones nucleares, por lo que, antes incluso de que hubiese jurado mi cargo, escribí a Dick Lugar, presidente de la Comisión de Relaciones Internacionales, cuyo asunto señero era la no proliferación nuclear, para hacerle saber que confiaba en poder trabajar con él.

La respuesta de Dick fue entusiasta. Era un republicano de Indiana que llevaba veintiocho años en el Senado, firmemente conservador en cuestiones nacionales como los impuestos y el aborto, pero en política exterior reflejaba los impulsos prudentes e internacionalistas que durante mucho tiempo habían guiado a los republicanos convencionales, como George H. W. Bush. En 1991, poco después de la desintegración de la Unión Soviética, Dick se había puesto de acuerdo con el demócrata Sam Nunn para diseñar y aprobar leyes que permitiesen a Estados Unidos ayudar a Rusia y a las antiguas repúblicas soviéticas a proteger y desactivar armas de destrucción masiva. La ley Nunn-Lugar, como dio en conocerse, demostró ser un logro audaz y duradero —a lo largo de las dos décadas siguientes se desactivaron más de siete mil quinientas cabezas nucleares—, y su implementación contribuyó a facilitar las relaciones entre agentes de seguridad nacional estadounidenses y rusos, que resultaron fundamentales para gestionar una transición peligrosa.

Ahora, en 2005, los informes de inteligencia indicaban que grupos extremistas como Al Qaeda estaban rastreando puestos militares poco vigilados en todos los países del antiguo bloque soviético en busca de materiales nucleares, químicos y biológicos. Dick y yo empezamos a discutir cómo desarrollar el marco Nunn-Lugar ya existente para reforzar la protección contra tales amenazas. Y así fue como me vi, en agosto de ese año, junto a Dick en un reactor militar para hacer una visita de una semana de duración a Rusia, Ucrania y Azerbaiyán. Aunque la necesidad de supervisar los avances en la Nunn-Lugar habían convertido esas visitas en algo rutinario para Dick, este era mi primer viaje oficial al extranjero, y a lo largo de los años había oído historias sobre los viajes a expensas del Congreso, sobre los horarios cualquier cosa menos exigentes, las cenas fastuosas y las salidas de compras. Si esa era la idea, alguien olvidó avisar a Dick. A pesar de haber cumplido ya los setenta, llevaba un ritmo agotador. Tras un día entero de reuniones con funcionarios rusos en Moscú, tomamos un vuelo de un par de horas hacia el sudeste hasta Saratov y después seguimos otra hora por carretera para visitar un almacén nuclear secreto donde la financiación estadounidense había ayudado a mejorar la seguridad de los misiles rusos. (También nos obsequiaron con una comida que incluía borsch y una especie de gelatina de pescado, que Dick se comió sin rechistar mientras yo la repartía por mi plato como un niño de seis años.)

Cuando visitamos la ciudad de Perm, junto a los montes Urales, deambulamos por un cementerio de carcasas de misiles SS-24 y SS-25, los últimos vestigios de cabezas nucleares tácticas que en épocas pasadas apuntaron hacia Europa. En Donetsk, en la región oriental de Ucrania, recorrimos una instalación en la que naves enteras de armas convencionales —munición, explosivos de alta calidad, misiles tierra-aire e incluso bombas de pequeño tamaño ocultas en juguetes para niños— recogidas a lo largo y ancho del país esperaban a ser destruidas. En Kiev, nuestros anfitriones nos llevaron a un destartalado complejo de tres plantas sin vigilancia en el centro de la ciudad donde la Nunn-Lugar estaba financiando la instalación de nuevos sistemas de almacenamiento de muestras para investigaciones biológicas de la época de la Guerra Fría, entre las que había cepas de bacterias del ántrax y la peste bubónica. Todo ello resultó aleccionador, una prueba de la capacidad del ser humano para poner el ingenio al servicio de la locura. Pero para mí, tras tantos años centrado en asuntos domésticos, el viaje fue también estimulante: un recordatorio de lo grande que era el mundo y de las profundas consecuencias humanas de las decisiones que se tomaban en Washington.

Ver cómo se desenvuelve Dick te deja una impresión imborrable. Siempre con una plácida sonrisa en su cara de gnomo, respondía infatigablemente a todas mis preguntas. Me impresionó la minuciosidad, precisión y dominio de los datos que demostraba cada vez que hablaba en las reuniones con autoridades extranjeras. Fui testigo de su buena disposición a soportar no solo retrasos en los viajes sino también interminables historias y chupitos de vodka a mediodía, consciente de que la cortesía más elemental es un lenguaje que se entiende en cualquier cultura y, en última instancia, podía ser eficaz en la defensa de los intereses estadounidenses. Para mí fue una útil lección de diplomacia, un ejemplo del impacto real que podía tener un senador.

Entonces se desató una tormenta, y todo cambió.

A lo largo de la semana que pasé viajando con Dick, una borrasca tropical formada sobre las Bahamas había atravesado Florida y se había posado en el golfo de México, desde donde, tras acumular energía sobre esas aguas más cálidas, puso rumbo a las costas meridionales de Estados Unidos. Cuando nuestra delegación del Senado aterrizó en Londres para reunirse con el primer ministro Tony Blair, ya se estaba consumando una catástrofe atroz de enormes dimensiones. El huracán Katrina tocó tierra con vientos de doscientos kilómetros por hora, arrasó pueblos enteros a lo largo de la costa del golfo, destruyó infinidad de diques y sumergió bajo las aguas gran parte de Nueva Orleans.

Pasé media noche en vela viendo las noticias, pasmado ante la pesadilla turbia y primitiva que se abatía sobre la pantalla del televisor. Había cadáveres flotando, pacientes ancianos atrapados en hospitales, disparos y saqueos, refugiados hacinados que perdían la esperanza. Ver tanto sufrimiento ya era suficientemente espantoso; ver la lenta respuesta del Gobierno y la vulnerabilidad de tantas personas pobres y de clase trabajadora hizo que sintiese vergüenza.

Unos días más tarde acompañé a George H. W. y Barbara Bush, junto con Bill y Hillary Clinton, en una visita a Houston, hasta donde habían sido trasladadas miles de personas desplazadas por el huracán para alojarlas en los albergues de emergencia que se habían dispuesto en el inmenso centro de convenciones Astrodome. Junto con la Cruz Roja y la Agencia Federal para la Gestión de Emergencias, la Administración municipal había estado trabajando noche y día para satisfacer las necesidades básicas, pero caminando entre las camas de campaña, de pronto tomé conciencia de que a muchas de las personas que estaban allí, la mayoría de ellas negras, las habían abandonado mucho antes del huracán, mientras luchaban por sobrevivir en los márgenes, sin ahorros ni red de seguridad. Escuché sus historias sobre los hogares que habían perdido y los seres queridos que habían desaparecido en la inundación, sobre la imposibilidad de evacuar la ciudad porque no tenían coche o no podían trasladar a un padre o madre enfermos; personas que no eran distintas de aquellas con las que había trabajado como trabajador comunitario en Chicago. No eran distintas de las tías o los primos de Michelle. Por mucho que mis circunstancias hubieran cambiado, las suyas seguían siendo iguales. La política del país se mantenía invariable. Personas olvidadas cuyas voces resonaban en todos los rincones, abandonadas por un Gobierno que a menudo parecía ciego o indiferente a sus necesidades.

Sentí las penurias que estaban sufriendo como una admonición, y al ser el único afroamericano en el Senado, decidí que había llegado el momento de poner fin a mi moratoria a aparecer en los medios de ámbito nacional. Intervine en los telediarios para argumentar que, aunque no creía que el racismo fuese la causa de la fallida respuesta al desastre del

Katrina, sí evidenciaba lo poco que el partido en el Gobierno, y Estados Unidos en conjunto, había invertido en abordar el aislamiento, la pobreza intergeneracional y la falta de oportunidades que persistían en amplias franjas de la población del país.

De vuelta en Washington, trabajé con mis colegas en la elaboración de planes para ayudar a reconstruir la región del golfo formando parte de la Comisión de Seguridad Interior y Asuntos Gubernamentales. Pero sentí que la vida en el Senado había cambiado. ¿Cuántos años debía pasar allí para tener una influencia real en la vida de las personas que había conocido en Houston? ¿Cuántas sesiones de comisión, enmiendas fallidas y provisiones presupuestarias negociadas con un presidente de comisión inflexible harían falta para compensar las actuaciones equivocadas de un solo director de la Agencia Federal para la Gestión de Emergencias, de un funcionario de la Agencia de Protección Ambiental o de un empleado cualquiera en un cargo de confianza del Departamento de Trabajo?

Esa sensación de impaciencia se agravó aún más cuando, unos meses más tarde, me sumé a una pequeña delegación del Congreso que iba a visitar Irak. Casi tres años después de la invasión liderada por Estados Unidos, la Administración no podía seguir negando el desastre en el que la guerra se había convertido. Al disolver el ejército iraquí y permitir que la mayoría chií expulsase de forma agresiva a gran cantidad de musulmanes suníes de puestos en la Administración, los responsables estadounidenses habían creado una situación caótica y cada vez más peligrosa. Irak había caído en un sangriento conflicto sectario, marcado por la intensificación de los ataques suicidas, las explosiones al paso de vehículos y la detonación de coches bomba en abarrotados mercados callejeros.

Nuestro grupo visitó bases militares estadounidenses en Bagdad, Faluya y Kirkuk, y desde los helicópteros Black Hawk que nos transportaban el país entero se veía exhausto, las ciudades acribilladas por fuego de mortero, las carreteras inquietantemente tranquilas, el paisaje cubierto por una capa de polvo. En cada parada, conocíamos oficiales y soldados que eran inteligentes y valerosos, y a los que impulsaba la convicción de que, con suficiente apoyo militar, formación técnica y trabajo duro, Irak podría algún día salir adelante. Pero mis conversaciones con periodistas y con un puñado de altos responsables iraquíes me contaban otra historia diferente. Se habían desatado espíritus malvados, me decían, y tanto las matanzas como las represalias entre suníes y chiíes hacían que la perspectiva de una reconciliación resultase remota, cuando no inalcanzable. Daba la impresión de que lo único que mantenía unido el país eran los miles de jóvenes soldados y marines que habíamos desplegado, muchos de los cuales estaban recién salidos del instituto. Ya habían muerto más de dos mil, y muchos miles más habían resultado heridos. Parecía evidente que, cuanto más se prolongase la guerra, más se centraría nuestro enemigo, a menudo invisible e incomprensible, en nuestros soldados.

En el vuelo de vuelta a Estados Unidos no pude sacudirme la idea de que esos chavales estaban pagando el precio de la arrogancia de hombres como Dick Cheney y Donald Rumsfeld, que nos empujaron a una guerra basándose en información defectuosa y que seguían negándose a afrontar plenamente las consecuencias. El hecho de que más de la mitad de mis colegas demócratas hubiesen dado su aprobación a este fiasco me generaba una inquietud de naturaleza completamente distinta. Me planteaba qué sería de mí cuanto más tiempo pasase en Washington, cuanto más integrado y cómodo me encontrase. De pronto entendí cómo podía suceder: el gradualismo y los buenos modales, el continuo posicionamiento de cara a las siguientes elecciones y el pensamiento de rebaño propio de las tertulias televisivas se conjuraban para ir socavando tus mejores intenciones y erosionando tu independencia hasta que las creencias que alguna vez tuviste se perdían para siempre.

Si había estado a punto de sentirme satisfecho, de pensar que estaba en el trabajo adecuado, haciendo lo correcto y a un ritmo aceptable, el Katrina y mi visita a Irak me detuvieron en seco. El cambio tenía que llegar más rápido. Y yo iba a tener que decidir cuál iba a ser mi papel a la hora de hacerlo realidad.

4

Rara vez pasa una semana sin que me cruce con alguien —un amigo, un simpatizante, o un completo desconocido— que insista en que sabía que iba a llegar a ser presidente desde el momento en que me conoció o desde la primera vez que me oyó hablar en televisión. Me lo dicen con afecto, convicción y cierta dosis de orgullo en su perspicacia política, su capacidad para descubrir el talento o sus dotes adivinatorias. A veces lo exponen en términos religiosos. Dios tenía un plan para ti, afirman. Yo sonrío y les contesto que ojalá me hubiesen dicho eso mismo cuando estaba pensando en presentarme; me habría evitado un montón de estrés e inseguridades.

Lo cierto es que nunca he creído demasiado en el destino. Me preocupa que aliente la resignación de quienes no tienen nada y también la complacencia de los poderosos. Tengo la sospecha de que el plan de Dios, sea cual sea, es de una escala demasiado enorme como para incluir nuestras mortales tribulaciones, pues en el transcurso de una sola vida los accidentes y las casualidades determinan más cuestiones de las que nos molestamos en reconocer. Creo que lo mejor que podemos hacer es tratar de alinearnos con lo que sentimos como bueno, intentar sacar algo en claro de nuestra confusión y en todo momento jugar la mano que nos ha tocado con elegancia y coraje.

Recuerdo que en la primavera de 2006 presentarme a las siguientes elecciones presidenciales todavía era poco probable, pero ya no estaba por completo fuera del ámbito de lo posible. Nuestro despacho del Senado a diario se veía inundado de peticiones de los medios. Todos los partidos estatales y los candidatos para las elecciones de medio mandato de noviembre querían que participara en sus actos, y nuestra rotunda negativa a presentarme lo único que hizo fue acrecentar la especulación.

Una tarde, Pete entró en mi oficina y cerró la puerta tras él.

—Quiero preguntarte algo —me dijo.

Yo levanté la mirada de las cartas electorales que estaba firmando.

—Dispara.

—¿Han cambiado tus planes para el 2008?

—No lo sé, ¿deberían?

Pete se encogió de hombros.

—Creo que el plan original de no ser el centro de atención y poner el foco en Illinois tenía sentido, pero tu imagen está en alza. Si existe una remota posibilidad de que lo consideres, me gustaría escribir un memorándum en el que se subraye que tenemos que mantener abierta tu opción. ¿Estás de acuerdo con eso?

Yo me eché hacia atrás en la silla y miré hacia el techo, consciente de las repercusiones que podía tener mi respuesta.

—Tiene lógica —dije al fin.

—¿Sí entonces? —preguntó Pete.

—Sí —respondí, y seguí con mis asuntos.

«El maestro de los memorándums», así llamaban a Peter algunos miembros del equipo. En sus manos algo simple como un memorándum llegaba a la altura de una obra de arte tan eficaz como extrañamente inspiradora. Unos días después hizo un plan revisado para lo que quedaba de año para mi equipo sénior. Proponía una ampliación del calendario de viajes para apoyar a más candidatos demócratas en las elecciones de medio mandato, más encuentros con miembros influyentes del partido y modernizar el discurso para hacerlo más impactante.

Durante los siguientes meses cumplí con el plan, me mostré frente a públicos nuevos y expuse mis ideas, apoyé a los demócratas en los estados y distritos en disputa y fui a lugares del país a los que no había viajado antes. Desde la cena de gala Jefferson-Jackson en West Virginia hasta la cena de gala Morrison Exon en Nebraska, no faltamos a ninguna, llenando la casa hasta la bandera y concentrando a las tropas. No faltaba quien me preguntaba si iba a presentar mi candidatura a la presidencia, pero yo seguía mostrando reparos. «Ahora mismo estoy centrado en conseguir que Ben Nelson vuelva al Senado, donde le necesitamos», respondía.

¿Engañaba a la gente? ¿Me engañaba a mí mismo? Es difícil de decir.

Supongo que me estaba poniendo a prueba, tanteando, tratando de equilibrar lo que veía y sentía mientas viajaba por el país con la absurda idea de lanzarme a una campaña nacional. Era consciente de que una candidatura presidencial viable no era algo con lo que uno se tropieza sin más. Si se hacía bien, implicaba un enorme esfuerzo estratégico que tenía que desarrollarse de manera tranquila y serena durante mucho tiempo, un esfuerzo que requería no solo de confianza y convicción sino también de enormes cantidades de dinero y la buena voluntad de las muchas personas que tendrían que acompañarme por cada uno de los cincuenta estados, dos años enteros de primarias y reuniones para designar a los candidatos.

Había ya cierto número de senadores y senadoras demócratas —Joe Biden, Chris Dodd, Evan Bayh y, por supuesto, Hillary Clinton— que habían sentado las bases para una posible candidatura. Algunos ya se habían presentado en el pasado, todos llevaban años preparándose y tenían una legión sólida de equipos, donantes y líderes locales dispuestos a ayudarles. A diferencia de mí, la mayoría de ellos tenían en su haber todo un listado de importantes logros legislativos. Y además me gustaban. Me habían tratado bien y por lo general compartían mis opiniones sobre la situación, eran más capaces de llevar a cabo una campaña eficiente, y más aún, de dirigir con eficiencia la Casa Blanca. Si bien estaba cada vez más convencido de que yo podía atraer a votantes de formas en las que ellos no podían —si sospechaba que la única forma de despertar a Washington y darle una esperanza, precisaba de una coalición más amplia de la que ellos podían reunir, un lenguaje distinto del que usaban ellos—, entendía también que mi condición de favorito era en parte una ilusión, el resultado de la cobertura de unos medios amistosos y de un hambre acumulada por cualquier cosa que sonara a nuevo. El enamoramiento podía invertirse en cualquier momento, lo sabía, y entonces pasaría de estrella emergente a joven inexperto lo bastante presuntuoso para pensar que podía dirigir el país a menos de la mitad de su primer mandato.

Es mejor esperar, me decía a mí mismo. Mostrar el debido respeto, recoger la calderilla, esperar mi turno.

Una luminosa tarde de primavera, Harry Reid me pidió que me pasara por su despacho. Subí como pude los altos escalones de mármol desde la cámara del Senado hasta la segunda planta mientras sentía a cada paso desde lo alto las miradas severas de ojos oscuros de los retratos de todos aquellos hombres muertos hace mucho tiempo. Harry me saludó en la zona del recibidor y me llevó a su despacho, una habitación amplia y de techo alto con las mismas intrincadas molduras, los mismos azulejos y las espectaculares vistas de las que disfrutan otros senadores veteranos, pero menos provisto de recuerdos, fotos o apretones de manos con famosos.

—Permíteme que vaya al grano —dijo Harry, como si se le conociera por estar siempre de cháchara—, hay mucha gente de nuestro partido que planea presentarse a las elecciones. Casi no sé ni cuántos son. Y son buena gente, Barack, por ese motivo no puedo tomar parte públicamente...

—Escucha, Harry, solo para que lo sepas. No pienso presentarme...

—Aun así —me interrumpió— creo que debes pensar en presentarte a estas elecciones. Ya sé que has dicho que no lo harás, y estoy seguro de que hay mucha gente que dirá que necesitas más experiencia, pero déjame que te diga una cosa, ¿de acuerdo? Diez años más en el Senado no te harán mejor presidente. Estás motivando a la gente, sobre todo a la gente joven, a las minorías y también a los blancos que se han quedado en el camino. Es otra cosa. La gente está buscando otra cosa. Estoy seguro de que será duro, pero creo que puedes ganar. Schumer también lo cree.

Se puso en pie y se dirigió hacia la puerta, dejando claro que el encuentro acababa allí.

—Eso era todo lo que quería decirte. Piénsalo un poco, ¿de acuerdo?

Salí de su despacho perplejo. Por buena que fuera la relación que tenía con Harry, sabía que era el político más pragmático de todos. Mientras bajaba las escaleras me pregunté si tal vez había algún entresijo en lo que había dicho, si estaba jugando a algún sofisticado juego que yo era demasiado torpe para ver, pero cuando luego hablé con Chuck Schumer, y después con Dick Durbin, me transmitieron el mismo mensaje: el país estaba ansioso de una voz nueva. Nunca me iba a encontrar en una posición más ventajosa que si me presentaba en ese momento. Gracias a mi conexión con los nuevos votantes, las minorías y los independientes podía ampliar el mapa de tal forma como para hacer votar a otros demócratas.

No compartí aquellas conversaciones con nadie al margen de mi equipo sénior y mis amigos más cercanos. Me sentía como si hubiese entrado en un campo minado y no debiera hacer ningún movimiento brusco. Mientras sopesaba todo aquello con Pete, este me sugirió que tuviese una última conversación antes de considerar realmente en serio la carrera que implicaría presentarme.

«Tienes que hablar con Kennedy —dijo—. Él conoce a todos los jugadores. Él mismo se ha presentado. Te dará perspectiva y como poco te dirá si tiene planeado apoyar a alguien.»

Heredero del apellido más famoso de la política de Estados Unidos, Ted Kennedy era en ese momento lo más cercano a una leyenda viva en Washington. Durante más de cuatro décadas en el Senado, había estado en la primera línea de todas las causas progresistas más importantes, desde los derechos civiles hasta el salario mínimo para la atención sanitaria. Con su gran corpulencia, su enorme cabeza y su melena leonina de pelo blanco llenaba la habitación en la que entraba. Era el raro senador que acaparaba la atención de todos cuando se levantaba lentamente de su asiento en la Cámara metiéndose la mano en el bolsillo de la chaqueta en busca de sus gafas o sus notas, aquel icónico barítono de Boston empezaba siempre sus intervenciones con un «Gracias, señora presidenta». Desenvolvía sus argumentos como el hilo de un carrete, se le enrojecía el rostro y alzaba la voz como un predicador hasta adquirir un crescendo, no importaba lo mundano que fuera el tema que se discutía. Cuando terminaba su discurso, echaba la cortina otra vez y se convertía de nuevo en el viejo y amistoso Teddy, siempre apoyando la mano en el hombro o el antebrazo de la gente, susurrando algo en sus oídos o estallando en una calurosa carcajada que hacía que no te importara que en realidad lo que pretendía era ablandarte para que votaras a favor de algo que le interesaba.

El despacho de Teddy, en la tercera planta del edificio Russell de oficinas del Senado, era un reflejo del hombre que lo habitaba: encantador y repleto de historia, con las paredes cubiertas de fotografías de Camelot y maquetas de barcos y cuadros de Cape Cod. Me llamó particularmente la atención un cuadro de unas rocas oscuras y escarpadas que se inclinaban sobre un mar picado y cubierto de espuma.

—Ese me llevó un buen rato para que me saliera bien —dijo Teddy asomándose a mi lado—. Tres o cuatro intentos.

—Mereció la pena el esfuerzo —respondí.

Nos sentamos en aquel santuario íntimo con las cortinas echadas y una luz suave y empezó a contarme historias sobre navegación, sobre sus hijos, y varias batallas que había tenido en el Senado. Historias irreverentes, divertidas. De cuando en cuando se iba por las ramas, pero volvía enseguida al relato principal, pronunciando a veces solo un fragmento o un pensamiento, aunque los dos sabíamos que aquello no era más que una representación, que girábamos en círculos alrededor del verdadero motivo de mi visita.

—En fin...—terció al final—. He oído rumores de que vas a presentar tu candidatura a la presidencia.

Le dije que era poco probable, pero que aun así quería su consejo.

—Alguien dijo aquello de que hay cien senadores que cuando se miran en el espejo ven al presidente —Teddy se rio entre dientes—. Luego se preguntan: «¿Tengo lo que hace falta?». Le pasó a Jack, a Bobby, y a mí también, hace mucho. Las cosas no salieron como había planeado, pero funcionaron a su manera, supongo...

Se perdió en sus pensamientos. Observándole me preguntaba cómo había tomado la medida de su propia vida y la de sus hermanos, el terrible precio que habían tenido que pagar todos ellos por seguir sus sueños. Pero de pronto estaba de vuelta, con sus profundos ojos azules clavados en los míos, de lleno en el asunto.

—No intervendré de inmediato —dijo Teddy—, tengo demasiados amigos, pero puedo decirte una cosa, Barack: el poder de inspirar a la gente no es algo frecuente. Y tampoco estos tiempos lo son. Tal vez pienses que no estás preparado, que lo harás cuando llegue un momento más apropiado, pero no eres tú el que elige el momento. Es el momento el que te elige a ti. O bien aprovechas la que puede ser tu única oportunidad, o decides si estás dispuesto a vivir el resto de tu vida con la conciencia de que ya ha pasado.

Era difícil que Michelle no supiera lo que estaba ocurriendo. Al principio se limitó a ignorar el revuelo. Dejó de ver los debates políticos de la televisión y desarmaba todas las preguntas entusiastas que nos hacían los amigos y colegas sobre si tenía intención de presentarme. Cuando le comenté una noche la conversación que había tenido con Harry ella se limitó a encogerse de hombros y no insistí más.

A medida que pasaba el verano, sin embargo, aquel ruido empezó a filtrarse entre las grietas y hendiduras de nuestra vida familiar. Nuestras veladas y fines de semana tenían una apariencia normal siempre y cuando Malia y Sasha estuviesen alrededor, pero cuando nos quedábamos solos sentía la tensión entre Michelle y yo. Finalmente, una de aquellas noches, cuando las niñas ya se habían ido a dormir, fui a la guarida donde ella estaba viendo la televisión y quité el sonido.

—Sabes que yo no he planeado nada de todo esto —le dije sentándome a su lado en el sofá.

Michelle seguía mirando la pantalla silenciosa.

—Lo sé —dijo.

—Me doy cuenta de que apenas hemos tenido tiempo para un respiro. Y hasta hace solo unos meses la idea de presentarme me parecía una locura.

—Sí.

—Pero con todo lo que ha pasado, tengo la sensación de que tenemos que pensárnoslo en serio. Le he pedido al equipo que preparen una presentación. Para saber qué aspecto tendría un calendario de campaña. Si podríamos ganar. Cómo afectaría a la familia. Quiero decir, si decidimos hacer esto...

Michelle me interrumpió con un nudo en la garganta.

—¿Has dicho *decidimos*? —preguntó ella—. Querrás decir si decides *tú*, Barack, no *nosotros*. Este asunto es *tuyo*. Yo te he apoyado todo este tiempo porque creo en ti, aunque *odio* la política. Odio la forma en la que expone a la familia. *Lo sabes*. Y ahora, al fin, tenemos cierta estabilidad... incluso aunque no sea normal, o al menos no en la forma en la que yo habría elegido vivir... ¿Y ahora me dices que te vas a presentar a *presidente*?

Busqué su mano.

—No estoy diciendo que me vaya a presentar, cariño. Solo he dicho que no podemos ignorar la posibilidad. Pero solo me lo puedo plantear si tú te implicas. —Hice una pausa, porque vi que su ira no se disipaba—. Si piensas que no deberíamos, entonces no lo haremos. Así de sencillo. Tú tienes la decisión final.

Michelle alzó las cejas para dar entender que no me creía.

—Si eso es verdad, entonces la respuesta es no —dijo—. No quiero que presentes tu candidatura, o al menos no de momento. —Me dedicó una dura mirada y a continuación se levantó del sofá—. Dios, Barack... ¿nunca vas a tener bastante?

Antes de que pudiera responder entró en el dormitorio y cerró la puerta.

¿Cómo iba a reprocharle que se sintiera así? Simplemente por sugerir la posibilidad de una candidatura, por implicar a mi equipo antes de pedir su bendición, ya la había puesto en una posición imposible. Desde hacía años le había pedido a Michelle fortaleza y paciencia con respecto a mis proyectos políticos y ella me las había dado... a regañadientes, pero con amor. Y yo siempre volvía, una y otra vez, a pedirle más.

¿Por qué hacerle pasar por esto? ¿Era solo por vanidad o se trataba de algo más oscuro, una especie de apetito implacable, de ambición sin mesura disfrazada del vaporoso lenguaje del servicio público?

¿Acaso seguía intentando demostrar que era digno de amor a un padre que me había abandonado, estar a la altura de las soñadoras expectativas de una madre hacia su único hijo y resolver las dudas que aún me quedaban por ser el fruto de una mezcla de razas? «Es como si tuvieras que llenar un vacío», me había dicho Michelle una vez, al principio de nuestro matrimonio, después de un periodo en que me había visto trabajar hasta caer exhausto. «Por eso no puedes bajar el ritmo.»

Y era cierto, pensaba que había resuelto esos problemas hacía tiempo reafirmándome en mi trabajo y buscando amor y seguridad en mi familia, pero ahora me preguntaba si realmente era capaz de escapar de lo que fuera aquello que tenía que sanar en mí, aquello que me llevaba siempre a buscar algo más.

Tal vez sea imposible desentrañar las propias motivaciones. Recuerdo un sermón de Martin Luther King titulado «El instinto del tambor mayor». Habla de lo muy profundamente que todos queremos ser el primero, de lo que deseamos que nos celebren por nuestra grandeza: todo queremos «presidir la procesión». Continúa diciendo que los impulsos egoístas pueden reconciliarse alineando esa búsqueda de grandeza con unos propósitos menos egoístas. Uno puede luchar para ser el primero en el servicio, el primero en el amor. Me parece una manera satisfactoria de equilibrar el círculo, especialmente en lo que se refiere a los instintos más bajos y a los más elevados. Solo que ahora me enfrentaba al hecho evidente de que el sacrificio no sería solo mío. Sería necesario arrastrar a la familia, habría que ponerla en la línea de fuego. Una causa como la Martin Luther King y unos dones como los suyos tal vez habrían justificado un sacrificio como ese, pero ¿y los míos?

No estaba seguro. Fuera cual fuera la naturaleza de mi fe, no podía refugiarme en la idea de que Dios me llamaba a presentarme a las elecciones. No podía fingir que respondía sin más a una llamada invisible del universo. No podía afirmar que era indispensable para la causa de la libertad y la justicia, o negar la responsabilidad de la carga que supondría para mi familia.

Tal vez las circunstancias me habían abierto la puerta a la carrera electoral, pero durante esos meses me había abstenido de cerrarla. Aún podía cerrar la puerta con facilidad. Y no haberlo hecho, todo lo contrario, haber permitido que la puerta se abriera todavía más, era todo lo que Michelle necesitaba saber. Si uno de los requisitos para optar a ocupar el despacho más poderoso del mundo era la megalomanía, parecía que yo había pasado la prueba.

Aquellos pensamientos me dejaron de un humor sombrío cuando partí en agosto a una visita de diecisiete días por África. En Sudáfrica hice el paseo en barco hasta Robben Island y estuve en la celda en la que Nelson Mandela pasó la mayor parte de sus veintisiete años de cárcel, manteniendo la esperanza de que llegaría un cambio. Conocí a los miembros del Tribunal Supremo de Sudáfrica, hablé de una clínica del sida con los médicos y pasé un rato con el obispo Desmond Tutu, cuyo alegre espíritu ya había conocido durante su visita a Washington.

«De modo que es cierto, Barack —dijo con una pícara sonrisa—. ¿Vas a ser nuestro primer presidente africano de Estados Unidos? ¡Eso nos haría estar muuuy orgullosos!»

Desde Sudáfrica volé hasta Nairobi, donde se unieron Michelle y las niñas, acompañadas de nuestra amiga Anita Blanchard y sus hijas. Incitados por una omnipresente cobertura de la prensa local, la respuesta keniata a nuestra presencia fue desmesurada. Me maravilló la visita a Kibera, uno de los asentamientos de chabolas más grandes de África, con miles de personas apiñadas a lo largo de sinuosos senderos de tierra roja coreando mi nombre. Mi hermanastra Auma había organizado con esmero un viaje familiar a la provincia de Nyanza para que pudiéramos enseñar la casa de los ancestros de mi padre en la región occidental del país a Sasha y Malia. De camino, nos sorprendió ver la autopista repleta de gente durante kilómetros saludándonos. Y cuando Michelle y yo nos detuvimos en una clínica móvil para hacernos públicamente un test del VIH y demostrar así que era seguro, apareció una multitud de miles de personas

que rodeó nuestro vehículo y le dio un buen susto al servicio diplomático de seguridad. Solo conseguimos librarnos de la conmoción cuando
salimos de safari y nos vimos entre leones y demás bestias salvajes.

«Te lo digo en serio, Barack, ¡esos tipos se creen que ya eres presidente! —bromeó Anita aquella tarde—. Resérvame un asiento en el Air
Force One, ¿vale?»

Ni Michelle ni yo nos reímos.

La familia regresó a Chicago y yo continué mi viaje hasta la frontera entre Kenia y Somalia para recibir el informe de la oficina de cooperación con Kenia contra el grupo terrorista Al Shabab; abordé un helicóptero que me llevó desde Djibuti hasta Etiopía, donde había personal del
ejército estadounidense colaborando con refuerzos para reparar los daños de las inundaciones, y finalmente viajé a Chad para visitar a los refugiados de Darfur. En cada una de esas paradas, vi hombres y mujeres comprometidos en una tarea heroica y en circunstancias imposibles. En cada
una de esas paradas todo el mundo me decía lo mucho que Estados Unidos podía hacer para aliviar el sufrimiento.

Y en cada una de esas paradas me preguntaban si me iba a presentar
a las elecciones.

Solo unos días después de mi regreso a Estados Unidos, viajé a Iowa
para dar el discurso inaugural del Steak Fry del senador Tom Harkin,
tradición anual con una importancia añadida en las vísperas de las elecciones presidenciales, ya que Iowa siempre ha sido el primer estado en
votar en el proceso de primarias. Yo había aceptado la invitación meses
antes —Tom me había pedido hablar a mí precisamente para evitar tener
que elegir entre todos los aspirantes a la presidencia que codiciaban el
puesto— pero mi aparición no hizo más que acrecentar la especulación.
Cuando abandonaba el recinto ferial después de mi discurso, Steve Hil-
debrand, un antiguo director político del Comité de Campañas Senatoriales Demócratas y un viejo guía de Iowa al que Pete había reclutado
para que me enseñara cómo funcionaba todo, me llevó a un lado y me
dijo: «Ha sido la bienvenida más calurosa que he visto en este lugar. Puedes ganar en Iowa, Barack, lo presiento. Y si ganas en Iowa puedes ganar
la candidatura».

A veces me sentía como si la marea y la corriente de las expectativas
de los demás me hubiesen sorprendido y arrastrado antes de que yo tuviera tiempo de definir las mías con claridad. La temperatura subió aún

más cuando un mes después se publicó mi libro, justo una semana antes de las elecciones de medio mandato. Me había pasado todo el año trabajando en él, por las noches en mi apartamento de Washington y los fines de semana cuando Michelle y las niñas se iban a la cama, y hasta en Djibuti, donde estuve dando vueltas durante varias horas tratando de hacerle llegar a mi editora algunas correcciones de las galeradas. Nunca había tenido la intención de que el libro sirviera como una especie de manifiesto electoral; lo único que quería era mostrar mis ideas sobre el estado actual de la política del país de una manera atractiva y vender suficientes copias para justificar el generoso anticipo que me habían pagado.

Pero no fue así como lo recibió la prensa política ni el público. La promoción implicó que tuviera que ir a la televisión y a la radio prácticamente sin interrupción y que lo combinara además con mi visible campaña electoral por las zonas rurales para apoyar a los candidatos al Congreso. Mi aspecto se parecía cada vez más y más al de un candidato.

Durante un viaje en coche de Filadelfia a Washington, donde estaba prevista mi aparición en *Meet the Press* a la mañana siguiente, Gibbs y Axe, junto con el socio de este, David Plouffe, me preguntaron qué tenía previsto decir cuando Tim Russert, el presentador, me acribillara a preguntas sobre el tema.

—Va a poner el disco de siempre —explicó Axe—, ese en el que afirma categóricamente que no se presentará a las presidenciales de 2008.

Estuve escuchando unos minutos en los que los tres debatieron sobre varias fórmulas para evitar la pregunta y luego les interrumpí.

—¿Por qué nos les digo simplemente la verdad? ¿No puedo decir sin más que hace dos años no tenía ninguna intención de presentarme, pero que las circunstancias han cambiado mucho, que también lo han hecho mis ideas y que ahora tengo previsto pensármelo seriamente después de que terminen las elecciones de medio mandato?

Les gustó la idea y reconocieron que un buen termómetro de la rareza de la política era lo novedoso que resultaba una respuesta tan franca. Gibbs me recomendó también que pusiera a Michelle sobre aviso, porque una sugerencia sobre la posibilidad de presentarme podía provocar que el frenesí de los medios se intensificara.

Y eso fue exactamente lo que ocurrió. Mi anuncio en *Meet the Press* generó titulares en todas las noticias de la noche. En internet se impulsó la petición «Llamamiento Obama» (Obama Draft), que reunió miles

de firmas. Algunos columnistas nacionales, también algunos conservadores, firmaron editoriales en los que me pedían que me presentara y la
revista *Time* publicó un artículo en portada titulado «Por qué Obama
podría ser el próximo presidente».

Pero aparentemente no todo el mundo estaba tan seguro de mis
posibilidades. Gibbs me comentó que cuando se detuvo en un quiosco
de Michigan Avenue para comprar una copia de la revista *Time*, el quios-
quero indio echó un vistazo a mi fotografía y dio una respuesta de tres
palabras: «Ni de coña».

Nos reímos mucho con aquella historia. Y a medida que iba creciendo la especulación sobre mi candidatura, Gibbs y yo repetíamos
aquella frase como si se tratara de un ensalmo, uno que nos permitiera
mantener una toma de tierra y que nos protegiera de la sensación creciente de que la situación cada vez estaba más lejos de nuestro control.
La multitud que me encontré en mi última parada antes de las elecciones
de medio mandato, un mitin nocturno en Iowa City en apoyo al candidato demócrata para gobernador, fue especialmente clamorosa. Sobre
aquel escenario y mirando a los miles de personas que se habían congregado allí, aquel calor humano que se elevaba como una neblina a través
de la luz de los focos, todos esos rostros levantados mirándome con expectación, con sus vítores imponiéndose sobre mi cansada voz, me sentí
como si estuviese viendo la escena de una película, como si la persona
del escenario no fuese yo.

Cuando regresé a casa ya de madrugada, todo estaba a oscuras y
Michelle ya estaba dormida. Después de darme una ducha y repasar una
pila de correo, me metí bajo las sábanas y empecé a quedarme dormido.
En ese espacio liminal entre la vigilia y el sueño me imaginé a mí mismo
caminando hacia un portal en un lugar luminoso, frío y sin aire, desha-
bitado y alejado del mundo. Y a mis espaldas, en la oscuridad, escuché
una voz, nítida y punzante, como si alguien estuviese justo a mi lado,
pronunciando la misma palabra una y otra vez.

No. No. No.

Salté de la cama con el corazón al galope, bajé las escaleras y me puse
una copa. Me senté a solas en la oscuridad con mi vodka, los nervios a
flor de piel y mi mente a mil por hora. Mi miedo más profundo no resultó ser ni la irrelevancia, ni quedarme atrapado en el Senado para siempre, ni siquiera perder la carrera presidencial.

Mi miedo más profundo provenía de que había comprendido que podía ganar.

A lomos del caballo de la antipatía que había generado la Administración Bush y la guerra de Irak, los demócratas arrasaron en todas las contiendas importantes de noviembre, y se hicieron con el control de la Cámara y el Senado. Por muy duro que hubiésemos trabajado para obtener aquellos resultados, mi equipo y yo no tuvimos ni un segundo para celebrarlo. En vez de eso, el mismo día después de las elecciones empezamos a diseñar un posible camino para llegar a la Casa Blanca.

Nuestro encuestador, Paul Harstad, revisó los números y vio que yo ya estaba en la primera línea de candidatos. Discutimos el calendario de primarias y mítines, sabiendo que para la campaña de un primerizo como yo todo dependería de ganar los primeros estados, sobre todo Iowa. Trabajamos sobre lo que nos pareció un presupuesto realista y pensamos en cómo íbamos a recaudar los cientos de millones de dólares que iban a ser necesarios solo para conseguir ganar la nominación del Partido Demócrata. Pete y Alyssa presentaron planes para esquivar mis obligaciones en el Senado durante la campaña. Axelrod preparó un memorándum destacando los temas de una potencial campaña y cómo —dado el absoluto rechazo de los votantes por Washington— mi mensaje de cambio podía compensar mi evidente falta de experiencia.

A pesar del poco tiempo que tuvimos, todo el mundo cumplió con su tarea con diligencia y cuidado. Me impresionó especialmente David Plouffe. A sus treinta y muchos, delgado e intenso, de rasgos marcados y unos modales serios pero informales a la vez, había dejado la universidad para trabajar en una serie de campañas demócratas y había dirigido también el Comité de Campañas Senatoriales Demócratas antes de que lo contratara la consultora de Axelrod. Un día me senté a escucharlo mientras trazaba una fórmula para afianzarnos estado por estado usando por un lado nuestras bases de voluntarios y por otro internet, y poco después le dije a Pete que si lo conseguíamos, Plouffe me parecía el mejor candidato para jefe de campaña.

«Es excelente —dijo Pete—. Aun así, tal vez cueste un poco convencerle, tiene niños pequeños.»

Aquella fue una de las cosas más llamativas de las discusiones que mantuvimos durante ese mes: el equipo completo demostraba tener una ambivalencia muy parecida a la mía. No era solo que mi candidatura siguiera siendo improbable, tanto Plouffe como Axelrod eran muy francos al afirmar que para ganar a Hillary Clinton, una «marca nacional», habría que hacer una jugada casi perfecta. No, lo que les volvía más cautos era el hecho de que, a diferencia de mí, habían vivido campañas presidenciales muy de cerca. Conocían muy bien la naturaleza extenuante de aquella empresa. Sabían el peaje que tendríamos que pagar no solo yo y mi familia, sino todos ellos y sus familias también.

Estaríamos constantemente en la carretera. La prensa sería implacable en su escrutinio. «Como en una colonoscopia sin fin», creo que dijo Gibbs. Vería muy poco a Michelle y a las niñas durante al menos un año, dos si éramos lo bastante afortunados para ganar las primarias.

—Voy a ser sincero contigo, Barack —me dijo Axe después de un mitin—. Puede que el proceso sea estimulante, pero la mayor parte es una miseria. Es como una prueba de resistencia, un electrocardiograma del alma. Y a pesar del talento que tienes, no sé cómo vas a responder. Ni tú tampoco. Es un asunto tan enloquecido, tan indigno y brutal, que para tener lo que se necesita para ganar tienes que estar un poco desequilibrado. Y la verdad es que no sé si veo esa hambre en ti. No creo que seas infeliz si no llegas a presidente.

—Eso es cierto —reconocí yo.

—Sé que es cierto —dijo Axe—. Y eso te hace fuerte como persona, pero débil como candidato. Tal vez seas demasiado normal, demasiado equilibrado para presentarte a las presidenciales. Y aunque el consejero político que hay en mí me dice que sería maravilloso que lo hicieras, la parte de mí que es tu amigo espera que no lo hagas.

Mientras tanto, Michelle empezaba a reordenar sus sentimientos. Escuchaba atentamente durante las reuniones, y de cuando en cuando hacía alguna pregunta sobre el calendario de la campaña, sobre lo que se esperaría de ella y lo que implicaría para las niñas. Poco a poco se había apaciguado su resistencia a la idea de que me presentara. Tal vez le ayudó escuchar la verdad desnuda de lo que implicaría una campaña, sus peores temores se concretaron y se hicieron más específicos, volviéndose más manejables. Tal vez fueron las conversaciones que tuvo con Valerie y Marty, dos de nuestras amigas más leales, en cuyo juicio ella confiaba plenamente. O tal vez fue el empujón que le dio su hermano Craig; él también había perseguido unos sueños difíciles de alcanzar, primero como jugador de baloncesto profesional y más tarde como entrenador, incluso cuando suponía abandonar una lucrativa carrera en la banca.

«Simplemente está asustada», me dijo Craig una tarde, mientras tomábamos una cerveza. Y a continuación describió cómo Michelle y su madre solían ir a verle jugar al baloncesto en el instituto, pero que cuando el resultado se equilibraba incluso un poco, salían y le esperaban en el pasillo; las dos eran demasiado nerviosas para quedarse en la butaca. «No querían verme perder —dijo Craig—. No querían verme dolido ni desilusionado. Les tuve que explicar que eso era parte del juego.» Estaba a favor de que intentara lo de las presidenciales y me dijo que tenía planeado hablarlo con su hermana. «Quiero que lo vea con una perspectiva general —dijo—. La posibilidad de competir a ese nivel es algo que no se puede dejar pasar.»

Un día de diciembre, justo antes de nuestro viaje a Hawái, nuestro equipo tuvo la última reunión antes de que tomara la decisión de si seguir adelante o no. Michelle estuvo escuchando pacientemente durante una hora una discusión sobre dotación de personal y la logística de un potencial anuncio de la candidatura, y a continuación interrumpió con una cuestión esencial:

—Has dicho que hay muchos otros demócratas capaces de ganar las elecciones y convertirse en presidentes. Y a mí me has dicho que la única razón por la que te presentas es que eres capaz de ofrecer algo que los demás no pueden, que si no fuera así no merecería la pena. ¿No es así?

Yo asentí.

—Mi pregunta es: ¿y por qué tú, Barack? ¿Por qué necesitas *tú* ser presidente?

Nos miramos el uno al otro a ambos lados de la mesa. Por un instante fue como si estuviésemos solos en la habitación. Mi mente regresó de golpe diecisiete años atrás, al momento en que nos conocimos, el día que llegué tarde a su despacho, un poco mojado por la lluvia, y Michelle se levantó de la mesa, tan dulce y tranquila con su blusa y su falda de abogada, y la charla tranquila que siguió después. Había visto en aquellos ojos redondos y oscuros esa vulnerabilidad que rara vez muestra. Incluso entonces supe que era especial, que quería conocerla, que era una mujer a la que podía amar. Qué suerte había tenido, pensé.

—¿Barack?

Me sacudí para volver a la realidad.

—De acuerdo —dije—. ¿Por qué yo?

Mencioné algunas de las razones de las que he hablado antes. Lo de que tal vez fuera capaz de desencadenar un nuevo tipo de política, o de llevar a una nueva generación a participar, que era más capaz que otros candidatos de construir un puente que salvara las diferencias de la nación.

—Pero, ¿quién sabe? No hay ninguna garantía de que lo podamos sacar adelante —confesé, mirando a todos los que estaban sentados a la mesa—. Aunque hay una cosa de la que no tengo dudas. Sé que el día que levante la mano derecha y jure ser el presidente de Estados Unidos, el mundo empezará a mirar a este país de una manera diferente. Y sé que todos los niños de América (niños negros, hispanos, niños que no encajan) se verán a sí mismos también de una manera diferente, se expandirán sus horizontes, se ampliarán sus posibilidades. Solo por eso... merece la pena.

La habitación se quedó en silencio. Marty sonrió. Valerie estaba llorando. Pude ver cómo distintos miembros del equipo conjuraban en su interior la toma de juramento del primer presidente africano de Estados Unidos.

Michelle se quedó mirándome durante un rato que me pareció una eternidad.

—Cariño —dijo al fin—, esa respuesta no ha estado nada mal.

Todo el mundo se rio y la reunión continuó con otros asuntos. En los años que siguieron las personas que estaban allí a veces hicieron referencia a aquella reunión, se dieron cuenta de que mi respuesta a la pregunta de Michelle fue una articulación espontánea de una fe compartida, lo que nos lanzó a todos a aquel largo, difícil e inverosímil viaje. Lo recordarían cuando vieron a un niño pequeño tocándome el pelo en el despacho Oval, o cuando una profesora declaró que sus estudiantes del instituto de un barrio pobre empezaron a estudiar más el día en que fui elegido.

Y es cierto: al responder a la pregunta de Michelle me estaba anticipando a las formas en las que esperaba que incluso una campaña creíble dejara expuestos algunos de los vestigios del pasado racial americano. Pero en mi interior sabía que llegar hasta allí significaba algo más personal.

Si ganábamos, pensé, significaría que mi campaña a senador de Estados Unidos no había sido solo pura suerte.

Si ganábamos, significaría que lo que me había llevado a la política no habría sido solo un sueño imposible, que el país en el que creía era posible, que la política en la que creía estaba al alcance.

Si ganábamos, significaría que no estaba solo en creer que el mundo no tenía por qué ser un lugar frío e implacable en el que los fuertes devoraban a los débiles y todos nos retirábamos inevitablemente a los clanes y las tribus, combatiendo lo desconocido y apiñándonos para protegernos de la oscuridad.

Si esas creencias se convertían en un manifiesto, entonces mi vida tendría sentido y podría transmitir esa promesa, esa versión del mundo, a mis hijas.

Hacía mucho tiempo había hecho una apuesta y ese era el punto de inflexión. Estaba a punto de cruzar una línea invisible, una que cambiaría mi vida de manera inexorable, en algunos sentidos que aún no podía imaginar y que podían no gustarme. Pero detenerme en ese momento, darme la vuelta en ese momento, perder el valor en ese momento... habría sido inaceptable.

Tenía que ver cómo se desarrollaban las cosas.

Segunda parte

Sí se puede

5

Una luminosa mañana de 2007, sobre un escenario en el Old State Capitol de Springfield —en el mismo lugar donde Abraham Lincoln había pronunciado su discurso de la «Casa dividida» cuando servía en la asamblea legislativa de Illinois—, anuncié que iba presentar mi candidatura a la presidencia. Con temperaturas cercanas a los cero grados habíamos temido que la gente se echara atrás por el frío, pero cuando me planté frente al micrófono había más de quince mil personas reunidas en la plaza y en las calles adyacentes, todas ellas con un espíritu festivo, envueltas en parcas, bufandas, gorros de esquí y orejeras, muchas de ellas con pancartas hechas a mano o carteles de la campaña OBAMA, su aliento común ascendía en forma de pequeñas nubes.

Mi discurso, que fue retransmitido en vivo en todas las cadenas, reunía los grandes temas de nuestra campaña: la necesidad de un cambio fundamental, la necesidad de abordar viejos problemas como el sistema sanitario o el cambio climático, la necesidad de dejar atrás un Washington anticuado y partidista, la necesidad de una ciudadanía comprometida y activa. Michelle y las niñas me acompañaron en el escenario para saludar a la multitud cuando acabé mi discurso, y las enormes banderas americanas que colgaban en los edificios colindantes conformaban un telón de fondo espectacular.

Desde allí, mi equipo y yo viajamos a Iowa, donde once meses después comenzarían las primarias para escoger el candidato, donde nosotros esperábamos una victoria temprana que nos catapultara para enfrentar oponentes más experimentados. Durante una serie de encuentros públicos nos recibieron miles de simpatizantes y curiosos. Tras el escenario de un acto en Cedar Rapids, escuché que un veterano de los operativos políticos de Iowa le comentaba a uno de los cincuenta periodistas nacionales que nos seguían: «Esto no es normal».

Al mirar las grabaciones de aquel día resulta difícil no dejarse llevar por la nostalgia que aún domina a mi antiguo equipo y a mis simpatizantes, por la sensación de que era el disparo de salida de una carrera mágica y de que durante el transcurso de aquellos años estaríamos cazando relámpagos en una botella y accediendo a algo esencial y verdadero de Estados Unidos. Sin embargo, a pesar de la multitud, la excitación y la atención de los medios que profetizaban la viabilidad de mi candidatura, a veces tengo que recordarme a mí mismo que en aquella época nada parecía fácil ni predestinado, que sentíamos una y otra vez que nuestra campaña podía descarrilar en cualquier momento, y que al principio no era solo que no creyera que yo fuese un buen candidato, sino que muchas personas tampoco lo creían.

En muchos sentidos mis reparos estaban relacionados con el crecimiento directo del alboroto que habíamos provocado y de las expectativas que venían con él. Como explicó Axe, la mayoría de las campañas presidenciales comienzan siendo necesariamente pequeñas, «Off Broadway», como decía él: pequeñas multitudes, recintos pequeños, coberturas locales y de periódicos pequeños en los que el candidato o la candidata podían probar sus argumentos, suavizar aristas, tener alguna metedura de pata, algún episodio de pánico escénico sin llamar demasiado la atención. Nosotros no tuvimos ese lujo. Desde el primer día me sentí como si estuviera en medio de Times Square bajo la luz de los focos, sentía que se notaba mi inexperiencia.

El miedo más profundo de mi equipo era que tuviera un *gaffe*, una expresión que se utiliza en prensa para describir cualquier frase torpe que revele la ignorancia del candidato, su descuido, la vaguedad de sus ideas, su insensibilidad, su malicia, su tosquedad, su falsedad, su hipocresía... o que le haga parecer lo bastante lejos de las creencias populares para poder decir que el candidato es vulnerable al ataque. Dada esa definición cualquier ser humano comete al día entre cinco y diez «gaffes», y todos contamos con la tolerancia y la buena voluntad de nuestras familias, nuestros colegas y amigos para rellenar los huecos, para que sepan entendernos y prefieran quedarse más con lo bueno que con lo malo.

Por ese motivo, mi primer instinto me llevó a despreciar algunas de las advertencias de mi equipo. Rumbo a nuestra última parada en Iowa, el día del anuncio, por ejemplo, Axe alzó un segundo la mirada desde su libro de protocolo.

—Ya sabes —me dijo— que la ciudad a la que vamos, Waterloo, se pronuncia «Waterlú».

—Claro —respondí—, Waterlou.

Axe negó con la cabeza.

—Se dice «Waterlú», no «Waterlou».

—Dilo otra vez.

—Waterlú —dijo Axe cerrando los labios.

—Otra vez.

Axe frunció el ceño.

—Barack, va en serio.

No me llevó mucho tiempo darme cuenta de que en el mismo instante en que anuncias tu candidatura a la presidencia, ya no se aplican las leyes corrientes de discurso; los micrófonos aparecen por todas partes y todas las palabras que dices se graban, amplifican, estudian y diseccionan. En el ayuntamiento de Ames, Iowa, en la primera gira después del anuncio estaba explicando mi oposición a la guerra de Irak cuando cometí el descuido de decir que la improvisada decisión de la Administración Bush había provocado que más de tres mil vidas de jóvenes soldados estadounidenses se hubiesen «desperdiciado». Me arrepentí de ese calificativo en el mismo instante en que la pronuncié. Siempre había sido muy cuidadoso a la hora de distinguir entre mi opinión sobre la guerra y mi aprecio por el sacrificio que hacían nuestras tropas y sus familias. Solo unos recortes de prensa hicieron alusión a mi metedura de pata, y un rápido *mea culpa* acabó con la controversia, pero fue un recordatorio de que a partir de ese momento las palabras ya no tenían el mismo peso que antes. En cuanto pensé en el impacto que habían podido tener mi descuidada elección sobre una familia que aún estaba llorando una pérdida, me descorazoné.

Por naturaleza soy un orador prudente y eso me ayudó a mantener un número de «gaffes» relativamente bajo con respecto a la media de otros candidatos presidenciales. Pero mi cuidado por las palabras generó otra cuestión durante la campaña: era demasiado prolijo y eso se convirtió en un problema. Cuando me hacían una pregunta, tendía a dar respuestas enrevesadas y agotadoras, mi mente descomponía cualquier cosa de manera instintiva en toda una serie de componentes y subcomponentes. Si por lo general cualquier argumento tiene dos posturas, yo explicaba cuatro. Si había alguna excepción a alguna afirmación que había hecho, no solo me limitaba a señalarla, sino que ofrecía hasta notas a pie de página. «¡Te vas por las ramas!», casi me gritaba Axe cada vez que me veía hablar sin cesar. Durante uno o dos días me centré obedientemente en ser conciso, solo porque de pronto me pareció insufrible tener que dar una explicación de diez minutos sobre detalles de la política de comercio o la velocidad a la que se deshiela el Ártico.

—¿Qué te parece? —le decía bajando del escenario, contento de mi esmero.

—Un diez en el examen —contestaba Axe—. Pero cero en votos.

Todas aquellas eran cuestiones que se podían resolver con el tiempo. Más preocupante fue que, a medida que nos adentrábamos en la primavera, me fui volviendo cada vez más gruñón. Ocurría, entre otras cosas, me doy cuenta ahora, por el peaje de una campaña de dos años para el Senado, un año de visitas a ayuntamientos como senador, y muchos meses de viajes para apoyar a otros candidatos. Cuando pasó la adrenalina del anuncio, me golpeó con todo su peso la enormidad de la rutina.

Y era una rutina. Cuando no estaba en Washington por asuntos del Senado, me encontraba en Iowa o en cualquiera de los primeros estados, con jornadas de dieciséis horas, seis días y medio a la semana, durmiendo en un Hampton Inn o en un Holiday Inn, o en un American Inn o en un Super 8. Me despertaba tras cinco o seis horas de sueño y trataba de hacer ejercicio en cualquier lugar que pudiera (una vez en una vieja cinta de correr que estaba en la parte trasera de un salón de rayos uva) antes de hacer la maleta y engullir un desayuno caótico, saltar a una furgoneta y empezar a hacer llamadas para recaudar fondos rumbo a la ciudad donde tuviera el primer mitin del día, antes de las entrevistas con los periódicos locales o el canal de noticias, algunos encuentros y saludos con los líderes locales del partido, una parada para ir al baño, tal vez un paso por algún restaurante local para estrechar alguna mano y saltar de nuevo a la furgoneta para hacer más llamadas y recaudar más dólares. Repetía aquello tres o cuatro veces al día, comiendo un sándwich frío o una ensalada cuando podía, antes de llegar medio tambaleándome a otro hotel alrededor de las nueve de la noche, para llamar por teléfono a Michelle y a las niñas antes de que se fueran a la cama y leerme los programas del día siguiente, con una carpeta que se me iba cayendo lentamente de las manos a medida que el agotamiento me noqueaba.

Y eso sin hablar de los vuelos a Nueva York o a Los Ángeles o a Chicago o a Dallas para recaudar fondos. Era una vida de monotonía sin ningún glamour y la perspectiva de pasarme dieciocho meses seguidos haciendo aquello me enfrió el ánimo. Me había arriesgado a presentarme a las presidenciales, había implicado a un numeroso equipo de personas, pedía dinero a desconocidos y propagaba la imagen de alguien que tiene fe en lo que hace, pero echaba de menos a mi mujer. Echaba de menos a mis hijas. Echaba de menos mi cama, una ducha como Dios manda, sentarme a disfrutar de una comida de verdad. Echaba de menos no tener que repetir siempre lo mismo exactamente de la misma manera, cinco o seis o siete veces al día.

Afortunadamente, junto a Gibbs (que tenía la entereza, la experiencia y la irritabilidad necesarias para mantenerme concentrado en el camino) hubo otros dos compañeros que me ayudaron a superar mi bajón inicial.

El primero fue Marvin Nicholson, mediocanadiense de encanto tranquilo y comportamiento imperturbable. Tenía treinta y muchos y medía más de un metro noventa. Marvin había tenido muchos trabajos, desde caddy hasta camarero en un bar de *striptease* antes de acabar trabajando como el cuarto asistente personal de John Kerry hacía unos años. Es un extraño papel el del asistente personal, una especie de hombre para todo que se responsabiliza de que el candidato o la candidata tenga todo lo que necesita para funcionar, tanto si es su tentempié favorito como un par de pastillas de Advil, un paraguas cuando llueve, una bufanda cuando hace frío o el nombre del presidente del condado que se acerca a toda prisa para saludarte. Marvin hacía su trabajo con tanto talento y finura que llegó a convertirse en casi una figura de culto en los círculos políticos, lo que nos llevó a contratarle como nuestro director de viaje. Trabajaba con Alyssa y el equipo de avanzadilla para coordinar los viajes, asegurarse de que tenía todo el material apropiado y darme lo más parecido a un horario.

También estaba Reggie Love, que había crecido en Carolina del Norte, hijo de una familia negra de clase media. Con sus casi dos metros de estatura y su corpulencia, Reggie había destacado tanto en baloncesto como en fútbol americano cuando estaba en la universidad de Duke, antes de que Pete Rouse le contratara para que fuera mi asistente en el despacho del Senado. (Un aparte: la gente suele manifestar sorpresa por lo alto que soy, un metro ochenta y cinco, algo que atribuyo al hecho de haber aparecido en las fotografías siempre junto a Reggie y a Marvin.) Bajo el tutelaje de Marvin, Reggie empezó a trabajar como asistente a sus veinticinco años, y aunque le costó un poco al principio —se las apañó para olvidarse mi maletín en Miami y mi traje en New Hampshire en una sola semana—, su incuestionable ética del trabajo y su sentido del humor tontorrón le convirtieron de inmediato en el favorito de todos en la campaña.

Durante casi dos años, Gibbs, Marvin y Reggie fueron mis cuidadores, mis anclas en la normalidad y una sólida fuente de alivio cómico. Jugábamos a las cartas y al billar. Discutíamos de deportes y nos intercambiábamos música. (Reggie me ayudó a poner al día una lista de reproducción de hip-hop que se había detenido en Public Enemy.) Marvin y Reggie me contaban historias (complejas) de sus vidas en la carretera y aventuras en las distintas paradas locales antes de que terminara el trabajo (incluidos episodios en tiendas de tatuajes y jacuzzis). Nos burlábamos de Reggie por su ignorancia juvenil (en cierta ocasión, cuando mencioné a Paul Newman, comentó: «Ese es el tipo de las salsas para ensaladas, ¿no?») y de Gibbs por su apetito (en la feria estatal de Iowa, en un momento en que le estaba costando decidirse entre un bollito y una barra de chocolate la mujer que estaba tras el mostrador salió en su ayuda: «Cariño, ¿por qué habrías de elegir solo uno?»).

Siempre que podíamos jugábamos al baloncesto. Hasta la ciudad más pequeña tenía un gimnasio escolar, y si no había tiempo para un partido de verdad, Reggie y yo nos arremangábamos y nos echábamos una ronda de BURRO mientras afuera me esperaban para que subiera al escenario. Al igual que cualquier atleta de corazón, él seguía siendo tremendamente competitivo. A veces, el día después de un uno contra uno apenas podía caminar, aunque era demasiado orgulloso para demostrarlo. Una vez jugamos un partido contra un grupo de bomberos cuyo apoyo trataba de conseguir. Solían jugar los fines de semana y eran un poco más jóvenes que nosotros, pero estaban en peor forma. Después de la tercera vez que Reggie les robó el balón e hizo un sonoro mate, pedí tiempo.

—¿Qué estás haciendo? —pregunté.

—¿Qué?

—Te das cuenta de que queremos que nos apoyen, ¿verdad?

Reggie me miró incrédulo.

—¿Quieres que perdamos contra estos paquetes?

Lo pensé un segundo.

—No —respondí—. Yo no iría tan lejos. Pero mantenlo equilibrado para que no se vayan demasiado cabreados.

Pasar el tiempo con Reggie, Marvin y Gibbs me aliviaba de las presiones de la campaña, era un pequeño espacio en el que yo no era candidato, ni símbolo, ni voz generacional, ni siquiera jefe, sino uno más. Algo que, mientras trabajaba duro durante aquellos primeros meses, me parecía más valioso que un discurso motivacional. Gibbs intentó darme uno en cierta ocasión, cuando nos estábamos subiendo a otro avión al final de otro día interminable y de una intervención mía particularmente sosa. Me dijo que tenía que sonreír más, que debía recordar que esto era una gran aventura y que los votantes adoraban a los guerreros felices.

—¿Te lo estás pasando bien? —preguntó.

—No —dije yo.

—¿Hay algo que podamos hacer para que así sea?

—No.

Reggie, que estaba en el asiento delante de nosotros, escuchó nuestra conversación y se dio media vuelta con una amplia sonrisa.

—Por si le consuela a alguien —dijo— ¡yo me lo estoy pasando como nunca en mi vida!

Y la verdad es que fue un consuelo... Pero no se lo dije entonces.

Mientras tanto yo aprendía mucho y muy deprisa. Me pasaba horas leyendo obedientemente y con atención los gruesos informes que me preparaba mi equipo, tratando de retener los últimos estudios sobre educación infantil, los últimos desarrollos tecnológicos en baterías que habilitarían la accesibilidad a una energía limpia y la manipulación de China de su propia moneda para activar las exportaciones.

Al echar la vista atrás me doy cuenta de que hacía lo que tendemos a hacer la mayoría de nosotros cuando estamos inseguros o perdidos: buscamos lo que nos resulta familiar, aquello en lo que pensamos que somos buenos. Yo sabía de política: sabía cómo consumir y procesar información. Me llevó un tiempo reconocer que mi problema no era la falta de un programa de diez puntos, en realidad era mi incapacidad general para reducir los temas a su esencia, hacer un relato que ayudara a explicarles a los estadounidenses un mundo cada vez más incierto y hacerles creer que como presidente yo podía ayudarles a navegar esas aguas.

Mis oponentes más preparados lo habían entendido ya. No tardé en ponerme en evidencia delante de ellos en el foro sobre atención sanitaria patrocinado por la Unión Internacional de Empleados de Servicios celebrado una tarde de sábado en Las Vegas a finales de marzo de 2007. Plouffe se había resistido a que participara. En su opinión aquellas «llamadas al rebaño», en las que los candidatos aparecían con tal o cual grupo de interés demócrata, jugaban a favor de los candidatos tradicionales y hacían perder el tiempo necesario para tener un contacto más directo con los votantes. Yo disentía. La atención sanitaria era un tema que me importaba mucho, no solo porque había oído muchas historias personales devastadoras durante la campaña, sino porque nunca iba a olvidar a mi madre en su última etapa, inquieta no por sus posibilidades de supervivencia sino porque no sabía si su seguro le iba a permitir seguir siendo solvente durante el tratamiento.

Viendo el resultado, tendría que haber prestado más atención a Plouffe. Tenía demasiados datos en la cabeza y pocas respuestas. Titubeé frente a un gran grupo de trabajadores sanitarios, vacilé, carraspeé y tartamudeé en el escenario. Y cuando me hicieron preguntas concretas tuve que confesar que aún no tenía un plan definitivo para ofrecer una asistencia sanitaria asumible. Se podían oír los grillos en la sala. Associated Press publicó una crónica en la que criticaban mi aparición en el foro —se publicó en una revista que se podía encontrar en todos los outlets del país— con el doloroso título de «¿Es Obama todo estilo y poca sustancia?».

Mi aparición contrastó enormemente con la de John Edwards y Hillary Clinton, dos importantes oponentes. Edwards, el apuesto y bruñido anterior candidato a la vicepresidencia, había dejado el Senado en 2004 para ser el compañero de campaña de John Kerry, se las dio luego de que iba a abrir un centro contra la pobreza, pero en realidad nunca dejó de hacer campaña para la presidencia. Aunque no le conocía bien, Edwards nunca me había impresionado particularmente: a pesar de que tenía unas raíces de clase trabajadora, su populismo de nuevo cuño sonaba falso y electoralista, el equivalente político de una de esas bandas musicales compuesta por un grupo de chicos con las que sueñan todos los departamentos de marketing de los estudios musicales. Pero en Las

Vegas me llevé un escarmiento al ver cómo hacía una atrevida propuesta para una cobertura universal desplegando todos los talentos que en sus inicios le habían convertido en un exitoso abogado en Carolina del Norte.

Hillary estuvo incluso mejor. Al igual que muchos otros, yo me había pasado los años noventa observando a los Clinton en la distancia. Admiraba el prodigioso talento de Bill y su potencia de fuego intelectual. Si a veces me incomodaban los detalles de las llamadas triangulaciones —en las que firmaba reformas legislativas para el bienestar con protecciones inadecuadas para aquellos que no conseguían encontrar trabajo o la retórica de tolerancia cero contra el crimen que contribuyó a la explosión poblacional en las cárceles federales—, sentía un gran aprecio por la habilidad con la que había manejado una política progresista y cómo había dado opciones al Partido Demócrata.

En cuanto a la anterior primera dama, la encontré igual de impresionante y más empática. Tal vez veía en la historia de Hillary cosas parecidas a las que habían sufrido mi madre y mi abuela, todas ellas eran mujeres inteligentes y ambiciosas que se habían dejado la piel a causa de las limitaciones de su tiempo y que habían tenido que capear egos masculinos y expectativas sociales. Aquella Hillary se había convertido en una persona precavida, tal vez preparada en exceso, pero ¿quién puede reprochárselo considerando los ataques de los que había sido objeto? En el Senado había confirmado con creces mi opinión favorable sobre ella. En todos los momentos en que habíamos interactuado, se había revelado como una persona trabajadora, afable e impecablemente preparada. También tenía una forma de reír agradable y auténtica que tendía a aligerar los ánimos a su alrededor.

El hecho de que hubiera decidido presentarme a las elecciones a pesar de la presencia de Hillary tenía menos que ver con ningún tipo de valoración de sus defectos y más con mi sensación de que era imposible que escapara al rencor, la envidia y las duras presunciones que habían brotado durante los años de los Clinton en la Casa Blanca. No sé si justa o injustamente, no pensaba que Hillary pudiera conseguir deshacer la división política de Estados Unidos, cambiar la forma en la que Washington funcionaba u otorgar a la nación el nuevo comienzo que necesitaba. Aun así, al comprobar de nuevo sus conocimientos y ver la pasión con la que hablaba en el escenario sobre asistencia sanitaria en el foro de la Unión

Internacional de Empleados de Servicios y al oír el aplauso de la multitud entusiasmada cuando terminó de hablar, me pregunté si no había cometido un error de cálculo.

Difícilmente aquel foro iba a ser la última vez que la actuación de Hillary —o, en lo que se refiere a este asunto, la primera mitad de las primarias— fuera mejor que la mía; no tardó en parecer que estábamos debatiendo cada dos o tres semanas. Nunca se me han dado particularmente bien ese tipo de formatos. Mi tendencia a alargarme y mi preferencia por las respuestas complicadas actúan en mi contra, sobre todo cuando me veo en un escenario con siete profesionales de la respuesta rápida y solo un minuto para responder a cada pregunta. En nuestro primer debate de abril el moderador me dijo «tiempo» al menos dos veces antes de que terminara de hablar. Cuando me preguntaron cómo trataría un ataque terrorista múltiple, comenté la necesidad de coordinar la ayuda federal pero se me olvidó mencionar el evidente imperativo de perseguir a los responsables. Durante los siete minutos siguientes tanto Hillary como todos los demás se turnaron para comentar mi omisión. Lo hacían con tono sombrío, pero el brillo de sus ojos decía: ¡Chúpate esa, novato!

Cuando acabó todo, Axe fue moderado en su crítica del pospartido.

—Tu problema —dijo— es que sigues intentando responder a la pregunta.

—¿No se trata de eso? —pregunté yo.

—No, Barack —dijo Axe—, no se trata de eso. De lo que se trata es de que comuniques tu mensaje. ¿Cuáles son tus valores? ¿Qué prioridades tienes? Eso es lo que le preocupa a la gente. Fíjate, la mitad del tiempo el moderador usaba la pregunta solo para liarte. Tu trabajo es evitar caer en la trampa que te han tendido. Escucha la pregunta que te hagan, da una respuesta rápida para que parezca que has contestado... y luego háblales de lo que *tú* quieres.

—Eso sería como decir cualquier cosa —dije yo.

—Exacto —respondió él.

Me sentía frustrado con Axe y aún más frustrado conmigo mismo. Pero después de volver a ver el debate en televisión me di cuenta de que era difícil negar su apreciación. Las respuestas más efectivas del debate, eso parecía al menos, no estaban diseñadas para explicar nada en concreto sino para provocar una emoción, o para identificar al enemigo, o para apuntar a unos electores para los que uno mismo, más que ninguno de los otros candidatos que estaban en el escenario, iba a estar siempre de su lado. Era fácil despreciar aquel ejercicio como algo superficial. De nuevo el presidente no era ni un abogado, ni un contable, ni un piloto al que habían designado para realizar una tarea concreta y especializada. Movilizar a la opinión pública, dar forma a coaliciones de trabajo... esa era la tarea. Me gustara o no, lo que conmovía a las personas eran las emociones, no los hechos. Provocar las mejores de esas emociones y no las peores; reforzar a los mejores ángeles de nuestra naturaleza con la razón y una política consistente, actuar al mismo tiempo que se dice la verdad... ese era el listón al que tenía que llegar.

Mientras trabajaba para reducir el número de meteduras de pata, Plouffe dirigía una operación sin interrupción en nuestro cuartel general de Chicago. No le veía mucho, pero empezaba a darme cuenta de que los dos teníamos mucho en común. Ambos éramos analíticos y equilibrados, generalmente escépticos ante las convenciones y pretensiones, pero donde yo era despistado, indiferente a los pequeños detalles, incapaz de mantener un sistema de archivos ordenado, y perdía constantemente memorándums, bolígrafos y teléfonos móviles que me acababan de dar, Plouffe resultó ser un genio de la gestión.

Se centró desde el principio con resolución y sin ningún tipo de duda en ganar Iowa. Incluso cuando ciertos comentaristas de la televisión por cable y algunos de nuestros simpatizantes empezaron a llamarnos idiotas por ser tan simples, nunca permitió que nadie se desviara un centímetro de esa estrategia, no había duda de que era nuestro rumbo a la victoria. Plouffe impuso una disciplina marcial y dio a todo el mundo en nuestro equipo —desde Axe hasta el último de nuestros activistas locales de campaña— un gran nivel de autonomía al mismo tiempo que les exigía resultados y una adherencia estricta al proceso. Puso un límite a los sueldos para evitar discrepancias entre el equipo. Evitó intencionadamente que los recursos se desviaran a contratos inflados con consultoras o presupuestos para medios para poder darles a nuestros activistas locales de campaña lo que necesitaban allí mismo. Le obsesionaban los datos, reclutó a un equipo de expertos en internet que diseñó un programa digital a años luz no solo del resto de los candidatos sino también de muchas compañías privadas.

Además de todo eso, comenzando desde cero y en solo seis meses, Plouffe construyó una operación de campaña lo bastante fuerte para plantar cara a la maquinaria Clinton. Lo saboreaba en silencio. Y eso fue otra cosa que acabé comprendiendo de Plouffe: bajo aquella persona de perfil bajo y fuertes convicciones había alguien a quien sencillamente le gustaba la pelea. La política era su deporte, y en aquella ocupación que había elegido era tan competitivo como Reggie al baloncesto. Más tarde le pregunté a Axe si había sido capaz de anticipar lo buen arquitecto de campaña que iba a ser su por aquel entonces socio júnior. Negó con la cabeza.

«Una jodida revelación», dijo.

En la política presidencial la mejor estrategia no sirve de nada si no tienes los recursos para ejecutarla, y esa era la segunda cosa que él hacía para nosotros: conseguir dinero. Si se piensa que los Clinton llevaban cultivando una base nacional de donantes desde hacía casi tres décadas, nuestra presunción de trabajo era que la tremenda recogida de fondos de Hillary nos iba a aventajar. Pero el hambre de cambio del país se demostró más grande de lo que nosotros mismos habíamos anticipado.

Al principio nuestra recogida de fondos había seguido el patrón tradicional: grandes donantes de ciudades grandes que firmaban grandes cheques. Penny Pritzker, una empresaria de Chicago y amiga desde hacía mucho, colaboró en nuestra campaña como presidenta nacional de finanzas, trayendo con ella tanto a los genios de la organización como una enorme red de relaciones para la causa. Julianna Smoot, nuestra malhablada y experimentada directora de finanzas, construyó un equipo de expertos. Tenía un talento especial para alternar un lenguaje dulce y vergonzoso con otro a ratos temible en su incesante búsqueda de fondos. Tenía una gran sonrisa, pero la mirada de una asesina.

Me fui acostumbrando a la ardua tarea, en parte por pura necesidad, pero también porque a medida que iba pasando el tiempo nuestros donantes llegaron a comprender y hasta apreciar mis términos. Se trataba de construir un país, les decía, esto no iba ni de egos ni de prestigio. Escuchaba sus opiniones sobre algún asunto, sobre todo si se trataba de algo en lo que eran expertos, pero no modificaba mis opiniones para agradarles. Si tenía un minuto libre, las cartas de agradecimiento que escribía y las llamadas de cumpleaños no estaban dirigidas a ellos, sino a nuestros voluntarios y nuestro equipo más joven sobre el terreno.

Y además si ganaba podían contar con que iba a subirles los impuestos.

Aquella actitud nos hizo perder algunos donantes, pero ayudó a desarrollar una cultura entre los simpatizantes que no tenían nada que ver ni con beneficios ni con el estatus. Y en todo caso cada mes que transcurría, nuestros donantes iban perdiendo capas de maquillaje. Empezaron a entrar pequeñas donaciones; de diez, veinte, cien dólares, la mayoría a través de internet, de estudiantes universitarios que reducían su presupuesto para Starbucks durante la duración de la campaña, o de abuelas que habían hecho una colecta en su círculo de costura. Todo eso durante la temporada de primarias nos hizo reunir a millones de pequeños donantes, lo que nos permitió competir por el último voto en todos los estados. Más que el dinero en sí, era el espíritu que había tras las donaciones, el sentido de pertenencia que acompañaba las cartas y los emails, lo que inyectó energía a nuestra campaña desde la raíz. Esto no tiene que ver solo contigo, nos decían esas donaciones, estamos aquí, en la base, hay millones de personas como nosotros repartidas por todo el país... Y tenemos fe. Estamos aquí.

Además de una sólida estrategia operativa y una recaudación de fondos eficaz, hubo un tercer elemento que mantuvo tanto la campaña como nuestro espíritu a flote: el trabajo de nuestro equipo de Iowa y el de su infatigable líder, Paul Tewes.

Paul creció en Mountain Lake, una ciudad rural encajada en la esquina sudoeste de Minnesota, un lugar donde todas las personas se conocen y cuidan, donde los chicos van a todas partes en bicicleta y nadie cierra sus casas, donde todos los estudiantes practican todos los deportes para conseguir formar equipos completos y ninguno de los entrenadores se puede permitir prescindir de nadie.

Mountain Lake es también un lugar conservador, lo que hacía resaltar un poco a la familia Tewes. La madre de Paul le inculcó desde muy pronto una lealtad por el Partido Demócrata solo comparable a la lealtad de la familia a la fe luterana. Cuando tenía seis años le explicó pacientemente a un compañero de clase que no debía apoyar a los republicanos «porque tu familia no es rica». Cuatro años después, lloró con amargura cuando Jimmy Carter perdió frente a Ronald Reagan. El padre de Paul estaba tan orgulloso de la afición de su hijo por la política que compartió el episodio con un amigo, el profesor de Ciudadanía del instituto local, quien a su vez —quizá con la esperanza de que el interés de un niño de diez años en asuntos públicos inspirara a otros huraños adolescentes— lo relató en su clase. Durante los días siguientes los chicos mayores se burlaron de Paul sin piedad, retorciéndose los puños contra los ojos como bebés llorones cada vez que se cruzaban con él por el pasillo.

Pero Paul estaba decidido. Ya en el instituto organizó un baile para recaudar dinero destinado a los candidatos demócratas. En la universidad hizo unas prácticas como portavoz local y —en un hito del que estaba particularmente orgulloso— se las arregló para llevar a una de las dos delegaciones de la policía de Mountain Lake a su candidato favorito, Jesse Jackson, en las primarias de 1988.

Cuando le conocí en 2007, Paul ya había trabajado en todas o casi todas las campañas políticas imaginables, desde las del ayuntamiento hasta las del Congreso. Había trabajado para el director del caucus de Al Gore y también como director de operaciones en todo el país para el Comité de Campañas Senatoriales Demócratas. En aquella época tenía treinta y siete años, pero parecía mayor, bajito, fornido y ligeramente calvo, con un bigote rubio y una piel pálida a juego. No había nada sofisticado en Paul Tewes, sus modales podían ser un poco ásperos y su ropa nunca parecía conjuntar, sobre todo en invierno, cuando, como buen nacido en Minnesota, se ponía todo tipo de camisas de franela, plumíferos y gorros de esquí. Era el tipo de persona que se siente más cómoda charlando con unos granjeros en un campo de maíz o bebiendo en una esquina del bar que parloteando con consultores políticos de sueldos estratosféricos, pero cuando te sentabas con él te dabas cuenta al instante de que sabía lo que hacía. Y más allá del conocimiento táctico, de historias detalladas sobre la votación en ciertos distritos y de anécdotas políticas, si lo escuchabas con suficiente atención, podías sentir el corazón del niño de diez años que se implicaba lo suficiente, o que creía lo suficiente en la política, como para llorar por unas elecciones.

Cualquiera que se ha presentado a las elecciones presidenciales sabe que no es nada sencillo ganar en Iowa. Es uno de los estados del país que cuenta con un caucus que determina a quién apoyarán sus delegados. Al contrario de unas elecciones primarias tradicionales, en las que los ciudadanos votan privadamente y de manera general según su conveniencia, el caucus representa una democracia al estilo comunal en la que los votantes se reúnen, generalmente en el gimnasio de alguna escuela o en una biblioteca de su distrito, a debatir sobre los méritos de cada uno de los candidatos hasta que designan un ganador. Se trata de una democracia muy encomiable, pero implica demasiado tiempo —una designación de candidatos puede durar tres horas, incluso más— y requiere que los participantes estén bien informados, dispuestos a votar públicamente y lo bastante comprometidos para dedicar a la asamblea toda la tarde. No es una sorpresa que las votaciones de delegados atraigan a una pequeña y permanentemente irritada sección del electorado de Iowa compuesta por los votantes de más edad, funcionarios del partido, simpatizantes de toda la vida... aquellos que suelen aferrarse a lo bueno conocido. Eso significaba que los habituales de las asambleas de designación de candidatos demócratas estarían más dispuestos a inclinarse por una política conocida como Hillary Clinton que por alguien como yo.

Desde el primer momento Tewes insistió a Plouffe, y a su vez Plouffe me insistió a mí, en que si queríamos ganar en Iowa, teníamos que llevar a cabo un tipo de campaña diferente. Había que trabajar más duro y durante más tiempo, hacerlo cara a cara, ganarnos a los asistentes de los caucus. Y lo más importante, teníamos que convencer a todo un grupo de simpatizantes de Obama —gente joven, de color, independientes— de que superaran los obstáculos e impedimentos y participaran en aquella asamblea por primera vez. Para llevarlo a cabo, Tewes insistió en abrir cuanto antes un despacho en cada uno de los noventa y nueve condados de Iowa dirigido por un empleado joven que, con un sueldo relativamente bajo o con una supervisión diaria, se hiciera responsable de organizar un pequeño movimiento político local.

Aquella apuesta representaba una gran inversión, pero le dimos luz verde a Tewes. Él se puso a trabajar con un extraordinario equipo de diputados que le ayudaron a desarrollar su plan: Mitch Stewart, Marygrace Galston, Anne Filipic y Emily Parcell, todos ellos listos, disciplinados, con experiencia en múltiples campañas y menores de treinta y dos años.

Yo me pasé la mayor parte del tiempo con Emily, que era natural de Iowa y había trabajado para Tom Vilsack, el anterior gobernador. Tewes pensó que ella me resultaría de especial ayuda para comprender la política local. Tenía veintiséis años, era una de las más jóvenes de todo el

111

grupo; con su pelo oscuro y su estilo recatado, era lo bastante diminuta para pasar por una estudiante de instituto. No tardé en darme cuenta de que sabía todo sobre todos y cada uno de los demócratas del estado y no tenía ningún escrúpulo en darme instrucciones precisas en cada parada que iban desde a quién tenía que hablar hasta cuáles eran los temas comunitarios por los que me tenía que preocupar. Me daba toda aquella información con un tono neutral y monótono junto a una mirada que mostraba que tenía poca tolerancia a la estupidez, una cualidad que Emily tal vez había heredado de su madre, que había trabajado en la planta de Motorola desde hacía tres décadas y se las había apañado para pagarle la universidad.

Durante las largas horas que nos pasamos viajando entre distintos actos en una furgoneta alquilada para la campaña, me consagré a la misión de robarle una sonrisa a Emily con algunas ocurrencias, juegos de palabras y bromas sueltas sobre el tamaño de la cabeza de Reggie. Pero mi encanto y mi ingenio se estampaban irremediablemente contra las rocas de su mirada fija e imperturbable, y al final me acabé centrando en hacer lo que me pedía.

Mitch, Marygrace y Anne describirían más tarde los detalles de su trabajo, que incluían exponer colectivamente las poco ortodoxas ideas que cada día Tewes les lanzaba en las reuniones.

«De diez ideas que tenía al día —explicaba Mitch— nueve eran ridículas y una era genial.»

Mitch era un muchacho desgarbado de Dakota del Sur que ya había trabajado antes en política pero que jamás se había cruzado con nadie tan apasionadamente ecléctico como Tewes.

«Si salía con la misma idea tres veces —recordaba—, yo pensaba que debía de haber algo ahí.»

Reclutar a Norma Lyon —la «Dama de la vaca de mantequilla» de Iowa, llamada así porque todos los años mostraba en la feria local una vaca a escala natural esculpida de mantequilla— para que grabara con su voz un llamamiento anunciando su apoyo a nuestra causa que luego difundimos por todo el estado fue una genialidad. (Más tarde llegó a hacer un «busto de mantequilla» de mi cabeza que pesaba diez kilos, también idea de Tewes.)

Insistir en que pusiéramos carteles a lo largo de la autopista en una secuencia de frases que rimaban como en los viejos anuncios de Burma-

Shave de los sesenta (Tiempos de cambio-Todo atrás deja-Vótale al tipo-De las orejas-Obama 08) tal vez no fue una idea tan genial.

Y la promesa de afeitarse las cejas si el equipo conseguía el objetivo imposible de recolectar cien mil cartas de apoyo tampoco lo fue, hasta muy al final de la campaña, cuando por fin alcanzamos la meta, y en ese momento se convirtió en genial («Mitch también se las afeitó», explicaba Marygrace, «Hay fotos. Fue tremendo»).

Tewes fue quien marcó el tono de nuestra operación de Iowa; raíces, nada de jerarquías, irreverente y levemente maniaca. No hubo nadie —equipo sénior incluido, donantes y dignatarios— que se librara de hacer visitas puerta a puerta. Durante las primeras semanas colgó carteles en todas las paredes de todos los despachos con el lema que él mismo creó: «Respeto, Empoderamiento, Inclusión». Si nos tomábamos en serio ese nuevo tipo de política, explicaba, entonces había que empezar sobre el terreno, con el compromiso de todos los activistas, a reclutar a gente, respetando lo que cada uno tenía que decir, y tratando a todo el mundo —incluidos nuestros oponentes y sus simpatizantes— del mismo modo en que querían ser tratados. Insistía, por último, en la importancia de animar a los votantes a que se implicaran en vez de tratar de venderles sin más a un candidato como si fuera una caja o un detergente para la ropa.

Todo el que infringía aquellos valores recibía una bronca y a veces se le apartaba del terreno. Cuando durante la teleconferencia semanal con el equipo uno de los nuevos voluntarios hizo un chiste sobre por qué se había unido a la campaña y dijo algo como que «odiaba a los tipos con traje» (una referencia a la prenda más habitual de Hillary en campaña), Tewes le reprendió en un tono lo bastante fuerte para que le escucharan el resto de los voluntarios.

«Eso no es lo que defendemos —dijo— ni siquiera en privado.»

El equipo se tomó aquello a pecho, sobre todo porque Tewes predicaba con el ejemplo. Y aparte de aquel estallido ocasional, nunca dejó de hacerles sentir a todos lo mucho que importaban. Cuando murió el tío de Marygrace, Paul declaró el día nacional de Marygrace y obligó a todos a ir a la oficina con algo rosa. Me dejó también un mensaje en el que me anunciaba que durante aquel día todos tendríamos que hacer lo que ella quisiera. (Obviamente, Marygrace tuvo que aguantar trescientos días de Tewes y Mitch mascando tabaco en el despacho, así que la balanza nunca estuvo equilibrada.)

Fue aquel tipo de camaradería lo que permitió la operación Iowa. No solo en el cuartel general sino, mucho más importante, entre los casi doscientos activistas locales de campaña que desplegamos por todo el estado. Con todo, yo me pasé ochenta y siete días en Iowa aquel año. Probé las especialidades culinarias de cada ciudad, eché canastas con niños en todas las canchas de baloncesto por las que pasamos y sufrí todos los tipos de climatología posibles, desde nubes embudo hasta aguanieve lateral. En todas esas ocasiones aquellos jóvenes que trabajaron durante horas interminables por el salario mínimo fueron mis guías. Muchos de ellos apenas habían acabado la universidad. Para muchos era su primera campaña y estaban lejos de casa. Algunos habían crecido en Iowa o en el medioeste rural, estaban familiarizados con la actitud y el estilo de vida de ciudades de tamaño medio como Sioux City o Altoona. Pero nuestros chicos no eran los típicos chicos de dichas ciudades. Si los reunías en una habitación había italianos de Filadelfia, judíos de Chicago, negros de Nueva York y asiáticos de California; hijos de inmigrantes pobres e hijos de los barrios ricos, licenciados en Ingeniería, antiguos voluntarios de cuerpos de paz, veteranos de guerra y gente que no había terminado la escuela. En la superficie al menos no parecía haber forma de conectar sus experiencias brutalmente variadas con las de aquella gente un poco básica cuyos votos necesitábamos con tanta desesperación.

Y aun así conectaron. Llegaban a la ciudad con una mochila o una maleta pequeña, vivían en apartamentos compartidos o en el sótano de algún simpatizante local, y se pasaban meses conociendo el lugar, visitaban al barbero, ponían mesas plegables frente a la tienda de comestibles, hablaban en el Rotary Club, ayudaban entrenando en una liga juvenil o en las campañas de caridad local y llamaban a sus madres para que les dieran la receta del pudding de plátano para llevar algo de comer a la reunión. Aprendían a escuchar a los voluntarios locales —la mayoría mucho mayores que ellos, con sus propios trabajos, familias y preocupaciones— y se les daba bien reclutar a personas nuevas. Trabajaban a diario hasta el agotamiento y luchaban contra los episodios de ansiedad y soledad. Mes a mes se iban ganando la confianza de la gente. Dejaban de ser desconocidos.

¡Qué bálsamo fueron esos chicos de Iowa! Me llenaron de optimismo y gratitud y tuve la sensación de que se cerraba el círculo. Me veía a mí mismo llegando a Chicago con veinticinco años, confuso e idealista. Recordaba los hermosos vínculos que había creado con las familias del sur de la ciudad, los errores y las pequeñas victorias, la comunidad que había encontrado, tan parecida a la que nuestros activistas locales de campaña estaban combatiendo solos. Sus experiencias hacían que recordara los motivos por los que me había dedicado inicialmente a la política, buscando el sentido originario de que tal vez no tenía tanto que ver con el poder y la posición como con la comunidad y los vínculos.

Tal vez nuestros simpatizantes de todo Iowa creyeran en mí, pero si trabajaban tan duro era sobre todo gracias a los jóvenes voluntarios locales que teníamos allí. Puede que esos chicos se hubieran inscrito para trabajar en la campaña por algo que yo había hecho o dicho, pero ahora formaban parte de los voluntarios. Lo que les guiaba, lo que les mantenía, independientemente de su candidato o de cualquier otro asunto particular, eran las amistades y relaciones, la lealtad mutua y el progreso que había nacido de su esfuerzo común. Eso y un jefe gruñón en Des Moines, el mismo que había prometido depilarse las cejas si ganaban.

En junio nuestra campaña dio un giro. Gracias al increíble despegue de las donaciones por internet, nuestro rendimiento financiero se mantuvo muy por encima de nuestras expectativas y pronto nos permitió acceder a la televisión de Iowa. Cuando llegaron las vacaciones escolares, Michelle y las niñas pudieron acompañarme un poco más en la carretera. Dar tumbos por todo Iowa en una caravana, con el sonido de su parloteo en la parte trasera mientras yo hacía llamadas; Reggie y Marvin en maratonianas sesiones de UNO con Malia y a Sasha; sentir el dulce peso de una de ellas o la otra dormida y apoyada en mi pierna a media tarde, las paradas obligatorias en las heladerías... todas aquellas cosas me llenaron de una alegría que se filtró a mis apariciones en público.

Cambió también la naturaleza de aquellas apariciones. Cuando ya había pasado la novedad inicial de mi candidatura, me descubrí hablando frente a multitudes más manejables, varios centenares en vez de unos miles, lo que volvía a darme la oportunidad de conocer a la gente en persona y escuchar sus historias. Las esposas de los militares me describían sus luchas diarias para sacar adelante un hogar y combatir el miedo a que llegara una mala noticia desde el frente. Los granjeros me explicaban las presiones que les habían llevado a renunciar a su independencia frente a los intereses de las grandes compañías agrícolas. Los trabajadores despedidos me hablaban de los miles de maneras en las que no funcionaban los programas de reinserción laboral. Los dueños de pequeños negocios me detallaban los sacrificios que hacían para pagar el seguro médico a sus empleados hasta que uno de ellos se ponía enfermo de verdad y entonces se volvía inasumible mantener las primas de todos, incluida la suya.

Alimentado por esas historias, mi discurso de campaña se volvió menos abstracto, menos un asunto de la cabeza y más uno del corazón. La gente veía su propia vida reflejada en esas historias, se daban cuenta de que no estaban solos en sus adversidades, y con ese conocimiento, hubo cada vez más personas que se alistaron como voluntarias para la causa. Hacer la campaña a aquella escala más humana y reducida me ofreció la oportunidad de unos encuentros casuales que le daban vida.

Así ocurrió cuando visité Greenwood, en Carolina del Sur, un día de junio. Aunque pasaba la mayor parte del tiempo en Iowa, también iba con frecuencia a otros estados como New Hampshire, Nevada y Carolina del Sur, cuyas primarias y asambleas de designación de candidatos se llevarían a cabo inmediatamente después de las de Iowa. El viaje a Greenwood fue el resultado de una promesa apresurada que le había hecho a una influyente legisladora que se había ofrecido a apoyarme pero solo si visitaba su ciudad natal. Mi visita al final estuvo mal calculada, aparte venía de una semana particularmente dura, con malas cifras en las estimaciones de voto, malas crónicas en la prensa, malos humores y poco sueño. No ayudó que Greenwood estuviera a más de una hora del aeropuerto más cercano, ni que tuviéramos que conducir bajo una lluvia torrencial, ni que cuando llegamos al edificio municipal donde se suponía que se iba a celebrar el evento, me encontrara a solo veinte personas dentro, tan empapadas por la lluvia como yo.

Un día perdido, me dije, repasando todo el trabajo que habría podido hacer. Seguí haciendo los movimientos necesarios, estrechando manos, preguntándole a la gente cómo se ganaba la vida, calculando mentalmente el momento en que me podía largar de allí, cuando de pronto escuché una voz que gritaba: «¡En marcha!».

Mi equipo y yo nos quedamos sorprendidos, pensamos que tal vez era alguien que trataba de boicotear el acto, pero sin perder un segundo el resto de los presentes respondió al unísono: «¡Estamos listos!»

Y de nuevo la misma voz gritó: «¡En marcha!» y de nuevo el grupo respondió: «¡Estamos listos!».

Como no sabía lo que estaba pasando, me di la vuelta para ver lo que sucedía detrás de mí y mi mirada se posó sobre la fuente de nuestra sorpresa: una mujer negra de mediana edad vestida como si acabara de salir de la iglesia, con un vestido colorido, un gran sombrero y una sonrisa de oreja a oreja que incluía un reluciente diente de oro.

Su nombre era Edith Childs. Aparte de trabajar en el Consejo del condado de Greenwood y en la Asociación Nacional para el Avance de la Gente de Color (NAACP, por sus siglas en inglés) de la ciudad, sin dejar de ser detective privado, resultó ser particularmente famosa por aquel grito de llamada y respuesta. Había empezado a hacerlo en los partidos de fútbol americano de Greenwood, en las cabalgatas del Cuatro de Julio o en cualquier oportunidad que quisiera.

Durante unos minutos Edith tuvo a la sala dando voces, «¡En marcha! ¡Estamos listos!» una y otra vez, una tras otra. Al principio me sentí confuso, pero me pareció que sería maleducado por mi parte no unirme a los demás, y enseguida yo mismo me empecé a sentir un poco ¡en marcha! Y también empecé a sentir que ¡estamos listos! Me di cuenta de que todas las personas que estaban en la reunión sonreían de pronto, y cuando acabaron los cánticos, nos calmamos y charlamos durante la hora siguiente sobre la comunidad y el país y sobre lo que podía mejorarse. Incluso después de dejar Greenwood, durante el resto de aquel día, de cuando en cuando señalaba a alguno de mi equipo y le decía «¿Estás en marcha?». Al final se acabó convirtiendo en un grito de campaña. Y esa, supongo, era la parte de hacer política que siempre me daba más placer: la parte que no se podía prever, que desafiaba a la planificación y los análisis. La forma en la que, cuando funciona, una campaña —y la democracia, por extensión— demuestra ser más un coro que una actuación en solitario.

Otra lección que aprendí de los votantes: no estaban interesados en oírme decir obviedades convencionales. Durante los primeros meses de campaña me preocupaba, al menos de manera inconsciente, de lo que pudieran decir los creadores de opinión de Washington. Con intención de ser lo bastante «serio» o suficientemente «presidencial», me había vuelto rígido y cohibido, despreciando la misma lógica que me había llevado a presentarme en primera instancia. Pero cuando llegó aquel verano, regresamos a los principios básicos y buscamos activamente oportunidades para retar el manual de Washington y decir verdades incómodas. Frente al sindicato de profesores yo defendí no solo una subida de los sueldos, sino también mayor flexibilidad en las clases y mayor responsabilidad por parte de los profesores; la última de las tres generó un silencio total y a continuación unos cuantos abucheos en la sala. En el Detroit Economic Club, les dije a los ejecutivos del sector del automóvil que como presidente impondría unas normas más severas a la economía del combustible, una propuesta a la que se oponían con fuerza las tres grandes compañías automovilísticas. Cuando el Iowans for Sensible Priorities, un grupo de ciudadanos patrocinado por la famosa marca de helados Ben and Jerry, recogió diez mil firmas que se comprometían con la designación del candidato que les prometiera cortar el presupuesto de defensa del Pentágono, tuve que llamar a Ben o a Jerry —no recuerdo a cual— para decirle que, aunque estaba de acuerdo con el objetivo y necesitaba su apoyo, como presidente no podía comprometerme con nada que pusiera en peligro la seguridad nacional. (Finalmente el grupo acabó apoyando a John Edwards.)

Poco a poco me iba distanciando más de mis rivales demócratas, incluso en muchos otros sentidos aparte del evidente. Durante un debate a finales de julio me mostraron imágenes de Fidel Castro, el presidente de Irán Mahmud Ahmadineyad, el líder norcoreano Kim Jong II, además de otro par de dictadores, y me preguntaron si estaría dispuesto a encontrarme con alguno de ellos durante mi primer año de mandato. Sin dudar un instante respondí que sí, que me encontraría con cualquier líder mundial si pensaba que eso podía suponer un avance para Estados Unidos.

Cualquiera podría haber pensado que había dicho que la tierra era plana. Cuando acabó el debate, Clinton y Edwards se lanzaron sobre mí, me acusaron de ingenuidad y me insistieron en que un encuentro con el presidente de Estados Unidos era un privilegio que había que ganarse. La mayor parte de la prensa pareció estar de acuerdo con eso. Tal vez hacía solo unos meses me habría sentido inseguro, me habría pensado dos veces las palabras o habría emitido una declaración posterior para aclarar las cosas.

Pero en ese momento tenía mis apoyos y además estaba convencido de tener razón, sobre todo en cuanto al principio general de que Estados Unidos no debía tener miedo a enfrentar a sus adversarios o presionar para encontrar soluciones diplomáticas frente a los conflictos. Al menos hasta donde yo sabía, ese menosprecio de la diplomacia era lo que había llevado a Hillary y al resto —por no hablar de la prensa en general— a acompañar a Bush a la guerra.

Otra polémica de política exterior surgió pocos días después, cuando en un discurso afirmé que si tuviera a Osama bin Laden a tiro en territorio pakistaní y si el Gobierno de ese país se demostraba incapaz o reticente a capturarlo o matarlo, yo daría la orden de hacerlo. Aquello no tendría que haber sorprendido a nadie; ya en 2003 había justificado mi oposición a la guerra de Irak en parte porque estaba convencido de que esa guerra nos despistaría de destruir Al Qaeda.

Pero un discurso tan franco iba en contra de la postura pública de la Administración Bush: el Gobierno de Estados Unidos mantenía la doble ficción de que Pakistán era un aliado confiable en la lucha contra el terrorismo y que no debíamos traspasar sus fronteras en busca de terroristas. Mis declaraciones provocaron una agitación bipartidista en Washington, con Joe Biden, presidente del Comité de Relaciones Exteriores del Senado, y con el candidato republicano a la presidencia, John McCain, ambos manifestaron su opinión de que yo no estaba preparado para ser el presidente de Estados Unidos.

Para mí, episodios como ese mostraban hasta qué punto la política exterior de Washington había envejecido, optando por la acción militar sin ningún intento de probar las opciones diplomáticas, y recurriendo a las bondades de la diplomacia para mantener el *statu quo* justo cuando lo que hacía falta era una intervención. Indicaba también el grado en el que la gente que toma las decisiones en Washington estaba siendo negligente a la hora de sincerarse con el pueblo estadounidense. Nunca llegué a convencer a los críticos nacionales de que con mis opiniones tenía razón, pero tras aquellos encontronazos las encuestas sobre intención de voto mostraron una curiosa tendencia… los votantes demócratas de las primarias me daban la razón.

Mantener esas razones de peso era liberador y también un recordatorio de por qué me presentaba. Me ayudaban a recuperar mi voz como candidato. Esa confianza se demostró unos debates más tarde, en un encuentro a primera hora de la mañana en la Universidad de Drake, en Iowa. El moderador, George Stephanopoulos, de ABC, le dio una rápida oportunidad a Joe Biden para que explicara exactamente por qué no me consideraba listo para la presidencia. Cuando tuve la posibilidad de responder, cinco minutos más tarde, ya había tenido que escuchar a todos los demás candidatos sobre el escenario intentando noquearme.

«Bueno, ya saben que para preparar este debate pasé una tarde en los coches de choque de la feria del estado», dije, usando una frase que se le había ocurrido a Axe refiriéndose a mi superpublicitada excursión con Malia y con Sasha el anterior fin de semana. La gente se rio y durante la siguiente hora debatí alegremente contra mis oponentes sugiriendo que cualquier votante demócrata que tratara de sacar en claro quién representaba un verdadero cambio con respecto a las políticas de George Bush no tenía que mirar más lejos que las posturas de los que estábamos sobre el escenario. Por primera vez desde que habían empezado los debates me lo pasé bien, y el consenso de la crítica aquella mañana fue que yo había ganado.

Fue un resultado gratificante, aunque solo fuera por no tener que soportar las severas miradas de mi equipo.

—¡Te los has cargado! —dijo Axe dándome una palmada en la espalda.

—¡Creo que tenemos que presionar para que todos los debates sean a las ocho de la mañana! —bromeó Plouffe.

—Eso no tiene gracia —dije yo (no era entonces ni soy ahora una persona madrugadora).

Nos metimos en el coche y salimos hacia nuestra siguiente parada. Durante el camino seguimos escuchando los gritos de nuestros simpatizantes, en varias filas, mucho después de haber dejado de verlos.

—¡En marcha!

—¡Estamos listos!

Parte de los motivos por los que había recibido tanta atención de los moderadores durante el debate en la Universidad de Drake fue que se había publicado una encuesta sobre intención de voto que me mostraba por primera vez encabezando Iowa, aunque solo un 1 por ciento por delante de Clinton y Edwards. La contienda estaba equilibrada (algunas encuestas posteriores volvieron a situarme en tercer lugar) pero no había manera de negar que nuestra organización de Iowa estaba funcionando, sobre todo entre los votantes más jóvenes. Se sentía en las multitudes; en su tamaño, en su energía y, lo más importante, en el número de cartas de apoyo y alistamiento de voluntarios que íbamos teniendo en cada ciudad que visitábamos. A menos de seis meses de la designación de candidatos, nuestra fuerza solo estaba arrancando.

Por desgracia, nada de ese progreso se vio reflejado en las encuestas nacionales sobre intención de voto. Que nos hubiésemos centrado en Iowa, y hasta cierto punto también en New Hampshire, implicó que acudiéramos poco a las cadenas de televisión y no hiciéramos muchas apariciones en otros lugares, y en septiembre aún seguíamos veinte puntos por detrás de Hillary. Plouffe hizo lo que pudo para educar a la prensa sobre por qué las encuestas nacionales sobre intención de voto no tienen ningún sentido en una etapa inicial, pero no sirvió de mucho. Me vi respondiendo inquietas llamadas telefónicas de nuestros simpatizantes de todo el país, muchos de ellos ofreciéndome consejos políticos, recomendándome que pusiera anuncios, quejándose de que hubiésemos descuidado a tal o cual grupo de interés y, en general, respondiendo a preguntas sobre nuestra competencia.

Hubo dos situaciones que finalmente dieron un vuelco a la narrativa, la primera de ellas no la organizamos nosotros. Durante un debate a finales de octubre en Filadelfia, Hillary —cuyas actuaciones hasta entonces habían sido casi impecables— se enredó y fue reticente a dar una respuesta clara sobre el asunto de si se debía dar licencias de conducir a los trabajadores indocumentados. Sin duda le habían dicho que respondiera con evasivas, ya que era un tema que tenía divididas a las bases demócratas. Sus esfuerzos por saltarse aquella pregunta alimentaron la impresión de que era una política dependiente de los vientos de Washington, y agravó el contraste entre ella y lo que intentábamos hacer nosotros.

La segunda ocurrió en la cena de gala Jefferson-Jackson en Iowa el 10 de noviembre, que sí planeamos nosotros. Tradicionalmente, esta cena marca el sprint final antes del día de las designaciones de candidatos y ofrece una especie de lectura barométrica de cómo va la carrera. Cada uno de los candidatos da un discurso de diez minutos, sin notas, frente a un público de ocho mil potenciales votantes en el caucus y toda la prensa nacional. Como tal, era una prueba clave para saber si nuestro mensaje era atractivo y una demostración de nuestra pericia organizativa de las últimas semanas.

Lo pusimos todo de nuestra parte para lograr una exposición exitosa, contratamos autobuses para llevar a nuestros simpatizantes de noventa y nueve condados de todo el estado y logramos empequeñecer al resto de las campañas. John Legend dio un pequeño concierto a nuestra cuenta antes de la cena para más de mil personas, y cuando terminó, Michelle y yo encabezamos la procesión hasta el anfiteatro en el que se iba a celebrar la cena acompañados por una animada banda de tambores y platillos llamada The Isiserettes, y su alegre barullo nos dio el aire de ejército conquistador.

El mismo discurso nos convirtió en los ganadores de la jornada. Llegado a ese punto de mi carrera política, yo había insistido siempre en ser el que escribía la mayoría de mis discursos, pero con las exigencias de una campaña sin descanso, no tuve tiempo de escribir el texto para esa noche. Tuve que confiar en Favs, con la asistencia de Axe y Plouffe, para que escribiera un borrador que resumiera mi propuesta para la nominación.

Y Favs cumplió con su cometido. En aquel momento crítico de nuestra campaña, con solo una modesta contribución por mi parte, aquel muchacho que se había licenciado en la universidad hacía solo unos pocos años, escribió un gran discurso, uno que mostraba una vez más la diferencia que había entre mis rivales y yo, entre los demócratas y los republicanos. Subrayó los retos a los que nos enfrentábamos como país, desde el cambio climático hasta la sostenibilidad del sistema sanitario y la necesidad de un liderazgo nuevo y transparente, apuntando que históricamente el partido se había hecho fuerte con líderes guiados «más por principios que por estadísticas de intención de voto; no por el cálculo, sino por la convicción». Era sincero con respecto al momento, con respecto a mis aspiraciones políticas, y sincero, eso esperaba, con respecto a las esperanzas del país.

Memoricé el discurso durante varias noches después de terminar mis obligaciones con la campaña. Y cuando acabé de pronunciarlo —tuvimos la suerte de ser los últimos— estaba seguro del efecto que iba a tener porque había estado en la Convención Nacional Demócrata tres años y medio antes.

Echando la vista atrás, la noche de la cena Jefferson-Jackson fue el momento en que me convencí de que podíamos ganar Iowa y, por extensión, la candidatura. No se trataba necesariamente de que yo fuera un candidato brillante, sino de que teníamos el mensaje apropiado para el momento y habíamos atraído a gente joven de un talento prodigioso que se había lanzado a la causa. Tewes compartía mi seguridad y le dijo a Mitch: «Creo que esta noche hemos ganado Iowa». (Mitch, que había organizado el evento completo y que por lo general era un saco de nervios —sufrió de insomnio, herpes zóster y pérdida de cabello durante la campaña— corrió al baño para vomitar por segunda vez en el día.) Emily fue igual de optimista, aunque resultaba imposible saberlo. Al final de la noche, Valerie se encontró con ella y le preguntó qué pensaba:

—Ha sido estupendo —dijo Emily.

—No pareces muy emocionada.

—Esta es mi cara de emoción.

Aparentemente la campaña de los Clinton empezó a notar el cambio de la marea. Hasta ese momento Hillary y su equipo habían evitado que nuestras campañas se confrontaran de una manera directa, le bastaba con estar por encima de las disputas y mantener su considerable liderazgo en las encuestas nacionales. Pero durante las semanas siguientes decidieron cambiar de rumbo e ir a por nosotros. En buena medida era lo de siempre; cuestionaba mi falta de experiencia y mi capacidad para competir contra los republicanos en Washington. Por desgracia para ellos, en las dos líneas de ataque que intentaron les salió el tiro por la culata.

La primera de ellas se desarrolló alrededor de la idea básica de mi discurso de campaña, que decía que me quería presentar a las presidenciales no porque me lo debiera a mí mismo o porque hubiese querido ser presidente toda mi vida, sino porque los tiempos pedían algo nuevo. La campaña Clinton publicó un memorándum en el que citaba a uno de mis profesores en Indonesia que aseguraba que en el jardín de infancia yo había escrito un ensayo en el que decía que quería ser presidente... toda una prueba, eso parecía, de que mi confeso idealismo no era más que un mero disfraz de la ambición más despiadada.

Cuando me enteré de aquello me reí. Como le dije a Michelle, la idea de que hubiera alguien fuera de mi familia que recordara algo que yo había hecho o dicho hacía casi cuarenta años me parecía un poco traída por los pelos. Eso por no mencionar las dificultades de equiparar mi aparente plan de dominación mundial con unas notas en el instituto regulares, consumo de drogas, un oscuro periodo de trabajador comunitario y asociaciones de todo tipo con personajes políticamente poco convenientes.

Obviamente, durante la siguiente década descubriríamos que lo absurdo, la incoherencia y la falta de rigor no impedían que alguna de esas enloquecidas historias sobre mí —alentadas por oponentes políticos, cadenas de noticias conservadoras, biógrafos críticos y gente por el estilo— llegaran a tener un impacto real. Pero en diciembre de 2007, al menos, la oposición que llevó a cabo el equipo de investigación de los Clinton en lo que luego llamé mis «archivos del jardín de infancia» fue juzgada como una señal de pánico y se la criticó enormemente.

Menos divertida fue una entrevista a Billy Shaheen, el copresidente de la campaña de Clinton en New Hampshire, en la que llegó a sugerir a un periodista que mi sinceramiento sobre el consumo de drogas en el pasado sería nefasto en la contienda con el candidato republicano. Yo no consideraba tan inaceptable la cuestión de mis deslices juveniles, pero Shaheen fue un poco más allá y sugirió que tal vez había traficado con drogas. La entrevista produjo furor y Shaheen renunció a su puesto enseguida.

Todo eso ocurrió antes de nuestro debate final en Iowa. Aquella mañana tanto Hillary como yo estábamos en Washington para una votación en el Senado. Cuando mi equipo y yo llegamos al aeropuerto para coger el vuelo a Des Moines, el avión que había alquilado Hillary resultó estar aparcado junto al nuestro. Antes de despegar, Huma Abedin, la asistente de Hillary, le dijo a Reggie que la senadora Clinton quería hablar conmigo. Me encontré con ella en la pista, con Reggie y Huma merodeando a pocos pasos.

Hillary se disculpó por lo de Shaheen. Yo le di las gracias y le sugerí que a partir de entonces nos esforzáramos un poco más en controlar a nuestros subordinados. En ese momento Hillary se puso nerviosa, su voz se crispó y dijo que su equipo había sido la diana constante de muchos ataques injustos, distorsiones y tácticas solapadas. Mis esfuerzos de bajar el tono resultaron infructuosos y la conversación terminó abruptamente, con ella visiblemente enfadada mientras abordaba el avión.

Durante el vuelo a Des Moines intenté calibrar las frustraciones que había estado sintiendo Hillary. Siendo una mujer de gran inteligencia, había tenido que enfrentarse y sacrificarse a causa de continuos ataques y humillaciones públicas, todo al servicio de la carrera de su marido, mientras criaba al mismo tiempo a una hija maravillosa. Fuera de la Casa

Blanca se había labrado una nueva identidad política, y se había posicionado con gran talento y capacidad hasta convertirse en la favorita para llegar a la presidencia. Como candidata, su actuación estaba siendo cuando menos impecable, marcando todas las casillas, ganando la mayoría de los debates y recolectando montones de dinero. ¿Y todo para encontrarse compitiendo tan duramente con un hombre catorce años menor que ella, que no había tenido que pagar los mismos peajes ni tenía las mismas heridas de guerra y a quien parecían estar favoreciendo con todos los beneficios de la duda? Sinceramente, ¿quién no se sentiría agraviado?

Es más, Hillary no estaba del todo equivocada acerca de la intención de mi equipo en golpearles cuanto pudieran. Comparada con otras campañas presidenciales modernas la nuestra era realmente distinta; hacíamos continuo énfasis en un mensaje positivo y resaltando más aquello que estaba a nuestro favor que lo que estaba en contra. Yo controlaba nuestro tono desde lo más alto hasta lo más bajo. Más de una vez me negué a hacer anuncios de televisión que me parecían injustos o demasiado duros. Aun así a veces se nos acababa la retórica moralista. Es más, el momento de toda la campaña que me produjo más enfado fue cuando se filtró un memorándum de nuestro equipo de investigación en junio, en el que se criticaba un supuesto apoyo tácito de Hillary a una subcontratación en India que tenía el viperino título de: «Hillary Clinton (D-Punyab)». Mi equipo insistió muchas veces en que el memorándum nunca se escribió para publicarse de ese modo, pero no importó, sus argumentos chapuceros y su tono racista hicieron que durante varios días se me llevaran todos los demonios.

Al final no creo que ninguna acción concreta por nuestra parte fuera lo que llevó a Hillary a aquel exabrupto en la pista. Creo que fue más bien el hecho global del reto, el intenso fragor de la rivalidad. Aún había otros seis candidatos en la disputa, pero las encuestas parecían dejar claro que nosotros estábamos en cabeza, y que estaríamos batallando con Hillary hasta el final. Fue una dinámica con la que tuvimos que vivir día y noche, durante fines de semana y vacaciones, incluso muchos meses más, con nuestros equipos flanqueados a nuestro lado como pequeños ejércitos en miniatura, cada uno de ellos perfectamente adoctrinados para la batalla. Era parte de la naturaleza brutal de la política moderna; lo estaba descubriendo, la dificultad de competir en un juego sin unas reglas claramente definidas, un juego en el que tu oponente no trata sin más de meter un balón por un aro o atravesar una línea de gol, sino de convencer al público general —al menos implícitamente, casi siempre de forma explícita— que en cuestiones de juicio, inteligencia, valores y carácter, es mucho más valioso que tú.

Puedes decirte a ti mismo que no se trata de algo personal, pero no es así como lo sientes. Tu familia, tu equipo, tus simpatizantes, todos ellos cuentan cada pequeño desprecio y cada insulto, real o imaginado. Cuanto más avanza la campaña, cuando más tensa es la disputa, más se eleva el tono y más fácil resulta justificar tácticas agresivas. Hasta las respuestas humanas más elementales que rigen nuestra vida diaria —honestidad, empatía, educación, paciencia, buena voluntad— parecen síntomas de debilidad cuando se refieren a la otra parte.

No puedo decir que tuviera todo eso en mente en el momento en que entré en el debate la noche siguiente al incidente en el aeropuerto. La mayor parte de las veces veía la irritación de Hillary como una señal de que íbamos por delante, de que el impulso era verdaderamente nuestro. Durante el debate el moderador preguntó por qué, si era tan insistente en la necesidad de un cambio en la política exterior de Estados Unidos, tenía a tantos funcionarios de la antigua Administración Clinton entre mis asesores.

—Que responda a eso —dijo Hillary en el micrófono.

Hice una pausa y esperé a que se aplacaran las risas.

—Porque, Hillary, estoy deseando que algún día también tú seas mi asesora.

Fue una gran noche para el equipo.

Un mes antes de las primarias, una encuesta de intención de voto de *Des Moines Register* me ponía tres puntos por delante de Hillary. El sprint estaba en su cénit, con los candidatos recorriendo de punta a punta el estado, tratando de ganar en las últimas semanas cualquier votante indeciso, también de encontrar y motivar a grupos de personas que de otra forma no se habrían presentado a la asamblea de designación de candidatos. La campaña Clinton había empezado ofreciendo quitanieves gratis a sus simpatizantes en el caso de que hiciera mal tiempo, y en un gesto que luego fue muy criticado por su elevado precio, Hillary se embarcó en un tour relámpago en el que visitó dieciséis condados de Iowa en un helicóptero alquilado (al que su campaña apodó el Hillarycóptero). Mientras tanto John Edwards trató de cubrir una distancia similar en autobús.

Nosotros también tuvimos unos cuantos grandes momentos, incluida una serie de eventos con Oprah Winfrey, que se convirtió en amiga y simpatizante y que en la carretera resultó ser tan sabia, divertida y amable como en persona, atrayendo a casi treinta mil personas entre los dos recorridos en Iowa, ocho mil quinientas en New Hampshire y casi treinta mil en Carolina del Sur. Los encuentros eran electrizantes y arrastraron a la clase de nuevos votantes que más necesitábamos. (Hay que decir que la mayor parte de mi equipo estaba deslumbrado por Oprah, con la predecible excepción de Emily, la única persona famosa por la que mostró interés en conocer fue Tim Russert).

Al final, sin embargo, no son ni las encuestas ni las distancias de los recorridos o las personas famosas que nos acompañaron lo que recuerdo más. Más bien es que en esos últimos días la sensación que teníamos en la campaña era la de una familia. La franqueza y honestidad de Michelle demostraron ser de gran valor, durante la campaña fue siempre natural. El equipo de Iowa la bautizó como The Closer por la cantidad de gente que se alistaba cuando la oían hablar. Todos nuestros amigos más cercanos y nuestros hermanos vinieron a Iowa, Craig desde Chicago y Maya desde Hawái, también vino Auma desde Kenia; estaban los Nesbitt, los Whitaker, Valerie y sus hijos, eso por no hablar del aluvión de tíos, primos y sobrinos de Michelle. Mis amigos de la infancia de Hawái, compañeros de mis días como trabajador comunitario, compañeros de la Escuela de Derecho y muchos de nuestros donantes llegaron en grupos que parecían viajes organizados, muchas veces ni siquiera me enteré de que estaban allí. Nadie exigió ninguna atención especial, todo lo contrario, se presentaban en las oficinas de campaña, donde el chico que estaba a cargo les daba un mapa y una lista de simpatizantes con los que contactar para celebrar la semana entre Navidad y Año Nuevo con un portapapeles en la mano, llamando de puerta en puerta con un frío entumecedor.

Era algo más que parientes o personas a la que conocíamos desde hacía años. También sentía como a mi familia a todos aquellos con quienes había pasado tanto tiempo en Iowa. Allí estaban los líderes locales del partido, como el fiscal general Tom Miller y el tesorero Mike Fitzgerald, que se habían arriesgado por mí cuando solo unos pocos lo habían hecho. Allí estaban también voluntarios como Gary Lamb, un granjero

127

progresista del condado de Tama que nos ayudó con su compromiso con la comunidad rural; Leo Peck, un hombre de ochenta y dos años que llamó a más puertas que nadie; Marie Ortiz, una enfermera afroamericana casada con un hispano en una ciudad prácticamente blanca que venía al despacho para hacer llamadas tres o cuatro veces a la semana y que a veces hasta le preparaba la cena a nuestro voluntario porque pensaba que estaba muy flaco.

Familia.

Y estaban también, obviamente, los activistas locales. A pesar de lo ocupados que estaban decidimos que invitaran a sus padres a la cena Jefferson-Jackson, y al día siguiente hicimos una recepción solo para ellos, para que Michelle y yo pudiésemos darles las gracias uno a uno y también a sus padres por unos hijos e hijas tan maravillosos.

Hasta el día de hoy haría cualquier cosa por esos muchachos.

En la gran noche, Plouffe y Valerie decidieron acompañarme, junto a Reggie y Marvin, a una visita sorpresa a un instituto de Ankeny, a las afueras de Des Moines, donde varios distritos iban a celebrar su asamblea de designación de candidatos. Era el 3 de enero, poco después de las seis de la tarde, una hora antes de que empezara la asamblea, y el lugar ya estaba abarrotado. La gente se dirigía hacia el edificio principal desde todas las direcciones, era un ruidoso festival de humanidad. No había edad, raza, clase social o fisonomía sin representación. Hasta un hombre con el aspecto de Gandalf, de *El señor de los anillos*, con su capa blanca y su esponjosa barba blanca y un robusto artefacto de madera en cuyo extremo se las había apañado para montar un pequeño monitor de vídeo en el que se veía en *loop* mi discurso de la cena de gala Jefferson-Jackson.

En ese momento no teníamos a nadie de la prensa junto a nosotros, entonces me di un tiempo para vagabundear entre la multitud, estrechando algunas manos, dándoles las gracias a los que habían decidido apoyarme y pidiéndoles a aquellos que iban a votar a otro candidato que al menos me consideraran su segunda opción. Algunos tenían preguntas de último minuto sobre mi postura en cuanto al etanol o sobre qué tenía pensado hacer con respecto al tráfico de personas. Una y otra vez se acercaban para decirme que nunca antes habían venido a las asambleas de designación de candidatos —algunos ni siquiera habían votado— y que nuestra campaña les había animado a implicarse por primera vez.

«Antes no sabía que mi voto contaba», me dijo una mujer.

En el camino de vuelta a Des Moines estuvimos en silencio la mayor parte del trayecto, tratando de procesar el milagro que acabábamos de presenciar. Yo miraba por la ventanilla los centros comerciales, las casas y las farolas, todos borrosos por el hielo del cristal, y sentí una especie de paz. Aún faltaban horas para saber lo que iba a ocurrir. Cuando llegaron los resultados, demostraron que habíamos ganado rotundamente en Iowa, que habíamos llegado a todos los grupos demográficos; nuestra victoria había impulsado a una participación sin precedentes, que incluía a decenas de miles de personas que participaban por primera vez. Yo aún no sabía nada de eso, pero mientras me alejaba de Ankeny quince minutos antes de que empezara la designación de candidatos, supe que habíamos logrado, aunque fuera solo por un instante, algo noble y real.

Justo ahí, en aquel instituto en medio del país y en plena noche de invierno, había presenciado a la comunidad que tanto había buscado, los Estados Unidos que había imaginado se habían manifestado. En ese momento pensé en mi madre, en lo feliz que habría sido si lo hubiese visto, en lo orgullosa que habría estado, y la eché profundamente de menos. Plouffe y Valerie fingieron que no me habían visto llorar.

6

Nuestra victoria en Iowa por ocho puntos de diferencia salió en las noticias de todo el país. Los medios usaban palabras como «deslumbrante» y «trascendental» para describirla, y apuntaban también que los resultados habían sido especialmente duros para Hillary, que acabó en tercer puesto. Tanto Chris Dodd como Joe Biden no tardaron en abandonar sus campañas. Algunos cargos electos que se habían mantenido cautelosamente en la retaguardia empezaron a llamar entonces, dispuestos a dar su apoyo. La prensa me declaró el nuevo líder demócrata y comentó que el alto nivel de compromiso de los votantes de Iowa era indicativo de una amplia sed de cambio en Estados Unidos.

Después de haber pasado los últimos años como David, de pronto me habían dado el personaje de Goliat, y por muy contento que estuviese con nuestra victoria me sentía extraño en el papel. Durante un año, mi equipo y yo habíamos evitado venirnos demasiado arriba o demasiado abajo, ignorando el bombo inicial de mi candidatura y los subsiguientes artículos sobre su defunción inminente. Con solo cinco días entre Iowa y las primarias de New Hampshire, hicimos todo lo posible por rebajar las expectativas. Axe pensaba que las historias demasiado efusivas sobre mí y las imágenes de televisión con multitudes adorándome («Obama, el icono», se quejaba) eran de poca utilidad, sobre todo en un estado como New Hampshire, donde el electorado —la mayor parte independientes, a los que gustaba decidir en el último minuto si votar en las primarias republicanas o las demócratas— tenía fama de ser reticente.

Con todo, resultaba difícil no tener la sensación de que íbamos en el asiento del conductor. Nuestros activistas en New Hampshire eran igual de tenaces y nuestros voluntarios tenían tanta energía como los de Iowa.

Nuestros mítines reunieron a multitudes entusiastas, las filas que se formaban para entrar a veces cruzaban aparcamientos y rodeaban la manzana. A continuación, en el transcurso de cuarenta y ocho horas, la contienda dio un par de giros inesperados.

El primero sucedió durante el único debate antes de las primarias cuando, más o menos a la mitad, el moderador le preguntó a Hillary cómo se sentía cuando la gente decía de ella que no era «simpática».

Esa era la clase de pregunta que me sacaba de quicio a distintos niveles. Era banal. Era imposible de contestar. ¿Qué se supone que tiene que responder alguien cuando le preguntan algo así? Y era un indicativo del doble rasero con el que se trataba a Hillary en concreto y a las mujeres políticas en general, un rasero con el que se esperaba de ellas que fueran «simpáticas» en sentidos en los que jamás se nos habría exigido a sus compañeros masculinos.

Dejando aparte el hecho de que Hillary estaba manejando relativamente bien la pregunta («En fin, me duele —dijo, riendo— pero intentaré seguir adelante») yo decidí interrumpir.

—Eres lo bastante simpática, Hillary —dije, impávido.

Supuse que el público había entendido mis intenciones, la de facilitarle el pie a mi oponente mostrando rechazo por la pregunta, pero ya fuera por una mala exposición, o por la torpeza de la frase, o por las vueltas que le dio el equipo de comunicación de la campaña Clinton, surgió una línea argumentativa: la de que yo había tenido una actitud paternalista con Hillary, una actitud casi desdeñosa, otro hombre grosero que intentaba menospreciar a su rival femenina.

En otras palabras, exactamente lo contrario de lo que había intentado hacer.

Nadie de nuestro equipo se preocupó demasiado por mi respuesta, les parecía que cualquier intento de aclaración solo echaría más leña al fuego. Pero antes de que la historia empezara a morir los medios explotaron de nuevo, en esta ocasión sobre cómo se había percibido a Hillary después de un encuentro con un grupo de votantes indecisos de New Hampshire, la mayoría de ellas mujeres. Al responder a una empática pregunta sobre cómo estaba gestionando el estrés de la campaña, a Hillary se le hizo un momentáneo nudo en la garganta al describir cuán apasionada e íntimamente comprometida estaba, lo poco que quería ver cómo el país retrocedía y lo mucho que había dedicado su

vida al servicio público «a pesar de algunas circunstancias particularmente difíciles».

Fue una muestra infrecuente y sincera de sus emociones, una que
atentaba contra su imagen controlada y férrea, lo bastante para generar
titulares y poner a hablar a todos los comentaristas políticos. Algunos
interpretaron el momento como algo convincente y auténtico, un nuevo punto de encuentro entre Hillary y el público. Otros o bien lo atri-
buyeron a un mero instante de emoción fingida o lo interpretaron como
un signo de debilidad que amenazaba con perjudicar a su candidatura.
Junto a todo eso estaba, evidentemente, el hecho de que Hillary podía
convertirse en la primera presidenta de la nación —igual que yo en
cuanto a la raza— y su candidatura hacía emerger todo tipo de estereotipos sobre género y sobre cómo tenían que vestir y comportarse nuestros
líderes.

El revuelo sobre si la popularidad de Hillary subía o bajaba continuó
hasta el día de las primarias en New Hampshire. Mi equipo se consolaba
con el hecho de que teníamos un buen colchón: las encuestas nos situa-
ban diez puntos por delante. Cuando durante una charla que dábamos al
mediodía en una universidad local frente a una escasa multitud mi discurso se vio interrumpido por un estudiante que se desmayó y los médicos tardaron un tiempo interminable en atenderlo, no me lo tomé como
un mal presagio.

No fue hasta esa noche, después de que se cerraran los comicios,
cuando me di cuenta de que teníamos un problema. Mientras Michelle
y yo estábamos en la habitación del hotel preparándonos para lo que
pensábamos sería la celebración de la victoria, alguien llamó a la puerta.
Cuando abrí me encontré a Plouffe, Axe y Gibbs en el vestíbulo, como
unos adolescentes temerosos que acaban de estampar el coche de papá
contra un árbol.

«Vamos a perder», dijo Plouffe.

Empezaron ofreciendo varias teorías sobre lo que había ido mal. Era
posible que los independientes que nos apoyaban antes que a Hillary
hubiesen decidido votar en masa en las primarias republicanas para ayudar a John McCain, pensando que nosotros teníamos la carrera encarri-
lada. Podía ser que muchas mujeres indecisas se hubiesen inclinado hacia
Hillary durante los últimos días de campaña. O tal vez cuando el equipo
Clinton nos atacó en televisión o en las campañas por correo no habíamos

hecho lo suficiente para señalar sus tácticas negativas y nos habíamos limitado a recibir los golpes.

Todas aquellas teorías parecían probables, pero de momento los porqués no importaban.

«Parece que ganar esto nos va a llevar un buen rato —dije con una sonrisa triste—; de momento veamos cómo podemos curar la herida.»

Nada de tener aspecto de perro apaleado, les dije; nuestro lenguaje corporal tiene que comunicarle a todo el mundo —la prensa, los donantes y sobre todo a nuestros simpatizantes— que los contratiempos son algo habitual en el camino. Me puse en contacto con nuestro desconsolado equipo de New Hampshire y les dije lo orgulloso que estaba de sus esfuerzos. A continuación estaba el asunto de qué decir a las mil setecientas personas que estaban reunidas en el gimnasio de la escuela de Nashua anticipando la victoria. Afortunadamente durante la semana ya había trabajado con Favs para rebajar el tono triunfalista del discurso, pidiéndole que enfatizara más el duro trabajo que nos quedaba por delante. Le tenía ahora al teléfono para darle instrucciones de que, aparte de incluir una palmadita en el hombro a Hillary, apenas cambiara nada del discurso.

El discurso que di a nuestros simpatizantes aquella noche acabó siendo uno de los más importantes de nuestra campaña, no solo un mitin para levantar los ánimos, sino un valioso recordatorio de aquello en lo que creíamos. «Ya sabemos que la batalla que nos queda por delante será larga —dije—, pero recordad siempre que no importan los obstáculos que se interpongan en nuestro camino, nada puede arrebatarle la fuerza a esos millones de voces que piden un cambio.» Les recordé que vivíamos en un país cuya historia había sido construida íntegramente con la esperanza de unas personas —pioneros, abolicionistas, sufragistas, inmigrantes, trabajadores a favor de los derechos civiles— convencidas a pesar de tener unas probabilidades casi nulas.

«Cuando nos han dicho que no estábamos preparados —dije— o que ni siquiera debíamos intentarlo, o que no podíamos, ha habido generaciones completas de estadounidenses que han respondido con una creencia sencilla que resume el espíritu del pueblo: "Sí se puede"». La multitud se puso a gritar aquella frase como el sonido de un tambor y por primera vez desde que Axe lo sugirió como mi eslogan para la campaña al Senado, creí de verdad en el poder de aquellas tres palabras.

La cobertura que hicieron los medios de nuestra derrota en New Hampshire fue previsiblemente dura; el mensaje que subyacía tras todo ello era que se había restaurado el orden: Hillary volvía a estar en lo alto. Pero ocurrió algo curioso en el interior de nuestra campaña. Devastados como estábamos por la derrota, nuestro equipo se unió aún más y creció su determinación. En vez de una pérdida de voluntarios, nuestros despachos nos informaron de una ola de alistamientos por todo el país. Nuestras contribuciones online —sobre todo las de los nuevos pequeños donantes— se dispararon. John Kerry, que al principio había sido un poco evasivo, mostró un apoyo entusiasta a la causa. A él le siguieron el anuncio de apoyo de la gobernadora de Arizona, Janet Napolitano, de la senadora Claire McCaskill y de la gobernadora de Kansas, Kathleen Sebelius. Nos vitoreaban en estados con mayoría republicana y nos hacían llegar el mensaje de que, a pesar del revés, éramos fuertes y teníamos que seguir adelante con nuestras esperanzas intactas.

Todo aquello fue gratificante y confirmó mi instinto de que perder en New Hampshire no era el desastre que aseguraban los comentaristas. Si Iowa había demostrado que yo era un verdadero aspirante y no una simple novedad, la prisa excesiva por consagrarme había sido algo artificial y prematuro. En ese sentido, la buena gente de New Hampshire me había hecho un favor al ralentizar el proceso. Se supone que es duro presentarse a las presidenciales, le dije a un grupo de simpatizantes al día siguiente, porque ser presidente es duro. Cambiar las cosas es duro. Vamos a tener que aprender eso, lo cual implica volver a trabajar.

Y eso fue lo que hicimos. La designación de candidatos de Nevada era el 19 de enero, justo una semana y media después de la de New Hampshire, y no nos sorprendió cuando Hillary nos ganó en número de votos; durante todo el año las encuestas nos habían situado muy por detrás de ella. Pero en las primarias presidenciales lo que importa no es tanto el número de votos individuales como cuántos compromisos de los delegados de la comisión se obtienen, unos delegados que se distribuyen según una serie de reglas muy antiguas y únicas en cada estado. Gracias al esfuerzo que nuestra organización había hecho en la Nevada rural, donde trabajamos muy duro (Elko, una ciudad que parecía el escenario de una película del Oeste, con sus plantas rodantes y su *saloon*, fue una de mis paradas favoritas), una distribución más equilibrada de votos por todo el estado hizo que al final acabáramos ganando trece delegados frente a los doce de Hillary. Por muy improbable que resultara, fuimos capaces de emerger en Nevada con un empate y entramos a la siguiente fase de la campaña —las primarias de Carolina del Sur y el monstruoso Supermartes de los veintidós estados— con al menos la posibilidad de luchar.

Mi equipo principal comentó más tarde que fue mi optimismo el que les hizo sobreponerse a la derrota de New Hampshire. No sé si fue realmente eso, ya que mi equipo y mis simpatizantes se comportaron siempre con una resiliencia admirable y una gran consistencia a lo largo de toda la campaña, independientemente de lo que yo hiciera. Como mucho me limité a devolver el favor, dado todo lo que habían hecho los demás para ayudarme a cruzar la línea de meta de Iowa. Lo que seguramente sea cierto es que New Hampshire le mostró a mi equipo y a mis simpatizantes una cualidad que yo conocía de mí mismo, algo que se demostró útil no solo durante el transcurso de la campaña, sino durante los ocho años que siguieron: con frecuencia soy mucho más fuerte cuando las cosas se están yendo al garete. Tal vez Iowa me había convencido a mí y a mi equipo de que podía llegar a presidente, pero fue New Hampshire la que nos hizo estar seguros de que estaba preparado para el trabajo.

Me han preguntado con frecuencia por ese rasgo de mi personalidad: mi capacidad para mantener la compostura en medio de una crisis. A veces contesto que es solo una cuestión de temperamento, o la consecuencia de haberme criado en Hawái, ya que resulta difícil estresarse a treinta grados con sol y a cinco minutos de la playa. Si estoy hablando con un grupo de gente joven, les explico que durante mucho tiempo me he ejercitado mirando las cosas con una perspectiva más amplia y les hablo de lo importante que es mantenerse centrado en los objetivos y no preocuparse demasiado por los altibajos cotidianos.

Hay algo de cierto en todo eso, pero también hay otro factor. En los momentos difíciles trataba de comunicarme con mi abuela.

En ese momento tenía ochenta y cinco años y era la última superviviente del trío que me había educado. Su salud estaba cada vez más deteriorada: el cáncer se había extendido por todo un cuerpo ya devastado por la osteoporosis y toda una vida de malos hábitos. Pero su mente se mantenía lúcida y perspicaz, y como ella ya no podía viajar y yo me había perdido ese año nuestro viaje navideño a Hawái debido a obligaciones de la campaña, la había estado llamando cada varias semanas para saber qué tal estaba.

Hice una de esas llamadas desde New Hampshire. Como siempre, la conversación no duró mucho: Toot pensaba que las llamadas de larga distancia eran una especie de extravagancia. Me contó algunas novedades de la isla y yo le hablé de sus bisnietas y de mis últimas travesuras. Mi hermana, Maya, que vivía en Hawái, me comentó que Toot había seguido todas las vicisitudes de la campaña en la televisión por cable, pero nunca sacaba el tema conmigo. Al día siguiente de mi derrota tenía un consejo para darme.

«Tienes que comer algo, Bar. Estás demasiado flaco.»

Aquello era típico de Madelyn Payne Dunham, nacida en Peru, Kansas, en 1922. Era una niña de la época de la Gran Depresión, hija de una maestra de escuela y un contable de una pequeña refinería de aceite, los dos hijos a su vez de granjeros y colonos. Eran gente sensata y que trabajaban duro, iban a la iglesia, pagaban sus facturas y siempre recelaban de comportamientos grandilocuentes, muestras públicas de emoción y estupideces de todo tipo.

En su juventud, mi abuela se había enfrentado a aquellas restricciones provincianas, la peor de ellas haberse casado con mi abuelo, Stanley Armour Dunham, propenso a todas las cualidades ya mencionadas. Juntos tuvieron sus buenas aventuras durante la guerra y también después, pero cuando nací, lo único que quedaba del espíritu rebelde de Toot era su afición al tabaco, la bebida y los *thrillers* escabrosos de crímenes reales. En el banco de Hawái, se las había apañado para pasar de un puesto básico de oficina a convertirse en una de las primeras vicepresidentas mujeres, y según dice todo el mundo, era excelente en su trabajo. Durante veinticinco años no armó ningún lío, no cometió ningún error ni se quejó nunca, ni siquiera cuando veía que por delante de ella promovían a hombres más jóvenes a los que ella misma había preparado.

Después de que Toot se retirara, al regresar a Hawái a veces me encontraba con personas que me contaban historias sobre cómo les había ayudado, un hombre me dijo que habría perdido su empresa si Toot no hubiese intervenido, y una mujer recordaba que cuando quiso abrir una agencia inmobiliaria, Toot había conseguido esquivar una antigua política bancaria que requería la firma del exmarido para conseguir un préstamo. Pero si uno le preguntaba por cualquiera de aquellas cosas, ella sostenía que había empezado a trabajar en el banco no por ninguna pasión en particular, ni porque quisiera ayudar a los demás, sino porque nuestra familia necesitaba el dinero y eso era lo que había encontrado a su alcance.

«A veces —me dijo— una hace simplemente lo que tiene que hacer.»

No fue hasta la adolescencia que comprendí lo diferente que la vida de mi abuela había transcurrido de como ella había soñado, lo mucho que había tenido que sacrificar, en primer lugar por su marido, luego por su hija y luego por sus nietos. Me sorprendió lo calladamente trágico, lo coartado que había sido su mundo.

Y ni siquiera así se me escapaba que solo gracias a la voluntad de Toot para cargar con todo —para levantarse todos los días antes de que saliera el sol, ponerse un traje de oficina y unos tacones, coger el autobús hasta su despacho del centro y trabajar todo el día con documentos bancarios antes de volver a casa demasiado agotada como para hacer mucho más— ella y el abuelo pudieron disfrutar de una cómoda jubilación, viajar y mantener su independencia. La estabilidad que ella había garantizado permitió a mi madre hacer una carrera que le gustaba, a pesar del sueldo irregular y los destinos en el extranjero, y gracias a eso Maya y yo pudimos ir a una escuela privada y estudiar en universidades prestigiosas.

Toot me enseñó a poner al día la libreta y a evitar comprar cosas que no necesitaba. Ella fue la razón por la que, incluso en los momentos más revolucionarios de mi juventud, fui capaz de reconocer un negocio bien llevado y leer las páginas de economía, y por la que me sentía inclinado a rechazar exigencias demasiado ampulosas sobre la necesidad de destruir todo y empezar la sociedad de cero. Me enseñó el valor del trabajo duro y de hacerlo lo mejor posible incluso cuando es desagradable, también a asumir responsabilidades cuando no resulta ventajoso. Me enseñó que debía casarme con mi pasión por la razón, no emocionarme demasiado cuando me iba bien en la vida y no deprimirme demasiado cuando me iba mal.

Todas aquellas cosas me las inculcó una anciana franca y de raza blanca de Kansas. Eran sus ideas las que me venían a la mente cuando estaba haciendo campaña, y era su visión del mundo la que encontré en muchos de mis votantes, tanto si eran de la Iowa rural como si vivían en un barrio negro de Chicago, esos mismos principios tranquilos en los sacrificios realizados por los hijos y los nietos, la misma falta de pretensiones, la misma modestia en cuanto a las expectativas.

Y como Toot había tenido en su crianza tanto una fuerza extraordinaria como unas limitaciones muy duras, como me quería con locura y habría hecho literalmente cualquier cosa para ayudarme y aun así nunca había abandonado ese cauto conservadurismo que la hizo agonizar en silencio la primera vez que mi madre llevó a casa para cenar a mi padre, un hombre negro, también me enseñó la enmarañada y polifacética verdad de las relaciones raciales en nuestro país.

«No hay unos Estados Unidos negros, unos Estados Unidos blancos, unos Estados Unidos hispanos, y unos Estados Unidos asiáticos. Hay solo unos Estados Unidos de América.»

Aquella fue probablemente la frase más recordada de mi discurso de la convención en 2004. Mi intención había sido que fuera más una aspiración que una descripción de la realidad, pero era una aspiración en la que creía y por la que luchaba. La idea de que nuestras semejanzas son más importantes que nuestras diferencias estaba en mi ADN. Mostraba también que tenía una visión práctica de la política. En una democracia se necesita de una mayoría para provocar un gran cambio, y en Estados Unidos eso implicaba construir coaliciones que cruzaran diagonalmente las líneas étnicas y raciales.

No había duda de que en mi caso eso había sido cierto en Iowa, donde los afroamericanos constituyen menos del 3 por ciento de la población. Día a día, nuestra campaña no consideró eso un obstáculo, sino un simple hecho real. Nuestros activistas se enfrentaron a situaciones de animosidad racial, a veces hasta provocados por potenciales simpatizantes («Sí, estoy pensando en votar a un negrata», se escuchó en más de una ocasión). De cuando en cuando, la hostilidad iba más allá de un comentario soez o un portazo. Una de nuestras simpatizantes más queridas se levantó el día antes de Navidad y se encontró su jardín repleto de carteles de OBAMA rotos y su casa vandalizada y cubierta de pintadas con apelativos racistas. Pero más frecuente que la maldad, era la torpeza, nuestros voluntarios recibían los insultos que le resultan familiares a cualquier persona negra que ha pasado tiempo en un lugar con mayoría blanca, alguna variación del clásico «En realidad no pienso en él como si fuera negro... Quiero decir, es muy inteligente».

La mayor parte del tiempo me encontré que los votantes blancos de todo Iowa se parecían mucho a los que había cortejado unos años antes en el sur del estado de Illinois: amables, atentos y abiertos a mi candidatura, menos preocupados por el color de mi piel o por mi nombre con reminiscencias árabes que por mi juventud o mi falta de experiencia, mis planes para crear puestos de trabajo o el final de la guerra de Irak.

Y por lo que me decían mis consejeros políticos, nuestro trabajo era que se mantuviera así. No se trataba de que nosotros esquiváramos los temas raciales. En nuestra web estaba muy clara mi postura sobre asuntos peliagudos como la reforma de la ley de inmigración o los derechos civiles. Si me preguntaban en algún ayuntamiento, no dudada en explicar las realidades de los perfiles raciales o la discriminación laboral a un público rural y completamente de raza blanca. Durante la campaña, Plouffe y Axe atendieron a las preocupaciones de miembros del equipo negros o latinos, como cuando alguien quería modificar algún anuncio de la televisión («¿Podemos añadir algún rostro negro más aparte del de Barack?», le preguntaron amablemente a Valerie en una ocasión) o nos recordaban que tratáramos de integrar a más gente de color para el equipo sénior. (En este apartado, como mínimo, el mundo de colaboradores versados en alta política no era muy distinto del de otras profesiones, en el que gente joven de color sistemáticamente tiene menos posibilidades de encontrar un mentor o hacerse una red de contactos, y donde no pueden permitirse prácticas no remuneradas que podrían catapultarlos a colaborar en campañas nacionales. En esto estaba decidido a generar un cambio.) Pero Plouffe, Axe y Gibbs no cedieron a la hora de restar énfasis a cualquier asunto que pudiese ser etiquetado como una reivindicación racial, que dividiera al electorado en líneas raciales o que me encasillara en el papel de «el candidato negro». Para ellos la fórmula para el progreso racial era simple: había que ganar. Y eso suponía conseguir el apoyo no solo de los chicos universitarios blancos y liberales, sino también de votantes para los que la imagen de una persona como yo en la Casa Blanca implicaba un gran salto psicológico.

«Confía en mí —bromeaba Gibbs—, sea lo que sea lo que la gente sabe de ti, de lo que se ha dado cuenta todo el mundo es de que no te pareces nada a los primeros cuarenta y dos presidentes.»

Por otra parte, seguía recibiendo el mismo cariño de los afroamericanos desde mi elección para el Senado de Estados Unidos. A veces las sucursales locales de la NAACP se ponían en contacto conmigo, deseando darme algún premio. Mi foto aparecía con frecuencia en las páginas de *Ebony* y de *Jet*. Todas las mujeres negras de cierta edad me decían que les recordaba a su hijo. Y el amor por Michelle estaba a un nivel completamente diferente. Con sus credenciales profesionales, su comportamiento de hermana y amiga, su devoción a la maternidad, parecía destilar lo que muchas familias negras buscaban y esperaban para sus hijos al trabajar duramente.

A pesar de todo eso, las actitudes negras eran complejas en mi candidatura y en no poca medida estaban motivadas por el miedo. Nada en la experiencia de la gente de raza negra afirmaba que existiera la posibilidad de ganar una nominación importante en un partido, mucho menos a la presidencia de Estados Unidos. En la mente de muchas personas, lo que Michelle y yo habíamos conseguido ya era una especie de milagro. Aspirar a más habría sido algo estúpido, volar demasiado cerca del sol.

«Te lo digo en serio, colega —me dijo Marty Nesbitt poco después de que anunciara mi candidatura—, mi madre está preocupada por ti de la misma manera en que solía preocuparse por mí.»

Emprendedor exitoso, antigua estrella adolescente de fútbol americano, con la apostura de un joven Jackie Robinson, casado con una brillante doctora, y con cinco maravillosos hijos, Marty era como la encarnación del sueño americano. Le había criado una madre soltera que trabajaba como enfermera en Columbus, Ohio. Solo gracias a un programa especial diseñado para incluir a jóvenes de color en escuelas primarias y universidades, Marty había conseguido salir del barrio, un lugar en el que pocos hombres negros podían albergar más esperanzas que la de pasarse la vida en las líneas de las cadenas de montaje. Pero cuando después de la universidad decidió dejar un trabajo estable en la General Motors por una aventura mucho más arriesgada en el negocio inmobiliario, su madre se inquietó, temerosa de que llegara a perderlo todo por aspirar a demasiado.

«Pensaba que estaba loco por abandonar tal grado de seguridad —me dijo Marty—. De modo que imagínate lo que piensan ahora mi madre y sus amigas de ti. No es solo que te estés *presentando* a las presidenciales, ¡sino que están empezando a creer que realmente puedes llegar a *ser* el presidente!»

Aquel cambio de mentalidad no se limitaba solo a la clase trabajadora. La madre de Valerie —cuya familia había formado parte de la élite profesional negra de los años cuarenta y cincuenta, era la mujer de un médico y uno de los faros del movimiento educativo infantil— manifestaba el mismo escepticismo por mi campaña al principio.

—Quiere protegerte —decía Valerie.

—¿De qué? —pregunté yo.

—De la decepción —respondió, callando el miedo más concreto de su madre de que fueran a matarme.

Escuchábamos ese tipo de cosas una y otra vez, sobre todo durante los primeros meses de nuestra campaña; ese pesimismo protector, la sensación de la comunidad negra de que Hillary era una opción más segura. Con figuras nacionales como Jesse Jackson Jr. (y el más reticente Jesse Jackson Sr.) respaldándonos, pudimos conseguir un buen número de apoyos iniciales de muchos líderes afroamericanos, sobre todo de los más jóvenes. Pero muchos prefirieron esperar y ver cómo me iba, y otros políticos negros, hombres de negocios y pastores —tanto si era por una lealtad verdadera hacia los Clinton como si se trataba de un deseo de apoyar a la candidata favorita— salieron a respaldar a Hillary mucho antes de que yo tuviera oportunidad de defenderme.

«El país aún no está preparado —me dijo un viejo congresista— y los Clinton llevan mucho tiempo ahí.»

Al mismo tiempo había muchos activistas e intelectuales que me apoyaban, pero pensando en mi campaña en términos meramente simbólicos, algo parecido a las carreras de Shirley Chisholm, Jesse Jackson y Al Sharpton, una plataforma transitoria útil desde la que se podía alzar una voz profética contra la injusticia racial. Poco convencidos de que fuera posible una victoria, esperaban de mí que adoptara posiciones lo menos comprometedoras posibles en casi todo, desde la discriminación positiva hasta las reparaciones, y estaban constantemente alerta ante cualquier indicio de que estuviera invirtiendo demasiado tiempo y energía en tratar de convencer a unos tipos de raza blanca poco progresistas.

«No seas uno de esos supuestos líderes que dan por descontado el voto negro», me dijo un simpatizante. Me dolió esa crítica, porque era completamente incorrecta. Había un montón de políticos demócratas que daban por descontado el voto negro, al menos desde 1968, cuando Richard Nixon determinó que una política de resentimiento racial blanco era el camino más sólido para la victoria de los republicanos, lo que dejó a los votantes negros sin ningún lugar adonde ir. No eran solo los demócratas blancos los que hacían ese cálculo. No había ningún cargo público negro que hubiese sido elegido con el apoyo de votos blancos que no fuera consciente de aquello sobre lo que Axe, Plouffe y Gibbs trataban de llamar la atención, al menos implícitamente; que demasiado énfasis en los derechos civiles, en abusos policiales o en cualquier otra clase de asunto relacionado con algo específico de la gente negra nos ponía en peligro de sospecha, cuando no de rechazo, para el electorado más amplio. De todas formas podías decidir hablar sobre ello, como un asunto de conciencia, pero sabías que tendrías que pagar un precio: los negros podían usar el lenguaje de grupos interés especiales como los granjeros, los defensores de las armas y otros grupos étnicos solo asumiendo un gran riesgo.

Evidentemente, ¿no era esa una de las razones por las que me presentaba, para conseguir librarnos de ese tipo de restricciones? No quería ser ni un mendigo siempre en la periferia del poder y buscando el favor de sus benefactores liberales, ni un manifestante eterno y lleno de rabia justiciera a la espera de que el Estados Unidos blanco expiara su culpa. Ambos caminos estaban ya muy trillados y ambos, a cierto nivel elemental, nacían de la desesperación.

No, lo que había que hacer era ganar. Quería demostrarles a los negros, a los blancos, a los estadounidenses de todos los colores, que podíamos trascender la vieja lógica; que podíamos reunir a una mayoría trabajadora en torno a un programa progresista, que podíamos situar asuntos como la desigualdad o la falta de oportunidades educativas en el mismo centro del debate nacional y realmente repartir los recursos.

Sabía que para llegar a hacer eso, tenía que usar un lenguaje que hablaran todos los estadounidenses y proponer políticas que afectaran a todos: educación de calidad para todos los niños, asistencia sanitaria para todos los ciudadanos del país. Tenía que pensar en los blancos como aliados más que como obstáculos para el cambio y formular la lucha afroamericana como parte de una lucha más amplia para lograr una sociedad más justa y generosa.

Comprendía los riesgos. Había escuchado las críticas mudas que se cruzaban en mi camino y que no procedían de rivales, sino de amigos. Que el énfasis en programas universales a menudo significaba que los recursos no llegaban directamente a los que más los necesitaban. Sabía que apelar a los intereses comunes ignoraba los duraderos efectos de la discriminación y permitía a los blancos no asumir en toda su importancia el legado de la esclavitud, de Jim Crow y de sus propias actitudes raciales. Me hacía cargo de hasta qué punto se esperaba de aquella gente negra abandonada con sus secuelas psicológicas que se tragara constantemente su ira legítima y su frustración en nombre de algún ideal lejano.

Era demasiado exigirle a la gente negra que adoptara aquella mezcla de optimismo y paciencia estratégica. Mientras trataba de conseguir votantes y dirigir mi campaña a través de ese territorio sin mapas, me recordaba constantemente que aquello no era un ejercicio abstracto. Estaba atado a comunidades concretas de carne y hueso, repletas de hombres y mujeres que tenían sus propios imperativos y sus historias personales; y eso incluía a un pastor que parecía encarnar todos los impulsos contradictorios que yo intentaba unificar.

Conocí al reverendo Jeremiah A. Wright Jr. durante mis días de trabajador comunitario. Su iglesia, la Trinity United Church of Christ, era una de las más grandes de Chicago. Aquel hijo de un ministro baptista y de la administradora de una escuela de Filadelfia había crecido rodeado de la tradición de la iglesia negra al mismo tiempo que acudía a las escuelas más prestigiosas —y en su mayoría blancas— de la ciudad. Más que enfocarse directamente en ser pastor, dejó la universidad para unirse a los marines del ejército de Estados Unidos, estudió para ser técnico cardiopulmonar e incluso formó parte del equipo médico que atendió a Lyndon Johnson después de su operación de 1966. En 1967 ingresó en la Universidad de Howard, y al igual que muchos negros durante aquellos años turbulentos, se empapó de la retórica del Black Power, un interés por todo lo africano y las críticas de izquierda del orden social estadounidense. Cuando salió del instituto bíblico ya había absorbido la teología de la liberación negra de James Cone, una perspectiva del cristianismo que afirmaba el centralismo de la experiencia negra no por ningún tipo de superioridad racial inherente sino, afirmaba Cone, porque Dios mira el mundo a través de los ojos de los más oprimidos.

Que ese reverendo Wright se convirtiera en pastor de una confesión abrumadoramente blanca da una idea de su sentido práctico; la Trinity United Church of Christ no solo le valió algunas becas importantes —algo que él mismo se encargaba de recalcar todos los domingos— sino que le dio el dinero y la infraestructura para ayudarle a construir su congregación. Lo que en su día fue una iglesia formal con menos de cien miembros creció durante su ejercicio hasta seis mil, convirtiéndose en un lugar alegre y repleto de las multitudes que componían el Chicago negro: banqueros y antiguos miembros de bandas, túnicas africanas y trajes de Brooks Brothers, un coro que podía cantar tanto góspel clásico como el coro del Aleluya en el mismo servicio. Sus sermones estaban llenos de referencias al pop, de jerga, de humor y de verdaderas ideas religiosas que no solo generaban vitoreos y gritos por parte de sus miembros, sino que le forjaron una reputación como uno de los mejores predicadores del país.

Algunas veces los sermones del reverendo Wright me parecían un poco desmesurados. En medio de una explicación erudita sobre el Evangelio de san Mateo o el de san Lucas, insertaba una crítica mordaz sobre la guerra contra las drogas en Estados Unidos, o sobre el militarismo, o sobre la codicia capitalista o sobre lo irresoluble del racismo en nuestro país, diatribas que normalmente estaban fundadas en hechos reales pero también desprovistas de contexto. Con frecuencia parecían un poco anticuadas, como si tratara de dar una clase universitaria en 1968 más que liderar a una próspera congregación que incluía jefes de la policía, famosos, empresarios ricos y el superintendente de las escuelas de Chicago. De hecho, de cuando en cuando lo que decía era incorrecto, o estaba al borde de una de esas teorías conspirativas que se escuchan en la peluquería de la esquina o a las tantas de la madrugada en un canal de la televisión pública. Era como si aquel hombre negro de piel clara, de mediana edad y erudito, tratara de mantener una reputación, de hacer que «sonara real». Aunque tal vez solo fuera que aceptaba —frente a su congregación y frente a sí mismo— la necesidad periódica de dejarse llevar, de liberar la ira acumulada después de una vida en la que se había condenado a la lucha con un racismo crónico, la razón y la lógica.

Yo sabía todas esas cosas. Hasta para mí, que sobre todo en aquella época era un joven que se cuestionaba sus creencias y buscaba su lugar en la comunidad negra de Chicago, el buen reverendo Wright superaba con mucho sus defectos, del mismo modo que mi admiración por la congregación y sus ministros superaba con creces mi escepticismo hacia la religión como institución. Con el tiempo Michelle y yo nos convertimos en miembros de la Trinity, aunque solo íbamos a la iglesia de cuando en cuando. Al igual que yo, a Michelle no la habían educado en ninguna fe en particular, y lo que al principio empezó siendo una asistencia de una vez al mes, se fue haciendo cada vez menos frecuente. Cuando asistíamos

145

al servicio, sin embargo, era realmente importante para nosotros y en cuanto mi carrera política despegó, en algunos momentos cruciales le pedí al reverendo Wright que elevara unas preces o nos diera su bendición.

Ese había sido el plan para el día en que anunciara mi candidatura; el reverendo Wright encabezaría la plegaria frente a la multitud antes de que yo subiera al escenario, pero mientras me dirigía hacia Springfield un día antes del acto, recibí una llamada urgente de Axe preguntándome si había leído el artículo de la revista *Rolling Stone* sobre mi candidatura. Era evidente que el periodista había acudido a uno de los últimos servicios de la Trinity y, tras escuchar el impetuoso sermón del reverendo Wright, lo había citado en su historia.

—Según la cita dijo... agárrate, te lo voy a leer: «Creemos en la supremacía blanca y en la inferioridad negra más de lo que creemos en Dios».

—¿Me estás hablando en serio?

—Creo que es razonable pensar que si entona las preces de mañana, se va a convertir en el titular de las noticias... al menos en las de la Fox.

En sí mismo, el artículo ofrecía una mirada equilibrada sobre Jeremiah Wright y su ministerio en la Trinity. Pero aunque no me sorprendía que mi pastor señalara el abismo que había entre los profesos ideales cristianos de Estados Unidos y su brutal historia racista, el lenguaje empleado por él era más incendiario de lo que le había escuchado nunca. Dejando a un lado una parte de mí que se sentía frustrada por la constante necesidad de suavizar en pro de los blancos las duras verdades de la historia racial de este país, sabía que Axe tenía razón.

Aquella tarde llamé al reverendo Wright y le pregunté si estaría dispuesto a saltarse el sermón en público y cambiarlo por una bendición en privado a Michelle y a mí antes del encuentro. Fue evidente que aquello le hirió, pero —para el enorme alivio de mi equipo— se adaptó al nuevo plan.

Para mí, aquel episodio agitó todas las dudas que aún tenía por aquel entonces sobre presentarme al puesto de trabajo más importante del mundo. Una cosa era integrar mi propia vida, haber aprendido con el tiempo a moverme sin interrupción entre círculos de gente blanca y gente negra, servir de traductor y puente entre familiares, amigos, conocidos, colegas, entablar conexiones entre órbitas en continua expansión y hasta sentir que al fin podía integrar en uno solo el mundo de mis abuelos y el del reverendo Wright, pero ¿cómo explicar esas conexiones a miles de desconocidos? ¿Es posible imaginar que una campaña presidencial, con todo su ruido, sus simplificaciones y distorsiones, podía dinamitar el miedo, el dolor y la sospecha que llevaban cuatrocientos años difundiéndose? La realidad de las relaciones raciales en Estados Unidos era demasiado compleja para reducirla a una cita. ¡Diablos!, yo mismo era demasiado complejo, los contornos de mi vida eran demasiado problemáticos y extraños para la mayoría de los estadounidenses; sentí que lo más honrado que podía hacer era abandonarlo todo.

Si ese artículo de *Rolling Stone* hubiese salido antes anticipando los problemas que iban a venir, tal vez habría decidido no presentarme. Resulta difícil de decir. Lo que sí sé es que —irónicamente o tal vez gracias a la providencia— fue otro pastor, el reverendo Otis Moss Jr., amigo del reverendo Wright, quien me ayudó a superar mis dudas.

Otis Moss era un veterano del movimiento por los derechos civiles, muy cercano a Martin Luther King, pastor de una de las iglesias más importantes de Cleveland, Ohio, y antiguo consejero del presidente Jimmy Carter. Yo no le conocía bien, pero después de la publicación del artículo, me llamó una tarde para ofrecerme su apoyo. Le había llegado la noticia de mis dificultades con Jeremiah, me dijo, y había escuchado a algunas personas en el seno de la comunidad negra que decían que yo no estaba preparado, o que era demasiado radical, o demasiado poco, o no lo bastante negro. Me dijo que lo más probable era que las cosas se pusieran aún más difíciles, pero me pedía que no me desanimase.

«Toda generación se enfrenta a los límites de su conocimiento —me dijo el reverendo Moss—. Nosotros, los que integramos el movimiento, tanto los gigantes como Martin o los soldados rasos como yo, somos la generación de Moisés. Hicimos manifestaciones, sentadas, nos metieron en la cárcel, pero en realidad construimos un edificio sobre lo que otros habían hecho ya. Logramos salir de Egipto, podría decirse, pero solo conseguimos recorrer un trecho más. Tú, Barack, formas parte de la generación de Josué. Tú y los que son como tú, sois los responsables del siguiente tramo del viaje. Las personas como yo os podemos ofrecer la sabiduría de la experiencia, tal vez puedas aprender algo de nuestros errores, pero en última instancia depende de ti, con la ayuda de Dios, seguir construyendo sobre lo que construimos nosotros y liderar a nuestro pueblo fuera del desierto.»

Resulta difícil calcular hasta qué punto me fortalecieron aquellas palabras, llegando como llegaron un año antes de nuestra victoria en Iowa, lo que supuso para mí que alguien tan íntimamente ligado a mi fuente de inspiración más antigua me dijera que lo que yo intentaba hacer merecía la pena, que lo que yo hacía no era un simple ejercicio de vanidad o ambición sino un eslabón más de una larga cadena de progreso. Aún más, creo que fue gracias a la confirmación del reverendo Moss y a que otros antiguos compañeros de Martin Luther King —entre ellos el reverendo C. T. Vivian de Atlanta o el reverendo Joseph Lowery de la Conferencia Sur de Liderazgo Cristiano— me impusieron sus proverbiales manos y apostaron por mí como una extensión de su histórico trabajo que no hubo más líderes negros que se inclinaran al principio por la campaña de Hillary.

En ningún momento fue más evidente que en marzo de 2007, cuando participé en la marcha del puente Edmund Pettus en Selma, Alabama, que organizaba el congresista John Lewis todos los años. Desde hacía mucho había querido peregrinar al lugar del Domingo Sangriento, que se había convertido en el origen de la lucha por los derechos civiles, cuando los estadounidenses comprendieron plenamente lo que estaba en juego. Los Clinton estarían allí, me dijeron, y antes de que los participantes se agruparan para cruzar el puente, Hillary y yo teníamos una cita para hablar simultáneamente en dos servicios religiosos distintos.

Y no solo eso, nuestro promotor, John Lewis, había anunciado su apoyo a Hillary. John se había convertido en un buen amigo —se había sentido muy orgulloso de mi elección en el Senado, y la había visto con justicia como una parte de su legado— y yo sabía que aquella decisión le había afectado mucho. Mientras le escuchaba dar sus explicaciones por teléfono, todo el tiempo que hacía que conocía a los Clinton, cómo la Administración de Bill le había apoyado en muchos proyectos legislativos... decidí no presionarle demasiado. Podía imaginar la enorme presión a la que estaba sometido aquel hombre amable y reconocía también que en un momento en que yo estaba pidiendo a los votantes blancos que me juzgaran por mis méritos, habría resultado hipócrita un reclamo fundado en la solidaridad racial.

La conmemoración de Selma se podría haber convertido en un desagradable espectáculo político, pero cuando llegué me sentí cómodo al instante. Tal vez fue así porque me encontraba en un lugar que siempre había estado presente en mi mente y en mi trayectoria vital. Tal vez fue la respuesta de la gente de a pie que se reunía para recordar la ocasión, dándome la mano o abrazándome, algunos con chapas de la campaña de Hillary, pero contentos de que estuviera allí. Pero sobre todo fue el hecho de que me apoyara un grupo de respetables mayores. Cuando entré en la histórica Brown Chapel A.M.E Church para el servicio, me enteré de que el reverendo Lowery había pedido decir unas palabras antes de mi presentación. Tenía unos ochenta y tantos años pero no había perdido nada de su ingenio y su carisma.

—Dejad que os hable —comenzó— de algunas cosas disparatadas que están pasando ahí fuera. Hay gente que dice que hay ciertas cosas que no pueden pasar, pero ¿quién puede saberlo? ¿Quién puede saberlo?

—Predícanos, reverendo —gritó alguien desde el público.

—¿Sabéis? Hace poco fui al médico y me dijo que tenía el colesterol un poco alto, pero luego me explicó que hay dos tipos de colesterol. Está el colesterol malo y está el colesterol bueno. Si tienes buen colesterol, está todo bien. Y eso me dejó pensando en que hay muchas cosas parecidas. Quiero decir, cuando empezamos con el movimiento, había mucha gente que decía que estábamos locos. ¿No es así, C. T.? —el reverendo Lowery asintió hacia el reverendo Vivian, que estaba sentado fuera del escenario—. «Ahí va otro negrata loco...» Decían que todos los del movimiento estaban un poco locos...

La multitud se rio a carcajadas.

—Pero igual que el colesterol —continuó— hay una locura *buena* y una locura *mala*, ¿lo entendéis? ¡Harriet Tubman tenía que estar loca para seguir adelante con su ferrocarril subterráneo! Y a san Pablo, cuando predicó ante Agripa, le dijeron «Pablo, estás loco»... pero era una locura buena.

La gente empezó a aplaudir y vitorear cuando lo explicó en profundidad.

—Y yo os digo hoy que necesitamos a más personas en este país que tengan una locura buena... No se sabe lo que puede ocurrir cuando consigues a un puñado de buenos locos ¡y votan en las elecciones!

Los asistentes se pusieron de pie y los pastores que estaban en el escenario se rieron satisfechos y me dieron una palmada en la espalda. Cuando llegó mi turno retomé como punto de partida las palabras que me había dicho el reverendo Moss; hablé sobre la generación de Moisés y cómo su legado había impulsado mi vida, hablé de la responsabilidad de la generación de Josué para dar los siguientes pasos que se requerían por justicia en esta nación y en todo el mundo, no solo para la gente de raza negra, sino para todos los desposeídos. La iglesia entera estaba enardecida.

Ya fuera, cuando terminó el servicio, vi a otro compañero de lucha de Martin Luther King, el reverendo Fred Shuttlesworth, un legendario y aguerrido defensor de la libertad que sobrevivió a un ataque del Klan contra su propia casa y a una turba de blancos que le golpeó con bates y puños americanos y apuñaló a su mujer por intentar inscribir a sus dos hijas en una escuela de Birmingham previamente solo para blancos. Le habían operado recientemente de un tumor cerebral. Aunque estaba frágil y en silla de ruedas, me invitó a hablar con él y mientras se iban reuniendo los de la marcha me ofrecí a empujar su silla hasta el otro lado del puente.

«Eso me gustaría mucho», dijo el reverendo Shuttlesworth.

Y allá fuimos esa mañana extraordinariamente azul, cruzamos el puente sobre el agua terrosa, rodeados de voces que cantaban de cuando en cuando o entonaban plegarias. A cada paso me imaginaba cómo aquellos ancianos y ancianas debieron de sentirse cuarenta años antes, con sus corazones juveniles latiendo furiosamente mientras se enfrentaban a una falange de hombres armados y a caballo. Eso me recordó lo livianas que eran mis cargas en comparación con las suyas. El hecho de que siguieran comprometidos con la lucha y que a pesar de los reveses y sufrimientos no hubiesen sucumbido a la amargura me demostró que no tenía motivos para sentirme cansado. Me sentí renovado en mi convicción de que estaba donde tenía que estar y haciendo lo que tenía que hacer: que tal vez el reverendo Lowery tenía razón en lo de que había cierto tipo de «locura buena» en el ambiente.

Diez meses más tarde, cuando la campaña se trasladó a Carolina del Sur durante la segunda y la tercera semanas de enero, supe que se iba a poner a prueba nuestra fe una vez más. Necesitábamos una victoria con desesperación. Sobre el papel el estado nos miraba con buenos ojos: los afroamericanos tenían un alto porcentaje de votantes demócratas en las primarias, y teníamos de nuestra parte a un buen puñado de políticos veteranos y jóvenes activistas, tanto blancos como negros. Pero las encuestas afirmaban que decrecía el número de apoyos de nuestros votantes blancos, y no sabíamos si los votantes afroamericanos iban a sumar la cantidad de votos que necesitábamos. Nuestra esperanza era acercarnos al Supermartes con una victoria que no siguiera estrictamente las líneas raciales. Pero si el esfuerzo de Iowa había demostrado las posibilidades de un tipo de política más idealista, la campaña de Carolina del Sur terminó siendo completamente distinta. Se convirtió en una trifulca, un ejercicio de vieja política, enmarcado en un paisaje repleto de recuerdos de una historia racial sangrienta y amarga.

Todo aquello era en parte el resultado de una carrera muy igualada, y de la sensación de que el equipo Clinton parecía considerar más ventajosa una campaña negativa. Sus ataques, tanto en los medios como a través de sus intermediarios, habían adquirido un tono más duro. Con un número de votantes cada vez mayor prestando atención en todo el país, todos éramos muy conscientes de los riesgos. Nuestro debate de aquella semana fue una auténtica pelea a puñetazos entre Hillary y yo, con un John Edwards (cuya campaña estaba dando sus últimos latidos y que no tardaría en abandonar) reducido a un mero espectador mientas ella y yo íbamos el uno tras el otro como dos gladiadores en la arena.

Después de aquello Hillary abandonó el estado para continuar su campaña en algún otro lugar, pero la intensidad apenas disminuyó, porque en ese momento su campaña dio paso a un enérgico, peleón y omnipresente William Jefferson Clinton.

Comprendía la situación en la que se encontraba Bill: no solo se trataba de que su mujer estuviese bajo un escrutinio y ataque constantes, también debía de sentir como una especie de reto a su propio legado mi promesa de transformar Washington y arreglar el atasco de los partidos. No hay duda de que yo acrecenté esa sensación cuando dije en una entrevista en Nevada que, aunque admiraba a Clinton, no pensaba que su presencia hubiese transformado la política como lo hizo Reagan en los ochenta cuando consiguió reenmarcar la relación de los estadounidenses con el Gobierno a favor de unos principios conservadores. Después de todo el obstruccionismo y la pura ponzoña a la que había tenido que enfrentarse Bill Clinton durante su presidencia, no podía culparle por querer ajustarle las cuentas a un recién llegado arrogante.

Clinton disfrutaba de estar de vuelta en la palestra. Exuberante como era, viajó por todo el estado haciendo agudas observaciones y con un gran encanto popular. La mayor parte de sus ataques hacia mí estaban bien fundados, eran las mismas observaciones que yo mismo habría hecho si hubiese estado en su lugar: que no tenía experiencia y que si conseguía llegar a la presidencia los republicanos se me iban a merendar.

Más allá de eso estaban las políticas raciales, algo que Clinton había gestionado con destreza en el pasado, pero que se volvían algo complejo contra un candidato negro creíble. Cuando antes de las primarias de New Hampshire comentó que algunas de mis posturas con respecto a la guerra de Irak eran un «cuento de hadas», hubo algunos ciudadanos negros que lo interpretaron como que la misma idea de que yo fuera presidente era un cuento de hadas, lo que llevó al congresista Jim Clyburn, el líder de la mayoría —el político negro más poderoso de Carolina del Sur, que hasta ese momento había mantenido una cautelosa neutralidad— a reprenderle públicamente. Cuando Clinton dijo frente a un público de raza blanca que Hillary te «enganchaba» de formas en las que no lo hacía ninguno de sus oponentes, Gibbs —también nacido en el Sur— sintió reminiscencias del estratega republicano Lee Atwater y sus políticas incendiarias y no tuvo reparo en desplegar a nuestros simpatizantes para que lo dijeran.

Echando la vista atrás, no sé si fueron justas todas estas cosas, sin duda Bill Clinton no lo creía así. Pero en Carolina del Sur resultaba difícil distinguir la realidad de la ficción. Me recibieron por todo el estado con gran cariño y hospitalidad, tanto negros como blancos. En ciudades como Charleston, tuve pruebas del tan promocionado Nuevo Sur: cosmopolita, diverso y próspero. Aún más, para alguien que había hecho de Chicago su hogar, no hacía falta que me recordaran que la división racial no era algo exclusivo del Sur.

Aun así, mientras viajaba por Carolina del Sur presentando mi programa de campaña para la presidencia, las actitudes raciales se volvieron más obvias y a veces directamente abiertas. ¿Cómo podía interpretar a esa mujer blanca y elegante que en una cena se negó, sombría, a darme la mano? ¿Cómo podía entender los motivos de esas personas que iban con pancartas en contra de nuestros actos de campaña, desplegando la bandera confederada y con eslóganes de la Asociación Nacional del Rifle, gritando cosas sobre sus derechos estatales y diciéndome que me fuera a mi casa?

No eran solo unos gritos o unas estatuas de confederados los que evocaban el legado de la esclavitud y la segregación. Por sugerencia del congresista Clyburn, hice una visita a la J. V. Martin Junior, una escuela mayoritariamente negra en la ciudad rural de Dillon, en el noreste del estado. Una parte del edificio se había construido en 1896, justo treinta años después de la guerra civil, y aunque se habían hecho arreglos durante décadas, no se notaban demasiado. Muros a punto de caer, ventanas y tuberías rotas, pasillos húmedos y sombríos, una caldera de carbón en el sótano que aún se usaba para calentar el edificio... Al salir de la escuela, vacilé entre sentirme desanimado y motivado: ¿qué mensaje recibían todas esas generaciones de chicos y chicas cuando iban a la escuela cada mañana aparte de la certeza de que su vida no le importaba lo más mínimo a quienes tenían el poder, que fuera lo que fuera eso del sueño americano no tenía nada que ver con ellos?

Momentos como ese me ayudaban a entender los efectos desgastantes de un desempoderamiento de muchos años, el filtro de hastío con el que muchas personas negras de Carolina del Sur absorbieron nuestra campaña. Empecé a comprender la verdadera naturaleza de mi adversario. No me enfrentaba a Hillary Clinton o a John Edwards, ni siquiera a los republicanos. Me enfrentaba al implacable peso del pasado; a la inercia, el fatalismo y el miedo que generaba.

Los pastores negros y las personas influyentes que estaban acostumbrados a recibir compensaciones para movilizar a los votantes se quejaban de nuestro énfasis en reclutar voluntarios de base. Para ellos la política no tenía que ver con los principios, era una simple cuestión de negocios, el modo en que se habían hecho siempre las cosas. Mientras estábamos en campaña, Michelle —cuyo tatarabuelo había nacido durante la esclavitud en una plantación de arroz— tuvo que escuchar de muchas mujeres negras con buenas intenciones que tal vez fuera preferible perder unas elecciones a perder un marido, dando a entender que si me elegían, no había duda de que me iban a pegar un tiro.

El cambio y la esperanza eran un lujo, parecía decirnos esa gente, productos exóticos de importación que se marchitarían con el calor.

El 25 de enero, la víspera de las primarias, la NBC publicó una encuesta que mostraba que el apoyo de los blancos de Carolina del Sur a nuestra causa había caído un 10 por ciento. Las noticias agitaron la prensa nacional. Era previsible, entonaron los comentaristas, ni siquiera una alta participación afroamericana podía compensar la asentada reticencia blanca a un candidato negro, mucho menos a uno llamado Barack Hussein Obama.

Axelrod, siempre en modo catástrofe, me relató aquello mientras navegaba por la pantalla de su BlackBerry. Añadió, para terminar de arreglarlo, que si perdíamos en Carolina del Sur lo más probable es que fuera el fin de nuestra campaña. Peor aún, continuó, si ganábamos a duras penas, la escasez del apoyo blanco alinearía a los Clinton y a la prensa a despreciar la victoria y a cuestionar razonablemente mi viabilidad en una elección presidencial.

Nuestro equipo al completo estaba en ascuas el día de las primarias consciente de todo lo que estaba en juego. Pero cuando por fin llegó la noche y empezaron a salir las cifras, los resultados superaron nuestras previsiones más optimistas. Vencimos a Hillary por un margen de dos a uno, con cerca del 80 por ciento de una participación afroamericana abrumadora y el 24 por ciento del electorado blanco. Incluso ganamos por diez puntos entre el electorado blanco menor de cuarenta años. Tras la tormenta que habíamos cruzado y los golpes que habíamos recibido desde Iowa, aquello nos dejó exultantes.

Mientras salía al escenario de un auditorio de Columbia para dar nuestro discurso de la victoria, sentí el pulso de los pies golpeando el suelo y las palmadas. Varios miles de personas se habían apiñado en el recinto, pero el brillo de los focos de la televisión solo me permitió ver las primeras filas, la mayor parte ocupadas por estudiantes universitarios, blancos y negros en igual medida, algunos de ellos con los brazos entrelazados o por encima de los hombros de sus compañeros, las caras relucientes de alegría y resolución.

«¡La raza no importa! —coreaba la gente— ¡la raza no importa! ¡La raza no importa!»

Localicé a algunos de nuestros jóvenes activistas locales entre la multitud. Una vez más lo habían conseguido, a pesar de los que decían que era imposible. Merecían una nueva victoria, un momento de euforia pura, pensé. No tuve coraje para corregir aquellos cánticos bienintencionados, para recordarles que en el año 2008, con una bandera confederada y todo lo que eso implicaba izada en la entrada del Capitolio del estado, que quedaba a solo unas manzanas de allí, la raza aún seguía importando, por mucho que ellos quisieran creer otra cosa.

7

Con el apoyo de Carolina del Sur parecía que las cosas empezaban a sonreírnos de nuevo. El 27 de enero, en un editorial del *New York Times*, Caroline Kennedy declaró que me apoyaba y sugirió con generosidad que nuestra campaña le había hecho comprender por primera vez lo inspirador que había sido su padre para los jóvenes estadounidenses. Su tío Ted Kennedy la imitó al día siguiente y me acompañó en un acto con varios miles de estudiantes de la Universidad Americana. Teddy estuvo totalmente arrebatador, hizo alusión a la magia del viejo Camelot y echó por tierra el argumento de inexperiencia que alguna vez habían utilizado contra su hermano y que ahora dirigían contra mí. Axe lo llamaba el relevo simbólico de la antorcha y entendí lo que significaba para él. Era como si Teddy hubiera identificado en nuestra campaña una melodía conocida y se hubiese desplazado a un momento previo al asesinato de su hermano, a Vietnam, a la venganza de los blancos, a los disturbios, el Watergate, a los cierres de fábricas, a Altamont y el sida, como si hubiese vuelto a una época cuando el liberalismo desbordaba optimismo y al espíritu del «querer es poder», el mismo espíritu que había enriquecido los sentimientos de mi madre cuando era una mujer joven y que a su vez ella me había trasmitido a mí.

El respaldo de los Kennedy añadió poesía a nuestra campaña y nos ayudó a organizarnos para el Supermartes del 5 de febrero, cuando en un único día se iba a decidir más de la mitad de los delegados del país. Siempre supimos que el Supermartes sería un enorme desafío. A pesar de nuestros triunfos en Iowa y Carolina del Sur, Hillary seguía siendo mucho más conocida, y la campaña cara a cara y pormenorizada que habíamos hecho en esos primeros estados habría sido sencillamente imposible en lugares más grandes y densamente poblados como California y Nueva York.

Con lo que sí contábamos era con una infantería de personas locales que crecía día tras día. Con la ayuda de nuestro veterano experto en delegados, Jeff Berman, y de nuestro tenaz director en el terreno, Jon Carson, Plouffe desarrolló una estrategia que llevaríamos a cabo con el mismo enfoque decidido que habíamos empleado en Iowa. Más que intentar ganar las primarias en los estados grandes e invertir mucho en televisión con el único objetivo de mitigar las pérdidas, dedicamos mi tiempo y nuestros esfuerzos sobre el terreno en los estados que celebraban el caucus —muchos de ellos pequeños, rurales y abrumadoramente blancos—, donde el entusiasmo de nuestros simpatizantes podía estimular una participación en cierto modo alta y representar triunfos desequilibrantes que podían traducirse en un gran número de delegados.

Idaho fue un ejemplo. Para nosotros no tenía sentido enviar personal remunerado a un estado tan pequeño y firmemente republicano, pero se había organizado allí un resuelto grupo de voluntarios llamado «Idahoneses por Obama». El año anterior habían utilizado redes sociales como MySpace y Meetup para construir una comunidad y de ese modo estar al día de mis opiniones sobre distintos temas, creado páginas personales de recaudación de fondos, organizado eventos y realizado una campaña estratégica en el estado. Pocos días antes del Supermartes, cuando Plouffe me dijo que en vez de agregar un día extra en California —donde estábamos recortando distancias a gran velocidad— había agendado un acto de campaña en Boise, confieso que tuve dudas. Pero ver el estadio Boise State abarrotado por catorce mil idahoneses entusiastas acabó con mi escepticismo. Terminamos ganando en Idaho por un margen tan amplio que obtuvimos más delegados allí de los que Hillary obtuvo al ganar en New Jersey, un estado con una población más de cinco veces superior.

Eso se convirtió en la pauta. De las veintidós contiendas del Supermartes, trece salieron a nuestro favor, y si bien Hillary ganó en Nueva York y en California por unos pocos puntos en cada una, en total ganamos trece delegados más que ella.

Fue un logro increíble, una prueba de las habilidades y recursos de Plouffe, nuestro jefe de campaña, y de la mayor parte de nuestros voluntarios. Y dadas las preguntas que los comentaristas y el equipo de campaña de Clinton seguían agitando en cuanto a mi potencial en unas elecciones generales, sentí aún mayor satisfacción al haber arrasado en la llamada parte republicana del país.

Lo que me sorprendió también fue la creciente importancia que la tecnología tuvo en nuestras victorias. La extraordinaria juventud de nuestro equipo nos permitió adoptar y refinar las redes de contactos digitales que la campaña de Howard Dean había puesto en marcha cuatro años antes. Nuestra condición de advenedizos nos obligaba a confiar una y otra vez en la energía y la creatividad de esos voluntarios maestros en la red. Millones de pequeños donantes nos estaban ayudando a dar empuje a nuestra campaña, hipervínculos al correo permitían que nuestro mensaje de campaña llegara a rincones inconcebibles por las grandes empresas de comunicación, y nuevas comunidades se estaban formando entre gente que antes se hallaba aislada. Tras el Supermartes me sentía inspirado, pensaba haber vislumbrado el futuro, un redescubrimiento de la participación de las bases que podría hacer que nuestra democracia funcionara de nuevo. Lo que no llegué a valorar del todo fue lo dúctil que llegaría a ser esa tecnología, lo rápido que sería absorbida por intereses comerciales y empleada por los poderes más establecidos, la facilidad con la que podría usarse no solo para unir a las personas sino también para distraerlas o enfrentarlas, y cómo algunas de esas mismas herramientas que un día me habían llevado a la Casa Blanca se acabarían volviendo en contra de todo lo que yo representaba.

Pero esas conclusiones llegarían más tarde. Después del Supermartes entramos en racha, ganamos once primarias directas y designaciones de candidatos en un periodo de dos semanas, con un margen promedio del 36 por ciento. Fue un estirón emocionante, casi surrealista, pero tanto el equipo como yo hicimos todo lo posible por no anticiparnos demasiado; nos dábamos cuenta de que seguiría siendo una batalla campal —«¡Acordaos de New Hampshire!» era el estribillo— y éramos conscientes de que todavía había mucha gente ahí fuera que quería vernos fracasar.

En *Las almas del pueblo negro*, el sociólogo W. E. B. Du Bois describe la «doble conciencia» de los negros estadounidenses a inicios del siglo XX. A pesar de haber nacido y crecido en este suelo, de haberse formado en las instituciones de esta nación y haber sido educados en su credo, a pesar de lo mucho que sus esforzadas manos y palpitante corazón han contri-

157

buido a la economía y cultura del país, a pesar de todo eso —escribe Du Bois— los negros estadounidenses siguen siendo el eterno «Otro», siempre observando desde la periferia; no se definen por lo que son, sino por lo que nunca consiguen ser.

De joven aprendí mucho del libro de Du Bois. Pero ya fuera por mi singular origen y educación o por la época en que llegué a la edad adulta, nunca sentí de una manera personal esa idea de la «doble conciencia». Había lidiado con las consecuencias de mi condición de mestizo y con la realidad de la discriminación racial. Pero nunca, en ningún momento me había cuestionado —o dejado que otros cuestionaran— mi «Americanidad».

Por supuesto, nunca antes me había postulado para presidente.

Incluso antes de anunciarlo formalmente, Gibbs y nuestro equipo de comunicación ya se habían encargado de desactivar muchos rumores generados en programas de radio conservadores o páginas web poco fiables antes de trasladarse al *Drudge Report* y las noticias de la Fox. En algunos artículos se decía que me había educado en una madrasa indonesia, algo que generó suficiente atención como para que la CNN enviara a un reportero a mi antigua escuela secundaria de Yakarta, donde se encontró con poco más que un puñado de chicos en uniformes occidentales y escuchando New Kids on the Block en sus iPods. Había quien decía que no era ciudadano estadounidense (afirmación que podía ilustrarse provechosamente con una foto en la que yo salía con un atuendo africano, en la boda de mi medio hermano keniata). Cuanto más avanzaba la campaña, más falsedades sensacionalistas se ponían en circulación. Estas ya no tenían nada que ver con mi nacionalidad sino con una «extranjería» más conocida, doméstica y de tinte más oscuro: se decía que había traficado con drogas, que había trabajado como gigoló, que tenía vínculos marxistas y que era padre de varios niños extramatrimoniales.

Era difícil tomarse cualquiera de esas cosas en serio, y al menos al principio, no lo hizo mucha gente; en 2008, internet era todavía algo lento e irregular, al margen de las operaciones en los grandes medios de información dirigidas a penetrar directamente la mente de los votantes. Pero había formas más indirectas y refinadas de cuestionar mis afinidades.

Después de los ataques terroristas del 11 de septiembre, por ejemplo, me gustaba llevar un pin de la bandera estadounidense en la solapa, sentía que era un pequeño gesto de solidaridad nacional ante una tragedia enorme. Pero más tarde, con el debate que se generó en torno a la guerra de Bush contra el terrorismo y la invasión a Irak —al ver la sucia campaña que se hizo contra John Kerry y cómo Karl Rove y sus semejantes cuestionaban el patriotismo de los opositores a la guerra de Irak, al observar a mis colegas del Senado, engalanados con sus pines de la bandera, votando alegremente recortes presupuestarios en los programas de veteranos— decidí dejar mi pin silenciosamente a un lado. No fue tanto un gesto de protesta como un recordatorio a mí mismo de que el contenido del patriotismo era mucho más importante que su símbolo. Nadie pareció darse cuenta, sobre todo porque la mayoría de mis compañeros senadores —ni siquiera el exprisionero de guerra de la Marina John McCain— no llevaban ningún pin en la solapa.

Por ese motivo, cuando un reportero local de Iowa me preguntó en octubre por qué no llevaba un pin de la bandera, le dije la verdad, que no creía que la presencia o ausencia de un alfiler que podía comprarse en un bazar fuese la medida del amor que sentías por tu país. Los gurús conservadores no tardaron en machacar con el presunto significado de mi solapa desnuda («Obama detesta la bandera», «Obama les falta el respeto a nuestras tropas»). Y meses más tarde, seguían dándole importancia al asunto, lo que empezó a molestarme de verdad. Habría querido preguntarles por qué les llamaba tanto la atención que yo usara o no usara un pin, y no que lo hicieran los anteriores candidatos a presidente. No me sorprende que Gibbs me desanimara a desahogarme públicamente.

«¿Para qué darles esa satisfacción? —me aconsejó—. Vas ganando.»

Y tenía razón. Aunque resultó más difícil convencerme cuando comenzaron a hacer el mismo tipo de insinuaciones sobre mi mujer.

Desde su aparición en Iowa, Michelle había seguido iluminando el camino de la campaña. Las niñas iban a la escuela, por lo que limitamos sus apariciones a momentos en que la pugna era muy reñida y solo a viajes de fines de semana, pero allá adonde iba, era divertida y cautivadora, profunda y directa. Hablaba sobre crianza y cómo conciliar las exigencias laborales y familiares. Hablaba de los valores en los que había sido educada; de su padre que jamás había faltado al trabajo a pesar de la esclerosis múltiple, de la enorme atención que había puesto su madre en su educación, de que la familia jamás había tenido mucho dinero, pero nunca les había faltado amor. Era algo así como *Leave it to Beaver*, de Norman Rockwell. Mi familia política encarnaba a la perfección los gustos y ambiciones que se suelen reivindicar como típicamente estadounidenses. En ese sentido no conocía a nadie más convencional que Michelle, su comida favorita era la hamburguesa con patatas fritas, le encantaba ver reposiciones de *The Andy Griffith Show* y siempre le entusiasmaba la perspectiva de pasar el sábado por la tarde haciendo compras en un centro comercial.

Aun así, al menos según algunos comentaristas, Michelle era... diferente, no tenía pasta de primera dama. Decían que parecía «enfadada». Un sector de las noticias de la Fox la llamaba «la mami de Obama». Y no eran solamente los medios conservadores. La columnista del *New York Times* Maureen Dowd publicó un artículo en el que insinuaba que cuando Michelle bromeaba en sus discursos retratándome como un padre un poco inútil al que se le quedaba el pan duro en la cocina y dejaba ropa sucia por ahí (ganándose así la risa comprensiva de su público), no humanizaba mi figura, sino que más bien la «castraba» y perjudicaba mis posibilidades de ser elegido.

Ese tipo de observaciones eran poco frecuentes y parte del equipo las consideraba a la altura de las típicas bajezas de las campañas, pero Michelle no lo vivía así. En su opinión, aparte de la camisa de fuerza que supuestamente tenía que ponerse la esposa de un político (asistentes adorables y obedientes, encantadoras sin ser testarudas; la misma camisa de fuerza que había rechazado ponerse Hillary y cuya negativa había pagado cara), había toda una serie añadida de estereotipos que se aplicaban solo a las mujeres negras, temas recurrentes que las chicas negras absorbían como toxinas desde el día en que veían por primera vez una Barbie rubia o echaban sirope Aunt Jemima a sus tortitas: que no cumplían los estándares establecidos de feminidad —que sus traseros eran demasiado grandes y su pelo demasiado rizado, que eran demasiado chillonas o con mal genio o muy tajantes con sus maridos—, que no solo eran «castradoras», sino también masculinas.

Michelle había gestionado esa carga psicológica durante toda la vida, en gran parte siendo meticulosa con su aspecto, manteniendo el control de sí misma y de su entorno, y preparándose con diligencia para todo, incluso cuando se trataba de negarse a que la intimidaran para convertirse en alguien que no era. Fue extraordinario verla salir de una pieza, con tanta elegancia y dignidad, igual que tantas otras mujeres negras que han triunfado al enfrentarse a mensajes negativos.

Evidentemente, parte de la esencia de las campañas presidenciales es perder alguna vez el control. A Michelle le sucedió justo antes de las primarias en Wisconsin cuando, a mitad de un discurso en el que estaba describiendo el asombro que sentía al ver la cantidad de gente a la que nuestra campaña había motivado, dijo: «Por primera vez en mi vida adulta, me siento realmente orgullosa de mi país... porque creo que la gente está sedienta de un cambio».

Fue un gaffe de libro —unas pocas palabras improvisadas que los medios de comunicación conservadores pudieron trocear, recortar y convertir en armas arrojadizas—, una versión un poco torpe de algo que ella ya había dicho muchas veces en sus discursos sobre lo orgullosa que se sentía por el rumbo que había tomado nuestro país y el prometedor aumento de la participación política. En gran parte fue culpa mía y de mi equipo. Habíamos incorporado a Michelle a la gira sin nadie que le ayudara a escribir los discursos, sin sesiones preparatorias ni los resúmenes con los que yo contaba siempre, una infraestructura que me mantenía organizado y al día. Había sido como enviar a un civil a la línea de fuego sin un chaleco antibalas.

No les importó. Los reporteros lo pillaron al vuelo y especularon sobre en qué medida aquellos comentarios de Michelle podían afectar a la campaña y hasta dónde revelaban los verdaderos sentimientos de los Obama. Entendí que aquello formaba parte de un programa oculto mucho más grande y desagradable: hacer un retrato nuestro deliberadamente negativo y que funcionara por acumulación, construyéndolo con estereotipos, avivándolo con el miedo, para alimentar así el nerviosismo general en torno a la idea de que una persona negra tomara las decisiones más importantes del país y viviera con su familia negra en la Casa Blanca. Pero no me preocupó tanto el impacto que todo aquello iba a tener en la campaña; me dolió mucho más lo que habían herido a Michelle, que hubieran hecho dudar de sí misma a mi fuerte, inteligente y hermosa mujer. Después del traspié en Wisconsin, me recordó que ella jamás había querido ocupar el centro de atención y que si su presencia durante la campaña perjudicaba más de lo que ayudaba, prefería quedarse en casa. Le aseguré que la campaña le iba a proporcionar más ayuda, e insistí en que ella era una figura mucho más atractiva para los votantes de lo que yo podría serlo nunca. Pero nada de lo que dije hizo que se sintiera mejor.

Durante todos esos altibajos emocionales, nuestra campaña siguió creciendo. Cuando llegamos al Supermartes, el tamaño de nuestra organización se había multiplicado, el modesto emprendimiento se había transformado en una operación más segura y bien financiada. Las habitaciones de hotel en las que nos alojábamos eran más espaciosas, nuestros viajes más confortables. Tras haber comenzado volando en aerolíneas comerciales, pasamos a experimentar nuestras adversidades en vuelos chárter baratos. Hubo un piloto que aterrizó en la ciudad equivocada no una, sino dos veces. Otro intentó arrancar la batería del avión utilizando un alargador conectado a un enchufe común en la sala de espera del aeropuerto. (Agradecí que el experimento fallara, aunque implicó esperar dos horas a que trajeran la batería desde un pueblo vecino en un camión.) Con un mayor presupuesto, ahora estábamos en condiciones de alquilar nuestro propio avión completo con auxiliar de vuelo, comidas y unos asientos que se reclinaban de verdad.

Pero el flamante crecimiento trajo consigo normas, protocolos, procedimientos y jerarquías. Nuestro equipo había crecido hasta alcanzar las mil personas a nivel nacional, y mientras el equipo sénior trataba de mantener el estilo combativo e informal de la campaña, yo había dejado atrás los días en que podía asegurar que conocía a todas las personas que trabajan para mí. Al desaparecer esa familiaridad, cada día empezaron a ser menos las personas con las que me cruzaba y se dirigían a mí como «Barack». Ahora era «señor», o «senador». Cuando entraba en una habitación, los miembros del equipo se ponían de pie y se trasladaban a otra parte, dando por descontado que no quería que me molestaran. Si les insistía en que se quedaran, sonreían tímidamente y hablaban en susurros.

Aquello hacía que me sintiera viejo y cada vez más solo.

Curiosamente, lo mismo ocurría con las multitudes en los mítines. Habían aumentado hasta quince mil, veinte mil e incluso treinta mil personas en los mejores casos, gente que llevaba el logo rojo, blanco y azul de la campaña OBAMA en sus camisetas, gorras y monos, y que esperaban durante horas para entrar en los estadios donde realizábamos los mítines. Nuestro equipo desarrolló una especie de ritual previo al partido. Reggie, Marvin, Gibbs y yo nos bajábamos del coche de un salto frente a la puerta de servicio o la puerta de carga y seguíamos al equipo de avanzadilla por pasillos y salidas traseras. Por lo general, me reunía con voluntarios locales. Me sacaba fotos con unos cien voluntarios clave y simpatizantes que me colmaban de abrazos, besos y pequeñas solicitudes. Firmaba libros, revistas, bolas de béisbol, tarjetas de nacimiento, licenciamientos militares y todo tipo de cosas. Luego daba una o dos entrevistas, un almuerzo rápido en una sala de espera provista con botellas de té helado, frutos secos, barras de proteínas y cualquier otro producto que había dicho que me gustaba en alguna ocasión, por muy de pasada que fuera, y en cantidades suficientes para garantizar la supervivencia en un refugio antiaéreo. A eso le seguía un descanso para ir al baño en el que Marvin o Reggie me pasaban un gel que me ponía en la frente y la nariz para que no me brillara la piel en televisión, a pesar de que uno de nuestros cámaras insistía en que era cancerígeno.

Oía cómo el zumbido de la muchedumbre iba creciendo cada vez más a medida que avanzaba hacia el escenario bajo las tribunas o las gradas. Ahí se le hacía una seña al técnico de sonido para que emitiera el anuncio («la voz de Dios» lo llamaban), y yo escuchaba en silencio entre bastidores cómo alguna figura local hacía mi presentación. Entonces llegaban las palabras: «El próximo presidente de los Estados Unidos de América», un griterío ensordecedor, la melodía de «City of Blinding Lights» de U2, y tras un rápido choque de puños o un «A por ellos, jefe», atravesaba las cortinas y salía al escenario.

Hacía eso dos o tres veces al día, de ciudad en ciudad, de estado en estado. Y aunque el efecto de la novedad pasó rápido, la auténtica energía de esos mítines jamás dejó de asombrarme. Los periodistas lo describían «como un concierto de rock», y en cuanto al ruido al menos era bastante certero, pero no era así como me sentía en el escenario. No tenía intención de ofrecer a la multitud una interpretación personal, quería más bien ser un reflector, recordarles a los estadounidenses —por medio de las historias que ellos mismos me habían contado— las cosas que realmente valoraban y el extraordinario poder que tenían si se mantenían unidos.

Cuando terminaba el discurso y me bajaba del escenario para estrechar manos a lo largo del cordón de seguridad, por lo general me encontraba a gente gritando, empujando y agarrándose entre sí. Algunos lloraban o me acariciaban la cara, y a pesar de hacer todo lo posible por desalentarlos, algunos padres jóvenes me pasaban a sus bebés llorando por encima de filas de extraños para que los alzara. Aquella excitación era divertida y por momentos conmovedora, pero también un poco irritante. A un nivel muy básico, me di cuenta de que la gente ya no me veía *a mí*, con mis particularidades y carencias. Más bien se habían apoderado de mi rostro y lo habían convertido en el recipiente de un millón de sueños distintos. Sabía que llegaría el día en que los decepcionaría, en que no estaría a la altura de la imagen que mi campaña y yo mismo habíamos ayudado a construir.

También me daba cuenta de que aunque los simpatizantes eran capaces de emplear retazos y partes mías para dar forma a un gran símbolo de esperanza, los miedos difusos de los rivales también podían emplearlos para condensar uno de odio. Y he comprobado luego que los mayores cambios en mi vida se han producido como respuesta a esa perturbadora verdad.

Justo unos meses después de que empezara la campaña, en mayo de 2007, se me asignó protección por parte del Servicio Secreto —con el nombre en clave de «renegado» y un servicio de seguridad las veinticuatro horas. No era lo habitual. A menos que se tratara de un vicepresidente en funciones (o, en el caso de Hillary, una exprimera dama), normalmente a los candidatos no se les asignaba un equipo de seguridad hasta que no se hubiera asegurado su candidatura por el partido. El motivo por el que mi caso se manejó de forma distinta, por el que Harry Reid y Bennie Thompson, presidente del Comité de Seguridad Nacional en el Senado, insistieron públicamente al Servicio Secreto para que se movilizara antes, era auténtico: el número de amenazas dirigidas a mí excedía todo lo visto por el Servicio Secreto hasta la fecha.

Jeff Gilbert, el encargado de mi seguridad personal, era un chico impresionante. Un afroamericano con gafas, una actitud abierta y simpática, que podría haber pasado por un ejecutivo en cualquiera de las cien mejores compañías según la revista *Fortune*. En nuestra primera reunión, hizo hincapié en que quería hacer la transición de la manera más fluida posible y entendió que, como candidato, yo tenía que tener libertad para poder interactuar con el público.

Jeff cumplió su palabra. El Servicio jamás nos prohibió realizar un acto y los agentes hicieron todo lo posible por disimular su presencia (usaban, por ejemplo, fardos de paja en lugar de portabicicletas de metal para las barreras frente al escenario al aire libre). Los jefes de turno, la mayoría de alrededor de cuarenta años, eran profesionales y amables, con un irónico sentido del humor. Solíamos sentarnos en la parte trasera del avión o del autobús, y bromeábamos sobre nuestros respectivos equipos deportivos o charlábamos sobre nuestros hijos. El hijo de Jeff era la estrella de la línea defensiva en Florida, y todos empezamos a seguir sus progresos en la Liga Nacional de Fútbol Americano. Reggie y Marvin hicieron buenas migas con los agentes más jóvenes, e iban a los mismos bares de mala muerte cada vez que terminaban las tareas de la campaña.

Aun así, tener de repente a hombres y mujeres armados dando vueltas a mi alrededor adonde quisiera que fuese, o como postes al otro lado de cualquier habitación en la que me encontraba, fue un golpe para mi manera de ser. Mi visión del mundo exterior empezó a cambiar, a oscurecerse tras el velo de la seguridad. Ya no entraba por la puerta principal de un edificio si existía un hueco disponible en la escalera. Si hacía ejercicio en el gimnasio del hotel, los agentes cubrían las ventanas con telas para prevenir que un potencial tirador tuviera vistas panorámicas. En cada habitación en la que dormía se instalaban paneles antibalas, hasta en nuestra habitación en Chicago. Ya no podía ir conduciendo a ningún lado, ni siquiera dar una vuelta a la manzana.

Cuanto más nos acercábamos a la candidatura, más se encogía mi mundo. Me asignaron más agentes. Restringieron mis movimientos. La espontaneidad desapareció por completo de mi vida. Ya no era posible, no era fácil al menos, entrar en un supermercado o tener una conversación casual con un desconocido en la acera.

«Es como estar en la jaula de un circo —me quejé a Marvin un día— y ser el oso que baila.»

Hubo días en los que me volvía medio loco, hastiado del estricto régimen del programa de encuentros públicos, entrevistas, fotos y recaudación de fondos; me levantaba y me marchaba de pronto, desesperado por buscar unos buenos tacos o seguir el bullicio de un concierto al aire libre que sonaba cerca, lo que obligaba a los agentes a salir en desbandada para alcanzarme, susurrando a los micrófonos que llevaban en la muñeca: «Renegado en movimiento».

«¡El oso anda suelto!», gritaban Reggie y Marvin divertidos con aquellas situaciones.

Pero cuando llegó el invierno de 2008, esas excursiones espontáneas ya sucedían cada vez menos. Sabía que la imprevisibilidad dificultaba el trabajo de mis agentes de seguridad. Y al fin y al cabo, los tacos no sabían tan bien como había imaginado cuando me veía rodeado por un círculo de agentes, sin mencionar las multitudes y los reporteros que rápidamente se arremolinaban en torno a mí cuando alguien me reconocía. Cada vez que tenía un respiro, prefería quedarme en mi habitación, leyendo, jugando a las cartas, mirando un partido de béisbol con la tele a bajo volumen.

Para alivio de sus guardianes, el oso se acabó acostumbrando al cautiverio.

A finales de febrero, habíamos conseguido lo que parecía una ventaja insuperable sobre Hillary en cuanto al número de delegados comprometidos. Pero entonces Plouffe, siempre precavido en sus valoraciones, llamó desde Chicago para decirme algo que de alguna manera yo ya sabía.

«Creo que estamos en condiciones de decir que, si jugamos bien nuestras cartas durante las próximas semanas, serás el candidato a presidente del Partido Demócrata.»

Cuando colgué, me senté a solas e intenté registrar mis emociones. Había algo de orgullo, supongo, la descarga de satisfacción que siente el montañista cuando mira atrás, hacia la escarpada superficie que acaba de superar. Aunque lo que sentí con más intensidad fue una especie de calma sin euforia ni alivio que se volvió más sobria ante el pensamiento de que las responsabilidades de gobierno ya no eran una posibilidad lejana. Cada vez con más frecuencia, Axe, Plouffe y yo nos veíamos discutiendo el programa de la campaña, porque yo insistía en que todas nuestras propuestas tenían que ser capaces de resistir un análisis exhaustivo, pero ya no tanto para defenderlas durante el periodo de elecciones (la experiencia me había demostrado que muy rara vez alguien prestaba especial atención a mis planes sobre reformas fiscales o regulaciones medioambientales) como por el hecho de que tal vez iba a tener que llevarlas realmente a la práctica.

Ese tipo de proyecciones sobre el futuro me habrían absorbido más tiempo de no ser por el hecho de que, a pesar de que las matemáticas ya demostraban que iba a ser el candidato, Hillary sencillamente no se daba por vencida.

Cualquier otra persona lo habría hecho. Se estaba quedando sin fondos. Su campaña atravesaba una tormenta política, algunas quejas de su equipo se habían filtrado a la prensa. La única oportunidad que le quedaba a Hillary de ganar la candidatura pasaba por convencer a los superdelegados —varios cientos de cargos demócratas electos y empleados del partido a quienes se les daba voto en la convención y podían emitirlo como quisieran— para que la eligieran en la convención del partido en agosto. Era como agarrarse a un clavo ardiendo, porque aunque Hillary había comenzado con una ventaja inicial holgada entre los superdelegados (que solían anunciar a quién iban a votar mucho antes de la convención), cada vez se habían ido comprometiendo más con nosotros, a medida que se había alargado la temporada de primarias.

Aun así ella no aflojaba, incluso aceptando su condición de no favorita. Su voz se volvió más apremiante, sobre todo cuando hablaba de las preocupaciones de la clase trabajadora, y ofrecía su decisión de hacer campaña hasta al final como prueba de lo duro que iba a batallar por las familias de Estados Unidos. Las siguientes votaciones eran en Texas y Ohio (estados con una población blanca de cierta edad y votantes hispanos que tendía a inclinarse a su favor), y Pensilvania siete semanas más tarde (un estado en el que también contaba con una ventaja saludable). Hillary aseguraba a todo el que la quisiera oír que tenía planes de llevar la contienda hasta el día de la convención.

«Es como un puto vampiro —se quejó Plouffe—, no hay forma de acabar con ella.»

Su tenacidad era admirable, pero mi compasión no iba más allá. El senador John McCain no iba a tardar en alzarse con la candidatura republicana, y aquellos dos o tres meses de amargas contiendas en las primarias demócratas le iban a dar una gran ventaja en los preparativos para las elecciones generales de noviembre. También implicaba que después de dieciocho meses de campaña ininterrumpida, nadie en mi equipo iba a poder tomarse un descanso significativo, lo que era una tragedia porque estábamos todos tirando de la reserva.

Tal vez eso explique por qué cometimos el único gran error táctico de nuestra campaña.

En lugar de fijarnos expectativas realistas y ceder Ohio para concentrar nuestros esfuerzos en Texas, decidimos ir a por el tiro de gracia e intentar ganar en ambas. Invertimos muchísimo en los dos estados. Durante una semana no paré de viajar de un lado a otro, de Dallas a Cleveland, Houston y Toledo, afónico y con los ojos inyectados en sangre, un aspecto un tanto alejado de un heraldo de la esperanza.

Nuestros esfuerzos tuvieron una modesta repercusión en las encuestas y sin embargo dieron crédito a la afirmación de la campaña Clinton de que, básicamente, una victoria suya en Texas y Ohio pondría a cero el marcador. Mientras tanto los periodistas expertos en política que veían en aquellas primarias tal vez mi última prueba antes de asegurar la candidatura, estaban ansiosos por sostener un drama que había demostrado ser la gallina de los huevos de oro para el índice de audiencia de las cadenas informativas por cable, y dieron mayor cobertura a los ataques de Hillary, incluyendo un anuncio en el que afirmaba que yo no estaba preparado para gestionar «una llamada a las tres de la madrugada» durante una crisis. Después de aquello, perdimos Ohio (de forma contundente) y Texas (por poco).

En el vuelo de regreso de San Antonio a Chicago tras las primarias, el equipo estaba de un humor sombrío. Michelle apenas dijo nada. Cuando Plouffe intentó aliviar las cosas anunciando que habíamos ganado en Vermont, lo único que consiguió fue que la gente se encogiera de hombros. Cuando otro propuso la teoría de que habíamos muerto y entrado al purgatorio, y que nuestro destino era debatir con Hillary por toda la eternidad, nadie sonrió. Se parecía demasiado a la realidad.

Los triunfos de Hillary no modificaron de forma significativa el número de delegados, pero sí le dieron el empuje necesario a su campaña para garantizar al menos dos meses más de amargas primarias. Los resultados también le dieron nuevas armas para unos argumentos que al parecer iban teniendo cada vez más adeptos entre la prensa: que yo no conectaba con los votantes blancos de clase trabajadora, que en el mejor de los casos los latinos sentían indiferencia por mí y que en unas elecciones tan importantes esas debilidades podían convertirme en un candidato demócrata demasiado arriesgado.

Solo una semana más tarde, yo mismo empecé a dudar si no tendrían razón.

Había pasado más de un año sin que pensara demasiado en mi pastor, el reverendo Jeremiah Wright, pero el 13 de marzo descubrimos al despertar que ABC News había recopilado una serie de vídeos cortos con fragmentos de discursos seleccionados de distintos años, y lo habían editado hábilmente para que ocupara un tramo de dos minutos en *Good Morning America*. Allí salía el reverendo Jeremiah Wright refiriéndose a Estados Unidos como «los Estados Unidos del Ku Klux Klan». Y salía también el reverendo Wright diciendo: «Nada de Dios *bendice* a Estados Unidos. Dios *maldice* a Estados Unidos». Allí estaba el reverendo Wright, a todo color, diciendo que la tragedia del 11 de septiembre tal vez podía explicarse en parte por nuestra historia de intervenciones militares y nuestra violencia gratuita en el extranjero, como queriendo decir «Estados Unidos... al final todo se paga». El vídeo estaba editado sin contexto ni historia. En realidad, no podría haber ilustrado con mayor claridad el radicalismo negro, ni ofrecer un instrumento quirúrgico más efectivo para ofender al estadounidense medio. Era una especie de delirio de Roger Ailes.

Pocas horas después de su primera emisión, el vídeo ya circulaba por todas partes. Para mi equipo de campaña fue como si un torpedo nos hubiese atravesado el casco. Emití un comunicado contundente en el que censuraba los sentimientos que se expresaban en el vídeo, al tiempo que también dejaba claro el gran trabajo que tanto el reverendo Wright como la iglesia Trinity habían hecho en Chicago. Al día siguiente, asistí a una reunión previamente agendada con la junta editorial de dos periódicos y luego hice una ronda de entrevistas para canales de televisión, condenando en todas las ocasiones las opiniones expresadas en el vídeo. Pero ninguna reunión mía podía compensar el daño que se había hecho. La imagen del reverendo Wright siguió circulando por las pantallas de televisión, el parloteo en los canales continuó sin interrupción, y hasta Plouffe llegó a reconocer que tal vez no íbamos a sobrevivir a aquello.

Más tarde, Axe y Plouffe se culparon a sí mismos de no haber hecho que nuestros documentalistas consiguieran esos vídeos un año antes, tras el éxito del artículo en *Rolling Stone*, lo que nos habría dado más tiempo para elaborar un plan de control de daños. Pero yo sabía que la culpa caía enteramente sobre mí. Puede que no estuviera en la iglesia cuando sucedieron esos sermones ni oyera al reverendo Wright usar un lenguaje tan explosivo, pero conocía demasiado bien las ocasionales sacudidas de indignación dentro de la comunidad negra —mi comunidad— que canalizaba el reverendo Wright. En cuestiones de raza, yo *sabía* cuán distintas seguían siendo las perspectivas entre blancos y negros en Estados Unidos, al margen de lo mucho que tenían en común. Haber creído que podía ser un puente entre ambos mundos había sido pura soberbia por mi parte, la misma soberbia que me había llevado a asumir que podía entrar y salir de una institución tan compleja como la iglesia Trinity, encabezada por un hombre tan complejo como el reverendo Wright, y elegir, como si fuera un menú, solo lo que me gustaba. Tal vez podía hacer eso como ciudadano y en privado, pero no como una figura pública que se postulaba a la presidencia.

En cualquier caso, ya era demasiado tarde. Y si bien en la política, como en la vida, hay ciertos momentos en que la evasión, cuando no la misma fuga, es el mayor gesto de valentía, hay otros en que la única opción es armarse de valor y lanzar un órdago.

«Tengo que dar un discurso sobre la raza —le dije a Plouffe—. La única forma de lidiar con esto es dar un paso más y ubicar al reverendo Wright en algún tipo de contexto. Y tengo que hacerlo en los próximos días.»

El equipo se mostró escéptico. Teníamos la agenda de los próximos tres días abarrotada de eventos y sin tiempo real para dedicarle a lo que podía acabar siendo el discurso más significativo de la campaña. Pero no teníamos otra opción. Un sábado por la noche, tras un largo día de campaña en Indiana, me fui a casa en Chicago y me pasé una hora al teléfono con Favs dictándole el argumento que tenía en mente. Quería contar hasta qué punto el reverendo Wright y la iglesia Trinity eran representativos del legado racial de Estados Unidos, cómo las instituciones y los individuos que personificaban valores de fe y trabajo, familia y comunidad, educación y ascenso social, todavía podían albergar rencor y sentirse traicionados por un país al que amaban.

Pero tenía que hacer mucho más que eso. Había que explicar también la otra parte, por qué los blancos de Estados Unidos podían oponerse, y hasta ofenderse, ante los reclamos de injusticia por parte de los negros, por qué podían sentirse disgustados ante la suposición de que todos los blancos eran racistas, o que sus propios miedos o dificultades cotidianas eran menos legítimas.

Si no éramos capaces de reconocer la realidad del otro —quería sostener—, jamás podríamos resolver los problemas a los que se enfrentaba Estados Unidos. Y para dar a entender lo que significaba ese reconocimiento, pensaba incluir una historia que había contado en mi primer libro, pero que jamás había mencionado en un discurso político: el dolor y el desconcierto que había sufrido de adolescente, cuando Toot me relató el miedo que había sentido ante un mendigo en la parada de autobús; no solo porque se había comportado de modo agresivo, sino también porque era negro. Aquello no me hizo quererla menos, mi abuela formaba parte de mí de la misma manera que, indirectamente, también el reverendo Wright.

Y del mismo modo, ambos formaban parte de la familia estadounidense.

A punto de concluir la conversación con Favs, recordé la única ocasión en la que Toot y el reverendo Wright habían coincidido. Había sido en mi boda, el reverendo Wright había abrazado a mi madre y a mi abuela, y les había dicho que habían hecho un trabajo maravilloso con mi educación, que debían sentirse orgullosas. Toot sonrió como pocas veces la vi sonreír, y después le susurró a mi madre que el pastor parecía encantador, aunque más tarde se sintió un poco incómoda cuando en la ceremonia el reverendo Wright describió las obligaciones conyugales de los recién casados en unos términos mucho más explícitos de los que Toot había oído nunca en la iglesia metodista de su infancia.

Favs escribió el primer borrador, y durante las dos noches siguientes me quedé hasta tarde corrigiéndolo y reescribiéndolo, hasta que por fin lo terminé a las tres de la madrugada del día en el que lo tenía que leer. Marty, Valerie y Eric Whitaker, junto a Axe, Plouffe y Gibbs, se reunieron con Michelle y conmigo en la sala de espera del National Constitution Center de Filadelfia para desearme suerte.

—¿Cómo te sientes? —me preguntó Marty.

—Bien —contesté, y era cierto—. Supongo que si funciona, podremos dejar esto atrás. Si no, lo más probable es que perdamos. En cualquier caso, voy a decir lo que pienso.

Funcionó. Las emisoras retransmitieron el discurso en directo y, en veinticuatro horas, más de un millón de personas lo habían visto en internet; una cifra récord en aquel entonces. Las críticas de los expertos en política y editorialistas de los medios a lo largo del país fueron sólidas, y el efecto en los que estaban en la sala —Marty incluido, al que sacaron una foto con una lágrima enorme cayéndole por la mejilla— indicaba que había tocado una fibra sensible.

Pero la opinión más importante llegó aquella noche, cuando llamé a mi abuela en Hawái.

—Has dado un discurso muy bonito, Bar —me dijo—. Sé que no ha sido fácil.

—Gracias, Toot.

—Sabes que estoy muy orgullosa de ti, ¿verdad?

—Lo sé —contesté.

Solo después de colgar el teléfono dejé de aguantarme las ganas de llorar.

El discurso contuvo la hemorragia, pero el problema con el reverendo Wright había pasado factura, sobre todo en Pensilvania, donde los votantes demócratas eran mayores y más conservadores. Lo que nos evitó una caída libre fue el duro trabajo de nuestros voluntarios, la entrada de dinero por parte de pequeños donantes que nos permitió seguir emitiendo anuncios durante otras cuatro semanas, y la disposición de algunos políticos clave del estado que respondieron por mí ante sus bases de clase trabajadora blanca. Entre ellos resultó especialmente clave Bob Casey, el amable irlandés católico, hijo del anterior gobernador del estado y uno de mis colegas en el Senado. No sacaba nada en claro de todo aquello —Hillary tenía un apoyo más amplio y lo más probable era que ganara en el estado— y cuando el vídeo del reverendo Wright estalló en las noticias, él todavía no había anunciado su apoyo. Aun así, cuando llamé a Bob antes de dar el discurso y le ofrecí liberarle de su compromiso dado lo mucho que habían cambiado las circunstancias, él insistió en seguir adelante.

«Lo del reverendo Wright no ayuda —dijo riendo y quitándole importancia con elegancia—, pero sigo creyendo que eres la persona apropiada.»

Bob confirmó su apoyo con honradez y coraje, y me acompañó a hacer campaña durante más de una semana, de un lado a otro por toda Pensilvania. Poco a poco nuestros números en las encuestas volvieron a estar en alza. Y aunque sabíamos que no teníamos posibilidades de ganar, pensábamos que podíamos perder por solo tres o cuatro puntos.

Y fue entonces, justo entonces, cuando cometí el peor error de la campaña.

Habíamos volado a San Francisco para una gala de recaudación de fondos a gran escala, el tipo de actos en los que por lo general me sentía más bien intimidado. Se realizaba en una casa elegante, con una larga cola para las fotos y había aperitivos de setas shitake y donantes ricos. La mayoría eran fantásticos y generosos uno a uno, pero en grupo cumplían a la perfección con el estereotipo del liberal de la Costa Oeste que se queda tomando copas hasta las tantas y conduce un Prius. Ya entrada la noche, durante la obligatoria ronda de preguntas, alguien me pidió que explicara por qué pensaba que tantos electores de clase trabajadora en Pensilvania seguían votando en contra de sus propios intereses y elegían a republicanos.

Me habían hecho esa misma pregunta, con distintas variantes, un millón de veces. Por lo general no me costaba responder que la mezcla de ansiedad económica, frustración ante un Estado federal aparentemente indiferente y una legítima diferencia en temas sociales como el aborto, empujaban a los votantes a las filas republicanas. Ya fuera porque estaba mental y físicamente exhausto, o porque sencillamente estaba impaciente, la respuesta no me salió de ese modo.

—Cuando vas a uno de esos pequeños pueblos de Pensilvania —dije—, igual que a muchos otros pueblos pequeños del Medio Oeste, ves que los puestos de trabajo han ido desapareciendo durante los últimos veinticinco años y que nada los ha reemplazado. Cayeron durante la Administración Clinton y durante la Administración Bush, y sucesivamente todas las administraciones han dicho que iban a revitalizar esas comunidades de alguna manera, pero nunca lo han hecho.

Hasta ahí, todo bien. Pero entonces agregué:

—No es nada sorprendente que estén resentidos, que se aferren a las armas o a la religión, que sientan antipatía hacia quienes no son como ellos, o tengan sentimientos antinmigración o anticomercio como maneras de expresar su frustración.

Puedo reproducir la cita exacta aquí porque entre el público aquella noche se encontraba una escritora independiente que me estaba grabando. En su opinión, mis palabras eran arriesgadas porque reforzaban los estereotipos negativos que algunos californianos tenían sobre los votantes blancos de clase trabajadora y, por lo tanto, le pareció que valía la pena escribirlo en un blog del *Huffington Post*. (Una decisión, por cierto, que respeto, aunque me habría encantado que me hubiera contactado antes de redactar la noticia. Eso es lo que distingue a los escritores liberales de sus colegas conservadores: la disposición a despellejar a políticos de su propio bando.)

Aún hoy me gustaría regresar a aquella frase y hacer unas pocas y sencillas correcciones: «No es nada sorprendente que estén frustrados —diría en la versión revisada— y recurran a las costumbres y al estilo de vida que han sido las constantes en su vida, ya sea la fe, la caza o el trabajo obrero, o a ideas más tradicionales de familia y comunidad. Cuando los republicanos les dicen que los demócratas despreciamos todo eso —o cuando nosotros mismos les damos motivos para que lo crean— entonces ni las mejores políticas del mundo pueden importarles mucho».

Eso era lo que pensaba. Y esa era la razón por la que me habían elegido algunos votantes blancos de las zonas rurales del sur del estado de Illinois y de Iowa: porque percibían que, a pesar de que no estábamos de acuerdo en cuestiones como el aborto o la inmigración, en términos generales yo los respetaba y me preocupaba por ellos. En cierto modo, me resultaban mucho más familiares que las personas con las que había hablado aquella noche en San Francisco.

Y aún le sigo dando vueltas a esa serie de palabras pésimamente elegidas. No fue solo porque nos sometieran a una nueva ronda de golpes a manos de la prensa y de la campaña Clinton —aunque eso no fue particularmente divertido—, sino porque las palabras acabaron teniendo una larga vida después. Las expresiones «resentidos» y «se aferran a las armas o a la religión» se recordaron con facilidad, como el estribillo de una canción pop, y siguieron citándolas ya muy avanzada mi presidencia como prueba de que no era capaz de comprender o de llegar a la clase trabajadora blanca, ni siquiera cuando mis opiniones y políticas demostraban con mucho lo contrario.

Tal vez esté exagerando las consecuencias de esa noche. Tal vez las cosas tenían que suceder de la manera en que ocurrieron, lo que me fastidia es el simple hecho de haber metido la pata y sigue sin gustarme que me malinterpretaran. Quizá estoy molesto por la enorme atención y delicadeza con la que se ha de enunciar hasta lo más obvio: que es posible comprender y empatizar con esas frustraciones de los votantes blancos sin negar la facilidad con la que, a lo largo de la historia de Estados Unidos, los políticos han redirigido las frustraciones acerca de la situación económica y social de los blancos hacia los negros y los mestizos.

Una cosa es segura. Los efectos colaterales de mi gaffe aquella noche le dieron a mi inquisidora en San Francisco una mejor respuesta de lo que cualquier réplica verbal mía le habría dado.

Nos arrastramos durante el resto de la campaña en Pensilvania. El debate final fue en Filadelfia, un acto despiadado que consistió casi exclusivamente en preguntas sobre pines de banderas, reverendos Wright y los «resentidos». Tras haber hecho campaña por todo el estado, una Hillary fortalecida manifestó un aprecio recién descubierto por el derecho a las armas: la llamé Annie Oakley. Perdimos por nueve puntos.

Igual que había sucedido en las primarias de Ohio y Texas, el resultado no tuvo un gran impacto en nuestra ventaja de delegados. Pero nadie podía negar que habíamos recibido un duro golpe. Los expertos políticos especulaban que si los resultados de las dos siguientes contiendas (Indiana, donde Hillary tenía una sólida ventaja, y Carolina del Norte, donde nosotros éramos claramente favoritos) mostraban demasiado desgaste en nuestros apoyos, los superdelegados podían empezar a huir, lo cual le daría a Hillary la oportunidad de arrebatarnos la candidatura.

Esa clase de comentarios empezaron a sonar cada vez con más fuerza cuando unos días más tarde Jeremiah Wright decidió hacer una ronda de apariciones públicas.

Tras la emisión del vídeo, solo había hablado en una ocasión con él para hacerle saber lo mucho que me oponía a lo que había dicho, pero también para decirle que quería protegerlo a él y a la iglesia de repercusiones posteriores. No recuerdo los detalles, solo que la conversación fue dolorosa y breve, sus preguntas llenas de dolor. ¿Acaso alguno de esos supuestos periodistas se había tomado la molestia de escuchar el sermón completo?, me preguntó. ¿Cómo podían editar caprichosamente el trabajo de toda una vida y reducirlo a dos minutos? Escuché cómo se defendía aquel hombre orgulloso, pero solo fui capaz de imaginar su desconcierto. Había sido un orador muy solicitado por las universidades y seminarios más importantes de Estados Unidos, el pilar de su comunidad, una luminaria no solo entre las iglesias de los negros sino también en muchas de blancos. Y de pronto, en apenas un instante, se había convertido en un objeto nacional de aprensión y escarnio.

Yo sentía verdaderos remordimientos porque sabía que todo aquello le había sucedido por estar vinculado a mi figura. Era un daño colateral en una batalla en la que no había elegido participar. Pero no tenía manera de aliviar sus heridas de forma significativa, y cuando le hice la práctica —aunque evidentemente egoísta— sugerencia de que mantuviera un perfil bajo durante un tiempo y dejara que las cosas cayeran en el olvido, me di cuenta de que se lo había tomado como una nueva ofensa.

Cuando se anunció que el reverendo Wright iba a dar una entrevista en el programa de Bill Moyers, y luego un discurso inaugural en la cena de la NAACP en Detroit, y más tarde iba a aparecer en el National Press Club de Washington, justo antes de las primarias en Indiana y Carolina del Norte a principios de mayo, me preparé para lo peor. Aun así, las primeras dos apariciones resultaron llamativas sobre todo por su control; el reverendo se mostró más como un teólogo y un predicador que como un provocador.

Pero, en el National Press Club, el dique se quebró. Ante el bombardeo de preguntas de la prensa política y nervioso por su negativa a considerar sus respuestas, el reverendo Wright dio rienda suelta a la bronca del siglo, y se puso a gesticular como si fuera un predicador ambulante, con el brillo de su justa ira en los ojos. Aseguró que Estados Unidos era racista hasta el tuétano y llegó a sugerir que el Gobierno estaba tras la epidemia de sida. Elogió al líder de la organización Nación del Islam, Louis Farrakhan. Aseguró que todos los ataques hacia él tenían una motivación racial, y desestimó mi oposición a sus declaraciones anteriores diciendo sencillamente que era «lo que hacen los políticos» cuando quieren ser elegidos.

O, como dijo Marty más tarde, «seguía dando por culo con el tema del gueto».

Me perdí la transmisión en directo, pero al verla después, supe lo que tenía que hacer. La tarde siguiente, me encontraba sentado en un banco en el vestuario de una escuela de secundaria en Winston-Salem, Carolina del Norte, junto a Gibbs, mirando unas paredes pintadas de verde industrial, con el olor rancio de las equipaciones de fútbol americano flotando alrededor, esperando para dar un comunicado de prensa que iba a poner fin a la relación con alguien cuyo papel, aunque pequeño, había sido importante a la hora de convertirme en el hombre que era; alguien cuyas palabras alguna vez habían servido como eslóganes para el discurso que me había puesto en la escena nacional; alguien que, a pesar de todos sus inexcusables puntos ciegos, siempre me había brindado su amabilidad y apoyo.

—¿Estás bien? —me preguntó Gibbs.

—Sí.

—No debe ser nada fácil.

Asentí, conmovido por la preocupación de Gibbs. No era nada habitual entre nosotros reconocer lo presionados que estábamos. Antes que nada, Gibbs era un guerrero, y en segundo lugar un bromista, y cuando estábamos de gira por lo general preferíamos la cháchara fácil y un liviano sentido del humor. Pero tal vez porque había crecido en Alabama, comprendía mejor que nadie las complicaciones de la raza, la religión y la familia, y cómo lo bueno y lo malo, el amor y el odio, podían mezclarse irremediablemente en un mismo corazón.

—Sabes, tal vez Hillary no está equivocada —dije.

—¿En qué?

—En que tal vez soy una mercancía dañada. A veces pienso en eso, en que se supone que esto no tiene que ver con mis propias ambiciones. Se supone que es para mejorar el país —le dije—. Si el pueblo de Estados Unidos no puede superar lo de Wright y me abro paso a la nominación dando tumbos, pero después pierdo las generales, ¿de qué habrá servido?

Gibbs apoyó la mano en mi hombro.

—No vas a perder —dijo—. La gente busca algo real, y lo han visto en ti. Dejemos esta mierda atrás de una vez y para siempre, así podremos recordarles de nuevo por qué tienes que ser tú el próximo presidente.

Aquel breve comunicado en el que claramente me opuse y marqué mi distancia con el reverendo Wright, cumplió su objetivo. Si bien no apaciguó del todo las preocupaciones de los votantes, al menos convenció a los periodistas de que no tenía nada más que decir sobre el asunto. De regreso a la campaña electoral, nos concentramos en la atención sanitaria, el empleo, la guerra en Irak, inseguros sobre cómo se iban a jugar las cartas.

Y entonces recibimos un poco de ayuda de un bando inesperado.

Durante la primavera de 2008, los precios de la gasolina se habían disparado por las nubes, sobre todo como consecuencia de numerosos cortes en los suministros. Nada ponía a los votantes de peor humor que la subida del precio de la gasolina, y ansioso por tomar la delantera en el tema, John McCain había propuesto una suspensión temporal del impuesto federal a la gasolina. Hillary apoyó la idea de inmediato, y el equipo me preguntó qué quería hacer yo.

Les dije que estaba en contra. Aunque tenía cierto atractivo superficial, sabía que iba a ser una sangría para el fondo federal de carreteras, ya de por sí bastante mermado, lo que iba a implicar menos proyectos de infraestructura y trabajo. Dada mi experiencia como senador por el estado de Illinois, donde había votado en una ocasión a favor de una propuesta similar, estaba seguro de que los consumidores no iban a percibir demasiados beneficios. De hecho, los dueños de las gasolineras estaban tan dispuestos a mantener los precios altos y aumentar sus propias ganancias como a hacerles pagar ese ahorro de tres céntimos por galón a los conductores.

Un poco para mi sorpresa, Plouffe y Axe estuvieron de acuerdo. De hecho, Axe sugirió que destacáramos mi oposición como prueba de lo decidido que estaba a ser sincero con los votantes. Al día siguiente, me planté en una gasolinera y expliqué mi postura delante de un grupo de reporteros, comparando lo que consideraba una política energética seria y a largo plazo con la típica solución al estilo Washington que proponían tanto McCain como Hillary. Dije que era un poco la típica pose política, diseñada para dar la impresión de acción pero que no resolvía verdaderamente el problema. Más tarde, cuando Hillary y McCain intentaron retratarme como alguien que ha perdido el contacto con la realidad, indiferente a lo que unos cientos de dólares podían significar para las familias trabajadoras estadounidenses, doblamos la apuesta, grabamos un anuncio para la televisión hablando del tema y lo emitimos sin parar por todo Indiana y Carolina del Norte.

Fue uno de los momentos en que nos sentimos más orgullosos, habíamos asumido una postura difícil que no iba generar ningún beneficio en las encuestas y en contra de algunos especialistas que pensaban que estábamos locos. En los datos de los sondeos empezamos a ver signos de que los votantes compraban nuestro argumento, aunque llegados a ese punto ninguno de nosotros —ni siquiera Plouffe— confiaba realmente en los datos. Igual que un paciente que espera los resultados de una biopsia, la posibilidad de un resultado negativo sobrevolaba la campaña.

La noche anterior a las primarias, hicimos un mitin en Indianápolis con un espectáculo en vivo de Stevie Wonder. Cuando terminé mi discurso, Valerie, Marty, Eric y yo nos instalamos en una pequeña habitación, disfrutamos de la música, tomamos unas cervezas y cenamos pollo frío.

Estábamos pensativos, recordamos las alegrías de Iowa, la angustia de New Hampshire, los voluntarios a los que habíamos conocido y los nuevos amigos que habíamos hecho. Al final alguien mencionó la aparición del reverendo Wright en el National Press Club, y Marty y Eric empezaron a turnarse para representar las frases más atroces. Ya fuera un signo de agotamiento, o de ansiedad anticipada por la jornada de votación del día siguiente, o porque sencillamente reconocíamos lo absurdas que eran nuestras circunstancias —cuatro amigos de toda la vida, afroamericanos del sur de Chicago, comiendo pollo y escuchando a Stevie Wonder mientras esperaban para ver si uno de ellos se convertía en el candidato demócrata a la presidencia de Estados Unidos— nos pusimos a reír sin parar, con ese tipo de carcajada profunda que provoca las lágrimas y hace que te caigas de la silla, y que en realidad es prima hermana de la desesperación.

Entonces entró Axe con un aspecto desolado.

—¿Qué pasa? —le pregunté todavía riendo mientras trataba de recuperar el aliento.

Axe negó con la cabeza.

—Acabo de recibir nuestras cifras de esta noche... vamos doce puntos por debajo en Indiana. No creo que lo consigamos.

Por un instante todo el mundo se quedó callado. Yo le dije entonces:

—Axe, te quiero, pero eres un bajón. Coge algo para beber y siéntate con nosotros, o lárgate de aquí.

Axe se encogió de hombros y se marchó, llevándose sus preocupaciones con él. Miré a mis amigos y alcé la cerveza para proponer un brindis.

—Por la audacia de la esperanza —dije.

Brindamos con nuestros botellines y seguimos riendo tan fuerte como antes.

Gibbs me leyó los resultados de las elecciones veinticuatro horas más tarde, en una habitación de hotel en Raleigh. Habíamos ganado en Carolina del Norte por catorce puntos. Pero lo que era aún más sorprendente es que habíamos conseguido un eficaz empate en Indiana, donde habíamos perdido apenas por unos miles de votos. Quedaban otras seis disputas antes del cierre oficial de la temporada de primarias demócratas, y faltaban algunas semanas para que Hillary diera su postergado aunque amable discurso de resignación donde me daba su apoyo, pero lo que demostraban los resultados de aquella noche era que básicamente la carrera había terminado.

Iba a ser el candidato demócrata a la presidencia de Estados Unidos.

En el discurso de aquella noche comencé a tratar el tema de las elecciones generales, consciente de que no podíamos perder ni un minuto, y le dije al público que confiaba en que los demócratas se unieran para impedir que John McCain continuara con el legado de George W. Bush. Pasé un buen rato con Axe hablando de posibles compañeros para la candidatura, y luego llamé a Toot para contarle la noticia. («Realmente es algo importante, Bar», me dijo.) Bien pasada la medianoche, llamé a Plouffe a nuestra sede central en Chicago y juntos repasamos lo que teníamos que hacer para prepararnos para la convención, faltaban menos de tres meses.

Más tarde, en la cama e incapaz de dormir, hice un repaso general en silencio. Pensé en Michelle, que había aguantado mis ausencias, se había mantenido al frente del hogar y había superado sus reticencias a la política para convertirse en una persona efectiva e intrépida en la campaña. Pensé en mis hijas, que seguían siendo tan alegres, adorables y cautivadoras como siempre, incluso cuando me pasaba una semana entera sin verlas. Pensé en el talento y el enfoque de Axe y de Plouffe, y del resto del equipo sénior, que nunca habían dado la menor impresión de estar haciendo lo que hacían por dinero o por poder, y como frente a una presión constante se habían mostrado leales no solo a mí y entre ellos, sino a la idea de que Estados Unidos fuera un país mejor. Pensé en amigos como Valerie, Marty y Eric, que compartían mis alegrías y aliviaban mi carga en cada paso, sin pedir nada a cambio. Y en los jóvenes activistas de campaña y voluntarios que habían hecho frente al mal tiempo sin vacilar, a los votantes escépticos y a los tropiezos de su candidato.

Había pedido algo muy difícil a los estadounidenses: que depositaran su confianza en un joven e inexperto recién llegado. No solo un hombre negro, sino alguien cuyo propio nombre evocaba una historia de vida que parecía extraña. En repetidas ocasiones les había dado motivos para no apoyarme. Había habido debates irregulares, posicionamientos poco convencionales, meteduras de pata y hasta un pastor que había maldecido a los Estados Unidos de América. Y me había medido con una contrincante que había probado tanto su capacidad como su enterez.

A pesar de todo, me habían dado una oportunidad. En medio del ruido y el parloteo del circo político habían atendido a mi llamada para hacer algo distinto. Incluso a pesar de no haber dado en todo momento lo mejor de mí, ellos habían sabido ver qué era lo mejor que les podía ofrecer: una voz que insistía en que, a pesar de nuestras diferencias, nos mantuviéramos unidos como un solo pueblo, y que juntos, los hombres y las mujeres de buena voluntad podíamos encontrar el camino hacia un futuro mejor.

Me prometí no decepcionarles.

8

Al comienzo del verano de 2008, el primer objetivo de nuestra campaña era unificar el Partido Demócrata. Las prolongadas y traumáticas primarias habían instaurado rencores entre el equipo de Hillary y el mío, y algunos de sus más fervientes partidarios amenazaban con negarme su apoyo si no la incluía en la candidatura.

Sin embargo, a pesar de las especulaciones en los medios sobre una posible brecha irreparable, nuestra primera reunión tras las primarias, que se llevó a cabo a principios de junio en Washington, en casa de nuestra colega, la senadora Dianne Feinstein, resultó ser cortés y profesional, relajada. Al principio ella se vio obligada a sacarse algunas espinas que llevaba clavadas, relacionadas sobre todo con lo que según ella habían sido ataques injustos por parte de mi campaña. Como ganador, me vi obligado a guardarme mis propias quejas, pero no nos llevó demasiado tiempo aclarar las cosas. En resumidas cuentas, ella quería colaborar; por el bien del Partido Demócrata, y por el bien del país.

Puede que también le ayudara percibir mi sincera admiración. A pesar de que había decidido que en última instancia incluirla en la candidatura iba a generar demasiadas complicaciones (como la incomodidad de tener a un expresidente dando vueltas por el Ala Oeste sin una cartera asignada), estaba pensando en un papel distinto para ella en la Administración Obama. No era capaz de decir qué pensaba Hillary de mí. Pero si albergaba alguna duda sobre mi capacidad para enfrentarme a la tarea que tenía por delante, se la guardó para ella. Desde nuestra primera aparición pública juntos unas semanas más tarde, en un pequeño pueblo de New Hampshire llamado Unity (cursi, pero efectivo), hasta el final de la campaña, tanto ella como Bill hicieron todo lo que les pedimos siempre con energía y una sonrisa.

Con Hillary a bordo, el equipo y yo nos pusimos a trabajar en el diseño de nuestra estrategia electoral más amplia. Al igual que las primarias y las designaciones de candidatos, las elecciones presidenciales son como un enorme rompecabezas matemático. ¿Qué combinación de estados hay que ganar para conseguir el requisito de los doscientos setenta votos electorales? Durante al menos veinte años, los candidatos de los dos partidos habían respondido de la misma forma: dando por descontado que la mayoría de los estados eran invariablemente republicanos o demócratas, y concentrando todo su tiempo y dinero en el puñado de estados que constituían enormes campos de batalla, como Ohio, Florida, Pensilvania y Michigan.

Plouffe tenía una idea distinta. Una de las felices consecuencias de nuestras interminables primarias era que habíamos hecho campaña hasta en el último rincón del país. En muchos estados que a lo largo de la historia los demócratas habían ignorado, teníamos voluntarios experimentados en el combate. ¿Por qué no usábamos esa ventaja para competir en territorios tradicionalmente republicanos? Basándose en los datos, Plouffe estaba convencido de que podíamos ganar en estados del Oeste como Colorado y Nevada, y con un fuerte aumento en la participación de las minorías y de los votantes jóvenes, creía que incluso teníamos alguna oportunidad en Carolina del Norte (un estado en el que ningún demócrata había ganado una elección presidencial desde Jimmy Carter en 1976) y Virginia (donde no había ganado ningún demócrata desde Lyndon Johnson en 1964). Ampliar el mapa electoral nos mostraría caminos más variados hacia la victoria, sostenía Plouffe, y también ayudaría a los candidatos demócratas con menos votos. Como mínimo, obligaría a John McCain y al Partido Republicano a gastar recursos en apuntalar sus flancos más vulnerables.

Entre los varios republicanos que habían competido por la candidatura a la presidencia, me parecía que McCain era el que más se merecía el premio. Antes de ir a Washington le había admirado de lejos, no solo por sus servicios como piloto de la Marina y por el inmenso valor que había mostrado durante los desgarradores cinco años y medio que había pasado como prisionero de guerra, sino por como había manejado su campaña a la presidencia en el 2000, su sensibilidad inconformista y su disposición para oponerse a la ortodoxia del Partido Republicano en temas como la inmigración y el cambio climático. Aunque no tuvimos mucho contacto en el Senado, siempre me parecía divertido y perspicaz, ágil a la hora de señalar las pretensiones e hipocresías de ambas partes. Le gustaba ser el predilecto de la prensa acreditada («mi circunscripción» la llamó en cierta ocasión) y jamás perdía la oportunidad de salir en los programas de noticias de los domingos por la mañana.

Entre sus colegas, tenía fama de ser volátil, pero también de acabar rápidamente con las pequeñas discrepancias, con su pálido rostro enrojecido y su aflautada voz elevándose en cuanto percibía el primer signo de desprecio. Con todo, no era dogmático. Respetaba no solo las costumbres del Senado sino nuestras instituciones de gobierno y nuestra democracia. Jamás le vi exhibir ese proteccionismo nativista teñido de racismo que muchas veces tenían otros políticos republicanos, y en más de una ocasión vi en él gestos de verdadero coraje político.

En una ocasión en la que estábamos los dos de pie en el foso del Senado esperando para votar, John me confesó que no podía soportar a algunos «locos» de su propio partido. Yo sabía que eso formaba parte de su estrategia; apelar en privado a la sensibilidad de los demócratas, para luego votar con su grupo el 90 por ciento de las veces. Pero el desprecio que mostraba por la facción de extrema derecha de su partido no era una actuación. Y en un contexto cada vez más polarizado, el equivalente político a una guerra santa, las discretas herejías de McCain, su rechazo a manifestarse a favor de la verdadera fe, tenían un alto coste. Los «locos» de su partido no confiaban en él, lo consideraban un «RINO» (*Republican in Name Only*), un republicano solo de nombre al que la banda de Rush Limbaugh atacaba con frecuencia.

Desafortunadamente para McCain, fueron precisamente estas voces de extrema derecha, no los republicanos favorables a los negocios, de opiniones fuertes en cuestiones de defensa y moderados en cuestiones sociales a los que apelaba McCain y con los que se sentía más cómodo, los que con mayor probabilidad votaran en las primarias. Mientras avanzaban las primarias republicanas y McCain trataba de ganarse el favor de las mismas personas que aseguraba despreciar —fue abandonando cualquier pretensión de rectitud fiscal mostrándose a favor de recortes incluso mayores que los de Bush y contra los que él mismo había votado en alguna ocasión, y evitaba asumir una postura sobre el cambio climático para poder apoyar los combustibles fósiles— me pareció que en su interior se estaba produciendo un cambio. Parecía dolorido, indeciso: el que había sido una vez un guerrero alegre, impertinente, se había convertido en un hosco empleado de Washington atado a un presidente en ejercicio con una aprobación de en torno al 30 por ciento y una guerra extremadamente impopular.

No estaba seguro de poder vencer a la versión de John McCain del año 2000, pero cada día me sentía más confiado de que podía vencer a su versión de 2008.

No estoy diciendo que pensara que fuera a ser fácil. En una contienda contra un héroe de Estados Unidos, las elecciones no se iban a definir solo por los asuntos a tratar. Sospechábamos que la cuestión central iba a girar en torno a si la mayoría de votantes podían sentirse cómodos con la idea de que un senador joven, inexperto y afroamericano —que nunca había formado parte de las fuerzas militares, ni siquiera del poder ejecutivo— pudiera cumplir el papel de comandante en jefe.

Sabía que si quería ganarme la confianza de los estadounidenses en este frente, tenía que hablar desde una posición lo más informada posible, sobre todo en lo que tenía que ver con el papel de la nación en Irak y Afganistán. Por ese motivo, solo unas semanas después de cerrar la candidatura, decidimos que me iba a embarcar en un viaje de nueve días al extranjero. La agenda era brutal: además de una breve parada en Kuwait y tres días en el terreno en Irak y Afganistán, iba a reunirme con los líderes de Israel, Jordania, Reino Unido y Francia, además de dar un discurso en Berlín sobre nuestras principales posturas en política exterior. Si conseguíamos realizar un viaje exitoso, no solo disiparíamos las preocupaciones que algunos votantes podían tener sobre mi capacidad para actuar de manera efectiva en un escenario mundial, sino que también pondría de relieve —en un momento en que los votantes se sentían profundamente perturbados por las tensas alianzas de los años de Bush— el aspecto que tendría una nueva etapa de liderazgo estadounidense.

Por supuesto, con la prensa política buscando objeciones triviales a cada uno de mis movimientos, había grandes probabilidades de que algo saliera mal. Cualquier simple error podía reforzar la idea de que no estaba listo para el desafío y hundir nuestra campaña. Mi equipo llegó a la conclusión de que valía la pena arriesgarse.

«Va a ser como caminar por la cuerda floja sin red —dijo Plouffe—, y eso si estamos finos.»

Apunté que el que se la iba jugar allí arriba era «yo» y no «nosotros», pero me marché de Washington de buen ánimo, ansioso por viajar al extranjero tras haber pasado un año y medio rompiéndome la espalda en la campaña.

En Afganistán e Irak se me unieron dos de mis colegas favoritos, Hagel y Reed. Ambos eran expertos en política exterior. Chuck era un miembro de alto rango del Comité de Asuntos Exteriores del Senado y Jack ocupaba un lugar en el Comité de Asuntos Armados. En cuanto a sus personalidades, no podían ser más distintos entre ellos. Jack, un demócrata liberal de Rhode Island, era de constitución ligera, estudioso y discreto. Graduado con orgullo en la Academia Militar de West Point, había sido uno de los pocos que había votado en contra de la guerra de Irak. Chuck, un conservador republicano de Nebraska ancho de hombros, expansivo y siempre bienhumorado, era un veterano de Vietnam con dos Corazones Púrpura y había votado a favor de la guerra en Irak. Lo que ambos compartían era un inquebrantable respeto por las fuerzas militares estadounidenses y la postura de un uso prudente del poder de Estados Unidos. Y sin embargo, casi seis años después, sus posturas coincidían y eran dos de los críticos más acérrimos y creíbles de la guerra. La presencia de ambos partidos en el viaje ayudaba a desviar las críticas de un intento de maniobra electoral. Y la disposición de Chuck no solo a viajar conmigo sino también a elogiar aspectos de mi política exterior, a solo cuatro meses de las elecciones, fue un gesto audaz y generoso.

Un sábado de mediados de julio, aterrizamos en la Base Aérea de Bagram, un emplazamiento de ocho kilómetros cuadrados al norte de Kabul frente a los irregulares picos del Hindú Kush. Bagram era la mayor base militar estadounidense en Afganistán. Las noticias que nos llegaban del país no eran buenas: el colapso de Irak a manos de la violencia sectaria y la decisión de la Administración Bush de reforzar nuestra presencia allí con un permanente aumento de topas, había desviado los fondos de las capacidades militares y de inteligencia fuera de Afganistán. En 2008 teníamos cinco veces más tropas en Irak que en Afganistán, donde los insurgentes islamistas suníes que habíamos estado combatiendo desde 2001 estaban a la ofensiva. Durante aquel verano las bajas mensuales estadounidenses en Afganistán fueron mayores que las de Irak.

Como siempre, los militares estaban haciendo lo que podían para lograr avances ante una situación difícil. El nuevo comandante de las fuerzas de coalición, el general Dave McKiernan, reunió a su equipo para informarles sobre los pasos que estaban dando para obligar a retroceder los bastiones de los talibanes. Al día siguiente, mientras cenábamos en el comedor de la sede central de la coalición en Kabul, escuchamos a un grupo de soldados que nos contaron su misión con orgullo y entusiasmo. Al escuchar cómo aquellos hombres y mujeres jóvenes —la mayoría había terminado la secundaria hacía solo unos años— hablaban con fervor de construir carreteras y escuelas, de entrenar a soldados afganos o de cómo se veían obligados a interrumpir su trabajo o a dejarlo inacabado por falta de personal o de recursos. Con una mezcla de humildad y frustración, les prometí que iba a conseguirles más ayuda si tenía la oportunidad.

Pasamos la noche en la fortificada embajada de Estados Unidos y por la mañana nos trasladamos a la imponente residencia del siglo XIX del presidente Hamid Karzai. En la década de 1970, Kabul no era una ciudad muy distinta a las capitales de otros países en desarrollo, pobre en sus suburbios, pero pacífica y próspera, llena de hoteles elegantes, conciertos de rock y estudiantes universitarios que querían modernizar el país. Karzai y sus ministros eran resultado de aquella época, muchos habían huido a Europa o a Estados Unidos durante la invasión soviética que comenzó en 1979 o a mediados de los noventa, cuando los talibanes se hicieron con el control. Después de tomar la ciudad, Estados Unidos había llevado de vuelta e instaurado en el poder a Karzai y sus ministros; expatriados funcionarios que esperábamos que sirvieran como la cara de un nuevo orden afgano, uno no militante. Con su inglés impecable y su ropa elegante, Karzai y sus ministros cumplieron con el papel, y mientras nuestra comitiva cenaba un banquete de platos típicos afganos, ellos hicieron todo lo posible por convencernos de que era posible un Afganistán moderno, tolerante y autosuficiente, siempre y cuando siguieran llegando el dinero y las tropas estadounidenses.

Habría creído en las palabras de Karzai si no hubiese sido por los informes de una corrupción desenfrenada y una pésima gestión de su Gobierno. Gran parte del campo afgano seguía fuera del control de Kabul y Karzai rara vez se atrevía a salir, para conservar su poder confiaba no solo en nuestro ejército, sino también en un mosaico de alianzas con caudillos militares locales. Aquel mismo día pensé en su aparente aislamiento cuando un par de helicópteros Black Hawk nos trasladaron sobrevolando el terreno montañoso hacia la base de operaciones avanzada cerca de Helmand, en la meseta sur de Afganistán. Las pequeñas aldeas de adobe y madera que veíamos desde el aire se fusionaban a la perfección con las formaciones rocosas de tinte parduzco, alguna carretera pavimentada o una línea eléctrica de cuando en cuando. Intenté imaginar qué pensaría la gente de allí abajo de los estadounidenses que estaban entre ellos o de su propio presidente en su lujoso palacio o hasta de la misma idea de una nación Estado llamada Afganistán. Nada muy bueno, sospeché. Trataban de sobrevivir sin más, sacudidos por fuerzas tan constantes e imprevisibles como los vientos. Y me pregunté qué hacía falta —más allá de la valentía y las habilidades militares, y a pesar de los programas escrupulosamente planeados desde Washington— para reconciliar las ideas estadounidenses de lo que debía ser Afganistán y aquel paisaje que durante siglos se había mostrado inmune a los cambios.

Esos pensamientos me acompañaron cuando dejamos Afganistán y nos dirigimos a Irak, pasando una noche en Kuwait. La tendencia había mejorado desde mi última visita a Irak. El aumento de las tropas norteamericanas, las elecciones del primer ministro chiita, Nuri al Maliki, certificadas a nivel internacional y el acuerdo negociado con los líderes de las tribus suníes en la provincia occidental de Anbar, habían revertido las consecuencias de algunas matanzas sectarias que había desatado la invasión estadounidense inicial y las posteriores chapuzas realizadas por hombres como Donald Rumsfeld y Paul Bremer. John McCain interpretaba ese éxito reciente como un signo de que estábamos ganando la batalla, y aseguraba que iba a continuar así siempre que mantuviéramos el ritmo y —en lo que se había convertido en un mantra entre los republicanos— «escucháramos a nuestros comandantes en el terreno».

Yo sacaba una conclusión distinta. Después de cinco años de dura intervención de Estados Unidos, con Sadam Husein muerto, ninguna evidencia de armas de destrucción masiva y un Gobierno en funciones elegido democráticamente, me pareció que había llegado el momento de planificar una retirada por etapas que se iría desarrollando con el tiempo necesario para poner en pie a las fuerzas de seguridad iraquíes y acabar con los últimos vestigios de Al Qaeda en Irak; garantizar el soporte militar, de inteligencia y financiero en curso; y llevar de vuelta a casa a nuestras tropas para devolver Irak a su pueblo.

Al igual que en Afganistán, tuvimos la oportunidad de charlar con las tropas y de visitar una base de operaciones avanzada en Anbar, antes de encontrarnos con el primer ministro Maliki. Era una figura severa, vagamente parecido a Nixon, con la cara alargada, barba de un día y una mirada evasiva. Tenía motivos para estar nervioso, su nuevo trabajo era tan difícil como peligroso. Trataba de equilibrar las demandas domésticas de facciones de poder chiita que lo habían llevado a la presidencia con la población sunita que había dominado al país con Sadam. Aparte, tenía que gestionar las presiones de sus benefactores estadounidenses y de los vecinos iraníes. Es más, los vínculos de Maliki con Irán, donde había vivido varios años durante su exilio, así como sus incómodas alianzas con ciertas milicias chiíes, lo habían convertido en anatema para Arabia Saudí y otros de nuestros aliados en la región del golfo Pérsico, lo que ponía de relieve hasta qué punto la invasión de Estados Unidos había fortalecido la posición estratégica de Irán.

Resultaba difícil saber si alguien en la Casa Blanca de la era Bush había analizado una consecuencia tan predecible antes de enviar tropas a Irak, pero de lo que no había duda era de que la Administración no estaba contenta con la situación en ese momento. En las conversaciones que tuve con varios diplomáticos y generales de alto rango me quedó claro que el interés de la Casa Blanca por mantener una gran presencia militar en Irak excedía los simples deseos de asegurar la estabilidad y reducir la violencia. Se trataba también de evitar que Irán sacara ventaja del desastre que habíamos organizado.

Dado que la cuestión estaba siendo dominante tanto en el Congreso como en la campaña, le pregunté a Maliki a través del intérprete si creía que Irak estaba listo para una retirada de tropas de Estados Unidos. A todos nos sorprendió su respuesta tajante: aunque manifestó un profundo agradecimiento por las acciones de las fuerzas de Estados Unidos y de Gran Bretaña, y esperaba que ayudáramos a pagar el adiestramiento y mantenimiento de las fuerzas iraquíes, coincidió conmigo en que era hora de establecer un calendario para la retirada de nuestras tropas.

Las motivaciones de Maliki para acelerar la retirada no estaban claras. ¿Lo hacía por un orgulloso nacionalismo? ¿Era un indicador de su simpatía proiraní? ¿O de su voluntad de consolidar su poder? En lo que concierne al debate político en Estados Unidos, la posición de Maliki tenía un significado claro. Una cosa era que la Casa Blanca o John McCain rechazaran mis peticiones de una retirada pautada tildándola de débil e irresponsable, una especie de «apaga y vámonos»; otra muy distinta era rechazar esa misma idea cuando venía de un líder iraquí.

Evidentemente, en aquel momento Maliki aún no tenía la última palabra en el país. Quien la tenía era el comandante de las fuerzas de coalición en Irak, el general David Petraeus, y mi conversación con él presagió algunos de los debates fundamentales sobre política exterior que tendría durante gran parte de mi mandato.

Esbelto y atlético, doctorado en Relaciones Internacionales y en Economía por la Universidad de Princeton, con una mentalidad disciplinada y analítica, a Petraeus se le consideraba el cerebro detrás de la mejora de nuestra situación en Irak y el individuo al que la Casa Blanca había encargado básicamente la estrategia. Viajamos juntos en helicóptero desde el aeropuerto de Bagdad hasta la fortificada Zona Verde, sin dejar de hablar. Lo más importante de nuestra conversación no saldría publicado en ninguna reseña de la prensa. Para mi equipo de campaña, con eso bastaba. Lo que les importaba eran las fotografías, mi imagen junto a un general de cuatro estrellas a bordo de un helicóptero Black Hawk, con casco y gafas de aviador, un joven y vigoroso contraste con la triste imagen de mi oponente republicano al que, por casualidad, habían retratado también ese mismo día: McCain en el asiento delantero de un cochecito de golf junto al presidente George W. Bush parecían un par de abuelitos con jerséis color pastel rumbo a un picnic en el club de campo.

Mientras tanto, Petraeus y yo discutimos todo en su espaciosa oficina de la sede central de la coalición: desde la necesidad de más especialistas en el idioma árabe dentro del ejército hasta el papel crucial que iban a tener los proyectos de desarrollo en la deslegitimación de las milicias y organizaciones terroristas, y en el fortalecimiento del nuevo Gobierno. Pensé que Bush se merecía cierto crédito, por haber elegido a ese general para enderezar aquel barco que se hundía. Si hubiésemos tenido tiempo y recursos ilimitados —si los intereses de Estados Unidos a largo plazo en cuestiones de seguridad hubiesen dependido de la creación de un Estado iraquí que funcionara y pudiera convertirse en un aliado democrático de Estados Unidos— entonces las ideas de Petraeus habrían tenido muchas posibilidades de lograr su objetivo.

Pero no teníamos tiempo o recursos ilimitados. En última instancia aquel era, reducido a su mínima expresión, el mejor argumento para apoyar una retirada. ¿Cuánto tendríamos que seguir dando y cuando sería suficiente? En mi opinión, estábamos cerca de ese punto. Nuestra seguridad nacional requería de un Irak estable y no un escaparate para nuestra capacidad de construir naciones. Petraeus, por su parte, creía que sin una mayor inversión por parte de Estados Unidos, cualquiera de los progresos que habíamos logrado aún era fácilmente reversible.

Le pregunté en cuánto tiempo se podrían percibir como permanentes. ¿Dos años? ¿Cinco? ¿Diez?

No me supo responder. Pero en su opinión lo único que iba a conseguir anunciando un cronograma de retirada era dar al enemigo la oportunidad de sentarse a esperar a que nos largáramos.

¿Pero es que acaso no iba a ser siempre así?

Estuvo de acuerdo.

¿Y qué había de las encuestas que indicaban que una fuerte mayoría de iraquíes, tanto chiíes como suníes, estaban hartos de la ocupación y querían que nos marcháramos cuanto antes posible?

Contestó que ese era un problema que íbamos a tener que gestionar.

La conversación fue cordial y no podía culpar a Petraeus por desear cumplir la misión. Si estuviese en su lugar, le dije, también desearía lo mismo. Pero el trabajo de un presidente consiste en mirar las cosas con una perspectiva más amplia, y al igual que yo, él también tenía que considerar a veces las ventajas, desventajas y limitaciones de ciertas cuestiones mientras que los oficiales que estaban a su cargo no tenían que hacerlo. Como nación, ¿de qué forma debíamos ponderar dos o tres años más de presencia en Irak a un precio de casi diez mil millones de dólares mensuales frente a la necesidad de neutralizar a Bin Laden y desmantelar las operaciones del núcleo de Al Qaeda en el noroeste de Paquistán? ¿Y las escuelas y carreteras que no se estaban construyendo en nuestro propio país? ¿Y la falta de preparación ante una posible nueva crisis? ¿Y el precio humano que estaban pagando nuestras tropas y sus familias?

El general Petraeus asintió educadamente y dijo que esperaba verme después de las elecciones. Cuando nuestra comitiva se despidió ese día, dudaba de haberlo persuadido de la sensatez de mi propuesta más de lo que él me había persuadido a mí.

¿Estaba preparado para ser un líder mundial? ¿Tenía las habilidades diplomáticas, el conocimiento y la fuerza, la autoridad para dirigir? El saldo del viaje había sido diseñado para responder a ese tipo de preguntas, una sofisticada prueba en el escenario internacional. Hubo reuniones bilaterales con el rey Abdalá en Jordania, con Gordon Brown en Inglaterra, con Nicolas Sarkozy en Francia. Me reuní con Angela Merkel en Alemania, donde además hablé para un público de doscientas mil personas frente a la histórica Columna de la Victoria en Berlín, y donde declaré que así como las generaciones anteriores habían tirado abajo el muro que una vez había dividido a Europa, nuestro trabajo ahora era derribar otros muros menos evidentes: los que separaban a ricos y pobres, a razas y tribus, a nativos de inmigrantes, a cristianos, musulmanes y judíos. Tras un par de días maratonianos en Israel y Cisjordania, me reuní individualmente con el primer ministro israelí Ehud Ólmert y el presidente palestino Mahmud Abás, y puse todo de mi parte por comprender no solo la lógica sino también los sentimientos que había tras ese conflicto ancestral y aparentemente inextricable. En la ciudad de Sederot escuché describir a unos padres el pánico que sentían cuando los proyectiles que se lanzaban desde la cercana Gaza caían a solo unos metros de las habitaciones de sus hijos. En Ramala, escuché a los palestinos describir las humillaciones que sufrían en los puestos de control israelíes.

Según Gibbs, la prensa estadounidense consideraba que había pasado la prueba de «aspecto presidenciable» con buena nota, pero para mí, el viaje iba más allá de lo meramente visible. Mucho antes de volver a casa, sentí la magnitud de los desafíos que me aguardaban si ganaba, y la gracia divina que iba a necesitar para cumplir la tarea.

En estas cosas pensaba la mañana del 24 de julio, cuando llegué al Muro de las Lamentaciones de Jerusalén, construido hace dos mil años para proteger la sagrada Explanada del Templo y considerado un acceso a la divinidad, un lugar donde Dios recibe las plegarias de todos los visitantes. Durante siglos, peregrinos de todo el mundo han confiado sus oraciones escribiéndolas en papel y metiéndolas entre las grietas del muro. Esa mañana en el hotel yo había escrito mi plegaria en un papel antes de salir.

En la grisácea luz del amanecer, rodeado de mis anfitriones israelíes, mis asistentes, los agentes del Servicio Secreto y el estrépito de las cámaras de los medios, incliné la cabeza ante el muro, mientras un barbudo rabino leía un salmo en el que se llamaba a la paz en la ciudad sagrada de Jerusalén. Como era costumbre, apoyé la mano en la suave piedra caliza, y me quedé inmóvil en un silencio contemplativo, a continuación enrollé mi trocito de papel y lo empujé al fondo de una grieta en la pared.

«Señor —había escrito—, protégenos a mi familia y a mí. Perdona mis pecados y ayúdame a mantenerme a salvo del orgullo y el desánimo. Dame la sabiduría necesaria para hacer lo que es correcto y justo. Conviérteme en un instrumento de tu voluntad.»

Supuse que aquellas palabras quedaban entre Dios y yo. Pero al día siguiente salieron en un periódico israelí antes de alcanzar la vida eterna en internet. Al parecer, cuando nos fuimos un espectador sacó mi papelito del muro; recordatorio del precio que había que pagar por entrar en la escena mundial. La línea que separaba mi vida privada de la pública se estaba desdibujando. Cada pensamiento y cada gesto eran ahora materia de interés global.

Acostúmbrate, me dije. Forma parte del trato.

Cuando regresamos del extranjero, me sentía como un astronauta o un explorador recién llegado de una trabajosa expedición, cargado de adrenalina y vagamente desorientado por la vida ordinaria. A solo un mes de la Convención Nacional Demócrata decidí intentar normalizar un poco las cosas llevando a mi familia a Hawái una semana. Le dije a Plouffe que aquella decisión era irrebatible. Tras haber pasado varios meses de campaña, necesitaba cargar las pilas, y Michelle también. Además, la salud de Toot se deterioraba rápidamente, y aunque no podíamos saber con precisión cuánto tiempo le quedaba a mi abuela, no tenía intención de repetir el error que había cometido con mi madre.

Y por encima de todo, quería pasar tiempo con mis hijas. Hasta donde sentía, la campaña no había afectado a nuestro vínculo. Malia seguía siendo tan parlanchina e inquisidora conmigo como siempre y Sasha igual de alegre y cariñosa. Cuando estaba de gira, hablaba con ellas por teléfono todas las noches sobre la escuela, sus amigos o el último episodio de *Bob Esponja*. Cuando estaba en casa, les leía, las desafiaba a algún juego de mesa y de vez en cuando nos escabullíamos juntos a por helado.

Aun así, semana a semana veía lo rápido que crecían, cómo sus extremidades parecían de pronto varios centímetros más largas de lo que recordaba, su conversación durante la cena más sofisticada. Esos cambios eran la medida de todo lo que me había perdido, la prueba de que no había estado allí para cuidarlas cuando estaban enfermas o para abrazarlas cuando tenían miedo o para reírme de sus bromas. Por más que creyera en la importancia de lo que estaba haciendo, sabía que jamás iba a recuperar ese tiempo. Y varias veces me descubrí cuestionándome si había sido un trato sabio por mi parte.

Tenía razón en sentirme culpable. Es difícil exagerar la carga que mi familia tuvo que soportar por mi causa durante aquellos dos años de campaña para presidente: lo mucho que me apoyé en la fortaleza y las habilidades para la crianza de Michelle, y cuánto dependía del increíble buen humor y la madurez de mis hijas. Un poco antes aquel verano, Michelle había accedido a llevar a las niñas y acompañarme mientras hacía campaña en Butte, Montana, el Cuatro de Julio, fecha en la que además Malia cumplía diez años. Mi hermana Maya y su familia decidieron venir también. Pasamos un buen rato aquel día, visitamos un museo de minería y nos perseguimos con pistolas de agua, aunque la mayor parte del tiempo seguí comprometido con conseguir votos. Obedientes, las niñas caminaron trabajosamente a mi lado mientras estrechaba manos por toda la ruta del desfile local. Estuvieron de pie bajo el sol escuchando un mitin por la tarde. Y por la noche, después de que los fuegos artificiales que les había prometido se cancelaran a causa de una tormenta, celebramos una fiesta de cumpleaños improvisada en un salón de conferencias sin ventanas en el piso inferior del Holiday Inn. Nuestro equipo de avanzada había hecho todo lo posible por animar el lugar con unos globos. Había pizza, ensalada y una tarta de supermercado. Sin embargo, mientras veía a Malia apagar las velas y pedir un deseo para el año siguiente, me pregunté si se sentiría decepcionada, si más adelante recordaría aquel día como un testimonio de lo equivocadas que fueron las prioridades de su padre.

Justo en ese momento, Kristen Jarvis, una de las jóvenes asistentes de Michelle, sacó un iPod y lo conectó a unos altavoces portátiles. Malia y Sasha me cogieron de la mano y me levantaron de la silla. Enseguida estaba todo el mundo bailando al son de Beyoncé y los Jonas Brothers. Sasha daba vueltas, Malia sacudía sus rizos cortos, Michelle y Maya se partían de risa mientras yo alardeaba con mis mejores pasos de padre.

Media hora más tarde, cuando ya estábamos todos felizmente sin aliento, Malia se acercó y se sentó en mis rodillas.

«Papi —dijo—, este es el mejor cumpleaños de mi vida.»

Le di un beso en la cabeza y la abracé fuerte para que no viera mis ojos llorosos.

Esas eran mis hijas. Eso era a lo que había renunciado al pasar tanto tiempo fuera. Y por eso valieron la pena los días que robamos aquel agosto para viajar a Hawái, incluso aunque nos hicieran perder un poco de terreno frente a McCain en las encuestas. Chapotear en el mar con las niñas, dejar que me enterraran en la arena sin tener que decirles que tenía una teleconferencia o que me tenía que ir al aeropuerto: valió la pena. Mirar la puesta del sol en el Pacífico abrazado a Michelle, escuchando sin más el sonido del viento y el murmullo de las palmeras: valió la pena.

También ver a Toot encorvada en el sofá del salón, levantando apenas la cabeza pero aun así sonriendo con silenciosa satisfacción mientras sus bisnietas se reían y jugaban en el suelo, su moteada mano de venas azules apretando la mía tal vez por última vez.

Una preciosa comunión.

Mientras estuve en Hawái no pude dejar la campaña completamente de lado. El equipo me ponía al día, tenía que hacer llamadas de agradecimiento a simpatizantes, un borrador preliminar del discurso para la convención que había enviado a Favs. Y además estaba la única decisión trascendental que debía tomar en ese momento como candidato.

¿Quién iba a ser mi compañero de candidatura?

Había reducido las opciones al gobernador de Virginia, Tim Kaine, y al senador por Delaware, Joe Biden. En aquel momento me sentía más cercano a Tim, porque había sido el primer cargo electo importante que fuera de Illinois había dado su apoyo a mi candidatura y había trabajado duro como uno de nuestros mejores suplentes en la campaña. Nuestra amistad había surgido de manera natural. Teníamos prácticamente la misma edad, nuestras raíces del Medio Oeste eran parecidas, nuestras personalidades eran parecidas, hasta nuestro currículum era parecido. (Tim había trabajado en una misión en Honduras cuando estudiaba en la Escuela de Derecho de Harvard y había ejercido como abogado en cuestiones de derechos civiles antes de meterse en política.)

En cuanto a Joe, no podíamos ser más distintos, al menos sobre el papel. Era diecinueve años mayor que yo. En mi caso, me presentaba como un ajeno a Washington; Joe llevaba treinta y cinco años en el Senado, incluidos periodos como presidente del Comité sobre el Poder Judicial y del Comité de Asuntos Exteriores. En contraste con mi formación itinerante, Joe tenía profundas raíces en Scranton, Pensilvania, y se sentía orgulloso de su herencia de clase trabajadora irlandesa. (Solo un tiempo después, cuando ya habíamos sido elegidos, descubrimos que nuestros respectivos antepasados irlandeses, ambos zapateros, habían abandonado Irlanda para venir a Estados Unidos con apenas cinco semanas de diferencia.) Y si a mí me veían como alguien de personalidad tranquila y serena, comedido en el uso de las palabras, Joe era pura cordialidad, un hombre sin inhibiciones, feliz de compartir lo que se le venía a la cabeza. Era una característica entrañable, porque de verdad le gustaba la gente. Se notaba en su forma de ganarse a las personas en una sala, en su rostro bien parecido, siempre con una sonrisa deslumbrante (y a pocos centímetros de la cara de la persona a la que hablaba). Les preguntaba de dónde eran y luego contaba una historia sobre cuánto le gustaba esa ciudad («Tienen la mejor pizza calzone que he probado en la vida»), o cómo seguramente conocerían a no sé quién («Un tipo extraordinario, muy buena gente»), elogiaba a sus niños («¿Alguien te ha dicho alguna vez lo guapo que eres?»), o a sus madres («¡No puedes tener más de cuarenta años!»), y así con la siguiente persona, y luego otra, hasta que estaba seguro de haber interactuado con todos y cada uno de los que estaban en la habitación en un aluvión de apretones de manos, abrazos, besos, palmaditas en la espalda, cumplidos y chistes.

El entusiasmo de Joe tenía sus desventajas. En una ciudad repleta de gente a la que le gustaba oírse hablar, no había nadie que le pudiese igualar. Si se programaba un discurso de quince minutos, Joe se tomaba como mínimo media hora. Si se disponía solo de media hora, no había manera de saber cuánto tiempo iba a durar. Sus monólogos en las audiencias del comité eran legendarios. Cada cierto tiempo, su ausencia de filtro le ponía en apuros, como en aquella ocasión en las primarias cuando me describió como «un tipo expresivo y brillante y limpio y guapo», una frase que sin duda tenía la intención de ser un cumplido, pero que algu-

195

nos interpretaron como el tipo de características más destacables en un hombre negro.

A medida que fui conociendo a Joe, sin embargo, descubrí que sus gaffes ocasionales eran insignificantes comparadas con sus fortalezas. En asuntos domésticos, era inteligente, práctico y hacía los deberes. Tenía una amplia y profunda experiencia en política exterior. Durante su relativamente efímera carrera en las primarias, me habían impresionado su habilidad y disciplina para los debates, y lo cómodo que se sentía en la escena nacional.

Pero por encima de todo, Joe tenía corazón. De niño había superado una seria tartamudez (lo que seguramente explicaba su enérgico apego a las palabras) y en la edad adulta, dos aneurismas cerebrales. En política, había conocido muy pronto el éxito y había sufrido derrotas humillantes. También había soportado una tragedia imposible de imaginar: en 1972, apenas unas semanas después de ser elegido senador, su esposa y su hija bebé murieron en un accidente de coche, y sus jóvenes hijos, Beau y Hunter, resultaron heridos. Ante semejantes pérdidas, sus colegas y hermanos hablaron con él para que renunciara al Senado, pero él consiguió arreglar sus horarios para poder hacer el trayecto diario de hora y media entre Delaware y Washington en tren para cuidar de los niños, una práctica que continuó realizando las siguientes tres décadas.

Que Joe superara semejante tragedia fue también mérito de su segunda esposa, Jill, una encantadora y discreta maestra a quien había conocido tres años antes del accidente, y que educó a los hijos de Joe como propios. Cada vez que veía a los Biden juntos, se notaba al instante lo mucho que la familia sostenía a Joe: cuánto orgullo y alegría le daba Beau, por aquel entonces fiscal general y una figura en ascenso en la política en Delaware; también Hunter, abogado en Washington; Ashley, una trabajadora social en Wilmington; y sus preciosos nietos.

La familia sostenía a Joe, pero también lo hacía su carácter optimista. La tragedia y las derrotas tal vez lo habían marcado, como comprobaría más tarde, pero no lo habían convertido ni en un resentido ni en un cínico.

Basándome en esas impresiones, le pedí a Joe que se sometiera al proceso de selección inicial y se reuniera conmigo mientras hacía campaña en Minnesota. Al principio resistió; como la mayoría de senadores, Joe tenía un ego saludable y no le gustaba la idea de interpretar un papel secundario. Nuestra reunión empezó con él exponiendo los motivos por los que el trabajo de vicepresidente podía representar un paso atrás (junto a una explicación de por qué él sería la mejor opción). Le aseguré que no buscaba un sustituto ceremonial sino un compañero.

«Si me eliges a mí —dijo Joe— quiero poder ser capaz de hacer mis sugerencias con mi mejor criterio y franqueza. Tú serás el presidente y yo defenderé lo que decidas. Pero quiero estar siempre en la habitación en todas las decisiones importantes.»

Le dije que era un compromiso que podía asumir.

Tanto a Axe como a Plouffe les caía bien Tim Kaine, y al igual que yo, sabían que encajaba a la perfección en una Administración Obama. Pero también como yo, dudaban de si dos abogados de derechos civiles relativamente jóvenes, inexpertos y liberales no serían más esperanza y cambio de lo que los votantes estaban dispuestos a asumir.

Joe implicaba sus propios riesgos. Pensábamos que su falta de disciplina frente al micrófono podía generar controversias innecesarias. Tenía un estilo a la vieja escuela, le gustaba ser el centro de atención y no siempre era consciente de sí mismo. Sentía que se podía poner quisquilloso si pensaba que no estaba recibiendo su debida parte; una característica que se podía exacerbar al tener que lidiar con un jefe mucho más joven.

Y aun así, me parecía que el contrate entre nosotros era más persuasivo. Me gustaba el hecho de que Joe estuviera preparado para ejercer como presidente si algo me sucedía y eso también podía darle tranquilidad a quienes todavía les preocupaba que yo fuera demasiado joven. Valoraba su experiencia en política exterior en un momento en que estábamos involucrados en dos guerras, sus vínculos en el Congreso y su potencial para llegar a votantes aún recelosos de elegir a un afroamericano como presidente. Aunque lo más importante me lo decía mi instinto: que Joe era un hombre honrado, sincero y leal. Estaba convencido de que le importaba la gente de a pie y si las cosas se ponían difíciles, podría confiar en él.

No me decepcionó.

Cómo se terminó de organizar la Convención Nacional Demócrata en Denver sigue siendo en buena medida un misterio para mí. Me preguntaron sobre el orden del programa durante las cuatro noches en las que se iba a llevar a cabo, los temas que se iban a tratar y los ponentes. Me mostraron vídeos biográficos para que los aprobara y me pidieron una lista de familiares y amigos que iban a acudir. Plouffe se puso en contacto para ver si podíamos celebrar el cierre de la convención en el estadio Mile High, sede de los Denver Broncos, en lugar de hacerlo en un recinto cubierto. Con una capacidad de casi ochenta mil personas, podría albergar a las decenas de miles de voluntarios que venían de todo el país y que habían sido la base de nuestra campaña. Pero no tenía techo, lo que significaba que estaríamos expuestos al clima.

—¿Qué hacemos si llueve? —pregunté.

—Hemos revisado las estadísticas climatológicas de los últimos cien años de Denver para el día 28 de agosto a las ocho de la tarde —dijo Plouffe— y solo ha llovido una vez.

—¿Y si este año es la segunda? ¿Hay algún plan B?

—Cuando reservemos el estadio —contestó Plouffe— no hay vuelta atrás —hizo una mueca ligeramente macabra—. Haz memoria. Las cosas siempre nos salen mejor cuando no tenemos red. ¿Por qué cambiar ahora?

Efectivamente, por qué.

Michelle y las niñas viajaron a Denver unos días antes, mientras yo hacía campaña en un par de estados, de modo que cuando llegué, los festejos estaban en su apogeo. Las furgonetas de los medios para transmitir vía satélite y las tiendas de prensa rodeaban el estadio como un ejército en asedio, los vendedores ambulantes pregonaban sus camisetas, gorras, bolsas de tela y joyas adornadas con nuestro icónico logo o mi orejudo retrato. Los turistas y paparazzi sacaban fotos a los políticos y celebridades que pasaban ocasionalmente por el estadio.

A diferencia de la convención del 2000, cuando había sido el chico que apretaba la nariz contra el escaparate de la tienda de dulces, o la convención del 2004, cuando me había creído en el centro de la acción con mi discurso inaugural, ahora me sentía tanto la atracción principal como parte de la periferia, atrapado en la suite del hotel o mirando por la ventanilla del coche del Servicio Secreto, tras haber llegado a Denver solo dos noches antes de la convención. Me explicaron que era tanto por una cuestión de seguridad como de efecto teatral: si me mantenía al margen, la expectativa solo podía crecer. Pero eso hacía que me sintiera impaciente y curiosamente ajeno, como si solo fuera un atrezo muy caro que había que sacar de la caja en unas condiciones especiales.

Aún conservo en la memoria algunos momentos de aquella semana. Me acuerdo de Malia y Sasha y tres de las nietas de Joe rodando de un lado a otro sobre una pila de colchones hinchables en nuestra suite del hotel, todas partiéndose de risa, sumidas en sus juegos secretos y completamente indiferentes a los bombos y platillos de más abajo. Recuerdo a Hillary dando un paso hacia el micrófono como representante de los delegados de Nueva York, y haciendo la petición formal para que me votaran como el candidato demócrata, en un poderoso gesto de unidad. Y recuerdo haberme sentado en el cuarto de estar de una encantadora familia de simpatizantes en Missouri, y hablar de tonterías mientras me deleitaba con el picoteo antes de que Michelle apareciera en la pantalla de televisión, brillante con su vestido aguamarina, para dar el discurso en la gala de apertura de la convención.

Había evitado deliberadamente leer de antemano el discurso de Michelle para no entrometerme en el proceso ni añadir más presión. No tenía dudas de que lo iba a hacer muy bien a juzgar por lo que había visto en el transcurso de la campaña, pero cuando la escuché contar su historia aquella noche, hablar de su madre y de su padre, de los sacrificios que habían hecho y los valores que le habían inculcado; cuando la escuché delinear el improbable viaje que había realizado y describir sus esperanzas para nuestras hijas; cuando vi a aquella mujer que había cargado con tanto, dando fe de que yo siempre había sido fiel a mi familia y a mis principios; cuando vi al público de la convención, a los presentadores y a la gente sentada a mi lado embelesados... en fin, no pude sentirme más orgulloso.

Contrariamente a lo que dijeron algunos analistas, mi mujer no «encontró» su voz esa noche. El público nacional tuvo al fin la oportunidad de oírla sin filtros.

Cuarenta y ocho horas más tarde, me encontraba refugiado en una habitación del hotel con Favs y Axe, afinando los detalles del discurso de aceptación que iba a dar la noche siguiente. No había sido fácil de escribir. Sentíamos que el momento pedía más prosa que poesía, una crítica contundente a las políticas republicanas y el recuento de algunos pasos específicos que quería dar como presidente; todo eso sin que sonara demasiado largo, demasiado seco o demasiado partidista. Había pedido incontables revisiones y tenía poco tiempo para ensayar. Mientras recitaba el texto tras un podio falso, la atmósfera era más de transpiración que de inspiración.

Solo en una ocasión noté de golpe el sentido de mi candidatura. Casualmente la noche de cierre de la convención coincidía con el cuadragésimo quinto aniversario de la Marcha de Washington y del histórico discurso de Martin Luther King «Yo tengo un sueño». Decidimos que no íbamos a llamar demasiado la atención sobre eso, y que era una mala idea alentar comparaciones con uno de los mejores discursos en la historia de Estados Unidos. Pero en el cierre de mi exposición sí le rendí homenaje citando lo que había dicho a las personas que se habían reunido en la Explanada Nacional aquel día de 1963: «No podemos caminar solos. Y mientras caminamos, debemos hacernos la promesa de que marcharemos siempre hacia delante. No podemos volver atrás».

«No podemos caminar solos.» No recordaba aquella frase en concreto del discurso de Martin Luther King. Pero en la práctica, mientras la leía en voz alta, de pronto me vi pensando en todos los voluntarios negros y mayores que había conocido en nuestras sedes de campaña a lo largo del país, el modo en que me habían estrechado la mano y dicho que jamás habían pensado que fueran a ver el día en que un hombre negro tendría una verdadera oportunidad de ser presidente.

Pensé en las personas mayores que me habían escrito para contarme que se habían despertado temprano y habían sido las primeras en la fila para votar durante las primarias, incluso si estaban enfermos o discapacitados.

Pensé en el conserje, en los porteros, secretarios, chóferes y todos los empleados con los que me cruzaba cada vez que iba a un hotel, a un centro de convenciones o a edificios de oficinas: cómo me saludaban, o levantaban los pulgares, o aceptaban tímidamente darme la mano; hombres y mujeres negros de cierta edad que, al igual que los padres de Michelle, habían cumplido en silencio todos los pasos necesarios para alimentar a sus familias y enviar a sus hijos a la universidad, y que ahora veían en mí algunos de los frutos de su labor.

Pensé en todas las personas que habían ido a la cárcel o habían participado en la Marcha de Washington cuarenta, cincuenta años antes, que habían sido testigos de la transformación de su país aunque las cosas todavía estaban lejos de ser como las habían imaginado, y me pregunté qué sentirían cuando pisara el escenario en Denver.

—Sabéis qué... necesito un minuto —dije con la voz entrecortada, los ojos cargados de emoción. Fui al baño a mojarme un poco la cara. Cuando regresé unos minutos más tarde, Favs, Axe y el operador del teleprónter estaban inmóviles, no sabían qué hacer.

—Lo siento —dije—. Empecemos otra vez desde el principio.

No me costó repasar todo el discurso la segunda vez. La única interrupción sucedió más o menos a mitad de la disertación, cuando oímos unos golpecitos en la puerta y apareció un empleado del hotel de pie en el pasillo con una ensalada César («¿Qué queréis que os diga? —comentó Axe con una sonrisa tímida—. Me estaba muriendo de hambre»). La noche siguiente, mientras caminaba hacia el enorme escenario alfombrado de azul, bajo un cielo claro y abierto, para dirigirme a un estadio abarrotado de gente y a otros tantos millones de personas en todo el país, lo único que sentí fue calma.

La noche era cálida, el rugido de la muchedumbre contagioso, los flashes de miles de cámaras imitaban el brillo de las estrellas. Cuando dejé de hablar, Michelle y las niñas, y luego Joe y Jill Biden, se unieron para saludar bajo una lluvia de confeti, y al otro lado del escenario vimos cómo la gente se abrazaba y reía, agitaba las banderas al ritmo de la canción del grupo country Brooks & Dunn que se había convertido en un clásico durante el trayecto de campaña: «Only in America».

Históricamente, después de una convención exitosa, el candidato a presidente disfruta de un saludable «empujón» en los sondeos. Según todo el mundo, la nuestra había sido casi impecable. La encargada de las encuestas nos dijo que después de Denver, la ventaja sobre McCain se había ampliado al menos hasta en cinco puntos.

Duró una semana.

La campaña de McCain se estaba desarmando. A pesar de que había cerrado la candidatura republicana tres meses antes de que yo asegurara la mía, no había conseguido darle demasiado dinamismo. A los votantes indecisos seguían sin convencerles sus propuestas de más recortes fiscales por encima de los que ya había aprobado Bush. En un ambiente nuevo, más polarizado, el propio McCain parecía dubitativo hasta para mencionar temas como la reforma de la inmigración y el cambio climático, que antes habían lustrado su reputación de rebelde dentro del partido. Para ser justos, le habían tocado malas cartas. La guerra en Irak seguía igual de impopular que siempre. La economía, ya en recesión, empeoraba rápidamente al igual que la valoración de Bush en los sondeos. En unas elecciones que era previsible que giraran en torno a la promesa de cambio, McCain ni parecía ni sonaba a cambio.

McCain y su equipo debieron de darse cuenta de que necesitaban un golpe de efecto. Y tengo que reconocer que sin duda lo lograron. Al día siguiente del cierre de nuestra convención, Michelle y yo, junto a Jill y Joe Biden, nos encontrábamos en el avión de nuestra campaña esperando para despegar, íbamos a pasar unos días haciendo unos actos en Pensilvania, cuando Axe se apresuró a subir para contarnos que se había filtrado quién iba a ser el compañero de McCain en la campaña. Joe leyó el nombre en la BlackBerry de Axe y me miró.

«¿Quién diablos es Sarah Palin?», dijo.

Durante las dos semanas siguientes, los corresponsales de prensa se obsesionaron con la misma pregunta, dándole a la campaña de McCain el empuje de adrenalina que tanto necesitaba y borrando efectivamente nuestra campaña de los medios. Tras sumar a Palin, McCain reunió millones de dólares en donaciones solo en una semana. Sus números en las encuestas dieron un salto, poniéndonos básicamente en un empate.

Sarah Palin —la gobernadora de Alaska, de cuarenta y cuatro años, desconocida en la política nacional— era, sobre todo, un elemento disruptivo. No solo era joven y mujer, una potencial revolucionaria por derecho propio, sino que además tenía una historia imposible de inventar: había sido jugadora de baloncesto de un pequeño pueblo y reina de la belleza, antes de saltar de una universidad a otra hasta sumar cinco para graduarse como periodista. Había trabajado un tiempo como comentarista deportiva, luego había sido elegida alcaldesa de Wasilla, un pueblo en Alaska, se había enfrentado a la arraigada clase dirigente republicana y le había dado un duro golpe al gobernador de turno en 2006. Se había casado con su novio del instituto, tenía cinco hijos (uno de ellos adolescente y a punto de ser desplegado en Irak, y el otro un bebé con síndrome de Down), profesaba una conservadora fe cristiana, y disfrutaba saliendo a cazar alces y ciervos canadienses en su tiempo libre.

Era una biografía hecha a medida para los votantes blancos de clase trabajadora que odiaban Washington y sostenían la sospecha, no del todo injustificada, de que las élites de las grandes ciudades menospreciaban su estilo de vida; ya fuera en los negocios, la política o los medios. A Palin no le importaba si el consejo editorial del *New York Times* o los oyentes de la National Public Radio cuestionaban sus capacidades. Ella ofrecía esas críticas como prueba de su autenticidad, porque había comprendido (mucho antes que la mayoría de sus detractores) que los intermediadores estaban perdiendo relevancia; que se habían abierto las compuertas de lo que se consideraba aceptable en un candidato para un cargo nacional; y que la cadena Fox News, la radio y el incipiente poder de las redes sociales le podían proveer de todas las plataformas que necesitaba para llegar al público al que se dirigía.

También ayudó el hecho de que Palin era una artista innata. Su discurso de cuarenta y cinco minutos en la Convención Nacional Republicana a principios de septiembre fue una obra maestra de populismo simplón y acertadas ocurrencias. («En los pueblos pequeños no sabemos muy bien qué hacer con un candidato que es pródigo en elogios a la clase trabajadora cuando le están escuchando y luego habla del resentimiento con el que se aferran a las armas y a la religión cuando no le escuchan.» ¡Ay!) Los delegados estaban eufóricos. Después de la convención y ya de gira con Palin, los discursos de McCain empezaron a ser tres o cuatro veces más largos de lo que normalmente duraban cuando estaba solo. Y mientras los fieles republicanos vitoreaban amablemente los discursos de John, cada vez era más evidente que en realidad estaban allí para ver a su compañera de fórmula, la «mamá peleona». Ella era algo nuevo, distinto, era como ellos.

Una «estadounidense de verdad», y enormemente orgullosa de serlo.

En una época distinta y en otro lugar —por ejemplo, en las elecciones para senador o gobernador en un estado indeciso— la auténtica energía que Palin despertaba en las bases republicanas me habría preocupado. Pero desde el día en que McCain la eligió, y hasta en los momentos cumbre de la palinmanía, me sentí seguro de que la decisión no le iba a favorecer. A pesar de las habilidades teatrales de Palin, la cualidad más importante en un vicepresidente es su capacidad para llenar la ausencia del presidente en caso de ser necesario. Dada la edad de John y su historial de melanoma, no era una preocupación sin fundamento. Y en cuanto Sarah Palin se volvió el centro de atención, fue evidente que no tenía ninguna idea de lo que estaba hablando en la práctica mayoría de cuestiones relevantes del Gobierno. El sistema financiero. El Tribunal Supremo. La invasión rusa de Georgia. No importaba el tema, ni la manera en que le formularan la pregunta: la gobernadora de Alaska parecía perdida, concatenaba palabras como una niña que trata de salir del paso en un examen para el que no ha estudiado.

La candidatura de Palin era problemática a un nivel más profundo. Desde el principio me di cuenta de que su incoherencia no le importaba a la mayoría de republicanos: de hecho, cada vez que se desmoronaba frente a las preguntas de un periodista, a ellos les parecía la prueba de que había una conspiración liberal. Lo que me sorprendía aún más era ver cómo algunos destacados conservadores, incluso aquellos que se habían pasado todo el año desestimándome por inexperto, y que durante décadas habían denunciado la discriminación positiva, la erosión de los estándares intelectuales y la degradación de la cultura occidental en manos del multiculturalismo, de pronto eran cómplices de Palin y hacían malabarismos para convencer a los votantes de que en el fondo una necesidad de conocimientos básicos en temas de política exterior o el funcionamiento del Gobierno federal era algo sobrevalorado en un candidato a la vicepresidencia. Decían que Sarah Palin, al igual que Reagan, tenía «buenos instintos», y que una vez allí, sabría crecer con el cargo.

Evidentemente era un signo de los tiempos que estaban por llegar, una realidad más amplia y oscura en la que la afiliación a un partido o la conveniencia política amenazarían con borrarlo todo: las opiniones previas, los principios declarados, y hasta lo que los propios sentidos, los ojos, los oídos, aseguraban que era la verdad.

9

En 1993, Michelle y yo compramos nuestra primera casa en un bloque de apartamentos en Hyde Park llamado East View Park. Tenía una ubicación preciosa, frente al Promontory Point y al lago Michigan, y un amplio patio repleto de cerezos silvestres que florecían todas las primaveras hasta alcanzar un tono rosa brillante. El apartamento tenía tres dormitorios y estaba diseñado como un tranvía desde el vagón de cabecera hasta el de cola, no era grande, pero tenía suelos de parqué, buena luz y un comedor como Dios manda con armarios de nogal. Comparado al segundo piso de la casa de mi suegra, en el que habíamos estado viviendo para ahorrar dinero, nos parecía un lujo absoluto, y lo amueblamos de acuerdo con nuestro presupuesto, con una combinación de sofás de Crate & Barrel, lámparas de Ace Hardware y mesas de mercadillo.

Junto a la cocina había un pequeño estudio en el que trabajaba por las noches. Michelle lo llamaba la Madriguera porque siempre estaba repleto de pilas de libros, revistas, periódicos, borradores de informes legales y exámenes por corregir. Más o menos una vez al mes, acuciado por mi incapacidad para encontrar algo que necesitaba, limpiaba la Madriguera en un frenesí que duraba una hora y me sentía muy orgulloso durante los tres días siguientes, el tiempo que tardaba en volver a brotar aquella maleza de libros, papeles y demás porquerías. La Madriguera era también la única habitación en el apartamento en la que fumaba, aunque cuando nacieron las niñas me llevé mi estúpido vicio al exterior, al desvencijado porche trasero, en el que a veces pillaba in fraganti a una familia de mapaches buscando comida en nuestros cubos de la basura.

Las niñas rehicieron nuestro hogar en todos los sentidos. En las esquinas de las mesas aparecieron almohadillas protectoras. El comedor ya no era tanto un lugar para comer como un almacén de corralitos y coloridas alfombras y juguetes que acababa pisando al menos una vez al día. Pero lejos de parecerme agobiante, el modesto tamaño del apartamento amplificaba la alegría y el ruido de nuestra joven familia: estridentes baños, chillonas fiestas de cumpleaños y el sonido de Motown o alguna salsa en el altavoz inalámbrico sobre la repisa de la chimenea mientras yo hacía girar a las niñas en brazos. A pesar de que veíamos cómo muchos amigos de nuestra edad se compraban casas más grandes en barrios acomodados, la única ocasión en la que surgió la idea de mudarnos fue cuando en el verano vimos a uno o dos ratones (no sabíamos con certeza) que atravesaron corriendo una y otra vez el largo suelo del pasillo. Al final solucioné el problema haciendo algunos arreglos en el parqué de la cocina, pero solo después de discutir —con una estupidez notable por mi parte y una sonrisita de sabelotodo— si dos ratones podían considerarse realmente una «plaga» y de que Michelle, en respuesta, amenazara con marcharse con las niñas.

Pagamos 277.500 dólares por el apartamento, con una entrada del 40 por ciento (gracias a una ayuda de Toot) y una hipoteca fija a treinta y cinco años. Sobre el papel, nuestros ingresos habrían tenido que poder soportar cómodamente esas cuotas mensuales, pero a medida que Malia y Sasha iban creciendo, el coste de las niñeras, las cuotas de la escuela y los campamentos de verano seguían subiendo, mientras que el capital de nuestros préstamos de la universidad y la Facultad de Derecho seguía siendo los mismos. Siempre íbamos justos de dinero: el saldo de las tarjetas de crédito crecía, apenas teníamos ahorros. De modo que cuando Marty sugirió que consideráramos refinanciar nuestra hipoteca para aprovechar las tasas de interés más bajas, al día siguiente llamé a mi agente hipotecario.

El agente, un joven enérgico de pelo rapado, me confirmó que podía ahorrarnos unos cientos de dólares al mes mediante un refinanciamiento. Pero con los precios de las casas por las nubes, nos preguntó si habíamos considerado la posibilidad de usar una parte de nuestro patrimonio neto para sacar algo de efectivo de la operación. Es algo habitual, dijo, es cuestión de hablar con un tasador. Al principio sentí escepticismo, escuchaba la sensata voz de Toot susurrándome en el oído, pero cuando hice números y tuve en cuenta lo que nos íbamos a ahorrar cancelando nuestras deudas de las tarjetas de crédito, fue difícil rebatir la lógica del agente. Sin que el tasador ni el agente se tomaran la molestia de inspeccionar nuestra casa, y habiendo puesto sobre la mesa solo las nóminas de tres meses y un puñado de extractos bancarios, firmé un par de papeles y me fui de la oficina del agente con un cheque por valor de cuarenta mil dólares y la vaga sensación de que me había salido con la mía.

Así eran las cosas a principios de los 2000, durante la fiebre del oro del negocio inmobiliario. En Chicago parecía que los negocios brotaban de la noche a la mañana. Con los precios de la vivienda creciendo a un ritmo sin precedentes, las tasas de interés bajas y hasta los prestamistas solicitando solo un 10 o un 5 por ciento —o incluso nada— de entrada por una compra, ¿por qué renunciar a esa habitación extra, esa encimera de granito o ese sótano bien terminado que las revistas y los programas de televisión insistían en que eran lo habitual en la clase media? Era una gran inversión, algo seguro, y una vez comprada, la casa misma podía hacer las veces de cajero automático personal, pagar el tratamiento correcto para las ventanas, las tan esperadas vacaciones en Cancún o compensando que el año pasado no te dieron el aumento. Ansiosos por no quedarse fuera, amigos, taxistas y maestros de escuela me contaban que habían caído en la locura de las casas, de repente todo el mundo era experto en el lenguaje de las cuotas fijas, hipotecas de tasa variable y en el índice Case-Shiller. Cuando les prevenía amablemente —el mercado inmobiliario puede ser imprevisible, no te metas demasiado— me aseguraban que habían hablado con algún primo o tío que había hecho un gran negocio con un tono de suave regocijo que implicaba que no podía ni imaginar la cifra.

Tras ser elegido senador de Estados Unidos, vendimos nuestro apartamento en East View Park a un precio lo bastante alto para cancelar nuestra primera hipoteca y nuestra segunda hipoteca, y obtener una pequeña ganancia. Pero una noche, cuando volvía a casa, me di cuenta de que el escaparate de nuestra agencia inmobiliaria ahora estaba vacío, y en la ventana había un gran cartel que decía «se vende» o «alquila». Todos los bloques de apartamentos recién construidos a lo largo de River North y de South Loop parecían vacíos, incluso aquellos en los que los promotores ofrecían mayores descuentos a los compradores. Una antigua empleada que había dejado su puesto en el Gobierno para sacarse la licencia de agente inmobiliario me preguntó si tenía noticia de algún puesto vacante; el chollo de los bienes inmobiliarios no estaba dando los resultados que ella esperaba.

Ni me sorprendió ni me asustó nada de eso, pensaba que era la típica caída cíclica del mercado. Pero cuando regresé a Washington, le mencioné a un amigo, George Haywood, que el mercado inmobiliario de Chicago estaba cayendo algo mientras comíamos un bocadillo en el parque cerca del Capitolio. George había abandonado la Escuela de Derecho de Harvard para jugar profesionalmente al blackjack aprovechando su habilidad para los números y su tolerancia al riesgo, había aceptado un puesto como corredor de bolsa en Wall Street y recientemente había hecho una fortuna con sus inversiones personales. Su trabajo consistía en anticiparse a todo.

—Esto es solo el comienzo —me dijo.

—¿Qué quieres decir?

—Quiero decir que el mercado inmobiliario, el mercado financiero... es todo un castillo de naipes a punto de derrumbarse.

Sentados bajo el sol del atardecer, me dio una pequeña clase particular sobre el floreciente mercado de las hipotecas *subprime*. Antes lo típico era que los bancos sostuvieran los préstamos hipotecarios que ofrecían con su propia cartera de valores, ahora un enorme porcentaje de las hipotecas pasaba a formar parte de un paquete que se vendía como cualquier otro valor en Wall Street. Como ahora los bancos podían deshacerse del riesgo de incumplimiento por parte de cualquier deudor particular, esa «securitización» de las hipotecas había provocado que los bancos rebajaran constantemente los estándares para otorgar préstamos. Las agencias de calificación crediticia, pagadas por los emisores, habían clasificado esos valores como «AAA», o de menor riesgo, sin analizar adecuadamente el riesgo de incumplimiento de las hipotecas subyacentes. Los inversores globales, cargados de efectivo y hambrientos de ganancias más elevadas, se apresuraron a comprar esos productos, bombeando cada vez más y más dinero al financiamiento hipotecario. Mientras tanto, Fannie Mae y Freddie Mac, las dos grandes compañías a las que el Congreso había autorizado para adquirir hipotecas calificadas e incentivar la propiedad de la vivienda —y que, en virtud de su estatus casi gubernamental, podían pedir préstamos más baratos que otras compañías— estaban hasta el cuello en el mercado de las *subprime*, y todos sus accionistas haciendo dinero a manos llenas mientras se inflaba el mercado inmobiliario.

Según George, todo eso había contribuido a crear la clásica burbuja. Mientras los precios de las viviendas siguieran subiendo, todo el mundo estaba feliz: las familias que de pronto se habían comprado la casa de sus sueños sin ninguna entrada, el promotor que no alcanzaba a construir las casas lo bastante rápido para satisfacer a todos esos nuevos clientes, los bancos que vendían instrumentos financieros cada vez más complejos con atractivas ganancias, los *hedge funds* y los bancos de inversión que hacían apuestas cada vez mayores por esos instrumentos financieros con dinero prestado; por no mencionar a los vendedores de muebles, los fabricantes de alfombras, los sindicatos y los departamentos de publicidad de los periódicos: todos ellos tenían buenos motivos para que la fiesta continuara.

Pero con todos esos compradores no aptos sosteniendo el mercado, George estaba convencido de que la fiesta acabaría llegando a su fin. Lo que yo veía en Chicago era apenas un pequeño temblor, me dijo. Cuando llegase el terremoto, el impacto iba a ser mucho peor en lugares como Florida, Arizona y Nevada, donde los préstamos para las hipotecas *subprime* habían sido más abundantes. En cuanto una cantidad importante de propietarios empezara a incumplir con sus pagos, los inversores se darían cuenta de que muchos de esos valores respaldados por hipotecas no eran tan AAA al fin y al cabo. Lo más probable era que se apresuraran a buscar la salida, deshaciéndose de esos valores lo más rápido posible. Los bancos que los tenían en su poder iban a ser vulnerables a la estampida y probablemente echarían el freno a la hora de ofrecer más préstamos para cubrir las pérdidas o mantener los requisitos de capital, eso provocaría que incluso para las mejores solicitudes fuera difícil obtener una hipoteca, lo que con el tiempo deprimiría el mercado inmobiliario aún más.

Sería un círculo vicioso y probablemente generaría pánico en el mercado, y dada la vaporosa cantidad de dinero en juego, el resultado podía ser una crisis económica de unas proporciones inéditas en nuestra vida.

Yo escuché todo aquello con incredulidad creciente. George no era propenso a las exageraciones, sobre todo en lo que se refería al dinero. Me dijo que él mismo había tomado una considerable posición «corta» apostando sobre todo a que el precio de los valores respaldados por hipotecas bajara en el futuro. Le pregunté por qué, si el riesgo de una crisis en toda regla era tan alto, no había nadie —ni la Reserva Federal, ni los reguladores financieros, ni la prensa especializada— hablando del asunto.

George se encogió de hombros y dijo: «Dímelo tú».

Cuando regresé a mi despacho en el Senado le pedí a parte de mi equipo que consultara a sus colegas del Comité Bancario si alguien veía algún peligro en el pico en el mercado de las *subprime*. Los informes volvieron con una respuesta negativa: el presidente de la Reserva Federal había dicho que el mercado inmobiliario estaba un poco sobrecalentado y se preveía una eventual corrección, pero que analizando las tendencias históricas, en su opinión no había ninguna amenaza importante sobre el mercado financiero o la economía en general. El resto de temas que tenía sobre la mesa, entre los que estaba el comienzo de las elecciones de medio mandato, hicieron que las advertencias de George se esfumaran de mi mente. De hecho, cuando le volví a ver un par de meses más tarde, a principios de 2007, tanto el mercado financiero como el inmobiliario habían continuado bajando, pero no parecía nada serio. George me dijo que le habían forzado a abandonar su posición «corta» tras haber tenido grandes pérdidas.

«Sencillamente me he quedado sin dinero para seguir apostando —me dijo bastante tranquilo, y agregó—: Al parecer he subestimado lo dispuesta que estaba la gente a mantener la farsa.»

No le pregunté a George cuánto dinero había perdido y pasamos a otros temas de conversación. Aquel día nos separamos sin saber que la farsa no iba a durar mucho más tiempo, ni que apenas un año y medio más tarde el papel de sus terribles efectos colaterales iban a ser determinantes en que yo fuera elegido presidente.

«Senador Obama, Hank Paulson al habla.»

Era una semana y media después de la Convención Nacional Republicana, once días antes de mi primer debate con John McCain. Estaba claro por qué razón el secretario del Tesoro de Estados Unidos me había pedido esa llamada.

El sistema financiero estaba colapsando y arrastraba a la economía de Estados Unidos con él.

A pesar de que Irak había sido nuestro tema principal al comienzo de la campaña, la necesidad de políticas económicas más progresistas siempre había ocupado un lugar central en mi propuesta de cambio. En mi opinión, una combinación de la globalización y las revolucionarias nuevas tecnologías había ido modificando de forma esencial la economía estadounidense durante al menos dos décadas. Los fabricantes habían trasladado su producción al extranjero, aprovechando la mano de obra barata y la posibilidad de traer productos económicos para que los vendieran las grandes tiendas especializadas, contra las que los pequeños negocios no podían competir. En los últimos años internet había hecho desaparecer puestos de trabajo en oficinas y, en algunos casos, hasta industrias completas.

En esa nueva economía en la que el ganador se llevaba todo, quienes controlaban el capital o poseían aptitudes especializadas y de alta demanda —ya fueran emprendedores en tecnología, gestores de fondos de inversión, LeBron James o Jerry Seinfeld— podían apalancar sus activos, hacer negocio en el mercado global y acumular más riqueza que ningún otro grupo antes en la historia de la humanidad. Pero para el trabajador medio, la movilidad del capital y la automatización implicaban una mayor debilidad a la hora de negociar. Las ciudades industriales perdieron su esencia. La baja inflación y los económicos televisores de pantalla plana no lograban compensar los despidos, el descenso de la cantidad de horas trabajadas y el empleo temporal, los salarios estancados y los menores subsidios, sobre todo cuando tanto el coste de la atención sanitaria como el de la educación (los dos sectores menos vulnerables a la automatización para reducir costes) seguían siendo desorbitados.

La desigualdad tenía también una manera de agravarse sola. Hasta la propia clase media estadounidense se vio cada vez menos capaz de acceder a los barrios con las mejores escuelas o a las ciudades con las mejores perspectivas laborales. No podían afrontar los gastos extra —los cursos para preparar el acceso a la universidad, el campamento de tecnología, las indispensables, pero no remuneradas, prácticas— que los padres más pudientes proveían de manera natural a sus hijos. En 2007, la economía de Estados Unidos no solo producía una desigualdad mayor que ningún otro país rico, además tenía una menor movilidad social.

Yo opinaba que esas consecuencias no eran inevitables, sino más bien el resultado de unas decisiones políticas que se remontaban a la era de Ronald Reagan. Con el estandarte de la libertad económica —una «sociedad de propietarios» por emplear la expresión del presidente Bush— se había alimentado a los estadounidenses con una firme dieta a base de recortes fiscales para los ricos y una ausencia de aplicación de las leyes de negociación colectiva. Había habido intentos de privatizar o cortar la red de seguridad social, y los presupuestos federales habían dejado de invertir sistemáticamente en todo, desde educación infantil hasta infraestructura. Todo aquello había acelerado aún más la desigualdad y dejado a las familias muy poco preparadas para sobreponerse a la menor turbulencia económica.

Mi campaña trataba de empujar la economía en una dirección opuesta. No creía que Estados Unidos pudiera dar marcha atrás en la automatización o cortar la cadena de producción internacional (aunque sí pensaba que podíamos negociar cláusulas laborales y medioambientales más severas en nuestros acuerdos comerciales), pero estaba seguro de que podíamos adaptar nuestras instituciones y leyes, como ya lo habíamos hecho en el pasado, para asegurarnos de que la gente que quería trabajar tuviera un trato justo. En cada lugar en que me detenía, en cada ciudad y pueblo pequeño, mi mensaje era siempre el mismo: prometo aumentar los impuestos a los estadounidenses con ingresos más altos para pagar las inversiones necesarias en materias de educación, investigación e infraestructura. Prometo fortalecer los sindicatos y aumentar el ingreso mínimo, al igual que ofrecer una cobertura médica universal y hacer que las universidades sean más accesibles.

Quería que la gente entendiera que había un precedente de acción gubernamental audaz. Franklin Delano Roosevelt había salvado al capitalismo de sí mismo estableciendo las bases para la prosperidad posterior a la Segunda Guerra Mundial. En aquellos encuentros solía comentar cómo unas sólidas leyes laborales habían ayudado a construir una próspera clase media y un próspero mercado interno, y cómo —a fuerza de excluir productos peligrosos y estrategias fraudulentas— las leyes de protección al consumidor en realidad habían ayudado a legitimar el crecimiento y la prosperidad de los negocios.

Les explicaba cómo una buena red de escuelas públicas y universidades estatales y la aprobación de leyes como la G.I. Bill, en beneficio de los soldados que combatieron en la Segunda Guerra Mundial, habían avivado el potencial de varias generaciones de estadounidenses y promovido el ascenso social. Ciertos programas como la Seguridad Social y Medicare habían dado a esos mismos estadounidenses cierto grado de estabilidad en sus años dorados, y algunas inversiones del Gobierno, como las de la Autoridad del Valle de Tennessee y el sistema de autopistas interestatales, habían impulsado la productividad y provisto una plataforma para un sinnúmero de emprendedores.

Estaba convencido de que podíamos adaptar esas estrategias a la actualidad. Más allá de cualquier medida específica, quería restaurar en la mente del pueblo de Estados Unidos el papel crucial que siempre había desempeñado el Gobierno a la hora de ampliar las oportunidades, fomentar la competencia y los tratos justos, y asegurar que el mercado funcionaba para todo el mundo.

Con lo que no contaba era con una gran crisis económica.

A pesar de las tempranas advertencias de mi amigo George, no fue hasta la primavera de 2007 cuando empecé a notar titulares preocupantes en la prensa económica. La segunda mayor entidad crediticia de la nación con préstamos de alto riesgo, New Century Financial, se declaró en bancarrota tras una oleada de impagos en las *subprime* del mercado inmobiliario. La mayor entidad crediticia, Countrywide, consiguió evitar un destino semejante solo porque la Reserva Federal acudió al rescate y aprobó un matrimonio forzado con el Bank of America.

Aquello me preocupó. Hablé con mi equipo económico y en septiembre de 2007 di un discurso en NASDAQ, condenando el fracaso en la regulación del mercado de las *subprime* y proponiendo una mayor supervisión. Puede que eso me pusiera por delante de los acontecimientos frente a otros candidatos a la presidencia, pero aun así iba muy por detrás de la velocidad a la que en Wall Street estaban empezando a perder el control.

En los meses siguientes, los mercados financieros fueron en busca de cierta seguridad, mientras los prestamistas e inversores redirigían su dinero a bonos del Tesoro respaldados por el Gobierno, créditos estrictamente limitados, y sacaban el capital de cualquier empresa que tuviera algún riesgo considerable relacionado con los valores respaldados por las hipotecas. Casi todas las grandes instituciones financieras del mundo se vieron expuestas, ya fuera porque habían invertido directamente en esos instrumentos (por lo general, comprando deuda para financiar la apuesta) o porque habían prestado dinero a otras firmas que lo habían hecho. En octubre de 2007, Merrill Lynch anunció que había tenido pérdidas por 7.900 millones de dólares relacionadas con las hipotecas. Citigroup advirtió que sus números podían llegar a alcanzar los 11.000 millones. En marzo de 2008, el precio de la acción de la agencia de inversiones Bear Stearns se desplomó de los 57 a los 30 dólares en un día, obligando a la Reserva Federal a diseñar una compra a precio de liquidación por parte de JPMorgan Chase. Nadie era capaz de decir si los otros tres bancos de inversión importantes de Wall Street restantes —Goldman Sachs, Morgan Stanley y sobre todo Lehman Brothers, todos ellos desangrándose a ritmos alarmantes— iban a sufrir o no un ajuste de cuentas parecido.

Para el público en general, resultaba tentador ver todo aquello como un justo y merecido castigo a los codiciosos banqueros y gestores de fondos de inversión y desear que las firmas fracasaran y los ejecutivos que habían ganado veinte millones de dólares en bonos se vieran obligados a vender sus yates, sus aviones y sus casas en los Hamptons. Me he cruzado con suficientes ejecutivos de Wall Street como para saber que muchos de ellos (no todos) encajan en el estereotipo: gente presumida que se cree con derecho a todo, consumistas ostentosos e indiferentes al impacto que tienen sus decisiones en la vida de los demás.

Pero en medio del pánico financiero, en una economía capitalista moderna el problema era que no se podía separar a los buenos negocios de los malos, o administrar el dolor para que afectara solo a los imprudentes o inescrupulosos. Nos gustara o no, todos y todo estaban conectados.

Cuando llegó la primavera, Estados Unidos ya estaba en plena recesión. La burbuja inmobiliaria y el dinero fácil habían encubierto toda una serie de debilidades estructurales de la economía estadounidense durante una década. Pero ahora, con la recesión en sus máximos, el crédito restringido, el mercado de valores en declive y los precios de las casas en caída, las empresas grandes y pequeñas redujeron sus gastos. Se despidió a trabajadores y se cancelaron pedidos. Se aplazaron inversiones en nuevas plantas y en sistemas tecnológicos. Y mientras las personas que habían trabajado en esas compañías se quedaban sin dinero o veían disminuir el patrimonio de sus hogares o de sus planes 401(k), al retrasarse en el pago de sus tarjetas de crédito y verse obligados a gastar sus ahorros, ellos también gastaron menos. Postergaron la compra de coches nuevos, dejaron de comer fuera y pospusieron las vacaciones. Con la caída en las ventas, los negocios recortaron aún más el pago de las nóminas y de otros gastos. Era el clásico círculo de contracción de la demanda y empeoraba mes a mes. Los datos de marzo daban cuenta de que una de cada once hipotecas estaba fuera de plazo o en ejecución, y la venta de coches se había desplomado. En mayo, el desempleo aumentó medio punto, el mayor incremento mensual en veinte años.

Se había convertido en un problema que debía gestionar el presidente Bush. Ante la insistencia de sus asesores económicos, había asegurado un acuerdo entre ambos partidos en el Congreso para un paquete de rescate económico de 168.000 millones de dólares con el que proporcionaba exenciones y rebajas fiscales con el objetivo de estimular el gasto y dar un empujón a la economía. Pero el impacto que pudo haber provocado se vio empañado por la subida de los precios del petróleo aquel verano y la crisis sencillamente siguió empeorando. En julio, las cadenas de noticias de todo el país transmitieron imágenes de clientes desesperados haciendo fila para sacar su dinero de IndyMac, un banco de California que no tardó en sucumbir. El aún más grande Wachovia sobrevivió solo después de que el secretario Paulson pudo invocar «una situación de excepcionalidad por riesgo del sistema» para evitar su caída.

Mientras tanto, el Congreso autorizó 200.000 millones de dólares para prevenir que Fannie Mae y Freddie Mac —los dos mastodontes privados que juntos sumaban casi el 90 por ciento de las hipotecas de Estados Unidos— se fueran a pique. Ambos quedaron bajo la tutela del Gobierno en la recién creada Agencia Federal de Financiamiento de Vivienda. Pero a pesar de una intervención de esas magnitudes, seguía pareciendo que los mercados estaban al borde del colapso, como si las autoridades estuvieran echando grava a una grieta en la tierra que no paraba de crecer. Y al menos por el momento, el Gobierno se había quedado sin grava.

Ese era el motivo por el que me llamaba Hank Paulson, el secretario del Tesoro de Estados Unidos. La primera vez que me crucé con Paulson todavía era el CEO de Goldman Sachs. Alto, calvo y con gafas, con una actitud torpe pero sin pretensiones, se pasó la mayor parte del tiempo hablando de su entusiasmo por la defensa del medioambiente. Pero su voz, normalmente ronca, ahora sonaba concienzudamente tensa, la de un hombre que estaba luchando tanto contra el agotamiento como contra el miedo.

Aquel lunes 15 de septiembre, Lehman Brothers, una compañía de 639.000 millones de dólares, había anunciado que se iba a declarar en bancarrota. El hecho de que el Departamento del Tesoro no hubiera intervenido para evitar lo que sería la mayor declaración de bancarrota de la historia indicaba que estábamos entrando en una nueva etapa en la crisis.

«Podemos esperar una pésima reacción del mercado —dijo—. Y creemos que la situación va a empeorar un poco más antes de que empiece a mejorar.»

Me explicó por qué tanto el Tesoro como la Reserva Federal habían resuelto que Lehman era demasiado débil para apoyarla, y ninguna otra institución financiera estaba dispuesta a hacerse cargo de su lastre. El presidente Bush había autorizado a Paulson a que nos informara a McCain y a mí, porque futuras acciones de emergencia iban a requerir del apoyo político de ambos partidos. Paulson esperaba que ambas campañas respetaran y respondieran de forma apropiada a la gravedad de la situación.

No hacía falta un encuestador para entender que Paulson tenía motivos para estar preocupado por la política. Faltaban siete semanas para las elecciones generales. A medida que el público comprendía mejor la enormidad de la crisis, la idea de gastar miles de millones de dólares de los contribuyentes en rescatar bancos imprudentes sin duda ocupaba, en términos de popularidad, algún lugar entre el herpes zóster y Osama bin Laden. Al día siguiente, el Tesoro, bajo la dirección de Paulson, previno las catástrofes de Goldman Sachs y Morgan Stanley redefiniendo ambas instituciones de forma que les permitiera a ellos crear bancos comerciales aptos para solicitar protección federal. Aun así, incluso las compañías con excelentes calificaciones crediticias de repente se vieron incapaces de pedir el dinero que necesitaban para financiar operaciones cotidianas, y los fondos del mercado monetario, antes considerados seguros y con tanta liquidez como el mismo efectivo, estaban empezando a ceder.

Para los demócratas, habría sido fácil echarle la culpa de todo aquel fiasco al gobierno, pero la verdad era más compleja. La desregularización del sector financiero había comenzado con Clinton, y muchos congresistas demócratas habían aplaudido el aumento de los índices de propiedad de la vivienda durante la bonanza de las hipotecas *subprime*. Para los republicanos que buscaban una reelección y ya tenían que hacerlo con un presidente impopular y una economía en declive, la perspectiva de votar más rescates a Wall Street parecía una invitación a cavar su propia fosa.

«Si necesitáis adoptar nuevas medidas —le dije a Paulson— me parece que vuestro mayor problema va estar de vuestro lado, no del mío.»

Muchos republicanos se estaban quejando de que las intervenciones de la Administración Bush en el sector bancario violaban el principio conservador fundamental de un gobierno limitado. Acusaban a la Reserva Federal de haberse excedido en sus funciones, y algunos hasta tuvieron el descaro de criticar a las autoridades reguladoras del Gobierno por no haber identificado antes los problemas en el mercado de las hipotecas *subprime*, como si ellos mismos no se hubiesen pasado los últimos ocho años trabajando por debilitar cualquier regulación gubernamental con la que se habían topado.

Hasta ese momento los comentarios públicos de John McCain habían sido discretos, e insté a Paulson a que se mantuviera en estrecho contacto con mi oponente a medida que se desarrollaran los hechos. Como candidato republicano, no se podía permitir el lujo de distanciarse de Bush. De hecho, su promesa de continuar con la mayor parte de las políticas económicas de este había sido una de sus mayores debilidades. Durante las primarias había confesado que no sabía demasiado de política económica. Y más recientemente había reforzado la impresión de que estaba un poco desactualizado al reconocer a un periodista que no estaba seguro de cuántas casas poseía. (La respuesta era ocho.) Por lo que me contó Paulson, los problemas políticos de McCain estaban a punto de empeorar. No tenía dudas de que sus asesores políticos le iban a urgir a que mejorara su imagen ante los votantes desvinculándose de cualquier esfuerzo de rescate financiero que tratara de hacer la Administración.

Si McCain decidía no apoyarlos, sabía que me iba poner bajo la feroz presión de los demócratas —y tal vez también de mi propio equipo— por imitarlo. Y aun así, mientras concluía mi conversación con Paulson, sabía que no importaba lo que hiciera McCain. Con tanto en juego, yo iba a tener que hacer lo que fuera necesario, independientemente de la política, para ayudar a que la Administración estabilizara la situación.

Si quieres ser presidente, me dije, tienes que comportarte como uno.

Como era previsible, McCain tuvo dificultades para presentar una respuesta coherente ante unos hechos que se desarrollaban a gran velocidad. El día del anuncio de Lehman, en un inoportuno intento por tranquilizar al público, apareció en un mitin por televisión y declaró que «los fundamentos de la economía son fuertes». Mi campaña le criticó duramente por eso. («Senador, ¿de qué economía está hablando?», pregunté más tarde aquel día en uno de nuestros mítines.)

Los días siguientes, las noticias de la bancarrota de Lehman llevaron a los mercados a un pánico a gran escala. Las acciones se desplomaron. Merrill Lynch ya había negociado una desesperada venta al Bank of America. Mientras tanto, se comprobó que los 200.000 millones del programa de préstamos de la Reserva Federal a los bancos no eran suficientes. Junto a todo el dinero destinado a apuntalar Fannie Mae y Freddie Mac, otros 85.000 millones se desvanecieron en una urgente absorción de AIG por parte del Gobierno, la enorme compañía de seguros cuyas pólizas habían avalado el mercado de las de hipotecas *subprime*. AIG era el epítome de compañía «demasiado importante para caer» —tan vinculada a las finanzas globales que su colapso provocó una cascada de quiebras bancarios— e incluso después de la intervención del Gobierno siguió desangrándose. Cuatro días después del colapso de Lehman, el presidente Bush y el secretario Paulson salieron en televisión junto a Ben Bernanke y Chris Cox, presidentes de la Reserva Federal y de la Comisión de Bolsa y Valores, respectivamente, y anunciaron la necesidad de que el Congreso aprobara un proyecto de ley que finalmente sería conocido como TARP (Troubled Asset Relief Program), un mecanismo de alivio para activos en apuros que establecía un nuevo fondo de emergencia de 700.000 millones. Según sus cálculos, este era el precio de evitar el Armagedón.

Tal vez para compensar su anterior metedura de pata, McCain anunció su oposición al rescate financiero de AIG. Un día más tarde, dio marcha atrás. Su postura respecto al TARP seguía siendo poco clara, en teoría se oponía a los rescates financieros, pero en la práctica tal vez iba a apoyar este último. Con tantas idas y venidas, nuestra campaña no tuvo ningún problema en empezar a tratar la crisis como una consecuencia de la agenda económica «Bush-McCain», que priorizaba los intereses de los ricos y poderosos por encima de los de la clase media, sosteniendo que McCain no estaba preparado para dirigir al país durante una época de dificultades económicas.

Sin embargo, hice todo lo que pude por mantenerme fiel al compromiso que había asumido con Paulson, indicándole a mi equipo que se abstuviera de hacer comentarios públicos que pudieran poner en peligro las oportunidades de la Administración Bush para conseguir que el Congreso aprobara el paquete de medidas de rescate. Junto a nuestros asesores económicos internos, Austan Goolsbee y Jason Furman, había comenzado una ronda de consultas a grupos de asesores *ad hoc* que incluían al antiguo presidente de la Reserva Federal, Paul Volcker, al que fuera secretario del Tesoro durante la Administración Clinton, Larry Summers, y al legendario inversor Warren Buffet. Todos habían atravesado crisis financieras y todos me confirmaron que esta tenía una magnitud de naturaleza distinta. Si no se tomaban medidas con rapidez, me dijeron, nos enfrentábamos a la posibilidad real de un colapso económico: millones de estadounidenses más perderían sus casas y los ahorros de toda la vida, y el desempleo alcanzaría niveles de la época de la Gran Depresión.

Sus informes resultaron inestimables a la hora de ayudarme a comprender el intríngulis de la crisis y valorar las distintas respuestas que se estaban proponiendo. También me hicieron temblar de miedo. Cuando viajé a Tampa para preparar mi primer debate con McCain, me sentí confiado en que, al menos en materia económica, sabía de lo que estaba hablando: cada día me preocupaba más lo que una crisis prolongada podía implicar para las familias de todo el país.

Incluso sin la distracción de una crisis inminente, lo más probable es que no hubiese querido encerrarme en un hotel durante tres días para preparar un debate. Pero dadas mis contradicciones en los debates de primarias, sabía que necesitaba trabajar. Por suerte, nuestro equipo había reclutado a un par de abogados y veteranos políticos: Ron Klain y Tom Donilon, que habían desempeñado roles similares en la preparación de candidatos como Al Gore, Bill Clinton y John Kerry. En cuanto llegué, me entregaron un análisis detallado del formato del debate y un resumen de todas las preguntas imaginables. Junto a Axe, Plouffe, Anita Dunn —nuestra asesora en comunicación— y el resto del equipo, me machacaron durante horas con las respuestas y giros precisos que querían oír. Ron y Tom habían insistido en construir una réplica exacta del escenario del debate en el viejo hotel Baltimore en el que habíamos levantado el campamento, y aquella misma noche me sometieron a un falso debate completo de noventa minutos, analizando luego cada aspecto de mi interpretación, desde el ritmo hasta la postura. Fue agotador, aunque indudablemente útil, y cuando apoyé la cabeza en la almohada no tuve ninguna duda de que iba a soñar con los temas de debate.

Pero a pesar de sus esfuerzos, las noticias desde el exterior de la burbuja Klain-Donilon seguían desviando mi atención. Entre las sesiones, recibía información actualizada sobre la evolución de los mercados y las posibilidades que tenía la legislación TARP de la Administración. Aunque llamarla «legislación» era agrandarla un poco: el proyecto que Hank Paulson había presentado en el Congreso consistía en tres páginas escritas con un lenguaje estándar en las que se autorizaba al Tesoro a usar los 700.000 millones del fondo de emergencia para comprar activos en apuros o, de forma más general, para dar los pasos que considerara necesarios para contener la crisis. Con la prensa y la gente enloquecida por el coste y la reticencia de los representantes de ambas partes por la ausencia de detalles, Pete Rouse me dijo que la Administración no estaba ni cerca de conseguir los votos necesarios para que se aprobara.

Harry Reid y la presidenta de la Cámara, Nancy Pelosi, me lo confirmaron cuando hablé con ellos por teléfono. Ambos eran políticos duros, nada reacios a criticar severamente a los republicanos con el objetivo de consolidar sus mayorías cuando surgía la ocasión. Pero como comprobé repetidas veces durante los años siguientes, tanto Harry como Nancy estaban dispuestos (a veces después de muchas quejas) a dejar la política a un lado cuando era necesario. Respecto al TARP, esperaban de mí que les diera instrucciones. Compartí con ambos mi valoración más honesta: si se daban ciertas condiciones que aseguraran que no se trataba de un regalo a Wall Street, los demócratas tenían que ayudar a que se aprobara. Y, lo que les honra, ambos líderes dijeron que se las apañarían para arrastrar a sus propias comisiones y conseguir los votos para que se aprobara; claro está, *si* Bush y los líderes del partido aportaban también los votos republicanos.

Sabía que se trataba de un «si» endiabladamente grande. Una ley impopular, unas elecciones que se acercaban a toda prisa y ninguno de los bandos dispuesto a entregar más armas al contrario: una receta infalible para el bloqueo.

Para romper ese *impasse*, empecé a considerar seriamente la quijotesca idea que me había propuesto mi amigo Tom Coburn, un senador republicano por Oklahoma: que McCain y yo hiciésemos una declaración conjunta proponiendo que el Congreso aprobara una versión del TARP. Según Coburn, si los dos empuñábamos a la vez el cuchillo, conseguiríamos sacar la cuestión política de la votación y permitiríamos que el ansioso Congreso tomara una decisión razonable sin obsesionarse tanto por el impacto que iba a tener en las elecciones.

No tenía ni idea de cómo iba a responder McCain. Podía parecer efectista, pero si no se aprobaba el paquete de rescate, nos enfrentábamos a lo que podía convertirse en una recesión brutal, por lo que llegué a la conclusión de que valía la pena intentarlo.

Hablé con McCain por teléfono mientras yo regresaba al hotel después de un breve evento para la campaña. Tenía una voz suave, educada pero cauta. Estaba abierto a una posible declaración conjunta, dijo, pero había estado dándole vueltas a una idea distinta: ¿y si los dos suspendíamos nuestras campañas? ¿Y si posponíamos el debate, regresábamos a Washington y esperábamos a que se aprobara el paquete de rescate?

Aunque no entendía muy bien en qué iba a ayudar trasladar el circo de la campaña presidencial a Washington, me animó el aparente interés de McCain de sobreponerse a las trifulcas del día a día y aprobar un proyecto de ley. Con cautela para no sonar despectivo, sugerí —y John estuvo de acuerdo— que nuestros directores de campaña trabajaran en un abanico de opciones para que las considerásemos, y que volviéramos a hablar en una o dos horas.

Eso es un avance, pensé al colgar. Llamé a Plouffe y le di instrucciones de que llamara a Rick Davis, el director de campaña de McCain, para que siguieran la conversación. Unos minutos después llegué al hotel y me encontré a Plouffe con el ceño fruncido, tras una llamada con Davis.

—McCain está a punto de dar una conferencia de prensa —dijo— en la que va a anunciar su plan de suspender la campaña y volar de regreso a Washington.

—¿Qué? ¡Si he hablado con él hace diez minutos!

—Sí, pues... parece que no te ha dicho la verdad. Davis dice que McCain ni siquiera se va a presentar al debate a menos que el paquete de rescate se apruebe en las próximas setenta y dos horas. Dice que McCain te va a interpelar públicamente para que te unas a él en esto de suspender la campaña ya que, escucha esto: «el senador McCain considera que la política debe dejarse a un lado en este momento».

Plouffe dijo aquellas palabras como si quisiera pegar a alguien.

Unos minutos más tarde vimos cómo McCain hacía su declaración con una voz rebosante de preocupación. Era difícil no sentirse enfadado o decepcionado. Desde un punto de vista benévolo, se podía pensar que John había actuado así por desconfianza: temeroso de que mi propuesta de una declaración conjunta fuera un intento de sacarle ventaja, había decidido sacarme ventaja él primero. Desde un punto de vista menos benévolo, y compartido de forma unánime por todo mi equipo, aquella campaña desesperada se estaba embarcando en una nueva maniobra política muy poco meditada.

Maniobra o no, gran parte del mundillo político de Washington consideró el movimiento de McCain como un golpe maestro. En cuanto se hizo público, nos bombardearon ansiosos mensajes de asesores demócratas y de nuestra gente en la capital en los que nos decían que teníamos que suspender la campaña o arriesgarnos a ceder el liderazgo moral en un momento de crisis. Pero tanto por temperamento como por experiencia, no estábamos dispuestos a hacer lo razonable. No solo me parecía que si los dos íbamos a Washington a posar solo conseguiríamos disminuir, en vez de aumentar, las probabilidades de que se aprobara el TARP, sino que sentía que la crisis financiera hacía que el debate fuera mucho más importante, para que los votantes pudieran escuchar directamente a los dos hombres que competían por liderarlos a través de ese territorio inexplorado. Aun así, rechazar el reclamo de McCain parecía una gran apuesta. Con todo el equipo a mi alrededor, pregunté si alguien estaba en contra de mi análisis. Sin dudarlo, todos dijeron que no.

Sonreí. «Muy bien.»

Una hora y media más tarde, di mi propia conferencia de prensa para decir que no iba a suspender mi campaña. Añadí que estaba en permanente contacto con Paulson y con los líderes del Congreso, y que si era necesario podía viajar a Washington en cualquier momento. Entonces improvisé una frase que predominó luego en la cobertura mediática: «Los presidentes tienen que ser capaces de lidiar con más de una cosa a la vez».

No teníamos ni idea de cómo iban a responder los votantes, pero todos nos sentíamos bien con la decisión que habíamos tomado. Aun así, en cuanto nos sentamos a diseñar los siguientes pasos, Plouffe recibió un email de Josh Bolten, jefe de gabinete del equipo de Bush, pidiéndole que le llamara. Salió de la habitación y cuando regresó unos minutos más tarde, tenía el ceño aún más fruncido.

—Al parecer, McCain ha pedido a Bush que convoque una reunión mañana en la Casa Blanca contigo, él y los líderes del Congreso para discutir a fondo un acuerdo para el TARP. Bush debería llamarte en cualquier momento para invitarte a las festividades.

Plouffe negó con la cabeza y dijo:

—No me jodas.

Sin ser grande, la sala del Gabinete de la Casa Blanca es señorial, con una amplia alfombra roja adornada con estrellas doradas, paredes color crema y candelabros con forma de águila. En el lado norte de la habitación, los bustos en mármol de Washington y Franklin, esculpidos al estilo clásico, miran desde sus recovecos a ambos lados de la chimenea. En el centro de la habitación hay una mesa ovalada de caoba brillante rodeada de veinte pesadas sillas tapizadas con cuero y detrás de cada una va adherida una pequeña placa de latón que indica dónde deben sentarse el presidente, el vicepresidente y varios miembros del gabinete. Es un lugar apropiado para un sobrio debate, construido para albergar el peso de la historia.

La luz entra a raudales casi todos los días por puertas acristaladas que dan al jardín de las Rosas, pero el 25 de septiembre, mientras tomaba mi asiento en la reunión que había convocado Bush a petición de McCain, el cielo estaba nublado. Alrededor de la mesa se sentaron el presidente, el vicepresidente Cheney, McCain y yo, junto a Hank Paulson, Nancy Pelosi, Harry Reid, los líderes republicanos John Boehner y Mitch McConnell, más los presidentes y altos cargos de los comités relevantes. Una horda de asistentes de la Casa Blanca y congresistas estaba alineada en las paredes, tomaban notas y hojeaban pesados informes impresos.

Nadie parecía contento de estar allí.

Sin duda el presidente no había sonado demasiado entusiasta el día anterior cuando habíamos hablado por teléfono. Yo no estaba de acuerdo prácticamente con ninguna de las principales decisiones políticas de Bush, pero había llegado a un punto en que el hombre había empezado a caerme bien, me parecía directo, encantador y con un sentido del humor autocrítico.

«No sabría decirte por qué McCain cree que esto es una buena idea», dijo, y sonaba casi a una disculpa. Sabía que Hank Paulson y yo nos comunicábamos un par de veces al día, y expresó su agradecimiento por mi ayuda tras bambalinas con los congresistas demócratas. «Si yo fuera tú, Washington sería el último lugar en el que querría estar —dijo Bush—. Pero McCain me lo ha pedido y no puedo negarme. Con un poco de suerte lo resolvemos rápido.»

Tiempo después me enteraría de que Paulson y el resto del equipo de Bush se habían opuesto a la reunión, y por una buena razón. Varios días antes, los líderes del Congreso habían comenzado a acercar sus diferencias sobre la ley TARP. Aquella misma mañana habían circulado informes con un acuerdo tentativo (aunque a las pocas horas los republicanos de la Cámara se habían retirado). Con las negociaciones en un estado tan delicado, los asesores de Bush pensaban con razón que sumarnos a mí y a McCain al proceso iba a entorpecer más que a ayudar.

Pero Bush había rechazado la petición de su equipo y no se le podía culpar. Dada la creciente resistencia al TARP dentro de su propio partido, difícilmente podía permitirse el lujo de tener al candidato republicano en contra. Aun así, cualquier procedimiento tenía el aspecto de una elaborada farsa. Al mirar los rostros severos de la habitación, comprendí que no estábamos reunidos para llevar a cabo una negociación importante, sino más bien para asistir al esfuerzo del presidente por aplacar a un hombre.

Bush comenzó con un breve pedido de unidad antes de entregar la reunión a Paulson, quien nos puso al día con la situación del mercado y explicó que los fondos del TARP se iban a usar para acaparar las malas hipotecas (los «activos tóxicos» las llamaban) de los bancos, y de esa manera apuntalar los balances y restaurar la confianza en el mercado.

«Si Hank y Ben creen que este plan va a funcionar —dijo Bush cuando terminaron— entonces yo también lo creo.»

Siguiendo el protocolo, le correspondía la palabra a la presidenta Pelosi, pero en lugar de tomarla, Nancy informó amablemente al presidente que los demócratas habían decidido que yo hablara primero en su nombre.

Había sido idea de Nancy y de Harry que yo hiciera de interlocutor, y les estaba agradecido por ello. No solo impedía que McCain me flanqueara durante las deliberaciones, sino que indicaba además que mis compañeros demócratas consideraban sus destinos políticos unidos al mío. La jugada pareció tomar a los republicanos por sorpresa y no pude evitar notar que el presidente le dedicaba a Nancy una de sus típicas sonrisitas —como político inteligente, sabía reconocer una hábil maniobra cuando la veía— antes de asentir hacia mí.

Durante varios minutos hablé de la naturaleza de la crisis, de los detalles de la legislación emergente y de los puntos pendientes que se habían omitido, la remuneración de los ejecutivos y la ayuda para los propietarios que los demócratas creían que todavía había que incluir. Recordé que tanto el senador McCain como yo habíamos prometido públicamente no hacer jugadas políticas con el esfuerzo del rescate financiero, le dije al presidente que los demócratas votaríamos a favor, pero aclaré que si era cierto lo que decían algunos informes sobre que algunos líderes republicanos iban a retroceder e insistir en empezar todo un plan de cero, eso complicaría inevitablemente las negociaciones y «las consecuencias serán graves».

Bush se volvió hacia McCain y le dijo:

«John, ya que Barack ha tenido la oportunidad de hablar, creo que sería justo que tú fueras el siguiente.»

Todo el mundo miró a McCain, que apretó la mandíbula. Pareció a punto de decir algo, pero lo pensó mejor y se acomodó brevemente en la silla.

«Creo que esperaré mi turno», dijo al fin.

En una contienda electoral, al igual que en la vida, hay momentos en que se cierran todos los caminos posibles menos uno y lo que parecía un amplio abanico de desenlaces se reduce al inevitable. Aquel fue uno de esos momentos. Bush miró a McCain con las cejas levantadas, se encogió de hombros y le dio la palabra a John Boehner. Este dijo que él no hablaba de empezar de cero, sino que solo quería algunas modificaciones: incluir un plan que le costó describir y que implicaba que el Gobierno federal asegurara las pérdidas de los bancos en lugar de comprar sus activos.

Le pregunté a Paulson si había echado un vistazo a esa propuesta de seguro republicana y si pensaba que podía funcionar. Paulson dijo con firmeza que lo había hecho y que no iba a funcionar.

Richard Shelby, alto cargo en el Comité Bancario del Senado, interrumpió para decir que varios economistas le habían dicho que el TARP no iba a funcionar. Propuso que la Casa Blanca diera más tiempo al Congreso para considerar todas las opciones. Bush lo interrumpió y dijo que el país no tenía más tiempo.

A medida que avanzaba la conversación, cada vez era más evidente que ninguno de los líderes republicanos estaba familiarizado con el verdadero contenido de la última versión del TARP; o en todo caso con la naturaleza de los cambios que ellos mismos proponían. Sencillamente trataban de evitar tener que emitir un voto difícil. Después de escuchar varios minutos de discusión de un lado y de otro, volví a tomar la palabra.

«Señor Presidente —dije— me gustaría oír lo que tiene que decir el senador McCain.»

Una vez más, todo el mundo miró a McCain. En esa ocasión leyó una pequeña tarjeta que tenía en la mano, murmuró algo que no llegué a comprender, y empleó dos o tres minutos para decir trivialidades, que parecía que las conversaciones estaban haciendo sus progresos y que lo importante era dar espacio a Boehner para que moviera a su grupo hacia el «sí».

Y eso fue todo. Ningún plan. Ni la sombra de una sugerencia sobre cómo acercar las posturas. La sala permaneció en silencio mientras McCain apoyaba su tarjeta con la mirada abatida, como un bateador al que acaban de eliminar. Casi sentí pena por él. Era una negligencia política que su equipo hubiera hecho una apuesta tan fuerte para luego enviar a su candidato a la reunión sin prepararlo. Cuando los periodistas tuvieron noticia de su participación aquel día, la cobertura no fue amable con él.

La consecuencia más inmediata de la incomodidad de John fue activar una batalla campal en la sala del Gabinete. Nancy Pelosi y Spencer Bachus, el republicano de más rango en el Comité de Servicios Financieros del Congreso comenzaron a discutir sobre quién se merecía el mérito de haber incluido una mayor protección al contribuyente en la última versión de la ley. Barney Frank, el duro e ingenioso demócrata de Massachusetts que conocía a su gente y probablemente había trabajado más que nadie ayudando a Paulson a que el TARP llegara a su meta, empezó a burlarse de los republicanos gritando: «¿Y cuál es vuestro plan? ¿Cuál es vuestro plan?». Los rostros se enfurecieron, todo el mundo se puso a hablar a la vez. Y durante todo este tiempo, McCain se mantuvo en silencio, incómodo en su silla. Las cosas empeoraron tanto que finalmente el presidente Bush se puso de pie.

«Es evidente que he perdido el control de esta reunión —dijo—. Hemos terminado.»

Dicho eso, se dio media vuelta y se marchó por la puerta sur.

La escena al completo me dejó anonadado.

Mientras McCain y los líderes republicanos abandonaban la sala a toda prisa, me llevé a Nancy, a Harry y al resto de demócratas a una reunión en el salón Roosevelt. Estaban en distintos estados de agitación, y como ya habíamos decidido que no iba a hacer comentarios a la prensa tras la reunión, quise asegurarme de que ninguno fuera a decir nada que pudiera empeorar las cosas. Estábamos repasando cómo se podía resumir la reunión de forma constructiva cuando entró Paulson con un aspecto absolutamente conmocionado. Algunos de mis colegas empezaron a chistarle como si fuera el chico impopular del parque. Alguno hasta le abucheó.

—Nancy —dijo Paulson, imponente junto a la presidenta—. Por favor... —Y con una ocurrente y algo triste combinación de humor y desesperación, posó sobre una rodilla su metro noventa y siete de altura, y sus sesenta y dos años y dijo—: Te lo suplico, no revientes esto.

La presidenta se permitió una pequeña sonrisa.

—Hank, no sabía que eras católico —dijo. Al instante, su sonrisa se evaporó y agregó con cortesía—: Tal vez no te has dado cuenta, pero no somos nosotros los que tratan de reventarlo.

Hay que dar a Paulson lo que es suyo. Volvió a ponerse de pie y esperó varios minutos a que los demócratas se descargaran. Cuando se marcharon a la rueda de prensa, todo el mundo se había calmado y había acordado ponerle la mejor cara posible a la reunión. Hank y yo quedamos en hablar esa noche. Pedí que llamaran a Plouffe.

—¿Cómo ha ido? —preguntó.

Lo pensé un instante.

—Bien para nosotros —dije—. Pero por lo que acabo de ver: o ganamos esto, o el país se va a la mierda.

No soy supersticioso por naturaleza. De niño no tenía un número de la suerte ni ninguna pata de conejo. No creía en los fantasmas ni en los duendes, y aunque tal vez pidiera un deseo al soplar las velas de cumpleaños o lanzara una moneda a alguna fuente, mi madre siempre me recordaba que existía una relación directa entre el trabajo y el hecho de que los deseos se cumplieran.

Durante el transcurso de la campaña, sin embargo, me descubrí haciendo unas cuantas concesiones al mundo espiritual. Un día en Iowa, por ejemplo, un tipo fornido con barba, pinta de motero y cubierto de tatuajes se acercó resueltamente hacia mí después de un acto y me puso algo en la mano. Era su ficha de póker metálica talismán, explicó, jamás le había fallado en Las Vegas. Quería que yo la tuviera. Una semana más tarde, en New Hampshire, una chica joven, ciega, me dio un pequeño corazón de cristal rosa. En Ohio, fue una cruz de plata la que me entregó una monja de sonrisa incontenible y una cara con tantas arrugas como el hueso de un melocotón.

Mi surtido de amuletos no paró de crecer. Un Buda en miniatura, una castaña, un trébol de cuatro hojas plastificado, una pequeña imagen en bronce de Hánuman, el dios mono, todo tipo de ángeles, rosarios, cristales y piedras. Adopté la costumbre de elegir cada mañana cinco o seis y metérmelos en los bolsillos, e inconscientemente fui siguiendo la pista de cuáles había llevado encima los días buenos en particular.

Si mi alijo de pequeños tesoros no garantizaba que el universo se inclinara a mi favor, pensaba que al menos tampoco podía hacerme daño. Cada vez que los giraba con los dedos o escuchaba su suave tintineo mientras iba de un evento al otro sentía cierto consuelo. Cada amuleto era un recordatorio palpable de todas las personas que había conocido, un leve pero constante transmisor de sus expectativas y esperanzas.

También me volví maniático con los rituales los días de debate. Las mañanas estaban destinadas a repasar la estrategia y los puntos clave, la primera hora de la tarde a algún acto ligero de campaña, pero a las cuatro en punto quería la agenda despejada. Hacía un poco de ejercicio para perder el exceso de adrenalina. Y después, noventa minutos antes de dirigirnos al lugar, me afeitaba y me daba una larga ducha caliente, antes de ponerme una camisa nueva (blanca) y una corbata (azul o roja) que Reggie había colgado en el armario del hotel junto a mi traje azul recién planchado. De cenar, comida casera: un filete a punto, patatas asadas o puré, brócoli al vapor. Y durante la media hora aproximadamente que quedaba para el debate, mientras echaba un vistazo a mis notas, escuchaba música por los auriculares o en un pequeño altavoz portátil. Con el tiempo me volví un poco adicto a escuchar ciertas canciones. Al principio eran un puñado de clásicos de jazz: «Freddie Freeloader» de Miles Davis, «My Favorite Things» de John Coltrane, «Luck be a Lady» de Frank Sinatra. (Antes de un debate en las primarias debí escuchar esta última canción dos o tres veces seguidas, lo que indicaba con claridad falta de confianza en mi preparación.)

Pero al final lo que mejor me acomodaba la cabeza era el hip-hop, dos canciones en especial: «My 1st Song» de Jay-Z y «Lose Yourself» de Eminem. Las dos hablaban de desafiar los pronósticos y jugárselo todo («Si tuvieras un tiro o una oportunidad, para tener todo lo que siempre quisiste en un instante, ¿lo tomarías? O lo dejarías marchar...»), de lo que se sentía al sacar algo de la nada, de cómo salir adelante disfrazando el ingenio, el ruido y el miedo de bravuconería. Las letras parecían hechas a medida para mi primera condición de más débil. Y mientras iba sentado solo al fondo de la furgoneta del Servicio Secreto camino del debate en mi almidonado uniforme y la corbata puesta, movía la cabeza al ritmo de esas canciones sintiendo el gusto de una rebeldía privada, una conexión con algo más descarnado y real que todo el bullicio y la deferencia que me rodeaban. Era una manera de acabar con el artificio y recordar quién era.

Antes de mi primer debate con John McCain a finales de septiembre, seguí el ritual al pie de la letra. Me comí el filete, escuché música, sentí el peso de los amuletos en mi bolsillo mientras caminaba hacia el escenario, pero lo cierto es que no necesitaba demasiada suerte. Cuando llegué al campus de la Universidad de Mississippi —el mismo lugar en el que hacía menos de cincuenta años un hombre negro llamado James Meredith había necesitado una orden del Tribunal Supremo de Justicia y la protección de quinientos funcionarios federales encargados de hacer cumplir la ley para conseguir que asistiera a clase— ya no era el más débil.

Perder la carrera solo dependía de mí.

Como era de esperar, la prensa que había cubierto el fiasco de la reunión en la Casa Blanca no había tenido piedad con McCain. Sus problemas no habían dejado de empeorar cuando, justo unas horas antes del debate, desde su campaña anunciaron que —dado el «avance» que se había producido tras su intervención en las negociaciones del TARP en el Congreso— había decidido levantar la suspensión que se había autoimpuesto a su campaña e iba a participar al fin. (Nosotros íbamos a presentarnos de todos modos, incluso si eso implicaba que tuviera una agradable y televisada conversación cara a cara con el presentador, Jim Lehrer.) Los periodistas vieron la última jugada de McCain como lo que era: el precipitado abandono de una maniobra política que había resultado contraproducente.

El debate en sí no dio muchas sorpresas. McCain parecía relajado en el escenario, combinaba frases de discursos de su campaña con la típica ortodoxia republicana, altas dosis de humor y encanto. Aun así, a medida que avanzaba la contienda cada vez se volvía más y más evidente su poca comprensión de los detalles de la crisis financiera y la falta de respuestas sobre qué planeaba hacer con ella. Mientras tanto, yo iba a mi juego. Sin duda mi régimen de entrenamiento a manos de los sargentos instructores Klain y Donilon estaba dando sus frutos. Por más que me esforzara por evitar las respuestas enlatadas, no se podía negar que tanto la audiencia como los analistas consideraban convincentes mis réplicas, más ensayadas, y la preparación me protegía de alargarme demasiado.

Además de eso, mi actitud para el debate con McCain era evidentemente distinta. A diferencia de mis debates con Hillary y el resto del grupo demócrata, que por lo general era un juego muy elaborado, lleno de sutilezas y puntos de estilo, las diferencias entre McCain y yo eran reales y profundas. La apuesta de elegir a uno en lugar del otro iba a tener repercusiones durante décadas y generar consecuencias para millones de personas. Confiado en mi dominio sobre los hechos, seguro de las razones por las que mis ideas tenían más probabilidades que las de John de estar a la altura de los desafíos a los que se enfrentaba el país, me sentí enérgico durante el intercambio y me descubrí (casi) disfrutando de los noventa minutos que pasamos en el escenario.

El sondeo instantáneo posdebate entre los votantes indecisos me declaró vencedor por un amplio margen. Mi equipo estaba emocionado, todo el mundo chocaba los puños o las manos, y hubo también varios secretos suspiros de alivio.

Michelle estaba feliz pero un poco apagada. Según decía ella, odiaba ir a los debates, tener que estar allí sentada con aspecto sereno, sin que importara lo que se dijera de mí o lo mucho que yo metiera la pata, le revolvía el estómago; era como si le sacaran una muela sin anestesia. De hecho, ya fuera por temor a arruinar el resultado o por su propia ambigüedad ante la perspectiva de que ganara, por lo general evitaba hablar de los aspectos de la campaña que la hacía parecer una carrera de caballos. Por eso me sorprendió aquella noche cuando, ya en la cama, se dio la vuelta y me dijo:

—Vas a ganar, ¿verdad?

—Todavía pueden suceder muchas cosas... pero sí. Hay bastantes probabilidades de que gane.

Miré a mi esposa. Tenía un gesto pensativo, como si estuviera encajando las piezas de un rompecabezas en la mente. Al final asintió para sí misma y me miró.

—Vas a ganar —dijo con suavidad. Me dio un beso en la mejilla, apagó la luz y se cubrió con la manta hasta los hombros.

El 29 de septiembre, tres días después del debate en la Universidad de Mississippi, al proyecto de ley TARP de Bush le faltaron trece votos para ser aprobado en la Cámara de Representantes, con dos tercios de los demócratas a favor y dos tercios de los republicanos en contra. El Dow Jones registró una enorme caída de 778 puntos, y tras la bronca de la prensa y el aluvión de llamadas de votantes que veían cómo se evaporaban sus cuentas para la jubilación, hubo una cantidad suficiente de miembros de ambos partidos que cambiaron de opinión para aprobar una versión mejorada del paquete de rescate unos días más tarde.

Con gran alivio, llamé a Hank Paulson para felicitarle por los resultados. Pero mientras la aprobación del TARP resultó esencial para salvar el sistema financiero, todo aquel episodio no ayudó en absoluto a revertir la creciente opinión pública de que al Partido Republicano —y en consecuencia, a su candidato— no se le podía confiar la responsabilidad de gestionar la crisis.

Mientras tanto, las decisiones de campaña en las que había insistido Plouffe desde hacía meses estaban dando resultados. Nuestro ejército de activistas locales y voluntarios se había dispersado por todo el país, había registrado a cientos de miles de nuevos votantes y lanzado operaciones sin precedentes en estados que admitían el voto anticipado. Nuestras donaciones online seguían fluyendo, lo que nos permitía estar en los medios que eligiéramos. Un mes antes de las elecciones, cuando la campaña de McCain anunció que frenaba sus esfuerzos en Michigan, un estado que históricamente había sido una contienda clave, para concentrarlos en otro lugar, Plouffe se sintió casi ofendido.

«¡Sin Michigan no pueden ganar! —dijo sacudiendo la cabeza—. Para eso que saquen de una vez la bandera blanca.»

En lugar de concentrar la energía en Michigan, la campaña de McCain puso toda su atención en un hombre que se terminaría convirtiendo en una impensable figura de culto: Joe Wurzelbacher.

Me había cruzado con Wurzelbacher unas semanas antes mientras hacía un poco de campaña puerta a puerta a la vieja usanza en Toledo, Ohio. Era el tipo de acto de campaña que más disfrutaba, sorprender a las personas mientras rastrillaban las hojas o arreglaban sus coches frente a sus casas, ver cómo los chicos se acercaban a toda prisa con sus bicicletas para enterarse de a qué venía tanto revuelo.

Ese día estaba de pie en una esquina firmando autógrafos y hablando con un grupo de personas, cuando un hombre con la cabeza rapada y aspecto de treinta y muchos se presentó como Joe y me preguntó por mi programa de impuestos. Dijo que era fontanero y que estaba preocupado de que un grupo de liberales como yo se lo pusiera aún más difícil a los propietarios de negocios pequeños. Le expliqué ante las cámaras que mi plan era subir los impuestos solo al 2 por ciento de los estadounidenses más ricos, y que al invertir esos ingresos públicos en materias como educación e infraestructura, lo más probable era que la economía y su negocio prosperaran. Le dije que creía que ese tipo de redistribución del ingreso —«cuando repartes la riqueza» fueron mis palabras exactas— siempre había sido muy importante para dar más oportunidades a las personas.

Joe se mostró cordial pero escéptico, estuvimos de acuerdo en que no estábamos de acuerdo, y antes de que me marchara nos dimos la mano. En la furgoneta de regreso al hotel, Gibbs —que como buen director de Comunicación de campaña tenía un olfato infalible para identificar cómo lo que parecían un puñado de palabras inocuas podían acabar incitando la estupidez política— me dijo que mi comentario sobre la diseminación de la riqueza era problemático.

—¿Qué dices?

—La frase no cae bien en los sondeos. A la gente le suena a comunismo y esas mierdas.

Me reí a carcajadas, le dije que justamente la idea de los recortes fiscales que había hecho Bush era redistribuir los ingresos de gente como yo a gente como Joe. Gibbs me miró como un padre mira al niño que comete una y otra vez el mismo error.

Efectivamente, en cuanto se emitió la conversación que sostuve con Wurzelbacher —apodado instantáneamente Joe el Fontanero—, McCain empezó a machacar con eso en los debates. Su campaña fue a por todas diciendo que aquel hombre, que era la sal de la tierra en Ohio, había desenmascarado mi programa secreto de redistribución del ingreso socialista y lo trataron como el oráculo del estadounidense medio. De pronto, todas las cadenas de noticias estaban entrevistando a Joe. Había anuncios publicitarios de Joe el Fontanero, y McCain lo llevó a un par de mítines de su campaña. El propio Joe parecía divertido por momentos, en otros desconcertado y de vez en cuando incómodo con su fama recién estrenada, pero cuando se dijo todo lo que se podía decir, la mayoría de los votantes vieron a Joe como poco más que una distracción de la importante tarea de elegir al próximo presidente.

La mayoría de votantes, no todos. Para quienes se informaban con Sean Hannity y Rush Limbaugh, Joe el Fontanero encajaba a la perfección en una narrativa más amplia que incluía al reverendo Wright, mi amistad con mi vecino Bill Ayers, que había liderado el grupo militante Weather Underground, mi presunta fidelidad hacia el radical trabajador comunitario Saul Alinsky y mi oscura herencia musulmana. Para esos votantes, yo no era solo un demócrata de centroizquierda que pretendía ampliar las redes de protección social y acabar con la guerra en Irak. Era algo más insidioso, alguien a quien se debía temer, alguien a quien había que detener. Y para dar ese urgente y patriótico mensaje al pueblo, cada vez buscaban más a su valiente defensora: Sarah Palin.

En agosto, Palin había fracasado en algunas entrevistas de alto perfil en los medios, lo que la había convertido en el objetivo de *Saturday Night Live* y de otros programas nocturnos de humor, pero su fuerza estaba en otro lugar. La primera semana de octubre había convocado a grandes multitudes y había avivado con entusiasmo la bilis nativista. Desde el escenario me acusó de «tener amistad con terroristas cuyo objetivo era su propio país». Comentó que era «un hombre que no veía a Estados

Unidos de la manera en la que tú y yo vemos a Estados Unidos». La gente iba a sus mítines con camisetas con eslóganes como: «Pitbul de Palin» o «fuera comunistas». La prensa habló de gritos entre el público como «¡Terrorista!», «¡Matadlo!» y «¡Que le corten la cabeza!». Era como si a través de Palin los oscuros ánimos que durante mucho tiempo habían estado acechando la periferia del Partido Republicano moderno —la xenofobia, el antintelectualismo, las teorías conspiranoicas y sobre todo la hostilidad hacia la gente negra y mestiza— hubieran encontrado su manera de llegar al escenario principal.

Una prueba del carácter de John McCain, de su honradez esencial, fue que cada vez que un simpatizante se le acercaba vomitando la retórica Palin, él lo hacía retroceder amablemente. Y en un mitin en Minnesota, cuando un hombre declaró ante el micrófono que tenía miedo de que yo fuera el presidente, McCain no lo pudo soportar más.

—Tengo que deciros que es una persona decente y a la que no debéis temer como presidente de Estados Unidos —dijo, y provocó un enérgico abucheo desde el público. A otra pregunta respondió:

—Queremos pelear y pelearemos. Pero seremos respetuosos. Admiro al senador Obama y sus logros. Voy a ser respetuoso con él. Quiero que todo el mundo sea respetuoso y se asegure de serlo porque esa es la manera en la que se tiene que hacer política en nuestro país.

A veces me pregunto si en retrospectiva McCain hubiese seguido eligiendo a Palin, teniendo en cuenta cómo su espectacular subida y su legitimación como candidata facilitaron luego un patrón para políticos futuros, desplazando el centro de su partido y de la política general del país hacia una dirección que él mismo aborrecía. Por supuesto, jamás le hice esta pregunta de forma directa. Durante la década siguiente, nuestra relación evolucionó hacia un respeto reticente pero auténtico, aunque las elecciones de 2008 siguieron siendo, comprensiblemente, un apartado doloroso.

Me gusta pensar que, si McCain hubiese tenido la oportunidad de volver atrás, tal vez habría elegido a alguien distinto. Realmente creo que para él su país era lo más importante.

El hechizo que había empezado con Edith Childs y su enorme sombrero en una pequeña habitación de Greenwood, Carolina del Sur, hacía ya más de un año, había crecido espontáneamente, se había propagado entre multitudes de cuarenta o cincuenta mil personas y la gente llenaba estadios y parques públicos impávida ante el atípico calor de octubre. «¡En marcha, estamos listos! ¡En marcha, estamos listos!» Habíamos creado algo juntos, se podía sentir la energía como si fuera una fuerza física. A pocas semanas de las elecciones, nuestras sedes de campaña locales luchaban por encontrar espacios lo bastante grandes para acoger a la gran cantidad de personas que se apuntaban como voluntarias. El póster del diseñador Shepard Fairey, titulado «esperanza», una versión estilizada de mi cara en rojo, blanco y azul, con la mirada fija en el horizonte, de pronto parecía omnipresente, como si la campaña hubiese traspasado la política y hubiese entrado en el reino de la cultura popular. «Eres la nueva moda», bromeaba Valerie.

Eso me preocupaba. La inspiración que estaba generando nuestra campaña, el espectáculo de tantas personas jóvenes a las que se les acababa de dar la opción de generar un cambio, el modo en que estábamos uniendo a estadounidenses por encima de las diferencias de raza y de clase era la materialización de todo lo que alguna vez había soñado que se podía hacer en política y me llenaba de orgullo. Pero el hecho de que continuamente me elevaran al nivel de un símbolo iba en contra de mis instintos de trabajador comunitario, sentía que el cambio implicaba un «nosotros» y no un «yo». Personalmente también era confuso, me exigía analizar a cada instante la situación para estar seguro de que no había comprado el despliegue publicitario, y recordarme a mí mismo la distancia que había entre aquella imagen retocada y la persona imperfecta, por lo general insegura, que era yo.

Me enfrentaba también a la posibilidad de que, si me elegían presidente, sería imposible estar a la altura de las descomunales expectativas depositadas en mí. Desde que había ganado la candidatura demócrata, había empezado a experimentar otra forma de leer el periódico, una que me sobresaltaba. Cada titular, cada historia, cada revelación suponían un nuevo problema que debía resolver. Y los problemas se acumulaban con rapidez. A pesar de que el TARP se había aprobado, el sistema financiero seguía paralizado. El mercado inmobiliario caía en picado. La economía perdía puestos de trabajo a un ritmo acelerado y se especulaba que pronto también iban a estar en riesgo los «tres grandes» fabricantes de automóviles.

No me asustaba la responsabilidad de afrontar esos problemas. De hecho, me agradaba poder hacerlo. Pero por lo que comenzaba a ver lo más probable era que las cosas empeoraran significativamente antes de empezar a mejorar. Resolver la crisis financiera —por no mencionar acabar con dos guerras, cumplir con mi compromiso con la asistencia sanitaria e intentar salvar al planeta de la catástrofe del cambio climático— iba a ser un largo y arduo trabajo. Iba a requerir un Congreso colaborativo, aliados bien dispuestos y una ciudadanía informada y movilizada, capaz de sostener la presión en el sistema y no un único salvador.

¿Qué iba a pasar cuando el cambio no se produjera lo bastante rápido? ¿Cómo iban a responder aquellas entusiastas multitudes a los inevitables reveses y compromisos? Se convirtió en una broma habitual entre el equipo y yo: «¿Estamos seguros de que queremos ganar? Todavía estamos a tiempo de arrojar la toalla». Marty tenía una versión más étnica de ese sentimiento: «Doscientos treinta y dos años y esperan a que la economía se esté desmoronando para entregársela a un hermano!».

Más que cualquier cosa relacionada con la campaña, lo que más oscurecía mi estado de ánimo los últimos días de octubre eran las noticias que llegaban de Hawái. Maya había llamado para contarme que los médicos no creían que Toot aguantara mucho más, como máximo una semana. Estaba confinada en la cama de hospital alquilada que se había instalado en el salón de su apartamento, atendida por una enfermera de cuidados terminales y con medicamentos paliativos. Aunque Toot había asustado a mi hermana con un repentino estallido de lucidez la noche anterior en el que había pedido las últimas novedades de la campaña, y también un cigarrillo y una copa de vino, ahora dormía y solo era consciente a ratos.

Por ese motivo, doce días antes de las elecciones, hice un viaje de treinta y seis horas a Honolulu para despedirme. Cuando llegué al apartamento de Toot, Maya me estaba esperando. Vi que había estado sentada en el sofá junto a un par de cajas de zapatos repletas de viejas cartas y fotografías.

«He pensado que tal vez quieras llevarte algunas», dijo.

Levanté unas cuantas fotografías que estaban sobre la mesilla. Mis abuelos y mi madre de ocho años riéndose en un campo de Yosemite cubierto de hierba. Yo, con cuatro o cinco años, a los hombros del abuelo, rodeados por unas olas que golpeaban contra nosotros. Los cuatro con Maya, todavía una niña pequeña, sonriendo junto a un árbol de navidad.

Me senté en la silla que estaba junto a la cama y sostuve la mano de mi abuela. Tenía el cuerpo consumido, le costaba respirar. Cada cierto tiempo la sacudía una violenta tos seca que parecía el chirrido de un engranaje. En un par de ocasiones murmuró suavemente, aunque las palabras, si es que las hubo, se me escaparon.

¿Qué estaría soñando? Me preguntaba si había podido echar la vista atrás y hacer balance, o si por el contrario le habría parecido un gesto demasiado complaciente. Quería pensar que sí lo había hecho; que se había deleitado en sus recuerdos con algún amante de antaño, o con algún día perfecto y soleado de su juventud en el que había tenido algo de buena suerte, y el mundo se había revelado como un lugar grande y prometedor.

Recordé la conversación que había tenido con ella cuando estaba en la secundaria, durante la época en que sus problemas crónicos de espalda empezaron a complicarle sus largos paseos.

«Lo malo de envejecer, Bar —me dijo Toot—, es que sigues siendo la misma persona en el interior. —Recuerdo sus ojos estudiándome tras las gruesas lentes bifocales, como si quisiera asegurarse de que la estaba oyendo—. Estás atrapada en este maldito cacharro que empieza a desplomarse, pero sigues siendo tú. ¿Entiendes?»

Ahora lo entendía.

Durante la siguiente hora me quedé sentado conversando con Maya sobre su trabajo y su familia, sin dejar de acariciar todo el tiempo la seca y huesuda mano de Toot. Pero al final la habitación me pareció demasiado llena de recuerdos que chocaban, se fusionaban y refractaban como las imágenes de un calidoscopio y le dije a Maya que quería salir un momento a dar un paseo. Después de consultarlo con Gibbs y mis agentes del Servicio Secreto, estuvimos de acuerdo en no informar al grupo de periodistas que esperaba en la planta baja. Tomé el ascensor al sótano y salí por el aparcamiento a la angosta calle que bajaba hacia la izquierda por detrás del bloque de apartamentos de mis abuelos.

La calle apenas había cambiado en treinta y cinco años. Pasé por detrás de un pequeño templo sintoísta y del centro comunitario, y después las filas de casas de madera ocasionalmente interrumpidas por bloques de apartamentos de hormigón de tres plantas. Había hecho el trayecto de aquella calle botando mi primer balón de baloncesto —regalo de mi padre cuando tenía diez años— corriendo con él la irregular acera de camino hacia las canchas de la escuela primaria que quedaba cerca o volviendo de ellas. Toot solía decir que siempre sabía cuándo regresaba a casa a cenar porque podía escuchar el maldito balón rebotando desde la décima planta. Había bajado aquella calle corriendo para ir al supermercado a comprarle cigarrillos, entusiasmado porque me había dicho que si regresaba en diez minutos podía comprarme una barra de chocolate con el cambio. Más tarde, cuando tenía quince, había caminado por aquella misma calle de regreso a casa después de mi turno en mi primer trabajo poniendo helados en el Baskin-Robbins a la vuelta de la esquina. Toot se reía a carcajadas cuando me quejaba de mi miserable paga.

Otros tiempos. Otra vida. Más humilde y sin consecuencias para el resto del mundo. Pero una vida que me había dado amor. Cuando Toot muriera, no quedaría nadie que recordara aquella vida, o nadie que me recordara en ella.

Oí la estampida de pasos detrás. De alguna manera el grupo de periodistas se había enterado de mi imprevista excursión y ahora se apiñaban en la acera al otro lado de la calle, los cámaras se empujaban para obtener las tomas, los reporteros me miraban extrañados con los micrófonos en mano, sintiendo el apuro de tener que hacerme una pregunta. Eran respetuosos, en realidad solo hacían su trabajo, y en cualquier caso yo apenas había andado cuatro calles. Hice un breve saludo a la prensa y regresé al aparcamiento. Me di cuenta de que no tenía sentido seguir adelante. Lo que estaba buscando ya no se encontraba allí.

Dejé Hawái y regresé al trabajo. Ocho días más tarde, en la víspera de las elecciones, Maya llamó para contarme que Toot había fallecido. Era mi último día de campaña. Según la agenda, aquella tarde teníamos que estar en Carolina del Norte y luego viajar a Virginia para nuestro acto final. Antes de ir al estadio, Axe me preguntó amablemente si necesitaba ayuda para escribir un apunte, dentro de los comentarios habituales de la campaña, para reseñar brevemente el fallecimiento de mi abuela. Se lo agradecí, pero le dije que no. Ya sabía lo que quería decir.

Era una noche hermosa, fresca y con una lluvia suave. De pie en el escenario al aire libre, cuando la música, los vítores y los cantos se apagaron, pasé unos minutos hablándole al público sobre Toot: les conté cómo había crecido durante la Gran Depresión y trabajado en una línea de montaje mientras el abuelo estaba lejos en la guerra, hablé de lo que ella había significado para nuestra familia y de lo que podía significar para ellos.

«Fue una de esas heroínas silenciosas que hay por todo el país —dije—. No son famosas. Sus nombres no salen en los periódicos, pero trabajan duro cada día. Cuidan de su familia, se sacrifican por sus hijos y sus nietos, no buscan el primer plano... solo quieren hacer las cosas bien. Y en este público hay muchos héroes silenciosos como ella: madres y padres, abuelos, que han trabajado duro y se han sacrificado toda la vida. La satisfacción que esperan es ver que sus hijos y tal vez sus nietos o sus bisnietos viven una vida mejor que la suya. En eso consiste Estados Unidos. Y por eso luchamos.»

Fue el mejor cierre de campaña que sentí que podía dar.

Cuando eres candidato, el día de las elecciones supone una sorprendente quietud. Ya no hay mítines ni reuniones públicas. No importan los anuncios de la tele ni de la radio, el telediario no tiene nada importante que anunciar. Las sedes de campaña de todos los estados se vacían mientras el equipo y los voluntarios salen a las calles a ayudar a que los votantes acudan a las urnas. En todas las ciudades y pueblos, millones de desconocidos se detienen tras una cortina negra para registrar sus preferencias políticas y sus instintos más privados, mientras una misteriosa alquimia colectiva establece el futuro del país, y el tuyo propio. La conclusión es obvia pero también profunda: ya no está en tus manos. Lo único que puedes hacer es esperar.

Plouffe y Axe estaban locos de impotencia, se pasaron horas frente a sus BlackBerry buscando informes del terreno, rumores, climatología adversa; cualquier cosa que pudiera considerarse información. Yo opté por la dirección opuesta, me entregué a la incertidumbre como quien se pone de espaldas y flota sobre las olas. Comencé la mañana hablando por teléfono con algunos programas de radio en hora punta, sobre todo con emisoras de radio negras, para recordarle a la gente que fuera a votar.

A eso de las siete y media, Michelle y yo votamos en la escuela primaria Beulah Shoesmith, a unas pocas calles de nuestra casa en Hyde Park, llevamos a Malia y a Sasha con nosotros, y después las mandamos a la escuela.

Después hice un viaje rápido a Indianápolis para visitar una sede de campaña y darles la mano a algunos votantes. Más tarde, jugué al baloncesto (una superstición que Reggie y yo habíamos adoptado después de haber echado unas canastas la mañana de la del caucus de Iowa, pero con la que no habíamos cumplido el día de las primarias en New Hampshire) con Craig, algunos viejos colegas y un puñado de hijos de amigos lo bastante rápidos y fuertes para mantenernos a todos ocupados. Fue un partido competitivo, lleno de los típicos insultos bondadosos, aunque sí noté la ausencia de faltas graves. Más tarde me enteré de que había sido así por órdenes de Craig, ya que sabía que su hermana le iba a responsabilizar si yo volvía a casa con un ojo morado.

Mientras tanto Gibbs seguía las noticias en los estados clave, parecía que la participación estaba rompiendo récords en todo el país, lo cual generaba problemas en algunos centros electorales y los votantes tenían que esperar hasta cuatro o cinco horas para depositar sus papeletas. Las retransmisiones desde el lugar, según Gibbs, mostraban a la gente más alegre que frustrada, con personas mayores sentadas en tumbonas y voluntarios repartiendo refrescos como si todos estuvieran en las fiestas del barrio.

Me pasé el resto de la tarde en casa dando vueltas en vano mientras a Michelle y a las niñas les arreglaban el pelo. Solo en mi estudio, me esmeré en editar los borradores de mis dos discursos, el del triunfo y el de la derrota. A eso de las ocho llamó Axe para decir que las cadenas estaban anunciando que habíamos ganado en Pensilvania, y Marvin dijo que deberíamos ir yendo al hotel del centro en el que íbamos a ver los resultados antes de trasladarnos a la concentración pública del parque Grant.

Frente a la puerta principal de nuestra casa, parecía que la cantidad de agentes del Servicio Secreto y de vehículos se había duplicado en las últimas horas. El jefe de mi equipo, Jeff Gilbert, me estrechó la mano y tiró para darme un breve abrazo. Hacía un tiempo atípicamente caluroso para Chicago en aquella época del año, casi veinte grados, y mientras avanzábamos por el Lake Shore Drive, Michelle y yo estábamos en silencio, mirando por la ventana hacia el lago Michigan, escuchando cómo las niñas jugaban en el asiento de atrás. De pronto Malia me miró y preguntó:

—Papi, ¿has ganado?

—Creo que sí, cariño.

—¿Y se supone que estamos yendo a una gran fiesta para celebrarlo?

—Así es. ¿Por qué lo preguntas?

—Bueno, me parece que no va a ir mucha gente a la fiesta porque no hay coches en la calle.

Me reí; mi hija tenía razón. A excepción de nuestra comitiva, los seis carriles a cada lado estaban completamente vacíos.

La seguridad también había cambiado en el hotel, había equipos SWAT armados y desplegados en las escaleras. Nuestra familia y los amigos más cercanos ya estaban en la suite. Todo el mundo sonreía, los niños corrían por la habitación, pero la atmósfera seguía siendo extrañamente silenciosa, como si la realidad de lo que estaba a punto de suceder todavía no se hubiese resuelto en sus cabezas. Mi suegra en particular ni siquiera fingía estar relajada. A través del bullicio la vi en el sofá, los ojos fijos en el televisor, su expresión de incredulidad. Intenté imaginar en qué estaba pensando: había crecido a pocos kilómetros de distancia en una época en la que todavía había muchos barrios de Chicago en los que los negros ni siquiera podían entrar a salvo. Una época en la que un trabajo de oficina era inalcanzable para la mayoría de los negros y en la que su padre, incapaz de conseguir un carné de los sindicatos controlados por blancos, se las tuvo que arreglar como vendedor ambulante. Una época en la que pensar en un presidente de Estados Unidos negro hubiese parecido tan inverosímil como un cerdo volando.

Me senté a su lado en el sofá.

—¿Te encuentras bien? —le pregunté.

Marian se encogió de hombros y siguió mirando la televisión. Dijo:

—Es un poco demasiado.

—Lo sé.

La tomé de la mano y la apreté, los dos nos quedamos sentados compartiendo el silencio durante un momento. Y entonces de repente la imagen de mi cara alumbró la pantalla de la tele y la ABC anunció que iba a ser el cuadragésimo cuarto presidente de Estados Unidos.

La habitación estalló. Se oían gritos por toda la sala. Michelle y yo nos besamos y se apartó suavemente para echarme un vistazo mientras se reía y sacudía la cabeza. Reggie y Marvin entraron corriendo para darle a todo el mundo fuertes abrazos. Pronto llegaron también Plouffe, Axe y Gibbs, y les dejé el gusto de recitar los resultados estado por estado durante varios minutos antes de decirles lo que sabía que era cierto: que más que lo que yo había hecho, todo aquello era posible gracias a sus habilidades, su trabajo duro, su visión, su tenacidad, su lealtad y su corazón, junto al compromiso del equipo al completo.

El resto de la noche está ahora desdibujado en su mayor parte. Recuerdo la llamada de John McCain, que fue igual de amable que su discurso de derrota. Hizo énfasis en lo orgulloso que debía sentirse Estados Unidos del paso histórico que había dado y prometió que ayudaría a que tuviera éxito. Hubo llamadas de felicitación del presidente Bush y de varios líderes internacionales, y una conversación con Harry Reid y Nancy Pelosi, cuyos grupos habían tenido una muy buena jornada electoral. Recuerdo haber conocido a la madre de Joe Biden, de noventa y un años, a la que le dio mucho placer contarme que había regañado a Joe por haber siquiera considerado la posibilidad de no formar parte del equipo.

Aquella noche se reunieron en el parque Grant más de doscientas mil personas, el escenario miraba hacia la rutilante silueta de Chicago. Todavía puedo distinguir en mi mente algunas caras que miraban hacia arriba mientras yo me movía por el escenario: hombres, mujeres y niños de todas las razas, algunos adinerados, otros pobres, algunos famosos y otros no, unos sonreían con gran euforia, otros lloraban abiertamente. He releído algunas frases del discurso que di esa noche, y he escuchado el relato de lo que el equipo y los amigos sintieron al estar allí.

Pero me preocupa que mis recuerdos, al igual que muchas cosas que sucedieron durante estos últimos doce años, estén matizadas por las imágenes que he visto, la grabación de nuestra familia cruzando el escenario, las fotografías del público, las luces y el magnífico telón de fondo. Por más bonitas que sean, no siempre coinciden con la experiencia vivida. En realidad, mi fotografía favorita de aquella noche no es la del parque Grant en absoluto. Más bien es una que recibí muchos años después como regalo, una fotografía del monumento a Lincoln tomada mientras daba mi discurso en Chicago. En ella se ve a un pequeño grupo reunido en las escalinatas, las caras ocultas por la oscuridad, y a sus espaldas la gigante figura brillando intensamente, el marcado rostro de mármol, los ojos ligeramente abatidos. Me dicen que estaban escuchando la radio, pensando en silencio en quiénes somos como personas, y en el curso de la historia de esto que llamamos democracia.

TERCERA PARTE

El renegado

10

Si bien había visitado la Casa Blanca en varias ocasiones como senador de Estados Unidos, nunca había estado en el despacho Oval antes de ser elegido presidente. La habitación es más pequeña de lo que uno espera —no llega a los once metros en el lado más largo, dos metros menos en el otro— pero el techo es alto e impresionante, y su aspecto coincide con las fotos y las imágenes de los telediarios. Está el retrato de Washington sobre la repisa de una chimenea cubierta de hiedra y los dos sillones altos, rodeados de sofás, en los que se sientan el presiente y el vicepresidente o los mandatarios extranjeros de visita. Están las dos puertas que combinan a la perfección con las paredes ligeramente curvas —una da al pasillo, la otra al «despacho externo», donde se instalan los asistentes personales del mandatario— y una tercera que conduce a una pequeña oficina interna y a un comedor privado. Están los bustos de dirigentes ya fallecidos y el famoso bronce del cowboy de Remington; el antiguo reloj de pie y las estanterías hechas a medida; la gruesa alfombra oval con el águila ceñuda bordada en el centro y el escritorio Resolute —regalo de la reina Victoria en 1880 que fue profusamente tallado a partir del casco de un barco británico a cuya tripulación ayudó a rescatar de una catástrofe un ballenero estadounidense—, lleno de escondrijos y cajones secretos, con un panel central que se abre y es la delicia de cualquier niño que tiene la oportunidad de atravesarlo gateando. Pero si hay algo que las cámaras no suelen captar del despacho Oval es la luz. La sala está repleta de luz. En los días diáfanos entra a raudales a través de los enormes ventanales de los lados Este y Sur, y a medida que el sol se desvanece al final de la tarde va tiñendo todas las cosas con un brillo dorado que se convierte en un grano fino y luego veteado. Cuando hace mal tiempo y el jardín Sur está cubierto por la lluvia, la nieve o la extraña niebla matutina, la habitación adquiere una tonalidad ligeramente azulada, aunque sin dejar de ser clara, la débil luz natural se ve reforzada por las bombillas interiores escondidas tras una cornisa que iluminan hacia abajo desde el techo y las paredes. Las luces jamás se apagan, de forma que incluso a mitad de la noche el despacho Oval permanece luminiscente, brillando en la oscuridad como la antorcha circular de un faro.

La mayor parte de los ocho años de mi mandato los pasé en esa habitación, escuchando con atención informes de inteligencia, recibiendo a jefes de Estado, persuadiendo a miembros del Congreso, compitiendo con aliados y adversarios, y posando frente a las cámaras junto a miles de visitantes. Allí me reí con los miembros de mi equipo de gobierno, también maldije y en más de una ocasión tuve que contener las lágrimas. Con el tiempo acabé sintiéndome lo bastante cómodo como para apoyar los pies sobre el escritorio o sentarme en él, rodar por el suelo con un niño o echar una siesta en el sofá. Alguna vez tuve la fantasía de salir por la puerta Este y recorrer la calzada de entrada, pasar la garita de seguridad y los portones de hierro forjado, perderme en las calles repletas de gente y regresar a mi vida anterior.

Pero jamás perdí del todo el sentimiento de respeto que me invadía cada vez que entraba al despacho Oval, la sensación de que estaba entrando no a un despacho sino a un santuario de la democracia. Día tras día, su luz me consoló y me dio fuerzas, recordándome el privilegio de mis responsabilidades y mis obligaciones.

Mi primera visita al despacho Oval sucedió a los pocos días de las elecciones, cuando, siguiendo una vieja tradición, los Bush nos invitaron a Michelle y a mí a un recorrido por el que en breve sería nuestro hogar. Recorrimos la sinuosa entrada del jardín Sur de la Casa Blanca en un vehículo del Servicio Secreto, intentando asimilar el hecho de que en menos de tres meses nos mudaríamos allí. Era un día soleado y cálido, los árboles aún tenían muchas hojas y el jardín de las Rosas rebosaba de flores. El prolongado otoño de Washington nos ofreció un bienvenido alivio, porque en Chicago el clima se había vuelto oscuro y bruscamente frío, el viento del Ártico había desnudado los árboles de sus hojas, como si el poco habitual ambiente templado que habíamos disfrutado la noche de las elecciones hubiera sido apenas parte de un decorado más amplio que debía ser desmantelado en cuanto se acabara la celebración.

El presidente y la primera dama, Laura Bush, nos recibieron en el Pórtico Sur, y tras el obligatorio saludo a los reporteros, el presidente Bush y yo nos dirigimos al despacho Oval, mientras Michelle y la señora Bush fueron a la residencia a tomar el té. Tras algunas fotografías más y después de que un joven mayordomo nos ofreciera un refrigerio, el presidente me invitó a tomar asiento.

—¿Y? —me preguntó— ¿Qué se siente?

—Es demasiado —dije sonriendo—. Seguro que lo recuerdas.

—Sí, lo recuerdo. Parece que fue ayer —dijo asintiendo con energía—. Aunque, te lo advierto... es todo un viaje el que estás a punto de empezar. No hay nada parecido. Hay que recordarlo todos los días para valorarlo.

Ya fuera por respeto a la institución, por la experiencia de su padre o por los malos recuerdos de su propia transición (había rumores de que algunos empleados de los Clinton habían quitado la letra *w* de los ordenadores de la Casa Blanca antes de marcharse), o quizá solo por una cortesía elemental, el presidente Bush terminó haciendo todo lo que estuvo en su mano para que las cosas fluyeran sin problemas durante aquellas once semanas entre mi elección y su partida. Todos los despachos de la Casa Blanca tenían un detallado «manual de instrucciones». El personal se había ofrecido a reunirse con sus sucesores, responder preguntas e incluso permitir que estuvieran presentes mientras aún cumplían con sus obligaciones. Las hijas de Bush, Barbara y Jenna, por aquel entonces ya unas jovencitas, reorganizaron sus agendas para hacerles a Malia y a Sasha su propio recorrido por los lugares más «divertidos» de la Casa Blanca. Me prometí a mí mismo que, cuando llegara el momento, trataría a mi sucesor de la misma forma.

El presidente y yo charlamos sobre una amplia cantidad de temas —la economía, Irak, los medios de comunicación acreditados, el Congreso— durante esa primera semana sin que él abandonara su tono bromista y un poco inquieto. Me ofreció francas valoraciones sobre algunos líderes extranjeros, me advirtió de que personas de mi propio partido acabarían causándome algunos de los peores dolores de cabeza y accedió amablemente a organizar un almuerzo con todos los expresidentes vivos en algún momento antes de la investidura.

Sabía que había ciertos límites inevitables en la sinceridad de un presidente frente a su sucesor; sobre todo frente a uno que se había opuesto a gran parte de su historial. Al mismo tiempo era consciente de que más allá del aparente buen humor del presidente Bush, mi presencia en el despacho que estaba a punto de abandonar debía de despertar en él sentimientos encontrados. Seguí su ejemplo y evité profundizar demasiado en política. Más que nada, me dediqué a escuchar.

Solo en una ocasión dijo algo que me llamó la atención. Estábamos hablando de la crisis financiera y de los esfuerzos del secretario Paulson por organizar el programa de rescate a los bancos ahora que el TARP había sido aprobado en el Congreso. «La buena noticia, Barack —dijo—, es que cuando asumas el cargo, te habremos evitado la parte más dura. Vas a poder arrancar haciendo borrón y cuenta nueva.»

Me quedé mudo por un instante. Charlaba con Paulson con frecuencia y sabía que la probabilidad de una caída en cadena de los bancos y una crisis económica global seguía siendo muy real. Miré al presidente e imaginé todas las esperanzas y las convicciones que debía de haber traído la primera vez que entró al despacho Oval como presidente electo, no menos encandilado por su brillo que yo, e igual de ansioso por cambiar y mejorar el mundo, igual de seguro de que la historia iba a juzgar su presidencia como un éxito.

—Fue un gesto muy valiente por tu parte lograr que se aprobara TARP —dije al fin—. Enfrentarte a la opinión pública y a tanta gente de tu propio partido por el bien del país.

Al menos eso era cierto. No tenía sentido decir nada más.

Al regresar a Chicago, nuestra vida cambió bruscamente. En casa nada parecía muy diferente. Hacíamos el desayuno y preparábamos a las niñas para ir a la escuela, nos pasábamos las mañanas devolviendo llamadas y charlábamos con los miembros del equipo. Pero en cuanto alguno de nosotros cruzaba el umbral de la puerta, era un mundo nuevo. Los periodistas se habían instalado en la esquina, tras unas barreras de cemento recién levantadas. Los francotiradores del Servicio Secreto hacían guardia en el techo, vestidos de negro. Una visita a la casa de Marty y Anita, a apenas unas manzanas de distancia, suponía un gran esfuerzo; una escapada a mi viejo gimnasio ya era impensable. De camino a nuestras oficinas temporales en el centro, me di cuenta de que las carreteras vacías que Malia había comentado la noche de las elecciones eran ahora la nueva normalidad. Todas mis entradas y salidas de edificios eran a través de las áreas de carga y de ascensores de servicio, completamente despejadas a excepción de algunos guardias de seguridad. Me sentía como si viviera en una ciudad fantasma particular, eterna y portátil.

Pasaba las tardes formando el Gobierno. Una nueva Administración genera menos cambios de lo que la mayoría de la gente cree. De los más de tres millones de personas que emplea el Gobierno federal, entre civiles y militares, apenas unos pocos miles son los llamados cargos políticos, que prestan servicio según la voluntad del presidente. De entre esos, el presidente tiene un trato habitual, significativo, con menos de cien altos cargos y asistentes personales. Los presidentes tienen el poder de articular una imagen y establecer una dirección para el país; el poder de promover una cultura institucional sana, estableciendo cadenas de responsabilidad y medidas de rendición de cuentas muy claras. Al fin y al cabo, iba a ser yo quien tomara las decisiones finales sobre los temas relevantes y quien iba a tener que explicárselas al país. Para hacerlo, al igual que los presidentes que me habían precedido, dependería del puñado de personas que hicieran de mis ojos, oídos, manos y pies; de quienes iban a convertirse en mis administradores, ejecutores, facilitadores, analistas, organizadores, líderes de equipos, comunicadores, mediadores, solucionadores de problemas, chalecos antibalas, negociadores sinceros, cajas de resonancia, críticos constructivos y soldados leales. Era clave, por lo tanto, elegir bien esos primeros nombramientos; empezando por la persona que iba a ser mi jefe de gabinete. Desgraciadamente, la respuesta inicial del primer candidato en la lista fue poco entusiasta.

«Ni de coña.»

Era Rahm Emanuel, antiguo recaudador de fondos para Richard Daley y *enfant terrible* de la Administración Clinton, actual congresista por el distrito norte de Chicago y autor intelectual de la ola demócrata que en 2006 había recuperado el Congreso. Bajo, esbelto, inquietantemente apuesto, enormemente ambicioso y ligeramente maniático, Rahm era más listo que la mayoría de sus colegas en el Congreso y famoso por no ocultarlo. También era divertido, sensible, ansioso, leal y célebremente soez. Unos años antes, en una barbacoa benéfica en su honor, conté que, tras haber perdido el dedo corazón en una cortadora de carne cuando era un adolescente, Rahm había quedado casi mudo.

«Escucha, me halaga que me lo pidas —dijo Rahm cuando contacté con él un mes antes de las elecciones—. Haré lo que haga falta para ayudarte. Pero estoy feliz donde estoy. Mi esposa y mis hijos son felices. Y conozco todo demasiado bien como para creer en esa mierda de una Casa Blanca respetuosa con los tiempos familiares. En todo caso, estoy seguro de que encontrarás a un candidato mejor que yo.»

No pude rebatir a Rahm sobre las dificultades que implicaba aceptar mi oferta. En la Casa Blanca moderna, el jefe de gabinete es el mariscal de campo, el final del embudo por el que deben pasar primero todas las cuestiones dirigidas al presidente. Pocas personas del Gobierno (incluido el presidente) trabajaban más horas o bajo una presión más continua.

Pero Rahm estaba equivocado al decir que tenía mejores opciones. Tras dos agotadores años en campaña, Plouffe ya me había dicho que no iba a unirse en un primer momento a la Administración, en parte porque su esposa Olivia había tenido un bebé apenas tres días después de las elecciones. Tanto mi jefe de gabinete en el Senado, Peter Rouse, como el antiguo jefe de gabinete de Clinton, John Podesta, que había aceptado dirigir nuestro equipo de transición, se habían apartado de la carrera. Y si bien Axe, Gibbs y Valerie iban a aceptar altos cargos en la Casa Blanca, ninguno reunía la combinación de habilidad y experiencia necesaria para el puesto de jefe de gabinete.

Rahm, en cambio, sabía de política; conocía a los políticos, conocía el Congreso, conocía la Casa Blanca y conocía los mercados financieros tras haber pasado una temporada trabajando en Wall Street. Su descaro e impaciencia no gustaban a algunas personas. Como comprobaría más tarde, su afán por «marcarse unos puntos» a veces le llevaba a prestar más atención al cierre de un acuerdo que a su contenido. Pero con una crisis económica que abordar y ante lo que sospechaba que podía ser un periodo limitado para cumplir con mis objetivos en un Congreso controlado por los demócratas, estaba convencido de que su estilo de martillo pilón era exactamente lo que necesitaba.

Los últimos días antes de las elecciones conseguí convencer a Rahm, apelando a su ego pero también a la honradez y al genuino patriotismo que escondía tras su personaje de chico listo. («¿La mayor crisis que va a tener que afrontar el país durante nuestra vida —le grité— y tú piensas quedarte de brazos cruzados?») Axe y Plouffe, que conocían bien a Rahm y le habían visto en acción, se emocionaron cuando aceptó el puesto. Pero no todos mis seguidores estaban igual de entusiasmados. ¿Acaso Rahm no había apoyado a Hillary?, protestaron algunos. ¿No representaba a esa misma versión calculadora del Partido Demócrata que asistía a Davos, que consentía a Wall Street, aquella facción enfocada en Washington y obsesivamente centrista contra la que nos habíamos presentado? ¿Cómo podía confiar en él?

Todas eran variaciones de una pregunta que se iba a repetir los meses siguientes: ¿qué tipo de presidente quería ser? Había ejecutado una gran maniobra durante la campaña, atrayendo el apoyo de independientes e incluso de algunos republicanos moderados, con la promesa del bipartidismo y el final de las políticas de desmontaje, al mismo tiempo que había retenido el entusiasmo de la izquierda. Y no había conseguido eso diciéndole a distintas personas lo que querían oír sino sosteniendo lo que sentía que era verdad: que para avanzar en políticas progresistas, como una sanidad universal o la reforma de la inmigración, no solo se podía sino que se debía evitar el pensamiento doctrinario, destacar lo que funcionaba y escuchar con respeto lo que opinaba la otra parte.

Los votantes habían apoyado mi mensaje porque sonaba diferente y estaban ávidos de algo diferente; porque nuestra campaña no dependía del respaldo de los grupos de interés habituales y de agentes intermediarios que de otra forma me habrían obligado a una estricta ortodoxia partidista; porque era algo nuevo e imprevisto, un lienzo blanco sobre el que los simpatizantes de todo el espectro ideológico podían proyectar su propio concepto de cambio.

Sin embargo, en cuanto empecé a designar los cargos, comenzaron a notarse las distintas expectativas que había en el seno de mi propia coalición. Al fin y al cabo, cada persona que elegía para un puesto de la Administración traía consigo su propio historial, su rastro documental y su grupo de seguidores y detractores. Al menos para los expertos —los políticos, agentes y reporteros cuyo trabajo consistía en saber predecir el futuro— cada uno de aquellos nombramientos mostraba mis verdaderas intenciones políticas, mi inclinación a la derecha o la izquierda, mi disposición a romper con el pasado o a vender más de lo mismo. La elección de las personas reflejaba la elección de las políticas, y con cada nueva elección, iba creciendo la posibilidad del desencanto.

Cuando llegó la hora de formar mi equipo económico, decidí anteponer la experiencia a los nuevos talentos. Sentía que las circunstancias así lo exigían. El informe de empleo de octubre, que salió a la luz tres días después de las elecciones, fue devastador: se habían perdido 240.000 puestos de trabajo (en realidad revisiones posteriores revelarían que la cifra era de 481.000). A pesar de la aprobación del TARP y de las continuas medidas de emergencia del Tesoro y la Reserva Federal, los mercados financieros seguían paralizados, los bancos continuaban al borde del colapso y las ejecuciones hipotecarias no mostraban signos de empezar a disminuir. Me encantaban las numerosas jóvenes promesas que me habían aconsejado durante la campaña, y sentía cierta afinidad con los economistas de izquierdas y los activistas que consideraban que la crisis era producto de un sistema financiero inflado y fuera de control que necesitaba una reforma urgente, pero con la economía mundial en caída libre, mi tarea principal no era construir una nueva versión del orden económico, sino prevenir desastres peores. Para hacerlo, necesitaba gente que hubiese gestionado crisis anteriormente, personas que pudieran dar tranquilidad a unos mercados al borde del pánico; gente, en síntesis, probablemente manchada por los pecados del pasado.

El cargo de secretario del Tesoro se redujo a dos candidatos: Larry Summers, que había desempeñado la tarea con Bill Clinton, y Tim Geithner, anterior segundo de Larry y actual director del Banco de la Reserva Federal de Nueva York. Larry era la opción más obvia: especialista en economía y campeón de debates en MIT, uno de los profesores titulares más jóvenes de Harvard y reciente presidente de la universidad, había trabajado como economista principal del Banco Mundial, subsecretario de asuntos internacionales, y como subsecretario del Tesoro antes de tomar las riendas de su predecesor y mentor, Bob Rubin. A mediados de los noventa, Larry había ayudado a diseñar la respuesta internacional a una serie de graves crisis financieras en México, Asia y Rusia —las más parecidas a la que yo heredaba— y hasta sus detractores más férreos reconocían su inteligencia. Como bien lo describió Tim, Larry era capaz de escuchar tus razonamientos, repetirlos mejor que tú y después demostrarte por qué estabas equivocado.

Tenía también una reputación, solo parcialmente merecida, de arrogante y políticamente incorrecto. Como presidente de Harvard, había mantenido una encendida polémica con el destacado profesor de estudios afroamericanos Cornel West y más tarde le habían obligado a renunciar por haber defendido, entre otras cosas, que ciertas diferencias intrínsecas en aptitudes complejas podía ser uno de los motivos por los que las mujeres estaban infrarrepresentadas en los departamentos de matemáticas, ciencias e ingeniería de las universidades más importantes.

Cuando le conocí mejor llegué a la conclusión de que la mayoría de dificultades de Larry para relacionarse bien con los demás no tenían tanto que ver con la insensibilidad como con su falta de prudencia. Para él, cualidades como el tacto o la mesura no hacían más que confundir la mente. Él mismo parecía inmune a que alguien o algo pudiera herir sus sentimientos o a las típicas inseguridades, y manifestaba respeto (y una ligera sorpresa) cada vez que cualquiera le desafiaba realmente o expresaba algo que a él se le había escapado. Su falta de interés por las delicadezas del ser humano corriente se extendía también a su apariencia, sistemáticamente desaliñada, con la amplia barriga a veces a la vista porque le faltaba un botón a la camisa, y una actitud desdeñosa por el afeitado que con frecuencia terminaba en una molesta e incipiente sombra de barba bajo la nariz.

Tim era distinto. La primera vez que le vi, un par de semanas antes de las elecciones en un hotel de Nueva York, la palabra que me vino a la cabeza fue «aniñado». Tenía mi edad, pero su complexión delgada, su porte modesto y sus rasgos delicados le daban una apariencia considerablemente más joven. A lo largo de una hora de conversación, mantuvo la compostura, el tono de voz suave y bienhumorado. Nos entendimos de inmediato, en parte porque habíamos vivido una infancia similar: el trabajo de su padre, especialista en desarrollo social, le había hecho pasar gran parte de su juventud en el extranjero, lo que le había infundido cierta prudencia que reconocía también en mí.

Tras completar su doctorado en estudios de Asia Oriental y economía internacional, Tim trabajó como especialista en asuntos asiáticos en la consultora de Henry Kissinger y luego entró en el Tesoro, con un cargo de técnico comercial en Japón. Larry Summer fue quien lo rescató de las sombras y le puso a trabajar como su asesor especial, y a medida que uno crecía, también lo hacía el otro. De repente, Tim se convirtió en un importante agente en la gestión de las crisis financieras de la década de 1990, y gracias a las recomendaciones de Larry acabó dirigiendo el Banco de la Reserva Federal de Nueva York. La relación entre ambos no solo manifestaba la generosidad de Larry sino también la discreta seguridad en sí mismo y el rigor intelectual de Tim; ampliamente demostradas el año anterior, ya que había trabajado a contrarreloj junto a Hank Paulson y Ben Bernanke por contener la caída de Wall Street.

Ya fuera por lealtad a Larry, por agotamiento o por un sentimiento comprensible de culpa (al igual que Rahm —y que yo—, Tim tenía niños en casa y una esposa que aspiraba a una vida tranquila), Tim se pasó gran parte de nuestra primera reunión tratando de disuadirme de que le nombrara secretario del Tesoro. Me marché convencido de lo contrario. Para cualquiera —incluso para Larry— igualar el conocimiento que tenía Tim de la crisis financiera en tiempo real, o sus vínculos con la actual camada de actores financieros globales, llevaría meses, y no teníamos ese tiempo. Pero lo más importante es que mi instinto me decía que la honestidad de Tim, su carácter estable y la habilidad para resolver problemas no se verían afectados por el ego ni por miramientos políticos, y eso le convertía en alguien de valor incalculable para la tarea que teníamos por delante.

Al final, decidí fichar a los dos; a Larry para que nos ayudara a decidir qué demonios hacer (y no hacer) y a Tim para que organizara y condujera nuestra intervención. Para que funcionara, tuve que convencer a Larry de que viniera no como secretario del Tesoro sino como director del Consejo Económico Nacional, lo que, a pesar de ser el principal cargo de la Casa Blanca en materia económica, se consideraba menos prestigioso. Entre las funciones tradicionales del director se encontraban coordinar el proceso de formulación de políticas y ejercer como agente diplomático entre distintos organismos, lo cual no era precisamente el fuerte de Larry. Pero nada de todo eso importaba, le dije. Le necesitaba, su país le necesitaba, y en lo que a mí concernía, iba a estar al mismo nivel que Tim para formular nuestro plan económico. Puede que mi sinceridad ejerciera cierta influencia, aunque fue la promesa (sugerida por Rahm) de nombrar a Larry como siguiente presidente de la Reserva Federal la que sin duda ayudó a que aceptara.

Tenía que designar otros puestos clave. Como directora del Consejo de Asesores Económicos —responsable de suministrar al presidente la mejor información y análisis disponibles en todos los asuntos económicos— elegí a Christina Romer, una profesora de Berkeley de mejillas sonrosadas que había hecho un trabajo pionero sobre la Gran Depresión. Peter Orszag, jefe de la Oficina de Presupuesto del Congreso, aceptó el puesto de director de la Oficina de Administración y Presupuesto, y Melody Barnes, una reflexiva abogada afroamericana y exasesora sénior del senador Ted Kennedy, fue designada responsable del Consejo para Política Nacional. Jared Bernstein, un economista laboral de izquierdas, se unió como parte del equipo de Joe Biden, al igual que Gene Sperling, un analista político con gafas muy elocuente que había trabajado cuatro años como director del CEN durante la Administración Clinton, y quien junto a los economistas Austan Goolsbee y Jason Furman, aceptaron el papel de jugadores polivalentes.

En los meses que siguieron pasé innumerables horas con ese grupo de expertos y sus asistentes, haciendo preguntas, repasando propuestas, leyendo cuidadosamente las presentaciones de diapositivas y los informes, diseñando políticas, y sometiendo luego lo que hubiéramos pensado a un escrutinio implacable. Las discusiones eran acaloradas, se fomentaba la disensión y no se rechazaba ninguna idea porque proviniese de algún miembro joven del equipo o porque no encajase con determinada predisposición ideológica.

Aun así, las voces predominantes del equipo económico eran las de Tim y Larry. Ambos tenían sus principios en la filosofía económica centrista y favorable al mercado de la Administración Clinton; además, dada la extraordinaria racha de prosperidad económica de la década de 1990, semejante pedigrí fue considerado durante mucho tiempo un motivo de orgullo. Pero a medida que la crisis financiera empeoraba, ese historial fue quedando cada vez más cuestionado. Bob Rubin comenzaba a ver empañada su reputación por su cargo de consejero sénior en el Citigroup, una de las instituciones financieras cuya enorme exposición al mercado de las hipotecas *subprime* había fomentado el contagio. En cuanto anuncié mi equipo económico, la prensa recordó que Larry había defendido una importante desregulación de los mercados financieros durante su etapa en el Tesoro. Y los analistas se preguntaban si durante su mandato en la Reserva Federal de Nueva York, Tim —al igual que Paulson y Bernanke— no había tardado demasiado en dar la alarma sobre el riesgo que el mercado de las hipotecas *subprime* implicaba para el sistema financiero.

Algunas de aquellas críticas eran razonables, otras claramente injustas. Lo cierto era que al escoger a Tim y a Larry había unido mi historia a la de ellos, y si no conseguíamos enderezar el barco económico con rapidez, el precio político de haberlos elegido iba a ser muy alto.

Más o menos en la misma época en que terminaba de decidir mi equipo económico, le pedí a mis colaboradores y agentes del Servicio Secreto que acordaran una reunión privada en la estación de bomberos del aeropuerto Nacional Ronald Reagan. Cuando llegué, las instalaciones estaban vacías, habían reubicado los camiones para acoger nuestra comitiva. Entré en una habitación en la que habían servido un refrigerio y saludé al hombre pequeño y encanecido de traje gris que estaba sentado en el interior.

—Señor secretario —dije mientras le estrechaba la mano—. Gracias por su tiempo.

—Felicitaciones, presidente electo —me respondió Robert Gates con la mirada inflexible y la sonrisa tensa, antes de sentarnos y ponernos manos a la obra.

Se puede decir que el secretario de Defensa del presidente Bush y yo no frecuentábamos los mismos círculos. De hecho, más allá de nuestras raíces comunes en Kansas (Gates había nacido y crecido en Wichita), resulta difícil imaginar a dos individuos con trayectorias tan distintas llegando a un mismo lugar. Gates era un eagle scout, un oficial de inteligencia de la Fuerza Aérea, experto en Rusia y recluta de la CIA. En el apogeo de la Guerra Fría, había trabajado en el Consejo de Seguridad Nacional con Nixon, Ford y Carter, y en la agencia con Reagan, antes de convertirse en el director de la CIA con George H. W. Bush. (Reagan lo había propuesto antes, pero ciertas dudas sobre su participación en el escándalo Irán-Contra lo habían apartado del cargo.) Con la llegada de Bill Clinton, Gates dejó Washington D. C., entró en consejos de empresas, y más tarde trabajó como presidente de la Universidad de Texas A&M, cargo que mantuvo hasta 2006, cuando George W. Bush le pidió que reemplazara a Donald Rumsfeld en el Pentágono y rescatara la estrategia de la guerra de Irak, que por entonces estaba totalmente en ruinas.

Era un republicano, un halcón de la Guerra Fría, un miembro acreditado del *establishment* en asuntos de seguridad nacional, un antiguo adalid de las intervenciones internacionales contra las que seguramente yo había protestado en la universidad, y actual secretario de Defensa de un presidente cuyas políticas bélicas aborrecía. Aun así, aquel día me encontraba en la estación de bomberos para pedirle a Bob Gates que siguiera en el cargo como mi secretario de Defensa.

Al igual que para los nombramientos en materia económica, mis motivos eran prácticos. Con ciento ochenta mil soldados estadounidenses desplegados en Irak y Afganistán, cualquier cambio a gran escala en el Departamento de Defensa parecía plagado de riesgos. De hecho, a pesar de las diferencias que Gates y yo hubiéramos podido tener respecto a la decisión inicial de invadir Irak, las circunstancias nos habían empujado a compartir cierta idea del camino a seguir. Cuando el presidente Bush —por recomendación de Gates— ordenó un «aumento» de tropas estadounidenses en Irak a principios de 2007, yo me mostré escéptico, no porque dudara de la capacidad de los soldados estadounidenses para reducir la violencia en ese lugar, sino porque se planteaba como un compromiso con final abierto.

Sin embargo, bajo la dirección de Gates, el incremento dirigido por Petraeus (y la negociada alianza con las tribus suníes en la provincia de Ambar) no solo redujo significativamente la violencia, sino que había brindado tiempo y espacio a los iraquíes para hacer política. Con la ayuda de la meticulosa diplomacia de la secretaria de Estado Condoleezza Rice, y sobre todo del embajador estadounidense en Irak, Ryan Crocker, Irak estaba en la senda de formar un gobierno legítimo, con unas elecciones programadas para finales de enero. A mitad de mi transición, la Administración Bush había llegado a anunciar un Acuerdo sobre el Estatus de Fuerzas con el Gobierno de Maliki para la retirada de las tropas estadounidenses de Irak a finales de 2011; cronograma que reflejaba cabalmente lo que yo había propuesto durante la campaña. Al mismo tiempo, Gates había enfatizado públicamente la necesidad de que Estados Unidos volviera a centrar la atención en Afganistán, una de las propuestas centrales de mi programa de política exterior. Seguía teniendo algunas dudas sobre la paz, los recursos y el personal. Pero la estrategia principal de reducir de manera paulatina las operaciones militares en Irak y potenciar nuestros esfuerzos en Afganistán estaba asentada con firmeza; y al menos por el momento nadie estaba en mejor posición para ejecutar esa estrategia que el actual secretario de Defensa.

Además, había poderosos motivos políticos para mantener a Gates en el cargo. Había prometido terminar con el rencor partidista y la presencia de Gates en mi gabinete demostraba que tenía serias intenciones de cumplir esa promesa. Retenerlo serviría para generar confianza entre la comunidad militar y las diferentes organizaciones que conformaban la inteligencia de Estados Unidos (conocida como IC). Disponer de un presupuesto militar más grande que el de los de los siguientes treinta y siete países juntos provocaba que los altos cargos del Departamento de Defensa y de la IC fueran hombres de firmes convicciones, hábiles en las luchas burocráticas internas y que se inclinaran por seguir haciendo las cosas siempre igual. Eso no me intimidaba. A grandes rasgos, sabía lo que quería hacer y entendía que las costumbres derivadas de la cadena de mando —como hacer el saludo y ejecutar las órdenes del comandante en jefe, incluso aquellas con las que uno estaba del todo en desacuerdo— estaban profundamente arraigadas.

Con todo, sabía que dirigir el aparato de la seguridad nacional estadounidense hacia una nueva dirección no había sido sencillo para ningún presidente. Si Eisenhower —antiguo Comandante Supremo Aliado y uno de los arquitectos del Día D— en ocasiones se había sentido bloqueado por lo que llamaba el «complejo militar-industrial», había grandes probabilidades de que impulsar una reforma fuera aún más difícil para un presidente afroamericano recién elegido, que jamás había prestado servicio en uniforme, que se había opuesto a una misión a la que muchos habían dedicado la vida, que quería poner freno al presupuesto militar, y que con toda seguridad había perdido el voto del Pentágono por un margen considerable. Para terminar con todo aquello, y no postergarlo uno o dos años, lo que necesitaba era una persona como Gates, que sabía cómo funcionaba la estructura y dónde estaban las trampas; alguien que ya gozaba de un respeto que yo —a pesar de mi cargo— tendría que ganarme de alguna forma.

Había un último motivo por el que quería a Gates en mi equipo, y era resistirme a mis propios prejuicios. La imagen de mí mismo que había surgido en la campaña —el idealista romántico que se oponía por instinto a la acción militar y que creía que todos los problemas en el escenario internacional se podían resolver mediante el diálogo moralista—jamás había sido del todo correcta. En realidad, creía en la diplomacia y pensaba que la guerra debía ser el último recurso. Creía en la cooperación multilateral para afrontar problemas como el cambio climático y que una firme difusión de la democracia, el desarrollo económico y los derechos humanos en todo el mundo ayudarían a cumplir nuestros intereses de seguridad nacional a largo plazo. Quienes me votaron o trabajaron en mi campaña se inclinaban a compartir esas creencias, y lo más probable era que estuvieran en mi Administración.

Pero mis opiniones sobre política exterior —y ciertamente también mi oposición a la invasión de Irak— estaban en deuda casi en la misma proporción con la escuela «realista», una aproximación que apreciaba el control, daba por descontado la información imperfecta y las consecuencias imprevistas, y atenuaba la creencia en la excepcionalidad de Estados Unidos con cierta humildad a la hora de pensar en nuestra capacidad real para rehacer el mundo a nuestra imagen. Con frecuencia sorprendía a las personas al nombrar a George H. W. Bush como uno de los últimos presidentes cuya política exterior admiraba. Bush, junto a James Baker, Colin Powell y Brent Scowcroft, habían gestionado hábilmente el final de la Guerra Fría y el exitoso desarrollo de la guerra del Golfo.

Gates había crecido trabajando con esos hombres, y en su gestión de la campaña en Irak había visto suficientes coincidencias entre nuestras opiniones como para confiar en que podíamos trabajar juntos. Contar con su opinión en la mesa, junto a la de otras personas como Jim Jones —general con cuatro estrellas retirado y antiguo jefe del Comando Europeo, a quien había designado como mi primer asesor en cuestiones de seguridad nacional— garantizaban que iba a escuchar distintos puntos de vista antes de tomar cualquier decisión importante, y que constantemente pondría a prueba mis creencias más profundas frente a personas que tenían jerarquía y confianza suficientes para decirme si me estaba equivocado.

Evidentemente, todo eso dependía de un nivel básico de confianza entre Gates y yo. Cuando le pedí a un colega que tanteara su posible disposición a continuar en el cargo, Gates respondió con una lista de preguntas. ¿Cuánto tiempo pretendía que se quedara? ¿Estaba dispuesto a mostrarme flexible en la retirada de tropas de Irak? ¿Cómo iba a abordar la dotación de personal y el presupuesto del Departamento de Defensa?

Sentados en aquella habitación de la estación de bomberos, Gates reconoció que no era habitual que un potencial miembro del gabinete interrogara de aquella manera a su futuro jefe. Esperaba que yo no lo considerara una impertinencia. Le aseguré que no me importaba y que su franqueza y su mente lúcida eran precisamente lo que estaba buscando. Repasamos su lista de preguntas. Por mi parte, yo también había llevado algunas. Cuarenta y cinco minutos más tarde, nos dimos la mano y nos escabullimos en comitivas separadas.

—¿Y? —me preguntó Axelrod cuando regresé.

—Se apunta —respondí—. Me gusta —y agregué—: veremos si yo también le gusto a él.

El resto de las piezas de mi equipo de seguridad nacional fueron encajando en su sitio sin demasiado alboroto: mi vieja amiga y antigua diplomática Susan Rice como embajadora de Estados Unidos en las Naciones Unidas; Leon Panetta, excongresista por California y jefe de gabinete con Clinton, con una merecida reputación a favor del bipartidismo, como director de la CIA; y el almirante retirado Dennis Blair como director de Inteligencia Nacional. Algunos de mis asesores más cercanos durante la campaña asumieron puestos de funcionarios clave, incluyendo a mi preparador para los debates, Tom Donilon, como asesor adjunto en seguridad nacional; las jóvenes celebridades Denis McDonough, Mark Lippert y Ben Rhodes como asistentes adjuntos en el Consejo de Seguridad Nacional y Samantha Power en un cargo en el mismo organismo recientemente orientado a la prevención de catástrofes y al desarrollo de los derechos humanos.

Solo uno de los nombramientos pendientes despertaba un gran revuelo. Quería que Hillary Clinton fuera mi secretaria de Estado.

Los analistas ofrecían distintas teorías para explicar mis motivos para elegir a Hillary: necesitaba unificar un Partido Demócrata aún escindido; me preocupaba que ella me cuestionara desde su escaño en el Senado; me había influido el libro de Doris Kearns Goodwin *Team of Rivals* y trataba de imitar conscientemente a Lincoln designando para mi gabinete a un antiguo rival.

En realidad era mucho más simple. Pensaba que Hillary era la mejor persona para el puesto. Durante la campaña había sido testigo de su inteligencia, preparación y ética profesional. Más allá de lo que pensara de mí, confiaba en su patriotismo y su compromiso con el deber. Estaba convencido de que en una época en la que las relaciones diplomáticas globales eran tensas o sufrían de una negligencia crónica, una secretaria de Estado del calibre y poder de Hillary, con sus contactos y su comodidad para moverse en el escenario internacional aportaría más capacidad que nadie.

Con las cicatrices de la campaña aún en el recuerdo, no todos en mi bando estaban convencidos. («¿Estás seguro de que quieres a una secretaria de Estado que decía en la tele que no estabas preparado para ser comandante en jefe?», me preguntó un amigo. Tuve que recordarle que la persona que pronto sería mi vicepresidente había dicho lo mismo.) Hillary también estaba recelosa, y cuando le ofrecí el cargo por primera vez en una reunión en nuestra oficina temporal en Chicago unos diez días después de las elecciones, fui amablemente rechazado. Estaba cansada, dijo, y ansiosa por acomodarse a la agenda más predecible del Senado. Aún tenía deudas de campaña que necesitaba quitarse de encima. Y además tenía que tener en cuenta a Bill. Su trabajo a favor del desarrollo global y la salud pública en la Fundación Clinton había tenido un verdadero impacto en todo el mundo, y tanto Hillary como yo sabíamos que la necesidad de evitar hasta la mera apariencia de un conflicto de interés —sobre todo en lo relacionado con la captación de fondos— le impondrían nuevas limitaciones tanto a él como a la fundación.

Sus preocupaciones me parecieron válidas, pero también manejables. Le pedí que se tomara un tiempo y lo pensara mejor. Durante la semana siguiente, recluté a Podesta, Rahm, Joe Biden, a varios de nuestros colegas en el Senado y a cualquiera que se me ocurriera para que se acercara a Hillary y me ayudara a convencerla. A pesar de la presión, cuando volvimos a hablar por teléfono, a altas horas de la noche, Hillary me dijo que seguía inclinada a rechazar la oferta. Insistí, convencido de que fueran cuales fueran las dudas que aún sentía, tenían menos que ver con el puesto que con nuestra potencial relación. Conseguí que me diera su opinión sobre Irak, Corea del Norte, la proliferación de las armas nucleares y los derechos humanos. Le pregunté cómo renovaría el Departamento de Estado. Le aseguré que tendría acceso directo y constante a mí, y libertad para elegir a su propio equipo. «Eres demasiado importante para mí como para aceptar un no como respuesta», le dije antes de colgar.

A la mañana siguiente, Hillary había decidido aceptar la oferta y unirse a la Administración. Una semana y media más tarde la presenté junto al resto de mi equipo de defensa nacional —y a quien había elegido como fiscal general, Eric Holder, y a mi candidata para el Departamento de Seguridad Interior, la gobernadora Janet Napolitano— en una conferencia de prensa en Chicago. Cuando vi a los hombres y mujeres reunidos en el escenario, no pude evitar darme cuenta de que casi todos eran mayores que yo, contaban con décadas de experiencia en los niveles más altos del Gobierno, y como mínimo un par de ellos habían apoyado originariamente a otros candidatos a presidente, inmunes a los mensajes de esperanza y cambio. Pensé que al fin y al cabo sí era un equipo de rivales. No iba a tardar en descubrir si eso demostraba una justificada confianza en mis habilidades como líder o la ingenua fe de un novato que estaba a punto de estrellarse.

Cuando George Washington fue elegido presidente en 1789, Washington D. C. todavía no existía. Para el juramento, el presidente electo tuvo que hacer un viaje de siete días en barco y carro de caballos desde su casa en Mount Vernon, Virginia, hasta el Federal Hall en la ciudad de Nueva York (sede temporal del nuevo Gobierno nacional). Le recibió una multitud de diez mil personas. Prestó juramento al cargo, a lo que siguió el grito «Larga vida a George Washington» y trece cañonazos. Washington dio un moderado discurso inaugural de quince minutos, no a la multitud sino a los miembros del Congreso en un recinto provisorio y mal iluminado. Después asistió a un servicio religioso en una iglesia cercana.

Sin más, el padre de nuestra patria pasó a la tarea de asegurarse de que Estados Unidos duraría más allá de su mandato.

Con el tiempo, las investiduras presidenciales se volvieron cada más complejas. En 1809, Dolley Madison fue la anfitriona del primer baile de investidura en la nueva capital, cuatrocientas personas desembolsaron cuatro dólares por cabeza para tener el privilegio de asistir a lo que entonces era el mayor evento social jamás celebrado en Washington D. C. En 1829, correspondiendo a su reputación de populista, Andrew Jackson abrió las puertas de la Casa Blanca a varios miles de simpatizantes en su investidura; se dice que la multitud alcoholizada se alteró tanto que Jackson tuvo que escapar por una ventana.

En su segunda investidura, Teddy Roosevelt no se contentó con desfiles militares y bandas de música: añadió un aluvión de vaqueros y a Gerónimo, el jefe de la tribu apache. Cuando fue el turno de John F. Kennedy en 1961, la investidura ya se había convertido en un espectáculo de varios días retransmitido por televisión, repleto de actuaciones de músicos famosos, una lectura del poeta laureado Robert Frost y varias galas lujosas en las que las principales celebridades de Hollywood sacudían su polvo de estrellas sobre los donantes y agentes electorales del nuevo presidente. (Al parecer Frank Sinatra hizo grandes esfuerzos para que las fiestas estuvieran a la altura de Camelot; aunque se vio forzado a lo que le debió de parecer una incómoda conversación con su amigo y compañero del Rat Pack, Sammy Davis Jr., cuando Joe Kennedy le dijo que la presencia del negro Davis y su blanca esposa sueca en la investidura podía no sentarle bien a los seguidores sureños de JFK, y que por lo tanto había que desanimarle a que asistiera.)

Dado el entusiasmo que había despertado nuestra campaña, las expectativas en torno a mi investidura —programada para el 20 de enero de 2009— eran muy elevadas. Al igual que en la Convención Demócrata, no me involucré en los detalles de la organización, confié en que el comité que habíamos reunido y la genial organizadora de mi campaña Alyssa Mastromonaco (ahora designada directora de Programación) tenían todo bajo control. Mientras levantaban escenarios e instalaban graderías a lo largo del trayecto del desfile en Washington, Michelle, las niñas y yo nos fuimos a pasar las navidades en Hawái, donde intenté recuperar un poco el aliento; entre la selección de los últimos cargos de mi gabinete, las consultas diarias al equipo económico y el primer borrador de mi discurso inaugural.

Maya y yo pasamos una tarde revisando los objetos personales de Toot, y luego caminamos por el mismo saliente rocoso cercano a Hanauma Bay donde nos habíamos despedido de nuestra madre y arrojamos sus cenizas al mar. Reuní a algunos viejos compañeros de la secundaria para un espontáneo partido de baloncesto. Nuestras familias cantaron villancicos, cocinaron galletas e instauraron lo que terminaría convirtiéndose en un concurso de talentos anual (los padres fueron merecidamente juzgados como los menos talentosos). Incluso tuve la oportunidad de hacer bodysurf en Sandy Beach, uno de mis lugares favoritos de joven. Mientras me deslizaba en una ola que rompía suavemente, con la luz ondulando en el barrido del agua y el cielo punteado por el vuelo de los pájaros, por un instante pude fingir que no estaba rodeado de varios SEAL del cuerpo de marines enfundados en sus neoprenos, que el patrullero de la guardia costera que veía a lo lejos no tenía nada que ver conmigo y que no iban a aparecer luego en la portada de periódicos de todo del mundo imágenes mías sin camiseta bajo el titular «Apto para el cargo». Cuando hice una seña de que estaba listo para marcharme, el jefe del equipo de seguridad de aquel día —un sardónico agente llamado Dave Beach, que había estado conmigo desde el principio y me conocía como un amigo— inclinó la cabeza para sacarse el agua de las orejas y me dijo con total naturalidad: «Espero que lo haya disfrutado porque es la última vez que podrá hacer esto en mucho mucho tiempo».

Me reí, sabía que bromeaba... ¿o no? La campaña y sus repercusiones más inmediatas no me habían dejado tiempo para reflexionar, de modo que solo durante aquel paréntesis tropical todos —amigos, familia, el equipo de trabajo, el Servicio Secreto— tuvimos la oportunidad de comprender lo que había sucedido y tratamos de vislumbrar lo que venía a continuación. Todo el mundo parecía feliz aunque levemente indeciso, no sabíamos si estaba bien admitir lo extraña que era aquella situación, tratábamos de descifrar qué cosas habían cambiado y cuáles no. Y aunque no lo demostraba, nadie sentía esa incertidumbre con más intensidad que la que pronto se convertiría en la primera dama de Estados Unidos.

Durante la campaña, había sido testigo de cómo Michelle se había adaptado a nuestras nuevas circunstancias con elegancia; ganándose a los votantes, bordando entrevistas, perfeccionando un estilo que demostraba que era alguien elegante y accesible. No era tanto una transformación como una intensificación, su esencial «michelledad» se había pulido hasta alcanzar su máximo esplendor. Pero a pesar de su creciente comodidad en la esfera pública, entre bastidores Michelle estaba desesperada por establecer algún tipo de normalidad en nuestra familia, una zona al margen del distorsionador alcance de la política y la fama.

En las semanas que siguieron a las elecciones, eso implicó entregarse a las tareas que cualquier pareja debe llevar a cabo cuando se tiene que mudar por un nuevo trabajo. Lo resolvió todo con la eficiencia que la caracterizaba; embaló nuestras cosas, cerró las cuentas, se aseguró de que nos reenviaran el correo y ayudó al centro médico de la Universidad de Chicago a buscar un reemplazo.

Pero su interés principal eran nuestras hijas. Al día siguiente de las elecciones ya había acordado un recorrido por distintas escuelas en Washington (tanto Malia como Sasha tacharon de sus listas los centros femeninos, en su lugar habían elegido Sidwell Friends, una escuela privada fundada por cuáqueros, la misma a la que había asistido Chelsea Clinton) y había hablado con los profesores para gestionar la incorporación de las niñas a mitad del año lectivo. Pidió consejo a Hillary y a Laura Bush sobre cómo aislarlas de la prensa y habló con el Servicio Secreto para encontrar una fórmula que evitara que los agentes que cuidaban de las niñas las molestaran cuando traían compañeras a jugar y en los partidos de fútbol. Se familiarizó con el funcionamiento de la residencia de la Casa Blanca y se aseguró de que los muebles de las habitaciones de las niñas no parecieran sacados de Monticello.

No es que no compartiera las preocupaciones de Michelle. Malia, pero sobre todo Sasha, eran muy pequeñas en 2008, puras coletas y trenzas, dientes que se caían y mejillas regordetas. ¿Cómo iba a marcar su infancia la Casa Blanca? ¿Las iba a aislar? ¿Las iba a convertir en niñas mimadas o presumidas? Por la noche escuchaba atentamente a Michelle mientras me daba la última información que había recopilado, le decía lo que pensaba sobre uno u otro tema que le agobiaba, y le aseguraba que un comentario taciturno o una pequeña travesura de alguna de las niñas no eran necesariamente los primeros indicadores de que su mundo se había descalabrado.

Pero al igual que en la mayor parte de los últimos diez años, la carga cotidiana de la crianza de las niñas recaía principalmente en Michelle. Y mientras ella observaba cómo el torbellino de trabajo me succionaba —incluso antes de asumir el cargo— y veía cómo se postergaba su propia carrera, con su unido círculo de amistades a cientos de kilómetros de distancia mientras ella se abría paso en una ciudad en la que la motivación de muchas personas era necesariamente sospechosa, la perspectiva de la soledad se posó sobre ella como una nube.

Todo esto ayuda a comprender por qué Michelle le pidió a su madre que viniera a vivir con nosotros a la Casa Blanca. El simple hecho de que Marian Robinson estuviera dispuesta a considerar la oferta me sorprendió, porque mi suegra era prudente por naturaleza, encontraba satisfacción en el trabajo estable, en las rutinas familiares, en el pequeño grupo de parientes y amigos a los que conocía desde hacía años. Llevaba viviendo en la misma casa desde la década de 1960 y rara vez se animaba a salir de Chicago; su única extravagancia era un viaje al año de tres días a Las Vegas con su cuñada Yvonne y Mama Kaye para jugar en las máquinas tragaperras. Y aunque adoraba a sus nietas y había aceptado jubilarse antes para ayudar a Michelle a cuidarlas en cuanto comenzó a animarse la campaña, siempre hizo hincapié en que no quería estar dando vueltas por nuestra casa de Chicago ni quedarse a cenar después de haber cumplido sus tareas.

—*No* pienso ser una de esas viejas —solía decir enfadada— incapaces de dejar a sus hijos tranquilos solo porque no tienen nada mejor que hacer.

Aun así, Marian no puso mucha resistencia cuando Michelle le pidió que se mudara con nosotros a Washington. Sabía que su hija no se lo estaría pidiendo si no fuese de verdad importante.

Evidentemente, estaban las gestiones prácticas. Durante los primeros años que pasamos en la Casa Blanca, Marian fue la que acompañó a Malia y a Sasha a la escuela cada mañana, y quien cuidó de ellas después de clase cuando Michelle estaba trabajando. Pero fue mucho más que eso. Lo que importaba de verdad —lo que no iba a dejar de importar incluso mucho después de que las niñas hubiesen dejado de necesitar una niñera— fue que la simple presencia de Marian mantuvo a nuestra familia con los pies en la tierra.

Mi suegra no actuaba como si fuese mejor que los demás, de modo que nuestras hijas jamás consideraron siquiera esa opción. Vivía acorde a la doctrina de no quejarse y no dramatizar, y no le impresionaba ninguna forma de opulencia o moda. Cuando Michelle regresaba de una sesión de fotos o de una gala en la que la prensa había analizado todos sus movimientos o escudriñado su peinado, se podía quitar el vestido de diseñador, ponerse unos vaqueros y una camiseta, y confiar en que su madre estaba en su habitación del último piso de la Casa Blanca, siempre dispuesta a sentarse a ver la tele con ella y charlar de las niñas o de viejos conocidos o de cualquier otra cosa.

Mi suegra jamás se quejó de nada. Siempre que interactuaba con ella me acordaba de eso, no importaba con qué tipo de conflicto estuviera lidiando, nadie me había obligado a ser presidente, tenía que aguantarme y hacer mi trabajo.

Fue una verdadera bendición tener a mi suegra. Para nosotros se convirtió en el vivo recuerdo de quiénes éramos y de dónde veníamos, la guardiana de unos valores que alguna vez nos habían parecido corrientes pero que ahora nos dábamos cuenta de que eran mucho más extraordinarios de lo que habíamos imaginado.

El semestre de invierno en Sidwell Friends arrancaba dos semanas antes del día de la investidura, así que después de la noche de fin de año volamos a Chicago, recogimos algunos objetos personales que aún faltaban por trasladar, y abordamos un avión del Gobierno rumbo a Washington. La Casa Blair, la residencia oficial para los invitados del presidente, no nos podía alojar con tan poca anticipación, así que nos instalamos en el hotel Hay-Adams, la primera de tres mudanzas que íbamos a hacer en un lapso de tres semanas.

A Malia y a Sasha no parecía importarles demasiado vivir en un hotel. Sobre todo no les importaba la poco habitual actitud permisiva de su madre respecto a las horas frente al televisor, saltar en la cama y probar todos y cada uno de los postres de la carta del servicio de habitaciones. El primer día de clase Michelle las acompañó en un coche del Servicio Secreto. Más tarde me contó que se le había encogido el corazón al ver a sus adoradas bebés —con aspecto de exploradoras en miniatura con sus abrigos y mochilas de colores brillantes— dirigiéndose a su nueva vida rodeadas de fornidos hombres armados.

Sin embargo, aquella noche en el hotel las niñas repitieron su cháchara irrefrenable de siempre, nos contaron lo increíble que había sido su día, que la comida era mucho mejor que la de la escuela anterior y que ya habían hecho un grupo de nuevos amigos. Mientras hablaban, vi que se disipaba la tensión en el rostro de Michelle. Cuando les dijo a Malia y Sasha que ahora que habían empezado las clases se terminaban los postres después de cenar y la tele entre semana, y que era momento de cepillarse los dientes y prepararse para ir a la cama, sentí que todo iba a salir bien.

Mientras tanto, los engranajes de nuestra transición seguían a toda máquina. Las primeras reuniones con mis equipos de seguridad y económico fueron productivas, la gente cumplía la agenda prevista y el postureo se mantenía a niveles mínimos. Hacinados en insulsas oficinas gubernamentales, organizamos grupos de trabajo para cada organismo y tema imaginables —capacitación laboral, seguridad aérea, deudas de préstamos estudiantiles, investigación contra el cáncer, licitaciones del Pentágono—, me pasaba el día hurgando en el cerebro de jóvenes genios y entusiastas, despeinados académicos, líderes empresariales, grupos de apoyo y canosos veteranos de administraciones anteriores. Algunos se postulaban para un cargo en la Administración; otros querían que adoptáramos propuestas que no habían llegado a ninguna parte en los últimos ocho años. Pero todos se mostraban ansiosos por ayudar, emocionados ante la perspectiva de una Casa Blanca dispuesta a probar nuevas ideas.

Evidentemente había baches en el camino. Algunas de mis opciones favoritas para los puestos del gabinete rechazaron mi oferta o no pasaron el escrutinio. Varias veces al día aparecía Rahm para preguntarme qué prefería hacer con alguna disputa emergente sobre política u organización, y tras bambalinas no faltaban las primeras peleas —sobre títulos, territorios, acceso, plazas de aparcamiento— que definen cada nueva Administración. Pero en líneas generales, el ánimo era de euforia centrada; todos estábamos convencidos de que si trabajábamos de forma inteligente y premeditada podíamos cambiar el país tal y como habíamos prometido.

¿Y por qué no? Según las encuestas, mi índice de aprobación era casi del 70 por ciento. Cada día llegaba una nueva circular con repercusiones mediáticas positivas. Los miembros más jóvenes del equipo, como Reggie y Favs, se habían convertido de pronto en los favoritos de las columnas de cotilleo en Washington. A pesar del pronóstico de temperaturas gélidas para el día de la investidura, las autoridades preveían una afluencia récord, los hoteles estaban al tope de reservas a kilómetros a la redonda. Había una avalancha de solicitudes para los espectáculos con entrada; de cargos electos, donantes, primos lejanos, conocidos de la escuela y personajes importantes que conocíamos poco o nada. Michelle y yo hicimos todo lo posible por atenderlos a todos sin herir demasiadas susceptibilidades.

—Se parece a nuestra boda —me quejé—, pero con una lista de invitados más larga.

Cuatro días antes de la investidura, Michelle, las niñas y yo volamos a Filadelfia, donde, con la intención de rendir homenaje al viaje en tren que había hecho Lincoln en 1861 de Springfield a Washington para su investidura, nos subimos a un vagón antiguo y repetimos la última etapa

Mis abuelos maternos eran de Kansas y se fugaron para casarse justo antes del bombardeo de Pearl Harbor. Él sirvió en el ejército de Patton; ella trabajó en una cadena de montaje de bombarderos. «

Cuando te crías en Hawái, las caminatas a través de los bosques en las montañas y los días de holganza en la playa son un derecho inalienable; basta con cruzar la puerta de casa.

« Evidentemente, me siento orgulloso de mi *swing*.

Mi madre, Ann Dunham, se rebeló contra las convenciones, pero al mismo tiempo desconfiaba de las ideologías o los absolutos. «El mundo es complicado, Bar —me decía—. Por eso es interesante.»

Mi padre, Barack Obama sénior, se crio en Kenia y estudió Economía en la Universidad de Hawái, donde conoció a mi madre, y en Harvard. Tras su divorcio, volvió a África.

Mi abuela y yo con mi madre el día que esta se graduó en Antropología por la Universidad de Hawái.

Mi madre con mis hermanastras, Maya Soetoro-Ng (*izquierda*) y Auma Obama.

En nuestra boda.
Echamos de menos al
padre de Michelle y a
mi abuelo, pero ese día
me sentí el hombre
más afortunado de
todo el planeta.

Las alegrías
de mis ojos.

Pronunciando un discurso a la vieja usanza en Chillicothe, Illinois, en los inicios de mi campaña para el Senado estatal.

Con un aspecto increíblemente juvenil mientras pronuncio el discurso inaugural en la Convención Nacional Demócrata de 2004 en Boston. Este fue probablemente el último día en que pude entrar en un espacio público sin que nadie me reconociese.

Con Michelle tras mi discurso en la Convención Nacional Demócrata.
»

Tras la convención, Michelle, las niñas y yo partimos en un viaje de una semana en autocaravana por la región al sur de Chicago. Ese fue el primer contacto verdadero de las niñas con el trajín de la campaña.

Noche electoral, 2004. Ganamos con el mayor margen de cualquier elección al Senado estatal en la historia de Illinois. A las niñas les fascinaba más el confeti.

«
Fui investido como senador
estadounidense el 3 de enero de 2005.

Como senador novato, convencí a Pete
Rouse para que fuese mi jefe de Gabinete.
Fue una bendición: de vasta experiencia y
rectitud intachable, en la ciudad lo
conocían como «el senador 101».
»

»
Cuando llegué a Washington, ocupaba
el puesto 99.º en antigüedad, y mi
despacho temporal era un reflejo de ello.
Pero, rodeado de un gran equipo,
enseguida pude trabajar a pleno
rendimiento.

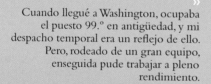

«
Como miembro
del grupo de
congresistas
negros, tuve
ocasión de
trabajar codo con
codo con uno de
mis héroes, el
congresista John
Lewis.

En mi primer viaje al extranjero como senador, en agosto de 2005, recorrí una instalación para la destrucción de armas convencionales en Donetsk, Ucrania, con el senador republicano Dick Lugar.

Durante un viaje a Kenia en agosto de 2006, Michelle y yo quisimos contribuir a promocionar el test rápido del VIH sometiéndonos a él nosotros también. La gente se congregaba a lo largo de las carreteras para saludarnos.

Anuncié mi candidatura a la presidencia el 10 de febrero de 2007. Era un día gélido en Springfield, pero apenas lo noté. Sentí que conectábamos con algo esencial y verdadero de Estados Unidos.

«

Mientras hacía campaña, no pude pasar mucho tiempo con las niñas. Pero ¿un día con ellas en la feria estatal de Iowa, con juegos, bocadillos y autos de choque? No hay nada mejor.

»

Haciendo campaña en Austin, Texas. Me había convertido en un símbolo desmesurado de esperanza, un recipiente para millones de sueños diferentes, y temía que llegase un momento en que decepcionase a mis simpatizantes.

»

Irrumpiendo en la barbacoa anual de Tom Harkin en 2007 con un grupo de mis organizadores sobre el terreno. Gran parte de nuestro éxito en Iowa fue mérito de estos infatigables jóvenes ayudantes y voluntarios.

Menos de un mes antes del caucus de Iowa, organizamos un mitin en Des Moines. Como quien me presentaba era Oprah, la asistencia fue bastante numerosa.

IOWA FOR OBAMA

El 24 de julio de 2008, pronuncié un discurso en la Columna de la Victoria, en Berlín, en el que afirmé que, así como una generación anterior había derribado el muro que dividía Europa, nosotros debíamos derribar otros muros menos visibles entre clases, razas y religiones.

≫

Con el artífice de mi campaña, David Plouffe, justo antes de salir al escenario a aceptar la nominación demócrata.

≫

John McCain y yo hicimos una pausa en la campaña para mostrar nuestro respeto a las víctimas del 11S en Nueva York el 11 de septiembre de 2008. Días más tarde empezaron a desplomarse los grandes bancos, muchas de cuyas sedes estaban a pocas manzanas de distancia.

≫

Ese mismo mes, mientras la economía estaba en caída libre, McCain pidió al presidente Bush que convocase en la Casa Blanca a los líderes de ambos partidos en el Congreso para alcanzar un acuerdo sobre un paquete de rescate.

David Axelrod no es solo un hábil estratega político, sino también un alma gemela. Empezamos a trabajar juntos en 2008, cuando era improbable que lograse un escaño en el Senado, y se convirtió en uno de mis asesores de mayor confianza en la Casa Blanca. Por su parte, Marvin Nicholson (*fondo derecha*), mi director de viajes, tenía un carácter afable y se encargaba de todos los detalles.

De campaña bajo la lluvia en Fredericksburg, Virginia, a menos de seis semanas de las elecciones.

« Nuestro mitin más concurrido fue el 19 de octubre, cuando hablé en el arco Gateway de Saint Louis, Missouri. Se congregaron allí unas cien mil personas.

» Junto a Marian Robinson, mi suegra, viendo los resultados de la noche electoral. «Esto es un poco demasiado», me dijo. Entendí perfectamente a qué se refería.

La noche electoral, más de doscientas mil personas vinieron al parque Grant de Chicago a celebrar la victoria. Malia temía que no apareciese nadie porque no había coches en la calle.

Esta es mi fotografía favorita de esa noche: gente congregada en los escalones del monumento a Lincoln escuchando mi discurso de aceptación a través de una radio.

IN THIS TEMPLE
AS IN THE HEARTS OF THE PEOPLE
FOR WHOM HE SAVED THE UNION
THE MEMORY OF ABRAHAM LINCOLN
IS ENSHRINED FOREVER

Justo antes de salir a jurar el cargo, recé una plegaria.

Juré el cargo sobre la misma Biblia que Abraham Lincoln usó para su juramento el 4 de marzo de 1861.

Un mar de estadounidenses. Cuando sus banderines ondeaban al sol, parecía la superficie del océano. Me prometí que les daría lo mejor de mí. ≫

Recorriendo a pie el trazado del desfile inaugural. Como siempre, Michelle fue el centro de atención.
≫

Mi primer día sentado en el escritorio del despacho Oval. Fue un regalo de la reina Victoria en 1880, tallado a partir del casco de un buque británico a cuya tripulación ayudó a rescatar de una catástrofe un ballenero estadounidense.

«

La mejor parte de cualquier día era cuando se presentaban las niñas.

de su viaje, con una desviación: una parada en Wilmington para recoger a Joe y Jill Biden. Al contemplar la cariñosa multitud que se había reunido para verlos partir, y oír las bromas que hacía Joe a todos los conductores de Amtrak que conocía de nombre después de años repitiendo el mismo trayecto, traté de imaginar lo que le pasaba por la cabeza al recorrer aquellas vías por las que había viajado hacía mucho, no con alegría sino con angustia.

Ese día pasé la mayor parte del tiempo conversando con alguna de las docenas de personas a las que habíamos invitado a hacer el trayecto, la mayoría ciudadanos corrientes que habíamos conocido aquí y allá a lo largo de la campaña. Se unieron a Malia, a Sasha y a mí para cantar «feliz cumpleaños» antes de que Michelle apagara las velitas de la tarta (cumplía cuarenta y cinco), lo que dio la sensación de una de esas pequeñas reuniones familiares que ella valoraba tanto. De vez en cuando salía a la plataforma trasera del tren, sentía el viento en la cara, oía el sincopado ritmo de las ruedas que por algún motivo parecía ralentizar el tiempo, y saludaba a los grupos de personas que se habían reunido junto a las vías. Había miles de ellas, kilometro tras kilómetro, se podían distinguir las sonrisas en la distancia, algunos estaban de pie en los andenes, otros apretujados contra las vallas, muchos levantaban carteles hechos en casa con mensajes del tipo «Abuelas con Obama» o «Creemos en ti» o «Lo conseguimos», o alzando a sus niños y animándolos a que me saludaran.

Escenas como esas se repitieron durante los dos días siguientes. En una visita al centro médico Militar Walter Reed, conocí a un joven marine mutilado que me hizo el saludo desde la cama y dijo que me había votado a pesar de ser republicano, y que se sentía orgulloso de llamarme comandante en jefe. En un albergue para personas sin hogar al sudeste de Washington, un adolescente con pinta de duro me rodeó en un fuerte abrazo sin decir ni una palabra. En la Casa Blair, sonreí al ver cómo le servían la cena en la misma vajilla de porcelana que usaban para primeros ministros y reyes a la madrastra de mi padre, Mama Sarah, que había viajado desde su pequeña aldea rural al noroeste de Kenia para la investidura, una mujer que no había recibido ninguna educación formal y cuya casa tenía un techo de chapa, sin agua corriente ni cañerías.

¿Cómo no emocionarse? ¿Cómo no pensar que había algo de verdad en todo aquello, algo que podía durar?

Meses más tarde, cuando realmente se comprendió la magnitud del desastre económico y el estado de ánimo general se volvió más pesimista, el equipo y yo nos preguntamos si podríamos haber hecho algo más —en materia de política y gestión pública— para aplacar aquel subidón poselectoral colectivo y preparar al país para las dificultades que nos aguardaban. No era que no lo hubiéramos intentado. Cuando echo la vista atrás y leo las entrevistas que di justo antes de asumir el cargo, me sorprende lo moderado que era; insistía en que la economía iba a empeorar antes de empezar a mejorar, recordaba a la gente que la reforma de la sanidad pública no se podía hacer de la noche a la mañana, y que no había soluciones simples para lugares como Afganistán. Lo mismo podría decirse de mi discurso de investidura: intenté trazar una imagen franca de nuestras circunstancias, despojándola un poco de la retórica idealista para favorecer una llamada a la responsabilidad y al esfuerzo común frente a los enormes desafíos que nos aguardaban.

Está todo ahí, por escrito, un diagnóstico bastante preciso de cómo iban a ser los años siguientes. Aunque tal vez fue mejor que la gente no oyera aquellas advertencias. Después de todo, no costaba nada encontrar motivos para sentirse temeroso y enfadado a principios de 2009, para desconfiar de los políticos o las instituciones que habían fallado a tanta gente. Tal vez lo que hacía falta era una inyección de energía, aunque fuera efímera: una historia de cariz feliz sobre quiénes éramos los estadounidenses y quiénes podíamos llegar a ser, el tipo de subidón que aporta el ímpetu necesario para atravesar la parte más dura del trayecto.

Siento que eso fue lo que pasó. Una decisión tácita y colectiva de que al menos durante algunas semanas el país se tomaría un bien merecido descanso de tanto cinismo.

Llegó el día de la investidura, luminoso, ventoso y frío. Como sabía que los eventos habían sido organizados con una precisión militar, y como tiendo a vivir mi vida unos quince minutos por detrás de la agenda, me puse dos alarmas para asegurarme de que me iba levantar a tiempo. Una carrera en la cinta, el desayuno, la ducha y el afeitado, varios intentos antes de conseguir que el nudo de la corbata quedara aceptable, y a las 8.45, Michelle y yo estábamos haciendo el traslado de dos minutos en coche desde la Casa Blair hasta la iglesia episcopal de Saint John, adonde habíamos invitado a un amigo, el pastor T.D. Jakes de Dallas, para que dirigiera un servicio privado.

En el sermón de aquella mañana, el reverendo Jakes recurrió al libro de Daniel en el Antiguo Testamento, en el que se describe cómo Ananías, Misael y Azarías, fieles a Dios a pesar de trabajar en la corte, se niegan a arrodillarse ante el ídolo de oro que había mandado construir Nabucodonosor; los tres fueron arrojados a un horno en llamas, pero gracias a su lealtad, Dios les protegió y ayudó a salir ilesos.

Al asumir la presidencia en tiempos turbulentos, explicó el reverendo Jakes, yo también estaba siendo arrojado a las llamas. Las llamas de la guerra. Las llamas de la crisis económica. Pero mientras me mantuviera fiel a Dios e hiciera lo correcto, yo tampoco debía sentir miedo.

El pastor habló con su imponente voz de barítono, su ancho y oscuro rostro sonriéndome desde el púlpito. «Dios está contigo —dijo—, dentro del horno.»

Algunas personas en la iglesia comenzaron a aplaudir y le sonreí acusando recibo de sus palabras. Pero mis pensamientos se iban a la noche anterior, cuando después de cenar me disculpé con mi familia, subí la escalera a una de las tantas habitaciones superiores de la Casa Blair, y recibí las instrucciones de la Oficina Militar de la Casa Blanca sobre el «balón»; el pequeño maletín revestido de cuero que acompaña al presidente todo el tiempo y que contiene los códigos necesarios para autorizar un ataque nuclear. Uno de los asistentes militares responsables de llevar el balón me explicó los protocolos con la misma calma y meticulosidad con la que alguien podría describir cómo programar una grabadora. El subtexto era evidente.

Pronto se me iba a otorgar la autoridad para hacer explotar el mundo.

La noche anterior, Michael Chertoff, secretario de Seguridad Nacional de la Administración Bush, había llamado para informarnos de que servicios de inteligencia fiables habían detectado que cuatro ciudadanos somalíes planeaban un ataque terrorista en la ceremonia de investidura. Debido a eso, se iba a reforzar el ya de por sí descomunal despliegue de seguridad en la Explanada Nacional. Los sospechosos —unos hombres jóvenes de quienes se creía iban a pasar por la frontera de Canadá— todavía andaban sueltos. Nadie dudaba de que íbamos a continuar con los eventos de las jornadas siguientes, pero para estar seguros, repasamos varias intervenciones con Chertoff y su equipo, y luego asigné a Axe para que redactara las instrucciones de evacuación que yo debía dar a la muchedumbre en caso de que sucediera un ataque mientras me encontraba en el escenario.

El reverendo Jakes concluyó su sermón. La última canción del coro llenó la iglesia. A excepción de un puñado de miembros del equipo, nadie más sabía de la amenaza terrorista. Ni siquiera se lo había dicho a Michelle, no quería sumar más estrés a la jornada. Nadie pensaba en una guerra nuclear ni en ataques terroristas. Nadie excepto yo. Mientras repasaba a la gente sentada en los bancos —amigos, miembros de la familia, colegas, algunos me llamaban la atención y me sonreían emocionados— me di cuenta de que a partir de ese momento todo aquello formaba parte de mi trabajo: conservar una actitud de normalidad, defender frente a todos la ficción de que vivimos en un mundo seguro y ordenado, mientras contemplaba fijamente el oscuro agujero de posibilidades y me preparaba lo mejor que podía para la alternativa de que cualquier día, en cualquier instante, el caos se abriera paso.

A las 9.45 llegamos al Pórtico Norte de la Casa Blanca, el presidente y la señora Bush nos recibieron y acompañaron adentro, donde los Biden, el vicepresidente Cheney y su familia, y los líderes del Congreso junto a sus esposas, se habían reunido para una pequeña recepción. Quince minutos antes de lo previsto, nuestro equipo sugirió que nos marcháramos temprano al Capitolio considerando lo que describieron como una afluencia masiva. Nos subimos a los coches en parejas: primero los líderes del Congreso y del Senado, luego Jill Biden y la señora Cheney, Michelle y la señora Bush, Joe Biden y el vicepresidente Cheney, y el presidente Bush y yo cerrando la comitiva. Parecía que estábamos subiéndonos al arca de Noé.

Era la primera vez que me subía a la Bestia, la enorme limusina asignada al presidente. Reforzada para resistir la explosión de una bomba, pesa varias toneladas, tiene lujosos asientos de cuero negro y el sello presidencial cosido a un panel de cuero encima del teléfono y del reposabrazos. Cuando se cierra, las puertas de la Bestia se sellan y no dejan pasar ningún sonido. Mientras nuestra comitiva avanzaba lentamente por la Pennsylvania Avenue y charlaba de trivialidades con el presidente Bush, pude ver por las ventanas blindadas la cantidad de personas que todavía iban camino a la Explanada Nacional o que ya habían tomado asiento en el recorrido del desfile. La mayoría parecía de un humor alegre, vitoreaban y saludaban cuando veían pasar la comitiva. Pero cuando giramos en una esquina hacia el último tramo del recorrido, nos topamos con un grupo de manifestantes con megáfonos que alzaban carteles que decían «Condena a Bush» y «Criminal de guerra».

No sé si el presidente los vio; estaba demasiado entusiasmado con una descripción sobre cómo se limpiaba la maleza en su rancho en Crawford, Texas, adonde se iba a marchar en cuanto acabara la ceremonia. Pero me sentí silenciosamente molesto con ellos en su nombre. Me pareció innecesario y fuera de lugar protestar contra un hombre en la última hora de su presidencia. En líneas generales, me preocupaba lo que aquellas protestas de último minuto mostraban sobre las divisiones que agitaban a todo el país, y el debilitamiento de las barreras de decoro que alguna vez habían regulado la política.

Supongo que había cierto rastro de egoísmo en mis sentimientos. En pocas horas estaría viajando solo en el asiento trasero de la Bestia. Calculé que no iba a pasar mucho tiempo antes de que esos megáfonos y carteles se dirigieran a mí. Y eso también iba a formar parte de mi trabajo: encontrar la manera de no tomarme aquellos ataques de forma personal, pero sin evitar caer en la tentación de aislarme de los gritos al otro lado del cristal, como tal vez había hecho mi predecesor con demasiada frecuencia.

Habíamos hecho bien en marcharnos antes. Las calles estaban abarrotadas de gente, y cuando llegamos al Capitolio llevábamos varios minutos de retraso. Junto a los Bush nos abrimos paso hasta la oficina del presidente de la Cámara, donde hubo más apretones de manos, fotos e instrucciones antes de que los participantes e invitados —incluidas las niñas y el resto de la familia— empezaran a alinearse para la procesión. A Michelle y a mí nos mostraron la Biblia que habíamos pedido prestada a la Librería del Congreso para mi juramento, un pequeño y grueso ejemplar forrado en terciopelo borgoña con el lomo dorado, la misma Biblia que había usado Lincoln para su juramento. Entonces a Michelle le llegó el turno de marcharse, dejándonos a Marvin, Reggie y a mí solos por un instante en la sala de espera, como en los viejos tiempos.

—¿Tengo algo en los dientes? —pregunté exagerando una sonrisa.

—Estás bien —me contestó Marvin.

—Hace mucho frío afuera —dije—. Igual que en Springfield.

—Bueno, hay un poco más de gente —dijo Reggie.

Un asistente militar metió la cabeza en la sala y dijo que había llegado el momento. Choqué los puños con Reggie y Marvin, y seguí la comitiva del Congreso por los largos pasillos, atravesamos la rotonda del Capitolio y el Salón Nacional de las Estatuas, dejamos atrás las filas de simpatizantes que se alineaban contra las paredes, una hilera de guardias de honor que hacían el saludo a cada paso, hasta que finalmente llegué a las puertas de cristal que se abrían hacia la plataforma de investidura. La escena que se veía al otro lado era impresionante. La multitud cubría por completo la Explanada en un continuo sin fisuras, y seguía mucho más allá del monumento a Washington hasta el monumento a Lincoln, con lo que debían ser cientos de miles de banderines que brillaban bajo el sol del mediodía como la superficie del mar. Por un instante, antes de que sonaran las trompetas anunciándome, cerré los ojos y repetí la oración que me había llevado hasta allí y que seguiría repitiendo cada una de las noches en que fui presidente.

Una oración en la que daba las gracias por todo lo que se me había dado. Una oración en la que pedía que se perdonaran mis pecados. Una oración en la que pedía que mi familia y el pueblo estadounidense se mantuvieran a salvo del peligro.

Una oración para que Dios me guiara.

Ted Sorensen, amigo, confidente y jefe del grupo de redactores de discursos de John F. Kennedy, había sido uno de mis primeros simpatizantes. Cuando nos conocimos tenía casi ochenta años, pero se mantenía lúcido, con una aguda inteligencia. Incluso hacía viajes por mí, era un suplente de campaña convincente, aunque un poco difícil de complacer. (En una ocasión, mientras nuestra comitiva avanzaba a gran velocidad por la autopista durante una tormenta en Iowa, se inclinó y le gritó al agente detrás del volante: «Hijo, estoy medio ciego, ¡pero hasta yo puedo ver que estás demasiado cerca de ese coche!».) Ted también se había convertido en el favorito de mi joven equipo de redactores de discursos, les daba generosos consejos y en ocasiones les había comentado algún borrador suyo. Como había coescrito el discurso inaugural de Kennedy («No preguntes lo que tu país puede hacer por ti...»), en una ocasión le preguntaron cuál había sido el secreto para escribir uno de los cuatro o cinco mejores discursos de la historia de Estados Unidos. Muy fácil, contestó él, siempre que Kennedy y él se sentaba a escribir, se decían a sí mismos: «Vamos a hacerlo lo bastante bien como para que algún día forme parte del libro de los mejores discursos».

No sé si Ted trataba de motivar a mi equipo o solo de confundirlo.

Lo que sí sé es que mi propio discurso no estuvo a la altura del de Kennedy. Durante los días siguientes, recibió mucha menos atención que los cálculos de la afluencia, la inclemencia del frío, el sombrero de Aretha Franklin, y el pequeño fallo técnico durante el juramento entre el presidente del Tribunal Supremo de Justicia, John Roberts, y yo, por lo que tuvimos que reunirnos en la sala de Mapas de la Casa Blanca al día siguiente para rehacerlo. Algunos analistas consideraron el discurso innecesariamente sombrío. A otros les pareció ver una crítica inapropiada a la Administración anterior.

Aun así, cuando terminé me sentí satisfecho porque había hablado con honestidad y convicción. También me sentí aliviado de que la nota que debía usar en caso de un incidente terrorista siguiera en el bolsillo junto a mi pecho.

Cuando el evento principal quedó atrás, me permití relajarme y sumergirme en el espectáculo. Me conmovió la imagen de los Bush subiendo las escaleras del helicóptero y dándose la vuelta para saludar por última vez. Me sentí orgulloso sosteniendo la mano de Michelle mientras caminábamos una parte del trayecto del desfile. Me divirtieron algunos de sus participantes: los marines, los mariachis, los astronautas, los aviadores de Tuskegee y en especial las orquestas de secundaria de cada estado de la Unión (incluyendo la banda de música de mi alma máter de Punahou; ¡vamos, amarillos y azules!).

El día solo tuvo una nota triste. Después del tradicional almuerzo que sigue a la investidura en el Capitolio, entre los varios brindis y presentaciones de nuestros anfitriones congresistas, Teddy Kennedy, al que recientemente habían operado de un tumor cerebral, se desplomó por una repentina y violenta convulsión. La habitación quedó en silencio hasta que llegaron los paramédicos. La esposa de Teddy, Vicki los siguió cuando lo trasladaron, mientras los demás nos preguntábamos cuál sería su suerte, sin que nadie imaginara las consecuencias políticas que finalmente iba a desatar aquel episodio.

Michelle y yo asistimos a un total de diez galas de investidura aquella noche. Ella era como una visión color chocolate en su flotante vestido de gala blanco, y en nuestra primera parada la rodeé con los brazos y murmuré tonterías al oído mientras bailábamos una maravillosa versión de *At last* interpretada por Beyoncé. En la gala del Comandante en Jefe nos separamos para bailar con dos jóvenes de nuestras fuerzas armadas encantadores y comprensiblemente nerviosos.

Tendría que hacer verdaderos esfuerzos para recordar las otras ocho.

Para cuando regresamos a la Casa Blanca era bien pasada la medianoche. Una fiesta para nuestra propia familia y amigos más cercanos seguía a toda marcha en la sala Este, con un concierto del Wynton Marsalis Quintet que no mostraba señales de amainar. Doce horas con tacones altos estaban pasando factura a los pies de Michelle, y como a la mañana siguiente tenía que despertarse una hora antes que yo para que la peinaran para otro servicio religioso, le ofrecí quedarme y entretener a los invitados mientras ella se iba a la cama.

Cuando subí, quedaban pocas luces encendidas. Michelle y las niñas dormían, y apenas se oía el ruido del personal nocturno que recogía los platos, desmontaba las mesas y movían las sillas más abajo. Me di cuenta de que no había estado solo en todo el día. Me quedé un momento de pie allí mirando arriba y abajo el enorme hall central sin saber hacia dónde se dirigían exactamente cada una de las muchas puertas, contemplé los candelabros de cristal y el piano de media cola, descubrí un Monet en una pared, un Cézanne en otra, saqué algunos libros de la estantería, examiné los pequeños bustos, artefactos y retratos de personas a las que no reconocí.

Mi mente regresó a la primera vez que vi la Casa Blanca, unos treinta años antes, cuando acompañé como joven trabajador comunitario a un grupo de estudiantes a Washington para que presionaran a su congresista por un proyecto de ley para aumentar las ayudas a los estudiantes. Nuestro grupo se mantuvo al otro lado de las puertas que dan a la Pennsylvania Avenue, tonteando y sacando fotos con cámaras desechables. Recuerdo haber mirado fijamente las ventanas del segundo piso y preguntarme si en aquel momento exacto habría alguien mirando hacia abajo, hacia donde estábamos nosotros. Intenté imaginar qué pensarían. ¿Echaban de menos el ritmo de la vida ordinaria? ¿Estaban aislados? ¿Sentían a veces un vuelco en el corazón y se preguntaban cómo habían terminado en el lugar en el que estaban?

Pensé que no iba a tardar en tener una respuesta. Me quité la corbata, crucé lentamente el pasillo y apagué las luces que quedaban encendidas.

11

No importa lo que te digas a ti mismo, ni lo mucho que hayas leído, ni la cantidad de informes que hayas recibido, ni los veteranos a los que hayas conseguido reclutar de las administraciones previas, no hay nada que te prepare para las primeras semanas en la Casa Blanca. Todo es desconocido, nuevo, todo está cargado de trascendencia. Faltan semanas y a veces meses para que se confirmen la inmensa mayoría de los cargos importantes, incluidos los miembros del gobierno. Por todo el complejo de la Casa Blanca puedes ver a empleados sacando las acreditaciones necesarias, preguntando dónde aparcar, aprendiendo a usar los teléfonos, buscando el lavabo y llevando cajas a los estrechos laberintos de las oficinas del Ala Oeste o a las habitaciones más espaciosas del cercano edificio Eisenhower, todos fingiendo que no están sobrepasados. Es como el primer día en la universidad, solo que la inmensa mayoría son personas de mediana edad, con traje de oficina, a cargo de la nación más poderosa del mundo.

Yo no tuve que preocuparme del traslado, pero mis jornadas parecían envueltas por un torbellino. Tras haber presenciado los muchos tropezones que tuvo Bill Clinton durante sus dos primeros años en el cargo, Rahm tenía intención de aprovechar nuestro periodo de luna de miel poselectoral para dejar listas algunas cosas.

«Confía en mí —dijo—. La presidencia es como un coche nuevo. Comienza a devaluarse en el mismo instante en que lo sacas del concesionario.»

Para generar un empuje inicial yo había dado instrucciones a nuestro equipo de transición para que localizara las promesas de campaña que podía cumplir con un simple chasqueo de dedos. Firmé una orden ejecutiva que prohibía la tortura e inicié lo que se suponía que iba a ser un proceso de un año para cerrar el centro militar de detención de la Bahía de Guantánamo, en Cuba. Instituimos algunas de las normas éticas más duras de toda la historia de la Casa Blanca, entre las que se incluían severas restricciones a los grupos de interés. Un par de semanas más tarde, cerramos un acuerdo con los líderes del Congreso para incluir a cuatro millones de niños más en el programa de Seguro Médico Infantil, y poco después levantamos la moratoria del presidente Bush para los fondos de investigación de células madre embrionarias.

Mi primer proyecto legislativo convertido en ley lo firmé durante mi noveno día en el cargo: la Ley Lilly Ledbetter para un salario igualitario. La legislación adoptó el nombre de una modesta mujer de Alabama que, tras una larga carrera en la Goodyear Tire & Rubber Company, descubrió que le habían pagado sistemáticamente menos que a sus compañeros varones. Como suele ocurrir en los casos de discriminación, tendría que haber sido pan comido, pero en 2007, y contra todo sentido común, el Tribunal Supremo había rechazado la demanda. Según el juez Samuel Alito, el Punto VII de la Ley de Derechos Civiles establecía que Ledbetter tendría que haber presentado una queja en el plazo de ciento ochenta días desde que se produjo por primera vez la discriminación; en otras palabras, seis meses después de recibir su primera paga, y años antes de descubrir que había un desajuste. Durante un año los republicanos habían bloqueado en el Senado una acción correctiva y hasta el presidente Bush había prometido vetarla si conseguía pasar. Ahora, y gracias al ágil trabajo legislativo de nuestra envalentonada mayoría demócrata, la ley se firmó en un pequeño escritorio ceremonial de la sala Este.

Lilly y yo nos habíamos hecho amigos durante la campaña. Conocí a su familia y también su lucha. Estuvo a mi lado ese día mientras estampaba mi firma en el documento y utilicé un bolígrafo distinto para cada una de las letras de mi nombre. (Los bolígrafos sirvieron luego de recuerdo para Lilly y los promotores de la ley; una bonita tradición, aunque hacía que mi firma pareciera la de un niño de diez años.) No solo pensé en Lilly sino también en mi madre, y en Toot, y en todas las mujeres trabajadoras del país a las que habían saltado en los ascensos o a las que habían pagado menos de lo que se merecían. La ley que estaba firmando no conseguía revertir siglos de discriminación, pero al menos era algo, un paso adelante.

Para esto me había presentado, me dije. Esto era lo que se podía hacer desde el cargo.

Introdujimos otras iniciativas del mismo estilo durante esos primeros meses, algunas atrajeron una modesta atención de la prensa, de otras se enteraron solo aquellos a los que afectaba de forma directa. En una época normal, aquello habría sido suficiente, una serie de pequeñas victorias mientras nuestras propuestas legislativas más importantes —atención sanitaria, reforma migratoria y cambio climático— empezaban su andadura hacia el Congreso.

Pero aquellos no eran tiempos normales. Tanto para la prensa como para la gente, tanto para mí como para mi equipo, solo había un tema realmente importante: ¿qué podíamos hacer para impedir el colapso de la economía?

A pesar de que la situación parecía extremadamente urgente antes de las elecciones, no fue hasta una reunión en Chicago con mi equipo económico a mediados de diciembre, solo un mes antes de mi toma de posesión, que empecé a comprender realmente el alcance de la situación a la que nos enfrentábamos. Christy Romer, cuya habitual alegría y sensatez me hacían recordar siempre a una madre de alguna serie de televisión de los años cincuenta, abrió su presentación con una frase que le había escuchado a Axelrod en una reunión previa de aquella mañana:

—Señor presidente electo —dijo—, este es su momento de me-cago-en-la-puta.

Las risas no tardaron en aplacarse cuando Christy nos mostró una serie de gráficos. Más de la mitad de las veinticinco instituciones financieras más importantes de Estados Unidos habían quebrado, se habían fusionado o reestructurado para evitar la bancarrota durante el año anterior; lo que había empezado como una crisis de Wall Street había infectado ya a la mayor parte de la economía. El mercado bursátil había perdido el 40 por ciento de su valor. Había expedientes de ejecuciones hipotecarias sobre 2,3 millones de hogares. El presupuesto de las familias había caído un 16 por ciento, lo que, como apuntó Tim más tarde, representaba más de cinco veces el porcentaje de pérdidas que se había producido como resultado del crac de 1929. Todo ello sobre una economía que ya estaba sufriendo altos y persistentes niveles de pobreza, el descenso del porcentaje de hombres en edad laboral con trabajo activo, la caída del crecimiento de la productividad y la reducción de la mediana salarial.

Y aún no habíamos tocado fondo. Como la gente ya había empezado a sentirse más pobre había dejado de gastar, de la misma manera que la acumulación de pérdidas había provocado que los bancos dejaran de otorgar préstamos, poniendo en peligro más negocios y puestos de trabajo. Algunos mayoristas ya se habían quedado en el camino. GM y Chrysler llevaban el mismo rumbo. A diario las noticias informaban de despidos en masa en compañías de primera categoría como Boeing o Pfizer. Según Christy, todo apuntaba a que nos dirigíamos a la mayor recesión desde 1930, con unas pérdidas de empleo —solo en noviembre se estimaban en 533.000— probablemente peores.

—¿Cómo de peores? —pregunté yo.

—No estamos seguros —interrumpió Larry— es muy posible que millones.

Explicó luego que el desempleo solía ser un «barómetro de la caída», dando a entender que la cantidad total de las pérdidas de puestos de trabajo en las recesiones no se mostraban directamente, y que por lo general continuaban mucho después de que la economía empezara a crecer de nuevo. Peor aún, parecía habitual que las economías se recuperaban con mucha más lentitud de las recesiones provocadas por crisis financieras que por aquellas generadas por las fluctuaciones en los ciclos de negocio. En ausencia de una intervención rápida y agresiva por parte del Gobierno federal, Larry calculaba que las probabilidades de una segunda Gran Depresión eran «de una entre tres».

—Dios —murmuró Joe Biden.

Yo miré por la ventana de la sala de reuniones. Caía una intensa y silenciosa nevada desde el cielo gris. En mi mente vi imágenes de campamentos para personas sin hogar y gente haciendo cola para recibir un plato de comida.

—De acuerdo —dije volviéndome hacia el equipo—, ya que es demasiado tarde para pedir un recuento, ¿qué podemos hacer para reducir esas posibilidades?

Nos pasamos las siguientes tres horas planeando nuestra estrategia. La primera tarea era revertir el ciclo de contracción de la demanda. En una recesión corriente una política monetaria habría sido la primera opción: al bajar los tipos de interés, la Reserva Federal podía ayudar a que los bienes fueran más accesibles, desde las casas hasta los coches o los electrodomésticos. Tim explicó que, mientras el presidente de la Reserva Federal, Ben Bernanke, estaba comprometido a probar una serie de estrategias poco ortodoxas para extinguir el pánico financiero, la Reserva Federal había gastado casi todas sus balas durante el transcurso del año anterior: con unas tasas de interés cercanas a cero, ni los empresarios ni los consumidores, ya endeudados por encima de sus posibilidades, parecían muy dispuestos a asumir más deuda.

Así pues, nuestra conversación se centró en estímulos fiscales o, para profanos, en hacer que el Gobierno gastara más dinero. Aunque mi especialidad no era la economía, estaba lo bastante familiarizado con John Maynard Keynes, uno de los gigantes de la economía moderna y uno de los teóricos de las causas de la Gran Depresión. La conclusión básica de Keynes era sencilla: desde la perspectiva de la familia individual o de la empresa, lo más prudente era apretarse un poco el cinturón durante una recesión severa. El problema era que el ahorro podía ser asfixiante, y que cuando todo el mundo se apretaba el cinturón al mismo tiempo, las condiciones de la economía no podían mejorar.

La respuesta de Keynes a ese dilema era sencilla: el Gobierno tenía que presentarse como «el gastador del último recurso». La idea era inyectar dinero en la economía hasta que los engranajes comenzaran a activarse de nuevo, las familias confiaran lo bastante para cambiar su coche viejo por uno nuevo y las compañías innovadoras vieran suficiente demanda para fabricar nuevos productos. Cuando la economía ya había arrancado, el Gobierno podía cerrar la espita y recuperar su dinero mediante el auge resultante de los ingresos públicos. En buena medida, esa era la base del New Deal de Franklin Delano Roosevelt que tomó forma cuando asumió el cargo en 1933, en el culmen de la Gran Depresión. Tanto si eran jóvenes del Cuerpo Civil de Conservación a los que se daba trabajo haciendo senderos en los parques nacionales estadounidenses como si eran granjeros que recibían cheques del Gobierno por los excedentes de leche, o compañías teatrales que representaban obras de teatro como parte de la Works Project Administration los programas del New Deal proporcionaron a los estadounidenses sin empleo unos ingresos que necesitaban con desesperación y ayudaron a que las compañías pudieran sostenerse gracias a demanda gubernamental de madera y acero, lo que ayudó a apuntalar la iniciativa privada y a estabilizar una economía tambaleante.

A pesar de lo ambicioso que fue en su momento, el gasto del New Deal demostró ser demasiado modesto para contrarrestar la Gran Depresión, sobre todo cuando Roosevelt sucumbió a las presiones electorales de 1936 y se retrajo demasiado pronto ante lo que muchos líderes de opinión interpretaron como un despilfarro gubernamental. Tuvo que llegar el definitivo impulso de la Segunda Guerra Mundial, cuando la nación al completo se movilizó para construir un arsenal para la democracia, para acabar con la depresión de una vez por todas. Pero el New Deal había impedido que las cosas fuesen a peor, y la mayoría de los economistas aceptó la teoría keynesiana, incluidos los conservadores (aunque los economistas de tendencias republicanas casi siempre se han inclinado por unos estímulos en forma de recortes de impuestos más que por programas de gasto público).

De modo que necesitábamos un paquete de estímulos. ¿Cuán grande tenía que ser para conseguir el impacto necesario? Antes de las elecciones habíamos propuesto lo que se había considerado entonces un ambicioso programa de 175.000 millones de dólares. Inmediatamente después de las elecciones, y viendo hasta qué punto habían empeorado los datos, lo habíamos aumentado a 500.000 millones. Ahora el equipo recomendaba una cifra incluso mayor. Christy mencionó un billón de dólares, lo que provocó que Rahm escupiera como un dibujo animado que acaba de comer una comida asquerosa.

—Ni de puta coña —dijo Rahm—. Después de la ira que había despertado en la gente los cientos de miles de millones de dólares que se habían gastado en el rescate financiero a los bancos —dijo—, cualquier cifra como esa sería un imposible para muchos demócratas, por no hablar de los republicanos.

Yo me volví hacia Joe, que asintió en silencio.

—¿Qué podemos conseguir aprobar? —pregunté yo.

—Setecientos, ochocientos mil millones como mucho —dijo Rahm—, y ya es una exageración.

Estaba también la cuestión de cómo se emplearía el dinero de los estímulos. De acuerdo con Keynes, no importaba demasiado en qué lo gastara el Gobierno, siempre y cuando generara actividad económica. Pero como era bastante probable que los niveles de gasto de los que estábamos hablando impidieran financiar otras prioridades en el futuro, presioné al equipo para que pensara en proyectos de alto nivel y muy productivos; versiones modernas del sistema de autopistas interestatales o la Autoridad del Valle de Tennessee para que no solo diera a la economía el inmediato empujón que necesitaba, sino que también pudiera transformar el panorama económico estadounidense a largo plazo. ¿Qué tal una red eléctrica inteligente que permitiera que la electricidad llegara de una forma más segura y eficiente? ¿O un sistema de control de tráfico aéreo especialmente integrado que reforzara la seguridad y redujera los costes de combustible y emisiones de carbono?

Los que estaban a mi alrededor en la mesa no parecían muy entusiasmados.

—Ya hemos empezado a pedir a las agencias federales que identifiquen los proyectos de mayor impacto —dijo Larry—, pero si quiere que le sea sincero, señor presidente electo, ese tipo de proyectos son extremadamente complejos. Lleva mucho tiempo desarrollarlos... y por desgracia no contamos con ese tiempo.

Lo más importante era que el dinero llegara a los bolsillos de la gente lo antes posible, y ese objetivo se podía cumplir mejor con cupones de comida y extendiendo prestaciones por desempleo, al igual que con recortes de impuestos para la clase media y ayudas a los estados para impedir despidos de profesores, bomberos y agentes de policía. Los estudios habían demostrado que invertir en infraestructuras era lo que permitía sacar más partido al dinero, aunque incluso así, sugirió Larry, deberíamos centrarnos en proyectos más prosaicos como reparar carreteras y viejos sistemas de alcantarillado, proyectos que los gobiernos locales podían utilizar para poner a la gente a trabajar cuanto antes.

—No va a ser fácil que la ciudadanía se entusiasme con cupones de comida y repavimentar carreteras —dijo Axe—. No es muy sexy.

—Tampoco lo es una depresión —replicó Tim con brusquedad.

De todos nosotros, Tim era la única persona que realmente se había pasado aquel enloquecido año en la primera línea de la crisis. No podía reprocharle que se negara a dejarse llevar por ningún plan fantasioso. Su mayor preocupación era el paro generalizado y que la quiebra bancaria debilitara el sistema financiero, creando lo que describió como un «bucle de retroalimentación adversa». Mientras Larry se haría cargo del paquete de estímulos, Tim y su equipo intentarían diseñar un plan para desbloquear los mercados crediticios y estabilizar el sistema financiero de una vez por todas. Tim reconoció que aún no estaba seguro de cómo iba a funcionar exactamente, o si los restantes 350.000 millones del TARP serían suficientes para cubrirlo.

Pero ahí no se acababa nuestra lista de tareas pendientes. Un talentoso equipo —que incluía a Shaun Donovan, el anterior jefe del Departamento de Preservación y Desarrollo de la Vivienda de la ciudad de Nueva York y mi candidato para que fuera el secretario del Departamento de Vivienda y Desarrollo Urbano, junto a Austan Goolsbee, mi viejo asesor económico y profesor de la Universidad de Chicago, a quien nombraría para el Consejo de Asesores Económicos— ya había empezado a trabajar en planes para apuntalar el mercado inmobiliario y para reducir el flujo de ejecuciones de hipotecas. Reclutamos al prominente genio de las finanzas Steve Rattner y a Ron Bloom, un exbanquero de inversión que representaba a los sindicatos en las reestructuraciones empresariales, para generar estrategias que salvaran la industria del automóvil. Y el que pronto sería mi director de presupuesto, Peter Orszag, recibió la poco envidiable tarea de crear un plan para financiar a corto plazo los estímulos al mismo tiempo que ponía el presupuesto federal en un sendero más sostenible a largo plazo; todo eso en una situación en la que los altos niveles de gastos de emergencia y los decrecientes ingresos fiscales ya habían llevado al déficit federal a más de un billón de dólares por primera vez en la historia.

Para compensar las inquietudes de Peter, cerramos la reunión con una tarta para celebrar su cuarenta cumpleaños. Mientras la gente se reunía en torno a la mesa para verle soplar las velas, Goolsbee —cuyo aristocrático nombre siempre me pareció incongruente con su aspecto de Jimmy Olsen, un constante humor entusiasta y con un acento de Waco, Texas— se puso a mi lado.

—¡Este ha sido sin duda el peor informe que se ha encontrado un presidente entrante desde Franklin Delano Roosevelt en 1932! —dijo.

Parecía un muchacho impresionado ante una herida particularmente espeluznante.

—Goolsbee —respondí—, ni siquiera ha sido mi peor informe de *esta semana*.

Bromeaba, pero solo a medias. Aparte de los informes económicos pasé mucho tiempo de la transición en habitaciones sin ventanas, conociendo los detalles clasificados sobre Irak, Afganistán y múltiples amenazas terroristas. Sin embargo, me recuerdo saliendo de aquel encuentro sobre economía más motivado que abatido. Parte de mi seguridad provenía de la adrenalina poselectoral y supongo que de la creencia aún sin comprobar y tal vez ilusoria de que tenía a mano lo necesario para llevar a cabo la tarea. También me sentía muy a gusto con el equipo que había reunido: pensaba que si había alguien capaz de proveer las respuestas que necesitábamos, era ese grupo.

Con todo, en general mi actitud respondía a cómo la fortuna nos había sonreído. Teniendo en cuenta todo lo que había salido a mi favor durante la campaña, era difícil quejarse ahora por una mala mano. Como recordaría a mi equipo más de una vez durante los años siguientes, el pueblo estadounidense difícilmente se habría atrevido a elegirme si la situación no hubiera estado fuera de control. Nuestro trabajo ahora era llevar a cabo las políticas adecuadas y hacer lo que era mejor para el país, a pesar de lo duro que pudiera resultar el debate político.

Al menos eso fue lo que les dije. En privado, era consciente de que el debate político no iba a ser simplemente duro.

Iba a ser brutal.

En los días previos a la toma de posesión había leído varios libros sobre la primera legislatura de Roosevelt y la puesta en práctica del New Deal. El contraste había sido instructivo, aunque no en un sentido positivo para nosotros. En la época en que Roosevelt fue elegido, 1932, la Gran Depresión llevaba más de tres años generando caos. Un cuarto de la población estaba en paro, había millones de personas desahuciadas y a los suburbios que punteaban el paisaje estadounidense se les llamaba «hoovervilles», un justo reflejo de lo que la gente pensaba del presidente republicano Herbert Hoover, el hombre al que Roosevelt había reemplazado.

La pobreza estaba tan extendida, estaban tan desacreditadas las políticas republicanas, que cuando se produjo un nuevo episodio de pánico bancario durante lo que era entonces una transición de cuatro meses entre las presidencias, Franklin Delano Roosevelt dejó claro su rechazo a los esfuerzos de Hoover de ofrecer su ayuda. Quería que fuera evidente para el pueblo que su presidencia marcaba un quiebre definitivo y sin ninguna relación con los errores del pasado. Y cuando luego, en un golpe de suerte, la economía mostró signos de vida, a solo un mes de que él asumiera el cargo (antes de que su política se hubiese puesto en funcionamiento), Roosevelt se alegró mucho de no tener que compartir el crédito con la Administración previa.

Nosotros, por otro lado, no íbamos a tener el beneficio de esa claridad. Al fin y al cabo, ya había tomado la decisión de ayudar al presidente Bush con su necesaria, aunque impopular, respuesta a la crisis bancaria, poniendo mi mano sobre el proverbial cuchillo ensangrentado. Y sabía que, para una posterior estabilización del sistema financiero, lo más probable era que tuviese que hacer más de lo mismo. (Ya estaba teniendo que retorcer el brazo a algunos senadores demócratas para que votaran a favor de la liberación de otros 350.000 millones de los fondos del TARP.) Cuando los votantes vieran que la situación empeoraba, algo que tanto Larry como Christy daban por descontado, mi popularidad —junto con la de todos los demócratas que ahora controlaban el Congreso— caería en picado.

A pesar de la agitación de los meses previos, a pesar de los terribles titulares de principios de 2009, nadie —ni el público, ni el Congreso, ni la prensa, ni siquiera (como descubrí muy pronto) los expertos— comprendía de verdad lo mal que muy pronto se iba a poner todo. Los datos con los que contaba el Gobierno en ese momento mostraban una severa recesión, pero no un cataclismo. Los analistas de primera línea predecían que la tasa de desempleo podía llegar hasta el 8 o el 9 por ciento, ni siquiera se imaginaban que pudiera llegar al 10 por ciento que alcanzó en un momento dado. Algunas semanas después de las elecciones, 387 economistas, liberales en su mayoría, enviaron una carta al Congreso pidiendo un robusto estímulo keynesiano poniendo el techo de gasto entre 300 y 400 mil millones, más o menos la mitad de lo que nosotros estábamos a punto de proponer, lo que fue un buen indicador de cómo veían la economía los expertos más alarmistas. Como lo describió Axelrod, íbamos a pedirle al pueblo estadounidense que se gastara casi un billón de dólares en sacos de arena para contener un huracán único en su generación que solo nosotros sabíamos que iba a venir. Y cuando se acabara el dinero, no importaba lo efectivos que resultaran ser los sacos de arena, de todas formas un montón de gente acabaría afectada por la inundación.

—Cuando las cosas van mal —dijo Axe caminando a mi lado al

salir de nuestro encuentro de diciembre— a nadie le importa que hubiesen podido ir peor.

—Tienes razón —concedí.

—Tenemos que moderar las expectativas de todos —dijo—. Pero si asustamos demasiado a los mercados o a la gente, solo conseguiremos añadir más pánico y hacer más daño a la economía.

—También tienes razón —respondí.

Axe negó con la cabeza abatido y dijo:

—Las próximas elecciones de medio de mandato van a ser terribles.

Esa vez no respondí nada, me limité a admirar aquella habilidad esporádica, casi adorable para enunciar lo evidente. A pesar de que así fuera, no podía permitirme el lujo de pensar tan lejos. Tenía que centrarme en otro problema político más inmediato.

Había que conseguir que la ley de estímulo fuera aceptada por el Congreso de inmediato; pero el Congreso no funcionaba demasiado bien.

Antes de que fuera elegido y también durante mi mandato, había en Washington una nostalgia generalizada por una era pasada de cooperación bipartidista en Capitol Hill. Y lo cierto es que durante buena parte de la era posterior a la Segunda Guerra Mundial, las líneas que separaban a los partidos políticos estadounidenses habían sido más fluidas.

Hacia la década de 1950 la mayor parte de los republicanos se habían acomodado a las regulaciones sanitarias y laborales del New Deal y tanto en el Noreste como en el Medio Oeste una gran cantidad de republicanos tendían al extremo liberal del espectro cuando se trataba de asuntos como la conservación de la vida o los derechos civiles. Los sureños, por su parte, constituían uno de los bloques más poderosos del Partido Demócrata, que combinaba un conservadurismo cultural bien enraizado y una terca negación a la hora de reconocer los derechos de los afroamericanos, que suponían una buena parte de su electorado. Con una hegemonía económica estadounidense incuestionada a nivel global, una política exterior definida por el miedo unificador a la amenaza del comunismo, y una política social marcada por la confianza bipartidista de que las mujeres y la gente de color sabían cuál era su lugar, tanto republicanos como demócratas se sentían libres de cruzar las líneas de sus partidos cuando lo requería la aprobación de alguna ley. Respetaban las cortesías acostumbradas cuando llegaba el momento de plantear enmiendas y votar nominaciones a cargos públicos, además de mantener los ataques partidistas y las tácticas sucias dentro de unos límites tolerables.

La historia de la ruptura de ese consenso de posguerra —comenzando con la firma de Lyndon B. Johnson del Acta de Derechos Civiles de 1964 y su predicción de que eso llevaría al abandono generalizado en el sur del Partido Demócrata— se ha contado muchas veces. Ese realineamiento que previó Johnson acabó llevando más tiempo del que él había esperado. Pero con firmeza, y año tras año —tras Vietnam, los disturbios, el feminismo y la estrategia sureña de Nixon; tras la desegregación, el caso Roe contra Wade, el crimen urbano, y el éxodo blanco; tras la discriminación positiva, la mayoría moral, el fracaso de los sindicatos y Robert Bork; tras las bandas con armas de asalto y el ascenso de Newt Gingrich, tras los derechos gay y el *impeachment* de Clinton— los votantes estadounidenses y sus representantes se fueron polarizando cada vez más.

La manipulación electoral fortificó esas tendencias cuando los dos partidos, con la ayuda de los perfiles de votantes y la tecnología informática, redibujaron los distritos del Congreso con el objetivo explícito de consolidar sus mandatos y minimizar el número de distritos competitivos en todas las elecciones. Al mismo tiempo, la fragmentación de los medios y la emergencia de canales de noticias conservadores hicieron que los votantes ya no dependieran de que Walter Cronkite les dijera cuál era la verdad; todo lo contrario, podían adherirse a fuentes que reforzaban, más que cuestionaban, sus preferencias políticas.

Cuando asumí el cargo, esa «gran división» entre rojos y azules era casi absoluta. Aún quedaban grupos de resistencia en el Senado (más o menos una docena de republicanos liberales y demócratas conservadores que estaban abiertos a la colaboración), pero la mayoría de ellos apenas lograban mantener sus escaños. En la Cámara, las oleadas de las elecciones de 2006 y 2008 habían permitido la elección de más o menos una docena de demócratas conservadores de distritos que solían ser republicanos. Sin embargo, en términos generales, los demócratas de la Cámara eran sesgadamente liberales, sobre todo en asuntos sociales, y los demócratas sureños eran especies en extinción. El movimiento de los republicanos en la Cámara era aún más grave. Purgados de entre todos los moderados restantes, sus caucus apoyaron la derecha más que nadie en la historia moderna, con conservadores de la vieja escuela compitiendo por conseguir influencia con la nueva y envalentonada estirpe de discípulos de Gingrich, los lanzabombas de Rush Limbaugh, las aspirantes a Sarah Palin y los acólitos de Ayn Rand; ninguno de ellos admitía ningún tipo de compromiso, todos eran escépticos a cualquier tipo de acción gubernamental que no implicara la defensa, la seguridad de las fronteras, la prohibición del aborto o el endurecimiento de las leyes y parecían sinceramente convencidos de que los liberales estaban locos por destruir Estados Unidos.

Sobre el papel, al menos, nada de todo aquello debía impedir necesariamente que se aprobara el proyecto de ley de estímulos. Al fin y al cabo, los demócratas disfrutaban de una mayoría de setenta y siete escaños en la Cámara y de diecisiete escaños en el Senado. Pero incluso en el mejor de los casos tratar de aprobar en un tiempo récord en el Congreso la ley de gasto de emergencia más grande de la historia iba a ser como si una pitón se tragara a una vaca. También tenía que luchar contra algunos procedimientos institucionales problemáticos —las tácticas dilatorias del Senado, conocidas como filibusterismo—, que al final acabaron siendo la peor migraña política de mi presidencia.

El filibusterismo no se menciona en ninguna parte de la Constitución. Por el contrario, nació por accidente: en 1805, el vicepresidente Aaron Burr urgió al Senado para que suprimiera la «moción para proceder»; una cláusula común parlamentaria que permite a una mayoría simple de cualquier legislatura concluir un debate sobre un asunto y llamar a una votación. (Burr, que parece que nunca desarrolló el hábito de pensar las cosas hasta el final, consideraba las reglas una pérdida de tiempo).

No les llevó mucho tiempo a los senadores resolver que sin una vía formal para concluir un debate, cualquier persona podía paralizar la actividad del Senado —y obtener de ese modo todo tipo de concesiones de colegas frustrados— sencillamente hablando sin parar y negándose a dar su brazo a torcer. En 1917, el Senado moderó la práctica adoptando el «cierre de debate» y permitiendo el voto de dos tercios de los senadores presentes para acabar con la táctica dilatoria. Durante los siguientes cincuenta y cinco años el filibusterismo se usó solo con moderación; por lo general se trataba de demócratas sureños que trataban de bloquear leyes antilinchamiento y de empleo igualitario o cualquier otro tipo de legislación que amenazara con afectar a Jim Crow. Aun así, poco a poco el filibusterismo se fue convirtiendo en una rutina cada vez más fácil de mantener, transformándose en un arma más poderosa, una mezquindad con la que el partido minoritario podía salirse con la suya. La simple amenaza de una dilación con frecuencia era suficiente para descarrilar toda una ley. En los años noventa, las líneas de batalla entre republicanos y demócratas se recrudecieron, fuera cual fuese el partido que estuviera en la minoría podía bloquear —y de hecho lo hacía— cualquier proyecto de ley que no fuera de su gusto, siempre y cuando permanecieran unidos y tuvieran al menos los cuarenta y un votos necesarios para impedir que se desestimara la dilación.

Sin ninguna base constitucional, sin ningún debate público y ni siquiera el conocimiento de los estadounidenses, aprobar una ley en el Congreso requería de sesenta votos en el Senado, o como se solía llamar, una «supermayoría». Cuando fui elegido presidente, la dilación estaba ya tan integrada en el proceder habitual del Senado —donde era considerada una práctica esencial y de larga tradición—, que nadie se molestaba en plantear la posibilidad de reformarla o suprimirla.

Y por ese motivo —a pesar de acabar de ganar unas elecciones por un margen electoral abrumador y con el apoyo de la mayoría en el Congreso más grande en muchos años— aún no podía cambiar el nombre a una estación de correos, muchos menos conseguir que se aprobara un paquete de estímulos, sin conseguir ganar para la causa unos cuantos votos republicanos.

¿Cuánto podría costar?

Una iniciativa importante de la Casa Blanca puede llevar meses de preparación. Hay multitud de encuentros que implican a varios agentes y tal vez a cientos de empleados. Son necesarias exhaustivas consultas con las partes interesadas. El equipo de comunicaciones de la Casa Blanca se encarga de coreografiar una campaña firmemente dirigida para venderle la idea a la gente, y la maquinaria de todo el poder ejecutivo se alinea para convencer a presidentes de comités clave y a congresistas de alto rango. Todo eso sucede mucho antes de que se haga un borrador de la legislación y se presente.

No teníamos tiempo para nada de eso. Es más, antes incluso de que asumiera el cargo, mi equipo económico todavía no oficial trabajó en muchos casos de manera gratuita y sin descanso durante las vacaciones para complementar los elementos clave de lo que se convertiría en «la Ley de Reinversión y Recuperación de Estados Unidos» (al parecer «paquete de estímulos» no le sonaría bien a la gente).

Proponíamos que cerca de ochocientos mil millones de dólares se dividieran en tres baldes de un tamaño aproximado. En el primero estarían los gastos de emergencia como seguros suplementarios por desempleo y ayudas directas a los estados para reducir los despidos en masa de profesores, agentes de policía y otros trabajadores públicos. En el segundo, los recortes de impuestos de la clase media, al igual que variadas exenciones tributarias que incentivaban con fuerza a las compañías para invertir en nuevas plantas de producción o equipamiento lo antes posible. Tanto los gastos de emergencia como los recortes de impuestos tenían la ventaja de ser fáciles de gestionar; podíamos sacar dinero con rapidez y meterlo en los bolsillos de los consumidores y los empresarios. Los recortes fiscales también tenían el beneficio añadido de atraer un potencial apoyo republicano.

El tercer balde, por otro lado, contenía las iniciativas que eran más difíciles de diseñar y que llevaría más tiempo poner en marcha, pero también las que tendrían un impacto mayor y a largo plazo: no solo gasto en infraestructuras tradicionales como construcción de carreteras o reparación del alcantarillado, sino también líneas de tren de alta velocidad, instalación de plantas de energía solar y eólica, de líneas de banda ancha en zonas rurales precarias y en proveer de incentivos a los estados para que reformaran sus sistemas educativos; todo ello no solo pretendía poner a la gente a trabajar, sino hacer que Estados Unidos fuera más competitivo.

Considerando la cantidad de necesidades insatisfechas que había en las comunidades de todo el país, me sorprendió el enorme esfuerzo que supuso para nuestro equipo encontrar proyectos meritorios de una escala lo bastante considerable para que los cubriera la Ley de Recuperación. Se rechazaron algunas ideas prometedoras porque habría llevado demasiado tiempo ponerlas en marcha o habrían requerido de una nueva y enorme burocracia. Otras no pasaron el corte porque no tendrían la suficiente demanda. Consciente de las acusaciones de que había planeado utilizar la crisis económica como una excusa para celebrar una orgía de ineficiente despilfarro liberal (y también porque de hecho quería evitar que el Congreso se comprometiera a no hacer ineficientes despilfarros, liberales o de cualquier otra clase) establecimos una serie de salvaguardas de buen gobierno: un proceso de aplicación competitivo para los gobiernos estatales y locales que buscaran financiación; requisitos estrictos de auditorías e informes; y en un gesto que sabíamos que iba a desatar aullidos en Capitol Hill, una firme política de evitar «fondos asignados», por emplear el inocuo nombre para una práctica de larga tradición con la que los miembros del Congreso hacían que sus proyectos privados (muchos de naturaleza dudosa) consiguieran pasar por legislación imprescindible.

Teníamos que dirigir una operación bien organizada y mantener unas normas de altura, le dije a mi equipo. Con un poco de suerte, la Ley de Recuperación no solo ayudaría a evitar una depresión; también podía ayudar a restaurar la fe de la gente en un Gobierno honesto y responsable.

Para el día de Año Nuevo ya habíamos hecho la mayor parte del trabajo inicial. Armados con nuestra propuesta y conscientes de que no nos podíamos permitir trabajar con un horario convencional, Joe Biden y yo viajamos al Capitolio el 5 de enero —dos semanas antes de mi investidura— para encontrarnos con el líder de la mayoría en el Senado, Harry Reid; con el líder republicano del Senado, Mitch McConnell; con la presidenta de la Cámara, Nancy Pelosi; con el líder republicano de la Cámara, John Boehner, y con otros líderes clave del recientemente inaugurado centésimo décimo primer Congreso, cuyo apoyo íbamos a necesitar para que se aprobara el proyecto de ley.

De los cuatro líderes clave, al que conocía mejor era a Harry, pero había tenido varias interacciones con McConnell durante mis pocos años en el Senado. Bajito, solemne, con un suave acento de Kentucky, McConnell tenía un aspecto poco común para un líder republicano. No mostraba ninguna inclinación por socializar, ni por las palmadas en la espalda, ni tampoco por una retórica entusiasta. Hasta donde se sabía, no tenía amigos cercanos ni siquiera en su propio caucus; tampoco parecía tener fuertes convicciones más allá de una oposición casi religiosa a cualquier intento de reforma de las finanzas electorales. Joe me habló de un desencuentro que había tenido en el Senado después de que el líder republicano bloqueara un proyecto de ley que estaba promoviendo; cuando Joe trató de explicarle las virtudes de este, McConnell alzó la mano como un guardia de tráfico y dijo: «Debe usted de tener la errónea impresión de que me importa». Pero si a McConnell le faltaba carisma o interés por las políticas públicas, lo compensaba con creces con la disciplina, astucia y desvergüenza que empleaba, todas ellas, en una decidida y desapasionada lucha por el poder.

Harry no lo soportaba.

Boehner era un animal de otra clase, un hombre afable con voz ripiosa hijo de un camarero de las afueras de Cincinnati. Con su costumbre de fumar como un carretero y su moreno permanente, su amor por el golf y el buen Merlot, me resultaba familiar, cortado por el mismo patrón que muchos de los republicanos a los que había llegado a conocer como legislador del estado en Springfield; tipos corrientes que no se alejan de la línea del partido o de los grupos de interés que les mantienen en el poder pero que tampoco consideran la política como una cuestión de vida o muerte y que pueden llegar a apoyarte si no supone para ellos un coste político muy alto. Por desgracia, esas mismas cualidades humanas le daban a Boehner un control muy tenue sobre su caucus, y tras haber experimentado la humillación de que se le hubiera arrebatado su puesto de liderazgo como resultado de un vasallaje insuficiente a Newt Gingrich a finales de los noventa, muy rara vez se desviaba de los puntos de debate que su equipo hubiese preparado para él, no públicamente al menos. A diferencia de la relación entre Harry y McConnell, no había ninguna enemistad real entre la presidenta de la Cámara, Nancy Pelosi, y Boehner, solo frustración mutua. En lo que se refería a Nancy, con respecto a la poca fiabilidad de Boehner como compañero de negociación y por su frecuente incapacidad para dar votos; en cuanto a Boehner, porque Nancy era más astuta que él.

Boehner no era el primero al que superaba la presidenta. Nancy, con sus trajes de alta costura, sus zapatos a juego y su pelo perfectamente arreglado, tenía hasta el mínimo detalle el aspecto de la acaudalada liberal de San Francisco que realmente era. Aunque era capaz de hablar a toda velocidad, la televisión no se le daba demasiado bien en aquel entonces, y tenía cierta tendencia a recitar panaceas demócratas con una franqueza ensayada que hacía recordar a un discurso de clausura en una gala de caridad.

Pero los políticos (generalmente hombres) subestimaban a Nancy, en su propio perjuicio, porque su ascenso al poder no se había dado por casualidad. Había crecido en el Este y era la hija italoamericana de un alcalde de Baltimore. Fue educada desde la infancia por líderes políticos étnicos y estibadores, gente poco temerosa de llevar a cabo políticas duras para conseguir que se hicieran las cosas. Después de trasladarse a la costa Oeste con su marido, Paul, y de quedarse en casa educando a sus cinco hijos mientras él levantaba una exitosa empresa, Nancy dio buen uso a su educación política, alzándose con firmeza de entre las filas del Partido Demócrata de California hasta el Congreso para convertirse en la primera presidenta de la Cámara en la historia de Estados Unidos. No le importaba que los republicanos la hubiesen convertido en su contrincante favorita ni tampoco le desconcertaban las quejas ocasionales de sus colegas demócratas. El hecho era que no había una estratega legislativa más dura y preparada que ella, y mantenía a su caucus firme con una combinación de atención, destreza para recaudar fondos y su disposición a doblegar a cualquiera que no cumpliera con sus compromisos.

Harry, Mitch, Nancy y John. «Los cuatro de la cumbre», los llamábamos a veces. Durante buena parte de los ocho años siguientes, la dinámica entre aquellos individuos desempeñaría un papel clave en la definición de mi presidencia. Me acostumbré a la cualidad ritual de nuestros encuentros, a la forma en que entraban en la habitación uno tras otro, todos ellos ofreciendo la mano y un reconocimiento mudo («señor presidente... señor vicepresidente...»); la forma en que cuando ya estábamos todos sentados, Joe y yo y a veces Nancy hacíamos un intento de comentario ligero y nos considerábamos afortunados si lográbamos una tibia sonrisa de los otros tres, mientras mi equipo hacía pasar a la prensa para la foto de compromiso. Una vez que se había marchado la prensa y nos poníamos manos a la obra, ninguno de los cuatro tenía problemas para mostrar sus cartas o hacer compromisos firmes, con comentarios frecuentemente sazonados de recriminaciones apenas veladas a sus colegas, todos ellos unidos por su deseo común de estar en cualquier otra parte.

Tal vez porque se trataba de nuestro primer encuentro desde las elecciones, tal vez porque estaban acompañados por sus respectivos segundos y jefes de grupos parlamentarios, tal vez por la gravedad de lo que teníamos frente a nosotros, los cuatro de la cumbre manifestaron su mejor disposición cuando nos reunimos aquel día a principios de enero en la opulenta sala Lyndon B. Johnson, justo a la salida de la Cámara, junto al resto de los líderes del Congreso. Me escucharon con estudiada atención mientras exponía el caso de la Ley de Recuperación. Mencioné que mi equipo ya se había puesto en contacto con sus equipos para sus aportaciones al texto legislativo y que agradecíamos cualquier sugerencia para que el paquete de estímulo fuese más eficaz. Apunté también que esperaba tener una reunión con cada uno de sus caucus inmediatamente después de mi investidura para atender a sus futuras preguntas. Pero dada la velocidad a la que empeoraba la situación, dije, actuar con rapidez era clave: necesitábamos un proyecto de ley sobre mi mesa no en cien días, sino en treinta. Concluí diciendo a los que estaban allí reunidos que la historia nos juzgaría a todos por lo que estábamos haciendo en ese momento y que esperaba que pudiéramos lograr un tipo de cooperación bipartidista que restaurara la confianza de un pueblo inquieto y vulnerable.

Si se considera lo que les estaba pidiendo a aquellos líderes del Congreso —que redujeran lo que normalmente llevaría un año de proceso legislativo a solo un mes—, la reacción en la sala fue bastante sumisa. Mi viejo amigo Dick Durbin, jefe de grupo parlamentario en el Senado, hizo una pregunta acerca de dedicar más dólares del estímulo a infraestructuras. Jim Clyburn, el jefe del grupo parlamentario de la mayoría, ofreció una incisiva lección de historia sobre todas las formas en la que el New Deal había ignorado a las comunidades negras y nos preguntó qué teníamos previsto hacer para evitar que ocurriera lo mismo en lugares como su estado, Carolina del Sur. Eric Cantor, de Virginia, el segundo máximo cargo republicano en la Cámara y uno de los revolucionarios conservadores conocido por tener en el punto de mira el trabajo de Boehner, alabó algunas de las propuestas de recortes de impuestos que habíamos incluido en el paquete, pero preguntó si no sería más eficaz un recorte de impuestos permanente que gastar dinero en lo que él consideraba programas liberales fracasados como los cupones de comida.

Fueron, sin embargo, los comentarios de Harry, Mitch, Nancy y John, expuestos con unos modales impecables y necesitados de cierta decodificación, los que nos dieron a Joe y a mí la percepción más clara de la verdadera situación de la partida.

«En fin, señor presidente electo —dijo Nancy—, creo que el pueblo estadounidense tiene bastante claro que ha heredado usted un lío terrible. Uno realmente terrible. Y por supuesto nuestro caucus está dispuesto a actuar con responsabilidad para resolver este lío que ha recibido. Simplemente espero que nuestros amigos del otro lado del pasillo recuerden que fueron los demócratas, incluido a usted, señor presidente electo, quienes dieron un paso al frente... a pesar de lo que todos sabíamos que eran unas malas políticas... que fueron los demócratas quienes se ofrecieron a ayudar al presidente Bush con el TARP. Espero que nuestros amigos republicanos se enfrenten con la misma responsabilidad a lo que, como usted ha dicho, es un momento realmente crítico.»

Traducción: no penséis ni por un instante que no les recordaremos al pueblo estadounidense a la mínima ocasión que tengamos que han sido los republicanos quienes han provocado esta crisis financiera.

«A nuestro caucus no le gusta —dijo Harry—, pero no tenemos mucha opción, de modo que tendremos que sacarlo adelante, ¿no es así?»

Traducción: no esperéis que Mitch McConnell levante un dedo para ayudar.

«Bueno, estamos encantados de escucharle, pero con el debido respeto, no creo que el pueblo estadounidense quiera más gastos y rescates financieros —dijo Boehner—. Se están apretando el cinturón y esperan de nosotros que hagamos lo mismo.»

Traducción: mi caucus me crucificará si digo algo que suene a cooperativo.

«No puedo decirle que me resulte muy tentador nada de lo que propone, señor presidente electo —dijo McConnell—, pero sin duda es usted bienvenido a nuestro almuerzo semanal para exponer el caso.»

Traducción: debe usted de tener la errónea impresión de que me importa.

Mientras bajábamos las escaleras después de que acabara la reunión me volví hacia Joe.

—En fin, podría haber sido peor —dije.

—Sí —respondió Joe—, no nos hemos liado a puñetazos.

Me reí.

—¿Te das cuenta? ¡Estamos progresando!

El frenesí de las primeras semanas después de que asumiera el cargo hizo que apenas tuviera tiempo para obsesionarme con la extrañeza ubicua y cotidiana de mis nuevas circunstancias. Era el modo en que ahora todo el mundo se ponía de pie siempre que entraba a una habitación. «Sentaos», gruñía, y decía a mi equipo que ese tipo de formalidades no eran mi estilo. Ellos sonreían, asentían... y hacían exactamente lo mismo cuando nos encontrábamos otra vez.

Fue la forma en que mi nombre desapareció, sin más, y ya solo lo usaba Michelle, mi familia y algunos amigos muy cercanos, como Marty. Ahora era «sí, señor presidente» y «no, señor presidente», aunque entre mi equipo adopté el nombre más coloquial de «POTUS» (*President of the United States*) cuando me hablaban o hablaban de mí en la Casa Blanca.

Fue la forma en que mi horario cotidiano se convirtió de pronto, entre bambalinas, en un tira y afloja entre empleados, agencias y electorados, cada uno deseando ver sus causas resaltadas o sus asuntos atendidos, cantando resultados a través de una maquinaria oculta que nunca llegué a entender del todo. Al mismo tiempo que descubría que siempre que los agentes del Servicio Secreto susurraban algo en los micrófonos de sus muñecas, en realidad anunciaban mis movimientos a un canal de radio: «El Renegado se dirige a la residencia» o «Renegado en la sala de Crisis» o «Renegado en dirección a bodega secundaria», su discreta manera de decir que iba al baño.

Y estaba el siempre presente grupo de la prensa que me cubría: un rebaño de periodistas y fotógrafos a los que había que avisar cada vez que salía del complejo de la Casa Blanca y que me seguían en una furgoneta provista por el Gobierno. El arreglo tenía sentido cuando íbamos en viaje oficial, pero no tardé en descubrir que se aplicaba a todas las circunstancias, cuando Michelle y yo salíamos a un restaurante o cuando iba al gimnasio o a jugar al baloncesto o si planeaba ir a alguno de los partidos de fútbol que las chicas jugaban en un campo cercano. Tal y como Gibbs, mi secretario de Comunicación, me explicó, la lógica tras todo aquello era que los movimientos del presidente eran inherentemente noticiables y que la prensa tenía que estar en la escena por si sucedía algo significativo. Y aun así no soy capaz de recordar que la furgoneta de prensa tomara de mí una imagen más relevante que la de mi persona saliendo de un coche con pantalones de chándal. Tuvo como resultado, eso sí, eliminar hasta los últimos restos de una privacidad que aún podía tener cuando me aventuraba más allá de las puertas de la Casa Blanca. Moderadamente enfadado por aquel asunto, le pregunté a Gibbs la primera semana si podíamos dejar la prensa al margen cuando salía para asuntos personales.

—Mala idea —dijo Gibbs.

—¿Por qué? Los periodistas que van en esa furgoneta deben saber que es una pérdida de tiempo.

—Sí, pero sus jefes no lo saben —dijo Gibbs— y recuerda que prometiste tener la Administración más transparente de toda la historia. Si haces eso, a la prensa le dará un ataque.

—No me refiero a los asuntos públicos —objeté—, me refiero a salir con mi mujer. O a que me dé un poco el aire.

Había leído lo suficiente sobre presidentes anteriores como para saber que Teddy Roosevelt había estado en una ocasión dos semanas de acampada en Yellowstone, viajando a caballo. Sabía que durante la Gran Depresión, Franklin Delano Roosevelt se había pasado semanas navegando por la costa Este hasta una isla cerca de Nueva Escocia. Le recordé a Gibbs que Harry Truman salía para dar largos paseos matutinos por las calles de Washington durante su mandato.

—Los tiempos han cambiado, señor presidente —dijo Gibbs con paciencia—. Mire, es decisión suya, pero le aviso, deshacerse de la prensa generará una tormenta de mierda que no es precisamente lo que necesitamos en este momento. Y de ese modo también me resultará más difícil conseguir su cooperación cuando se trate de las niñas...

Había empezado a responder, pero cerré la boca. Michelle y yo le habíamos dicho a Gibbs que nuestra máxima prioridad era que la prensa dejara tranquilas a nuestras hijas cuando estaban fuera. Él sabía que yo no iba a hacer nada que pusiera eso en peligro. Después de aplacar con éxito mi rebelión, fue lo bastante sabio para no regodearse; en vez de eso me dio una palmada en la espalda y se dirigió a su despacho, para dejarme farfullar a gusto entre dientes. (En su favor hay que decir que la prensa dejó al margen a Malia y a Sasha durante mi mandato, un gesto de decencia elemental que aprecio enormemente.)

Mi equipo me tiró un hueso de libertad: me permitieron conservar mi BlackBerry; o, más bien, me dieron una nueva, un aparato especialmente modificado y aprobado solo tras varias semanas de negociaciones con el personal de ciberseguridad. Gracias a él podía enviar y recibir emails, aunque solo de una lista cerrada de unos veinte contactos, y le habían quitado el micrófono y los auriculares, para que no funcionaran. Michelle bromeaba diciendo que mi BlackBerry era como uno de esos teléfonos de juguete que dan a los bebés para que puedan presionar botones y que hacen ruidos y tienen luces que se encienden, pero que no sirven para nada en realidad.

Con esas limitaciones, la mayor parte de mi contacto con el mundo real dependía de tres jóvenes asistentes que estaban en el despacho externo:

Reggie, que había decidido seguir siendo mi asistente personal; Bryan Mosteller, un escrupuloso joven de Ohio que organizaba mis compromisos diarios en el complejo de la Casa Blanca, y Katie Johnson, la sensata asistente de Plouffe durante la campaña que ahora realizaba el mismo trabajo para mí. Juntos cumplían la tarea de ser mis guardianes del calabozo y también mi sistema de apoyo vital, me pasaban llamadas, me agendaban un corte de pelo, me entregaban informes, hacían que fuera puntual, me avisaban de los cumpleaños de los miembros del equipo y me daban tarjetas para que las firmara, me advertían de que me había caído sopa en la corbata, soportaban mis broncas y chistes malos y en general me mantenían en funcionamiento a lo largo de jornadas de entre doce y dieciséis horas.

El único habitante del despacho externo de más de treinta y cinco años era Peter Souza, el fotógrafo de la Casa Blanca. De mediana edad, compacto y de una complexión morena que reflejaba sus raíces portuguesas, Pete estaba en su segundo paso por la Casa Blanca, pues ya había trabajado para la Administración Reagan. Tras algunos periodos dando clases y encargos como freelance, había acabado en el *Chicago Tribune*, donde cubrió las primeras etapas de la guerra de Afganistán y mis comienzos en el Senado.

Me había gustado desde el principio: aparte de su talento fotoperiodista para capturar historias complejas con una sencilla imagen, Pete era inteligente, sin pretensiones, un poco malhumorado, pero nunca cínico. Después de nuestra victoria, aceptó unirse al equipo con la condición de que le permitiera un acceso sin restricciones. La medida de mi confianza en él es que acepté el trato, y durante los siguientes ocho años se convirtió en una presencia constante, siempre en los márgenes de cualquier reunión, atestiguando todas las victorias y derrotas, de vez en cuando hincando una rodilla para conseguir el ángulo que quería, sin hacer más ruido que el zumbido constante del obturador de la cámara.

También se convirtió en un buen amigo.

En ese nuevo y extrañamente sellado hábitat, el cariño y la confianza que sentí por las personas con las que trabajaba junto a la amabilidad y el apoyo que mostraron por mi familia y por mí fue como un regalo del cielo. Aquello se aplicaba a Ray Rogers y Quincy Jackson, los dos ayudas de cámara de la Marina asignados al despacho Oval que servían refrescos a las visitas y me preparaban un buen almuerzo todos los días en la pequeña cocina situada junto al comedor. O los empleados de la agencia de comunicaciones de la Casa Blanca, entre los cuales había dos hermanos, Nate y Luke Emory, que ponían atriles, teleprónters o proyectaban vídeos cuando se necesitaba. O Barbara Swann, que me traía el correo todos los días y que parecía incapaz de dirigirse a mí con algo que no fuera una sonrisa y una gran dulzura.

También se aplicaba a los empleados de la residencia. El nuevo alojamiento familiar, más que un hogar, parecía una serie de suites de hotel completadas por un gimnasio, una piscina, una pista de tenis, una sala de cine, un salón, una bolera y una consulta médica. Steve Rochon, ujier principal, organizaba y dirigía la plantilla; era un contraalmirante y exguardia costero al que contrataron los Bush en 2007 y el primer afroamericano en ocupar ese cargo. Todo un equipo de limpieza pasaba a diario y mantenía el lugar impecable; otro de cocineros preparaba la comida de nuestra familia o, como sucedía a veces, para cientos de invitados; había mayordomos disponibles para servir esos almuerzos o cualquier otra cosa que uno deseara; había operadores de centralita dispuestos a establecer llamadas a todas las horas y para asegurarse de que nos levantábamos a tiempo; había ujieres esperando en el pequeño ascensor todas las mañanas para llevarme al trabajo y seguían allí para saludarme de nuevo cuando regresaba por la noche; había ingenieros que arreglaban cualquier cosa que se rompiera; y floristas para que todas las habitaciones estuvieran llenas de magníficas y variadas flores frescas.

(Merece la pena señalar aquí —solo porque la gente suele sorprenderse cuando se entera— que la familia del presidente paga de su bolsillo cualquier nueva pieza de mobiliario, al igual que todo lo que consume, desde comestibles hasta el papel higiénico o empleados suplementarios para una cena privada con amigos. El presupuesto de la Casa Blanca tiene unos fondos reservados para que el nuevo presidente rehaga a su gusto el despacho Oval, pero aparte de algunos tapizados viejos que hubo que cambiar en sillas y sofás, me pareció que una recesión histórica no era el mejor momento para estar mirando retales de tejidos.)

Y para el presidente al menos había un trío de ayudas de cámara de la Marina, el primero de ellos era una especie de oso con voz suave llamado Sam Sutton. En nuestra primera jornada completa en la Casa Blanca recorrí el inmenso armario que conectaba nuestro dormitorio con nuestro cuarto de baño y encontré cada camisa, traje y par de pantalones que poseía perfectamente planchado y colgado en filas ordenadas, mis zapatos brillantes como el barniz, y todos los pares de calcetines o pantalones cortos doblados y clasificados como si estuvieran sobre el mostrador de una tienda. Cuando regresaba del despacho Oval por la noche y colgaba mi traje (¡solo levemente arrugado!) en el armario (un avance significativo sobre mi práctica habitual de dejarlo colgado en el pomo de la puerta más cercana, una de las cosas que más irritaba a Michelle), Sam se ponía a mi lado y con firmeza y amabilidad me explicaba que sería mejor si a partir de entonces le dejaba hacerse cargo del cuidado de mi ropa (un cambio que no solo consiguió mejorar mi apariencia general, sino que también ayudó sin duda a mi matrimonio).

Por supuesto, nada de todo eso era difícil. Aun así, era un poco desconcertante. Durante la campaña, Michelle y yo nos habíamos acostumbrado a tener siempre gente alrededor, pero nunca habían ocupado nuestra casa, y desde luego no estábamos acostumbrados a tener mayordomos y sirvientas. En aquel ambiente nuevo y un tanto extraño, nos preocupaba que las niñas acabaran siendo demasiado mimadas y adquirieran malas costumbres, de modo que instauramos la regla (cumplida con un éxito moderado) de que tenían que limpiar sus habitaciones y hacerse las camas antes de ir a la escuela por la mañana. Mi suegra, que odiaba que nadie tuviera que atenderla, pidió a los empleados que le enseñaran a usar las lavadoras y secadoras para poder hacer su propia colada. Como yo también sentía cierta vergüenza, trataba de mantener la sala de los Tratados —que hacía las veces de despacho personal en la residencia— libre de las pilas de libros, periódicos y porquería que había caracterizado a todas mis «madrigueras» anteriores.

Poco a poco, gracias a la sólida generosidad y profesionalidad de la plantilla de la residencia, conseguimos sentirnos cómodos. Acabamos intimando especialmente con nuestra habitual plantilla de cocineros y mayordomos, con los que teníamos trato diario. Lo mismo sucedió con mis ayudas de cámara, todos ellos negros, latinos o asiaticoamericanos, y todos hombres con excepción de Cris Comerford, una filipinoamericana, que había sido recientemente destinada al jefe ejecutivo de la Casa Blanca, y que fue la primera mujer en ocupar ese cargo. Y aunque todos estaban encantados de tener un buen sueldo, trabajos seguros y beneficios, era difícil no ver en su constitución racial los vestigios de épocas anteriores, en las que el rango social tenía límites muy claros y aquellos que ocupaban el despacho del presidente se sentían más cómodos cuando en su intimidad les servían personas a las que no consideraban sus iguales, y que por lo tanto no podían juzgarles.

Los mayordomos más veteranos eran una pareja de hombres negros de barrigas redondas y con el taimado sentido del humor y la sabiduría que otorga haber contemplado la historia desde primera fila. Buddy Carter llevaba por allí desde el final de la presidencia de Nixon, encargándose al principio de los dignatarios visitantes de la Casa Blair y luego trabajando en la residencia. Von Everett había llegado en la época de Reagan. Hablaban de las anteriores familias presidenciales con la discreción apropiada y un verdadero afecto. Aun sin decir demasiado, no ocultaban cómo se sentían al tenernos bajo su cuidado. Podía verse en lo pronto que Von empezó a aceptar los abrazos de Sasha o el placer que le provocaba a Buddy descubrir a Malia buscando un poco más de helado después de la cena, en el fácil entendimiento que tuvieron con Marian o en el orgullo de sus miradas cuando Michelle llevaba un vestido particularmente bonito. Eran apenas distinguibles de los hermanos de Marian, o los tíos de Michelle; y en esa familiaridad se volvieron más diligentes, nunca menos, se quejaban si llevábamos los platos a la cocina nosotros mismos, alertas a la menor señal de lo que con-sideraban un servicio inferior por parte de cualquier persona de la plantilla de la residencia. Nos llevó meses de persuasión conseguir que cambiaran su esmoquin por pantalón y camisa cuando nos servían la cena.

—Queremos asegurarnos de que se le trate como a cualquier otro presidente —explicó Von.

—Así es —dijo Buddy—. Verá, usted y la primera dama no saben lo que esto significa realmente para nosotros, señor presidente. Tenerle a usted aquí... —negó con la cabeza—. No tiene ni idea.

Con el apoyo de la presidenta Nancy Pelosi y del jefe demócrata del Comité de Asignaciones del Congreso, Dave Obey, junto a los heroicos esfuerzos de nuestro aún frágil equipo, fuimos capaces de terminar el borrador de la Ley de Recuperación, la entregamos al Senado, fue aprobada por el comité y agendada para una votación completa del Congreso, todo al final de mi primera semana en el cargo.

Lo considerábamos un pequeño milagro.

Ayudó que los demócratas del Congreso se mostraran tan entusiastas acerca de los elementos clave del paquete; aunque eso no les impidiera insistir en todo tipo de detalles. Los liberales se quejaban de que los recortes de impuestos a empresarios eran como regalos a los ricos. Los demócratas más centristas manifestaban su inquietud sobre cómo el alto coste iba a afectar a sus votantes más conservadores. Miembros de todo el espectro se quejaban de que unas ayudas demasiado directas a los estados solo conseguirían que los gobernadores republicanos equilibraran sus presupuestos y pareciesen fiscalmente responsables, incluso esos mismos gobernadores que luego nos acusarían en el Congreso de gastar dinero como si fuésemos marineros borrachos.

Esa especie de gruñido en tono menor sucedía siempre con todas las iniciativas legislativas importantes, estuviera quien estuviera en la Casa Blanca. Era especialmente frecuente entre los demócratas, quienes por diversas razones (mayor diversidad de razas, mayor aversión a la autoridad) parecían tener un orgullo casi perverso en su ausencia de disciplina. Cuando algunas de esas quejas se filtraban a la prensa y unos periodistas salían agitando un puñado de comentarios accidentales como muestra de un posible signo de disensión en el seno del partido, Rahm o yo hacíamos una llamada a los más transgresores para explicarles —en términos llanos y a veces no publicables— por qué unos titulares como «Demócrata clave acribilla el plan de estímulos de Obama» o «Los demócratas dejan claro que ellos conservarán el territorio» no eran particularmente beneficiosos para la causa.

Nuestro mensaje llegó. Hicimos algunas concesiones en los márgenes del borrador de la ley, apoyando fondos para prioridades del Congreso, recortando otros de nuestros propios asuntos. Cuando se disipó la polvareda la ley contenía casi el 90 por ciento de los puntos que nuestro equipo económico había propuesto originalmente y conseguimos con éxito que el proyecto de ley estuviera libre de fondos asignados e indignantes despilfarros de dinero que pudieran desacreditarlo a ojos de la gente.

Solo nos faltaba una cosa: el apoyo republicano.

Desde el principio, ninguno de nosotros había sido particularmente optimista en conseguir muchos votos republicanos, sobre todo a causa de los miles de millones que ya se habían gastado en el rescate financiero. La mayoría de los republicanos del Congreso habían votado en contra del TARP a pesar de una presión considerable de un presidente de su propio partido. Aquellos que habían votado a favor tuvieron que enfrentarse a una crítica fulminante de la derecha, y entre los círculos republicanos era cada vez más común la creencia de que una de las razones por las que les había ido tan mal en las lecciones sucesivas era que habían permitido que el presidente Bush les alejara de sus principios conservadores de pequeño gobierno.

A pesar de todo, al salir de nuestra reunión inicial en enero con los líderes del Congreso, le había dicho a mi equipo que redoblaran nuestros contactos con los republicanos: «No solo por las apariencias —les dije—; haced un serio esfuerzo».

Aquella decisión exasperó a algunos demócratas, sobre todo en el Congreso. Después de haber sido minoría durante más de una década, los demócratas del Congreso se habían quedado completamente fuera del proceso legislativo. Ahora que tenían el control, no les apetecía demasiado hacer concesiones a sus antiguos torturadores. Pensaban que estaba perdiendo el tiempo, que era ingenuo. «A esos republicanos no les interesa colaborar con usted, señor presidente —me dijo sin rodeos uno de los miembros—, lo que intentan es destruirle.»

Pensaba que tal vez tenían razón. Pero por diversas razones me parecía que al menos era importante hacerles una propuesta. Conseguir los dos votos republicanos que necesitábamos para una mayoría blindada contra el filibusterismo en el Senado sería mucho más fácil, y lo sabía, si primero nos asegurábamos un apoyo decente de votos republicanos en el Congreso; la seguridad en las cifras era la máxima por la que vivían casi todos los políticos de Washington. Los votos republicanos nos proveerían también de una útil cobertura política para los demócratas que representaban a zonas con tendencias conservadoras del país y que vislumbraban un futuro con campañas de reelección más duras. Y lo cierto es que ya solo el acto de negociar con los republicanos sirvió como una excusa muy práctica para esquivar algunas de las ideas menos ortodoxas que surgieron ocasionalmente en nuestro lado del pasillo («Lo siento, señor congresista, pero legalizar la marihuana no es el tipo de incentivo en el que estamos pensando...»).

En lo que a mí respecta, contactar con los miembros republicanos no fue solo mera táctica. Desde mi discurso de la convención en Boston y los últimos días de mi campaña, había asegurado a gente de todo el país que no estaban tan divididos como daban a entender nuestros políticos y que para hacer cosas importantes teníamos que pasar página a la disputa partidista. ¿Y qué mejor vía para hacer un esfuerzo honesto de llegar al otro lado del pasillo que desde una posición de fuerza, y en un momento en que no necesitábamos necesariamente el apoyo de los republicanos del Congreso para conseguir que se aprobara mi agenda? Pensé que tal vez, con una mente abierta y un poco de humildad, podía tomar a los líderes del Partido Republicano por sorpresa, calmar sus sospechas y ayudar a construir relaciones que permitieran seguir con otros asuntos. Y si, como era lo más probable, la táctica no funcionaba y los republicanos rechazaban mis propuestas, entonces al menos los votantes sabrían a quién acusar de la falta de funcionamiento de Washington.

Para dirigir la Oficina de Asuntos Legislativos habíamos reclutado a un avispado funcionario sénior demócrata del Congreso llamado Phil Schiliro. Era alto y estaba quedándose calvo, tenía una aguda forma de reír que enmascaraba una serena intensidad, y desde el primer día de sesión en el Congreso, Phil fue en busca de compañeros para negociar, llamándome a mí o a Rahm o a Joe Biden para que ayudáramos a cortejar a algunos miembros cuando era necesario. Cuando algunos republicanos manifestaron su interés en más infraestructura, les dijimos que nos pasaran una lista con sus prioridades. Cuando otros dijeron que no podían votar por un proyecto de ley que incluía fondos para la anticoncepción disfrazados de estímulos, instamos a los demócratas a que los eliminaran. Cuando Eric Cantor sugirió una modificación razonable a una de nuestras exenciones de impuestos, a pesar de que no había posibilidad alguna de que votara por el proyecto de ley, le dije a mi equipo que incluyera el cambio, deseando enviar así una señal de que cuando hablábamos de sentar a los republicanos en la mesa lo decíamos en serio.

Aun así, a medida que pasaban los días la posibilidad de una cooperación republicana parecía cada vez más un milagro distante. Aquellos que inicialmente habían manifestado su interés en trabajar con nosotros dejaron de devolvernos las llamadas. Miembros republicanos del Comité de Asignaciones del Congreso boicotearon sesiones de la Ley de Recuperación, asegurando que no se les había consultado con seriedad. Los ataques republicanos al proyecto de ley en la prensa eran cada vez menos contenidos. Joe me informó de que Mitch McConnell había estado manteniendo a la gente a raya, impidiendo a miembros de sus caucus hablar con la Casa Blanca sobre el paquete de estímulos, y hubo miembros demócratas del Congreso que dijeron que habían escuchado lo mismo de algunos de sus compañeros del Partido Republicano.

«No podemos jugar», fue al parecer lo que dijo uno de los republicanos.

A pesar del lúgubre panorama, pensé que tal vez tenía una posibilidad de persuadir a algunos miembros en mis visitas a los caucus republicanos del Congreso y el Senado, ambos agendados para el 27 de enero, víspera de la votación del Congreso. Me di un tiempo extra para preparar mi presentación, para asegurarme de que iba con todos los hechos y datos bien sabidos. La mañana antes de los encuentros, Rahm y Phil se reunieron conmigo en el despacho Oval para repasar los argumentos que pensábamos que los republicanos podían encontrar más persuasivos. Estábamos a punto de cargar el convoy rumbo a Capitol Hill cuando Gibbs y Axe entraron en el despacho Oval y me enseñaron un cable de Associated Press que acababa de llegar, justo después del encuentro de Boehner con su caucus: «Los republicanos del Congreso instan a la oposición al proyecto de ley de los estímulos».

—¿Cuándo ha ocurrido esto? —pregunté revisando el artículo en diagonal.

—Hace unos cinco minutos —dijo Gibbs.

—¿Ha llamado Boehner para ponernos sobre aviso? —pregunté.

—No —dijo Rahm.

—¿Tengo motivos entonces para pensar que esta mierda no es fiable? —pregunté mientras el grupo de los nuestros ya se dirigía hacia la Bestia.

—Eso sería correcto, señor presidente —dijo Rahm.

Las reuniones con los caucus no fueron abiertamente hostiles. Boehner, Cantor y el jefe de la Convención de Republicanos del Congreso, Mike Pence, ya estaban en el atril cuando llegué (evitando con destreza hablar de la artimaña que acababan de hacerme) y tras la breve introducción de Boehner y un pequeño aplauso de compromiso, subí al estrado para hablar. Era la primera vez que lo hacía en una reunión republicana en el Congreso y resultaba difícil no sorprenderse ante la uniformidad de la sala: fila tras fila se veía a una gran mayoría de hombres blancos de mediana edad, junto a aproximadamente una docena de mujeres y dos o tres hispanos y asiáticos. La mayoría de ellos me miraron impávidos mientras hacía un breve resumen de los estímulos, citando los últimos datos del colapso de la economía, la necesidad de una acción inmediata y el hecho de que nuestro paquete contenía recortes de impuestos que los republicanos llevaban promoviendo mucho tiempo, y hablando de nuestro compromiso a reducir el déficit a largo plazo cuando acabara la crisis. El público se espabiló cuando abrí la ronda de preguntas (o, para ser más precisos, de pequeñas declaraciones que fingían ser preguntas) y respondí a todos animadamente, como si mis respuestas sirvieran para algo.

—Señor presidente, ¿por qué este proyecto de ley no hace nada acerca de las leyes promovidas por los demócratas que obligaron a los bancos a dar hipotecas a solicitantes no cualificados y que fue la verdadera causa de esta crisis financiera?

(Aplauso.)

—Señor presidente, aquí tengo un libro que afirma que el New Deal no solo no acabó con la Gran Depresión sino que hizo que las cosas fueran aún peores. ¿Está de acuerdo en que los así llamados estímulos de los demócratas no están haciendo más que repetir esos errores y que dejarán un mar de tinta roja que tendrán que limpiar las próximas generaciones?

(Aplauso.)

—Señor presidente, ¿hará usted que Nancy Pelosi deje a un lado su partidista proyecto de ley y empiece de cero el proceso realmente abierto que está pidiendo el pueblo estadounidense?

(Vítores, aplausos, unos cuantos silbidos.)

En el lado del Senado, el escenario fue menos forzado. Nos invitaron a Joe y a mí a que nos sentáramos a una mesa en la que había unos cuarenta senadores, muchos de ellos antiguos colegas nuestros. Pero la esencia del encuentro no fue muy distinta; todos los republicanos que se atrevieron a hablar recitaron los mismos versos, describieron el paquete de estímulos como un «rescate financiero de especial interés» repleto de mentiras y derrochador del presupuesto, un proyecto de ley que los demócratas tenían que romper en mil pedazos si deseaban la menor cooperación.

En el viaje de vuelta a la Casa Blanca, Rahm estaba enfurecido; Phil, desalentado. Les dije que había estado bien, que la verdad es que me había divertido el toma y daca.

—¿Cuántos republicanos creéis que aún están en juego? —pregunté.

Rahm se encogió de hombros.

—Tenemos suerte si llegan a una docena.

Aquello demostró ser optimista. Al día siguiente, la Ley de Recuperación se aprobó en el Congreso por 244 contra 188 votos, con una suma total de *cero* votos republicanos. Era la salva inicial de un plan de batalla que McConnell, Boehner, Cantor y el resto del grupo desplegó con impresionante disciplina durante los siguiente ocho años: un rechazo a trabajar con los miembros de mi Administración, fueran cuales fuesen las circunstancias, el tema del que se tratara o las repercusiones para la nación.

Podría pensarse que para un partido político que acaba de sufrir dos ciclos de atronador fracaso, la estrategia del Partido Republicano era belicosa, que una obstrucción sin condiciones podía conllevar sus riesgos. Y durante una época de verdadera crisis, sin duda no era una actitud muy responsable.

Pero si, como era el caso de McConnell o Boehner, tu objetivo prioritario era abrir a machetazos un camino de regreso al poder, la historia reciente afirmaba que esa estrategia podía llegar a tener sentido. A pesar de todos los discursos sobre el deseo de que los políticos se entendieran, los votantes estadounidenses muy rara vez premiaban a la oposición cuando cooperaba con el partido gobernante. En los ochenta, los demócratas mantuvieron el control del Congreso (aunque no del Senado) mucho después de la elección de Ronald Reagan y del giro de la nación a la derecha, en parte por la voluntad de unos líderes republicanos «responsables» de ayudar a que el Congreso funcionara; la Cámara cambió solo después de que un partido republicano dirigido por Gingrich llevara al Congreso a una trifulca de todos contra todos. De un modo semejante los demócratas no impidieron un Congreso controlado por los republicanos ayudando a que se aprobaran los recortes de impuestos del presidente Bush o su Plan de Prescripción de Medicamentos; ganaron de vuelta el Congreso y el Senado cuando empezaron a retar al presidente y a los líderes republicanos en todos los asuntos, desde la privatización de la Seguridad Social hasta la gestión de la guerra de Irak.

Aquellas lecciones no habían pasado desapercibidas para McConnell y Boehner. Pensaban que cualquier ayuda que ofrecieran a mi Administración para construir una respuesta sostenida y efectiva del Gobierno a la crisis solo repercutiría en mi beneficio político y reconocería tácitamente la bancarrota de su propia retórica antigobierno y antirregulación. Si, por otra parte, luchaban desde la retaguardia, si generaban controversia y metían palos en las ruedas, al menos tenían la oportunidad de revitalizar su base y ralentizarme a mí y a los demócratas en un momento en que sin duda el país iba a estar impaciente.

Al llevar a cabo su estrategia, los líderes republicanos tenían un par de cosas a su favor, empezando por el estilo de cobertura de las noticias moderno. Desde mi época en el Senado, y durante la campaña, había llegado a conocer a la mayor parte de los periodistas políticos del país, y en términos generales los encontraba inteligentes, trabajadores, éticos y comprometidos con los hechos. Al mismo tiempo los conservadores no se equivocaban al pensar que en su fuero interno la mayor parte de los periodistas políticos se inclinaban más hacia el lado liberal del espectro.

Aquello parecía convertir a esos periodistas en cómplices poco probables de los planes de McConnell o Boehner. Pero ya fuera por miedo a parecer parciales, o porque el conflicto vende, o tal vez porque se lo exigían sus editores, o porque era la forma más sencilla de enfrentarse a las exigencias de un ciclo ininterrumpido de veinticuatro horas en internet, la forma en la que el colectivo afrontaba su trabajo de informar sobre Washington respondía a un guion tristemente previsible:

Informe sobre lo que dice una de las partes (con un breve extracto incluido).

Informe sobre lo que dice la otra parte (con el extracto opuesto, cuanto más insultante mejor).

Encuesta de opinión para determinar quién tiene razón.

Con el tiempo, mi equipo y yo acabamos tan resignados a ese estilo de cobertura «uno dijo/el otro contestó» que bromeábamos con frecuencia sobre el asunto. («En dos ruedas de prensa paralelas se ha animado el debate sobre la forma de la Tierra, con un presidente Obama —que afirma que la Tierra es redonda— bajo el fulminante ataque de los republicanos, que aseguran que la Casa Blanca está llena de documentos que prueban que la Tierra es plana.») En aquellas primeras semanas, sin embargo, con nuestro equipo de comunicaciones apenas recién llegado, aún nos podían sorprender. No era solo la intención del Partido Republicano de vender medias verdades o claras mentiras sobre el contenido de la Ley de Recuperación (la afirmación de que planeábamos gastar millones en un Museo de la Magia en Las Vegas, por ejemplo, o que Nancy Pelosi había incluido treinta millones de dólares para salvar a unos ratones en extinción), sino también por la disposición de la prensa a hacerse eco o a publicar esas mentiras como si se tratara de verdaderas noticias.

Si insistíamos lo suficiente, un medio podía publicar una historia que contrastaba una afirmación republicana. Rara vez, sin embargo, la verdad llegaba a los titulares. La mayor parte de los estadounidenses —ya incitados a creer que el Gobierno malgastaba el dinero— no tenían el tiempo o las ganas de seguir los detalles de un proceso legislativo o sobre quién estaba siendo razonable y quién no en las negociaciones. Todo lo que sabían era lo que les contaban los corresponsales de prensa de Washington: que los republicanos y los demócratas estaban de nuevo a la gresca, que los políticos derrochaban el dinero, y que el tipo que acababa de llegar a la Casa Blanca no hacía nada por impedirlo.

Evidentemente, los esfuerzos para desacreditar la Ley de Recuperación dependían de la habilidad de los líderes del Partido Republicano para mantener a sus miembros bajo control. Como mínimo, necesitaban que el paquete de estímulo no consiguiera suficiente apoyo por parte de los republicanos más distantes para que fuera considerado «bipartidista», ya que (McConnell lo explicaría luego) «cuando uno le pone la etiqueta bipartidista a algo, la sensación es la de que se han resuelto las diferencias». Facilitaba su tarea el hecho de que en ese momento la mayoría de los miembros del Partido Republicano fueran de distritos o estados sólidamente republicanos. Su base de votantes, alimentada de una sólida dieta de Fox News, comentaristas de radio y discursos de Sarah Palin, no estaba de humor para el compromiso; de hecho, la mayor amenaza para las perspectivas de reelección de aquellos representantes eran unos contendientes de primarias que pudieran acusarles de liberales de incógnito. Rush Limbaugh ya había reprendido a republicanos como McCain por decir que con las elecciones perdidas, ahora esperaba que yo tuviera éxito. «¡Ojalá fracase Obama!», tronó el locutor del programa de radio. Todavía a principios de 2009, la mayor parte de los cargos electos republicanos no consideraban que fuera muy sabio ser tan franco en público (en privado era un asunto muy diferente, como nos enteraríamos más adelante). Pero incluso esos políticos que no compartían los sentimientos de Limbaugh sabían que, con esa sencilla declaración, había logrado canalizar con eficacia —y configurar también— las opiniones de un considerable grupo de votantes.

Muchos importantes donantes conservadores intervinieron también. Aterrados por una economía que se resquebrajaba y por el impacto que ya estaba teniendo en los balances de sus miembros, algunas organizaciones empresariales tradicionales como la Cámara de Comercio se manifestaron al final a favor de la Ley de Recuperación. Pero llegados a ese punto su influencia sobre el Partido Republicano ya había sido suplantada por ideólogos multimillonarios como David y Charles Koch, que llevaban décadas invirtiendo cientos de millones de dólares sistemáticamente en construir una red de laboratorios de ideas, organizaciones de activistas, grupos mediáticos y operativos políticos, todo con el objetivo expreso de acabar hasta con el último vestigio del estado de bienestar moderno. Para ellos todos los impuestos eran confiscatorios y allanaban el camino para el socialismo; todas las regulaciones eran una traición a los principios de libre mercado y al estilo de vida americano. Veían mi victoria como una amenaza mortal, por lo que, poco después de mi investidura, organizaron un cónclave con algunos de los conservadores más ricos de Estados Unidos en un resort de Indian Wells, California, para planear su estrategia de contraataque. No querían compromiso ni consenso. Querían guerra. E hicieron saber que cualquier político republicano que no tuviera estómago suficiente para enfrentarse a mis políticas en todo momento no solo se vería sin donaciones, sino que podía acabar siendo el objetivo de un ataque, bien financiado, en primarias.

Y para aquellos republicanos que aun así sintieran la tentación de cooperar conmigo a pesar de la presión de votantes, donantes y noticias de la prensa conservadora, el viejo truco de la influencia de los colegas terminaría por funcionar. Durante la transición había conocido a Judd Gregg, un senador republicano capaz y decente de New Hampshire, y le ofrecí la Secretaría de Comercio como parte de mi esfuerzo de cumplir la promesa de una gobernanza bipartidista. Aceptó de inmediato, y a principios de febrero anunciamos su nominación. Tras el crecimiento diario y a un ritmo escandaloso de la oposición republicana a la Ley de Recuperación, de que McConnell y el resto de los líderes le vapulearan en las reuniones de los caucus y en la tribuna del Senado y la exprimera dama, Barbara Bush, interviniera directamente para disuadirle de que se uniera a mi Administración, Judd Gregg perdió el coraje. Una semana después de que presentáramos su nominación, anunció que se retiraba.

No todos los republicanos se percataron de aquella actitud cambiante en el seno de su propio partido. El día en que se votó en el Senado la Ley de Recuperación, yo estaba en Fort Myers, Florida, en un encuentro público con la intención de generar apoyo hacia la propuesta de ley y para que me hicieran preguntas sobre economía. A mi lado estaba el gobernador de Florida, Charlie Crist, un republicano moderado de modales amistosos y educados y de buena apariencia —bronceado, pelo canoso, dientes resplandecientes— que parecía salido de un departamento de casting. Crist era enormemente popular en ese momento, y había cultivado la imagen de alguien capaz de trabajar con ambos partidos, evitando asuntos que dividieran socialmente y centrándose en promover el turismo y los negocios. Sabía también que su estado estaba en grandes apuros: como uno de los puntos calientes de las hipotecas *subprime* y la burbuja inmobiliaria, Florida tenía una economía y un presupuesto estatal en caída libre y necesitaba con desespero la ayuda federal.

Crist aceptó a presentarme en el encuentro y respaldó públicamente el paquete de estímulos por una mezcla de carácter y necesidad. A pesar del hecho de que el valor de las casas en Fort Myers había caído un 67 por ciento (con un 12 por ciento de los inmuebles en ejecución hipotecaria), ese día la masa estaba encendida y rugiente, la mayoría de ellos eran demócratas enardecidos por lo que Sarah Palin llamaría más tarde «esas cositas esperanzadoras y de cambio». Después de que Crist diera una explicación razonable aunque cauta sobre por qué apoyaba la Ley de Recuperación, señalando sus beneficios para Florida y la necesidad de que los cargos electos pusieran a la gente por delante de los intereses del partido, le di al gobernador lo que era mi habitual «abrazo de hermano»: un apretón de manos, con el brazo rodeándole la espalda para darle una palmada, una mirada de agradecimiento y un «gracias» al oído.

Pobre Charlie. ¿Cómo iba a saber que aquel gesto de dos segundos iba a acabar siendo un beso de la muerte en términos políticos para él? Durante los días de la campaña, las imágenes del «abrazo» —acompañadas de gran cantidad de reclamos que pedían su cabeza— empezaron a aparecer en los medios de la derecha. En cuestión de meses Crist pasó de ser una estrella republicana a un paria. Se le denominó el símbolo de la conciliación, debilucho, oportunista republicano solo de nombre al que había que ejemplarizar. Pasó cierto tiempo hasta que el asunto se desarrolló por completo: en la candidatura para el Senado de 2010, se obligó a Crist a presentarse como independiente y fue aplastado por el advenedizo conservador Marco Rubio; finalmente Crist consiguió regresar a la política solo a costa de cambiar de partido y ganando uno de los escaños del Congreso como demócrata. Fuera como fuese, la lección inmediata no había pasado inadvertida para los congresistas republicanos.

Si cooperáis con la Administración Obama, ateneos a las consecuencias.

Y si tenéis que darle la mano, aseguraos de que se note que no os complace hacerlo.

Echando la vista atrás, me resulta difícil no obsesionarme con las dinámicas políticas que se desplegaron en aquellas primeras semanas de mi mandato; lo rápido que se endureció la resistencia republicana, independientemente de lo que dijéramos o hiciésemos, y cómo la resistencia tiñó la forma en que la prensa, y la gente al final, veía la esencia de nuestras acciones. Al fin y al cabo, aquellas dinámicas establecieron buena parte de lo que ocurrió en los meses y años que siguieron, una quiebra en la sensibilidad política con la que seguimos lidiando una década más tarde.

Pero en febrero de 2009 estaba obsesionado con la economía, no con la política. De modo que merece la pena señalar una información relevante que he omitido al contar la historia de Charlie Crist: pocos minutos antes de que saliera al escenario para darle ese abrazo, había recibido una llamada de Rahm en la que me había informado de que la Ley de Recuperación había sido aprobada por el Senado, lo que aseguraba una aprobación de la legislación en el Congreso.

La forma en que lo logramos no puede considerarse un ejemplo de la nueva política que había prometido durante mi campaña electoral. Era pura vieja escuela. Cuando la votación de la Cámara dejó claro que no estaba garantizado un proyecto de ley ampliamente bipartidista, nos centramos en asegurar los sesenta y un votos del Senado; sesenta y uno porque ningún senador republicano podía darse el lujo de ser el único que permitiera que se aprobara el proyecto de ley de Obama. En aquella atmosfera radiactiva orquestada por McConnell, los únicos republicanos que estaban dispuestos a considerar apoyarnos eran tres autodenominados moderados de los estados en los que yo había ganado con comodidad: Susan Collins y Olympia Snowe de Maine y Arlen Specter de

Pensilvania. Ellos tres, junto con el senador Ben Nelson de Nebraska —el portavoz no oficial de la media docena de demócratas de estados conservadores cuya prioridad en cualquier asunto controvertido era siempre algún punto, el que fuera, a la derecha de Harry Reid y Nancy Pelosi, para ganarse así la preciada etiqueta de «centrista» de los comentaristas de Washington— se convirtieron en la clave para poder aprobar la Ley de Recuperación. Y ninguno de aquellos cuatro senadores se arredraron a la hora de imponer un alto peaje.

Specter, que ya había batallado contra dos episodios de cáncer, insistió en que diez mil millones de la Ley de Recuperación se destinaran a los Institutos Nacionales de la Salud. Collins exigió que en el proyecto de ley se redujera la partida para la construcción de escuelas y que se incluyera un «impuesto mínimo alternativo»; una provisión de impuestos que evitara que la clase media acomodada estadounidense tuviera que pagar unos impuestos más elevados. Nelson quería más dinero de Medicaid para las zonas rurales. Aunque aquellas prioridades sumaban miles de millones, el grupo insistió en que el total del proyecto de ley tenía que ser inferior a ochocientos mil millones, porque cualquier cifra por encima de esa parecería «demasiado».

Hasta donde podíamos ver no había ninguna lógica económica en ninguna de aquellas cosas, solo posicionamiento político y la típica presión de políticos que sabían que tenían ese poder. Pero esa verdad pasó en buena medida inadvertida; al menos en lo que se refiere a los corresponsales de Washington, el mero hecho de que cuatro senadores trabajaran de una manera «bipartidista» implicaba una sabiduría y una lógica salomónica. Mientras tanto, los demócratas liberales, sobre todo del Congreso, se enfurecieron conmigo por haber permitido que aquella «banda de cuatro» determinara de forma efectiva los contenidos finales del proyecto de ley. Algunos incluso llegaron a sugerir que hiciera campaña en contra de Snowe, Collins, Specter y Nelson en sus propios estados hasta que ellos renunciaran a sus peticiones de «rescate». Les dije que eso no iba a ocurrir, porque había calculado (coincidiendo con Joe, Rahm, Harry y Nancy) que unas tácticas intimidatorias probablemente recibirían una respuesta parecida, y también cerrarían la puerta a la posibilidad de que el cuarteto cooperara en cualquier otro proyecto de ley que intentara aprobar en el futuro.

Fuera como fuese seguía pasando el tiempo; o, como decía Axe, la casa seguía ardiendo y los cuatro senadores tenían la única manguera. Tras una semana de negociaciones (y mucha persuasión, mucha insistencia y muchos intentos de apaciguar a senadores tanto por mi parte como por la de Rahm, pero sobre todo por parte de Joe) se llegó a un acuerdo. La Banda de los Cuatro consiguió básicamente todo lo que pedía. A cambio, nosotros conseguimos sus votos y mantuvimos el 90 por ciento de las medidas de estímulo que habíamos propuesto en un principio. Aparte de los votos de Collins, Snowe y Specter, el modificado proyecto de ley de 1.073 páginas se votó tanto en el Congreso como en el Senado siguiendo estrictamente la disciplina de partido. Y menos de un mes más tarde de mi investidura, estaba lista para aprobarse la Ley de Reinversión y Recuperación.

La ceremonia de firma se llevó a cabo frente a una pequeña multitud en el Museo de Ciencias Naturales de Denver. Habíamos pedido al consejero delegado de una compañía solar cooperativa que hiciera la presentación, y mientras le escuchaba describir lo que la Ley de Recuperación implicaría para su empresa —la interrupción de los despidos, los nuevos trabajadores que podría contratar y la economía sostenible que esperaban promover— hice todo lo que pude por disfrutar del momento.

De una manera muy poco convencional, estaba a punto de firmar una legislación histórica: un esfuerzo de recuperación comparable en tamaño al New Deal de Roosevelt. El paquete de estímulo no se limitaría solo a añadir demanda. Ayudaría a millones de personas a soportar la tormenta económica, ampliaría el subsidio de desempleo para los parados, asistiría con alimentos a los que pasaban hambre, daría asistencia sanitaria a aquellas personas cuya vida había encallado, otorgaría el mayor recorte de impuestos para las familias de clase media y trabajadora desde la época de Reagan, y aportaría a los sistemas de infraestructura y transporte de la nación la mayor inyección de nuevos fondos desde la Administración Eisenhower.

Y eso no era todo. Sin perder de vista los estímulos a corto plazo y la creación de empleo, la Ley de Recuperación extendería un cheque enorme para los compromisos que había hecho en campaña respecto a modernizar la economía. Prometía transformar el sector energético con una inversión sin precedentes en energías sostenibles y en desarrollo de programas eficaces. Financiaría la reforma educativa más grande y ambiciosa de una generación. Estimularía la transición a unos registros médicos electrónicos que podían revolucionar el sistema sanitario estadounidense, generaría acceso a la banda ancha en escuelas y zonas rurales que antes se habían visto fuera de las superautopistas de la información.

Cualquiera de esos elementos, si hubiese sido aprobado como un proyecto de ley independiente, habría constituido un gran logro para una administración presidencial. Todos unidos, podían representar el exitoso trabajo de un primer mandato completo.

Aun así, después de que me mostraran los paneles solares del tejado del museo, subí al estrado y di las gracias a mi vicepresidente y a mi equipo por haber conseguido que sucediera todo aquello bajo una presión extraordinaria; después de mostrar mi afecto por aquellos en el Congreso que habían permitido que el proyecto de ley cruzara la línea de meta y de usar varias plumas para convertir el proyecto de recuperación en una ley, di la mano a todo el mundo y concedí un par de entrevistas; y al final, cuando me vi a solas en el asiento trasero de la Bestia, la principal emoción que me invadió no fue tanto de triunfo como de enorme alivio.

O, para ser más precisos, de alivio con una fuerte dosis de premoniciones.

Si bien era cierto que habíamos hecho un trabajo digno de varios años en solo un mes, y también que habíamos invertido igual de rápido un capital político equivalente a un par de años, era difícil negar, por ejemplo, que McConnell y Boehner nos habían masacrado en el frente de los mensajes. Sus implacables ataques seguían modelando la cobertura de la Ley de Recuperación, con toda la prensa atronando ante la más mínima acusación de derroche o actividad ilícita. Algunos comentaristas adoptaron las narrativas orquestadas por el Partido Republicano de que yo no había contado lo suficiente con ellos, de ahí que rompiera mi promesa de gobernar de un modo bipartidista. Otros sugerían que nuestro acuerdo con Collins, Nelson, Snowe y Specter representaba más el típico regateo cínico de Washington que «un cambio en el que creer».

El apoyo popular a la Ley de Recuperación había crecido durante las semanas que había llevado que se aprobara el proyecto de ley, pero muy pronto todo aquel ruido tuvo su impacto y revirtió la tendencia. Al mismo tiempo una buena parte de mis bases demócratas —aún cargadas de la arrogancia de la noche electoral e irritada por la resistencia republi-

cana a echarse a un lado y hacerse la muerta— no parecían tan confor-
mes con todo lo que habíamos logrado incluir en la Ley de Recuperación como molestos por las cosas a las que habíamos tenido que renunciar.
Los comentaristas liberales insistían en que si yo hubiese mostrado más
fuerza mental a la hora de enfrentar las exigencias de la Banda de los
Cuatro, el incentivo habría sido mayor. (Eso a pesar del hecho de que
eran el doble de lo que esos mismos comentaristas habían pedido que fueran solo unas semanas antes.) Las mujeres estaban enfadadas porque se
habían retirado los fondos para anticonceptivos. Los grupos de transporte se quejaban de que un incremento de la inversión en transporte público no era lo único que habían esperado. Los grupos preocupados por
el medioambiente parecían pasar más tiempo quejándose de la pequeña
partida de fondos que se habían destinado a proyectos de carbón limpio
que a celebrar la enorme inversión de la Ley de Renovación en energías
renovables.

Entre los ataques republicanos y las quejas demócratas me acordé
del poema de Yeats «La segunda venida»: mis seguidores carecían de toda
convicción, mientras mis oponentes estaban llenos de una apasionada
intensidad.

Nada de todo eso me habría preocupado si la aprobación de la Ley
de Recuperación hubiese sido todo lo que necesitábamos para lograr
que la economía funcionase de nuevo. Confiaba en que podíamos poner
en marcha la legislación y demostrar que nuestros objetores no tenían
razón. Sabía que los votantes demócratas me seguirían apoyando a lo
largo de todo el recorrido, y mi popularidad reflejada en las encuestas
seguía siendo alta.

El problema era que nos quedaban al menos tres o cuatro grandes
pasos por dar antes de acabar con la crisis, todos ellos urgentes, todos ellos
igual de problemáticos, todos ellos difíciles de sacar adelante. Era como si,
después de escalar una enorme montaña, me viera a mí mismo inspeccio-
nando toda una serie de cimas aún más peligrosas, al mismo tiempo que
me daba cuenta de que me había torcido el tobillo, que se aproximaba
tormenta y que ya había consumido la mitad de mis provisiones.

No compartí aquellos sentimientos con nadie de mi equipo, estaban
tan exhaustos como yo. Trágatelo todo, me dije a mí mismo. Átate más
fuerte las botas. Raciona tus provisiones.

Sigue adelante.

12

Apreciado presidente Obama:

Hoy me han informado de que a partir del 30 de junio de 2009 me uniré al rápidamente creciente número de desempleados de este país...

Esta noche, mientras metía a mis hijos en la cama, luchando contra el pánico que amenazaba con consumirme, me he dado cuenta de que, como madre, no tendré la oportunidad que mis padres tuvieron. No podré mirar a mis hijos y decirles honestamente que, si te esfuerzas lo suficiente y te sacrificas lo suficiente, entonces todo es posible. Hoy he aprendido que puedes tomar todas las decisiones correctas, hacer todo lo correcto, y aun así puede que no sea suficiente, porque tu Gobierno te ha fallado.

Aunque mi Gobierno ha estado hablando mucho de proteger y ayudar a la clase media estadounidense, lo que yo he visto ha sido lo contrario. Veo un Gobierno que ha estado al servicio de los lobistas y de determinados grupos de interés concretos. Veo que se gastan miles de millones de dólares en rescates para instituciones financieras...

Gracias por permitirme expresar tan solo algunos de mis pensamientos en esta emotiva noche.

Atentamente,

NICOLE BRANDON
Virginia

Creo recordar que cada noche leía dos o tres cartas como esta. Luego las volvía a meter en la carpeta en la que habían llegado y las añadía a la gran pila de papeles que había sobre el escritorio. Aquella noche en concreto, el reloj de pie de la sala de los Tratados marcaba la una de la madrugada. Me froté los ojos, decidí que necesitaba una lámpara de lectura mejor, y miré fugazmente la enorme pintura al óleo que colgaba sobre el pesado sofá de piel. Representaba a un corpulento presidente McKinley, con el ceño fruncido como un severo director de escuela, observando a un grupo de hombres con bigote mientras firmaban el tratado que ponía fin a la guerra hispano-estadounidense de 1898, todos ellos reunidos en torno a la misma mesa donde ahora me sentaba. Era una magnífica obra para un museo, pero no constituía la mejor elección para el que ahora era mi despacho principal; tomé nota mental de hacerlo reemplazar por algo más contemporáneo.

Aparte de los cinco minutos que había pasado caminando por el pasillo para acostar a las niñas y darle un beso de buenas noches a Michelle, llevaba plantado en mi silla desde la hora de la cena, igual que casi todas las noches de la semana. Para mí, estas solían ser las horas más tranquilas y productivas de la jornada, un momento en que podía ponerme al día con el trabajo y prepararme para lo que fuera que viniera a continuación, revisando las pilas de material que mi secretario de Gabinete enviaba a la residencia para que lo examinara: los últimos datos económicos, memorándums de decisión, memorándums informativos, informes de inteligencia, propuestas legislativas, borradores de discursos, temas a abordar en conferencias de prensa...

Cuando leía las cartas de los electores sentía con mayor intensidad la seriedad de mi trabajo. Todas las noches recibía un lote de diez de ellas —algunas escritas a mano; otras en forma de correos electrónicos impresos—, pulcramente ordenadas en una carpeta morada. A menudo eran lo último que miraba antes de acostarme.

Lo de las cartas había sido idea mía: se me había ocurrido el segundo día en el cargo. Pensé que una dosis regular de correo de los electores sería una forma eficaz de salir de la burbuja presidencial y escuchar directamente a quienes servía. Las cartas eran como un gotero intravenoso del mundo real, un recordatorio diario del pacto que había adquirido con el pueblo estadounidense, la confianza de la que ahora era depositario y el impacto humano de cada decisión que tomaba. Insistí en ver una muestra representativa («No quiero solo un montón de alegre cháchara de simpatizantes», le dije a Pete Rouse, que ahora era asesor principal y Yoda oficial del Ala Oeste). Aparte de eso, dejamos en manos de nuestra Oficina de Correspondencia la tarea de elegir cuáles de las cerca de diez mil cartas y correos electrónicos que llegaban diariamente a la Casa Blanca pasaban a formar parte de la carpeta.

Durante la primera semana, lo que leí fueron sobre todo cosas agradables: notas de felicitación, personas que me decían cuánto les había motivado el día de mi investidura, niños con sugerencias de leyes («Deberías aprobar una ley para reducir la cantidad de deberes»)...

Pero a medida que transcurrían las semanas las cartas se fueron haciendo más sombrías. Un hombre que llevaba veinte años ocupando el mismo puesto de trabajo me describía la vergüenza que había sentido al tener que decirles a su mujer y a sus hijos que le habían despedido. Una mujer me escribió después de que el banco embargara su casa; le preocupaba que, si no recibía ayuda inmediata, terminaría en la calle. Un estudiante había dejado la universidad: se había quedado sin ayuda financiera, y ahora volvía a casa de sus padres. Algunas cartas ofrecían detalladas recomendaciones en materia de políticas públicas. Otras estaban escritas con enfado («¿Por qué su Departamento de Justicia no ha metido en la cárcel a ninguno de esos delincuentes de Wall Street?») o con silenciosa resignación («Dudo de que usted llegue a leer esto, pero pensé que debería saber que aquí fuera lo estamos pasando mal»).

La mayoría de las veces eran peticiones urgentes de ayuda, y yo contestaba en una tarjeta que llevaba grabado en relieve el sello presidencial, explicando los pasos que estábamos dando para relanzar la economía y ofreciendo todo el aliento que podía. Luego marcaba la carta original con instrucciones para mi personal. «Ver si el Departamento del Tesoro puede consultar con el banco si hay alguna opción de refinanciación», escribía. O bien: «¿Tiene el Departamento de Asuntos de los Veteranos algún programa de préstamos en esta situación?». O simplemente: «¿Podemos ayudar?».

Eso solía bastar para captar la atención de la agencia pertinente. Ellos se ponían en contacto con el autor de la carta, y al cabo de unos días o unas semanas yo recibía un memorándum de seguimiento explicando las acciones emprendidas en su beneficio. A veces la gente obtenía la ayuda que había pedido: la salvación temporal de su hogar, un puesto en un programa de formación...

Aun así, era difícil darse por satisfecho con meros casos individuales. Yo sabía que cada carta representaba la desesperación de millones de personas en todo el país, personas que contaban conmigo para salvar sus puestos de trabajo o sus hogares, para recuperar la mayor o menor sensación de seguridad que sentían antaño. No importa cuánto nos esforzáramos mi equipo y yo, no importa cuántas iniciativas pusiéramos en marcha o cuántos discursos pudiera dar: no había forma de eludir los hechos irrefutables y adversos.

Tres meses después de iniciado mi mandato, el número de personas que lo pasaban mal era mayor que cuando empecé, y nadie —ni siquiera yo mismo— podía tener la certeza de un próximo alivio de la situación.

El 18 de febrero, el día después de firmar la Ley de Recuperación, viajé a Mesa, Arizona, con el propósito de anunciar nuestro plan para afrontar el colapso del mercado inmobiliario. Aparte de la pérdida de empleos, ningún otro aspecto de la crisis económica tuvo repercusiones más directas en la gente. Mientras que en 2008 hubo más de tres millones de hogares en una u otra fase del proceso de ejecución hipotecaria, en ese momento había otros ocho millones en riesgo de correr la misma suerte. Durante los últimos tres meses del año, el precio de la vivienda cayó casi un 20 por ciento, lo que implicaba que incluso las familias que podían hacer frente a sus pagos de repente se encontraban con un «patrimonio negativo»: su casa valía menos de lo que debían; su principal inversión y su fuente de ahorro se habían convertido en una piedra de molino de deuda atada alrededor del cuello.

Donde más se agravaba el problema era en estados como Nevada y Arizona, dos de los epicentros de la burbuja inmobiliaria generada por las hipotecas *subprime*. Allí podías recorrer en coche urbanizaciones enteras que parecían pueblos fantasmas, con una manzana tras otra de casas todas iguales, muchas de ellas recién construidas pero sin vida, casas sin vender, o vendidas y luego embargadas de inmediato. Fuera como fuese, estaban vacías, y algunas con las ventanas entabladas. Las pocas casas que todavía estaban ocupadas destacaban como pequeños oasis, con sus diminutas zonas de césped verdes y bien cuidadas y los coches aparcados en la entrada, como solitarios enclaves en un escenario de devastada quietud. Recuerdo haber hablado con un propietario de una de aquellas urbanizaciones durante una visita de campaña a Nevada. Era un hombre fornido y cuarentón con una camiseta blanca que había apagado su cortacésped para estrecharme la mano, mientras un niño pequeño de pelo rubio correteaba tras él de un lado a otro a toda velocidad en un triciclo rojo. Me explicó que había tenido más suerte que muchos de sus vecinos:

su antigüedad en la fábrica donde trabajaba le había permitido evitar la primera ola de despidos, y el trabajo de enfermera de su esposa parecía relativamente seguro. Aun así, la casa por la que habían pagado cuatrocientos mil dólares en el apogeo de la burbuja ahora costaba la mitad de esa cantidad. Habían debatido discretamente si su mejor jugada era dejar de pagar la hipoteca y marcharse. Hacia el final de nuestra conversación, el hombre miró de nuevo a su hijo.

«Recuerdo que cuando yo era niño mi padre me hablaba del sueño americano —me explicó—. Que lo más importante era trabajar duro. Comprar una casa. Formar una familia. Hacer las cosas bien. ¿Qué ha pasado con eso? ¿Cuándo se convirtió eso en nada más que un montón de...?»

Se interrumpió con aire afligido, antes de limpiarse el sudor de la cara y volver a encender el cortacésped.

La cuestión era qué podía hacer mi Administración para ayudar a un hombre como él. No había perdido su hogar, pero sí la fe en la aventura compartida de nuestro país, en su ideal global.

Los activistas provivienda asequible y algunos progresistas del Congreso estaban impulsando un programa gubernamental a gran escala destinado no solo a reducir los pagos hipotecarios mensuales para las personas en riesgo de perder su hogar, sino, de hecho, a condonar una parte del saldo pendiente. A primera vista la idea tenía un evidente atractivo: era un «rescate para Main Street,* no para Wall Street», como sugerían sus proponentes. Pero la magnitud de la pérdida de valor de la vivienda en todo el país hacía que los costes de ese programa de reducción de capital resultaran prohibitivos; nuestro equipo calculó que incluso algo de la envergadura de un segundo TARP —una imposibilidad política— tendría un efecto limitado si se extendía a todo el mercado inmobiliario estadounidense, valorado en veinte billones de dólares.

Optamos por lanzar dos programas más modestos, que fueron los que expliqué con detalle aquel día en Mesa: el Home Affordable Modification Program (HAMP), diseñado para reducir los pagos mensuales de la hipoteca a los propietarios que reunieran determinados requisitos a un máximo del 31 por ciento de sus ingresos, y el Home Affordable Refi-

* Lit. «calle mayor», una expresión que se utiliza como símbolo del estadounidense medio. *(N. de los T.)*

325

nance Program (HARP), que ayudaría a los prestatarios a refinanciar su hipoteca con tipos más bajos aun en el caso de que el valor de su vivienda fuera inferior a la deuda. Decidimos expresamente que no todo el mundo se beneficiaría de esos programas: no ayudarían a quienes mediante una hipoteca *subprime* habían comprado una casa con un valor superior al que sus ingresos les permitían pagar, tampoco podrían acceder a ellos quienes habían adquirido bienes inmuebles como una inversión financiada con deuda, pensando en vender luego la propiedad para obtener beneficios. El objetivo era, en cambio, llegar a varios millones de familias que estaban con el agua al cuello: las que vivían en sus hogares y habían hecho lo que en aquel momento parecía una compra responsable, pero que ahora necesitaban ayuda para sobrevivir.

No obstante, incluso implementar programas como esos planteaba todo tipo de obstáculos logísticos. Por ejemplo, si bien redundaba en beneficio de los prestadores hipotecarios que las familias conservaran sus viviendas (en un mercado ya deprimido, las casas embargadas se vendían a precios de risa, lo que se traducía en grandes pérdidas para el prestador), las hipotecas ya no estaban en manos de un conjunto limitado de bancos a los que pudiéramos presionar para participar en los programas. Lejos de ello, se habían titularizado y vendido a trocitos a diversos inversores de todo el mundo. El propietario de la vivienda nunca trataba directamente con esos prestadores anónimos, sino que hacía los pagos de su hipoteca a una empresa de servicios que en la práctica era poco más que un cobrador de facturas con un nombre más pomposo. Sin la autoridad legal para obligar a hacer nada a esas empresas de servicios, lo máximo que podíamos hacer era ofrecerles estímulos para que dieran un respiro a los propietarios de viviendas. También teníamos que convencer a dichas empresas de que procesaran millones de solicitudes a fin de determinar quiénes reunían y quiénes no los requisitos necesarios para optar a una modificación o refinanciación de su hipoteca, una tarea para la que no estaban lo que se dice bien equipados.

¿Y quiénes, exactamente, merecían la ayuda del Gobierno? Esta pregunta surgiría en casi todos los debates políticos que mantuvimos durante la crisis económica. Al fin y al cabo, a pesar de lo mal que iban las cosas en 2009, la inmensa mayoría de los estadounidenses propietarios de viviendas todavía encontraban una manera, más o menos rigurosa, de mantenerse al día con su hipoteca. Para ello, muchos habían reducido el gasto en restaurantes, se habían dado de baja de la televisión por cable o estaban gastando los ahorros destinados a su jubilación o a pagar los gastos universitarios de sus hijos.

¿Era justo dedicar el dinero arduamente ganado de los impuestos de aquellos estadounidenses a reducir los pagos hipotecarios de un vecino que no podía hacerles frente? ¿Y si el vecino había comprado una casa más grande de lo que en realidad podía pagar? ¿Y si había optado por un tipo de hipoteca más barata pero de mayor riesgo? ¿Importaba si un agente hipotecario había hecho creer engañosamente al vecino que estaba haciendo lo correcto? ¿Y si el año anterior el vecino había llevado a sus hijos a Disneylandia en lugar de poner ese dinero en un fondo para contingencias: le hacía eso menos merecedor de ayuda? ¿Y si se había atrasado en sus pagos no porque se hubiera instalado una nueva piscina o se hubiera ido de vacaciones, sino porque había perdido su trabajo o porque un miembro de su familia había caído enfermo y su empresa no le proporcionaba un seguro médico, o simplemente porque daba la casualidad de que vivía en uno de los estados más perjudicados: cómo alteraba eso el cálculo moral?

Para los responsables políticos que intentaban detener la crisis, ninguna de esas preguntas importaba, al menos a corto plazo. Si la casa de tu vecino está en llamas, no querrás que la persona que atiende el teléfono en emergencias te pregunte si el incendio fue causado por un rayo o por alguien que fumaba en la cama antes de decidir si envía o no a los bomberos: solo te preocupa que apaguen el fuego antes de que se extienda a tu casa. Las ejecuciones hipotecarias masivas eran el equivalente a un incendio de máxima categoría que estaba destruyendo el valor de las viviendas de todo el mundo y con ello arruinando la economía. Y al menos desde nuestra perspectiva, nosotros éramos los bomberos.

Aun así, las cuestiones relativas a la equidad estaban muy presentes en la mente de la opinión pública. De modo que no me sorprendí cuando los expertos reaccionaron críticamente a nuestro paquete de ayudas a la vivienda, sugiriendo que el coste de 75.000 millones de dólares era demasiado reducido para abordar el problema en toda su envergadura, o cuando los activistas provivienda asequible nos criticaron en la prensa por no incluir un medio para reducir el importe del capital. Lo que ni mi equipo ni yo previmos fue la crítica que terminaría siendo objeto de la mayor atención en Mesa, quizá porque provenía de una fuente insólita.

El día después del mitin, Gibbs mencionó que un comentarista económico de la CNBC llamado Rick Santelli había lanzado una larga diatriba en directo contra nuestro plan de vivienda. Gibbs, que en este tipo de cosas casi siempre tenía el radar activado, parecía inquieto.

«Eso está dando mucho juego —me dijo—. Y los de la prensa me están preguntando por ello. Quizá quieras echarle un vistazo.»

Aquella noche vi el vídeo en mi portátil. Yo ya conocía a Santelli; no parecía distinto de la mayoría de tertulianos que pueblan los programas de economía de la televisión, proporcionando una mezcla de chismorreos de mercado y noticias del día anterior con la facilona convicción del presentador de un publirreportaje nocturno. En este caso, había estado transmitiendo en vivo desde el parqué de la Bolsa Mercantil de Chicago, cargado de histriónica indignación y rodeado de operadores bursátiles que aplaudían con aire de suficiencia desde sus escritorios mientras él regurgitaba un montón de los consabidos eslóganes republicanos, incluida la afirmación (incorrecta) de que nos tocaría pagar las hipotecas de derrochadores y gorrones irresponsables —«perdedores», los llamaba Santelli— que se habían metido en camisa de once varas. «¡El Gobierno está promoviendo el mal comportamiento! —vociferaba—. ¿Cuántos de ustedes quieren pagar la hipoteca de su vecino que tiene un baño extra y no puede pagar sus facturas?»

Santelli pasaba luego a declarar que «lo que estamos haciendo hoy en este país hace que nuestros Padres Fundadores, personas como Benjamin Franklin y Jefferson, se revuelvan en la tumba». En algún punto, hacia la mitad del monólogo, sugirió celebrar «un té en Chicago, en julio» para poner fin a las grandes concesiones del Gobierno.

Me resultó difícil no desechar todo aquello como lo que de verdad era: una actuación ligeramente entretenida destinada no a informar, sino a llenar tiempo de antena, vender publicidad y hacer que los espectadores del programa en cuestión —*Squawk Box*— se sintieran como verdaderos expertos y no como parte de los «perdedores». Al fin y al cabo, ¿quién iba a tomarse en serio ese populismo de pacotilla? ¿Cuántos estadounidenses veían a los operadores de la Bolsa Mercantil de Chicago como representantes de su país, unos operadores que todavía conservaban su empleo precisamente porque el Gobierno había intervenido para mantener a flote el sistema financiero?

En otras palabras: no eran más que sandeces. Santelli lo sabía. Los presentadores de la CNBC que bromeaban con él lo sabían. Sin embargo, estaba claro que, cuando menos, los operadores bursátiles suscribían por completo lo que vendía Santelli. No parecían escarmentados por el hecho de que la partida que habían estado jugando hubiera sido amañada de arriba abajo, si no por ellos, sí por sus empleadores, los que de verdad hacían las grandes apuestas en salas de juntas revestidas de madera. No parecían preocupados por el hecho de que por cada «perdedor» que había comprado una casa más grande de la que podía permitirse, había veinte personas que habían vivido con arreglo a sus posibilidades, pero que ahora estaban sufriendo las consecuencias de las malas apuestas de Wall Street.

No, aquellos operadores estaban realmente ofendidos, convencidos de que el Gobierno estaba a punto de hundirles. Creían que *ellos* eran las víctimas. Uno de ellos incluso se había inclinado hacia el micrófono de Santelli y había declarado que nuestro programa de vivienda constituía un «riesgo moral», echando mano de un término económico que había pasado al léxico popular, inicialmente utilizado para explicar cómo las políticas que protegían a los bancos de sus crecientes pérdidas podían terminar alentando aún más la imprudencia financiera en el futuro. Solo que ahora esa misma expresión se utilizaba para argumentar en contra de la ayuda a las familias que, por causas ajenas a su voluntad, estaban a punto de perder sus hogares.

Irritado, detuve el vídeo. Era solo un viejo truco, pensé, el tipo de tejemaneje retórico que se había convertido en un clásico de los expertos conservadores en todas partes, fuera cual fuese el problema: tomar el lenguaje utilizado por los desfavorecidos para resaltar un mal social y darle la vuelta. El problema ya no es la discriminación de la gente de color —sostiene este argumento—: es el «racismo inverso», donde las minorías «juegan la carta de la raza» para obtener una ventaja injusta. El problema no es el acoso sexual en el trabajo: son las ariscas «feminazis» que aporrean a los hombres con su corrección política. El problema no son los banqueros que utilizan el mercado como su casino personal, o las empresas que recortan los salarios cargándose a los sindicatos y deslocalizando los puestos de trabajo: son los perezosos y holgazanes, junto con sus aliados liberales de Washington, que pretenden aprovecharse de los auténticos «creadores y ejecutores» de la economía.

Tales argumentos no tenían nada que ver con los hechos. Eran inmunes al análisis. Se adentraban profundamente en el reino de lo mítico, redefiniendo lo que era justo, reasignando el papel de víctima y confiriendo a personas como los operadores bursátiles de Chicago el más preciado de los regalos: la convicción de su inocencia, acompañada de la justa indignación que esta conlleva.

A menudo pienso en aquel vídeo de Santelli, que presagiaba tantas de las batallas políticas que habría de afrontar durante mi presidencia. Porque había al menos una verdad parcial en lo que decía: nuestras exigencias al Gobierno estadounidense *ciertamente* habían cambiado en los últimos dos siglos, desde la época en que los Padres Fundadores le otorgaran su carta fundacional. Más allá de los principios básicos de repeler a los enemigos y conquistar el territorio, hacer cumplir los derechos de propiedad y supervisar aquellos asuntos que los propietarios blancos juzgaban necesarios para mantener el orden, nuestra temprana democracia había dejado en gran medida a cada uno de nosotros a su propia suerte. Luego se libró una sangrienta guerra para decidir si los derechos de propiedad daban margen para tratar a los negros como mercancía. Surgieron movimientos impulsados por trabajadores, agricultores y mujeres que habían experimentado en sus propias carnes cómo la libertad de una persona implicaba con demasiada frecuencia su propia subyugación. Vino una depresión, y la gente aprendió que dejarte a tu propia suerte podía significar penuria y vergüenza.

Así es como Estados Unidos y otras democracias avanzadas crearon el contrato social moderno. A medida que nuestra sociedad se fue haciendo más compleja, cada vez más funciones del Gobierno adoptaron la forma de un seguro social, donde cada uno de nosotros contribuía con sus impuestos a la protección colectiva: para obtener una ayuda de emergencia si nuestra casa quedaba destruida por el paso de un huracán; para tener una prestación por desempleo si perdíamos el trabajo; para contar con programas como la Seguridad Social y Medicare a fin de reducir las servidumbres de la vejez; para proporcionar un servicio fiable de electricidad y teléfono a quienes vivieran en zonas rurales donde en caso contrario las compañías de servicios públicos no obtendrían beneficios; para disponer de escuelas y universidades públicas a fin de hacer la educación más igualitaria. Funcionó, más o menos.

En el transcurso de una generación, y para la mayoría de estadounidenses, la vida mejoró, se hizo más segura, más próspera y más justa. Floreció una extensa clase media. Los ricos siguieron siendo ricos, aunque quizá no tanto como les habría gustado, mientras que los pobres eran menos numerosos, y no tan pobres como habrían sido en otras circunstancias. Y si a veces debatíamos acerca de si los impuestos eran demasiado altos o ciertas regulaciones desincentivaban la innovación, acerca de si «papá Estado» socavaba la iniciativa individual o tal o cual programa era un despilfarro, en general entendíamos las ventajas de una sociedad que al menos trataba de ofrecer un trato justo a todo el mundo y construía un suelo por debajo del cual nadie pudiera caer.

Sin embargo, mantener este pacto social requería confianza. Exigía que nos sintiéramos todos unidos, si no como una familia, al menos como una comunidad en la que cada miembro es digno de respeto y tiene derecho a formular demandas al conjunto. Requería que creyéramos que cualesquiera acciones que el Gobierno pudiera emprender para ayudar a los necesitados estaban a nuestro alcance y al de las personas como nosotros; que nadie estaba jugando con el sistema, y que las desgracias, tropiezos o circunstancias que hacían que otros lo pasaran mal eran las mismas de las que nosotros podíamos ser presa en algún momento de la vida.

Con los años, esa confianza se fue haciendo difícil de mantener. La brecha de la raza la puso especialmente a prueba. Aceptar que los afroamericanos y otros grupos minoritarios podían necesitar ayuda adicional del Gobierno —que el origen de sus penalidades particulares se remontaba a una historia brutal de discriminación y no a determinadas características inmutables u opciones individuales— requería cierto grado de empatía, un sentimiento de camaradería que a muchos votantes blancos les resultaba difícil albergar. Históricamente, los programas diseñados para ayudar a las minorías raciales, desde los «cuarenta acres y una mula» prometidos a los esclavos liberados tras la guerra de Secesión hasta las medidas de discriminación positiva adoptadas en fecha más reciente, siempre se han recibido con manifiesta hostilidad. Incluso programas de carácter universal que gozaban de un amplio apoyo —como la educación pública o el empleo en el sector público— tuvieron una curiosa manera de resultar controvertidos en el momento en que se incluyeron como beneficiarias a las personas negras y mulatas.

La llegada de tiempos económicos difíciles puso aún más a prueba la confianza cívica. Cuando la tasa de crecimiento de Estados Unidos empezó a desacelerarse en la década de 1970 —mientras los ingresos se estancaban y se reducía el número de puestos de trabajo bien remunerados para quienes no tenían un título universitario, y a los padres empezó a preocuparles la posibilidad de que a sus hijos no les fuera tan bien como les había ido a ellos—, el alcance de las inquietudes personales se redujo. Nos volvimos más sensibles a la posibilidad de que otra persona estuviera recibiendo algo de lo que nosotros carecíamos y más receptivos a la idea de que no se podía confiar en que el Gobierno fuera justo.

La promoción de este relato —uno que no alimentaba precisamente la confianza, sino el resentimiento— pasó a constituir el elemento definitorio del moderno Partido Republicano. Con distintos grados de sutileza y diferentes niveles de éxito, los candidatos republicanos lo adoptaron como su principal eslogan, tanto si se presentaban a la presidencia como si intentaban ser elegidos miembros de la junta escolar local. Se convirtió en la pauta de Fox News y de la radio conservadora, en el texto fundamental de todo grupo de expertos o de interés financiado por los hermanos Koch. El Gobierno estaba despojando del dinero, el empleo, las plazas universitarias y el estatus a las personas como *nosotros*, que se lo habían ganado gracias a su arduo trabajo, para dárselo todo a gente como *ellos*: quienes no compartían nuestros valores ni se esforzaban tanto como nosotros, la clase de personas que eran las causantes de sus propios problemas.

La intensidad de estas convicciones puso a los demócratas a la defensiva, haciendo que los líderes se mostraran menos audaces a la hora de proponer nuevas iniciativas, estrechando los límites del debate político. Arraigó un profundo y sofocante cinismo. De hecho, entre los asesores políticos de ambos partidos se convirtió en axioma la idea de que restaurar la confianza en el Gobierno o en cualquiera de nuestras principales instituciones era una causa perdida, y que la batalla entre demócratas y republicanos que se libraba en cada ciclo electoral se reducía ahora a si era más probable que la exprimida clase media estadounidense identificara a los ricos y poderosos, o a los pobres y las minorías, como la razón de que no le fueran mejor las cosas.

Yo no quería creer que eso fuera todo lo que nuestra política podía ofrecer. No me había presentado simplemente para avivar la ira y repartir culpas. Me había presentado para restablecer la confianza del pueblo estadounidense, no solo en el Gobierno, sino también en el prójimo. Si confiábamos los unos en los otros, la democracia funcionaría. Si confiábamos los unos en los otros, el pacto social seguiría vigente, y podríamos resolver grandes problemas como el estancamiento salarial y la mengua de la seguridad de cara a la jubilación. Pero ¿por dónde empezar?

La crisis económica había inclinado las recientes elecciones en favor de los demócratas. Pero lejos de restaurar cualquier sentimiento de tener un propósito colectivo o una mínima fe en la capacidad del Gobierno para hacer el bien, la crisis también había vuelto a la gente más airada, más asustadiza y más convencida de que se la estaban jugando. Lo que Santelli supo entender, lo que McConnell y Boehner supieron entender, era cuán fácilmente se podía canalizar esa ira, cuán útil podía resultar el miedo para favorecer su causa.

Puede que las fuerzas a las que representaban hubieran perdido la reciente batalla de las urnas, pero seguían tratando de ganar la guerra, ese choque de cosmovisiones, valores y relatos.

Si ahora todo esto me parece obvio, en ese momento no lo era. Mi equipo y yo estábamos demasiado ocupados. La aprobación de la Ley de Recuperación y el despliegue de nuestro plan de vivienda posiblemente fueran elementos necesarios para poner fin a la crisis, pero ni de lejos eran suficientes. El sistema financiero global, en particular, todavía seguía roto, y el hombre en el que yo confiaba para arreglarlo no tuvo un comienzo prometedor.

Los problemas de Tim Geithner habían comenzado unas semanas antes, durante su proceso de confirmación como secretario del Tesoro. Históricamente, la confirmación por parte del Senado de los nombramientos de los miembros del gabinete había sido siempre un procedimiento en cierto modo rutinario, donde los senadores de ambos partidos partían del supuesto de que el presidente tenía derecho a elegir a su propio equipo, incluso si consideraban que los hombres y mujeres a los que este había seleccionado eran unos sinvergüenzas y unos necios. Pero en los últimos años el mandato constitucional del Senado de «asesorar y consentir» se había convertido en un arma más en el interminable ciclo de la guerra de trincheras partidista. Ahora el personal del Senado del partido contrario escudriñaba el historial de los candidatos en busca de cualquier indiscreción juvenil o declaración perjudicial que pudiera esgrimirse en una audiencia o convertirse en noticia. La vida personal de los

candidatos se convertía en objeto de un interminable e intrusivo cuestionamiento público. El propósito de este ejercicio no era necesariamente torpedear el nombramiento —a la larga la mayoría de los candidatos
eran confirmados—, sino distraer y avergonzar desde el punto de vista
político a la Administración. El sinsentido de este procedimiento tenía
otra consecuencia: cada vez con más más frecuencia los candidatos mejor
cualificados para ocupar altos cargos federales esgrimían el calvario de la
confirmación —el hecho de que podía afectar a su reputación o a sus
familias— como una razón para rechazar un puesto prominente.

El problema concreto de Tim tenía que ver con los impuestos: durante los tres años que había trabajado para el Fondo Monetario Internacional ni él ni sus contables habían advertido que la organización no
retenía los impuestos sobre la renta de sus empleados estadounidenses. Era
un error menor y aparentemente habitual, y cuando una auditoría hizo
aflorar el problema en 2006, dos años antes de que se considerara su
nombre siquiera para el puesto en el Tesoro, Tim modificó sus declaraciones y pagó lo que la auditoría dijo que debía. Sin embargo, dado el
ambiente político —y el hecho de que, como secretario del Tesoro, Tim
se encargaría de supervisar la Agencia Tributaria—, la reacción a su error
fue implacable. Los republicanos sugirieron que había cometido fraude
fiscal adrede. Los humoristas de los programas nocturnos hacían bromas
a su costa. Tim se desmoralizó y les dijo a Axe y a Rahm que quizá yo
debería nombrar a otro, lo que me llevó a llamarle a altas horas de la
noche para animarle e insistir en que era «mi hombre».

Aunque fue confirmado unos días después, Tim sabía que había
sido por el margen más estrecho con el que jamás se había confirmado a
un secretario del Tesoro en toda la historia de Estados Unidos, y que se
había dañado su credibilidad tanto en el país como a nivel internacional.
A mí todo aquello no me preocupaba tanto; nadie recordaba las votaciones de confirmación y estaba seguro de que su credibilidad se recuperaría pronto. Pero el drama de la confirmación me recordó que Tim
no era un político, sino un tecnócrata que siempre había actuado entre
bastidores. Necesitaría cierto tiempo —como lo había necesitado yo—
para acostumbrarse al resplandor de los focos.

El día después de la confirmación de Tim, él y Larry vinieron al
despacho Oval para informarme sobre el penoso estado del sistema financiero. El crédito seguía congelado. Los mercados eran precarios.

Cinco enormes instituciones —«cinco grandes bombas», las llamó Tim— corrían especial peligro: Fannie Mae y Freddie Mac, que se habían convertido prácticamente en las únicas fuentes de financiación de vivienda y se estaban gastando los 200.000 millones de dólares en dinero de los contribuyentes que el Tesoro les había inyectado el año anterior; el gigante de los seguros AIG, enormemente expuesto como resultado de haber asegurado derivados basados en hipotecas y que en los cuatro meses anteriores había necesitado 150.000 millones de dólares del programa TARP solo para mantenerse a flote; y dos bancos, Citigroup y Bank of America, que juntos representaban alrededor del 14 por ciento de los depósitos bancarios de Estados Unidos y habían visto caer sus acciones un 82 por ciento en los últimos cuatro meses.

Una renovada presión sobre cualquiera de estas cinco instituciones financieras podría llevarla a la insolvencia, lo que a su vez podría desencadenar un terremoto financiero global aún mayor del que acabábamos de capear. Y pese a los cientos de miles de millones de dólares que el Gobierno ya había dedicado a su rescate, no había forma de que los 300.000 millones que aún quedaban en fondos del TARP pudieran subsanar el ritmo de pérdidas. Un análisis de la Reserva Federal predecía que, a menos que todo el sistema se estabilizara pronto, los bancos podrían necesitar una inyección de dinero adicional de entre 300.000 y 700.000 millones de dólares por parte del Gobierno; esas cifras no incluían a AIG, que posteriormente anunciaría unas pérdidas trimestrales de 62.000 millones de dólares.

En lugar de gastar más dinero de los contribuyentes en un bote que hacía agua, teníamos que encontrar la forma de tapar los agujeros. Ante todo necesitábamos restaurar un mínimo de confianza en el mercado a fin de que los inversores que habían huido a valores refugio, sacando billones de dólares en capital privado del sector financiero, volvieran al mercado y reinvirtieran. En cuanto a Fannie y Freddie, Tim me explicó que teníamos autorización para inyectarles más dinero sin necesidad de la aprobación del Congreso, en parte porque ya se les había puesto bajo la tutela gubernamental. De inmediato acordamos un nuevo compromiso de capital de 200.000 millones de dólares. Esta no era una opción cómoda, pero la alternativa era dejar que todo el mercado hipotecario estadounidense desapareciera.

En cuanto al resto del sistema financiero, las decisiones resultaban algo más difíciles. Unos días después, en otra reunión celebrada en el despacho Oval, Tim y Larry perfilaron tres opciones básicas. La primera, uno de cuyos defensores más prominentes era la presidenta de la Corporación Federal de Seguro de Depósitos, Sheila Bair —que ocupaba el cargo desde la época de Bush—, implicaba recuperar la idea original de Hank Paulson para el TARP, que consistía en hacer que el Gobierno creara un único «banco malo» que comprara todos los activos tóxicos que estuvieran en manos privadas, limpiando de ese modo el sector bancario. Eso permitiría a los inversores un mínimo de confianza y a los bancos empezar a prestar de nuevo.

Como cabría esperar, a los mercados les gustaba este enfoque, ya que en la práctica endosaba las futuras pérdidas a los contribuyentes. Sin embargo, el problema de la idea del «banco malo» —como señalaron tanto Tim como Larry— era que nadie sabía cómo fijar el precio justo de todos los activos tóxicos que figuraban en los libros de la banca. Si el Gobierno pagaba demasiado, eso equivaldría a otro rescate masivo con dinero de los contribuyentes sin establecer apenas condiciones. Si, por el contrario, el Gobierno pagaba demasiado poco —y con un valor estimado de un billón de dólares en activos tóxicos todavía rondando por ahí, el Gobierno no podía permitirse sino pagarlos a precio de ganga—, los bancos tendrían que asumir pérdidas masivas de forma inmediata, y era casi seguro que en cualquier caso se irían a pique. De hecho, fue precisamente por esta dificultad de fijar los precios por lo que Hank Paulson había abandonado la idea al inicio de la crisis.

Teníamos una segunda posibilidad, que a primera vista parecía más limpia: nacionalizar temporalmente aquellas instituciones financieras esenciales para el sistema que —en función del valor de mercado de sus activos y pasivos en ese momento— fueran insolventes y luego obligarlas a pasar por una reestructuración similar a un procedimiento concursal, que incluiría hacer que los accionistas y bonistas hicieran «recortes» en sus participaciones, y potencialmente reemplazar tanto a la gerencia como a los consejos de administración. Esta opción satisfacía mi deseo de «arrancar la tirita» y arreglar el sistema de una vez por todas, en lugar de dejar que los bancos siguieran renqueando en lo que a veces se denominaba un estado «zombi», es decir, técnicamente todavía vivos, pero sin suficiente capital o credibilidad para funcionar en la práctica. También tenía la ventaja de ajustarse a lo que a Tim le gustaba llamar «justicia del Antiguo Testamento»: el comprensible deseo de la ciudadanía de ver a los que habían hecho mal castigados y avergonzados.

Sin embargo, y como suele suceder, la que a primera vista parecía la solución más sencilla en realidad resultaba no serlo. En el momento en que el Gobierno nacionalizara un banco, quienes tenían participaciones en otros casi con toda certeza se desharían de ellas lo más rápido posible por temor a que su institución fuera la próxima. Es probable que tal pánico provocara a su vez la necesidad de nacionalizar el siguiente banco más débil, y luego el siguiente, y luego el siguiente, lo que se convertiría en un efecto cascada que terminaría con la absorción del sector financiero estadounidense por parte del Gobierno.

Eso no solo costaría un montón de dinero: también requeriría que el Gobierno administrara esas instituciones durante todo el tiempo que fuera necesario hasta venderlas. Y mientras estábamos ocupados lidiando con un millón de inevitables demandas (presentadas no solo por los tipos de Wall Street, sino también por fondos de pensiones y pequeños inversores airados por los «recortes» forzosos), la cuestión era a quién poníamos a cargo de esos bancos, teniendo en cuenta que casi cualquiera que tuviera la experiencia requerida probablemente estaría contaminado por una u otra forma de participación en las hipotecas *subprime*. ¿Quién fijaría sus salarios y bonificaciones? ¿Cómo se sentiría la ciudadanía si esos bancos nacionalizados seguían chupando dinero? Y en última instancia, ¿a quién podría vendérselos el Gobierno, aparte de a otros bancos que podrían haber sido igualmente cómplices de crear el caos inicial?

Debido en parte a que no había buenas respuestas a esas preguntas, Tim había ideado una tercera opción. Su teoría era esta: aunque nadie dudaba de que los bancos estaban en mala forma y tenían un montón de activos malos en sus libros, el pánico del mercado había deprimido tanto las cotizaciones de *todos* los activos que ahora la situación podía parecer peor de lo que realmente era. Al fin y al cabo, la abrumadora mayoría de las hipotecas no terminaban en impago. No todos los títulos con garantía hipotecaria carecían de valor, y no todos los bancos estaban inundados de malas apuestas. Sin embargo, mientras el mercado tuviera problemas para discernir la auténtica insolvencia de la falta de liquidez temporal, la mayoría de los inversores se limitarían a evitar todo lo relacionado con el sector financiero.

La solución propuesta por Tim pasaría a conocerse como «test de estrés». La Reserva Federal establecería un valor de referencia con respecto a la cantidad de capital que necesitaba cada uno de los diecinueve bancos de relevancia sistémica para sobrevivir en el peor de los escenarios posibles. Luego enviaría a sus reguladores a examinar los libros de cada banco, evaluando rigurosamente si disponían o no de un colchón financiero suficiente para superar una depresión; en caso contrario, el banco tendría seis meses para obtener esa cantidad de capital de fuentes privadas. Si aun así se quedaba corto, el Gobierno intervendría proporcionándole el capital necesario para alcanzar el valor de referencia, y únicamente si la inyección del Gobierno superaba el 50 por ciento se plantearía la posibilidad de la nacionalización. En cualquier caso, los mercados tendrían así una idea clara de la situación de cada entidad bancaria. Los accionistas verían diluirse sus acciones en un determinado banco, pero solo en proporción a la cantidad de capital necesaria para que este se recuperara. Y solo se recurriría al dinero de los contribuyentes como último recurso.

Tim presentó esta tercera opción más como un marco de actuación que como un plan detallado, mientras que Larry expresó cierto escepticismo, al considerar que los bancos eran irredimibles, que los mercados nunca creerían en el rigor de una auditoría gestionada por el Gobierno, y que el ejercicio haría poco más que retrasar lo inevitable. Tim admitió esos riesgos, y añadió que se requerirían alrededor de tres meses para realizar los test de estrés; durante ese tiempo la presión de la opinión pública para que adoptáramos medidas más decisivas no haría sino aumentar, y mientras tanto era posible que se produjeran una serie de acontecimientos que hicieran entrar a los mercados aún más en barrena.

Dicho esto, Larry y Tim dejaron de hablar y se quedaron aguardando mi respuesta. Yo me recliné en la silla.

—¿Hay algo más en el menú? —pregunté.

—Ahora mismo no, señor presidente.

—Pues no es muy apetitoso.

—No, señor presidente.

Asentí con la cabeza, sopesé las probabilidades, y después de algunas preguntas más decidí que el enfoque del test de estrés de Tim era nuestra mejor línea de acción. No porque fuera genial; ni siquiera porque fuera buena, sino porque los otros enfoques eran peores. Larry lo comparó con tener a un médico que receta un tratamiento menos invasivo antes de optar por una cirugía radical. Si el test de estrés funcionaba, podríamos arreglar el sistema más deprisa y con menos dinero de los contribuyentes. En caso contrario, probablemente tampoco acabaríamos peor, y al menos seríamos más conscientes de lo que implicaría una cirugía más radical.

Todo ello, claro está, suponiendo que mientras tanto no se nos muriera el paciente.

Un par de semanas después, el 10 de febrero, Tim se dirigió por primera vez a la opinión pública en calidad de secretario del Tesoro, y lo hizo en una gran sala del edificio del Tesoro, conocida como sala del Dinero, que desde la guerra de Secesión había estado funcionando como un banco durante más de un siglo, dispensando moneda directamente sacada de las cámaras acorazadas del Gobierno. La idea era que Tim revelara el marco del test de estrés y perfilara otras medidas que estábamos adoptando para estabilizar los bancos en dificultades, transmitiendo el mensaje de que, pese a la incertidumbre de los tiempos, nosotros estábamos tranquilos y teníamos un plan creíble.

Por supuesto, resulta difícil transmitir confianza cuando uno no la siente plenamente. Magullado todavía por las audiencias celebradas para su confirmación, después de haber pasado sus primeras semanas en el cargo trabajando con solo un personal mínimo, y con los detalles de la implementación del test de estrés aún por resolver del todo, aquel día Tim se presentó ante una batería de cámaras de televisión y periodistas financieros, y no tardó en venirse abajo.

Según todos los análisis, incluido el suyo propio, el discurso fue un desastre. Se le veía nervioso, se sentía incómodo utilizando el teleprónter —cosa que hacía por primera vez en su vida—, y solo habló en términos vagos sobre el plan general. El equipo de comunicación de la Casa Blanca había estado presionándole para que hiciera hincapié en nuestra intención de ser duros con los bancos, mientras que nuestro equipo económico había enfatizado la necesidad de tranquilizar a los mercados financieros asegurándoles que no había ningún motivo de pánico. Al mismo tiempo, la sopa de letras de agencias independientes responsables de regular el sistema financiero había optado por no apoyar la propuesta de Tim, y los responsables de algunas de ellas, como Sheila Bair, seguían promoviendo sus propias ideas. El resultado fue un clásico discurso por encargo, lleno de obviedades y mensajes heterogéneos, que reflejaban las diferentes presiones contradictorias. Y en su premura por terminar, Tim —que para entonces empezaba a estar exhausto— casi no había dedicado tiempo a practicar su oratoria.

Mientras Tim hablaba, la bolsa cayó más de un 3 por ciento. Al final del día había bajado casi un 5 por ciento, mientras que los valores financieros cayeron un 11 por ciento. Su discurso salió en todas las noticias, y fue analizado del derecho y del revés. Como había predicho Larry, muchos analistas consideraron que el test de estrés no era más que una elaborada tapadera de una nueva serie de rescates. Diversos comentaristas de todo el espectro político se preguntaban abiertamente si el mandato de Tim, mi presidencia y el sistema financiero global no estábamos todos condenados al fracaso.

Por más que Tim se culpara a sí mismo durante el análisis retrospectivo de la mañana siguiente, yo lo identifiqué más bien como un fallo del sistema, y un error por mi parte al poner en la picota a quienes trabajaban para mí. Un día antes, hablando en una conferencia de prensa propia, sin pensarlo e injustamente, había dado una gran cantidad de publicidad anticipada al discurso de Tim, declarando a los periodistas que anunciaría «planes claros y concretos» y que estaba preparado para tener «su momento de gloria».

Las lecciones que extrajimos en general fueron dolorosas, pero útiles. En los meses siguientes insté a nuestro equipo a seguir procesos más estrictos, con mejores comunicaciones entre las partes de la Administración involucradas; a anticipar los posibles problemas y resolver las disputas antes de que se hiciera público cualquier plan, dando a nuestras ideas el tiempo y el espacio apropiados para que germinaran independientemente de las presiones externas; a prestar especial atención a quién se encomendaban los grandes proyectos, y a trabajar a conciencia los detalles no solo de fondo, sino también de forma.

Y una cosa más: me aseguré de no volver a abrir la bocaza para generar expectativas que, dadas las circunstancias, no podrían cumplirse.

Aun así, el daño ya estaba hecho. La primera impresión que se llevó el mundo de mi estelar y esforzado equipo económico fue que parecía una pandilla incapaz de dar una a derechas. Los republicanos se pavoneaban. Rahm recibía llamadas de demócratas inquietos. Prácticamente lo único positivo que pude sacar del fiasco fue la reacción de Tim. Podría haberse venido abajo, pero no lo hizo. Lejos de ello, adoptó el aire resignado de alguien que aceptaba su castigo por lo mal que había dado su discurso, pero al mismo tiempo confiaba en que en lo más importante tenía razón.

Me gustó su reacción. Seguía siendo mi hombre. Lo mejor que podíamos hacer ahora era ponernos manos a la obra, actuar y esperar que nuestro maldito plan realmente funcionara.

«Señora presidenta de la Cámara... ¡el presidente de Estados Unidos!»

Por razones que todavía no tengo del todo claras, el primer discurso de un presidente recién elegido ante una sesión plenaria del Congreso en puridad no se considera un discurso del estado de la Unión, pero a todos los efectos eso es exactamente lo que es: el primero de ese ritual anual en el que un presidente tiene la oportunidad de hablar directamente a decenas de millones de compatriotas.

Mi primer discurso estaba programado para el 24 de febrero, lo que implicaba que, mientras todavía estábamos luchando para conseguir poner en marcha nuestro plan de rescate económico, yo tenía que sacar tiempo de donde pudiera para revisar los borradores que preparaba Favs. No era una tarea fácil para ninguno de nosotros. Otros discursos podían tratar de temas generales o centrarse en una única cuestión. Pero en el SOTU (*State of the Union*), como le gustaba llamarlo al personal del Ala Oeste, se esperaba que el presidente describiera las prioridades de la política nacional y exterior para el año siguiente. Y daba igual cuánto aliñaras tus planes y propuestas con anécdotas o frases pegadizas: las explicaciones detalladas sobre la ampliación de Medicare o la reembolsabilidad del crédito fiscal rara vez tocaban la fibra sensible.

Dada mi experiencia como senador, estaba bastante versado en la política de ovaciones del SOTU: el ritualizado espectáculo en el que los miembros del partido del presidente se levantaban y aplaudían a rabiar cada tres frases, mientras que el partido de la oposición se negaba a hacerlo incluso ante la historia más conmovedora por temor a que las cámaras le pillaran aliándose con el enemigo (la única excepción a esta regla era cualquier posible mención a las tropas desplegadas en el extranjero). Esta absurda representación teatral no solo ponía de relieve la división del país en un momento en que necesitábamos unidad, sino que, además, las constantes interrupciones acababan prolongando al menos quince minutos un discurso ya de por sí bastante largo. Yo había considerado la posibilidad de empezar mi discurso pidiendo a todos los asistentes que se abstuvieran de aplaudir, pero, como cabía esperar, Gibbs y el equipo de comunicación me habían dicho que ni se me ocurriera, insistiendo en que una Cámara silenciosa no quedaría bien en televisión.

Pero si el proceso previo al SOTU nos hizo sentirnos agobiados y faltos de inspiración —si en varios momentos le dije a Favs que, después de un discurso la noche de la jornada electoral, un discurso de investidura y casi dos años de hablar sin parar, no tenía absolutamente nada nuevo que decir, y le haría un favor al país si, emulando a Thomas Jefferson, me limitaba a dejar escritos mis comentarios al Congreso para que la gente los leyera cuando le conviniera—, todo eso desapareció en el instante en que llegué al umbral del recargado hemiciclo de la Cámara y escuché al ujier anunciar mi entrada en la sala.

«Señora presidenta...» Quizá más que cualesquiera otras, esas palabras, y la escena que siguió a continuación, me hicieron ser consciente de la grandeza del puesto que ahora ocupaba: el atronador aplauso cuando entré en el hemiciclo; el lento avance por el pasillo central a través de un bosque de manos tendidas; los miembros de mi gabinete alineados en las dos primeras filas; los jefes de Estado Mayor con sus relucientes uniformes, y los jueces del Tribunal Supremo con sus togas negras, como miembros de un antiguo gremio; el saludo de la presidenta Pelosi y el vicepresidente Biden, situados a ambos lados del lugar que yo ocupaba; mi esposa sonriendo radiante desde la galería superior con su vestido sin mangas (fue entonces cuando realmente despegó el culto a los brazos de Michelle), saludando con la mano y lanzando un beso cuando la presidenta golpeó con su mazo y se inició la sesión...

Aunque hablé sobre mis planes para poner fin a la guerra en Irak, potenciar los esfuerzos de Estados Unidos en Afganistán y proseguir la lucha contra las organizaciones terroristas, dediqué la mayor parte de mi discurso a la crisis económica. Repasé la Ley de Recuperación, nuestro plan de vivienda y los argumentos que justificaban la necesidad del test de estrés financiero. Pero también quería plantear una cuestión más importante: que teníamos que seguir aspirando a conseguir más. Yo no quería limitarme a resolver las emergencias cotidianas; creía que teníamos que apostar por un cambio duradero. Una vez hubiéramos restaurado el crecimiento de la economía, no nos conformaríamos con volver a lo de siempre como si no hubiera pasado nada. Aquella noche dejé claro que tenía la intención de seguir avanzando con reformas estructurales —en educación, energía y política climáticas, atención sanitaria y regulación financiera— que sentaran las bases para que el país iniciara una etapa de prosperidad a largo plazo y de amplia base.

Hacía tiempo que los días en que me ponía nervioso cuando subía a un gran estrado habían quedado atrás, y, considerando cuánto terreno teníamos que cubrir, el discurso fue tan bien como podía esperar. Según Axe y Gibbs, tuvo buenas críticas, y los tertulianos me consideraron adecuadamente «presidencial». Pero, al parecer, se habían quedado sorprendidos por la audacia de mi agenda, por mi predisposición a seguir avanzando con reformas que iban más allá de las destinadas a abordar la cuestión principal de salvar la economía.

Era como si nadie hubiera escuchado las promesas que yo había hecho durante la campaña, o como si hubieran dado por supuesto que en realidad no había querido decir lo que había dicho. La respuesta a mi discurso me proporcionó un avance de lo que se convertiría en una crítica constante durante mis primeros dos años en el cargo: que intentaba hacer demasiado, que aspirar a algo más que un retorno al *statu quo* anterior a la crisis, tratar el cambio como algo más que un eslogan, era, en el mejor de los casos, ingenuo e irresponsable y, en el peor, una amenaza para Estados Unidos.

Por muy absorbente que fuera la crisis económica, mi incipiente Administración no podía permitirse el lujo de aparcar todo lo demás, puesto que la maquinaria del Gobierno federal se extendía por todo el globo, girando sin parar cada minuto de cada día indiferente a las bandejas de entrada abarrotadas y los ciclos de sueño humano. Muchas de sus funciones (generar cheques de la Seguridad Social, mantener en órbita satélites meteorológicos, procesar préstamos agrícolas, emitir pasaportes...) no requerían instrucciones específicas de la Casa Blanca, operando de manera similar a un cuerpo humano que respira o suda al margen del control consciente del cerebro. Pero eso todavía dejaba a un incontable número de agencias y edificios llenos de personas que necesitaban nuestra atención diaria: por ejemplo, requerían orientación sobre sus políticas o ayuda con la dotación de personal, o buscaban asesoramiento porque algún fallo interno o acontecimiento externo había alterado el sistema. Después de nuestra primera reunión semanal en el despacho Oval le pedí a Bob Gates, que ya había trabajado con siete presidentes anteriores a mí, que me diera cualquier consejo que se le ocurriera para la gestión del poder ejecutivo. Frunciendo los labios, me obsequió con una de sus risitas irónicas.

«Solo hay una cosa que puede dar por segura, señor presidente —me dijo—. Cualquier día, en cualquier momento dado, alguien, en algún lugar, la está cagando.»

Nos pusimos manos a la obra intentando cagarla lo menos posible.

Además de mis reuniones regulares con los secretarios del Tesoro, de Estado y de Defensa, y los informes diarios que recibía de mis equipos económico y de seguridad nacional, decidí sentarme con cada miembro de mi gabinete para repasar los planes estratégicos de sus departamentos, instándolos a identificar obstáculos y establecer prioridades. Visité sus respectivas agencias, a menudo aprovechando la ocasión para anunciar una nueva política o práctica gubernamental, y hablé en concurridas reuniones de funcionarios de carrera, agradeciéndoles sus servicios y recordándoles la importancia de su misión.

Había un flujo interminable de reuniones con diversos agentes sociales —la Business Roundtable, la Federación Estadounidense del Trabajo y el Congreso de Organizaciones Industriales, la Conferencia de Alcaldes, las organizaciones de servicios para veteranos...— a fin de abordar sus inquietudes y solicitar su apoyo. Había asimismo grandes temas que demandaban enormes cantidades de tiempo (como la presentación de nuestra primera propuesta de presupuesto federal) y actos públicos innovadores diseñados para incrementar la transparencia del Gobierno (como el primer encuentro público con ciudadanos retransmitido en directo). Cada semana grababa un discurso en vídeo. Concedí entrevistas a varios reporteros de la prensa escrita y presentadores de televisión, tanto nacionales como locales. Intervine en el Desayuno de Oración Nacional y organicé una fiesta para los miembros del Congreso con ocasión de la Super Bowl. En la primera semana de marzo también había celebrado dos cumbres con líderes extranjeros —una en Washington, con el primer ministro británico Gordon Brown; la otra en Ottawa, con el primer ministro canadiense Stephen Harper—, cada una con sus propios objetivos políticos y protocolos diplomáticos.

En cada evento, reunión y acto de presentación de políticas públicas podía haber un centenar de personas o más trabajando frenéticamente entre bastidores. Se verificaban todos los documentos publicados, se investigaba a cada persona que se presentaba a una reunión, se planeaba cada evento al detalle, y se examinaba con escrúpulo cada anuncio de nuevas políticas para asegurarse de que fueran viables, asequibles y no entrañaran el riesgo de generar consecuencias imprevistas.

Este tipo de laboriosidad centrada en objetivos concretos se extendió al Ala Este, donde la primera dama disponía de un pequeño grupo de despachos, y tenía su propia y apretada agenda. Desde el momento en que llegamos a la Casa Blanca, Michelle se había volcado en su nuevo trabajo mientras creaba un hogar para nuestra familia. Gracias a ella, Malia y Sasha parecían estar tomándose la transición a nuestra extraña nueva vida con absoluta calma. Lanzaban pelotas por el largo pasillo que recorría toda la extensión de la residencia y hacían galletas con los chefs de la Casa Blanca. Sus fines de semana estaban llenos de encuentros con nuevos amigos para jugar y celebrar fiestas de cumpleaños, baloncesto recreativo, ligas de fútbol, clases de tenis para Malia, y clases de baile y de taekwondo para Sasha (al igual que ocurría con su madre, más valía no meterse con ella). En público, Michelle brillaba con su encanto, mientras que sus preferencias en materia de moda atraían una atención favorable. Encargada de organizar el festival anual conocido como baile de los Gobernadores, Michelle había trastocado la tradición al hacer que el entretenimiento musical corriera a cargo del grupo Earth, Wind & Fire, con su sonido R&B funk a todo volumen generando movimientos en la pista de baile que nunca pensé que vería en una reunión bipartidista de cargos públicos de mediana edad.

«Ponte guapa. Cuida a tu familia. Sé elegante. Apoya a tu hombre.» Durante la mayor parte de la historia estadounidense, el trabajo de la primera dama había venido definido por estos cuatro principios, y Michelle destacaba en todos ellos. Sin embargo, lo que ocultaba al mundo exterior era la irritación que inicialmente le provocaba su nuevo papel, y la tremenda incertidumbre que ello le causaba.

No todas sus frustraciones eran nuevas. Durante todo el tiempo que llevábamos juntos, había visto a mi esposa luchar como lo hacían muchas otras mujeres, tratando de conciliar su identidad como profesional independiente y ambiciosa con el deseo de ser madre de nuestras hijas con el mismo nivel de cuidado y atención que Marian le había dado a ella. Yo siempre había tratado de alentar a Michelle en su carrera, sin dar jamás por supuesto que las tareas domésticas eran coto exclusivo suyo; y habíamos tenido la suerte de que nuestros ingresos conjuntos y nuestra sólida red de parientes cercanos y amigos nos habían dado una serie de ventajas que muchas familias no tenían. Aun así, eso no bastó para aislar a Michelle de las presiones sociales, tremendamente poco realistas y a menudo contradictorias, que recibían las mujeres con hijos por parte de los medios de comunicación, sus compañeras, sus empleadores y, obviamente, los hombres de sus vidas.

Mi carrera política, con las prolongadas ausencias que suponía, lo había hecho aún más difícil. Más de una vez, Michelle había decidido no aprovechar una oportunidad que la entusiasmaba, pero que habría requerido estar demasiado tiempo lejos de las niñas. Incluso en su último trabajo, en el Centro Médico de la Universidad de Chicago, con un jefe solidario y la capacidad de establecer su propio horario, nunca había podido librarse por completo de la sensación de que estaba fallando a las niñas, a su trabajo, o ambas cosas. En Chicago, al menos había podido evitar ser objeto de atención pública y gestionar el tira y afloja cotidiano a su propia conveniencia. Ahora todo eso había cambiado. Con mi elección, se vio obligada a renunciar a un trabajo con repercusiones reales para ejercer un papel que, al menos en su diseño original, estaba muy por debajo de sus cualidades. Al mismo tiempo, cuidar de nuestras hijas implicaba toda una nueva serie de complicaciones, como tener que llamar a un padre o una madre para explicarle por qué los agentes del Servicio Secreto tenían que inspeccionar su casa antes de que Sasha fuera a jugar con sus hijos, o colaborar con el personal a fin de presionar a un tabloide para que no publicara una foto de Malia pasando el rato con sus amigos en un centro comercial.

Además de todo esto, Michelle se encontró de repente utilizada como símbolo de las constantes guerras de género de Estados Unidos. Cada opción que tomaba, cada palabra que pronunciaba, era febrilmente interpretada y juzgada. Cuando en cierta ocasión se refirió a sí misma con un tono de alegría como «mamá en jefe», algunos comentaristas expresaron su decepción porque no estuviera utilizando la plataforma de la que disponía para romper los estereotipos acerca de cuál era el lugar apropiado para una mujer. Al mismo tiempo, su esfuerzo por ampliar los límites de lo que una primera dama debía hacer o no conllevaba sus propios riesgos: Michelle seguía dolida por la crueldad de algunos de los ataques dirigidos contra ella durante la campaña, y no tenía más que fijarse en la experiencia de Hillary Clinton para saber cuán rápido la gente podía volverse contra una primera dama que se embarcara en algo parecido a hacer política.

De ahí que en aquellos primeros meses Michelle se tomara su tiempo para decidir cómo usaría su nueva posición, para descubrir cómo y dónde podría ejercer influencia, mientras, de forma cuidadosa y estratégica, marcaba la pauta de su trabajo como primera dama. Habló con Hillary Clinton y con Laura Bush. Reclutó un sólido equipo, llenando su plantilla de profesionales experimentados en cuyo juicio confiaba. A la larga decidió asumir dos causas que resultaban relevantes para ella: el alarmante aumento de las tasas de obesidad infantil en Estados Unidos y la vergonzosa falta de apoyo a las familias de militares del país.

No se me escapaba que ambas cuestiones generaban frustraciones e inquietudes que a veces sentía la propia Michelle. La epidemia de obesidad había llamado su atención ya unos años antes, cuando nuestro pediatra, al observar que el índice de masa corporal de Malia había aumentado un poco, identificó numerosos alimentos «para niños» extremadamente procesados como los culpables. La noticia confirmó la inquietud de Michelle con respecto a la posibilidad de que nuestras agobiadas vidas y nuestras abarrotadas agendas pudieran estar afectando negativamente a las niñas. De manera similar, su interés en las familias de los militares se había despertado en los emotivos debates que había mantenido durante la campaña con las familias de soldados desplegados: cuando afirmaban sentir una mezcla de soledad y orgullo, admitían que a veces albergaban cierto resentimiento por verse tratadas como un elemento secundario en la gran causa de defender a la nación y expresaban su renuencia a pedir ayuda por temor a parecer egoístas, Michelle veía reflejadas sus propias circunstancias.

Precisamente debido a esos vínculos personales, yo estaba seguro de que la influencia de Michelle en ambos asuntos sería sustancial. Ella actuaba con el corazón antes que con la cabeza, y se basaba en la experiencia antes que en abstracciones. Y también sabía esto: a mi esposa no le gustaba fallar. Fueran cuales fuesen las ambivalencias que pudiera sentir con respecto a su nuevo papel, estaba decidida a hacerlo bien.

Como familia, nos adaptábamos semana a semana, buscando cada uno de nosotros su propia manera de amoldarse, lidiar y disfrutar de nuestras circunstancias. Michelle recurría al consejo de su inquebrantable madre cada vez que se sentía ansiosa, y las dos se acurrucaban juntas en el sofá del solárium que había en el tercer piso de la Casa Blanca. Malia se volcaba en sus tareas escolares de quinto curso y nos presionaba para que cumpliéramos nuestra promesa personal de campaña de traer un perro a la familia. Sasha, que por entonces tenía solo siete años, todavía se dormía por las noches agarrada a la deshilachada manta de felpilla que conservaba desde que era solo un bebé, mientras su cuerpo crecía tan deprisa que casi podías ver la diferencia de un día para otro.

Nuestra nueva vivienda trajo consigo una novedad especialmente feliz: ahora yo vivía «encima de la tienda», por así decirlo; estaba casi siempre en casa. La mayoría de los días era el trabajo el que acudía a mí, y no al revés. A menos que estuviera viajando, cada tarde a las seis y media me aseguraba de estar en la mesa para cenar, aunque eso significara que después tuviera que bajar de nuevo al despacho Oval.

¡Qué alegría escuchar a Malia y Sasha hablar de cómo les había ido el día, explicando su mundo hecho de dramas de amigas, maestros estrafalarios, chicos estúpidos, chistes tontos, nacientes ideas e interminables preguntas! Cuando terminábamos de cenar y ellas se iban a hacer los deberes y prepararse para acostarse, Michelle y yo nos sentábamos a charlar un rato para ponernos al día, a menudo hablando no de política, sino casi siempre sobre novedades relativas a viejos amigos, películas que queríamos ver, y sobre todo del maravilloso proceso de ver crecer a nuestras hijas. Luego les leíamos cuentos a las niñas en la cama, les dábamos un fuerte abrazo y las arropábamos; Malia y Sasha, con sus pijamas de algodón, olían a calidez y a vida. Cada noche, durante aquella hora y media más o menos, me sentía regenerado, con la mente despejada y el corazón curado de cualquier daño que pudiera haberme causado pasar toda una jornada cavilando sobre el mundo y sus insolubles problemas.

Si las niñas y mi suegra eran nuestras anclas en la Casa Blanca, también hubo otras personas que nos ayudaron a Michelle y a mí a gestionar el estrés de aquellos primeros meses. Sam Kass, el joven al que habíamos contratado como cocinero a tiempo parcial en Chicago cuando la agenda de campaña se hizo más apretada y nuestra inquietud por los hábitos alimenticios de las niñas alcanzó su cota máxima, nos había acompañado a Washington, incorporándose a la Casa Blanca no solo como chef, sino también como la persona de referencia para Michelle en el tema de la obesidad infantil. Hijo de una maestra de matemáticas de la antigua escuela de las niñas y exjugador de béisbol universitario, Sam poseía un apacible encanto y una robusta apariencia que se veía realzada por su brillante cabeza rapada. También era un auténtico experto en políticas alimentarias, versado en una infinita variedad de temas que iban desde los efectos de la agricultura de monocultivo en el cambio climático hasta la relación entre los hábitos alimentarios y las enfermedades crónicas. La labor de Sam con Michelle resultaría ser de un valor inestimable; por ejemplo, fue una lluvia de ideas con él la que le dio a mi esposa la idea de plantar un huerto en el jardín Sur. Y de propina conseguimos un tío para las niñas que amaba la diversión, un hermano menor predilecto para Michelle y para mí, y, junto con Reggie Love, alguien con quien podía echar unos tiros libres o jugar una partida de billar cuando necesitara liberar algo de tensión.

Encontramos un apoyo similar en nuestro antiguo entrenador deportivo, Cornell McClellan, un antiguo trabajador social y experto en artes marciales que tenía su propio gimnasio en Chicago. Pese a su imponente corpachón, Cornell era una persona amable y cordial cuando no nos torturaba con sentadillas, pesos muertos, *burpees* y *lunge walks*, y había decidido que tenía el deber de empezar a repartir su tiempo entre Washington y Chicago para asegurarse de que la familia presidencial se mantuviera en forma.

Cada mañana, de lunes a jueves, Michelle y yo iniciábamos nuestra jornada con Cornell y Sam; nos reuníamos los cuatro en el pequeño gimnasio que hay en el tercer piso de la residencia, con el televisor colgado en la pared sintonizado invariablemente en el programa *SportsCenter* del canal ESPN. No había ninguna duda de que Michelle era la alumna estrella de Cornell: ella completaba rápidamente sus entrenamientos con precisión certera, mientras que Sam y yo éramos decididamente más lentos y nos tomábamos descansos más largos entre las series, distrayendo a Cornell con acalorados debates —Jordan o Kobe, Tom Hanks o Denzel Washington— cada vez que el régimen de ejercicios se hacía demasiado intenso para nuestro gusto. Tanto para Michelle como para mí, aquella hora diaria en el gimnasio se convirtió en un reducto más de normalidad, compartida con amigos que todavía nos llamaban por el nombre y nos querían como a su familia, que nos recordaban el mundo que habíamos conocido y la versión de nosotros mismos que esperábamos habitar siempre.

Había un último elemento liberador de estrés del que no me gustaba hablar, y que había constituido una constante fuente de tensión durante todo mi matrimonio: seguía fumando cinco (o seis, o siete) cigarrillos al día.

Era el vicio solitario que venía arrastrando desde los días de rebeldía de mi juventud. Ante la insistencia de Michelle, había intentado dejarlo en varias ocasiones a lo largo de los años, y nunca había fumado en casa ni delante de las niñas. Cuando fui elegido miembro del Senado dejé de fumar en público. Pero una obstinada parte de mí se resistía a la tiranía de la razón, y las tensiones de la vida de un candidato en campaña —los viajes en coche entre interminables maizales, la soledad de las habitaciones de los hoteles...— habían conspirado para que siguiera recurriendo al paquete que siempre tenía a mano en una maleta o un cajón. Tras las elecciones me dije que era un buen momento para dejarlo, ya que, por definición, me encontraba «en público» casi cada vez que abandonaba la residencia de la Casa Blanca. Pero luego la vida se hizo tan ajetreada que me encontré a mí mismo retrasando el momento de la verdad, escapándome a la casita de la piscina —detrás del despacho Oval— después de comer, o a la terraza del tercer piso una vez que Michelle y las niñas se acostaban, dando una profunda calada y contemplando cómo el humo se alzaba en volutas hacia las estrellas, y diciéndome a mí mismo que lo dejaría de una vez por todas tan pronto como las cosas se calmaran.

Pero las cosas no se calmaron. De hecho, en marzo mi consumo diario de cigarrillos había aumentado a ocho (o nueve o diez).

Aquel mes se calculaba que otros 663.000 estadounidenses perderían su empleo, mientras la tasa de paro llegaba al 8,5 por ciento. Las ejecuciones hipotecarias no mostraban signos de disminuir, y el crédito seguía congelado. La bolsa alcanzó el que sería el valor mínimo de toda la recesión, un 57 por ciento por debajo de su punto máximo, al mismo tiempo que los títulos de Citigroup y Bank of America estaban a punto de situarse por debajo del dólar por acción. Mientras tanto, AIG era como un pozo sin fondo cuya única función aparente era tragarse la mayor cantidad posible de dinero del TARP.

Todo esto por sí solo habría sido más que suficiente para mantener alta mi presión arterial. Pero vino a empeorar aún más las cosas la necia actitud de los ejecutivos de Wall Street cuyos traseros estábamos salvando entre todos. Justo antes de que yo asumiera el cargo, por ejemplo, los líderes de la mayoría de las grandes corporaciones se habían adelantado y habían autorizado más de mil millones de dólares en bonificaciones anuales para ellos y sus lugartenientes a pesar de haber recibido fondos del TARP para respaldar el precio de sus acciones. No mucho después, los ejecutivos de Citigroup decidieron que era una buena idea comprar un nuevo jet para la empresa (como esto último sucedió ya bajo nuestra tutela, alguien del equipo de Tim pudo llamar al consejero delegado de la empresa y exigirle que anulara el pedido).

Al mismo tiempo, los ejecutivos de los bancos se ponían hechos una furia —a veces en privado, pero a menudo en la prensa— ante cualquier insinuación de que de algún modo la habían cagado, o de que deberían estar sujetos a restricciones a la hora de gestionar sus negocios. Esta última muestra de descaro fue especialmente pronunciada en los dos operadores más espabilados de Wall Street, Lloyd Blankfein de Goldman Sachs y Jamie Dimon de JPMorgan Chase, quienes insistieron en que sus instituciones habían evitado las malas decisiones de gestión que agobiaban a otros bancos y que no necesitaban ni querían la ayuda del Gobierno. Tales afirmaciones solo eran ciertas si uno ignoraba el hecho de que la solvencia de ambas organizaciones dependía por completo de la capacidad del Tesoro y la Reserva Federal de mantener a flote el resto del sistema financiero, así como el hecho de que Goldman en particular había sido uno de los principales mercachifles de derivados basados en hipotecas *subprime*, que habían descargado en clientes menos sofisticados justo antes de desfondarse.

Su inconsciencia me sacaba de quicio. No era solo que la actitud de Wall Street frente a la crisis confirmara todos los estereotipos de que los superricos vivían en un mundo completamente ajeno a la realidad de la gente corriente; es que además cada declaración fuera de tono que hacían y cada acción interesada que emprendían dificultaba aún más nuestra labor de salvar la economía.

Algunos grupos demócratas se preguntaban ya por qué no estábamos siendo más duros con los bancos: por qué el Gobierno no se limitaba simplemente a tomar el control de las entidades y vender sus activos, por ejemplo, o por qué ninguna de las personas que habían causado tales estragos había ido a la cárcel. Los republicanos del Congreso, sin asumir la menor responsabilidad por el caos que habían contribuido a crear, se mostraron más que encantados de unirse al zafarrancho. No obstante, en sus declaraciones ante varias comisiones parlamentarias, Tim (al que ahora se etiquetaba rutinariamente como un «antiguo banquero de Goldman Sachs» a pesar de que no había trabajado nunca en dicha empresa y había pasado casi toda su carrera en la Administración pública) explicó la necesidad de aguardar a los resultados de los test de estrés financiero. Y más tarde mi fiscal general, Eric Holder, señalaría que por más atroz que pudiera haber sido el comportamiento de los bancos que condujo a la crisis, había pocos indicios de que sus ejecutivos hubieran cometido delitos procesables según las leyes vigentes, y nosotros no estábamos por la labor de acusar de delitos a la gente solo para obtener buenos titulares.

Aun así, para la nerviosa y airada opinión pública, tales respuestas, por muy racionales que fueran, no resultaban demasiado satisfactorias. Preocupados por la posibilidad de estar perdiendo nuestra autoridad moral en el terreno político, Axe y Gibbs nos instaron a acentuar nuestra actitud de condena a Wall Street. Tim, por su parte, nos advirtió de que tales gestos populistas serían contraproducentes y asustarían a los inversores que necesitábamos para recapitalizar los bancos. Tratando de adoptar una posición intermedia entre el anhelo de justicia del Antiguo Testamento de la ciudadanía y la necesidad de tranquilidad de los mercados financieros, terminamos no contentando a nadie.

«Es como si tuviéramos una situación con rehenes —me dijo Gibbs una mañana—. Nosotros sabemos que los bancos llevan explosivos atados al pecho, pero para la opinión pública parece que les dejemos escapar con el botín.»

Con las tensiones en aumento en la Casa Blanca, y queriendo asegurarme de que todos seguíamos en el mismo barco, a mediados de marzo convoqué a mi equipo económico para celebrar una maratoniana sesión dominical en la sala Roosevelt. Ese día, durante varias horas presionamos a Tim y a sus asistentes para que nos dieran su opinión sobre los test de estrés financiero que se estaban llevando a cabo: si creían que funcionarían, y si Tim tenía un plan B en caso de que no lo hicieran. Larry y Christy argumentaron que, a la luz de las crecientes pérdidas producidas en Citigroup y Bank of America, había llegado el momento de que contempláramos la posibilidad de una nacionalización preventiva, el tipo de estrategia por la que finalmente había optado Suecia cuando atravesó su propia crisis financiera en la década de 1990. Eso contrastaba —explicaron— con la estrategia de «tolerancia» que había dejado a Japón en un estancamiento económico del que le había costado un decenio recuperarse. Como respuesta, Tim señaló que Suecia, con un sector financiero mucho más pequeño y en un momento en que el resto del mundo era estable, había nacionalizado solo dos de sus principales bancos como último recurso, al mismo tiempo que ofrecía garantías efectivas para los cuatro restantes. Una estrategia equivalente por nuestra parte —añadió— podría hacer que el sistema financiero global, ya de por sí frágil, se desmoronara, lo cual costaría un mínimo de entre 200.000 y 400.000 millones de dólares («¡La probabilidad de obtener un centavo más de dinero de este Congreso para el programa TARP está entre cero y cero!», gritó Rahm, prácticamente saltando de su silla). Algunos miembros del equipo sugirieron que al menos adoptáramos una postura más agresiva hacia Citigroup y Bank of America; por ejemplo, obligando a dimitir a sus consejeros delegados y consejos de administración antes de proporcionarles más fondos del TARP. Tim dijo que tales medidas serían meramente simbólicas, y además nos cargarían con la responsabilidad de tener que buscar de inmediato reemplazos capaces de orientarse en plena crisis en unas instituciones con las que no estaban familiarizados.

Fue un ejercicio agotador, y al ver que la sesión se alargaba hasta entrada la noche, le dije al equipo que iba a subir a la residencia a cenar y a cortarme el pelo, y que, cuando volviera, esperaba que hubieran llegado a un consenso. En realidad, ya había obtenido lo que deseaba de la reunión: confirmar por mí mismo que, pese a las cuestiones que Larry Christy y otros habían planteado legítimamente sobre los test de estrés, estos seguían siendo nuestra mejor opción dadas las circunstancias (o como a Tim le gustaba decir: «Un plan es mejor que ningún plan»).

Asimismo, y no menos importante, me sentía seguro de que habíamos realizado un proceso correcto: de que nuestro equipo había analizado el problema desde todas las perspectivas imaginables; de que no se había descartado de antemano ninguna posible solución, y de que todos los implicados —desde el miembro del gabinete de más alto rango hasta el empleado más inexperto presente en la sala— habían tenido la oportunidad de intervenir (por esas mismas razones, más tarde invitaría a dos grupos de economistas externos, uno de izquierdas y otro conservador, que habían cuestionado públicamente nuestra gestión de la crisis a reunirse conmigo en el despacho Oval solo para ver si tenían alguna idea que nosotros no hubiéramos contemplado ya; resultó que no).

Mi insistencia en ese proceso nacía de la necesidad. Una de las cosas que pronto descubrí acerca de la presidencia era que ninguno de los problemas que acababan en mi escritorio, nacionales o extranjeros, tenía una solución nítida ni completa. De haberla tenido, alguna otra persona que estuviera por debajo de mí en la cadena de mando ya lo habría resuelto. En cambio, yo lidiaba constantemente con probabilidades: una probabilidad del 70 por ciento, pongamos por caso, de que la opción de no hacer nada terminara en desastre; una probabilidad del 55 por ciento de que tal enfoque en lugar de tal otro *pudiera* resolver el problema (con una probabilidad del 0 por ciento de que funcionara exactamente como se esperaba); una probabilidad del 30 por ciento de que lo que fuera que eligiéramos no funcionara en absoluto, junto con una del 15 por ciento de que en realidad agravara el problema.

En tales circunstancias, buscar la solución perfecta conducía a la parálisis. Por otra parte, «seguir tu instinto» implicaba con demasiada frecuencia dejar que fueran las nociones preconcebidas o la vía de menor resistencia política las que guiaran una decisión, y utilizar luego determinados datos escogidos para justificarla. En cambio, me di cuenta de que, mediante un proceso riguroso —uno que me permitiera dejar mi ego aparte y escuchar de verdad, siguiendo los hechos y la lógica lo mejor que pudiera y considerándolos junto con mis objetivos y mis principios— podía tomar decisiones difíciles y seguir durmiendo bien, sabiendo como mínimo que nadie en mi situación, dada la misma información, podría haber tomado una decisión mejor. Un proceso correcto también me permitía conseguir que todos y cada uno de los miembros del equipo se sintieran autores de la decisión, lo que implicaba una mejor ejecución y un menor cuestionamiento de las decisiones de la Casa Blanca mediante filtraciones a *The New York Times* o a *The Washington Post*.

Al regresar de mi cena y de mi corte de pelo aquella noche, tuve la sensación de que las cosas habían salido como esperaba. Larry y Christy asumían que tenía sentido esperar a ver cómo iban los test de estrés antes de tomar medidas más drásticas. Tim aceptó algunas sugerencias útiles acerca de cómo prepararse mejor para unos potenciales malos resultados. Axe y Gibbs ofrecieron ideas sobre cómo mejorar nuestra estrategia de comunicación. En general, me sentía bastante satisfecho del trabajo realizado.

Al menos fue así hasta que alguien mencionó el tema de las bonificaciones de AIG.

Parece ser que AIG —que hasta el momento había recibido más de 170.000 millones de dólares en fondos del TARP y todavía necesitaba más— estaba pagando a sus empleados 165 millones de dólares en bonificaciones a las que estaba obligada por contrato. Y lo que era aún peor: gran parte de esas bonificaciones iban a parar a la división directamente responsable de dejar sobreexpuesto al gigante de los seguros en el negocio de los derivados de hipotecas *subprime*. El consejero delegado de AIG, Edward Liddy (que está libre de culpa, ya que había aceptado tomar el timón de la empresa en una fecha reciente como un servicio público, y cobraba solo un dólar al año), reconocía que las bonificaciones eran indecorosas. Pero, según Tim, Liddy había sido advertido por sus abogados de que cualquier intento de no pagarlas probablemente se traduciría en demandas judiciales por parte de los empleados de AIG y en indemnizaciones por daños y perjuicios que podrían llegar a triplicar la cantidad original. Para colmo, parecía que no teníamos ninguna autoridad gubernamental para poner fin a las bonificaciones, en parte porque la Administración Bush había presionado al Congreso para que no se incluyera ninguna «cláusula de reembolso» en la legislación original que regulaba el TARP por temor a desincentivar la participación de las instituciones financieras.

Miré a todos los presentes en la sala.

—Es una broma, ¿verdad? ¡Os estáis quedando conmigo!

Nadie rio. Axe empezó a argumentar que debíamos intentar frenar los pagos aunque nuestros esfuerzos no tuvieran éxito. Tim y Larry discreparon: reconocían que el asunto era terrible, pero alegaron que si el Gobierno forzaba una violación de contratos entre particulares, causaríamos un daño irreparable a nuestro sistema, que se basaba en el mercado. Gibbs intervino para sugerir que la moral y el sentido común debían prevalecer sobre el derecho contractual. Al cabo de unos minutos les interrumpí a todos. Di instrucciones a Tim de que siguiera buscando formas de impedir que AIG repartiera las bonificaciones (sabiendo de sobra que probablemente no sacaría nada en claro). Luego le pedí a Axe que preparara una declaración condenando las bonificaciones y que yo pudiera hacer pública al día siguiente (sabiendo de sobra que nada de lo que dijera ayudaría a reducir el daño).

Luego me dije a mí mismo que todavía era fin de semana y que necesitaba un martini. Esa era otra de las lecciones que la presidencia me estaba enseñando: a veces daba igual lo meticuloso que fuera tu proceso; a veces simplemente estabas jodido, y lo mejor que podías hacer era echar un trago de algo fuerte; y encender un cigarrillo.

La noticia de las bonificaciones de AIG llevó la ira reprimida durante varios meses a un estado de ebullición fuera de control. Los editoriales de los periódicos fueron de lo más mordaces. La Cámara de Representantes aprobó rápidamente un proyecto de ley para gravar con un 90 por ciento de impuestos las bonificaciones de Wall Street para las personas que cobraran más de 250.000 dólares al año… solo para ver cómo el proyecto naufragaba en el Senado. En la sala de prensa de la Casa Blanca, parecía que ese era el único tema de todas las preguntas que llovían sobre Gibbs. Code Pink, un extravagante grupo antibelicista cuyos integrantes (en su mayoría mujeres) llevaban camisetas de color rosa, sombreros de color rosa y también alguna que otra boa de color rosa, incrementó sus protestas ante varios edificios públicos y se presentó en las audiencias en las que comparecía Tim, esgrimiendo carteles con consignas como «Devolvednos nuestros dólares», claramente inmunes ante cualquier argumento sobre la inviolabilidad de los contratos.

La semana siguiente decidí convocar una reunión en la Casa Blanca con los consejeros delegados de los principales bancos e instituciones financieras con la esperanza de evitar más sorpresas. Se presentaron quince de ellos, todos hombres, todos pulcros y elegantes; y todos escucharon con expresión plácida mientras yo les explicaba que la opinión pública había perdido la paciencia y que, teniendo en cuenta el dolor que la crisis financiera estaba causando en todo el país —por no hablar de las medidas extraordinarias que había adoptado el Gobierno para apoyar a sus instituciones—, lo menos que podían hacer era mostrar cierta moderación, y tal vez incluso hacer algún sacrificio.

Cuando les llegó el turno de responder, cada uno de los ejecutivos ofreció una u otra versión de los siguientes argumentos: a) los problemas del sistema financiero en realidad no eran de su incumbencia; b) ya habían hecho importantes sacrificios, incluidos recortes de plantilla y reducciones de sus propios paquetes de retribución; y c) esperaban que yo dejara de avivar las llamas de la ira populista, que, según dijeron, estaba perjudicando las cotizaciones de sus acciones y minando la moral del sector. Como prueba de este último punto, varios de ellos mencionaron una reciente entrevista en la que había afirmado que mi Administración estaba apuntalando el sistema financiero solo para evitar una depresión, no para ayudar a un puñado de «banqueros ricachones». Por su forma de hablar, parecía que había herido sus sentimientos.

—Lo que esperan los estadounidenses en este momento de crisis —me dijo uno de los banqueros— es que usted les recuerde que todos estamos en esto juntos.

Me quedé perplejo.

—¿Creen que es *mi retórica* la que ha hecho enfadar a la ciudadanía?

Dando un profundo suspiro, escudriñé el rostro de los hombres sentados en torno a la mesa, y me di cuenta de que todos ellos estaban siendo sinceros. Como los operadores bursátiles del vídeo de Santelli, aquellos ejecutivos de Wall Street realmente se sentían maltratados; no era una mera estratagema. Entonces traté de ponerme en su piel, recordándome a mí mismo que eran personas que sin duda se habían esforzado mucho para llegar adonde estaban, que habían seguido las reglas del juego de manera no muy distinta de sus colegas, y que estaban acostumbrados desde hacía largo tiempo a ser objeto de adulación y deferencia por haber triunfado. Daban grandes sumas a varias organizaciones benéficas. Amaban a sus familias. Y no entendían por qué (como me diría uno de ellos más tarde) ahora sus hijos les preguntaban si eran «ricachones», o por qué no parecía importarle a nadie que hubieran reducido su retribución anual de cincuenta o sesenta millones de dólares a dos millones, o por qué el presidente de Estados Unidos no los trataba como auténticos socios y aceptaba —solo por poner un ejemplo— la oferta de Jamie Dimon de enviar a algunos altos cargos de JPMorgan para ayudar a la Administración a diseñar nuestra propuesta de reformas regulatorias.

Intenté entender su punto de vista, pero no pude. Lejos de ello, me sorprendí a mí mismo pensando en mi abuela; en cómo, para mí, su forma de ser —tan característica de la Kansas rural— representaba justamente lo que se suponía que era un banquero: una persona honesta; prudente; exigente; reacia a asumir riesgos; que se negaba a tomar atajos, odiaba el despilfarro y la extravagancia, vivía según el código de la gratificación aplazada y se sentía perfectamente satisfecha de que su forma de hacer negocios fuera un tanto anodina. Me pregunté qué pensaría Toot de los banqueros que ahora se sentaban conmigo en aquella habitación, la misma clase de hombres que tan a menudo le pasaban por delante a la hora de ascender en su trabajo; que ganaban en un mes más de lo que ella había ganado en toda su carrera gracias, al menos en parte, a que no habían tenido el menor reparo en apostar miles de millones de dólares de un dinero que no era suyo a algo que sabían, o deberían haber sabido, que no era sino un montón de préstamos dudosos.

Finalmente dejé escapar una mezcla de risa y bufido.

—Permítanme que les explique algo, caballeros —dije, teniendo buen cuidado de no levantar la voz—. La gente no necesita que yo la anime a enfadarse. Ya tiene más que de sobra con lo suyo. Lo cierto es que nosotros somos lo único que impide que cojan sus horcas y se alcen contra ustedes.

No puedo decir que mis palabras de aquel día tuvieran demasiadas repercusiones, aparte de reforzar la opinión de Wall Street de que yo estaba en contra de las empresas. Irónicamente, más tarde los críticos de izquierdas mencionarían aquella misma reunión como ejemplo de que en teoría, en mi incompetencia generalizada y mi presunto amiguismo con Wall Street, había sido incapaz de exigir cuentas a los bancos durante la crisis. Ambas versiones eran erróneas, pero una cosa era cierta: al comprometerme con los test de estrés financieros y los aproximadamente dos meses de espera que se requerían para obtener resultados preliminares, había aparcado cualquier posible influencia que pudiera tener sobre los bancos. Y también era cierto que me sentía obligado a evitar tomar medidas precipitadas mientras todavía tuviera que lidiar con tantos frentes de la crisis económica, incluida la necesidad de evitar que la industria automotriz estadounidense se cayera por un precipicio.

Al igual que la implosión de Wall Street fue la culminación de una serie de problemas estructurales largamente arraigados en el sistema financiero global, los problemas que afectaban a los denominados «Tres Grandes» fabricantes de automóviles —mala gestión, malos coches, competencia extranjera, pensiones infradotadas, elevados costes de atención sanitaria, una excesiva dependencia de la venta de grandes vehículos todoterreno con elevados márgenes y un alto consumo de gasolina...— llevaban décadas gestándose. La crisis financiera y la intensificación de la recesión no habían hecho sino acelerar el momento de la verdad. En el otoño de 2008 las ventas de automóviles habían caído un 30 por ciento, alcanzando su nivel más bajo en más de una década, sumado al hecho de que GM y Chrysler se estaban quedando sin fondos. Si bien Ford se hallaba ligeramente en mejor forma (debido sobre todo al hecho fortuito de que había reestructurado su deuda justo antes de la crisis), los analistas cuestionaban si podría sobrevivir al desmoronamiento de las otras dos, dado que los tres fabricantes de automóviles dependían de un mismo conjunto de proveedores de recambios repartidos por toda Norteamérica. Justo antes de Navidad, Hank Paulson, tras una lectura creativa de los requisitos del programa TARP, había autorizado la concesión a GM y Chrysler de más de diecisiete mil millones de dólares en créditos puente. Pero dado que carecía del suficiente capital político para forzar una solución más consistente, la Administración Bush no había hecho sino aplazar el problema hasta que yo asumí el cargo. Ahora que el dinero estaba a punto de agotarse, me correspondía a mí decidir la conveniencia o no de destinar varios miles de millones de dólares más a mantener a flote a los fabricantes de automóviles.

Ya durante la transición había quedado claro para todos los integrantes de mi equipo que GM y Chrysler tendrían que pasar por algún tipo de procedimiento concursal regulado por un tribunal. Sin eso, sencillamente no había forma de que pudieran cubrir el dinero que gastaban cada mes, con independencia de cuán optimistas fueran sus proyecciones de ventas. Además, el procedimiento concursal por sí solo tampoco bastaría. Para justificar un mayor apoyo del Gobierno, los fabricantes de automóviles también tendrían que someterse a una minuciosa reorganización empresarial de pies a cabeza y encontrar la manera de fabricar automóviles que la gente quisiera comprar («¡No entiendo por qué Detroit no puede hacer un maldito Corolla!», me había quejado más de una vez a mi equipo).

Ambas tareas resultaban más fáciles de decir que de hacer. Por un lado, los altos directivos de GM y Chrysler hacían que la gente de Wall Street pareciera inequívocamente visionaria. En una primera discusión con nuestro equipo económico de transición, la presentación del consejero delegado de GM, Rick Wagoner, fue tan chapucera y llena de optimismo infundado —incluidas las proyecciones de un aumento del 2 por ciento de las ventas anuales a pesar de que en realidad las ventas habían estado disminuyendo durante gran parte del decenio anterior a la crisis— que por un momento dejó sin palabras a Larry. En cuanto al procedimiento concursal, para GM y Chrysler probablemente resultaría similar a una operación a corazón abierto: complicado, sangriento y plagado de riesgos. Casi todas las partes afectadas (la directiva, los trabajadores, los proveedores, los accionistas, los pensionistas, los distribuidores, los acreedores y las comunidades en las que se ubicaban las plantas de producción) iban a salir perdiendo a corto plazo, lo que sería motivo de negociaciones prolongadas e implacables cuando ni siquiera estaba claro si las dos empresas iban a sobrevivir otro mes más.

Teníamos algunas ventajas a nuestro favor. A diferencia de la situación con los bancos, no era probable que obligar a GM y Chrysler a reorganizarse provocara un pánico generalizado, lo que nos daba un mayor margen para exigir concesiones a cambio de mantener el respaldo del Gobierno. También ayudaba el hecho de que yo tuviera una estrecha relación personal con el sindicato United Auto Workers, cuyos líderes reconocían que hacía falta realizar cambios importantes para que sus miembros pudieran conservar sus puestos de trabajo.

Y lo que era aún más importante: el Grupo de Trabajo Presidencial sobre el Sector de la Automoción —que yo había creado en la Casa Blanca bajo la dirección de Steve Rattner y Ron Bloom, y contaba con la participación de un brillante especialista en políticas públicas de treinta y un años llamado Brian Deese— resultó ser fantástico, ya que supo combinar el rigor analítico con una adecuada valoración de las dimensiones humanas de los más de un millón de puestos de trabajo que había en juego para hacer bien las cosas. De hecho, habían iniciado las negociaciones con los fabricantes de automóviles mucho antes de que yo jurara el cargo, dando a GM y Chrysler sesenta días de plazo para que presentaran planes formales de reorganización que demostraran su viabilidad. Para asegurarse de que las empresas no se fueran a pique durante ese periodo, diseñaron una serie de intervenciones graduales, pero de naturaleza crucial, como garantizar discretamente las cuentas pendientes de pago de ambas empresas con sus proveedores para que no se quedaran sin piezas.

A mediados de marzo, los miembros del grupo de trabajo acudieron al despacho Oval para darme su evaluación. Según dijeron, ninguno de los planes que habían presentado GM y Chrysler eran aceptables; ambas empresas seguían viviendo en un mundo fantástico de proyecciones de ventas poco realistas y estrategias difusas para controlar los costes. Sin embargo, el equipo consideraba que con un procedimiento concursal agresivamente estructurado GM podría volver a encarrilarse, y recomendaba que diéramos sesenta días a la empresa para revisar su plan de reorganización, siempre que aceptara reemplazar tanto a Rick Wagoner como a su actual junta directiva.

En lo referente a Chrysler, en cambio, nuestro equipo estaba dividido. Era la más pequeña de las Tres Grandes, pero también era la que se encontraba en peor situación financiera, y dejando aparte su marca Jeep, tenía lo que parecía ser una línea de productos insalvable. Dado lo limitado de nuestros recursos y la precaria situación de las ventas de automóviles en general, algunos de los miembros del equipo argumentaron que tendríamos más posibilidades de salvar a GM si dejábamos caer a Chrysler. Otros insistieron en que no deberíamos subestimar la posible conmoción económica que podría suponer dejar que se fuera a pique una de las empresas más icónicas de Estados Unidos. En cualquier caso, el grupo de trabajo me informó de que la situación de Chrysler se estaba deteriorando lo suficientemente rápido como para requerir que yo tomara una decisión de inmediato.

En ese punto, mi ayudante Katie asomó la cabeza en el despacho Oval para decirme que tenía que acudir a la sala de Crisis para reunirme con mi equipo de seguridad nacional. Calculando que probablemente iba a necesitar más de media hora para decidir el destino de la industria automotriz estadounidense, le pedí a Rahm que volviera a convocar al grupo de trabajo, junto con mis tres principales asesores —Valerie, Pete y Axe— en la sala Roosevelt un poco más avanzada la tarde, a fin de que pudiera oír las opiniones de ambas partes (¡de nuevo el proceso en marcha!). En la reunión, escuché a Gene Sperling hacer un discurso para salvar a Chrysler y a Christy Romer y Austan Goolsbee explicar por qué seguir apoyando a la compañía probablemente equivalía a seguir tirando dinero a la basura. Rahm y Axe, siempre sensibles a los aspectos políticos de la situación, señalaron que el país era contrario —por un contundente margen de dos a uno— a cualquier nuevo rescate del sector automotriz. Incluso en Michigan, el apoyo popular apenas llegaba a rozar la mayoría.

Rattner señaló que Fiat había expresado recientemente su interés en comprar una importante participación de Chrysler, que cuando Sergio Marchionne, su consejero delegado, se había hecho cargo de la empresa en 2004, esta se hallaba en una situación incierta y que, en una impresionante hazaña, en solo un año y medio la había convertido en una empresa rentable. Sin embargo, las conversaciones con Fiat todavía eran provisionales, nadie podía garantizar que bastaría una intervención para volver a encarrilar a Chrysler. Rattner lo denominaba una «decisión 51 a 49», y era muy posible que las probabilidades de éxito se ensombrecieran cuando, una vez iniciado el procedimiento concursal, tuviéramos una visión más clara de lo que se cocía en la empresa.

Yo estaba hojeando los gráficos y examinando los números, mientras echaba algún que otro vistazo a los retratos de Teddy y F. D. Roosevelt colgados en la pared, cuando le tocó el turno de hablar a Gibbs. Este, que había trabajado en la campaña de la senadora Debbie Stabenow, en Michigan, señaló un mapa de la presentación de diapositivas en el que se mostraban todas las plantas que tenía Chrysler en el Medio Oeste.

«Señor presidente —me dijo—. No soy economista y no sé cómo dirigir una empresa de fabricación de coches. Pero sí sé que hemos pasado los últimos tres meses tratando de prevenir una segunda Gran Depresión. Y la cuestión es que en muchas de esas poblaciones esa depresión ya ha llegado. Si ahora prescindimos de Chrysler, podríamos muy bien estar firmando una sentencia de muerte para cada uno de los puntos que ve en el mapa. En cada uno de ellos hay miles de trabajadores que cuentan con nosotros. [Imagine a] las personas que conoció en el recorrido de la campaña perdiendo su atención sanitaria, sus pensiones, demasiado mayores para volver a empezar. No sé cómo puede desentenderse de ellos. No creo que fuera para eso para que lo que se presentó a la presidencia.»

Observé los puntos del mapa, más de veinte en total, repartidos por Michigan, Indiana y Ohio, mientras mi mente volvía a mis primeros días como trabajador comunitario en Chicago, cuando me reunía con empleados del acero despedidos en fríos locales sindicales o sótanos de iglesias para hablar de sus problemas colectivos. Recordé sus cuerpos cubiertos por gruesos abrigos invernales, sus manos agrietadas y callosas, sus rostros, —blancos, negros o mulatos— que revelaban la silenciosa desesperación de los hombres que han perdido su razón de vivir. Por entonces yo no había podido ayudarles mucho: cuando llegué, sus plantas ya habían cerrado, y las personas como yo no teníamos la menor influencia sobre los distantes ejecutivos que habían tomado aquellas decisiones. Entré en política con la idea de que algún día podría ofrecer algo más positivo a aquellos trabajadores y sus familias.

Y aquí estaba ahora. Me volví hacia Rattner y Bloom, y les dije que llamaran a Chrysler por teléfono. Si con nuestra ayuda la empresa podía negociar un acuerdo con Fiat —añadí— y elaborar un plan de negocio realista y pragmático para salir de un procedimiento concursal estructurado en un plazo razonable, lo cierto es que les debíamos esa oportunidad a aquellos trabajadores y a sus comunidades.

Se acercaba la hora de la cena y todavía me quedaban varias llamadas por hacer desde el despacho Oval. Estaba a punto de aplazar la reunión cuando observé que Brian Deese alzaba tímidamente la mano. Era el miembro más joven del grupo de trabajo y apenas había hablado durante todo el debate, pero, sin que yo lo supiera, en realidad había sido él quien había elaborado el mapa y había informado a Gibbs de los costes humanos que tendría dejar que Chrysler se fuera a pique (años después me diría que creyó que los argumentos tendrían más peso si los exponía un miembro del grupo de mayor rango). Sin embargo, al ver prevalecer su postura, Deese aprovechó la oportunidad para empezar a señalar todas las potenciales ventajas de la decisión que yo acababa de tomar, incluido el hecho de que un tándem Chrysler-Fiat podría terminar siendo la primera empresa estadounidense que produjera vehículos capaces de recorrer cuarenta millas por galón... salvo que, en su nerviosismo, en realidad dijo «los primeros automóviles de fabricación estadounidense capaces de recorrer cuarenta millas *por hora*».*

La sala se quedó en silencio durante un momento, y luego todo el mundo echó a reír. Al darse cuenta de su error, el rostro de Deese, que

---

* Un consumo de «cuarenta millas por galón» representa unos seis litros por cada cien kilómetros, mientras que «cuarenta millas por hora» son aproximadamente 65 kilómetros por hora. *(N. de los T.)*

todavía conservaba sus rasgos juveniles bajo el bigote y la barba, se puso de un rojo intenso. Yo sonreí y me levanté de mi silla.

«Resulta que mi primer coche fue un Fiat del 76 —dije, recogiendo los papeles que tenía delante—. Lo compré de segunda mano en mi primer año de universidad. Era rojo, y tenía cambio de cinco velocidades. Si no recuerdo mal, superaba con mucho las cuarenta millas por hora... cuando no estaba en el taller. El peor coche que he tenido nunca. —Rodeé la mesa, le di unas palmaditas en el brazo a Deese, y cuando me dirigía hacia la puerta me volví hacia él—: La gente de Chrysler te agradecerá —añadí— que no hayas utilizado *ese* argumento concreto hasta *después* de que yo hubiera tomado mi decisión.»

A menudo se dice que a los presidentes se les atribuyen demasiados méritos cuando la economía va bien y demasiadas culpas cuando se desploma. En tiempos normales, eso es cierto. Existen toda clase de factores —desde una decisión de la Reserva Federal (sobre la que el presidente estadounidense por ley no tiene ninguna autoridad) de subir o bajar los tipos de interés hasta las diversas vicisitudes del ciclo económico, pasando por un clima adverso que retrase los proyectos de construcción o un repentino aumento de los precios de las materias primas provocado por algún conflicto al otro lado del mundo— que probablemente tienen mayores repercusiones en la economía cotidiana que cualquier cosa que pueda hacer el presidente del país. Incluso las grandes iniciativas de la Casa Blanca, como una importante rebaja fiscal o una revisión de determinadas regulaciones, generalmente tienden a no producir ningún tipo de influencia apreciable en el crecimiento del PIB o las tasas de paro durante meses o incluso años.

Debido a ello, la mayoría de los presidentes trabajan sin conocer el impacto económico de sus acciones. Tampoco los votantes pueden evaluarlas. Supongo que eso resulta intrínsecamente injusto: dependiendo de diversas coincidencias temporales, un presidente puede ser castigado o recompensado en las urnas por cosas que escapan por completo a su control. Al mismo tiempo, esto también ofrece a la Administración cierto margen de error, lo que permite a los líderes establecer sus políticas públicas con cierta tranquilidad, sabedores de que no todo depende de que ellos hagan las cosas bien.

En 2009, sin embargo, la situación era distinta. En los primeros cien días de mi Administración no había margen de error. Cada movimiento que hacíamos contaba. Todo el país nos prestaba atención. ¿Habíamos reiniciado el sistema financiero? ¿Habíamos puesto fin a la recesión? ¿La gente volvía a tener trabajo? ¿Conservaban sus hogares? Nuestros resultados se publicaban a diario para que todos los vieran, y cada nuevo conjunto de datos económicos, cada informe de prensa o anécdota se convertía en una oportunidad para juzgarnos. Mi equipo y yo éramos conscientes de ello desde el momento en que nos despertábamos por la mañana y nos acompañaba hasta la hora de acostarnos.

A veces pienso que fue solo el mero ajetreo de aquellos meses lo que nos impidió sucumbir a la tensión general. Después de tomar las decisiones relativas a GM y Chrysler, los principales pilares de nuestra estrategia estaban básicamente asentados, lo que significaba que ahora podíamos centrarnos en su implementación. El grupo de trabajo de la industria automotriz negoció un cambio en la gerencia de GM, medió en la participación de Fiat en Chrysler y contribuyó a elaborar un plan adecuado para los procedimientos concursales estructurados y la reorganización de las dos empresas de automóviles. Al mismo tiempo, el equipo de vivienda estableció el marco para los programas HAMP y HARP. Empezaron a concederse a los estados las reducciones fiscales y las subvenciones contempladas en la Ley de Recuperación, Joe Biden, junto con su capacitado jefe de gabinete, Ron Klain, estaba a cargo de supervisar los miles de millones de dólares destinados a proyectos de infraestructura con el fin de minimizar el despilfarro y los posibles fraudes. Por su parte, Tim y su equipo —que seguía siendo mínimo— en el Tesoro, junto con la Reserva Federal, continuaron apagando incendios en todo el mundo financiero.

El ritmo era frenético. Cuando me reunía con mi equipo económico en nuestras regulares sesiones informativas matutinas, el rostro de las personas dispuestas en un semicírculo de sillas y sofás en el despacho Oval reflejaban su agotamiento. Más tarde escucharía relatos de terceros acerca de cómo en ocasiones los miembros del gabinete se gritaban unos a otros durante las reuniones, resultado de disputas legítimas sobre políticas públicas, batallas burocráticas, filtraciones anónimas a la prensa, la falta de fines de semana o el exceso de comidas nocturnas a base de pizza o chile con carne del servicio de comidas de la planta baja del Ala Oeste, gestionado por la Marina. Sin embargo, nada de esta tensión derivó en un auténtico rencor o impidió que se hiciera el trabajo. Ya fuera por profesionalidad, por respeto a la presidencia, por la conciencia de lo que el fracaso podría significar para el país, o por una solidaridad forjada por el hecho de constituir una diana colectiva de los ataques cada vez más intensos que se lanzaban desde todos los sectores, todos nos mantuvimos más o menos unidos mientras esperábamos alguna señal, no importaba cuál, de que nuestros planes para poner fin a la crisis iban a funcionar.

Y finalmente, a últimos de abril, llegó esa señal. Un día, Tim entró en el despacho Oval para decirme que la Reserva Federal, que no había soltado prenda durante todo su examen bancario, finalmente había dejado que el Tesoro echara una ojeada preliminar a los resultados del test de estrés financiero.

—¿Y bien? —pregunté, tratando de leer la expresión del rostro de Tim—. ¿Cómo pinta el asunto?

—Bueno, las cifras todavía necesitan algunas revisiones...

Alcé las manos con fingida exasperación.

—Mejor de lo esperado, señor presidente —dijo Tim.

—¿Y eso significa...?

—Significa que puede que hayamos pasado lo peor.

De las diecinueve instituciones esenciales para el sistema sometidas al test de estrés, la Reserva Federal había dado el visto bueno a nueve, determinando que ya no necesitaban recaudar más capital. Otros cinco bancos requerían más capital para cumplir con el parámetro de referencia establecido por la Reserva Federal, pero, aun así, parecían ser lo bastante sólidos para obtenerlo de fuentes privadas. Eso dejaba solo otras cinco instituciones (entre ellas, Bank of America, Citigroup y GMAC, la rama financiera de General Motors) que probablemente iban a necesitar apoyo gubernamental adicional. Según la Reserva Federal, el déficit conjunto parecía no superar los 75.000 millones de dólares, una cantidad que los fondos del programa TARP que aún quedaban disponibles podría cubrir si fuera necesario.

—Nunca lo dudé —dije en tono deliberadamente inexpresivo cuando Tim terminó de informarme.

Vi asomarse la primera sonrisa en su rostro desde hacía semanas.

Si Tim se sintió reivindicado por los resultados de los test de estrés, no lo traslució (varios años después admitiría que escuchar a Larry Summers pronunciar las palabras «tenías razón» le resultó bastante satisfactorio). Dadas las circunstancias, optamos por mantener aquella primera información dentro de nuestro reducido círculo: lo último que necesitábamos era una celebración prematura. Pero cuando la Reserva Federal hizo público su informe definitivo dos semanas después, sus conclusiones no habían cambiado, y a pesar de que los analistas políticos mantenían cierto escepticismo al respecto, la audiencia que realmente importaba —los mercados financieros— consideró la auditoría rigurosa y creíble, lo cual inspiró una nueva oleada de confianza. Los inversores empezaron a inyectar dinero en las instituciones financieras casi tan deprisa como lo habían sacado. Las empresas descubrieron que podían volver a pedir prestado para financiar sus operaciones cotidianas. Al igual que el miedo había agravado las pérdidas —es cierto que muy reales— que habían sufrido los bancos por el empacho de préstamos *subprime*, el test de estrés, junto con las masivas garantías del Gobierno estadounidense, habían hecho reincorporarse a los mercados al terreno racional. En junio, las diez instituciones financieras con problemas habían recaudado más de 66.000 millones de dólares en capital privado, dejando solo un déficit de 9.000 millones. El fondo de liquidez de emergencia de la Reserva Federal pudo reducir en más de dos tercios su inversión en el sistema financiero. Y los nueve principales bancos del país habían saldado sus cuentas con el Tesoro, devolviendo los 67.000 millones de dólares en fondos del TARP que habían recibido, más intereses.

Casi nueve meses después de la caída de Lehman Brothers, el pánico parecía haber llegado a su fin.

Ha pasado más de una década desde aquellos complicados días del comienzo de mi presidencia, y aunque los detalles resultan confusos para la mayoría de los estadounidenses, la gestión de la crisis financiera por parte de mi Administración aún genera un encarnizado debate. En un sentido estricto, es difícil discutir los resultados de nuestras acciones. No solo el sector bancario estadounidense se estabilizó mucho antes que cualquiera de sus equivalentes europeos, sino que además el sistema financiero y la economía en general volvieron a crecer más deprisa que en casi cualquier otra nación en la historia después de una conmoción tan significativa. Si el día que juré el cargo hubiera predicho que en el plazo de un año el sistema financiero estadounidense se habría estabilizado, que casi todos los fondos del programa TARP se habrían reembolsado por completo (haciendo que de hecho los contribuyentes ganaran dinero antes que perderlo), y la economía habría iniciado el que se convertiría en el periodo más largo de crecimiento continuo y creación de empleo de toda la historia de Estados Unidos, la mayoría de los entendidos y expertos habrían cuestionado mi estado mental, o imaginado que fumaba algo más fuerte que tabaco.

Sin embargo, para muchos críticos atentos, el problema es justo que yo diseñara un retorno a la normalidad anterior a la crisis; un hecho que consideran una oportunidad perdida, cuando no directamente una traición. Según este criterio, la crisis financiera me ofrecía una oportunidad —de las que solo se dan una vez en cada generación— de reajustar los parámetros de la normalidad, rehaciendo no solo el sistema financiero, sino la economía estadounidense en conjunto. Si hubiera desmantelado los grandes bancos y enviado a la cárcel a unos cuantos delincuentes de cuello blanco; si hubiera puesto fin a los desorbitados paquetes salariales y a la cultura «cara, gano yo; cruz, pierdes tú» de Wall Street, tal vez hoy tendríamos un sistema más equitativo que sirviera a los intereses de las familias trabajadoras en lugar de a un puñado de multimillonarios.

Entiendo esas frustraciones. Y en muchos aspectos las comparto. Aún hoy sigo leyendo encuestas sobre la creciente desigualdad que reina en Estados Unidos, su reducida movilidad social y el constante estancamiento de los salarios, con toda la ira y las consiguientes distorsiones que provocan tales tendencias en nuestra democracia, y me pregunto si en aquellos primeros meses no debería haber sido más audaz, si no debería haber estado dispuesto a exigir más dolor económico a corto plazo en aras de un orden económico permanentemente transformado y más justo.

Esa idea me atormenta. Y sin embargo, aunque me resultara posible retroceder en el tiempo y volver a empezar, no puedo afirmar que tomaría decisiones distintas. En general, las diversas alternativas y oportunidades perdidas que postulan los críticos parecen posibles, simples elementos de una fábula moral. Pero cuando uno profundiza en los detalles, cada una de las opciones que proponen —ya sea la nacionalización de los bancos o la ampliación de las leyes penales para procesar a los ejecutivos bancarios, o simplemente dejar que una parte del sistema bancario se desmoronara para evitar el riesgo moral— habría requerido violentar de tal modo el orden social, quebrantar las normas políticas y económicas de tal manera, que casi con seguridad no habría servido sino para empeorar las cosas. No para los ricos y poderosos, que siempre saben cómo aterrizar de pie, sino para aquellas mismas personas a las que pretendía salvar. En el mejor de los casos, la economía habría tardado más en recuperarse, con más desempleo, más ejecuciones hipotecarias y más cierres de empresas; en el peor, nos podríamos haber sumido en una depresión a gran escala.

Alguien con un espíritu más revolucionario podría responder que todo eso habría valido la pena, que no se puede hacer una tortilla sin romper los huevos. Pero por más dispuesto que yo haya estado siempre a trastocar mi propia vida en pro de una idea, no lo estaba a correr ese mismo riesgo con el bienestar de millones de personas. En ese sentido, mis primeros cien días en el cargo revelaron un aspecto básico de mi carácter político. Yo era un reformista, conservador de temperamento, aunque mi visión política no lo fuera. Correspondería a otros juzgar si estaba demostrando sabiduría o debilidad.

En cualquier caso, tales cavilaciones llegaron más tarde. En el verano de 2009 la carrera apenas acababa de empezar. Una vez que se estabilizara la economía, sabía que tendría más tiempo para impulsar los cambios estructurales —en impuestos, educación, energía, atención sanitaria, legislación laboral e inmigración— que había defendido en mi campaña; cambios que harían el sistema fundamentalmente más justo y ampliarían las oportunidades para el estadounidense medio. Tim y su equipo ya estaban preparando opciones para un exhaustivo paquete de reformas de Wall Street que más tarde presentaría al Congreso.

Mientras tanto, intentaba recordarme a mí mismo que habíamos alejado a la nación del desastre, que nuestro trabajo ya estaba proporcionando cierto alivio. La ampliación de las prestaciones por desempleo mantenía a flote a familias de todo el país. Las reducciones fiscales para las pequeñas empresas permitían conservar en nómina a unos cuantos trabajadores más. Los maestros daban clase y los policías patrullaban. Una fábrica de automóviles que había amenazado con cerrar seguía abierta, y había personas que no perdían su casa gracias a la refinanciación de las hipotecas.

La ausencia de desastres, la preservación de la normalidad, no llamaba la atención. La mayoría de las personas afectadas ni siquiera sabían cómo nuestras políticas habían influido en su vida. Pero de vez en cuando, leyendo en la sala de los Tratados a altas horas de la noche, me tropezaba con una carta en mi carpeta morada que empezaba con algo parecido a esto:

> Apreciado presidente Obama:
>
> Estoy seguro de que nunca leerá esto, pero he pensado que le gustaría saber que un programa que usted inició ha sido un auténtico salvavidas...

Tras leer la carta la guardaba, y cogía una tarjeta para escribirle una breve respuesta a la persona en cuestión. Los imaginaba recibiendo el sobre oficial de la Casa Blanca y abriéndolo con expresión de perplejidad y luego con una sonrisa. Le enseñarían la carta a su familia, tal vez incluso se la llevarían al trabajo. Al final acabaría en algún cajón, olvidada bajo el cúmulo de las nuevas alegrías y penas que conforman una vida. Y estaba bien así. Yo no podía esperar que la gente supiera lo mucho que su voz realmente significaba para mí; cómo habían sustentado mi espíritu y sofocado el espectro de la duda en aquellas solitarias horas nocturnas.

13

Antes de la investidura, Denis McDonough, mi asesor principal en política exterior durante la campaña y pronto director de comunicaciones estratégicas del Consejo de Seguridad Nacional, insistió en que reservara treinta minutos para lo que consideraba una gran prioridad. «Debemos cerciorarnos de que pueda hacer un saludo adecuado.»

Denis no había servido nunca en el ejército, aunque sus movimientos rezumaban un orden, una intencionalidad y una concentración que hacían suponer a algunos lo contrario. Alto y desmañado, con una mandíbula prominente, los ojos hundidos y un cabello canoso que lo hacía aparentar más de treinta y nueve años, se había criado en la pequeña ciudad de Stillwater, Minnesota. Uno de los once hijos de una familia católica irlandesa de clase trabajadora, tras la universidad había viajado por Latinoamérica y dado clases de secundaria en Belice. Después había regresado para cursar un máster en Relaciones Internacionales y trabajó para Tom Daschle, el entonces líder demócrata en el Senado. En 2007 habíamos reclutado a Denis como asesor de política exterior en mi oficina del Senado y, durante la campaña, había asumido cada vez más responsabilidades. Me ayudó a preparar los debates, a recopilar informes y a organizar todos los aspectos de la gira extranjera previa a la convención, además de lidiar incesantemente con los corresponsales de prensa que viajaban con nosotros.

Denis destacaba incluso en un equipo conformado por personas ya de por sí talentosas. Se esmeraba en los detalles; se ofrecía voluntario para desempeñar las tareas más difíciles y desagradecidas; el trabajo no lo sobrepasaba nunca: durante la campaña de Iowa, pasó el poco tiempo libre que tenía haciendo campaña puerta a puerta y, en una célebre anécdota, ayudó a la gente a palear nieve después de una tormenta especialmente intensa con la esperanza de ganarse su voto. Con todo, el mismo desdén por su bienestar físico que lo había ayudado a entrar en el equipo de fútbol americano de la universidad como un *safety* fuerte pero demasiado pequeño podía causarle problemas. En la Casa Blanca, una vez tuve que ordenarle que se fuera a casa al enterarme de que llevaba doce horas seguidas trabajando con gripe. Llegué a pensar que había un aspecto religioso en aquella intensidad, y aunque una vertiente iconoclasta (así como su adoración por su mujer, Kari) lo mantenía alejado del alzacuello, entendía su trabajo como una forma de servicio a la vez que de abnegación.

Ahora, como parte de sus buenas obras en la Tierra, Denis se había comprometido a prepararme para mi primer día como comandante en jefe. La víspera de la investidura invitó a dos militares (que incluían a Matt Flavin, un joven exmiembro de la Marina que sería mi asesor para asuntos de los veteranos en la Casa Blanca) a la oficina de transición para que me pusieran a prueba. Empezaron enseñándome varias fotos de saludos presidenciales anteriores que no pasaron el corte: muñecas flojas, dedos retorcidos o George W. Bush intentando saludar mientras llevaba a su perro bajo el brazo. Luego evaluaron mi estilo, que al parecer no era estelar.

—Saque un poco más el codo, señor —dijo uno de ellos.

—Los dedos más rígidos, señor —añadió el otro—. Debería situar las yemas a la altura de la ceja.

Al cabo de veinte minutos, mis tutores parecían satisfechos. Cuando se fueron, me volví hacia Denis.

—¿Hay algo más que lo ponga nervioso? —bromeé.

Denis negó con la cabeza de manera poco convincente.

—No estoy nervioso, señor presidente electo. Solo quiero que estemos preparados.

—¿Para qué?

Denis sonrió.

—Para todo.

Dice el tópico que la labor más importante de un presidente es velar por la seguridad del pueblo estadounidense. Dependiendo de tus predisposiciones políticas y tu mandato electoral, puede que sientas un ardiente deseo de arreglar la educación pública o restituir la oración en los colegios, aumentar el salario mínimo o quebrar el poder de los sindicatos del sector público. Pero, seas republicano o demócrata, lo único que debe obsesionarte como presidente, el origen de una tensión crónica e implacable que anida en tu interior desde el momento en que eres elegido, es saber que la protección de todos está en tus manos.

Tu manera de abordar esa tarea depende de cómo definas las amenazas para la seguridad del país. ¿Qué es lo que más tememos? ¿Es la posibilidad de un ataque ruso o de que un cálculo erróneo o un defecto del programa informático lance una de nuestras cabezas nucleares por equivocación? ¿Es un fanático haciéndose estallar en el metro o que el Gobierno acceda a tu correo electrónico con el pretexto de protegerte de esos fanáticos? ¿Es una escasez de gasolina provocada por alteraciones en el suministro petrolífero extranjero o que suba el nivel del mar y arda el planeta? ¿Es una familia de inmigrantes vadeando un río en busca de una vida mejor o una pandemia, incubada por la miseria y la falta de recursos en países pobres, que se cuela invisible en nuestros hogares?

Durante casi todo el siglo XX, la mayoría de los estadounidenses tenían bastante claras las prioridades de nuestra defensa nacional y sus razones. Vivíamos con la posibilidad de recibir un ataque de otra gran potencia, de vernos arrastrados a un conflicto entre grandes potencias o de ver cómo los intereses vitales estadounidenses (definidos por los sabios de Washington) eran amenazados por un actor extranjero. Después de la Segunda Guerra Mundial, los soviéticos, los chinos comunistas y sus aliados (reales o percibidos), aparentemente estaban decididos a dominar el mundo y poner en peligro nuestro estilo de vida. Y luego llegaron los atentados terroristas provenientes de Oriente Próximo, al principio en la periferia de nuestro campo de visión, aterradores pero manejables, hasta que, en los primeros meses de un nuevo siglo, la imagen de las Torres Gemelas reducidas a polvo puso de manifiesto nuestros peores miedos.

Yo crecí interiorizando muchos de esos temores. En Hawái conocía a familias que habían perdido a seres queridos en Pearl Harbor. Mi abuelo, su hermano y el hermano de mi abuela habían combatido en la Segunda Guerra Mundial. Me crie pensando que la guerra nuclear era una posibilidad muy real. En la escuela primaria vi las noticias sobre unos deportistas olímpicos asesinados en Múnich por hombres enmascarados.

En la universidad escuchaba a Ted Koppel contando los días que llevaban secuestrados unos estadounidenses en Irán. Como era demasiado joven para haber conocido de primera mano la angustia de Vietnam, solo había sido testigo del honor y el comedimiento de nuestros soldados durante la guerra del Golfo y, como la mayoría de los estadounidenses, veía nuestras operaciones militares en Afganistán tras el 11-S como algo necesario y justo.

Pero también se me habían quedado grabadas otras historias (distintas, aunque no contradictorias) sobre lo que significaba Estados Unidos para quienes vivían en otras partes del mundo, el poder simbólico de un país cimentado en los ideales de la libertad. Recuerdo cuando tenía siete u ocho años y estaba sentado en las frías baldosas de nuestra casa, situada a las afueras de Yakarta, enseñando con orgullo a mis amigos un libro de fotografías de Honolulu, con sus rascacielos, su alumbrado público y sus amplias calles pavimentadas. Nunca olvidaré sus caras de asombro mientras respondía a sus preguntas sobre la vida en Estados Unidos; les explicaba que todo el mundo iba a un colegio donde había muchos libros y que no había mendigos porque casi todo el mundo tenía trabajo y comida suficiente. Más tarde vi el impacto de mi madre como contratista de organizaciones como la Agencia de Estados Unidos para el Desarrollo Internacional, que ayudaba a mujeres de aldeas remotas de Asia a acceder a créditos, y la eterna gratitud que sentían por que unos estadounidenses que vivían al otro lado del océano se preocuparan de sus penurias. Cuando visité Kenia por primera vez, me senté con unos parientes a los que acababa de conocer y me contaron lo mucho que admiraban la democracia y el Estado de derecho de Estados Unidos, que contrastaba, dijeron, con el tribalismo y la corrupción que asediaban a su país.

Esos momentos me enseñaron a ver a mi país a través de los ojos de otros. Me recordaron la suerte que tenía de ser estadounidense, que no debía dar por hechas esas bendiciones. Vi en primera persona el poder que ejercía nuestro ejemplo en el corazón y la mente de personas de todo el mundo. Pero también entrañaba una lección: la conciencia de lo que arriesgábamos cuando nuestras acciones no estaban a la altura de nuestra imagen y nuestros ideales, la ira y el resentimiento que eso podía despertar, además del daño causado. Cuando oía a indonesios hablar de los cientos de miles de personas ejecutadas por un golpe —respaldado según la opinión generalizada por la CIA— que en 1965 había llevado una dictadura militar al poder, cuando escuchaba a activistas medioambientales de Latinoamérica explicar que las empresas estadounidenses estaban contaminando sus campos o cuando me compadecía de mis amigos estadounidenses de origen indio o pakistaní cuando relataban las incontables veces que, desde el 11-S, habían sido elegidos para un control «aleatorio» en los aeropuertos, notaba cómo se debilitaban las defensas estadounidenses, veía grietas en la armadura y sabía que, con el tiempo, convertirían a nuestro país en un lugar menos seguro.

Al igual que mi color de piel, esa doble visión me distinguía de presidentes anteriores. Para mis partidarios, era una virtud definitoria en política exterior que me permitía amplificar la influencia estadounidense en todo el mundo y anticipar los problemas que podían causar unas políticas poco meditadas. Para mis detractores era una muestra de debilidad, lo cual aumentaba la posibilidad de que dudara a la hora de defender los intereses de Estados Unidos por falta de convicción o incluso por lealtades divididas. Para algunos conciudadanos, era mucho peor que eso. Tener al hijo de un africano negro con nombre musulmán e ideas socialistas instalado en la Casa Blanca con toda la fuerza del Gobierno estadounidense en sus manos era precisamente de lo que querían ser defendidos.

Todos los altos cargos de mi equipo de seguridad nacional se consideraban internacionalistas en mayor o menor grado: creían que era necesario un liderazgo estadounidense para que el mundo siguiera avanzando en una dirección mejor, y que nuestra influencia se manifestaba de muchas maneras. Ni siquiera los miembros más liberales de mi equipo, como Denis, mostraban recelos sobre el uso del «poder duro» para perseguir terroristas, y desdeñaban a los críticos de izquierdas que se ganaban la vida culpando a Estados Unidos de todos los males del mundo. Por su parte, los miembros más militaristas comprendían la importancia de la diplomacia pública y consideraban el ejercicio del denominado «poder blando», como la ayuda exterior y los programas de intercambio estudiantil, un ingrediente esencial de una política exterior eficaz.

Era una cuestión de perspectiva. ¿Hasta qué punto nos preocupaba la gente que vivía fuera de nuestras fronteras y hasta qué punto debíamos dedicarnos simplemente a nuestros ciudadanos? ¿En qué medida estaba vinculado nuestro destino al de los pueblos extranjeros? ¿Hasta qué punto debía apoyarse Estados Unidos en instituciones multilaterales como Naciones Unidas o velar en solitario por sus intereses? ¿Debíamos alinearnos con gobiernos autoritarios que ayudan a contener un posible caos o a largo plazo era más inteligente defender a las fuerzas de la reforma democrática?

La postura de los miembros de mi Administración en estas cuestiones no siempre era predecible. Pero, en los debates internos, detectaba cierta brecha generacional. Con la salvedad de Susan Rice, mi joven embajadora ante Naciones Unidas, todos los altos cargos de seguridad nacional (los secretarios Gates y Clinton; Leon Panetta, el director de la CIA; miembros del Estado Mayor Conjunto; Jim Jones, mi asesor de seguridad nacional, y Denny Blair, el director de la Oficina Nacional de Inteligencia), habían alcanzado la mayoría de edad en pleno apogeo de la Guerra Fría y hacía décadas que formaban parte de la cúpula de seguridad nacional de Washington, una red densa e interconectada de políticos y expolíticos de la Casa Blanca, asesores congresuales, académicos, directores de comités de expertos, mandos militares del Pentágono, columnistas, contratistas militares y miembros de grupos de interés. Para ellos, una política exterior responsable significaba continuidad, predictibilidad y una negativa a alejarse demasiado de la opinión popular. Fue ese impulso el que llevó a la mayoría a respaldar la invasión de Irak, y si el desastre resultante los había obligado a reconsiderar aquella decisión, no mostraban la menor intención de preguntar si la ofensiva bipartidista en Irak denotaba la necesidad de una revisión fundamental del contexto de seguridad nacional estadounidense.

Los miembros más jóvenes de mi equipo de seguridad nacional, incluidos gran parte del personal del Consejo de Seguridad Nacional, tenían otras ideas. Igual de patriotas que sus jefes e indignados por los horrores del 11-S y las imágenes de los prisioneros iraquíes que sufrieron abusos por parte del personal militar estadounidense en Abu Ghraib, muchos se habían sentido atraídos por mi campaña precisamente porque estaba dispuesto a cuestionar las suposiciones que a menudo conocíamos como «el manual de estrategia de Washington», ya fuera en política para Oriente Próximo, nuestra postura frente a Cuba, nuestra negativa a mantener relaciones diplomáticas con adversarios, la importancia de restablecer los muros de contención legales en la lucha contra el terrorismo o el fomento de los derechos humanos, el desarrollo internacional y el cambio climático, no como actos de altruismo, sino como aspectos fundamentales de nuestra seguridad nacional. Ninguno de esos jóvenes asesores era un alborotador, y respetaban los conocimientos institucionales de quienes poseían una dilatada experiencia en política exterior. Sin embargo, no se disculpaban por querer distanciarse de algunas limitaciones del pasado en busca de algo mejor.

A veces, en mi equipo de política exterior salía a la superficie la fricción entre la nueva y la vieja guardia. Cuando lo hacía, los medios de comunicación tendían a atribuirla a la impertinencia juvenil de mi equipo y a una falta de conocimientos básicos sobre el funcionamiento de Washington. No era el caso. De hecho, gracias a que asesores como Denis sabían el modo en que funcionaba Washington (pues habían sido testigos de que la burocracia de la política exterior podía ralentizar, malinterpretar, enterrar, ejecutar erróneamente o resistirse a nuevas direcciones de un presidente), a menudo se enfrascaban en discusiones acaloradas con el Pentágono, el Departamento de Estado y la CIA.

Y, en ese sentido, las tensiones que afloraron en nuestro equipo de política exterior fueron producto de mi creación, una manera de resolver mis dudas. Me imaginaba a mí mismo en el puente de un portaaviones, convencido de que Estados Unidos debía emprender un nuevo rumbo, pero dependiendo por completo de una tripulación más experimentada y en ocasiones escéptica que tenía que ejecutar ese cambio, consciente de que las capacidades de la nave eran limitadas y de que un viraje demasiado brusco podía acabar en desastre. Con tanto en juego empezaba a darme cuenta de que el liderazgo, sobre todo en cuestiones de seguridad nacional, iba más allá de poner en práctica una política bien razonada. Conocer las costumbres y los rituales era importante. Los símbolos y el protocolo eran importantes. El lenguaje corporal era importante.

Trabajé en mi saludo.

Al inicio de cada jornada de mi presidencia, sobre la mesa del desayuno me esperaba una carpeta encuadernada en piel. Michelle la llamaba el «libro de muerte, destrucción y cosas horribles», si bien oficialmente era conocida como el «Informe Diario del Presidente». El informe, clasificado como alto secreto, normalmente tenía una extensión de diez a quince páginas y era elaborado durante la noche por la CIA en colaboración con los otros organismos de inteligencia, estaba concebido para ofrecer al presidente un resumen de los sucesos mundiales y un análisis de inteligencia, en especial cualquier cosa que pudiera afectar a la seguridad nacional de Estados Unidos. En un día cualquiera podía leer acerca de células terroristas en Somalia, disturbios en Irak o el hecho de que los chinos o los rusos estaban desarrollando nuevos sistemas armamentísticos. Casi siempre se mencionaban posibles tramas terroristas por difusas, poco contrastadas o inviables que fueran, un proceso de revisión por parte de los servicios de inteligencia destinado a eludir las críticas que transpiraron después del 11-S. La mayoría del tiempo, lo que leía en el informe no exigía una respuesta inmediata. El objetivo era tener una idea actualizada sobre todo lo que enturbiaba el mundo, cambios relevantes, poco representativos y a veces casi imperceptibles que amenazaban con alterar el equilibrio que intentábamos mantener.

Después de leerlo, me dirigía al despacho Oval para una versión en directo del informe con miembros del Consejo de Seguridad Nacional y de Inteligencia Nacional en la que repasábamos cualquier asunto que consideráramos urgente. Los hombres que dirigían aquellas sesiones informativas, Jim Jones y Denny Blair, eran exoficiales de cuatro estrellas a los que había conocido cuando estaba en el Senado (Jones había sido comandante supremo aliado en Europa y Blair se había retirado recientemente como almirante de la Marina encargado del Mando del Pacífico). Tenían aspecto de soldados (altos y en forma, con el cabello grisáceo rapado y unos modales rectos como una vara), y aunque originalmente les consultaba sobre cuestiones militares, ambos se enorgullecían de su amplitud de miras en cuanto a las prioridades de seguridad nacional. Por ejemplo, a Jones le interesaban mucho África y Oriente Próximo y, tras retirarse del ejército, había participado en campañas de seguridad en Cisjordania y Gaza. Blair había escrito mucho sobre el papel de la diplomacia económica y cultural en la gestión de una China en auge. A consecuencia de ello, de vez en cuando ambos invitaban a analistas y expertos a las sesiones informativas matinales para que me pusieran al día en temas generales y a largo plazo: las repercusiones del crecimiento económico en el mantenimiento de la democratización del África subsahariana, por ejemplo, o los posibles efectos del cambio climático en futuros conflictos regionales.

Sin embargo, con más frecuencia, nuestras conversaciones matinales giraban en torno a asuntos reales o potenciales: golpes de Estado, armas nucleares, protestas violentas, conflictos fronterizos y sobre todo guerras.

La guerra en Afganistán, que pronto sería la más larga en la historia de Estados Unidos.

La guerra en Irak, donde seguían desplegados casi ciento cincuenta mil soldados estadounidenses.

La guerra contra Al Qaeda, que estaba reclutando conversos de manera activa, creando una red de afiliados y tramando atentados inspirados por la ideología de Osama bin Laden.

Los costes acumulados de lo que la Administración Bush y los medios de comunicación describían como una única y extensa «guerra contra el terrorismo» habían sido abrumadores: casi un billón de dólares gastado, más de tres mil soldados estadounidenses muertos y un número de heridos diez veces superior. Los estragos para los civiles iraquíes y afganos eran aún peores. La campaña iraquí en particular había dividido el país y deteriorado alianzas. Mientras tanto, el traslado extrajudicial de prisioneros, centros clandestinos de detención, ahogamiento simulado, arrestos indefinidos y sin juicio en Guantánamo y una ampliación de la vigilancia nacional en la lucha más generalizada contra el terrorismo habían llevado a que dentro y fuera de Estados Unidos se cuestionara el compromiso de nuestra nación con el Estado de derecho.

Durante la campaña expuse las que consideraba unas posturas claras en todas estas cuestiones. Pero lo veía desde la barrera, antes de tener a cientos de miles de soldados y una enorme infraestructura de seguridad nacional bajo mis órdenes. Ahora podía producirse un atentado terrorista durante mi mandato. Cualquier vida estadounidense perdida o puesta en peligro, ya fuera en casa o en el extranjero, sería un peso excepcional en mi conciencia. Ahora aquellas eran mis guerras.

Mi objetivo inmediato era revisar todos los aspectos de nuestra estrategia militar para que pudiéramos abordar razonadamente los próximos pasos. Gracias al Acuerdo sobre el Estatus de Fuerzas (SOFA, por sus siglas en inglés) que el presidente Bush y el primer ministro Maliki habían firmado alrededor de un mes antes de mi investidura, se habían trazado buena parte de las líneas generales para la retirada estadounidense de Irak. Las fuerzas de combate de Estados Unidos debían estar fuera de las ciudades y pueblos iraquíes a finales de junio de 2009, y el resto del contingente abandonaría el país a finales de 2011. La única pregunta pendiente era si podíamos o debíamos hacerlo más rápido. Durante la campaña me había comprometido a sacar a nuestros soldados de Irak a los seis meses de ocupar el cargo, pero tras las elecciones le dije a Bob Gates que estaría dispuesto a mostrar flexibilidad con el ritmo de la retirada siempre y cuando nos mantuviéramos dentro de los parámetros del SOFA, una manera de reconocer que el final de una guerra era un proceso impreciso, que los comandantes metidos hasta el cuello en los combates merecían deferencia en lo tocante a decisiones tácticas y que los nuevos presidentes no podían romper sin más los acuerdos alcanzados por sus predecesores.

En febrero, Gates y el general Ray Odierno, nuestro nuevo comandante en Irak, me presentaron un plan para la retirada de las unidades estadounidenses en diecinueve meses, tres más de los que yo había propuesto durante la campaña, pero cuatro antes de los que pedían los altos mandos militares. El plan también proponía que mantuviéramos un contingente residual de entre 50.000 y 55.000 efectivos no combatientes, para entrenar y asistir al ejército iraquí, que seguiría en el país hasta finales de 2011. En la Casa Blanca, algunos cuestionaron la necesidad de los tres meses adicionales y el amplio contingente residual, recordándome que tanto los demócratas del Congreso como el pueblo estadounidense estaban a favor de una salida acelerada y no de una postergación.

Aun así, aprobé el plan de Odierno y viajé a Camp Lejeune, en Carolina del Norte, para anunciar la decisión ante varios miles de marines, que la recibieron con vítores. Con la misma firmeza con que me había opuesto a la decisión original de invadir, creía que Estados Unidos ahora tenía un interés estratégico y humanitario en la estabilidad de Irak. Puesto que, conforme al SOFA, las tropas abandonarían los centros urbanos de Irak en solo cinco meses, la exposición de nuestros militares a duros combates, francotiradores y artefactos explosivos improvisados se vería enormemente reducida cuando procediéramos con el resto de la retirada. Y teniendo en cuenta la fragilidad del nuevo Gobierno de Irak, el desastroso estado de sus fuerzas de seguridad, la presencia aún activa de Al Qaeda en Irak y los elevados niveles de hostilidad sectaria que hervían dentro del país, parecía lógico utilizar la presencia de fuerzas residuales como una especie de póliza de seguros contra un retorno al caos. «Cuando salgamos —le dije a Rahm al explicar mi decisión—, lo último que quiero es que tengamos que volver.»

Si trazar un plan para Irak fue relativamente sencillo, encontrar la salida de Afganistán fue todo lo contrario.

A diferencia de la guerra en Irak, siempre había considerado la campaña afgana una guerra necesaria. Si bien las ambiciones de los talibanes se limitaban a Afganistán, sus líderes seguían manteniendo una imprecisa alianza con Al Qaeda, y su regreso al poder podía convertir de nuevo al país en una plataforma de lanzamiento para atentados terroristas contra Estados Unidos y sus aliados. Asimismo, Pakistán no había demostrado ni capacidad ni voluntad de expulsar a los líderes de Al Qaeda de su santuario en una región remota, montañosa y apenas gobernada que se extendía por toda la frontera afgano-pakistaní. Eso significaba que nuestra capacidad para acorralar y, en última instancia, destruir la red terrorista dependía de la disposición del Gobierno afgano para permitir que los militares y servicios de inteligencia estadounidenses actuaran en su territorio.

Lamentablemente, el hecho de que Estados Unidos hubiese desviado atención y recursos a Irak durante seis años había generado una situación más peligrosa en Afganistán. A pesar de que contábamos con más de treinta mil soldados estadounidenses en el terreno y una cifra prácticamente equivalente de tropas de la coalición internacional, los talibanes controlaban grandes extensiones del país, sobre todo en las regiones fronterizas con Pakistán. En aquellos lugares donde las fuerzas estadounidenses o de la coalición no estaban presentes, los combatientes talibanes superaban a un ejército afgano mucho más numeroso pero mal entrenado. Mientras tanto, la mala gestión y la corrupción descontrolada de las fuerzas policiales, los gobiernos de distrito y algunos ministerios cruciales habían erosionado la legitimidad del ejecutivo de Hamid Karzai y consumido un dinero estadounidense para ayuda exterior que era necesario para mejorar las condiciones de vida de una de las poblaciones más pobres del mundo.

La ausencia de una estrategia estadounidense coherente tampoco ayudaba. Dependiendo de con quién hablaras, nuestra misión en Afganistán era específica (acabar con Al Qaeda) o amplia (transformar el país en un Estado moderno y próspero, alineado con Occidente). Nuestros marines y soldados expulsaban una y otra vez a los talibanes de una zona y luego veían cómo sus esfuerzos no se veían recompensados por falta de un Gobierno local medianamente capaz. Ya fuera por un exceso de ambición, por corrupción o por falta de compromiso afgano, los programas de desarrollo financiados por Estados Unidos a menudo no cumplían las expectativas, mientras que la concesión de enormes contratos estadounidenses a algunas de las empresas más turbias de Kabul socavó las iniciativas anticorrupción diseñadas precisamente para ganarse al pueblo afgano.

En vista de todo ello, le dije a Gates que mi máxima prioridad era cerciorarme de que nuestros organismos, tanto civiles como militares, se alineaban en torno a una misión claramente definida y una estrategia coordinada. Él estaba de acuerdo. Como subdirector de la CIA en los años ochenta, Gates había ayudado a supervisar el abastecimiento de armas a los muyahidín afganos en su lucha contra la ocupación soviética de su país. La experiencia de ver a aquella insurgencia vagamente organizada forzando el repliegue del poderoso Ejército Rojo (y después a algunos elementos de esa misma insurgencia ingresar en las filas de Al Qaeda) había hecho que Gates fuera consciente de las repercusiones indeseadas que podían tener las acciones temerarias. «A menos que nos marquemos unos objetivos limitados y realistas —me dijo— estaremos abocados al fracaso.»

El almirante Mike Mullen, jefe del Estado Mayor Conjunto, también juzgaba necesaria una revisión de la estrategia en Afganistán. Pero había trampa: él y nuestros mandos militares primero querían que yo autorizara el despliegue inmediato de otros treinta mil soldados estadounidenses.

Para ser justos con Mullen, la petición, que provenía del general Dave McKiernan, comandante de la Fuerza Internacional de Asistencia para la Seguridad en Afganistán, llevaba varios meses pendiente. Durante la transición, el presidente Bush había tanteado el terreno para ver si queríamos que ordenara el despliegue antes de que yo ocupara el cargo, pero respondimos que preferíamos esperar a que el equipo entrante hubiera evaluado toda la situación. Según Mullen, la petición de McKiernan no podía esperar más.

En nuestra primera reunión con el Consejo de Seguridad Nacional al completo, celebrada en la sala de Crisis de la Casa Blanca solo dos días antes de mi investidura, Mullen había explicado la posibilidad de que los talibanes organizaran una ofensiva en verano y que convenía enviar a tiempo a más brigadas para intentar contenerla. Asimismo, dijo que a McKiernan le preocupaba no poder ofrecer una seguridad adecuada para las elecciones presidenciales, que originalmente estaban programadas en mayo, pero se pospondrían a agosto. Si queríamos que las tropas llegaran a tiempo para llevar a cabo esas misiones, me dijo Mullen, teníamos que ponernos en marcha ahora mismo.

Gracias al cine, siempre me había imaginado la sala de Crisis como un espacio cavernoso y futurista rodeado de pantallas del suelo al techo con nítidas imágenes de satélite y radar, abarrotada de personal vestido elegantemente y manejando artilugios de última generación. La realidad era menos deslumbrante: una pequeña e insulsa sala de reuniones que formaba parte de un laberinto de estancias del mismo tamaño situadas en una esquina de la primera planta del Ala Oeste. Las ventanas estaban cerradas con sencillos postigos de madera y en las paredes tan solo había relojes digitales que marcaban la hora de varias capitales mundiales y unas cuantas pantallas planas poco más grandes que las que se encuentran en los bares de barrio. Estábamos apretujados. Los miembros principales del Consejo se sentaron a una larga mesa de reuniones y varios adjuntos y oficiales ocuparon las sillas que bordeaban las paredes de la sala.

«A ver si lo entiendo —le dije a Mullen, tratando de no mostrarme demasiado escéptico—. Después de casi cinco años arreglándonoslas con veinte mil soldados o menos y después de incorporar a otros diez mil en los últimos veinte meses, ¿la conclusión del Pentágono es que no podemos esperar dos meses más para decidir si duplicamos el despliegue de tropas?» Señalé que no me oponía a enviar más soldados; durante la campaña, había prometido otras dos brigadas para Afganistán una vez que se iniciara la retirada de Irak. Pero, habida cuenta de que los allí presentes acababan de acordar que debíamos traer a un reputado exanalista de la CIA y experto en Oriente Próximo llamado Bruce Riedel para que llevara a cabo una evaluación de sesenta días destinada a elaborar nuestra estrategia futura en Afganistán, enviar a otros treinta mil soldados estadounidenses al país antes de que dicha evaluación hubiera finalizado era como empezar la casa por el tejado. Le pregunté a Mullen si un despliegue más reducido podría servir como paso intermedio.

Mi dijo que en última instancia era mi decisión, y añadió con intención que cualquier reducción en la cifra o demora aumentaría sustancialmente el riesgo.

Dejé que intervinieran otros. David Petraeus, que acababa de cosechar éxitos en Irak y había sido ascendido a jefe del Mando Central (que supervisaba todas las misiones militares en Oriente Próximo, incluidos Irak y Afganistán, y Asia Central), me animó a que aprobara la petición de McKiernan. No me sorprendí cuando Hillary y Panetta hicieron lo propio. Por eficaces que fueran ambos en la gestión de sus agencias, sus instintos militaristas y su pasado político les generaban una desconfianza perpetua a oponerse a cualquier recomendación llegada desde el Pentágono. En privado, Gates me había dicho que sentía cierta ambivalencia sobre un incremento significativo de nuestra huella en Afganistán. Pero, dado su papel institucional, no creía que fuera a revocar directamente una recomendación de los jefes.

Entre los importantes, solo Joe Biden manifestó recelos. Durante la transición había viajado a Kabul en mi nombre, y lo que vio y oyó allí (sobre todo durante una polémica reunión con Karzai) lo convenció de que debíamos replantearnos nuestra estrategia en Afganistán. Yo sabía que aún se sentía quemado por haber apoyado la invasión de Irak años antes. Fueran cuales fuesen los motivos, Joe veía Afganistán como un lodazal peligroso e insistió en que demorara el despliegue. Sugirió que sería más fácil enviar soldados una vez que tuviéramos una buena estrategia que intentar retirar tropas después de haber sembrado el caos con una mala.

En lugar de tomar una decisión allí mismo, elegí a Tom Donilon para que se reuniera con los asistentes del Consejo de Seguridad Nacional a la semana siguiente a fin de determinar con más precisión cómo se utilizarían las tropas adicionales y si desplegarlas en verano era posible desde un punto de vista logístico. Retomaríamos el tema, dije, cuando obtuviéramos respuesta. Una vez que se hubo aplazado la reunión, Joe me dio alcance en las escaleras camino del despacho Oval y me tomó del brazo.

«Escúcheme, jefe —dijo—. Puede que lleve demasiado tiempo en esta ciudad, pero si algo sé es cuándo esos generales intentan acorralar a un nuevo presidente.» Luego acercó la cara a solo unos centímetros de la mía y susurró: «No permita que le pongan trabas».

En versiones posteriores acerca de nuestras deliberaciones en torno a Afganistán, Gates y otros señalarían a Biden como uno de los cabecillas que enturbiaron las relaciones entre la Casa Blanca y el Pentágono. Lo cierto era que yo consideraba que Joe estaba haciéndome un favor al formular preguntas difíciles sobre los planes del ejército. Tener al menos una voz discrepante en la sala nos hacía reflexionar más a todos sobre los problemas, y me percaté de que se sentían más libres expresando sus opiniones cuando esa voz discrepante no era la mía.

Nunca cuestioné los motivos de Mullen, ni los de los otros jefes y comandantes que constituían la cúpula militar. Era originario de Los Ángeles, donde sus padres trabajaban en el mundo del espectáculo, y me parecía siempre afable, preparado, receptivo y profesional. Su vicepresidente, James «Hoss» Cartwright, un general de cuatro estrellas del Cuerpo de Marines, tenía una actitud discreta y pensativa que nunca asociarías con un expiloto de cazas, pero, cuando hablaba, ofrecía reflexiones detalladas y soluciones creativas para toda una serie de problemas de seguridad nacional. Pese a las diferencias de temperamento, Mullen y Cartwright compartían atributos que yo consideraba comunes a todos los mandos castrenses: hombres blancos (en el ejército solo había una mujer y un general de cuatro estrellas negro cuando yo ocupé el cargo) que rondaban los sesenta años y habían pasado décadas ascendiendo en la jerarquía, labrándose un historial impresionante y, en muchos casos, obteniendo titulaciones académicas avanzadas. Su visión del mundo era instruida y sofisticada, y contrariamente a lo que dictan los estereotipos, comprendían de sobra los límites de la acción militar, por y no a pesar del hecho de que hubieran liderado tropas bajo fuego. Es más, en mis ocho años como presidente, a menudo eran los generales y no los civiles quienes aconsejaban mesura en el uso de la fuerza.

Aun así, hombres como Mullen eran criaturas del sistema al cual habían dedicado toda su vida adulta, un militar estadounidense que se preciaba de terminar una misión cuando la empezaba con independencia de su coste o duración o de si dicha misión era la adecuada. En Irak, eso supuso una creciente necesidad de todo: más soldados, más bases, más contratistas privados, más aviones y más inteligencia, vigilancia y reconocimiento. Ello no había traído la victoria, pero al menos había evitado una derrota humillante y había salvado al país del desmoronamiento total. Ahora que parecía que Afganistán estaba convirtiéndose en un cenagal, quizá era lógico que los líderes militares también quisieran más recursos allí. Y dado que hasta hacía poco habían trabajado con un presidente que rara vez cuestionaba sus planes o les negaba una petición, probablemen-te fuera inevitable que el debate sobre «cuánto más» se convirtiera en un motivo recurrente de conflictos entre el Pentágono y la Casa Blanca.

A mediados de febrero, Donilon informó de que los asistentes ha-bían revisado la petición del general McKiernan y habían llegado a la conclusión de que no podían desplegarse más de diecisiete mil soldados, así como cuatro mil instructores militares, con suficiente prontitud para que tuvieran un impacto significativo en los combates de verano o la seguridad de los comicios afganos. Aunque todavía faltaba un mes para finalizar nuestra evaluación formal, todos los sénior, excepto Biden, re-comendaron que desplegáramos esos efectivos de inmediato. Di la or-den el 17 de febrero, el mismo día en que firmé la Ley de Recuperación tras determinar que incluso la estrategia más conservadora que pudié-ramos diseñar requeriría personal adicional y que todavía disponíamos de diez mil soldados en la reserva si las circunstancias exigían también su despliegue.

Un mes después, Riedel y su equipo concluyeron el informe. Su evaluación no arrojó sorpresas, pero ayudó a articular nuestro principal objetivo: «Desequilibrar, desmantelar y derrotar a Al Qaeda en Pakistán y Afganistán e impedir su regreso a ambos países en el futuro».

El énfasis añadido que ponía el informe en Pakistán era clave: el ejér-cito del país (y, en particular, su servicio de inteligencia, ISI) no solo tole-raba la presencia de cuarteles generales y líderes talibanes en Quetta, cerca de la frontera pakistaní, sino que también estaba ayudando discretamente a los talibanes a perpetuar la debilidad del Gobierno afgano y entorpecer el posible alineamiento de Kabul con India, el archienemigo de Pakistán. El hecho de que el Gobierno estadounidense hubiera tolerado durante mu-cho tiempo ese comportamiento de un presunto aliado (respaldándolo con miles de millones de dólares en ayuda militar y económica pese a su com-plicidad con extremistas violentos y su historial como proliferador impor-tante e irresponsable de tecnología armamentística nuclear en el mun-do) decía mucho de la retorcida lógica de la política exterior de Estados Unidos. Como mínimo a corto plazo, suspender por completo la ayuda militar a Pakistán era inviable, ya que no solo dependíamos de las rutas terrestres que cruzaban el país para abastecer nuestras operaciones en Afganistán, sino que el Gobierno pakistaní facilitaba tácitamente nuestros esfuerzos antiterroristas contra campamentos de Al Qaeda dentro de su territorio. Sin embargo, el informe de Riedel dejaba una cosa clara: a menos que Pakistán cesara de dar cobijo a los talibanes, nuestros intentos de estabilidad a largo plazo en Afganistán estarían condenados al fracaso.

El resto de las recomendaciones del informe se centraban en el desarrollo de capacidades. Debíamos mejorar radicalmente la capacidad del Gobierno de Karzai para dirigir y prestar servicios básicos. Además, teníamos que entrenar a las fuerzas militares y policiales afganas para que fueran competentes y lo bastante numerosas para mantener la seguridad dentro de sus fronteras sin la ayuda del contingente estadounidense. Cómo íbamos a hacerlo seguía siendo un interrogante, pero lo que estaba claro era que el compromiso estadounidense que reclamaba el informe de Riedel iba más allá de una estrategia antiterrorista básica para centrarse en la construcción de una nación que probablemente habría tenido sentido si hubiéramos empezado dicha empresa siete años antes, cuando expulsamos a los talibanes de Kabul.

Por supuesto, eso no era lo que habíamos hecho. Por el contrario, habíamos invadido Irak, roto el país, contribuido al nacimiento de una rama aún más violenta de Al Qaeda y tenido que improvisar una costosa campaña contra la insurgencia. En cuanto a Afganistán, eran años perdidos. Debido a los esfuerzos continuados y a menudo valientes de nuestros soldados, diplomáticos y trabajadores humanitarios sobre el terreno, era una exageración decir que tendríamos que empezar de cero allí. Aun así, me di cuenta de que, incluso en el mejor de los casos, aunque Karzai cooperara, Pakistán se comportara y nuestros objetivos se limitaran a lo que a Gates le gustaba denominar «un Afganistán aceptable», todavía nos enfrentábamos a entre tres y cinco años de intensa campaña que costaría cientos de miles de millones de dólares y más vidas estadounidenses.

No me gustaba el acuerdo. Pero en lo que empezaba a convertirse en un patrón, las alternativas eran peores. Lo que estaba en juego (los riesgos de una posible caída del Gobierno afgano o de que los talibanes se hicieran fuertes en ciudades importantes) era demasiado para que no actuáramos. El 27 de marzo, solo cuatro semanas después de anunciar el plan de retirada de Irak, comparecí en televisión con mi equipo de seguridad nacional detrás de mí y expuse nuestra estrategia para Afganistán y Pakistán, basada principalmente en las recomendaciones de Riedel. Sabía qué acogida tendría ese anuncio. Los comentaristas detectarían la ironía de que, tras haberme presentado a la presidencia como un candidato antiguerra, hasta el momento había enviado más soldados al combate de los que había traído a casa.

Además del aumento de tropas, Gates me pidió otro cambio de postura que, siendo sincero, me cogió por sorpresa: en abril, durante una reunión en el despacho Oval, recomendó que sustituyéramos a nuestro comandante en Afganistán, el general McKiernan, por el teniente general Stanley McChrystal, excomandante del Mando Conjunto de Operaciones Especiales (JSOC, por sus siglas en inglés) y en ese momento director del Estado Mayor Conjunto.

«David es un excelente soldado —dijo Gates, quien reconoció que McKiernan no había hecho nada malo y que cambiar a un general al mando en plena guerra era una medida sumamente inusual—. Y es buen gestor. En un entorno tan complejo, necesitamos a alguien con otras aptitudes. Señor presidente, no podría conciliar el sueño si no procurara que nuestros soldados estuvieran liderados por el mejor comandante posible, y estoy convencido de que Stan McChrystal es esa persona.»

Era fácil ver por qué Gates tenía tan alto concepto de McChrystal. En el ejército de Estados Unidos, los miembros de Operaciones Especiales eran considerados una raza aparte, una clase de guerreros de élite que llevaban a cabo las misiones más difíciles en las circunstancias más peligrosas; los hombres que en las películas descienden haciendo *rappel* de los helicópteros sobre territorio enemigo o realizan desembarcos anfibios en la oscuridad. Y en ese exaltado círculo, nadie despertaba más admiración y lealtad que McChrystal. Tras licenciarse en West Point, había destacado a lo largo de sus treinta y tres años de carrera profesional. Como comandante del JSOC, había ayudado a convertir Operaciones Especiales en un elemento crucial de la estrategia de defensa estadounidense y había supervisado personalmente docenas de operaciones antiterroristas que desmantelaron buena parte de Al Qaeda en Irak y acabaron con la vida de su fundador, Abu Musab al Zarqaui. Corría el rumor de que, a sus cincuenta y cuatro años, seguía entrenándose con comandos a los que doblaba la edad, y por su apariencia cuando pasó por el despacho Oval con Gates para una visita de cortesía, me lo creí. Era todo músculo, nervio y huesos, con un rostro alargado y anguloso y una mirada penetrante. De hecho, el porte de McChrystal era el de quien ha erradicado la frivolidad y las distracciones de su vida. Al menos conmigo, eso también incluía las trivialidades, y durante nuestra conversación se limitó a decir «sí, señor», «no, señor» y «estoy convencido de que podremos hacer el trabajo».

Me convenció. Cuando anunciamos el cambio, fue bien recibido, y los comentaristas establecieron paralelismos entre McChrystal y David Petraeus, innovadores en el campo de batalla que podían darle la vuelta a una guerra. La confirmación del Senado fue rápida y a mediados de junio, mientras McChrystal (ahora un general de cuatro estrellas) se preparaba para asumir el mando de las fuerzas de coalición en Afganistán, Gates le pidió que nos proporcionara una nueva evaluación integral de las condiciones sobre el terreno en un plazo de sesenta días, además de recomendaciones para cualquier cambio de estrategia, organización o abastecimiento de la campaña de la coalición.

No imaginaba lo que supondría aquella petición aparentemente rutinaria.

Transcurridos un par de meses desde el anuncio de la estrategia para Afganistán y Pakistán, atravesé solo el jardín Sur (seguido por un edecán militar, que llevaba el maletín nuclear, y Matt Flavin, mi asesor en asuntos de los veteranos) para abordar el helicóptero Marine One y cubrir el breve trayecto hasta Maryland para la primera de una serie de visitas periódicas al hospital naval de Bethesda y el centro médico militar Walter Reed. Al llegar, me recibieron los comandantes de las instalaciones, que me hicieron un rápido resumen del número y estado de los soldados heridos antes de guiarme por un laberinto de escaleras, ascensores y pasillos hasta el pabellón principal.

Durante una hora fui de habitación en habitación, desinfectándome las manos, poniéndome ropa quirúrgica y guantes si era necesario, y me detenía en el pasillo para recibir información del personal hospitalario sobre el soldado convaleciente antes de llamar suavemente a la puerta.

Aunque los pacientes de los hospitales provenían de todas las ramas del ejército, muchos de los que estaban allí durante mis primeros años en el cargo eran miembros del ejército y el cuerpo de marines que patrullaban las zonas de Irak y Afganistán dominadas por la insurgencia y habían resultado heridos por armas de fuego o artefactos explosivos improvisados. Casi todos eran hombres de clase trabajadora: blancos de pequeñas ciudades rurales o centros industriales venidos a menos, negros e hispanos de lugares como Houston o Trenton, asiático-estadounidenses y otros originarios de las islas del Pacífico residentes en California. Normalmente estaba con ellos algún familiar, sobre todo padres, abuelos y hermanos, aunque si el militar era mayor, también tenía mujer e hijos: bebés retorciéndose en el regazo, niños de cinco años con coches de juguete o adolescentes jugando a videojuegos. En cuanto entraba en la habitación, todos se daban la vuelta y sonreían tímidamente sin saber muy bien qué hacer. Para mí, aquella era una de las rarezas del trabajo, el hecho de que mi presencia causara siempre trastorno y nerviosismo en la gente a la que conocía. Yo siempre intentaba relajar el ambiente y hacía todo lo posible para que nadie se sintiera incómodo.

A menos que estuviera totalmente incapacitado, el soldado ponía la cama en posición erguida y a veces se incorporaba agarrándose a la firme barra metálica. Varios insistieron en levantarse, haciendo equilibrios con la pierna buena para saludarme y estrecharme la mano. Yo les preguntaba de dónde eran y cuánto tiempo llevaban en el ejército. Les preguntaba también cómo habían resultado heridos y cuánto tardarían en empezar la rehabilitación o en recibir una prótesis. A menudo hablábamos de deportes y algunos me pedían que firmara una bandera de su unidad que tenían colgada en la pared, y yo les entregaba a todos una moneda conmemorativa. Luego nos colocábamos todos alrededor de la cama y Pete Souza hacía fotos con su cámara y los teléfonos de los soldados, mientras Matt les ofrecía una tarjeta de visita para que pudieran llamarlo personalmente a la Casa Blanca si necesitaban algo.

¡Cómo me inspiraban aquellos hombres! Qué coraje y determinación, cómo insistían en que volverían a la carga muy pronto, qué ausencia generalizada de quejas. Aquello hacía que gran parte de lo que se considera patriotismo (los chabacanos rituales en los partidos de fútbol americano, la bandera ondeando con desgana en los desfiles, la cháchara de los políticos) resultara vacío y trillado. Los pacientes a los que conocí se deshacían en elogios con los equipos responsables de su tratamiento: los médicos, las enfermeras y enfermeros, la mayoría de ellos soldados, pero también algunos civiles, un sorprendente número de ellos de origen extranjero, provenientes de lugares como Nigeria, El Salvador o Filipinas. De hecho, era alentador ver los cuidados que recibían aquellos soldados heridos, empezando por la cadena rápida y continuada que permitía que un marine herido en una polvorienta aldea afgana fuera evacuado hasta la base más cercana, estabilizado, trasladado a Alemania y más tarde a Bethesda o Walter Reed para ser sometido a una cirugía de última generación, todo ello en cuestión de días.

Gracias a ese sistema (una amalgama de tecnología avanzada, precisión logística y gente sumamente preparada y dedicada, las cosas que el ejército estadounidense hace mejor que cualquier otra organización del planeta), muchos soldados que habrían fallecido por heridas similares en la época de la guerra de Vietnam ahora podían sentarse conmigo junto a su cama para debatir los méritos de los Bears en relación con los Packers. Aun así, ningún grado de precisión o cuidado podría borrar la naturaleza brutal y transformadora de las lesiones que habían sufrido. Los que habían perdido una pierna, sobre todo si se la habían amputado por debajo de la rodilla, a menudo se consideraban afortunados. Los dobles o incluso triples amputados no eran infrecuentes, como tampoco lo eran los traumatismos craneales graves, las lesiones medulares, las desfiguraciones faciales o la pérdida de visión, audición o algunas funciones corporales básicas. Los soldados a los que conocí insistían en que no lamentaban haber sacrificado tanto por su país y, como es comprensible, les ofendía que la gente los mirara aunque fuera solo con una pizca de lástima. Siguiendo el ejemplo de sus hijos heridos, los padres a los que conocí procuraban expresar solo la certeza de que su hijo se recuperaría, además de sus profundas reservas de orgullo.

Y sin embargo, cada vez que entraba en una habitación, cada vez que estrechaba una mano, no podía ignorar lo increíblemente jóvenes que eran la mayoría, muchos de ellos recién salidos del instituto. No podía evitar fijarme en la angustia que inundaba los ojos de sus padres, que a menudo eran más jóvenes que yo. No puedo olvidar la ira mal contenida de un padre que me explicó que su atractivo hijo, que yacía ante nosotros, probablemente paralizado de por vida, celebraba aquel día su veintiún cumpleaños, o la expresión vacía de una joven madre que tenía a un bebé gorjeando con alegría entre sus brazos, pensando en una vida con un marido que seguramente sobreviviría pero que ya no podría pensar de manera consciente.

Más tarde, hacia el final de mi presidencia, *The New York Times* publicó un artículo sobre mis visitas a los hospitales militares. En él, un funcionario de seguridad nacional de una Administración anterior opinaba que dicha práctica, por bienintencionada que fuera, no era algo que un comandante en jefe debiera hacer, que las visitas a los heridos enturbiaban inevitablemente la capacidad de un presidente para tomar decisiones estratégicas con lucidez. Sentí la tentación de llamar a ese hombre y explicarle que nunca me sentí más lúcido que en los vuelos de regreso desde Walter Reed y Bethesda. Lúcido en cuanto al verdadero precio de la guerra y quién cargaba con él. Lúcido en cuanto a la locura de la guerra, las tristes historias que todos los humanos guardamos en la mente y pasamos de generación en generación, abstracciones que fomentan el odio, justifican la crueldad y obligan incluso a las personas honradas a participar en una carnicería. Lúcido porque, gracias a mi cargo, no podía eludir la responsabilidad por las vidas perdidas o destruidas, aunque de algún modo justificara mis decisiones por lo que yo interpretaba como un bien mayor.

Mirando por la ventanilla del helicóptero el cuidado césped que se extendía más abajo, pensé en Lincoln durante la guerra de Secesión, en su costumbre de pasear por hospitales improvisados situados no muy lejos de donde nos encontrábamos, hablando en voz baja con soldados que yacían en catres endebles, carentes de antisépticos para contener infecciones o medicamentos para tratar el dolor, el hedor a gangrena en el ambiente, el estrépito y los resuellos de la muerte inminente.

Me preguntaba cómo lo había gestionado Lincoln, qué oraciones decía después. Debía de saber que era una penitencia necesaria, una penitencia que yo también tenía que cumplir.

A pesar de lo absorbentes que eran la guerra y la amenaza del terrorismo, otros asuntos de política exterior también requerían mi atención, incluida la necesidad de abordar los efectos internacionales de la crisis económica. Ese fue el tema principal de mi primer viaje largo al extranjero, cuando visité Londres en abril para la cumbre del G20 y luego la Europa continental, Turquía e Irak en ocho días.

Antes de 2008, el G20 no era más que una reunión anual de ministros de Economía y directores de bancos centrales que representaban a las veinte economías más grandes del mundo para intercambiar información y tratar detalles rutinarios de la globalización. El presidente de Estados Unidos reservaba su asistencia para el G8, este más exclusivo. Se trata de un encuentro anual de los líderes de las siete economías más grandes del mundo (Estados Unidos, Japón, Alemania, Reino Unido,

Francia, Italia y Canadá), además de Rusia (que, por motivos geopolíticos, Bill Clinton y Tony Blair, el primer ministro británico, habían insistido en incluir en 1997). Esto cambió cuando, tras la caída de Lehman, el presidente Bush y Hank Paulson, en un movimiento muy inteligente, invitaron a los líderes de todos los países del G20 a una reunión de urgencia en Washington, lo cual equivalía a reconocer que, en el mundo interconectado actual, una gran crisis económica requería una coordinación lo más amplia posible.

Al margen de un vago compromiso para «llevar a cabo las acciones que fueran necesarias» y un acuerdo para reunirse de nuevo en 2009, de la cumbre del G20 en Washington apenas habían surgido medidas concretas. Pero, dado que casi todas las naciones estaban a punto de entrar en recesión y se preveía una contracción del 9 por ciento en el comercio global, mi misión para la cumbre de Londres era unir a los dispares miembros del G20 en torno a una respuesta conjunta rápida y agresiva. El criterio económico estaba claro: durante años, el gasto de los consumidores estadounidenses (acelerado por las deudas de tarjetas de crédito y las segundas hipotecas) había sido el principal motor del crecimiento económico global. Los estadounidenses compraban coches de Alemania, productos electrónicos de Corea del Sur y prácticamente todo lo demás de China. Esos países, por su parte, compraban materias primas de países situados por debajo en la cadena de suministro global. Ahora la fiesta había terminado. Por bien que funcionaran la Ley de Recuperación y los test de estrés, los consumidores y las empresas estadounidenses tendrían que saldar sus deudas durante un tiempo. Si otros países querían evitar una espiral descendente continuada, tendrían que dar un paso al frente, poniendo en marcha paquetes de estímulo, contribuyendo a un fondo de emergencia del FMI por valor de quinientos mil millones de dólares que podrían ser utilizados por economías en situación grave y comprometiéndose a evitar una repetición de las políticas proteccionistas que empobrecían al vecino que habían prolongado la Gran Depresión.

Todo tenía lógica, al menos sobre el papel. Antes de la cumbre, Tim Geithner había advertido que lograr que mis homólogos extranjeros aceptaran esas medidas requeriría cierta sutileza. «La mala noticia es que están todos enfadados con nosotros por hacer estallar la economía global —dijo—. La buena es que tienen miedo de lo que ocurrirá si no hacemos nada.»

Michelle había decidido acompañarme en la primera mitad del viaje, lo cual me alegró. A ella no le preocupaba tanto mi papel en la cumbre («Todo irá bien») como el vestido que luciría para nuestra audiencia prevista con su majestad, la reina de Inglaterra.

—Deberías llevar uno de esos sombreros pequeños —dije— y un bolsito.

Michelle frunció el ceño a modo de burla.

—Eso no me sirve de nada.

En aquel momento, había viajado unas veinticinco veces en el Air Force One, pero hasta aquel primer viaje transatlántico no fui consciente del grado en que constituía un símbolo del poder estadounidense. Los aviones (dos Boeing 747 personalizados desempeñan esa labor) tenían veintidós años, y se notaba. El interior (unos robustos asientos de piel, mesas y revestimientos de madera, una alfombra de color ocre con un estampado de estrellas doradas) recordaba a una sala de juntas de los años ochenta o al salón de un club de campo. El sistema de comunicaciones para los pasajeros podía ser irregular. Hasta bien entrado mi segundo mandato no tuvimos conexión wifi a bordo, e incluso entonces, a menudo era más lenta que la de la mayoría de los aviones privados.

Aun así, todo en el Air Force One proyectaba solidez, competencia y un toque de grandilocuencia, desde las estancias (un dormitorio, un despacho privado y una ducha para el presidente en la parte delantera; asientos espaciosos, una sala de reuniones y un compartimento de terminales informáticos para mi equipo) hasta el ejemplar servicio de la tripulación (unas treinta personas a bordo dispuestas a atender gustosamente las peticiones más inesperadas), sus prestaciones de seguridad de alto nivel (los mejores pilotos del mundo, ventanillas blindadas, capacidad de repostaje en vuelo y una unidad médica que incluía una mesa de operaciones plegable) o su interior de 370 metros cuadrados, divididos en tres niveles y con capacidad para transportar a catorce periodistas y a varios agentes del Servicio Secreto.

El presidente estadounidense, único entre los líderes mundiales, viaja plenamente equipado para no depender de los servicios ni las fuerzas de seguridad de otros gobiernos. Eso significaba que una flota que incluía a la Bestia, vehículos de seguridad, ambulancias, equipos tácticos y, cuando era necesario, helicópteros Marine One eran trasladados con antelación en aviones de transporte C-17 de la Fuerzas Aéreas y ubicados en la pista para mi llegada. La amplia presencia (y su contraste con las disposiciones más modestas que requerían otros jefes de Estado) a veces provocaba consternación entre los funcionarios de un país. Pero el ejército y el Servicio Secreto estadounidenses no daban margen a las negociaciones y, a la postre, el país anfitrión cedía, en parte porque sus ciudadanos y la prensa esperaban que la llegada de un presidente estadounidense a su territorio pareciera algo importante.

Y lo era. Allá donde aterrizábamos, veía a gente pegando la cara a las ventanas de la terminal del aeropuerto o agolpándose al otro lado de la valla perimetral. Incluso la tripulación de tierra dejaba lo que estuviera haciendo para ver el Air Force One rodando lentamente por la pista con su elegante tren de aterrizaje azul, las palabras «Estados Unidos de América» nítidas y sutiles en el fuselaje y la bandera estadounidense perfectamente centrada en la cola. Al salir del avión, hacía el obligado saludo desde lo alto de las escaleras en medio del rápido zumbido de los obturadores de las cámaras y las sonrisas entusiastas de la delegación que nos esperaba en la pista formando una hilera. En ocasiones, una mujer o un niño con vestido tradicional nos ofrecía un ramo de flores y a veces había una guardia de honor completa o una banda militar a ambos lados de la alfombra roja que me llevaba hasta el vehículo. En todo ello, podías percibir un tenue pero imborrable vestigio de los rituales ancestrales: rituales diplomáticos, pero también de tributo a un imperio.

Estados Unidos había ocupado una posición dominante en el escenario mundial durante buena parte de las últimas siete décadas. Después de la Segunda Guerra Mundial, cuando el mundo se hallaba en situación de pobreza o reducido a escombros, habíamos liderado la creación de un sistema interconectado de iniciativas, tratados y nuevas instituciones que remodeló el orden internacional y creó una senda estable hacia el futuro: el Plan Marshall para reconstruir Europa occidental. La Organización del Tratado del Atlántico Norte (OTAN) y las alianzas del Pacífico, que constituyeron un bastión contra la Unión Soviética e hicieron que antiguos enemigos se alinearan con Occidente. Bretton Woods, el Fondo Monetario Internacional (FMI), el Banco Mundial y el Acuerdo General sobre Aranceles Aduaneros y Comercio para regular las finanzas y el comercio globales. Naciones Unidas y otros organismos multilaterales re-

lacionados para fomentar la resolución pacífica de conflictos y la cooperación en cuestiones que van desde la erradicación de enfermedades
hasta la protección de los océanos.

Nuestras motivaciones para erigir esa arquitectura no habían sido en
modo alguno altruistas. Además de garantizar nuestra seguridad, abrió
mercados para vender nuestros productos, creó rutas marítimas para
nuestros barcos y mantenía un flujo continuado de petróleo para nuestras fábricas y coches. Aseguraba que nuestros bancos recibieran pagos
en dólares, que las fábricas de nuestras multinacionales no fueran embargadas, que nuestros turistas pudieran cobrar sus cheques de viaje y que
nuestras llamadas internacionales fueran recibidas. En ocasiones, mani-
pulamos a instituciones globales para atender los imperativos de la Guerra Fría o las ignoramos por completo, y nos inmiscuimos en los asuntos
de otros países, a veces con resultados desastrosos. Nuestras acciones a
menudo contradecían los ideales de la democracia, la autodeterminación
y los derechos humanos que afirmábamos personificar.

Aun así, en un grado que no se ha visto igualado por ninguna superpotencia en toda la historia, Estados Unidos decidió vincularse a una
serie de leyes y normas internacionales. Con frecuencia, actuamos con
moderación en nuestros tratos con naciones más pequeñas y débiles, y
no recurrimos tanto a las amenazas y la coacción para mantener un pacto global. Con el tiempo, esa voluntad de actuar por un bien común,
aunque de manera imperfecta, fortaleció nuestra influencia en lugar de
reducirla, lo cual contribuyó a la durabilidad general del sistema, y si
Estados Unidos no siempre ha sido amado por todos, al menos éramos
respetados y no solo temidos.

Fuera cual fuese la resistencia que pudiera haber contra la visión
global de Estados Unidos, pareció esfumarse con la caída de la Unión
Soviética en 1991. En el vertiginoso transcurso de poco más de una década, Alemania y más tarde Europa estaban unificadas; los antiguos países
del bloque oriental se apresuraron a ingresar en la OTAN y la Unión
Europea; el capitalismo chino despegó; nuevos países de toda Asia, África
y Latinoamérica sustituyeron el gobierno autoritario por la democracia; y
el *apartheid* tocó a su fin en Sudáfrica. Los comentaristas proclamaron el
triunfo definitivo de la democracia liberal, pluralista y capitalista de estilo occidental, e insistían en que los vestigios de la tiranía, la ignorancia y
la ineficacia pronto se verían arrastrados por el fin de la historia, el apla-

namiento del mundo. Incluso en aquella época era fácil burlarse de semejante exuberancia. Pero una cosa era cierta: en los albores del siglo XXI, Estados Unidos podía afirmar legítimamente que el orden internacional que habíamos forjado y los principios que habíamos fomentado (una Pax Americana) habían ayudado a crear un mundo en el que miles de millones de personas eran más libres y prósperas y estaban más seguras que antes.

Ese orden internacional seguía vigente en la primavera de 2009 cuando aterricé en Londres. Pero la fe en el liderazgo estadounidense se había visto sacudida no por los atentados del 11-S, sino por cómo se gestionó la cuestión iraquí, por las imágenes de los cadáveres flotando por las calles inundadas de Nueva Orleans tras el huracán Katrina y sobre todo por la debacle de Wall Street. Una serie de crisis económicas más pequeñas en los años noventa apuntaban a fallos estructurales en el sistema global: el modo en que billones de dólares de capital privado circulando a la velocidad de la luz, sin el control de regulaciones o supervisiones internacionales significativas, podían detectar una ligera alteración económica en un país y generar rápidamente un tsunami en mercados de todo el mundo. Puesto que muchos de esos temblores habían empezado en lo que se consideraba la periferia del capitalismo (lugares como Tailandia, México y una Rusia todavía débil) y que Estados Unidos y otras economías avanzadas estaban en auge en aquel momento, era fácil interpretar aquellos problemas como algo puntual y atribuible a las malas decisiones de gobiernos sin experiencia. En casi todos los casos, Estados Unidos había acudido al rescate, pero a cambio de financiación de emergencia y un acceso continuado a los mercados de capital globales, gente como Bob Rubin y Alan Greenspan (por no mencionar a los asistentes de Rubin en aquella época, Larry Summers y Tim Geithner) habían obligado a los países en apuros a aceptar una dura medicina que incluía la devaluación de su divisa, grandes recortes del gasto público y varias medidas de austeridad que apuntalaron sus calificaciones crediticias pero impusieron enormes penalidades a su pueblo.

Imaginemos la consternación de esos mismos países cuando supieron que mientras Estados Unidos los sermoneaba con regulaciones prudentes y administraciones fiscales responsables, nuestros sumos sacerdotes de las finanzas estaban en las nubes, tolerando burbujas de activos y fiebres especulativas en Wall Street que eran tan imprudentes como cualquier cosa que estuviera sucediendo en Latinoamérica o Asia. La única diferencia eran las cantidades de dinero implicadas y los posibles daños causados. Al fin y al cabo, dando por sentado que los reguladores estadounidenses sabían lo que hacían, inversores desde Shanghái hasta Dubái habían invertido enormes cantidades en valores *subprime* y otros activos estadounidenses. Exportadores tan grandes como China y tan pequeños como Lesoto habían basado su desarrollo en una economía estadounidense estable y en crecimiento. En otras palabras, habíamos convencido al mundo de que nos siguiera a una tierra prometida de mercados libres, cadenas de suministro locales, conexiones a internet, crédito fácil y gobierno democrático y, al menos por el momento, tenían la sensación de haber saltado con nosotros por un precipicio.

CUARTA PARTE

La causa justa

14

Todas las cumbres internacionales tienen el mismo patrón. Las limusinas se detienen una tras otra a la entrada del gran centro de convenciones y los líderes pasan a continuación frente a un escuadrón de fotógrafos; un poco como si se tratara de una alfombra roja de Hollywood, pero sin vestidos de gala ni gente guapa. Un oficial de protocolo te recibe en la puerta y te lleva hasta un vestíbulo donde espera el líder anfitrión con una sonrisa, un apretón de manos frente a las cámaras y una charla trivial entre susurros. Se pasa luego a una sala y hay más apretones de manos y charlas triviales, hasta que todos los presidentes, primeros ministros, cancilleres y reyes se trasladan a una sala de conferencias impresionantemente grande con una enorme mesa circular. En la silla encuentras una placa con tu nombre, la bandera de tu país, un micrófono con instrucciones de uso, un bloc de notas conmemorativo y un bolígrafo de calidad variable, cascos para la traducción simultánea, un vaso, botellas de agua o de zumo, y a veces un recipiente con algo de picar o unos caramelos de menta. La delegación se sienta detrás y toma notas o pasa mensajes. El anfitrión pide la atención y hace unos comentarios inaugurales. Y entonces, y durante un día y medio —con pausas pautadas para los encuentros privados con el resto de los líderes (conocidos como «bilaterales» o «bilats»), una «foto de familia» (con todos los líderes alineados sonriendo forzadamente, no muy distinta de la foto de clase en la primaria) y tiempo suficiente por la tarde para regresar a la suite, cambiarse de ropa antes de cenar o para acudir a una sesión nocturna— te sientas allí, luchas contra el *jet lag* y haces todo lo posible por parecer interesado. Todas las personas que están a la mesa, incluido tú mismo, van leyendo por turnos unos anodinos discursos cuidadosamente redactados e invariablemente mucho más largos del tiempo asignado, sobre sea cual sea el tema del programa.

Pasado el tiempo, ya con algunas cumbres a las espaldas, adopté las tácticas de supervivencia de los asistentes más experimentados; me aseguraba de llevar siempre documentos de trabajo para adelantar o algo que leer, o hacía discretos apartes con los demás líderes para tratar algunos temas mientras otros tenían el micrófono. Pero en aquella primera cumbre del G20 en Londres, me quedé en mi silla y escuché con atención a todos los ponentes. Como el niño recién llegado a la escuela, era consciente de que todas las personas de la sala me estaban tomando la medida, y pensé que un poco de humildad de novato quizá ayudara para que los demás se unieran con entusiasmo a las propuestas económicas que iba a hacer.

Ayudó el hecho de que ya conocía a algunos de los líderes de la sala, empezando por nuestro anfitrión, el primer ministro británico Gordon Brown, quien había viajado a Washington para encontrarse conmigo unas semanas antes. Antiguo ministro de Hacienda del Gobierno laborista de Tony Blair, Brown carecía de las chispeantes dotes políticas de su predecesor (parecía que todas las menciones a Brown en la prensa incluyeran el término «adusto») y tuvo la mala suerte de llegar a primer ministro de Reino Unido justo en el momento de colapso de la economía y con el cansancio de la gente por un largo mandato de diez años del Partido Laborista. Pero era atento, responsable y entendía de finanzas internacionales, y aunque su paso por el despacho Oval resultó breve, tuve la suerte de tenerlo como compañero en aquellos primeros meses de la crisis.

Junto a Brown, los europeos más relevantes —no solo de aquella cumbre de Londres sino de todo mi primer mandato— fueron la canciller alemana Angela Merkel y el presidente francés Nicolas Sarkozy. La rivalidad entre las dos naciones más poderosas del continente había provocado una sangrienta lucha intermitente de dos siglos. Su reconciliación tras la Segunda Guerra Mundial y su carrera sin precedentes hacia la paz y la prosperidad se convirtieron en la piedra angular de la Unión Europea. Por ello, la capacidad europea de moverse en bloque —y hacer de copiloto de Estados Unidos en el escenario mundial— dependía en buena medida de la voluntad de Merkel y Sarkozy para entenderse bien.

La mayor parte del tiempo fue así, a pesar de que el carácter de los dos líderes no podía ser más distinto. Merkel, hija de un pastor luterano, había crecido en la Alemania Oriental comunista. Había trabajado duro y obtenido un doctorado en Química Cuántica. Solo entró en política después de que cayera el Telón de Acero, moviéndose metódicamente entre las filas de la Unión Demócrata Cristiana con una combinación de dotes organizativas, visión estratégica y una paciencia inquebrantable. Merkel tenía unos grandes y brillantes ojos azules que podían conmoverse a ratos con sentimientos de frustración, diversión o atisbos de dolor. Pero cuando no era así, su apariencia imperturbable reflejaba una sensibilidad analítica y práctica. Era célebre su suspicacia ante los arrebatos emocionales o la retórica florida, y su equipo me confesó más tarde que al inicio había sido escéptica con respecto a mí precisamente por mis dotes oratorias. No me lo tomé como una ofensa, y pensé que para una líder alemana la aversión a una posible demagogia seguramente era algo muy sano.

Sarkozy, por otro lado, era puro estallido emocional y retórica florida. Con sus rasgos oscuros, expresivos y vagamente mediterráneos (era medio húngaro y un cuarto de origen griego judío) y su pequeña estatura (medía 1,65 pero llevaba alzas en los zapatos para parecer más alto) parecía un personaje de Toulouse-Lautrec. A pesar de provenir de una familia acomodada, admitía abiertamente que su ambición la había alimentado en parte una permanente sensación de sentirse un extraño. Al igual que Merkel, Sarkozy se había labrado un nombre como líder de centroderecha, y había ganado la presidencia en un sistema económico de *laissez-faire*, leyes laborales más flexibles, impuestos bajos y un Estado de bienestar menos generoso. Pero, a diferencia de Merkel, había sido bastante incoherente cuando se trataba de política, siempre llevado por los titulares o la conveniencia. En la época en que llegamos a Londres para el G20, ya denunciaba verbalmente los excesos del capitalismo global. Pero si bien Sarkozy carecía de consistencia ideológica, lo compensaba con su audacia, encanto y energía frenética. Es más, las conversaciones con él eran a ratos entretenidas y exasperantes, no paraba de mover las manos, sacaba pecho como un gallo de pelea, con su intérprete personal (a diferencia de Merkel, el inglés de Sarkozy era limitado) siempre a su lado imitando con frenesí cada uno de sus gestos y entonaciones mientras la conversación se precipitaba desde la adulación hasta la fanfarronada o el verdadero conocimiento, sin alejarse nunca de su interés principal y rara vez oculto: ser el centro de atención y llevarse el mérito de fuese lo que fuera que mereciera la pena llevarse el mérito.

Por mucho que agradeciera el hecho de que Sarkozy había apoyado mi campaña desde el principio (respaldándome en una efusiva rueda de prensa durante mi visita preelectoral a París), no era difícil de adivinar cuál de los dos líderes europeos iba a demostrar ser un socio más fiable. Al final, sin embargo, acabé pensando en Merkel y Sarkozy como dos útiles complementos el uno del otro: él respetaba la cautela innata de Merkel, pero con frecuencia la presionaba para que actuara; y ella deseosa de pasar por alto las idiosincrasias de Sarkozy, pero capaz de rechazar sus propuestas más impulsivas. También reforzaron el uno en el otro sus instintos proestadounidenses, unos instintos no siempre compartidos por sus electores en 2009.

Nada de todo esto implica el menor grado de pusilanimidad ni en ellos ni en ninguno de los países europeos. Preocupados por proteger los intereses de sus países, tanto Merkel como Sarkozy apoyaron la declaración contra el proteccionismo que propusimos en Londres —la economía alemana era especialmente dependiente de sus exportaciones— y reconocieron la utilidad de un fondo internacional de emergencia. Pero como ya había predicho Tim Geithner, ninguno de los dos sentía gran entusiasmo por los estímulos fiscales: a Merkel le preocupaba el aumento del déficit; Sarkozy prefería un impuesto universal para las transacciones del mercado bursátil y quería acabar con los paraísos fiscales. A Tim y a mí nos llevó casi toda la cumbre convencerles de que se unieran a nosotros para impulsar unas vías más inmediatas a fin de afrontar la crisis y que llamaran a todos los países del G20 a aumentar las políticas que promovieran la demanda agregada. Ellos lo harían, me dijeron, solo si yo era capaz de convencer al resto de los líderes del G20, sobre todo al grupo de influyentes países no occidentales conocidos colectivamente como BRICS para que dejaran de bloquear las propuestas que eran importantes para ellos.

Desde el punto de vista económico, los cinco países que componían el BRICS —Brasil, Rusia, India, China, Sudáfrica— tenían poco en común, y no fue hasta más tarde que formalizaron un grupo. (Sudáfrica no se unió oficialmente hasta 2010.) Pero incluso en el G20 de Londres ya estaba claro el espíritu que animaba la asociación. Eran países grandes y orgullosos que en un sentido u otro habían emergido tras largos periodos de hibernación. Ya no les agradaba que los relegaran a los márgenes de la historia ni ver su estatus reducido a la condición de poderes regionales. Les desagradaba el sobredimensionado papel de Occidente a la hora de dirigir la economía global, y con la crisis vieron una oportunidad de empezar a darle la vuelta al guion.

Al menos en teoría, podía simpatizar con su punto de vista. Juntos, los países del BRICS representaban al 40 por ciento de la población mundial pero un cuarto del PIB y solo una fracción de su riqueza. Las decisiones que se tomaban en las salas de juntas de las corporaciones en Nueva York, Londres o París muchas veces tenían más impacto en sus economías que las decisiones políticas de sus propios gobiernos. Su influencia en el Banco Mundial y en el FMI seguía siendo limitada, a pesar de las impresionantes transformaciones económicas que habían tenido lugar en China, India y Brasil. Y si Estados Unidos quería preservar el sistema global que tanto nos había servido, tenía sentido darles a esos poderes emergentes más voz en la dirección, al mismo tiempo que se les insistía en que se hicieran responsables de los costes que implicaba su mantenimiento.

Aun así, cuando el segundo día eché un vistazo a la mesa de la cumbre no pude evitar preguntarme cómo funcionaría un mayor papel del BRICS en la gobernanza global. El presidente de Brasil, Luiz Inácio Lula da Silva, por ejemplo, había visitado el despacho Oval en marzo y me había impresionado mucho. Era un canoso y cautivador exlíder sindical que había estado preso por protestar contra el anterior Gobierno militar y luego había sido elegido en 2002, iniciando una serie de prácticas reformas que habían disparado la tasa de crecimiento de Brasil, habían aumentado su clase media y provisto de casa y educación a millones de sus ciudadanos más pobres. Se decía también que tenía los escrúpulos de un jefe del Tammany Hall, y había rumores de amiguismos gubernamentales, tratos de favor y sobornos de miles de millones.

El presidente Dmitri Medvédev, por su parte, parecía ser un símbolo de la nueva Rusia: joven, esbelto y vestido a la última, con trajes de sastre europeos. El problema es que él no era el verdadero poder en Rusia. El poder lo ejercía su patrocinador, Vladimir Putin: un antiguo oficial del KGB, dos veces presidente y entonces primer ministro, y líder de lo que parecía más un sindicato criminal que un gobierno tradicional; un sindicato cuyos tentáculos abarcaban hasta el último aspecto de la economía.

Sudáfrica estaba en ese momento en una transición, el presidente provisional Kgalema Motlanthe no iba a tardar en ser reemplazado por Jacob Zuma, líder del partido de Nelson Mandela, el Congreso Nacional Africano, que controlaba el Parlamento de la nación. En encuentros subsiguientes, Zuma me sorprendió como alguien bastante amistoso. Hablaba con elocuencia de la necesidad de un comercio justo, de progreso humano, de infraestructuras y de una distribución más equitativa de la riqueza y las oportunidades en el continente africano. Según se decía, sin embargo, gran parte de la buena voluntad que se construyó gracias a la lucha heroica de Mandela se había despilfarrado debido a la corrupción y la incompetencia del liderazgo del Congreso Nacional Africano, lo cual dejó grandes franjas de la población negra aún empantanadas en la pobreza y la desesperación.

Por su parte, Manmohan Singh, el primer ministro de India, era responsable de la modernización de la economía de su país. Era un economista amable y de tono de voz suave, con una barba blanca y un turbante que era la marca de su religión sikh pero que desde la perspectiva de un occidental le hacía parecer un santón. Había sido el ministro de Finanzas indio desde 1990 y había logrado rescatar a millones de personas de la pobreza. Durante la duración de su mandato como primer ministro me pareció que Singh era un hombre sabio, considerado y de una honestidad escrupulosa. Pero a pesar de su genuino progreso económico, India seguía siendo un lugar caótico y empobrecido: tremendamente dividido por la religión y el sistema de castas, cautivo de los caprichos de los políticos locales corruptos y paralizado por una burocracia provinciana que se resistía al cambio.

Y luego estaba China. Desde finales de 1970, cuando Deng Xiaoping abandonó finalmente la vía marxista-leninista de Mao Zedong en favor de una forma de capitalismo orientada a las exportaciones y dirigida por el Estado, no ha habido una nación en la historia que se haya desarrollado más rápido ni haya sacado a más gente de la pobreza más abyecta. Lo que en su momento había sido poco más que un núcleo de empresas de manufactura y ensamblaje para compañías extranjeras que buscaban aprovecharse de su infinito suministro de operarios a bajo coste, ahora era, para orgullo de China, un conjunto de ingenieros y compañías de primera que trabajaban con tecnología punta. El descomunal excedente comercial había convertido a China en un inversor fundamental en todos los continentes; y resplandecientes ciudades como Shanghái y Cantón se habían convertido en sofisticados centros financieros, hogar de una clase creciente de consumidores. Dada su tasa de crecimiento y su tamaño, el PIB de China prometía sobrepasar en algún momento al de Estados Unidos. Cuando se añadía eso a un poderoso ejército, una mano de obra cada vez más cualificada, un Gobierno astuto y pragmático y una cultura cohesionada de más de cinco mil años, la conclusión parecía evidente: si había una nación que podía acabar con la preeminencia global estadounidense, esa nación era China.

Con todo, al ver la actuación de la delegación china en aquella cita del G20, me sentí convencido de que ese reto aún estaba a décadas de distancia, y de que si eso ocurría, lo más probable es que fuera consecuencia de los errores estratégicos de Estados Unidos. Según todos los testigos, al presidente chino Hu Jintao —un hombre anodino de sesenta y tantos años con una mata de pelo negro azabache (por lo que puedo decir, muy pocos líderes chinos tienen canas al envejecer)— no se le veía como a un líder particularmente fuerte y compartía su autoridad con otros miembros del Comité Central del Partido Comunista. Sin duda, en nuestro encuentro bilateral en la cumbre, a Hu no parecía importarle depender de unos folios con puntos pendientes de discusión, ni tener más programa aparente que emplazarme a reuniones posteriores y una cooperación en la que todos saldríamos beneficiados. Me resultó más impresionante el responsable de política económica, el primer ministro Wen Jiabao, un hombre de baja estatura y con gafas que hablaba sin notas y manifestaba una sofisticada perspectiva sobre la crisis actual: la afirmación de que se comprometía a diseñar un paquete de estímulos chinos en una escala parecida a la de la Ley de Recuperación fue probablemente la mejor noticia que recibí en el G20 durante mi presencia. Pero aun así, los chinos no tenían prisa por hacerse con las riendas del poder mundial, les parecía un quebradero de cabeza innecesario. Wen no tenía gran cosa que decir sobre cómo afrontar la crisis financiera que se estaba desarrollando. Desde la postura de su país, esa responsabilidad era nuestra.

Aquello me impresionó, no solo durante esa cumbre de Londres, sino en todos los foros internacionales a los que asistí como presidente:

incluso los que se quejaban del papel de Estados Unidos en el mundo seguían confiando en nosotros para que mantuviéramos el sistema a flote. En distintos grados, otros países deseaban colaborar, contribuir con tropas a los esfuerzos de las Naciones Unidas por establecer la paz, o aportar dinero y apoyo logístico para aliviar los efectos del hambre. Algunos de ellos, como los países escandinavos, ayudaban muy por encima de su tamaño. De otro modo muy pocas naciones se sentían obligadas a actuar más allá de sus intereses, y aquellas que compartían con Estados Unidos un compromiso básico con los principios de los que depende un mercado basado en un sistema liberal —la libertad individual, el cumplimiento de la ley, la defensa reforzada de los derechos de propiedad y un arbitrio neutral en las disputas, aparte de un nivel básico de responsabilidad y competencia gubernamental— carecían del peso económico y político, por no hablar de un ejército o de los expertos diplomáticos y políticos que eran necesarios para promover esos principios a una escala global.

China, Rusia y hasta auténticas democracias como Brasil, India y Sudáfrica aún funcionaban con principios distintos. Para el BRICS, ser responsable en asuntos de política exterior implicaba atender a los asuntos propios. Toleraban las reglas establecidas siempre y cuando sus intereses prosperaran, y lo hacían más por necesidad que por convicción; parecían felices de incumplirlos cuando les parecía que podían salirse con la suya. Si ayudaban a otro país, preferían hacerlo sobre una base bilateral, esperando algún beneficio a cambio. Para ellos lo contrario era un lujo que solo se podían permitir los orondos y felices países occidentales.

De todos los líderes del BRICS que asistieron al G20, con el que más me interesaba relacionarme era con Medvédev. La relación de Estados Unidos con Rusia estaba en un punto particularmente bajo. El verano anterior —unos meses antes de que Medvédev llegara al cargo— Rusia había invadido el país colindante de Georgia, una antigua república soviética, y había ocupado ilegalmente dos de sus provincias, desencadenando la violencia entre los dos países y las tensiones con las naciones vecinas.

Para nosotros se trataba de una señal del creciente atrevimiento y beligerancia general de Putin, una negativa problemática a respetar la soberanía nacional de los otros países y una desobediencia aún mayor a las leyes internacionales. En muchos sentidos parecía que se había salido con la suya: más allá de suspender las relaciones diplomáticas, la Administración Bush no había hecho nada para castigar a Rusia por su agresión mientras el resto del mundo se encogía de hombros y seguía a la suya, haciendo algunos esfuerzos tardíos y condenados al fracaso por aislar a Rusia. Mi Administración tenía la esperanza de reiniciar la relación con Rusia, abriendo un diálogo para proteger nuestros intereses, apoyar a nuestros socios democráticos en la zona y lograr su cooperación para nuestros objetivos de desarme y no proliferación nuclear. Con ese fin, acordamos un encuentro privado con Medvédev un día después de la cumbre.

Confié en dos expertos en Rusia para que me prepararan para el encuentro: Bill Burns, subsecretario de asuntos políticos del Departamento de Estado, y Michael McFaul, director sénior de asuntos europeos y rusos del Consejo de Seguridad Nacional. Burns era un diplomático de carrera que había sido embajador en Rusia durante la Administración Bush; era un hombre alto, con bigote y levemente encorvado, con un agradable tono de voz y el aire libresco de un catedrático de Oxford. McFaul, por su parte, era todo energía y entusiasmo, con una amplia sonrisa y una melena rubia. Nacido en Montana, había sido consejero de mi campaña cuando aún enseñaba en Stanford y parecía acabar todas las frases con un signo de exclamación.

De los dos, McFaul era más optimista sobre nuestras posibilidades de tener cierta influencia en Rusia porque había vivido en Moscú a principios de los noventa, durante los embriagadores días de la transformación política, primero como académico y más tarde como el director en el país de una organización prodemocracia financiada en parte por el Gobierno de Estados Unidos. Respecto a Medvédev, sin embargo, McFaul coincidía en que no se debía esperar demasiado de él.

«Medvédev tendrá interés en establecer una buena relación con usted, para demostrar a todos que forma parte del escenario global —dijo—, pero debe recordar que sigue siendo Putin el que tiene la sartén por el mango.»

Al repasar su biografía, podía entender por qué todo el mundo daba por descontado que Dmitri Medvédev estaba atado en corto. A sus cuarenta y pocos años, criado con ciertos privilegios como hijo único de dos profesores universitarios, había estudiado Derecho a finales de los ochenta, se había licenciado en la universidad estatal de Leningrado, y había conocido a Vladimir Putin cuando los dos trabajaban para el alcalde de San Petersburgo a principios de los noventa, tras la disolución de la Unión Soviética. Mientras que Putin había permanecido en política, hasta acabar siendo primer ministro durante la presidencia de Borís Yeltsin, Medvédev empleó sus contactos políticos para asegurarse un cargo ejecutivo y una participación en la compañía maderera más importante de Rusia, en un momento en que la caótica privatización nacional de activos pertenecientes al Estado garantizaba fortunas a los accionistas bien conectados. Poco a poco se convirtió en un hombre rico, y trabajó en distintos proyectos cívicos sin tener que soportar la carga de estar bajo los focos. No fue hasta finales de 1999 que regresó al Gobierno, reclutado por Putin para un trabajo de alto nivel en Moscú. De repente, justo un mes más tarde, Yeltsin renunció elevando a Putin de primer ministro a presidente en funciones; Medvédev ascendió tras él.

En otras palabras, el presidente ruso era un tecnócrata y un agente entre bambalinas, sin un gran perfil público ni base política por cuenta propia. Y esa fue exactamente la impresión que me dio cuando llegó a nuestro encuentro en Winfield House, la elegante residencia del embajador de Estados Unidos a las afueras de Londres. Era un hombre bajo, de pelo oscuro y afable, con unos modales ligeramente formales, casi inseguro, más un consultor internacional que un político o un burócrata del partido. Al parecer hablaba inglés, pero prefería recurrir a un intérprete.

Abrí nuestra charla con el tema de la ocupación militar que su país había hecho en Georgia. Como era de esperar, Medvédev se ciñó estrictamente al argumento oficial. Acusó al Gobierno de Georgia de precipitar una crisis e insistió en que Rusia solo había actuado para proteger a los ciudadanos rusos de la violencia. Rechazó mi argumento de que la invasión y ocupación continuada violaba la soberanía de Georgia y las leyes internacionales y sugirió intencionadamente que, a diferencia de las tropas estadounidenses en Irak, las tropas rusas habían sido recibidas como auténticos liberadores. Mientras escuchaba todo aquello recordé que en cierta ocasión, durante la época soviética, el escritor disidente Aleksandr Solzhenitsyn había dicho sobre la política que «la mentira se había convertido no solo en una categoría moral, sino en un pilar del Estado».

Pero si la refutación de Medvédev sobre Georgia me recordaba que no era un boy scout, me pareció que había cierta ironía en la forma en que lo dijo, como si quisiera darme a entender que realmente no creía lo que estaba afirmando. La conversación derivó hacia otros asuntos, y también lo hizo su disposición. Parecía bien informado y constructivo sobre los pasos que había que dar para controlar la crisis financiera. Manifestó entusiasmo ante nuestra propuesta de «reinicio» de las relaciones ruso-estadounidenses, sobre todo en lo que tenía que ver con ampliar la cooperación sobre asuntos no militares como educación, ciencia, tecnología y comercio. Nos sorprendió con una oferta espontánea (y sin precedentes) de que el ejército estadounidense utilizara su espacio aéreo para el transporte de tropas y equipamiento a Afganistán, una alternativa que reduciría nuestra dependencia exclusiva de unas rutas de suministro pakistaníes costosas y no siempre confiables.

En cuanto al asunto de mi máxima prioridad —la cooperación ruso-estadounidense para reducir la proliferación nuclear, incluida la posible fabricación de armamento nuclear por parte de Irán—, Medvédev se mostró dispuesto a comprometerse con franqueza y flexibilidad. Aceptó mi propuesta de que comenzaran las negociaciones entre nuestros respectivos expertos para recortar el arsenal nuclear de nuestros países como un paso adelante en el ya existente Tratado de Reducción de Armas Estratégicas (START), que expiraba a finales de 2009. Aunque no estaba preparado para comprometerse con un esfuerzo internacional para detener a Irán, tampoco lo rechazó de primera mano, llegando a reconocer que los programas nucleares y de misiles de Irán habían avanzado mucho más rápido de lo que Moscú esperaba. Una concesión que ni McFaul ni Burns recordaban que hubiese hecho jamás un cargo ruso, ni siquiera en privado.

Aun así, Medvédev estaba lejos de ser condescendiente. Me dejó claro durante nuestra discusión que Rusia tenía sus propias prioridades: querían que reconsideráramos la decisión de la Administración Bush de construir un sistema defensivo de misiles en Polonia y en la República Checa. Hablaba, doy por descontado, por boca de Putin, que entendía correctamente que la principal razón por la que los polacos y los checos estaban dispuestos a alojar nuestro sistema era porque eso garantizaría una capacidad militar mayor de Estados Unidos en sus territorios, ofreciéndoles una cobertura adicional contra la intimidación rusa.

Lo cierto era que, aunque los rusos no lo sabían, ya estábamos replanteándonos la idea de un sistema de misiles defensivos en Europa. Antes de partir hacia Londres, Robert Gates me había informado de que los planes desarrollados durante la Administración Bush se habían juzgado potencialmente menos efectivos de lo que se había pensado en un principio frente a las amenazas presentes (sobre todo Irán). Gates me había sugerido que encargara una revisión de otras configuraciones posibles antes de tomar ninguna decisión.

Yo no estaba dispuesto a conceder la petición de Medvédev de incluir la cuestión de los misiles defensivos en las próximas negociaciones de START. Pero pensaba que nos interesaba reducir la ansiedad rusa, y la fortuita elección del momento me permitió asegurarme de que Medvédev no se iba de Londres con las manos vacías: le presenté mi intención de revisar nuestros planes en Europa como un signo de nuestra voluntad de discutir el asunto de buena fe. Añadí que el progreso a la hora de detener el plan nuclear de Irán sin duda tendría relevancia en cualquier decisión que tomara, un mensaje no muy sutil, al que Medvédev respondió antes de que se lo terminaran de traducir.

—Entiendo —dijo en inglés, con una leve sonrisa.

Antes de partir Medvédev me extendió una invitación para viajar a Moscú ese verano, un encuentro que me sentí inclinado a aceptar. Después de ver cómo se alejaba su comitiva, me volví hacia Burns y McFaul y les pregunté qué pensaban.

—Le voy a ser sincero, señor presidente —dijo McFaul—, no sé cómo habría podido ir mejor. Parecía mucho más abierto a hacer negocios de lo que esperaba.

—Mike tiene razón —dijo Burns—, aunque me pregunto cuánto de lo que ha dicho Medvédev proviene de antemano de Putin.

Yo asentí.

—Pronto lo sabremos.

Hacia el final de la cumbre de Londres, el G20 consiguió llegar a un acuerdo en respuesta a la crisis financiera. El comunicado final, suscrito por todos los líderes que habían asistido, incluía las prioridades estadounidenses como compromisos adicionales para el estímulo y un rechazo del proteccionismo, junto a medidas para eliminar los paraísos fiscales y mejorar la supervisión financiera que era importante para los europeos, mientras las naciones del BRICS consiguieron llegar a un compromiso por parte de Estados Unidos y la Unión Europea para examinar posibles cambios en su representación en el Banco Mundial y el FMI. En un arrebato de entusiasmo, Sarkozy me agarró a mí y a Tim cuando estábamos a punto de salir del recinto.

«¡Este acuerdo es histórico, Barack! —dijo—. Ha ocurrido gracias a ti... No, no, ¡es cierto! Y este mister Geithner... ¡es fantástico!»

Sarkozy empezó entonces a corear el apellido de mi secretario del Tesoro como si fuera un hincha durante un partido de fútbol, lo bastante fuerte como para que varios rostros se volvieran en la sala. Me tuve que reír, no solo por la evidente incomodidad de Tim sino también por la afectada expresión de Angela Merkel, que acababa de echar un vistazo a la redacción del comunicado y ahora miraba a Sarkozy como una madre a un niño travieso.

La prensa internacional consideró un éxito la cumbre: no solo era un acuerdo más sustancioso del que se había esperado, sino que nuestro papel central en las negociaciones había ayudado al menos en parte a revertir la opinión de que la crisis financiera había dañado permanentemente el liderazgo estadounidense. En la conferencia de clausura, tuve cuidado en reconocer a todas las personas que habían desempeñado un papel, agradeciéndole a Gordon en particular su liderazgo y diciendo que vivíamos en un mundo interconectado, en el que ninguna nación podía vivir sola. Resolver los grandes problemas, dije, exige el tipo de cooperación internacional que se había observado en Londres.

Dos días después, un periodista retomó aquello y me preguntó mi opinión con respecto a la excepcionalidad de Estados Unidos. «Creo en la excepcionalidad de Estados Unidos —dije— del mismo modo en que sospecho que los británicos creen en la excepcionalidad británica y los griegos en la excepcionalidad griega.»

Solo más tarde me enteré de que los medios republicanos y conservadores habían aprovechado esa declaración sin importancia —una declaración realizada en un esfuerzo por mostrar cierta modestia y buena educación— como una muestra de debilidad e insuficiente patriotismo por mi parte. Los comentaristas empezaron a retratar mis interacciones con el resto de los líderes y ciudadanos de otras naciones como el «Tour de disculpas de Obama», aunque lo cierto es que no fueron capaces de rescatar ni una sola disculpa. Resultaba evidente que mi fracaso a la hora de aleccionar al público extranjero sobre la superioridad estadounidense, por no mencionar mi disposición a reconocer nuestros fallos y considerar las opiniones de los otros países, nos desautorizaba de alguna forma. Era un recordatorio más de lo escindido que estaba el panorama de nuestros medios, y cómo aquella parcialidad crecientemente venenosa ya no se detenía cuando perdía tierra firme. En ese mundo nuevo, una victoria política en el extranjero bajo cualquier patrón tradicional podía convertirse en una derrota, al menos en la mente de la mitad de las personas de nuestro país; unos mensajes que hacían prosperar nuestros intereses y ayudaban a generar entendimiento en el extranjero ahora podían conllevar toda una multitud de dolores de cabeza políticos en casa.

Por añadir una nota más alegre, el debut internacional de Michelle había sido un éxito. Reunió a toda una prensa enardecida con una visita a una escuela secundaria femenina de Londres. Como ocurrió durante todo el tiempo que pasamos en la Casa Blanca, Michelle se reveló en esa situación capaz de interactuar con cualquier chico de cualquier edad y circunstancia, al parecer esa magia traspasaba bien las fronteras. En la escuela habló de su propia infancia y de las dificultades que había tenido que superar, de cómo la educación siempre le había mostrado el camino a seguir. Las chicas —de clase trabajadora, muchas de ellas de ascendencia caribeña o sudasiática— escucharon absortas a aquella elegante mujer que insistía en que una vez había sido como ellas. Durante los años siguientes, varias veces visitó esa escuela y hasta recibió a un grupo de estudiantes en la Casa Blanca. Más tarde, un economista analizó los datos y concluyó que el encuentro de Michelle en la escuela había generado un repunte en los resultados de sus exámenes oficiales, y sugería que su mensaje de ambición y conexión había producido una diferencia mensurable. Ese «efecto Michelle» era algo con lo que yo estaba muy familiarizado; también se daba en mí. Ese tipo de cosas nos ayudaban a recordar que nuestro trabajo como primera familia no era solo una cuestión de política y leyes.

Michelle generó también su propia dosis de controversia. En la recepción que convocó la reina Isabel para los líderes del G20 con sus parejas en el palacio de Buckingham, la fotografiaron apoyando la mano en el hombro de Su Majestad; una aparente infracción del protocolo de los plebeyos con la realeza, aunque a la reina no pareció importarle porque a su vez deslizó el brazo alrededor de Michelle. Por otra parte, Michelle llevaba una chaqueta de punto sobre el vestido durante nuestro encuentro privado con la reina, lo que sumió a Fleet Street en el desconcierto.

—Tendrías que haberme hecho caso y llevar uno de esos sombreritos pequeños —le dije a la mañana siguiente—. ¡Y un bolsito a juego!

Ella me sonrió y me besó en la mejilla.

—Y yo espero que disfrutes de dormir en el sofá cuando volvamos a casa —dijo con alegría—. ¡En la Casa Blanca tienes muchos para elegir!

Los cinco días siguientes fueron un torbellino: una cumbre de la OTAN en Baden-Baden y en Estrasburgo; reuniones y discursos en la República Checa y Turquía; y una visita sorpresa a Irak, donde —aparte de agradecer su valor y sacrificio a una ruidosa reunión de tropas estadounidenses— tuve una consulta con el primer ministro Maliki sobre el plan de retirada y la transición de Irak hacia un Gobierno democrático.

Al final del viaje tenía todas las razones del mundo para sentirme muy bien. Habíamos conseguido un exitoso avance del programa estadounidense a nivel global. No había metido la pata ni una sola vez. Todas las personas de mi equipo de política exterior, desde los miembros del gabinete como Tim Geithner y Gates hasta el último miembro junior del equipo de avanzada habían hecho un trabajo extraordinario. Y lejos de tratar de ocultar su trato con Estados Unidos, los países que habíamos visitado parecían hambrientos de nuestro liderazgo.

Aun así, el viaje demostraba claramente que mi primer mandato iba a tener que dedicarse, más que a las nuevas iniciativas, a apagar fuegos previos a mi presidencia. En la cumbre de la OTAN, por ejemplo, pudimos asegurar el apoyo de la coalición para nuestra estrategia sobre Afganistán-Pakistán, pero solo después de escuchar a los líderes europeos enfatizar la vehemencia con la que sus sociedades se habían opuesto a la cooperación militar con Estados Unidos después de la invasión iraquí, y lo difícil que les iba a resultar reunir apoyo político para enviar más tropas. Los miembros de la OTAN de Europa central y oriental también estaban enervados con la Administración Bush por su tibia reacción ante la invasión rusa de Georgia, y se preguntaban si podían contar con la coalición para su propia defensa en el caso de una agresión rusa. Tenían su motivo: antes de la cumbre, me había sorprendido descubrir que la OTAN carecía de planes o capacidad de respuesta rápida para acudir en defensa de un aliado. Era solo un ejemplo más de un sucio secretito que descubría como presidente, el mismo que había aprendido repasando las tropas en Afganistán, el mismo que había aprendido el mundo tras la invasión de Irak: que a pesar de sus duras palabras, los halcones de la Administración Bush como Cheney y Rumsfeld habían sido sorprendentemente negligentes a la hora de respaldar su retórica con unas estrategias coherentes y efectivas. O como dijo Denis McDonough de manera muy elocuente: «Cada vez que uno abre un cajón de la Casa Blanca se encuentra un sándwich de mierda».

Hice lo que pude para apaciguar el asunto centroeuropeo proponiendo que la OTAN desarrollara planes de defensa individualizados para cada uno de sus miembros y afirmé que, en lo que concernía a nuestras obligaciones de defensa mutua, no deberíamos hacer distinciones entre los miembros sénior y junior de la coalición. Aquello implicaría más trabajo para nuestro estresado equipo y ejército, pero intenté que no me subiera demasiado la presión sanguínea. Me dije a mí mismo que todos los presidentes sienten que la Administración previa les ha endilgado sus decisiones y errores, que el 90 por ciento del trabajo era gestionar problemas heredados y crisis por venir. Solo si uno conseguía hacer eso lo bastante bien, con disciplina y sentido, tendría una oportunidad real de modelar el futuro.

Lo que sí me tenía preocupado al final del viaje no era tanto un asunto concreto como una impresión general: la sensación de que por distintas razones —algunas de nuestra competencia, otras que se escapaban a nuestro control— la esperanzada marea de la democratización, liberalización e integración que se había extendido por todo el planeta tras el final de la Guerra Fría ahora estaba empezando a retirarse, que esas viejas y oscuras fuerzas estaban ganando impulso, y que lo más probable era que las tensiones generadas por la prolongada recesión económica provocaran que las cosas fueran a peor.

Antes de la crisis financiera, por ejemplo, Turquía parecía ser una nación en alza, un caso de estudio de los efectos positivos de la globalización en las economías emergentes. A pesar de una historia de inestabilidad política y de golpes militares, el país de mayoría musulmana había estado fundamentalmente alineado con Occidente desde 1950, se había mantenido en la OTAN, había tenido elecciones regularmente, un sistema de mercado y una constitución civil que recogía principios modernos como la igualdad de derechos para las mujeres. Cuando su actual primer ministro, Recep Tayyip Erdogan, y su Partido de la Justicia y el Desarrollo, llegaron al poder en 2002-2003, enarbolando proclamas populistas y a veces abiertamente islamistas, la élite política laica de Turquía dominada por el ejército se inquietó. La simpatía declarada de Erdogan tanto por los Hermanos Musulmanes como por Hamás en su lucha por un Estado palestino independiente en concreto, había puesto nerviosos a Washington y a Tel Aviv. Y aun así, el Gobierno de Erdogan había acatado la constitución turca, cumplido con sus obligaciones con la OTAN, gestionado bien la economía y hasta iniciado una serie de pequeñas reformas para optar a ser un nuevo país miembro de la Unión Europea. Algunos observadores afirmaban que Erdogan podía llegar a ofrecer un modelo de islam plural político moderado y moderno, una alternativa a las autocracias, teocracias y movimientos extremistas que caracterizaban a la región.

En un discurso ante el Parlamento turco y en un encuentro con estudiantes del Istanbul College, intenté repetir ese mensaje optimista, pero mis conversaciones con Erdogan me hacían dudar. Durante la cumbre de la OTAN, el primer ministro turco había dado instrucciones a su equipo para que bloquearan el nombramiento del bien considerado primer ministro danés Anders Rasmussen como nuevo secretario general de la organización, y no porque pensara que este no estuviera capacitado, sino porque el Gobierno de Rasmussen había rechazado actuar a favor de la demanda turca de que censurara en 2005 la publicación de unas viñetas en las que se representaba al profeta Mahoma en un periódico danés. Los reclamos europeos a favor de la libertad de prensa habían dejado impasible a Erdogan, y solo cedió después de que yo le prometiera que Rasmussen tendría un suplente turco y le convenciese de que mi siguiente visita —y la opinión pública estadounidense sobre Turquía— se vería seriamente afectada si no se llevaba a cabo el nombramiento de Rasmussen.

Aquello estableció el patrón durante los siguientes ocho años. El interés mutuo impuso que Erdogan y yo desarrolláramos una relación de trabajo. Turquía buscaba a Estados Unidos para que apoyara su petición de ingreso en la Unión Europea, al mismo tiempo que ofrecía asistencia militar y de inteligencia para combatir a los separatistas kurdos que se habían reforzado tras la caída de Sadam Husein. Por nuestra parte, necesitábamos la cooperación turca para combatir el terrorismo y estabilizar Irak. Personalmente me pareció que el primer ministro fue cordial y respondió a mis peticiones, pero siempre que le escuchaba hablar, su alta figura un poco encorvada, aquella voz de contundente *staccato* que se alzaba una octava en respuesta a las diversas quejas o faltas de respeto, tenía la fuerte impresión de que su compromiso con la democracia y la soberanía de la ley duraría siempre y cuando él no perdiera su poder.

Mis dudas sobre la durabilidad de los valores democráticos no se limitaban solo a Turquía. Durante mi parada en Praga, unos cargos de la Unión Europea me habían manifestado su alarma por el ascenso de partidos de extrema derecha en toda Europa y por cómo la crisis económica estaba provocando un repunte del nacionalismo, de los sentimientos antinmigrantes y un escepticismo ante la integración. El presidente checo de turno, Václav Klaus, a quien hice una pequeña visita de cortesía, encarnaba algunas de esas tendencias. Declarado «euroescéptico» y en el cargo desde 2003, era a la vez un ardiente defensor del mercado libre y un admirador de Vladimir Putin. Y aunque tratamos de mantener un tono ligero durante nuestra conversación, lo que conocía de su historial público —que había apoyado intentos de censura en la televisión checa, que despreciaba los derechos de los gais y las lesbianas, y que era un notorio negacionista del cambio climático— no me dejaba particularmente esperanzado con respecto a las tendencias políticas en Europa central.

Era difícil saber cuánto iban a durar esas tendencias. Me dije a mí mismo que estaba en la naturaleza de las democracias —incluida la estadounidense— alternar entre periodos de cambio progresivo y de retracción conservadora. De hecho, lo llamativo era la facilidad con que Klaus habría encajado en un caucus republicano del Senado estadounidense, del mismo modo en que me podía imaginar perfectamente a Erdogan como una persona influyente en el concejo municipal de Chicago. Y no sabía decir si aquello me generaba tranquilidad o preocupación.

Pero no había viajado a Praga para evaluar el estado de la democracia. Más bien habíamos organizado mi único gran discurso público del viaje para exponer una gran iniciativa de política exterior: la reducción y posterior eliminación de las armas nucleares. Yo llevaba trabajando en ese asunto desde mi elección en el Senado, cuatro años antes, y aunque había algunos riesgos en promover lo que muchos consideraban una cruzada utópica, le dije a mi equipo que en cierto sentido ahí estaba el asunto; que hasta el avance más modesto requería una visión audaz y con perspectiva. Si había algo que quería legar a Malia y a Sasha era un mundo libre de la posibilidad de un apocalipsis a manos de la humanidad.

Había una segunda razón práctica para centrarme en el tema nuclear de una manera que iba a generar titulares en toda Europa: teníamos que encontrar un modo de impedir que Irán y Corea del Norte progresaran en sus programas nucleares. (De hecho, el día antes del discurso, Corea del Norte había lanzado un misil de largo alcance en el Pacífico, para llamar nuestra atención.) Ya era hora de redoblar la presión internacional sobre ambos países, incluidas sanciones económicas ejecutables; y sabía que aquello sería algo mucho más fácil de llevar a cabo si podía demostrar que Estados Unidos estaba interesado no solo en reiniciar el impulso global hacia el desarme, sino también en reducir activamente su propio arsenal nuclear.

La mañana del discurso me sentí satisfecho de haber enmarcado el tema nuclear con suficientes propuestas concretas y alcanzables para que dejara de parecer tan quijotesco. El día estaba despejado y el escenario era espectacular, una plaza de la ciudad con el viejo castillo de Praga —en su momento hogar de los reyes bohemios y los sacros emperadores romanos— emergiendo en el fondo. A medida que la Bestia enfilaba el camino por las estrechas y desiguales calles de la ciudad, pasamos junto a algunas de los miles de personas que se habían reunido para escuchar el discurso. Era gente de todas las edades, pero la mayoría de ellos checos jóvenes vestidos con vaqueros, jerséis, bufandas para protegerse de la fría brisa de primavera, con el rostro enrojecido y expectantes. Habían sido multitudes como esa, pensé, las que habían dispersado los tanques soviéticos al final de la Primavera de Praga en 1968; y en esas mismas calles, hacía solo veintiún años, en 1989, una multitud aún mayor de manifestantes habían acabado contra todo pronóstico con el régimen comunista.

En 1989 yo estaba en la facultad de Derecho. Recordaba estar sentado solo en mi apartamento del sótano a unos cuantos kilómetros de Harvard Square, pegado a mi televisor de segunda mano mientras veía cómo se desarrollaba lo que luego se conocería como la revolución de Terciopelo. Me recordaba cautivado por aquellas protestas y profundamente inspirado. Era el mismo sentimiento que había tenido hacía poco ese mismo año, mirando a aquella figura solitaria enfrentándose a los tanques de la plaza de Tiananmén, la misma inspiración que sentía cada vez que veía algún granuloso metraje de los Viajeros de la Libertad o a John Lewis y sus compañeros en la lucha por los derechos civiles marchando por el puente Edmund Pettus en Selma. Ver a personas de a pie sacudiéndose el miedo y las costumbres para actuar en defensa de sus creencias más profundas, ver a la gente joven arriesgándolo todo para poder influir en su propia vida, tratando de que el mundo se deshiciera de esas viejas crueldades, jerarquías, divisiones, falsedades e injusticias que limitan al espíritu humano... había comprendido que en eso era en lo que creía y de eso deseaba formar parte.

Aquella noche no pude dormir. En vez de leer los casos para la clase del día siguiente, me había quedado escribiendo en mi diario hasta altas horas de la noche, con la mente repleta de pensamientos acuciantes y a medio formar, inseguro acerca de cuál podía ser mi papel en aquella gran lucha global, pero sabiendo incluso entonces que la práctica de la abogacía no era más que un paso para mí, que mi corazón me iba a llevar a otra parte.

Sentía lo mismo que entonces. Mirando hacia fuera desde el asiento trasero de la limusina presidencial, preparándome para hacer una exposición que iba a ser televisada en todo el mundo, me di cuenta de que había una conexión directa, aunque por completo inverosímil, entre aquel momento y este otro. Yo era el producto de los sueños de aquel joven; y mientras nos deteníamos en la improvisada zona de espera tras el amplio escenario, una parte de mí se imaginó a sí mismo no tanto como el político en el que me había convertido como una de esas personas de la multitud, libre de compromisos con el poder, libre de la necesidad de adaptarse a hombres como Erdogan y Klaus, obligado solo a hacer causa común con aquellos que buscaban construir un mundo mejor.

Tras el discurso, tuve ocasión de hacer una visita a Václav Havel, dramaturgo y exdisidente que había sido presidente de la República Checa durante dos mandatos, hasta el 2003. Participante en la Primavera de Praga, *persona non grata* tras la ocupación soviética, habían prohibido sus libros y le habían encarcelado repetidamente por sus actividades políticas. Havel, tanto como el que más, había dado voz moral a los movimientos demócratas de base que habían acabado con la era soviética. Junto a Nelson Mandela y otro puñado de hombres de Estado aún con vida, había sido un modelo para mí en la distancia. Había leído sus ensayos cuando estaba en la facultad de Derecho y ver cómo mantenía su brújula moral incluso después de que los suyos se hubiesen hecho con el poder y él asumiese la presidencia, me había ayudado a convencerme de que era posible entrar en política y salir de ella con el alma intacta.

Nuestro encuentro fue breve por culpa de mis obligaciones. Havel tenía setenta y pocos años, pero parecía mucho más joven, tenía un aire modesto, un rostro cálido y arrugado, un oxidado pelo rubio y un bigote recortado. Después de posar para las fotografías y dirigirme a la prensa allí reunida, nos sentamos en una sala donde, con la ayuda de su intérprete personal, hablamos durante unos cuarenta y cinco minutos sobre la crisis financiera, Rusia y el futuro de Europa. A él le preocupaba que Estados Unidos pensara que los problemas de Europa estaban resueltos cuando, de hecho, en todos los antiguos países satélites de la Unión Soviética, el compromiso con la democracia era aún frágil. A medida que se desdibujaban los recuerdos del viejo régimen, y salían de la escena política los líderes que, como él, habían forjado relaciones con Estados Unidos, los peligros del antiliberalismo eran más reales.

«En cierto sentido los soviéticos simplificaron el dilema de quién era el enemigo —dijo Havel—. Los autócratas de hoy son más sofisticados. Defienden las elecciones al mismo tiempo que desprecian poco a poco las instituciones que hacen que la democracia sea posible. Luchan por el libre mercado, pero se implican en la misma corrupción, amiguismo y explotación que existía en el pasado.» Me confirmó que la presente crisis estaba alimentando las fuerzas del nacionalismo y el populismo extremista por todo el continente, y aunque estaba de acuerdo con mi estrategia de volver a tratar con Rusia, me advirtió de que la anexión del territorio de Georgia era el ejemplo más evidente de los esfuerzos de Putin por interferir e intimidar a toda la región. «Sin la atención de Estados Unidos —dijo— se debilitará la libertad aquí y en toda Europa.»

Se acabó nuestro tiempo. Agradecí a Havel el consejo y le aseguré que Estados Unidos no flaquearía en su promoción de los valores democráticos. Él sonrió y me dijo que esperaba no haber añadido más cargas a las que ya tenía.

«Has sido maldecido con la carga de las altas expectativas de la gente —dijo dándome la mano—. Eso implica que les decepcionarás pronto. Es algo que me resulta muy conocido. Me temo que puede ser una trampa.»

Siete días después de haber salido de Washington, mi equipo subió de vuelta al Air Force One, agotado y dispuesto a regresar. Yo estaba en la cabina delantera, a punto de conciliar el sueño cuando Jim Jones y Tom Donilon entraron para informarme de una situación que implicaba algo con lo que no me había relacionado en la vida.

—¿Piratas?

—Piratas, señor presidente —dijo Jones—, de la costa de Somalia. Han abordado un carguero con capitán estadounidense y parece que tienen a la tripulación de rehén.

No era un problema nuevo. Durante décadas, Somalia había sido un Estado fallido, un país en el cuerno de África despiezado y repartido entre varios señores de la guerra, clanes y, más recientemente, una despiadada organización terrorista llamada Al Shabab. Sin el beneficio de una economía normal, unas bandas de jóvenes sin empleo pertrechados con esquifes a motor, AK-47 y escalerillas artesanales se apoderaban de embarcaciones comerciales de cargo que pasaban por la concurrida ruta que conectaba Asia con Occidente a través del canal de Suez y las retenían para pedir rescates. Era la primera vez que se veía implicada una embarcación con bandera estadounidense. No teníamos ninguna señal de que los cuatro somalíes hubiesen herido a ninguno de los miembros de la tripulación de veinte personas, pero el secretario Gates había ordenado al destructor USS Bainbridge y a la fragata USS Halyburton que se desplazaran a la zona, y esperaban tener el barco secuestrado a la vista para cuando llegásemos a Washington.

—Le despertaremos, señor, si ocurre cualquier cosa —dijo Jones.

—De acuerdo —dije, sintiendo cómo el agotamiento de los últimos días empezaba a asentarse en los huesos—. Avisadme también si llegan las langostas. O la peste.

—¿Perdón? —dijo Jones tras una pausa.

—Solo bromeaba, Jim. Buenas noches.

15

Nuestro equipo de seguridad nacional se pasó los siguientes cuatro días absorto en el drama que se desarrollaba en la costa de Somalia. La tripulación del carguero Maersk Alabama reaccionó con rapidez y se las arregló para inhabilitar el motor del buque y la mayoría de ellos se escondieron en una sala de seguridad antes de que lo abordaran los piratas. Mientras tanto, el capitán estadounidense, un hombre valiente y sensato de Vermont llamado Richard Phillips, permaneció en el puente de mando. Con la embarcación de 154 metros inutilizada y su pequeño esquife en mal estado para navegar, los somalíes decidieron darse a la fuga en un pequeño bote salvavidas cubierto, se llevaron a Phillips y pidieron dos millones de dólares de rescate. Y aunque uno de los secuestradores se rindió, las negociaciones para liberar al capitán estadounidense no avanzaban. El drama no hizo más que agudizarse cuando Phillips intentó escapar saltando por la borda. Lo único que consiguió fue que volvieran a capturarlo.

Con una situación cada vez más tensa, emití la orden permanente de disparar a los piratas somalíes en cualquier momento si parecía que Phillips se encontraba en un riesgo inminente. Por fin, al quinto día se resolvió la situación: en plena noche, cuando dos de los secuestradores somalíes salieron al descubierto, se pudo ver a través de una pequeña ventana que el otro apuntaba al capitán estadounidense con un arma, por lo que los francotiradores SEAL del Cuerpo de Marines hicieron tres disparos. Los piratas murieron. Phillips quedó libre.

Las noticias generaron una ola de felicitaciones por toda la Casa Blanca. El titular de *The Washington Post* declaraba: «Primera victoria militar para Obama». Pero aunque me sentí aliviado al ver al capitán

Phillips reuniéndose con su familia, y orgulloso de nuestro Cuerpo de Marines por el modo en que habían manejado la situación, no estaba dispuesto a darme golpes de pecho por el episodio. En parte por el simple reconocimiento de que la línea que separaba el éxito del desastre total había sido de apenas unos pocos centímetros; tres balas que habían alcanzado su objetivo en la oscuridad en vez de hundirse por muy poco en una inesperada ola del mar. Pero también porque me daba cuenta de que por todo el mundo, en lugares como Yemen o Afganistán, Pakistán o Irak, la vida de miles de jóvenes como aquellos tres somalíes (en realidad casi niños, calculamos que el mayor de los piratas tenía diecinueve años) se torcía y se truncaba constantemente por la desesperación, la ignorancia, los sueños de gloria religiosa, la violencia del entorno o los planes de otros adultos. Esos jóvenes eran peligrosos, muchas veces intencionada y despreocupadamente crueles. En conjunto, al menos, quería salvarles de alguna manera; hacer que fueran a la escuela, darles un oficio, vaciarles del odio con el que les habían llenado la cabeza. Sin embargo, el mundo del que ellos formaban parte y la maquinaria que yo dirigía me llevaba, con más frecuencia, a matarles.

No era una sorpresa que una parte de mi trabajo implicara ordenar que matasen personas, pero rara vez se presentaba de esa forma. Luchar contra los terroristas —«en su línea de diez yardas, no en la nuestra», como le gustaba decir a Gates— había brindado todos los argumentos que habían justificado las guerras en Irak y Afganistán. Pero como Al Qaeda se había dispersado y recluido en la clandestinidad haciendo metástasis en una compleja red de socios, agentes, células durmientes y simpatizantes conectados a través de internet y de móviles desechables, nuestros cuerpos de seguridad nacional se habían visto obligados a elaborar nuevas formas de combate armado más precisas, no tradicionales, que incluían el manejo de un arsenal de drones letales para acabar con los efectivos de Al Qaeda dentro del territorio de Pakistán. La Agencia de Seguridad Nacional, ya entonces la organización de inteligencia electrónica más sofisticada del mundo, utilizó nuevos superordenadores y tecnología de desciframiento valorada en miles de millones de dólares para rastrear el ciberespacio en busca de mensajes entre terroristas y potenciales amenazas. El JSOC, conducido por comandos SEAL del Cuerpo de Marines y fuerzas especiales del ejército, llevaban a cabo redadas nocturnas y capturaban sospechosos de terrorismo casi siempre dentro —aunque a veces también fuera— de las zonas de guerra de Irak y Afganistán. Y la CIA desarrolló nuevas formas de análisis y recopilación de inteligencia.

La Casa Blanca también se reorganizó para gestionar la amenaza terrorista. Todos los meses presidía un encuentro en la sala de Crisis en el que reunía a todas las agencias de inteligencia para revisar los últimos avances y asegurar la coordinación. La Administración Bush había elaborado una clasificación de objetivos terroristas, una suerte de «top 20» completada con fotos, información sobre los alias y estadísticas básicas, como en los cromos de béisbol. Por lo general, cada vez que se daba de baja a alguna amenaza de la lista, se agregaba un nuevo objetivo, lo que llevó a Rahm a afirmar que «al Departamento de Recursos Humanos de Al Qaeda le debía de estar costando cubrir la vacante 21». De hecho, mi hiperactivo jefe de gabinete —que llevaba suficiente tiempo en Washington para saber que su nuevo y progresista presidente no se podía permitir el lujo de mostrarse suave frente al terrorismo— estaba obsesionado con la lista y arrinconaba a los responsables de nuestras operaciones de localización de objetivos para que averiguaran por qué se estaba tardando tanto en encontrar al número 10 o al 14.

Nada de todo eso me producía ninguna alegría. No me hacía sentir poderoso. Me había metido en política para ayudar a que los niños tuvieran una mejor educación, para conseguir que las familias tuvieran asistencia médica, para que los países pobres cultivaran más alimentos; ese era la clase de poder con el que medía mis logros.

Pero había que hacer el trabajo y mi responsabilidad consistía en asegurar que nuestras operaciones fueran lo más eficaces posible. Además, a diferencia de algunas personas de izquierdas, yo jamás suscribí una condena total de la forma en que la Administración Bush había gestionado la lucha antiterrorista. Había visto lo suficiente en cuestiones de inteligencia para saber que Al Qaeda y sus aliados no paraban de idear crímenes horribles contra gente inocente. Sus miembros no estaban abiertos a negociaciones ni se regían por las normas habituales de combate. Impedir sus planes y erradicarlos era una tarea extraordinariamente compleja. En las jornadas subsiguientes al 11-S, el presidente Bush había hecho algunas cosas bien, como reprimir con rapidez y consistencia los sentimientos antislámicos en Estados Unidos —un gran logro dada la historia de nuestro país con el macartismo y los campos de concentración para japoneses— y movilizar el apoyo internacional para la primera campaña afgana. Incluso algunos programas controvertidos de la Administración Bush, como la Ley Patriótica, que yo mismo había criticado, me parecían ahora más bien herramientas de las que podía abusarse que violaciones indiscriminadas a las libertades civiles en Estados Unidos.

La forma en que la Administración Bush había influido en la opinión pública para que apoyara la invasión a Irak (por no mencionar su uso del terrorismo como arma política en las elecciones de 2004) había sido más condenable. Y como es lógico, en mi opinión, la mera invasión había sido una equivocación estratégica equiparable al error de Vietnam décadas antes. Pero lo cierto es que las guerras en Irak y Afganistán no habían implicado el bombardeo indiscriminado ni puesto en el blanco a civiles de la manera en que se había hecho en guerras «justas», como la Segunda Guerra Mundial. Con notorias excepciones, como la de Abu Ghraib, nuestros soldados en el terreno habían mostrado un altísimo grado de disciplina y profesionalidad.

A mi juicio, mi trabajo consistía en arreglar aquellos aspectos de la lucha contra el terrorismo que había que mejorar y no tanto en arrancar las raíces y cortar las ramas para empezar de cero. Uno de ellos era cerrar el centro militar de detención de la Bahía de Guantánamo para frenar de una vez el flujo constante de prisioneros ubicados allí en reclusión indefinida. Otro asunto a resolver era emitir la orden ejecutiva para poner fin a la tortura. A pesar de que en las sesiones informativas de la transición me habían asegurado que las entregas extrajudiciales y los «interrogatorios mejorados» se habían suspendido durante el segundo mandato del presidente Bush, la forma hipócrita, displicente y en ocasiones absurda con la que algunos altos rangos de administraciones anteriores me describían esas prácticas («Siempre había un médico presente para asegurar que el sospechoso no sufriera un daño permanente o muriera»), me convencieron de la necesidad de establecer unos límites claros. Por encima de todo, mi prioridad era crear sólidos sistemas de transparencia, rendición de cuentas y supervisión que incluyeran al Congreso y a la judicatura, y que proveyeran un marco legal creíble a lo que por desgracia se sospechaba que sería una lucha a largo plazo. Para lograrlo necesitaba la mirada fresca y la actitud crítica de los abogados, en su mayoría progresistas, que trabajaban conmigo en las oficinas de asesoría de la

Casa Blanca, el Pentágono, la CIA y el Departamento de Estado. Pero también necesitaba a alguien que hubiera actuado en el frente de la lucha antiterrorista de Estados Unidos, alguien que me ayudara a revisar los distintos compromisos que sin duda había que alcanzar, y a penetrar en lo más profundo del sistema para asegurarnos de que efectivamente se producían esos cambios necesarios.

Esa persona era John Brennan. A sus cincuenta y pocos años, de cabello fino y canoso, con la cadera lastimada (a consecuencia de abusar de los mates cuando jugaba al baloncesto en el instituto), y la cara de un boxeador irlandés, se había interesado por cuestiones árabes cuando estaba en la universidad, había estudiado en la Universidad Americana en El Cairo y se había unido a la CIA en 1980 respondiendo a un anuncio publicado en *The New York Times*. Los siguientes veinticinco años los había pasado en la agencia como comisionado de inteligencia, jefe de estación en Oriente Próximo y, finalmente, como subdirector ejecutivo con el presidente Bush, encargado de organizar la unidad integral antiterrorista de la agencia tras el 11-S.

A pesar de su currículo y de su aspecto de tipo duro, lo que más me impresionaba de Brennan eran su seriedad y la ausencia en él de bravuconería (aparte de la incongruencia de la amabilidad de su voz). Si bien su compromiso con la destrucción de Al Qaeda y otras organizaciones similares era inquebrantable, sentía el suficiente respeto por la cultura islámica y las complejidades de Oriente Próximo para saber que semejante tarea no se lograría solo disparando armas y lanzando bombas. Cuando me dijo que se había opuesto a los ahogamientos simulados y a otros mecanismos para «mejorar los interrogatorios» autorizados por su jefe, le creí. Y estaba convencido de que su credibilidad entre la comunidad de inteligencia me iba a resultar muy valiosa.

Aun así, Brennan había formado parte de la agencia mientras se realizaban los ahogamientos simulados, y esa asociación lo incapacitaba como mi primer director de la CIA. A cambio le ofrecí el cargo público de asesor adjunto en cuestiones de seguridad nacional para seguridad interna y antiterrorismo. «Tu trabajo —le dije— será ayudarme a proteger este país de manera consecuente con nuestros valores, y asegurarte de que todo el mundo hace lo mismo. ¿Puedes hacerlo?» Me contestó que sí.

Durante los siguientes cuatro años, John Brennan cumpliría esa promesa, ayudándonos a gestionar nuestros intentos de reforma y actuando como mi intermediario ante la burocracia de la CIA, por momentos escéptica y resistente. Además compartía mi carga de saber que cualquier error que cometiéramos podía costar la vida de personas, y ese era el motivo por el que se le veía trabajando estoicamente en una oficina sin ventanas en el Ala Oeste, justo debajo del despacho Oval, durante fines de semana y festivos, despierto mientras los demás dormían, estudiando con atención cada informe de inteligencia con una intensidad tan ceñuda y terca que la gente de la Casa Blanca le apodó el Centinela.

Enseguida resultó evidente que dejar atrás los efectos colaterales de las prácticas antiterroristas previas e instaurar unas nuevas donde fuera necesario iba a ser un trabajo lento y doloroso. Cerrar el centro militar de detención de la Bahía de Guantánamo implicaba encontrar otros medios para retener y procesar legalmente tanto a los actuales detenidos como a cualquier terrorista que capturáramos en el futuro. Apurado por un conjunto de solicitudes que, apelando a la Ley por la Libertad de la Información, se habían abierto camino hasta los tribunales, tuve que decidir qué documentos relacionados con los ahogamientos simulados y programas de entrega de la CIA de la era Bush debían ser desclasificados (opté por decir que sí a las circulares legales que justificaban esas prácticas —ya que tanto las circulares como los programas en sí eran ampliamente conocidos— y no a las fotografías de las prácticas en sí, porque el Pentágono y el Departamento de Estado temían que desencadenara la indignación internacional y pusieran a nuestros soldados y diplomáticos en peligro). Los equipos legales y el personal de seguridad nacional se esforzaron para encontrar la forma de instaurar una mayor supervisión judicial y del Congreso en la lucha antiterrorista, y para cumplir con nuestras obligaciones de transparencia sin poner sobre aviso a los terroristas suscritos a *The New York Times*.

En vez de seguir con lo que a los ojos del mundo habría parecido un puñado de decisiones puntuales de política exterior, decidimos que daría un par de discursos sobre nuestra lucha antiterrorista. En el primero, orientado principalmente al público interno, insistiría en que la seguridad estadounidense a largo plazo dependía de la fidelidad a nuestra Constitución y al imperio de la ley, y admitiría que en las secuelas directas del 11-S no habíamos cumplido siempre con esos patrones, así como a exponer cómo mi Administración pensaba abordar la lucha contra el terrorismo. El segundo, programado para darlo en El Cairo, estaría dirigido a una audiencia internacional; en concreto, a los musulmanes de todo el mundo. Durante la campaña había prometido que daría un discurso así, y aunque con todo lo que estaba pasando algunos miembros de mi equipo sugirieron cancelarlo, le dije a Rahm que no era una opción echarnos atrás. «Puede que no cambiemos la actitud de esos países de la noche a la mañana —le dije—, pero si no hablamos honestamente sobre las fuentes de tensión entre Occidente y el mundo musulmán, y no describimos el aspecto que podría tener una coexistencia pacífica, nos vamos a pasar los próximos treinta años luchando en guerras en esa zona.»

Para ayudarme a escribir ambos discursos recluté el enorme talento de Ben Rhodes, mi redactor de discursos en el Consejo de Seguridad Nacional de treinta y un años, y pronto asesor adjunto en seguridad nacional para comunicación estratégica. Si Brennan representaba a alguien capaz de actuar como intermediario entre el aparato de la seguridad nacional y yo, Ben me conectaba con mi lado más juvenil e idealista. Criado en Manhattan por una madre judía progresista y un padre abogado de Texas, ambos con puestos en el Gobierno durante la era Lyndon Johnson, estaba estudiando un máster en Escritura Creativa en la Universidad de Nueva York cuando sucedió el 11-S. Impulsado por la indignación patriótica, Ben se dirigió a Washington para ver si encontraba alguna manera de prestar servicio, y finalmente consiguió trabajo con un congresista de Indiana, Lee Hamilton, y ayudó a redactar en 2006 el influyente informe del Grupo de Estudio de Irak.

De baja estatura y prematuramente calvo, con unas cejas oscuras que parecían eternamente ceñudas, a Ben le habían lanzado sin miramientos a lo más hondo de la piscina, y nuestro equipo de campaña, escaso de personal, le había pedido sin descanso informes de la situación, comunicados de prensa e importantes discursos. Hubo algunas dificultades iniciales: en Berlín, por ejemplo, él y Favs habían encontrado una frase preciosa en alemán —«comunidad del destino»— para unir los distintos temas de mi único gran discurso preelectoral en el extranjero, hasta que un par de horas antes de subir al escenario descubrieron que Hitler había utilizado esa misma expresión en uno de sus primeros discursos ante el Reichstag, el Parlamento alemán. («Tal vez no surta el efecto que estás buscando», dijo Reggie Love sin expresión alguna, yo me reí a carcajadas mientras Ben se ponía colorado.) A pesar de su juventud, a Ben no le temblaba el pulso a la hora de ponderar alguna medida o contradecir a alguno de mis asesores sénior con una inteligencia aguda y una obstinada honestidad aligeradas por un humor autocrítico y un sano sentido de la ironía. Tenía la sensibilidad de un escritor, algo que compartíamos y que fue la base de una relación no muy distinta a la que había desarrollado con Favs; podía pasarme una hora con Ben dictándole mis argumentos sobre alguna cuestión y contar con que unos días más tarde me iba a traer un borrador que no solo había logrado captar mi tono, sino que además había canalizado algo más esencial: la piedra angular de mi visión del mundo, a veces hasta mis sentimientos.

Resolvimos juntos bastante rápido el discurso sobre la lucha antiterrorista, aunque Ben me comentó que cada vez que mandaba un borrador al Pentágono o a la CIA para que se lo comentaran, regresaba editado, con todas las palabras, propuestas o descripciones que se pudieran considerar remotamente controvertidas o críticas con prácticas como la tortura, tachadas en rojo; gestos de resistencia no muy sutiles de funcionarios de carrera, muchos de los cuales habían llegado a Washington con la Administración Bush. Le dije a Ben que ignorara la mayor parte de sus sugerencias. El 21 de mayo di el discurso en los Archivos Nacionales, de pie junto a las copias originales de la Declaración de Independencia, la Constitución y la Declaración de Derechos, por si aún había alguien dentro o fuera del Gobierno que no lo había entendido.

El «discurso musulmán», como empezamos a llamar al segundo discurso importante, era más complejo. Dejando al margen los retratos negativos de terroristas y jeques del petróleo que salían en las noticias o en las películas, la mayor parte de los estadounidenses sabía muy poco del islam. Por otro lado, las encuestas demostraban que los musulmanes de todo el mundo pensaban que Estados Unidos era hostil a su religión, y que nuestra política en Oriente Próximo no se basaba en el interés por mejorar la vida de las personas sino más bien en mantener el suministro de petróleo, matar a terroristas y proteger a Israel. Debido a esa brecha, le dije a Ben que el discurso tenía que centrarse menos en resumir las nuevas políticas y estar más orientado a que se entendieran ambas partes. Eso implicaba reconocer las extraordinarias contribuciones de la civilización islámica al desarrollo de las matemáticas, las ciencias y el arte, así como aceptar el papel que el colonialismo había desempeñado en algunas de las luchas actuales de Oriente Próximo. Implicaba admitir la indiferencia que Estados Unidos había mostrado en el pasado frente a la corrupción y la opresión en la región, y también nuestra complicidad en el derrocamiento del Gobierno democráticamente elegido en Irán durante la Guerra Fría, al igual que las dolorosas humillaciones que habían sufrido los palestinos que vivían en los territorios ocupados. Escuchar esa historia elemental de labios de un presidente de Estados Unidos iba a sorprender a mucha gente, pensé, y tal vez podía abrirles la mente a otras verdades más difíciles: que el fundamentalismo islámico que había dominado gran parte del mundo musulmán era incompatible con la actitud abierta y tolerante que alimentaba el progreso moderno; que con frecuencia los líderes musulmanes alentaban proclamas contra Occidente de manera deshonesta para distraer la atención sobre sus propios errores; que el Estado palestino solo se lograría mediante la negociación y el acuerdo mutuo y no mediante el llamamiento a la violencia y el antisemitismo; que ninguna sociedad puede llegar a ser verdaderamente exitosa si reprime a sus mujeres de modo sistemático.

Todavía estábamos trabajando en el discurso cuando aterrizamos en Riad, Arabia Saudí, donde tenía una reunión con el rey Abdalá bin Abdulaziz al-Saúd, guardián de las Sagradas Mezquitas (de La Meca y La Medina) y el líder más poderoso del mundo árabe. Nunca antes había puesto un pie en el reino y lo primero que noté en la fastuosa ceremonia de bienvenida en el aeropuerto fue la completa ausencia de mujeres o niños en la pista y en la terminal; solo se veían filas de hombres de bigotes negros en uniformes militares o con el *thaub* y la *kufiyya* tradicionales. Como es lógico, aquello era lo esperable, así se hacían las cosas en el Golfo. Pero cuando subí a la Bestia, seguía impresionado por la sensación opresiva y triste que provocaba un sitio con tanta segregación, como si de repente hubiese entrado en un mundo en el que se hubieran apagado todos los colores.

El rey lo había organizado todo para que mi equipo y yo nos hospedáramos en su rancho de caballos a las afueras de Riad, y mientras nuestra caravana y la escolta policial avanzaban a toda velocidad por una carretera amplia e impecable bajo un pálido sol, y los enormes edificios gubernamentales sin adornos, las mezquitas, las tiendas y los concesionarios de coches de lujo daban paso bruscamente al áspero desierto, pensé en lo poco que el islam de Arabia Saudí recordaba a la versión de la fe que había presenciado en mi infancia, cuando vivíamos en Indonesia. En las décadas de 1960 y 1970 en Yakarta, el islam ocupaba más o menos el mismo lugar en la cultura local que el cristianismo en cualquier ciudad o pueblo medio de Estados Unidos: relevante, pero no dominante. La llamada a la oración del muecín marcaba el ritmo de los días; las bodas y funerales cumplían con los rituales prescritos por la fe; las actividades se reducían en los meses de ayuno, y podía llegar a ser difícil encontrar cerdo en la carta de los restaurantes. Por lo demás, la gente vivía su vida, las mujeres llevaban falda corta y tacón en sus vespas para ir a trabajar a la oficina, los niños y las niñas volaban cometas, y había jóvenes de pelo largo que bailaban al son de los Beatles y los Jackson 5 en la discoteca local. Los musulmanes eran esencialmente indistinguibles de los cristianos, los hindúes o los agnósticos con estudios universitarios, como mi padrastro; se apiñaban en los atestados autobuses de Yakarta, llenaban las salas de cine con la última película de kung fu, fumaban en los bares de carretera y caminaban por las ruidosas calles. En aquel entonces había pocos abiertamente religiosos, y cuando no eran objeto de burla, al menos se les dejaba al margen como a los Testigos de Jehová que reparten panfletos en los barrios de Chicago.

Arabia Saudí fue siempre distinta. Abdulaziz bin Saúd, primer monarca de la nación y padre del rey Abdalá, había iniciado su reinado en 1932 profundamente influenciado por las enseñanzas del clérigo del siglo XVIII Muhámad ibn Abd-al-Wahab. Los seguidores de este se jactaban de practicar una versión pura del islam, consideraban herético el islam de los chiíes y suníes, y cumplían dogmas religiosos considerados conservadores hasta para los patrones de la cultura árabe tradicional: la segregación por género, la elusión del contacto con personas no musulmanas, el rechazo del arte y la música mundana y otros pasatiempos que pudieran distraer de la fe. Después de la Primera Guerra Mundial, tras la caída del Imperio otomano, Abdulaziz consolidó su poder frente a los clanes árabes rivales y fundó la Arabia Saudí moderna siguiendo los principios de Wahab. Tanto su conquista de La Meca —lugar de nacimiento del profeta Mahoma y destino de todos los peregrinos musulmanes que buscan cumplir con los cinco pilares del islam— como la conquista de la ciudad de Medina, le otorgaron una plataforma desde la que ejercer una influencia desproporcionada sobre la doctrina islámica en todo el mundo.

El descubrimiento de los yacimientos petrolíferos saudíes y la incalculable riqueza que conllevaron, provocaron que esa influencia creciera aún más. Pero también pusieron de manifiesto las contradicciones de sostener prácticas ultraconservadoras en un mundo en rápido proceso de modernización. Abdulaziz necesitaba tecnología estadounidense, conocimiento técnico y canales de distribución para explotar el tesoro recién descubierto del reino, así como formar una alianza con Estados Unidos para conseguir armas modernas con el objetivo de asegurar los yacimientos frente a los estados enemigos. Los miembros de la amplia familia real contrataban a empresas occidentales para que gestionaran sus formidables propiedades y enviaban a sus hijos a Cambridge y a Harvard para que aprendieran una moderna dirección de empresas. Los jóvenes príncipes descubrieron los atractivos de las villas francesas, de los clubes nocturnos de Londres y de las casas de apuestas en Las Vegas.

Algunas veces me he preguntado si en algún momento la monarquía saudí reconsideró sus compromisos políticos, si se dio cuenta de que el fundamentalismo de Wahab —al igual que todas las formas de absolutismo religioso— era incompatible con la modernidad, y si llegó a plantearse utilizar su riqueza y autoridad para guiar al islam en una dirección más amable, más tolerante. Probablemente, no. Las viejas costumbres estaban demasiado arraigadas, y a medida que las tensiones con los fundamentalistas crecían a finales de la década de 1970, la realeza debió de llegar a la acertada conclusión de que una reforma religiosa inevitablemente conllevaría también una incómoda reforma política y económica.

En su lugar, y para evitar el tipo de revolución que se había instaurado en la cercana república islámica de Irán, la monarquía saudí llegó a un acuerdo con sus clérigos más radicales. A cambio de que legitimaran el control absoluto de la Casa de Saúd sobre la economía y el Gobierno nacional (y estuvieran dispuestos a mirar hacia otro lado cada vez que los miembros de la familia real sucumbieran a ciertas indiscreciones), a los clérigos y a la policía religiosa se les otorgó la autoridad para regular las interacciones sociales cotidianas, determinar qué se enseñaba en las es-

433

cuelas, e infligir castigos a quienes violaran los decretos religiosos; desde azotes públicos o amputaciones de manos hasta auténticas crucifixiones. Pero lo más importante es que la familia real entregaba miles de millones de dólares a esos mismos clérigos para que construyeran mezquitas y madrazas por todo el mundo sunita. Como resultado, de Pakistán a Egipto, Mali o Indonesia, el fundamentalismo fue en aumento, la tolerancia a distintas prácticas islámicas fue cada vez menor, los impulsos por imponer gobiernos islámicos fueron cada vez más ruidosos y los llamamientos a una purga de la influencia occidental en los territorios islámicos —mediante el uso de la violencia si era necesario— se volvieron cada vez más recurrentes. La monarquía saudí se podía sentir satisfecha de haber evitado una revolución al estilo iraní, tanto dentro de sus fronteras como entre sus socios del Golfo (aunque mantener ese orden seguía requiriendo de un sistema de seguridad interna represivo y una amplia censura en los medios). Pero lo hizo a costa de acelerar un movimiento fundamentalista trasnacional que despreciaba las influencias occidentales, sospechaba del flirteo saudí con Estados Unidos y servía como laboratorio para la radicalización de muchos jóvenes musulmanes: hombres como Osama bin Laden, hijo de un importante hombre de negocios saudí cercano a la familia real, y los quince saudíes que, junto a otros cuatro radicales, planearon y ejecutaron los ataques del 11-S.

La palabra «rancho» resultó ser poco apropiada. Con sus enormes terrenos y sus numerosas villas equipadas con tuberías de oro, candelabros de cristal y muebles de lujo, el recinto del rey Abdalá parecía un Four Seasons en medio del desierto. El propio rey —un octogenario con bigote y barba negros azabache (la vanidad masculina parece ser el denominador común de todos los líderes mundiales)— me recibió calurosamente en la entrada a lo que parecía ser la residencia principal. A su lado estaba el embajador saudí en Estados Unidos, Adel al-Jubeir, un diplomático sin barba educado en Estados Unidos, cuyo impecable inglés, modales elegantes, destreza para las relaciones públicas y buenos contactos en Washington lo habían convertido en la persona clave en las tentativas del reino por controlar los daños tras el 11-S.

Aquel día el rey estaba de buen ánimo y con al-Jubeir como intérprete evocó con afecto la reunión entre su padre y Franklin Delano

Roosevelt en 1945 a bordo del USS Quincy, hizo énfasis en el gran valor que daba a la alianza entre Estados Unidos y Arabia Saudí y describió la satisfacción que sintió al ver que yo había sido elegido presidente. Estaba de acuerdo con la idea de mi próximo discurso en El Cairo, insistió en que el islam es una religión de paz e hizo referencia al trabajo que él había hecho personalmente por fortalecer el diálogo interreligioso. También me aseguró que el reino iba a trabajar con mis asesores económicos para asegurar que los precios del petróleo no impidieran la recuperación poscrisis.

Pero cuando llegamos a mis dos peticiones concretas —que el reino y otros miembros de la Liga Árabe consideraran tener un gesto con Israel que ayudara a poner en marcha las conversaciones de paz con los palestinos, y que nuestros equipos discutieran las posibles transferencias de algunos prisioneros del centro militar de detención de la Bahía de Guantánamo a centros de rehabilitación saudíes— el rey se mostró evasivo, claramente cauteloso ante posibles controversias.

La conversación se relajó durante el banquete que al mediodía el rey ofreció a nuestra delegación. Fue fastuoso, como salido de un cuento de hadas, con una mesa de quince metros repleta de cordero asado, montañas de arroz con azafrán y todo tipo de exquisiteces típicas y occidentales. De las casi sesenta personas que estaban comiendo, mi directora de Programación, Alyssa Mastromonaco, y mi asesora sénior, Valerie Jarrett, eran dos de las tres mujeres presentes. Alyssa parecía bastante alegre conversando con funcionarios saudíes al otro lado de la mesa, aunque tenía ciertas dificultades para que el pañuelo que llevaba a la cabeza no se le cayera en la sopa. El rey me preguntó por mi familia y le conté que Michelle y las niñas se estaban adaptando a la vida en la Casa Blanca. Me explicó que él tenía doce esposas —la prensa decía que ese número era más cercano a treinta—, cuarenta hijos y decenas de nietos y biznietos.

—Espero que no le moleste la pregunta, su majestad —dije—, pero ¿cómo les sigue el ritmo a doce esposas?

—Muy mal —me contestó negando con la cabeza en un gesto de cansancio—. Siempre hay alguna que está celosa de las demás. Es más complicado que hacer política en Oriente Próximo.

Más tarde, Ben y Denis vinieron a la villa en la que me hospedaba para comentar las últimas correcciones al discurso de El Cairo. Antes de que nos sentáramos a trabajar, vi un gran maletín en la repisa. Abrí los pestillos y levanté la parte de arriba. A un lado había una gran escena del desierto con figuritas de oro en miniatura sobre una base de mármol, y un reloj de cristal que funcionaba según los cambios de temperatura. Al otro lado, en un estuche de terciopelo, había un collar la mitad de largo que una cadena de bicicleta, con incrustaciones de lo que parecían ser cientos de miles de dólares en rubíes y diamantes, y un anillo y pendientes a juego. Levanté los ojos y miré a Ben y a Denis.

«Un detallito para su esposa —dijo Denis, y me contó que algunas personas de la delegación habían encontrado estuches con relojes caros en sus habitaciones—. Parece que nadie les había comentado a los saudíes que tenemos prohibido aceptar regalos.»

Mientras sostenía la pesada joya me pregunté cuántas veces ese tipo de obsequios habían sido entregados discretamente a otros mandatarios durante sus visitas oficiales al reino; mandatarios cuyos países no tenían reglas que prohibieran aceptar obsequios, o al menos no de forma obligatoria. Volví a pensar en los piratas somalíes a los que había dado la orden de ejecutar, todos musulmanes, y en tantos jóvenes como ellos que estaban al otro lado de la cercana frontera con Yemen e Irak, o en Egipto, Jordania, Afganistán y Pakistán, cuyos ingresos de toda la vida probablemente jamás rozarían el costo del collar que sostenía en las manos. Bastaba radicalizar al 1 por ciento de esos hombres para hacerse con un ejército de medio millón de personas dispuestas a morir por la gloria eterna, o tal vez apenas por una pequeña muestra de algo mejor.

Puse el collar en el estuche y lo cerré.

«Muy bien —dije—. A trabajar.»

La zona metropolitana de El Cairo tenía más de dieciséis millones de habitantes. Al día siguiente no vimos ni a uno solo en el camino desde el aeropuerto. Las famosas calles caóticas estaban por completo vacías durante kilómetros, a excepción de los oficiales de policía que hacían guardia por todas partes, testimonio del extraordinario control que ejercía el presidente egipcio Hosni Mubarak, y del hecho de que un presidente estadounidense era un objetivo tentador para los grupos extremistas locales.

Si la tradicionalista monarquía de Arabia Saudí representaba una de las alternativas de Gobierno árabe actual, el autoritario régimen de Egipto representaba la otra. A comienzos de la década de 1950, un coronel del ejército carismático y urbanita llamado Gamal Abdel Nasser organizó un golpe de Estado militar contra la monarquía egipcia e instauró un Estado secular de partido único. Poco después, nacionalizó el canal de Suez, venciendo los intentos de intervención militar por parte de ingleses y franceses, lo que le convirtió con diferencia en una figura internacional en la lucha contra el colonialismo y en el líder más popular del mundo árabe.

Nasser siguió avanzando con la nacionalización de industrias clave, inició una reforma agraria doméstica y promovió enormes proyectos de obras públicas, todo con el objetivo de eliminar los vestigios tanto del Gobierno inglés como del pasado feudal de Egipto. En el extranjero, promovió activamente un nacionalismo panarábico secular, ligeramente socialista, perdió una guerra contra los israelíes, ayudó a formar la Organización para la Liberación de Palestina y la Liga Árabe, y se convirtió en uno de los miembros fundadores del Movimiento de Países no Alineados, que en apariencia se negaba a tomar partido en la Guerra Fría pero que suscitaba las sospechas y la cólera de Washington, en parte porque Nasser aceptaba ayuda económica y militar de los soviéticos. Además, acabó sin piedad con la disidencia y la formación de partidos políticos rivales en Egipto, centrándose sobre todo en los Hermanos Musulmanes, un grupo que buscaba establecer un Gobierno islamista mediante la movilización política comunitaria y las obras de caridad, pero que incluía miembros que a veces recurrían a la violencia.

El estilo de gobierno autoritario de Nasser había sido tan influyente que incluso después de su muerte en 1970, los mandatarios de Oriente Próximo intentaban imitarlo. Sin su sofisticación ni su habilidad para conectar con las masas, hombres como Háfez al-Ásad en Siria, Sadam Husein en Irak y Muamar el Gadafi en Libia conseguirían mantenerse en el poder en gran medida gracias a la corrupción, el clientelismo, la brutal represión y una constante aunque ineficaz campaña contra Israel.

Después de que el sucesor de Nasser, Anwar el-Sadat, fuera asesinado en 1981, Hosni Mubarak llegó al poder utilizando casi la misma fórmula, excepto por una diferencia importante: la firma de Sadat de un acuerdo de paz con Israel había convertido a Egipto en un aliado de Estados Unidos, lo que llevó a las sucesivas administraciones estadounidenses a pasar por alto la creciente corrupción del régimen, el poco convincente historial sobre derechos humanos y el antisemitismo recurrente. A cubierto gracias a las ayudas no solo de Estados Unidos sino de Arabia Saudí y de otros países ricos del Golfo, Mubarak jamás se preocupó por reformar la estancada economía de su país, lo que dejó a una generación de jóvenes egipcios marginados y sin trabajo.

Nuestra comitiva llegó al palacio de Abdín —una sobrecargada estructura de mediados del siglo XIX y uno de los tres palacios presidenciales de El Cairo— y tras la ceremonia de bienvenida, Mubarak me invitó a su oficina a una conversación que duró una hora. Tenía ochenta y un años pero seguía siendo ancho de hombros y robusto, con una nariz romana, pelo oscuro peinado hacia atrás, y una mirada de pesados párpados que le daba un aire de hombre acostumbrado a mandar, aunque también un poco cansado. Después de hablar de la economía egipcia y de pedirle su opinión sobre las vías para revitalizar el proceso de paz árabe-israelí, planteé la cuestión de los derechos humanos, sugiriendo algunos pasos que podría dar para liberar a prisioneros políticos y aliviar las restricciones a la prensa.

Con un inglés aceptable y marcado acento, Mubarak evitó con amabilidad mis inquietudes e insistió en que sus servicios de seguridad se centraban solo en los extremistas islámicos y en que la sociedad egipcia apoyaba enérgicamente su duro criterio. Me dio la impresión de que me estaba acostumbrando a mis relaciones con los dictadores de avanzada edad: me encerraban en palacios, todo el trato con ellos estaba mediado por obsequiosos funcionarios de gesto adusto que los rodeaban, eran incapaces de separar sus intereses personales de los de su país, y sus acciones no estaban regidas por otro propósito que amparar la enmarañada red de clientelismo e intereses económicos que los mantenían en el poder.

Qué contraste fue entonces entrar caminado a la explanada central de la Universidad de El Cairo y encontrarme un lugar rebosante de energía. Habíamos presionado al Gobierno para que abriera mi discurso a una amplia variedad de sectores de la sociedad egipcia, y estaba claro que la mera presencia de estudiantes universitarios, periodistas, académicos, líderes de organizaciones de mujeres, trabajadores comunitarios, e incluso algunos clérigos importantes y figuras de los Hermanos Musulmanes entre las tres mil personas presentes, iba a ayudar a convertir el evento en algo único, un encuentro que iba a tener un alcance global por televisión. En cuanto subí al escenario e hice el saludo islámico «As-salamu alaikum», la muchedumbre rugió de aprobación. Tuve cuidado de dejar claro que nadie podía conseguir con un simple discurso que se resolvieran problemas tan arraigados. Y como los vítores y aplausos continuaron a lo largo de mi exposición sobre la democracia, los derechos humanos y los derechos de las mujeres, la tolerancia religiosa, la necesidad de una paz real y perdurable con Israel, y un Estado palestino autónomo, llegué a imaginar el comienzo de un nuevo Oriente Próximo. En ese momento no costaba demasiado visualizar una realidad alternativa en la que los jóvenes presentes en el auditorio abrieran nuevos negocios y escuelas, dirigieran gobiernos receptivos y funcionales, y comenzaran a reinventar su fe de manera que fuera al mismo tiempo respetuosa con las tradiciones y abierta a otras formas de sabiduría. Tal vez hasta los funcionarios de alto rango y gesto ceñudo que estaban sentados en la tercera fila lo creían así.

Bajé del escenario tras una prolongada ovación en pie, y le hice un gesto a Ben, que por lo general se ponía demasiado nervioso oyendo los discursos que había ayudado a redactar y prefería esconderse en alguna habitación trasera, tecleando en la BlackBerry. Tenía una sonrisa de oreja a oreja.

—Parece que ha salido bien —le dije.

—Ha sido histórico —me contestó sin rastro de ironía.

Años más tarde, muchos críticos y hasta algunos seguidores se darían un festín comparando el loable y esperanzado tono del discurso de El Cairo con la decepcionante realidad de Oriente Próximo durante mis dos periodos en el cargo. Para algunos fue un ejemplo de pecado de ingenuidad, que restaba autoridad a los aliados clave de Estados Unidos como Mubarak y de esa forma alentaba las fuerzas del caos. Para otros, el problema no era tanto la visión que describía el discurso como lo que ellos consideraban una prueba de mi incompetencia para llevar a cabo esa visión mediante una acción efectiva, verdadera. Evidentemente me sentía tentado de responder y señalar que fui el primero en decir que ningún discurso podía resolver por sí solo los permanentes desafíos en la región, que ejercimos una fuerte presión en cada una de las iniciativas que mencioné aquel día, ya fueran enormes (como un acuerdo entre israelíes y palestinos) o pequeñas (como la creación de programas de formación para emprendedores); que cada uno de los puntos que sostuve en El Cairo eran los mismos que seguía sosteniendo.

Pero al final, los hechos son los hechos, y me quedé con la misma serie de preguntas a las que me había enfrentado cuando era un joven trabajador comunitario. ¿Es útil hacer un retrato de cómo debería ser el mundo si los esfuerzos por alcanzarlo están destinados a no cumplirse? ¿Tenía razón Havel al decir que estaba condenado a decepcionar a la gente por haber alimentado sus expectativas? ¿Son y serán siempre los principios abstractos y los nobles ideales meras pretensiones, un paliativo, una manera de superar la desesperación que no coincide con los impulsos primarios que realmente dirigen nuestras acciones y por eso, no importa lo que digamos o hagamos, la historia sigue inevitablemente su curso preestablecido, el eterno círculo de miedo, hambre y conflicto, de dominación y debilidad?

Incluso entonces, las dudas brotaban en mí de forma natural, y la agradable euforia del discurso fue rápidamente reemplazada por los pensamientos de todo el trabajo que me esperaba al llegar a casa, y de las fuerzas que se desplegaban en contra de lo que tenía intención de hacer. La excursión que hicimos después del discurso agravó mis inquietudes: un viaje de quince minutos en helicóptero sobrevolando la inmensa ciudad, hasta que de pronto aquel amasijo de estructuras color crema con aspecto cubista quedó atrás y solo se vio el desierto, el sol y las maravillosas y geométricas líneas de las pirámides recortadas sobre el horizonte. Al aterrizar nos esperaba el principal antropólogo de El Cairo, un caballero alegremente excéntrico con un amplio sombrero de ala ancha recién salido de una película de Indiana Jones, y durante las siguientes horas mi equipo y yo disfrutamos del lugar reservado solo para nosotros. Escalamos los antiguos bloques de piedras como peñascos de cada una de las pirámides. Nos detuvimos bajo la sombra de la Esfinge, contemplando su mirada silenciosa e indiferente. Subimos por un conducto vertical angosto y oscuro hasta una de las cámaras interiores del faraón, cuyo misterio quedó salpicado por las eternas palabras de Axe durante nuestro cuidadoso descenso en la escalera de regreso:

—Maldita sea, Rahm. Más despacio... ¡tengo tu culo en la cara!

En cierto momento, mientras veía cómo Gibbs y otros miembros del equipo trataban de subirse a unos camellos para sacarse las fotos reglamentarias, Reggie y Marvin me hicieron un gesto para que me uniera a ellos en el pasillo de uno de los templos menores de las pirámides.

—Mire esto, jefe —dijo Reggie señalando un muro. Grabada en la suave y porosa piedra, se veía la oscura imagen del rostro de un hombre. No era el típico perfil de los jeroglíficos sino el retrato de una cabeza de frente. Una cara larga, ovalada. Orejas prominentes adheridas como asas. Una caricatura mía fraguada en la antigüedad de alguna forma.

—Debe de ser un pariente —dijo Marvin.

Todos nos echamos a reír y a continuación se alejaron los dos para unirse al grupo de los camellos. El guía no me supo decir a quién representaba aquella imagen, ni siquiera si se remontaba a la época de las pirámides. Pero yo me quedé junto al muro un rato más, intentando imaginar la vida detrás del grabado. ¿Había sido un miembro de la corte? ¿Un esclavo? ¿Un capataz? Probablemente un vándalo aburrido que había acampado una noche siglos después de que se alzara aquel muro, y que había esbozado su imagen inspirado en las estrellas y su propia soledad. Intenté imaginar las preocupaciones y aspiraciones que debieron de consumirlo, y la naturaleza del mundo que había habitado, seguramente repleto de batallas e intrigas palaciegas, conquistas y catástrofes, hechos que entonces parecían igual de apremiantes que los que me esperaban a mi regreso a Washington. Todo había sido olvidado, nada de aquello importaba, tanto el faraón como el esclavo o el vándalo se habían convertido en polvo hacía mucho.

Al igual que todos los discursos que yo había dado, las leyes que había promovido y las decisiones que había tomado, pronto serían olvidadas.

Al igual que yo y que todas las personas que había querido, algún día nos íbamos a convertir en polvo.

Antes de regresar a casa, rememoré un episodio histórico más reciente. El presidente Sarkozy había organizado una conmemoración por el sexagésimo quinto aniversario del desembarco aliado en Normandía y me había pedido que dijera unas palabras. En lugar de dirigirnos directamente a Francia, nos detuvimos primero en Dresde, donde el bombardeo aliado a finales de la Segunda Guerra Mundial acabó en una tormenta de fuego que sepultó a la ciudad, acabando con la vida de alrededor de veinticinco mil personas. Mi visita era un deliberado gesto de respeto a un aliado incondicional. Angela Merkel y yo visitamos la famosa iglesia del siglo XVIII que había sido destruida durante el ataque aéreo y reconstruida cincuenta años más tarde con una cruz dorada y un orbe confeccionado por un platero inglés cuyo padre había sido piloto de uno de los bombarderos. El trabajo del platero servía como recordatorio de que incluso aquellos que peleaban en el lado justo en una guerra no debían perder nunca de vista el sufrimiento de su enemigo, ni cerrarse a la posibilidad de una reconciliación.

Más tarde se nos unió a Merkel y a mí el escritor y premio Nobel Elie Wiesel para una visita al antiguo campo de concentración de Buchenwald. También aquello tenía una relevancia política práctica: al principio habíamos considerado la posibilidad de viajar a Tel Aviv después de mi discurso en El Cairo, pero por respeto a los deseos del Gobierno israelí de no convertir al asunto palestino en el foco central de mi discurso —para no alimentar la sensación de que el conflicto árabe-israelí era la principal causa de la agitación en Oriente Próximo— organizamos en su lugar un viaje a uno de los epicentros del Holocausto, con la intención de señalar mi compromiso con la seguridad de Israel y el pueblo judío.

También tenía motivos más personales para hacer aquella peregrinación. Cuando era un joven estudiante universitario había tenido la oportunidad de escuchar a Wiesel y me había conmovido profundamente la manera en que narraba su experiencia como superviviente de Buchenwald. En sus libros había encontrado un eje moral inexpugnable que me enriquecía a la vez que me acuciaba a ser mejor. Uno de los mayores placeres de mi época en el Senado fue hacerme amigo de Elie. Cuando le conté que un tío abuelo, Charles Payne, hermano de Toot, había sido miembro de la división de infantería estadounidense que había llegado a uno de los subcampos de Buchenwald en abril de 1945 y comenzado la liberación allí, Elie insistió en que algún día fuéramos juntos. Estar allí con él fue el cumplimiento de esa promesa.

«Si estos árboles hablaran...», dijo Elie por lo bajo, haciendo un gesto con la mano hacia una fila de majestuosos robles, mientras caminábamos lentamente junto a Merkel por el sendero de grava hacia la entrada principal de Buchenwald. El cielo estaba apagado, los periodistas se habían quedado a una distancia respetuosa. Nos detuvimos ante los dos monumentos a las víctimas del campo. En un conjunto de losas de piedra podían leerse los nombres de los que allí murieron, entre ellos el del padre de Elie. En el otro aparecía una lista de sus países de procedencia, grabada en una placa de acero que se mantenía a una temperatura constante de treinta y siete grados Celsius: la temperatura media del cuerpo humano, con la intención de recordar —en un lugar que había tenido como premisas el odio y la intolerancia— la humanidad que todos compartimos.

Durante la siguiente hora deambulamos por los recintos, pasamos las torres de vigilancia y los muros recubiertos con alambres de púas, contemplamos los oscuros hornos crematorios y dimos vueltas por los cimientos de las barricadas de prisioneros. Había fotos que mostraban cómo había sido el campo, la mayoría tomadas por las unidades del ejército de Estados Unidos durante la liberación. En una salía Elie con dieciséis años asomándose desde una de las literas, el mismo rostro apuesto y los ojos tristes pero mellado por el hambre, la enfermedad y la inmensidad de todo lo que había presenciado. Elie nos contó a Merkel y a mí las estrategias diarias que él y los demás prisioneros habían empleado para sobrevivir: cómo los más fuertes o los que tenían más suerte robaban comida para los débiles y moribundos, cómo las reuniones de resistencia se realizaban en letrinas tan nauseabundas que ningún guardia se atrevía a entrar jamás; cómo los adultos organizaban clases secretas para enseñar matemáticas, poesía e historia a los niños, no solo para que aprendieran algo, sino para que mantuvieran viva la esperanza de que algún día serían libres de continuar con una vida normal.

En las declaraciones que después hicimos a la prensa, Merkel habló clara y humildemente de la necesidad de que los alemanes recordaran el pasado; que lidiaran con la angustiante pregunta de cómo su patria había sido capaz de perpetrar semejantes horrores y reconocieran la especial responsabilidad que ahora cargaban al hombro de levantarse ante cualquier tipo de fanatismo. A continuación habló Elie, describió cómo en 1945 —paradójicamente— él había salido del campo sintiéndose esperanzado sobre el futuro. Esperanzado, dijo, porque daba por descontado que el mundo seguramente había aprendido de una vez por todas que el odio era inútil y el racismo estúpido, y «la voluntad de conquistar la mente de otras personas o sus territorios o sus aspiraciones no tenía sentido». Ahora no estaba tan seguro de que aquel optimismo estuviera justificado, dijo, no después de los campos de exterminio en Camboya, Ruanda, Darfur y Bosnia.

Pero nos suplicaba, me suplicaba a mí, que saliéramos de Buchenwald con la determinación de conseguir la paz, que usáramos el recuerdo de lo que había ocurrido donde nos encontrábamos para no olvidar la ira y la división del pasado, y para encontrar fuerzas en la solidaridad.

Llevé sus palabras a Normandía, mi penúltima parada del viaje. En un día claro, casi sin nubes, miles de personas se habían reunido en el Cementerio Estadounidense ubicado sobre un alto acantilado de la costa que da a las azules y espumosas aguas del canal de la Mancha. Mientras nos acercábamos en helicóptero contemplé las playas de guijarros que quedaban más abajo, donde sesenta y cinco años antes, más de ciento cincuenta mil soldados aliados, la mitad estadounidenses, se habían lanzado a las poderosas olas para desembarcar bajo un implacable fuego enemigo. Habían tomado las dentadas colinas Pointe du Hoc, y finalmente habían establecido la cabeza del puente que acabaría siendo decisiva para ganar la guerra. Las hileras de miles de lápidas color hueso a lo largo de un césped verde intenso eran la prueba del precio que se había pagado.

Me recibió un grupo de jóvenes rangers del ejército que un poco antes aquel día habían recreado los saltos en paracaídas que habían acompañado el desembarco anfibio del Día D. Ahora iban en uniforme de gala, y tenían un aspecto apuesto y en forma, sonreían con merecida arrogancia. Le di un apretón de manos a cada uno, les pregunté de dónde eran y dónde estaban destinados en la actualidad. Un sargento primero llamado Cory Remsburg me explicó que la mayoría acababa de llegar de Irak, a él lo iban a trasladar a Afganistán en las próximas semanas, en lo que sería su décimo destino. Y rápidamente agregó: «No es nada comparado con lo que estos hombres hicieron aquí hace sesenta y cinco años, señor. Ellos lograron que nuestro estilo de vida fuera posible».

Un repaso al público de aquel día me recordó que muy pocos veteranos del Día D o de la Segunda Guerra Mundial seguían con vida y estaban en condiciones de hacer el viaje. Muchos de los que lo habían conseguido necesitaban sillas de ruedas o andadores para desplazarse. Allí estaba Bob Dole, el mordaz oriundo de Kansas que se había sobrepuesto a unas heridas devastadoras durante la Segunda Guerra Mundial y se había convertido en uno de los senadores más expertos y respetados en Washington. También mi tío Charlie, el hermano de Toot, que había venido junto a su esposa, Melanie, como invitados míos. Librero retirado, era uno de los hombres más agradables y modestos que conocía. Según Toot, sus experiencias en la guerra lo habían perturbado tanto que durante los seis meses posteriores a su regreso prácticamente no dijo palabra.

Fueran cuales fuesen las heridas que llevaban consigo, aquellos hombres rezumaban un silencioso orgullo, mientras se reunían con sus gorras y sus pulcras chaquetas de veterano adornadas con pulidas medallas de servicio. Intercambiaban historias, aceptaban apretones de manos y palabras de agradecimiento de mi parte y de otros desconocidos, estaban rodeados de niños y nietos que los conocían menos por su heroísmo en la guerra que por la vida que habían llevado después como maestros, ingenieros, obreros en fábricas, dueños de tiendas; hombres que se habían casado, habían trabajado duro para comprarse una casa, habían luchado contra la depresión y las frustraciones, habían entrenado a equipos infantiles, habían sido voluntarios en sus iglesias o sinagogas, y habían visto cómo sus hijos e hijas se casaban y formaban sus propias familias.

Al comienzo de la ceremonia, de pie en el escenario me di cuenta de que la vida de estos veteranos de más de ochenta años respondía con creces cualquier duda en mi interior. Tal vez mi discurso de El Cairo no sirviera para nada. Tal vez el mal funcionamiento de Oriente Próximo terminara arreglándose por sí solo con independencia de lo que yo hiciera. Tal vez lo máximo a lo que podíamos aspirar era a apaciguar a hombres como Mubarak y a acabar con aquellos que intentaban matarnos a nosotros. Tal vez, como habían susurrado las Pirámides, con el tiempo nada de todo esto tuviera ninguna importancia. Pero en la única escala que cada uno de nosotros podía realmente comprender, el alcance de los siglos, las acciones que un presidente estadounidense había emprendido sesenta y cinco años antes, habían marcado el rumbo del mundo para mejor. Los sacrificios que habían hecho aquellos hombres, casi con la misma edad que los jóvenes rangers del ejército que acababa de conocer, habían cambiado las cosas. Igual que el testimonio de Elie Wiesel, un beneficiario de aquellos sacrificios, había cambiado las cosas. Al igual que la intención de Angela Merkel de asumir la trágica lección del pasado de su propio país también cambiaba las cosas.

Llegó mi turno de hablar. Repasé las historias de algunos de los hombres que habíamos ido a honrar. «Nuestra historia siempre ha sido la suma de las elecciones y las acciones de cada individuo, hombre y mujer —concluí—. Siempre ha estado en nuestras manos.» Al darme la vuelta para mirar a los ancianos que estaban sentados detrás de mí en el escenario, sentí que aquello era cierto.

16

Nuestra primera primavera en la Casa Blanca llegó temprano. Ya a mediados de marzo el aire era templado y los días más largos. A medida que
el tiempo mejoraba, el jardín Sur se convirtió casi en un parque privado
que explorar: hectáreas de exuberante césped rodeadas por robles y ol-
mos enormes y frondosos, y un diminuto estanque encajado entre los
setos, con las huellas de las manos de los hijos y nietos de los presidentes
grabadas en el camino que conducía hasta él. Había rincones y escondrijos para jugar al pilla pilla y al escondite, e incluso algo de fauna silvestre:
no solo ardillas y conejos, también un gavilán colirrojo al que un grupo
de niños de cuarto grado que vinieron de visita bautizaron como Lincoln y un esbelto zorro patilargo al que a veces podías ver en la distancia,
cuando caía la tarde, y que ocasionalmente se armaba de valor para acercarse hasta la columnata.

Tras haber pasado el invierno metidos en casa, le sacamos el máximo
partido al nuevo patio trasero. Hicimos que instalaran unos columpios
para Sasha y Malia junto a la piscina, justo enfrente del despacho Oval. Si
alzaba la vista durante una reunión a última hora del día sobre tal o cual
crisis, podía ver a las niñas jugando fuera, con cara de felicidad mientras
se balanceaban con todas sus fuerzas. También montamos un par de canastas de baloncesto portátiles en los extremos de la pista de tenis, para que
pudiese escaparme a echar un partido rápido contra Reggie, y el personal pudiese jugar partidos de cinco contra cinco entre los distintos departamentos.

Con la ayuda de Sam Kass, del horticultor de la Casa Blanca, y de
una tropa de entusiastas alumnos de quinto grado de un colegio local,
Michelle plantó su huerto. Lo que esperábamos que fuese un proyecto

importante aunque modesto para fomentar la alimentación sana acabó convirtiéndose en un verdadero fenómeno que inspiró la creación de huertos escolares y comunitarios a lo largo y ancho del país, atrajo la atención del mundo y produjo una cosecha de tal volumen al final de ese primer verano —coles, zanahorias, pimientos, hinojo, cebollas, lechugas, brócoli, fresas, arándanos y no sé cuántas cosas más— que la cocina de la Casa Blanca empezó a donar cajas de verduras sobrantes a los bancos de alimentos locales. Como beneficio adicional inesperado, resultó que un miembro del personal de jardinería era apicultor aficionado, y le dimos permiso para montar una pequeña colmena. No solo acabó produciendo casi cincuenta kilos de miel al año, sino que un emprendedor microcervecero del comedor de la Marina sugirió que podíamos usar la miel en una receta para hacer cerveza, lo que resultó en la compra de un kit de producción casera e hizo de mí el primer presidente maestro cervecero. (Según me contaron, George Washington hacía su propio whisky.)

Pero de todos los placeres que ese primer año en la Casa Blanca nos proporcionó, ninguno pudo compararse con la llegada, a mediados de abril, de Bo, una adorable bola de pelo negra andante, de pecho y patas delanteras blancos como la nieve. Malia y Sasha, que llevaban pidiendo un cachorro desde la campaña, chillaron de emoción al verlo por primera vez, y le dejaron que les lamiese las orejas y la cara mientras los tres rodaban por el suelo de la residencia. Pero las niñas no fueron las únicas en caer bajo su hechizo. Michelle pasaba tanto tiempo con Bo —enseñándole trucos, acunándolo en su regazo, dándole beicon a escondidas— que Marian confesó sentirse mala madre por no haber cedido nunca al deseo de Michelle de tener un perro cuando era niña.

En cuanto a mí, tuve lo que alguien describió alguna vez como el único amigo de fiar que un político puede tener en Washington. Además, Bo me dio una excusa adicional para aplazar al día siguiente el papeleo nocturno e incorporarme a los zigzagueantes paseos en familia por el jardín Sur después de cenar. Fue durante esos momentos —cuando la luz se desvanecía en hilos de púrpura y oro; cuando Michelle sonreía y apretaba mi mano mientras el perro saltaba entre los setos perseguido por las niñas; cuando Malia nos daba alcance para interrogarme sobre cosas como los nidos de los pájaros o las formaciones de las nubes; cuando Sasha se abrazaba a mi pierna para ver cuánto era capaz de arrastrarla— cuando me sentía normal, completo y tan afortunado como alguien puede aspirar a serlo.

Bo había sido un regalo de Ted y Vicki Kennedy, parte de una camada emparentada con la pareja de perros de agua portugueses que Teddy adoraba. Fue un gesto de una exquisita sensibilidad, no solo porque esa raza es hipoalergénica (algo necesario, dadas las alergias de Malia) sino también porque los Kennedy se aseguraron de que Bo aprendiese a hacer sus necesidades antes de hacérnoslo llegar. Cuando los llamé para darles las gracias, solo pude hablar con Vicki. Hacía casi un año que a Teddy le habían detectado un tumor cerebral maligno, y aunque seguía recibiendo tratamiento en Boston, era evidente para todos —incluido Teddy— que su pronóstico no era bueno.

Lo había visto en marzo, cuando se presentó por sorpresa en una conferencia que organizamos en la Casa Blanca para poner en marcha el proyecto de ley de sanidad universal. Vicki había visto ese viaje con inquietud, y pude entender por qué. Ese día, el caminar de Teddy era inseguro; le sobraba traje por todas partes de tanto peso como había perdido, y a pesar de sus ademanes joviales, sus ojos demacrados y acuosos reflejaban el esfuerzo que le costaba el mero hecho de mantenerse erguido. Sin embargo, se empeñó en venir, porque treinta y cinco años antes la causa de proporcionar a todo el mundo una atención sanitaria decente y asequible se había convertido para él en un asunto personal. A su hijo Teddy júnior le diagnosticaron un cáncer óseo que obligó a amputarle una pierna cuando tenía doce años. En el hospital, Teddy había conocido a otros padres cuyos hijos estaban igualmente enfermos pero que no sabían cómo se las arreglarían para pagar las crecientes facturas médicas. Fue en ese instante cuando se comprometió a hacer algo por cambiar esa situación.

A lo largo de siete presidencias, Teddy había luchado por esta causa justa. Durante la Administración Clinton, contribuyó a garantizar la aprobación del Programa de Seguro Médico Infantil. Superando objeciones de miembros de su propio partido, trabajó con el presidente Bush a fin de conseguir cobertura para la adquisición de medicamentos por parte de las personas mayores. Pero, a pesar de todo su poder y pericia legislativa, el sueño de implantar una sanidad universal —un sistema que proporcionase atención sanitaria de calidad a todas las personas, con independencia de su capacidad para costeársela— seguía resistiéndosele.

Por ese motivo Ted Kennedy se había obligado a levantarse de la cama para acudir a nuestra conferencia, sabiendo que, aunque ya no podría liderar la lucha, su breve pero simbólica aparición sí tendría importancia. Y así fue: cuando entró en la sala Este, las ciento cincuenta personas allí presentes prorrumpieron en un prolongado aplauso. Tras inaugurar la conferencia, le pedí que fuese el primero en hablar, y varios de sus antiguos ayudantes tuvieron que contener las lágrimas al ver cómo su viejo jefe se ponía en pie. Su discurso fue breve; su voz de barítono no resonaba con tanta fuerza como antaño, cuando rugía en el hemiciclo del Senado. Dijo estar deseando ser un «soldado raso» en el esfuerzo que teníamos por delante. Para cuando llegó el turno del tercer o cuarto interviniente, Vicki ya lo había sacado discretamente de la sala.

Solo lo vi una vez más en persona, un par de semanas después, en la ceremonia de firma de un proyecto de ley para ampliar los programas de servicio nacional, que republicanos y demócratas habían acordado bautizar en su honor. Pero de tanto en tanto pensaba en Teddy cuando Bo entraba en la sala de los Tratados con la cabeza baja y agitando la cola, para hacerse una bola a mis pies. Y recordaba lo que me había dicho ese día, junto antes de entrar juntos en la sala Este.

«Es el momento, presidente. No lo dejes escapar.»

El proyecto de dotarse de alguna forma de sanidad universal en Estados Unidos se remonta a 1912, cuando Theodore Roosevelt, que había servido ocho años como presidente republicano, decidió volver a presentarse con una candidatura progresista y la propuesta de implantar un sistema nacional de salud centralizado. En aquella época, pocos tenían un seguro privado de salud, o sentían la necesidad de tenerlo. La mayoría de los estadounidenses pagaban por cada visita al médico, pero el campo de la medicina se movía a gran velocidad y se volvía cada vez más sofisticado, y a medida que surgían nuevas pruebas diagnósticas y procedimientos quirúrgicos, los costes derivados empezaron a elevarse, lo que hizo más explícita la relación entre riqueza y salud. Tanto Reino Unido como Alemania habían abordado situaciones similares mediante el establecimiento de sistemas nacionales de salud, y otros países europeos terminarían por seguir sus pasos. Aunque Roosevelt acabó perdiendo las elecciones de 1912, los ideales progresistas de su partido plantarían la semilla de que una atención médica accesible y asequible debía entenderse como un derecho más que como un privilegio. Sin embargo, no pasó mucho tiempo hasta que médicos y políticos sureños se opusieron con vehemencia a cualquier tipo de intervención gubernamental en la atención sanitaria, que consideraban una forma de bolchevismo.

Después de que Franklin Delano Roosevelt impusiera la congelación de los salarios para atajar la inflación durante la Segunda Guerra Mundial, muchas empresas empezaron a ofrecer seguros de salud y planes de pensiones privados como manera de competir por el número limitado de trabajadores que no habían sido desplegados fuera del país. Una vez terminada la guerra, se mantuvo este sistema basado en el empleador, en buena medida porque a los sindicatos les gustaba el arreglo, puesto que les permitía usar los paquetes de prestaciones más generosos logrados mediante acuerdos de negociación colectiva como argumento para atraer nuevos afiliados. El inconveniente era que dejaba a esos sindicatos sin motivación para abogar por programas de salud financiados por la Administración pública que pudiesen ayudar a todos los demás trabajadores. Harry Truman propuso un sistema nacional de salud en dos ocasiones: en 1945 y, de nuevo, como parte de su paquete del Fair Deal en 1949, pero el atractivo que tenía entre el público no fue rival para las millonarias campañas de relaciones públicas de la Asociación Médica Estadounidense y otros grupos de interés de la industria. Sus detractores no solo acabaron con el intento de Truman, sino que convencieron a amplios sectores de la ciudadanía de que la «socialización de la medicina» conduciría al racionamiento, a la imposibilidad de elegir médico de cabecera y a la pérdida de las libertades que los estadounidenses tanto aprecian.

En lugar de enfrentarse directamente a los seguros privados, los progresistas dirigieron sus energías a ayudar a los segmentos de la población a los que el mercado había dado la espalda. Estos esfuerzos fructificaron durante la campaña de la Gran Sociedad de Lyndon B. Johnson, cuando se introdujeron un programa universal de pagador único dirigido a las personas mayores y financiado parcialmente con los ingresos del impuesto sobre los salarios (Medicare), y un programa no tan amplio dirigido a los pobres y financiado mediante una combinación de fondos federales y estatales (Medicaid). Durante los años setenta y el principio de los ochenta, este sistema a retazos funcionó bastante bien, y en torno al 80 por ciento de los estadounidenses disfrutaron de cobertura, ya fuese gracias a sus trabajos o a través de uno de estos dos programas. Mientras, los defensores del *statu quo* podían destacar las muchas innovaciones que la industria médica con ánimo de lucro había aportado al mercado, desde las imágenes por resonancia magnética hasta los medicamentos capaces de salvar vidas.

Pero, sin negar su utilidad, estas innovaciones también contribuyeron a elevar aún más los costes sanitarios. Y puesto que eran las aseguradoras las que se hacían cargo de las facturas médicas del país, los pacientes tenían escasos incentivos para cuestionar si las compañías farmacéuticas cobraban de más o si los médicos y hospitales encargaban pruebas redundantes y tratamientos innecesarios para mejorar sus cuentas de resultados. Entretanto, casi una quinta parte del país vivía en riesgo de que una sola enfermedad o accidente los abocase a la ruina económica. Con frecuencia, quienes no tenían seguro se saltaban los chequeos periódicos o los cuidados preventivos porque no podían costeárselos, y esperaban a estar muy enfermos para buscar atención médica en las salas de urgencias de los hospitales, donde una enfermedad más avanzada implicaba un tratamiento más costoso. Los hospitales compensaban esta atención no retribuida incrementando los precios para los clientes asegurados, lo cual a su vez contribuía a elevar aún más las pólizas.

Todo esto explicaba por qué los estadounidenses gastaban mucho más dinero por persona en sanidad que cualquier otra economía avanzada (un 112 por ciento más que Canadá, un 109 por ciento más que Francia, un 117 por ciento más que Japón), con resultados similares o peores. Esta diferencia ascendía a cientos de miles de millones de dólares al año; dinero que podría haberse destinado a proporcionar guarderías de calidad a las familias, a reducir las tasas universitarias, o a eliminar una parte sustancial del déficit federal. Los costes sanitarios descontrolados también lastraban a las empresas estadounidenses: los fabricantes de automóviles japoneses y alemanes no tenían que preocuparse por los en torno a mil quinientos dólares adicionales en costes sanitarios de sus trabajadores actuales o ya jubilados que Detroit debía repercutir en el precio de cada coche que salía de sus cadenas de montaje.

De hecho, fue en respuesta a la competencia extranjera por lo que las empresas estadounidenses empezaron, a finales de los años ochenta y durante los noventa, a descargarse de los crecientes costes de los seguros sanitarios para sus empleados sustituyendo los planes tradicionales, que exigían a sus beneficiarios pocos desembolsos (o ninguno), con versiones más baratas que incluían franquicias más elevadas, copagos, límites totales de cobertura a lo largo de la vida del asegurado y otras desagradables sorpresas ocultas en la letra pequeña. A menudo los sindicatos solo eran capaces de conservar sus planes de prestaciones a cambio de comprometerse a renunciar a incrementos salariales. Las pequeñas empresas encontraron dificultades para ofrecer a sus trabajadores cualquier clase de prestación sanitaria. Mientras tanto, las compañías aseguradoras que operaban en el mercado dirigido a los individuos perfeccionaron el arte de rechazar a los clientes que, de acuerdo con sus datos actuariales, tenían mayor probabilidad de hacer uso del sistema sanitario, en particular cualquiera con una «enfermedad previa», que a menudo definían de tal manera que incluyese cualquier cosa, desde haber padecido algún cáncer hasta asma o alergias crónicas.

Así las cosas, no es de extrañar que, para cuando accedí al cargo, hubiese muy pocas personas dispuestas a defender el sistema imperante. Había entonces más de cuarenta y tres millones de estadounidenses sin seguro médico, las pólizas para una cobertura familiar se habían encarecido un 97 por ciento desde el año 2000 y los costes no habían dejado de aumentar. A pesar de eso, la perspectiva de intentar que el Congreso aprobase una gran reforma sanitaria en medio de una recesión histórica ponía nervioso a mi equipo. Incluso Axe tenía dudas, y eso que había experimentado las dificultades de conseguir atención especializada para una hija con epilepsia grave y había abandonado el periodismo para convertirse en consultor político en parte para pagar su tratamiento.

«Los datos son muy claros —explicó Axe cuando debatimos el asunto en un principio—. Puede que la gente deteste cómo funcionan las cosas en general, pero la mayoría tiene seguro. En realidad, no piensan en los defectos del sistema hasta que enferma alguien de su propia familia. Les gusta su médico. No confían en Washington para arreglar nada. E incluso aunque crean que eres sincero, temen que cualquier cambio que hagas les cueste dinero en beneficio de otras personas. Además, cuando se les pregunta qué cambios les gustaría ver en el sistema sanitario, básicamente querrían tener acceso a cualquier tratamiento posible, con independencia de su coste o efectividad, del proveedor que elijan, cuando lo deseen y gratis. Algo que, por supuesto, no podemos ofrecer. Y todo esto antes de que las compañías aseguradoras, las farmacéuticas y los médicos empiecen a lanzar anuncios...»

«Lo que Axe intenta decir, presidente —interrumpió Rahm, con una mueca en el rostro—, es que esto nos puede estallar en las narices.»

A continuación, nos recordó que había asistido desde primera fila al intento más reciente de lograr una sanidad universal, cuando la propuesta legislativa de Hillary Clinton se fue a pique, y generó una reacción que contribuyó a que los demócratas perdiesen el control de la Cámara en las elecciones de medio mandato. «Los republicanos dirán que la reforma sanitaria es un nuevo derroche de los progresistas, y que nos distrae de solucionar la crisis económica.»

—A menos que algo se me escape —dije—, estamos haciendo todo lo que está en nuestra mano por la economía.

—Lo sé, presidente. Pero el pueblo estadounidense no lo sabe.

—Entonces ¿qué es lo que estamos diciendo? —pregunté—. Que a pesar tener las más amplias mayorías demócratas en décadas, a pesar de las promesas que hicimos en campaña, ¿no deberíamos intentar arreglar la sanidad?

Rahm miró a Axe pidiendo ayuda.

—Todos creemos que deberíamos intentarlo —respondió Axe—. Pero debes saber que, si perdemos, tu presidencia quedará gravemente debilitada. Y eso nadie lo tiene más claro que McConnell y Boehner.

Me puse en pie, dando con ello la reunión por terminada.

—Entonces será mejor que no perdamos —rematé.

Cuando recuerdo esas primeras conversaciones, me cuesta negar mi exceso de confianza. Estaba convencido de que la lógica de la reforma sanitaria era tan evidente que, incluso ante una oposición bien organizada, podría concitar el apoyo del pueblo estadounidense. Probablemente sería aún más difícil que el Congreso diese el visto bueno a otras grandes iniciativas, como la reforma migratoria y la legislación sobre cambio climático. Suponía que apuntarse una victoria en la cuestión que más afectaba a la vida cotidiana de la gente era la mejor manera que teníamos de acumular impulso político de cara al resto de mi agenda legislativa. En cuanto a los riesgos políticos que inquietaban a Axe y Rahm, la recesión prácticamente me garantizaba que en cualquier caso se resentirían mis resultados en las encuestas. Ser timorato no cambiaría esa realidad. Incluso si lo hiciese, dejar pasar la ocasión de ayudar a millones de personas solo porque podría perjudicar la posibilidad de ser reelegido era justo la clase de comportamiento miope y autoprotector que había jurado rechazar.

Mi interés por la sanidad trascendía las políticas o el juego político; era algo personal, como lo había sido para Teddy. Cada vez que conocía a algún padre que se veía en apuros para reunir el dinero del tratamiento de un hijo enfermo, recordaba la noche en que Michelle y yo tuvimos que llevar a urgencias a Sasha, entonces de tres meses, por lo que resultó ser una meningitis viral; el terror y la impotencia que sentimos cuando las enfermeras se la llevaron para practicarle una punción lumbar, y la constatación de que nunca habríamos detectado la infección a tiempo si las niñas no hubiesen tenido un pediatra habitual con quien teníamos la suficiente confianza para llamarlo a mitad de la noche. Cuando, durante la campaña, conocí a agricultores o cajeras de supermercado que tenían una rodilla fastidiada o sufrían problemas de espalda porque no podían costearse una visita al médico, pensaba en uno de mis mejores amigos, Bobby Titcomb, un pescador profesional en Hawái que solo recurría a la atención médica profesional si corría peligro su vida (como cuando, a consecuencia de un accidente de buceo, un arpón le perforó el pulmón) porque el coste mensual de un seguro se habría llevado lo que ganaba en una semana entera de pesca.

Pero sobre todo pensaba en mi madre. A mediados de junio viajé a Green Bay, en Wisconsin, para el primero de una serie de encuentros en torno a la sanidad que íbamos a mantener con la ciudadanía por todo el país, con la esperanza de recibir comentarios de los ciudadanos y de informar a la gente sobre las posibilidades de reforma. Ese día quien me presentó fue Laura Klitzka, que tenía treinta y cinco años y a quien habían diagnosticado un agresivo cáncer de mama que se había extendido a sus huesos. Aunque estaba cubierta por el seguro médico de su marido, las sucesivas rondas de cirugía, radioterapia y quimioterapia habían hecho que sobrepasase el límite de por vida de la póliza, lo que los llevó a acumular una deuda pendiente de doce mil dólares en facturas médicas. Contra la opinión de su marido, Peter, se estaba planteando si merecía la pena seguir con el tratamiento. En su salón, antes de salir hacia el lugar del acto, Laura esbozó una débil sonrisa mientras observábamos cómo Peter se esforzaba por controlar a los niños pequeños que jugaban en el suelo.

«Me gustaría pasar con ellos el máximo de tiempo posible —me dijo—, pero no quiero dejarlos con un montón de deuda. Me parece egoísta.» Sus ojos empezaron a humedecerse y la tomé de la mano mientras recordaba a mi madre consumiéndose durante esos últimos meses: las veces en que retrasó revisiones que podrían haber detectado la enfermedad porque se encontraba entre un contrato de consultoría y el siguiente, y no tenía cobertura; el estrés que dio con ella en la cama del hospital cuando su aseguradora se negó a pagar su solicitud de invalidez, argumentando que no había revelado una enfermedad previa a pesar de que ni siquiera se la habían diagnosticado cuando la póliza entró en vigor. La pesadumbre callada.

Conseguir la aprobación del proyecto de ley sobre sanidad no me devolvería a mi madre, ni aplacaría el sentimiento de culpa que sentía por no haber estado a su lado en su último suspiro. Y probablemente llegaría demasiado tarde para ayudar a Laura Klitzka y su familia.

Pero sí salvaría a alguna madre, en algún lugar, en algún momento. Y por eso merecía la pena luchar.

La pregunta era si conseguiríamos sacarlo adelante. Por complicado que hubiese sido lograr que se aprobase la Ley de Recuperación, la idea en que se basaba la legislación de estímulo económico era muy sencilla: permitir al Gobierno inyectar dinero lo más rápidamente posible para mantener a flote la economía y evitar los despidos. La ley no quitaba dinero a nadie, no obligaba a cambiar el modo en que funcionaban las empresas ni suspendía programas antiguos para costear otros nuevos. A corto plazo, no había perdedores.

Por el contrario, cualquier reforma sanitaria de envergadura suponía la reestructuración de una sexta parte de la economía estadounidense. Una legislación de esta magnitud implicaba interminables discusiones en torno a cientos de páginas de enmiendas y normativas, algunas nuevas y otras resultado de reescribir leyes anteriores: todas ellas con sus propias e importantes repercusiones. Una sola disposición incorporada a la ley podría traducirse en ganancias o pérdidas de miles de millones de dólares para algún sector de la industria sanitaria. Un cambio en alguna cifra, un cero aquí o una coma decimal allá, podía significar que un millón de familias más recibiesen cobertura; o no. En todo el país, aseguradoras como Aetna o UnitedHealthcare tenían un número considerable de empleados, y los hospitales locales eran un pilar económico para muchos condados y ciudades pequeñas. La gente tenía motivos de peso —de vida o muerte— para inquietarse ante cualquier cambio que pudiera afectarle.

Otro asunto era la cuestión de cómo financiar la ley. Yo había argumentado que, para dar cobertura a más personas, Estados Unidos no necesitaba gastar más dinero en sanidad, simplemente hacerlo de manera más inteligente. En teoría, eso era cierto. Pero lo que para una persona era derroche e ineficiencia para otra era beneficios y comodidad: el gasto en brindar mayor cobertura se reflejaría en la contabilidad federal mucho antes que los ahorros derivados de la reforma, y a diferencia de las aseguradoras o las grandes farmacéuticas, cuyos accionistas esperaban de ellas que estuvieran en guardia contra cualquier cambio que pudiese costarles un centavo, la mayoría de los beneficiarios potenciales de la reforma —la camarera, el pequeño agricultor, el trabajador autónomo o la superviviente de un cáncer— no estaban respaldados por grupos de presión experimentados y bien pagados que rondasen por los pasillos del Congreso defendiendo sus intereses.

Dicho de otro modo: la complejidad de la reforma sanitaria era endiablada, tanto en sus aspectos políticos como en su propia sustancia. Iba a tener que explicar al pueblo estadounidense, incluidos aquellos que tuviesen un seguro de calidad, por qué y cómo podría funcionar la reforma. Por este motivo, decidí que seguiríamos un proceso lo más abierto y transparente posible respecto de la elaboración de la legislación necesaria. «Todo el mundo tendrá un sitio en la mesa —había dicho a los votantes durante la campaña—. No habrá negociaciones a puerta cerrada, sino que reuniremos a todas las partes implicadas y retransmitiremos las negociaciones por la televisión pública, para que el pueblo estadounidense pueda ver cuáles son las opciones.» Tiempo después, cuando le mencioné esta idea a Rahm, me miró como si desease que yo no fuese el presidente, para así poder expresar con más claridad lo estúpido que era mi plan. Para conseguir que se aprobase el proyecto de ley, me dijo, a lo largo del proceso iba a ser necesario llegar a decenas de tratos y hacer otras tantas cesiones, y todo eso no discurriría como un seminario de civismo.

«Hacer salchichas no es algo agradable a la vista, señor presidente —me dijo—. Y usted quiere una enorme.»

Algo en lo que Rahm y yo sí estábamos de acuerdo era que nos esperaban meses de trabajo durante los que tendríamos que analizar el coste y las consecuencias de cada posible pieza legislativa, coordinar todos los esfuerzos entre distintas agencias federales y ambas cámaras del Congreso, sin olvidar en ningún momento la necesidad de encontrar maneras de influir sobre los principales actores en el mundo de la sanidad, desde los proveedores médicos hasta los gestores de los hospitales, pasando por las aseguradoras y las farmacéuticas. Para hacer todo eso, necesitábamos contar con un equipo sanitario de primer nivel que nos apoyara en todo momento.

Tuvimos la fortuna de reclutar a un extraordinario trío de mujeres para que nos ayudasen a gestionar el asunto. Kathleen Sebelius, que durante dos mandatos había sido gobernadora demócrata de Kansas, un estado con tendencias republicanas, se incorporó como secretaria de Salud y Servicios Sociales. Como había sido comisionada estatal de seguros conocía tanto la faceta política como la económica de la sanidad; además, era una mujer con dotes políticas suficientes —inteligente, graciosa, extrovertida, dura y hábil con los medios— para convertirse en la cabeza visible de la reforma sanitaria, alguien a quien podíamos mandar a la televisión o enviar a encuentros con la ciudadanía por todo el país para explicar lo que estábamos haciendo. Jeanne Lambrew, profesora de la Universidad de Texas y experta en Medicare y Medicaid, ocupó el cargo de directora de la Oficina para la Reforma Sanitaria del Departamento de Salud y Servicios Sociales; básicamente, nuestra principal consejera política. Alta, seria y con frecuencia ajena a los condicionamientos de la política, tenía en la cabeza todos los datos y sutilezas de cada propuesta sanitaria, por lo que podíamos contar con ella para llamarnos al orden si nos deslizábamos en exceso hacia el oportunismo político.

Pero fue en Nancy-Ann DeParle en quien acabé apoyándome más a medida que nuestra campaña tomaba forma. Era una abogada de Tennessee que había dirigido programas de salud estatales antes de ser directora de Medicare en la Administración Clinton, y se comportaba con la pulcra profesionalidad de quien está acostumbrada a ver cómo el trabajo duro se traduce en éxito. No sabría decir en qué medida ese ímpetu provenía de su experiencia de haber crecido siendo chinaestadounidense en un pueblecito de Tennessee. Nancy-Ann no hablaba mucho de sí misma, al menos conmigo. Sí sé que, cuando tenía diecisiete años, su madre murió de cáncer de pulmón, lo que quizá tuvo algo que ver con su disposición a renunciar a un lucrativo puesto en un fondo de inversión para desempeñar un trabajo que la obligaría a pasar aún más tiempo lejos de un marido cariñoso y dos hijos pequeños.

Al parecer, yo no era el único para quien conseguir que se aprobase la reforma sanitaria era algo personal.

Junto a Rahm, Phil Schiliro y mi vicejefe de gabinete Jim Messina, quien fue la mano derecha de Plouffe en la campaña y una de nuestras mentes políticas más astutas, nuestro equipo de sanidad empezó a esbozar la mejor estrategia legislativa. A partir de nuestra experiencia con la Ley de Recuperación, no albergábamos dudas acerca de que Mitch McConnell haría cuanto estuviera en su mano para boicotearnos, ni de que las posibilidades de conseguir votos republicanos en el Senado para algo tan relevante y controvertido como la atención médica serían casi nulas. Nos animaba saber que en lugar de los cincuenta y ocho senadores con los que habíamos contado al aprobar el plan de estímulo, posiblemente contaríamos con sesenta. Al Franken por fin ocupó su escaño tras un polémico recuento de votos en Minnesota, y Arlen Specter había decidido cambiar de partido después de haber sido prácticamente expulsada del Partido Republicano —igual que Charlie Crist— por apoyar la Ley de Recuperación.

Pero no teníamos del todo garantizados los votos para superar el filibusterismo, pues entre estos estaban un enfermo terminal como Ted Kennedy y Robert Byrd de Virginia Occidental, de salud delicada y maltrecha, por no mencionar a demócratas conservadores como Ben Nelson de Nebraska (antiguo directivo de una aseguradora), que podía dejarnos tirados en cualquier momento. Además de aspirar a disponer de cierto margen de error, sabía que aprobar algo monumental como una reforma sanitaria estrictamente con los votos de un solo partido haría que más adelante la ley fuese políticamente vulnerable. En consecuencia, pensamos que tenía sentido delinear nuestra propuesta legislativa de tal modo que como mínimo tuviera alguna oportunidad de atraer a un puñado de republicanos.

Por suerte, teníamos un modelo en el que basarnos, uno que, curiosamente, había surgido de una colaboración entre Ted Kennedy y el exgobernador de Massachusetts Mitt Romney, uno de los rivales de John McCain en las primarias republicanas a la presidencia. Unos años antes, al tener que afrontar un déficit presupuestario y la perspectiva de perder financiación para Medicaid, Romney se había obsesionado con encontrar la manera de ampliar el número de habitantes de Massachusetts debidamente asegurados, lo que habría reducido el gasto estatal en atención de urgencias para las personas sin seguro médico e, idealmente, redundaría en una mejor salud de la población en general.

Romney y su equipo idearon una estrategia polifacética en la que cada individuo estaría obligado a contratar un seguro médico (un «seguro individual obligatorio»), de la misma manera que todo dueño de un coche debe tener seguro de automóvil. Las personas con ingresos intermedios que no reuniesen los requisitos para beneficiarse de Medicare o de Medicaid pero que tampoco pudiesen costearse un seguro por su cuenta, recibirían un subsidio público para hacerlo. La cuantía del subsidio se determinaría según un baremo basado en los ingresos de cada persona, y se establecería un mercado online centralizado —una «bolsa central»— para que los consumidores pudieran comparar los distintos seguros y contratar el más conveniente para ellos. Las aseguradoras, por su parte, ya no podrían negar la cobertura a posibles clientes aduciendo la existencia de enfermedades previas.

Estas dos ideas —seguro individual obligatorio y protección de las personas con enfermedades previas— iban de la mano. Al disponer de un enorme conjunto de nuevos clientes beneficiarios de subsidios públicos, las aseguradoras ya no tenían excusas para seguir seleccionando solo a jóvenes y sanos a fin a de proteger sus beneficios. Entretanto, el seguro obligatorio impedía que alguien pudiese burlar al sistema esperando a enfermar para contratar un seguro. Cuando presentó su plan a los periodistas, Romney describió el seguro individual obligatorio como «la idea conservadora por antonomasia» porque promovía la responsabilidad individual.

No era de extrañar que la Asamblea legislativa estatal de Massachusetts, controlada por los demócratas, desconfiase en un principio del plan de Romney, y no solo porque lo hubiese propuesto un republicano; entre muchos progresistas, la necesidad de sustituir un seguro privado y una atención sanitaria con ánimo de lucro por un sistema de pagador único como el de Canadá era un dogma de fe. Si partiésemos de cero, yo les daría la razón; la evidencia de otros países mostraba que un sistema único y nacional —en esencia, Medicare para todos— era una manera económicamente eficaz de proporcionar atención sanitaria de calidad.

Pero ni Massachusetts ni Estados Unidos partían de cero. Teddy, quien a pesar de su reputación de progresista bonachón siempre fue una persona muy práctica, entendió que intentar desmantelar el sistema existente y sustituirlo por otro completamente nuevo no sería solo un imposible político, sino que supondría un gran trastorno económico. Así que adoptó con entusiasmo la propuesta de Romney y ayudó al gobernador a reunir en la Asamblea estatal los votos demócratas necesarios para aprobar el proyecto de ley.

«Romneycare», como se acabaría conociendo, llevaba ya dos años vigente y había sido un éxito evidente, al reducir la tasa de personas sin seguro por debajo del 4 por ciento, la más baja de todo el país. Teddy lo había usado como base para un borrador de proyecto de ley que había empezado a preparar muchos meses antes de las elecciones, como parte de su rol de presidente del Comité del Senado sobre Salud, Educación, Empleo y Pensiones. Y, aunque Plouffe y Axe me habían convencido de que me abstuviese de respaldar la estrategia de Massachusetts durante la campaña —la idea de obligar a la gente a contratar un seguro era extraordinariamente impopular entre los votantes, así que centré mi plan en la reducción de costes—, ahora estaba convencido, como la mayoría de los defensores de la reforma sanitaria, de que el modelo de Romney nos ofrecía la mejor posibilidad de alcanzar la cobertura universal.

Seguía habiendo diferentes opiniones en cuanto a los detalles de cómo habría de ser una versión nacional del plan de Massachusetts, y mientras mi equipo y yo trazábamos nuestra estrategia, varios defensores de la reforma nos instaron a zanjar esas diferencias lo antes posible lanzando desde la Casa Blanca una propuesta para que el Congreso la estudiase. Decidimos no hacerlo. Una de las lecciones del intento fallido de los Clinton fue la necesidad de implicar en el proceso a varios demócratas clave para que sintiesen el proyecto como propio. Sabíamos que una insuficiente coordinación podría resultar en la muerte legislativa por mil pequeños contratiempos.

En la Cámara, esto implicaba trabajar con progresistas de la vieja escuela como Henry Waxman, el astuto y combativo congresista de California. En el Senado, el panorama era distinto: con Teddy convaleciente, el actor principal era Max Baucus, un demócrata conservador de Montana que presidía el poderoso Comité sobre Finanzas. En lo que concierne a los asuntos de impuestos que ocupaban gran parte del tiempo del comité, Baucus solía alinearse con los grupos de interés empresariales, lo cual me resultaba preocupante, y en sus tres décadas como senador aún no había encabezado la aprobación de ninguna ley de importancia. Aun así, parecía estar realmente interesado en el asunto, dado que había organizado una cumbre sobre sanidad en el Congreso en junio del año anterior y había trabajado durante meses con Kennedy y su equipo en los borradores iniciales de un proyecto de ley de reforma. Baucus también mantenía una estrecha amistad con el senador por Iowa Chuck Grassley, el republicano de más alto rango en el Comité de Finanzas, y se mostraba optimista sobre la posibilidad de convencerlo para que apoyase el proyecto de ley.

Rahm y Phil Schiliro dudaban de que eso fuese posible; al fin y al cabo, ya habíamos vivido algo similar durante el debate en torno a la Ley de Recuperación. Pero decidimos que lo mejor era dejar que el proceso de Baucus siguiese su curso. Ya había esbozado algunas de sus ideas en la prensa y poco tiempo después creó un grupo de trabajo sobre la reforma sanitaria del que formaban parte Grassley y otros dos republicanos. No obstante, durante una reunión en el despacho Oval le insistí en que no permitiese que Grassley le diese largas.

«Créame, señor presidente —respondió Baucus—, Chuck y yo ya lo hemos discutido. Para julio lo tendremos hecho.»

Todo trabajo tiene su dosis de sorpresas. Se avería una herramienta clave. Un accidente de tráfico obliga a alterar las rutas de reparto. Un cliente llama para decirte que has ganado el contrato, pero necesita recibir su pedido tres meses antes de lo previsto. Si es algo que ya ha ocurrido antes, el lugar donde trabajas quizá disponga de sistemas y procedimientos para gestionar la situación. Pero ni siquiera las mejores organizaciones pueden preverlo todo, y así es como uno aprende a improvisar para cumplir sus objetivos, o al menos reducir las pérdidas.

La presidencia no era una excepción. Salvo por el hecho de que las sorpresas llegaban a diario, a menudo en oleadas. A lo largo de la primavera y el verano de ese primer año, mientras lidiábamos con la crisis económica, dos guerras y el proyecto de reforma sanitaria, varios asuntos inesperados se sumaron a nuestra ya de por sí sobrecargada lista de tareas.

El primero conllevaba la posibilidad de una catástrofe real. En abril aparecieron informaciones sobre un preocupante brote de gripe en México. El virus de la gripe suele golpear particularmente a poblaciones vulnerables como ancianos, niños pequeños o enfermos de asma, entre quienes provoca más muertes que en la población en general. A las pocas semanas, varias personas habían contraído el virus en Estados Unidos: una en Ohio; dos en Kansas; ocho en un solo instituto de la ciudad de Nueva York. Al final del mes, tanto nuestros Centros para el Control de Enfermedades como la OMS habían confirmado que nos enfrentábamos a una variación del virus H1N1. En junio, la OMS declaró oficialmente la primera pandemia global en más de cuarenta años.

Yo tenía un conocimiento más que superficial del H1N1, pues durante mi tiempo en el Senado trabajé en la preparación de Estados Unidos ante una pandemia. Lo que sabía me quitaba el sueño. Se calcula que, en 1918, una cepa del H1N1 que se dio en conocer como la «gripe española» infectó a quinientos millones de personas y provocó entre cincuenta y cien millones de muertos, en torno al 4 por ciento de la población mundial. Solo en Filadelfia murieron más de doce mil personas en el transcurso de unas pocas semanas. Los efectos de la pandemia se dejaron sentir más allá de las impresionantes cifras de muertos y de la paralización de la actividad económica: estudios posteriores revelaron que los bebés que estaban en el útero materno durante la pandemia tuvieron de adultos menores ingresos, peores resultados educativos y tasas más elevadas de discapacidad física.

Era demasiado pronto para saber cuán mortífero podía ser este virus. Pero yo no quería correr ningún riesgo. El mismo día que Kathleen Sebelius fue confirmada como secretaria de Salud y Servicios Sociales, enviamos un avión a Kansas para que la llevase a Washington y tomase posesión de su cargo en una ceremonia improvisada en el Capitolio. De inmediato le pedimos que liderase una teleconferencia de dos horas con varios altos cargos de la OMS y los ministros de sanidad de México y Canadá. Al cabo de unos pocos días, reunimos un equipo formado por personal de distintas agencias para que evaluara el grado de preparación de Estados Unidos ante el peor escenario imaginable.

La respuesta era que no estábamos preparados en absoluto. Se comprobó que la vacuna anual contra la gripe no proporcionaba protección contra el H1N1, y puesto que las vacunas en general no eran una gran fuente de ingresos para las farmacéuticas, los pocos fabricantes estadounidenses que existían tenían una capacidad limitada de incrementar la producción de una nueva. Además, abordamos cuestiones relativas a cómo distribuir medicamentos antivirales, qué protocolos seguían los hospitales en el tratamiento de casos de gripe e incluso cómo lidiaríamos con la posibilidad de cerrar las escuelas e imponer cuarentenas si la situación empeoraba sustancialmente. Varios veteranos del equipo de respuesta de la Administración Ford a la gripe porcina de 1976 nos advirtieron de las dificultades que conllevaba adelantarse a un brote sin caer en la sobrerreacción o desatar el pánico: al parecer, el presidente Ford, con la intención de actuar con decisión en medio de su campaña de reelección, había acelerado la vacunación obligatoria antes de que se hubiese dilucidado la gravedad de la pandemia, con el resultado de que fueron más los estadounidenses que desarrollaron un desorden neurológico relacionado con la vacuna que los fallecidos a consecuencia de la gripe.

—Tiene que implicarse, señor presidente —me aconsejó uno de los ayudantes de Ford—, pero debe dejar que los expertos dirijan el proceso.

Pasé el brazo por los hombros de Sebelius.

—¿La veis? —dije, inclinando la cabeza en su dirección—. Este es el rostro del virus. Enhorabuena, Kathleen.

—Encantada de prestar servicio, señor presidente —respondió con brío—. Encantada de prestar servicio.

Mis instrucciones a Kathleen y al equipo de salud pública fueron sencillas: las decisiones se tomarían con base en la mejor ciencia disponible, y explicaríamos al público cada paso de nuestra respuesta, incluido qué era lo que sabíamos y qué no. Y eso fue exactamente lo que hicimos durante los seis meses siguientes. Un descenso de los casos de H1N1 durante el verano proporcionó al equipo tiempo para trabajar con los fabricantes de medicamentos e incentivar nuevos procesos para acelerar la producción de vacunas. Distribuyeron con anticipación el material médico entre las distintas regiones y dieron a los hospitales una mayor flexibilidad para gestionar el aumento de los casos de gripe. Evaluaron —para acabar rechazando— la idea de cerrar las escuelas el resto del año, pero trabajaron con los distritos escolares, las empresas y las autoridades estatales y locales para asegurarse de que todos disponían de los recursos que necesitaban para responder si se produjera un brote.

Aunque Estados Unidos no salió ileso —perdieron la vida más de doce mil estadounidenses—, tuvimos la suerte de que esta particular cepa del H1N1 resultó ser menos mortífera de lo que los expertos habían temido, y para mediados de 2010 la noticia de que la pandemia había remitido no generó titulares. Aun así, sentí un gran orgullo por los frutos del trabajo de nuestro equipo. Sin alharacas ni escándalos, no solo habían contribuido a mantener el virus contenido, sino que habían reforzado nuestro grado de preparación ante cualquier futura emergencia de salud pública, lo que sería crucial unos años más tarde, cuando el brote de ébola en África Occidental desatase el pánico generalizado.

Empezaba a ser consciente de que esta era la naturaleza de la presidencia: algunas veces, el trabajo más importante era el que pasaba desapercibido para la gente.

El segundo giro de los acontecimientos fue una oportunidad, no una crisis. A finales de abril, el juez del Tribunal Supremo David Souter llamó para decirme que pensaba jubilarse, lo cual me daba la primera ocasión de elegir quién ocuparía una plaza en la máxima instancia judicial del país.

Conseguir que confirmen a un candidato al Tribunal Supremo nunca ha sido un camino de rosas, en parte porque el papel del tribunal en la gestión de los asuntos públicos estadounidenses siempre había sido controvertido. A fin de cuentas, no parece muy democrática la idea de otorgar a nueve juristas con togas negras no electos, con puesto vitalicio, la capacidad de echar por tierra leyes aprobadas por una mayoría de los representantes del pueblo. Pero desde Marbury contra Madison, el caso de 1803 ante el Tribunal Supremo que le dio la última palabra sobre el significado de la Constitución estadounidense y estableció el principio de revisión judicial de las actuaciones del Congreso y el presidente, ha sido así como ha funcionado nuestro sistema de controles y contrapoderes. En teoría, los jueces del Tribunal Supremo no «hacen la ley» cuando ejercen dichos poderes, sino que se supone que se limitan a «interpretar» la Constitución, para tender un puente entre la manera en que entendían sus disposiciones quienes la redactaron y cómo se aplican en el mundo en que vivimos hoy.

En la inmensa mayoría de casos constitucionales que llegan al tribunal, la teoría se cumple bastante bien. Por lo general, los jueces se han sentido vinculados por el texto de la Constitución y los precedentes establecidos por sus antecesores en el tribunal, aun cuando hacerlo tenga como consecuencia un resultado con el que no estén personalmente de acuerdo. Sin embargo, a lo largo de la historia de Estados Unidos, los casos más importantes han girado en torno a la interpretación de frases como «debido proceso», «privilegios e inmunidades», «protección igualitaria» o «establecimiento de la religión», expresiones tan ambiguas que cabe dudar de que dos padres fundadores estuviesen completamente de acuerdo en su significado. Esta ambigüedad da a cada juez amplio margen de maniobra para «interpretar» de acuerdo con sus propios principios morales, preferencias políticas, sesgos y temores. Y explica por qué en la década de 1930 un tribunal de mayoría conservadora pudo dictaminar que las políticas del New Deal de Franklin Delano Roosevelt violaban la Constitución, mientras que cuarenta años más tarde un tribunal mayoritariamente progresista pudo sentenciar que la Constitución otorga al Congreso una potestad casi ilimitada para regular la economía. Y cómo un conjunto de jueces, en el caso Plessy contra Ferguson, pudo interpretar que la cláusula sobre protección igualitaria permite el «separados pero iguales», y otro grupo de jueces, en el caso de Brown contra el Consejo de Educación, pudo partir exactamente del mismo texto para llegar por unanimidad a la conclusión opuesta.

Resultaba que los jueces del Tribunal Supremo siempre habían hecho la ley.

Con el paso de los años, la prensa y el público empezaron a prestar más atención a las decisiones del Tribunal Supremo y, por extensión, al proceso de confirmación de los jueces. En 1955, los demócratas sureños —en una pataleta tras la decisión sobre el caso de Brown— implantaron la práctica de hacer que los candidatos al Tribunal Supremo se presentasen ante el Comité Judicial del Senado para que los interrogasen sobre sus opiniones legales. La decisión de Roe contra Wade de 1973 concentró aún más la atención sobre los nombramientos para el tribunal, y a partir de ese momento cada nominación desencadenó una encarnizada batalla entre las fuerzas pro y antiabortistas. El tan publicitado rechazo de la candidatura de Robert Bork a finales de los años ochenta y las comparecencias de Clarence Thomas y Anita Hill a principios de los noventa —en las que el candidato fue acusado de acoso sexual— resultaron ser material de irresistible drama televisivo. Todo lo cual significaba que, cuando llegó mi turno para elegir al sustituto del juez Souter, lo fácil fue identificar a un buen candidato. Lo difícil sería conseguir que se aprobase a esa persona evitando al mismo tiempo un circo político susceptible de hacer descarrilar nuestros otros proyectos.

Ya teníamos un equipo de abogados encargado de gestionar el proceso de cubrir las decenas de vacantes en tribunales de menor rango, que enseguida comenzó a elaborar un listado exhaustivo de posibles candidatos al Tribunal Supremo. En menos de una semana, la lista se había reducido a unos pocos finalistas, a los que se pediría que se sometiesen a una investigación de antecedentes por parte del FBI y que acudiesen a la Casa Blanca para una entrevista. Entre estos finalistas estaban Elena Kagan, exdecana de la Escuela de Derecho de Harvard y actual procuradora general, y Diane Wood, jueza de apelaciones del Séptimo Circuito, ambas expertas juristas de primer nivel a las que conocía de cuando impartí clases de Derecho Constitucional en la Universidad de Chicago. Pero cuando leí los gruesos expedientes que mi equipo había preparado con información sobre cada candidato, la que más atrajo mi interés fue alguien a quien no conocía personalmente, la jueza de apelaciones del Segundo Circuito Sonia Sotomayor. Era una portorriqueña del Bronx y había sido criada por su madre, una telefonista que acabó sacándose el título de enfermera, después de que su marido —un comercial que solo había cursado hasta tercero de primaria— muriese cuando Sonia tenía solo nueve años. Aunque en su casa se hablaba sobre todo español, Sonia destacó en la escuela parroquial y obtuvo una beca para estudiar en Princeton. Sus experiencias allí recordaban a la situación que Michelle se encontró en ese mismo lugar una década más tarde: una sensación inicial de incertidumbre y de estar fuera de lugar, debida al hecho de que era una de las contadas mujeres de color en todo el campus; la necesidad, en ocasiones, de hacer un trabajo adicional para compensar las lagunas de un conocimiento que los chicos más privilegiados daban por descontado; lo reconfortante que era sentirse arropada por otros estudiantes negros y profesores solidarios; y la constatación, con el tiempo, de que era tan inteligente como cualquiera de sus compañeros.

Sotomayor se graduó en la facultad de Derecho de Yale y posteriormente hizo una labor extraordinaria en la oficina del Fiscal del Distrito de Manhattan, lo que contribuyó a catapultarla hasta un puesto de juez federal. Durante sus casi diecisiete años como jueza, se había labrado la reputación de ser concienzuda, ecuánime y comedida, lo cual había llevado, en última instancia, a que el Colegio de Abogados de Estados Unidos le otorgase su máxima calificación. Aun así, cuando se filtró que Sotomayor era una de las finalistas, algunos miembros de la clerecía jurídica dieron a entender que sus credenciales eran inferiores a las de Kagan o

Wood, y varios grupos de interés izquierdistas pusieron en duda que tuviese el peso intelectual necesario para batirse de igual a igual con ideólogos conservadores como el juez Antonin Scalia.

Debido quizá a mi propio pasado en ambientes jurídicos y académicos —donde había conocido a un buen número de imbéciles con excelentes credenciales y un elevadísimo cociente intelectual, y había sido testigo de la costumbre de cambiar las reglas a mitad de partido cuando de lo que se trataba era de ascender a mujeres y personas de color—, presté escasa atención a esas objeciones. A mi parecer, la jueza Sotomayor no solo contaba con unas credenciales académicas insuperables, sino que debía atesorar una gran inteligencia, tenacidad y adaptabilidad para llegar hasta donde ella había llegado. Una amplia variedad de experiencias, familiaridad con los azares de la vida, una combinación de cerebro y corazón; he ahí, pensaba yo, el origen de la sabiduría. Cuando durante la campaña me habían preguntado qué cualidades buscaba en un candidato al Tribunal Supremo, yo había hablado no solo de sus cualificaciones jurídicas, sino también de empatía. Los comentaristas conservadores se habían burlado de mi respuesta, y la citaban como prueba de que planeaba llenar el tribunal de progresistas confusos, dados a la ingeniería social y a quienes no les preocupaba en absoluto la aplicación «objetiva» de las leyes. Pero, tal y como yo lo veía, lo habían entendido al revés: la fuente de la objetividad era precisamente la capacidad de un juez de entender el contexto de sus decisiones, de saber cómo era la vida tanto de una adolescente embarazada como de un sacerdote católico, de un magnate hecho a sí mismo y del trabajador de una cadena de montaje, tanto de la mayoría como de la minoría.

Había otras consideraciones que hacían de Sotomayor una elección atractiva. Sería la primera latina —y solo la tercera mujer— en formar parte del Tribunal Supremo. Y ya había sido confirmada dos veces por el Senado, una de ellas de manera unánime, lo que dificultaba que los republicanos pudieran argumentar que era una opción inaceptable.

Dada la alta estima en que tenía a Kagan y Wood, aún no había tomado mi decisión cuando la jueza Sotomayor vino al despacho Oval para que pudiese conocerla mejor. Tenía un rostro ancho y agradable, y una sonrisa fácil. Su comportamiento era formal y escogía cuidadosamente sus palabras, aunque los años que había pasado en universidades de la Ivy League y en tribunales federales no habían borrado su acento del Bronx. Mi equipo me había advertido que no debía plantear a los candidatos preguntas sobre controversias jurídicas específicas como el aborto (los republicanos del comité sin duda preguntarían por cualquier conversación que yo hubiese mantenido con los candidatos, para ver si había aplicado una «prueba del algodón» antes de tomar mi decisión). Así que hablamos de su familia, de su trabajo como fiscal y en general de su filosofía respecto a la justicia. Estaba convencido de que Sotomayor tenía lo que estaba buscando, aunque no lo dije en ese momento. Sí mencioné que había un detalle de su currículum que me resultaba preocupante.

—¿De qué se trata, señor presidente? —preguntó.

—Es usted seguidora de los Yankees —respondí—. Pero, puesto que se crio en el Bronx y le lavaron el cerebro siendo pequeña, me inclino por hacer la vista gorda.

Pocos días más tarde, anuncié que había elegido a Sonia Sotomayor como candidata al Tribunal Supremo. La noticia tuvo una acogida positiva, y en los días previos a su comparecencia ante el Comité Judicial del Senado, me alegró saber que a los republicanos les estaba costando encontrar algo en las opiniones que la jueza había dejado por escrito o en su conducta en el estrado que pudiese hacer descarrilar su confirmación. A falta de eso, para justificar su oposición se aferraron a dos asuntos relacionados con la raza. El primero tenía que ver con un caso de 2008 en New Haven, Connecticut, en el que Sotomayor se sumó a la mayoría en un veredicto contra un grupo de bomberos en su mayoría blancos que habían interpuesto una demanda por «discriminación inversa». La segunda cuestión era relativa a un discurso que Sotomayor había pronunciado en 2001 en la Universidad de California en Berkeley, en el que había argumentado que las juezas provenientes de grupos minoritarios aportaban una perspectiva muy necesaria en los tribunales federales, lo que provocó que los conservadores la acusaran de ser incapaz de ser imparcial en el estrado.

A pesar del efímero revuelo, las comparecencias para la confirmación resultaron menos excitantes de lo esperado: el Senado aprobó a la jueza Sotomayor con 68 votos a favor y 31 en contra. Nueve republicanos se sumaron a todos los demócratas —con excepción de Ted Kennedy, que se estaba sometiendo a tratamiento contra el cáncer—; prácticamente el máximo apoyo que cualquier candidato habría podido obtener, dado el ambiente polarizado en el que nos movíamos.

Michelle y yo organizamos una recepción para la jueza Sotomayor y su familia en la Casa Blanca en agosto, una vez que hubo jurado su cargo. Allí estaba la madre de la flamante jueza del Supremo: me emocionó pensar lo que podría estar pasando por la cabeza de esa anciana que había crecido en una isla lejana, que apenas hablaba inglés cuando se alistó en el Cuerpo Femenino del Ejército durante la Segunda Guerra Mundial y que, a pesar de tenerlo todo en su contra, se había empecinado en que sus hijos fueran de alguna manera importantes. Me recordó a mi propia madre, también a Toot y Gramps, y sentí una punzada de tristeza por que ninguno de ellos hubiese llegado a vivir un día así, por que todos hubiesen muerto sin llegar a ver qué había sido de los sueños que tenían para mí.

Contuve mis emociones mientras la jueza se dirigía al público, y me fijé en un par de chicos coreano-estadounidenses —los sobrinos adoptivos de Sotomayor—, incómodos en sus mejores galas. Para ellos iba a ser algo normal que su tía formase parte del Tribunal Supremo de Estados Unidos, que marcase la vida de un país; como lo sería para los chicos de todo el país.

Lo cual era estupendo. Eso es el progreso.

La lenta marcha hacia la reforma sanitaria consumió buena parte del verano. Mientras la propuesta legislativa avanzaba poco a poco por el Congreso, buscamos cualquier oportunidad de contribuir a evitar que decayese el ritmo del proceso. Desde la cumbre en la Casa Blanca en marzo, los miembros de mis equipos sanitario y legislativo habían participado en innumerables reuniones sobre el asunto en el Capitolio, y al final de cada día entraban arrastrándose en el despacho Oval, como soldados que volviesen del frente, para informarme sobre los vaivenes de la batalla. La buena noticia era que los demócratas clave, presidentes de comités —en particular, Baucus y Waxman—, estaban dedicando mucho esfuerzo a la redacción de borradores de proyectos de ley que podrían aprobar en sus respectivos comités antes del tradicional receso de agosto. La mala noticia era que, cuanto más profundizaba todo el mundo en los detalles de la reforma, más diferencias surgían, en lo sustancial y en lo estratégico, no solo entre demócratas y republicanos, sino entre demócratas de la Cámara y del Senado, entre nosotros y los demócratas del Congreso e incluso entre miembros de mi propio equipo.

La mayoría de las discusiones giraban en torno a cómo generar una combinación de ahorros y nuevos ingresos para costear la ampliación de la cobertura a millones de estadounidenses. Guiado por sus propias querencias y por su interés en elaborar un proyecto de ley con apoyo de ambos partidos, Baucus confiaba en evitar cualquier cosa que pudiese interpretarse como una subida de impuestos. En cambio, junto con su equipo había calculado a cuánto ascenderían las ganancias imprevistas que la nueva avalancha de clientes asegurados supondría para hospitales, farmacéuticas y aseguradoras, y usó esas cifras como base para negociar millones de dólares en contribuciones por anticipado de cada industria mediante reducciones de tasas o de pago por Medicare. Además, para hacer más atractiva su propuesta, Baucus estaba dispuesto a hacer determinadas concesiones regulatorias. Por ejemplo, prometió a los grupos de interés de las farmacéuticas que su proyecto de ley no incluiría disposiciones que permitiesen la reimportación de medicamentos desde Canadá (una popular propuesta de los demócratas que ponía de manifiesto cómo los sistemas sanitarios públicos en Canadá y en Europa sacaban provecho de su enorme poder de negociación para obtener precios mucho más bajos que los que las grandes farmacéuticas exigían en Estados Unidos).

Tanto política como emocionalmente, habría sido mucho más satisfactorio para mí enfrentarnos de forma directa a las farmacéuticas y aseguradoras y ver si podíamos obligarlas a ceder. La popularidad de unas y otras era bajísima entre los votantes, y con razón. Pero, siendo prácticos, la estrategia más conciliadora de Baucus era difícil de rebatir. No teníamos forma de conseguir sesenta votos en el Senado para una reforma sanitaria de calado sin contar al menos con el acuerdo tácito de los principales actores del sector. La reimportación de medicamentos era una fantástica cuestión política, pero al fin y al cabo no teníamos los votos para sacarla adelante, en parte porque las farmacéuticas estaban radicadas u operaban en muchísimos de los estados demócratas.

Consciente de todas estas realidades, di el visto bueno para que Rahm, Nancy-Ann y Jim Messina —un antiguo miembro del equipo de Baucus—, estuviesen presentes en las negociaciones de Baucus con representantes de la industria sanitaria. A finales de junio habían alcanzado un acuerdo que garantizaba cientos de miles de millones de dólares en reembolsos, así como descuentos más amplios para los jubilados que recurriesen a Medicare. Y algo igualmente importante: lograron el compromiso por parte de hospitales, aseguradoras y farmacéuticas de que apoyarían el nuevo proyecto de ley (o al menos no se opondrían a él).

Habíamos superado un obstáculo enorme, en un ejemplo de la política como arte de lo posible. Pero para algunos de los demócratas más a la izquierda en la Cámara, donde nadie tenía que preocuparse por el filibusterismo, y entre los grupos de interés izquierdistas que aún confiaban en que se pusieran los cimientos para un sistema sanitario de pagador único, nuestras cesiones olían a capitulación, a pacto con el diablo. Como Rahm había predicho, no ayudó nada que ninguna de las negociaciones con la industria sanitaria se emitiese por la televisión pública. La prensa empezó a informar sobre los detalles de lo que llamaron «acuerdos en la trastienda». No fueron pocos los votantes que me escribieron para preguntar si me había pasado al lado oscuro. Además, el presidente de comité Waxman dejó bien claro que no consideraba que su actividad estuviese obligada a respetar las concesiones que Baucus o la Casa Blanca hubiesen podido hacer a los grupos de interés de la industria.

Los demócratas de la Cámara, tan prontos a dar lecciones, estaban sin embargo más que dispuestos a proteger el *statu quo* cuando veían amenazadas sus prerrogativas o las ventajas políticas de votantes influyentes. Por ejemplo, prácticamente todos los economistas especializados en sanidad coincidían en que no bastaba con rebañar dinero de los beneficios de las aseguradoras y farmacéuticas y destinarlo a extender la cobertura a más personas; para que la reforma funcionase, también teníamos que hacer algo con los precios exorbitantes que cobraban médicos y hospitales. De lo contrario, cualquier dinero nuevo que entrase en el sistema acabaría desembocando en una atención sanitaria cada vez más limitada para un número cada vez más reducido de personas. Una de las mejores maneras de «aplanar la curva de costes» consistía en implantar una comisión independiente, aislada de la política y de la influencia de los grupos de interés, que estableciese los porcentajes de copago para Medicare basándose en la eficacia comparativa de tratamientos concretos.

Los demócratas de la Cámara detestaban la idea. Significaba renunciar a su capacidad de determinar lo que cubría o no cubría Medicare (junto con las potenciales oportunidades de recaudar fondos para sus campañas que ese poder conllevaba). Además, les preocupaba que jubilados cascarrabias les echasen la culpa de no tener acceso a los medicamentos o los tratamientos más recientes que se anunciaban en la televisión, aunque un experto pudiese demostrar que en realidad eran un derroche de dinero.

Tampoco veían con buenos ojos la otra gran propuesta para controlar los costes: poner un tope a las deducciones de impuestos de los llamados «seguros Cadillac», pólizas caras que costeaban los empleadores y que incluían toda clase de servicios «premium» pero que no mejoraban los resultados sanitarios. Aparte de ejecutivos de empresas y profesionales bien pagados, el principal grupo de personas cubiertas por planes de este tipo eran los afiliados a los sindicatos, por lo que estos se oponían rotundamente a lo que se acabaría conociendo como el «impuesto Cadillac». A los líderes sindicales les importaba poco que sus afiliados estuviesen dispuestos a cambiar una suite de lujo en un hospital, o una segunda —e innecesaria— resonancia magnética, por la posibilidad de incrementar el sueldo restante después de impuestos. No tenían confianza en que cualquier ahorro de costes que la reforma pudiera generar fuese a repercutir de manera positiva en sus afiliados, y estaban absolutamente convencidos de que serían criticados por cualquier cambio que pudiese producirse en sus actuales seguros de salud. Por desgracia, mientras los sindicatos se opusieran al impuesto Cadillac, la mayoría de los demócratas de la Cámara también lo harían.

La prensa se hizo eco de los desencuentros, lo que provocó que todo el proceso pareciese caótico y enrevesado. A finales de julio, las encuestas reflejaban que eran más los estadounidenses que rechazaban que los que aprobaban mi gestión de la reforma sanitaria, lo que me llevó a quejarme a Axe de nuestra estrategia de comunicación. «Estamos haciendo lo correcto en este asunto —insistí—. Solo tenemos que explicárselo mejor a los votantes.»

A Axe le molestaba que se culpase a su equipo del problema exacto del que él me había advertido desde el principio. «Puedes explicarlo hasta quedarte sin aliento —me contestó—. Pero quienes ya tienen cobertura sanitaria desconfían de que la reforma los vaya a beneficiar, y eso no lo va a cambiar ningún montón de datos y de cifras.»

No me convencía, así que decidí que debíamos hacer un mayor esfuerzo por vender nuestro plan al público. Lo cual explica por qué convoqué una conferencia de prensa dedicada a la sanidad en horario de máxima audiencia, ante una sala Este abarrotada de corresponsales de prensa, muchos de los cuales ya estaban escribiendo el obituario de mi principal iniciativa legislativa.

Por lo general, disfrutaba de la naturaleza improvisada de las conferencias de prensa en directo. Y a diferencia del primer debate sobre sanidad durante la campaña, en el que no había hecho más que murmurar frases deslavazadas mientras Hillary Clinton y John Edwards se lucían, ahora me sabía el tema de inicio a fin. De hecho, probablemente me lo sabía demasiado bien. Durante la rueda de prensa incurrí en una vieja costumbre: ofrecer explicaciones exhaustivas de todos y cada uno de los aspectos del asunto a debatir. Fue como si hubiese decidido que iba a compensar mi fracaso al intentar que las negociaciones en torno al proyecto de ley se emitiesen en la televisión pública ofreciendo al público un detallado curso acelerado de una hora de duración sobre la política sanitaria en Estados Unidos.

A los periodistas no les hizo mucha gracia tanto detalle. Una reseña insistió en destacar que a veces había adoptado un tono «profesoral». Puede que ese fuese el motivo de que, cuando llegó el último turno de preguntas, Lynn Sweet, una veterana reportera del *Chicago Sun-Times* a la que conocía desde hacía años, decidiera preguntarme algo completamente ajeno al tema.

«Hace unos días —dijo Lynn—, el profesor Henry Louis Gates Jr. fue arrestado en su casa de Cambridge. ¿Qué opinión le merece el incidente? ¿Y qué indica sobre las relaciones raciales en Estados Unidos?»

¿Por dónde empezar? Henry Louis Gates, Jr. era profesor de Literatura y Estudios Afroamericanos en Harvard, y uno de los más destacados académicos negros del país. Además, era un conocido mío, alguien con quien coincidía ocasionalmente en reuniones sociales. Esa semana, Gates había vuelto a su casa en Cambridge tras un viaje a China y se encontró con que la puerta estaba atascada. Un vecino, que había visto cómo Gates intentaba abrir la puerta a la fuerza, llamó a la policía para denunciar un posible allanamiento. Cuando el agente que respondió a la llamada, el sargento James Crowley, llegó al lugar, pidió a Gates que se identificara. Este se negó en un principio y —según Crowley— le llamó racista. Al final, Gates mostró su identificación pero, supuestamente, siguió reprendiendo al agente desde su porche mientras este se alejaba. Cuando una advertencia no consiguió calmar a Gates, Crowley y otros dos agentes que había pedido de refuerzo lo esposaron, lo llevaron a la comisaría y lo acusaron de desorden público. (Esa acusación no tardó en retirarse.)

Como era de esperar, la historia tuvo repercusión nacional. Para buena parte de los estadounidenses blancos, la detención de Gates era más que merecida, un caso evidente de alguien que no muestra el debido respeto durante un procedimiento policial rutinario. Para los negros, no era más que una muestra de las humillaciones e injusticias, grandes y pequeñas, que sufrían a manos de la policía en particular y de la autoridad blanca en general.

Mi propia suposición de lo que había pasado era más particular, más humana, que la simple fábula moral en blanco y negro que se estaba contando. Había vivido en Cambridge, y sabía que su departamento de policía no tenía la reputación de albergar a un montón de tipos como el segregacionista Bull Connor. Por su parte, Skip —como llamaban a Gates sus amigos— era brillante y vocinglero —mitad W. E. B. Du Bois, mitad Mars Blackmon—, lo bastante altanero para imaginarlo insultando a un policía hasta el punto de que incluso un agente relativamente comedido experimentase un subidón de testosterona.

Aun así, aunque nadie había resultado herido, el episodio me parecía deprimente: un vívido recordatorio de que ni siquiera el nivel más elevado de éxito de un negro y el entorno de blancos más acogedor podían escapar al nubarrón de nuestra historia racial. Cuando oí lo que le había ocurrido a Gates, me descubrí haciendo, de manera casi involuntaria, un inventario de mis propias experiencias. Las múltiples ocasiones en las que me habían pedido mi tarjeta de estudiante al ir hacia la biblioteca en el campus de Columbia, algo que no parecía que les pasase nunca a mis compañeros de clase blancos. Los controles de tráfico arbitrarios cuando visitaba ciertos barrios «buenos» de Chicago. Que los guardias de seguridad me siguiesen por unos grandes almacenes mientras hacía las compras de Navidad. El clic de los cierres de los coches cuando caminaba por una calle, vestido de traje y corbata, a mitad del día.

Momentos como esos eran habituales entre mis amigos y conocidos negros, o los tipos con los que coincidía en la peluquería. Si eras pobre, o de clase trabajadora, o vivías en un barrio complicado, o no mostrabas debidamente que eras un negro respetable, las historias a menudo eran peores. A casi cualquier hombre negro del país, a cualquier mujer que quisiese a un hombre negro, a cualquier padre o madre de un joven negro, no era la paranoia, el «recurso al comodín de la raza» o una falta de respeto a la policía lo que los llevaba a concluir que, con independencia de cualquier otra cosa que pudiese haber sucedido ese día en Cambridge, esto era casi con toda seguridad cierto: a un profesor de Harvard de cincuenta y ocho años rico, famoso, de metro setenta y sesenta y cinco kilos que caminase con bastón por una lesión de infancia en la pierna y fuese blanco no lo habrían esposado ni llevado a la comisaría simplemente por haber sido maleducado con un policía que lo hubiese obligado a mostrar alguna forma de identificación mientras estaba delante de su maldita propia casa.

Por supuesto, no dije todo esto. Quizá debí haberlo dicho. En cambio, lo que sí hice fueron unos comentarios bastante anodinos, partiendo del reconocimiento de que la policía había respondido de forma apropiada a la llamada al 911, y también de que Gates era amigo mío, lo que significaba que yo podía tener algún sesgo. «No estaba allí y no he visto todo lo que ocurrió, así que no sé qué papel tuvo la raza en todo ello —dije—. Pero creo que sí puede decirse que, primero, cualquiera de nosotros estaría bastante enfadado; segundo, la policía de Cambridge actuó de manera estúpida al arrestar a alguien cuando ya había constatado que estaba en su propia casa; y tercero, lo que creo que sabemos, con independencia y aparte de este incidente, es que en este país hay una larga historia de desproporción en el número de detenciones de negros y latinos por parte de la policía.»

Eso fue todo. Salí de la conferencia de prensa esa noche dando por descontado que mis cuatro minutos sobre el asunto Gates serían una breve nota frente a la hora que había dedicado a la sanidad.

Qué equivocado estaba. A la mañana siguiente, mi comentario de que la policía había actuado «de manera estúpida» abrió todos los noticieros. Representantes de los sindicatos policiales daban a entender que había denigrado al agente Crowley y a la policía en general, y exigían que pidiese disculpas. Fuentes anónimas afirmaban que alguien había movido los hilos para que se retirase la acusación contra Gates sin que compareciese ante el juez. Los medios conservadores apenas podían disimular su satisfacción, y presentaron mis comentarios como una muestra de cómo un elitista —profesoral, engreído— presidente negro se ponía de parte de su amigo de Harvard —bien conectado, bocazas, presto a hacer uso del comodín de la raza— frente a un policía blanco de clase trabajadora que se limitaba a hacer su trabajo. En la rueda de prensa diaria en la Casa Blanca, a Gibbs apenas le hicieron preguntas sobre algo que no fuese esto. Después, quiso saber si me planteaba hacer una aclaración pública.

—¿Qué tengo que aclarar? —pregunté—. Creo que ya he sido bastante claro desde el principio.

—Tal y como se está interpretando, la gente cree que llamaste «estúpida» a la policía.

—No dije que fuesen estúpidos, sino que actuaron de manera estúpida. Hay una diferencia.

—Lo sé, pero...

—No vamos a hacer ninguna aclaración —zanjé—. Ya pasará.

Al día siguiente, sin embargo, no había pasado. Por el contrario, la historia había eclipsado por completo todo lo demás, incluido nuestro mensaje sobre la sanidad. Rahm recibió nerviosas llamadas de los demócratas del Capitolio, y parecía dispuesto a tirarse de un puente. Cualquiera habría podido pensar que en esa rueda de prensa me había puesto un dashiki y me había dedicado a lanzar improperios contra la policía.

Al final accedí a aplicar un plan de control de daños. Empecé por llamar al sargento Crowley para hacerle saber que lamentaba haber usado la expresión «de manera estúpida». Se mostró comprensivo y cordial, y en algún momento propuse que Gates y él viniesen a visitar la Casa Blanca. Los tres podríamos tomar una cerveza, dije, y mostrar al país que la buena gente puede superar un malentendido. Tanto a Crowley como a Gates, a quien llamé inmediatamente después, les entusiasmó la idea. En una conferencia de prensa que di ese mismo día, les dije a los periodistas que seguía pensando que los policías habían sobrerreaccionado al arrestar a Gates, como el profesor había sobrerreaccionado cuando estos se presentaron en su casa. Reconocí que podría haber medido mejor mis comentarios iniciales. Mucho tiempo después supe a través de David Simas, nuestro gurú interno sobre encuestas y mano derecha de Axe, que el asunto Gates había provocado una enorme pérdida de respaldo entre los votantes blancos, mayor que cualquier otra debida a un solo acontecimiento a lo largo de los ocho años de mi presidencia. Y, peor aún, era un respaldo que nunca recuperaría por completo.

Seis días más tarde, Joe Biden y yo nos sentamos con el sargento Crowley y Skip en la Casa Blanca para lo que se conocería como la «Cumbre de la Cerveza». Fue un acto discreto, amable y ligeramente impostado. Como había imaginado tras nuestra conversación telefónica, Crowley resultó ser un hombre atento y decente, mientras que Skip tuvo un comportamiento impecable. Durante en torno a una hora, los cuatro hablamos de nuestra infancia y nuestro trabajo, y de las maneras de mejorar la confianza y la comunicación entre los agentes de policía y la comunidad afroamericana. Cuando llegó el momento de despedirnos, tanto Crowley como Gates expresaron su agradecimiento por las visitas guiadas que mi equipo había ofrecido a sus familias, y bromeé diciendo que la próxima vez quizá podían buscar alguna manera más sencilla de conseguir una invitación a la Casa Blanca.

Cuando se fueron, me quedé solo en el despacho Oval pensando sobre todo el asunto. Michelle, amigos como Valerie y Marty, altos cargos como el fiscal general Eric Holder, la embajadora en Naciones Unidas Susan Rice y el representante comercial de Estados Unidos Ron Kirk, estábamos acostumbrados a sortear toda una sucesión de obstáculos para desenvolvernos en el seno de instituciones predominantemente blancas. Habíamos adquirido la capacidad de reprimir nuestra reacción natural ante afrentas menores, a estar siempre dispuestos a conceder el beneficio de la duda a nuestros colegas blancos, a tener siempre en mente que cualquier conversación sobre la raza, salvo que uno tuviese el máximo cuidado, amenazaba con desatar en ellos un moderado pánico. Aun así, las reacciones a mis comentarios sobre Gates nos sorprendieron a todos. Fue la primera señal que detecté de hasta qué punto la cuestión de los negros y la policía era más polarizadora que prácticamente cualquier otro asunto en la vida de Estados Unidos. Daba la impresión de que conectaba con algunas de las corrientes subterráneas más profundas en la psique del país, que tocaba el nervio más sensible, quizá porque nos recordaba a todos, tanto negros como blancos, que en la base del orden social estadounidense no había habido solo consentimiento, sino también siglos de violencia estatal alentada por los blancos contra los negros y mestizos, y que quién controlaba la violencia legalmente permitida y cómo y contra quién se ejercía seguía teniendo, en lo más profundo de nuestra mente tribal, mucha más importancia de la que estábamos dispuestos a reconocer.

Mis pensamientos se vieron interrumpidos por Valerie, que asomó la cabeza para saber cómo estaba. Me dijo que la cobertura de la «Cumbre de la Cerveza» había sido en general positiva, aunque reconoció que había recibido un montón de llamadas de seguidores negros que no estaban muy contentos. «No entienden por qué nos esforzamos tanto por hacer que Crowley se sienta bienvenido», me dijo.

—¿Qué les has contestado? —pregunté.

—Les he dicho que todo esto ha acabado siendo una distracción, y que estás centrado en gobernar y en conseguir que se apruebe la reforma sanitaria.

Asentí.

—Y los negros de nuestro equipo... ¿cómo lo llevan?

Valerie se encogió de hombros.

—Los más jóvenes están un poco desanimados. Pero lo entienden. Con todo lo que tienes entre manos, no les gusta verte en esta situación.

—¿Qué situación? —dije—. ¿La de ser negro, o la de ser presidente?

Los dos soltamos una buena carcajada.

17

A finales de julio de 2009, había ya una versión del proyecto de ley de atención sanitaria que había pasado por todas las comisiones pertinentes de la Cámara. También el Comité del Senado sobre Salud, Educación, Empleo y Pensiones había hecho su labor. Lo único que faltaba era la aprobación por parte del Comité del Senado sobre Finanzas, presidido por Max Baucus. Una vez realizado este trámite, podríamos fusionar las diferentes versiones en dos proyectos de ley, uno presentado en la Cámara y otro en el Senado; lo ideal era que ambos se aprobaran antes de las vacaciones de agosto con el objetivo de tener una versión final de la ley en mi escritorio para su firma antes de final de año.

Sin embargo, por más que presionábamos, no había forma de conseguir que Baucus terminara el trabajo. Yo comprendía sus razones para retrasarse: a diferencia de los presidentes de los demás comités demócratas, que aprobaban sus proyectos de ley votando directamente según las directrices del partido y prescindiendo de los republicanos, Baucus seguía confiando en que para aquel proyecto en concreto podría obtener el apoyo de ambos partidos. Pero conforme avanzaba el verano, su optimismo empezaba a parecer un tanto delirante. McConnell y Boehner ya habían anunciado su enérgica oposición a nuestra iniciativa legislativa, aduciendo que representaba un intento de «usurpación gubernamental» del sistema sanitario. Frank Luntz, un conocido estratega republicano, había hecho circular un memorándum en el que aseguraba que, después de haber llevado a cabo una prueba de mercado con nada menos que cuarenta mensajes contrarios a la reforma, había llegado a la conclusión de que hablar de «usurpación gubernamental» era la mejor forma de desacreditar la legislación sanitaria. A partir de ahí, los conservadores se limitaron a seguir el guion, repitiendo la frase como si fuera un conjuro.

El senador Jim DeMint, un duro conservador de Carolina del Sur, fue más transparente sobre las intenciones de su partido: «Si podemos parar a Obama en esto —anunció en una teleconferencia nacional celebrada con otros activistas conservadores—, será su Waterloo. Lo hundirá».

Como cabría esperar dado el ambiente reinante, el grupo de tres senadores republicanos invitados a participar en las conversaciones bipartitas con Baucus se había reducido a dos: Chuck Grassley y Olympia Snowe, esta última la senadora de Maine de talante moderado. Mi equipo y yo hicimos todo lo posible por ayudar a Baucus a obtener su apoyo. Invité a Grassley y Snowe a la Casa Blanca en repetidas ocasiones, y cada pocas semanas les llamaba por teléfono para sondearles. Firmamos un montón de cambios que pidieron que se hicieran en el anteproyecto de ley de Baucus. Nancy-Ann se convirtió en una figura permanente en el despacho del Senado de ambos, y llevaba a Snowe a cenar con tanta frecuencia que bromeábamos diciendo que su marido se estaba poniendo celoso.

«¡Dile a Olympia que redacte el maldito proyecto! —le dije un día a Nancy-Ann cuando se dirigía a una de aquellas reuniones—. Lo llamaremos el plan Snowe. Dile que, si vota a favor del proyecto, puede quedarse con la Casa Blanca... ¡Michelle y yo nos mudaremos a un apartamento!»

Aun así, no había forma de que avanzáramos. Snowe, que se preciaba de su reputación centrista, sentía un profundo interés por la atención sanitaria (se había quedado huérfana a los nueve años al perder a sus padres, con muy poco tiempo de diferencia, a causa de un cáncer y una dolencia cardiaca). Pero la marcada inclinación derechista del Partido Republicano la había dejado cada vez más aislada en su propio caucus, haciéndola aún más cautelosa que de costumbre y con tendencia a disfrazar su indecisión con el pretexto de profundizar en nimiedades políticas.

El caso de Grassley era otra historia. Se llenaba la boca diciendo que quería ayudar a las familias agricultoras de Iowa que tenían problemas para obtener un seguro con el que pudieran contar, y cuando Hillary Clinton impulsó la reforma sanitaria en la década de 1990, él copatrocinó una alternativa que en muchos aspectos se asemejaba al plan que ahora proponíamos nosotros —al estilo de la reforma emprendida por el estado de Massachusetts en 2006—, incluida la obligatoriedad individual de contratar un seguro médico. Pero a diferencia de Snowe, Grassley rara vez plantaba cara a los líderes de su partido en los temas difíciles. Con su larga cara de pena y su característico acento gutural del Medio Oeste, constantemente ponía reparos acerca de tal o cual problema que le plan-teaba el proyecto de ley sin llegar a decirnos nunca qué haría falta para que diera su apoyo. La conclusión de Phil era que Grassley solo estaba dando largas a Baucus a instancias de McConnell, con la intención de demorar el proceso y evitar así que pasáramos a centrarnos en el resto de nuestra agenda. Incluso yo mismo, el optimista de guardia de la Casa Blanca, final-mente me harté y le pedí a Baucus que viniera a verme.

—Se acabó el tiempo, Max —le dije en el despacho Oval durante una reunión a finales de julio—. Has hecho todo lo que has podido. Grassley no está por la labor. Solo que todavía no te lo ha dicho.

Baucus meneó la cabeza.

—Respetuosamente, estoy en desacuerdo, señor presidente —me respondió—. Conozco a Chuck. Creo que estamos *a esto* de tenerlo. —Mientras lo decía alzó la mano con los dedos pulgar e índice ligera-mente separados, sonriéndome como alguien que ha descubierto una cura para el cáncer y se ve obligado a lidiar con necios escépticos—. Démosle un poco más de tiempo a Chuck y votemos después de las va-caciones.

Una parte de mí deseó levantarse, agarrar a Baucus por los hombros y sacudirlo hasta que entrara en razón. Pero sabía que eso no funcionaría. Otra parte de mí contempló la posibilidad de amenazar con retirarle mi apoyo político la próxima vez que se presentara a la reelección, pero, dado que había obtenido más votos que yo en su estado natal, Montana, supuse que eso tampoco funcionaría; en cambio, opté por discutir con él otra media hora e intentar convencerle. Finalmente terminé aceptando su plan de retrasar una votación inevitablemente monopartidista inme-diata y someter el proyecto de ley a votación dentro de las dos primeras semanas tras la reanudación de las sesiones del Congreso en septiembre.

Con la Cámara y el Senado disueltos y las dos votaciones todavía pen-dientes, decidimos que pasaría las dos primeras semanas de agosto de gira por el país, celebrando encuentros con la ciudadanía sobre el tema de la atención sanitaria en estados como Montana, Colorado y Arizona, donde el apoyo a la reforma era más inestable. Como incentivo, mi equipo me sugirió que me acompañaran Michelle y las niñas, y que aprovecháramos para visitar algunos parques nacionales que nos pillaban de camino.

Me encantó la idea. No es que Malia y Sasha anduvieran escasas de atención paterna o necesitaran diversión adicional durante el verano: tenían ambas cosas de sobra; tenían muchas amigas para jugar, muchas películas que ver en el centro comercial y un montón de tiempo para holgazanear. A menudo, cuando volvía a casa por la noche, subía al tercer piso y encontraba el solárium invadido de niñas de ocho u once años en pijama instalándose para pasar la noche, saltando sobre colchones inflables, esparciendo palomitas de maíz y juguetes por todas partes, o soltando risitas sin parar ante lo que fuera que estuvieran viendo en Nickelodeon.

Pero por mucho que Michelle y yo (con ayuda de la infinita paciencia de los agentes del Servicio Secreto) tratáramos de aproximarnos a lo que sería una infancia normal para mis hijas, me resultaba difícil, si no imposible, llevarlas a los mismos lugares adonde los padres comunes y corrientes llevaban a sus hijos. Nosotros no podíamos ir juntos a un parque de atracciones o hacer una parada improvisada en el camino para tomar unas hamburguesas. No podía llevarlas, como antes lo había hecho muchas veces, a dar un tranquilo paseo en bici un domingo por la tarde. Una escapada para comprar un helado o una visita a una librería se habían convertido en un auténtico espectáculo, que implicaba cortes de carreteras, equipos tácticos y el omnipresente grupo de prensa.

Si las niñas sentían alguna carencia a causa de esto, el hecho es que no lo demostraban. Pero yo sí la sentía, y de forma bastante intensa. Lamentaba sobre todo el hecho de que probablemente nunca tendría la oportunidad de llevar a Malia y Sasha a hacer un largo viaje estival por carretera como el que había hecho yo mismo a los once años, cuando mi madre y Toot decidieron que había llegado el momento de que Maya y yo conociéramos el territorio continental estadounidense. El viaje, que duró todo un mes, dejó una profunda impresión en mi mente, y no solo porque fuéramos a Disneylandia (aunque, obviamente, ese fue el plato fuerte): cogimos almejas en la arena durante la marea baja en el estrecho de Puget; montamos a caballo por el lecho de un riachuelo al pie del cañón de Chelly, en Arizona; vimos las infinitas praderas de Kansas extendiéndose ante nosotros desde la ventanilla de un tren; divisamos una manada de bisontes en una oscura llanura en Yellowstone, y cada día terminábamos disfrutando de los sencillos placeres del dispensador de helados de un motel, algún chapuzón ocasional en una piscina, o simplemente el aire acondicionado y las sábanas limpias. Aquel viaje me permitió hacerme una idea de la vertiginosa libertad que daba la carretera, de lo vasto que era el territorio estadounidense y de cuántas maravillas encerraba.

No podía repetir aquella experiencia con mis hijas, dado que volábamos en el Air Force One, circulábamos en comitivas y nunca pernoctábamos en lugares como los moteles de la cadena Howard Johnson's. Para nosotros, ir del punto A al punto B siempre era muy rápido y cómodo, y nuestras jornadas estaban tan llenas de actividades previamente programadas y supervisadas por mi personal —y, por lo tanto, desprovistas de esa mezcla familiar de sorpresas, percances y aburrimiento— que era imposible hablar de un «viaje por carretera» propiamente dicho. Pero durante una semana de agosto, Michelle, las niñas y yo lo pasamos bien de todos modos. Vimos el géiser Old Faithful en erupción y contemplamos la extensión ocre del Gran Cañón del Colorado. Las niñas hicieron *tubing* en el agua. Por las noches jugábamos a nombrar las constelaciones o a algún juego de mesa. Al acostarlas, yo esperaba que, pese a todo el alboroto que nos rodeaba, conservaran en la mente la imagen de las posibilidades de la vida y la belleza del paisaje estadounidense, tal como había hecho yo en otra época; que quizá algún día volvieran a pensar en los viajes que habíamos hecho juntos, y eso les recordaría que eran tan dignas de amor, tan fascinantes y rebosantes de vida que no había nada que les gustara más a sus padres que compartir aquellos horizontes con ellas.

Obviamente, una de las cosas que Malia y Sasha tuvieron que soportar en aquel viaje al oeste fue que su padre se ausentara cada dos días para presentarse ante grandes multitudes y cámaras de televisión para hablar de la atención sanitaria. En sí mismos, los encuentros con la ciudadanía no eran muy diferentes de los que ya había celebrado en la primavera. La gente compartía sus historias acerca de cómo el sistema de salud vigente había fallado a sus familias y planteaba preguntas sobre el modo en que el naciente proyecto de ley podría afectar a su propio seguro médico. Incluso quienes se oponían a nuestra iniciativa escuchaban atentamente lo que decía.

Fuera, en cambio, el ambiente era muy distinto. Estábamos en medio de lo que daría en llamarse el «verano del Tea Party», un esfuerzo concertado para vincular los honestos temores de la gente en relación con los cambios que experimentaba el país a una agenda política derechista. Tanto al llegar a cualquiera de los encuentros como al marcharnos, éramos recibidos por docenas de manifestantes airados. Algunos gritaban con megáfonos. Otros nos saludaban levantando un dedo. Muchos esgrimían carteles con mensajes como «El Obamacare es una mierda» o el involuntariamente irónico «Mantened al Gobierno lejos de mi Medicare» (cuando Medicare es un programa gubernamental). Algunos agitaban fotos mías distorsionadas en las que parecía el personaje del Joker interpretado por Heath Ledger en *El caballero oscuro*, con los ojos ennegrecidos y una gruesa capa de maquillaje, lo que me daba un aspecto casi demoniaco. Otros iban vestidos de revolucionarios de la era colonial y esgrimían la bandera de Gadsden con la serpiente y su lema «No me pises». Todos ellos parecían interesados en expresar su desprecio general hacia mí, un sentimiento que quedaba perfectamente ilustrado con una versión remodelada del famoso cartel que diseñara Shepard Fairey para nuestra campaña: la misma representación de mi rostro en color rojo, blanco y azul, pero con la palabra *hope* («esperanza») reemplazada ahora por *nope* («no»).

Esta nueva y repentinamente poderosa fuerza había empezado meses antes como un puñado de variopintas protestas a pequeña escala contra el programa TARP y la Ley de Recuperación. Aparentemente, algunos de los primeros integrantes procedían de la quijotesca campaña presidencial de tintes libertarios[*] del congresista republicano Ron Paul, que abogaba por la eliminación del impuesto federal sobre la renta y de la Reserva Federal, el retorno al patrón oro y la retirada de Estados Unidos de Naciones Unidas y la OTAN. La notoria diatriba televisiva que Rick Santelli había lanzado en febrero en contra de nuestra propuesta de vi-

---

[*] Entiéndase el término en la acepción conservadora que tiene en la política estadounidense; esto es, como defensa de la propiedad privada, la economía de mercado y la mínima intervención del Estado. *(N. de los T.)*

vienda había proporcionado un pegadizo grito de protesta para aquella difusa red de activistas conservadores, y pronto diversos sitios web y cadenas de correo electrónico empezaron a generar manifestaciones más grandes, con la proliferación de capítulos del Tea Party en todo el país. En aquellos primeros meses no habían tenido suficiente fuerza para evitar que se aprobara el paquete de estímulo, y la protesta nacional convocada la fecha límite para presentar el impuesto sobre la renta tampoco había obtenido demasiado éxito. Pero ahora, gracias al respaldo de personalidades de los medios conservadoras como Rush Limbaugh y Glenn Beck, el movimiento estaba cobrando impulso, y cada vez eran más los políticos republicanos, primero locales y luego nacionales, que abrazaban la marca del Tea Party.

Cuando llegó el verano, el grupo estaba centrado en detener la supuesta abominación que ellos llamaban «Obamacare», la cual —insistían— pretendía establecer un nuevo orden socialista y opresivo en Estados Unidos. Mientras yo llevaba a cabo mis encuentros con la ciudadanía relativamente sosegados en el oeste del país, los telediarios empezaron a emitir escenas de eventos parlamentarios paralelos en todo el país, en las que aparecían congresistas y senadores que de repente se veían recriminados por los abucheos de multitudes airadas en sus distritos de origen, o miembros del Tea Party interrumpiendo deliberadamente los actos, alterando hasta tal punto a algunos de los políticos que se veían obligados a cancelar sus apariciones públicas.

Me fue difícil decidir qué hacer al respecto. El manifiesto antimpuestos, antirregulación y antigobierno del Tea Party no era nuevo; los políticos republicanos y los medios conservadores llevaban años vendiendo su argumento básico: que las corruptas élites liberales habían secuestrado el Gobierno federal para sacar dinero del bolsillo de los trabajadores estadounidenses con el objetivo de financiar el clientelismo de la asistencia social y recompensar a sus compinches corporativos. Por otra parte, el Tea Party tampoco resultó ser el movimiento espontáneo de base que pretendía. Desde un primer momento, diversos grupos vinculados a los hermanos Koch como Americans for Prosperity, junto con otros conservadores multimillonarios que habían participado en la reunión organizada por los Koch en Indian Wells justo después de mi investidura, se habían encargado de nutrir minuciosamente el movimiento registrando nombres de dominios web, obteniendo los permisos para celebrar mítines, formando a sus organizadores, patrocinando conferencias y, en última instancia, proporcionando gran parte de la financiación, la infraestructura y la dirección estratégica del Tea Party.

Aun así, no se puede negar que el Tea Party representaba una genuina oleada populista en el seno del Partido Republicano. Estaba formado por auténticos creyentes, poseídos del mismo entusiasmo popular y la misma furia desbocada que ya habíamos visto en los partidarios de Sarah Palin durante los últimos días de la campaña. Podía entender parte de su ira, por más que la considerara mal dirigida. Muchos de los estadounidenses blancos de clase media y trabajadora que gravitaban en torno al Tea Party llevaban décadas pasándolo mal a causa de los salarios estancados, el aumento de los precios y la pérdida de puestos de trabajo manual estables que proporcionaban una jubilación segura. Ni Bush ni la clase dirigente republicana habían hecho nada por ellos, y la crisis financiera había diezmado aún más sus comunidades. Y al menos hasta el momento, desde que yo ocupaba el cargo, la economía no había hecho sino empeorar de manera constante, a pesar de haber canalizado más de un billón de dólares en medidas de estímulo y rescates. Para quienes ya de por sí se sentían inclinados a albergar ideas conservadoras, la noción de que mis políticas estaban diseñadas para ayudar a otros a sus expensas —de que el juego estaba amañado y yo formaba parte del amaño— debía de parecer más que probable.

Por otra parte, no podía evitar sentir cierto respeto por el modo en que los líderes del Tea Party habían movilizado a un importante número de partidarios y habían logrado dominar la cobertura informativa, utilizando algunas de las mismas estrategias de manejo de las redes sociales y de organización de las bases que nosotros habíamos desplegado durante mi propia campaña. Yo había pasado toda mi carrera política promoviendo la participación cívica como cura para una gran parte de los males que aquejaban a nuestra democracia. No podía quejarme —me dije a mí mismo— solo porque aquellos que se oponían a mi agenda fuesen quienes espoleaban tan apasionada participación ciudadana.

Sin embargo, con el paso del tiempo fue difícil ignorar algunos de los impulsos más problemáticos que estimulaban el movimiento. Como había ocurrido en los mítines de Palin, los reporteros que cubrían los eventos del Tea Party captaban imágenes de asistentes que me comparaban con diversos animales o con Hitler. Aparecían carteles en los que se me representaba vestido como un hechicero africano con un hueso en la nariz y la leyenda «Obamacare: próximamente en tu dispensario más cercano». Abundaban las teorías conspirativas: se afirmaba, por ejemplo, que mi proyecto de ley de atención sanitaria establecería «equipos de la muerte» para evaluar si las personas merecían tratamiento o no, despejando así el camino para una «eutanasia alentada por el Gobierno»; o que beneficiaría a los inmigrantes ilegales, en aras de mi principal objetivo de inundar el país de votantes demócratas fiables y dependientes de la asistencia social. El Tea Party también resucitó y dio pábulo a un viejo rumor de la campaña electoral: no solo que era musulmán, sino que además ocultaba que en realidad había nacido en Kenia y, por lo tanto, estaba constitucionalmente imposibilitado para ejercer la presidencia. En septiembre, la cuestión de hasta qué punto el nativismo y el racismo explicaban el auge del Tea Party se había convertido en un importante tema de debate en televisión, sobre todo después de que el expresidente Jimmy Carter —sureño de pura cepa— expresara su opinión de que aquella extrema virulencia dirigida hacia mí se debía, al menos en parte, a motivos racistas.

En la Casa Blanca decidimos no comentar nada al respecto, y no solo porque Axe tenía una gran cantidad de datos que nos decían que los votantes blancos, incluidos muchos de los que me apoyaban, reaccionaban mal ante los sermones sobre la raza. Por una cuestión de principios, yo no creía que un presidente debiera quejarse públicamente de las críticas de los votantes (eso era algo que iba con el cargo), y me apresuré a recordarles tanto a los periodistas como a mis amigos que todos mis antecesores blancos también habían tenido que soportar su ración de feroces ataques personales y obstruccionismo.

En un sentido más práctico, tampoco veía la forma de dilucidar cuáles eran realmente los motivos de la gente, en especial teniendo en cuenta que las actitudes raciales estaban incardinadas en todos y cada uno de los aspectos de la historia de nuestra nación. ¿Apoyaba tal o cual miembro del Tea Party los «derechos de los estados» frente al Gobierno federal porque realmente creía que era la mejor manera de promover la libertad, o porque seguía resentido por el modo en que la intervención federal había puesto fin a las leyes Jim Crow y había propiciado la desegregación y el aumento del poder político de los negros en el Sur? ¿Se oponía tal o cual activista conservadora a la ampliación del Estado del bienestar social porque creía que socavaba la iniciativa individual, o porque estaba convencida de que beneficiaría solo a los inmigrantes de tez morena que acababan de cruzar la frontera? Con independencia de lo que me dijeran mis instintos, de las verdades que pudieran sugerir los libros de historia, sabía que etiquetando a mis oponentes de racistas no iba a ganar ningún votante.

Una cosa parecía segura: una buena parte del pueblo estadounidense, incluidas algunas de las mismas personas a las que yo intentaba ayudar, no se creían ni una palabra de lo que decía. Una noche, más o menos por entonces, vi un reportaje sobre una organización benéfica llamada Remote Area Medical, que prestaba servicios médicos en improvisados dispensarios temporales en todo el país, utilizando como centros de operaciones remolques estacionados junto a estadios y recintos feriales. Casi todos los pacientes que aparecían en el reportaje eran sureños blancos de estados como Tennessee, Georgia y Virginia Occidental; hombres y mujeres que tenían trabajo pero cuya empresa no les proporcionaba un seguro médico, o que tenían un seguro cuyas franquicias no podían pagar. Muchos habían conducido cientos de kilómetros —algunos incluso durmiendo en sus coches durante la noche, dejando el motor en marcha para mantenerse calientes— para unirse a otros centenares de personas que hacían cola desde antes del amanecer para que alguno de los médicos voluntarios pudiera extraerles una muela infectada, diagnosticar un dolor abdominal debilitante o examinar un bulto en la mama. Era tal la demanda que en ocasiones los pacientes que llegaban después de salir el sol no encontraban tanda.

Aquella historia me resultó a la vez desgarradora e irritante: ponía en tela de juicio a una nación que, pese a ser rica, fallaba a muchos de sus ciudadanos. Y sin embargo, sabía que casi todas aquellas personas que aguardaban para que un médico las visitara gratis provenían de un distrito abrumadoramente republicano, el tipo de circunscripción donde seguro que era más fuerte la oposición a nuestro proyecto de ley de atención sanitaria, junto con el apoyo al Tea Party. Hubo un tiempo —cuando recorrí el sur de Illinois como senador estatal, o más tarde, cuando estuve viajando por las zonas rurales de Iowa durante los primeros días de la campaña presidencial— en que pude entrar en contacto con esos votantes. Por entonces todavía no era lo bastante conocido para ser el blanco de caricaturas, lo que significaba que, cualesquiera que fuesen las ideas

490

preconcebidas que la gente pudiera formarse sobre un tipo negro de Chicago con un nombre extranjero, estas podían disiparse con una simple conversación, con un pequeño gesto de amabilidad. Después de sentarme con algunas personas en un restaurante o escuchar sus quejas en una feria local, puede que no obtuviera su voto o siquiera nos pusiéramos de acuerdo sobre la mayoría de los asuntos; pero al menos establecíamos una conexión, y salíamos de aquellos encuentros sabiendo que teníamos esperanzas, dificultades y valores comunes.

Me pregunté si todavía era posible algo de eso ahora que vivía encerrado y protegido por puertas y guardias, y con la imagen que proyectaba ante la opinión pública filtrada a través de Fox News y otros medios de comunicación cuyo modelo de negocio dependía por completo de provocar la ira y el miedo en la audiencia. Yo quería creer que la capacidad de conectar con la gente todavía era una opción. Mi esposa no estaba tan segura de ello. Una noche, hacia el final de nuestro recorrido en coche con las niñas, y después de acostarlas, Michelle vio unas imágenes de un mitin del Tea Party en la televisión, con su frenético agitar de banderas y sus consignas incendiarias. De inmediato cogió el mando a distancia y apagó el televisor. Su expresión se hallaba a medio camino entre la ira y la resignación.

—¡Qué fuerte!, ¿no? —me dijo.

—¿El qué?

—Que te tienen miedo. *Nos* tienen miedo.

Meneó la cabeza y se fue a dormir.

Ted Kennedy murió el 25 de agosto. La mañana de su funeral, el cielo sobre Boston se oscureció, y para cuando aterrizó nuestro vuelo las calles estaban envueltas en un denso manto de lluvia. La escena del interior de la iglesia se correspondía perfectamente con la magnitud de la vida de Teddy: bancos repletos de expresidentes y jefes de Estado, senadores y miembros del Congreso, cientos de funcionarios antiguos y actuales, la guardia de honor y el ataúd cubierto con la bandera. Pero lo más destacado de la jornada fueron las historias que contó su familia, sobre todo sus hijos. Patrick Kennedy recordó que su padre cuidaba de él cuando de pequeño sufría paralizantes ataques de asma, presionando una toalla fría sobre su frente hasta que se quedaba dormido. Describió también cómo su padre lo llevaba a navegar incluso en aguas tempestuosas. Teddy Jr. explicó que, después de perder una pierna a causa del cáncer cuando era niño, su padre había insistido en que fueran a montar en trineo, ascendiendo penosamente con él por una colina cubierta de nieve, ayudándolo a levantarse cuando se caía y enjugándole las lágrimas cuando estaba a punto de tirar la toalla, hasta que al final los dos llegaron a la cima y se deslizaron a toda velocidad por los nevados terraplenes. Aquello —añadió— le sirvió para darse cuenta de que su mundo no se había venido abajo. En conjunto, aquellas historias configuraban el retrato de un hombre movido por grandes deseos y ambiciones, pero también afligido por grandes vacilaciones y pérdidas. Un hombre que procuraba enmendar las cosas.

«Mi padre creía en la redención —explicó Teddy Jr.—. Y nunca se rendía, nunca dejaba de intentar corregir los errores, fueran el resultado de sus defectos o de los nuestros.»

Me llevé esas palabras conmigo a Washington, donde predominaba cada vez más un ambiente de rendición, al menos a la hora de aprobar un proyecto de ley de atención sanitaria. El Tea Party había logrado lo que se proponía, generando montones de publicidad negativa para nuestra iniciativa, avivando el temor de la ciudadanía de que la reforma resultara demasiado costosa, generara demasiados problemas o ayudara solo a los pobres. Un informe preliminar de la Oficina de Presupuesto del Congreso —un organismo independiente y dotado de personal de perfil eminentemente técnico, encargado de cuantificar el coste de todas las leyes federales— calculaba el precio de la versión inicial del proyecto de ley de atención sanitaria expedido por la Cámara en la exorbitante cifra de un billón de dólares. Aunque a la larga los cálculos de la Oficina de Presupuesto se reducirían a medida que se fuera revisando y clarificando el proyecto, los titulares que anunciaron la cifra proporcionaron a sus detractores un práctico bastón con el que golpearnos en la cabeza. Los demócratas de los distritos vacilantes estaban asustados, convencidos de que impulsar el proyecto de ley era una misión suicida. Los republicanos abandonaron toda pretensión de querer negociar, al mismo tiempo que los congresistas se dedicaban a repetir regularmente la afirmación del Tea Party de que lo que yo pretendía en realidad era «sacrificar a la abuela».

La única ventaja de todo eso fue que me ayudó a curar a Max Baucus de su obsesión por tratar de apaciguar a Chuck Grassley. En una última reunión en el despacho Oval con los dos a principios de septiembre, escuché pacientemente mientras Grassley esgrimía cinco nuevas razones por las que la última versión del proyecto de ley todavía le planteaba problemas.

—Déjame que te haga una pregunta, Chuck —le dije finalmente—. Si Max aceptara todas y cada una de tus últimas sugerencias, ¿apoyarías el proyecto de ley?

—Bueno...

—¿Hay algún cambio, *el que sea*, que nos permitiría contar con vuestro voto?

Se produjo un incómodo silencio antes de que Grassley alzara la cabeza y nuestras miradas se encontraran.

—Supongo que no, señor presidente.

Supongo que no.

En la Casa Blanca, el ambiente se ensombreció con rapidez. Algunos de los miembros de mi equipo empezaron a preguntarse si había llegado el momento de echar el freno. Rahm se mostró especialmente adusto. Dado que ya había pasado por algo parecido con Bill Clinton, sabía muy bien lo que podría implicar el hecho de que yo bajara en las encuestas para las perspectivas de reelección de los demócratas que se presentaban en los distritos disputados, a muchos de los cuales había reclutado y apoyado personalmente en su elección, por no hablar de cómo podría perjudicar mis propias perspectivas en 2012. Cuando debatimos nuestras opciones en una reunión de altos cargos de mi gabinete, Rahm aconsejó que intentáramos llegar a un acuerdo con los republicanos, aunque fuera para sacar adelante una ley significativamente recortada que, por ejemplo, permitiera que las personas de entre sesenta y sesenta y cinco años también pudieran acogerse a Medicare (en ese momento solo podían hacerlo los mayores de sesenta y cinco), o ampliara la cobertura del Programa de Seguro Médico Infantil.

«No será todo lo que usted quería, señor presidente —argumentó—. Pero aún ayudará a mucha gente, y nos dará mayores probabilidades de avanzar en el resto de su agenda.»

Algunos de los presentes estuvieron de acuerdo. Otros consideraban que era demasiado pronto para claudicar. Tras repasar sus conversaciones en el Capitolio, Phil Schiliro dijo que él creía que aún existía una posibilidad de aprobar la ley completa con solo los votos demócratas, aunque admitió que no era una apuesta segura.

—Pienso que la pregunta para usted, señor presidente, es: ¿cree que la suerte está de su parte?

Lo miré y sonreí.

—¿Dónde estamos, Phil?

Phil vaciló, dudando de si era una pregunta capciosa.

—¿En el despacho Oval?

—¿Y cómo me llamo?

—Barack Obama.

Sonreí.

—Barack *Hussein* Obama. Y estoy aquí contigo *en el despacho Oval*. Hermano, yo *siempre* creo que la suerte está de mi parte.

Les dije a los miembros del equipo que íbamos a mantener el rumbo. Pero, sinceramente, mi decisión no tuvo mucho que ver con lo satisfecho que pudiera sentirme. Rahm no se equivocaba con respecto a los riesgos, y quizá en un entorno político distinto, y sobre un tema diferente, podría haber aceptado su idea de negociar con los republicanos para al menos sacar algo. Sin embargo, en este tema concreto no veía el menor indicio de que los líderes republicanos estuvieran dispuestos a tendernos la mano. Estábamos heridos, sus bases querían sangre, y daba igual cuán modesta fuera la reforma que propusiéramos: de seguro encontrarían una nueva serie de razones para no colaborar con nosotros.

Pero, sobre todo, una ley menguada no podría ayudar a millones de personas desesperadas, personas como Laura Klitzka de Green Bay. Y yo no soportaba la idea de fallarles, de dejarlas a su suerte porque su presidente no había sido lo bastante valiente, habilidoso o persuasivo para sortear el ruido político y hacer lo que sabía que era correcto.

Por entonces yo había celebrado encuentros públicos en ocho estados, explicando tanto a grandes rasgos como en términos detallados lo que podía implicar la reforma sanitaria. Había recibido llamadas telefónicas de miembros de la Asociación Estadounidense de Jubilados realizadas en directo en programas de televisión, en las que me planteaban todo tipo de cuestiones, desde las lagunas de cobertura de Medicare hasta el testamento vital. Por las noches solía quedarme hasta tarde en la sala de los

Tratados, examinando detenidamente el constante flujo de memorándums y hojas de cálculo que me llegaban, asegurándome de comprender hasta los aspectos más complejos del proyecto de ley, como los llamados «corredores de riesgo» y «límites de reaseguro». Si a veces me sentí desanimado, o incluso enfadado por la cantidad de falsedades que inundaron los medios, siempre agradecí a mi equipo su determinación para seguir adelante y no rendirse, incluso cuando la pelea se endureció y el éxito parecía improbable. Esa tenacidad animaba a todo el personal de la Casa Blanca. En un momento dado, Denis McDonough repartió unas pegatinas con la frase «Combatid el cinismo». Eso se convirtió en un lema muy útil, en un artículo de nuestra fe.

Conscientes de que debíamos intentar algo grande para reajustar el debate sobre la atención sanitaria, Axe me sugirió que diera un discurso televisado en horario de máxima audiencia ante una sesión conjunta del Congreso. Me explicó que era una apuesta de alto riesgo, y que solo se había hecho dos veces en los últimos dieciséis años, pero me daría la oportunidad de hablar directamente a millones de espectadores. Le pregunté de qué se había tratado en las dos ocasiones anteriores.

—La más reciente fue cuando Bush anunció la guerra contra el terror después del 11-S...

—¿Y la otra?

—Cuando Bill Clinton habló de su proyecto de ley de atención sanitaria.

Solté una carcajada.

—Bueno, eso funcionó de maravilla, ¿no?

A pesar de los desafortunados precedentes, decidimos que valía la pena intentarlo. Dos días después del día del Trabajo,* Michelle y yo nos dirigimos en la Bestia hasta la entrada del Capitolio y recorrimos a la inversa los mismos pasos que habíamos dado siete meses antes hasta llegar a las puertas del hemiciclo de la Cámara de Representantes. El anuncio del ujier, los focos, las cámaras de televisión, los aplausos, los apretones de manos al recorrer el pasillo central... a primera vista, al menos, todo parecía igual que en febrero. Pero esta vez el ambiente que reinaba en la sala era distinto: las sonrisas resultaban un tanto forzadas, y flotaba en el aire un murmullo constante de tensión y de duda. O quizá fuera solo

---

* En Estados Unidos, el primer lunes de septiembre. *(N. de los T.)*

que mi estado de ánimo era diferente. Si justo después de asumir el cargo pude experimentar alguna sensación de vértigo o algún sentimiento de triunfo personal, en ese momento se había evaporado por completo y había sido reemplazado por algo más sólido: la determinación de ver finalizado el trabajo.

Aquella tarde expliqué durante una hora lo más claro que pude lo que implicarían nuestras propuestas de reforma para las familias que nos estaban viendo: que proporcionarían un seguro médico asequible a quienes lo necesitaran, pero también brindarían una serie de protecciones cruciales a quienes ya lo tuvieran; que evitarían que las compañías de seguros discriminaran a las personas con afecciones preexistentes y que eliminarían el tipo de límites vitalicios que agobiaban a familias como que la de Laura Klitzka. Detallé de qué modo el plan ayudaría a las personas mayores a pagar medicamentos que podían salvarles la vida y exigiría a las aseguradoras que cubrieran los chequeos rutinarios y la atención preventiva sin ningún coste adicional. Expliqué que toda la palabrería sobre la supuesta usurpación gubernamental y los «equipos de la muerte» no eran más que disparates, y que la nueva ley no aumentaría ni un centavo el déficit del país; y que había llegado el momento de hacerla realidad.

Unos días antes había recibido una carta de Ted Kennedy. La había escrito en mayo, pero había dado instrucciones a Vicki de que esperara hasta después de su muerte para enviarla. Era una carta de despedida; dos largas páginas en las que me daba las gracias por asumir la causa de la reforma sanitaria, refiriéndose a ella como «el gran asunto pendiente de nuestra sociedad», a la que había dedicado su vida. Añadía que moriría con cierto consuelo, confiando en que aquello por lo que había trabajado tantos años finalmente iba a materializarse bajo mi supervisión.

De modo que aquella noche terminé mi discurso citando la carta de Teddy, con la esperanza de que sus palabras estimularan a la nación tal como me habían estimulado a mí. «Lo que afrontamos —había escrito— es sobre todo una cuestión moral; no solo están en juego los detalles de determinadas políticas, sino los principios fundamentales de la justicia social y el carácter de nuestro país.»

Según los sondeos, mi discurso ante el Congreso sirvió para reforzar el apoyo de la opinión pública al proyecto de ley de atención sanitaria, al menos temporalmente. Y lo que resultaba aún más importante para nuestros propósitos: pareció infundir aliento a los vacilantes demócratas del Congreso. Sin embargo, no hizo cambiar de opinión ni a un solo parlamentario republicano. Esto resultó evidente antes de que hubieran transcurrido siquiera treinta minutos desde que iniciara el discurso, cuando desmentía la falsa afirmación de que el proyecto de ley serviría para proporcionar un seguro médico a los inmigrantes sin papeles: un congresista republicano relativamente desconocido de Carolina del Sur llamado Joe Wilson —que llevaba cinco periodos consecutivos en el cargo— se inclinó hacia delante en su escaño, señaló hacia mí, y gritó con el rostro enrojecido de furia: «¡Miente!».

Por un breve instante, el hemiciclo se sumió en un perplejo silencio. Me volví para identificar a mi interlocutor (al igual que hicieron la presidenta Pelosi y Joe Biden; Nancy horrorizada y Joe meneando la cabeza). Me sentí tentado de abandonar el estrado, recorrer el pasillo y golpear al tipo en la cabeza. Pero en lugar de ello me limité a responder diciendo: «No es verdad»; y luego continué mi discurso mientras los demócratas lanzaban abucheos volviéndose hacia Wilson.

Nadie recordaba algo así en un discurso ante una sesión conjunta, o al menos no en época moderna. No tardaron en llover las críticas de congresistas de ambos partidos, y a la mañana siguiente Wilson se disculpó públicamente por aquella violación del decoro, llamó a Rahm y le pidió que me transmitiera también personalmente sus excusas. Le quité importancia al asunto, le comenté a un periodista que apreciaba la disculpa y que yo era de los que creían que todos cometemos errores.

Sin embargo, no pude dejar de advertir que, según se informaba en las noticias, las contribuciones en línea a la campaña de reelección de Wilson habían aumentado de manera espectacular en la semana siguiente a su arrebato. Aparentemente, para muchos votantes republicanos él era un héroe que plantaba cara al poder. Aquello era un indicio de que el Tea Party y sus aliados mediáticos habían logrado algo más que su objetivo de demonizar la ley de atención sanitaria. También me habían demonizado a mí y, al hacerlo, habían enviado un mensaje a todos los cargos republicanos: a la hora de oponerse a mi Administración, las viejas normas ya no valían.

A pesar de haberme criado en Hawái, nunca aprendí a navegar; no era un pasatiempo que mi familia pudiera permitirse. Y, sin embargo, durante los tres meses y medio siguientes, me sentí como suponía que se sienten los marineros en mar abierto tras el paso de una tormenta brutal. El trabajo seguía siendo arduo y en ocasiones monótono, más aún por la necesidad de tapar fugas y achicar agua. Mantener la velocidad y el rumbo con unos vientos y corrientes que cambiaban constantemente requería paciencia, habilidad y atención. Pero, durante un tiempo, albergamos en nuestro interior la gratitud de los supervivientes, impulsados en nuestras tareas cotidianas por una renovada creencia en que al final llegaríamos a puerto.

Para empezar, tras meses de demora, Baucus finalmente abrió el debate sobre un proyecto de ley de atención sanitaria en el Comité del Senado sobre Finanzas. Su versión, que seguía el modelo de Massachusetts que todos habíamos estado utilizando, era más tacaña con los subsidios para los no asegurados de lo que nos habría gustado, e insistimos en que sustituyera el impuesto a todos los planes de seguros basados en el empleador por impuestos más elevados para los ricos. Sin embargo, hay que reconocer que, en general, las deliberaciones fueron sustanciales y exentas de ostentaciones. Después de tres semanas de trabajo exhaustivo, el proyecto de ley fue aprobado por el comité por un margen de catorce votos a nueve. Incluso Olympia Snowe decidió votar a favor, lo cual nos proporcionó un único voto republicano.

Más tarde, la presidenta Pelosi gestionó la aprobación exprés de un proyecto de ley consolidado en la Cámara pese a la uniforme y bulliciosa oposición del Partido Republicano; la votación tuvo lugar el 7 de noviembre de 2009 (en realidad, el proyecto de ley estaba preparado desde hacía tiempo, pero Nancy no quería llevarlo a la Cámara de Representantes y obligar a sus miembros a ejercer unas votaciones políticas difíciles hasta que estuviera convencida de que la iniciativa del Senado no iba a quedar en nada). Imaginábamos que si conseguíamos que todo el Senado aprobara una versión también consolidada de su proyecto de ley antes del descanso navideño, podríamos aprovechar el mes de enero para negociar las diferencias entre las versiones del Senado y la Cámara de Representantes, enviar un proyecto de ley fusionado a ambas cámaras para su ratificación y, con suerte, tener la legislación definitiva sobre mi mesa para su firma en febrero.

Era un gran interrogante que dependía en gran medida de mi viejo amigo Harry Reid. Fiel a su visión por lo general pesimista de la naturaleza humana, el líder mayoritario en el Senado supuso que no podríamos contar con Olympia Snowe una vez presentada la versión definitiva del proyecto de ley de atención sanitaria («Cuando McConnell le apriete bien las clavijas —me dijo impasible—, se arrugará como un traje barato»). Para eludir la posibilidad de una obstruccionista, Harry no podía permitirse perder a un solo miembro de su caucus de sesenta personas. Y tal como había sucedido con la Ley de Recuperación, este hecho otorgaba a cada uno de sus miembros una enorme influencia para exigir cambios en el proyecto de ley por provincianas o apresuradas que fueran sus peticiones.

Aquella no sería una situación propicia a consideraciones políticas moralistas, lo cual a Harry le parecía bien, ya que sabía maniobrar, cerrar acuerdos y ejercer presión como nadie. En las seis semanas posteriores, mientras el proyecto de ley consolidado era presentado en el Senado y se entablaban extensos debates sobre cuestiones de procedimiento, la única acción que verdaderamente importaba ocurrió a puerta cerrada en el despacho de Harry, donde se reunió uno por uno con los indecisos para averiguar qué haría falta para que dieran el sí. Unos querían financiación para proyectos bienintencionados pero de escasa utilidad. Algunos de los miembros más liberales del Senado, a quienes les gustaba criticar los enormes beneficios de Big Pharma y las aseguradoras privadas, de repente no tenían ningún inconveniente con los enormes beneficios de los fabricantes de dispositivos médicos que contaban con instalaciones en sus estados, y estaban presionando a Harry para que redujera un impuesto al sector. Los senadores Mary Landrieu y Ben Nelson condicionaron su voto a la inversión de miles de millones de dólares de Medicaid en Luisiana y Nebraska, unas condiciones que los republicanos calificaron inteligentemente como «la compra de Luisiana» y «el soborno de los Cornhuskers».

Harry estaba dispuesto a hacer lo que fuera necesario. A veces demasiado. Se le daba bien mantener contacto con mi equipo y brindaba a Phil o Nancy-Ann la posibilidad de atajar cambios legislativos que podían afectar negativamente a los elementos fundamentales de nuestras reformas, pero a veces se ponía terco con un acuerdo determinado y tenía que intervenir yo con una llamada. Solía ceder al oír mis objeciones, pero no sin protestar y preguntar cómo iba a sacar adelante el proyecto de ley si hacía las cosas a mi manera.

«Señor presidente, usted sabe mucho más que yo sobre políticas de atención sanitaria —dijo en una ocasión—, pero yo conozco el Senado, ¿de acuerdo?»

En comparación con tácticas indignantes como el uso de fondos estatales para conseguir votos, el intercambio de favores y el clientelismo, que habían utilizado tradicionalmente los líderes del Senado para que se aprobaran grandes proyectos controvertidos como la Ley de Derechos Civiles, la Ley de Reforma Fiscal en 1986 por Ronald Reagan o un paquete como el New Deal, los métodos de Harry eran bastante benignos. Pero esos proyectos de ley habían prosperado en una época anterior a la llegada de los noticiarios veinticuatro horas, en la que buena parte del regateo que se producía en Washington no figuraba en los documentos. Para nosotros, los escollos en el Senado fueron una pesadilla en materia de relaciones públicas. Cada vez que se alteraba el proyecto de ley de Harry para apaciguar a otro senador, los periodistas creaban un nuevo aluvión de noticias sobre «acuerdos entre bastidores». El empujón que quizá generase en la opinión pública mi discurso ante la Cámara y el Senado sobre la iniciativa de reforma no tardó en desvanecerse, y las cosas empeoraron notablemente cuando, con mi bendición, Harry decidió suprimir del proyecto de ley algo denominado «opción pública».

Desde el inicio del debate sobre la atención sanitaria, los analistas políticos de la izquierda nos habían presionado para que modificáramos el modelo de Massachusetts y ofreciéramos a los consumidores la posibilidad de contratar una cobertura en la «bolsa central» online, no solo a Aetna y Blue Cross Blue Shield, sino a una compañía de nueva creación y gestionada por el Gobierno. Como cabría esperar, las compañías de seguros se oponían a la idea de una opción pública, argumentando que no podrían competir con un plan de cobertura gubernamental que funcionaría sin las presiones de obtener beneficios. Por supuesto, para los defensores de la opción pública se trataba justamente de eso: poniendo de manifiesto la rentabilidad del seguro gubernamental y el desmesurado derroche y la inmoralidad del mercado de seguros privados, esperaban que la opción pública allanara el terreno hacia un sistema con un único actor.

Era una idea inteligente con apoyos suficientes para que Nancy Pelosi la incluyera en el proyecto de ley de la Cámara. Pero, en el Senado, ni nos acercábamos a los sesenta votos necesarios para una opción pública. El proyecto de ley del Comité del Senado sobre Salud y Educación contenía una versión diluida que exigía que cualquier aseguradora gestionada por el Gobierno cobrara las mismas primas que las privadas, pero eso por supuesto habría ido en contra del propósito original de ofrecer una opción pública. Mi equipo y yo pensábamos que un posible compromiso podía conllevar la oferta de una opción pública solo en las zonas del país en las que no hubiera suficientes compañías de seguros para ofrecer una competencia real, y una entidad pública podía ayudar a bajar los precios de las primas en general. Pero incluso eso era demasiado para los miembros más conservadores del caucus demócrata, incluido Joe Lieberman, de Connecticut, que poco antes del día de Acción de Gracias anunció que de ningún modo votaría a favor de un paquete que contuviera una opción pública.

Cuando trascendió que esta última había sido eliminada del proyecto de ley del Senado, los activistas de izquierdas montaron en cólera. Howard Dean, exgobernador de Vermont y en su día candidato presidencial, declaró que era «el desmoronamiento de la reforma sanitaria en el Senado de Estados Unidos». Se mostraron especialmente indignados porque al parecer Harry y yo estábamos satisfaciendo los caprichos de Joe Lieberman, un objeto del desprecio liberal que había salido derrotado en las primarias demócratas de 2006 por su apoyo siempre militarista a la guerra en Irak y que luego se había visto obligado a presentarse a la reelección como candidato independiente. No era la primera vez que elegía el pragmatismo en lugar del rencor en mi trato con Lieberman: aunque él había apoyado a su compañero John McCain en la última campaña presidencial, Harry y yo habíamos acallado los llamamientos a relevarlo de varias tareas en el comité, ya que no creíamos poder permitirnos que abandonara el caucus y que eso nos costara un voto fiable. Y teníamos razón: Lieberman siempre había apoyado mi agenda de política nacional. Pero su aparente poder para dictar las condiciones de la reforma sanitaria reforzó entre algunos demócratas la idea de que trataba mejor a los enemigos que a los aliados y de que estaba dando la espalda a los progresistas que me habían aupado a la presidencia.

Todo aquel revuelo me resultaba exasperante. «¿Qué parte de "sesenta votos" no entiende esa gente? —protesté a mi equipo—. ¿Tengo que decirles a los treinta millones de personas que no reciben cobertura que deberán esperar otros diez años porque no podemos conseguirles una opción pública?»

No se trataba únicamente de que las críticas de los amigos eran siempre las más dolorosas, sino que dichas críticas tuvieron consecuencias políticas inmediatas para los demócratas. Generaron confusión en nuestra base (que, en términos generales, no tenía ni idea de qué era una opción pública) y dividieron a nuestro caucus, lo cual dificultó la cosecha de los votos necesarios para llevar el proyecto de ley de atención sanitaria hasta la línea de meta. También ignoraban el hecho de que todos los grandes avances sociales de la historia estadounidense, incluida la Seguridad Social y Medicare, habían empezado incompletos y se habían construido de manera gradual a lo largo del tiempo. Al convertir preventivamente lo que podía ser una victoria monumental, aunque imperfecta, en una amarga derrota, las críticas contribuyeron a una posible desmoralización a largo plazo entre los votantes demócratas (también conocida como el síndrome «¿De qué sirve votar si nunca cambia nada?»), lo cual nos dificultaría aún más en el futuro ganar las elecciones y sacar adelante legislaciones progresistas.

Había una razón, le dije a Valerie, por la que los republicanos solían hacer lo contrario; por qué Ronald Reagan pudo lograr enormes incrementos en el presupuesto, el déficit y el número de empleados federales y aun así ser adorado por los fieles del Partido Republicano, que lo consideraban el hombre que había logrado contraer el Gobierno federal. Para ellos, las historias que se contaban en política a menudo eran tan importantes como los logros conseguidos.

Nosotros no expusimos públicamente ninguno de estos argumentos, aunque durante el resto de mi presidencia la expresión «opción pública» se convirtió en un recurso útil en la Casa Blanca cada vez que los grupos de interés demócratas nos criticaban por no desafiar la gravedad política y conseguir menos de un 100 por ciento de lo que fuera que estábamos pidiendo. Por el contrario, hicimos cuanto estuvo en nuestra mano para calmarlos y recordamos a los seguidores insatisfechos que tendríamos mucho tiempo para pulir la legislación cuando fusionáramos los proyectos de ley de la Cámara y el Senado. Harry seguía a lo suyo, incluso mantenía las sesiones del Senado semanas después del aplazamiento vacacional previsto. Tal como él había pronosticado, Olympia Snowe desafió una tormenta y pasó por el despacho Oval para decirnos en persona que votaría en contra (según afirmó, era porque Harry estaba precipitándose con el proyecto de ley, aunque se rumoreaba que McConnell había amenazado con retirarle su puesto de responsabilidad en el Comité para la Pequeña Empresa si votaba a favor). Pero nada de eso importaba. El día de Nochebuena, después de veinticuatro días de debates, con Washington cubierta de nieve y las calles casi vacías, el Senado aprobó su proyecto de ley de atención sanitaria, titulado Ley de Protección al Paciente y Cuidado de Salud Asequible, con exactamente sesenta votos. Era la primera votación celebrada en el Senado el día de Nochebuena desde 1895.

Horas después me recosté en el Air Force One y escuché a Michelle y las niñas comentar lo bien que estaba adaptándose Bo a su primer viaje en avión mientras nos dirigíamos a Hawái a pasar las vacaciones. Noté que empezaba a relajarme un poco. Lo conseguiríamos, pensé. Todavía no habíamos llegado a puerto, pero gracias a mi equipo, a Nancy, a Harry y a toda una serie de demócratas del Congreso que habían participado en una dura votación, por fin divisábamos tierra firme.

Poco podía imaginar que el barco estaba a punto de chocar contra las rocas.

En el Senado, nuestro dominio mágico y a prueba de obstruccionistas solo existía por una razón. Tras la muerte de Ted Kennedy en agosto, la legislatura de Massachusetts había modificado la ley estatal para permitir que el gobernador, el demócrata Deval Patrick, nombrara a un sustituto en lugar de dejar su puesto vacante hasta que pudieran celebrarse unas elecciones especiales. Este había sido un recurso temporal, y con las elecciones previstas para el 19 de enero, necesitábamos que un demócrata se hiciera con el puesto. Por suerte para nosotros, Massachusetts era uno de los estados más demócratas de la nación, y en los treinta y siete años anteriores no había salido elegido ningún senador republicano. La candidata demócrata al Senado, la fiscal general Martha Coakley, le llevaba una ventaja constante de dos dígitos a su oponente republicano, un senador estatal no muy conocido llamado Scott Brown.

Dado que la carrera parecía bajo control, mi equipo y yo pasamos las dos primeras semanas de enero ocupados en el desafío de negociar un proyecto de ley de atención sanitaria aceptable para los demócratas de la Cámara de Representantes y el Senado. No fue agradable. El desdén entre las dos cámaras del Congreso es una vieja tradición en Washington que trasciende incluso al partido. Por lo general, los senadores consideran a los miembros de la Cámara de Representantes impulsivos, provincianos y desinformados, mientras que estos suelen ver a los primeros como charlatanes, pomposos e ineficientes. A principios de 2010, ese desdén había degenerado en hostilidad manifiesta. Los demócratas de la Cámara (cansados de ver cómo se despilfarraba su amplia mayoría y cómo su agenda, agresivamente liberal, se veía obstaculizada por un caucus demócrata cautivo de los miembros más conservadores del Senado) insistían en que el proyecto de ley de sanidad del Senado no tenía opciones en la Cámara. Los demócratas del Senado, hartos de lo que consideraban ostentaciones de la Cámara a costa suya, no eran menos recalcitrantes. Los esfuerzos de Rahm y Nancy por negociar un acuerdo parecían no ir a ninguna parte, estallaban discusiones por las cláusulas más rebuscadas y los miembros se maldecían unos a otros y amenazaban con irse.

Al cabo de una semana me harté. Convoqué a Pelosi, Reid y negociadores de ambos bandos en la Casa Blanca, y a mediados de enero nos sentamos tres días seguidos a una mesa de la sala del Gabinete, donde repasamos metódicamente cada disputa y determinamos algunos aspectos en los que los miembros de la Cámara debían tener en cuenta las limitaciones del Senado y otros en los que el Senado debía ceder. Además, les recordé a todos que el fracaso no era una opción y que, si era necesario, haríamos aquello cada noche durante un mes para llegar a un acuerdo.

Aunque los progresos eran lentos, era bastante optimista respecto a nuestras posibilidades. Esto es, hasta la tarde que visité el pequeño despacho de Axelrod y lo encontré a él y a Messina pegados a una pantalla de ordenador como dos médicos examinando las radiografías de un paciente terminal.

—¿Qué ocurre? —pregunté.

—Tenemos problemas en Massachusetts —respondió Axe, negando con la cabeza.

—¿Es grave?

—Sí —dijeron Axe y Messina al unísono.

Me explicaron que nuestra candidata al Senado, Martha Coakley, se había confiado y había pasado el tiempo codeándose con cargos electos, donantes y peces gordos de los sindicatos en lugar de hablar con los votantes. Por si fuera poco, había cogido vacaciones solo tres semanas antes de las elecciones, un gesto que la prensa criticó rotundamente. Entretanto, la campaña del republicano Scott Brown había despegado. Con su apariencia de normalidad y su atractivo, por no hablar de la camioneta pickup en la que se desplazaba a cada rincón del estado, Brown había logrado explotar los temores y frustraciones de los votantes de clase trabajadora que se habían visto vapuleados por la recesión, y puesto que vivían en un estado que ya ofrecía un seguro de salud a todos sus habitantes, consideraban mi obsesión con aprobar una ley sanitaria federal una gran pérdida de tiempo.

Por lo visto, ni los resultados cada vez más ajustados en las encuestas ni las llamadas de inquietud de mi equipo y de Harry habían sacado a Coakley de su estupor. El día anterior, cuando un periodista le preguntó por su relajado calendario de campaña, dijo, restándole importancia: «¿En lugar de plantarme en Fenway Park con este frío para saludar a la gente?». Era una referencia sarcástica al acto de campaña de Scott Brown el día de Año Nuevo en el campo de béisbol de Boston, donde el equipo de hockey de la ciudad, los Boston Bruins, iba a disputar el Clásico de Invierno anual de la Liga Nacional de Hockey contra los Philadelphia Flyers. En una ciudad que adoraba a sus equipos deportivos, era difícil pronunciar una frase con más posibilidades de generar rechazo en grandes sectores del electorado.

—No ha dicho eso —respondí perplejo.

Messina señaló el ordenador con la cabeza.

—Está ahí, en la página del *Globe*.

—¡Nooo! —exclamé, agarrando a Axe de las solapas y sacudiéndolo con teatralidad. Luego di varios pisotones, como un niño en plena pataleta—. ¡No, no, no! —Hundí los hombros al pensar en las consecuencias—. Perderá, ¿verdad? —dije finalmente.

No hizo falta que Axe y Messina contestaran. El fin de semana antes de las elecciones, intenté salvar la situación viajando a Boston para asistir a un mitin con Coakley, pero era demasiado tarde. Brown ganó holgadamente. Los titulares del país hablaban de «Victoria asombrosa» y «Derrota histórica». El veredicto en Washington fue rápido y despiadado.

El proyecto de ley de atención sanitaria de Obama estaba muerto.

Incluso ahora me cuesta tener una perspectiva clara sobre la derrota en Massachusetts. Puede que la creencia popular sea acertada. Quizá si no hubiera insistido tanto en la sanidad aquel primer año y hubiera centrado todos mis actos y declaraciones públicos en el trabajo y la crisis económica, habríamos salvado aquel escaño en el Senado. Si hubiéramos tenido menos asuntos entre manos, mi equipo y yo tal vez habríamos detectado antes las señales de alerta, habríamos preparado mejor a Coakley y yo habría hecho más campaña en Massachusetts. Pero también es posible que, teniendo en cuenta el nefasto estado de la economía, no hubiera nada que hacer, que las ruedas de la historia se hubieran mostrado insensibles a nuestras exiguas intervenciones.

Sé que en aquel momento todos creíamos haber cometido un error colosal. Los comentaristas compartían esa valoración. Los editoriales me exigían que cambiara a mi equipo, empezando por Rahm y Axe, pero no presté demasiada atención. Pensaba que cualquier error era responsabilidad mía, y me enorgullecía de haber creado una cultura, tanto durante la campaña como en la Casa Blanca, en la que no buscábamos chivos expiatorios cuando las cosas iban mal.

Pero a Rahm le costaba más ignorar las habladurías. Después de pasarse gran parte de su carrera en Washington, se mantenía al día con los noticiarios veinticuatro horas, no solo en relación con las actuaciones de la Administración, sino con el lugar que él mismo ocupaba en el mundo. Siempre cortejaba a los líderes de opinión de la ciudad, consciente de la rapidez con la que los ganadores se convertían en perdedores y de la crueldad con la que los asesores de la Casa Blanca eran desacreditados después de cualquier fracaso. En este caso, se consideraba injustamente calumniado. Al fin y al cabo, era él quien, más que nadie, me había advertido de los peligros políticos que entrañaba llevar adelante el proyecto de ley de atención sanitaria. Y como solemos hacer todos cuando nos sentimos heridos o agraviados, no pudo evitar desahogarse con amigos de toda la ciudad. Por desgracia, ese círculo de amigos resultó demasiado amplio. Transcurrido más o menos un mes desde las elecciones de Massachusetts, Dana Milbank, la columnista de *The Washington Post*, escribió un artículo en el que defendía vigorosamente a Rahm, argumentando que «el mayor error de Obama fue no escuchar a Emanuel en cuestiones de sanidad» y resumiendo por qué un paquete sanitario reducido habría sido una estrategia más inteligente.

Que tu jefe de gabinete parezca distanciarse de ti después de que hayas sido derribado en una pelea no es precisamente lo ideal. Aunque no me alegró leer la columna, no creía que Rahm lo hubiera hecho a propósito. Lo atribuí a un descuido motivado por el estrés. Pero no todo el mundo perdonó tan rápido. Valerie, siempre protectora conmigo, se puso furiosa. Las reacciones de otros altos asesores, ya agitados por la derrota de Coakley, oscilaban entre el enfado y la decepción. Aquella tarde, Rahm entró en el despacho Oval lógicamente contrito. No era su intención, dijo, pero me había decepcionado y estaba dispuesto a presentar su dimisión.

—No dimitirá —dije.

Reconocí que se había equivocado y que tendría que aclarar las cosas con el resto del equipo. Pero también le dije que había sido un gran jefe de gabinete, que estaba convencido de que el error no se repetiría y que lo necesitaba en su puesto.

—Señor presidente, no estoy seguro...

Lo interrumpí.

—¿Sabe cuál será su verdadero castigo? —dije, dándole palmadas en la espalda cuando lo acompañaba a la puerta.

—¿Cuál?

—¡Tendrá que lograr la aprobación del maldito proyecto de ley sanitaria!

Que aún lo considerara factible no era tan disparatado como parecía. Nuestro plan original (negociar un proyecto de compromiso entre los demócratas de la Cámara y el Senado y luego aprobar esa legislación en ambas cámaras) era inviable en aquel momento; con solo cincuenta y nueve votos, jamás evitaríamos el filibusterismo. Pero, tal como me había recordado Phil la noche que recibimos los resultados de Massachusetts, aún nos quedaba un camino, y no pasaba por un regreso al Senado. Si la Cámara de Representantes aprobaba el proyecto de ley del Senado sin cambios, podría enviarlo directo a mi mesa para su firma y se convertiría en ley. Phil creía que entonces sería posible invocar un procedimiento del Senado conocido como conciliación presupuestaria, en el que podía someterse a voto una legislación vinculada estrictamente a cuestiones económicas con el acuerdo de una mayoría simple de senadores en lugar de los sesenta habituales. Eso nos permitiría introducir un número limitado de mejoras en el proyecto de ley del Senado por medio de una legislación aparte. Aun así, era innegable que estaríamos pidiendo a los demócratas de la Cámara que se tragaran una versión de la reforma sanitaria que ya habían rechazado de plano, una que no incluía la opción pública, un impuesto Cadillac al que se oponían los sindicatos y un engorroso batiburrillo de cincuenta bolsas centrales estatales en lugar de un único mercado nacional a través del cual la gente podría contratar su seguro.

«¿Aún se siente afortunado?», me preguntó Phil con una sonrisa.

No, la verdad.

Pero confiaba en la presidenta de la Cámara.

El año anterior no había hecho sino reforzar mi aprecio por las habilidades políticas de Nancy Pelosi. Era dura, pragmática y una maestra dirigiendo a los miembros de su polémico caucus, a menudo defendiendo en público las posturas políticamente insostenibles de sus compañeros demócratas de la Cámara a la vez que los apaciguaba entre bastidores por las inevitables concesiones necesarias para sacar las cosas adelante.

Llamé a Nancy al día siguiente y le expliqué que, como último recurso, mi equipo había redactado una propuesta sanitaria drásticamente reducida, pero que quería seguir adelante y aprobar el proyecto de ley del Senado en la Cámara y necesitaba su apoyo para hacerlo. Durante quince minutos, Nancy me sometió a uno de sus característicos monólogos interiores sobre las imperfecciones del proyecto de ley del Senado, los motivos por los que los miembros de su caucus estaban tan enfadados y por qué los demócratas del Senado eran cobardes, cortos de miras y, en general, incompetentes.

—¿Eso significa que está conmigo? —dije cuando por fin hizo una pausa para recobrar el aliento.

—Eso no hace falta ni preguntarlo, señor presidente —dijo Nancy con impaciencia—. Hemos llegado demasiado lejos como para tirar la toalla ahora. —Pensó unos instantes y luego, como si estuviera probando un argumento que utilizaría más tarde en su caucus, añadió—: Si dejamos pasar esto, sería como recompensar a los republicanos por actuar tan terriblemente, ¿no le parece? No vamos a darles esa satisfacción.

Cuando colgué el teléfono, miré a Phil y Nancy-Ann, que habían estado bordeando el escritorio para oír mis aportaciones a la conversación (mayoritariamente inexistentes) e intentando buscar en mi expresión algún indicio de lo que estaba sucediendo.

—Me encanta esa mujer —dije.

Aunque contábamos con la plena complicidad de la presidenta, conseguir los votos necesarios en la Cámara de Representantes era una tarea abrumadora. Aparte de tener que arrastrar a los progresistas pataleando y gritando para que apoyaran un proyecto de ley hecho a medida de las sensibilidades de Max Baucus y Joe Lieberman, la elección de Scott Brown a menos de un año para las elecciones de medio mandato había asustado a todos los demócratas moderados que participarían en una carrera competitiva. Necesitábamos algo para cambiar el discurso agorero y dar tiempo a Nancy para que convenciera a sus congresistas.

Finalmente, la oposición nos dio justo lo que necesitábamos. Meses antes, el caucus republicano de la Cámara de Representantes me había invitado a participar en una sesión de preguntas y respuestas en su retiro anual, programado para el 29 de enero. Previendo que saldría a colación el tema de la atención sanitaria, en el último momento propusimos que abrieran el acto a la prensa. Ya fuera porque no quería soportar los ataques de los periodistas al ser excluidos o porque estaba envalentonado por la victoria de Scott Brown, John Boehner accedió.

No debería haberlo hecho. En una anodina sala de reuniones de un hotel de Baltimore, bajo la presidencia del líder del caucus, Mike Pence, y con las cadenas de noticias captando cada conversación, pasé una hora y veintidós minutos en el escenario respondiendo preguntas de los miembros republicanos de la Cámara, mayoritariamente sobre atención sanitaria. Para cualquier espectador, la sesión confirmó lo que ya sabíamos quienes habíamos estado trabajando en la cuestión: la inmensa mayoría de ellos apenas sabía lo que contenía el proyecto de ley al que se oponían con tanta vehemencia, no estaban tan seguros como afirmaban de los detalles de las alternativas que proponían ni preparados para debatir la cuestión fuera de la impermeable burbuja de los medios de comunicación conservadores.

Al volver a la Casa Blanca, propuse que aprovecháramos nuestra ventaja invitando a la residencia a los cuatro grandes y a un grupo bipartidista de líderes clave del Congreso para una reunión sobre sanidad que se prolongaría toda la jornada. Una vez más, decidimos que la reunión se emitiera en directo, esta vez en C-SPAN, y el formato volvía a permitir a los republicanos plantear sus argumentos o formular cualquier pregunta. Puesto que ya los habíamos sorprendido con la guardia baja una vez, en esa ocasión vinieron preparados con un guion. Eric Cantor, el azote republicano de la Cámara, trajo una copia del proyecto de ley, con sus 2.700 páginas, y la dejó caer encima de la mesa para escenificar una toma de poder descontrolada de la sanidad por parte del Gobierno. Boehner insistió en que nuestra propuesta era «un experimento peligroso» y en que debíamos empezar de cero. John McCain lanzó una prolongada arenga sobre acuerdos entre bastidores, y en un momento dado me obligó a recordarle que la campaña había terminado. Pero cuando se habló de políticas reales, cuando pregunté a los líderes republicanos qué proponían exactamente para reducir los costes médicos, proteger a la gente ya enferma y proporcionar cobertura a treinta millones de estadounidenses que no podían acceder a un seguro, sus respuestas fueron igual de trilladas que las de Chuck Grassley durante su visita al despacho Oval meses antes.

Estoy seguro de que aquella semana hubo más gente viendo los bolos que cinco minutos de aquellas conversaciones en televisión, y en ambas sesiones quedó claro que nada de lo que yo dijera tendría el menor impacto en el comportamiento de los republicanos (aparte de llevarlos a prohibir las cámaras de televisión en mis apariciones futuras ante sus caucus). Lo importante fue que ambos actos sirvieron para revitalizar a los demócratas de la Cámara; les recordaron que estaban en el lado correcto en la cuestión de la sanidad y que, en lugar de centrarse en los defectos del proyecto de ley del Senado, podían entusiasmarse con la promesa de ayudar a millones de personas con él.

A principios de marzo habíamos confirmado que las normas del Senado nos permitirían enmendar algunas partes de su proyecto de ley por medio de la conciliación. Mejoramos los subsidios para ayudar a más gente. Recortamos el impuesto Cadillac para aplacar a los sindicatos y nos deshicimos del doble bochorno del «soborno de los Cornhuskers» y la «compra de Luisiana». El equipo de relaciones públicas de Valerie hizo un gran trabajo a la hora de conseguir el apoyo de grupos como la Academia Estadounidense de Médicos de Familia, la Asociación Médica Estadounidense, la Asociación de Enfermeras Estadounidense y la Asociación Estadounidense del Corazón, mientras que una red comunitaria de grupos de apoyo y voluntarios hizo horas extra para educar a la ciudadanía y seguir presionando al Congreso. Anthem, una de las aseguradoras más importantes de Estados Unidos, anunció un incremento del 39 por ciento en las primas, lo cual recordó a la gente lo que no le gustaba del sistema actual. Y cuando la Conferencia de los Obispos Católicos de Estados Unidos anunció que no podría respaldar el proyecto de ley (convencida de que el lenguaje que prohibía el uso de subsidios federales para servicios de aborto no era lo bastante explícito), encontramos un aliado inverosímil en la hermana Carol Keehan, una monja de sesenta y seis años perteneciente a la sociedad apostólica Hijas de la Caridad de voz pausada y siempre alegre que dirigía los hospitales católicos de la nación: no solo se distanció de los obispos al insistir en que la aprobación del proyecto de ley era vital para que su organización pudiera cuidar de los enfermos, sino que inspiró a las líderes de órdenes y organizaciones de mujeres católicas, que representaban a más de cincuenta mil monjas estadounidenses, a firmar una carta pública de apoyo.

«Me encantan las monjas», les dije a Phil y Nancy-Ann.

Pese a todo ese trabajo, según nuestros cálculos aún nos faltaban diez votos para la aprobación. La opinión pública estaba sumamente dividida. La prensa se había quedado sin noticias frescas sobre las que escribir. Ya no había gestos dramáticos ni alteraciones que pudieran hacer la política más fácil. En ese momento, el éxito o el fracaso dependían por completo de las decisiones de una treintena de demócratas de la Cámara que representaban a distritos disputados y a los que muchos les decían que un voto a favor de la Ley de Protección al Paciente y Cuidado de Salud Asequible les costaría su escaño.

Me pasaba gran parte del día hablando con cada uno de esos miembros individualmente, a veces en el despacho Oval y con más frecuencia por teléfono. A algunos solo les interesaba la política y seguían de cerca los sondeos de su distrito, así como las cartas y llamadas telefónicas de los electores. Yo intenté presentarles una valoración honesta: que el apoyo a la ley de reforma sanitaria mejoraría una vez aprobada, aunque tal vez no ocurriría hasta pasadas las elecciones de medio mandato; que un voto negativo tenía más posibilidades de decepcionar a los demócratas que de ganarse a los republicanos e independientes; y que, hicieran lo que hicieran, su destino en los próximos seis meses probablemente dependería del estado de la economía y de mi estatus político.

Algunos estaban buscando apoyo en la Casa Blanca para otro proyecto o ley en los que estaban trabajando, así que los remitía a Rahm o Pete Rouse para ver qué podíamos hacer.

Pero la mayoría de las conversaciones no fueron transaccionales. Indirectamente, lo que buscaban los representantes era claridad sobre quiénes eran y qué les exigía su conciencia. A veces los escuchaba repasar los pros y los contras. A menudo comparábamos notas sobre lo que nos había inspirado a entrar en política y hablábamos de los nervios y el entusiasmo de aquella primera carrera y todo lo que esperábamos conseguir, de los sacrificios que habíamos hecho nosotros y nuestras familias para llegar donde estábamos y de la gente que nos había ayudado por el camino.

«Eso es —les decía al final—. Ese es el objetivo: tener esa rara oportunidad, reservada a muy pocos, de llevar la historia por un camino mejor.»

Y lo sorprendente era que, a menudo, con eso bastaba. Los políticos veteranos decidieron dar un paso al frente pese a la oposición activa de sus distritos conservadores, gente como Baron Hill, del sur de Indiana; Earl Pomeroy, de Dakota del Norte; y Bart Stupak, un católico devoto de la península superior de Michigan que trabajó conmigo para llevar el lenguaje de las disposiciones sobre la financiación del aborto a un punto en que él pudiera votar a favor. Lo mismo hicieron políticos neófitos como Betsy Markey, de Colorado; o John Boccieri, de Ohio, y Patrick Murphy, de Pensilvania, ambos jóvenes veteranos de la guerra en Irak y todos ellos considerados estrellas en alza del partido. De hecho, con frecuencia fue más fácil convencer a los que más tenían que perder. Tom Perriello, un abogado especializado en derechos humanos de treinta y cinco años y convertido en congresista que había arrancado una victoria en un distrito mayoritariamente republicano que abarcaba una gran extensión de Virginia, habló por muchos de ellos cuando explicó su decisión de votar a favor del proyecto de ley.

«Hay cosas más importantes que salir reelegido», me dijo.

No es difícil encontrar a gente que odie al Congreso, votantes que están convencidos de que el Capitolio está lleno de impostores y cobardes, de que la mayoría de sus miembros electos están comprados por grupos de interés y grandes donantes y motivados por el hambre de poder. Cuando oigo esas críticas, normalmente asiento y reconozco que algunos se ajustan a esos estereotipos. Admito que ver la marabunta que se produce a diario en la Cámara o el Senado puede agotar incluso al espíritu más resistente. Pero también le cuento a la gente lo que me dijo

Tom Perriello antes de la votación sobre la sanidad. Describo lo que él y muchos otros hicieron al poco tiempo de salir elegidos por primera vez. ¿A cuántos nos ponen a prueba de esa manera y nos piden que arriesguemos una carrera con la que tanto hemos soñado por un bien mayor?

A esa gente se la puede encontrar en Washington. Eso también es política.

La votación final sobre la sanidad tuvo lugar el 21 de marzo de 2010, transcurrido más de un año desde que celebramos aquella primera cumbre en la Casa Blanca y Ted Kennedy hizo su aparición por sorpresa. En el Ala Oeste todo el mundo estaba con el alma en vilo. Phil y la presidenta Pelosi habían hecho recuentos informales que demostraban que superaríamos lo más difícil, pero por poco. Sabíamos que siempre era posible que un miembro o dos de la Cámara cambiaran de parecer repentinamente, y podíamos prescindir de pocos votos, o ninguno.

Yo tenía otro motivo de preocupación con el que no me había permitido obsesionarme pero que estuvo en el fondo de mis pensamientos desde el principio. Ya habíamos puesto en orden, defendido, abordado con inquietud y acordado una legislación de 906 páginas que afectaría a la vida de decenas de millones de estadounidenses. La Ley de Protección al Paciente y Cuidado de Salud Asequible era densa, exhaustiva, popular solo entre un bando político, impactante y, sin duda, imperfecta. Y ahora había que ponerla en práctica. A última hora de la tarde, después de que Nancy-Ann y yo mantuviéramos una ronda de llamadas de último minuto con los miembros que iban a votar, me levanté y miré por la ventana hacia el jardín Sur.

«Espero que esta ley funcione —le dije— porque, a partir de mañana, seremos propietarios del sistema de salud estadounidense».

Decidí no ver las horas preliminares de discursos en la Cámara de Representantes. Quería reunirme con el vicepresidente y el resto del equipo en la sala Roosevelt cuando comenzara la votación propiamente dicha hacia las 19.30. Uno a uno, los votos fueron acumulándose a medida que los miembros de la Cámara pulsaban los botones de «sí» o «no» en unos paneles electrónicos y se proyectaba el recuento en la pantalla de televisión. Mientras los síes aumentaban poco a poco, oía a Messina y a otros murmurar entre dientes: «Vamos... Vamos...». Finalmente, conseguimos 216 votos, uno más de los que necesitábamos. Nuestro proyecto de ley se aprobaría por un margen de siete votos.

La sala prorrumpió en vítores y la gente empezó a abrazarse y a chocar las manos como si acabara de ver a su equipo ganar gracias a un *home run* decisivo. Joe me agarró de los hombros y esbozó su famosa sonrisa, aún más amplia que de costumbre. «¡Lo ha conseguido!», dijo. Rahm y yo nos abrazamos. Aquella noche había llevado a Zach, su hijo de trece años, a la Casa Blanca para ver la votación. Me agaché y le dije a Zach que, gracias a su padre, millones de personas por fin gozarían de atención sanitaria si caían enfermas. El niño sonrió de oreja a oreja. De vuelta en el despacho Oval, llamé a Nancy Pelosi y Harry Reid para felicitarlos y, cuando hube acabado, encontré a Axelrod junto a la puerta. Tenía los ojos un poco rojos. Me dijo que, después de la votación, necesitaba un rato a solas en su despacho, ya que le había traído muchos recuerdos de lo que pasaron él y su mujer, Susan, cuando su hija Lauren sufrió los primeros ataques epilépticos.

—Gracias por seguir adelante con esto —dijo Axe con voz ahogada.

Lo rodeé con el brazo y a mí también me embargó la emoción.

—Para esto trabajamos —respondí—. Para esto mismo.

Había invitado a todos los que trabajaron en el proyecto de ley a la residencia para celebrarlo en privado, alrededor de cien personas en total. Sasha y Malia estaban disfrutando de sus vacaciones de primavera, y Michelle las había llevado unos días a Nueva York, así que estaba solo. Aquella noche hacía calor y pudimos socializar en el balcón Truman, con los monumentos a Washington y Jefferson iluminados a lo lejos, e hice una excepción a mi norma de sobriedad en días laborales. Martini en mano, hice la ronda y abracé y agradecí a Phil, Nancy-Ann, Jeanne y Kathleen todo el trabajo que habían realizado. Estreché la mano a docenas de asesores júnior, a muchos de los cuales no conocía. Sin duda, se sentían un poco abrumados por estar donde estaban. Sabía que habían trabajado duro en un segundo plano, haciendo números, preparando borradores, enviando notas de prensa y respondiendo a preguntas del Congreso, y quería que supieran cuán importante había sido su contribución.

Para mí, aquella celebración era importante. La noche que pasamos en Grant Park después de ganar las elecciones fue extraordinaria, pero era solo una promesa todavía por cumplir. Aquella noche significaba más para mí; era una promesa cumplida.

Cuando se fueron todos pasada la medianoche, recorrí el pasillo hacia la sala de los Tratados. Bo estaba hecho un ovillo en el suelo. Había estado casi toda la noche en el balcón con mis invitados, paseándose entre la gente, buscando una caricia en la cabeza o tal vez un canapé caído. Ahora parecía plácidamente fatigado, listo para dormir. Me agaché para rascarle entre las orejas. Pensé en Ted Kennedy y en mi madre.

Fue un buen día.

QUINTA PARTE

El mundo tal y como es

18

Igual que el saludo militar pasó a formar parte de mí, repetido cada vez que subía al Marine One o al Air Force One, o cada vez que interactuaba con nuestras tropas, poco a poco gané en confianza —y eficiencia— en mi rol de comandante en jefe. El Informe Diario del Presidente se volvió más conciso a medida que mi equipo y yo nos familiarizábamos con un elenco recurrente de personajes, escenarios, conflictos y amenazas de política exterior. Algunos vínculos que en su día me resultaban opacos ahora eran obvios. Sabía de memoria en qué zonas de Afganistán se encontraban determinadas tropas aliadas y lo fiables que eran en combate, qué ministros iraquíes eran nacionalistas ardientes y cuáles eran títeres de los iraníes. Había demasiado en juego y los problemas eran demasiado enrevesados para que aquello llegara a parecer rutinario. Con el tiempo llegué a experimentar mis responsabilidades igual que, en mi mente, se siente un experto en desactivación de explosivos que está a punto de cortar un cable o un equilibrista cuando sale de la plataforma. Había aprendido a despojarme del exceso de miedo para poder concentrarme, a la vez que intentaba no relajarme tanto como para cometer errores por descuido.

Había una tarea en la que nunca, ni siquiera remotamente, me permitía sentirme cómodo. Más o menos cada semana, mi asistente, Katie Johnson, dejaba encima de mi mesa una carpeta que contenía cartas de condolencia a las familias de los soldados caídos para que yo las firmara. Cerraba la puerta del despacho, abría la carpeta y me detenía en cada carta, leía el nombre en voz alta como si fuera un hechizo e intentaba evocar una imagen del joven (las bajas entre mujeres eran infrecuentes) y cómo había sido su vida: dónde se había criado e ido a la escuela, qué fiestas de cumpleaños y baños veraniegos habían marcado su infancia, el equipo en el que había jugado o los amores a los que había añorado. Pensaba en sus padres y su mujer e hijos, si los tenía. Firmaba cada carta lentamente, procurando no manchar de tinta el grueso papel beis, ya que soy zurdo y agarro la pluma de costado. Si la firma no era como yo quería, pedía que reimprimieran la carta, aunque sabía de sobra que nada de lo que hiciera sería suficiente.

Yo no era el único que enviaba aquellas cartas. Bob Gates también mantenía correspondencia con las familias de los muertos en Irak y Afganistán, aunque rara vez hablábamos de ello.

Gates y yo habíamos desarrollado una sólida relación laboral. Nos reuníamos con periodicidad en el despacho Oval, y me parecía una persona práctica, equilibrada y sorprendentemente franca, con serenidad para defender sus argumentos y de vez en cuando cambiar de parecer. Su habilidosa gestión del Pentágono me ayudaba a pasar por alto las veces que también intentaba gestionarme a mí, y Gates no tenía miedo de enfrentarse a las vacas sagradas del Departamento de Defensa, incluso cuando se trataba de controlar el presupuesto. Podía ser quisquilloso, especialmente con mis asesores más jóvenes de la Casa Blanca, y debido a las diferencias de edad, educación, experiencia y orientación política, no manteníamos una amistad como tal. Sin embargo, reconocíamos en el otro una ética laboral y un sentido del deber comunes, no solo hacia la nación que nos había confiado su seguridad, sino hacia los soldados cuyo valor presenciábamos cada día y hacia las familias que habían dejado atrás.

Ayudaba que, en la mayoría de las cuestiones de seguridad nacional, nuestros criterios se alineaban. Por ejemplo, a principios del verano de 2009, Gates y yo compartíamos un optimismo prudente sobre la evolución en Irak. Las circunstancias no eran exactamente prometedoras. La economía iraquí era un caos (la guerra había destruido gran parte de las infraestructuras básicas del país y la caída de los precios internacionales del petróleo había debilitado el presupuesto nacional); además, debido al bloqueo parlamentario, el Gobierno de Irak tenía dificultades para llevar a cabo las tareas más básicas. Durante mi breve visita al país en abril, había ofrecido al primer ministro Maliki algunos consejos sobre cómo adoptar reformas administrativas necesarias y crear lazos eficaces con las facciones suníes y kurdas de Irak. Se había mostrado educado, pero a la defensiva; al parecer, no había estudiado el *El federalista n.º 10* de Madison. Para él, los chiíes eran mayoría en Irak y su coalición era la que había cosechado más votos. Los suníes y los kurdos estaban obstaculizando los progresos con exigencias poco razonables, y cualquier idea de satisfacer los intereses o proteger los derechos de las poblaciones minoritarias de Irak era una incomodidad que solo consideraba como consecuencia de la presión estadounidense.

La conversación fue un recordatorio de que unas elecciones por sí solas no dan pie a una democracia funcional; hasta que Irak no encontrara la manera de fortalecer sus instituciones civiles y sus líderes no desarrollaran hábitos de compromiso, el país seguiría teniendo dificultades. Aun así, el hecho de que Maliki y sus rivales estuvieran expresando hostilidad y desconfianza a través de la política en lugar del cañón de una pistola, contaba como progreso. Incluso con las fuerzas estadounidenses en retirada de los centros de población iraquíes, los atentados terroristas patrocinados por Al Qaeda en Irak habían seguido reduciéndose, y nuestros comandantes aseguraban que el comportamiento de las fuerzas de seguridad iraquíes mejoraba constantemente. Gates y yo coincidíamos en que Estados Unidos tendría que desempeñar un papel crucial en Irak en los próximos años, asesorando a ministerios clave, entrenando a sus fuerzas de seguridad, desbloqueando puntos muertos entre facciones y ayudando a financiar la reconstrucción del país. Pero si no había reveses importantes, por fin se avistaba el final de la guerra de Estados Unidos en Irak.

No podía decirse lo mismo de Afganistán.

Las tropas adicionales que había autorizado en febrero ayudaron a controlar los avances de los talibanes en algunas zonas y estaban trabajando en la seguridad de las próximas elecciones presidenciales. Pero nuestras fuerzas no podían revertir el creciente ciclo de violencia e inestabilidad del país. A consecuencia del recrudecimiento de los combates en una gran extensión del territorio, las bajas estadounidenses se habían disparado.

Las bajas afganas también iban en aumento. Había más civiles que se veían atrapados en el fuego cruzado o eran víctimas de atentados suicidas o bombas cada vez más sofisticadas que los insurgentes colocaban en las carreteras. Los afganos cada vez se quejaban más sobre ciertas tácticas estadounidenses (por ejemplo, redadas nocturnas en casas donde se sospechaba que cobijaban a combatientes talibanes) que ellos veían como peligrosas o perturbadoras pero que nuestros comandantes juzgaban necesarias para lograr los objetivos. En el frente político, la estrategia del presidente Karzai para la reelección consistía eminentemente en comprar a gente influyente de la región, intimidar a sus adversarios y enfrentar con astucia a varias facciones étnicas. En el plano diplomático, nuestro compromiso de alto nivel con las autoridades pakistaníes al parecer no había tenido efecto alguno en su permanente tolerancia hacia los refugios talibanes en su país. Entretanto, una reconstituida Al Qaeda que operaba en las zonas fronterizas de Pakistán aún representaba una amenaza grave.

Sin un progreso real, todos estábamos ansiosos por ver qué tenía que decir sobre la situación nuestro nuevo comandante de las fuerzas de coalición, el general Stanley McChrystal. A finales de agosto, tras pasar varias semanas en Afganistán con un equipo de asesores militares y civiles, el general McChrystal presentó el análisis completo que Gates le había pedido. Días después, el Pentágono lo remitió a la Casa Blanca y en lugar de facilitarnos respuestas claras, ponía encima de la mesa una nueva ronda de preguntas de difícil respuesta.

Gran parte del análisis de McChrystal detallaba lo que ya sabíamos: la situación en Afganistán era mala y estaba empeorando, ya que los talibanes se habían envalentonado y el ejército afgano estaba débil y desmoralizado. Karzai, que se había impuesto en unas elecciones manchadas por la violencia y el fraude, aún se hallaba a la cabeza de un Gobierno visto por su pueblo como corrupto. Sin embargo, lo que llamó la atención de todos fue la conclusión del informe. Para dar la vuelta a la situación, McChrystal proponía una campaña completamente nueva de contrainsurgencia, una estrategia militar concebida para contener y marginar a los insurgentes no solo enfrentándose a ellos, sino trabajando simultáneamente para mejorar la estabilidad de la población del país, a poder ser apaciguando la furia que había llevado a los insurgentes a tomar las armas.

El planteamiento de McChrystal no solo era más ambicioso del que yo imaginé al aceptar las recomendaciones del informe de Riedel en primavera, sino que solicitaba al menos cuarenta mil soldados, además de los que ya habíamos desplegado, lo cual elevaría la cifra total de efectivos estadounidenses en Afganistán a cerca de cien mil en un futuro próximo.

«Ideal para el presidente antiguerra», observó Axe.

Era difícil no pensar que me habían vendido gato por liebre, que la conformidad del Pentágono con mi modesto incremento inicial de diecisiete mil soldados y cuatro mil formadores había sido una retirada táctica temporal para luego conseguir más. En mi equipo, las divisiones sobre el rumbo a seguir en relación con Afganistán que ya afloraron en febrero empezaron a agrandarse. Mike Mullen, los jefes del Estado Mayor y David Petraeus respaldaban la estrategia contrainsurgente de McChrystal en su totalidad; menos que eso, sería un fracaso, argumentaban, y demostraría a amigos y enemigos una peligrosa falta de determinación por parte de Estados Unidos. Hillary y Panetta no tardaron en seguir su ejemplo. Gates, quien previamente había expresado sus dudas sobre la idoneidad de aumentar nuestro peso militar en un país famoso por su resistencia a las ocupaciones extranjeras, era más circunspecto, pero me dijo que McChrystal lo había convencido de que un contingente estadounidense más reducido no funcionaría y de que, si nos coordinábamos bien con las fuerzas de seguridad afganas para proteger a las poblaciones locales y entrenábamos mejor a nuestros soldados en el respeto a la cultura afgana, podríamos evitar los problemas que habían sufrido los soviéticos en los años ochenta. Mientras tanto, Joe y un número considerable de asesores del Consejo Nacional de Seguridad veían la propuesta de McChrystal como el último intento de un ejército descontrolado por hundir más al país en un ejercicio fútil y sumamente caro de reconstrucción de una nación cuando podíamos y debíamos concentrarnos en las campañas antiterroristas contra Al Qaeda.

Después de leer el informe de sesenta y seis páginas redactado por McChrystal, compartía el escepticismo de Joe. Hasta donde yo veía, no existía una estrategia de salida clara; según su plan, tardaríamos cinco o seis años en reducir el número de tropas estadounidenses a las cifras del momento actual. Los costes eran asombrosos: al menos mil millones de dólares por cada mil efectivos adicionales. Nuestros hombres y mujeres uniformados, algunos en su cuarto o quinto despliegue tras casi una década de guerra, pagarían un precio aún mayor. Y teniendo en cuenta la resistencia de los talibanes y la disfunción del Gobierno de Karzai, no había garantía de éxito. En su respaldo por escrito al plan, Gates y los generales reconocían que el poder militar estadounidense no podría estabilizar Afganistán «mientras la corrupción generalizada y la explotación del pueblo» siguieran «caracterizando el sistema de gobierno» del país. Yo no veía posibilidades de que se cumpliera esa condición a corto plazo.

No obstante, algunas verdades incontestables me impedían rechazar el plan de McChrystal sin más. El *statu quo* era insostenible. No podíamos permitir que los talibanes volvieran al poder y necesitábamos más tiempo para entrenar a unas fuerzas de seguridad afganas más capacitadas y erradicar a Al Qaeda y sus líderes. Aunque confiaba en mi criterio, no podía ignorar la recomendación unánime de unos generales experimentados que habían logrado mantener cierta estabilidad en Irak y ya se hallaban en medio de los combates en Afganistán. Por lo tanto, pedí a Jim Jones y Tom Donilon que organizaran una serie de reuniones del Consejo Nacional de Seguridad en las que, alejados de la política del Congreso y de las quejas de los medios de comunicación, podríamos repasar metódicamente los detalles de la propuesta de McChrystal, ver cómo encajaban con los objetivos que antes nos habíamos marcado y acordar la mejor manera de proceder.

Sin embargo, descubrimos que los generales tenían otras ideas. Solo dos días después de recibir el informe, *The Washington Post* publicó una entrevista con David Petraeus en la que declaraba que cualquier esperanza de éxito en Afganistán exigiría bastantes más tropas y una estrategia contrainsurgente «exhaustiva y con plenos recursos». Unos diez días después, tras nuestro primer debate sobre la propuesta de McChrystal en la sala de Crisis, Mike Mullen se presentó en el Comité del Senado sobre Fuerzas Armadas para una sesión programada y expuso el mismo argumento, además de tachar cualquier estrategia más reducida de insuficiente para el objetivo de derrotar a Al Qaeda e impedir que Afganistán se convirtiera en una futura base para ataques contra nuestro país. Días después, el 21 de septiembre, el *Post* publicó una sinopsis del informe de McChrystal, que alguien había filtrado a Bob Woodward, con el titular: «McChrystal: más fuerzas o "fracaso de la misión"». Al poco tiempo, McChrystal concedió una entrevista a *60 Minutes* y pronunció un discurso en Londres; en ambos casos, destacó los méritos de su estrategia contrainsurgente en detrimento de otras alternativas.

La reacción fue predecible. Halcones republicanos como John McCain y Lindsey Graham aprovecharon el bombardeo mediático de los generales y entonaron la habitual letanía de que debía escuchar a mis comandantes sobre el terreno y satisfacer la petición de McChrystal. A diario aparecían noticias publicitando las desavenencias cada vez más marcadas entre la Casa Blanca y el Pentágono. Los columnistas me acusaban de «titubear» y cuestionaban que poseyera fuerza interior suficiente para liderar una nación en tiempos de guerra. Rahm comentó que, en todos sus años en Washington, nunca había visto semejante campaña pública orquestada por el Pentágono para enjaular a un presidente. Biden fue más sucinto: «Es un puto escándalo».

Yo coincidía con él. No era ni mucho menos la primera vez que se filtraban a la prensa las discrepancias de mi equipo, pero sí la primera vez que, durante mi presidencia, tenía la sensación de que todo un organismo a mi cargo estaba siguiendo una agenda propia. Decidí que también sería la última. Poco después del testimonio de Mullen en el Congreso, les pedí a él y a Gates que se reunieran conmigo en el despacho Oval.

—Bueno —dije cuando nos sentamos y les hube ofrecido café—, ¿no dejé claro que quería tiempo para estudiar el informe de McChrystal? ¿O es que su gente sencillamente no me respeta?

Ambos se retorcieron incómodos en el sofá. Como suele ocurrir cuando me enfado, no alcé el tono de voz.

—Desde que juré el cargo —proseguí—, me he esforzado en crear un ambiente en el que se escuchen las opiniones de todos. Y creo que he mostrado disposición a tomar decisiones impopulares cuando lo he considerado necesario para la seguridad nacional. ¿Está de acuerdo con eso, Bob?

—Así es, señor presidente —respondió Gates.

—En ese caso, cuando inicio un proceso que decidirá si envío a decenas de miles de soldados a una zona de guerra mortífera con un coste de cientos de miles de millones de dólares y veo a mis líderes militares cortocircuitando ese proceso para defender su postura públicamente, me asaltan las dudas. ¿Es porque creen saber más que yo y no se molestan en responder a mis preguntas? ¿Es porque soy joven y no estuve en el ejército? ¿Es porque no les gustan mis políticas...?

Hice una pausa para que calara la pregunta. Mullen se aclaró la garganta.

—Creo que hablo por todos sus mandos militares, señor presidente —repuso—, cuando digo que sentimos el mayor respeto por usted y su cargo.

Asentí.

—Bien, Mike, confío en su palabra. Y yo le doy la mía de que tomaré una decisión sobre la propuesta de Stan basándome en los consejos del Pentágono y en lo que considere que satisface mejor los intereses de este país. Pero, hasta entonces —afirmé, inclinándome hacia delante para mayor énfasis—, me encantaría que mis asesores militares dejaran de decirme lo que debo hacer en la portada del periódico matinal. ¿Le parece justo?

Mullen estaba de acuerdo y pasamos a otras cuestiones.

Volviendo la vista atrás, tiendo a creer a Gates cuando comentó que no existía un plan coordinado de Mullen, Petraeus o McChrystal para condicionar mis decisiones (aunque más tarde reconoció haber oído de una fuente fiable que un miembro del equipo de McChrystal había filtrado el informe del general a Woodward). Sé que los tres estaban motivados por una convicción sincera en la pertinencia de su postura y que, como altos mandos militares, consideraban que ofrecer su valoración honesta en un testimonio público o hacer una declaración a la prensa con independencia de las consecuencias políticas formaba parte de su código. Gates se apresuró a recordarme que la franqueza de Mullen también había irritado al presidente Bush, y tenía razón cuando afirmó que los altos cargos de la Casa Blanca también intentaban a menudo trabajarse a la prensa entre bastidores.

Pero también creo que el episodio ilustró lo acostumbrados que estaban los militares a conseguir lo que querían durante los años con Bush y el grado en que algunas decisiones políticas básicas (sobre la guerra y la paz, pero también sobre las prioridades presupuestarias, los objetivos diplomáticos y los posibles equilibrios entre la seguridad y otros valores en Estados Unidos) se habían delegado continuamente en el Pentágono y la CIA. Era fácil ver las causas de ello: después del 11-S, el impulso por hacer lo que fuera necesario para frenar a los terroristas y la negativa de la Casa Blanca a formular preguntas difíciles que pudieran representar un obstáculo; un ejército obligado a deshacer el entuerto resultante de la decisión de invadir Irak; una ciudadanía que, con razón, veía al ejército como un organismo más competente y fiable que los políticos que en teoría debían definir las políticas; un Congreso interesado eminentemente en eludir responsabilidades derivadas de problemas complejos en política exterior;

y una prensa que podía mostrarse en exceso deferente con cualquiera que luciera estrellas en el hombro.

Hombres como Mullen, Petraeus, McChrystal y Gates (todos ellos líderes probados completamente centrados en las tareas extremadamente difíciles que tenían ante ellos) tan solo habían llenado un vacío. Estados Unidos tenía suerte de contar con aquellos hombres en sus puestos y, en las fases avanzadas de la guerra en Irak, casi siempre habían tomado las decisiones correctas. Pero, tal como dije a Petraeus la primera vez que nos reunimos en Irak, justo antes de mi elección, la labor del presidente era mostrar amplitud de miras y no a la inversa, sopesar los costes y beneficios de una acción militar con respecto a todo lo que contribuía a la fortaleza del país.

Al igual que en cualquier discrepancia sobre estrategias o tácticas, esas cuestiones fundamentales (el control civil de las decisiones políticas, los respectivos papeles del presidente y sus asesores militares en nuestro sistema constitucional y las consideraciones que cada uno aplicaba a las decisiones acerca de la guerra) se convirtieron en el subtexto del debate afgano. Y era en esas cuestiones donde las diferencias entre Gates y yo resultaban más obvias. Como uno de los actores más avezados de Washington, Gates entendía mejor que nadie la presión que ejercían el Congreso, la opinión pública y las limitaciones presupuestarias. Sin embargo, para él se trataba de obstáculos a superar y no de factores legítimos que debieran condicionar nuestras decisiones. Durante todo el debate en torno a Afganistán, Gates atribuía cualquier objeción que plantearan Rahm o Biden (sobre la dificultad para cosechar en el Congreso los votos necesarios para los treinta mil o cuarenta mil millones de dólares adicionales que podía requerir el plan de McChrystal o el agotamiento que podía sentir la nación después de casi una década de guerra) a meras «cuestiones políticas». A otras personas, aunque nunca directamente a mí, a veces les cuestionaba mi compromiso con la guerra y la estrategia que había adoptado en marzo, sin duda atribuyéndola también a la «política». Le costaba ver que lo que él tachaba de políticas era como se suponía que funcionaba la democracia, que nuestra misión no solo debía definirse por la necesidad de derrotar a un enemigo, sino por la necesidad de cerciorarnos de que el país no se desangraba en el proceso; que los interrogantes sobre el gasto de miles de millones de dólares en misiones y bases operativas extranjeras en lugar de escuelas o atención sanitaria para niños no eran tangenciales a la seguridad nacional, sino cruciales para ella; que el sentido del deber que mostraba hacia las tropas ya desplegadas, su auténtico y admirable deseo de que tuvieran todas las oportunidades para triunfar, podía verse equiparado por la pasión y el patriotismo de quienes querían limitar el número de jóvenes estadounidenses en situación de peligro.

Tal vez pensar en esas cosas no era trabajo de Gates sino mío. Por lo tanto, desde mediados de septiembre hasta mediados de noviembre, presidí nueve reuniones de entre dos y tres horas en la sala de Crisis para evaluar el plan de McChrystal. La extensa duración de las deliberaciones fue noticia en Washington, y aunque mi charla con Gates y Mullen había puesto fin a las declaraciones oficiales por parte de los generales, en la prensa seguían apareciendo de forma periódica filtraciones, declaraciones anónimas y especulaciones. Hice todo lo posible por aislarme del ruido, a lo cual me ayudó saber que muchos de mis detractores más vociferantes eran los mismos comentaristas y presuntos expertos que habían defendido activamente o se habían visto arrastrados por la urgencia por invadir Irak.

De hecho, uno de los principales argumentos para adoptar el plan de McChrystal eran sus similitudes con la estrategia contrainsurgente que había utilizado Petraeus durante la escalada estadounidense en Irak. En términos generales, el énfasis de Petraeus en el entrenamiento de las fuerzas locales, la mejora del Gobierno local y la protección de las poblaciones, en lugar de conquistar territorio y acumular víctimas insurgentes, tenía sentido. Pero el Afganistán de 2009 no era el Irak de 2006. Ambos países representaban circunstancias distintas que exigían soluciones diferentes. En cada sesión en la sala de Crisis quedaba más claro que la amplia visión de la contrainsurgencia que imaginaba McChrystal para Afganistán no solo iba más allá de lo necesario para destruir a Al Qaeda, sino también de lo que probablemente era factible durante mi mandato, si es que era factible en absoluto.

John Brennan volvió a subrayar que, a diferencia de Al Qaeda en Irak, los talibanes estaban demasiado integrados en el tejido de la sociedad afgana como para erradicarlos y que, pese a sus simpatías hacia Al Qaeda, no daban señales de estar tramando atentados fuera de Afganistán contra Estados Unidos o sus aliados. Nuestro embajador en Kabul, el exgeneral

Karl Eikenberry, dudaba de que el Gobierno de Karzai pudiera ser reformado y temía que un gran despliegue de tropas y una mayor «americanización» de la guerra quitara toda la presión a Karzai para empezar a comportarse como debía. El prolongado calendario de McChrystal para instalar a las tropas y retirarlas no parecía tanto una escalada al estilo de Irak como una ocupación a largo plazo, lo cual llevó a Biden a preguntar por qué, con Al Qaeda en Pakistán y casi totalmente asediada por ataques con drones, debíamos destinar cien mil soldados a reconstruir el país de al lado.

Al menos delante de mí, McChrystal y los otros generales respondieron con diligencia a esas inquietudes, en algunos casos de manera convincente, aunque en otros no tanto. A pesar de su paciencia y buenos modales, les costaba disimular su frustración al ver sus criterios profesionales cuestionados, especialmente por personas que nunca habían llevado uniforme (McChrystal entrecerraba los ojos cuando, en más de una ocasión, Biden empezó a explicarle qué era necesario para llevar a cabo operaciones antiterroristas de éxito). Las tensiones entre los asesores de la Casa Blanca y el Pentágono fueron a peor, el personal del Consejo Nacional de Seguridad se sentía obstaculizado cuando quería obtener información a tiempo y Gates se enfurecía en silencio por lo que consideraba una microgestión permanente del Consejo. El resentimiento afectó incluso a las relaciones dentro de los departamentos. James «Hoss» Cartwright, el vicepresidente del Estado Mayor Conjunto, y el teniente general Douglas Lute, un asesor del Consejo Nacional de Seguridad y «zar de la guerra» durante los dos últimos años de la Administración Bush al cual pedí que se quedara, vieron cómo caía su popularidad en el Pentágono en cuanto aceptaron ayudar a Biden a concebir una alternativa al plan de McChrystal con menos tropas y más orientada al antiterrorismo. Hillary, por su parte, consideraba que los rodeos de Eikenberry por fuera de los canales oficiales del Departamento de Estado rayaban en la insubordinación y quería que fuera reemplazado.

Por lo tanto, es justo decir que, a la tercera o cuarta serie de diapositivas de PowerPoint, mapas del campo de batalla e irregulares conexiones de vídeo, además de la omnipresente luz fluorescente, el mal café y el ambiente cargado, todo el mundo estaba harto de Afganistán, harto de reuniones y hartos unos de otros. Por mi parte, sentía más el peso de mi cargo que en ningún otro momento desde la investidura. Intentaba que no se notara y mantenía una expresión neutra al formular preguntas, tomar notas y hacer algún que otro garabato en los márgenes de la libreta que el personal me había puesto delante (en su mayoría patrones abstractos y a veces rostros de personas o escenas de playa: una gaviota sobrevolando una palmera y olas del océano). Pero, muy de vez en cuando, salían a la luz mis frustraciones, sobre todo cuando oía a alguien responder a una pregunta difícil recurriendo al argumento de que debíamos enviar más tropas para demostrar «determinación».

«¿Qué significa eso exactamente? —preguntaba, a veces con excesiva brusquedad—, ¿que sigamos repitiendo malas decisiones que ya hemos tomado? ¿Alguien piensa que marear la perdiz en Afganistán diez años más impresionará a nuestros aliados e infundirá miedo a nuestros enemigos?» Como le dije más tarde a Denis, me recordaba a aquella canción de cuna sobre una anciana que se tragó una araña para atrapar una mosca.

—Acaba tragándose un caballo —dije.

—Y está muerta, claro —respondió Denis.

A veces, tras una de aquellas sesiones maratonianas, volvía a la pequeña caseta junto a la piscina situada cerca del despacho Oval para fumar un cigarrillo e impregnarme del silencio, notando los nudos en la espalda, los hombros y el cuello, señales de que pasaba demasiado tiempo sentado, pero también de mi estado mental. Ojalá la decisión sobre Afganistán fuera una cuestión de determinación, pensé, de voluntad, acero y fuego. Así le sucedió a Lincoln cuando trataba de salvar la Unión o a Franklin D. Roosevelt después de Pearl Harbor, con Estados Unidos y el resto del mundo enfrentándose a la amenaza mortal de unas potencias expansionistas. En tales circunstancias, aprovechabas todo lo que tuvieras para organizar una guerra total. Pero, en el aquí y ahora, las amenazas a las que hacíamos frente (redes terroristas mortíferas pero sin Estado; naciones rebeldes pero, por lo demás, débiles) eran reales pero no existenciales, con lo cual la determinación sin previsión era más que inútil. Y nos llevó a librar guerras equivocadas y a meternos en atolladeros. Nos hizo administradores de terrenos inhóspitos y creamos más enemigos de los que vencimos. Gracias a nuestro poder sin igual, Estados Unidos podía decidir qué, cuándo y cómo combatir. Decir lo contrario, insistir en que nuestra seguridad y nuestra posición en el mundo nos exigían hacer todo lo que pudiéramos mientras pudiéramos y en todos los casos, significaba abdicar de la responsabilidad moral; la certeza que ofrecía era una mentira reconfortante.

El 9 de octubre de 2009 hacia las seis de la mañana, la operadora de la Casa Blanca me despertó para avisarme de que Robert Gibbs estaba al teléfono. Las llamadas de mis asesores a aquellas horas eran infrecuentes y me dio un vuelco el corazón. ¿Era un atentado terrorista? ¿Un desastre natural?

—Le han concedido el Premio Nobel de la Paz —anunció Gibbs.

—¿A qué se refiere?

—Acaban de anunciarlo hace unos minutos.

—¿Por qué?

Con mucho tacto, Gibbs ignoró la pregunta. Favs estaría esperándome frente al despacho Oval para trabajar conmigo en la declaración que quisiera hacer, dijo. Cuando colgué, Michelle me preguntó a qué se debía la llamada.

—Me van a dar el Premio Nobel.

—Eso es maravilloso, cariño —dijo, y se dio la vuelta para dormir un rato más.

Una hora y media después, Malia y Sasha pasaron por el comedor mientras desayunaba.

—Qué gran noticia, papá —dijo Malia, que se colgó la mochila al hombro—. ¡Has ganado el Premio Nobel... y es el cumpleaños de Bo!

—¡Además, este fin de semana hay tres días de fiesta! —añadió Sasha, alzando el puño.

Ambas me besaron en la mejilla antes de salir por la puerta para ir a la escuela.

En el jardín de las Rosas declaré ante los medios allí reunidos que, transcurrido menos de un año desde el inicio de mi presidencia, no creía merecer estar en compañía de aquellas figuras transformadoras que habían sido premiadas en el pasado. Por el contrario, veía el galardón como una llamada a la acción, un medio para que el comité del Nobel diera impulso a causas para las cuales el liderazgo estadounidense era vital: reducir las amenazas de las armas nucleares y el cambio climático; paliar la desigualdad económica, defender los derechos humanos y reducir las divisiones raciales, étnicas y religiosas que tan a menudo alimentaban el conflicto. Dije que creía que el premio debería compartirse entre quienes trabajaban en todo el mundo, a menudo sin reconocimiento, por la justicia, la paz y la dignidad humana.

Al volver al despacho Oval, pedí a Katie que pusiera en espera las llamadas de felicitación que empezaban a llegar y me tomé unos minutos para meditar sobre la creciente distancia entre las expectativas y las realidades de mi presidencia. Seis días antes, trescientos militantes afganos habían irrumpido en un pequeño puesto de avanzada estadounidense en el Hindú Kush y matado a ocho soldados y herido a veintisiete más. Octubre sería el mes más mortífero para las tropas estadounidenses en Afganistán desde el inicio de la guerra ocho años antes. En lugar de marcar el comienzo de una nueva era de paz, me enfrentaba a la posibilidad de mandar más soldados a la guerra.

A finales de octubre el fiscal general Eric Holder y yo volamos a medianoche a la base Dover de la Fuerza Aérea en Delaware para presenciar el regreso a suelo estadounidense de los restos de quince soldados y tres agentes antidrogas que habían muerto en incidentes sucesivos en Afganistán: un accidente de helicóptero y dos ataques con bombas en la carretera en la provincia de Kandahar. La asistencia de un presidente a esas «transferencias dignificadas», como se las conocía, era infrecuente pero, más que nunca, me pareció importante estar presente. Aunque desde la guerra del Golfo el Departamento de Defensa había prohibido la cobertura mediática de la llegada de los ataúdes de militares, revoqué, con la ayuda de Bob Gates, aquella política ese mismo año y dejé la decisión en manos de cada familia. Me pareció que documentar públicamente al menos algunas de aquellas transferencias brindaba a nuestro país un medio más claro para calcular los costes de la guerra, el dolor de cada pérdida. Y esa noche, al final de un mes devastador en Afganistán y con el futuro de la guerra sometido a debate, una de las familias había decidido que se registraba aquel momento.

Durante las cuatro o cinco horas que estuve en la base reinó un silencio permanente: en la pequeña y sencilla capilla, donde Holder y yo nos reunimos con las familias que se habían congregado; en la bodega de carga del avión C-17 que contenía los dieciocho ataúdes envueltos con la bandera, donde la solemne oración de un capellán del ejército resonaba contra las paredes metálicas; en la pista de aterrizaje, donde me cuadré y observé a seis portadores vestidos con uniformes del ejército, guantes blancos y boinas negras llevando las pesadas cajas una a una hasta las hileras de vehículos. El mundo estaba en silencio, salvo por el aullido del viento y la cadencia de los pasos.

En el vuelo de regreso, a falta de unas horas para que amaneciera, las únicas palabras que recordaba de toda la visita eran las de la madre de un soldado: «No deje solos a los chicos que siguen allí». Parecía agotada, con la cara consumida por la tristeza. Prometí que no lo haría, pero no sabía si eso significaba enviar más soldados para terminar la misión por la que su hijo había hecho el sacrificio definitivo o acabar con un conflicto embrollado y largo que acortaría la vida de los hijos de otros. La decisión estaba en mis manos.

Una semana después, nuestro ejército sufrió otro desastre, esta vez más cerca de casa. El 5 de noviembre, un comandante y psiquiatra del ejército llamado Nidal Hasan entró en un edificio de la base militar de Fort Hood, en Killeen, Texas, sacó una pistola semiautomática que había comprado en una tienda de armas de la localidad y abrió fuego. Murieron trece personas y docenas más resultaron heridas antes de que fuera reducido mediante un disparo y apresado por los policías de la base. Una vez más, me desplacé para reconfortar a las afligidas familias, y luego hablé en un servicio conmemorativo al aire libre. Mientras un trompeta interpretaba el Toque de Silencio, su quejumbrosa melodía puntuada por los sollozos reprimidos de los asistentes, recorrí con la mirada los monumentos conmemorativos a los soldados caídos: una fotografía enmarcada, unas botas de combate y un rifle que sostenía un casco.

Pensé en lo que John Brennan y Robert Mueller, director del FBI, me habían explicado en las reuniones sobre el tiroteo: Hasan, un musulmán nacido en Estados Unidos y con un inquietante historial de conductas erráticas, al parecer se había radicalizado en internet. En concreto, se había inspirado en un carismático clérigo estadounidense-yemení llamado Anwar al Awlaki, a quien había enviado varios correos electrónicos. Este contaba con numerosos seguidores en todo el mundo y al parecer era el dirigente de la rama cada vez más activa de Al Qaeda en Yemen. Según Mueller y Brennan, existían indicios de que el Departamento de Defensa, el FBI y el Cuerpo Especial Conjunto contra el Terrorismo habían sido alertados de un modo u otro sobre la posible radicalización de Hasan pero los sistemas para compartir información entre los diferentes organismos no habían atado cabos de un modo que pudiera evitar la tragedia.

Terminaron las elegías. El toque de Silencio empezó a sonar de nuevo. Imaginé a soldados por todo Fort Hood preparándose afanosamente para su despliegue en Afganistán y la lucha contra los talibanes. Y no pude evitar preguntarme si la mayor amenaza podía encontrarse en otro lugar, no solo en Yemen o Somalia, sino también en la aterradora posibilidad de terroristas nacidos en Estados Unidos, en la mente febril de hombres como Hasan y en un cibermundo sin fronteras cuyo poder y alcance aún no comprendíamos del todo.

A finales de noviembre de 2009, celebramos nuestra novena y última sesión de análisis sobre Afganistán. Pese al dramatismo, en aquel momento las notables diferencias entre los miembros de mi equipo se habían reducido considerablemente. Los generales reconocían que erradicar a los talibanes de Afganistán era poco realista. Joe Biden y mis asesores del Consejo Nacional de Seguridad admitieron que las operaciones antiterroristas contra Al Qaeda no funcionarían si los talibanes infestaban el país o nos impedían recabar información de inteligencia. Acordamos una serie de objetivos factibles: reducir el nivel de actividad talibán para que no amenazaran grandes centros de población; presionar a Karzai para que reformara varios departamentos clave, como los ministerios de Defensa y Economía, en lugar de intentar que renovara todo el Gobierno; por último, acelerar el entrenamiento de unas fuerzas locales que, a la postre, permitirían al pueblo afgano mantener la seguridad en su país.

El equipo reconoció asimismo que cumplir aquellos objetivos más modestos también requeriría más tropas estadounidenses.

La única disputa pendiente era cuántas y por cuánto tiempo. Los generales seguían defendiendo la petición original de cuarenta mil soldados que había planteado McChrystal, pero sin ofrecer una buena explicación sobre por qué el número más limitado de objetivos que habíamos pactado no reducía en un solo soldado las tropas necesarias. La opción centrada en la lucha antiterrorista que había ideado Biden junto con Cartwright y Lute requería otros veinte mil soldados que se dedicarían exclusivamente a operaciones y entrenamiento, pero no estaba claro por qué esas funciones necesitaban tanto personal estadounidense adicional. En ambos casos, me preocupaba que las cifras todavía estuvieran motivadas por intereses ideológicos e institucionales y no por los objetivos que nos habíamos marcado.

Al final, fue Gates quien propuso una resolución viable. En un memorándum que me remitió en privado, explicaba que la petición de McChrystal preveía que Estados Unidos reemplazara a los diez mil soldados holandeses y canadienses que sus gobiernos habían prometido enviar a casa. Si autorizaba tres brigadas, con un total de treinta mil efectivos estadounidenses, tal vez podría utilizar ese compromiso para conseguir los otros diez mil de nuestros aliados. Gates también coincidía en que tratáramos el despliegue de nuevos soldados como una escalada más que como un compromiso abierto, tanto acelerando el ritmo de su llegada como estableciendo un calendario de dieciocho meses para que empezaran a volver a casa.

Para mí, que Gates aceptara un calendario fue especialmente importante. En el pasado, coincidió con el Estado Mayor Conjunto y Petraeus en el rechazo a esa idea y afirmaba que los calendarios indicaban al enemigo que podía esperar a que nos fuéramos. Ahora estaba convencido de que Karzai tal vez no tomaría nunca decisiones difíciles sobre las responsabilidades de su Gobierno a menos que supiera que enviaríamos las tropas a casa más pronto que tarde.

Después de hablarlo con Joe, Rahm y el Consejo Nacional de Seguridad, decidí aceptar la propuesta de Gates. Tenía una lógica que iba más allá de encontrar un punto medio entre el plan de McChrystal y la opción que había elaborado Biden. A corto plazo, ofrecía a McChrystal la potencia de fuego que necesitaba para contener la ofensiva talibana, proteger los centros de población y entrenar a las fuerzas afganas. Pero establecía unos límites claros a las operaciones contrainsurgencia y nos situaba en la senda de un plan antiterrorista más reducido a dos años vista. Continuaron las disputas sobre lo inamovible que debía ser el límite de treinta mil efectivos (el Pentágono tenía la costumbre de desplegar la cifra aprobada y volver luego pidiendo miles de «auxiliares», como personal médico, agentes de inteligencia y similares, que, según insistía, no debían computar en el total), y Gates tardó un tiempo en vender el plan en su organización. Aun así, unos días después de Acción de Gracias convoqué una reunión vespertina en el despacho Oval con Gates, Mullen y Petraeus, además de Rahm, Jim Jones y Joe, en la cual básicamente hice firmar a todos. Los asesores del Consejo Nacional de Seguridad habían preparado un informe detallado exponiendo mi orden, y junto a Rahm y Joe me habían convencido de que hacer que los altos mandos del Pentágono me miraran a los ojos y accedieran a un acuerdo era la única manera de evitar que cuestionaran públicamente mi decisión si la guerra iba mal.

Fue un gesto inusual y un tanto tosco que sin duda crispó tanto a Gates como a los generales y del que me arrepentí casi al instante. Era un final adecuado, pensé, para una etapa caótica y difícil en mi Administración. Sin embargo, el hecho de que el análisis hubiera cumplido su objetivo me procuraba cierta satisfacción. Gates reconoció que, sin elaborar un plan perfecto, las horas de debate habían ofrecido uno mejor. Nos obligó a redefinir los objetivos estratégicos estadounidenses en Afganistán de un modo que impedía una ampliación de la misión. Estableció la utilidad de los calendarios para los despliegues de tropas en determinadas circunstancias, algo que había sido discutido durante mucho tiempo por los dirigentes de Seguridad Nacional en Washington. Y, además de poner fin al libre albedrío del Pentágono mientras durara mi presidencia, ayudó a reafirmar el principio más amplio del control civil sobre la política de seguridad nacional en Estados Unidos.

Aun así, la conclusión era que enviaría más gente joven a la guerra.

Anunciamos el despliegue previsto el 1 de diciembre en West Point, la academia militar más antigua y distinguida de Estados Unidos. Esta, un puesto del Ejército Continental durante la guerra de Independencia situado algo más de una hora al norte de Nueva York, es un lugar hermoso, una serie de estructuras de granito gris y negro dispuestas como una pequeña ciudad sobre unas colinas verdes con vistas al ancho y ondulante río Hudson. Antes de mi discurso, visité al director de West Point y vi algunos de los edificios y terrenos que habían gestado a los líderes militares más condecorados de Estados Unidos: Grant y Lee, Patton y Eisenhower, MacArthur y Bradley, Westmoreland y Schwarzkopf.

Era imposible no sentirse honrado y conmovido por las tradiciones que representaban aquellos hombres, el servicio y el sacrificio que habían ayudado a forjar una nación, derrotar al fascismo y frenar el avance del totalitarismo. Era igual de necesario recordar que Lee había liderado a un Ejército Confederado que quería preservar la esclavitud y que Grant había supervisado la matanza de tribus indias, que MacArthur había desafiado las órdenes de Truman en Corea con efectos desastrosos y que Westmoreland había sido uno de los artífices de una escalada en Vietnam que dejaría cicatrices en toda una generación. Gloria y tragedia, valor y estupidez: una serie de verdades no negaba la otra. Porque la guerra, al igual que la historia de Estados Unidos, era contradicción.

El gran auditorio situado cerca del centro del campus de West Point estaba lleno cuando llegué y, aparte de personalidades como Gates, Hillary y los jefes del Estado Mayor Conjunto, el público estaba compuesto casi por entero de cadetes. Llevaban uniforme, casaca gris con ribetes negros y camisa blanca. El considerable número de negros, latinos, asiático-estadounidenses y mujeres entre sus filas ofrecía un testimonio gráfico de los cambios que se habían producido desde que, en 1805, se graduó la primera promoción en la escuela. Cuando subí al escenario mientras una banda interpretaba los acordes protocolarios, los cadetes se levantaron al unísono y aplaudieron. Y al mirar sus rostros, tan serios y radiantes de juventud, tan seguros de su destino y ansiosos por defender a su país, noté que se me henchía el corazón de un orgullo casi paternal. Tan solo recé para que sus líderes, yo entre ellos, fuéramos dignos de su confianza.

Nueve días después viajé a Oslo para recibir el Premio Nobel de la Paz. La imagen de aquellos jóvenes cadetes de West Point era un peso para mí. En lugar de ignorar la tensión entre recibir un premio de la paz y ampliar una campaña bélica, decidí convertirlo en el eje de mi discurso de aceptación. Con la ayuda de Ben Rhodes y Samantha Power, redacté un primer borrador, inspirado en los escritos de pensadores como Reinhold Niebuhr y Gandhi para hilvanar mi argumento: que la guerra es terrible pero a veces necesaria; que conciliar esas ideas aparentemente contradictorias exige que la comunidad de naciones desarrolle unos criterios más elevados para la justificación y ejecución de la guerra; que evitar el conflicto requiere una paz justa, cimentada en un compromiso común con la libertad política, el respeto por los derechos humanos y estrategias concretas para expandir las oportunidades económicas en todo el mundo. Terminé de escribir el discurso en plena noche a bordo del Air Force One mientras Michelle dormía en nuestro camarote. Mis ojos cansados se apartaban de vez en cuando de la página para contemplar la luna espectral sobre el Atlántico.

Como todo en Noruega, la ceremonia del Nobel, celebrada en un luminoso auditorio con capacidad para unos pocos cientos de espectadores, fue sensatamente austera: hubo una espléndida actuación de la joven cantante de jazz Esperanza Spalding, una presentación del jefe del comité del Nobel y luego mi discurso; todo había terminado en unos noventa minutos. El discurso tuvo buena acogida, incluso entre algunos comentaristas conservadores, que resaltaron mi voluntad de recordar al público europeo los sacrificios realizados por los soldados estadounidenses para asegurar décadas de paz. Aquella noche, el comité del Nobel organizó una cena de etiqueta en mi honor y me senté junto al rey de Noruega, un amable anciano que me habló de navegar por los fiordos de su país. Mi hermana Maya, además de amigos como Marty y Anita, nos había acompañado, y parecían todos muy sofisticados bebiendo champán y comiendo ciervo asado. Luego bailaron al son de una orquesta de swing sorprendentemente buena.

Pero lo que más recuerdo fue una escena que tuvo lugar en el hotel antes de la cena. Michelle y yo acabábamos de vestirnos cuando Marvin llamó a la puerta de nuestra habitación, situada en la cuarta planta, y nos dijo que miráramos por la ventana. Al abrir las cortinas vimos a varios miles de personas que se habían reunido al anochecer y llenaban la estrecha calle. Todas ellas llevaban en alto una vela, la tradicional manera en que cada año la ciudad expresa su agradecimiento al ganador del Nobel de la Paz. Fue una imagen mágica, como si hubiera caído del cielo una lluvia de estrellas. Y cuando Michelle y yo nos asomamos a saludar, sintiendo el frío aire nocturno en las mejillas y entre los vítores entusiastas de la multitud, no pude evitar pensar en los combates que diariamente seguían consumiendo a Irak y Afganistán y en la crueldad, el sufrimiento y la injusticia que mi Administración apenas había empezado a abordar. La idea de que yo, o cualquier otro, pudiera infundir orden a semejante caos resultaba irrisoria; en cierto modo, aquella multitud estaba aclamando una ilusión. Y sin embargo, en las llamas de aquellas velas vi algo más. Vi una manifestación del espíritu de millones de personas de todo el mundo: el soldado estadounidense encargado de una guarnición en Kandahar, la madre iraní que enseña a su hijo a leer, el activista ruso por la democracia reuniendo coraje para una manifestación, todos aquellos que se negaban a renunciar a la idea de que la vida podía ser mejor y de que, fueran cuales fuesen los riesgos y adversidades, tenían un papel que desempeñar.

«Hagas lo que hagas no será suficiente —los oía decir—. Inténtalo de todos modos.»

19

Cuando me presenté a las elecciones prometí a los estadounidenses una política exterior distinta de la que se venía practicando desde el 11-S. Irak y Afganistán ofrecían crueles lecciones sobre lo rápido que se reducían las opciones de un presidente cuando comenzaba una guerra. Estaba decidido a cambiar esa mentalidad que se había apoderado no solo de la Administración Bush sino también de buena parte de Washington; una que veía amenazas detrás de cada esquina y que sentía un orgullo perverso en actuar unilateralmente, y que consideraba la acción militar casi una forma rutinaria de afrontar los retos de la política exterior. En nuestra relación con otras naciones nos habíamos vuelto testarudos y miopes, reacios a hacer el duro y lento trabajo de construir coaliciones y crear consenso. Nos habíamos cerrado frente a otros puntos de vista. Yo pensaba que la seguridad de Estados Unidos dependía de fortalecer nuestras alianzas e instituciones internacionales. Veía la acción militar como el último recurso, no como el primero.

Teníamos que gestionar las guerras en las que estábamos implicados. Pero también quería poner a prueba esa fe más profunda en la diplomacia.

Empecé con un cambio en el tono. Desde el comienzo de mi Administración nos aseguramos de que todas las declaraciones sobre política exterior que salieran de la Casa Blanca hicieran énfasis en la importancia de la cooperación internacional y en la intención de Estados Unidos de comprometerse con otras naciones, pequeñas y grandes, sobre la base de un respeto e interés mutuos. Buscamos vías pequeñas pero simbólicas para hacer ese cambio de política; como aumentar el presupuesto de asuntos internacionales del Departamento de Estado o ponernos al día con las deudas pendientes con las Naciones Unidas después de algunos años en que la Administración Bush y un Congreso controlado por los republicanos habían retenido ciertos pagos.

De acuerdo con el dicho de que el 80 por ciento del éxito es que las cosas se vean, también hicimos hincapié en visitar algunos lugares del mundo que habían sido desatendidos por la Administración Bush con todo su extenuante enfoque en el terrorismo y Oriente Próximo. Hillary en particular fue como un torbellino durante aquel primer año, saltó de continente en continente con el mismo ímpetu con el que había realizado su campaña para la presidencia. Al ver la excitación que generaban sus visitas en las capitales extranjeras, me sentí justificado en mi decisión de nombrarla secretaria de Estado. No se trataba solo de que todos los líderes mundiales la trataran como a una igual. Fuera adonde fuera, la gente entendía su destacada presencia en sus países como una muestra de que realmente nos importaban.

«Si queremos que los demás países apoyen nuestras prioridades —le dije al Consejo de Seguridad Nacional— no debemos amedrentarlos sin más. Tenemos que demostrarles que tenemos en cuenta sus puntos de vista; o al menos que sabemos ubicar a sus países en el mapa.»

Ser conocidos. Ser escuchados. Hacer que se reconozca la identidad única propia y su valor. Es un deseo humano universal, pensaba yo, tan cierto para las naciones y los pueblos como para los individuos. Si yo entendía esa verdad mejor que algunos de mis predecesores, era tal vez porque había pasado buena parte de mi infancia en el extranjero y tenía familia en lugares considerados desde hace mucho como «atrasados» o «subdesarrollados». O tal vez porque era afroamericano y había experimentado lo que significaba no encajar del todo en mi propio país.

Fuera cual fuese la razón, insistí en demostrar interés por la historia, la cultura y la gente de los lugares que visitaba. Ben bromeaba diciendo que mis discursos en el extranjero se podían reducir a un algoritmo muy simple: «[Saludo en lengua extranjera, generalmente mal pronunciado.] Es maravilloso estar en este hermoso país que ha hecho tantas contribuciones perdurables a la civilización mundial. [Lista de ellas.] Entre nuestras naciones existe una larga historia de amistad. [Anécdota inspiradora.] Y es en parte gracias a las contribuciones de millones de orgullosos [estadounidenses mestizos] cuyos ancestros emigraron hasta nuestras costas, que Estados Unidos es la nación que es hoy». Tal vez estuviera un poco trillado, pero las sonrisas y asentimientos entre el público extranjero demostraban hasta qué punto eran importantes aquellos actos de reconocimiento.

Por el mismo motivo intentamos incluir en todos mis viajes al extranjero algo de turismo de alto nivel, algo que me sacara de los hoteles y me hiciera salir de los palacios. Sabía que mi interés por visitar la Mezquita Azul de Estambul o un restaurante local en Ho Chi Minh iba a dejar una impresión más duradera en la gente corriente de Turquía o de Vietnam que cualquier encuentro bilateral o cualquier argumento en una rueda de prensa. Y algo tan importante como lo anterior: aquellas paradas me daban la oportunidad de interactuar, aunque fuera un poco, con la gente corriente y no solo con altos cargos del Gobierno y élites económicas, personas a las que se consideraba desfasadas en muchos países.

Pero nuestra herramienta más efectiva para la diplomacia pública salió directamente de mi manual de estrategia de campaña: durante mis viajes internacionales, insistí en que quería tener encuentros con jóvenes del lugar. La primera vez que lo intentamos, con una multitud de más de tres mil estudiantes europeos durante la cumbre de la OTAN en Estrasburgo, no estábamos muy seguros sobre qué esperar. ¿Me iban a acosar a preguntas? ¿Les iba a aburrir con mis respuestas largas y enrevesadas? Pero después de una hora sin guion en la que los asistentes me preguntaron con entusiasmo sobre todo tipo de cuestiones, desde el cambio climático hasta la lucha contra el terrorismo, y me hicieron alegres comentarios (entre ellos que Obama significa «melocotón» en húngaro) decidimos convertirlo en uno de los puntos habituales de mis viajes al extranjero.

Los encuentros públicos generalmente se emitían en las televisiones nacionales, ya fueran de Buenos Aires, Bombay o Johannesburgo, y atraían siempre a una gran audiencia. Para la gente de muchos lugares del mundo, el espectáculo de un jefe de Estado mostrándose accesible a las preguntas directas de los ciudadanos era toda una novedad y un argumento a favor de la democracia mucho más significativo que ninguna charla posible. Tras consultarlo con nuestras embajadas locales, solíamos invitar a jóvenes activistas pertenecientes a grupos marginados del país anfitrión: minorías religiosas o étnicas, refugiados, estudiantes LGBTQ. Al darles un micrófono y dejarles contar su historia lograba que un país entero viera la justicia de sus demandas.

Los jóvenes a los que conocí en esos encuentros públicos fueron una constante fuente de inspiración personal. Me hicieron reír y a veces me hicieron llorar. Con su idealismo, me recordaron a los jóvenes activistas de campaña y demás voluntarios que me llevaron a la presidencia, también los lazos que compartíamos a pesar de las diferencias nacionales, raciales y étnicas cuando nos decidíamos a dejar a un lado nuestro miedo. No importaba lo frustrado o desanimado que estuviera, cuando salía de aquellos encuentros siempre me sentía recargado, como si me hubiera dado un baño primaveral en un fresco arroyo de un bosque. Siempre que siguieran existiendo jóvenes como aquellos en todos los rincones del mundo, me decía a mí mismo, había buenos motivos para mantener la esperanza.

Por todo el mundo la actitud pública hacia Estados Unidos mejoró notablemente desde que asumí la presidencia, demostrando que nuestro trabajo diplomático previo estaba surtiendo efecto. La creciente popularidad hacía que a nuestros aliados les resultara mucho más sencillo apoyar a nuestras tropas o incluso mandar a sus propias tropas a Afganistán, porque sabían que sus ciudadanos confiaban en nuestro liderazgo. Aquello nos dio a Tim Geithner y a mí más ventajas a la hora de coordinar una respuesta internacional a la crisis financiera. Cuando Corea del Norte empezó a hacer pruebas balísticas de misiles, Susan Rice consiguió que se aprobaran unas severas sanciones en el Consejo de Seguridad, en parte gracias a su talento y tenacidad, pero también, eso me dijo, «porque hay muchos países que quieren demostrar que están alineados con usted».

Aun así, había unos límites de lo que se podía lograr con una cálida ofensiva diplomática. Al fin y al cabo, la política exterior de cada país la rigen sus propios intereses económicos, geográficos y étnicos, sus divisiones religiosas, sus disputas territoriales, sus mitos fundacionales, sus traumas persistentes, sus animosidades ancestrales y, por encima de todo, los imperativos de aquellos que pretendían conservar su poder. Era raro el líder extranjero susceptible solo a la persuasión moral. Para progresar en los asuntos más espinosos de la política exterior, necesitaba un segundo tipo de diplomacia, una de recompensas y castigos concretos diseñada para alterar los cálculos de los líderes más duros e implacables. Durante mi primer año hubo tres naciones en concreto —Irán, Rusia y China— cuyos líderes me dieron la medida de lo difícil que podía llegar a ser.

De los tres, Irán planteaba el reto menos serio para los intereses a largo plazo de Estados Unidos, pero se ganó el premio al «más activamente hostil». Heredero de los grandes imperios persas de la Antigüedad, epicentro de la ciencia y el arte durante la dorada edad media del islam, había pasado durante muchos años casi desconocida para los políticos estadounidenses. Con Turquía e Irak en su frontera occidental y con Afganistán y Pakistán al este, por lo general siempre se ha pensado en Irán como uno más de los países pobres de Oriente Próximo, con un territorio reducido por conflictos civiles y la ascendencia de poderes europeos. En 1951, sin embargo, un Parlamento laico y de tendencia izquierdista impulsó la nacionalización de los yacimientos petrolíferos, buscando hacerse con el control de los beneficios que en su momento se había llevado el Gobierno británico, que poseía la mayor parte de la inversión en la petrolera más importante de Irán y en la compañía de exportación. Enfadados de que les hubieran cerrado el grifo, los británicos impusieron un bloqueo para evitar que Irán exportara su petróleo a potenciales compradores. También convencieron a la Administración Eisenhower de que el nuevo Gobierno iraní se estaba acercando a los soviéticos, lo que llevó a que el presidente Eisenhower diera luz verde a la operación Ajax, un golpe de Estado diseñado por la CIA y el MI6 que depuso al primer ministro iraní elegido democráticamente y dejó el Gobierno en las manos del joven monarca, el sah Mohamad Reza Pahlaví.

La operación Ajax estableció un patrón típico de error de cálculo con parte de Estados Unidos a la hora de relacionarse con países en desarrollo que duró toda la Guerra Fría: confundir las aspiraciones nacionales con tramas comunistas estableciendo una equivalencia entre intereses comerciales y seguridad nacional, subvirtiendo gobiernos democráticamente electos y alineándonos con dictadores cuando nos beneficiaba. Aun así, durante los primeros veintisiete años, los políticos estadounidenses debieron de pensar que su maniobra en Irán había funcionado bien. El sah se convirtió en un aliado fiel que firmó contratos con las compañías petroleras estadounidenses y compró una gran cantidad de armamento muy caro a Estados Unidos. Mantuvo relaciones amistosas con Israel, les dio a las mujeres el derecho al voto, y utilizó la riqueza creciente del país para modernizar la economía y el sistema educativo. Se relacionaba con facilidad con los hombres de negocios occidentales y las casas reales europeas.

Menos obvio para los ajenos resultaba el descontento cocinado a fuego lento a causa de los gastos extravagantes del sah, la represión violenta (su policía secreta era célebre por torturar y matar a los disidentes) y la promoción de unas costumbres occidentales que, a ojos de los religiosos más conservadores y de muchos de sus seguidores, violaban los principios más importantes del islam. Tampoco prestaron demasiada atención los analistas de la CIA a la creciente influencia de un clérigo chiita en el exilio, el ayatolá Jomeini, cuyos escritos y discursos denunciaban al sah como un títere de Occidente y llamaba a los fieles a un reemplazo del orden existente con un Estado islámico gobernado por la ley sharia. Por ese motivo a los funcionarios estadounidenses les pilló por sorpresa que la serie de manifestaciones que se produjeron en Irán a comienzos de 1978 hiciera estallar una revolución populista. En olas sucesivas, a los seguidores de Jomeini se les unieron en las calles los trabajadores descontentos, los jóvenes parados y las fuerzas prodemocráticas en busca de un regreso al orden constitucional. A comienzos de 1979, con un número de manifestantes que ya llegaba a millones, el sah huyó discretamente del país y entró brevemente en Estados Unidos, para recibir tratamiento médico. En los telediarios de nuestro país aparecía constantemente la imagen del ayatolá —con su barba blanca y los ojos ardientes de un profeta— bajando de un avión que lo devolvía triunfante del exilio frente a un mar de seguidores enfervorecidos.

La mayoría de estadounidenses desconocía la historia de esta revolución o por qué gente de un país tan lejano estaban de pronto quemando imágenes del Tío Sam al tiempo que clamaban «Muerte a Estados Unidos». Yo era uno de ellos. Tenía diecisiete años entonces, aún iba al instituto y tenía un conocimiento relativo de los asuntos políticos. Solo entendía vagamente lo que sucedió a continuación: el modo en que Jomeini se nombró a sí mismo líder supremo dejando a un lado a sus primeros aliados civiles y reformistas; cómo creó la Guardia Revolucionaria de Irán para acabar con cualquiera que se atreviera a retar al nuevo régimen; y la forma en que utilizó el drama que se desarrolló cuando unos estudiantes radicalizados entraron en la embajada de Estados Unidos y tomaron unos rehenes para consolidar la revolución y humillar a la nación más poderosa del mundo.

Es difícil sobrestimar cuánto, treinta años después, iban a influir en mi presidencia los efectos colaterales de esos sucesos que marcaron el mapa geopolítico. La revolución de Irán provocó que muchos otros movimientos radicales islámicos trataran de replicar su éxito. El llamamiento de Jomeini a derrocar las monarquías árabes suníes convirtió a Irán y a la Casa de Saúd en amargos enemigos y motivó muchos conflictos sectarios en todo Oriente Próximo. El intento iraquí de invasión de Irán en 1980 y la sangrienta guerra de ocho años que siguió a continuación —un conflicto en el que los estados del Golfo financiaron a Sadam Husein al mismo tiempo que los soviéticos proporcionaban armas, entre ellas armas químicas, al ejército de Jomeini— propició que Irán adoptara el terrorismo como una forma de compensar las ventajas militares de sus enemigos. (Estados Unidos, en la era Reagan, intentó con cinismo apoyar ambos bandos, respaldando públicamente a Irak mientras le vendía en secreto armas a Irán.) La promesa de Jomeini de borrar del mapa a Israel —manifiesta en el apoyo de la Guardia Revolucionaria de Irán a filiales armadas como la milicia chiita Hezbolá afincada en el Líbano y el ala militar del grupo de resistencia palestino Hamás— convirtieron al régimen iraní en la mayor amenaza de Israel y contribuyeron al endurecimiento general de la actitud de Israel hacia una posible paz con sus vecinos. Aún más, la descripción de Jomeini del mundo como una colisión maniquea entre las fuerzas de Alá y las del «Gran Satán» (Estados Unidos) se filtraron como una toxina en la mente no solo de los futuros yihadistas sino de aquellos que en Occidente se sentían inclinados a ver a los musulmanes como objetos de miedo y sospecha.

Jomeini murió en 1989. Su sucesor, el ayatolá Alí Jamenei, un clérigo que apenas había viajado entonces fuera de su país y que ya no lo haría después, al parecer igualaba a Jomeini en su odio a Estados Unidos. A pesar de su título de líder supremo, la autoridad de Jamenei no era absoluta; tenía que consultar con un poderoso consejo de clérigos, mientras que la responsabilidad diaria de dirigir el Gobierno recaía en manos de un presidente elegido popularmente. Hubo un periodo entre el final de la Administración Clinton y el comienzo de la Administración Bush en el que unas fuerzas más moderadas dentro de Irán ganaron cierto terreno al ofrecer la posibilidad de una distensión en las relaciones entre Estados Unidos y dicho país. Tras el 11-S, el por entonces presidente iraní Mohammad Jatamí, llegó a ponerse en contacto con la Administración Bush con el fin de ofrecer ayuda a Estados Unidos para responder a su vecino Afganistán. Pero los funcionarios estadounidenses ignoraron el gesto, y en cuanto el presidente Bush nombró a Irán, junto a Irak y Corea del Norte, como parte del «eje del mal» en su discurso del estado de la Unión, si alguna vez hubo una vía abierta a la negociación, se cerró de un portazo.

En la época en la que asumí la presidencia, los conservadores más intransigentes habían vuelto firmemente a la carga en Teherán, dirigidos por su nuevo presidente Mahmud Ahmadineyad, cuyos frenéticos estallidos antioccidentales, sus negaciones del Holocausto y su persecución de los gais y otros grupos a los que consideraba una amenaza, le convirtieron en el perfecto epítome de los aspectos más odiosos del régimen. En Irak y Afganistán las milicias populares seguían recibiendo armas iraníes con la intención de matar soldados estadounidenses. Nuestra invasión en Irak había reforzado enormemente la posición estratégica de Irán en la región al reemplazar a su enemigo declarado, Sadam Husein, con un Gobierno chiita sometido a la influencia iraní. Hezbolá, agente de Irán, había surgido como la facción más poderosa del Líbano, y tenía en su poder unos misiles facilitados por Irán que podían llegar a Tel Aviv. Los saudíes y los israelitas hablaban con un tono alarmante de una expansión de la «medialuna chiita» de influencia iraní y no ocultaban su interés en un cambio de régimen iniciado por Estados Unidos.

Desde cualquier punto de vista Irán habría sido un gran dolor de cabeza para mi Administración, pero fue el impulso del programa nuclear del país el que amenazó con convertir aquella mala situación en una auténtica crisis.

El régimen había heredado instalaciones nucleares construidas durante la época del sah y según el Tratado de No Proliferación Nuclear de Naciones Unidas —del que Irán era parte desde su ratificación en 1970—, tenía derecho a utilizar energía nuclear con fines pacíficos. Por desgracia, la misma tecnología centrifugadora que se emplea para enriquecer el uranio que necesitan las centrales nucleares puede modificarse para obtener un uranio altamente enriquecido con fines armamentísticos. Como dijo uno de nuestros expertos, «con suficiente uranio altamente enriquecido, un estudiante de físicas de instituto lo bastante inteligente y con una conexión a internet puede construir una bomba». Entre 2003 y 2009, Irán aumentó el total de sus centrifugadoras para enriquecer uranio desde unos cuantos centenares hasta cinco mil, mucho más de lo que podría justificar un programa de paz. Las agencias de inteligencia estadounidenses estaban razonablemente seguras de que Irán aún no tenía un arma nuclear, pero no menos convencidas de que el régimen había afinado su «margen de éxito» —el necesario para producir suficiente uranio como para construir un arma nuclear viable— hasta un punto peligroso.

Un arsenal nuclear iraní no necesitaba amenazar el territorio estadounidense; la simple posibilidad de un ataque nuclear o del terrorismo nuclear en Oriente Próximo reduciría en extremo las opciones de impedir una agresión iraní a sus países vecinos para un futuro presidente de Estados Unidos. Lo más probable era que los saudíes reaccionaran tratando de conseguir su propia «bomba suní» rival, desatando una carrera armamentística nuclear en la región más volátil del mundo. Por su parte, Israel —que según se dice también posee una cantidad considerable de armamento nuclear sin declarar— consideraba un Irán nuclear como una amenaza existencial y supuestamente comenzó a hacer planes para un ataque preventivo contra las instalaciones iraníes. Cualquier acción, reacción o error de cálculo por cualquiera de las partes podía sumergir a Oriente Próximo —y a Estados Unidos— en otro conflicto en un momento en que aún teníamos ciento ochenta mil tropas muy expuestas en toda la frontera de Irán, y cuando cualquier fuerte incremento en los precios del petróleo podía hacer caer en picado la economía mundial. Durante mi mandato, algunas veces pensábamos en los posibles escenarios derivados de un conflicto con Irán; salía de aquellas conversaciones apesadumbrado por saber que si una guerra llegaba a ser inevitable, casi todo lo que trataba de lograr quedaría drásticamente interrumpido.

Por todos esos motivos, mi equipo y yo nos pasamos la mayor parte de la transición discutiendo sobre cómo prevenir que Irán lograra crear un arma nuclear; idealmente a través de la diplomacia, antes de empezar otra guerra. Nos decidimos por una estrategia en dos pasos. Como apenas se había producido ningún contacto de alto nivel entre Estados Unidos e Irán desde 1980, el primer paso implicaba un contacto directo. Como dije en mi discurso de investidura, estábamos dispuestos a extender la mano a todos aquellos que estuvieran dispuestos a abrir el puño. A las semanas de asumir el cargo de presidente, envié una carta secreta al ayatolá Jamenei a través de un canal que teníamos con diplomáticos iraníes, en la que le proponía que abriéramos un diálogo entre las dos naciones para tratar todo un abanico de cuestiones, entre las que se incluían el programa nuclear iraní. La respuesta de Jamenei fue terminante: Irán no estaba interesada en conversaciones directas. Sin embargo, aprovechó la ocasión para sugerir que Estados Unidos dejara de comportarse como un bravucón imperialista.

—Supongo que al menos de momento no tiene intención de abrir el puño —dijo Rahm cuando leyó una copia de la carta de Jamenei que habían traducido del farsi.

—Solo lo suficiente para enseñarme el dedo corazón —dije yo.

Lo cierto era que nadie en la Casa Blanca esperaba una respuesta positiva. Yo había enviado la carta porque quería dejar claro que el impedimento para la diplomacia no era la intransigencia estadounidense, sino la de Irán. Reforcé ese mensaje de apertura al público general iraní a través de una felicitación del tradicional año nuevo persa (Nouruz) que subimos a las redes en marzo.

Tal y como estaban las cosas las perspectivas de que hubiera algún progreso inminente se acabaron en junio de 2009, cuando el candidato de la oposición Mir-Hosein Musaví acusó a los cargos del Gobierno de fraude electoral para conseguir la reelección de Ahmadineyad para una segunda legislatura como presidente. Millones de manifestantes de todo Irán tomaron las calles para protestar por los resultados electorales, iniciando un autobautizado «Movimiento Verde» que supuso uno de los retos internos más significativos del Estado islámico desde la revolución de 1979.

La consiguiente mano dura fue implacable y veloz. Se puso a Musaví y a otros líderes de la oposición bajo arresto domiciliario. Se golpeó a los manifestantes pacíficos, y murió un número significativo de ellos. Una de aquellas noches, en la comodidad de mi residencia, repasé por internet los informes de las protestas y vi un vídeo en el que disparaban a una joven en la calle. Agonizante, se veía cómo la sangre le cubría la cara mientras miraba hacia arriba con un gesto de reprobación.

Fue un evocador recordatorio del precio que muchas personas en todo el mundo pagaban por desear tener un poco de influencia en la forma en que les gobernaban, y mi primer impulso fue mostrar mi firme apoyo por los manifestantes. Pero cuando reuní a mi equipo de seguridad, nuestros expertos en Irán me recomendaron que no diera ese paso. Según su opinión, lo más probable era que cualquier declaración por mi parte fuese contraproducente. A esas alturas la línea dura del régimen ya estaba elaborando la ficción de que había agentes extranjeros tras aquellas manifestaciones y los activistas en Irán temían que una declaración de apoyo del Gobierno estadounidense desacreditara su movimiento. Me sentí obligado a prestar atención a aquellas advertencias y firmé una serie de insulsas y burocráticas declaraciones —«Seguiremos observando atentamente la situación», «Los derechos universales de reunión y libertad de expresión deben ser respetados»—, urgiendo a una resolución pacífica que reflejara la voluntad del pueblo iraní. A medida que aumentaba la violencia, también lo hizo mi condena. Aun así, una aproximación tan pasiva no iba con mi carácter, y no solo porque tenía que escuchar cómo los republicanos aullaban que yo era transigente con un régimen asesino. Estaba aprendiendo otra difícil lección sobre la presidencia: que ahora mi corazón estaba atado a consideraciones estratégicas y análisis tácticos, mis convicciones sujetas a argumentos que iban en contra de mis intuiciones; y que en el cargo más poderoso del mundo, tenía menos libertad para actuar de acuerdo con mis sentimientos de la que había tenido como senador o como ciudadano corriente frente al desagrado que me producía la imagen de una joven asesinada a tiros por su propio Gobierno.

Después de que Irán rechazara nuestros intentos de iniciar un diálogo, y con el país inmerso en una espiral de caos y represión, pasamos a la fase dos de nuestra estrategia de no proliferación: movilizar a la comunidad internacional para que aplicara sanciones económicas duras y multilaterales que obligaran a Irán a sentarse a una mesa de negociación. El Consejo de Seguridad de Naciones Unidas ya había aprobado muchas resoluciones en las que le pedía que interrumpiera sus actividades de enriquecimiento de uranio. Había autorizado también sanciones limitadas en contra de Irán y había formado un grupo llamado P5+1 —que representaba a los cinco miembros permanentes del Consejo de Seguridad (Estados Unidos, Inglaterra, Francia, Rusia y China) más Alemania— para un encuentro con altos cargos iraníes con la esperanza de presionar al régimen para que cumpliera con el Tratado de No Proliferación Nuclear.

El problema era que las sanciones existentes eran demasiado débiles para que tuvieran mucho impacto. Incluso algunos aliados de Estados Unidos, como Alemania, continuaron haciendo una buena cantidad de negocios con Irán, y casi todo el mundo seguía comprando su petróleo.

La Administración Bush había impuesto unilateralmente sanciones adicionales, pero eran casi simbólicas, ya que a las compañías petroleras estadounidenses se les había impedido hacer negocios con Irán desde 1995. Con el precio del petróleo muy alto y su economía en crecimiento, Irán estaba más que feliz de entretener al P5+1 con sesiones regulares de negociación que concluían en poco más que nuevos compromisos para seguir hablando.

Para lograr la atención de Irán, teníamos que convencer a otras naciones de que apretaran el nudo. Y eso implicaba hacer concesiones a un par de históricos adversarios poderosos a los que por principio no les gustaban las sanciones y que tenían buenas relaciones diplomáticas y comerciales con Irán (y que desconfiaban tanto como Teherán de las intenciones de Estados Unidos).

Puesto que alcancé la mayoría de edad entre los años sesenta y setenta, soy lo bastante mayor para recordar la Guerra Fría como el paradigma de las relaciones internacionales, la fuerza que dividió a Europa en dos, que alimentó la carrera nuclear y generó guerras en todo el mundo. Modeló mi imaginación infantil: en libros escolares, periódicos, novelas de espías y películas, la Unión Soviética era el temible adversario en una lucha entre la libertad y la tiranía.

Fui también parte de una generación pos-Vietnam que había aprendido a cuestionar a su propio Gobierno y había visto cómo —desde el auge del macartismo hasta el apoyo al régimen del apartheid en Sudáfrica— la mentalidad de la Guerra Fría con frecuencia había llevado a Estados Unidos a traicionar sus ideales. Esa conciencia no impidió que pensara que debíamos combatir la expansión del totalitarismo marxista, pero me hizo desconfiar de la idea de que el bien estaba solo de nuestro lado y el mal del de ellos, o de que una nación que había producido a un Tolstói y un Chaikovski fuera radicalmente distinta de la nuestra. Por el contrario, los demonios del sistema soviético me parecían una variación sobre una tragedia humana más amplia. La forma en que las teorías abstractas y la rígida ortodoxia podían derivar en represión, lo dispuestos que estamos a justificar compromisos morales y a renunciar a nuestras libertades, cómo el poder corrompe y el miedo lo agrava todo y cómo puede degradarse el lenguaje, ninguna de aquellas cosas era exclusiva de los soviéticos o los comunistas, pensé, se aplicaban a todos nosotros. La aguerrida lucha de los disidentes tras el Telón de Acero parecía solo una parte, más que algo distinto, de una lucha más amplia por la dignidad humana que estaba sucediendo en todo el mundo, y también en Estados Unidos.

Cuando a mediados de los años ochenta Mijaíl Gorbachov tomó el relevo de la Secretaría General del Partido Comunista y propició la cauta liberalización conocida como la perestroika y el glasnost, observé con atención lo que sucedía a continuación, preguntándome si se trataba del inicio de una nueva era. Y cuando solo unos pocos años más tarde cayó el Muro de Berlín y los activistas democráticos de Rusia auparon al poder a Borís Yeltsin, apartando a un lado el viejo orden comunista y disolviendo la Unión Soviética, me pareció no solo una victoria de Occidente sino una demostración del poder de una ciudadanía movilizada y un aviso a los déspotas de todo el mundo. Aunque el caos que se apoderó de Rusia en los años noventa me hizo dudar —colapso económico, corrupción rampante, populismo de derechas, oligarquías en la sombra—, mantuve la esperanza de que a pesar de las inevitables dificultades de la transición a un mercado libre y un Gobierno representativo, acabaría emergiendo una Rusia más próspera y libre.

Cuando llegué a la presidencia ya estaba casi curado de ese optimismo. Era cierto que el sucesor de Yeltsin, Vladimir Putin, que había llegado al poder en 1999, no manifestaba ningún interés en regresar al marxismo-leninismo («un error», como lo denominó en una ocasión); y que había estabilizado con éxito la economía de la nación, en buena medida gracias a un enorme incremento de los ingresos públicos procedentes de la subida de precios del petróleo. Ahora las elecciones se celebraban de acuerdo con la Constitución rusa, los capitalistas estaban por todas partes, los rusos de a pie podían viajar al extranjero y los activistas prodemocracia como el maestro de ajedrez Garri Kaspárov podían criticar libremente al Gobierno sin acabar instantáneamente en un gulag.

Pero aun así, con cada año que Putin estaba en el poder, la nueva Rusia cada vez se parecía más a la vieja. Quedó claro que una economía de mercado y unas elecciones periódicas podían ir a la par de un «autoritarismo blando» que concentraba de forma consistente el poder en sus manos y disminuía el espacio para una disidencia significativa. Los oligarcas que cooperaban con él se convertían en algunos de los hombres más ricos del planeta. Aquellos que rompían con Putin acababan recibiendo distintas acusaciones criminales y se les despojaba de sus activos; Kaspárov finalmente acabó pasando unos cuantos días en la cárcel por haber encabezado una manifestación anti-Putin. Los compinches del presidente ruso tenían el control de los mayores medios de comunicación del país, y al resto se les presionaba para que aseguraran una cobertura al menos tan amistosa como los medios estatales habían ofrecido a los gobernantes comunistas. Los periodistas independientes y los líderes civiles se vieron vigilados por el Servicio Federal de Seguridad (la encarnación moderna del KGB) o, en algunos casos, fueron asesinados.

Aún más, el poder de Putin no se apoyaba solo en la simple extorsión. Era verdaderamente popular (sus índices de aprobación rara vez bajaban del 60 por ciento). Era una popularidad que hundía sus raíces en el anticuado nacionalismo, la promesa de devolver a la madre Rusia su pasada gloria para aliviar la sensación de caos y humillación que habían sentido muchos rusos a lo largo de las dos décadas anteriores.

Putin podía vender esa imagen porque él mismo había sufrido esa sensación. Nacido en una familia sin conexiones ni privilegios, ascendió metódicamente por la escalera soviética; hizo la instrucción de reservista en el Ejército Rojo, estudió Derecho en la universidad estatal de Leningrado, hizo carrera en el KGB. Después de años de leal y eficaz servicio al Estado, se aseguró un puesto de tamaño y respetabilidad moderada, solo para ver cómo el sistema al que había dedicado su vida se hundía de la noche a la mañana con la caída del Muro de Berlín en 1989. (En esa época estaba destinado por el KGB en Dresde, en Alemania Oriental, y supuestamente se pasó los siguientes días destruyendo archivos y haciendo guardia contra posibles saqueadores.) Dio un rápido giro a la emergente realidad postsoviética aliándose con el reformista democrático Anatoli Sobchak, su mentor de la Escuela de Derecho que se convirtió en alcalde de San Petersburgo. Pasó a la política nacional, y ascendió en la Administración Yeltsin a una velocidad vertiginosa, utilizando su poder en toda una serie de puestos —incluido el de director del Servicio Federal de Seguridad— para conseguir aliados, repartir favores, acumular secretos y superar astutamente a sus rivales. Yeltsin lo nombró primer ministro en agosto de 1999 y cuatro meses más tarde —atrapado por los escándalos de corrupción, la mala salud, un épico problema con la bebida y una historia de catastróficas malas gestiones en la economía— sorprendió a todo el mundo dejando vacante su despacho, lo que convirtió a un Putin de cuarenta y siete años en presidente en funciones de Rusia. Aquello le otorgó la ventaja que necesitaba para ser elegido para un mandato presidencial completo tres meses más tarde. (Una de las primeras cosas que hizo fue garantizar a Yeltsin una amnistía total.)

En manos de gente astuta y despiadada, el caos demostró ser un don. Pero ya fuera por instinto o por cálculo, Putin comprendió también el anhelo de orden del pueblo ruso. Mientras pocas personas tenían interés en regresar a los días de las granjas colectivas y las estanterías vacías en las tiendas, muchos estaban cansados, asustados y ofendidos con quienes —tanto en Rusia como en el extranjero— parecían haberse aprovechado de la debilidad de Yeltsin. Preferían un hombre de mano dura, algo que a Putin le encantaba ofrecer.

Reaseguró el control ruso sobre la región predominantemente musulmana de Chechenia, sin escrúpulos a la hora de igualar las brutales tácticas terroristas de los rebeldes separatistas con una violencia militar implacable. Restableció los poderes de vigilancia de estilo soviético tomando como pretexto la seguridad de la gente. Cuando los activistas democráticos se enfrentaron a las tendencias autócratas de Putin, les despachó como si fuesen títeres de Occidente. Resucitó los símbolos precomunistas y hasta los comunistas y abrazó la largamente reprimida Iglesia ortodoxa rusa. Disfrutaba de proyectos ostentosos, promovió espectáculos carísimos, entre los que se incluyó una oferta para albergar los Juegos Olímpicos de Invierno en la ciudad balneario de Sochi. Con la meticulosidad de un adolescente en Instagram, generaba una fuente constante de fotografías en las que proyectaba una imagen casi ridícula de vigor masculino (Putin montando a caballo sin camiseta, Putin jugando al hockey) al mismo tiempo que ejercía esporádicamente el chovinismo y la homofobia, insistiendo en que los valores rusos estaban siendo infectados con elementos extranjeros. Todo lo que hacía Putin era para alimentar el relato de que, gracias a su guía firme y paternal, Rusia había recuperado su magia.

Solo había un problema para él: Rusia ya no era una superpotencia. A pesar de contar con un arsenal nuclear solo superado por el nuestro, Rusia carecía de la vasta red de alianzas y bases que permitía a Estados Unidos proyectar su poder por todo el globo. La economía rusa seguía siendo más pequeña que la de Italia, Canadá y Brasil, dependiente casi por completo del petróleo, el gas, los minerales y la exportación de armas. Los distritos comerciales de lujo de la ciudad de Moscú eran buena muestra de la transformación del país desde una economía destartalada y estatal a una con un número creciente de multimillonarios, pero la vida apurada de los rusos corrientes hablaba de lo poco que les llegaba de esa nueva riqueza. De acuerdo con diversos indicadores internacionales, los niveles de corrupción y desigualdad rusos competían con los de países en vías de desarrollo, y la esperanza de vida masculina en 2009 era más baja que la de Bangladesh. Había muy pocos —si es que había alguno— jóvenes africanos, asiáticos o latinoamericanos que miraran a Rusia en busca de inspiración en la lucha para las reformas de sus sociedades, que se sintieran conmovidos por sus películas o su música, o que soñaran con estudiar allí, mucho menos con emigrar. Con su base ideológica cercenada, la que en su día había sido la brillante promesa de una unión de trabajadores para librarse de sus cadenas, con Putin se había convertido en una Rusia aislada y temerosa de los extraños, a la que tal vez se podía temer, pero no emular.

Pensé que había sido ese vacío entre la realidad de la Rusia moderna y la insistencia de Putin en su estatus de superpotencia lo que había promovido unas relaciones exteriores cada vez más agresivas. Buena parte de esa ira estaba dirigida contra nosotros: en sus declaraciones públicas, Putin se había vuelto bruscamente crítico con la política estadounidense. Cuando las iniciativas de Estados Unidos llegaban al Consejo de Seguridad de Naciones Unidas, se aseguraba de que Rusia las bloqueara o las diluyera, sobre todo las relativas a los derechos humanos. Más significativos fueron sus crecientes esfuerzos para prevenir que los países del antiguo bloque soviético se liberasen de la órbita rusa. Nuestros diplomáticos recibían constantemente quejas de los vecinos de Rusia sobre casos de intimidación, presión económica, campañas de desinformación, manipulaciones electorales encubiertas, contribuciones a los candidatos prorrusos o sobornos directos. En el caso de Ucrania, se había producido el misterioso envenenamiento de Viktor Yuschenko, un activista reformista que había llegado a presidente y al que Moscú se había opuesto. Y también estaba, por supuesto, la invasión de Georgia durante el verano de 2008.

Resultaba difícil saber hasta dónde pensaba llegar Rusia por aquel peligroso camino. Putin ya no era el presidente de Rusia: a pesar de dominar los sondeos, debido a que Rusia prohibía tres mandatos presidenciales seguidos, había intercambiado el puesto con Dmitri Medvédev, su anterior segundo, quien tras ser proclamado presidente en 2008 se apresuró a nombrar a Putin como primer ministro. El consenso entre los analistas era que Medvédev se limitaba a mantenerle la silla caliente hasta el 2012, año en que Putin podría presentarse de nuevo. Aun así, la decisión de este no solo de ceder el cargo sino de promover a un hombre joven con una reputación relativamente liberal y una perspectiva prooccidental indicaban que al menos le preocupaban las apariencias. Incluso sugería la posibilidad de que Putin abandonara un cargo político y se asentara en un papel de persona influyente o viejo jefe de Estado, permitiendo a nueva generación de líderes que pusiera de nuevo a Rusia rumbo a una democracia moderna y legal.

Todo aquello era posible, pero no probable. Desde la época de los zares, los historiadores han consignado en Rusia la tendencia de adoptar con gran algarabía las últimas ideas de Europa —tanto si se trata de un Gobierno representativo como de una burocracia moderna, el libre mercado o el socialismo estatal— solo para subordinar o abandonar esas nociones importadas a favor de otros modos más antiguos y severos de mantener el orden social. En la batalla por la identidad rusa, con frecuencia el miedo y el fatalismo han vencido al cambio y la esperanza. Una respuesta comprensible a cuatro mil años de historia de invasiones mongolas, intrigas bizantinas, grandes hambrunas, servidumbres perversas, tiranías desenfrenadas, incontables insurrecciones, revoluciones sangrientas, guerras devastadoras, asedios de años y millones y millones de carnicerías, todo ello en un paisaje gélido e implacable.

En julio volé a Moscú para mi primera visita a Rusia como presidente aceptando la invitación que Medvédev me había extendido en abril durante nuestro encuentro en el G20. Mi idea era continuar con la idea de reiniciar las relaciones, centrándonos en las áreas de interés común al mismo tiempo que reconocíamos y tratábamos de gestionar nuestras significativas diferencias. Era verano, por lo que había terminado el curso escolar, lo que significaba que Michelle, Malia y Sasha podían unirse al viaje. Y con el pretexto de que necesitaba ayuda con las niñas (y la promesa de un tour por el Vaticano y una audiencia con el Papa, cuando siguiendo nuestro viaje llegáramos a Italia para una reunión del G8), Michelle convenció a mi suegra y a nuestra cercana amiga Mama Kaye para que se unieran también al viaje.

Nuestras hijas siempre habían sido grandes viajeras y soportaban alegremente nuestros anuales vuelos de ida y vuelta de nueve horas entre Chicago y Hawái sin lloriquear nunca, ni tener pataletas, ni dar patadas a los asientos de enfrente, interesándose más bien en juegos, rompecabezas y libros que repartía Michelle con precisión militar en intervalos regulares. Viajar en el Air Force One era claramente un ascenso para ellas, habilitaba la opción de ver películas, dormir en camas de verdad, y una tripulación que les hinchaba con todo tipo de aperitivos. Aun así, cruzar el océano con el presidente de Estados Unidos presentaba otro tipo de retos. Tuvieron que despertarse solo unas pocas horas después de haberse acostado para que las peinaran, ponerse un vestido y zapatos nuevos para que al aterrizar su aspecto fuera presentable. Tenían que sonreír a los fotógrafos mientras bajábamos por la escalerilla, presentarse a continuación a toda una fila de dignatarios canosos que estaban esperándonos en la pista, con cuidado de mantener siempre contacto visual y no mascullar entre dientes como les había enseñado su madre, tratando además de que no pareciera que se aburrían mientras su padre se enrollaba en una absurda cháchara antes de que todo el mundo subiera a la Bestia, que ya estaba esperando. Mientras íbamos por la autopista de Moscú le pregunté a Malia cómo lo estaba sobrellevando. Parecía en estado catatónico, con sus grandes ojos marrones mirando vacíos hacia algún lugar sobre mi hombro.

«Creo que —me dijo— esto es lo más cansada que he estado en toda mi vida.»

Una siesta a media mañana pareció curar el *jet lag* de las niñas, y hubo momentos juntos en aquel viaje a Moscú que recuerdo como si hubiesen sucedido ayer: Sasha caminando a grandes zancadas a mi lado por los lujosos vestíbulos del Kremlin cubiertos de alfombras rojas, seguida de una serie de altos oficiales rusos de uniforme, con las manos metidas en los bolsillos de una gabardina marrón como si fuera una agente secreta en miniatura; o Malia tratando de reprimir una mueca después de atreverse valientemente a probar el caviar en la terraza superior de un restaurante que daba a la plaza Roja. (Fiel a su costumbre, Sasha se negó a probar aquella cosa viscosa que le ofrecí en mi cuchara, incluso ante el riesgo de no tener más tarde su cucurucho en la heladería.)

Pero viajar con la primera familia no era lo mismo que viajar durante la campaña, cuando conducíamos una autocaravana de ciudad en ciudad y tanto Michelle como las niñas estaban a mi lado en los desfiles y las ferias del condado. Ahora tenía mi itinerario y ellas el suyo, junto a su equipo de apoyo, sus informes y su fotógrafo oficial. Al final de nuestra primera noche en Moscú, cuando nos reunimos de nuevo en el Ritz-Carlton, nos tumbamos los cuatro en la cama y Malia preguntó por qué no había ido con ellas a ver a las bailarinas rusas y los fabricantes de muñecas. Michelle se inclinó y dijo en tono de conspiración: «A tu padre no se le permite divertirse. Tiene que estar sentado en reuniones aburridas todo el día».

«Pobre papá», dijo Sasha acariciándome la cabeza.

La escenografía de mi encuentro oficial con Medvédev fue bastante impresionante; en uno de los palacios del complejo del Kremlin, con sus techos altos y dorados y sus elaborados muebles restaurados a su antiguo esplendor zarista. Nuestra charla fue cordial y profesional, y en una rueda de prensa conjunta suavizamos con inteligencia la fricción continua sobre el tema de Georgia y los misiles de defensa, ya que teníamos numerosas «novedades» que anunciar, entre ellas un acuerdo sobre el marco para la negociación de un nuevo tratado sobre armas estratégicas que reduciría las cabezas nucleares de ambas partes y los sistemas de lanzamiento hasta un tercio. Gibbs estaba más entusiasmado con el convenio con Rusia para suprimir las restricciones sobre ciertas exportaciones de ganado estadounidense, un cambio que suponía más de mil millones de dólares para los granjeros y rancheros de nuestro país.

«Algo que realmente les importa a esos tipos que hemos dejado en casa», dijo con una sonrisa.

Esa noche, nos invitaron a Michelle y a mí a la dacha de Medvédev, a unos kilómetros a las afueras de la ciudad, para una cena privada. Por mi lectura de novelas rusas, me la imaginaba como una versión rústica, pero más grande, de una casa tradicional de campo. En vez de eso, nos vimos en una finca enorme rodeada por un conjunto de árboles altos. Medvédev y su mujer, Svetlana —una alegre matrona rubia con la que Michelle y las niñas habían pasado buena parte del día—, nos recibieron en la puerta principal y tras una breve visita salimos a un jardín junto a un gran mirador con vigas de madera donde la cena estaba servida.

Nuestra conversación apenas rozó la política. Medvédev estaba fascinado con internet y me interrogó sobre Silicon Valley, manifestó su deseo de impulsar a Rusia en el sector tecnológico. Mostró mucho interés en mi rutina de entrenamiento y me contó que él nadaba media hora todos los días. Compartimos anécdotas sobre nuestra experiencia como profesores de Derecho y confesó su afición por bandas de rock duro como Deep Purple. Svetlana manifestó su preocupación por la forma en que afrontaba la adolescencia su hijo de trece años, Ilya, con la atención añadida de ser el hijo del presidente; un reto que Michelle y yo entendíamos a la perfección. Medvédev especuló sobre la posibilidad de que el chico finalmente prefiriera hacer sus estudios universitarios en el extranjero.

Nos despedimos de los Medvédev poco después del postre, asegurándonos de que los miembros de nuestro equipo estuvieran a bordo de la furgoneta antes de que nuestra comitiva saliera del recinto. A Gibbs y Marvin les habían estado entreteniendo otros miembros del equipo de Medvédev en alguna otra parte de la propiedad, les habían hinchado a chupitos de vodka y *schnapps*, y les habían dejado de un excelente humor que no iba a durar mucho cuando tuvieran que despertarse a la mañana siguiente. Cuando Michelle se quedó dormida a mi lado en la oscuridad del coche me sorprendió lo memorable que había sido la noche; cómo, con la excepción de los intérpretes sentados con discreción detrás de nosotros mientras comíamos, podríamos haber estado perfectamente en una cena en cualquier barrio de clase alta estadounidense. Medvédev y yo teníamos no pocas cosas en común: los dos habíamos estudiado y enseñado Derecho, nos habíamos aventurado en la política ayudados por otros políticos mayores y más cautelosos. Me hacía preguntarme cuántas de nuestras diferencias podían explicarse por nuestros caracteres e inclinaciones, y cuántas eran el simple resultado de nuestras circunstancias. A diferencia de él, yo había tenido la buena suerte de haber nacido en un país en el que el éxito político no requería que hiciera la vista gorda a sobornos de miles de millones de dólares o chantajes a oponentes políticos.

Conocí a Vladimir Putin la mañana siguiente cuando visité su dacha, situada en las afueras de Moscú. Nuestros expertos en Rusia, McFaul, Bill Burns y Jim Jones me acompañaron en el viaje. Burns, que ya había tenido otros encuentros con Putin, sugirió que hiciese una presentación inicial breve. «Es muy sensible a cualquier posible desprecio —dijo Burns—, y desde su punto de vista es el líder más veterano. Tal vez sea mejor abrir la reunión preguntándole cuál es su opinión sobre el estado de las relaciones entre Estados Unidos y Rusia y dejar que se saque de encima dos o tres cosas.»

Después de cruzar una puerta impresionante y continuar por una larga carretera, nos detuvimos frente a una mansión en la que Putin nos recibió con la foto de rigor. Su físico era bastante común: bajito y compacto —con fisonomía de luchador—, un pelo fino y rubio, una nariz prominente y unos ojos pálidos y atentos. Después de intercambiar unos cumplidos con nuestras respectivas delegaciones, percibí una despreocupación en sus movimientos, un practicado desinterés en su voz que indicaba que estaba acostumbrado a que le rodearan subordinados y solicitantes. Se había convertido en una persona habituada al poder.

Acompañado de Serguéi Lavrov, el sofisticado ministro de Asuntos Exteriores de Rusia y antiguo representante en Naciones Unidas, Putin nos llevó a un amplio patio al aire libre, donde se había dispuesto un festín en nuestro honor, con huevos y caviar, panecillos y té, servido por unos camareros vestidos con el traje tradicional campesino y altas botas de cuero. Le agradecí a Putin su hospitalidad, señalé el avance que nuestros países habían hecho con los acuerdos del día anterior, y le pregunté por su valoración de la relación entre Rusia y Estados Unidos durante su tiempo en el cargo.

Burns no había bromeado con lo de que el hombre quería sacarse dos o tres cosas de encima. Apenas había terminado la pregunta cuando Putin se lanzó a un monólogo animado y en apariencia interminable en el que relató todas las injusticias, traiciones y desprecios que tanto él como el pueblo ruso habían tenido que sufrir a manos de los estadounidenses. Personalmente le había gustado el presidente Bush, dijo, y se había puesto en contacto con él después del 11-S para ofrecerle su solidaridad y también sus servicios de inteligencia en la lucha contra su enemigo común. Había ayudado a Estados Unidos a asegurar las bases aéreas de Kirguistán y Uzbekistán para la campaña de Afganistán. Hasta le había ofrecido la ayuda rusa para controlar a Sadam Husein.

Y ¿a qué le había llevado? En vez de prestar atención a sus advertencias, dijo, Bush había seguido adelante y había invadido Irak, desestabilizando todo Oriente Próximo. La decisión estadounidense de salirse hacía siete años del tratado antimisiles balísticos y de ubicar sistemas de defensa antimisiles en la frontera con Rusia seguía siendo una fuente de inestabilidad estratégica. La admisión de los antiguos países del Pacto de Varsovia en la OTAN durante las administraciones Clinton y Bush había sido una clara intromisión en la «esfera de influencia» de Rusia, mientras que el apoyo de Estados Unidos a las «revoluciones de colores» de Georgia, Ucrania y Kirguistán —bajo el engañoso disfraz de «promoción de la democracia»— había provocado que unos vecinos antes amistosos con Rusia se hubiesen vuelto de pronto hostiles a Moscú. En opinión de Putin, los estadounidenses habían sido arrogantes, desdeñosos, no habían tratado a Rusia como a un igual, y constantemente habían intentado dictar sus términos al resto del mundo, lo que en conjunto hacía difícil ser optimistas sobre las relaciones futuras.

Tras treinta minutos de lo que se suponía que iba a ser una reunión de una hora, mi equipo empezó a mirar el reloj, pero yo decidí no interrumpirle. Parecía evidente que Putin había ensayado todo aquello, pero su sentimiento de agravio era real. Sabía también que mi progreso con Medvédev dependía de contenerlo a él. Después de unos cuarenta y cinco minutos se quedó sin material, y en vez de seguir con el cronograma de la visita, comencé a responderle punto por punto. Le recordé que yo me había opuesto a la guerra de Irak, pero también que rechazaba las acciones de Rusia en Georgia, y le dije que creía que todas las naciones tenían el derecho de decidir sus propias alianzas y relaciones económicas sin interferencias. Le rebatí la idea de que un sistema de defensa limitado diseñado para la protección frente a un posible lanzamiento de misiles iraníes podría tener algún impacto sobre el poderoso arsenal nuclear de Rusia, pero también le relaté mi intención de revisar el plan de defensa antimisiles en Europa antes de dar más pasos adelante. Y en cuanto a nuestra propuesta de reinicio, el objetivo no era eliminar todas las diferencias entre nuestras dos naciones, le expliqué, sino dejar atrás las costumbres de la Guerra Fría y establecer una relación realista y madura que pudiera hacerse cargo de esas diferencias y aprovechar nuestros intereses compartidos.

Por momentos la conversación se volvió tensa, sobre todo respecto al tema de Irán. Putin despreció mi preocupación por el programa nuclear de Irán y se enfureció ante mi propuesta de que suspendiera una venta pendiente al régimen de un poderoso sistema de misiles S-300 tierra-aire de diseño ruso. Me dijo que el sistema era puramente defensivo, y añadió que incumplir un contrato por valor de ochocientos millones de dólares pondría en riesgo tanto un negocio ventajoso como la reputación de Rusia como fabricante de armas. Pero la mayor parte del tiempo escuchó con atención y, hacia el final de lo que había sido un maratón de dos horas, se mostró abierto, si no entusiasta, a ese intento de reinicio.

«Evidentemente, para todas esas cuestiones, tendrá que trabajar con Dmitri —me dijo Putin mientras me acompañaba hacia mi comitiva—. Todo esto es ahora decisión suya.» Nos miramos a los ojos al darnos la mano, ambos sabíamos que la declaración que acababa de hacer era más bien dudosa, pero al menos por ahora era lo más parecido a un respaldo que podía lograr.

El encuentro con Putin destrozó el resto del cronograma de la jornada. Regresamos a Moscú a toda prisa, donde tenía que dar el discurso de inauguración de curso a unos jóvenes rusos de mirada chispeante, estudiantes de Comercio Internacional y Finanzas. Pero antes, en una sala de espera del escenario, tuve un breve encuentro con el exlíder soviético Mijaíl Gorbachov. De setenta y ocho años y aún robusto, con su marca roja de nacimiento en la cabeza, me sorprendió como si se tratara de un personaje extrañamente trágico. Ahí estaba el hombre que en su momento había sido uno de los más poderosos del mundo, cuyos instintos de reforma y sus esfuerzos de desnuclearización —no importaba lo tentativos que hubiesen sido— habían provocado una dramática transformación global y le habían hecho ganar el Premio Nobel de la Paz, pero que ahora se veía mayoritariamente despreciado en su propio país, tanto por aquellos que sentían que se había rendido a Occidente como por quienes le consideraban un anacronismo comunista cuyo momento había pasado hacía mucho tiempo. Gorbachov me dijo que le entusiasmaba la idea de un reinicio de relaciones y mi propuesta de un mundo sin armas nucleares, pero después de quince minutos tuve que interrumpir la conversación para dar mi discurso. Aunque me dijo que lo entendía, me di cuenta de que se sentía decepcionado. Un recordatorio para los dos de la naturaleza voluble y fugaz de la vida pública.

Luego hubo un almuerzo breve en el Kremlin con Medvédev y un encuentro con personalidades del país, seguido de una mesa redonda con empresarios estadounidenses y rusos, en la que se intercambiaron algunos llamamientos tópicos sobre cooperación económica. Cuando llegué a la cumbre de líderes de las sociedades civiles rusas y estadounidenses que había organizado McFaul, empecé a notar como me golpeaba el *jet lag*. Me sentí aliviado de poder sentarme, recuperar el aliento y escuchar las intervenciones de quienes hablaron antes que yo.

Ese era el tipo de grupo en el que me sentía a gusto: activistas democráticos, ONG, trabajadores comunitarios que se ocupaban desde la base de asuntos como vivienda, salud pública y acceso político. La mayoría de ellos trabajaba en la oscuridad, ahogados de fondos para mantener a flote sus proyectos y rara vez tenían oportunidad de viajar fuera de sus ciudades, mucho menos por invitación de un presidente de Estados Unidos. Incluso uno de los estadounidenses había trabajado conmigo en mi época en Chicago.

Tal vez fuera la yuxtaposición entre mi pasado y mi presente lo que me dejó pensando en mi conversación con Putin. Cuando Axe me preguntó por mis impresiones sobre el líder ruso, le dije que lo había encontrado extrañamente familiar: «Como un jefe de distrito, solo que con misiles nucleares y un veto en el Consejo de Seguridad de Naciones Unidas». Aquella frase provocó una carcajada, pero yo no la había dicho con intención de bromear. Putin me recordaba, de hecho, a ese tipo de hombres que en cierta época habían controlado la maquinaria de Chicago o el Tammany Hall; duros, con astucia callejera, nada sentimentales, que sabían lo que querían, que nunca se movían fuera de su limitada experiencia y veían el clientelismo, el soborno, el chantaje, el fraude y la violencia ocasional como legítimas herramientas de negociación. Para ellos, igual que para Putin, la vida era un juego de suma cero; tenías que hacer negocios con los que estaban fuera de tu tribu, pero al final, jamás podías fiarte de ellos. En primer lugar debías mirar por tus propios intereses y luego por el bien de los tuyos. En ese mundo, la falta de escrúpulos y el desprecio por cualquier aspiración elevada más allá de la acumulación de poder, no eran defectos; eran una ventaja.

En Estados Unidos habían sido necesarias generaciones de protesta, legislación progresista, escándalos periodísticos y un obstinado activismo para frenar, cuando no eliminar del todo, ese tipo de crudos ejercicios de poder. Esa tradición de reforma era en buena medida la que me había animado a entrar en política. Y aun así, para reducir el riesgo de una catástrofe nuclear o de otra guerra en Oriente Próximo, me había pasado la mañana cortejando a un déspota que sin duda tenía informes de todos los activistas rusos de la sala y podía acosar, encarcelar, o incluso algo peor, a cualquiera de ellos en el momento que quisiera. Si Putin iba tras alguno de aquellos activistas, ¿hasta dónde estaba dispuesto a ir yo a la hora de llamarle la atención, sobre todo sabiendo que ni siquiera así iba a cambiar su comportamiento? ¿Iba a arriesgar el fracaso de las negociaciones del Tratado de Reducción de Armas Estratégicas, la cooperación rusa sobre Irán? ¿Cómo se miden esos equilibrios? Podía decirme a mí mismo que los compromisos existían en todas partes, que para conseguir que las cosas se hicieran en mi país, tenía que hacer tratos con políticos cuya actitud no era tan diferente de la de Putin y cuyos patrones éticos no siempre soportaban el escrutinio. Pero esto era distinto. Los intereses eran mayores, en ambos lados de la ecuación.

Cuando finalmente me levanté para hablar, felicité a las personas en la sala por su valor y dedicación y les urgí a centrarse no solo en la democracia y los derechos civiles sino también en estrategias concretas que generaran trabajos, educación, salud pública y una vivienda digna. Al dirigirme a los rusos de la sala, les dije que Estados Unidos no podía ni debía luchar sus batallas por ellos, que estaba en sus manos determinar el futuro de Rusia, pero añadí también que les apoyaría, firme en mi convicción de que todas las personas aspiran a los principios de los derechos humanos, el imperio de la ley y el autogobierno.

La sala estalló en un aplauso. McFaul sonrió. Me sentí alegre de haber podido elevar el ánimo, aunque fuera durante un breve instante, a toda aquella buena gente que hacía un trabajo tan duro y en ocasiones tan peligroso. Estaba convencido de que hasta en Rusia valdría la pena a la larga, pero aun así no me podía sacar de encima el miedo de que la manera de hacer las cosas de Putin tuviera más fuerza e ímpetu del que me atrevía a admitir, que en el mundo tal y como era, muchos de esos esperanzados activistas podían acabar pronto marginados o aplastados por su propio Gobierno, y que yo podía hacer muy poco por protegerlos.

20

Volví a encontrarme con Medvédev a finales de septiembre, cuando muchos jefes de Estado y gobernantes de todo el mundo se reunieron en Manhattan para la sesión anual de apertura de la Asamblea General de las Naciones Unidas. La llamábamos «la semana AGNU», y para mí y el equipo de política exterior implicaba una extenuante carrera de obstáculos de setenta y dos horas. Con las carreteras cortadas y la seguridad en estado de alerta, el tráfico de Nueva York era aún más horroroso de lo normal, incluso para la comitiva presidencial. Prácticamente cada líder extranjero solicitaba reunirse conmigo, o como mínimo una foto para la prensa de su país. Hubo una mesa redonda con el secretario general de la ONU, reuniones a las que acudir, almuerzos a los que atender, recepciones que hospedar, causas que defender, negociaciones que supervisar y múltiples discursos que debía redactar (incluido uno antes de la Asamblea General, una especie de discurso del estado de la Unión mundial que, en los ocho años que llevaba trabajando con Ben, nunca imaginamos que terminaríamos de escribir quince minutos antes de empezar a pronunciarlo).

A pesar del horario descabellado, ver la sede central de la ONU —el edificio principal es un elevado monolito blanco con vistas al East River— siempre me ponía de un humor optimista, ilusionado. Atribuía eso a mi madre. Recuerdo que de niño, con nueve o diez años, le pregunté por la ONU y ella me explicó que después de la Segunda Guerra Mundial, los líderes de todo el mundo habían acordado que hacía falta un lugar en el que la gente de distintos países pudiera reunirse para resolver sus diferencias de forma pacífica.

«Los seres humanos no son muy distintos de los animales, Bar —me dijo—, nos atemoriza lo que no conocemos. Cuando las personas nos dan miedo y nos sentimos amenazados, es más fácil provocar guerras y hacer cosas estúpidas. Las Naciones Unidas son una vía para que los países se conozcan y se familiaricen entre sí, y ya no sientan tanto miedo.»

Como siempre, mi madre albergaba la tranquilizadora certeza de que, a pesar de los impulsos primarios de la humanidad, la razón, la lógica y el progreso finalmente prevalecían. Después de nuestra conversación, me imaginaba los tejemanejes en la ONU como un episodio de *Star Trek*, con estadounidenses, rusos, escoceses, africanos y vulcanos explorando juntos las estrellas. O como la atracción «Qué pequeño es el Mundo» en Disneylandia, donde unos niños de cara redonda, con distintos tonos de piel y coloridos disfraces cantan juntos una alegre canción. Más tarde, mis deberes me obligaron a leer la carta fundacional de la ONU de 1945 y me impresionó hasta qué punto su misión coincidía con el optimismo de mi madre: «Salvar a las próximas generaciones del flagelo de la guerra»; «reafirmar la fe como uno de los derechos humanos fundamentales»; «establecer las condiciones en las cuales se pueda mantener la justicia y el respeto a las obligaciones derivadas de los tratados y otras fuentes del derecho internacional»; «promover el progreso social y mejores patrones de vida en condiciones de mayor libertad».

No hace falta decir que la ONU no siempre ha respondido a esas nobles intenciones. Al igual que su desafortunada antecesora, la Liga de Naciones, la organización tenía la fuerza que sus miembros más poderosos permitían que tuviera. Cualquier acción importante requería del consenso de los cinco miembros permanentes del Consejo de Seguridad —Estados Unidos, la Unión Soviética (más tarde Rusia), Reino Unido, Francia y China—, todos ellos con capacidad de veto absoluto. Durante la Guerra Fría, cualquier posibilidad de consenso era mínima, razón por la cual la ONU no hizo nada cuando los tanques rusos entraron en Hungría o los aviones de Estados Unidos arrojaron bombas napalm sobre el campo vietnamita.

Incluso después de la Guerra Fría, las divisiones en el Consejo de Seguridad continuaron paralizando la capacidad de la ONU para afrontar problemas. Los estados miembro no tenían los medios o la voluntad colectiva para reconstruir países debilitados como Somalia, o prevenir masacres étnicas en lugares como Sri Lanka. Sus misiones de paz, que dependían de la contribución de soldados voluntarios por parte de los países miembro, se encontraban constantemente escasas de personal y mal equipadas. A ratos la Asamblea General degeneraba en un foro para el postureo, la hipocresía y las condenas unilaterales a Israel. Más de una agencia de la ONU se vio involucrada en escándalos de corrupción, mientras dictaduras feroces como la de Jamenei en Irán y la de Ásad en Siria hacían sus maniobras para conseguir un asiento en el Consejo de Derechos Humanos de la ONU. Para el Partido Republicano, dicha organización se convirtió en el símbolo de un nefasto globalismo internacionalista. Los progresistas se quejaban por su impotencia ante la injusticia.

Aun así, a pesar de sus defectos, yo seguía convencido de que la ONU cumplía una función vital. Los informes y las constataciones de la ONU podían a veces avergonzar a los países para que mejoraran su comportamiento y fortalecieran las normativas internacionales. Porque gracias al trabajo de mediación y pacificación de la ONU se pactaron altos al fuego, se evitaron conflictos y se salvaron vidas. La ONU desempeñó un importante papel en que más de ochenta antiguas colonias se convirtieran en naciones soberanas. Sus organismos ayudaron a que decenas de millones de personas salieran de la pobreza, erradicaron la viruela y casi acabaron con la polio y el gusano de Guinea. Siempre que caminaba por las instalaciones de la ONU —con mis agentes del Servicio Secreto apartando a los grupos de diplomáticos y asesores que normalmente deambulaban por los amplios y alfombrados pasillos en busca de un apretón de manos o un saludo, sus rasgos un reflejo de todos los aspectos y colores de la familia humana— me recordaba que en aquel edificio había decenas de hombres y mujeres luchando a contracorriente a diario, convenciendo a los gobiernos para que implementaran programas de vacunación y escuelas para niños pobres, uniendo al mundo para detener la matanza de un grupo minoritario o el tráfico de mujeres jóvenes. Hombres y mujeres que habían fijado su vida al mismo ideal al que mi madre había anclado la suya, un ideal reflejado en unos versos bordados en el tapiz que colgaba en la sala principal bajo la gran cúpula:

> Los seres humanos son miembros de un todo
> en la creación de una esencia y un alma.

Ben me informó de que los versos los había escrito Saadi, un poeta persa del siglo XIII, una de las personalidades más queridas de la cultura iraní. Algo que nos pareció irónico, dada la cantidad de tiempo que pasamos en la AGNU tratando de frenar el desarrollo de armas nucleares de Irán. Al parecer, ni Jamenei, ni Ahmadineyad compartían la sensibilidad del poeta.

Después de rechazar mi oferta para entablar conversaciones bilaterales, Irán no mostró signos de frenar su programa nuclear. Sus negociadores seguían bloqueando y fanfarroneando en las sesiones con los miembros del P5+1, insistiendo en que el propósito de sus reservas de uranio enriquecido era exclusivamente civil. Esas declaraciones de inocencia eran espurias, pero le daban a Rusia y a China excusas suficientes para seguir impidiendo la posibilidad de que el Consejo de Seguridad considerara endurecer las sanciones contra el régimen.

Seguimos presentando nuestros argumentos, y un par de nuevos acontecimientos ayudaron a generar un cambio de actitud en Rusia. En primer lugar, nuestro equipo de control de armas, hábilmente dirigido por el experto en no proliferación nuclear Gary Samore, había trabajado con la Agencia Internacional de Energía Atómica (IAEA) en una creativa propuesta para corroborar las verdaderas intenciones de Irán. Mediante esa propuesta, el régimen debía enviar sus reservas de uranio poco enriquecido a Rusia, que debía procesarlas para convertirlas en uranio altamente enriquecido. Rusia transportaría entonces este material a Francia, donde se transformaría en un tipo de combustible que cumplía con las legítimas necesidades civiles de Irán pero que no tenía posibles aplicaciones militares. La propuesta era una medida provisoria: dejaba la arquitectura nuclear de Irán en su sitio y no impedía que Irán enriqueciera más uranio en el futuro. Pero agotar las reservas que en ese momento poseía postergaría la «capacidad de éxito» durante casi un año, lo que nos daba tiempo para negociar una solución más permanente. No menos importante era que la propuesta convertía a Rusia en un aliado clave en la implementación del plan y demostraba a Moscú nuestra disposición a agotar todos los caminos posibles y razonables en lo referente a Irán. Durante el transcurso de la AGNU, Rusia refrendó la idea; llegamos incluso a llamarla «la propuesta rusa», lo que implicó que cuando finalmente Irán la rechazó en una reunión del grupo P5+1 que se llevó a cabo poco más tarde aquel año en Ginebra, no solo despreciaron a Estados Unidos. Despreciaron también a Rusia, uno de los pocos defensores que les quedaban.

Las grietas en la relación de Irán con Rusia aumentaron cuando, durante una reunión privada al margen de la AGNU, entregué a Medvédev y Lavrov un impactante informe de inteligencia: habíamos descubierto que Irán estaba a punto de terminar de construir una instalación secreta de enriquecimiento de uranio, profundamente enterrada en una montaña cerca de la ciudad antigua de Qom. Todas las características de la instalación —tamaño, configuración y localización en una base militar— indicaban el interés de Irán por proteger sus actividades tanto de la detección como del ataque, características incompatibles con un plan civil. Le dije a Medvédev que le mostrábamos las pruebas primero a ellos, antes de hacerlas públicas, porque la época de las medias tintas había terminado. Las alternativas de una solución diplomática con Irán probablemente se esfumarían si Rusia no apoyaba una respuesta internacional contundente.

Al parecer nuestra presentación inquietó a los rusos. En vez de intentar defender las acciones de Irán, Medvédev manifestó su desilusión con el régimen y reconoció la necesidad de reajustar la posición del grupo P5+1 al respecto. Después de nuestra reunión, en las declaraciones públicas incluso fue más allá al decir ante la prensa que «las sanciones rara vez producen resultados productivos [...] pero en algunos casos son inevitables». Para nosotros, la declaración fue una agradable sorpresa, pues confirmaba nuestra sensación cada vez mayor de confianza en Medvédev como socio.

Decidimos no revelar la existencia de la instalación en Qom durante la reunión del Consejo de Seguridad de la ONU sobre temas de seguridad nuclear que yo debía presidir, aunque el icónico marco habría servido muy bien de escenario. Necesitábamos tiempo para informar minuciosamente a la IAEA y a los demás miembros del P5+1. También queríamos evitar ciertas similitudes con la dramática —y al final desacreditada— presentación al Consejo de Seguridad por el uso de armas de destrucción masiva de Irak que había hecho Colin Powell en vísperas de la guerra de Irak. En vez de eso, le dimos la noticia a *The New York Times* justo antes de la reunión de líderes del G20 que se celebraría en Pittsburgh.

El efecto fue electrizante. Los reporteros especularon sobre la posibilidad de que Israel lanzara sus misiles sobre Qom. Los miembros del Congreso pidieron acciones inmediatas. En una conferencia de prensa junto al presidente francés Sarkozy y el primer ministro británico Brown, hice hincapié en la necesidad de una respuesta internacional contundente, pero me abstuve de especificar las sanciones para evitar comprometer a Medvédev antes de que pudiera discutir la cuestión con Putin. Asumiendo que podíamos mantener el compromiso con él, solo nos quedaba un único obstáculo diplomático importante que resolver: convencer al escéptico Gobierno chino para que votara a favor de las sanciones contra uno de sus principales proveedores de petróleo.

—¿Qué opciones hay de que eso ocurra? —me preguntó McFaul.

—Todavía no sé —le dije—. Parece que evitar una guerra es más difícil que empezarla.

Siete semanas más tarde, el Air Force One aterrizaba en Pekín para mi primera visita oficial a China. Se nos ordenó que dejáramos todos los aparatos electrónicos no gubernamentales en el avión y que nos comportáramos dando por descontado que todas nuestras comunicaciones estaban siendo monitoreadas.

La capacidad de vigilancia china era impresionante, incluso estando al otro lado del océano. Durante la campaña habían hackeado los sistemas de nuestros ordenadores en la sede principal. (Lo consideré un signo positivo de mis posibilidades en las elecciones.) Su habilidad para convertir de forma remota cualquier teléfono en una grabadora era una de las principales razones por las que habían modificado mi BlackBerry. Para hacer llamadas relacionadas con asuntos de seguridad nacional desde el hotel, tenía que ir a una suite al final del pasillo en la que había una sala de información sensible compartimentada; una gran tienda azul ubicada en el centro de la habitación que resonaba con un inquietante y psicodélico zumbido diseñado para bloquear cualquier aparato de escucha cercano. Algunos miembros de nuestro equipo se vestían e incluso se duchaban a oscuras para evitar las cámaras escondidas que, asumíamos, estaban estratégicamente colocadas en cada habitación. (Marvin, por su parte, se empeñó en andar desnudo por su habitación con las luces encendidas, aunque no quedaba claro si lo hacía por orgullo o como protesta.)

De cuando en cuando, el descaro de la inteligencia china rozaba lo cómico. En cierto momento, mi secretario de Comercio, Gary Locke, iba camino a una sesión de preparación cuando se dio cuenta de que se había olvidado algo en la habitación. Al abrir la puerta, descubrió a un par de empleadas del hotel haciendo la cama mientras dos caballeros de traje hojeaban cuidadosamente los papeles de su escritorio. Cuando Gary les preguntó qué hacían, los hombres pasaron a su lado sin decir ni una palabra y desaparecieron. Las dos mujeres no alzaron la mirada ni un instante, se limitaron a seguir con lo suyo y cambiaron las toallas del baño como si Gary fuese invisible. Su relato provocó una serie de sacudidas de cabeza y risas en nuestro equipo, y estoy seguro de que alguien del último eslabón de la cadena diplomática presentó finalmente una queja formal. Pero nadie mencionó el incidente cuando nos sentamos más tarde en nuestro encuentro oficial con el presidente Hu Jintao y el resto de la delegación china. Teníamos demasiados temas que resolver con los chinos —y les habíamos espiado también lo suficiente— como para armar un escándalo.

Aquello resumía prácticamente el estado de las relaciones entre Estados Unidos y China en ese momento. En la superficie, la relación que habíamos heredado parecía más o menos estable, sin las notorias peleas diplomáticas que habíamos visto con los rusos. Nada más llegar, Tim Geithner y Hillary Clinton se reunieron en repetidas ocasiones con sus pares chinos y formalizaron un grupo de trabajo para resolver varios asuntos bilaterales. En las reuniones que había tenido con el presidente Hu durante el G20 de Londres, habíamos hablado de formular políticas beneficiosas para ambos países. Pero por debajo de la elegancia diplomática acechaban tensiones y desconfianzas que se habían cocinado lentamente, no solo en temas concretos como el comercio o el espionaje, también en torno a dudas fundamentales sobre lo que implicaba el resurgir de China para el orden internacional y la posición de Estados Unidos en el mundo.

El hecho de que China y Estados Unidos hubieran conseguido evitar el conflicto directo durante más tres décadas no era solo una cuestión de suerte. Desde el comienzo de las reformas económicas chinas y la decisiva apertura a Occidente en la década de 1970, el Gobierno chino había seguido fielmente el consejo de Deng Xiaoping: «No muestres tu fuerza y espera tu momento». Priorizó la industrialización al cuantioso desarrollo militar. Invitó a las empresas estadounidenses que buscaban mano de obra barata a que trasladaran sus operaciones a China, y trabajó con las sucesivas administraciones estadounidenses para que le ayudaran a ingresar como miembro a la Organización Mundial del Comercio en 2001, lo que más tarde le dio a China un mayor acceso a los mercados de Estados Unidos. Pero aunque el Partido Comunista chino mantenía un férreo control de la política del país, no hacía ningún esfuerzo por exportar su ideología. China realizaba negocios comerciales con cualquier país, ya fueran democracias o dictaduras, jactándose de no juzgar el modo en que manejaban sus asuntos internos. Podía mostrarse agresiva cuando sentía que se desafiaban sus reclamos territoriales, y se enfurecía ante las críticas de Occidente sobre derechos humanos. Pero incluso en focos puntuales de tensión como la venta de armas de Estados Unidos a Taiwán, los funcionarios chinos hicieron todo lo posible por ritualizar las disputas, manifestando su disgusto a través de cartas escritas con vehemencia, o mediante la cancelación de reuniones bilaterales, pero sin dejar que las cosas se agravaran tanto como para impedir que continuara el flujo de buques de carga repletos de zapatillas deportivas, aparatos electrónicos y repuestos de coches fabricados en China, que entraran en los puertos estadounidenses y llegaran hasta el último Walmart.

La paciencia estratégica había ayudado a China a administrar sus recursos y evitar costosos riesgos en el extranjero. También a ocultar el modo en que de forma sistemática había continuado eludiendo, forzando o rompiendo casi todas las reglas del comercio internacional en su «pacífico ascenso». Durante años empleó tanto subsidios estatales como la manipulación de la moneda y el *dumpling* comercial para bajar artificialmente el precio de sus exportaciones y debilitar las operaciones de fabricantes en Estados Unidos. Su indiferencia por los sindicatos y los estándares medioambientales sirvieron al mismo objetivo. Por otra parte, utilizó barreras no arancelarias como cuotas o embargos, se involucró en el robo de propiedad intelectual estadounidense y presionó de manera reiterada a compañías de nuestro país con negocios en China para que entregaran tecnología clave que ayudó a acelerar su ascenso en la cadena de suministros global.

Nada de todo eso era exclusivo de China. Prácticamente todos los países ricos, de Estados Unidos a Japón, en distintas fases de su desarrollo habían utilizado estrategias mercantiles para impulsar sus economías. Y desde la perspectiva china, no se podían criticar los resultados: solo una generación después de que millones de personas murieran en una hambruna masiva, China se había convertido en la tercera economía mundial, responsable de casi la mitad de la producción de acero del mundo, del 20 por ciento de sus manufacturas y del 40 por ciento de la ropa que se compra en Estados Unidos.

Lo que *sí* sorprendía era la débil respuesta de Washington. A principios de la década de 1990, algunos líderes de sindicatos habían hecho sonar la alarma sobre crecientes prácticas de comercio injusto en China, y se habían topado con muchos demócratas en el Congreso, particularmente de los estados del «cinturón industrial», dispuestos a defender la causa. El Partido Republicano también tenía su cuota de crítica a China, una mezcla entre populistas tipo Pat Buchanan, comprometidos con lo que consideraban la lenta rendición de Estados Unidos ante un poder extranjero, y de envejecidos halcones de la Guerra Fría que seguían preocupados por el avance del comunismo ateo.

Pero a medida que la globalización empezó a funcionar a toda marcha durante los años de Clinton y Bush, esas voces se vieron en minoría. Había demasiado dinero en juego. A las corporaciones estadounidenses y a sus accionistas les encantaba la reducción de costes laborales y las ganancias que subían como la espuma a consecuencia de haber desplazado la producción a China. A los granjeros estadounidenses les entusiasmaban los nuevos clientes chinos que compraban su soja y sus cerdos. A las firmas de Wall Street les agradaban los grupos de multimillonarios chinos que querían invertir su repentina riqueza, y también al montón de abogados, consultores y grupos de interés que ofrecían sus servicios al creciente comercio entre Estados Unidos y China. A pesar de que la mayoría de los congresistas demócratas seguían disgustados con las prácticas comerciales chinas, y de que la Administración Bush presentó un puñado de quejas contra China en la Organización Mundial del Comercio, en la época en la que asumí el cargo ya existía un áspero consenso entre las élites que conformaban la política exterior estadounidense y los grandes donantes de los partidos: más que empeñarse en el proteccionismo, Estados Unidos debía seguir el ejemplo chino. Si queríamos conservar el primer puesto, teníamos que trabajar más, ahorrar más dinero y enseñarles a nuestros hijos más matemáticas, ciencias, ingeniería y mandarín.

Mis opiniones sobre China no encajaban del todo en ningún bando. No compartía la instintiva oposición al libre mercado de mis votantes sindicalizados, ni tampoco creía que pudiéramos revertir del todo la globalización, de la misma manera en que era imposible cerrar internet. Pensaba que Clinton y Bush habían hecho lo correcto al promover la integración de China a la economía mundial; la historia revelaba que una China caótica e improvisada representaba una amenaza mayor para Estados Unidos que una China próspera. Consideraba que su éxito al haber sacado a cientos de millones de personas de la pobreza extrema era un gigantesco avance para la humanidad.

Aun así, era cierto que la estrategia china en el sistema de comercio internacional con frecuencia se había desarrollado a expensas de Estados Unidos. Tal vez la automatización y la robótica avanzada habían sido los principales responsables de la pérdida de puestos de trabajo en las fábricas estadounidenses, pero las prácticas chinas —con la ayuda de la tercerización empresarial— aceleraron esas pérdidas. El flujo constante de productos chinos a Estados Unidos había provocado que los televisores de pantalla plana fueran más baratos, y habían ayudado a mantener baja la inflación, pero a costa de disminuir los salarios de los trabajadores estadounidenses. Yo había prometido luchar en su nombre por un trato comercial más justo y tenía la intención de cumplir mi promesa.

Sin embargo, con la economía mundial pendiente de un hilo, tenía que pensar cuándo y cuál era la mejor manera de hacerlo. China tenía más de setecientos mil millones de dólares de deuda estadounidense y formidables reservas en moneda extranjera, lo que la convertía en un socio indispensable en la gestión de la crisis internacional. Para que tanto nosotros como el resto del mundo saliera de la recesión, necesitábamos que la economía china creciera, no que se contrajera. China no iba a cambiar sus prácticas comerciales sin la firme presión de mi Administración, pero tenía que asegurarme de no comenzar una guerra comercial que empujara al mundo a una depresión y perjudicara a los propios trabajadores a los que había prometido ayudar.

En la víspera del viaje a China, mi equipo y yo habíamos acordado la estrategia de tirar del hilo lo suficiente para que quedara tenso, pero no demasiado. Empezaríamos presentado al presidente Hu una lista de áreas problemáticas que queríamos ver resueltas en una franja de tiempo realista, evitando una confrontación pública que asustara aún más a los ya nerviosos mercados financieros. Si los chinos no actuaban, pensábamos aumentar de forma continua la presión pública y tomar medidas de represalia (idealmente, en un entorno económico que ya no fuera tan frágil).

Para darle ese empujoncito a China a fin de que se comportara mejor, esperábamos contar con la ayuda de sus vecinos. Eso requeriría de un gran trabajo. La absorción total de la Administración Bush de los problemas de Oriente Medio, sumado al fiasco de Wall Street, había provocado que algunos mandatarios en Asia cuestionaran la importancia de Estados Unidos en la región. Mientras tanto, la floreciente economía china había provocado que incluso algunos aliados cercanos a Estados Unidos, como Japón o Corea del Sur, fueran cada vez más dependientes de su mercado y se mostraran cautos para no provocar su enfado. Lo único que teníamos a nuestro favor era que en los últimos años China había empezado a confiarse, exigiendo concesiones unilaterales a socios comerciales más débiles y amenazando a Filipinas y Vietnam con tomar el control de varias islas pequeñas pero estratégicas en el mar del Sur de China. Los diplomáticos estadounidenses informaban de una creciente animadversión contra esas tácticas de mano dura, y el deseo de una presencia estadounidense más permanente como contrapeso al poder chino.

Para aprovechar esa brecha, agendamos reuniones en Japón y Corea del Sur, al igual que en Singapur con los diez países que formaban la Asociación de Naciones del Sudeste Asiático (ASEAN, por sus siglas en inglés). Sobre la marcha, anuncié mi intención de recoger la batuta de un ambicioso y nuevo acuerdo comercial entre Estados Unidos y Asia que la Administración Bush había empezado a negociar, haciendo énfasis en asegurar las condiciones laborales y medioambientales aplicables que los demócratas y los sindicatos habían apuntado que faltaban en acuerdos anteriores, como el Tratado de Libre Comercio de América del Norte. Explicamos a la prensa que el objetivo general de lo que más tarde llamamos «el giro hacia Asia» no era contener a China ni asfixiar su crecimiento, sino más bien reafirmar los lazos de Estados Unidos con la región y fortalecer el marco legal internacional que había permitido que los países de la región Asia-Pacífico —incluida China— hubieran realizado semejante progreso en tan poco tiempo.

Dudaba que los chinos lo vieran de esa manera.

Habían pasado más de veinte años desde la última vez que había viajado a Asia. Nuestro recorrido de siete días empezó en Tokio, donde di un discurso sobre el futuro de la alianza Estados Unidos-Japón y me reuní con el primer ministro Yukio Hatoyama para discutir sobre la crisis económica, Corea del Norte y la propuesta de relocalizar la base de la marina de Estados Unidos en Okinawa. Agradable, aunque un poco torpe, Hatoyama era el cuarto primer ministro japonés en menos de tres años, y el segundo desde que yo había asumido el cargo; síntoma de la política rígida y sin dirección que había asolado a Japón durante la mayor parte de la última década. Siete meses más tarde había dejado el cargo.

La breve visita al emperador Akihito y a la emperatriz Michiko en el Palacio Imperial me dejó una impresión más duradera. Diminutos y con setenta y tantos años, me recibieron con un inglés impecable, él vestido con un traje occidental y ella con un kimono de brocado de seda. Hice una reverencia en señal de respeto. Me guiaron hacia una sala de recepción de color crema y escasamente decorada siguiendo el tradicional estilo japonés, y durante el té me preguntaron por Michelle, las niñas, y mi opinión sobre las relaciones entre Estados Unidos y Japón. Sus modales eran tan formales como discretos, las voces como el suave sonido de la lluvia, y me descubrí intentando imaginar cómo sería la vida del emperador. ¿Cómo era haber nacido de un padre considerado un dios, y haber sido obligado a asumir un trono en gran medida simbólico, décadas después de que el Imperio japonés sufriera su intensa derrota? La historia de la emperatriz me resultaba incluso más interesante: hija de un próspero industrial, educada en escuelas católicas y licenciada en literatura inglesa, había sido la primera plebeya en casarse con un miembro de la familia imperial en los dos mil seiscientos años de historia del Trono del Crisantemo; hecho que la convertía en una figura muy querida para el público japonés pero que provocaba tensiones con su familia política. Como regalo de despedida, la emperatriz me entregó una pieza para piano que ella había escrito, explicándome con una sorprendente franqueza cómo su amor por la música y la poesía la habían ayudado a superar momentos de soledad.

Más tarde me enteré de que mi sencilla reverencia a los envejecidos anfitriones japoneses había puesto nerviosos a los comentaristas conservadores en casa. Un oscuro bloguero lo llamó «traición», y los grandes medios recogieron y amplificaron sus palabras. Al ver todo aquello, me imaginé al emperador sepultado en sus obligaciones ceremoniales y a la emperatriz, con su bien llevada belleza anciana y su sonrisa satinada de melancolía, y me pregunté en qué momento exacto una porción considerable de la derecha en Estados Unidos se había vuelto tan temerosa e insegura que había perdido completamente el juicio.

De Tokio viajé a Singapur para reunirme con los mandatarios de los diez países del ASEAN. Mi asistencia no estaba libre de posibles controversias: Myanmar, uno de los miembros del ASEAN, llevaba más de cuarenta años gobernado por una junta militar cruel y represora, y tanto el presidente Clinton como el presidente Bush habían rechazado las invitaciones a reunirse con el grupo mientras Myanmar formara parte de él. Para mí, en cambio, no tenía mucho sentido distanciarse de nueve países para mostrar desaprobación a uno solo, sobre todo considerando que Estados Unidos mantenía buenas relaciones con varios países del ASEAN que difícilmente podrían considerarse modelos de virtud democrática, incluidos Singapur, Vietnam y Brunéi. Estados Unidos había impuesto duras sanciones a Myanmar. Decidimos que, aparte de eso, la mejor manera de influenciar a su Gobierno era mostrar nuestra disposición al diálogo.

El primer ministro de Myanmar era un general apacible y de aspecto élfico llamado Thein Sein, y al final mi trato con él no fue más allá de un breve apretón de manos que no causó demasiado revuelo. Los mandatarios del ASEAN manifestaron su entusiasmo ante nuestro mensaje de que Estados Unidos se volvería a comprometer, mientras que la prensa asiática hizo énfasis en mis lazos infantiles con la región, los primeros en un presidente de Estados Unidos y que se notaban, decían, en mi afición por la comida local callejera y en mi habilidad para saludar al presidente de Indonesia en su idioma.

En realidad, más allá del simple saludo y de saber pedir un menú, había olvidado casi todo mi indonesio. A pesar de mi prolongada ausencia, me impactó lo cómodo que me sentía en el sudeste asiático, en su ambiente lánguido y húmedo con olorcillo a fruta y especias, en el estilo sutilmente contenido con el que se relacionaban las personas. Aunque lo cierto es que Singapur, con sus amplios bulevares, jardines públicos y rascacielos de oficinas, a duras penas se parecía a la prolija colonia británica que recordaba de niño. Ya en la década de 1960 había sido uno de los casos exitosos de la región; una ciudad Estado poblada por malayos, indios y chinos que, gracias a una combinación de políticas de libre mercado, capacidad burocrática, mínima corrupción y un estricto control político y social, se había convertido en un centro de inversión extranjera. Pero la globalización y las tendencias de crecimiento general en Asia habían llevado a que la economía del país creciera de forma desorbitada. Con sus restaurantes caros y tiendas de lujo repletas de hombres de negocios trajeados y de jóvenes vestidos a la última moda hip hop, el alarde de riqueza estaba a la altura del de Nueva York o Los Ángeles.

En cierto sentido, Singapur era una excepción: el resto de los países del ASEAN seguían lidiando con diferentes niveles de pobreza arraigada, al igual que sus compromisos con la democracia y el Estado de derecho seguían siendo ampliamente desiguales. Pero algo que al parecer todos tenían en común era un cambio en la forma en que se veían a sí mismos. Las personas con las que hablé —ya fueran mandatarios, hombres de negocios o activistas de derechos humanos— seguían respetando el poder de Estados Unidos. Pero ya no veían a Occidente como el centro del mundo, ni a sus propios países en un papel secundario. Se consideraban, en cambio, como mínimo iguales a sus antiguos colonizadores, y sentían que sus sueños ya no estaban limitados por la geografía o la raza.

En mi opinión, eso era algo bueno, una prolongación de la fe de Estados Unidos en la dignidad de todos los pueblos, y el cumplimiento de la promesa que tiempo atrás habíamos hecho al mundo: sigan nuestro ejemplo, liberalicen sus economías y tal vez su Gobierno y ustedes mismos se beneficien de nuestra prosperidad. Al igual que Japón y Corea del Sur, cada vez había más países del ASEAN que confiaban en nosotros. Parte de mi trabajo como presidente de Estados Unidos consistía en asegurarme de que jugaran limpio; de que sus mercados estuvieran igual de abiertos a nosotros como los nuestros lo estaban a los suyos, que su constante desarrollo no se basara en la explotación de sus trabajadores o en la destrucción del medioambiente. Mientras compitieran con nosotros en igualdad de condiciones, consideraba que el progreso del sudeste asiático era algo que Estados Unidos debía celebrar, no temer. Ahora me pregunto si eso era lo que los críticos conservadores encontraban más censurable de mi política exterior, el motivo por el que algo tan simple como una reverencia al emperador de Japón podía desencadenar semejante ira: yo no me sentía amenazado, como ellos, por la idea de que el resto del mundo nos estuviera alcanzando.

Shangai —nuestra primera parada en China— era como un Singapur con esteroides. Visualmente estaba a la altura de las expectativas, una extensa y moderna metrópolis con veinte millones de ruidosas almas, cada centímetro rebosante de comercio, tráfico, grúas de construcción. Enormes cargueros y barcazas repletas de bienes destinados a los mercados del mundo se deslizaban de arriba abajo por el Huangpú. Una multitud recorría el amplio paseo junto al río, deteniéndose de vez en cuando para admirar los rascacielos futuristas que se extendían en todas las direcciones y que por la noche se iluminaban como Las Vegas Strip. En un decorado salón de fiestas, el alcalde de la ciudad —una joven promesa del Partido Comunista que, con su traje a medida y su vivaz sofisticación, me recordaba de algún modo a Dean Martin— organizó un fabuloso almuerzo entre nuestra delegación y empresarios chinos y estadounidenses, con exquisitos manjares y vinos a la altura de los que se servirían en una boda de lujo en el Ritz. Reggie Love, mi guardaespaldas permanente, estaba impresionado por el personal de servicio, compuesto enteramente por guapísimas jóvenes vestidas con vaporosos trajes blancos, delgadas y altas como modelos de pasarela.

«Quién iba a decir que los comunistas tenían ese aspecto», dijo sacudiendo la cabeza.

La contradicción entre la ideología oficial china y aquellos evidentes alardes de riqueza no fue mencionada cuando me reuní con cientos de estudiantes universitarios esa misma tarde. Las autoridades chinas, conscientes de mi habitual formato improvisado, habían seleccionado cuidadosamente a los participantes de las universidades más exclusivas, y aunque fueron corteses y entusiastas, sus preguntas tenían muy poco de esa naturaleza inquisitiva e irreverente que estaba acostumbrado a oír de los jóvenes de otros países («¿Qué medidas tomaría para profundizar en esa ya estrecha relación entre las ciudades estadounidenses y chinas?» Esa fue la más dura.) No podía decir si los funcionarios del partido habían preseleccionado todas las preguntas o si los estudiantes habían aprendido a no decir nada que los comprometiera.

Después de algunos apretones de manos y de charlar con los estudiantes cuando terminó el encuentro, llegué a la conclusión de que al menos una parte de su ardiente patriotismo no era teatro. Eran demasiado jóvenes como para haber sufrido la Revolución Cultural o haber sido testigos de la mano dura en la plaza de Tiananmén. Esa parte de la historia no se enseñaba en las escuelas y dudaba que los padres hablaran de ella. Si alguno de los estudiantes se irritaba porque el Gobierno bloqueaba el acceso a una página de internet, lo más probable era que sintiera el peso del aparato de represión china más que nada como una abstracción, tan lejana a su experiencia personal como el sistema de justicia penal para un chico de clase media en nuestro país. A lo largo de su vida, el sistema chino los había hecho ascender a ellos y a sus familias, mientras desde la distancia, al menos, las democracias occidentales parecían atascadas, repletas de conflictos civiles e ineficiencia económica.

Era tentador pensar que la actitud de aquellos estudiantes cambiaría con el tiempo, ya fuera porque la ralentización de la tasa de crecimiento de China frustraría sus expectativas materiales o porque, después de alcanzar cierta seguridad económica, empezarían a desear cosas que no se podían medir con el PIB. Pero nada podía garantizarlo. De hecho, el éxito económico de China había convertido su estilo de capitalismo autoritario en una alternativa viable al liberalismo occidental en la mente de la gente joven no solo en Shangai, sino también en los países en vías de desarrollo. Saber cuál de esas visiones aceptarían en última instancia podría ayudar a determinar la geopolítica del próximo siglo, y me marché del encuentro con los estudiantes plenamente consciente de que convencer a esa nueva generación dependía de mi habilidad para demostrar que el sistema democrático estadounidense pluralista y basado en derechos, aún podía cumplir su promesa de una vida mejor.

Pekín no era tan llamativa como Shangai, aunque cuando salimos del aeropuerto atravesamos lo que parecían más de treinta kilómetros de rascacielos recién construidos, como si hubiesen levantado diez Manhattan de la noche a la mañana. Cuando llegamos al centro de la ciudad, los distritos de negocios y las zonas residenciales cedieron el paso a edificios gubernamentales y a imponentes monumentos. Como era habitual, mi reunión con el presidente Hu fue soporífera: con independencia del tema que fuera a tratar, le gustaba leer un voluminoso montón de notas preparadas, deteniéndose de vez en cuando para una traducción al inglés que parecía haber sido redactada de antemano y que, por algún motivo, siempre era más larga que la declaración original. Cuando llegaba mi turno, él revolvía entre sus papeles buscando la respuesta que le habían preparado sus asistentes. Los esfuerzos por romper la monotonía con anécdotas personales o chistes ocasionales («Necesito el nombre de tu contratista», le dije cuando me enteré de que el enorme Gran Salón del Pueblo, con sus columnas, había sido construido en menos de un año), por lo general acababan en una mirada ausente y en más de una ocasión me sentí tentado de sugerir que nos podíamos ahorrar mucho tiempo si sencillamente intercambiábamos documentos y cada uno los leía en su tiempo libre.

Aun así, el tiempo que pasé con el presidente Hu me dio la oportunidad de exponer con claridad las prioridades de Estados Unidos: la gestión de la crisis económica y del programa nuclear de Corea del Norte, la necesidad de resolver pacíficamente las disputas marítimas en el mar del Sur de China, la forma en que trataban a los chinos disidentes y nuestra voluntad de aumentar las sanciones contra Irán. En este último punto, apelé a los propios intereses chinos, advirtiendo que sin una acción diplomática significativa, nosotros o los israelíes podíamos vernos forzados a disparar contra las instalaciones iraníes, con unas consecuencias mucho peores para el suministro de petróleo chino. Como era de esperar, Hu no se comprometió a las sanciones, pero a juzgar por el cambio en su expresión corporal y por la furiosa manera en que sus ministros tomaban nota, no se le escapó la seriedad de nuestro mensaje sobre Irán.

Al día siguiente repetí el mismo enfoque contundente sobre las cuestiones comerciales cuando me reuní con el primer ministro Wen Jiabao, quien, a pesar de ostentar un título menor al de presidente, era el encargado de tomar las decisiones claves en materia económica china. A diferencia del presidente Hu, Wen parecía sentirse cómodo intercambiando puntos de vista de forma improvisada; fue muy directo en su defensa de sus políticas comerciales: «Tiene que entender, señor presidente, que más allá de lo que vea en Shangai o Pekín, seguimos siendo un país en vías de desarrollo —dijo—. Un tercio de nuestra población todavía vive en una pobreza absoluta, más personas que las de todo Estados Unidos. No puede esperar que adoptemos las mismas políticas que se aplican a una economía tan avanzada como la suya».

Tenía razón: a pesar del notable progreso de su país, la familia china promedio —sobre todo fuera de las ciudades principales— seguía teniendo un ingreso menor a la mayoría de las familias estadounidenses, excepto las muy pobres. Intenté ponerme en la posición de Wen, tener que integrar una economía entre la era de la información y el feudalismo, mientras generaba los suficientes puestos de trabajo para cubrir las demandas de una población del tamaño de América del Norte y del Sur juntas. Habría empatizado mejor si no hubiera sabido que los altos cargos del Partido Comunista —incluido Wen— tenían la costumbre de otorgar contratos y licencias del Estado a miembros de sus familias y de desviar miles de millones a cuentas en paraísos fiscales.

Tal y como estaban las cosas, le dije a Wen que, dado el enorme desequilibrio comercial entre nuestros países, Estados Unidos no podía seguir pasando por alto la actual manipulación de la moneda china y otras prácticas desleales. O China empezaba a cambiar su actitud o nosotros íbamos a tener que tomar medidas de represalia. Al oír esto, Wen intentó otra táctica, insinuó que le entregase una lista de productos estadounidenses que quisiéramos que China comprara más y que él vería qué podía hacer. (Estaba especialmente inclinado en incluir productos militares y de tecnología punta que Estados Unidos había prohibido exportar a China por seguridad.) Le dije que necesitábamos una solución estructural, no concesiones parciales, y en el tira y afloja, sentí como si estuviera regateando el precio de las gallinas en un puesto del mercado en lugar de negociar políticas comerciales entre las dos economías más grandes del planeta. Una vez más me di cuenta de que para Wen y el resto de líderes chinos la política exterior seguía siendo una mera transacción. Lo que daban y lo que sacaban no dependía de los principios abstractos del derecho internacional sino de su valoración del poder y las ventajas del otro. Si no encontraban resistencia, seguirían tomando para sí.

El primer día en Pekín terminó con la obligatoria cena de Estado al completo, con un programa cultural que incluía una ópera clásica china, un popurrí de espectáculos de grupos de danza tibetanos, uigures y mongoles (el maestro de ceremonias comentó amablemente que en China se respetaban todas las minorías étnicas, lo que habría sido una importante novedad para miles de prisioneros políticos tibetanos y uigures) y una versión de la canción de Stevie Wonder «I Just Called to Say I Love You» interpretada por la banda del Ejército de Liberación del Pueblo (el presidente Hu se inclinó para decirme: «Sabemos que es su cantante favorito»). Tras cinco días de viaje, con los horarios del revés, toda nuestra comitiva estaba bajo mínimos. En la mesa de al lado, Larry Summers se quedó súbitamente dormido, con la boca abierta y la cabeza hacia atrás, lo que hizo que Favs mandara un email al grupo: «Parece que ALGUIEN necesita un nuevo paquete de estímulo».

Atontados pero decididos, todos (incluido Larry) superaron el *jet lag* al día siguiente para visitar una parte de la Gran Muralla que estaba cerca. Era un día frío, de viento fortísimo, el sol parecía una tenue marca de agua en el cielo gris, y apenas habló nadie cuando remontamos la empinada pendiente de piedra que serpenteaba a lo largo de la columna vertebral de la montaña. Algunas partes de la Gran Muralla se mantenían en pie desde el año 200 a.C., nos explicó el guía, aunque la parte en la que estábamos databa de siglo XV, había sido un intento de la dinastía Ming por mantener al margen a los invasores mongoles y manchúes. La muralla se había mantenido en pie durante cientos de años. Y esto hizo que Reggie me preguntara cómo había acabado la dinastía Ming.

—Por conflictos internos —le dije—. Luchas de poder, corrupción, campesinos muriéndose de hambre por la ambición de los ricos o porque directamente ni les importaban.

—Lo mismo de siempre —dijo Reggie.

Asentí.

—Lo mismo de siempre.

Por su propia naturaleza, la presidencia modifica tus horizontes temporales. Los esfuerzos rara vez dan sus frutos de inmediato, la escala de la mayoría de los problemas que llegan a tu escritorio es demasiado grande y los factores en juego demasiado heterogéneos. Aprendes a medir tu progreso en pequeños pasos —cada uno de los cuales puede tardar meses en conseguirse, y no acapara la atención del público— y te reconcilias con la certeza de que tu meta principal puede que tarde en cumplirse, si es que alguna vez se cumple, un año, o dos, o todo un mandato.

En ninguna esfera eso es más cierto que en la gestión de la política exterior. De modo que en la primavera de 2010, cuando comenzamos a ver los resultados de algunas de nuestras principales iniciativas diplomáticas, me sentí bastante animado. Tim Geithner informó de que los chinos habían empezado a dejar con cautela que su moneda recuperara valor. En abril, volví a Praga, donde el presidente ruso Medvédev y yo asistimos a una ceremonia para firmar el Nuevo Tratado de Reducción de Armas Estratégicas, que reducía el número de cabezas nucleares desplegadas en un tercio en cada lado, con un riguroso mecanismo de inspección para asegurar su cumplimiento.

Y en junio, con los votos clave de Rusia y China, el Consejo de Seguridad de la ONU aprobó la Resolución 1929, que imponía nuevas sanciones sin precedentes contra Irán, incluida la prohibición de venta de armas, la suspensión de nuevas actividades financieras internacionales por parte de bancos iraníes y la severa orden de prohibir cualquier tipo de transacción comercial que pudiera ayudar a que Irán expandiera su programa de armas nucleares. El régimen tardaría un par de años en sentir de lleno los efectos de las sanciones, pero combinadas con una nueva serie de sanciones por parte de Estados Unidos, teníamos las herramientas que necesitábamos para llevar la economía de Irán a dique seco a menos que aceptara negociar. También me dio poderosos argumentos para pedir paciencia en las conversaciones con Israel y otros países que veían el asunto nuclear como una excusa para una confrontación militar entre Estados Unidos e Irán.

Conseguir que Rusia y China se sumaran fue un logro del equipo. Hillary Clinton y Susan Rice pasaron infinitas horas persuadiendo y en ocasiones amenazando a sus homólogos rusos y chinos. McFaul, Burns y Samore ofrecieron un apoyo estratégico y técnico fundamental, ayudándonos a derribar o evitar todas las barreras que presentaban los negociadores rusos y chinos. Y mi relación con Medvédev resultó decisiva para lograr que finalmente se impusieran las sanciones. En paralelo a cualquier cumbre internacional, reservábamos un momento para resolver los asuntos en los que se habían atascado las negociaciones. A medida que nos acercábamos al voto del Consejo de Seguridad, parecía que hablábamos por teléfono todas las semanas («Nos están empezando a doler las orejas», bromeó después de una sesión maratónica). Una y otra vez, Medvédev terminaba yendo más allá de lo que Burns o McFaul habían creído posible considerando los antiguos lazos entre Moscú e Irán o los millones que los fabricantes de armas rusos, tan bien conectados, iban a perder si las sanciones entraban en vigor. El 9 de junio, la fecha en que tenía que votar el Consejo de Seguridad, Medvédev nos sorprendió una vez más anunciando la cancelación de la venta de misiles S-300 a Irán, lo que representó un cambio no solo con respecto a su postura anterior, sino también a la de Putin. Para paliar parte de las pérdidas de Rusia, accedimos a levantar algunas de las sanciones impuestas a varias empresas rusas que habían vendido armas a Irán. También me comprometí a acelerar las negociaciones para la retrasada incorporación de Rusia a la Organización Mundial del Comercio. Aun así, al alinearse con nosotros en contra de Irán, Medvédev se mostró dispuesto a arriesgar su presidencia con una relación más cercana a Estados Unidos; una señal promisoria de cara a futuras colaboraciones en el resto de nuestras prioridades internacionales, «siempre y cuando Putin no le corte las piernas», le dije a Rahm.

La aprobación de las sanciones, la firma del Nuevo Tratado de Reducción de Armas Estratégicas y ciertos movimientos de China para mejorar sus prácticas comerciales no se podían considerar victorias que cambiaran el mundo. Sin duda, ninguna de ellas me hacía merecedor del Premio Nobel; aunque si hubieran sucedido ocho o nueve meses antes, me habría sentido un poco menos avergonzado de recibir el premio. Todo ello era como mucho los cimientos, pasos en un largo e inexplorado camino. ¿Podíamos construir un futuro sin armas nucleares? ¿Conseguiríamos impedir una nueva guerra en Oriente Medio? ¿Había alguna manera de coexistir pacíficamente con nuestros enemigos más poderosos? Nadie tenía la respuesta por el momento, pero al menos parecía que avanzábamos en esa dirección.

21

Una noche, durante la cena, Malia me preguntó qué iba a hacer respecto a los tigres.

—¿A qué te refieres, cariño?

—Ya sabes que son mi animal favorito, ¿no?

Años antes, durante nuestra visita anual a Hawái por Navidad, mi hermana Maya había llevado a Malia, que tenía entonces cuatro años, al zoológico de Honolulu. Era pequeño pero con encanto, encajado en un rincón del parque Kapiolani, cerca de Diamond Head. De niño pasé horas allí, trepando a los banianos, dando de comer a las palomas que deambulaban por el césped, aullando a los patilargos gibones aupados en lo alto de las cañas de bambú. Durante la visita, Malia se había quedado prendada de uno de los tigres, y su tía le había comprado en la tienda de recuerdos un peluche del gran felino. Tiger tenía las garras regordetas, una panza redonda y una indescifrable sonrisa de Gioconda; Malia y él se hicieron inseparables, aunque para cuando llegamos a la Casa Blanca su pelaje estaba ya algo desgastado tras haber sobrevivido a salpicaduras de comida, haber estado a punto de extraviarse varias veces en casas ajenas, haber pasado más de una vez por la lavadora y haber sufrido un breve secuestro a manos de un primo travieso.

Yo sentía debilidad por Tiger.

—Pues —prosiguió Malia— hice un trabajo sobre los tigres para la escuela, y están perdiendo su hábitat porque la gente tala los bosques. Y la situación va a peor, porque el planeta se está calentando por culpa de la contaminación. Además, la gente los mata y vende su piel, sus huesos y demás. Así que los tigres se están extinguiendo, lo cual sería terrible. Y como eres el presidente, deberías intentar salvarlos.

—Deberías hacer algo, papá —añadió Sasha.

Miré a Michelle, que se encogió de hombros:

—Eres el presidente —dijo.

La verdad es que agradecía que mis hijas no tuviesen reparos en señalar la responsabilidad de los adultos que tenían a su alrededor a la hora de contribuir a preservar la salud del planeta. Aunque he vivido toda mi vida en ciudades, debo muchos de mis mejores recuerdos a la naturaleza. En parte, esto se debe a haberme criado en Hawái, donde las caminatas por frondosos bosques de montaña o las tardes surfeando olas de color turquesa son un derecho inalienable, para cuyo disfrute bastaba con salir de casa: placeres sin coste alguno, que no eran patrimonio exclusivo de nadie y estaban al alcance de cualquiera. El tiempo que pasé en Indonesia, corriendo entre los arrozales en bancales mientras los búfalos de agua alzaban la vista para observarme con sus morros cubiertos de barro, había reafirmado mi amor por los espacios abiertos, al que también contribuyeron los viajes que hice antes de cumplir los treinta, una época durante la que —gracias a que estaba libre de ataduras y no tenía problema con los alojamientos baratos— tuve ocasión de recorrer los Apalaches a pie, descender en canoa por el Mississippi y ver el amanecer en el Serengueti.

Mi madre reforzó esta afinidad por la naturaleza. En la grandeza de su diseño —el esqueleto de una hoja, el ajetreo de un hormiguero, el resplandor de una luna blanca como la nieve—, experimentaba ella el asombro y la humildad que otros reservaban para el culto religioso, y cuando éramos jóvenes, nos instruía a Maya y a mí sobre el daño que los humanos eran capaces de infligir cuando construían ciudades, perforaban en busca de petróleo o tiraban la basura sin el debido cuidado. («¡Recoge el envoltorio del caramelo, Bar!») Además, nos mostraba cómo los costes de esos daños recaían casi siempre sobre los pobres, que no podían elegir dónde vivir ni tenían la posibilidad de protegerse del aire y el agua contaminados.

Pero aunque mi madre fuese una ecologista de corazón, no recuerdo que nunca se aplicase ese término a sí misma. Creo que el motivo era que había pasado la mayor parte de su carrera trabajando en Indonesia, donde los peligros de la contaminación palidecían en comparación con otros riesgos más inmediatos, como el hambre. Para millones de campesinos necesitados en los países en desarrollo, disponer de un generador eléctrico de carbón o la construcción de una nueva fábrica con toda su humareda a menudo representaban la mejor oportunidad a su alcance para incrementar sus ingresos y evitar el extenuante trabajo físico. Para ellos, preocuparse por preservar el paisaje inmaculado y conservar la fauna silvestre eran lujos que solo los occidentales podían permitirse.

«No se pueden salvar árboles ignorando a las personas», solía decir mi madre.

Esa idea —que para muchas personas solo entraba en juego la preocupación por el medioambiente una vez que sus necesidades materiales estaban cubiertas— se me quedó grabada. Años más tarde, cuando era trabajador comunitario, contribuí a movilizar a los habitantes de unas viviendas de protección oficial para que hicieran presión hasta conseguir que retiraran el amianto de su barrio; en la Asamblea estatal, era un «verde» lo suficientemente de fiar como para que la League of Conservation Voters me diese su apoyo cuando me presenté al Senado. Ya en el Capitolio, critiqué los intentos de la Administración Bush de debilitar varias leyes anticontaminación y abanderé los esfuerzos por preservar los Grandes Lagos. Pero en ningún momento en toda mi carrera política había hecho de las cuestiones medioambientales mi tarjeta de visita. No porque no las considerase importantes, sino porque para mis potenciales votantes, muchos de los cuales pertenecían a la clase trabajadora, la mala calidad del aire o los vertidos industriales ocupaban un lugar secundario frente a la necesidad de tener mejores viviendas, educación, sanidad y puestos de trabajo. Siempre pensé que otra persona podría preocuparse por los árboles.

Pero la realidad cada vez más ominosa del cambio climático me obligó a cambiar de perspectiva.

Parecía que el pronóstico empeoraba cada año, a medida que una nube de dióxido de carbono y otros gases de efecto invernadero —procedentes de las centrales eléctricas, las fábricas, los coches, los camiones, los aviones, las granjas de ganadería intensiva, la deforestación y todos los demás elementos característicos del crecimiento y la modernización— no dejaba de crecer y contribuía a las temperaturas récord. Para cuando presenté mi candidatura a la presidencia, el evidente consenso entre los científicos era que, salvo que se adoptasen medidas contundentes y coordinadas a escala internacional para reducir las emisiones, la temperatura global estaba abocada a aumentar dos grados Celsius en unas pocas décadas. Una vez superado ese punto, el planeta podría experimentar una aceleración del deshielo de los casquetes polares, de la subida del nivel de las aguas y de los eventos meteorológicos extremos de la que no habría vuelta atrás.

Era difícil predecir cuál sería el coste humano de una variación rápida del clima. Pero los escenarios más optimistas incluían una infernal combinación de graves inundaciones costeras, sequías, incendios forestales y huracanes susceptibles de provocar el desplazamiento de millones de personas y desbordar las capacidades de la mayoría de los gobiernos, lo cual incrementaría a su vez el riesgo de conflictos globales y enfermedades transmitidas por insectos. Cuando leía las publicaciones sobre el tema, imaginaba caravanas de almas perdidas que vagaban por una tierra cuarteada en busca de terrenos cultivables; que catástrofes de la magnitud del huracán Katrina serían habituales en todos los continentes; que los océanos se tragarían los países insulares. Me preguntaba qué sería de Hawái, de los imponentes glaciares de Alaska o de la ciudad de Nueva Orleans. Imaginaba a Malia, Sasha y a mis nietos viviendo en un mundo más inhóspito y peligroso, despojado de muchos de los asombrosos paisajes que yo había dado por descontado cuando era joven.

Decidí que, si aspiraba a liderar el mundo libre, debía hacer del cambio climático una prioridad de mi campaña presidencial.

Pero ¿cómo? El cambio climático es uno de esos asuntos con los que a los gobiernos se les da notablemente mal lidiar, que obligan a los políticos a implantar medidas inmediatas disruptivas, costosas e impopulares para evitar una crisis gradual en el futuro. La conciencia iba aumentando lentamente gracias al trabajo de unos cuantos líderes visionarios, como el exvicepresidente Al Gore, cuyos esfuerzos por educar al público sobre el calentamiento global lo habían hecho merecedor del Premio Nobel de la Paz y que seguía en activo en el combate para mitigar el cambio climático. Los votantes más jóvenes y progresistas eran particularmente receptivos a los llamamientos a actuar. Aun así, grupos de interés clave entre los demócratas —en particular, los grandes sindicatos industriales— se resistían a cualquier medida medioambiental que pudiese poner en riesgo los puestos de trabajo de sus afiliados. Y en las encuestas que realizamos al inicio de mi campaña, el votante demócrata medio situaba el cambio climático casi en el último puesto entre sus preocupaciones.

Los votantes republicanos eran aún más escépticos. Hubo una época en que el papel del Gobierno federal en la protección del medioambiente gozó del apoyo de ambos partidos. Nixon trabajó con un Congreso demócrata para crear en 1970 la Agencia de Protección Ambiental (EPA). George H. W. Bush abanderó en 1990 un reforzamiento de la Ley de Aire Limpio. Pero esos tiempos eran cosa del pasado. A medida que la base electoral del Partido Republicano se había desplazado hacia el sur y hacia el oeste, donde los esfuerzos conservacionistas del Gobierno federal desde hacía mucho tiempo levantaban ampollas entre las compañías petroleras, las empresas mineras, los promotores inmobiliarios y los rancheros, los republicanos habían convertido la protección medioambiental en un frente más de la guerra cultural entre los partidos. Los medios de comunicación conservadores presentaban el cambio climático como un bulo dañino para el empleo y difundido por ecologistas extremistas. Las grandes petroleras destinaban millones de dólares a una red de centros de estudios y empresas de relaciones públicas que se dedicaban a embrollar los datos en torno al cambio climático. A diferencia de su padre, George W. Bush y miembros de su Administración minimizaron activamente las pruebas de que el planeta se estaba calentando y se negaron a participar en los intentos internacionales de limitar la emisión de gases de efecto invernadero, a pesar de que, durante la primera mitad de su presidencia, Estados Unidos ocupó el primer lugar en la clasificación de los países emisores de dióxido de carbono. En cuanto a los republicanos del Congreso, entre los activistas del partido despertaba sospechas el mero hecho de reconocer que el cambio climático debido a la acción humana era real; proponer modificaciones en las políticas para lidiar con él podía llevar a que surgiese un rival en las primarias del partido.

«Somos como demócratas contrarios al aborto —me dijo con tristeza un antiguo colega republicano en el Senado que tenía un historial de votaciones en principio favorables al medioambiente—. Pronto nos habremos extinguido.»

Ante estas realidades, mi equipo y yo habíamos hecho todo lo posible por destacar el asunto del cambio climático durante la campaña sin que ello nos costase demasiados votos. Me posicioné desde el principio a favor de un ambicioso sistema de «topes e intercambios» para reducir los gases de efecto invernadero, aunque evité entrar en detalles que pudiesen proporcionar a mis futuros rivales un suculento objetivo que atacar. En los discursos, minimicé el conflicto entre las actuaciones contra el cambio climático y el crecimiento económico, e insistí en señalar los beneficios no medioambientales de mejorar la eficiencia energética, entre ellos la posibilidad de, en última instancia, reducir nuestra dependencia respecto del petróleo extranjero. Y, en un guiño al centro político, prometí una política energética que tocase todos los palos, lo que permitiría que prosiguiese la producción doméstica de petróleo y gas mientras el país hacía la transición a las energías limpias, así como que se destinasen fondos al etanol, las tecnologías de carbón limpio y la energía nuclear; todas ellas posturas impopulares entre los ecologistas pero de gran relevancia para los votantes de los estados bisagra.

Mi discurso optimista sobre la transición indolora a un futuro sin carbón provocó las quejas de algunos activistas contra el cambio climático. Esperaban de mí que hiciese un llamamiento a un mayor sacrificio y a la toma de decisiones más difíciles —incluida una moratoria sobre la perforación para extraer petróleo y gas, o incluso su prohibición— para hacer frente a una amenaza existencial. En un mundo perfectamente racional, eso habría tenido sentido. En el mundo real y muy irracional de la política estadounidense, mi equipo y yo estábamos bastante seguros de que presentar escenarios apocalípticos era una mala estrategia electoral.

«¡No podemos hacer nada por proteger el medioambiente —gruñó Plouffe cuando un grupo de activistas le preguntó al respecto— si perdemos Ohio y Pensilvania!»

De hecho, con la economía cayendo en picado, la situación política en torno al cambio climático empeoró tras las elecciones («A nadie le importan una mierda los paneles solares cuando lo van a desahuciar de su casa», dijo Axe sin rodeos), y en la prensa se especuló con que dejaríamos el asunto discretamente en segundo plano. Supongo que el hecho de que eso ni se me pasase por la cabeza da una idea tanto de lo engreído que era entonces como de la importancia del tema. Le pedí a Rahm que diese al cambio climático la misma prioridad que a la reforma sanitaria, y que empezase a reunir un equipo capaz de hacer avanzar nuestra agenda.

Empezamos con buen pie cuando convencimos a Carol Browner —que había dirigido la EPA durante la Administración Clinton— para que ocupase el recién creado puesto de «zar climático», que coordinaría los esfuerzos de las distintas agencias clave. Alta y esbelta, con una entrañable combinación de energía nerviosa y resolutivo entusiasmo, Carol tenía un profundo conocimiento de la cuestión, contactos en el Capitolio y credibilidad ante todas las principales organizaciones ecologistas. Para liderar la EPA, nombré a Lisa Jackson, una ingeniera química afroamericana que, tras pasar quince años en la agencia, había sido la comisionada para la protección medioambiental de New Jersey. Era una experta agente política, con el encanto y el humor fácil de su Nueva Orleans natal. Para entender por completo las fronteras científicas de la transformación del sector energético estadounidense, nos pusimos en manos de mi secretario de Energía, Steven Chu, físico en Stanford, ganador del Premio Nobel y anterior director del célebre Laboratorio Nacional Lawrence Berkeley, en California. Steve tenía aspecto de académico, con sus gafas redondas de montura metálica y un aire serio pero ligeramente distraído; en más de una ocasión, el personal tuvo que salir a buscarlo por los terrenos de la Casa Blanca porque había perdido la noción del tiempo y había salido a pasear justo cuando estábamos a punto de empezar una reunión. Pero era tan inteligente como indicaba su currículum, y tenía el don de explicar cuestiones sumamente técnicas en términos que los humanos con una capacidad limitada para entenderlos, como yo, podíamos comprender.

Con Carol a los mandos, nuestra agrupación de cerebros para abordar el cambio climático propuso una completa agenda regulatoria que incluía, entre otras medidas, la imposición de un límite estricto a las emisiones de carbono, el cual —si se implantaba con éxito— podría reducir las emisiones estadounidenses de gases de efecto invernadero en un 80 por ciento para 2050. No sería suficiente para evitar que la temperatura del planeta aumentase más de dos grados Celsius, pero sí al menos iba a poner las cosas en movimiento y serviría como marco de referencia para futuras reducciones más contundentes. Igualmente importante era establecer una meta ambiciosa pero realista que colocara a Estados Unidos en posición de presionar a los otros grandes emisores —en particular, China— a seguir nuestro ejemplo. El objetivo era negociar y firmar un gran acuerdo internacional sobre cambio climático antes del final de mi presidencia. Empezamos con la Ley de Recuperación, conscientes de que teníamos la oportunidad de utilizar el dinero del estímulo para transformar el sector energético, haciendo inversiones en investigación y desarrollo de energías limpias que llevarían a acusadas disminuciones en el coste de la energía eólica y solar. Nuestro cálculo era sencillo: para alcanzar nuestros objetivos en lo relativo a la emisión de gases de efecto invernadero, tendríamos que cortar la dependencia de la economía estadounidense respecto de los combustibles fósiles, algo que no lograríamos si no contábamos con alternativas realistas.

Recordemos que, en 2009, los coches eléctricos aún eran una curiosidad. Los fabricantes de paneles solares no se dirigían más que a un mercado de nicho. Y la energía de origen solar y eólico constituía tan solo una pequeña parte de la producción total de energía de Estados Unidos, debido tanto a que aún era más costosa que la obtenida a partir de generadores de carbón y de gas como a que había dudas legítimas sobre su fiabilidad cuando el sol no brillaba o el viento no soplaba. Los expertos estaban convencidos de que los costes seguirían cayendo a medida que entrase en funcionamiento un mayor número de generadores de energía limpia y a medida que el desarrollo de tecnologías para fabricar baterías más eficientes pudiese solucionar el problema de la fiabilidad. Pero construir nuevas centrales eléctricas requería ingentes cantidades de dinero, como también ocurría con la I+D en energía, y ni los inversores privados ni las principales compañías energéticas habían mostrado un gran interés en hacer lo que parecían apuestas arriesgadas. Desde luego no entonces, cuando incluso las empresas de energías limpias de mayor éxito hacían lo que podían para no echar el cierre.

De hecho, prácticamente todas y cada una de las empresas de energías renovables, desde los fabricantes de vehículos eficientes hasta los productores de biocombustibles, se enfrentaban al mismo dilema: por muy buena que fuese su tecnología, seguían teniendo que desenvolverse en una economía que durante más de un siglo se había construido casi en su totalidad en torno al petróleo, el gas y el carbón. Esta desventaja estructural no era consecuencia exclusiva de las fuerzas del mercado. El Gobierno federal, los estatales y los locales habían invertido billones de dólares —ya fuese en forma de subsidios y exenciones de impuestos directos o mediante la construcción de infraestructuras como oleoductos, autopistas y terminales portuarias— en contribuir a mantener tanto un suministro continuado como una demanda estable de combustibles fósiles baratos. Las empresas petroleras estadounidenses estaban entre las corporaciones más rentables del mundo, y a pesar de ello seguían recibiendo cada año millones de dólares en exenciones de impuestos federales. Para tener posibilidades de competir en igualdad de condiciones, el sector de las energías limpias necesitaba un buen empujón.

Eso es lo que esperábamos que proporcionara la Ley de Recuperación.

De aproximadamente ochocientos mil millones de dólares de estímulo disponibles, destinamos más de noventa mil millones a iniciativas de energía limpia en distintos puntos del país. Al cabo de un año, una planta de Maytag en Iowa que había visitado durante la campaña y que había tenido que cerrar debido a la recesión estaba de nuevo a pleno rendimiento fabricando turbinas eólicas de última generación. Financiamos la construcción de una de las granjas eólicas más grandes del mundo. Costeamos el desarrollo de nuevos sistemas de almacenamiento de energía en baterías y estimulamos el mercado de los camiones, autobuses y coches eléctricos e híbridos. Financiamos programas para mejorar la eficiencia energética de edificios y empresas, y colaboramos con el Tesoro para convertir de forma temporal el ya existente crédito federal a las energías limpias en un programa de pagos directos. En el Departamento de Energía, utilizamos dinero de la Ley de Recuperación para lanzar la Agencia de Proyectos de Investigación Avanzados-Energía, un programa de investigación de alto riesgo y elevada recompensa inspirado en la Agencia de Proyectos de Investigación Avanzados de Defensa, el célebre proyecto que el Departamento de Defensa lanzó después del satélite Sputnik y que contribuyó al desarrollo no solo de sistemas armamentísticos avanzados, como las tecnologías de invisibilidad, sino también de una versión primigenia de internet, de las tecnologías de activación por voz y del GPS.

Eran proyectos ilusionantes, aunque nuestra búsqueda de avances revolucionarios en el campo de la energía prácticamente garantizaba que algunas de las inversiones de la Ley de Recuperación no llegarían a buen puerto. El fracaso más destacado tuvo que ver con la decisión de ampliar un programa de préstamos del Departamento de Energía puesto en marcha durante la Administración Bush que ofrecía capital circulante a largo plazo a empresas prometedoras de energías limpias. En su totalidad, el Programa de Garantía de Préstamos del Departamento de Energía acumuló un historial impresionante, y ayudó a compañías innovadoras como el fabricante de automóviles Tesla a dar un salto de nivel en su negocio. La tasa de impagos en sus préstamos fue de un escaso 3 por ciento, y la idea era que los éxitos de financiación compensarían sobradamente su puñado de fracasos.

Por desgracia, uno de los impagos más cuantiosos ocurrió durante mi mandato: un exorbitante préstamo de 535 millones de dólares a una compañía de paneles solares llamada Solyndra. La empresa había patentado lo que entonces se consideró una tecnología revolucionaria, pero, por supuesto, la inversión conllevaba un riesgo. Mientras los chinos inundaron el mercado con sus propios paneles solares baratos y muy subsidiados, Solyndra empezó a hacer aguas y en 2011 entró en bancarrota. Dada la envergadura del impago —por no hablar de que mi equipo me había organizado una visita a sus instalaciones en California justo cuando empezaban a sonar las primeras alarmas financieras—, Solyndra acabó convirtiéndose en una pesadilla para mi imagen. La prensa pasó semanas insistiendo en la historia. Los republicanos disfrutaron de lo lindo.

Intenté tomármelo con calma. Me dije que el hecho de que las cosas nunca saliesen exactamente como estaba previsto formaba parte esencial de mi cargo. Incluso las iniciativas exitosas —bien ejecutadas y movidas por las más puras de las intenciones— a menudo albergaban algún defecto oculto o alguna consecuencia inesperada. Sacar cosas adelante implicaba necesariamente poder ser objeto de crítica, y la alternativa —ir a lo seguro, evitar la controversia, guiarse por las encuestas— no solo era una receta para la mediocridad, sino una traición a las esperanzas de los ciudadanos que me habían llevado a la presidencia.

Aun así, con el paso del tiempo no pude evitar echar humo por las orejas (a veces me imaginaba haciéndolo literalmente, como en unos dibujos animados) al pensar que el fracaso de Solyndra podía eclipsar el notable éxito de la Ley de Recuperación a la hora de revitalizar el sector de las energías renovables. Incluso en su primer año, nuestro proyecto de «misión lunar con energías limpias» había empezado a reactivar la economía, generar empleo, desencadenar un incremento en la generación de energía de origen solar y eólico, así como un salto en la eficiencia energética, además de servir para movilizar todo un arsenal de nuevas tecnologías con el fin de ayudar a combatir el cambio climático. Pronuncié discursos a lo largo y ancho del país para explicar la importancia de todo esto. «¡Está funcionando!», quise gritar. Pero aparte de los activistas ecologistas y las empresas de energías limpias, parecía que a nadie le importaba. Estaba bien saber que, como nos aseguró un ejecutivo, sin la Ley de Recuperación «probablemente habría desaparecido toda la industria solar y eólica estadounidense». Pero eso no impedía que me preguntase cuánto tiempo podríamos seguir abanderando políticas que, a pesar de que daban dividendos a largo plazo, no impedían que nos atizasen.

Nuestra inversión en energía limpia era solo el primer paso para alcanzar nuestros objetivos de emisiones de gases de efecto invernadero. Además, teníamos que cambiar los hábitos energéticos cotidianos del país, tanto si eso significaba que las empresas repensasen la forma en que calentaban y refrigeraban sus edificios como que las familias decidiesen apostar por lo ecológico en la compra de su coche nuevo. Confiábamos en conseguirlo en parte a través de un proyecto de ley sobre cambio climático diseñado para inclinar los estímulos hacia la energía limpia en todos los sectores de la economía. Pero, según Lisa y Carol, no teníamos por qué esperar hasta que el Congreso actuase para alterar al menos parte del comportamiento de las empresas y los consumidores. Bastaba con que sacásemos el máximo provecho de nuestras capacidades regulatorias en el marco de las leyes vigentes.

La más importante de dichas leyes era la Ley de Aire Limpio, la señera norma de 1963 que autorizó al Gobierno federal a vigilar la contaminación atmosférica, lo que condujo a la implantación de estándares exigibles de pureza del aire en los años setenta. Esta ley, que había sido reafirmada con el apoyo de miembros de ambos partidos en fecha tan reciente como 1990, establecía que la EPA «deberá, mediante regulación», establecer estándares para limitar las emisiones procedentes de vehículos que «en opinión de la agencia causen o contribuyan a una contaminación atmosférica que se pueda prever razonablemente que pondrá en peligro la salud o el bienestar del público».

Si uno creía en la ciencia climática, el dióxido de carbono que expulsaban los tubos de escape de los coches sin duda debía considerarse contaminación atmosférica. Al parecer, el director de la EPA durante la Administración Bush discrepaba (de la ciencia, claro está). En 2003, decidió que la Ley de Aire Limpio no estaba pensada para otorgar a la agencia autoridad para regular la emisión de gases de efecto invernadero; en todo caso, él no la usaría para cambiar los estándares de emisiones. Varios estados y organizaciones ecologistas recurrieron la decisión, y en la sentencia de 2007 de Massachusetts contra la EPA, una estrecha mayoría del Tribunal Supremo decidió que durante la Administración Bush la agencia había desatendido su obligación de aplicar «un criterio razonado» basado en la ciencia a la hora de adoptar su decisión, y le ordenó que diese marcha atrás y volviese a hacer sus deberes.

Durante los dos años siguientes, la Administración Bush no hizo nada, pero ahora nosotros estábamos en condiciones de dar buen uso a la decisión del Tribunal Supremo. Lisa y Carol recomendaron que recopilásemos la evidencia científica, emitiésemos un dictamen según el cual los gases de efecto invernadero estaban sujetos a regulación por parte de la EPA y usásemos de inmediato esa autoridad para elevar los estándares de eficiencia en el consumo de combustible para todos los coches y camiones que se fabricasen o se vendiesen en Estados Unidos. Las circunstancias no podrían haber sido más favorables para aprobar normas en ese sentido: aunque los fabricantes de automóviles estadounidenses y el sindicato United Auto Workers (UAW) por lo general se oponían a unos estándares de eficiencia más exigentes, mi decisión de seguir destinando miles de millones de dólares de fondos TARP a mantener a flote su industria los había vuelto «más receptivos», como Carol expresó con suma sutileza. Lisa creía que, si actuábamos con suficiente rapidez, podíamos aprobar la normativa antes de que los fabricantes de coches actualizasen sus modelos. El consiguiente descenso en el consumo de gasolina en Estados Unidos podría suponer un ahorro de unos 1.800 millones de barriles de petróleo y reducir nuestras emisiones anuales de gases de efecto invernadero en un 20 por ciento; además, estableceríamos un precedente útil para que la EPA pudiese regular otras fuentes de gases de efecto invernadero en los próximos años.

Para mí, el plan era incontestable, aunque Rahm y yo estábamos de acuerdo en que, incluso teniendo a los fabricantes de nuestra parte, hacer que la EPA publicase nuevos estándares de eficiencia generaría muchísimo ruido político. No podíamos olvidar que para todos los líderes republicanos la derogación de las normativas federales era algo de máxima prioridad, estaba al mismo nivel que bajar los impuestos a los ricos. Las organizaciones empresariales y los grandes donantes conservadores, como los hermanos Koch, habían hecho importantes inversiones en una campaña que duraba ya décadas para convertir «regulación» en una palabra malsonante. Era imposible abrir las páginas de opinión del *The Wall Street Journal* sin toparse con algún ataque a un «Estado regulatorio» fuera de control. Para los antirregulación, los pros y los contras de elevar los estándares de eficiencia en el consumo de combustible tenían menos importancia que lo que simbolizaba una nueva normativa: otro ejemplo más de cómo los burócratas de Washington, a los que nadie había elegido, intentaban inmiscuirse en la vida de la gente, minar la vitalidad económica del país, violar el derecho a la propiedad privada y socavar la visión del Gobierno representativo que tuvieron los padres fundadores.

Yo no daba mucha importancia a esa clase de argumentos. Ya en la era Progresista, los monopolios petroleros y ferroviarios habían empleado un lenguaje similar para atacar los intentos del Gobierno de librar a la economía estadounidense del completo dominio al que la tenían sometida. Lo mismo habían hecho quienes se oponían al New Deal de Franklin Delano Roosevelt. A pesar de ello, a lo largo del siglo XX, una ley tras otra y en cooperación con presidentes de ambos partidos, el Congreso había seguido delegando su autoridad regulatoria y de inspección en toda una constelación de agencias especializadas, desde la Comisión de Bolsa y Valores hasta la Administración de Seguridad y Salud Ocupacional, pasando por la Administración Federal de Aviación. Por una sencilla razón: a medida que aumentaba la complejidad de la sociedad, las corporaciones acumulaban más poder y los ciudadanos exigían más del Gobierno, los cargos electos simplemente no daban abasto para regular tantas y tan diversas industrias. Tampoco poseían el conocimiento especializado necesario para establecer reglas que permitieran asegurar transacciones justas en los distintos mercados financieros, para evaluar la seguridad del equipo médico más reciente, para entender los nuevos datos sobre contaminación o para prever todas las maneras en que los empleadores podrían discriminar a sus empleados en función de su raza o su género.

Dicho de otro modo: para tener un buen gobierno era importante la experiencia. Las instituciones públicas debían dotarse de personas cuyo trabajo consistía en prestar atención a cosas importantes para que el resto de los ciudadanos no tuviésemos que hacerlo. Y gracias a esos expertos, los estadounidenses podíamos preocuparnos menos por la calidad del aire que respirábamos o del agua que bebíamos, teníamos a quien recurrir cuando los empleadores no nos pagaban las horas extra que nos correspondían, podíamos contar con que los medicamentos a la venta sin receta no nos matarían, y que conducir un coche o volar en un avión comercial era exponencialmente más seguro hoy de lo que lo había sido apenas veinte, treinta o cincuenta años antes. El Estado regulatorio del que los conservadores se quejaban tan amargamente había hecho que la vida en Estados Unidos fuese muchísimo mejor.

Lo cual no significa que toda crítica de la regulación federal fuera infundada. En algunas oportunidades los obstáculos burocráticos lastraban a las empresas de manera innecesaria, o retrasaban la llegada al mercado de productos innovadores. Sí era cierto que algunas normativas costaban más dinero del que valían. En particular, los grupos ecologistas detestaban una ley de 1980 que obligaba a que una desconocida subagencia dependiente de la rama ejecutiva llamada Oficina de Información y Asuntos Regulatorios (OIRA, por sus siglas en inglés) llevase a cabo un análisis de coste-beneficio de cada nueva normativa federal. Estaban convencidos de que el proceso favorecía a los intereses empresariales, y algo de razón tenían: era muchísimo más fácil medir los beneficios y las pérdidas de una empresa que poner precio a preservar una especie de ave en peligro de extinción o a reducir la probabilidad de que un niño desarrollase asma.

A pesar de todo, por motivos regulatorios y políticos, pensaba que los progresistas no podían permitirse ignorar los aspectos económicos. Quienes creíamos en la capacidad del Gobierno para resolver grandes problemas teníamos la obligación de prestar atención a las consecuencias de nuestras decisiones en el mundo real; no podíamos limitarnos a confiar en la bondad de nuestras intenciones. Si una agencia proponía un proyecto de norma para preservar los humedales que imponía una reducción de la superficie de una granja familiar, esa agencia debería tener en cuenta las pérdidas que supondrían para esos granjeros antes de seguir adelante con el proyecto.

Precisamente porque tenía interés en hacer las cosas bien en este ámbito, nombré a Cass Sunstein, un antiguo colega en la facultad de Derecho de la Universidad de Chicago, para que se hiciese cargo de la OIRA y fuese nuestro experto titular en coste-beneficio. Cass era un destacado académico en Derecho Constitucional que había escrito una docena de libros y cuyo nombre solía barajarse como futuro juez del Tribunal Supremo; de hecho, fue él quien me insistió en que le encargase dirigir la OIRA, en una clara muestra de su vocación de servicio, su indiferencia al prestigio y un elevado cociente intelectual que hacía de él el candidato ideal al puesto. (Además, era encantador, un jugador de squash de talla mundial y el individuo con el escritorio más desordenado que haya visto jamás.) En el transcurso de los tres años siguientes, Cass y su pequeño equipo echaron horas y más horas en la discreta oficina de la OIRA, situada enfrente de la Casa Blanca, para asegurarse de que las regulaciones que proponíamos ayudaban en efecto a un número suficiente de personas como para justificar su coste. También le pedí que encabezase una concienzuda revisión de todas las regulaciones federales existentes para que pudiésemos eliminar todas aquellas que fueran innecesarias o hubieran quedado obsoletas.

Cass desenterró varias joyas: antiguas prescripciones que obligaban a hospitales, médicos y enfermeras a gastar anualmente más de mil millones de dólares en preceptivos papeleos y pesadas tareas administrativas; una estrambótica normativa medioambiental que clasificaba la leche como «aceite», lo que imponía a los productores lecheros unos costes anuales de cien millones de dólares; una obligación absurda impuesta a los camioneros que los forzaba a gastar mil setecientos millones de dólares en tiempo perdido rellenando papeles tras cada trayecto. Pero la inmensa mayoría de las normas que Cass revisó superaron su escrutinio, y al final de mi mandato, incluso los analistas republicanos constataron que los beneficios de nuestras regulaciones compensaban sus costes por una relación de seis a uno.

La propuesta de Lisa y Carol de elevar los estándares de eficiencia en el consumo de combustible acabó siendo una de esas regulaciones. En cuanto les di luz verde, se pusieron manos a la obra. Encontraron un buen socio en mi secretario de Transportes, Ray LaHood, un excongresista de Peoria y republicano caballeroso de la vieja escuela cuya naturaleza sociable y sincero compromiso con el bipartidismo hacían de él alguien popular a ambos lados del hemiciclo. Un soleado día de mayo, me vi en el jardín de las Rosas, flanqueado por un grupo de líderes de la industria del automóvil, así como por el presidente del sindicato UAW, para anunciar un acuerdo que iba a aumentar en 2016 la eficiencia en el consumo de combustible de todos los nuevos coches y camiones, bajando el consumo de 8,55 litros cada 100 kilómetros a 6,63 litros. El plan aspiraba a recortar las emisiones de gases de efecto invernadero en más de novecientas toneladas métricas en el transcurso de la vida útil de los vehículos nuevos, lo que equivaldría a retirar de las carreteras 177 millones de coches o a clausurar 194 centrales eléctricas de carbón.

En sus declaraciones de ese día, los fabricantes de automóviles se ajustaron a ese mensaje y expresaron confianza en ser capaces de cumplir los nuevos objetivos y que para sus empresas sería beneficioso tener un único estándar nacional en lugar de un mosaico de leyes estatales. La rapidez y la ausencia de conflicto con la que habíamos llegado a ese acuerdo sorprendió a los reporteros, varios de los cuales preguntaron a Carol por el papel que el rescate a la industria del automóvil podía haber tenido a la hora de propiciar ese recién descubierto espíritu cumbayá. «A lo largo de las negociaciones, en ningún momento se habló de rescates», insistió ella. Más tarde, en el despacho Oval, le pregunté si lo que había dicho era cierto.

«Totalmente —respondió—. Aunque, por supuesto, no puedo decir que no lo tuvieran presente...»

Entretanto, encomendé a Steve Chu la tarea de poner al día todos los estándares de eficiencia que pudiese encontrar, recurriendo para ello a una ley de 1987 rara vez aplicada que otorgaba al Departamento de Energía autoridad para establecer estándares de eficiencia energética en todo tipo de cosas, desde bombillas hasta aparatos comerciales de aire acondicionado. Steve estaba como un niño con zapatos nuevos, y me obsequiaba con explicaciones detalladas de sus más recientes hazañas en el establecimiento de estándares. («¡Te sorprendería saber el efecto que tiene sobre el medioambiente una mejora de tan solo el 5 por ciento en la eficiencia de los refrigeradores!») Y aunque no era fácil estar a la altura de su entusiasmo por las lavadoras y las secadoras, los resultados eran verdaderamente asombrosos: cuando dejé el cargo, se estimaba que esos nuevos estándares para los electrodomésticos bloquearían la emisión a la atmósfera de otros 210 millones de toneladas métricas de gases de efecto invernadero.

En los años siguientes, los fabricantes de automóviles y electrodomésticos cumplieron sin demasiado revuelo con los objetivos de eficiencia más estrictos que impusimos, y antes de lo previsto, confirmando así la afirmación de Steve según la cual, cuando se hacen bien las cosas, unos estándares regulatorios ambiciosos en la práctica espolean a las empresas a innovar. Si los consumidores se percataron de que los modelos de coches y electrodomésticos de mayor eficiencia energética eran en ocasiones más caros, no se quejaron; probablemente compensarían esa diferencia con unos menores gastos en electricidad o combustible, además de que los precios por lo general volvían a bajar una vez que las nuevas tecnologías pasaban a ser la norma.

Para nuestra sorpresa, ni siquiera McConnell y Boehner se pusieron particularmente nerviosos con nuestras regulaciones energéticas, quizá porque no pensaron que pudieran ganar esa batalla y no querían desviar la atención de sus intentos de hacer fracasar el Obamacare. No todos los republicanos mostraron tal moderación. Un día, Pete Rouse entró en el despacho Oval para mostrarme varios fragmentos de las declaraciones ante la prensa de la congresista Michele Bachmann, de Minnesota, fundadora del caucus del Tea Party en la Cámara de Representantes y que tiempo después sería candidata en las primarias republicanas a la presidencia. Bachmann venía denunciando las flamantes bombillas de mayor eficiencia energética como «una intrusión antiestadounidense a lo Gran Hermano» y una amenaza para la salud pública; también eran evidencia de lo que veía como una conspiración más amplia por parte de los demócratas para imponer una agenda radical de «sostenibilidad», según la cual todos los ciudadanos estadounidenses acabarían siendo obligados a «trasladarse a los núcleos urbanos, vivir en infraviviendas y tomar el metro para ir a sus trabajos en la Administración pública».

«Parece que han descubierto nuestro secreto, presidente», dijo Pete.

Asentí con preocupación. «Habrá que esconder los contenedores de reciclaje.»

Aunque los coches y lavavajillas más eficientes eran un avance, sabíamos que el camino hacia el cambio duradero pasaba en última instancia por conseguir que el Congreso aprobara una legislación climática más amplia: un proyecto de ley susceptible de afectar a todos los sectores de la economía que contribuían a la emisión de gases, más allá de los vehículos y los electrodomésticos. Además, las informaciones de prensa y la conversación pública que propiciaría el proceso legislativo contribuirían a sensibilizar sobre los peligros asociados al aumento global de la temperatura y —si todo iba bien— el Congreso sentiría el resultado final como propio. Quizá lo más importante era que una ley federal podría perdurar, a diferencia de las regulaciones, que una futura Administración republicana podría revocar de manera unilateral.

Por supuesto, esa legislación dependía de nuestra capacidad para superar el filibusterismo del Senado. Y a diferencia de lo que ocurrió con la Ley de Recuperación, cuando, llegado el momento de la verdad, fuimos capaces de asegurar todos los votos demócratas que necesitábamos, Harry Reid me advirtió de que con toda seguridad perderíamos al menos a un par de senadores demócratas de estados productores de petróleo y carbón que tenían a la vista reelecciones complicadas. Para conseguir sesenta votos necesitaríamos convencer al menos a dos o tres republicanos para que apoyasen un proyecto de ley al que se oponían radicalmente la mayoría de sus votantes, y con el que Mitch McConnell había jurado que acabaría.

Al menos en un principio, creímos que nuestra apuesta más segura era el hombre al que había vencido en la carrera presidencial. Durante su campaña, John McCain había minimizado su apoyo a la legislación sobre cambio climático, en particular tras elegir como candidata a vicepresidenta a una mujer cuya política energética —»¡A perforar, a perforar!»— resultó ser tan del agrado de los votantes republicanos. Pero hay que reconocer que McCain nunca había abandonado por completo la posición que había defendido tiempo atrás durante su carrera en el Senado, y aprovechando el (muy) breve periodo de gracia inmediatamente posterior a las elecciones, él y yo habíamos comentado la posibilidad de trabajar juntos para conseguir la aprobación de un proyecto de ley sobre el clima. Más o menos cuando juré mi cargo, se supo que McCain había unido sus fuerzas con su mejor amigo en el Senado, Joe Lieberman, para presentar una alternativa bipartidista a la legislación, más progresista, que proponía Barbara Boxer, la demócrata de California que presidía el Comité sobre Medioambiente y Obras Públicas.

Por desgracia, en los círculos republicanos los acuerdos bipartidistas de marca McCain estaban completamente desfasados. Los derechistas lo despreciaban más que nunca, y achacaban a su falta de convicción conservadora las derrotas republicanas en la Cámara y el Senado. A finales de enero de 2009, un excongresista y locutor de radio de derechas llamado J. D. Hayworth dejó caer la posibilidad de enfrentarse a McCain en las primarias republicanas de Arizona el año siguiente, el primer desafío serio al que se enfrentaba McCain desde su llegada al Senado veintidós años antes. Imagino que la mera indignidad de la situación haría que le hirviese la sangre, pero como animal político que era, McCain sabía que debía cubrir cuanto antes su flanco derecho, y colaborar conmigo en una importante iniciativa legislativa medioambiental desde luego no ayudaría a hacerlo. Enseguida supimos, por el equipo de Lieberman, que McCain retiraba su apoyo al proyecto de ley.

Al mismo tiempo, ni un solo republicano de la Cámara se planteó siquiera la posibilidad de participar en el respaldo de la legislación sobre el clima. Lo cual dejó a los dos demócratas de alto rango en el comité competente, Henry Waxman, de California, y Ed Markey, de Massachusetts, encantados con la idea de redactar un proyecto de ley por su cuenta y aprobarlo únicamente con los votos demócratas. A corto plazo, eso nos facilitaba la vida: a grandes rasgos, Waxman y Markey coincidían con nuestras líneas políticas, sus equipos sabían lo que hacían y agradecían nuestras sugerencias. Pero también significaba que ambos congresistas sentían poca necesidad de tener en cuenta opiniones menos progresistas que las que existían en su propio grupo, lo que abría la posibilidad de que el proyecto de ley que redactasen acabase pareciendo la lista de deseos de una organización ecologista, y provocase un ataque al corazón a varios de los senadores demócratas indecisos.

Con la esperanza de evitar una situación de punto muerto entre la Cámara y el Senado, Rahm encomendó a Phil Schiliro la nada envidiable tarea de instar a Waxman a abrir un diálogo con los probables patrocinadores de un proyecto de ley en el Senado, incluido Lieberman, para así poder ir limando las diferencias entre ambos grupos. Al cabo de una semana convoqué a Phil en el despacho Oval y le pregunté cómo había ido la conversación con Waxman. Dejó caer su cuerpo desgarbado sobre el sofá, tomó una manzana del cuenco que había sobre la mesilla y se encogió de hombros.

«No muy bien», dijo con una voz que era mitad risa entre dientes y mitad suspiro. Antes de incorporarse a mi equipo, Phil había trabajado varios años en la oficina de Waxman, en la última época como su jefe de gabinete, por lo que ambos se conocían muy bien. Me dijo que Waxman le había echado una buena bronca, que había volcado en él la frustración que los demócratas de la Cámara ya sentían hacia los del Senado (y hacia nosotros) por lo que consideraban una letanía de pecados previos: reducir la envergadura de la Ley de Recuperación, ser incapaces siquiera de someter a votación varios proyectos de ley en la Cámara por temor a poner en un brete a los senadores moderados o conservadores, y ser en general unas marionetas sin agallas.

—Dice que el Senado es «el lugar donde las buenas ideas van a morir» —me explicó Phil.

—Eso no se lo puedo rebatir —respondí.

—Tendremos que resolverlo todo en un comité conjunto, después de que cada cámara apruebe su propio proyecto de ley —prosiguió Phil, esforzándose por transmitir un tono optimista.

En nuestro intento por conseguir que las diferencias entre el proyecto de ley de la Cámara y el del Senado siguiesen siendo viables, había algo que jugaba a nuestro favor: Lieberman y Boxer, así como los demócratas de la Cámara y la mayoría de organizaciones ecologistas, habían aceptado un sistema de topes e intercambios de emisiones similar al que yo había apoyado durante la campaña como mecanismo preferido para lograr grandes reducciones en la emisión de gases de efecto invernadero. Así es cómo funcionaba aquí. El Gobierno federal limitaría la cantidad de gases de efecto invernadero que las compañías podrían emitir, dejando que cada una determinase de qué manera alcanzaría esos objetivos. Las empresas que superasen su límite pagarían una penalización. Las que se mantuviesen por debajo de su límite podrían vender los «créditos» de contaminación que no habían usado a otras compañías menos eficientes. Al ponerle un precio a la contaminación y crear un mercado para los comportamientos respetuosos con el medioambiente, la estrategia de topes e intercambios de emisiones ofrecía a las corporaciones un estímulo para desarrollar y adoptar las tecnologías verdes más recientes; y con cada avance tecnológico el Gobierno podría rebajar aún más los límites, fomentando así un ciclo virtuoso y continuo de innovación.

Había otras maneras de poner precio a la contaminación debida a gases de efecto invernadero. Por ejemplo, algunos economistas creían que era más sencillo imponer un «impuesto al carbón» sobre todos los combustibles fósiles, que desincentivase su uso al encarecerlos. Pero uno de los motivos por los que todo el mundo había acabado convergiendo en una propuesta de topes e intercambios de emisiones era que ya se había ensayado con éxito; y nada menos que por un presidente republicano. En 1990, la Administración de George H. W. Bush había implementado un sistema de topes e intercambios para limitar el dióxido de azufre procedente de las chimeneas de las fábricas que contribuía a la lluvia ácida que estaba destruyendo lagos y bosques a lo largo de la costa este del país. A pesar de las agoreras predicciones de que la medida conduciría al cierre de fábricas y a despidos masivos, las compañías infractoras enseguida encontraron maneras eficaces desde un punto de vista económico de adaptar sus fábricas a lo exigido, y al cabo de unos pocos años el problema de la lluvia ácida prácticamente había desaparecido.

Sin embargo, la envergadura y la complejidad de la tarea de establecer un sistema de topes e intercambios para las emisiones de gases de efecto invernadero era de otra magnitud. Las peleas en torno a cada detalle prometían ser feroces, con grupos de interés persiguiendo a cada miembro del Congreso cuyo voto necesitábamos para tratar de sacarle tal o cual concesión. De la batalla para aprobar la legislación sanitaria estaba aprendiendo que el mero hecho de que los republicanos hubiesen apoyado alguna vez una idea regulatoria que abanderaba uno de los suyos no significaba que fuesen a respaldar exactamente la misma idea si esta venía de un presidente demócrata.

Aun así, debía confiar en que disponer de un precedente exitoso nos proporcionaba una oportunidad real de sacar un acuerdo adelante. Carol, Phil y el resto del personal legislativo de la Casa Blanca pasaron gran parte de la primavera de 2009 yendo y viniendo entre una y otra cámara, haciendo avanzar lentamente el asunto, limando asperezas y ofreciendo a los actores principales y a sus equipos todo el apoyo técnico o la asesoría regulatoria que pudieran necesitar. Todo esto ocurría mientras aún intentábamos reflotar la economía, dar forma al proyecto de ley de sanidad, componer un paquete legislativo sobre inmigración, asegurar la confirmación de los candidatos judiciales y hacer avanzar otra docena de iniciativas más pequeñas a través del Congreso; una muestra de la enorme implicación de todo el equipo. También confería a la oficina de Rahm —de decoración minimalista y con la gran mesa de conferencias que ocupaba su centro normalmente cubierta de tazas de café, latas de Coca-Cola Light y algún que otro tentempié a medio comer— la atmósfera sobrecafeinada de un centro de control del tráfico aéreo.

Entonces, un día de junio, nuestros esfuerzos empezaron a dar sus frutos. La Oficina Social de la Casa Blanca había organizado un pícnic para el personal en el jardín Sur, y yo acababa de empezar a moverme entre la gente, sosteniendo bebés y posando para fotos con los orgullosos padres de los miembros del personal, cuando Rahm vino dando brincos por el césped, con un folio enrollado en la mano.

—Presidente, la Cámara acaba de aprobar el proyecto de ley sobre el clima —dijo.

—¡Fantástico! —respondí mientras le ofrecía chocar los cinco—. ¿Ha estado muy reñido?

Rahm me mostró su recuento: 219 a 212. «Conseguimos ocho votos de republicanos moderados. Perdimos a un par de demócratas, con lo que ya contábamos, pero me encargaré de ellos. Entretanto, deberías llamar a Nancy, a Waxman y a Markey para darles las gracias. Han tenido que trabajarse duramente a los miembros de la Cámara.»

Rahm vivía para días como ese, cuando lográbamos una clara victoria. Pero mientras caminábamos de vuelta al despacho Oval, parándonos por el camino a saludar a otras personas, me percaté de que mi jefe de gabinete, normalmente incontenible, parecía un poco apagado. Me explicó lo que lo tenía inquieto: hasta ese momento, el Senado no había siquiera hecho pública su versión de un proyecto de ley sobre el clima, y menos aún había empezado a circular por los comités competentes. McConnell, por su parte, estaba haciendo gala de un talento singular para paralizar las votaciones en el Senado. Habida cuenta de que el proceso era lento de por sí menguaba a toda velocidad la ventana temporal para conseguir aprobar una ley sobre el clima antes de que el Congreso suspendiese la sesión legislativa en diciembre. Después de eso, probablemente tendríamos aún más dificultades para llegar a la línea de meta, puesto que los demócratas tanto en la Cámara como en el Senado serían reacios a votar otro proyecto de ley grande y controvertido justo cuando empezaban a hacer campaña de cara a las elecciones de medio mandato.

«Hay que tener fe, hermano», dije mientras le daba una palmada en la espalda.

Rahm asintió, pero en sus ojos, aún más oscuros que de costumbre, se veían las dudas.

«No sé si tenemos pista suficiente para hacer aterrizar todos estos aviones», respondió. Dando a entender que uno o más podían estrellarse.

El ambiente de nerviosismo que reinaba en el Congreso no era la única razón por la que esperaba tener la legislación sobre topes e intercambios de emisiones a punto para diciembre: ese mismo mes estaba prevista la celebración en Copenhague de una cumbre sobre cambio climático auspiciada por la ONU. Tras ocho años durante los cuales, bajo la presidencia de George W. Bush, Estados Unidos se había ausentado de las negociaciones internacionales en torno al clima, las expectativas en el extranjero estaban por las nubes. Y yo difícilmente podía instar a otros gobiernos a actuar de forma agresiva contra el cambio climático si Estados Unidos no predicaba con el ejemplo. Sabía que tener un proyecto de ley doméstico mejoraría nuestra posición negociadora con otros países y contribuiría a espolear la clase de acción colectiva necesaria para proteger el planeta. Al fin y al cabo, los gases de efecto invernadero no respetan fronteras. Una ley que reduzca las emisiones en un país quizá haga que sus ciudadanos se sientan moralmente superiores, pero si otros países no hacen lo propio la temperatura seguirá subiendo sin más. Así que, mientras Rahm y mi equipo legislativo estaban atareados en los pasillos del Congreso, mi equipo de política exterior y yo buscábamos la manera de recuperar el estatus de Estados Unidos como líder en los esfuerzos climáticos internacionales.

En otros tiempos, nuestro liderazgo en este ámbito prácticamente se había dado por descontado. En 1992, cuando el mundo se reunió en Río de Janeiro en lo que se conoció como la Cumbre de la Tierra, el presidente George H. W. Bush se sumó a representantes de otros ciento cincuenta y tres países en la firma de la Convención Marco de las Naciones Unidas sobre el Cambio Climático, el primer acuerdo global para tratar de estabilizar la concentración de gases de efecto invernadero antes de que esta alcanzase niveles catastróficos. La Administración Clinton enseguida tomó el relevo y trabajó con otros países para traducir los vagos objetivos que se anunciaron en Río en un tratado vinculante. El resultado final, el llamado Protocolo de Kioto, establecía planes detallados para la actuación internacional coordinada, incluidos objetivos específicos de reducción de los gases de efecto invernadero, un sistema global de comercio de carbono similar al de topes e intercambios, y mecanismos de financiación para ayudar a los países pobres a adoptar las energías limpias y proteger bosques que, como la Amazonía, contribuían a neutralizar las emisiones de carbono.

Los ecologistas aclamaron el Protocolo de Kioto como un punto de inflexión en la lucha contra el calentamiento global. En todo el mundo, los países participantes acudieron a sus gobiernos para ratificar el tratado. Pero en Estados Unidos, donde la ratificación de un tratado requiere el voto afirmativo de dos tercios del Senado, el Protocolo de Kioto se topó con un muro infranqueable. En 1997, los republicanos controlaban el Senado, y pocos consideraban el cambio climático un problema real. De hecho, el entonces presidente del Comité del Senado sobre Relaciones Exteriores, el archiconservador Jesse Helms, se enorgullecía de despreciar por igual a los ecologistas, la ONU y los tratados multilaterales. Poderosos demócratas, como el senador por Virginia Occidental Robert Byrd, también se oponían enseguida a cualquier medida que pudiese perjudicar a las industrias de los combustibles fósiles vitales para su estado.

A la vista de ese panorama, el presidente Clinton decidió no remitir el Protocolo de Kioto al Senado para someterlo a votación, sino que optó por retrasar la derrota. Aunque la suerte política de Clinton se recuperaría tras superar el *impeachment*, el Protocolo de Kioto permaneció guardado en un cajón durante el resto de su presidencia. Cualquier atisbo de esperanza en la posible ratificación del tratado se apagó por completo cuando George W. Bush se impuso a Al Gore en las elecciones de 2000. Todo lo cual explica por qué en 2009, un año después de que el Protocolo de Kioto entrase por fin plenamente en vigor, Estados Unidos era uno de los cinco países que no formaban parte del acuerdo. Los otros cuatro, en ningún orden particular, eran: Andorra y la Ciudad del Vaticano (dos estados tan pequeños, con una población conjunta de en torno a ochenta mil personas, que se les concedió el estatus de «observadores» en lugar de pedirles que se sumasen al tratado); Taiwán (que habría estado encantado de participar pero no podía hacerlo porque los chinos aún rechazaban su estatus como país independiente); y Afganistán (que tenía la razonable excusa de estar desgarrado tras treinta años de ocupación y una sangrienta guerra civil).

«Sabes que la situación ha tocado fondo cuando tus aliados más cercanos creen que tu posición en un asunto es peor que la de Corea del Norte», dijo Ben Rhodes, sacudiendo la cabeza.

Al repasar esta historia, a veces imaginaba un universo paralelo en el que Estados Unidos, sin rival justo después del final de la Guerra Fría, había volcado su inmenso poder y toda su autoridad en el combate contra el cambio climático. Imaginaba la transformación de la red energética mundial y la reducción en el volumen de gases de efecto invernadero que se habría logrado; los beneficios geopolíticos que se habrían derivado de liberarse del abrazo de los petrodólares y las autocracias que esos dólares apuntalaban; la cultura de sostenibilidad que podría haber arraigado tanto en los países desarrollados como en aquellos en desarrollo. Pero mientras me reunía con mi equipo para trazar una estrategia pensada para nuestro universo real, debía reconocer algo que resultaba palmario: incluso ahora que los demócratas controlaban el Senado, no tenía manera de asegurarme los sesenta y siete votos necesarios para ratificar el marco de Kioto existente.

Bastantes dificultades estábamos teniendo para conseguir que el Senado elaborase un proyecto de ley doméstico sobre el clima. Barbara Boxer y John Kerry, el senador demócrata por Massachusetts, llevaban meses redactando una posible legislación, pero habían sido incapaces de encontrar algún par republicano dispuesto a respaldarla con ellos, lo que ponía de manifiesto que era poco probable que el proyecto de ley saliese adelante, y haría necesaria una nueva estrategia más centrista.

Tras perder a John McCain como aliado republicano, volcamos nuestras esperanzas en uno de sus amigos más cercanos en el Senado, Lindsey Graham, de Carolina del Sur. De baja estatura, cara chata y con un leve deje sureño que en un instante podía pasar de amable a amenazante, Graham era conocido como un ferviente halcón en materia de seguridad nacional (miembro, junto con McCain y Lieberman, de los llamados «Three Amigos», que habían sido los máximos impulsores de la guerra de Irak). Graham era inteligente, seductor, sarcástico, carente de escrúpulos, hábil en su relación con los medios, y gracias en parte a la genuina adoración que sentía por McCain, ocasionalmente estaba dispuesto a alejarse de la ortodoxia conservadora, en especial al apoyar la reforma migratoria. Tras haber resultado reelegido para otro periodo de seis años, Graham estaba en condiciones de asumir algún riesgo, y aunque en el pasado nunca había mostrado mucho interés por el cambio climático, parecía atraído por la posibilidad de cubrir el hueco que McCain había dejado y propiciar un importante acuerdo bipartidista. A principios de octubre, se ofreció a contribuir a convencer al puñado de republicanos que necesitábamos para que el Senado aprobase la legislación sobre el clima, pero solo si Lieberman ayudaba a dirigir el proceso y Kerry podía convencer a los ecologistas para que ofreciesen concesiones o subsidios a la industria de la energía nuclear, así como la apertura de más zonas de costa estadounidense a la exploración en busca de petróleo en alta mar.

Tener que depender de Graham no me hacía ninguna gracia. Lo conocía de mi época en el Senado como alguien a quien le gustaba interpretar el papel del conservador serio y sofisticado, que desarmaba a los demócratas y a los periodistas con opiniones tajantes sobre los puntos ciegos de su partido, y ensalzaba la necesidad de que los políticos se liberasen de sus camisas de fuerza ideológicas. Sin embargo, la mayoría de las veces, cuando llegaba el momento de emitir un voto o de adoptar una postura que podría tener un coste político para él, Graham encontraba algún motivo para evitarlo. («¿Sabes cuando al principio de una peli de espías o de atracos te presentan a los integrantes del equipo? —le dije a Rahm—. Pues Lindsey es el tipo que traiciona a todos los demás para salvar el pescuezo.») Pero, siendo realistas, nuestras opciones eran limitadas («A menos que Lincoln y Teddy Roosevelt entren por esa puerta, colega —respondió Rahm—, Graham es todo lo que hay»), y conscientes de que cualquier vinculación estrecha con la Casa Blanca podría espantarlo, decidimos dar a Graham y a los demás proponentes amplio margen para redactar su versión del proyecto de ley, imaginando que más adelante en el proceso podríamos arreglar cualquier disposición problemática.

Entretanto, nos preparábamos para lo que se avecinaba en Copenhague. Con la expiración del Protocolo de Kioto prevista para 2012, desde hacía ya un año se venían desarrollando negociaciones auspiciadas por la ONU para un tratado que le diese continuidad, con el objetivo de alcanzar un acuerdo a tiempo para la cumbre de diciembre. Sin embargo, nosotros no nos inclinábamos por firmar un nuevo tratado que se inspirase en exceso en el original. Mis asesores y yo teníamos dudas sobre el diseño regulatorio del Protocolo de Kioto; en particular, sobre el uso de un concepto conocido como «responsabilidades comunes pero diferenciadas», que hacía recaer la carga de recortar las emisiones de gases de efecto invernadero casi en exclusiva sobre las economías avanzadas y que hacían un uso intensivo de energía, como las de Estados Unidos, la Unión Europea y Japón. En términos de justicia, pedir a los países ricos que hiciesen más que los pobres contra el cambio climático tenía todo el sentido: no solo la acumulación existente de gases de efecto invernadero era en gran medida el resultado de cien años de industrialización en

Occidente, sino que la huella de carbono per cápita de los países ricos era mucho mayor que otros. Además, era poco lo que se podía esperar de países como Mali, Haití o Camboya —lugares donde muchísima gente seguía sin tener siquiera el acceso más básico a la electricidad— a la hora de reducir sus ya ínfimas emisiones (y con ello posiblemente ralentizar su crecimiento a corto plazo). A fin de cuentas, estadounidenses y europeos podían lograr efectos mucho más sustanciales con solo subir o bajar unos grados sus termostatos.

El problema era que el Protocolo de Kioto había interpretado que «responsabilidades diferenciadas» significaba que potencias emergentes como China, India y Brasil no tenían ninguna obligación vinculante de reducir sus emisiones. Esto quizá fuese razonable cuando se redactó el protocolo, doce años atrás, antes de que la globalización transformase por completo la economía mundial. Pero en medio de una brutal recesión, y con los estadounidenses ya furiosos por la continua marcha de puestos de trabajo a otros países, un tratado que impusiese restricciones medioambientales a las fábricas domésticas sin pedir una actuación análoga a las que operaban en Shangai o Bangalore no iba a ser aceptable. De hecho, en 2005 China había superado a Estados Unidos en emisiones anuales de dióxido de carbono, y las cifras de India también estaban aumentando. Y aunque seguía siendo cierto que el ciudadano medio chino o indio consumía una pequeña parte de la energía que utilizaba el estadounidense medio, los expertos preveían que la huella de carbono de esos dos países se multiplicaría por dos en las próximas décadas, a medida que una proporción cada vez mayor de sus más de dos mil millones de habitantes aspirase a las mismas comodidades modernas de las que disfrutaban quienes vivían en los países ricos. Si eso llegaba a suceder, el planeta iba a estar sumergido bajo las aguas con independencia de lo que hiciesen todos los demás países; un argumento que los republicanos (al menos, los que no rechazaban por completo la ciencia climática) solían emplear como excusa para que Estados Unidos no hiciese absolutamente nada.

Necesitábamos una nueva estrategia. Gracias al inestimable asesoramiento de Hillary Clinton y Todd Stern, enviado especial para el cambio climático del Departamento de Estado, mi equipo preparó una propuesta para un acuerdo provisional de menor calado, basada en tres compromisos compartidos. En primer lugar, el acuerdo exigiría que todos los países —incluidas potencias emergentes como China e India— presentasen un plan propio para reducción de gases de efecto invernadero. El plan de cada país podría diferir en función de su riqueza, perfil energético y estadio de desarrollo, y se revisaría a intervalos periódicos a medida que aumentasen las capacidades económicas y tecnológicas de dicho país. En segundo lugar, aunque estos planes no serían de obligado cumplimiento bajo el derecho internacional como sí lo son las obligaciones de los tratados, cada país aceptaría la adopción de medidas que permitiesen a las demás partes firmantes verificar de forma independiente que estaba cumpliendo con las reducciones que se había autoimpuesto. En tercer lugar, los países ricos proporcionarían a los pobres miles de millones de dólares en ayudas para mitigar y adaptarse al cambio climático, siempre que estos últimos cumpliesen sus compromisos (mucho más modestos).

Si se diseñaba correctamente, esta nueva estrategia podría obligar a China y a otras potencias emergentes a empezar a poner la carne en el asador al mismo tiempo que mantenía el concepto de «responsabilidades comunes pero diferenciadas» del Protocolo de Kioto. Al establecer un sistema creíble para validar los esfuerzos de otros países para reducir las emisiones, también reforzaríamos nuestra posición ante el Congreso en cuanto a la necesidad de aprobar nuestra propia legislación doméstica sobre cambio climático (y esperábamos establecer los cimientos para un tratado más robusto en un futuro próximo). Pero Todd, un abogado enérgico y escrupuloso que había sido alto negociador de la Administración Clinton en Kioto, nos advirtió de que nuestra propuesta no se vería con muy buenos ojos en el ámbito internacional. Los países de la Unión Europea, todos los cuales habían ratificado Kioto y dado pasos para reducir sus emisiones, estaban muy interesados en alcanzar un acuerdo que incluyese compromisos de reducción por parte de Estados Unidos y China con garantías legales. En cuanto a China, India y Sudáfrica estaban satisfechas con el *statu quo* y se resistían con obstinación a cualquier cambio en el protocolo. Estaba previsto que asistiesen a la cumbre activistas y organizaciones ecologistas de todo el mundo. Muchos de ellos veían Copenhague como un momento de todo o nada y verían como un fracaso cualquier cosa que no fuese un tratado vinculante con nuevas y estrictas limitaciones.

Más en concreto, como mi fracaso.

«No es justo —dijo Carol—, pero creen que si te tomas en serio el cambio climático, deberías conseguir que el Congreso y otros países hiciesen todo lo que fuese necesario.»

No podía culpar a los ecologistas por poner el listón tan alto. La ciencia lo exigía. Pero también sabía que no tenía sentido hacer promesas que aún no podía cumplir. Necesitaría más tiempo y que la situación económica mejorase antes de poder convencer al público estadounidense para que apoyase un tratado climático ambicioso. También tendría que convencer a China para que colaborase con nosotros, y probablemente necesitaría una mayoría más holgada en el Senado. Si el mundo esperaba que Estados Unidos firmase un tratado vinculante en Copenhague, yo debía rebajar las expectativas, empezando por las del secretario general de Naciones Unidas, Ban Ki-moon.

Tras dos años de su mandato como el más prominente de los diplomáticos del mundo, Ban Ki-moon aún no había dejado mucha huella en el escenario global. En parte, esto se debía a la naturaleza de su trabajo: aunque el secretario general de la ONU dirige una organización con un presupuesto de miles de millones de dólares, una extensa burocracia y un montón de agencias internacionales, su poder está en gran medida condicionado, y depende de su capacidad para dirigir a ciento noventa y tres países hacia algo mínimamente parecido a una dirección común. El perfil relativamente bajo de Ban también era consecuencia de su estilo discreto y metódico: una visión nada creativa de la diplomacia que sin duda le había dado excelentes resultados durante sus treinta y siete años de carrera en el servicio exterior y el cuerpo diplomático de su Corea del Sur natal, pero que contrastaba de forma marcada con el refinado carisma de su predecesor en el cargo, Kofi Annan. No acudías a una reunión con Ban esperando oír historias fascinantes, comentarios ingeniosos o ideas deslumbrantes. No te preguntaba cómo estaba tu familia ni contaba detalles de su propia vida fuera del trabajo, sino que, tras un vigoroso apretón de manos y un repetido agradecimiento por reunirte con él, Ban se lanzaba de cabeza a una sucesión de temas a tratar y datos anecdóticos, expresados en un inglés fluido pero con fuerte acento y empleando la jerga seria y previsible de un comunicado de la ONU.

A pesar de su falta de chispa, acabé sintiendo afecto y respeto por él. Era honesto, directo y de un optimismo irreprimible, alguien que en varias ocasiones se plantó ante la presión de los estados miembros para defender las reformas que la ONU tanto necesitaba y que de manera instintiva sabía ponerse del lado correcto en cada asunto, aunque no siempre tuviese la capacidad de convencer a otros para que hicieran lo mismo. Ban era también persistente; en particular en la cuestión del cambio climático, que se había marcado como una de sus prioridades. La primera vez que nos reunimos en el despacho Oval, menos de dos meses después de que yo hubiese accedido al cargo, empezó a presionarme para que asistiese a la cumbre de Copenhague.

«Su presencia, señor presidente —me dijo—, enviará una potentísima señal sobre la urgente necesidad de la cooperación internacional en relación con el cambio climático. Potentísima.»

Le había explicado todo lo que teníamos pensado hacer en el ámbito interno para reducir las emisiones estadounidenses, así como las dificultades para que el Senado aprobase en el futuro próximo un tratado del estilo del de Kioto. Describí nuestra idea de un acuerdo provisional, y cómo estábamos formando un «grupo de grandes emisores», aparte de las negociaciones auspiciadas por la ONU, para ver si hallábamos puntos de encuentro con China sobre la cuestión. Mientras yo hablaba, Ban asentía con educación, y de vez en cuando tomaba alguna nota o se colocaba las gafas. Pero nada de lo que dije lo distrajo de su misión principal.

«Con su crucial implicación, señor presidente —dijo—, estoy convencido de que podemos hacer que estas negociaciones desemboquen en un acuerdo satisfactorio.»

Y así siguió durante meses. Daba igual cuántas veces insistiese en mi preocupación ante el cariz que estaban tomando las negociaciones auspiciadas por la ONU, daba igual lo tajante que fuese sobre la posición estadounidense sobre un tratado vinculante al estilo del Protocolo de Kioto, Ban siempre recalcaba la necesidad de que estuviese presente en diciembre en Copenhague. Sacó la cuestión a colación en las reuniones del G20. Lo hizo también en los encuentros del G8. Finalmente, en la sesión plenaria de la Asamblea General de la ONU, en septiembre en Nueva York, di mi brazo a torcer y prometí al secretario general que haría todo lo posible por acudir, siempre que pareciese probable que de la cumbre saliese un acuerdo que yo pudiese aceptar. Después, me volví hacia Susan Rice y le dije que me sentía como una adolescente a quien han estado presionando para que vaya al baile de graduación con el empollón que es demasiado bueno como para decirle que no.

Cuando llegó diciembre y se inauguró la conferencia de Copenhague, parecía como si mis peores temores se estuvieran haciendo realidad. En el ámbito interno, aún estábamos esperando a que el Senado pusiese fecha a la votación sobre la legislación de topes e intercambios de emisiones, mientras que en Europa la negociación del tratado había llegado a un primer punto muerto. Habíamos enviado a Hillary y a Todd como avanzadilla para que intentasen recabar apoyos para nuestra propuesta de acuerdo provisional y, por teléfono, describían un escenario caótico, en el que los chinos y los líderes de otros países del BRIC se habían plantado en su posición, los europeos estaban frustrados tanto con nosotros como con los chinos, los países más pobres clamaban por una mayor ayuda económica, los organizadores de la conferencia daneses y de la ONU se sentían desbordados y los grupos ecologistas allí presentes se desesperaban ante lo que cada vez parecía más un absoluto desastre. Dado el intenso aroma a inminente fracaso, por no hablar de que yo seguía atareado intentando que el Congreso aprobase legislación crucial antes de la pausa navideña, Rahm y Axe se preguntaban si debía siquiera hacer el viaje.

A pesar de mis reparos, decidí que incluso una mínima posibilidad de arrastrar a otros líderes a un acuerdo internacional se imponía sobre la repercusión de un probable fracaso. Para hacer que el viaje fuese más llevadero, Alyssa Mastromonaco preparó un calendario minimalista según el cual viajaría a Copenhague tras una jornada completa en el despacho Oval y pasaría unas diez horas en Dinamarca —el tiempo justo para pronunciar un discurso y mantener unas pocas reuniones bilaterales con jefes de Estado— antes de dar media vuelta y volver a casa. Aun así, puede decirse que no rebosaba entusiasmo cuando embarqué en el Air Force One para cruzar el Atlántico de noche. Me acomodé en uno de los mullidos sillones de cuero de la sala de conferencias del avión y pedí un buen vaso de vodka, con la esperanza de que me ayudase a dormir unas pocas horas, mientras veía a Marvin toquetear los controles de la gran pantalla de televisión en busca de un partido de baloncesto.

«¿Alguien se ha parado a pensar —pregunté— la cantidad de dióxido de carbono que estoy soltando en la atmósfera a consecuencia de estos viajes a Europa? Estoy bastante seguro de que, entre los aviones, los helicópteros y las comitivas, tengo la mayor huella de carbono de cualquier persona en todo el maldito planeta.»

«Mmm... probablemente sea así.» Encontró el partido que buscábamos, subió el volumen y añadió: «Quizá sea preferible que no lo menciones mañana en tu discurso».

Cuando llegamos a Copenhague, la mañana era oscura y gélida, y las carreteras que llevaban hacia la ciudad estaban envueltas en neblina. El lugar donde se celebraba la conferencia parecía un centro comercial reconvertido. Nos vimos deambulando por un laberinto de ascensores y pasillos (en uno de los cuales, por algún motivo incomprensible, había toda una fila de maniquíes) hasta reunirnos con Hillary y Todd para que nos pusiesen al tanto de la situación. Como parte de la propuesta de acuerdo provisional, había autorizado a Hillary a comprometerse a que Estados Unidos redujese sus emisiones de gases de efecto invernadero en un 17 por ciento para 2020, y que destinaría diez mil millones de dólares al Fondo Verde del Clima, del total de cien mil millones que aportaría la comunidad internacional, para ayudar a los países pobres en sus esfuerzos de mitigación y adaptación al cambio climático. Según Hillary, los delegados de una serie de países habían mostrado interés en nuestra alternativa, pero, de momento, los europeos seguían optando por un tratado plenamente vinculante, mientras que China, India y Sudáfrica parecía que se contentaban con dejar que la conferencia acabase en fracaso y culpar de ello a los estadounidenses.

«Si puedes convencer a los europeos y a los chinos de que respalden un acuerdo provisional —dijo Hillary—, entonces es posible, incluso probable, que el resto del mundo haga lo propio.»

Teniendo clara cuál era mi misión, hicimos una visita de cortesía al primer ministro danés, Lars Løkke Rasmussen, que presidía las últimas sesiones de negociación. Como todos los países nórdicos, Dinamarca destacaba en relaciones exteriores, y el propio Rasmussen encarnaba muchas de las cualidades que yo asociaba con los daneses: era prudente, pragmático y humanitario, y estaba bien informado. Pero la tarea que se le había encomendado —intentar un consenso global en torno a una cuestión complicada y controvertida que enfrentaba a las principales potencias mundiales— habría sido difícil de cumplir para cualquiera. Para el líder de cuarenta y cinco años de un pequeño país, que apenas llevaba ocho meses en el cargo, había resultado ser manifiestamente imposible. La prensa se había dado un festín con las historias sobre cómo

Rasmussen había perdido el control de la conferencia, con los delegados rechazando una y otra vez sus propuestas, cuestionando sus decisiones y desafiando su autoridad, como adolescentes rebeldes con un profesor sustituto. Cuando nos reunimos, el pobre hombre parecía conmocionado; el agotamiento había hecho mella en sus claros ojos azules, y tenía el pelo rubio apelmazado, como si acabase de salir de una pelea de lucha libre. Escuchó con atención mientras le explicaba nuestra estrategia, y me hizo varias preguntas técnicas sobre cómo funcionaría un acuerdo provisional. Pero, más que nada, parecía aliviado cuando comprobó mi disposición a intentar salvar el acuerdo.

De ahí, pasamos a un enorme auditorio improvisado, donde expuse ante el plenario los tres componentes del acuerdo provisional que proponíamos, así como la alternativa: inacción y acritud mientras el planeta ardía lentamente. El público estaba apagado pero era respetuoso, y Ban vino a felicitarme cuando terminé: tomó mi mano entre las suyas y se comportó como si le resultase completamente normal esperar que yo intentase salvar las negociaciones bloqueadas y que improvisase la manera de llegar a un acuerdo de última hora con los demás líderes mundiales.

El resto del día fue distinto de cualquier otra cumbre a la que asistí como presidente. Aparte de la confusión de la sesión plenaria, tuvimos una serie de encuentros más reducidos, y para ir de uno a otro recorrimos pasillos abarrotados de personas que estiraban el cuello y tomaban fotos. Aparte de mí, el actor más importante presente allí ese día era el primer ministro chino Wen Jiabao. Había acudido acompañado de una delegación gigantesca. Su equipo se había mostrado hasta entonces inflexible y categórico en las reuniones, y había negado que China fuese a aceptar cualquier forma de supervisión internacional de sus emisiones, seguro de que, gracias a su alianza con Brasil, India y Sudáfrica, contaba con los votos suficientes para bloquear cualquier acuerdo. En mi encuentro bilateral cara a cara con Wen, rechacé sus argumentos y le advertí que, aunque China entendiese que evitar cualquier obligación de transparencia era una victoria a corto plazo, acabaría siendo un desastre a largo plazo para el planeta. Acordamos seguir hablando a lo largo del día.

Era un avance, aunque mínimo. La tarde se esfumó mientras proseguían las sesiones de negociación. Logramos arrancar de los países miembros de la Unión Europea y de varios otros delegados el apoyo a un borrador de acuerdo, pero cuando retomamos las sesiones con los chinos llegamos a un punto muerto, porque Wen declinó asistir y en su lugar envió a varios miembros de su delegación que eran, como era de esperar, inflexibles. A última hora del día me llevaron a otra sala, repleta de europeos descontentos.

Ahí estaban la mayoría de los líderes clave, entre ellos Angela Merkel, Nicolas Sarkozy y Gordon Brown, todos con la misma somnolienta mirada de frustración. Querían saber por qué, ahora que Bush ya no estaba y que mandaban los demócratas, Estados Unidos no podía ratificar un tratado del estilo del Protocolo de Kioto. En Europa, decían, hasta los partidos de extrema derecha aceptan la realidad del cambio climático. ¿Qué les pasa a los estadounidenses? Sabemos que los chinos son un problema, pero ¿por qué no esperar a un acuerdo futuro para obligarlos a ceder?

Durante lo que pareció una hora los dejé hablar, respondí a sus preguntas, simpaticé con sus inquietudes. Finalmente, la realidad de la situación se impuso en la sala, y fue Merkel quien se encargó de expresarla en voz alta.

—Creo que lo que Barack describe no es la opción que habríamos deseado —dijo con calma—, pero puede que sea nuestra única opción hoy. Así que... esperemos a ver lo que dicen los chinos y los demás, y luego decidamos. —Y, volviéndose hacia mí, añadió—: ¿Vas a reunirte con ellos ahora?

—Sip.

—Buena suerte, entonces —añadió, mientras se encogía de hombros, ladeaba la cabeza, bajaba el labio inferior y elevaba ligeramente las cejas; el gesto de alguien con experiencia en acometer tareas desagradables pero necesarias.

Todo el empuje que pudiésemos haber sentido al salir de nuestro encuentro con los europeos se disipó enseguida en cuanto Hillary y yo volvimos a nuestra sala de reuniones. Marvin nos informó de que una terrible tormenta de nieve se estaba desplazando por la costa este, por lo que, para que llegásemos sanos y salvos a Washington, el Air Force One tenía que estar en el aire en dos horas y media.

Miré mi reloj.

—¿A qué hora es mi siguiente reunión con Wen?

—Ese es el otro problema, jefe —dijo Marvin—, no encontramos a Wen.

Me explicó que cuando nuestro equipo se había puesto en contacto con sus homólogos chinos, les habían dicho que Wen iba ya camino del aeropuerto. Circulaban rumores de que en realidad seguía en el edificio, en una reunión con los otros líderes que habían estado oponiéndose a que se supervisasen sus emisiones, pero no habíamos podido confirmarlo.

—Quieres decir que está evitándome.

—Tenemos a gente buscándolo.

Unos minutos más tarde, Marvin volvió para decirnos que habían visto a Wen y a los líderes de Brasil, India y Sudáfrica en una sala de conferencias varios pisos más arriba.

—Pues vamos allá —dije, y volviéndome hacia Hillary, pregunté—: ¿cuándo fue la última vez que te colaste en una fiesta?

Se rio.

—Hace tiempo ya —dijo, con aspecto de chica formal que ha decidido soltarse la melena.

Con una pandilla de ayudantes y de agentes del Servicio Secreto apresurándose tras nosotros, nos abrimos camino hasta el piso de arriba. Al final de un largo pasillo encontramos lo que andábamos buscando: una sala con paredes de cristal, con apenas espacio para una mesa de reuniones, alrededor de la cual estaban sentados los primeros ministros Wen y Singh junto a los presidentes Lula y Zuma, además de varios de sus ministros. El equipo de seguridad chino avanzó para interceptarnos, con las manos levantadas como si nos ordenasen detenernos, pero dudaron al darse cuenta de quiénes éramos. Con una sonrisa y una inclinación de cabeza, Hillary y yo atravesamos su posición y entramos en la sala, dejando tras de nosotros un ruidoso forcejeo entre los agentes de seguridad y el personal que nos seguía.

«¿Tienes un momento para mí, Wen?», dije en voz alta, mientras veía cómo el líder chino se quedaba boquiabierto por la sorpresa. A continuación, recorrí la mesa dándole la mano a cada uno de ellos. «¡Caballeros! Los he estado buscando por todas partes. ¿Qué tal si intentamos llegar a un acuerdo?»

Antes de que nadie pudiese negarse, tomé una silla vacía y me senté. Al otro lado de la mesa, Wen y Singh permanecieron impasibles, mientras que Lula y Zuma, avergonzados, bajaron la mirada hacia los papeles que tenían delante. Les expliqué que acababa de reunirme con los europeos y que estaban dispuestos a aceptar el acuerdo transitorio que proponíamos si el grupo presente respaldaba incluir alguna disposición que garantizase la creación de algún mecanismo que verificase de forma independiente que los países estaban cumpliendo sus compromisos de reducción de gases de efecto invernadero. Uno a uno, los otros líderes explicaron por qué nuestra propuesta era inaceptable: Kioto funcionaba perfectamente; Occidente era responsable del calentamiento global y ahora esperaba que los países más pobres ralentizasen su desarrollo para resolver el problema; nuestro plan infringiría el principio de «responsabilidades comunes pero diferenciadas»; el mecanismo de verificación que proponíamos violaría su soberanía nacional. Después de una media hora de toma y daca, me recosté en la silla y miré directamente al primer ministro Wen.

—Señor primer ministro, se nos acaba el tiempo —dije—, así que permítame que vaya al grano. Imagino que, antes de que yo entrase en esta sala, el plan era que todos ustedes se fuesen de aquí y anunciasen que Estados Unidos era responsable del fracaso a la hora de alcanzar un nuevo acuerdo. Creen que si se resisten durante un tiempo suficientemente largo, los europeos desistirán y firmarán otro tratado del estilo del de Kioto. Lo que ocurre es que yo les he explicado con toda claridad que no puedo hacer que nuestro Congreso ratifique el tratado que ustedes quieren. Y no hay ninguna garantía de que los votantes europeos, canadienses o japoneses vayan a estar dispuestos a seguir colocando a sus industrias en situación de desventaja competitiva y a seguir dando dinero para ayudar a los países pobres a lidiar con el cambio climático mientras los mayores emisores del planeta se desentienden de la situación.

»Por descontado, puede que me equivoque —proseguí—. Quizá puedan convencer a todo el mundo de que la culpa es nuestra. Pero eso no impedirá que el planeta siga calentándose. Y, recuerden, yo tengo mi propio megáfono, y es bastante potente. Si salgo de esta habitación sin un acuerdo, mi primera parada será el vestíbulo, donde toda la prensa internacional está esperando noticias. Y les contaré que estaba dispuesto a comprometerme a una gran reducción de nuestros gases de efecto invernadero y ofrecer a miles de millones adicionales en ayudas, y que cada uno de ustedes decidió que era mejor no hacer nada. Lo mismo les diré a todos los países pobres que se beneficiarían de ese dinero. Y a todas esas personas en sus propios países que, se espera, sean quienes más sufran debido al cambio climático. Y veremos a quién creen.

Una vez que los intérpretes terminaron de transmitir mi mensaje, el ministro chino de Medioambiente, un hombre fornido, de cara redonda y con gafas, se puso en pie y empezó a hablar en mandarín, elevando la voz y gesticulando en mi dirección, con el rostro enrojecido por la indignación. Así siguió un par de minutos, sin que el resto de los presentes tuviésemos muy claro qué pasaba, hasta que el primer ministro Wen levantó una mano fina y venosa y el ministro se sentó de forma abrupta. Reprimí las ganas de reír y miré a la joven china que hacía de intérprete para Wen.

—¿Qué ha dicho mi amigo? —pregunté. Antes de que pudiera responderme, Wen movió la cabeza y murmuró algo. La intérprete asintió y se volvió hacia mí.

—El primer ministro Wen dice que lo que el ministro de Medioambiente ha dicho no tiene importancia —explicó—. Y pregunta si tiene usted aquí el acuerdo que propone, para que todos puedan volver a revisar la redacción concreta.

Hizo falta otra media hora de tira y afloja, con los otros líderes y sus ministros mirando por encima de mi hombro y el de Hillary mientras yo subrayaba a bolígrafo algunas de las frases del arrugado documento que había llevado en el bolsillo, pero cuando salí de la sala el grupo había aceptado nuestra propuesta. Volví corriendo al piso de abajo, y dediqué otros treinta minutos a conseguir que los europeos aceptasen los ligeros cambios que los líderes de los países en desarrollo habían pedido. La nueva redacción se imprimió y se distribuyó a toda prisa. Hillary y Todd hablaron con los delegados de otros países clave para que contribuyeran a ampliar el consenso. Hice una breve declaración ante la prensa en la que anuncié el acuerdo transitorio, tras la cual reunimos a nuestra comitiva y salimos pitando hacia el aeropuerto.

Llegamos con diez minutos de margen respecto a nuestra hora límite para despegar.

En el vuelo de vuelta reinaba un animado alboroto mientras los miembros del equipo repasaban las aventuras del día para poner al tanto a quienes no habían estado presentes. Reggie, que llevaba conmigo el tiempo suficiente para que ya nada lo impresionase demasiado, exhibía una amplia sonrisa cuando asomó la cabeza en mi camarote, donde yo estaba leyendo una pila de informes.

«Jefe, tengo que decir que lo que ha hecho ha sido muy macarra.»

La verdad es que me sentía muy bien. En el mayor escenario posible, en una cuestión importante y contrarreloj, me había sacado un conejo de la chistera. Es verdad que la prensa recibió el acuerdo transitorio con división de opiniones, pero habida cuenta del caos de la conferencia y de la obstinación de los chinos, yo seguía viéndolo como una victoria, un paso intermedio que nos ayudaría a que el Senado aprobase nuestro proyecto de ley sobre cambio climático. Pero lo más importante era que habíamos logrado que China e India aceptasen —con todas las reticencias y reparos que se quieran— la idea de que todos los países, no solo los occidentales, tenían la responsabilidad de contribuir a detener el cambio climático. Siete años después, ese principio básico resultaría fundamental para alcanzar el revolucionario Acuerdo de París.

Aun así, mientras miraba por la ventana desde mi escritorio y veía cómo la oscuridad se quebraba cada pocos segundos por el destello de la luz en la punta del ala derecha del avión, me asaltaron pensamientos que me hicieron bajar rápidamente a tierra. Repasé todo lo que habíamos tenido que hacer para conseguir ese acuerdo: las incontables horas de trabajo de un equipo dotado y entregado; las negociaciones entre bastidores y el cobro de favores; las promesas de ayuda; y, al final, esa intervención en el último minuto, basada tanto en mi bravuconería improvisada como en un conjunto de argumentos racionales. Todo eso para un acuerdo transitorio que, incluso si funcionaba exactamente como estaba previsto, sería en el mejor de los casos un paso preliminar e intermedio hacia la resolución de una posible tragedia planetaria, un cubo de agua contra un incendio desatado. Me di cuenta de que, a pesar de todo el poder asociado al cargo que ocupaba, siempre habría un abismo entre lo que sabía que había que hacer para lograr un mundo mejor y lo que en un día, semana o año me veía capaz de lograr en la práctica.

Cuando aterrizamos, la tormenta prevista ya había llegado a Washington, y las nubes bajas dejaban caer una mezcla constante de nieve y lluvia gélida. En ciudades del norte como Chicago, ya habrían salido las máquinas quitanieves a retirar la nieve de las calzadas y esparcir sal, pero hasta un asomo de nieve solía paralizar la zona de Washington, claramente mal equipada, se cerraban las escuelas y se producían embotellamientos de tráfico. El mal tiempo nos impidió volar en el Marine One, y la comitiva tardó más tiempo del habitual en recorrer las calles heladas hasta llegar a la Casa Blanca.

Era ya tarde cuando entré en la residencia. Michelle estaba en la cama, leyendo. Le conté cómo había ido mi viaje y le pregunté por las niñas.

—Están muy ilusionadas con la nieve —me contestó—, aunque yo no tanto. —Me miró con una sonrisita comprensiva—. Seguro que Malia te preguntará en el desayuno si salvaste a los tigres.

Asentí mientras me aflojaba la corbata.

—Estoy trabajando en ello —dije.

SEXTA PARTE

En el tonel

22

Las rachas están en la naturaleza de la política y sin duda de la presidencia: hay momentos en los que debido a un error estúpido o a circunstancias imprevistas, a una decisión sensata pero impopular o a un fallo de comunicación, la prensa se vuelve hostil y la gente te percibe incompetente. Por lo general, esto dura un par de semanas, un mes quizá, hasta que la prensa pierde interés en atacarte, bien porque ya has resuelto el problema o porque has manifestado tu arrepentimiento, bien porque te has apuntado una victoria en otra cosa o de pronto hay algo más importante que te saca de las portadas.

Y sin embargo, si la racha mala dura lo suficiente, te puedes ver en una situación temible en la que los problemas se entremezclan y a continuación se consolidan en un relato más amplio sobre ti y tu presidencia. Las historias negativas no amainan, lo que produce un descenso de tu popularidad. Los adversarios políticos, al oler la sangre, van a por ti con más fuerza y los aliados ya no son tan rápidos a la hora de defenderte. La prensa empieza a buscar problemas adicionales en tu Administración, para confirmar la impresión de que tienes problemas políticos. Hasta que —como los temerarios y los idiotas de antaño en las cataratas del Niágara— te ves atrapado en el proverbial tonel, tambaleándote entre aguas turbulentas, amoratado y desorientado, sin tener muy claro adónde vas, incapaz de frenar el descenso, esperando el golpe contra el fondo y con la esperanza de sobrevivir al impacto.

Durante casi todo mi segundo año en el cargo, estuvimos dentro del tonel.

Lo vimos venir, por supuesto, sobre todo después del verano del Tea Party y del alboroto con la Ley de Protección al Paciente y Cuidado de

Salud Asequible. Mis índices de aprobación, que se había mantenido bastante firmes durante mis primeros seis meses en el cargo, habían ido bajando lentamente durante todo el otoño. La cobertura de prensa se volvió más crítica, tanto en asuntos significativos (como mi decisión de mandar más tropas a Afganistán) como extraños (el asunto de los Salahi, un par de trepas sociales de Washington que se colaron en una cena de Estado y se hicieron una foto conmigo).

Y tampoco es que nuestros problemas nos dieran respiro por vacaciones. El día de Navidad, un joven nigeriano llamado Umar Farouk Abdulmutallab abordó un vuelo de Northwest Airlines e intentó detonar materiales explosivos que se había cosido bajo los calzoncillos. No ocurrió una tragedia solo porque el artilugio no funcionó: de repente debajo de la manta del terrorista salían llamas y humo, y gracias a que un pasajero consiguió reducirle y las azafatas apagaron las llamas, el avión pudo aterrizar con seguridad. Yo acababa de llegar a Hawái con Michelle y las niñas para unas ansiadas vacaciones de diez días y me pasé la mayor parte de los siguientes tres días al teléfono con mi equipo de seguridad y el FBI, tratando de averiguar quién era exactamente Abdulmutallab, con quién había estado trabajando y cómo tanto la seguridad del aeropuerto como nuestro sistema de reconocimiento de terroristas más buscados no había impedido que se subiera a un avión estadounidense.

Lo que no hice durante aquellas primeras setenta y dos horas, sin embargo, fue seguir mi instinto inicial: salir en televisión y explicar al pueblo estadounidense lo que había ocurrido y asegurarles que era seguro volar. Mi equipo me había dado una razón delicada para esperar: era importante, dijeron, que el presidente tuviera todos los datos antes de hacer una declaración pública. Pero mi trabajo implicaba algo más que gestionar el Gobierno o tener todos los datos. La gente también esperaba que el presidente les explicara un mundo difícil y con frecuencia temible. Más que resultar prudente, mi ausencia en las pantallas me hizo parecer poco comprometido y no tardamos en ver cómo se abría fuego desde todo el espectro político, con comentaristas poco comedidos diciendo que me preocupaban más mis vacaciones en el trópico que las amenazas contra mi nación. No ayudó que mi habitualmente imperturbable secretaria de Seguridad Interior, Janet Napolitano, tuviera un pequeño tropezón en una de sus entrevistas en la televisión al responder a la pregunta de en qué lugar se había roto la seguridad con un «el sistema funcionó».

Nuestra mala gestión del llamado «terrorista de los calzoncillos» hizo que los republicanos acusaran a los demócratas de ser blandos contra el terrorismo, y que fuese débil en asuntos como el cierre del centro militar de detención de la Bahía de Guantánamo. Y al igual que otras meteduras de pata y errores no forzados que sucedieron durante mi primer año, aquello contribuyó sin duda a mi caída en los sondeos. Sin embargo, según Axe, que se pasaba el día analizando datos políticos comparando categorías de partido, edad, raza, género, geografía y Dios sabe qué más, mi decreciente fortuna política a las puertas del 2010 se podía rastrear en un factor predominante.

La economía seguía siendo un asco.

Sobre el papel, nuestras medidas de emergencia —junto a las intervenciones de la Reserva Federal— parecían estar funcionando. El sistema financiero estaba en marcha y los balances bancarios estaban camino de arreglarse. Los precios de las viviendas, a pesar de estar aún lejos de sus puntos más altos, al menos se habían estabilizado, y las ventas de coches en Estados Unidos habían empezado a aumentar. Gracias a la Ley de Recuperación se había incrementado un poco el gasto de los hogares y las empresas; por su parte, los estados y las ciudades habían reducido (aunque sin que se llegaran a interrumpir) los despidos de profesores, policías y otros funcionarios. Por todo el país se estaban poniendo en marcha grandes proyectos de construcción, retomando algunas cosas que se habían quedado estancadas como resultado del colapso del sector inmobiliario. Joe Biden y su jefe de gabinete, mi antiguo entrenador de debate Ron Klain, habían hecho un excelente trabajo supervisando el flujo de dólares del estímulo; Joe dedicaba a menudo muchos momentos del día a coger el teléfono y abroncar a los cargos estatales y locales con proyectos que iban retrasados o que no estaban enviando la documentación pertinente. Como resultado de sus esfuerzos se hizo una auditoría y resultó que solo el 0,2 por ciento del dinero de la Ley de Recuperación se había gastado inapropiadamente, una estadística que envidiaría hasta la empresa privada mejor dirigida, sobre todo considerando las cantidades de dinero y el número de proyectos implicados.

Aun así, para los millones de estadounidenses que luchaban contra las repercusiones de la crisis, la sensación era que las cosas iban a peor, no a mejor. Todavía existía el riesgo de que perdieran sus hogares en una ejecución de hipoteca. Tenían sus ahorros menguados, cuando no se los habían gastado todos. Y lo más preocupante era que seguían sin encontrar trabajo.

Larry Summers había advertido ya que el desempleo era un «indicador con retraso»: las compañías por lo general no empezaban a despedir empleados hasta después de varios meses en recesión y no volvían a contratar hasta mucho más tarde de que la recesión terminara. En efecto, aunque el ritmo de destrucción de empleo se redujo gradualmente a lo largo de 2009, el número de desempleados siguió creciendo. La tasa de desempleo no llegó a su punto máximo hasta octubre, con el 10 por ciento, la más alta desde comienzos de 1980. Las noticias eran tan terriblemente malas que me descubría con un nudo en el estómago el primer jueves de cada mes, cuando el Departamento de Trabajo enviaba a la Casa Blanca su avance sobre el informe laboral. Katie aseguraba que por lo general podía anticipar el contenido del informe por la expresión corporal de mi equipo económico: si evitaban mi mirada, me dijo, o hablaban en voz baja, o sencillamente le dejaban el sobre de papel manila para que ella me lo diera en vez de esperar para dármelo en persona, sabía que aquel mes el informe era malo.

Si los estadounidenses estaban comprensiblemente frustrados con el ritmo glacial de la recuperación, el rescate de los bancos los puso al borde del precipicio. ¡Dios, cómo odiaba la gente el TARP! No les importaba que el programa de emergencia hubiese funcionado mejor de lo esperado, o que más de la mitad del dinero que se había dado a los bancos ya se hubiese devuelto con intereses, o que la economía en términos generales no pudiera empezar a reponerse hasta que los mercados financieros funcionaran de nuevo. En todo el espectro político, los votantes consideraban el rescate a los bancos un fraude que había permitido a los señores de las finanzas salir de la crisis relativamente ilesos.

A Tim Geithner le gustaba señalar que eso no era del todo cierto. Hacía una lista de todas las cuestiones en las que Wall Street había pagado por sus pecados: los bancos de inversión que habían desaparecido, los directores ejecutivos expulsados, las participaciones diluidas, las pérdidas de miles de millones de dólares. Asimismo, los abogados del fiscal general de Estados Unidos en el Departamento de Justicia no iban a tardar en conseguir inmensas indemnizaciones de instituciones financieras que habían roto la ley. Con todo, no había forma de eludir el hecho de que muchas de las personas más culpables de los infortunios económicos de la nación seguían siendo extraordinariamente ricas; que habían evitado las acusaciones sobre todo porque tal y como estaba redactada la ley parecía que una temeridad épica y la deshonestidad en los consejos de administración o en la bolsa eran actos menos censurables que el robo de un adolescente en una tienda; y que fueran cuales fuesen los méritos económicos del TARP o los motivos tras las decisiones del Departamento de Justicia de no presentar cargos penales, todo el asunto apestaba a una injusticia descarada.

«¿Dónde está *mi* rescate?» siguió siendo un estribillo popular. Mi peluquero me preguntaba por qué ningún ejecutivo bancario había ido a la cárcel y también me lo preguntaba mi suegra. Los defensores de la vivienda me preguntaban por qué los bancos habían recibido cientos de miles de millones de los fondos del TARP mientras solo una pequeña cantidad de esa suma se iba a dedicar directamente a que los propietarios en riesgo no sufrieran una ejecución de hipoteca. Nuestra respuesta —que, dado el tamaño del mercado inmobiliario estadounidense, incluso un programa tan grande como el TARP habría tenido un efecto meramente nominal en la tasa de ejecuciones, y que cualquier dinero adicional que consiguiéramos del Congreso era mucho más efectivo en la creación de empleo— sonaba despiadada y poco convincente, sobre todo cuando los programas que habíamos establecido para ayudar a los propietarios a refinanciar o modificar sus hipotecas se veían tristemente pobres con respecto a las expectativas.

Deseoso de librarse de esa furia popular, o al menos de salir de la línea de fuego, el Congreso organizó múltiples comités control, en que demócratas y republicanos se turnaban para denunciar a los bancos, cuestionar las decisiones de los reguladores y echarle toda la culpa posible al partido contrario. En 2008 el Senado había designado a un inspector general para que vigilara el TARP, un exfiscal llamado Neil Barofsky que sabía poco sobre finanzas pero tenía un talento especial para generar titulares extraordinarios y oponerse con gran celo a nuestras decisiones. Cuanto más nos alejábamos de la posibilidad de un colapso financiero, más cuestionaba todo el mundo si el TARP había sido necesario. Y como ahora estábamos al mando, con frecuencia eran Tim y otros miembros de mi Administración quienes tenían en las manos la patata caliente, defendiendo lo aparentemente indefendible.

Los republicanos no se arredraron a la hora de aprovecharse de la situación y sugirieron que el TARP siempre había sido una idea de los demócratas. Todos los días lanzaban panfletos en contra de la Ley de Recuperación y el resto de nuestras políticas económicas, insistiendo en que «estímulo» no era más que otra forma de llamar a un gasto descontrolado de los fondos estatales y más rescates a empresas bien conectadas. Acusaban a la Ley de Recuperación de haber disparado el déficit federal que habíamos heredado de la Administración Bush y defendían —en la medida en que se molestaban en ofrecer políticas alternativas— que la mejor manera de arreglar la economía era que el Gobierno recortara su presupuesto y pusiera la política fiscal en orden, del mismo modo que las familias en apuros de todo el país se estaban «apretando el cinturón».

Con todo esto, a comienzos de 2010, los sondeos mostraban que muchos más estadounidenses estaban contra mi política económica que a favor; una luz roja que ayudaba a explicar no solo la pérdida del escaño de Ted Kennedy en Massachusetts, sino también las pérdidas demócratas en campañas para la gobernación fuera de año de elecciones en New Jersey y en Virginia, estados en los que yo había ganado holgadamente doce meses antes. Según Axe, los votantes en grupos de discusión no eran capaces de distinguir entre el TARP (que era lo que yo había heredado) y el estímulo, lo único que sabían era que las personas con contactos se estaban saliendo con la suya mientras que a ellos los estaban machacando. Pensaban también que las peticiones republicanas de recortar los fondos como respuesta a la crisis —a la «austeridad», como le gustaba llamarla a los economistas— tenían más sentido de forma intuitiva que nuestro empuje keynesiano por aumentar el gasto público. Los demócratas del Congreso que pertenecían a distritos en disputa, empezaron a inquietarse sobre sus posibilidades de reelección y a distanciarse de la Ley de Recuperación, también a evitar la palabra «estímulo». Los más a la izquierda estaban ahora enfadados por la falta de opción pública en el proyecto de ley sanitario, y renovaron sus quejas de que el estímulo no había sido lo bastante grande y que Tim y Larry habían sido demasiado amables con Wall Street. Hasta Nancy Pelosi y Harry Reid empezaron a cuestionar la estrategia de comunicación de la Casa Blanca, sobre todo nuestra inclinación a denunciar un «excesivo partidismo» y unos «intereses especiales» en Washington en vez de atacar más a los republicanos.

«Señor presidente —me dijo Nancy en una llamada en cierta ocasión—, le he dicho a mi equipo que lo que ha logrado hacer usted en un tiempo tan breve es algo histórico. Estoy realmente orgullosa. Pero en este momento la gente no sabe lo que ha logrado. No se dan cuenta de lo espantosamente mal que se están comportando los republicanos, tratando de bloquearle en todo. Y tampoco lo van a saber los votantes si no está dispuesto a contárselo.»

Axe, que supervisaba nuestro equipo de comunicaciones, se enfureció cuando le comenté mi conversación con la presidenta de la Cámara. «Quizá Nancy nos pueda decir también cómo darle la vuelta a un 10 por ciento de tasa de desempleo», dijo indignado. Me recordó que me había presentado con la promesa de cambiar Washington, no con la de implicarme en la habitual batalla partidista. «Podemos liarnos a golpes con los republicanos tanto como queramos —exclamó—, pero vamos a seguir haciendo agua hasta que al menos podamos decir a los votantes: "No hay duda de que las cosas son terribles, pero podrían haber sido peores".»

No le faltaba razón; dada la situación en la que se encontraba la economía, había ciertos límites en lo que podía lograr un mensaje estratégico. Habíamos sido conscientes desde el principio de que la política durante la recesión iba a ser dura. Pero Nancy también tenía razón al ser crítica. Al final yo era el que me había enorgullecido de no dejar que se inmiscuyeran políticas cortoplacistas en nuestra respuesta a la crisis económica, como si las leyes de la gravedad política no me afectaran a mí. Cuando Tim manifestó su preocupación de que una retórica demasiado dura dirigida a Wall Street podría disuadir a los inversores privados de recapitalizar los bancos y, por lo tanto, prolongar la crisis financiera, yo estuve de acuerdo en bajar el tono, a pesar de las objeciones de Axe y Gibbs. Ahora, una parte considerable del país pensaba que me preocupaban más los bancos que los ciudadanos. Cuando Larry sugirió que pagáramos los recortes de impuestos a la clase media con la Ley de Recuperación en pequeños incrementos bisemanales en vez de en un solo pago, porque una investigación demostraba que de ese modo la gente estaría más dispuesta a gastar dinero y le daría un empujón a la economía, yo dije: «¡Genial, hagámoslo!», aunque Rahm me había advertido de que nadie se daría cuenta de ese pequeño incremento en cada sueldo. Ninguna encuesta demostraba que la mayoría de los estadounidenses creyera que yo había bajado más que aumentado sus impuestos (todo para pagar los rescates bancarios, el paquete de estímulos y la sanidad pública).

Roosevelt jamás habría cometido esos errores, pensé. Él entendió que sacar a Estados Unidos de la Gran Depresión no consistía tanto en que salieran adelante a la perfección todas las políticas del New Deal, sino en proyectar confianza en el esfuerzo general, dando la sensación al pueblo de que el Gobierno tenía la situación bajo control. También comprendió que en una crisis la gente necesitaba un relato que diera sentido a sus penurias y se dirigiera a sus emociones; un relato moral con unos buenos y unos malos, así como una trama que se pudiera seguir con facilidad.

En otras palabras, Roosevelt comprendió que, para ser efectiva, la gobernanza no podía ser tan aséptica que dejara a un lado la esencia de la política: la de que tenías que vender tu programa, recompensar a quienes te habían apoyado, devolver el golpe a los oponentes y amplificar los hechos que ayudaban a la causa al mismo tiempo que se disimulaban los que no lo hacían. Me descubrí preguntándome si habíamos convertido una virtud en vicio; si, atrapado en mi propio moralismo, había fracasado a la hora de ofrecer a los estadounidenses un relato en el que pudieran creer; y si, tras haber cedido a mis críticos el relato político, iba a poder recuperarlo.

Después de más de un año de constantes malas cifras económicas, finalmente tuvimos un destello de esperanza: el informe laboral de marzo de 2010 mostró que la economía había generado 162.000 nuevos puestos de trabajo; el primer mes de crecimiento significativo desde 2007. Cuando Larry y Christy Romer entraron en el despacho Oval para darme la noticia, les di un abrazo y les nombré «empleados del mes».

—¿Nos va a poner una placa por esto, señor presidente? —preguntó Christy.

—No podemos permitirnos una placa —respondí—, pero podéis alardear delante del resto del equipo.

Los informes de abril y de mayo también fueron positivos, nos ofrecían la tentadora posibilidad de que la recuperación tal vez estuviera tomando velocidad. Nadie en la Casa Blanca pensaba que una tasa de paro de más del 9 por ciento mereciera un desfile triunfal, pero todos coincidíamos en que tenía sentido tanto político como económico empezar a proyectar con más énfasis una inercia positiva en mis discursos. Incluso empezamos a planear una gira por todo el país para principios del verano, donde resaltaría la recuperación de algunas comunidades y a las empresas que estuvieran contratando de nuevo. Lo llamaríamos el «verano de la recuperación».

Pero entonces Grecia implosionó.

Aunque la crisis financiera se había originado en Wall Street su impacto en toda Europa había sido igual de duro. Meses después de que la economía estadounidense empezara a crecer de nuevo, la Unión Europea seguía empantanada en la recesión, con sus bancos en una situación delicada, sus industrias más importantes aún en vías de recuperación de la enorme caída del comercio global, y con una tasa de desempleo que en algunos países llegaba hasta el 20 por ciento. Los europeos no tenían que luchar con el repentino desmoronamiento del sector inmobiliario como en nuestro caso, y sus redes de seguridad, más generosas, ayudaron a amortiguar el impacto de la recesión en la población más vulnerable. Por otra parte, la combinación de mayor gasto de los servicios públicos, la reducción de los ingresos fiscales y los continuos rescates bancarios generaron una fuerte presión en los presupuestos públicos. A diferencia de Estados Unidos —que podía financiar sin muchos costes los crecientes déficits incluso en una crisis, y donde los inversores reacios al riesgo se apresuraban a comprar nuestras letras del Tesoro—, países como Portugal, Grecia, Italia y España se vieron cada vez con más dificultades para conseguir financiación. A su vez, aquello produjo déficits presupuestarios, generó la necesidad de préstamos adicionales a tasas de interés cada vez más altas y agitó aún más los mercados financieros.

No podíamos permitirnos ser observadores pasivos. Los problemas europeos suponían una traba significativa para la recuperación estadounidense: la Unión Europea era, al fin y al cabo, nuestro mayor socio comercial, y tanto los mercados financieros europeos como el estadounidense iban prácticamente de la mano. Por ese motivo, Tim y yo nos pasamos la mayor parte de 2009 urgiendo a los líderes europeos a que emprendieran políticas más ambiciosas para enderezar sus economías. Les recomendamos arreglar las cuentas de sus bancos de una vez por todas (el test de estrés que los reguladores de la Unión Europea habían aplicado a sus instituciones financieras era tan descuidado que dos bancos irlandeses necesitaron rescates del Gobierno solo un par de meses después de que los reguladores los hubiesen avalado como sólidos). Presionamos a las naciones de la Unión Europea con balances más robustos para que iniciaran políticas de estímulos parecidas a las nuestras, que permitieran arrancar las inversiones y un aumento de la demanda en todo el continente.

No conseguimos absolutamente nada. A pesar de ser liberales, según patrones estadounidenses, las mayores economías de Europa estaban casi en su totalidad en manos de gobiernos de centroderecha, elegidos más gracias a la promesa de unos presupuestos equilibrados y reformas de libre mercado que de un mayor gasto por parte del Gobierno. Alemania en concreto —el auténtico motor económico de la Unión Europea y su miembro más influyente— siguió buscando la rectitud fiscal como si fuera la respuesta a todas las aflicciones económicas. Cuanto más conocía a Angela Merkel, más me gustaba; la encontraba sólida, honesta, intelectualmente rigurosa y amable por instinto. Pero también tenía un temperamento conservador por no mencionar que era una política con muchas tablas que conocía a sus electores. Cada vez que le sugería que Alemania debía dar ejemplo invirtiendo más en infraestructuras y recortes de impuestos, me rechazaba con educación, pero con firmeza. «Barack, tal vez esa no sea la mejor estrategia para nosotros», respondía frunciendo levemente el ceño, como si le hubiese sugerido algo de mal gusto.

Sarkozy no servía de contrapeso. Dada la alta tasa de desempleo en Francia, manifestaba en privado simpatía por la idea de un estímulo económico («No te preocupes, Barack, me estoy trabajando a Angela, ya lo verás»), pero tenía dificultades para alejarse de posiciones fiscales conservadoras que él mismo había tomado en el pasado, y por lo que veía, no estaba lo bastante organizado como para elaborar un plan económico claro en su propio país, mucho menos para Europa.

Y aunque el primer ministro del Reino Unido, Gordon Brown, estaba de acuerdo con nosotros en la necesidad de que los gobiernos europeos aumentaran el gasto a corto plazo, su Partido Laborista perdió la mayoría en el Parlamento en mayo de 2010 y Brown fue reemplazado por el líder conservador David Cameron. Con cuarenta y pocos años, una apariencia juvenil y una estudiada informalidad (en todas las cumbres internacionales, lo primero que hacía era quitarse la chaqueta y

aflojarse la corbata), aquel Cameron educado en Eton tenía un impresionante control de todos los asuntos, facilidad de palabra y esa tranquila
confianza que tienen las personas a las que la vida nunca ha presionado
demasiado. Personalmente me caía bien, incluso cuando nos dábamos de
cabezazos, y durante los siguientes seis años demostró ser un socio bien
dispuesto para una multitud de asuntos internacionales, desde el cambio
climático (creía en la ciencia) hasta los derechos humanos (apoyaba el
matrimonio homosexual) o la ayuda a los países en vías de desarrollo
(durante su ejercicio, consiguió asignar el 1,5 por ciento del presupuesto
británico para ayuda exterior, un porcentaje significativamente mayor
del que yo había conseguido que aprobara el Congreso de Estados Unidos). En política económica, sin embargo, Cameron se mantenía cercano
a la ortodoxia del libre mercado y había prometido a sus votantes que su
programa de reducción de déficit y recortes del gasto público —junto
a una reforma regulatoria y una expansión del comercio— conduciría a
una nueva era de la competitividad británica.

En lugar de eso, como era de prever, la economía británica cayó en
una recesión aún más profunda.

La tozuda asunción de la austeridad por parte de los líderes europeos
clave, a pesar de todas las evidencias, fue más que frustrante. Pero dada la
cantidad de asuntos que consumían mi atención en ese momento, la situación europea no me quitó el sueño. Todo eso empezó a cambiar en
febrero de 2010, cuando una enorme crisis de deuda de Grecia amenazó
con desarmar la Unión Europea, y nos llevó a mi equipo económico y a
mí a pelear para evitar lo que podía convertirse en otra ola global de
pánico financiero.

Los problemas económicos de Grecia no eran nuevos. Desde hacía
décadas el país estaba asolado por la baja productividad, un sector público hinchado e ineficiente, una evasión fiscal masiva y unas pensiones
insostenibles. A pesar de eso, durante la década del 2000, a los mercados
de capital internacional no les había importado financiar el déficit griego en claro ascenso, más o menos del mismo modo que no les había
importado financiar un montón de hipotecas *subprime* por todo Estados
Unidos. Al comienzo de la crisis de Wall Street, esa actitud se volvió
menos generosa. Cuando el nuevo Gobierno griego anunció que su
último déficit presupuestario había excedido con mucho sus estimaciones previas, las acciones de los bancos europeos cayeron y los prestamistas

internacionales se opusieron a dejar más dinero a Grecia. El país se tambaleó de pronto al borde de la suspensión de pagos.

Por lo general, la perspectiva de que un país pequeño no pague sus deudas a tiempo tendría un efecto limitado fuera de sus fronteras. El PIB de Grecia es más o menos como el de Maryland, y otros países que se habían enfrentado a problemas semejantes normalmente habían podido sacar adelante un acuerdo con sus acreedores y el Fondo Monetario Internacional que les había permitido reestructurar su deuda manteniendo su credibilidad internacional para volver a ponerse en pie.

Pero en 2010 las condiciones económicas no eran normales. El vínculo entre Grecia y una ya tambaleante Europa hicieron que su serio problema de deuda se convirtiera en un cartucho de dinamita con la mecha encendida en una fábrica de municiones. Al ser miembro del mercado común de la Unión Europea, donde múltiples personas y empresas trabajaban, viajaban y comerciaban guiados por un conjunto unificado de regulaciones y sin fronteras nacionales, los problemas económicos de Grecia migraron con facilidad. Algunos bancos de otros países de la Unión Europea eran sus mayores acreedores. El país heleno era también una de las dieciséis naciones que habían adoptado el euro, lo que significaba que no tenían una moneda propia que devaluar, ni podían adoptar soluciones monetarias independientes. Sin un paquete de rescate inmediato y a gran escala por parte de sus compañeros de la eurozona, Grecia podía llegar a no tener más remedio que retirarse de la moneda común, un paso sin precedentes que tendría unas ramificaciones económicas inciertas. Los temores del mercado sobre Grecia ya habían producido grandes alzas en las primas de riesgo que estaban recayendo sobre Irlanda, Portugal, Italia y España para cubrir su enorme deuda. A Tim le preocupaba que una posible suspensión de pagos de Grecia o su salida de la eurozona llevara a los mercados de capital más asustadizos a un corte efectivo de crédito también para los países más grandes, suponiendo un golpe para el sistema financiero tan nefasto o incluso peor que el que acabábamos de superar.

«¿Es solo sensación mía —pregunté a Tim después de exponer varios escenarios de terror— o estamos teniendo dificultades para conseguir un respiro?»

Y así, de la nada, el hecho de que Grecia se estabilizara se convirtió en una de nuestras prioridades económicas y de política exterior. Durante encuentros cara a cara y en conversaciones por teléfono, esa primavera Tim y yo tratamos de ejercer presión para que el Banco Central Europeo y el Fondo Monetario Internacional generaran un paquete de rescate lo bastante robusto para tranquilizar a los mercados y permitir que el país heleno pagara sus deudas, mientras ayudábamos al nuevo Gobierno a idear un plan realista para reducir el déficit estructural del país y volver al crecimiento. Para proteger al resto de Europa de un posible efecto contagio, recomendamos también a los países europeos que instauraran un «cortafuegos» creíble: básicamente, un fondo colectivo de suficiente peso como para dar a los mercados de capitales la confianza de que, en una situación de emergencia, la eurozona respaldaría las deudas de sus miembros.

Una vez más nuestros colegas europeos tenían otra opinión. Según los alemanes, los holandeses y otros socios de la eurozona, los griegos habían generado sus propios problemas provocados por un Gobierno chapucero y su costumbre de dilapidar el dinero. Aunque Merkel me aseguró que no harían «un Lehman» y dejarían que Grecia entrara en suspensión de pagos, tanto ella como su ministro de Finanzas y defensor de la austeridad, Wolfgang Schäuble, parecían decididos a condicionar cualquier tipo de ayuda a una penitencia adecuada, a pesar de nuestras advertencias de que apretar aún más a una ya demasiado baqueteada economía griega sería contraproducente. El deseo de aplicar algo de aquella justicia del Antiguo Testamento y evitar riesgos morales se vio reflejado en esa oferta inicial de Europa: un préstamo de hasta veinticinco mil millones de euros, suficiente solo para cubrir un par de meses de la deuda de Grecia, supeditado a que el nuevo Gobierno ejecutara severos recortes en las pensiones de los trabajadores, aumentara los impuestos y congelara los salarios del sector público. Como el Gobierno griego no tenía intención de suicidarse políticamente, respondió un «no, gracias», sobre todo después de que los votantes reaccionaran ante las noticias de la propuesta europea con disturbios y huelgas por todo el país.

El diseño inicial del cortafuegos europeo no fue mucho mejor. La cifra propuesta al principio por las autoridades de la eurozona para capitalizar el fondo de préstamo —cincuenta mil millones— era tristemente inadecuada. Durante una llamada a sus compañeros ministros de Finanzas, Tim tuvo que explicar que, para que fuera eficaz, el fondo tenía que ser al menos diez veces mayor. Los funcionarios de la eurozona insistían también en que, para tener acceso al fondo, el tenedor de bonos del país miembro tenía que someterse a un obligatorio «recorte»; por decirlo de otro modo, tenía que aceptar cierto porcentaje de las pérdidas de lo que debía. El espíritu tras la cláusula del recorte obligatorio era perfectamente comprensible; al fin y al cabo, los intereses que los prestamistas cargaban en el préstamo se suponía que iban a aumentar el riesgo de que el prestatario se declarara en suspensión de pagos. Pero por una cuestión práctica, cualquier recorte haría que el capital privado estuviera menos dispuesto a dar dinero a países sobrecargados de deudas como Irlanda e Italia, lo que acababa con el mismo sentido del cortafuegos.

Todo aquel asunto me parecía una repetición doblada a otros idiomas de los debates que habíamos tenido en casa tras la crisis de Wall Street. Y aunque tenía muy claro qué deberían hacer líderes políticos europeos como Merkel y Sarkozy, sentía compasión por el lío político en el que estaban metidos. Al fin y al cabo, a mí me había costado muchísimo convencer a los votantes estadounidenses de que tenía sentido gastarse miles de millones de dólares procedentes de los impuestos rescatando bancos y ayudando a extraños a evitar ejecuciones de hipotecas o a afrontar la pérdida de empleo en nuestro propio país. A Merkel y a Sarkozy, sin embargo, se les pedía que convencieran a sus votantes de que tenía sentido rescatar a un puñado de extranjeros.

Comprendí entonces que la crisis de la deuda griega era más un problema geopolítico que uno de finanzas globales, uno que además ponía de manifiesto las contradicciones no resueltas en el corazón de la marcha de Europa hacia una integración más amplia. En aquellos embriagadores días tras la caída del Muro de Berlín, en los años de la metódica reestructuración que siguió, el proyecto de aquella grandiosa arquitectura —el mercado común, el euro, el Parlamento europeo, y una burocracia fortalecida y radicada en Bruselas para marcar la política en un amplio abanico de asuntos legislativos— manifestaba un optimismo acerca de las posibilidades de un continente verdaderamente unificado, purgado del nacionalismo tóxico que había provocado siglos de conflictos sangrientos. Hasta un grado considerable el experimento había funcionado: a cambio de ceder algunos elementos de su soberanía, los estados miembro de la Unión Europea habían disfrutado de una medida de paz y prosperidad generalizada tal vez incomparable a la de ningún grupo humano a lo largo de la historia de la humanidad.

Pero las identidades nacionales —las distinciones de lenguaje, cultura e historia y los niveles de desarrollo económico— son hechos tenaces. Y a medida que la crisis fue empeorando, todas aquellas diferencias que se habían disimulado durante los buenos tiempos empezaron a salir a flote. ¿Hasta qué punto estaban dispuestos los ciudadanos de Europa más ricos, los países más eficientes, a asumir las obligaciones de sus países vecinos o ver redistribuidos sus impuestos fuera de sus fronteras? ¿Estarían dispuestos los ciudadanos de los países en dificultades a aceptar sacrificios impuestos por altos funcionarios extranjeros con los que no sentían ninguna afinidad y sobre los que tenían poco o ningún poder? A medida que fue subiendo el tono del debate sobre Grecia, las discusiones públicas en el seno de algunos de los países fundadores de la Unión Europea, como Alemania, Holanda o Francia, a veces no solo rechazaron con brusquedad las políticas del Gobierno griego sino que se aventuraron a hacer acusaciones más amplias sobre su pueblo; la relajada forma en que se tomaban el trabajo o su manera de tolerar la corrupción y considerar las responsabilidades más elementales, como pagar los propios impuestos, como algo meramente opcional. Como escuché decir una vez a dos altos funcionarios de la Unión Europea mientras me lavaba las manos en el baño durante la cumbre del G8: «No piensan como nosotros».

Los líderes como Merkel y Sarkozy estaban demasiado dedicados a la unidad europea como para caer en esos estereotipos, pero sus políticas demostraban que procedían con cautela a la hora de aceptar cualquier plan de rescate. Me di cuenta de que rara vez mencionaban que los bancos franceses y alemanes eran algunos de los mayores prestamistas de Grecia, o que buena parte de la deuda acumulada por esta se había producido por la compra de exportaciones alemanas y francesas; hechos que habrían aclarado a los votantes por qué salvar a los griegos de la suspensión de pagos equivalía a salvar sus propios bancos e industrias. Tal vez les asustaba que reconocer algo así alejara la atención de los votantes de la acumulación de errores del Gobierno griego y les hiciera ver los errores de los funcionarios franceses y alemanes que supervisaron esos préstamos de sus bancos. O tal vez les asustaba que si sus votantes llegaban a comprender por completo las implicaciones subyacentes tras la integración europea —la forma en que el destino de sus economías estaba ligado para bien y para mal al de unas personas que no eran «como nosotros»— probablemente no les habría entusiasmado.

A principios de mayo los mercados financieros estaban tan mal que los líderes europeos tuvieron que afrontar la realidad. Aceptaron un préstamo conjunto de la Unión Europea y el Fondo Monetario Internacional que permitiera a Grecia asumir sus deudas durante los tres años siguientes. El paquete incluía medidas de austeridad que todos los implicados sabían que sería demasiado oneroso poner en marcha para el Gobierno griego, pero que al menos daba a otros gobiernos de la Unión la cobertura política que necesitaban para aprobar el acuerdo. Un poco más tarde, ese mismo año, los países de la eurozona aprobaron un cortafuegos también provisional, de la escala que Tim había sugerido y sin el requisito del obligatorio «recorte». Los mercados financieros europeos se comportaron como una montaña rusa durante todo 2010, y la situación siguió siendo peligrosa no solo en Grecia sino también en Irlanda, Portugal, España e Italia. Sin la influencia necesaria para forzar una solución permanente a los problemas subyacentes de Europa, Tim y yo nos tuvimos que conformar con haber desactivado temporalmente otra bomba.

En cuanto a los efectos de la crisis en la economía estadounidense, fuera cual fuese el impulso que hubiésemos conseguido al comienzo del año todo concluyó en un chirriante parón. Las noticias que llegaban de Grecia hicieron que el mercado bursátil de Estados Unidos se pusiera bruscamente a la baja. Cayó también la confianza empresarial, tal y como anunciaban los sondeos mensuales, y las nuevas incertidumbres provocaron asimismo que los gerentes prefirieran no llevar a cabo las inversiones planeadas. Los informes sobre el empleo de junio regresaron al terreno negativo, y siguieron así hasta el otoño.

El «verano de la recuperación» acabó siendo un fiasco.

El ambiente en la Casa Blanca cambió ese segundo año. No se trataba de que la gente diera su puesto por descontado; al fin y al cabo, todos los días las cosas nos recordaban lo privilegiados que éramos de tener un papel en la historia. Y, también por descontado, nadie se relajó en su esfuerzo. Tal vez para alguien ajeno a las reuniones del equipo estas podrían haber parecido más relajadas porque todos se habían acabado conociendo entre ellos y familiarizado con sus puestos y responsabilidades. Pero detrás de esa cháchara casual, todo el mundo entendía los intereses implicados y la necesidad que teníamos de ejecutar hasta las tareas más rutinarias con los patrones más rigurosos. Nunca tuve que decirle a nadie en la Casa Blanca cómo trabajar o que diera un poco más. Su propio temor a meter la pata —a decepcionarme a mí o a sus colegas o a los electores que contaban con nosotros— hacía que la gente fuera mucho más allá de lo que habría podido conseguir yo con cualquier exhortación.

Todo el mundo estaba permanentemente falto de sueño. Rara vez vi que los miembros sénior trabajaran menos de doce horas al día, y casi todos ellos venían al menos en algún momento del fin de semana. A diferencia de mí, no tardaban menos de un minuto a la oficina ni tenían una corte de chefs, ayudas de cámara, mayordomos y asistentes para hacer las compras, cocinar, hacer la limpieza o llevar a los niños a la escuela. Los empleados solteros seguían solteros más tiempo de lo que les habría gustado y los afortunados que tenían pareja, se apoyaban en exceso en ella generando el tipo de tensiones domésticas crónicas a las que Michelle y yo estábamos tan acostumbrados. No podían asistir a los partidos de fútbol ni a los recitales de sus hijos y regresaban a casa demasiado tarde como para arropar a sus bebés en la cuna. Rahm, Axe y algún otro que se habían opuesto a imponer a sus familias el trastorno de un traslado a Washington, apenas veían a sus esposas e hijos.

Si alguien se quejaba de estas cosas, lo hacía en privado. Todos sabían a lo que se exponían cuando entraban a trabajar en una Administración. El equilibrio entre «vida y trabajo» no era parte del trato; y dada la peligrosa situación de la economía y del mundo, el volumen de trabajo que surgía a diario no parecía que fuese a reducirse pronto. Igual que los deportistas no hablan en el vestuario de cuánto les molestan sus lesiones, los miembros de nuestro equipo de la Casa Blanca habían aprendido a aguantarse.

Aun así, el efecto acumulativo del agotamiento —junto a un público cada vez más enfadado, una prensa poco empática, unos aliados desencantados y un partido de la oposición con la intención, y los medios para lograrlo, de convertir todo lo que intentáramos en un trabajo interminable— había conseguido crispar los nervios y agriar el humor. Empecé a escuchar más comentarios consternados ante los ocasionales estallidos de Rahm durante las reuniones a primera hora de la mañana, acusaciones de que Larry cortaba en seco a la gente durante ciertas discusiones sobre política económica, rumores de que algunos se sentían estafados cuando Valerie aprovechaba su relación personal conmigo y

Michelle para evitar ciertos procedimientos de la Casa Blanca. Las tensiones afloraban entre los empleados más jóvenes de política exterior como Denis y Ben, acostumbrados a presentarme sus ideas de manera casual antes de canalizarlas a través de procesos formales, y mi asesor de seguridad nacional, Jim Jones, que venía de una cultura militar en la que la cadena de mando era inviolable y se suponía que los subordinados sabían cuál era su lugar.

Los miembros de mi gabinete tenían sus propias frustraciones. Mientras que Hillary, Tom, Robert Gates y Eric Holder tenían la mayor parte de mi atención por virtud de sus puestos, otros realizaban un trabajo más administrativo sin muchos asideros. El secretario de Agricultura Tim Vilsack, el duro exgobernador de Iowa, empleó los dólares de la Ley de Recuperación para promover todo un conjunto de estrategias de desarrollo económico para comunidades rurales en apuros. La secretaria de Empleo Hilda Solis y su equipo se volcaron en facilitar que los trabajadores con sueldos bajos recibieran una paga por sus horas extra. Mi viejo amigo Arne Duncan, antiguo director de las escuelas de Chicago y ahora secretario de Educación, lideró el intento de aumentar los estándares en las escuelas de bajo rendimiento de todo el país, incluso cuando aquello despertó la ira de los sindicatos de profesores (comprensiblemente recelosos de cualquier cosa que implicara más pruebas estandarizadas) y los activistas conservadores (que pensaban que cualquier esfuerzo por instituir un currículo común era una trama de los liberales para adoctrinar a sus hijos).

A pesar de esos logros, la rutina diaria de dirigir una agencia federal no siempre estaba a la altura del papel más glamuroso (consejero y confidente del presidente, visitante asiduo de la Casa Blanca) que algunas personas del gabinete habían pensado que tendría. Hubo una época en que presidentes como Lincoln dependían casi exclusivamente de sus gabinetes para hacer política; los empleados de la Casa Blanca manejaban poco más que las necesidades personales del presidente y su correspondencia. Pero cuando el Gobierno federal se expandió con la era moderna, los sucesivos presidentes fueron centralizando cada vez más y más la toma de decisiones bajo un mismo techo, acrecentando el número y la influencia del personal de la Casa Blanca. Al mismo tiempo, los miembros del gabinete se fueron especializando paulatinamente, consumidos por la tarea de dirigir unos dominios cada vez más amplios y remotos en vez de estar dando charla al presidente todo el día.

El traslado de poder se veía en mi agenda. Mientras gente como Rahm o Jim Jones me veían casi a diario, solo Hillary, Tim y Gates tenían reuniones fijas en el despacho Oval. Otros secretarios tenían que luchar para conseguir entrar en mi agenda, a no ser que alguno de los asuntos de su incumbencia se convirtiera en una prioridad de la Casa Blanca. Las reuniones de todo el gabinete, que tratábamos de mantener una vez al trimestre, daban a todos la oportunidad de compartir información, pero eran demasiado grandes y difíciles de manejar para ser realmente efectivas; conseguir que todo el mundo se sentara ya era una especie de calvario, y la gente tenía que hacer turnos para pasar entre las pesadas sillas de cuero y sentarse a la mesa. En una ciudad en la que la cercanía y el acceso al presidente se tomaba como una medida de la influencia (la razón por la que los empleados sénior codiciaban la estrecha Ala Oeste, mal iluminada, y con unos despachos notoriamente plagados de ratones, en vez de las espaciosas salas del edificio Eisenhower que quedaban al otro lado de la calle) no pasó mucho tiempo hasta que algunos de los miembros del gabinete empezaron a sentirse poco apreciados, relegados a la periferia de la acción y sometidos a los antojos de otros empleados con frecuencia más jóvenes y menos experimentados de la Casa Blanca.

Ninguna de aquellas cuestiones era única de mi presidencia, y es un mérito tanto de mi gabinete como de mi equipo que mantuvieran la atención a medida que el entorno laboral se fue endureciendo. Con pocas excepciones, evitamos las hostilidades abiertas y las filtraciones constantes que habían caracterizado a algunas de las administraciones previas. Conseguimos evitar cualquier escándalo. Al comienzo de mi Administración dejé claro que tenía tolerancia cero a los lapsus éticos y quienes tenían un problema con esa clase de cuestiones no se unieron a nuestro equipo. Aun así, nombré a un viejo compañero de la Escuela de Derecho de Harvard, Norm Eisen, como consejero especial del presidente para ética y reformas del Gobierno con la intención de que ayudara a todo el mundo —a mí incluido— a mantenerse firme. Alegre y puntilloso, con rasgos marcados, los ojos enormes y la mirada fija de fanático, Norm era perfecto para el puesto; la clase de persona a la que deleita el bien ganado apodo del «doctor No». Cuando en cierta ocasión le preguntaron a qué tipo de congresos podían acudir los cargos de la Administración, su respuesta fue breve y directa: «Si suena divertido, no puedes ir».

Por otra parte, mantener alta la moral no era algo que pudiera delegar. Trataba de ser generoso en mis alabanzas y de medir mis críticas. En las reuniones, pedía la opinión de todos, también de los miembros más jóvenes del equipo. Las cosas pequeñas tenían importancia; me aseguraba de ser yo quien llevaba la tarta si era el cumpleaños de alguno de ellos, por ejemplo, o sacar tiempo para una llamada a los padres de alguien si era su aniversario. A veces, cuando tenía unos minutos libres, sencillamente me paseaba entre los estrechos muros del Ala Oeste, asomando la cabeza por las puertas de los despachos y preguntando a la gente por sus familias, o en qué estaban trabajando o si pensaban que había algo que pudiera hacerse mejor.

Irónicamente, un asunto de la gestión que me costó aprender más tiempo del que debía fue prestar mayor atención a las experiencias de las mujeres y la gente de color del equipo. Siempre había pensado que cuantas más experiencias se pusieran sobre la mesa, mejor sería la organización, y solía enorgullecerme de haber reclutado el gabinete más diverso de la historia. El personal de nuestra operación de la Casa Blanca estaba igualmente cargado de mujeres y hombres afroamericanos, latinos y asiáticoamericanos talentosos y experimentados, un grupo que incluía a la asesora en política nacional Melody Barnes, la jefe suplente de personal Mona Sutphen, el director político Patrick Gaspard, la directora de asuntos intergubernamentales Cecilia Muñoz, el secretario del gabinete de la Casa Blanca Chris Lu, la secretaria de personal Lisa Brown y la jefa del Consejo de Calidad Medioambiental, Nancy Sutley. Todos ellos fueron ejemplares en sus puestos y desempeñaron papeles clave en modelar nuestra política. Muchos de ellos no solo fueron valiosos consejeros, también se convirtieron en buenos amigos.

Los miembros de color y las mujeres de mi gabinete no tenían que preocuparse por encajar en su lugar de trabajo; estaban en lo alto de la cadena trófica y todo el mundo tenía que ajustarse a ellos. Pero resultó que las mujeres y las personas de color de la Casa Blanca tuvieron que enfrentarse —en varias situaciones y distintos grados— con las mismas cuestiones molestas, frustraciones y dudas a las que se enfrentaban sus iguales en sus entornos profesionales, desde los despachos corporativos hasta los departamentos universitarios. «¿Rechazó Larry mi propuesta delante del presidente porque le pareció que no era lo bastante sustanciosa o porque yo no fui lo bastante resuelta? ¿Fue tal vez porque no se toma a las mujeres tan en serio como a los hombres?» «¿Consultó Rahm a Axe y no a mí sobre ese asunto porque necesitaba una perspectiva política o porque ellos dos se conocen desde hace más tiempo? ¿Será tal vez que no están lo bastante cómodos con la gente de color?»

«¿Debería decir algo? ¿Estoy siendo demasiado sensible?»

Como primer presidente afroamericano de Estados Unidos, sentía una obligación especial en crear un lugar de trabajo inclusivo. Aun así, tenía tendencia a restar importancia al papel que la raza y el género suele desempeñar en las dinámicas de una oficina; frente a la fricción que suele surgir cuando se confina a un grupo de personas de primera bajo presión en un espacio reducido. Tal vez fuera porque todo el mundo se comportaba lo mejor posible cuando yo estaba presente; cuando escuchaba que se producían problemas entre los miembros del equipo, casi siempre era a través de Pete y Valerie, pues por una cuestión de edad y temperamento, la gente prefería confiar en ellos. Sabía que a veces las mujeres y las personas de color del equipo veían de manera distinta los estilos impulsivos de Rahm, Axe, Gibbs y Larry; por no hablar de su nerviosismo de origen político a la hora de mostrar opiniones contundentes sobre temas bandera como la inmigración, el aborto o la relación entre la policía y las minorías. Por otra parte, eran combativos con todo el mundo, también entre ellos. Conociéndolos bien como los conocía, pensaba que hasta donde las personas que hemos crecido en Estados Unidos somos capaces de liberarnos de nuestros prejuicios, ellos pasaban la prueba. Mientras no me enteré de ninguna situación ofensiva, pensé que para mí bastaba con establecer un buen ejemplo ante el equipo tratando a todos con amabilidad y respeto. Los casos cotidianos de ego herido, batallas territoriales, o pequeños desprecios los podían gestionar entre ellos.

Pero al final de nuestro primer año, Valerie me dijo que quería charlar conmigo y me informó de una insatisfacción creciente entre las mujeres del equipo sénior de la Casa Blanca. Solo entonces empecé a analizar mis puntos ciegos. Me enteré de que había al menos una mujer a la que habían hecho llorar después de haberla reprendido en una reunión. Cansadas de ver cómo se rechazaban sus ideas una y otra vez, algunas de ellas habían dejado de intervenir en las reuniones. «Yo creo que los hombres no se dan ni cuenta de cómo se imponen —dijo Valerie— y para las mujeres eso es parte del problema».

Me preocupó tanto que sugerí que una docena de mujeres del

equipo se reunieran conmigo para cenar y tener así oportunidad de charlar las cosas. Hicimos la reunión en el antiguo comedor familiar, en la primera planta de la residencia, y tal vez por la elegancia del lugar, con sus techos altos, los mayordomos con pajaritas negras y la porcelana de la Casa Blanca, las mujeres tardaron un rato en relajarse. Los sentimientos en la mesa no eran homogéneos, y ninguna de ellas dijo que hubiera recibido un trato abiertamente machista, pero al escuchar a aquellas exitosas mujeres charlar durante un par de horas, me pareció evidente el grado en el que ciertos patrones de comportamiento que estaban automatizados en muchos de los hombres del equipo sénior —como gritar y maldecir durante una discusión política; dominar la conversación interrumpiendo constantemente a los demás (sobre todo a las mujeres) a mitad de una frase; volver a exponer algo que alguien había expuesto ya media hora antes (normalmente una mujer) como si fuera una idea propia— era algo que había provocado que se sintieran rebajadas e ignoradas y fueran cada vez más reacias a dar sus opiniones. Y aunque muchas de las mujeres me dijeron que apreciaban el grado en que les pedía activamente sus opiniones durante las reuniones, y aunque no dudaban de que respetaba sus trabajos, sus relatos me obligaron a mirarme en el espejo y a preguntarme hasta qué punto mi propia inclinación al machismo —mi tolerancia a un ambiente un poco agresivo en las reuniones o el placer que me generaban las luchas verbales— habían contribuido a su incomodidad.

No puedo decir que esa noche se comentaran todos los problemas («no es fácil resolver el patriarcado en una sola cena», le dije luego a Valerie), ni tampoco garantizar, por ejemplo, que mis periódicas charlas con los miembros negros, latinos, asiáticos y americanos nativos del equipo les hacían sentir siempre integrados. Sé que cuando hablé con Rahm y otros hombres del equipo sénior sobre los sentimientos de sus colegas femeninas, se quedaron sorprendidos, se sintieron humillados y prometieron enmendarse. Las mujeres, por su parte, se tomaron a pecho mi sugerencia de ser más reivindicativas en las discusiones («¡Si alguien os pisa mientras estáis hablando, decidles que no habéis terminado!») no solo por su propia salud mental sino porque eran expertas y perspicaces, y yo necesitaba saber lo que tenían que decir si quería hacer bien mi trabajo. Unos meses más tarde, cuando íbamos juntos por el Ala Oeste hacia el edificio Eisenhower, Valery me comentó que había percibido cierta mejora en la forma en que interactuaba el equipo.

—¿Cómo lo llevas tú? —me preguntó.

Me detuve en lo alto de las escaleras del edificio Eisenhower para buscar en los bolsillos las notas para la reunión a la que iba a asistir.

—Yo bien —dije.

—¿Seguro? —insistió, entrecerrando los ojos como si escrutara mi rostro como un médico cuando examina los síntomas de su paciente. Encontré lo que buscaba y reanudé la marcha.

—Sí, estoy seguro —dije—. ¿Por qué? ¿Te parezco diferente?

Valerie negó con la cabeza.

—No —dijo—. Me parece que estás exactamente igual. Eso es lo que no entiendo.

No era la primera vez que Valerie comentaba lo poco que la presidencia me había cambiado. Entendía que lo decía como un cumplido; era su manera de expresar alivio de que no me hubiera vuelto demasiado arrogante, no hubiera perdido el sentido del humor o me hubiera convertido en un cretino amargado y malhumorado. Pero a medida que se iban alargando la guerra y la crisis económica y nuestros problemas políticos comenzaron a aumentar, empezó a preocuparle que yo estuviera un poco *demasiado* tranquilo, que estuviera reprimiendo el estrés.

No era la única. Mis amigos empezaron a mandarme notas de ánimo sombrías y sentidas, como si se acabaran de enterar de que tenía una enfermedad grave. Marty Nesbitt y Eric Whitaker comentaron la posibilidad de volar a Washington para ver juntos un partido de baloncesto (una noche de «chicos», dijeron, para distraerme un poco). Mama Kaye, que vino de visita, manifestó verdadera sorpresa al ver el buen aspecto que tenía en persona.

—¿Qué esperabas? —pregunté agachándome para darle un buen abrazo—, ¿que tuviera un sarpullido por toda la cara? ¿Que se me estuviera cayendo el pelo?

—Déjalo ya —respondió golpeándome el brazo en broma. Pero se echó hacia atrás y me miró de la misma forma en que lo había hecho Valerie, buscando señales—. Sencillamente supuse que te iba a encontrar más cansado. ¿Comes bien?

Sorprendido por tanta atención, se me ocurrió comentárselo un día a Gibbs. Se atragantó. «Déjame decirte una cosa, jefe —comentó—. Si te vieras en la televisión, tú también te preocuparías por ti.» Sabía a lo que se refería: cuando te conviertes en presidente, la percepción que tiene la gente de ti —y hasta las personas que mejor te conocen— está inevitablemente influenciada por los medios. Lo que no había llegado a entender del todo, sin embargo, no al menos hasta que examiné unas cuantas emisiones de telediarios, era cómo las imágenes que los productores usaban para las noticias sobre mi Administración habían cambiado últimamente. Cuando nos iba bien, hacia el final de la campaña y el principio de la presidencia, la mayoría de las imágenes me mostraban activo y sonriente, dándole la mano a la gente o hablando ante escenarios especulativos, con mis gestos y expresiones faciales rebosantes de energía y poder. Ahora que la mayoría de las historias eran negativas, aparecía una versión diferente de mí: envejecido, paseando solo por la columnata Oeste o cruzando el jardín Sur hacia el Marine One, con los hombros caídos y la mirada gacha, el rostro cansado y fruncido por las cargas de mi puesto.

Estar en el tonel sacaba a relucir permanentemente la versión más triste de mí mismo.

De hecho, la vida tal y como la estaba experimentando no parecía tan nefasta ni mucho menos. Al igual que todo mi equipo, podría haber dormido más. Todos los días tenía mi cuota de cosas que se agravaban, preocupaciones y decepciones. Me ponían nervioso los errores que cometía y las cuestiones estratégicas que no salían bien. Había reuniones que me resultaban temibles, ceremonias que me parecían estúpidas y conversaciones que habría preferido evitar. Aunque procuraba no gritarle a la gente, maldecía, me quejaba sin parar y me sentía injustamente difamado al menos una vez al día.

Pero como también había descubierto durante la campaña, los obstáculos y las luchas rara vez sacudían lo más profundo de mi ser. Era más probable que la depresión me invadiera cuando me sentía inútil, sin objetivo; cuando perdía el tiempo o dejaba pasar oportunidades. Incluso en mis peores días como presidente, nunca me sentí de ese modo. El trabajo no permitía el aburrimiento ni la parálisis existencial, y cuando me sentaba con mi equipo para tratar de encontrar la solución a un problema enrevesado, normalmente salía con más energía que exhausto. Cada viaje que hacía — visitar desde una planta de producción hasta un laboratorio en el que los científicos me explicaban un avance reciente— era un alimento para mi imaginación. Dar consuelo a una familia rural que se había tenido que desplazar a causa de una tormenta o permitirme sentir, aunque fuera un instante, por lo que habían pasado, hacían que mi corazón se expandiera.

El jaleo de ser presidente, la pompa, la prensa, las restricciones físicas... podía prescindir de todas esas cosas. ¿Pero el trabajo en sí?

Amaba mi trabajo. Incluso cuando mi trabajo no me amaba a mí.

Al margen del trabajo, trataba de reconciliarme con vivir en una burbuja. Mantenía mis rituales: por la mañana ejercicio, la cena con la familia, la tarde para pasear por el jardín Sur. Durante los primeros meses de mi mandato, esa rutina incluía leer un capítulo de *La vida de Pi* a Sasha todas las noches antes de arroparla a ella y a Malia en la cama. Cuando llegó el momento de decidir cuál era nuestro siguiente libro, Sasha dijo que, al igual que su hermana, ya era demasiado mayor para que le leyeran. Oculté mi desaliento y me habitué entonces a jugar una partida de billar con Sam Kass.

Nos encontrábamos en la tercera planta de la residencia después de cenar, cuando Michelle y yo ya habíamos repasado el día y Sam había terminado de limpiar la cocina. Ponía algo de Marvin Gaye o de Out-Kast o de Nina Simone de mi iPod, y el que había perdido la noche anterior abría la partida. Durante la siguiente media hora o algo así jugábamos. Sam me contaba algún chisme de la Casa Blanca o me pedía consejo sobre su vida amorosa. Yo le comentaba algo gracioso que habían dicho las niñas o despotricaba un rato de la política. La mayoría de las veces, sin embargo, hablábamos de tonterías e intentábamos bolas imposibles, el sonido del inicio de la partida o el golpe suave de la bola al entrar en la tronera me aclaraba la mente antes de ir a la sala de los Tratados para terminar mi tarea nocturna.

Al principio el billar me daba también una excusa para escabullirme y fumarme un cigarrillo en el rellano de la tercera planta. Pero esas escapadas se acabaron cuando dejé de fumar, justo después de que se aprobara la Ley de Protección al Paciente y Cuidado de Salud Asequible. Elegí ese día porque me gustaban los gestos simbólicos, pero ya había tomado la decisión algunas semanas antes, cuando Malia me olió el aliento a tabaco, frunció el ceño y me preguntó si había estado fumando. Ante la perspectiva de mentir a mi hija o instaurar un mal ejemplo, llamé al médico de la Casa Blanca y le pedí una caja de chicles de nicotina. Y funcionó, porque desde entonces no he vuelto a encender un cigarrillo. Aunque al final acabé reemplazando una adicción por otra: cuando pienso en mi época en el cargo, recuerdo que estaba mascando chicle sin parar, tenía paquetes de chicles vacíos saliendo constantemente de los bolsillos y dejaba un rastro de envoltorios en el suelo, bajo mi mesa o entre los cojines del sofá.

El baloncesto me ofrecía otro refugio seguro. Cuando me lo permitía mi horario, Reggie Love reunía a algunos de sus colegas y organizaba un partido de fin de semana en un campo cubierto en la base del ejército de Fort McNair, en los cuarteles generales del FBI o en el Departamento del Interior. Corríamos sin parar —con un par de excepciones, la mayoría de los habituales eran antiguos jugadores de primera división universitaria entre veintimuchos y treinta y pocos años— y aunque odie tener que admitirlo, yo era de los peores jugadores en la cancha. Aun así, mientras no intentara hacer más de la cuenta lo llevaba bien, robaba alguna bola, le facilitaba el juego al mejor de nuestro equipo, intentaba un tiro cuando estaba desmarcado, corría para atacar y me dejaba llevar por el flujo de la camaradería de la competición.

Aquellos partidos improvisados representaban una continuidad para mí, un ancla a mi viejo yo, y cuando mi equipo ganaba al de Reggie, me aseguraba de restregárselo toda la semana. Pero el placer que obtenía jugando al baloncesto no era nada comparado con la emoción —y la tensión— de vitorear al equipo de Sasha de cuarto grado.

Se hacían llamar Las Víboras (felicitaciones a quien se le ocurriera el nombre) y todos los sábados por la mañana durante la temporada Michelle y yo íbamos a un pequeño parque público de Maryland y nos sentábamos en las gradas junto al resto de las familias, apoyándolas ruidosamente cada vez que una de las niñas estaba ni que fuese un poco cerca de meter canasta, recordándole a gritos a Sasha que buscara el rebote o bajara a defender, y tratando de hacer lo posible para no convertirnos en «uno de esos padres» que gritan al árbitro. Maisy Biden, la nieta de Joe y una de las mejores amigas de Sasha, era la estrella del equipo, pero para la mayoría de las chicas era su primera experiencia en un equipo de baloncesto organizado. Parece que lo mismo se podía decir de los entrenadores, una pareja joven que enseñaba en Sidwell y que, según reconocían ellos mismos, tampoco consideraban el baloncesto su depor-

Rahm me comunica que la Cámara acaba de aprobar un emblemático proyecto de ley sobre el cambio climático. Mi jefe de Gabinete se desvivía por días como este, cuando lográbamos una clara victoria.

Una maratoniana sesión dominical con mi equipo económico, formado entre otros por (*desde la izquierda*) Larry Summers, Tim Geithner y Christy Romer.

Harry Reid, líder de la mayoría en el Senado, y yo hicimos buenas migas desde el principio. A pesar de nuestras diferencias en edad y experiencia, ambos teníamos la sensación de haber superado importantes obstáculos.

Incluso mientras gestionábamos la presión de esos primeros meses en la Casa Blanca, Michelle y yo siempre supimos cómo hacernos reír el uno al otro. Tener cerca a Valerie Jarrett, nuestra amiga y asesora principal, hacía que todo fuera más fácil.

Bo llegó a la Casa Blanca con ganas de explorarla entera. Fue un regalo de Ted y Vicki Kennedy, y enseguida hizo que el lugar pareciese más un hogar.

» Recorrer las pirámides de Giza sirvió como aleccionador recordatorio de que el mundo sigue ahí mucho después de que hayamos desaparecido.

« Unos palestinos de Gaza escuchan mi discurso en El Cairo el 4 de junio de 2009. Durante la campaña, me había comprometido a dirigirme a los musulmanes del mundo, con la idea de que reconocer la existencia de los focos de tensión entre Occidente y el mundo musulmán sería un primer paso hacia la coexistencia pacífica.

» Felicitando a Sonia Sotomayor justo antes de que se convirtiese oficialmente en jueza del Tribunal Supremo. Sus experiencias vitales le proporcionaban una comprensión más completa del contexto real de las decisiones del Supremo.

Denis McDonough fue uno de mis asesores más cercanos sobre política extranjera, además de un buen amigo. Se obsesionaba con los detalles; se ofrecía voluntario para las tareas más difíciles e ingratas; nadie trabajaba más que él. «

»
El presidente francés Nicolas Sarkozy y la canciller alemana Angela Merkel —dos líderes cuyo carácter no podía ser más distinto— en la cumbre del G8 en julio de 2009.

«
Ben Rhodes empezó siendo mi redactor de discursos en el Consejo de Seguridad Nacional y demostró ser fundamental. Podía contar con él para redactar un borrador de discurso que no solo reflejase mi voz sino que captase mi visión del mundo.

Una visita a la dacha de Vladimir Putin incluyó un largo monólogo de nuestro anfitrión en el que repasó todas las supuestas injusticias, traiciones y desaires que el pueblo ruso y él habían sufrido a manos de los arrogantes estadounidenses.

Cualquier viaje era mejor cuando venían las niñas. Aquí está Sasha, con ocho años, paseándose por el Kremlin como una pequeña agente secreta con su gabardina.

Mi «entrenador personal»
Reggie Love y yo asumimos
la tarea de dirigir al equipo
de baloncesto de cuarto
curso de Sasha. Cuando los
Vipers ganaron el
campeonato con un ajustado
18–16, lo celebramos como
si fuese la final de la
Asociación Nacional
Deportiva Universitaria.

»

«

Con Robert Gibbs,
director de
Comunicación (*centro*),
cuyo humor de listillo y
agudo instinto a menudo
nos sacaban las castañas
del fuego, y Reggie Love,
que nunca tenía piedad
conmigo en la cancha de
baloncesto.

»

Aprovechando cualquier
momento para leer. La
tranquilidad nunca
duraba mucho.

Una de las razones que le expuse a Michelle antes de presentarme a la presidencia era que, si lo conseguía, los chavales de todo el mundo se verían a sí mismos y sus posibilidades de otra manera. Y solo por eso ya valdría la pena.

Aún puedo oír a Bob Dylan reinterpretar una conmovedora versión de «The Times They Are a-Changing» antes de estrechar mi mano y desaparecer sin decir palabra.

En la base de la Fuerza Aérea de Dover con el fiscal general Eric Holder (*extremo derecho*), en la ceremonia para honrar a dieciocho estadounidenses que habían muerto en Afganistán. No es habitual que un presidente asista a este tipo de ceremonia, pero pensé que era importante que el comandante en jefe se hiciese cargo del verdadero coste de la guerra.

En West Point, el 1 de diciembre de 2009, anunciando el nuevo despliegue de soldados en Afganistán. Enviar más jóvenes a la guerra fue una de las decisiones más difíciles que tuve que tomar como presidente.

Conocí al sargento de primera clase Cory Remsburg en Normandía, varias semanas antes de que partiese para su décimo despliegue en Afganistán. Por casualidad, me lo volví a encontrar en el hospital naval de Bethesda, tras haber resultado gravemente herido por un artefacto explosivo. A lo largo de los años, hemos vuelto a vernos y hemos mantenido el contacto.

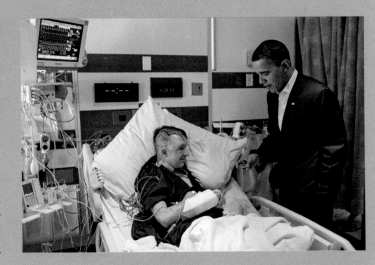

Conociendo a algunos de nuestros valientes hombres y mujeres en Afganistán en marzo de 2010. Fueron una gran inspiración para mí.

Miembros de mi equipo de seguridad nacional en West Point. Las horas que pasamos debatiendo el plan de despliegue nos obligaron a redefinir los objetivos estratégicos estadounidenses en Afganistán para evitar desviarnos de ellos.

La reina Isabel II encarna la relación especial entre Estados Unidos y Reino Unido, y a Michelle y a mí siempre nos encantaba pasar tiempo con ella.

Con el presidente Hu Jintao en el Gran Salón del Pueblo en Pekín.

» Repasando mi discurso para una sesión conjunta del Congreso sobre la reforma sanitaria con el redactor de discursos Jon Favreau. Podría llegar a ser un editor muy exigente.

« En la sala Roosevelt con Joe Biden y mi equipo el 21 de marzo de 2010, cuando la Ley de Protección al Paciente y Cuidado de Salud Asequible obtuvo los votos necesarios para su aprobación. Pensé en mi madre, que había muerto de cáncer, y en todos los estadounidenses como ella que llevaban tiempo necesitando algo así.

Celebrando la aprobación de la Ley de Protección al Paciente y Cuidado de Salud Asequible con Kathleen Edwards, secretaria de Salud y Servicios Sociales, y Nancy Pelosi, presidenta de la Cámara, la estratega legislativa más tenaz y hábil que he conocido. »

Recibiendo información sobre el desastre de la plataforma Deepwater Horizon durante un viaje al litoral del golfo de México. El almirante Thad Allen, comandante de la Guarda Costera (*sentado, a la izquierda*), y Lisa Jackson, directora de la Agencia de Protección Ambiental (*a la derecha*), fueron miembros esenciales del equipo que gestionó nuestra respuesta al vertido de petróleo.
»

Una cumbre en los columpios con Malia, de once años, que siempre tenía montones de preguntas. Aquí me está preguntando sobre el vertido de petróleo.

»

Samantha Power, que sirvió en el Consejo de Seguridad Nacional, donde se centró en la prevención de atrocidades y en los derechos humanos, era una amiga cercana y un termómetro para mi conciencia.

Sentía que no merecía estar en compañía de las figuras transformadoras que habían recibido el Premio Nobel de la Paz. Interpreté el premio como un llamamiento a la acción.

Con Joe, yendo a firmar la ley Dodd-Frank, nuestro proyecto de ley de reforma de Wall Street. Mantuve mi promesa y me aseguré de que Joe siempre tuviera la última palabra en las reuniones. A cambio recibí sabios consejos y descubrí que tenía otro hermano.

31 de agosto de 2010. A punto de anunciar el fin de las operaciones de combate en Irak desde el mismo escritorio desde donde el presidente Bush anunció su inicio. Tardó mucho tiempo en llegar, pero cumplí mi promesa.

1 de mayo de 2011. Con mi equipo de seguridad nacional, viendo cómo los SEAL de la Marina asaltaban el recinto donde se encontraba Osama bin Laden. Fue la primera y única vez que asistí en directo al desarrollo de una operación militar mientras fui presidente.

Cenando en el palacio presidencial de Nueva Delhi con el primer ministro Manmohan Singh, un hombre sensato y de una decencia poco habitual.
«

»
El presidente Mahmud Abás, el presidente Hosni Mubarak y el primer ministro Benjamin Netanyahu miran sus relojes para ver si se ha completado oficialmente la puesta de sol. Era el mes musulmán del ramadán, y debíamos asegurarnos de que el ayuno había terminado antes de sentarnos a cenar.

«
Preparándome para presentarme ante los periodistas el día después de que los demócratas fuesen derrotados en las elecciones de medio mandato de 2010.

Valoraba cualquier momento que podía pasar con mi familia. Una visita a la estatua del *Cristo Redentor* en Río de Janeiro resultó ser mágica.

Durante ocho años, empezaba y acababa mis días recorriendo la columnata Oeste: un viaje de un minuto de duración al aire libre de casa al trabajo y viceversa.

te favorito. Después de presenciar un par de adorables pero caóticos primeros partidos, Reggie y yo nos encargamos de diseñar unas jugadas y nos presentamos como voluntarios para dirigir un par de entrenamientos informales los domingos por la tarde con el equipo. Trabajamos en lo básico (driblar, pasar la pelota, asegurarse de que se habían atado bien los cordones antes de entrar en la cancha) y aunque Reggie a veces se ponía un poco intenso durante los entrenamientos («¡Paige, no dejes que Isabel haga eso!»), las niñas parecían pasárselo bien como nosotros. Cuando Las Víboras ganaron el campeonato de liga en un tenso 18-16, Reggie y yo lo celebramos como si fuese la final de la Asociación Nacional Deportiva Universitaria.

Supongo que todos los padres disfrutan de esos momentos, cuando el mundo se detiene; tus preocupaciones se van al fondo de la cabeza y lo único que te importa es estar presente, con todos tus sentidos, para presenciar el milagro del crecimiento de tu hija. Considerando todo el tiempo que me había perdido de la vida de las niñas durante los años de la campaña y las sesiones legislativas, valoraba esas «cosas de padre» mucho más. Aunque, como es lógico, ya nada de nuestra vida era completamente normal, como me hicieron recordar el año siguiente cuando, al más puro estilo de Washington, unos cuantos padres de un equipo rival de Sidwell se empezaron a quejar a los entrenadores de Las Víboras, y supuestamente también a la escuela, de que Reggie y yo no ofrecíamos sesiones de entrenamiento a las otras niñas. Les explicamos que nuestros entrenamientos no tenían nada de especial —que no eran más que una excusa para pasar un poco más de tiempo con Sasha— y sugerí que tal vez otros padres podían organizar también sus propios entrenamientos. Pero cuando se aclaró que las quejas no tenían nada que ver con el baloncesto («Deben de pensar que si las entrenas tú es algo que podrán poner en la solicitud para la Universidad de Harvard», se burlaba Reggie) y los entrenadores de Las Víboras empezaron a sentirse presionados, decidí que tal vez era mejor para todos si me limitaba a ser un simple fan.

A pesar de un par de irritantes incidentes de ese estilo, no había forma de negar que nuestro estatus de primera familia nos concedía ciertos beneficios. Los museos de alrededor de la ciudad nos dejaban hacer visitas fuera de horario para que evitáramos las multitudes (Marvin y yo aún nos reímos de una ocasión en la que decidió colocarse estratégicamente frente a un enorme cuadro muy detallado de un hombre desnudo en la Corcoran Gallery para que no lo vieran las niñas) y la Motion Picture Association nos mandaba DVD con los estrenos. Le dimos mucho uso al cine de la Casa Blanca, aunque los gustos de Michelle y los míos casi nunca coincidían: ella prefería las comedias románticas, mientras mis películas favoritas, según su descripción, iban casi siempre de «algo terrible que les pasa a unas personas que finalmente acababan muriendo».

El increíble equipo de la Casa Blanca también facilitaba que entretuviéramos a nuestros invitados. No teníamos que preocuparnos, como suelen hacer los padres de niñas pequeñas, de reunir fuerzas tras una larga semana de trabajo para hacer la compra, cocinar o limpiar una casa por la que parece que acaba de pasar un tornado. Junto a las reuniones de fin de semana con nuestro habitual círculo de amigos, empezamos a organizar pequeñas cenas en la residencia cada varios meses, invitando a artistas, escritores, académicos, hombres de negocios y otras personas con las que nos íbamos cruzando y a las que queríamos conocer mejor. Por lo general las cenas duraban hasta bien pasada la medianoche y estaban repletas de conversaciones animadas por el vino. A veces resultaban inspiradoras (Toni Morrison, majestuosa y malvada a la vez, describiendo su amistad con James Baldwin), otras educativas (el copresidente de mi Consejo de Asesores sobre Ciencia y Tecnología, el doctor Eric Lander, describiéndonos los últimos avances en medicina genética) o cautivadoras (Meryl Streep inclinándose para recitar en mandarín la letra de una canción sobre las nubes que había tenido que aprenderse para un papel hacía años). Solían hacerme sentir más confiado sobre el futuro de la humanidad.

Pero tal vez el mayor beneficio de la Casa Blanca era la música. Uno de los objetivos de Michelle como primera dama era hacer que la Casa Blanca fuera más acogedora; una «casa de todos» en la que los visitantes se sintieran representados, más que una fortaleza exclusiva y remota de poder. En colaboración con la Oficina Social de la Casa Blanca, organizó muchas visitas para grupos escolares locales y empezó a dirigir un programa de mentores en el que emparejaba a chicos discapacitados con el personal de la Casa Blanca. Abrió el jardín Sur para Halloween y organizó allí noches de cine para las familias de los militares.

Como parte de ese esfuerzo, su oficina hizo que acogiéramos una serie de eventos de música estadounidense en colaboración con la televisión pública, en la que algunos de los artistas más importantes del país —con nombres tan conocidos como Stevie Wonder, Jennifer Lopez y Justin Timberlake, pero también algunos nuevos como Leon Bridges y leyendas vivas como B. B. King— pasaron parte de un día dirigiendo talleres musicales con jóvenes de la zona antes de dar un concierto frente a un par de centenares de personas en el escenario de la sala Este o a veces en el jardín Sur. Junto al concierto del Premio Gershwin que organiza todos los años la Casa Blanca para hacer los honores a un importante intérprete o compositor, esa serie de conciertos le otorgaba a mi familia asientos en la primera fila tres o cuatro veces al año para un gran espectáculo musical repleto de estrellas.

Todos los géneros estaban representados: Motown y canciones de Broadway, blues clásico y fiesta latina; góspel y hip hop; country, jazz y música clásica. Los músicos normalmente ensayaban el día anterior a su actuación, y si se daba el caso de que estaba en la residencia mientras repasaban su repertorio, podía escuchar el sonido de la batería, el bajo y las guitarras eléctricas reverberando en la sala de los Tratados. A veces me escabullía y bajaba las escaleras de la residencia, me asomaba a la sala Este, haciéndome a un lado para no llamar demasiado la atención, y me quedaba un rato mirando a los artistas: un dueto resolviendo una armonía, una estrella modificando un arreglo con la banda. Me maravillaba la maestría de todos ellos con sus instrumentos, la generosidad que mostraban entre sí al unir su mente, su espíritu y sus cuerpos, y sentía un pinchazo de envidia ante la pura alegría sin ambages de esos intérpretes en tan fuerte contraste con el camino político por el que yo había optado.

En cuanto a los conciertos, eran absolutamente electrizantes: aún recuerdo a Bob Dylan con su guitarra, acompañado por un bajo y un piano, reinterpretando con dulzura «The Times They Are a-Changin'». Cuando terminaron bajó del escenario, me dio la mano, le dedicó una pequeña sonrisa y una reverencia a Michelle, y desapareció sin decir una palabra. Recuerdo a un joven dramaturgo de origen portorriqueño llamado Lin-Manuel Miranda, quien nos dijo en la sesión de fotos antes de una noche de poesía y música que tenía planeado cantar por primera vez lo que esperaba que fuera un musical de hip hop sobre la vida del primer secretario del Tesoro estadounidense, Alexander Hamilton. Le animamos con educación, aunque con cierto escepticismo en nuestro interior, hasta que subió al escenario y empezó el ritmo y el público se volvió absolutamente loco.

Y hubo una ocasión también en que Paul McCartney le dio una serenata a mi mujer cantándole «Michelle». Ella se rio, un poco avergonzada, el resto del público aplaudió y yo me pregunté qué habrían dicho los padres de Michelle en 1965, el año en que salió aquella canción, si alguien hubiese llamado a la puerta de su casa de South Side y les hubiese dicho que llegaría el día en que el Beatle que había escrito ese tema se lo cantaría a su hija sobre un escenario en la Casa Blanca.

A Michelle le encantaban aquellos conciertos tanto como a mí. Aunque sospecho que ella habría preferido asistir como invitada, más que como anfitriona. En principio tenía todos los motivos del mundo para sentirse bien con la forma en que se había adaptado a nuestra nueva vida: nuestras hijas parecían felices; se había hecho con rapidez un nuevo círculo de amigos, muchas de ellas madres de las compañeras de clase de Malia y Sasha; y tenía un poco más de flexibilidad que yo para salir del complejo de la Casa Blanca sin que nadie se diera cuenta. Su iniciativa para acabar con la obesidad infantil, llamada ¡Movámonos!, había sido bien recibida y ya mostraba resultados significativos; y en colaboración con Jill Biden estaba a punto de lanzar una nueva iniciativa, llamada Uniendo Fuerzas, que tenía la intención de ofrecer apoyo a las familias del ejército. En todos los lugares donde aparecía en público, tanto si era para visitar una escuela pública o intercambiar alegres comentarios punzantes en los programas nocturnos de la televisión como invitada, la gente parecía irresistiblemente atraída por su autenticidad y su calor, por su sonrisa y su rápido ingenio. De hecho, se podía decir con justicia que, a diferencia de mí, no había dado un solo paso en falso ni una nota desafinada desde el mismo instante en que habíamos llegado a Washington.

Y aun así, a pesar de todo el éxito y la popularidad de Michelle, no paraba de sentir una tensión subyacente en ella, algo sutil pero constante, como el traqueteo lejano de una máquina oculta. Era como si, confinadas igual que nosotros en la Casa Blanca, todas sus fuentes de frustración previas se hubiesen concentrado aún más, se hubiesen hecho más vívidas, tanto si se trataba de mi ensimismamiento constante con el trabajo, o la forma en que la política exponía a nuestra familia a un escrutinio y ataques constantes, o la tendencia tanto de amigos como de los miembros de nuestra familia de tratarla como si su papel fuera de una importancia secundaria.

Más que nada, la Casa Blanca le recordaba a diario que había aspectos fundamentales de su vida que ya no estaban bajo su control. Con quién pasaba el tiempo, adónde íbamos de vacaciones, dónde viviríamos tras las elecciones de 2012 y hasta la seguridad de la familia; todas esas cosas dependían ahora hasta cierto punto de lo bien que yo hiciera mi trabajo, de lo que hiciera o dejara de hacer el personal del Ala Oeste, de los caprichos de los votantes, de los medios, de Mitch McConnell, de las cifras de empleo o de algún episodio absolutamente imprevisible que hubiera sucedido en la otra punta del mundo. Ya nada era inamovible. Ni siquiera estaba cerca de serlo. Por ese motivo, consciente o inconscientemente, había una parte de ella que permanecía alerta, no importaban los pequeños triunfos o alegrías que pudieran traer ese día, semana o mes, ella esperaba atenta al siguiente giro de la rueda, dándose ánimos frente a la desgracia.

Muy rara vez Michelle compartía esos sentimientos conmigo. Era consciente de la carga que llevaba encima y no veía motivos para añadir más peso; en cuanto al futuro más predecible, no había demasiadas cosas que yo pudiera hacer para que cambiaran nuestras circunstancias. Tal vez dejó de hablar porque sabía que yo intentaría razonar sus miedos, o de tranquilizarla de alguna manera intrascendente, o que le sugeriría que lo único que necesitaba era cambiar de actitud.

Si yo estaba bien, ella también debería estarlo.

Había momentos en que realmente se estaba bien, noches en las que los dos nos acurrucábamos bajo una manta y veíamos un programa de la tele, tardes de domingo en las que bailábamos sobre la alfombra con las niñas y con Bo y llenábamos la segunda planta de la residencia con nuestras risas. Pero lo más habitual, sin embargo, era que Michelle se retirara a su estudio cuando acababa la cena y que yo cruzara el amplio vestíbulo rumbo a la sala de los Tratados. Cuando acababa de trabajar, ella ya estaba dormida. Me desvestía, me lavaba los dientes y me metía bajo las sábanas, tratando de no despertarla. Y aunque muy rara vez tuve problemas para dormir mientras estaba en la Casa Blanca —llegaba tan cansado que a los cinco minutos de posar la cabeza sobre la almohada ya me había quedado dormido— había noches en las que, tendido al lado de Michelle en la oscuridad, pensaba en la época en que todo entre nosotros era más ligero, cuando su sonrisa era más habitual o nuestro amor estaba menos cargado, y se me encogía el corazón ante el pensamiento de que tal vez esos días no iban a regresar jamás.

Me hace preguntarme ahora, con el beneficio de la retrospectiva, si la de Michelle era la respuesta más honesta a todos esos cambios por los que estábamos pasando —y si mi aparente tranquilidad a medida que se superponía una crisis tras otra, mi insistencia en que al final todo iba a arreglarse, no era más que una forma de protegerme a mí mismo— y contribuía a su soledad.

Sé que fue más o menos entonces cuando empecé a tener un sueño recurrente. Me veía en las calles de una ciudad sin nombre, un vecindario con árboles, escaparates, semáforos. Era un día cálido y agradable, con una suave brisa, y la gente estaba de compras, paseando al perro o regresando a casa del trabajo. En una variante del sueño yo iba en bicicleta, pero casi siempre iba a pie, dando un paseo, sin pensar en nada en particular, cuando de pronto me daba cuenta de que nadie me reconocía. Mi servicio de seguridad había desaparecido. No tenía que estar en ninguna parte. Mis decisiones no tenían consecuencias. Entraba en una tienda de la esquina y compraba una botella de agua o de té helado, y charlaba de cualquier cosa con la persona que estaba en el mostrador. Me sentaba en un banco cercano, abría mi bebida, le daba un sorbo y me dedicaba a observar la vida pasar.

Me sentía como si hubiera ganado la lotería.

Rahm pensaba que tenía la fórmula para recuperar el ímpetu político. La crisis de Wall Street había puesto de manifiesto un fallo en el sistema para regular los mercados financieros, y durante la transición le pedí a nuestro equipo económico que desarrollara reformas legislativas que lograran que fuese menos probable una nueva crisis en el futuro. Según Rahm, cuanto antes tuviéramos redactado un proyecto de ley de «reforma de Wall Street» listo para votar, mejor.

«Eso nos pondría de nuevo del lado de los ángeles —dijo—. Y si los republicanos tratan de bloquearlo, se lo metemos por el culo.»

Había razones para esperar que Mitch McConnell se opondría a nuevas normas financieras. Al fin y al cabo, había hecho carrera a fuerza de oponerse a todas y cada una de las regulaciones del Gobierno (leyes medioambientales, laborales, de seguridad en el trabajo, sobre financiación de campañas, de protección del consumidor) que pudieran impedir que las empresas de Estados Unidos hicieran lo que les diera la maldita gana. Pero McConnell también entendía los riesgos políticos de la situación —los votantes aún asociaban el Partido Republicano a las grandes empresas y a los multimillonarios con yates— y no tenía intención de que la habitual postura antirregulación de su partido se interpusiera en su búsqueda de la mayoría en el Senado. Así las cosas, y a pesar de que no ocultaba su intención de boicotear mi programa en todas las ocasiones posibles, tarea que se había vuelto más sencilla gracias a la victoria de Scott Brown en su carrera para el Senado de Massachusetts al privar a los demócratas del decimosexto voto, le informó a Tim en una reunión en su despacho en Capitol Hill que haría una excepción con la reforma de Wall Street.

—Va a votar en contra de todo lo que propongamos —nos dijo Tim al regresar de la reunión— y lo mismo hará la mayoría de su caucus. Pero dice que tendríamos que poder encontrar unos cinco republicanos que nos apoyen y que él no hará nada para detenerles.

—¿Algo más? —pregunté.

—Solo que la obstrucción les funciona —dijo Tim—. Parece encantado de haberla conocido.

La concesión de McConnell al estado de ánimo general era significativa, pero eso no implicaba que fuera sencillo que el Congreso aprobara la reforma de Wall Street. Los ejecutivos del sector bancario seguían sin demostrar ningún remordimiento por el caos económico que habían provocado. Los banqueros tampoco mostraban demasiada gratitud por todo lo que habíamos hecho por salvarlos de las llamas (la acusación de que yo era «antinegocios» se había convertido en un rasgo habitual de la prensa financiera). Todo lo contrario, veían nuestros esfuerzos por reforzar las regulaciones sobre sus operaciones como una carga inaceptable, cuando no abiertamente ofensiva. Conservaron también una de las operaciones de grupos de interés más poderosas de Washington, con apoyos influyentes en todos los estados y grandes carteras para repartir importantes donaciones en ambos partidos.

Más allá de la oposición total de los bancos, teníamos que enfrentarnos a la pura complejidad de intentar regular un sistema financiero moderno. Atrás quedaban los días en los que la mayor parte del dinero estadounidense hacía un sencillo recorrido circular en el que los bancos cogían los depósitos de sus clientes y los usaban para otorgar préstamos a familias y empresas. Ahora había billones de dólares cruzando múltiples fronteras en un abrir y cerrar de ojos. Los activos de operadores financieros no tradicionales, como los *hedge funds* y las empresas de capital riesgo privadas, competían con los de muchos bancos, mientras que las operaciones por ordenador y los productos exóticos como los derivados financieros tenían el poder de crear o destruir mercados. En Estados Unidos, la vigilancia de ese difuso sistema se dividía entre una diversidad de agencias federales (la Reserva Federal, el Tesoro, la Corporación Federal de Seguro de Depósitos, la Comisión de Bolsa y Valores, la Comisión de Negociación de Futuros de Productos Básicos, la Oficina del Controlador de la Moneda), muchas de las cuales funcionaban de forma independiente y protegían su territorio con fiereza. Una reforma efectiva significaba unificar a esos distintos agentes en un mismo marco regulatorio, e implicaba también sincronizar los esfuerzos de Estados Unidos con aquellos que establecían las regulaciones en otros países para que las compañías no pudieran hacer sus transacciones sin más a cuentas internacionales pretendiendo evitar reglas más severas.

Finalmente, teníamos que lidiar también con las graves diferencias dentro del Partido Demócrata tanto sobre la formulación como sobre el sentido de la reforma. Para aquellos que se inclinaban más hacia el centro político (entre ellos Tim, Larry y la mayoría de los demócratas del Congreso) la crisis reciente había revelado unos defectos serios pero corregibles en un sistema financiero por lo demás sólido. El estatus de Wall Street como centro financiero más importante del mundo dependía del crecimiento y la innovación, seguía el razonamiento, y los ciclos de prosperidad y contracción —con sus correspondientes oscilaciones entre euforia y pánico irracionales— eran rasgos inherentes no solo al capitalismo moderno, sino también a la psique humana. Como no era ni posible ni deseable eliminar todo el riesgo de los inversores y las empresas, los objetivos de la reforma se podían definir en pocas palabras: poner vallas de contención alrededor del sistema para reducir las prácticas más arriesgadas, garantizar la transparencia de las operaciones de las instituciones más importantes y «asegurar el sistema para que no fracase», como dijo Larry, con el fin de que tanto los individuos como las instituciones financieras que hicieran malas jugadas no arrastraran a todos con ellos.

Para la mayoría de la izquierda, aquella reforma tan focalizada se quedaba tristemente corta con respecto a lo que era necesario, y lo único que conseguiría sería posponer un ajuste de cuentas retrasado desde hacía mucho que había fracasado a la hora de servir a los intereses de los estadounidenses de a pie. Acusaban de algunas de las problemáticas tendencias de la economía a un sector abotargado y moralmente turbio, tanto si se trataba de la preferencia del mundo corporativo por los recortes y los despidos, en lugar de las inversiones a largo plazo para lograr enormes beneficios inmediatos; como del uso de las adquisiciones financiadas con deuda de fondos de inversión para desguazar otras empresas y revenderlas por partes para obtener un beneficio inmerecido, o del constante incremento de la desigualdad de ingresos y la contracción de la porción de impuestos que pagaban los superricos. Para reducir esos efectos distorsionadores y detener el frenesí especulativo que con tanta frecuencia acababa desatando crisis financieras, nos urgía considerar una renovación más radical de Wall Street. Las reformas que ellos preferían eran poner un límite al tamaño de los bancos en Estados Unidos y reestablecer la Ley Glass-Steagall, una política de la época de la Gran Depresión que había prohibido a los bancos asegurados por la Corporación Federal de Seguro de Depósitos hacer banca de inversión, y que había sido derogada en su mayor parte durante la Administración Clinton.

En muchos sentidos, esas divisiones internas en el partido sobre la regulación financiera me recordaban al debate sobre la sanidad, cuando los defensores del sistema de pagador único habían rechazado el acuerdo frente al sistema existente de seguros privados como si se tratara de una traición. E igual que en el debate sobre la sanidad, yo sentía cierta simpatía por las acusaciones de la izquierda frente al *statu quo*. En vez de distribuir con eficiencia el capital para poder usarlo, Wall Street funcionaba en realidad como un casino de un billón de dólares; sus descomunales ganancias y bonificaciones dependían demasiado de un apalancamiento y una especulación aún mayores. Su obsesión con las ganancias trimestrales había deformado la toma de decisiones corporativas y favorecido las tácticas cortoplacistas. Sin ataduras geográficas, indiferentes al impacto de la globalización sobre comunidades y trabajadores concretos, los mercados financieros habían ayudado a acelerar la deslocalización de los trabajos y la concentración de riqueza en un puñado de ciudades y sectores económicos, dejando enormes franjas del país sin dinero, talento ni esperanza.

Unas políticas importantes y audaces podían tener un efecto en esos problemas, muchos de los cuales tenían que ver con volver a redactar el código tributario, reforzar leyes laborales y cambiar las reglas del gobierno corporativo. Esos tres elementos ocupaban los primeros puestos de mi lista de tareas pendientes.

Pero cuando llegó el momento de regular los mercados financieros de la nación para conseguir que el sistema fuera más estable, la receta de la izquierda se equivocaba. Las evidencias no demostraban que una limitación del tamaño de los bancos de Estados Unidos hubiese podido prevenir una crisis como esa o la necesidad de la intervención federal una vez que el sistema empezó a derrumbarse. Aunque los activos de JPMorgan eran mucho mayores que los de Bear Stearns y Lehman Brothers, eran estas empresas más pequeñas las que habían instaurado el pánico mediante apuestas muy apalancadas en el mercado de hipotecas *subprime*. La última crisis financiera importante en Estados Unidos, en los años ochenta, no había implicado a los grandes bancos en absoluto; el sistema se había tambaleado por un aluvión de préstamos de alto riesgo realizado por miles de asociaciones de préstamos pequeñas y pobremente capitalizadas en pequeñas ciudades y pueblos de todo el país. Dado el alcance de sus operaciones, pensamos que tenía sentido que los reguladores sometieran a los superbancos como el Citi o el Bank of America a un escrutinio especial; pero reducir sus activos a la mitad no lograría eso. Y como el sector bancario de la mayoría de los países europeos y asiáticos estaban más concentrados que en nuestro país, limitar el tamaño de los bancos les dejaría en gran desventaja en el mercado internacional, y tampoco eliminaría todos los riesgos del sistema.

Por motivos parecidos, el crecimiento del sector financiero no bancario provocaba que la distinción entre bancos de inversión y bancos comerciales asegurados por la Corporación Federal de Seguro de Depósitos ya hubiera quedado obsoleta hacía mucho. Los mayores apostadores en los depósitos de las hipotecas *subprime* —AIG, Lehman, Bear o Merrill, al igual que Fannie y Freddie— no eran bancos comerciales respaldados por garantías federales. De todas formas, los inversores no se habían preocupado de que no hubiera garantías y habían puesto tanto dinero en ellas que el sistema financiero completo se vio amenazado cuando empezaron a fallar. A la inversa, los bancos tradicionales asegurados por la Corporación Federal de Seguro de Depósitos, como el Washington Mutual y el Indy-

Mac, no se metieron en problemas al comportarse como los bancos de inversión y respaldar títulos sobrevalorados y generar toneladas de hipotecas *subprime* para compradores no cualificados que les permitían aumentar así sus ganancias. Dada la facilidad con la que ahora el capital podía fluir entre varias entidades financieras en busca de retornos más elevados, estabilizar el sistema requería que nos centráramos en las prácticas más arriesgadas que pretendíamos reducir, más que en el tipo de institución que implicaban.

Y la política entraba en juego. No estábamos ni cerca de contar con los votos en el Senado ni para revivir la Ley Glass-Steagall ni para aprobar una legislación de reducción del tamaño de los bancos estadounidenses, igual que no habíamos tenido los votos para un sistema sanitario de pagador único. Incluso en la Cámara, los demócratas se mostraban asustadizos ante cualquier posibilidad de extralimitarse, sobre todo si provocaba que los mercados financieros se apretaran de nuevo el cinturón y empeorara la economía. «Mis electores ahora odian Wall Street, señor presidente —me dijo un congresista demócrata—, pero tampoco se apuntarían a una demolición total.» Puede que Roosevelt hubiese tenido en cierta ocasión un cheque en blanco de los votantes para probar cualquier cosa, incluida una reestructuración del capitalismo estadounidense después de tres desgarradores años de depresión, pero nuestro mandato para el cambio era mucho más reducido, también en parte porque habíamos impedido que la situación empeorara aún más. Nuestra mejor baza para ampliarlo, pensé, era apuntarnos unas cuantas victorias mientras pudiéramos.

En junio de 2009, tras meses afinando el texto, nuestro borrador para la legislación de una reforma financiera estaba listo para ir al Congreso. Aunque no contenía todas las cláusulas que había pedido la izquierda, seguía siendo un esfuerzo tremendamente ambicioso para adaptar las regulaciones del siglo XX para una economía del siglo XXI.

La esencia del paquete era una propuesta de incremento del porcentaje de capital de todas las instituciones financieras de importancia «sistémica» —ya fueran bancos o no— que era necesario que guardaran. Más capital implicaba menos préstamos para apuestas arriesgadas. Más liquidez implicaba que esas instituciones pudieran resistir mejor las rachas de una caída del mercado. Al forzar a los jugadores principales de Wall

Street a mantener un mayor colchón de capital contra las pérdidas, se fortalecería el sistema completo; y para asegurarnos de que esas instituciones funcionaban, tendrían que someterse regularmente al mismo test de estrés que habíamos aplicado en el peor momento de la crisis.

Necesitábamos, asimismo, un mecanismo formal que permitiera que cualquier compañía, sin importar cuán grande fuera, pudiera caer de una manera ordenada, sin contaminar todo el sistema. La Corporación Federal de Seguro de Depósitos ya tenía poder para situar a cualquier banco asegurado federalmente en lo que equivalía a un procedimiento de bancarrota estructurada, con unas reglas que indicaban cómo se debían liquidar los activos y repartir lo que quedara entre los demandantes. Nuestro borrador de ley le daba a la Reserva Federal una autoridad comparable sobre todas las instituciones importantes para el sistema, fueran bancos o no lo fueran.

Para mejorar la consistencia de la ejecución, propusimos una multitud de funciones y responsabilidades de diversas agencias federales. Con el fin de facilitar una respuesta más rápida en caso de un movimiento brusco del mercado, formalizamos la autoridad para muchas de las acciones de emergencia —«preparar el terreno», como lo llamaba nuestro equipo económico— que la Reserva Federal y el Tesoro habían empleado durante la reciente crisis. Y para atajar potenciales problemas antes de que se fueran de las manos, nuestro borrador para la legislación intensificaba las reglas que gobernaban los mercados especializados que constituían buena parte de las tuberías del sistema financiero. Prestamos atención especial a la compra y venta de derivados financieros, ese tipo de valores con frecuencia impenetrables que habían ayudado a intensificar las pérdidas en todo el sistema cuando colapsó el mercado de las hipotecas *subprime*. Los derivados financieros tenían usos legítimos; muchas compañías los empleaban para cubrir su riesgo frente a los vaivenes del valor de la moneda o los precios de las materias primas. Pero también ofrecían a los agentes más irresponsables algunas de sus mayores oportunidades de hacer apuestas elevadas que ponían todo el sistema en peligro. Nuestras reformas llevarían la mayor parte de esas transacciones a un mercado público, permitiendo unas reglas más claras y una mayor supervisión.

El peso de aquellas propuestas era muy técnico, e implicaba aspectos del sistema financiero que quedaban fuera de la escena pública. Pero había un elemento final en nuestro borrador de legislación que tenía menos que ver con las altas finanzas y más con la vida cotidiana de la gente. La crisis de Wall Street no podría haber sucedido sin la explosión de las hipotecas *subprime*. Y aunque muchos de esos préstamos se otorgaron a sofisticados solicitantes —aquellos que comprendían los riesgos que implicaban unas tasas de hipotecas adaptables y unas cuotas finales con las que especularon con los apartamentos de Florida o compraron casas de vacaciones en Arizona—, un porcentaje mayor se promocionaron y vendieron a familias de clase trabajadora, muchas de ellas negras e hispanas, gente que creía que por fin estaba accediendo al sueño americano y que acabaron viendo cómo la ejecución de las hipotecas les arrebataba sus casas y sus ahorros.

El fracaso a la hora de proteger a los consumidores de unas prácticas de préstamos fraudulentas y engañosas no se limitaba a las hipotecas. Permanentemente cortos de efectivo, sin importar lo duro que trabajaran, había millones de estadounidenses que se veían sometidos una y otra vez a unas tasas de interés exorbitantes, tarifas ocultas o tratos abiertamente nefastos en manos de emisores de tarjetas de crédito, prestamistas (muchos de ellos discretamente financiados o propiedad de bancos de primera línea), vendedores de coches usados, aseguradoras de mala calidad, minoristas que vendían muebles a plazos o proveedores de rehipotecas. Con frecuencia se veían sumidos en una espiral descendente de deuda, impagos, pequeños créditos y embargos que les dejaban en un pozo aún más oscuro del que habían salido. Por todo el país, esas sospechosas prácticas de la industria financiera acrecentaron la desigualdad, redujeron la movilidad social y produjeron los tipos de burbuja de deuda oculta que hacían que la economía fuera más vulnerable a las perturbaciones importantes.

Tras haber firmado una legislación para reformar la industria de las tarjetas de crédito, mi equipo y yo coincidimos en que la fase posterior a la crisis nos ofrecía una oportunidad única para progresar en el frente de la protección del consumidor. Fue entonces cuando a la profesora de la Escuela de Derecho de Harvard y experta en bancarrotas, Elizabeth Warren, se le ocurrió una idea que podía producir el tipo de impacto que estábamos buscando: una nueva agencia para la protección financiera del consumidor que apuntalara ese parcheado de refuerzos estatales y regulaciones federales ya existentes y blindara a los consumidores de productos financieros cuestionables de la misma manera que la Comisión de Seguridad de Productos del Consumidor mantenía fuera de las estanterías productos de mala calidad o peligrosos para el consumidor.

Yo admiraba mucho la obra de Warren, un sentimiento que había comenzado en 2003 con la publicación de su libro *La trampa de los dos sueldos*, en el que ella y su coautora, Amelia Tyagi, ofrecían una incisiva y apasionada descripción de las presiones crecientes a las que se enfrentaban las familias trabajadoras con niños. A diferencia de la mayoría de los académicos, Warren demostraba un gran talento a la hora de traducir el análisis financiero en historias que podía comprender la gente corriente. Desde entonces se había manifestado como una de las críticas más efectivas de la industria financiera, lo que llevó a Harry Reid a nombrarla presidenta del panel del Congreso que supervisó el TARP.

Tim y Larry tenían menos aprecio por Warren que yo; a los dos les había llamado en repetidas ocasiones para comparecer frente a su comité. Aunque respetaban su inteligencia y apoyaban su idea de una agencia de protección financiera del consumidor, les parecía un poco grandilocuente.

—Se le da muy bien lanzarnos puyas —dijo Tim en una de nuestras reuniones— incluso cuando sabe que no hay ninguna alternativa seria a lo que estamos haciendo.

Yo le miré fingiendo burlonamente sorpresa.

—Vaya, eso es sorprendente —dije—. ¿Un miembro de un comité de supervisión que se luce a tu costa? Rahm, ¿alguna vez habías escuchado algo así?

—No, señor presidente —dijo Rahm—, es indignante.

Hasta Tim tuvo que sonreír.

El proceso de aprobar la ley de reforma de Wall Street en el Congreso no fue menos laborioso que nuestras aventuras con la Ley de Protección al Paciente y Cuidado de Salud Asequible, pero no recibió, ni de lejos, la misma atención. En parte tenía que ver con el tema implicado. Hasta el intento de los miembros y grupos de interés de acabar con la legislación tuvo un perfil relativamente bajo, no querían parecer defensores de Wall Street tan poco tiempo después de la crisis, y la mayoría de los puntos más interesantes del proyecto de ley eran demasiado complejos para captar el interés de la prensa popular.

Un asunto que sí acaparó titulares implicaba la propuesta del expresidente de la Reserva Federal Paul Volcker de prohibir a los bancos asegurados por la Corporación Federal de Seguro de Depósitos operar por cuenta propia o con sus propios *hedge funds* o fondos de capital privado. Según Volcker, ese tipo de provisiones ofrecían una manera sencilla de recobrar algunos de los límites prudenciales que la Ley Glass-Steagall había puesto a los bancos comerciales. Antes de que lo supiéramos, nuestra intención de incluir la «regla Volcker» en nuestra legislación se convirtió en una prueba de fuego para mucha gente de la izquierda para ver si la reforma de Wall Street iba en serio. Volcker, un hombre brusco, fumador de puros, economista de formación y de dos metros de altura, era un héroe inesperado para los progresistas. En 1980, como presidente de la Reserva Federal, había aumentado las tasas de interés a un inédito 20 por ciento para acabar con lo peor de una feroz inflación en Estados Unidos con el resultado de una recesión brutal y de una tasa de paro del 10 por ciento. La dolorosa medicina de la Reserva Federal enfureció en su momento a los sindicatos y a muchos demócratas, pero, por otro lado, no solo aplacó la inflación, sino que ayudó a abonar el terreno para un crecimiento estable de la economía entre 1980 y 1990, convirtiendo a Volcker en una figura reverenciada tanto en Nueva York como en Washington.

Durante los últimos años, Volcker se había vuelto abiertamente crítico con los peores excesos de Wall Street, ganándose así algunos amigos liberales. Apoyó pronto mi campaña, y llegué a valorar tanto su consejo que le nombré presidente de un grupo consultivo sobre la crisis económica. Con su actuación sensata y su creencia en la eficiencia del libre mercado, en las instituciones públicas y en el bien común, tenía algo de anacrónico (a mi abuela le habría gustado), y después de escucharle en una reunión privada en el despacho Oval, me quedé convencido de que su propuesta de reducir las operaciones por venta propia tenía sentido. Sin embargo, cuando comenté la idea con Tim y Larry, se mostraron escépticos y dijeron que sería difícil de poner en práctica y que podía infringir servicios legítimos que los bancos ofrecían a sus clientes. Para mí, su postura sonaba poco sólida —fue una de las pocas veces durante nuestro trabajo juntos en las que sentí que mostraban más simpatía por la perspectiva del sistema financiero que por la que justificaban los hechos— y les presioné con el asunto durante semanas. A comienzos de 2010, cuando a Tim empezó a preocuparle cada vez más que empezara a decaer el ímpetu de la reforma de Wall Street, me recomendó que hiciéramos una versión de la regla Volcker para nuestro paquete legislativo.

«Si nos ayuda a que se apruebe el proyecto de ley —dijo Tim— podemos encontrar una manera de que funcione.»

Para Tim aquello fue una rara concesión a la perspectiva política. Axe y Gibbs, que llevaban llenándome el buzón de correo con sondeos que demostraban que el 60 por ciento de los votantes pensaban que mi Administración había sido demasiado amistosa con los bancos, estaban encantados con la noticia; sugirieron que anunciáramos la propuesta en la Casa Blanca con Volcker. Yo pregunté si creían que la gente iba a comprender un cambio de reglas tan complejo.

«No hace falta que lo entiendan —dijo Gibbs—. Si los bancos lo odian, pensarán que es algo bueno.»

Con los parámetros básicos de nuestra legislación ya preparados, conseguir que se aprobara quedó en el terreno del presidente del Comité de la Cámara sobre Servicios Financieros, Barney Frank, y el presidente del Comité del Senado sobre Asuntos Bancarios, Chris Dodd, ambos veteranos con veintinueve años en el Congreso. Era una pareja improbable. Barney se había labrado su reputación como un infatigable liberal y primer miembro del Congreso en reconocer que era gay. Sus gafas gruesas, trajes desaliñados y su fuerte acento de New Jersey le daban un aire de clase trabajadora, y era tan duro, inteligente y sabio como el que más en el Congreso, con una inteligencia rápida y mordaz que le convertía en el favorito de los periodistas y en una tortura para sus oponentes políticos. (Barney participó una vez en una de mis clases cuando yo era estudiante en la Escuela de Derecho de Harvard y me echó la bronca por hacer lo que él consideró una pregunta estúpida, aunque a mí no me pareció que lo fuera tanto. Por fortuna, no recordaba nuestro primer encuentro.)

Chris Dodd, por su parte, parecía el tipo más exitoso de Washington. Siempre impecablemente vestido, con su pelo canoso tan brillante como el de un presentador de noticias, siempre dispuesto a difundir un chisme de Capitol Hill o un relato fantástico irlandés, había crecido en el mundo de la política; su padre fue senador de Estados Unidos, uno de los mejores amigos de Ted Kennedy y amigo de un gran número de integrantes de grupos de interés de la industria a pesar de su historial de voto liberal. Entablamos una agradable relación cuando yo estaba en el Senado, basada en parte en el reconocimiento bienhumorado de Chris respecto a lo absurdo de aquel lugar («Esto no te ha parecido justo, ¿verdad?», me decía guiñándome el ojo después de que algún colega hiciera una apasionada defensa de un proyecto de ley que trataba de socavar activamente entre bambalinas). Pero estaba orgulloso de su efectividad como legislador, y había sido en su momento uno de los agentes más activos en leyes de un impacto tan poderoso como la Ley de Licencia Médica Familiar.

Juntos hacían un equipo fantástico, ambos perfectamente dotados para las políticas de su cámara. En la Cámara de Representantes, una mayoría demócrata dominante implicaba que nunca se pondría en cuestión un proyecto de ley para una reforma financiera. En vez de eso, nuestra tarea principal era mantener a nuestros socios demócratas bien encaminados. Barney no solo controlaba con gran destreza los detalles legislativos; también tenía suficiente credibilidad dentro del caucus demócrata para moderar las demandas poco prácticas de los compañeros más progresistas, así como para ejercer influencia a la hora de evitar los esfuerzos de los demócratas más transaccionales para diluir la legislación en favor de intereses especiales. En el Senado, donde necesitábamos todos los votos que pudiéramos lograr, el trato paciente de Chris y la intención de llegar hasta al más recalcitrante de los republicanos ayudó a suavizar los nervios de los demócratas conservadores, y generó también una vía muy útil para los grupos de interés del sector financiero que se oponían al proyecto de ley, pero se fiaban de Chris.

A pesar de esas dificultades, sacar adelante lo que acabó conociéndose como la Ley Dodd-Frank implicó el mismo tipo de táctica de fabricación de salchichas que había sido necesaria para que se aprobara el proyecto de ley de sanidad, con toda una ráfaga de compromisos que casi siempre me dejaban furioso cuando me quedaba a solas. A pesar de nuestra fuerte objeción, los vendedores de coches lograron una exención en nuestra supervisión para una agencia de la defensa del consumidor: había distribuidores importantes en todos los distritos del Congreso y muchos de ellos se consideraban pilares de la comunidad por su patrocinio de equipos en pequeñas ligas o sus donaciones a hospitales locales, hasta el demócrata más a favor de la regulación temía una posible reacción en contra. Nuestro esfuerzo por reducir el número de agencias reguladoras que supervisaran el sistema financiero tuvo una vergonzosa muerte; cada una de las agencias estaba sujeta a la jurisdicción de un comité del Congreso distinto (la Comisión de Negociación de Futuros de Productos Básicos, por ejemplo, rendía cuentas ante los comités de la Cámara y del Senado sobre agricultura), y los presidentes demócratas de los comités se resistieron con fiereza a la idea de abandonar su influencia sobre cierta parte del sector financiero. Como le explicó Barney a Tim, podíamos consolidar la Comisión de Bolsa y Valores y la Comisión de Negociación de Futuros de Productos Básicos: «solo que no en Estados Unidos».

En el Senado, donde la necesidad de lograr el umbral de sesenta votos para evitar el filibusterismo otorgaba poder a cada senador, nos vimos obligados a discutir todo tipo de peticiones privadas. El republicano Scott Brown, reciente vencedor de una campaña en la que le había reprochado a Harry Reid sus «pactos por la espalda» para conseguir que se aprobara el proyecto de ley de sanidad, mostró su inclinación a votar a favor de la reforma de Wall Street, pero no sin un trato propio; nos preguntó si podíamos hacer una excepción con un par de bancos de Massachusetts para las nuevas regulaciones. No lo decía con ironía. Un grupo de demócratas de izquierdas incluyeron con gran ostentación una enmienda que aseguraban que haría que las restricciones de la regla Volcker para las operaciones por cuenta propia fuese aún más dura. Pero cuando leías la letra pequeña, su enmienda estaba repleta de tecnicismos a favor de un batiburrillo de intereses —sobre el sector de los seguros, inversiones inmobiliarias, créditos, etcétera, etcétera— que suponían grandes negocios en los estados concretos de esos senadores.

«Otro día más en el mejor cuerpo deliberativo del mundo», decía Chris.

Por momentos me sentía como el pescador de *El viejo y el mar* de Hemingway, con tiburones devorando mi pesca mientras trataba de llevarla a la costa. Pero a medida que iban pasando las semanas, la esencia de nuestra reforma sobrevivió considerablemente intacta al proceso de las enmiendas. Ciertas estipulaciones incluidas por los miembros del Congreso —entre las que había una mejora de la divulgación de las compensaciones de los ejecutivos en las empresas cotizadas, más transparencia en las agencias calificadoras de riesgo y nuevos mecanismos de recuperación para prevenir que los ejecutivos de Wall Street se marcharan con millones en bonos como resultado de sus cuestionables prácticas— en realidad mejoraron el proyecto de ley. Gracias a la cooperación entre nuestros dos patrocinadores principales, la reunión para reconciliar las diferencias entre las versiones del proyecto de ley de la Cámara y del Senado no padeció las peleas partidistas que se vieron durante las negociaciones sobre sanidad. Y a mediados de julio de 2010, tras una votación de 237 contra 192 en la Cámara de Representantes y 60 contra 39 en el Senado (en que tres republicanos votaron a favor en cada una de las cámaras) celebramos una ceremonia en la Casa Blanca en la que firmé la Ley Dodd-Frank para la reforma de Wall Street y la Ley de Protección al Consumidor.

Fue un triunfo significativo: el cambio de mayor envergadura de las reglas que dirigían el sector financiero en Estados Unidos desde el New Deal. La ley tenía imperfecciones y compromisos indeseados, y realmente no iba a poner fin a todas las actitudes de locura, avaricia, miopía o deshonestidad presentes en Wall Street. Pero al establecer el equivalente de unos «mejores códigos de construcción, detectores de humo y extintores», como le gustaba describirlo a Tim, la Ley Dodd-Frank controlaría unas cuantas prácticas temerarias, daría a los reguladores las herramientas para apagar los fuegos financieros antes de que se descontrolaran y haría que la escala de futuras crisis fuera mucho menor de la que acabábamos de presenciar. Y en la nueva Oficina para la Protección Financiera del Consumidor, las familias estadounidenses ahora tendrían a un poderoso defensor de su lado. Gracias a su trabajo, podrían contar con un mercado de crédito más justo y transparente, además de ahorros reales si querían construir una casa, enfrentarse a una emergencia familiar, mandar a sus hijos a la universidad o planear su jubilación.

Pero si mi equipo y yo podíamos enorgullecernos de lo que habíamos logrado, también teníamos que reconocer lo que se había hecho evidente antes de que se firmara el proyecto de ley: las reformas históricas de la Ley Dodd-Frank no nos iban a dar un empujón político. A pesar de los valientes esfuerzos de Favs y del resto del equipo que redactaba mis discursos, era difícil hacer que «centros de compensación de derivados» y «prohibiciones de operar por cuenta propia» sonaran transformadoras. La mayoría de las mejoras introducidas por la ley seguirían siendo invisibles para la gente; más una cuestión de prevención de malos resultados que un logro de beneficios tangibles. La idea de una agencia del consumidor para los productos financieros fue popular entre los votantes, pero la Oficina para la Protección Financiera del Consumidor tardó un tiempo en consolidarse, y la gente estaba esperando la ayuda directamente.

Con los conservadores denunciando la legislación como si se tratara de una garantía para futuros rescates financieros u otro paso más hacia el socialismo, y con los progresistas descontentos con que no hubiésemos hecho más para reformar los bancos, era fácil que los votantes concluyeran que el ruido y la furia de la Ley Dodd-Frank no significaba más que el habitual barullo de Washington; sobre todo porque, cuando se aprobó, la gente solo quería hablar de lo que era un enorme agujero que borboteaba en el fondo del océano.

23

Las primeras operaciones de perforación en busca de petróleo en el golfo de México eran sencillas: se trataba de unas plataformas de madera construidas en aguas poco profundas a finales de los años treinta. Con el avance de la tecnología y la sed de petróleo de Estados Unidos en aumento, las compañías se fueron adentrando cada vez más en el mar, y en 2010 había más de tres mil plataformas de exploración y producción frente a las costas de Texas, Luisiana, Mississippi y Alabama salpicando el horizonte como castillos sobre pilotes. Se convirtieron en un potente símbolo del papel fundamental del petróleo en la economía de la región: de los miles de millones de beneficios anuales que aportaba y de las decenas de miles de personas cuyo sustento dependía, directa o indirectamente, de la extracción de aquellos restos de antiguas plantas y animales convertidos por la naturaleza en un viscoso oro negro acumulado bajo el lecho marino.

Y de entre todas las plataformas petroleras, pocas eran tan impresionantes como la Deepwater Horizon. Con casi treinta pisos de alto y la misma extensión que un campo de futbol americano, la plataforma móvil de quinientos millones de dólares y semisumergible podía operar en aguas de hasta tres mil metros de profundidad y taladrar pozos de exploración a varios kilómetros más. Sostener una plataforma de esas características costaba cada día alrededor de un millón de dólares, pero las compañías petroleras más importantes consideraban que el gasto valía la pena. Su crecimiento y beneficios continuos dependían de localizar inmensas reservas potenciales de petróleo en lo que antes se consideraban profundidades inalcanzables.

La Deepwater Horizon era propiedad de Transocean, una empresa contratista con sede en Suiza, y desde 2001 la manejaba BP, una de las petroleras más grandes del mundo. Esta había utilizado la plataforma para explorar la parte estadounidense del golfo, y había descubierto al menos dos reservas descomunales y potencialmente lucrativas bajo el lecho marino. Solo uno de esos pozos, el Tíber, contenía lo que se estimaba en la exorbitante cifra de tres mil millones de barriles de petróleo. Para acceder a ellos, en 2009 los equipos de la Deepwater habían perforado uno de los pozos más profundos de los que se tenía registro; más de diez mil metros por debajo de los mil doscientos metros de agua, una profundidad mayor que la altura del monte Everest desde la superficie del mar.

Con la esperanza de repetir el éxito, a principios de 2010 BP envió a la Deepwater Horizon a perforar un pozo exploratorio en otro yacimiento potencial llamado Macondo. Ubicado a unos ochenta kilómetros de la costa de Luisiana, el Macondo no era tan profundo como el Tíber; «apenas» unos seis mil metros aproximadamente. Pero en la perforación submarina ultraprofunda no existe el trabajo rutinario. Acceder a cada pozo presenta desafíos únicos, con frecuencia semanas de retoques, cálculos complejos y decisiones específicas para el caso. Y el Macondo resultó ser un yacimiento particularmente difícil debido a que se trataba de una formación frágil y con niveles desiguales de presión del fluido.

Pronto el proyecto empezó a acumular semanas de retraso, lo que costaba a BP millones de dólares. Los ingenieros, diseñadores y constructores no se ponían de acuerdo sobre algunos aspectos del diseño del pozo. Aun así, el 20 de abril, el pozo alcanzó los cinco kilómetros y medio por debajo de la superficie del mar y parecía casi completo. Un equipo de Halliburton, una de las constructoras del proyecto, inyectó en el pozo el cemento para sellar los bordes de la tubería. Cuando fraguó el cemento, los ingenieros de BP comenzaron a realizar una serie de pruebas de seguridad para trasladar luego la Deepwater a su siguiente encargo.

Poco después de las 17.00, una de esas pruebas reveló una posible fuga de gas en el revestimiento de cemento, lo que indicaba una situación potencialmente peligrosa. A pesar de las señales de alerta, los ingenieros de BP decidieron continuar con el proceso, bombeando el fangoso lubricante que se empleaba para compensar los desajustes de presión durante la perforación. A las 21.30, una poderosa corriente de gas se introdujo por la tubería de perforación. Un conjunto de cuatrocientas toneladas de válvulas de emergencia que conforman lo que se llama el «bloqueador de explosión» —diseñado para sellar el pozo ante la posibilidad de un aumento repentino de la presión— fallaron, lo que permitió que el gas altamente presurizado y combustible erupcionara a través de la plataforma, lanzando un géiser negro de lodo lubricante hacia el cielo. Las nubes de gas se acumularon en la sala de control de máquinas de la plataforma y ardieron rápidamente, lo que sacudió la estructura completa con un par de explosiones violentas. Una torre de fuego iluminó el cielo nocturno, mientras los miembros del equipo huían en desbandada hacia los botes salvavidas o saltaban a las aguas repletas de escombros. De las ciento veintiséis personas a bordo de la plataforma, noventa y ocho consiguieron escapar sin lesiones físicas, diecisiete sufrieron heridas y once trabajadores desaparecieron. La Deepwater Horizon siguió ardiendo durante las siguientes treinta y seis horas; la descomunal bola de fuego y humo podía verse a kilómetros de distancia.

Yo estaba en la residencia cuando me informaron de lo que estaba sucediendo en el golfo, acababa de regresar de un viaje por la costa oeste, adonde había ido a recaudar fondos para los candidatos demócratas al Congreso. Mi primer pensamiento fue «otra vez no». Apenas quince días antes, una explosión de polvo de carbón en la mina Upper Big Branch de Massey Energy, en Virginia Occidental, se había cobrado la vida de veintinueve operarios, el peor accidente minero en casi cuarenta años. Aunque la investigación estaba en sus primeras fases, ya sabíamos que Massey tenía un largo historial de incumplimiento de normas de seguridad. La plataforma Deepwater, en cambio, no había tenido ningún incidente importante en siete años. Aun así, no podía evitar relacionar los dos accidentes y sopesar el coste humano que implicaba la dependencia mundial de los combustibles fósiles: la cantidad de personas que estaban obligadas a arriesgar a diario sus pulmones, sus riñones y a veces hasta su vida para llenar nuestros depósitos de gasolina, mantener las luces encendidas, y generar ganancias estratosféricas a distantes ejecutivos y accionistas.

Sabía también que la explosión tendría serias consecuencias en nuestra agenda de energía. Unas semanas antes había autorizado al Departamento del Interior que permitiera la venta de algunas concesiones *offshore*, para empezar a explorar (aunque no a producir) al este del golfo y en los mares frente a las costas de los estados del Atlántico y Alaska. Cumplía una promesa electoral: en pleno incremento del precio del petróleo y con la propuesta de McCain-Palin de abrir la franja costera de Estados Unidos a ventas al por mayor de concesiones de perforación subiendo en las encuestas, me había comprometido a considerar una expansión limitada de la perforación como parte de una estrategia de energía de «todo lo anterior». Políticamente hablando, cualquier transición hacia un futuro de energías limpias llevaría décadas; mientras eso ocurriera, yo no tenía ningún problema en aumentar la producción de petróleo y gas de Estados Unidos para reducir nuestra dependencia de las importaciones de petroestados como Rusia y Arabia Saudí.

Sobre todo, mi decisión de permitir nuevas perforaciones de exploración era un intento desesperado de salvaguardar nuestra legislación sobre el cambio climático, que entonces se encontraba en terapia intensiva. El otoño anterior, cuando el senador republicano Lindsey Graham aceptó ayudarnos a diseñar un proyecto de ley medioambiental para ambos partidos, nos advirtió de que íbamos a tener que dar algo a cambio para conseguir suficiente apoyo republicano con el fin de evitar las tácticas dilatorias, y la autorización de más perforaciones *offshore* ocupaba el primer lugar de su lista. Confiando en las palabras de Graham, Joe Lieberman y John Kerry se pasaron varios meses trabajando con Carol Browner para intentar convencer a los grupos ecologistas de que el intercambio valía la pena; sostenían que los riesgos medioambientales de la perforación *offshore* se habían reducido gracias a los avances tecnológicos, y que cualquier acuerdo final impediría la actividad de las petroleras en áreas sensibles como el refugio nacional de Vida Silvestre del Ártico.

Al menos algunos grupos ecologistas estaban dispuestos a cooperar. Pero por desagracia a medida que pasaban los meses resultaba cada vez más evidente que Graham no iba a poder cumplir con su parte del trato. No es que no lo intentara. Trabajó para que las petroleras aceptaran el acuerdo y buscó a republicanos moderados, como Susan Collins y Olympia Snowe, y a senadores de estados petroleros como Lisa Murkowski, de Alaska, con la esperanza de que copatrocinaran el proyecto de ley. Pero no importaban las concesiones que Kerry y Lieberman estuvieran dispuestos a hacer, Graham no logró involucrar a nadie en el caucus republicano.

El precio político de cooperar con mi Administración seguía siendo demasiado alto.

El propio Graham había empezado a pagar un precio por trabajar en el proyecto de ley medioambiental, tanto por parte de los votantes como de los medios. Sus exigencias para seguir trabajando en el proyecto aumentaron, lo que hizo que para Kerry fuera más difícil que retener a los grupos ecologistas. Hasta el anuncio de que estábamos preparando el terreno para abrir nuevas zonas de perforación provocó la ira de Graham; en lugar de verlo como una señal de buena fe por nuestra parte, se quejó de que le habíamos debilitado al quitarle una herramienta de negociación clave. Empezaron a circular rumores de que esperaba el momento oportuno para abandonar el proyecto.

Todo esto sucedió antes del accidente de la Deepwater. Con los telediarios mostrando imágenes infernales de la plataforma en llamas, sabíamos que lo más probable era que los grupos ecologistas se echaran atrás en cualquier proyecto que aumentara las perforaciones *offshore*. Y eso, llegado el momento, le daría a Graham la excusa que necesitaba para abandonar el barco. Lo mirara por donde lo mirara, llegaba siempre a la misma conclusión: mis ya de por sí bajas probabilidades de conseguir que se aprobara una ley medioambiental antes de las elecciones de medio mandato acababan de desvanecerse.

La mañana siguiente a la explosión de la Deepwater, me consoló leer en algunos informes que una parte importante del petróleo liberado por la explosión estaba ardiendo en la superficie del mar, lo que al menos reducía ligeramente la perspectiva de un perjuicio medioambiental grave. Carol confirmó que las embarcaciones de seguridad de BP y de la guardia costera estadounidense habían llegado rápidamente, que ya estaban en marcha las operaciones de búsqueda y rescate de los trabajadores desaparecidos, y que estábamos en contacto directo con las autoridades locales y estatales. Debido a una ley federal aprobada en 1989 tras el accidente del buque petrolero Exxon Valdez en Alaska, BP tenía la responsabilidad absoluta de la limpieza del vertido. Aun así, pedí a la guardia costera, a la Agencia de Protección Ambiental (EPA) y al Departamento del Interior que evaluaran el daño y brindaran todo el apoyo que precisara la compañía.

Con la sensación de que habíamos manejado la situación de forma razonable, seguí con mi agenda y al día siguiente viajé a Nueva York para dar un discurso sobre la reforma de Wall Street. Cuando aterricé, la catástrofe había empeorado. Debilitada por el continuo incendio, la estructura completa de la Deepwater había colapsado y se había hundido en el mar. Escupiendo una masa de humo negro las treinta y tres mil toneladas habían desaparecido de la vista y dañado casi con toda seguridad los equipamientos submarinos que tenían debajo. Con las incógnitas multiplicándose a toda velocidad, le pedí a Rahm que organizara una reunión informativa a mi regreso en la que estuvieran presentes el comandante de la guardia costera, el almirante Thad Allen, Janet Napolitano, de Seguridad Interior, y el secretario del Interior Ken Salazar, cuyo departamento era el responsable de supervisar las perforaciones *offshore*. Resultó que el único momento en que pudimos agendar la reunión fue a las 18.00; inmediatamente después de que terminara de dirigirme a las doscientas personas a las que habíamos invitado con anterioridad a una recepción en el jardín de las Rosas para celebrar el cuadragésimo aniversario del día de la Tierra.

Una pequeña ironía cósmica que no estaba de humor para apreciar.

—Vaya despedida te estamos dando, Thad —dije cuando le estreché la mano al almirante Allen, mientras el resto del equipo entraba al despacho Oval.

Robusto, con la cara colorada y un bigote tipo escobilla, a Allen le quedaba un mes para jubilarse después de treinta y nueve años de servicio como guardacostas.

—Bueno, con un poco de suerte conseguiremos controlar esta catástrofe antes de mi partida, señor presidente —contestó Allen.

Hice una seña al grupo para que tomara asiento. El ánimo se fue poniendo cada vez más sombrío a medida que Allen explicaba que la guardia costera había reducido sus esperanzas en las operaciones de búsqueda y rescate; habían pasado demasiadas horas como para que alguno de los once operarios de la Deepwater desaparecidos pudiera sobrevivir en mar abierto. En cuanto a la limpieza, nos informó que los equipos de respuesta de BP y de la guardia costera habían desplegado botes especialmente equipados para retirar los restos de petróleo de la superficie del agua. Aeronaves dotadas de disolventes químicos comenzarían a rociar la superficie del agua para separar el petróleo en gotas más pequeñas. Y la guardia costera ya trabajaba junto a BP y los estados afectados colocando barreras de contención —muros flotantes de esponja y plástico— para evitar que el petróleo se extendiera hasta la costa.

—¿Qué dice BP sobre su responsabilidad? —pregunté volviéndome hacia Salazar.

Calvo y con gafas, de carácter alegre y con cierta debilidad por los sombreros de vaquero y las corbatas de bolo, Ken había sido elegido senador en 2004, el mismo año que yo. Se había convertido en un colega de confianza y era el candidato perfecto para el puesto de secretario del Interior, ya que había dirigido el Departamento de Recursos Naturales de Colorado antes de convertirse en el primer fiscal general del estado hispano. Había crecido en las deslumbrantes y hermosas haciendas del Valle de San Luis, en la región centro-sur de Colorado, donde algunas ramas de su familia llevaban viviendo desde la década de 1850, y conocía muy bien los impulsos contradictorios de explotar y conservar a la vez las tierras federales que habían conformado una parte importante de la historia de la región.

—Señor presidente, hoy he hablado con ellos —dijo Salazar—. BP ha confirmado que pagará todos los daños que no cubra el fondo del Fideicomiso de Responsabilidad ante Derrames de Petróleo.

Buena noticia, pensé. Si bien las compañías petroleras eran responsables a título individual del coste total de la limpieza de sus vertidos, el Congreso había puesto el irrisorio tope de setenta y cinco millones de dólares a sus obligaciones de compensar los daños a terceros, como pescadores o negocios costeros. En su lugar, las petroleras estaban obligadas a pagar un fondo fiduciario conjunto que cubría cualquier daño excedente hasta mil millones de dólares. Pero Carol ya nos había advertido que, si la mancha de petróleo no se contenía adecuadamente, esa cantidad podía ser insuficiente. Al asegurar el compromiso previo de BP de compensar cualquier diferencia, al menos podíamos brindar a los estados afectados cierta seguridad de que las pérdidas de sus residentes iban a quedar cubiertas.

Al final de la reunión, le pedí al equipo que me mantuviera informado de los avances y les recordé que usaran todos los recursos federales que teníamos a disposición para mitigar el impacto económico y medioambiental. Mientras los acompañaba a la puerta del despacho Oval, noté que Carol se quedaba pensativa. Le hice una seña para que se quedara y poder hablar con ella a solas.

—¿Hay algo en lo que no hayamos pensado? —le pregunté.

—En realidad, no —dijo Carol—. Pero creo que tenemos que estar preparados para lo peor.

—¿A qué te refieres?

Carol se encogió de hombros.

—BP asegura que el pozo no está vertiendo petróleo. Con un poco de suerte, será cierto. Pero estamos hablando de una tubería que está a más de un kilómetro y medio de profundidad dentro de un pozo en el lecho marino. Dudo que alguien sepa con seguridad nada.

—¿Y qué pasa si están equivocados? —le pregunté— ¿Qué pasa si hay un vertido bajo la superficie?

—Si no lo pueden sellar rápidamente —dijo—, esto va a ser una pesadilla.

En menos de dos días los temores de Carol se habían confirmado. El pozo Macondo estaba vertiendo petróleo bajo la superficie, y no solo un simple goteo. Los ingenieros de BP identificaron primero un vertido proveniente de una rotura en la tubería que se había abierto cuando la plataforma se hundió, y que descargaba al golfo la cantidad aproximada de mil barriles de petróleo diarios. El 28 de abril, unas cámaras submarinas descubrieron otras dos filtraciones y las estimaciones ascendieron a cinco mil barriles diarios. En la superficie, la mancha de petróleo había crecido hasta alcanzar los mil quinientos kilómetros cuadrados, estaba cerca de rozar la costa de Luisiana, envenenando peces, delfines y tortugas marinas, además de provocar posibles daños a largo plazo en los pantanos, estuarios y ensenadas que conformaban el hábitat de aves y otras formas de vida silvestre.

Pero lo más alarmante era el hecho de que por lo visto BP no sabía cuánto tiempo le llevaría sellar con éxito el pozo. La compañía insistía en que había varias opciones viables, desde utilizar vehículos de control remoto para desatascar el bloque obturador, rellenar el pozo con caucho o algún otro material, colocar una cúpula de contención sobre él para subir el petróleo con un embudo a la superficie y recogerlo, o perforar pozos de alivio que lo cruzaran para poder bombear cemento y bloquear la salida de petróleo. Aun así, según nuestros expertos, no había garantías de que las primeras tres opciones fueran a funcionar, mientras que la cuarta podía «llevar varios meses». A la velocidad con la que salía el petróleo a borbotones, calculábamos que al vertido se podían sumar unos setenta y dos mil metros cúbicos de barriles; casi un 70 por ciento más que los que se había derramado en el episodio Exxon Valdez.

Estábamos posiblemente ante la peor catástrofe medioambiental de la historia de Estados Unidos.

Designamos a Thad Allen como coordinador de la emergencia. Impusimos una suspensión de treinta días a las nuevas perforaciones *offshore*, al igual que una prohibición de pescar en el área contaminada, y declaramos la catástrofe del Macondo «vertido de importancia nacional». El Gobierno federal coordinó una respuesta que involucraba a varias entidades, incluso la colaboración con voluntarios civiles. Pronto había más de dos mil personas trabajando a contrarreloj para contener el vertido, manejando una flota compuesta por setenta y cinco embarcaciones entre remolcadores, barcazas y separadores de aceites flotantes, además de decenas de aeronaves y más de ochenta y tres mil metros de barreras de contención. Envié a Napolitano, Salazar y Lisa Jackson, de la EPA, al golfo para supervisar el trabajo, y le dije a Valerie que quería que hablara todos los días con los gobernadores de Luisiana, Alabama, Mississippi, Texas y Florida (los cinco casualmente republicanos) para preguntarles qué otra cosa podíamos hacer para ayudar.

«Diles que si tienen un problema, quiero que me lo cuenten ellos mismos —le dije a Valerie—. Quiero que seamos tan condenadamente receptivos que terminen aburridos de nosotros.»

Es justo decir que el 2 de mayo, cuando visité la estación de la guardia costera de Venice, Luisiana, con la intención de ver con mis propios ojos las operaciones de limpieza, ya estábamos poniendo todos nuestros esfuerzos para contener la catástrofe. Al igual que en la mayoría de viajes presidenciales, el objetivo no era tanto recabar información como transmitir interés y determinación. Después de dar una conferencia de prensa bajo una lluvia torrencial frente a la estación, hablé con un grupo de pescadores que me contaron que BP les acababa de contratar para poner las barreras de contención a lo largo de la trayectoria de la mancha de petróleo y estaban comprensiblemente preocupados por el impacto que el vertido iba a tener a largo plazo en su modo de ganarse la vida.

Aquel día también pasé un buen rato con Bobby Jindal, excongresista y experto en políticas de sanidad durante la Administración Bush que había hecho uso de su afilado conservadurismo para convertirse en el primer gobernador indígena de Estados Unidos. Inteligente, ambicioso y de treinta y pocos años, dentro del partido lo consideraban una joven promesa y lo habían elegido para dar la respuesta televisada del Partido Republicano al discurso que yo di tras mi primera sesión conjunta en el Congreso. Pero el accidente de la Deepwater, que amenazaba con cerrar industrias claves de Luisiana como el comercio de mariscos y el turismo, le dejaba en un lugar incómodo: al igual que la mayoría de políticos republicanos, era un sólido defensor de las grandes compañías petroleras y ferviente opositor a que las regulaciones medioambientales se reforzaran.

Luchando para anticiparse a cualquier cambio en la opinión pública, Jindal pasó la mayor parte del tiempo presentándome un plan para levantar rápidamente una isla barrera —un arcén— a lo largo de una porción de la costa de Luisiana. Insistía en que eso iba a permitir contener la inminente mancha de petróleo.

«Ya tenemos a las constructoras haciendo cola para la obra —dijo. Su tono era confiado, casi arrogante, aunque sus ojos negros delataban cierta desconfianza, casi dolor, al sonreír—. Solo necesitamos que nos ayude a que el cuerpo de ingenieros del ejército lo apruebe y a que BP lo pague.»

De hecho, yo ya había escuchado hablar de la idea del arcén. Las valoraciones preliminares de nuestros expertos indicaban que era impracticable, caro y potencialmente contraproducente. Sospechaba que Jindal también lo sabía. La propuesta era ante todo una jugada política, una manera de mostrarse proactivo mientras evadía las preguntas generales que el vertido planteaba sobre los riesgos de la perforación en aguas profundas. De todas formas, dada la magnitud de la crisis, no quería que me vieran desechando ninguna idea, y le aseguré al gobernador que el cuerpo de ingenieros del ejército iba a hacer una valoración rápida y exhaustiva de su plan del arcén.

Como hacía un tiempo demasiado malo para volar en el Marine One, nos pasamos la mayor parte del día en coche. En el asiento trasero del SUV, contemplé el tejido irregular de vegetación, lodo, cieno y pantano que se extendía erráticamente a ambos lados del río Mississippi y salía hacia el golfo. Durante siglos los seres humanos habían luchado para doblegar aquel original paisaje a su voluntad, al igual que ahora lo quería hacer Jindal con su arcén, construyendo zanjas, presas, diques, canales, esclusas, puertos, puentes, carreteras y autopistas al servicio del comercio y la expansión, reconstruyéndolos una y otra vez tras los huracanes e inundaciones, impávidos ante las implacables mareas. Pensé que había cierta nobleza en semejante terquedad, parte del espíritu voluntarioso que había levantado a Estados Unidos.

Aun así, en cuanto al mar y al poderoso río que desembocaba en él, las victorias de la ingeniería resultaban fugaces y toda idea de control, ilusoria. Luisiana perdía más de cuatro mil hectáreas de tierra al año porque el cambio climático aumentaba el nivel del mar y provocaba que los huracanes fueran más violentos en el golfo. El dragado constante, el refuerzo de orillas y la redirección del Mississippi para que los barcos y cargueros pudieran pasar cómodamente implicaba que bajara por el río una cantidad menor de sedimento para restaurar la porción de tierra perdida. El propio dinamismo que había convertido a la región en un centro comercial y permitido que prosperara la industria petrolera, estaba acelerando ahora el constante avance del mar. Observando por la ventana salpicada por la lluvia, me pregunté cuánto tiempo le quedaba a la carretera por la que me estaba desplazando, con sus gasolineras y sus tiendas, antes de que se la tragaran las olas.

Un buen presidente no tiene más opción que realizar varias tareas a la vez de manera constante. («Eres como el muchacho del circo que hace girar los platos con los palillos», me dijo Michelle en una ocasión.) Al Qaeda no suspendió sus operaciones por la crisis financiera, ni el devastador terremoto en Haití se autoprogramó para evitar que las labores humanitarias se superpusieran con una cumbre de cuarenta y siete países sobre seguridad nuclear que yo debía presidir y que había sido planeada hacía mucho. Por esa razón, y aunque la catástrofe de la Deepwater me tenía muy agobiado, traté de evitar que me consumiera del todo. Las semanas posteriores a mi visita a Luisiana, seguí de cerca nuestra respuesta, confiando en las detalladas sesiones informativas que tenía a diario, mientras atendía también las otras diez o doce cuestiones urgentes que exigían mi atención.

Visité una planta de producción en Búfalo para discutir la recuperación económica y seguí trabajando con una comisión fiscal de ambos partidos que buscaba maneras de estabilizar el déficit de Estados Unidos a largo plazo. Tuve conversaciones telefónicas con Merkel sobre Grecia y Medvédev sobre la ratificación del Tratado de Reducción de Armas Estratégicas, una visita de Estado del presidente de México Felipe Calderón orientada a la cooperación en la frontera, y un almuerzo de trabajo con el presidente de Afganistán Karzai. Además de las habituales sesiones informativas sobre amenazas de terrorismo, reuniones estratégicas con el equipo económico y un montón de obligaciones protocolarias, entrevisté a los candidatos para un puesto en el Tribunal Supremo que había quedado vacante cuando el juez John Paul Stevens anunció que se retiraba a principios de abril. Me decidí por la brillante y joven procuradora general y antigua decana de la Escuela de Derecho de Harvard Elena Kagan, quien, al igual que la jueza Sotomayor, salió relativamente ilesa de las audiencias del Senado y fue confirmada unos meses más tarde.

Pero no importaba cuántos platos hiciera girar en el aire, al final del día mi mente regresaba al vertido de la Deepwater. Si cerraba con fuerza los ojos, hasta podía convencerme de que había habido *algunos* progresos. BP había conseguido tapar con éxito la más pequeña de las tres filtraciones, utilizando robots para arreglar una de las válvulas de la tubería rota. El almirante Allen había conseguido cierto orden en las labores de limpieza de la superficie del mar, que a mediados de mayo habían implicado mil embarcaciones y un ejército de casi veinte mil personas entre empleados de BP, miembros de la guardia costera y de la guardia nacional, camaroneros, pescadores y voluntarios. Valerie hizo un trabajo tan extraordinario con su seguimiento a los cinco gobernadores de los estados afectados por el vertido que, a pesar de sus filiaciones partidistas, la mayoría de ellos solo pudo hablar bien de la respuesta del Gobierno federal. («Bob Riley y yo nos hemos hecho amiguetes», dijo ella con una sonrisa refiriéndose al gobernador republicano de Alabama). La única excepción era el gobernador Jindal. Valerie me informó de que en varias ocasiones había solicitado la ayuda de la Casa Blanca para ciertas cuestiones, solo para publicar cinco minutos después un comunicado de prensa culpándonos de ignorar a Luisiana.

Aun así, el petróleo seguía saliendo. Los robots de BP no habían podido cerrar el bloqueador de erupción del pozo, lo que dejaba abiertas las dos filtraciones principales. La primera tentativa de la compañía de poner una cúpula de contención sobre las filtraciones también había fallado por problemas relacionados con las gélidas temperaturas que había en la profundidad del mar. Cada vez resultaba más evidente que la compañía no sabía exactamente qué probar a continuación; tampoco lo sabía ninguna de las agencias federales habituadas a gestionar vertidos. «Estamos acostumbrados a contener derrames por accidentes de buques petroleros o tuberías rotas —me explicó el almirante Allen—, intentar sellar un pozo vivo de petróleo a un kilómetro y medio de la superficie... se parece más a una misión espacial.»

Era una analogía apropiada, y también lo que me llevó a acudir a Steve Chu en busca de ayuda. A pesar del título, el secretario de Energía normalmente no tenía jurisdicción sobre un vertido de petróleo. Pero pensamos que involucrar a un físico ganador del Premio Nobel podría ayudar, así que tras descubrir las filtraciones submarinas, le pedimos a Chu que explicara al equipo los aspectos científicos para lograr cerrarlas. A pesar de la advertencia de Carol de que fuera escueto, su presentación en la sala de Crisis duró casi el doble del tiempo que le habían asignado e implicó treinta diapositivas. Casi todos en la sala estaban perdidos a partir de la quinta. En lugar de desperdiciar toda esa capacidad intelectual en nosotros, le di la orden de que se dirigiera a Houston, donde se encontraba el equipo de respuesta de BP, para que trabajara con sus ingenieros en una posible solución.

Mientras, la actitud de la sociedad hacia la catástrofe empezó a cambiar. Durante las primeras semanas del vertido BP se había llevado la peor parte de la culpa. No solo porque los estadounidenses solían desconfiar de las compañías petroleras, sino porque el director ejecutivo de BP, Tony Hayward, era un desastre para las relaciones públicas: dijo a los medios que el vertido suponía una cantidad «relativamente minúscula» de petróleo en un «océano tan grande»; en otra entrevista afirmó que no había nadie que quisiera ver aquel hueco tapado más que él porque «me gustaría recuperar mi vida», y confirmó en general todos los estereotipos del ejecutivo arrogante de compañía multinacional que ha perdido el contacto con la realidad. (Su torpeza me recordaba que BP —antes conocida como British Petroleum— había comenzado con el nombre Anglo-Persian Oil Company: la misma compañía cuyo rechazo a repartir regalías con el Gobierno de Irán en la década de 1950 había conducido al golpe de Estado que finalmente había desencadenado la revolución islámica en el país).

Sin embargo, cuando la crisis pasó la barrera de los treinta días, la atención empezó a dirigirse cada vez más a la posible culpa de mi Administración en el desastre. En concreto, la cobertura informativa y las audiencias en el Congreso se aferraron a una serie de exenciones en normas habituales de seguridad y medioambiente que BP había recibido por parte del Servicio de Administración de Minerales (MMS, por sus siglas en inglés), una subagencia del Departamento del Interior responsable de conceder contratos, recaudar rentas y supervisar operaciones de perforación *offshore* en aguas federales. No había nada raro en las exenciones que el MMS había otorgado a BP en el pozo Macondo; en lo que se refiere a la gestión de riesgos de perforación en aguas profundas, los funcionarios de la agencia ignoraban constantemente a los científicos e ingenieros de su propio equipo, y preferían creer a los expertos de la industria pues pensaban que estaban mejor versados en los últimos procedimientos y tecnologías.

Como es lógico, ese había sido exactamente el problema. Antes de que asumiera el cargo habíamos oído hablar de lo bien que se llevaba el MMS con las compañías petroleras y de sus defectos como ente regulador —incluido un muy difundido escándalo a finales de la Administración Bush que implicaba sobornos, drogas y favores sexuales— y habíamos prometido reformar la institución. De hecho, en cuanto Ken Salazar se hizo cargo del Departamento del Interior solucionó algunos de los problemas más indignantes. Lo que no había tenido tiempo o recursos para hacer era reorganizar el MMS de manera que tuviera la capacidad de controlar con severidad a una industria millonaria y tecnológicamente compleja.

No se le podía culpar a Salazar de eso. Cambiar las prácticas y la cultura en el seno de las agencias del Gobierno era difícil, y rara vez se conseguía en el plazo de unos meses. Nos estábamos enfrentando a problemas similares en las agencias encargadas de controlar el sistema financiero, donde reguladores estresados y mal pagados apenas podían seguirle el ritmo a las sofisticadas y constantemente cambiantes operaciones de gigantescas instituciones financieras globales. Pero eso no justificaba que nadie en mi equipo me hubiera advertido de que el MMS seguía teniendo serios problemas antes de recomendarme que apoyara el plan de Interior de abrir zonas adicionales para la perforación exploratoria. De todas formas, en medio de una crisis, nadie quería oír hablar de la necesidad de invertir más dinero en agencias federales. Tampoco querían oír que un aumento del sueldo de los funcionarios públicos civiles podía ayudar a mejorar la administración de las agencias y a que compitieran con el sector privado por un talento técnico de primer nivel. La gente solo quería saber quién había permitido que BP perforara un agujero de más de cinco kilómetros por debajo de la superficie del mar sin saber cómo taparlo (y que, en conclusión, había ocurrido bajo nuestra supervisión).

Mientras las preguntas sobre el MMS mantenían ocupados a los periodistas, lo que realmente cambió la actitud de la sociedad fue la decisión que tomó BP a finales de mayo —y que yo apoyé en pos de la transparencia— de empezar a transmitir vídeos de las filtraciones en tiempo real, captados por las cámaras submarinas de la compañía. Las primeras imágenes del incendio de la plataforma Deepwater Horizon habían tenido una gran repercusión. Pero las grabaciones del vertido en sí —que consistían sobre todo en planos generales de una borrosa mancha carmesí recortada sobre el mar azul verdoso— no captaban la totalidad de su potencial destructivo. Incluso cuando las olas cubiertas de petróleo y el amasijo de carburante conocido como bolas de alquitrán comenzaron a llegar a las costas de Luisiana y Alabama, los equipos de audiovisuales no tenían imágenes impactantes con las que trabajar, sobre todo considerando que, tras décadas de perforación submarina, las aguas del golfo no estaban precisamente libres de polución.

La transmisión de la señal de vídeo submarina cambió todo eso. De pronto, la gente alrededor del mundo pudo ver cómo el petróleo salía vibrando en gruesas columnas por las grietas de los escombros. Según la luz que proyectaba la cámara, a veces parecían de un amarillo azufre, otras marrones o negras. Las turbias columnas tenían un aspecto contundente, amenazador, como efluvios del infierno. Las cadenas de noticias empezaron a difundir la transmisión en una esquina de la pantalla durante las 24 horas del día, junto a un reloj digital que les recordaba a los televidentes la cantidad de días, minutos y segundos desde que había empezado el vertido.

Los vídeos parecían confirmar los cálculos que nuestros propios analistas habían hecho al margen de BP: las filtraciones estaban vertiendo una cifra de entre cuatro y diez veces la estimación original de cinco mil barriles de petróleo diarios. Pero más que las aterradoras cifras, lo que hizo que la crisis se convirtiera en real en la mente de las personas fueron las imágenes submarinas del pozo surtidor; junto a un repentino aumento de secuencias adicionales de pelícanos cubiertos de petróleo. Gente que no había prestado demasiada atención al vertido de pronto quiso saber por qué no estábamos haciendo nada para detenerlo. En el consultorio de su dentista, mientras se sometía a una endodoncia, Salazar se vio mirando fijamente un televisor que colgaba del techo con una secuencia del vídeo. Los republicanos llamaban al vertido «el Katrina de Obama» y pronto empezaron a llovernos críticas también de los demócratas; principalmente, las de James Carville, antiguo asistente de Clinton y natural de Luisiana, que salió en *Goodmorning America* atacando a gritos nuestra intervención, y dirigiendo sus críticas específicamente contra mí: «¡Hombre, tienes que venir y coger las riendas de la situación! ¡Pon a alguien que se haga cargo y haga progresos de una vez!». Un niño de nueve años en silla de ruedas que vino de visita al despacho Oval con la fundación Make-a-Wish me alertó de que si no conseguía que taparan la filtración pronto, iba a tener «un montón de problemas políticos». Hasta Sasha se acercó a mí una mañana para preguntarme, mientras me afeitaba: «¿Ya has tapado el agujero, papi?».

En mi cabeza, aquellos oscuros ciclones de petróleo llegaron a simbolizar la cadena de crisis constantes que estábamos atravesando. Es más, de alguna manera me parecían vivos, una presencia malvada que se burlaba enérgicamente de mí. Hasta aquel punto de mi presidencia había mantenido la confianza fundamental de que no importaba lo feas que se pusieran las cosas con los bancos, las compañías de coches, Grecia o Afganistán, siempre encontraría una solución mediante procesos sensatos y decisiones inteligentes. Pero por más que presionaba con firmeza a BP o a mi equipo, y por más que asistía a innumerables reuniones en la sala de Crisis en las que repasaba una y otra vez los datos y diagramas igual que en las sesiones de estrategia militar, parecía que aquellas filtraciones desafiaban cualquier solución puntual. Debido a esa sensación de impotencia pasajera, cierta amargura empezó a deslizarse en mi voz; una amargura que reconocía como hermana de la inseguridad en mí mismo.

«¿Y qué piensa él que tengo que hacer? —le grité a Rahm tras escuchar el exabrupto de Carville—. ¿Ponerme un puto traje de Aquaman y bajar nadando con una llave inglesa?»

El coro de críticas desembocó en una conferencia de prensa en la Casa Blanca el 27 de mayo, en la que estuve respondiendo preguntas sobre el vertido de petróleo durante casi una hora. Enumeré metódicamente todas las cosas que habíamos hecho desde el momento en que explotó la Deepwater y expliqué las complejidades técnicas de las distintas estrategias que se estaban empleando para sellar el pozo. Reconocí los problemas del MMS, al igual que mi excesiva confianza en la habilidad de compañías como BP para salvaguardar los riesgos. Anuncié la formación de una comisión nacional para analizar la catástrofe y descifrar cómo prevenir ese tipo de accidentes en el futuro, y enfaticé de nuevo la necesidad de una respuesta a largo plazo que disminuyera la dependencia de Estados Unidos de los combustibles fósiles contaminantes.

Al leer ahora la transcripción, una década más tarde, me impresiona lo tranquilo y convincente que sueno. Tal vez me sorprende porque la transcripción no registra lo que recuerdo haber sentido entonces, ni se acerca a plasmar lo que realmente quería decir delante de los corresponsales de prensa allí reunidos:

Que el MMS no estaba equipado para hacer ese trabajo, en gran medida porque durante los últimos treinta años una gran proporción de votantes estadounidenses habían comprado la idea republicana de que el Gobierno era el problema y de que las empresas siempre sabían hacer mejor las cosas, y habían elegido a líderes que consideraban que su misión era destripar las regulaciones medioambientales, dejar morir de inanición los presupuestos de las agencias, denigrar a los funcionarios civiles y permitir que los contaminadores industriales hicieran lo que les diera la gana.

Que el Gobierno no tenía una tecnología mejor que la de BP para sellar con rapidez el agujero porque disponer de ella resultaba excesivamente caro, y a los estadounidenses no nos gustaba pagar más impuestos, sobre todo si eran para prepararnos para un problema que todavía no había sucedido.

Que era difícil tomarse en serio cualquier crítica de un personaje como Bobby Jindal, que durante toda su carrera había hecho el juego a las grandes petroleras y que en breve iba a apoyar una demanda de la industria del petróleo para intentar que un juzgado federal levantara nuestra suspensión temporal a la perforación. Y que si él y otros cargos electos en el golfo estuvieran preocupados de verdad por el bienestar de sus votantes, presionarían a su partido para que dejara de negar el cambio climático, ya que justamente las personas del golfo eran las que tenían la mayor probabilidad de perder sus casas o sus trabajos a consecuencia del aumento de la temperatura global.

Y que la única manera de garantizar realmente que no volviéramos a tener un vertido de petróleo catastrófico era dejar de perforar por completo, pero que eso no iba a suceder porque al fin y al cabo a los estadounidenses nos encantaba nuestra gasolina barata y nuestros grandes coches más de lo que nos importaba el medioambiente, excepto cuando nos enfrentábamos a una catástrofe real. Y ante la ausencia de semejante catástrofe, los medios rara vez cubrían los intentos por lograr que Estados Unidos diese un giro y que abandonara los combustibles fósiles o aprobara una ley medioambiental, ya que en realidad educar a la sociedad en una política energética a largo plazo era aburrido y malo para el *rating*. Y si de algo podía estar seguro era de que a pesar de toda la indignación expresada en aquel momento por la gente sobre los pantanos, las tortugas de mar y los pelícanos, en lo que la mayoría de nosotros estábamos realmente interesados era en que el problema desapareciera y yo limpiara otro nuevo desastre que había tardado décadas en gestarse con algún apaño rápido y fácil, para que todos pudiéramos seguir quemando carbón y desperdiciando energía sin sentirnos culpables.

No dije nada de todo eso. En cambio, acepté sombríamente la responsabilidad y dije que mi trabajo era «conseguir que se arreglara». Después eché la bronca a mi equipo de prensa diciéndoles que si hubiesen hecho un mejor trabajo contando todo lo que estábamos haciendo para limpiar el vertido, no habría tenido que bailar claqué durante una hora mientras me daban una paliza. Mi equipo de prensa se quedó herido. Más tarde, aquella misma noche, sentado solo en la sala de los Tratados, me sentí mal por lo que les había dicho, sabía que había dirigido mi furia y mi frustración hacia el lugar equivocado.

A las que de verdad quería insultar era a esas malditas columnas de petróleo.

Durante las seis semanas siguientes, el vertido siguió ocupando las noticias. A medida que se iban reduciendo las iniciativas para sellar el pozo, lo compensamos con un mayor espectáculo de mi implicación personal. Hice otros dos viajes a Luisiana y visitas a Mississippi, Alabama y Florida. Trabajé junto al almirante Allen, que había accedido a retrasar su retiro hasta que terminara la crisis, para encontrar la forma de responder a todas las peticiones de los gobernadores, incluida una versión reducida del arcén propuesto por Jindal. Salazar firmó una orden que desmontó con eficacia el MMS, dividiendo las responsabilidades del desarrollo energético, las regulaciones de seguridad y la recaudación de rentas en tres nuevas agencias independientes. Anuncié la creación de una comisión compuesta por ambos partidos con la tarea de recomendar formas de prevenir futuras catástrofes en la perforación *offshore*. Mantuve una reunión con el gabinete al completo por la crisis, y recibí la desgarradora visita de las familias de los once trabajadores de la Deepwater desaparecidos en la explosión. Hasta di un discurso desde el despacho Oval; el primero de esa naturaleza de mi presidencia. El formato, sentado detrás del escritorio Resolute, parecía poco natural, como de otra época, y según dicen no me salió muy bien.

El aluvión de apariciones y anuncios tuvo el efecto deseado de silenciar, cuando no de eliminar, las malas noticias en los medios. Pero lo que en última instancia nos hizo superar la crisis fue el resultado de dos decisiones que había tomado mucho antes.

La primera estaba relacionada con asegurarnos de que BP cumpliera la promesa que había hecho de compensar a los terceros afectados por el vertido. Normalmente, el proceso para presentar reclamaciones requería que las víctimas sortearan una serie de obstáculos burocráticos o incluso que tuvieran que contratar abogados. La resolución de esas reclamaciones podía tardar años y llegar cuando el operador del pequeño barco o la dueña del restaurante ya habían perdido su trabajo. Pensamos que en este caso las víctimas merecían una compensación más inmediata. También nos pareció que ese era el momento de ejercer la mayor presión: las acciones de BP se hundían, su imagen internacional estaba machacada, el Departamento de Justicia investigaba a la compañía por posible negligencia criminal, y la prohibición federal de perforar que habíamos impuesto creaba una enorme incertidumbre en los accionistas.

—¿Puedo exprimirlos al máximo? —me preguntó Rahm.

—Hazlo, por favor —contesté.

Rahm se puso manos a la obra, los acosó, persuadió y amenazó como solo él sabía hacerlo, y cuando llegó el momento de que me sentara a la mesa con Tony Hayward y el presidente de BP, Carl-Henric Svanberg, en una reunión el 16 de junio en la sala Roosevelt, ya estaban listos para sacar la bandera blanca. (Hayward, que habló muy poco en la reunión, anunciaría su salida de la compañía pocas semanas después.) BP no solo accedió a poner veinte mil millones de dólares en un fondo de compensación a las víctimas del vertido, sino que además acordamos que el dinero fuera depositado en custodia y administrado de forma independiente por Ken Feinberg, el mismo abogado que había manejado el fondo para las víctimas del 11-S y controlado los planes de remuneración a ejecutivos de bancos que recibían dinero del TARP. El fondo no resolvía la catástrofe medioambiental, pero cumplía mi promesa de que todos los pescadores, camaroneros, compañías de alquiler y demás que acumulaban pérdidas por la crisis recibieran su parte.

La segunda buena decisión que tomé fue designar a Steve Chu para el trabajo. Mi secretario de Energía estaba decepcionado tras sus primeros encuentros con los ingenieros de BP («No son conscientes de la situación con la que están lidiando», dijo Chu), y pronto empezó a dividir su tiempo entre Houston y Washington. Le dijo a Thad Allen que los de BP «No deberían hacer nada sin consultarlo antes conmigo». En un tiempo récord reclutó a un equipo de hidrólogos y geofísicos independientes para que trabajaran con él. Convenció a BP de que utilizara escáneres de rayos gama para diagnosticar qué había ido mal con el bloqueador de erupción del pozo y a instalar medidores de presión para obtener datos reales sobre lo que estaba ocurriendo en la base. Chu y su equipo insistieron mucho en que a cualquier iniciativa de sellarlo debía precederle una minuciosa evaluación de los riesgos de que ese trabajo detonara una cascada de filtraciones subterráneas incontrolable (y una catástrofe aún peor).

Chu y los ingenieros de BP acordaron al fin que la mejor solución era colocar un segundo bloqueador de erupción más pequeño —llamado «dispositivo de taponamiento»— encima del que había fallado, que utilizaría una serie de válvulas secuenciales para frenar la filtración. Pero tras revisar el diseño inicial de BP —y pedirle a los científicos e ingenieros del Gobierno en el Laboratorio Nacional de Los Álamos y en otros lugares que hicieran una serie de simulaciones en sus superordenadores— a Chu le pareció que era inadecuado, y el equipo se puso a trabajar a toda prisa en una versión revisada del diseño. Un día Axe entró en el despacho Oval y me dijo que se acababa de cruzar con Chu en una cafetería cercana; estaba sentado con el plato intacto, dibujando distintos modelos de dispositivos de bloqueo en la servilleta.

«Intentó explicarme cómo funcionaba el artefacto —dijo Axe—, pero le dije que ya tenía bastante con decidir qué iba a pedir para almorzar.»

El dispositivo de taponamiento final pesaba setenta y cinco toneladas, tenía nueve metros de altura y, por insistencia de Chu, incluía una gran cantidad de medidores de presión que nos darían una información crucial para evaluar su eficacia. En un plazo de semanas el dispositivo estaba correctamente ubicado sobre el pozo y listo para ser puesto a prueba. El 15 de julio, los ingenieros de BP cerraron las válvulas del dispositivo, que se mantuvo en su sitio. Por primera vez en ochenta y siete días, el pozo Macondo dejó de verter petróleo.

En nuestra línea de suerte habitual, la semana siguiente una tormenta tropical amenazó con pasar por la ubicación del Macondo. Chu, Thad Allen y el director ejecutivo Bob Dudley tuvieron que decidir rápidamente si abrían o no las válvulas antes de que las embarcaciones que participaban en las labores de contención y los empleados de BP encargados de monitorear la integridad del dispositivo de taponamiento despejaran la zona del recorrido de la tormenta. Si sus cálculos sobre la presión subterránea eran incorrectos, corrían el riesgo de que el dispositivo no aguantara y, peor aún, generara una fractura en el lecho marino, lo que desencadenaría todavía más filtraciones problemáticas. Evidentemente, abrir las válvulas implicaba reiniciar el vertido de petróleo en el golfo, algo que nadie quería. Tras realizar una última serie de cálculos, Chu estuvo de acuerdo en que la apuesta valía la pena y en que dejásemos las válvulas cerradas mientras caía la tormenta.

Una vez más, el dispositivo se mantuvo en su sitio.

Cuando oímos las noticias no hubo celebraciones en la Casa Blanca, solo un enorme alivio. Pasaron un par de meses y una serie de procedimientos adicionales hasta que BP declaró el pozo Macondo permanentemente sellado, y las labores de limpieza continuaron hasta el final del verano. La prohibición de pescar se fue levantando poco a poco, y se certificó que los mariscos del golfo eran seguros. Se reabrieron las playas y en agosto llevé a mi familia a Panama City Beach, Florida, a unas «vacaciones» de dos días para impulsar a la industria del turismo en la región. En una foto de aquel viaje, que sacó Pete Souza y que más tarde publicó la Casa Blanca, se nos ve a Sasha y a mí chapoteando en el agua, un mensaje para los estadounidenses de que era seguro nadar en el golfo.

Malia no salía en la foto porque estaba en un campamento de verano. Y Michelle tampoco estaba porque, como me dijo poco después de mi elección: «Uno de mis principales objetivos como primera dama es que jamás me saquen una foto en traje de baño».

En gran medida habíamos evitado el peor escenario, y en los meses siguientes incluso algunos críticos como James Carville admitieron que nuestra respuesta había sido más efectiva de lo que se nos había reconocido. La costa y las playas del golfo sufrieron menos daños visibles de lo que se esperaba, y apenas un año después del accidente la región disfrutó de la mayor temporada turística de su historia. Creamos un proyecto de restauración de la costa del golfo que consistía en penalizaciones adicionales impuestas a BP y permitía al Gobierno federal, estatal y a las autoridades locales empezar a revertir algunos de los deterioros medioambientales que venían sucediendo desde mucho antes de la explosión. Con algunos empujoncitos de los juzgados federales, BP finalmente pagó liquidaciones por un monto superior a los veinte mil millones iniciales del fondo de respuesta. Y aunque el informe preliminar de la comisión de vertidos de petróleo que yo había creado criticó con razón la supervisión del MMS de las actividades de BP en el Macondo, al igual que nuestra incapacidad para valorar con precisión la gravedad de las filtraciones en el momento posterior a la explosión, en otoño, tanto la prensa como la sociedad habían pasado página.

Sin embargo, yo seguía obsesionado con las imágenes de aquellas columnas de petróleo que salían por las grietas en la tierra y se perdían en las fantasmagóricas profundidades del océano. Los expertos de la Administración me decían que llevaría años comprender la verdadera magnitud del impacto medioambiental que había provocado el vertido de la Deepwater. Las mejores estimaciones concluían que el Macondo había soltado al menos cuatro millones de barriles de petróleo a mar abierto, y que como mínimo dos tercios de esa cantidad se había recogido, quemado o, de lo contrario, dispersado. Adónde había ido a parar el resto, qué horroroso saldo iba a implicar para la fauna, cuánto petróleo finalmente se iba a asentar en el lecho marino y qué efectos a largo plazo iba a tener en el ecosistema del golfo eran cuestiones que después de que pasaran muchos años podríamos evaluar en conjunto.

Lo que no era ningún misterio era el impacto político del vertido. Con la crisis a nuestras espaldas y las elecciones de medio mandato a la vuelta de la esquina, estábamos preparados para transmitir un moderado optimismo a la sociedad; podíamos afirmar que el país estaba finalmente dando un giro y destacar el trabajo que había hecho mi Administración en los últimos dieciséis meses para marcar un cambio claro en la vida de la gente. Pero la única impresión que se registraba en los votantes era la de una catástrofe más que el Gobierno parecía incapaz de resolver. Le pedí a Axe que me diera su mejor cálculo de las posibilidades que teníamos de que los demócratas mantuvieran el control de la Cámara de Representantes. Me miró como si estuviera bromeando.

«Estamos jodidos», dijo.

Desde el día en que asumí el cargo supimos que las elecciones de medio mandato iban a ser difíciles. Históricamente, el partido que tenía el control de la Casa Blanca casi siempre perdía escaños después de los dos primeros años en el poder, como mínimo algunos votantes encontraban motivos para sentirse decepcionados. La participación general también caía en las elecciones de medio mandato y —en parte debido a la larga historia de discriminación de votantes en Estados Unidos y en parte a que algunos estados utilizaban continuamente procedimientos complejos que hacían que emitir el voto fuera más difícil de lo necesario— se producía una caída más pronunciada entre los votantes jóvenes o con menores ingresos y las minorías, es decir, los grupos demográficos que solían votar a los demócratas.

Todo eso habría convertido las elecciones de medio mandato en un gran desafío para nosotros, incluso en épocas de relativa tranquilidad y prosperidad. Evidentemente, no estábamos en esa circunstancia. A pesar de que las empresas habían empezado a contratar de nuevo, la tasa de desempleo siguió estancada en el 9,5 por ciento durante junio y julio, sobre todo debido a que los gobiernos locales y estatales, cortos de liquidez, seguían despidiendo empleados. Me reunía al menos una vez a la semana con el equipo económico en la sala Roosevelt e intentábamos encontrar alguna formulación de planes de estímulo nuevos para convencer al menos a un puñado de senadores republicanos de que nos apoyaran, aunque fuera por vergüenza. Pero más allá de una reticente prórroga a los beneficios de la prestación por desempleo de emergencia antes de que el Congreso suspendiera las sesiones por el receso de agosto, McConnell normalmente conseguía mantener su caucus alineado.

«Odio decirlo —me dijo un senador republicano que había venido de visita a la Casa Blanca por otro asunto—, pero cuanto peor se sienta la gente, mejor para nosotros.»

La economía no era el único viento en contra. En cuanto a seguridad nacional, las encuestas de opinión pública normalmente daban ventaja a los republicanos por encima de los demócratas, y desde el día en que había asumido el cargo, el Partido Republicano había intentado ensanchar esa ventaja aprovechando cada oportunidad para hacer que mi Administración pareciera débil en cuestiones de defensa y floja con el terrorismo. La mayoría de los ataques habían fallado: por más desencantados que estuvieran los votantes con mi gestión económica, no habían dejado de darme buenas notas en seguridad. Las cifras se habían mantenido estables tras la masacre de Fort Hood y la frustrada bomba de Navidad. Incluso habían seguido prácticamente inmutables cuando, en mayo de 2010, un hombre llamado Faisal Shahzad —ciudadano nacionalizado estadounidense nacido en Pakistán y que había recibido entrenamiento de los talibanes de allí— intentó detonar sin éxito un coche bomba en pleno Times Square.

Aun así, que ciento ochenta mil soldados siguieran desplegados en guerras en el extranjero empañaba las elecciones de medio mandato. Y aunque estábamos entrando en la fase final de la retirada de Irak, y las últimas brigadas de combate estaban dispuestas para regresar al país en agosto, era probable que la ofensiva de verano en Afganistán generara un penoso aumento de víctimas estadounidenses. Me había impresionado el liderazgo de Stan McChrystal en las fuerzas de la coalición: las tropas adicionales que yo había autorizado ayudaron a recuperar territorio de los talibanes y al adiestramiento del ejército afgano, y McChrystal incluso llegó a convencer al presidente Karzai para que se aventurara fuera de su palacio y empezara a comprometerse con la población a la que decía representar.

Con todo, cada vez que me reunía con soldados heridos en el Centro Médico Militar Nacional Walter Reed, en Bethesda, recordaba el horrible precio que estábamos pagando por esa lenta mejora. Mis primeras visitas habían durado más o menos una hora, pero ahora solía quedarme casi el doble, ya que el hospital estaba prácticamente lleno. En una visita, entré en una habitación y me encontré a una víctima del estallido de un artefacto explosivo improvisado postrado en la cama y atendido por su madre. En un costado de la cabeza parcialmente afeitada se veían unas gruesas cicatrices. Parecía ciego del ojo derecho y con el cuerpo parcialmente paralizado, en un brazo tenía heridas graves protegidas por una férula. Según el médico que me informó antes de entrar, el paciente había pasado tres meses en coma antes de recobrar el conocimiento. Sufría daño cerebral permanente y acababa de someterse a una cirugía de reconstrucción de algunas partes del cráneo.

—Cory, el presidente ha venido a verte —dijo la madre animándole. El joven no podía hablar, pero esbozó una leve sonrisa y asintió.

—Un gusto conocerte, Cory —dije, dándole con suavidad la mano libre.

—En realidad ya se conocen —dijo la madre—. Mire.

Señaló una fotografía pegada a la pared con cinta adhesiva y me acerqué a examinar la imagen en la que se me veía junto a un sonriente grupo de rangers del ejército. Entonces caí en la cuenta de que el soldado herido que yacía en la cama era el sargento primero Cory Remsburg, el alegre y joven paracaidista con el que había charlado hacía menos de un año en la conmemoración del desembarco aliado en Normandía. El que me había dicho que le habían asignado a Afganistán como décimo destino.

—Claro que sí... Cory —dije mirando por encima a la madre, que me disculpó con la mirada por no haber reconocido a su hijo—. ¿Cómo te sientes?

—Enséñale cómo te sientes, Cory —dijo la madre.

Lentamente y haciendo un gran esfuerzo, levantó el brazo y me ofreció un pulgar levantado. Mientras nos tomaba una foto a los dos juntos, me di cuenta de que Pete estaba visiblemente conmovido.

Tal vez lo que le había pasado a Cory y a muchos como él no estaba tanto entre las prioridades de los votantes como de la mía. Desde el cambio a un ejército estrictamente voluntario en la década de 1970, cada vez había menos estadounidenses que tuvieran miembros de sus familias, amigos y vecinos peleando en el frente. Pero el número creciente de víctimas tenía cansada a una nación más insegura que nunca sobre la dirección de una guerra que parecía interminable. Esa incertidumbre se exacerbó aún más en el mes de junio, cuando a los quioscos llegó un extenso reportaje a Stan McChrystal publicado en la revista *Rolling Stone*. El artículo, con el título «El general desbocado», era ampliamente crítico con la campaña bélica de Estados Unidos e insinuaba que el Pentágono me había engañado para redoblar la apuesta en una causa perdida. Pero eso no era ninguna novedad. Lo que más llamó la atención en Washington fue el acceso que McChrystal le había concedido al periodista y la cantidad de comentarios mordaces que el general y su equipo habían hecho sobre algunos aliados, cargos electos y miembros de la Administración. En una parte del reportaje, el periodista describe a McChrystal y a un asistente bromeando con posibles respuestas a cualquier pregunta sobre el vicepresidente Biden. («¿Me preguntas por el vicepresidente Biden?», el periodista cita a McChrystal: «¿Y ese quién es?». A lo que el asistente responde metiendo baza: «Se debe de referir a Bite-me [muérdeme]»). En otra, McChrystal se queja de tener que cenar con un ministro francés en París («Preferiría que me dieran una patada en el culo») y se queja de un correo que le acaba de llegar del asesor especial de Hillary, un diplomático de vasta experiencia, Richard Holbrooke («No, ni quiero abrirlo»). Y aunque me eximen ampliamente de las peores burlas, un miembro del equipo de McChrystal apunta a la desilusión de su jefe tras nuestra reunión justo antes de que le designara comandante de la coalición, dando a entender que debería haberle prestado más atención personal al general.

Más allá del resentimiento que el artículo iba a provocar —reabriendo unas divisiones en el equipo afgano que yo creía que habían quedado atrás—, retrataba a McChrystal y a su equipo como una arrogante pandilla de amigos de la universidad. No quería ni imaginar cómo se sentirían los padres de Cory Remsburg si leían el artículo.

—No sé en qué diablos estaba pensando —me dijo Gates, tratando de controlar los daños.

—No estaba pensando —dije secamente—. Le engañaron.

El equipo me preguntó cómo quería manejar la situación. Les dije que todavía no lo había decidido pero que mientras tomaba una decisión, quería a McChrystal a bordo del siguiente vuelo a Washington. Al principio me sentía inclinado a dejar que el general se marchara con una severa reprimenda, y no solo porque Bob Gates insistía en que seguía siendo el hombre más indicado para dirigir el conflicto. Sabía que, si alguien hubiese grabado alguna vez ciertas conversaciones privadas entre mi equipo sénior y yo, también habríamos podido sonar bastante odiosos. Y aunque McChrystal y su círculo más cercano habían mostrado un criterio nefasto al hablar de ese modo frente a un periodista, ya fuera por descuido o vanidad, todos en la Casa Blanca habían dicho algo que no debían en alguna entrevista. Si no había echado a Hillary, ni a Rahm, Valerie ni a Ben por hablar de más, ¿por qué iba a tratar a McChrystal de forma distinta?

Pero en el transcurso de las siguientes veinticuatro horas decidí que aquello era distinto. A todos los mandos militares con los que me cruzaba les gustaba recordarme que las fuerzas armadas de Estados Unidos dependían totalmente de una rígida disciplina, de códigos de conducta claros, de la cohesión del equipo y de unas estrictas cadenas de mando. Porque las apuestas eran siempre las más altas. Porque cualquier error a la hora de actuar como parte de un equipo, cualquier fallo individual tenía consecuencias mucho peores que la vergüenza o la pérdida de beneficios. La gente podía morir. Cualquier cabo o capitán que desacreditaba públicamente a unos oficiales superiores con expresiones tan claras debía pagar un precio muy alto. No me pareció que se pudiera aplicar un criterio distinto a un general de cuatro estrellas, no importaba lo talentoso, valiente o condecorado que fuera.

Esa necesidad de responsabilidad y disciplina se extendía a las cuestiones de control civil de las fuerzas armadas; un punto sobre el que había hecho hincapié en el despacho Oval con Gates y Mullen, evidentemente con escasos resultados. En realidad, yo admiraba el espíritu rebelde de McChrystal, su aparente menosprecio al fingimiento y a toda autoridad que, en su opinión, no hubiese sido ganada. Sin duda eso lo había convertido en un mejor líder, y explicaba la feroz lealtad que generaba en las tropas bajo su mando. Pero en el reportaje de la *Rolling Stone* percibí en él y en sus asistentes el mismo aire de impunidad que parecía haberse arraigado entre algunos de altos mandos de las fuerzas armadas durante los años de Bush: esa sensación de que una vez que la guerra había comenzado, no se podía cuestionar a quienes peleaban en ella, que los políticos sencillamente tenían que darles lo que pedían y no entrometerse. Era un punto de vista atractivo, sobre todo viniendo de un hombre del calibre de McChrystal. Pero al tiempo, amenazaba con erosionar un principio fundamental de nuestra democracia representativa y estaba decidido a acabar con eso.

La mañana en la que por fin nos sentamos a solas McChrystal y yo en el despacho Oval era húmeda y calurosa. Parecía humillado pero sereno. A su favor hay que decir que no puso excusas por sus comentarios. No insinuó que lo habían citado mal o fuera de contexto. Simplemente pidió disculpas por su error y me ofreció su carta de renuncia. Le expliqué por qué, a pesar de la admiración que sentía por él y de mi gratitud por sus servicios, había decidido aceptarla.

Cuando McChrystal se marchó, di una conferencia de prensa en el jardín de las Rosas para subrayar los motivos de mi decisión y para anunciar que el general Dave Petraeus iba a asumir el mando de las fuerzas de coalición en Afganistán. Tom Donilon fue el que tuvo la idea de cambiar de puesto a Petraeus. No solo era el líder militar más conocido y respetado del país, sino que además, como eje del Comando Central, ya estaba íntimamente familiarizado con nuestra estrategia en Afganistán. La decisión cayó de la mejor manera, dadas las circunstancias. Aun así, me fui de la conferencia de prensa sintiéndome furioso por la situación. Le dije a Jim Jones que reuniera a todos los miembros del equipo de seguridad nacional de inmediato. La reunión no duró mucho.

—Os pongo a todos sobre aviso de que estoy harto —dije alzando cada vez más la voz—. No quiero oír ni un solo comentario sobre McChrystal en los medios. No quiero más versiones, ni rumores, ni deslealtades. Lo que quiero es que la gente haga su maldito trabajo. Y si hay alguien aquí que no pueda formar parte de un equipo, también acabará fuera. Lo digo en serio.

La sala quedó en silencio. Me di la vuelta y salí con Ben siguiéndome los pasos. Al parecer, teníamos agendada una reunión para preparar un discurso.

—Stan me caía bien —comenté en voz baja mientras caminábamos.

—No tenía otra opción —dijo Ben.

—Sí —contesté sacudiendo la cabeza—. Lo sé. Pero eso no lo hace más fácil.

Pese a que el despido de McChrystal salió en primera plana (y reforzó la convicción en el Partido Republicano de que yo no era apto para ejercer como comandante en jefe), no era el tipo de historia que necesariamente hace cambiar de voto a los indecisos en las elecciones. A medida que se acercaban las elecciones de medio mandato, los republicanos se centraron en un asunto de seguridad nacional que quedaba más cerca de casa. Resultó que a una sólida mayoría de estadounidenses en realidad no les gustaba la idea de juzgar a los sospechosos de terrorismo en los tribunales penales civiles en territorio nacional. De hecho, a la mayoría de ellos no les preocupaba ni siquiera que tuvieran un juicio, justo o injusto.

Tuvimos un primer indicio de eso cuando intenté avanzar con mi promesa de cerrar el centro militar de detención de la Bahía de Guantánamo. En abstracto, la mayoría de congresistas demócratas apoyaba mi argumento de que mantener allí indefinidamente a los prisioneros extranjeros sin someterles a juicio era una mala idea. La práctica violaba nuestras tradiciones constitucionales e incumplía la Convención de Ginebra. Complicaba nuestra política exterior y desalentaba a la cooperación de nuestros aliados más cercanos en las iniciativas antiterroristas. Y de manera perversa, promovía el reclutamiento de Al Qaeda, lo que en conjunto nos dejaba en una situación menos segura. Algunos republicanos —el más sorprendente de todos, John McCain— estaban de acuerdo.

Pero para cerrar efectivamente la instalación teníamos que decidir qué hacer con los doscientos cuarenta y dos presos que estaban retenidos en Guantánamo cuando asumí el cargo. Muchos eran combatientes mal entrenados, de bajo nivel, que habían sido atrapados de forma aleatoria en el campo de batalla y planteaban un escaso o nulo peligro para Estados Unidos. (La propia Administración Bush había liberado ya a más de quinientos detenidos de esa clase enviándolos a sus países de origen o a terceros.) Pero un pequeño grupo de prisioneros en Guantánamo eran sofisticados agentes de Al Qaeda, conocidos como detenidos de alto valor; por ejemplo Khalid Sheikh Mohamed, uno de los autores intelectuales declarados de los ataques del 11-S. Los hombres que formaban parte de esa categoría estaban acusados de ser responsables directos del asesinato de personas inocentes, y en mi opinión, soltarlos sería peligroso a la par que inmoral.

La solución parecía clara: podíamos repatriar a los detenidos de menor rango a sus países de origen, donde serían controlados por sus gobiernos y lentamente reintegrados en la sociedad, y llevar a juicio a los detenidos de alto valor en tribunales penales estadounidenses. Pero cuanto más estudiábamos el caso, más obstáculos encontrábamos. Respecto a la repatriación, por ejemplo, muchos de esos detenidos venían de países que no tenían capacidad para gestionar su regreso de forma segura. De hecho, el contingente más grande —noventa y nueve hombres— provenía de Yemen, un país paupérrimo con un Gobierno que apenas funcionaba, con profundos conflictos entre tribus y la sección local más activa de Al Qaeda fuera de las áreas tribales bajo la Administración Federal de Pakistán.

El derecho internacional también nos prohibía repatriar a detenidos si teníamos motivos para creer que iban a ser maltratados, torturados o asesinados por sus propios gobiernos. Ese era el caso de un grupo de uigures detenidos en Guantánamo: miembros de una minoría étnica musulmana que habían huido a Afganistán debido a una antigua y brutal represión en su China natal. Los uigures no tenían ningún reclamo real contra Estados Unidos. Pekín, sin embargo, los consideraba terroristas, y estábamos prácticamente seguros de que si los enviábamos a China los exponíamos a una durísima recepción.

La alternativa de llevar a los detenidos de alto valor a juicio en tribunales estadounidenses era tal vez incluso más compleja. Por un lado, la Administración Bush no había dado prioridad a la conservación de evidencias ni al mantenimiento de registros claros sobre las circunstancias en las que habían sido capturados los detenidos, por lo que el expediente de muchos de ellos era un caos. Aparte, varios detenidos de alto valor, incluido Khalid Sheikh Mohamed, habían sido torturados en los interrogatorios, lo que impedía que no solo sus confesiones sino cualquier otra evidencia relacionada con esos interrogatorios fuera admisible según las normas de procesamiento penal ordinarias.

A los funcionarios de la Administración Bush nada de todo eso les había parecido un problema porque, según ellos, los detenidos en Guantánamo eran «combatientes enemigos ilegales», exentos de las garantías de la Convención de Ginebra y sin derecho a juicio en tribunales civiles. Para juzgar esos casos, la Administración había creado en su lugar un sistema alternativo de «comisiones militares» en el que algunos jueces militares de Estados Unidos determinaban su culpabilidad o inocencia, y en el que imperaban escasos requisitos probatorios y garantías procesales aún más débiles. Muy pocos observadores consideraron que el criterio de la Administración cumplía con los requerimientos mínimos de un juicio justo, y a consecuencia de los constantes recursos, los retrasos y los inconvenientes procesales, las comisiones habían conseguido pronunciarse solo en tres casos durante dos años. Mientras tanto, un mes antes de que fuera elegido, los abogados que representaban a diecisiete uigures apresados en Guantánamo habían solicitado con éxito que un juez federal revisara su detención, lo que había llevado al juez a ordenar que se les pusiera en libertad y había sentado las bases para una prolongada batalla legal sobre el tema de las jurisdicciones. También estaban pendientes algunas apelaciones similares sobre otros detenidos.

«Esto no es un sándwich de mierda —comentó Denis después de una de nuestras sesiones sobre Guantánamo—, esto es todo un bufet de mierda.»

A pesar de las dificultades, empezamos a desbrozar el problema. Ordené que se suspendiera la derivación de nuevos casos a comisiones militares; aunque para hacerle un guiño al Pentágono, accedí a que un equipo interinstitucional evaluara si se podía reformar y utilizar las comisiones como refuerzo ante la posibilidad de que no pudiéramos juzgar a algunos detenidos en tribunales civiles. Establecimos un proceso formal para analizar qué detenidos podían ser liberados de forma segura, ya fuera enviándolos a sus países de origen o a otros países dispuestos a aceptarlos. Junto a un equipo de abogados del Pentágono y de la CIA, el fiscal general Eric Holder y un equipo de fiscales del Departamento de Justicia, comenzamos a revisar los expedientes de los prisioneros para ver qué evidencias hacían falta para llevar a juicio y dictar sentencia a cada uno de los detenidos de alto valor en Guantánamo. Empezamos a buscar una instalación en Estados Unidos —ya fuera militar o dentro del sistema penitenciario federal— que pudiese albergar de inmediato los detenidos transferidos desde allí, mientras decidíamos su destino final.

Y en ese punto el Congreso entró en pánico. A los republicanos les llegaron rumores de que estábamos considerando un posible reasentamiento de los uigures en Virginia (la mayoría iban a ser trasladados a terceros países, incluida Bermuda y Palau), y se dirigieron a los medios para advertir a los votantes de que mi Administración tenía planes de reubicar a los terroristas en sus barrios; tal vez hasta en la casa de al lado. Eso puso a los congresistas demócratas comprensiblemente nerviosos, y al final acordaron incluir una cláusula en el proyecto de ley sobre gasto de defensa que prohibía el uso de cualquier fondo proveniente de los contribuyentes para el traslado de detenidos a Estados Unidos en cualquier circunstancia excepto para su juicio. También establecía que Bob Gates debía presentar un plan formal al Congreso antes de elegir una nueva instalación y cerrar Guantánamo. En la primavera de 2010, Dick Durbin nos ofreció la posibilidad de usar una cárcel estatal prácticamente desocupada en Thomson, Illinois, que podía albergar hasta noventa detenidos provenientes de Guantánamo. A pesar de los puestos de trabajo que eso generaría a los habitantes de una zona rural duramente golpeada por la crisis, el Congreso se negó a aportar los trescientos cincuenta millones de dólares que hacían falta para comprar y renovar la instalación; algunos demócratas liberales llegaron a repetir los argumentos de los republicanos de que cualquier centro de detención en suelo estadounidense solo podía convertirse en el blanco principal de futuros ataques terroristas.

Para mí eso no tenía ningún sentido. Los conspiradores terroristas no eran equipos SEAL del Cuerpo de Marines. Si Al Qaeda fuera a planificar otro ataque en Estados Unidos, estallar un artefacto explosivo rudimentario en el metro de Nueva York o en un abarrotado centro comercial en Los Ángeles sería mucho más devastador —y fácil— que tratar de atentar contra un reforzado centro penitenciario en medio de la nada y repleto de personal militar norteamericano fuertemente armado. De hecho, había mucho más de cien terroristas condenados que ya estaban cumpliendo condena sin incidentes en cárceles federales por todo el país. «Estamos actuando como si esos tipos fueran un puñado de supervillanos salidos de una peli de James Bond —le dije a Denis exasperado—. Cualquier preso promedio de las cárceles de máxima seguridad se comería crudo a esos detenidos.»

Sin embargo, entendía que la gente tuviera temores muy reales; miedos que provenían del prolongado trauma del 11-S, constantemente alimentados por la Administración anterior y una parte importante de los medios (por no mencionar una cantidad infinita de películas y programas de televisión) durante casi una década. De hecho, varios exmiembros de la Administración Bush —sobre todo el anterior vicepresidente Dick Cheney— asumieron como una misión personal avivar tenazmente esos miedos, y consideraron que mi decisión de reformular el tratamiento de los terroristas detenidos era un ataque a su legado. En una serie de declaraciones y apariciones en televisión, Cheney insistió en que el uso de tácticas como el ahogamiento simulado y la prisión indefinida había prevenido «algo mucho más grande y peor» que los ataques del 11-S. Me acusó de haber regresado al «modo de aplicación de la ley» previo al 2001 en la gestión de los terroristas, en lugar de comprender el «concepto de amenaza militar», y declaró que, al hacerlo, estaba aumentando el riesgo de un nuevo ataque.

La afirmación de Cheney de que mi Administración no consideraba a Al Qaeda como una amenaza militar era difícil de encajar con los batallones adicionales que había desplegado en Afganistán o con la cantidad de agentes de Al Qaeda a los que estábamos atacando con drones. Aunque lo más probable era que Cheney no fuera el mejor emisario para *ningún* argumento posible, dado lo impopular que era entre el público estadounidense debido en gran medida a su catastrófico dictamen sobre la guerra de Irak. Aun así, la idea de que no debíamos tratar a los terroristas igual que a los «criminales comunes» llegó a muchos votantes. Y tuvo mucha más fuerza tras las repercusiones del intento del «terrorista de los calzoncillos», Umar Farouk Abdulmutallab, de abatir un avión las navidades anteriores.

En la tramitación del caso, tanto el Departamento de Justicia como el FBI habían cumplido los procedimientos. En cuanto el avión de Northwest Airlines aterrizó en Detroit, bajo la dirección de Eric Holder y con el consentimiento del Pentágono y de la CIA, unos funcionarios federales arrestaron al nigeriano Abdulmutallab como presunto delincuente y lo transportaron para que recibiera atención médica. Como la máxima prioridad era asegurarse de que no hubiera otras amenazas inmediatas a la seguridad pública —terroristas con bombas en otros aviones, por ejemplo—, el primer equipo de agentes del FBI que interrogó a Abdulmutallab lo hizo sin leerle la advertencia Miranda, haciendo uso de un arraigado antecedente legal que permitía a las fuerzas del orden público una excepción si estaban intentando neutralizar una amenaza activa. Tras hablar durante casi una hora con los agentes, el sospechoso brindó valiosa información sobre sus conexiones con Al Qaeda, su entrenamiento en Yemen, el origen del artefacto explosivo y lo que sabía de otras conspiraciones. Más tarde se le leyeron sus derechos y se le concedió acceso a un abogado.

Según nuestros críticos, prácticamente habíamos dejado en libertad al hombre. «Por el amor de Dios, ¿por qué dejas de interrogar al terrorista?», declaró en televisión el antiguo alcalde de Nueva York, Rudy Giu-liani. Joe Lieberman insistía en que Abdulmutallab tenía condición de combatiente enemigo y, como tal, debería haber sido entregado a las autoridades militares para que lo interrogaran y detuvieran. Y en la acalora-da carrera hacia el Senado de Massachusetts que se estaba llevando a cabo en esos momentos, el republicano Scott Brown utilizó nuestra gestión del caso para poner a la demócrata Martha Coakley a la defensiva.

Como le gustaba señalar a Eric Holder, la ironía era que la Administración Bush había manejado casi todos los casos de sospechosos de terrorismo detenidos en suelo estadounidense (incluido el de Zacarias Moussaoui, uno de los organizadores del 11-S) exactamente de la misma manera. Lo habían hecho así porque la Constitución de Estados Unidos lo exigía: en los únicos dos casos en los que la Administración Bush había declarado sospechosos de terrorismo a detenidos en Estados Unidos como «combatientes enemigos» sujetos a detención indefinida, las cortes federales se habían interpuesto y habían forzado su regreso al sistema penal. Es más, cumplir con la ley realmente funcionaba. El Departamento de Justicia de Bush había condenado con éxito a más de cien sospechosos de terrorismo, cuyas sentencias eran como mínimo igual de duras que las pocas que habían dictaminado las comisiones militares. Moussaoui, por ejemplo, estaba cumpliendo varias cadenas perpetuas en una cárcel federal. En el pasado este procedimiento penal lícito había recibido los mayores elogios de conservadores, del señor Giuliani incluido.

«Sería realmente grave —me dijo Eric un día— que Giuliani y el resto de los críticos se creyeran de veras lo que dicen. Pero él es un exfiscal. Él sabe de lo que habla. No tiene vergüenza.»

En su condición de persona clave para alinear las prácticas antiterroristas de Estados Unidos con los principios constitucionales, Eric cargaba con el mayor peso de toda esa indignación prefabricada. No parecía importarle, sabía que era algo que venía con el puesto, pero no creía que fuese casualidad ser el blanco favorito de mi Administración para la mayor parte de la virulencia republicana y los teóricos de la conspiración de Fox News.

«Cuando me gritan a mí, hermano —me decía Eric dándome una palmadita en la espalda con una sonrisa irónica—, sé que es en ti en quien están pensando.»

Podía entender por qué los que se oponían a mi presidencia veían en Eric a un sustituto conveniente. Alto y ecuánime, había crecido en Queens, Nueva York, hijo de padres de clase media con ascendencia de Barbados («De ahí ese toque isleño», le dije). Había estudiado en la misma universidad que yo, Columbia, una década antes, y había jugado al baloncesto y participado en protestas en el campus. Mientras estaba en la facultad de Derecho, se había interesado por los derechos humanos y había hecho una pasantía de verano en el Fondo para la Defensa Legal de la Asociación Nacional para el Avance de la Gente de Color. Al igual que yo, había preferido el servicio público a un puesto en un bufete de abogados, y había trabajado como fiscal en la División de Integridad Pública del Departamento de Justicia y luego como juez federal en el Tribunal Supremo de Washington. Finalmente, Bill Clinton lo había designado fiscal federal en el distrito de Columbia y más tarde vicefiscal general de Estados Unidos, el primer afroamericano en ocupar ese puesto.

Tanto Eric como yo teníamos una confianza absoluta en la ley. Una confianza, atemperada por la experiencia personal y por nuestro conocimiento de la historia, en que utilizando argumentos razonables y manteniéndonos fieles a los ideales y a las instituciones de nuestra democracia Estados Unidos podía ser un país mejor. Fue sobre la base de esos principios compartidos, más que por nuestra amistad u otro consenso sobre temas particulares, por lo que quise que fuera mi fiscal general. Y ese también fue el motivo por el que acabaría siendo tan escrupuloso a la hora de blindar su oficina de las interferencias de Washington en causas e investigaciones pendientes.

No había ninguna ley que prohibiera expresamente esas interferencias. Al fin y al cabo, el fiscal general y sus sustitutos formaban parte del poder ejecutivo y por lo tanto estaban al servicio de la voluntad del presidente. Pero el fiscal general era ante todo el abogado de la gente y no el consejero del presidente. Mantener la política al margen de las decisiones procesales y de investigación del Departamento de Justicia era un imperativo democrático fundamental, y eso quedó claramente manifiesto cuando las comparecencias del caso Watergate mostraron que el fiscal general de Richard Nixon, John Mitchell, había participado de forma activa en el encubrimiento de los delitos de la Casa Blanca y había iniciado investigaciones a enemigos del presidente. La Administración Bush fue acusada de violar esa norma en 2006 cuando despidió a nueve fiscales federales porque al parecer no los consideraba lo bastante comprometidos con su agenda ideológica. La única mancha en los impecables antecedentes de Eric era la insinuación de que había cedido a la presión política cuando, como vicefiscal general, había apoyado a Bill Clinton en el indulto a uno de sus donantes principales en los últimos días de la Administración. Más tarde Eric aclaró que se arrepentía de la decisión, y justo esa era el tipo de situaciones que yo tenía intención de evitar. Por lo tanto, y aunque discutíamos con frecuencia cuestiones generales de la estrategia del Departamento de Justicia, teníamos cuidado de mantenernos alejados de cualquier asunto que pudiese comprometer mínimamente su independencia como el principal agente de la ley en Estados Unidos.

Aun así, no había forma de eludir el hecho de que las decisiones de cualquier fiscal general tenían consecuencias políticas; cosa que a mi equipo le gustaba recordarme y que Eric a veces olvidaba. Por ejemplo, se sorprendió y ofendió cuando, un mes más tarde de que yo asumiera la presidencia, Axe lo llamó al orden por decir en un discurso que dio durante el Mes de la Historia Negra que Estados Unidos era una «nación de cobardes» al hablar de su escasa disposición a discutir los problemas raciales; una observación sin duda cierta, pero no necesariamente el titular que estábamos buscando para el final de mis primeras semanas como presidente. También pareció pillarlo con la guardia baja la presión que tuvimos que aguantar en la Casa Blanca cuando el Departamento de Justicia tomó la decisión, jurídicamente sólida aunque políticamente nociva, de no procesar a ninguno de los ejecutivos de los bancos por su responsabilidad en la crisis financiera. Y tal vez fue esa candidez de Eric, su confianza en que en última instancia la lógica y la razón prevalecían, lo que hizo que no registrara la rapidez con la que estaba cambiando el terreno político en 2009 cuando anunció que Khalid Sheikh Mohamed y otros cuatro cómplices de los ataques del 11-S finalmente iban a ser procesados en un juzgado del bajo Manhattan.

En teoría, todos estábamos de acuerdo en que la idea tenía sentido. ¿Por qué no utilizar el procesamiento de los presos más famosos de Guantánamo para mostrar la capacidad del sistema judicial penal en el manejo de los casos de terrorismo de una manera justa y legítima? ¿Y qué mejor sede para hacer justicia que la ciudad que había sido la principal víctima de esos horribles crímenes, en un juzgado a pocas manzanas de la Zona Cero? Tras meses de meticuloso trabajo, Eric y su equipo se sintieron seguros de que el caso contra los conspiradores del 11-S se podía llevar a cabo sin utilizar las evidencias obtenidas mediante ahogamientos simulados; en parte porque ahora teníamos una mayor cooperación de otros países que antes se habían mostrado reacios a participar. El alcalde de Nueva York, Michael Bloomberg, había apoyado el plan de Eric. También el senador por Nueva York, el demócrata Chuck Schumer.

Pero entonces, en las semanas posteriores al intento de atentado de Navidad, la opinión dominante en Nueva York dio un desconcertante giro de ciento ochenta grados. Un grupo de familiares de las víctimas del 11-S organizó una serie de manifestaciones para protestar por la decisión de Eric. Más tarde descubrimos que su líder, la hermana de uno de los pilotos muertos en el ataque al Pentágono, había fundado una organización que se dedicaba a oponerse a cada una de las iniciativas por revertir las políticas de seguridad nacional de la era Bush, que se sostenía con el aporte de donantes conservadores y era financiada por destacados republicanos (entre ellas Liz Cheney, la hija del exvicepresidente). A continuación, el alcalde Bloomberg —que al parecer estaba siendo presionado por intereses inmobiliarios preocupados por cómo el juicio podía afectar a sus proyectos de reconstrucción— retiró abruptamente su apoyo, declarando que un juicio como aquel sería demasiado caro y perturbador. Chuck Schumer le imitó enseguida, al igual que la presidenta del Comité Selecto del Senado sobre Inteligencia, Dianne Feinstein. Con los líderes políticos de Nueva York, un activo contingente de familias de víctimas del 11-S y miembros influyentes de nuestro propio partido alineados en nuestra contra, Eric sintió que no tenía más alternativa que realizar una retirada táctica, confirmando que si bien seguía resuelto a juzgar a los cómplices del 11-S en tribunales civiles y no militares, el Departamento de Justicia iba a buscar otras sedes fuera de Nueva York.

Fue un retroceso significativo para nuestra estrategia general de cerrar el centro militar de detención de la Bahía de Guantánamo, y grupos de derechos humanos, así como columnistas progresistas, nos culparon a mí y al resto del equipo de la Casa Blanca por no haber anticipado la resistencia política a los juicios y por no haber hecho una defensa más enérgica cuando el plan empezó a toparse con problemas. Puede que tuvieran razón. Tal vez si hubiésemos puesto toda nuestra atención en ese tema durante un mes o un poco más, dejando de lado nuestros esfuerzos en la atención sanitaria o en la reforma financiera o en el cambio climático o en la economía, tal vez habríamos reconquistado la opinión pública y forzado a los líderes de Nueva York a reconsiderar la cuestión. Me habría gustado pelear esa batalla. Sin duda, valía la pena.

Pero al menos en esa época era una batalla que ninguno de los que estábamos en la Casa Blanca creíamos que se pudiera ganar. Rahm estaba evidentemente feliz de ver aplazado el plan de Eric, ya que él era quien tenía que lidiar durante todo el día con las llamadas de los congresistas demócratas aterrados, que nos suplicaban que dejásemos de abrir más frentes. Lo cierto era que, después del primer año en el cargo, no me quedaba demasiado capital político; y lo poco que quedaba lo estábamos dosificando para conseguir que el Congreso aprobara todas las iniciativas posibles antes de que las elecciones de medio mandato de 2010 provocaran un posible cambio en el partido que controlaba.

De hecho, Rahm se frustró conmigo a finales de aquel verano por meterme en una polémica parecida, cuando el mismo grupo de familias de víctimas del 11-S que se oponían al juicio de Khalid Sheikh Mohamed en Manhattan lanzó una campaña para bloquear la construcción de un centro comunitario islámico y una mezquita cerca de la Zona Cero, sosteniendo que era una ofensa hacia ellos y hacia la memoria de quienes habían fallecido en los ataques al World Trade Center. Hay que decir a su favor que el alcalde Bloomberg defendió enérgicamente el proyecto sobre la base de la libertad de culto, al igual que otros representantes de la ciudad e incluso algunas familias de víctimas del 11-S. Sin embargo, los analistas de derechas no tardaron en sacar provecho del asunto, con frecuencia en términos abiertamente antislámicos. Las encuestas a nivel nacional mostraban que la mayoría de los estadounidenses se oponían a la ubicación de la mezquita, y los políticos republicanos vieron en eso una oportunidad para hacerles la vida imposible a los demócratas que se postulaban en las elecciones de medio mandato.

Tal y como se desarrollaron las cosas la polémica alcanzó el punto de ebullición la misma semana en que teníamos agendada la cena *iftar* en la Casa Blanca con un grupo de líderes musulmanes estadounidenses para celebrar el mes de Ramadán. Se suponía que la cena era un evento discreto, una forma de extender a los líderes musulmanes el mismo reconocimiento que otorgábamos a otros credos en sus celebraciones religiosas más importantes, pero cuando hablé con Rahm, le dije que tenía la intención de aprovechar la ocasión para manifestarme a favor de los que querían construir la mezquita.

—Hasta donde sé estamos en Estados Unidos —dije mientras guardaba las cosas en mi maletín antes de dirigirme a la residencia para la cena—, y en Estados Unidos no puedes señalar a un grupo religioso y decirle que no pueden construir un lugar de culto en su propiedad.

—Lo entiendo, señor presidente —dijo Rahm—. Pero debe saber que si usted dice algo, se lo va a colgar al cuello a nuestros candidatos en todos los distritos en juego del país.

—Sí, sé que es así —respondí mientras salía por la puerta—, pero si no podemos manifestarnos en algo tan básico como esto, entonces no entiendo qué sentido tiene que estamos aquí.

Rahm suspiró.

—Al ritmo que vamos, puede que no estemos mucho más.

En agosto, mi familia y yo volamos a Martha's Vineyard a pasar unas vacaciones de diez días. Habíamos viajado por primera vez a la isla frente a las costas de Cape Cod unos quince años antes, por invitación de una de mis socias en el bufete de abogados, Allison Davis, y por recomendación de Valerie, que había pasado veranos allí con su familia en la infancia. Con sus playas amplias y dunas barridas por el viento, sus barcos atracados en el muelle, sus granjas pequeñas y sus prados verdes enmarcados por bosques de robles y viejos muros de piedra, era un lugar de una belleza tranquila y un ambiente relajado perfecto para nosotros. Además, nos agradaba la historia de Vineyard: los esclavos liberados habían participado en los primeros asentamientos y durante generaciones las familias negras habían alquilado allí sus casas de verano, lo que la convertía en una rara comunidad turística en la que negros y blancos parecían sentirse en casa por igual. Verano sí, verano no, habíamos llevado a las niñas a pasar allí una o dos semanas; por lo general alquilábamos una casa pequeña en Oak Bluffs, lo bastante cerca del pueblo como para poder ir en bici y con una terraza en la entrada en la que podíamos sentarnos a ver el atardecer. En compañía de Valerie y de otros amigos, pasábamos unos días relajados con los pies descalzos y un libro a mano, nadando en aguas que a las niñas les encantaban pero que eran un poco frías para mi gusto hawaiano, y a veces divisábamos una colonia de focas cerca de la costa. Luego íbamos dando un paseo al Nancy's a comer los mejores camarones fritos del planeta, y Malia y Sasha se iban corriendo con sus amigos a tomar un helado, a montarse en un pequeño tiovivo o a jugar a las máquinas de la sala de recreativos del pueblo.

Ahora que éramos la primera familia no podíamos seguir haciendo las cosas de la misma forma. En lugar de tomar el ferry a Oak Bluffs, llegábamos en el helicóptero Marine One. La casa que alquilábamos era una propiedad de más de once hectáreas en la zona más distinguida de la isla, lo bastante grande para acoger a todo el equipo y el Servicio Secreto, y lo bastante aislada como para mantener el perímetro de seguridad. Se hicieron los arreglos pertinentes para que fuéramos a una playa privada, vacía a lo largo de un kilómetro y medio a la redonda. Ahora nuestros paseos en bici debían seguir un estricto circuito, que las niñas hicieron exactamente una vez solo para darme el gusto y decirme que era «un poco aburrido». Incluso en vacaciones empezaba el día con el Informe Diario del Presidente y las sesiones informativas de Denis o John Brennan relacionadas con los diversos desórdenes que asolaban al mundo, y una multitud de personas y equipos de televisión nos esperaban cada vez que íbamos a cenar a un restaurante.

Aun así, todas esas cosas (el olor del mar y el brillo del sol en las hojas al final del verano, los paseos por la playa con Michelle y la imagen de Malia y Sasha quemando nubes de caramelo en la hoguera, la mirada fija con una concentración zen), siguieron siendo iguales. Y cada día que conseguía dormir unas horas extra, reírme y pasar tiempo con las personas que amaba, sentía cómo recobraba la energía y recuperaba la confianza. Tanto que cuando llegó el momento de regresar a Washington el 29 de agosto de 2010, me convencí de que todavía teníamos una oportunidad de ganar las elecciones de medio mandato y mantener a los demócratas a cargo de la Cámara de Representantes y del Senado, y que a las estadísticas y el sentido popular los partiera un rayo.

Y ¿por qué no? Lo cierto era que habíamos salvado a la economía de una probable depresión. Habíamos estabilizado el sistema financiero global y evitado el colapso de la industria del automóvil. Habíamos puesto vallas de contención a Wall Street y hecho inversiones históricas en energías limpias y en la infraestructura de la nación, protegido terrenos públicos y reducido la contaminación atmosférica, conectado escuelas rurales a internet y reformado el sistema de préstamos a estudiantes para que las decenas de miles de millones de dólares que antes habían ido a parar a las arcas de los bancos se emplearan en cambio para proveer becas directas a miles de jóvenes que de otra forma no habrían podido pagar la universidad.

En conjunto, nuestra Administración y el Congreso controlado por los demócratas podían reclamar con derecho haber hecho más cosas, haber aprobado más leyes significativas con un impacto real en la vida de la gente que cualquier otro periodo de sesiones del Congreso de los últimos cuarenta años. Y si todavía nos quedaba mucho por hacer —si muchas personas seguían sin trabajo y corrían el riesgo de perder su casa— era directamente atribuible al tamaño del desorden que habíamos heredado, a la obstrucción y el filibusterismo republicanos, algo que los votantes estadounidenses podían cambiar votando en noviembre.

—El problema es que he estado enjaulado en este edificio —le dije a Favs cuando nos sentamos juntos en el despacho Oval para trabajar en mi discurso de campaña—. La gente escucha declaraciones que salen de Washington: «Pelosi ha dicho esto, McConnell ha dicho aquello», y no tienen forma de distinguir qué es verdad y qué no. Esta es nuestra oportunidad de salir de nuevo y encontrar la forma de ir al grano. Hacer un relato claro de lo que ha sucedido realmente en la economía, cómo la última vez que los republicanos estuvieron el volante lanzaron el coche a una zanja, y cómo nos hemos pasado los últimos dos años sacándolo... Ahora que estamos a punto de conseguir que el coche arranque, ¡lo último que los estadounidenses se pueden permitir es volver a darles las llaves! —volví a mirar a Favs, que seguía ocupado tecleando en su ordenador—. ¿Cómo lo ves? Creo que eso funcionará.

—Podría —dijo Favs, aunque sin el entusiasmo que yo esperaba.

En las seis semanas que faltaban para las elecciones anduve de gira por todo el país intentando conseguir apoyo para los candidatos demócratas, de Portland, Oregon, a Richmond, Virginia. Desde Las Vegas, Nevada, hasta Coral Gables, Florida. La gente estaba motivada, llenaba los recintos cubiertos y los parques públicos, cantaba «¡Sí, se puede!» y «¡En marcha! ¡Estamos listos!» tan fuerte como lo habían hecho cuando me postulé a presidente, alzaban carteles, animaban furiosamente cuando presentaba a la congresista o al gobernador demócrata que necesitaba el voto, y se reían cuando decía que no podíamos darles las llaves del coche otra vez a los republicanos. En la superficie, al menos, era como en los viejos tiempos.

Pero incluso antes de mirar las encuestas pude percibir un cambio en la atmósfera de la campaña: una nube de duda sobrevolaba cada mitin;

un timbre forzado, casi desesperado en las ovaciones y en las risas, como si el público y yo fuésemos una pareja al final de un romance tempestuoso tratando de improvisar unos sentimientos que ya han empezado a desvanecerse. No podía echarles la culpa. Habían esperado que mi elección transformara nuestro país, que el Gobierno trabajara para la gente de a pie y restaurara cierto sentido cívico en Washington. Y sin embargo, muchas de esas vidas se habían vuelto cada vez más difíciles, y Washington parecía igual de inútil, lejano y tan amargamente bipartidista como siempre.

Durante la campaña presidencial me había ido acostumbrando a los ocasionales alborotadores que aparecían por nuestros mítines, por lo general manifestantes antiabortistas que me gritaban antes de verse ahogados por el abucheo del público y amablemente escoltados a la salida por el personal de seguridad. Pero ahora los alborotadores pertenecían cada vez más a causas que yo apoyaba: activistas decepcionados por lo que consideraban una falta de progreso en sus intereses. En varias paradas me recibieron manifestantes con carteles que pedían el fin de «las guerras de Obama». Algunos jóvenes hispanos me preguntaban por qué mi Administración seguía deportando a trabajadores indocumentados y separando a las familias en la frontera. Activistas LGTBQ exigían saber por qué no había acabado con la política «No preguntes, no lo digas», que obligaba a los miembros no heterosexuales de las fuerzas armadas a ocultar su orientación sexual. Un grupo particularmente insistente y ruidoso de estudiantes universitarios gritaban pidiendo fondos para la lucha contra el sida en África.

—¿No aumentamos los fondos para lucha contra el sida? —le pregunté a Gibbs tras marcharnos de un mitin en el que me habían interrumpido tres o cuatro veces.

—Lo hicimos —dijo—. Pero creen que no lo has aumentado lo suficiente.

Seguí al pie del cañón hasta finales de octubre, dejaba la campaña solo uno o dos días para asistir a reuniones en la Casa Blanca antes de ponerme en marcha una vez más, con la voz cada vez más ronca en mis apariciones de último minuto. Cualquier resto de optimismo irracional que hubiera quedado de las vacaciones se había extinguido hacía tiempo, y el día de las elecciones —el 2 de noviembre de 2010— la pregunta ya no era si íbamos a perder la Cámara o no, sino por cuánto. De camino entre una reunión sobre amenazas terroristas en la sala de Crisis y una sesión en el despacho Oval con Bob Gates, me detuve en la oficina de Axe, donde él y Jim Messina habían estado siguiendo los primeros datos sobre la participación que llegaban de los distritos en liza de todo el país:

—Y ¿cómo va? —les pregunté.

Axe sacudió la cabeza.

—Perderemos al menos treinta escaños. Tal vez más.

En lugar de quedarme para el velatorio, me dirigí a la residencia en mi horario habitual, le dije a Axe que llamaría cuando la mayoría de comicios hubiera cerrado y le pedí a mi ayudante, Katie, que me mandara una lista con las llamadas que probablemente iba a tener que hacer aquella noche; primero a los cuatro líderes del Congreso, después a los congresistas demócratas que hubieran perdido su escaño. Hasta que no terminé de cenar y acostar a las niñas no llamé a Axe desde la sala de los Tratados para que me diera las noticias: la participación había sido baja, solo cuatro de cada diez votantes habían emitido su voto, y había habido un profundo descenso en el número de votantes jóvenes. Los demócratas habían salido derrotados, con una pérdida de sesenta y tres escaños en la Cámara, la peor caída del partido desde que perdió setenta y dos asientos en el punto medio del segundo mandato de Franklin D. Roosevelt. Y aún peor, habían caído varios de nuestros miembros jóvenes más prometedores, como Tom Perriello, de Virginia, y John Boccieri, de Ohio, Patrick Murphy, de Pensilvania, y Betsy Markey, de Colorado: los que habían mostrado un respaldo más fuerte a la atención sanitaria y a la Ley de Reinversión y Recuperación; los que, a pesar de venir de distritos indecisos, se habían opuesto de manera constante a la presión de los grupos de interés y a las encuestas, incluso a las recomendaciones de sus propios consejeros políticos por hacer lo que creían correcto.

—Todos ellos se merecían mucho más —le dije a Axe.

—Así es —contestó—, se merecían más.

Axe terminó la llamada con la promesa de darme un informe más pormenorizado a la mañana siguiente. Me quedé sentado con el teléfono en la mano, un dedo en el interruptor, la cabeza abarrotada de pensamientos. Un minuto después marqué el número de la operadora de la Casa Blanca.

—Necesito hacer una serie de llamadas —dije.

—Sí, señor presidente —contestó ella—, Katie ya nos ha enviado la lista. ¿Por quién quiere empezar?

24

«¿A quién le toca?»

Pete Souza y yo estábamos sentados frente a Marvin y Reggie en la mesa de reuniones del Air Force One; los cuatro revisábamos nuestras cartas algo adormilados. Íbamos camino de Bombay; primera escala de un viaje de nueve días a Asia que incluiría no solo mi primera visita a India sino también una parada en Yakarta, una reunión del G20 en Seúl y un encuentro del Foro de Cooperación Económica Asia-Pacífico en Yokohama, Japón. Las primeras horas del viaje habían sido bastante ajetreadas en el avión, mientras el personal trabajaba en sus ordenadores portátiles y los asesores políticos discutían la organización de nuestra agenda. Al cabo de diez horas de vuelo, con una parada de repostaje en la base aérea de Ramstein, en Alemania, casi todos los presentes a bordo se habían ido a dormir (incluida Michelle, en la cabina delantera; Valerie, en el sofá junto a la sala de reuniones; y varios miembros de alto rango del personal tumbados como podían en el suelo). Como no conseguía relajarme, había liado a los cuatro habituales para echar una partida de cartas, y entre mano y mano intentaba leer mi libro de informes y firmar un montón de cartas. El hecho de que mi atención estuviese dividida —sumado al segundo gin-tonic de Reggie— quizá explicase por qué Marvin y Pete nos iban ganando seis partidas a dos, a diez dólares cada una.

—Es tu turno, presidente —avisó Marvin.

—¿Qué llevas, Reg? —pregunté.

—Con suerte, una —respondió Reggie.

—No apostamos ninguna —dije.

—Nosotros nos haremos ocho —replicó Pete.

Reggie sacudió la cabeza disgustado.

—Después de la siguiente mano cambiamos las barajas —musitó mientras daba otro sorbo a su copa—. Estas cartas están gafadas.

Tan solo habían pasado tres días desde las elecciones de medio mandato, y agradecí la oportunidad para salir de Washington. Los resultados habían dejado a los demócratas conmocionados y a los republicanos exultantes, y yo me había despertado a la mañana siguiente con una mezcla de agotamiento, dolor, enfado y vergüenza, algo parecido a lo que debe de sentir un boxeador tras llevarse la peor parte en un combate de pesos pesados. El relato dominante de la cobertura poselectoral daba a entender que el sentido común había acertado desde el principio: que yo había intentado hacer demasiadas cosas y no me había centrado en la economía; que el Obamacare había sido un error garrafal; que había intentado resucitar el progresismo derrochador y estatalista cuya defunción había declarado años atrás incluso el propio Bill Clinton. El hecho de que en mi rueda de prensa del día siguiente a las elecciones me hubiese negado a reconocerlo, de que hubiese dado la impresión de seguir aferrado a la idea de que mi Administración había adoptado las políticas correctas —aunque, claramente, no hubiésemos sabido venderlas de manera convincente—, fue, en opinión de los expertos, algo arrogante y delirante, señal de un pecador que no albergaba ninguna contrición.

Lo cierto era que no me arrepentía de haber despejado el camino para que veinte millones de personas obtuvieran seguro médico. Ni me arrepentía de la Ley de Recuperación (había sólidas evidencias de que optar por la austeridad como respuesta a una recesión habría sido desastroso). No me arrepentía de cómo habíamos gestionado la crisis financiera, dadas las opciones que se nos planteaban (aunque sí lamentaba no haber ideado un plan mejor para atajar la oleada de ejecuciones hipotecarias). Y desde luego no me arrepentía de haber presentado un proyecto de ley sobre el cambio climático ni de haber impulsado la reforma migratoria. Simplemente, me frustraba no haber logrado que ninguna de ellas dos hubiese sido aprobada hasta entonces por el Congreso, en gran parte porque el mismo día en que tomé posesión de mi cargo no había tenido la previsión de decir a Harry Reid y al resto de los senadores demócratas que revisaran las reglas y eliminasen de una vez por todas la posibilidad de filibusterismo en el Senado.

Tal y como yo lo veía, las elecciones no demostraban que nuestra agenda legislativa estuviese equivocada, sino simplemente que —ya fuese por falta de talento, de astucia, de capacidad de seducción o de buena fortuna— había sido incapaz de aglutinar al país, como Franklin Delano Roosevelt hizo en épocas pasadas, en torno a lo que estaba convencido de que era lo correcto.

Lo cual me resultaba igualmente inexcusable.

Para gran alivio de Gibbs y mi equipo de comunicación, había finalizado la rueda de prensa antes de dejar al descubierto mi alma tozuda y torturada. Me di cuenta de que justificar el pasado no era tan importante como planificar lo que hacer a continuación.

Tendría que encontrar la forma de volver a conectar con el pueblo estadounidense; no solo para reforzar mi posición en las negociaciones con los republicanos, sino para lograr ser reelegido. Una mejoría de la economía ayudaría, pero ni siquiera eso podía darse por seguro. Necesitaba salir de la burbuja de la Casa Blanca, interactuar más a menudo con los votantes. Entretanto, Axe ofreció su propia valoración de lo que había ido mal: llevados por las prisas por sacar nuestros proyectos adelante, habíamos descuidado nuestra promesa de cambiar Washington (manteniendo las distancias con los grupos de interés e incrementando la transparencia y la responsabilidad fiscal en toda la Administración federal). Según Axe, si queríamos recuperar a esos votantes que nos habían abandonado, teníamos que retomar estos temas.

Pero ¿tenía razón? Yo no estaba tan seguro. Sí, la polémica en torno a los entresijos del Obamacare nos había perjudicado, y con independencia de que fuese justo o no, los rescates bancarios nos habían salpicado. Por otra parte, podía mencionar las decenas de iniciativas de «buen gobierno» que habíamos presentado, desde establecer límites a la contratación de antiguos grupos de interés hasta dar a la ciudadanía acceso a los datos de las agencias federales o revisar los presupuestos de las agencias gubernamentales para eliminar el despilfarro. Todas estas actuaciones eran valiosas en sí mismas, y me alegraba de haberlas acometido; este era uno de los motivos de que no hubiese habido ni un atisbo de escándalo en torno a mi Administración.

Sin embargo, desde un punto de vista político parecía que nadie prestaba atención a nuestro trabajo para limpiar la Administración, como tampoco nos reconocían el esfuerzo de haber solicitado ideas de los republicanos en todas y cada una de nuestras iniciativas legislativas. Una de nuestras mayores promesas había sido eliminar las riñas partidistas y centrarnos en los esfuerzos prácticos para abordar las demandas de los ciudadanos. Nuestro problema, como Mitch McConnell había calculado desde el principio, era que, en tanto en cuanto los republicanos resistieran nuestras aproximaciones sin romper filas y generasen polémicas en torno incluso a las propuestas más moderadas, cualquier cosa que hiciéramos podría presentarse como algo partidista, controvertido, radical, e incluso ilegítimo. De hecho, muchos de nuestros aliados progresistas creían que no habíamos sido suficientemente partidistas. Según su manera de ver las cosas, cedíamos demasiado, y al perseguir una y otra vez la falsa promesa del bipartidismo, no solo habíamos reforzado a McConnell y desperdiciado grandes mayorías demócratas; también habíamos frustrado de mala manera las expectativas de nuestros posibles votantes, como reflejaba el hecho de que tantos votantes demócratas no se hubiesen molestado en acudir a las urnas en las elecciones de medio mandato.

Además de tener que ver cómo renovaba el mensaje y las políticas, ahora afrontaba un cambio significativo de personal en la Casa Blanca. En el equipo de política exterior, Jim Jones —quien, a pesar de sus muchas virtudes, nunca se sintió del todo cómodo en un rol secundario tras muchos años mandando— había dimitido en octubre. Por suerte, Tom Donilon estaba demostrando ser un trabajador incansable y había asumido con garantías el papel de asesor de seguridad nacional, al tiempo que Denis McDonough ascendió al puesto de viceasesor de seguridad nacional y Ben Rhodes pasó a encargarse de muchos de los antiguos cometidos de Denis. En política económica, Peter Orszag y Christy Romer habían vuelto al sector privado, y los habían sustituido Jack Lew, un veterano experto en presupuestos que había dirigido la Oficina de Administración y Presupuesto con Bill Clinton, y Austan Goolsbee, que había trabajado con nosotros en la recuperación. Además estaba Larry Summers, que en septiembre me había dicho en el despacho Oval que, una vez superada la crisis financiera, había llegado el momento de decirnos adiós. Dejaría su puesto a final de año.

—¿Qué voy a hacer cuando no estés aquí para explicar por qué me equivoco? —pregunté, medio en broma. Larry sonrió.

—Te equivocabas menos que la mayoría, presidente —respondió.

Había desarrollado verdadero afecto por quienes nos dejaban. No solo me habían prestado un buen servicio, sino que, a pesar de sus diversas idiosincrasias, cada uno de ellos había aportado una seria determinación —un compromiso con la gestión política basada en la razón y la evidencia— que nacía del deseo de actuar en beneficio del pueblo estadounidense. Sin embargo, lo que más desazón me producía era la inminente pérdida de mis dos asesores políticos más cercanos, sumada a la necesidad de encontrar un nuevo jefe de gabinete.

Axe siempre había tenido en mente dejarnos después de las elecciones de medio mandato. Tras dos años viviendo lejos de su familia, sentía la necesidad imperiosa de tomarse un descanso antes de incorporarse de nuevo a la campaña para mi reelección. Gibbs, que había estado en las trincheras conmigo sin interrupción desde que me impuse en las primarias para la candidatura al Senado, estaba igualmente exhausto. Aunque seguía siendo el mismo secretario de prensa audaz y dispuesto de siempre, la presión de subirse al atril día tras día y recibir todos los ataques que nos lanzaban había hecho que la relación con los corresponsales en la Casa Blanca se volviese lo suficientemente pugnaz como para que el resto del equipo temiese que tuviese repercusiones negativas sobre cómo informaban sobre nosotros.

Aún estaba haciéndome a la idea de tener que acometer las batallas políticas que estaban por venir sin Axe ni Gibbs a mi lado, aunque me animó la continuidad que proporcionaba nuestro joven y experto director de comunicaciones, Dan Pfeiffer, quien había trabajado estrechamente con ellos en comunicación desde el inicio de nuestra campaña de 2007. En cuanto a Rahm, era para mí un pequeño milagro que hubiese durado tanto tiempo sin matar a nadie o haber caído fulminado de un infarto. Si el clima lo permitía, habíamos adoptado la costumbre de mantener nuestra reunión final de la jornada dando dos o tres vueltas por el camino que rodeaba el jardín Sur mientras tratábamos de decidir qué hacer ante la más reciente crisis o controversia. Más de una vez nos habíamos preguntado por qué habíamos escogido una vida tan estresante.

—Cuando esto se acabe, deberíamos probar con algo más sencillo —le dije un día—. Podríamos llevarnos a la familia a Hawái y abrir un puesto de batidos en la playa.

—Los batidos son demasiado complicados —respondió Rahm—. Venderemos camisetas. Pero solo camisetas blancas. De talla mediana. Nada más. Ni otros colores, ni con dibujos ni de otras tallas. No queremos tener que tomar ninguna decisión. Si los clientes quieren algo distinto, que lo busquen en otro lugar.

Había detectado señales de que Rahm estaba al límite del agotamiento, pero suponía que esperaría hasta el año siguiente para irse. Sin embargo, aprovechó uno de nuestros paseos vespertinos a principios de septiembre para decirme que Richard M. Daley, que había sido durante muchos años alcalde de Chicago, acababa de anunciar que no aspiraría a un séptimo mandato. Rahm quería presentarse —era un trabajo con el que había soñado desde que entró en política—, y puesto que las elecciones se celebraban en febrero, para hacerlo debía dejar la Casa Blanca a principios de octubre.

Se lo veía realmente consternado. «Sé que te pongo en un apuro —dijo—, pero con solo cinco meses y medio para organizar una campaña...»

Lo interrumpí antes de que terminase la frase y le dije que contaría con todo mi apoyo. Una semana más tarde, en una ceremonia privada de despedida en la residencia, le regalé una copia enmarcada de una lista de tareas que yo había escrito a mano en un cuaderno de notas y le había pasado durante mi primera semana en el cargo. Expliqué al personal allí presente que habíamos conseguido tachar casi todos los puntos, una buena medida de nuestra efectividad. Rahm no pudo contener las lágrimas; una mancha en su imagen de tipo duro por la que después me maldeciría.

Estos cambios de personal no son nada raro en una Administración, y sabía que agitar las cosas también podía tener sus ventajas. Más de una vez nos habían acusado de estar demasiado aislados y sometidos a férreo control, y nos habían dicho que necesitábamos nuevos puntos de vista. Las habilidades de Rahm serían menos importantes ahora que ya no había una Cámara de Representantes demócrata que ayudase a aprobar legislación. Pete Rouse ocupó el cargo de jefe de gabinete de forma interina y yo pensaba fichar para sustituir a Rahm a Bill Daley, que había sido secretario de Comercio en la Administración Clinton y era hermano del alcalde saliente de Chicago. Bill, que tenía unos diez años más que yo y se estaba quedando calvo, tenía un característico acento del South Side que delataba sus orígenes irlandeses de clase trabajadora. Tenía reputación de ser un negociador eficaz y pragmático con estrechos vínculos tanto con los sindicatos como con la comunidad empresarial; y aunque no lo conocía como a Rahm, pensé que su estilo afable y no ideologiza-do podía ser muy adecuado para la que esperaba que fuese una fase me-nos frenética de mi Administración. Y junto a las caras nuevas, me encan-taba recuperar una a partir de enero, cuando David Plouffe, tras dos años sabáticos con su familia, iba a volver como asesor sénior para aportar al equipo de la Casa Blanca el mismo pensamiento estratégico, intensa concentración y falta de ego que tanto bien nos habían hecho durante la campaña.

Aun así, no podía evitar sentir cierta melancolía ante los cambios que el nuevo año traería consigo. Tendría a mi alrededor aún menos personas que me habían conocido antes de que fuera presidente, y me-nos colegas que fueran también amigos, que me hubieran visto cansado, confuso, enfadado o derrotado y a pesar de ello nunca hubiesen dejado de apoyarme. Eran pensamientos de soledad para un momento de sole-dad. Lo que probablemente explicase por qué seguía jugando a las cartas con Marvin, Reggie y Pete a pesar de tener por delante un día entero de reuniones y apariciones públicas que comenzaría en menos de siete horas.

—¿Habéis vuelto a ganar? —le pregunté a Pete cuando terminamos la mano.

Pete asintió, lo que llevó a Reggie a recoger todas las cartas, levan-tarse de su silla y tirarlas a la papelera.

—¡Eh, Reg, que esa baraja aún está bien! —dijo Pete, sin molestarse en ocultar lo mucho que estaba disfrutando con la paliza que Marvin y él nos acababan de propinar—. A todos nos toca perder alguna vez.

Reggie le lanzó una mirada hostil a Pete.

—Dime alguien a quien no le importe perder —dijo— y te diré quién es un perdedor.

Nunca había estado en India, pero el país siempre había ocupado un lugar especial en mi imaginación. Quizá se debiese a su mero tamaño: albergaba una sexta parte de la población mundial y, según las estima-ciones, unos dos mil grupos étnicos distintos, que hablaban más de se-tecientos idiomas. Puede que fuese porque había pasado parte de mi infancia en Indonesia escuchando las épicas historias hindúes del Ra-mayana y el Mahabhárata, por mi interés en las religiones orientales, o porque un grupo de amigos paquistaníes e indios de la universidad me habían enseñado a cocinar *dal* y *keema*, e introducido en el cine de Bollywood.

Pero más que a cualquier otro motivo, mi fascinación con India se debía a Mahatma Gandhi. Junto con Lincoln, King y Mandela, Gandhi había ejercido una profunda influencia en mi manera de pensar. De joven, estudié sus escritos y descubrí que daba voz a algunos de mis instintos más profundos. Su idea de la «satyagraha», la devoción por la verdad, y el poder de la resistencia no violenta para remover las conciencias; su insistencia en nuestra común condición humana y en la esencial unidad de todas las religiones; y su creencia en la obligación de toda sociedad, a través de sus respectivas formas de organización política, económica y social, de reconocer la misma valía y dignidad a todas las personas; todas estas ideas resonaban en mi interior. Las acciones de Gandhi me removían aún más que sus palabras: había puesto a prueba sus creencias jugándose la vida, entrando en prisión, y comprometiéndose plenamente con las luchas de su pueblo. Su campaña no violenta a favor de la independencia india respecto de Gran Bretaña, que comenzó en 1915 y se prolongó durante más de treinta años, no solo había ayudado a vencer a un imperio y liberar buena parte del subcontinente, sino que había hecho detonar una carga de profundidad moral que se había dejado sentir en todo el planeta. Se convirtió en un modelo a seguir para otros grupos desposeídos y marginados —entre ellos los negros estadounidenses en el sur del Jim Crow— decididos a conseguir su libertad.

Al principio del viaje, Michelle y yo tuvimos ocasión de visitar Mani Bhavan, el humilde edificio de dos pisos encajado en un apacible barrio de Bombay donde Gandhi había residido durante muchos años. Antes de empezar el recorrido, nuestra guía, una refinada mujer vestida con un sari azul, nos mostró el libro de visitas que Martin Luther King había firmado en 1959, cuando viajó a India para atraer la atención del mundo hacia la lucha por la justicia racial en Estados Unidos y rendir homenaje al hombre cuyas enseñanzas le habían servido de inspiración.

A continuación, la guía nos invitó al piso de arriba para que viésemos las dependencias privadas de Gandhi. Tras descalzarnos, entramos en una habitación sencilla con un suelo de baldosas lisas y estampadas, las puertas que conducían a la terraza estaban abiertas para que entrasen una leve brisa y una luz pálida y brumosa. Me quedé mirando el camastro y la almohada espartanos, la colección de tornos de hilar, el antiguo teléfono y el escritorio bajo de madera, y traté de imaginar en la habitación a Gandhi, un hombre menudo de tez oscura vestido con un sencillo *dhoti* de algodón, sentado con las piernas cruzadas, que redactaba una carta al virrey británico o planeaba la siguiente fase de la Marcha de la Sal. En ese momento experimenté un intenso deseo de sentarme a su lado y conversar. Para preguntarle dónde había encontrado la fortaleza y la imaginación para hacer tanto con tan poco. Para preguntarle cómo se había recuperado de las decepciones.

Había tenido unas cuantas. A pesar de todas sus extraordinarias virtudes, Gandhi no había sido capaz de reparar las profundas fracturas religiosas del subcontinente ni de evitar su partición en una India predominantemente hindú y un Pakistán de abrumadora mayoría musulmana, un evento radical que provocó incontables víctimas de la violencia sectaria y obligó a millones de familias a cargar con lo que pudieran llevar consigo y emigrar más allá de las recién creadas fronteras. A pesar de todos sus esfuerzos, no había logrado desarticular el sistema de castas indio. Sin embargo, pudo hacer marchas, ayunar y predicar hasta bien pasados los setenta años, cuando, un día de 1948, mientras se dirigía a practicar la oración, un joven extremista hindú, que veía el ecumenismo de Gandhi como una traición a su fe, acabó con su vida de un disparo a bocajarro.

En muchos sentidos, la India actual se consideraba una historia de éxito: había sobrevivido a repetidos cambios de Gobierno, a enconadas disputas en el seno de los partidos políticos, a diversos movimientos separatistas armados y a toda clase de escándalos de corrupción. La transición, en los años noventa, a una economía más basada en el mercado había dado rienda suelta a los extraordinarios talentos empresariales del pueblo indio, y había llevado a unas rampantes tasas de crecimiento, a un pujante sector tecnológico y a una clase media en continua expansión. Como principal arquitecto de la transformación económica de India, el primer ministro Manmohan Singh parecía un emblema adecuado de este progreso: perteneciente a la reducida minoría religiosa sij, a menudo perseguida, era también un discreto tecnócrata que se había ganado la confianza del pueblo no apelando a sus pasiones sino a base de propiciar unos estándares de vida más elevados y mantener una merecida reputación de no ser corrupto.

Singh y yo habíamos establecido una relación afectuosa y productiva. Aunque podía ser prudente en política exterior, reacio a distanciarse demasiado de una burocracia india que a lo largo de la historia había desconfiado de las intenciones estadounidenses, el tiempo que coincidimos me permitió confirmar mi impresión inicial de que era un hombre de sabiduría y decencia poco habituales; y, durante mi visita a la capital, Nueva Delhi, llegamos a acuerdos para reforzar la cooperación estadounidense en torno al antiterrorismo, la salud global, la seguridad nuclear y el comercio.

Lo que no tenía claro era si la llegada de Singh al poder representaba el futuro de la democracia india o no era más que una excepción. La primera noche que Michelle y yo pasamos en Delhi, Singh y su mujer, Gursharan Kaur, organizaron en su residencia una cena de gala en nuestro honor, y antes de unirnos al resto de invitados en un patio iluminado por velas, Singh y yo charlamos unos minutos a solas. Sin la habitual comitiva de ayudantes y apuntadores a nuestro alrededor, el primer ministro habló más abiertamente sobre las nubes que oteaba en el horizonte. Me dijo que le preocupaba la economía. Aunque India había salido mejor parada que muchos otros países de la crisis financiera, resultaría inevitable que la ralentización global dificultase la creación de empleo para una población india joven y en rápido crecimiento. A eso se sumaba el problema de Pakistán: su negativa a colaborar con India en la investigación de los ataques terroristas de 2008 en hoteles y otros lugares de Bombay había elevado sustancialmente la tensión entre ambos países, algo que parecía deberse en parte a que Lashkar-e-Toiba, la organización terrorista responsable de los atentados, tenía vínculos con el servicio de inteligencia pakistaní. Singh se había resistido a los llamamientos a tomar represalias contra Pakistán tras los ataques, pero su contención había supuesto un coste político para él. Temía que el creciente sentimiento antimusulmán hubiese fortalecido la influencia de la principal fuerza de la oposición india, el nacionalista hindú Partido Popular Indio.

«En tiempos de incertidumbre, presidente —dijo el primer ministro—, los cantos de la solidaridad religiosa y étnica pueden ser embriagadores. Y no es muy difícil que los políticos saquen provecho de ello, en India o en cualquier otro lugar.»

Asentí mientras recordaba la conversación que había tenido con Václav Havel durante mi visita a Praga, y su advertencia sobre la creciente ola de iliberalismo en Europa. Si la globalización y una crisis económica histórica estaban alimentando estas tendencias en países relativamente ricos —si lo veía incluso en Estados Unidos con el Tea Party—, ¿cómo iba India a ser inmune? Lo cierto era que, a pesar de la resiliencia de su democracia y el impresionante comportamiento de su economía en los últimos tiempos, India aún distaba mucho de ser la sociedad igualitaria, pacífica y sostenible que Gandhi imaginó. En todo el país, todavía había millones de personas que vivían en extrema pobreza, atrapadas en aldeas recocidas por el sol o en laberínticos poblados chabolistas, mientras los titanes de la industria india disfrutaban de un estilo de vida que habría sido la envidia de los rajás y los magnates de antaño. La violencia, tanto pública como privada, era una faceta aún —demasiado— ubicua de la vida en India. Expresar hostilidad hacia Pakistán seguía siendo la vía más rápida para lograr la unidad nacional, y eran muchos los indios que sentían un inmenso orgullo por que su país hubiese desarrollado un programa de armas nucleares a la altura del de Pakistán, sin que les preocupase el hecho de que un solo error de cálculo de uno u otro bando podría significar la aniquilación de la región.

Por encima de cualquier otra cosa, la política india seguía girando en torno a la religión, el clan y la casta. En ese sentido, el ascenso de Singh a primer ministro, que a veces se presentaba como un ejemplo destacado de los avances que el país había hecho en la superación de las divisiones sectarias, era algo engañoso. No había llegado a ser primer ministro gracias a su popularidad, sino que debía el puesto a Sonia Gandhi, viuda —nacida en Italia— del ex primer ministro Rajiv Gandhi y líder del Partido del Congreso, que había renunciado a asumir ella misma el cargo tras conducir a la victoria a su coalición de partidos, y en vez de ello había propuesto a Singh. Más de un observador político pensaba que había elegido a Singh precisamente porque un anciano sij sin base política nacional no supondría una amenaza para Rahul, su hijo de cuarenta años a quien estaba preparando para que tomase las riendas del Partido del Congreso.

Esa noche compartimos mesa tanto con Sonia como con Rahul Gandhi. Ella era una mujer impresionante que rondaba los sesenta años, vestía un sari tradicional y tenía unos ojos oscuros de mirada penetrante, así como una presencia discreta y majestuosa. Que ella, antigua ama de casa de origen europeo, hubiese emergido de su duelo tras el asesinato de su marido en un atentado suicida perpetrado por separatistas esrilanqueses en 1991 para convertirse en una destacada política de ámbito nacional, ponía de manifiesto el persistente poder de la dinastía familiar. Rajiv era nieto de Jawaharlal Nehru, el primer primer ministro de la historia del país y un icono del movimiento independentista. Su madre, Indira Gandhi, hija de Nehru, había sido también primera ministra durante dieciséis años, y había optado por ejercer la política de manera más implacable que su padre, hasta 1984, cuando también fue asesinada.

Esa noche en la cena, Sonia Gandhi se dedicó a escuchar más que a hablar, procuró ceder la palabra a Singh cada vez que se trataban asuntos políticos y a menudo dirigió la conversación hacia su hijo. Pero me quedó claro que podía atribuirse su poder a una inteligencia astuta y contundente. En cuanto a Rahul, parecía inteligente y serio, y su buen aspecto recordaba al de su madre. Expuso sus ideas sobre el futuro de las políticas progresistas, deteniéndose alguna que otra vez para interesarse por detalles de mi campaña de 2008. Pero había en él algo de nervioso e inmaduro, como si fuese un estudiante que había hecho sus deberes y estaba deseoso de impresionar al profesor, aunque en el fondo careciese de la aptitud o la pasión necesarias para dominar el tema.

Avanzada la velada, me percaté de que Singh estaba luchando contra la somnolencia, y alzaba cada poco tiempo su vaso para despejarse con un trago de agua. Le indiqué a Michelle que era hora de despedirnos. El primer ministro y su mujer nos acompañaron hasta el coche. En la penumbra tenía un aspecto frágil, parecía mayor de sus setenta y ocho años, y mientras nos alejábamos, me pregunté qué ocurriría cuando abandonase el cargo. ¿Recogería Rahul el testigo con éxito, cumpliendo así el destino marcado por su madre y prolongando el dominio del Partido del Congreso frente al nacionalismo divisivo que pregonaba el Partido Popular Indio?

Por alguna razón, dudaba que fuera así. No era culpa de Singh. Había hecho lo que le correspondía, siguiendo el guion de las democracias liberales en el mundo posterior a la Guerra Fría: defender el orden constitucional; volcar su atención en el trabajo cotidiano, a menudo técnico, de hacer crecer el PIB; y ampliar la red de protección social. Como yo, Singh había llegado al convencimiento de que eso era todo lo que cualquiera de nosotros podíamos esperar de una democracia, en particular en sociedades grandes, multiétnicas y multiconfesionales como India y Estados Unidos. Nada de saltos revolucionarios o grandes transformaciones culturales; ni soluciones para todas y cada una de las patologías sociales o respuestas perdurables para quienes buscaban un propósito y significado en su vida. Simplemente, el cumplimiento de las normas que nos permitían resolver, o al menos tolerar, nuestras diferencias, y políticas públicas que elevasen el nivel de vida y mejorasen la educación lo suficiente como para atemperar los impulsos más bajos de la humanidad.

Pero ahora yo me preguntaba si esos impulsos —de violencia, codicia, corrupción, nacionalismo, racismo e intolerancia religiosa; ese deseo tan humano de aplacar nuestra propia incertidumbre, mortalidad y sensación de insignificancia subyugando a otros— eran demasiado fuertes como para que cualquier democracia pudiera contenerlos de manera permanente. Pues parecían estar al acecho por todas partes, prestos a resurgir cada vez que se estancasen las tasas de crecimiento, cambiase la composición demográfica o un líder carismático decidiese subirse a la ola de miedos y resentimientos de la gente. Y por mucho que lo hubiese deseado, Mahatma Gandhi no estaba allí para decirme qué podía hacer para refrenar sus impulsos.

A lo largo de la historia era habitual que el Congreso moderase sus ambiciones durante el periodo de seis o siete semanas entre el día de las elecciones y el receso por Navidades, aún más cuando su control iba a pasar de un partido al otro. Los descorazonados perdedores solo querían irse a casa; los ganadores, que se agotase la cuenta atrás y tomasen posesión los recién elegidos. El 5 de enero de 2011, la Cámara de Representantes tendría el mayor número de republicanos desde 1947, lo que significaba que yo no podría someter a votación ningún proyecto de ley, y menos aún conseguir que se aprobase, sin la aquiescencia del nuevo presidente de la Cámara, John Boehner. Y si cabía alguna duda sobre cuáles eran sus intenciones, él ya había anunciado que el primer proyecto de ley que sometería a votación sería la derogación total del Obamacare.

Sin embargo, disponíamos de una ventana de oportunidad durante el inminente periodo de sesiones de «pato cojo».* A la vuelta de mi viaje a Asia, estaba decidido a conseguir que varias iniciativas clave llegasen a buen puerto antes de que el Congreso suspendiese sus actividades por las

---

* En la política estadounidense, el periodo que transcurre entre las elecciones presidenciales o de medio mandato de noviembre y la toma de posesión de los nuevos representantes electos, normalmente a comienzos del año siguiente. (N. de los T.)

vacaciones: la ratificación del Tratado de Reducción de Armas Estratégicas III (START III), de no proliferación nuclear, que habíamos negociado con los rusos; la derogación de «No preguntes, no lo digas» (DADT, por sus siglas en inglés), la ley que impedía que gais, lesbianas y bisexuales sirviesen abiertamente como tales en el ejército; y la aprobación de la Ley DREAM, que establecería una vía para que una importante proporción de los hijos de inmigrantes indocumentados pudieran acceder a la ciudadanía. Pete Rouse y Phil Schiliro, que acumulaban entre ambos casi setenta años de experiencia en el Capitolio, se mostraron dubitativos cuando repasé ante ellos mi lista de tareas durante el pato cojo. Axe directamente soltó una risotada.

«¿Nada más?», preguntó con tono sarcástico.

De hecho, sí había algo más. Había olvidado mencionar que necesitábamos que se aprobase el proyecto de ley sobre nutrición infantil que Michelle había convertido en elemento central de su lucha contra la obesidad infantil. «Es una buena norma —dije— y el equipo de Michelle ha hecho un trabajo fantástico para reunir apoyos entre los activistas a favor de la salud de los niños. Además, si no conseguimos que se apruebe, no me dejarán entrar en casa.»

Entendía parte del escepticismo de mi equipo ante la idea de intentar sacar adelante una agenda tan ambiciosa. Aunque pudiésemos reunir los sesenta votos necesarios para cada uno de estos controvertidos proyectos de ley, no estaba claro que Harry Reid fuese a obtener de Mitch McConnell la cooperación suficiente para programar tantas votaciones en un periodo tan breve. Aun así, no creía que mi idea fuese un absoluto delirio. Casi todos los elementos de mi lista ya tenían cierto impulso legislativo y habían pasado el filtro de la Cámara, o parecía probable que lo hicieran. Y aunque hasta entonces no habíamos tenido mucha suerte en nuestros intentos de superar el filibusterismo de los republicanos en el Senado, sabía que McConnell tenía en su propia lista un punto muy importante que quería cumplir a toda costa: aprobar una ley que prolongase en el tiempo las conocidas como «rebajas de impuestos de Bush», que de otro modo expirarían de manera automática al final del año.

Esto nos daba algo con lo que negociar.

Me había opuesto desde siempre a las leyes domésticas señeras de mi predecesor, aprobadas en 2001 y 2003, que habían modificado el derecho tributario estadounidense de maneras que beneficiaban de forma desproporcionada a los individuos con grandes patrimonios al mismo tiempo que aceleraban la tendencia hacia una mayor desigualdad de riqueza y de renta. Warren Buffett solía señalar que la ley le permitía pagar un porcentaje de impuestos sustancialmente inferior —en proporción a sus ingresos, procedentes casi en su totalidad de ganancias de capital y dividendos— al que pagaba su secretaria por su salario. Por sí solas, las modificaciones legislativas en el impuesto sobre el patrimonio habían reducido la carga impositiva para el 2 por ciento de familias estadounidenses más ricas en más de 130.000 millones de dólares. Y no solo eso, al reducir los ingresos previstos por el Tesoro estadounidense en alrededor de 1,3 billones de dólares, habían contribuido a convertir un superávit presupuestario federal durante la presidencia de Bill Clinton en un incipiente déficit; uno que muchos republicanos utilizaban ahora para justificar sus peticiones de recortes en la Seguridad Social, Medicare, Medicaid y el resto de la red de protección social del país.

Puede que las rebajas de impuestos de Bush no fuesen la mejor política, pero también habían reducido ligeramente los impuestos que pagaban la mayoría de los estadounidenses, lo que hacía que derogarlas fuese algo difícil de vender desde un punto de vista político. Una encuesta tras otra mostraba que una amplia mayoría de los estadounidenses estaba a favor de aumentar los impuestos a los ricos. Pero ni siquiera los abogados y los médicos adinerados se consideraban ricos, en particular si vivían en zonas costosas; y tras una década durante la cual las personas que componían el 90 por ciento inferior en la distribución de ingresos habían visto cómo sus salarios se estancaban, muy poca gente pensaba que sus propios impuestos debían ser más altos. Durante la campaña, mi equipo y yo habíamos llegado a lo que nos parecía una política equilibrada: proponíamos que las rebajas de impuestos de Bush se eliminasen de manera selectiva, lo que afectaría solo a las familias cuyos ingresos superasen los 250.000 dólares anuales (o a los individuos que ganasen más de 200.000 dólares al año). Este enfoque tenía el apoyo casi unánime de los demócratas del Congreso, solo afectaría al 2 por ciento más rico de la población y aun así permitiría ingresar unos 680.000 millones de dólares a lo largo de la década siguiente, un dinero que podríamos destinar a reforzar los programas de guarderías, sanidad, formación laboral y educación dirigidos a los más necesitados.

No había cambiado de opinión respecto a nada de esto: hacer que los ricos pagasen más impuestos no era solo una cuestión de justicia, sino también la única manera de financiar nuevas iniciativas. Pero como había ocurrido con tantas de mis propuestas de campaña, la crisis financiera me había obligado a repensar cuándo deberíamos hacerlo. En el comienzo de mi mandato, cuando parecía que el país podría hundirse en una depresión, mi equipo económico había argumentado de manera convincente que cualquier subida de impuestos —incluso los que afectaban a los ricos y a las grandes compañías— sería contraproducente, puesto que retiraría dinero de la economía en el preciso momento en que queríamos que las personas y las empresas saliesen a gastarlo. Con la economía apenas recuperándose, la perspectiva de subir los impuestos ponía nervioso al equipo.

Y de hecho, Mitch McConnell había amenazado con bloquear todo lo que no fuera una prolongación completa de las rebajas de impuestos de Bush. Eso significaba que nuestra única opción para eliminarlas de inmediato —una opción que muchos comentaristas progresistas nos instaban a adoptar— pasaba por no hacer nada y dejar simplemente que la presión impositiva recuperase de forma automática a principios de enero los niveles más altos de la era Clinton. Los demócratas podrían entonces volver tras el Año Nuevo y proponer una legislación de sustitución que redujese los impuestos para los estadounidenses que ganasen menos de 250.000 dólares al año, lo que equivaldría, en síntesis, a desafiar a los republicanos a votar en contra.

Era una estrategia que consideramos seriamente. Pero Joe Biden y nuestro equipo legislativo temían que, dada la magnitud de nuestra derrota en las elecciones de medio mandato, algunos demócratas centristas rompiesen la disciplina de voto en esta cuestión, y los republicanos pudiesen usar esas deserciones para convocar una votación que haría permanentes las rebajas de impuestos. Dejando aparte los aspectos políticos, llegué a la conclusión de que el problema de retar al Partido Republicano sería el impacto inmediato que iba a tener sobre una economía aún frágil. Incluso si consiguiéramos mantener la disciplina de los demócratas y los republicanos acabasen cediendo a la presión, se tardarían meses en conseguir que un Congreso dividido aprobase cualquier modificación de la legislación tributaria. Entretanto, los estadounidenses de clase media y trabajadora verían reducidas sus nóminas, las empresas refrenarían aún más sus inversiones y, casi con toda seguridad, la economía volvería a caer en recesión.

Tras valorar los diversos escenarios posibles, envié a Joe al Capitolio para negociar con McConnell. Apoyaríamos una prolongación de dos años de todas las rebajas de impuestos de Bush, pero solo si los republicanos accedían a ampliar durante el mismo periodo las prestaciones por desempleo de emergencia, los créditos tributarios para la clase más baja y la clase media (Making Work Pay), y otro paquete de créditos tributarios reembolsables que beneficiarían a los trabajadores pobres durante un periodo equivalente. McConnell se negó en el acto. Ya antes había declarado que «nuestro objetivo principal es lograr que el presidente Obama no tenga más de un mandato», y parecía poco dispuesto a permitir que pudiese jactarme de haber rebajado los impuestos a la mayoría de los estadounidenses sin que los republicanos me hubiesen obligado a hacerlo. No podía decir que esto me sorprendiese: una de las razones por las que había escogido a Joe para que hiciese de intermediario —además de por su experiencia en el Senado y su perspicacia legislativa— era porque era consciente de que, tal y como lo veía McConnell, unas negociaciones con el vicepresidente no inflamarían a los votantes republicanos como lo haría cualquier apariencia de estar cooperando con (el socialista negro y musulmán) Obama.

Tras un intenso tira y afloja, y una vez que accedimos a sustituir los créditos tributarios de Making Work Pay por una rebaja en el impuesto sobre las rentas del trabajo, McConnell dio finalmente su brazo a torcer y el 6 de diciembre de 2010 pude anunciar que habíamos alcanzado un acuerdo integral.

Desde el punto de vista de la normativa en sí misma, estábamos satisfechos con el resultado. Aunque era doloroso mantener en vigor las rebajas de impuestos para los ricos durante otros dos años, habíamos logrado ampliar la reducción de impuestos para las familias de clase media, mientras asegurábamos 212.000 millones de dólares adicionales en estímulos dirigidos específicamente a los estadounidenses más necesitados, un paquete que no habría tenido ninguna posibilidad de ser aprobado como proyecto de ley independiente en una Cámara controlada por los republicanos. En cuanto a la política que subyacía tras el acuerdo, le expliqué a Valerie que el marco temporal de dos años representaba una apuesta de alto riesgo entre los republicanos y yo. Estaba apostando a que en noviembre de 2012 habría superado con éxito la campaña para mi reelección, lo que me permitiría acabar con las rebajas de impuestos a los ricos desde una posición de fuerza. Ellos estaban apostando a que me derrotarían, y que un flamante presidente republicano los ayudaría a convertir las rebajas de impuestos de Bush en permanentes.

El hecho de que el acuerdo dejase tanto al albur del resultado de las próximas elecciones presidenciales quizá explicase por qué provocó la indignación inmediata de algunos comentaristas de izquierdas. Me acusaron de ceder ante McConnell y Boehner, además de dejarme influir por mis amigos de Wall Street y por asesores como Larry y Tim. Me advirtieron de que las rebajas en el impuesto sobre la renta debilitarían el Fondo de Garantía de la Seguridad Social, que los créditos tributarios reembolsables dirigidos a los trabajadores pobres tendrían una existencia efímera y que en dos años las rebajas de impuestos de Bush a los ricos se convertirían en permanentes, tal y como siempre habían deseado los republicanos.

En otras palabras: ellos también esperaban que perdiese.

Se dio la circunstancia de que la misma semana de mediados de diciembre en que anunciamos el acuerdo con McConnell, Bill Clinton me visitó en el comedor del despacho Oval. Para entonces, las tensiones que hubieran podido existir entre nosotros durante la campaña prácticamente se habían disipado, y me resultó útil escuchar las lecciones que él había aprendido al haber sufrido una paliza similar en las elecciones de medio mandato a manos de Newt Gingrich en 1994. En un momento dado, abordamos los entresijos del acuerdo sobre impuestos que acabábamos de alcanzar, y Clinton no pudo mostrarse más entusiasta.

—Tienes que contárselo a algunos de nuestros amigos —dije, y mencioné las críticas que estábamos recibiendo desde determinados círculos demócratas.

—Si tengo ocasión, lo haré —contestó Bill.

Eso me dio una idea. «¿Qué te parece si esa ocasión es ahora mismo?» Antes de que pudiese responder, me acerqué a la mesa de Katie y le pedí que hiciese que el equipo de prensa convocase a toda prisa a los corresponsales que pudieran estar en el edificio en ese momento. Quince minutos más tarde, Bill Clinton y yo aparecimos en la sala de prensa de la Casa Blanca.

Explicamos a los desconcertados reporteros que podría interesarles disponer del punto de vista que tenía sobre nuestro acuerdo tributario la persona que había estado al mando durante, básicamente, el mejor periodo económico que habíamos vivido en la historia reciente del país. Cedí el atril a Clinton. El expresidente no tardó en adueñarse de la sala, sacando el máximo partido al encanto que le confería su voz rasgada y su acento de Arkansas para defender nuestro acuerdo con McConnell. De hecho, poco después del inicio de esa rueda de prensa improvisada, recordé que tenía otro compromiso al que acudir, pero era tan evidente que Clinton estaba disfrutando de la situación que no quise interrumpirlo, sino que me limité a acercarme al micrófono para decir que tenía que irme pero que el presidente Clinton podía quedarse. Más tarde, le pregunté a Gibbs cómo había ido la cosa.

«Ha tenido una repercusión estupenda —respondió—. Aunque algunos de los bustos parlantes dijeron que te habías rebajado al ceder el protagonismo a Clinton.»

Eso no me preocupaba mucho. Sabía que Clinton obtenía entonces en las encuestas una valoración muy superior a la mía, en parte porque a la prensa conservadora que en otra época lo había vilipendiado le resultaba útil ahora mostrarlo, en contraste conmigo, como la clase de demócrata razonable y centrista con quien, según decían, los republicanos sí podrían colaborar. Su respaldo nos ayudaría a vender el acuerdo a un público más amplio y a aplacar cualquier posible rebelión entre los demócratas del Congreso. Era una ironía con la que yo —como tantos otros líderes modernos— acabaría aprendiendo a convivir: nunca pareces tan inteligente como el expresidente que ya está lejos de los focos.

Nuestra tregua temporal con McConnell en torno a los impuestos nos permitió concentrarnos en los restantes elementos de mi lista de tareas. El proyecto de ley sobre nutrición infantil de Michelle ya había concitado apoyo suficiente por parte de los republicanos como para salir adelante a principios de diciembre, sin hacer mucho ruido, a pesar de las acusaciones de Sarah Palin de que Michelle tenía la intención de restringir la libertad de los padres estadounidenses de alimentar a sus hijos como considerasen oportuno. Entretanto, la Cámara estaba concretando los detalles de un proyecto de ley sobre seguridad alimentaria que se aprobaría a lo largo de ese mismo mes.

Ratificar el START III resultó ser más complicado; no solo porque, por ser un tratado, se necesitaban sesenta y siete votos en lugar de sesenta, sino porque en el ámbito doméstico no había un público numeroso que reclamase su ratificación. Tuve que insistirle a Harry Reid para que diese prioridad a la cuestión durante las sesiones del periodo de pato cojo, para lo cual le expliqué que estaba en juego la credibilidad de Estados Unidos —por no hablar de mi propio prestigio entre los líderes mundiales—, y que la incapacidad de ratificar el tratado socavaría nuestros esfuerzos para aplicar sanciones contra Irán y para que otros países extremasen su propia seguridad nuclear. Una vez que logré a regañadientes el compromiso de Harry de que sometería el tratado a votación («No sé si encontraré tiempo para la votación, presidente —refunfuñó por teléfono—, pero si me dices que es importante haré todo que esté en mi mano, ¿vale?»), pasamos a la fase de intentar sumar votos de republicanos. Ayudó que los jefes del Estado Mayor respaldasen el tratado; también el firme apoyo de mi viejo amigo Dick Lugar, que seguía siendo el republicano de mayor rango en el Comité del Senado sobre Relaciones Exteriores y veía el START III —con razón— como una extensión de su trabajo previo en el ámbito de la no proliferación nuclear.

Aun así, para lograr cerrar el acuerdo tuve que comprometerme a una modernización de varios miles de millones de dólares y a lo largo de varios años de la infraestructura en torno al arsenal nuclear estadounidense, ante la insistencia de Jon Kyl, senador conservador por Arizona. Habida cuenta de mi objetivo a largo plazo de eliminar las armas nucleares, por no hablar de todas las otras mejores maneras de usar miles de millones de dólares del presupuesto federal que se me ocurrían, esta concesión parecía un pacto con el diablo, a pesar de que nuestros expertos, muchos de los cuales estaban comprometidos con el desarme nuclear, me aseguraron que nuestros envejecidos sistemas de armas nucleares necesitaban una puesta a punto para reducir el riesgo de que se produjesen un error de cálculo o un accidente catastróficos. Cuando el START III por fin logró la aprobación del Senado por un margen de setenta y un votos a veintiséis, dejé escapar un gran suspiro de alivio.

La Casa Blanca nunca tenía un aspecto tan radiante como durante la temporada navideña. Enormes coronas de pino con lazos de terciopelo rojo adornaban las paredes a lo largo de la columnata y el pasillo principal del Ala Este, mientras que los robles y los magnolios del jardín de las Rosas estaban cubiertos de luces. El árbol de navidad oficial de la Casa Blanca, un majestuoso abeto que llegaba en un carruaje tirado por caballos, ocupaba gran parte de la sala Azul, pero otros árboles casi tan espectaculares ocupaban prácticamente todos los espacios públicos de la residencia. En el transcurso de tres días, un ejército de voluntarios coordinado por la Oficina Social decoraba los árboles y el vestíbulo principal con una deslumbrante variedad de ornamentos, mientras los pasteleros de la Casa Blanca preparaban una detallada réplica de la residencia hecha en pan de jengibre, que incluía muebles, cortinas y —durante mi presidencia— una versión en miniatura de Bo.

Las Navidades también implicaban ejercer de anfitriones casi cada tarde y noche durante tres semanas y media seguidas. Eran eventos grandes y festivos, con de trescientos a cuatrocientos invitados, riendo e hincando el diente a costillas de cordero o a pasteles de cangrejo, bebiendo ponche de huevo y vino mientras la banda de los marines de Estados Unidos interpretaba los clásicos navideños en sus elegantes chaquetas rojas. Para Michelle y para mí los eventos de la tarde pasaban sin complicaciones, simplemente nos asomábamos unos minutos para desear unas felices fiestas a todo el mundo. Sin embargo, los actos de la noche requerían que nos situáramos en la sala de Recepciones Diplomáticas durante dos horas o más, posando con casi todos los invitados. A Michelle no le importaba hacerlo para las fiestas que se organizaban para las familias del Servicio Secreto y el personal de la Casa Blanca, a pesar de lo que suponía para sus pies estar tanto tiempo en tacones. Su espíritu navideño, sin embargo, se apagaba cuando tenía que encargarse de los miembros del Congreso y de la prensa. Quizá era porque ellos pedían más atención («¡Dejaros de cháchara!», me susurraba en los pequeños momentos de descanso que teníamos), o quizá porque la misma gente que aparecía regularmente en televisión pidiendo mi cabeza tenía las agallas de pasar un brazo por sus hombros y sonreír a la cámara como si fueran los mejores amigos desde la infancia.

Buena parte de la energía de mi equipo durante las semanas previas a la Navidad se concentró en dos de los proyectos de ley más controvertidos que aún estaban pendientes en mi listado: «No preguntes, no lo digas» (DADT) y la Ley DREAM. Junto con el aborto, las armas y prácticamente cualquier cosa relacionada con la raza, las cuestiones de los derechos de las personas LGBTQ y la inmigración ocupaban desde hacía décadas el lugar central de las guerras culturales en Estados Unidos. En parte porque planteaban la pregunta más básica en nuestra democracia: ¿a quién consideramos un verdadero miembro de la familia estadounidense, merecedor de los mismos derechos, respeto y atención que esperamos que se nos reconozcan a nosotros? Yo creía que había que definir esa familia en un sentido amplio, de forma que incluyera tanto a las personas homosexuales como a las heterosexuales, así como a las familias inmigrantes que habían echado raíces y criado a sus hijos aquí, aunque no hubiesen entrado por la puerta principal. ¿Cómo podría creer algo distinto, cuando algunos de los argumentos que se esgrimían para excluirlos se habían utilizado tan a menudo para hacer lo mismo a quienes tenían un aspecto similar al mío?

Eso no significaba que tachase de fanáticos desalmados a quienes tenían opiniones distintas sobre los derechos del colectivo LGBTQ o de los inmigrantes. Para empezar, era lo bastante consciente —o tenía la suficiente memoria— como para saber que mis propias actitudes hacia gais, lesbianas y personas transgénero no siempre habían sido particularmente avanzadas. Había crecido en los años setenta, una época en que la vida del colectivo LGBTQ era mucho menos visible para quienes no pertenecían a él, hasta el punto de que, cada vez que nos visitaba en Hawái la hermana de Toot, la tía Arlene (uno de mis parientes favoritos), se sentía obligada a presentar a su compañera desde hacía veinte años como «mi amiga íntima, Marge».

Y como muchos adolescentes en esa época, mis amigos y yo nos tildábamos unos a otros de «gays» y «mariquitas» a modo de broma, en un alarde inmaduro de reforzar nuestra masculinidad y esconder nuestras inseguridades. Ya en la universidad, cuando trabé amistad con compañeros de clase y profesores abiertamente gays, me di cuenta de la patente discriminación y odio al que tenían que enfrentarse, al tiempo que lidiaban con la soledad y las inseguridades que la cultura dominante les quería imponer. Me avergoncé de mi comportamiento en el pasado y me prometí no repetirlo.

En cuanto a la inmigración, durante mi juventud había pensado muy poco sobre ello, más allá de la vaga épica de la isla de Ellis y la Estatua de la Libertad que me llegaba a través de la cultura popular. Mis ideas evolucionaron más adelante, cuando mi trabajo como trabajador comunitario en Chicago me introdujo en las comunidades predominantemente mexicanas de Pilsen y Little Village, barrios donde las categorías habituales de estadounidenses de nacimiento, ciudadanos nacionalizados, poseedores de un permiso de residencia e inmigrantes indocumentados prácticamente se diluían, ya que en muchas familias, si no en la mayoría, convivían miembros de esos cuatro grupos. Con el tiempo, la gente me fue contando cómo vivían el hecho de tener que ocultar sus orígenes, de temer en todo momento que la vida que con tanto esfuerzo habían construido pudiese saltar por los aires en un instante. Hablaban del puro agotamiento y el peso que suponía tener que tratar con un sistema de inmigración a menudo insensible o arbitrario, la sensación de impotencia que experimentaban al tener que trabajar para empleadores que aprovechaban su situación migratoria para pagarles por debajo del salario mínimo. Las amistades que había hecho y las historias que había oído en esos barrios de Chicago, y de personas LGBTQ durante mis años de universidad y en los inicios de mi carrera, habían hecho que mi corazón se abriese a las dimensiones humanas de cuestiones que antes solo había considerado en términos principalmente abstractos.

Para mí, la situación de «No preguntes, no lo digas» era muy sencilla: consideraba que una norma que impedía que las personas LGBTQ sirviesen abiertamente como tales en nuestro ejército era ofensiva para los ideales estadounidenses y corrosiva para las fuerzas armadas. La DADT era el resultado de un arreglo fallido entre Bill Clinton —que en su campaña había defendido acabar con la prohibición absoluta de que las personas LGBTQ sirviesen en el ejército— y sus jefes del Estado Mayor, que insistían en que ese cambio sería perjudicial para la moral y para la retención de personal. Desde su entrada en vigor en 1994, la DADT había hecho poco por proteger o dignificar a nadie y, es más, había llevado a la expulsión de más de trece mil miembros de las fuerzas armadas debido exclusivamente a su orientación sexual. Quienes seguían dentro tenían que ocultar quiénes eran y a quién amaban, no podían colocar sin temor fotos familiares en sus espacios de trabajo o asistir a actos sociales en la base con sus parejas. Como primer comandante en jefe afroamericano, sentía una especial responsabilidad de acabar con esta norma, y era consciente de que a lo largo de la historia los negros habían sufrido discriminación institucional en el ejército, habían tenido prohibido el acceso a puestos de mando y, durante décadas, se los había obligado a servir en unidades segregadas, una política que Harry Truman había eliminado en 1948 mediante una orden ejecutiva.

La cuestión era cuál era la mejor manera de lograr el cambio. Desde el principio, los activistas LGBTQ me instaron a seguir el ejemplo de

Truman y limitarme a firmar una orden ejecutiva para abolir la norma, en parte porque ya había usado órdenes ejecutivas y memorándums para abordar otras normativas que perjudicaban a las personas LGBTQ, como, por ejemplo, para conceder derechos de visita en el hospital o la extensión de las prestaciones sociales a las parejas de hecho de los empleados federales. Pero, al cortocircuitar el proceso de generación de consenso que implicaba la tramitación de una ley, una orden ejecutiva hacía que aumentase la probabilidad de que surgiese resistencia a la nueva normativa en el seno del ejército, y que se ralentizase su implementación. Además de que, por supuesto, bastaría con una firma del siguiente presidente para revocar una orden ejecutiva.

Había llegado a la conclusión de que la solución óptima consistía en conseguir que el Congreso actuase. Para ello, necesitaba que los principales líderes militares fuesen socios activos y voluntariosos; algo que, en medio de dos guerras, sabía que no sería fácil. Los anteriores jefes de Estado Mayor se habían opuesto a la derogación de la DADT, con el argumento de que la integración de personas abiertamente homosexuales podría tener un efecto negativo sobre la cohesión y la disciplina de sus unidades. (Los congresistas que se oponían a la derogación, incluido John McCain, afirmaban que introducir una normativa tan perturbadora en tiempos de guerra equivaldría a traicionar a nuestros soldados.) Sin embargo, debo reconocer que Bob Gates y Mike Mullen ni se inmutaron cuando, al principio de mi mandato, les dije que tenía intención de revocar la DADT. Gates respondió que ya había pedido a su equipo que empezase a preparar discretamente planes internos para gestionar el asunto, no tanto por ningún entusiasmo personal ante el cambio como por la preocupación práctica de que los tribunales federales pudiesen dictaminar en última instancia que la DADT era inconstitucional y obligasen al ejército a cambiar la norma de la noche a la mañana. En lugar de intentar disuadirme de mi postura, Gates y Mullen me pidieron que les permitiese organizar un equipo de trabajo que evaluase las consecuencias del cambio que se proponía sobre las operaciones del ejército y llevase a cabo una amplia encuesta de la actitud de los soldados ante la posibilidad de tener entre sus filas compañeros abiertamente gais. El objetivo, según Gates, era minimizar la perturbación y la división.

«Si va a hacer esto, señor presidente —añadió—, al menos deberíamos poder decirle cómo hacerlo de la mejor manera.»

Les advertí que no consideraba la discriminación contra las personas LGBTQ un asunto que pudiese someterse a plebiscito. No obstante, accedí a su petición, en parte porque confiaba en que establecerían un sistema de evaluación honesto, pero sobre todo porque sospechaba que la encuesta demostraría que nuestros soldados —la mayoría de los cuales eran varias décadas más jóvenes que los generales de alto rango— eran más tolerantes hacia gais y lesbianas de lo que la gente suponía. En su declaración ante el Comité de las Fuerzas Armadas del Senado el 2 de febrero de 2010, Gates reafirmó mi confianza en él cuando aseguró: «Respaldo sin reservas la decisión del presidente» de reevaluar la DADT. Pero fue el testimonio de Mike Mullen ante el comité ese mismo día el que de verdad dio que hablar, pues se convirtió en la primera autoridad de alto rango militar en ejercicio en la historia de Estados Unidos en argumentar de forma pública que debía permitirse que las personas LGBTQ sirviesen en el ejército abiertamente como tales: «Señor presidente del comité, hablo en exclusiva en mi propio nombre cuando digo que creo que sería lo correcto permitir que gais y lesbianas sirvan abiertamente. Por muchas vueltas que le doy al asunto, no consigo evitar tener la incómoda sensación de que tenemos en vigor una normativa que obliga a hombres y mujeres jóvenes a mentir sobre quiénes son para poder defender a sus conciudadanos. Para mí, personalmente, se reduce a una cuestión de integridad; la suya como individuos y la nuestra como institución».

Nadie en la Casa Blanca se había coordinado con Mullen de cara a su declaración. Ni siquiera estoy seguro de que Gates supiese de antemano lo que Mullen tenía pensado decir. Pero su declaración inequívoca alteró de inmediato el debate público y generó una importante cobertura política para los senadores indecisos, que pudieron sentir que su apoyo a la derogación estaba justificado.

El testimonio de Mullen se produjo meses antes de que se completase el proceso de evaluación que Gates y él habían solicitado, lo que provocó algunos dolores de cabeza políticos. Los partidarios de la derogación empezaron a criticarnos con dureza, tanto en privado como en los medios, pues no entendían por qué, dado que el presidente de la Junta de Jefes de Estado Mayor apoyaba el cambio normativo, no me limitaba a firmar una orden ejecutiva; más aún cuando, mientras los resultados de la encuesta se tomaban su tiempo en llegar, seguían expulsando del ejército a personal LGBTQ. El grueso del fuego amigo se dirigió contra Valerie y su equipo, y en particular contra Brian Bond, un respetado activista gay que ejercía como nuestro principal contacto con la comunidad. Durante meses, Brian tuvo que defender mis decisiones frente a las críticas de amigos escépticos, antiguos colegas y miembros de la prensa, que insinuaban que se había vendido y ponían en duda su compromiso con la causa. Solo puedo imaginar el coste personal que esto debió de tener para él.

La intensidad de las críticas aumentó en septiembre de 2010, cuando, como Gates había predicho, un tribunal federal de distrito en California dictaminó que la DADT era inconstitucional. Pedí a Gates que suspendiese formalmente todas las expulsiones mientras se planteaba un recurso. Pero, por mucho que insistí, se negó una y otra vez a dar curso a mi petición, con el argumento de que, mientras la DADT siguiese en vigor, estaba obligado a hacer que se cumpliese; y supe que ordenarle que hiciera algo que el considerara inapropiado podría obligarme a buscar a otro secretario de Defensa. Esta fue quizá la única vez que estuve a punto de gritarle a Gates, y no solo porque consideraba que su análisis legal era erróneo, sino porque parecía que veía las quejas que recibíamos de los activistas LGBTQ —por no hablar de las angustiosas historias de gais y lesbianas que estaban bajo su mando en el ejército— como un detalle más de la «política» de la que yo debía protegerlos a él y al Pentágono, en lugar de un elemento central que él debía tener en cuenta a la hora de tomar decisiones. (Al final, modificó al menos los procedimientos DADT administrativos, de manera que se pararon los despidos reales mientras esperábamos una resolución final sobre este tema.)

Por fortuna, a finales de ese mismo mes, por fin recibimos los resultados del estudio entre los soldados. Confirmaron mis sospechas: dos tercios de los encuestados pensaban que permitir que sus colegas gais, lesbianas y bisexuales sirviesen abiertamente como tales tendría un efecto escaso o nulo sobre la capacidad del ejército para llevar a cabo sus misiones, o podría incluso mejorarla. De hecho, la mayoría de los soldados creían que ya trabajaban, o habían trabajado, con personas LGBTQ y no habían experimentado ninguna diferencia en su capacidad de ejecutar sus tareas.

Si oímos las verdades de los demás, pensé, nuestras actitudes cambian.

Con el estudio en la mano, Gates y Mullen apoyaron oficialmente la derogación de la DADT. En una reunión en el despacho Oval, los otros jefes de Estado Mayor se comprometieron a implementar la normativa sin retrasos indebidos. De hecho, el general James Amos, comandante de los Marines y firme opositor a la derogación, provocó unas sonrisas cuando dijo: «Puedo prometerle, señor presidente, que ninguna de las otras ramas lo hará más rápido o mejor que el Cuerpo de Marines de Estados Unidos». El 18 de diciembre, el Senado aprobó el proyecto de ley por sesenta y cinco votos a treinta y uno, con ocho votos favorables de senadores republicanos.

Pocos días después, tanto antiguos como actuales miembros LGBTQ del ejército abarrotaron el auditorio en el Departamento del Interior donde firmé la ley. Muchos vestían de uniforme, y sus rostros expresaban una mezcla de alegría, orgullo, alivio y lágrimas. Cuando me dirigí al público, vi a varios de los activistas que apenas unas semanas antes habían sido nuestros críticos más feroces y ahora sonreían en agradecimiento. Localicé a Brian Bond y le hice un gesto con la cabeza. Pero el mayor aplauso del día estaba reservado para Mike Mullen: una gran ovación, larga y sentida. No podría haberme sentido más feliz por el almirante mientras lo miraba, de pie sobre el escenario, visiblemente emocionado a pesar de su incómoda sonrisa. No ocurría a menudo que un acto de verdadera conciencia se reconociese de esta manera, me dije.

En lo referente a la inmigración, todo el mundo estaba de acuerdo en que el sistema no funcionaba. El proceso de inmigrar de manera legal a Estados Unidos podía durar una década o más, en muchas ocasiones en función de cuál fuera el país de origen y de cuánto dinero tuviese la persona. Entretanto, la brecha económica entre nosotros y nuestros vecinos del sur impulsaba a cientos de miles de personas a atravesar cada año de manera ilegal los tres mil cien kilómetros de la frontera entre Estados Unidos y México, en busca de trabajo y una vida mejor. El Congreso había gastado miles de millones de dólares en reforzar la frontera, con vallas, cámaras, drones y un cuerpo de policía de fronteras cada vez más numeroso y militarizado. Pero en lugar de detener el flujo de inmigrantes, estos pasos habían estimulado el crecimiento de una industria de traficantes de personas —los «coyotes»— que ganaban grandes sumas de dinero mediante el transporte de cargamentos humanos en condiciones inhumanas y en ocasiones mortíferas. Y aunque el cruce de la frontera por parte de migrantes pobres mexicanos y centroamericanos era lo que recibía más atención por parte de políticos y medios de comunicación, alrededor del 40 por ciento de los inmigrantes ilegales llegaban a Estados Unidos a través de los aeropuertos u otras vías legales de entrada y permanecían en el país después de que su visado hubiese expirado.

Se calculaba que en 2010 vivían en Estados Unidos unos once millones de personas indocumentadas, gran parte de ellas plenamente insertadas en el tejido de la vida estadounidense. Muchos llevaban años residiendo en el país, tenían hijos que eran ciudadanos estadounidenses por el hecho de haber nacido en suelo nacional o que habían llegado a una edad tan temprana que eran estadounidenses en todos los sentidos salvo por un trozo de papel. Sectores enteros de la economía dependían de su mano de obra, pues los inmigrantes indocumentados a menudo estaban dispuestos a hacer los trabajos más duros y desagradables a cambio de un exiguo jornal: recoger las frutas y verduras que llenaban los estantes de nuestros supermercados, limpiar los suelos de las oficinas, lavar platos en restaurantes y cuidar de los ancianos. Pero aunque los consumidores estadounidenses se beneficiaban de esta mano de obra invisible, muchos temían que los inmigrantes les estuviesen quitando puestos de trabajo, que supusiesen una carga para los programas de servicios sociales y que estuviesen alterando la composición racial y cultural del país, lo que los llevaba a exigir que el Gobierno actuase contra la inmigración ilegal. Este sentimiento era más intenso entre los votantes republicanos, alimentado por una prensa de derechas cada vez más nativista. Sin embargo, la división política no coincidía exactamente con la frontera entre los partidos: por ejemplo, los miembros de base de los sindicatos, por lo general demócratas, veían la creciente presencia de trabajadores indocumentados en las zonas de obras como una amenaza para sus medios de vida, mientras que los grupos empresariales escorados hacia el Partido Republicano e interesados en mantener un suministro estable de mano de obra barata (o, en el caso de Silicon Valley, de programadores e ingenieros de origen extranjero) a menudo adoptaban posturas favorables a la inmigración.

En 2007, el inconformista John McCain, junto con su compañero de aventuras Lindsey Graham, habían llegado a unirse a Ted Kennedy para redactar un proyecto de ley integral de reforma migratoria que ofrecía la ciudadanía a millones de inmigrantes indocumentados al mismo tiempo que endurecía la protección de nuestras fronteras. Este, a pesar del firme apoyo del presidente Bush, no había logrado la aprobación del Senado. Sin embargo, el proyecto de ley había recibido doce votos de republicanos, lo que sugería la posibilidad de un futuro acuerdo bipartidista. Durante la campaña me había comprometido a resucitar una ley similar si era elegido, y había nombrado a Janet Napolitano, exgobernadora de Arizona, para que dirigiese el Departamento de Seguridad Interior —que supervisaba el Servicio de Control de Inmigración y Aduanas (ICE) y la Oficina de Aduanas y Protección Fronteriza—, en parte por su conocimiento de las cuestiones relacionadas con la frontera y porque tenía la reputación de haber gestionado con anterioridad los asuntos migratorios de una manera al mismo tiempo firme y compasiva.

Hasta ese momento, mis esperanzas de conseguir aprobar un proyecto de ley se habían visto truncadas. Con la economía en crisis y los estadounidenses quedándose sin trabajo, pocos en el Congreso tenían alguna gana de abordar una cuestión tan sensible como la inmigración. Kennedy ya no estaba. McCain, tras recibir críticas desde su flanco derecho por su postura relativamente moderada en relación con este asunto, mostraba poco interés en volver a abanderarlo. Peor aún era que mi Administración estaba deportando a trabajadores indocumentados a un ritmo creciente. El incremento de las deportaciones no fue el resultado de ninguna orden mía, sino que se debió fundamentalmente a una resolución del Congreso de 2008 que había ampliado el presupuesto del ICE, y que aumentó la colaboración entre el ICE y las administraciones judiciales locales para deportar a los inmigrantes indocumentados con antecedentes penales. Pero lo cierto es que a corto plazo decidimos no revertir de forma activa las políticas que habíamos heredado: no queríamos proporcionar munición a los críticos que afirmaban que los demócratas eran reacios a aplicar las leyes vigentes sobre inmigración, una percepción que podía torpedear nuestras opciones de aprobar una reforma legislativa en el futuro. Pero en 2010, los grupos de defensa de los derechos de los inmigrantes y los latinos criticaban la ausencia de avances, como los activistas LGBTQ nos habían criticado en relación con la DADT. Y aunque continué instando al Congreso a aprobar una reforma migratoria, carecía de una vía realista para lograr una nueva ley integral antes de las elecciones de medio mandato.

Llegó entonces el momento de la Ley DREAM. La idea de que se pudiese dar un respiro a los jóvenes inmigrantes indocumentados que habían sido traídos a Estados Unidos de niños llevaba años flotando en el ambiente, y desde 2001 se habían presentado en el Congreso al menos diez versiones de la Ley DREAM, que en ninguna ocasión habían logrado reunir los votos necesarios. Los activistas solían presentarla como un paso parcial aunque sustancial en el camino hacia una reforma más amplia. La ley concedería a los *dreamers* —como se conocía a estos jóvenes— residencia legal temporal y una vía hacia la obtención de la ciudadanía, siempre que cumplieran una serie de condiciones. Según la versión más reciente del proyecto de ley, tenían que haber entrado en Estados Unidos antes de cumplir los dieciséis años, haber vivido aquí durante cinco años ininterrumpidos, haber obtenido el título de la enseñanza secundaria o superado los exámenes de cultura general, y haber asistido a la universidad durante dos años o haberse alistado en el ejército; además, no podían tener un historial delictivo con antecedentes graves. Cada estado tenía libertad para ofrecer a los *dreamers* una reducción en las tasas académicas para estudiar en los centros universitarios públicos, que era la única manera realista de que muchos de ellos pudieran permitirse ir a la universidad.

Los *dreamers* habían crecido yendo a escuelas estadounidenses, practicando deportes estadounidenses, viendo la televisión estadounidense y pasando su tiempo libre en centros comerciales estadounidenses. En algunos casos, sus padres nunca les habían dicho que no tenían la ciudadanía; solo habían tenido noticia de su estatus de indocumentados al tratar de obtener el permiso de conducir o al solicitar una beca para la universidad. Yo había tenido ocasión de conocer a muchos *dreamers*, tanto antes como después de llegar a la Casa Blanca. Eran inteligentes y tenaces, y estaban preparados; con tanto potencial como mis propias hijas. En todo caso, tenía la impresión de que los *dreamers* tenían una actitud menos cínica sobre Estados Unidos que sus contemporáneos nacidos aquí, precisamente porque sus circunstancias les habían enseñado a no dar por descontada su vida en este país.

Desde un punto de vista moral, el argumento para permitir que esos jóvenes permanecieran en Estados Unidos, el único país que muchos de ellos habían conocido, era tan convincente que Kennedy y McCain habían incorporado la Ley DREAM a su proyecto de ley sobre inmigración de 2007. Y ante la perspectiva de que sería imposible aprobar una reescritura más exhaustiva de las leyes estadounidenses de inmigración en el futuro inmediato, Harry Reid —que en los meses previos a las elecciones de medio mandato había estado envuelto en una reñida contienda por la reelección en su estado de origen, Nevada, y necesitaba una importante afluencia de hispanos a las urnas para lograrla— había prometido someter a votación la Ley DREAM durante el periodo de sesiones de pato cojo.

Por desgracia, Harry hizo este anuncio de última hora durante la campaña sin avisar con antelación ni a nosotros, ni a sus colegas del Senado ni a los grupos favorables a la reforma migratoria. Aunque no le había hecho ninguna gracia la falta de coordinación con ella («No le habría costado nada levantar el teléfono»), Nancy Pelosi hizo lo que estaba en su mano, y enseguida impulsó la norma en la Cámara. Pero, en el Senado, McCain y Graham tacharon la decisión de Harry de electoralista y dijeron que no votarían a favor de la Ley DREAM como un proyecto de ley independiente, puesto que ya no estaba vinculada a un refuerzo de las medidas fronterizas. Los cinco senadores republicanos que en 2007 habían votado a favor del proyecto de ley de McCain-Kennedy y aún seguían en sus cargos fueron menos explícitos sobre sus intenciones, pero todos parecían dubitativos. Y puesto que no podíamos contar con que todos los demócratas apoyaran el proyecto de ley —en particular, tras los desastrosos resultados de las elecciones de medio mandato—, todos en la Casa Blanca nos vimos buscando maneras de reunir los sesenta votos necesarios para superar el filibusterismo de última hora antes de que el Senado diese por concluida su actividad hasta el año siguiente.

Cecilia Muñoz, la directora de asuntos intergubernamentales de la Casa Blanca, fue la persona que lideró nuestra iniciativa. Cuando yo era senador, Cecilia era vicepresidenta principal de asuntos normativos y legislativos del Consejo Nacional de la Raza, la mayor organización de promoción de los latinos en todo el país, y desde entonces venía asesorándome en inmigración y otras cuestiones. Hija de inmigrantes bolivianos nacida y criada en Michigan, Cecilia era comedida, discreta y —como solía decirle en tono jocoso— «genuinamente agradable», y recordaba a la joven profesora favorita de todos los alumnos en primaria o secundaria. Era también fuerte y tenaz (y fanática seguidora del equipo de fútbol americano de Michigan). En cuestión de semanas, Cecilia y su equipo habían lanzado una intensa y extensa campaña de prensa en apoyo de la Ley DREAM, proponiendo historias, recopilando estadísticas y reclutando a prácticamente todos los miembros del Gabinete y todas las agencias (incluido el Departamento de Defensa) para que organizasen eventos de una u otra clase. Pero lo más importante era que Cecilia había reunido a un equipo de *dreamers* dispuestos a revelar su condición de indocumentados para contar sus historias personales a los senadores indecisos y a los medios de comunicación. Cecilia y yo hablamos varias veces sobre el coraje de estos jóvenes, y coincidimos en que, a su edad, habríamos sido incapaces de soportar tamaña presión.

«Por ellos es por lo que tengo muchísimas ganas de conseguirlo», me dijo.

Pero a pesar de las innumerables horas que pasamos en reuniones y al teléfono, la probabilidad de conseguir los sesenta votos para la Ley DREAM empezó a verse cada vez más remota. Una de las personas en quien teníamos depositadas más esperanzas era Claire McCaskill, la senadora demócrata por Missouri. Había sido uno de mis primeros apoyos y era una de mis mejores amigas en el Senado, además de una política experimentada, con un ingenio afilado, un gran corazón y ni un gramo de hipocresía o afectación. Pero también venía de un estado conservador, de tendencias republicanas, y era un objetivo jugoso para el Partido Republicano en sus esfuerzos por recuperar el control del Senado.

«Sabe que quiero ayudar a esos chavales, señor presidente —me dijo Claire cuando la llamé por teléfono—, pero las encuestas en Missouri son malísimas en todo lo relacionado con inmigración. Si voto a favor, es muy probable que pierda mi escaño.»

Sabía que no se equivocaba. Y si era derrotada, podíamos perder el Senado, y con él cualquier posibilidad de sacar adelante la Ley DREAM algún día, una reforma migratoria integral o cualquier otra ley. ¿Cómo debería yo sopesar ese riesgo frente a los destinos inmediatos de los jóvenes que había conocido: la incertidumbre y el miedo con los que se veían obligados a vivir a diario, la posibilidad de que, sin previo aviso, cualquiera de ellos pudiese ser detenido en una redada del ICE, encerrado en una celda y enviado a un país que sería tan ajeno para ellos como lo habría sido para mí?

Antes de colgar, Claire y yo hicimos un trato para intentar cuadrar el círculo. «Si tu voto es el que nos permite llegar a sesenta —dije—, entonces esos chicos te necesitarán, Claire. Pero si nos quedamos muy cortos no hay necesidad de que te sacrifiques por nosotros.»

El Senado votó la Ley DREAM un sábado nuboso, una semana antes de Navidad, el mismo día que votó la derogación de la DADT. Vi en el pequeño televisor del despacho Oval con Pete Souza, Reggie y Katie cómo iban pasando lista y hacían el recuento de los votos a favor: 40, 50, 52, 55. Hubo una pausa y la cámara quedó en suspenso: la última oportunidad para que algún senador cambiase de opinión antes de que el mazo cayese por última vez.

Nos habíamos quedado a cinco votos.

Subí por las escaleras hasta el segundo piso del Ala Oeste y me dirigí al despacho de Cecilia, donde había estado viendo la votación con su joven equipo. La mayoría de los presentes estaban llorando, y repartí abrazos a todos. Les recordé que gracias a su trabajo habíamos estado más cerca de que se aprobase la ley DREAM que en cualquier intento anterior; y que, mientras siguiésemos allí, tendríamos la tarea de seguir presionando hasta que consiguiésemos nuestro objetivo. Todos asintieron en silencio, y volví al piso de abajo. En mi escritorio, Katie había dejado una copia de la lista de votos. La repasé con el dedo y me percaté de que Claire McCaskill había votado «sí». Le pedí a Katie que llamase a Claire por teléfono.

—Creí que votarías «no» a menos que estuviésemos cerca de aprobar la ley —dije cuando descolgó.

—Maldita sea, señor presidente, yo también lo creía —respondió Claire—. Pero cuando llegó el momento de registrar mi voto, y empecé a pensar en los chavales que habían venido a mi despacho... —Se le cortó la voz, embargada por la emoción— no podía hacerles eso. No podía dejar que pensasen que no me importaba. En fin —siguió diciendo, ya recompuesta—, parece que va a tener que recaudar un montón de dinero para poder responder a esos anuncios republicanos que me acusarán de ser blanda en inmigración.

Le prometí a Claire que lo haría. Aunque no habría ceremonia de firma de la ley a la que pudiese asistir, ni público que se pusiese en pie para aplaudirle, sentí que esa discreta actuación en conciencia de mi amiga, en no menor medida que la de Mike Mullen, era un paso más hacia un país mejor.

Nuestro fracaso en el intento de que se aprobase la Ley DREAM fue un trago amargo. Aun así, a todos en la Casa Blanca nos reconfortó pensar que habíamos logrado sacar adelante la sesión de pato cojo más notable de la historia moderna. En seis semanas, entre la Cámara y el Senado habían sumado unos extraordinarios cuarenta y ocho días en sesión y habían promulgado noventa y nueve leyes, más de una cuarta parte de todas las promulgadas por el 111.º Congreso en más de dos años. No solo eso, sino que el público parecía haberse percatado de la explosión de productividad del Congreso. Axe nos informó de un aumento continuado tanto de la confianza de los consumidores como de mi índice de aprobación; no porque mi mensaje o mis políticas hubiesen cambiado, sino porque Washington había hecho un montón de cosas. Era como si durante mes y medio la democracia hubiese vuelto a ser normal, con el habitual toma y daca entre los partidos, el tira y afloja de los grupos de interés, los pros y los contras de las cesiones. Me pregunté qué otras cosas podríamos haber conseguido, y cuánto más podríamos haber avanzado en la recuperación económica si hubiese reinado un ambiente semejante desde el inicio de mi mandato.

SÉPTIMA PARTE

En la cuerda floja

25

Si a finales de 2010 alguien me hubiera preguntado dónde había más posibilidades de que se produjera la siguiente gran crisis en Oriente Próximo, le podría haber ofrecido un amplio abanico de opciones. Por supuesto, estaba Irak, donde, a pesar de los progresos, a menudo parecía que solo hacía falta una bomba en un mercado o un ataque de una milicia para regresar al caos. Las sanciones internacionales que habíamos impuesto a Irán en respuesta a su programa nuclear habían empezado a hacer estragos, y cualquier desafío o desesperación por parte del régimen podían desembocar en un enfrentamiento que acabara descontrolándose. Yemen, uno de los verdaderos ejemplos mundiales de mala suerte, se había convertido en el cuartel general de Al Qaeda en la península Arábiga, que en aquel momento era la sección más mortífera y activa de la red terrorista.

Y luego estaban los escasos centenares de kilómetros de frontera serpenteante y disputada que separaban Israel de los territorios palestinos de Cisjordania y la franja de Gaza.

Mi Administración no era en modo alguno la primera que perdía el sueño por aquellos relativamente angostos territorios. El conflicto entre árabes y judíos era una herida abierta en la región desde hacía casi un siglo. Se remontaba a la Declaración Balfour de 1917, en la que los británicos, que en aquel momento ocupaban Palestina, se comprometieron a crear un «hogar nacional para el pueblo judío» en una zona ocupada mayoritariamente por árabes. Durante los veinte años posteriores, los líderes sionistas movilizaron una oleada de migración judía a Palestina y organizaron unas fuerzas armadas bien entrenadas para defender sus asentamientos. En 1947, después de la Segunda Guerra Mundial y a la sombra de los atroces crímenes del Holocausto, Naciones Unidas aprobó un plan de partición para crear dos estados soberanos, uno judío y el otro árabe, y Jerusalén, una ciudad considerada sagrada por musulmanes, cristianos y judíos, que sería gobernada por un organismo internacional. Los líderes sionistas aceptaron el plan, pero los palestinos árabes, así como las naciones árabes circundantes que también acababan de salir de un gobierno colonial, se opusieron enérgicamente. Cuando Gran Bretaña se retiró, ambos bandos entraron en guerra de inmediato. Y, cuando las milicias judías se alzaron victoriosas en 1948, nació de manera oficial el Estado de Israel.

Para el pueblo judío era la consecución de un sueño, un estado propio en su patria histórica tras siglos de exilio, persecución religiosa y los horrores del Holocausto, más recientes. Pero, para unos setecientos mil palestinos árabes que perdieron su estado y fueron expulsados de sus tierras, aquellos mismos acontecimientos formarían parte de lo que se dio a conocer como la Nakba, o «catástrofe». Durante tres décadas, Israel iniciaría una sucesión de conflictos con sus vecinos árabes, el más destacado de ellos fue la guerra de los Seis Días de 1967, en la que un ejército israelí, en clara inferioridad numérica, derrotó a los de Egipto, Jordania y Siria. En el proceso, Israel arrebató el control de Cisjordania y Jerusalén Este a Jordania, el de la franja de Gaza y la península del Sinaí a Egipto y el de los Altos del Golán a Siria. El recuerdo de aquellas derrotas y la humillación que las acompañó se convirtió en un aspecto definitorio del nacionalismo árabe, y el apoyo a la causa palestina sería un dogma fundamental de su política exterior.

Entre tanto, los palestinos que vivían en los territorios ocupados, la mayoría en campos de refugiados, eran gobernados por las Fuerzas de Defensa de Israel (FDI). Sus movimientos y actividad económica se vieron gravemente restringidos, lo cual motivó llamamientos a la resistencia armada y provocó el auge de la Organización para la Liberación de Palestina (OLP). Los políticos árabes denunciaban con frecuencia a Israel, a menudo utilizando términos explícitamente antisemitas, y la mayoría de los gobiernos de la región ensalzaban a Yaser Arafat, el presidente de la OLP, como un combatiente por la libertad, pese a que su organización y sus afiliados participaban en sangrientos atentados terroristas cada vez más numerosos contra civiles desarmados.

Estados Unidos no era un mero observador en todo aquello. Generaciones de judíos estadounidenses habían sufrido discriminación en su propio país, pero, estos y otros judíos que inmigraron a Israel desde Occidente aún compartían un idioma, tradiciones y la apariencia en general con sus compatriotas cristianos, y en comparación con los árabes, todavía gozaban de mucha más simpatía entre sus conciudadanos. Harry Truman había sido el primer líder extranjero en reconocer formalmente a Israel como Estado soberano, y la comunidad judía estadounidense presionó a las autoridades para que ayudaran a la incipiente nación. Puesto que las dos superpotencias de la Guerra Fría competían por la influencia en Oriente Próximo, Estados Unidos se convirtió en el principal mecenas de Israel y, en consecuencia, los problemas de este con sus vecinos también se convirtieron en problemas para Estados Unidos.

Desde entonces, casi todos los presidentes estadounidenses habían intentado resolver el conflicto árabe-israelí con desigual fortuna. Los históricos acuerdos de Camp David, negociados en 1978 por Jimmy Carter, consiguieron una paz duradera entre Israel y Egipto, que recuperó el control del Sinaí. El acuerdo, que supuso el Premio Nobel de la Paz para Menachem Begin, el primer ministro israelí, y Anwar el-Sadat, el presidente egipcio, también alejó más a Egipto de la órbita soviética y convirtió a ambos países en socios de seguridad cruciales para Estados Unidos (además de los mayores receptores de ayuda económica y militar estadounidense en el mundo por un amplio margen). Pero la cuestión palestina quedó por resolver. Quince años después, tras el fin de la Guerra Fría y en el apogeo de la influencia estadounidense, Bill Clinton reunió al primer ministro israelí Yitzhak Rabin y a Arafat para firmar el primer acuerdo de Oslo. En él, la OLP reconocía finalmente el derecho de Israel a existir, mientras que Israel reconocía a la OLP como representante legítimo del pueblo palestino y aceptaba la creación de la Autoridad Palestina, que ejercería un gobierno limitado pero importante en Cisjordania y la franja de Gaza.

Además de permitir que Jordania siguiera el ejemplo de Egipto y rubricara un acuerdo de paz con Israel, el acuerdo de Oslo ofreció un marco para la posterior creación de un Estado palestino autónomo, que, en condiciones idóneas, coexistiría con un Israel seguro y en paz con sus vecinos. Pero las viejas heridas y la tentación de la violencia en detrimento del compromiso entre ambas facciones fueron demasiado. Rabin fue asesinado por un israelí de extrema derecha en 1995. Shimon Peres, su

sucesor liberal, ocupó el cargo durante siete meses y perdió unas elecciones anticipadas ante Benjamin «Bibi» Netanyahu, el líder del Likud, un
partido de derechas cuyo programa incluyó en su día la anexión total de
los territorios palestinos. Descontentas con los acuerdos de Oslo, organizaciones de línea dura como Hamás y la Yihad Islámica Palestina se
propusieron minar la credibilidad de Arafat y su partido, Fatah, entre los
palestinos e hicieron un llamamiento a la lucha armada para recuperar
territorios árabes y empujar a Israel hacia el mar.

Cuando Netanyahu fue derrotado en las elecciones de 1999, Ehud
Barak, un sucesor más liberal, trató de instaurar una paz más generalizada
en Oriente Próximo e incluso trazó una solución de dos estados que iba
más allá que cualquier propuesta israelí anterior. Sin embargo, Arafat
exigió más concesiones, y las conversaciones acabaron degenerando en
reproches. Mientras tanto, un día de septiembre de 2000, Ariel Sharon,
líder del partido Likud, encabezó a un grupo de legisladores israelíes en
una visita deliberadamente provocadora, y muy publicitada, a uno de los
lugares más sagrados del islam, la explanada de las Mezquitas de Jerusalén. Fue un ardid concebido para reafirmar los derechos de Israel en todo
el territorio que cuestionó el liderazgo de Ehud Barak y enfureció a árabes de todo el mundo. Cuatro meses después, Sharon se convirtió en el siguiente primer ministro israelí y desencadenó lo que sería la Segunda In-
tifada: cuatro años de violencia entre ambos bandos, marcados por gas
lacrimógeno y balas de goma dirigidos contra manifestantes que lanzaban
piedras; terroristas suicidas que hicieron estallar sus cuerpos frente a una
discoteca israelí y en autobuses que llevaban a ancianos y colegiales; mortíferas represalias de las FDI y la detención indiscriminada de miles de
palestinos; así como cohetes de Hamás lanzados desde Gaza a ciudades
fronterizas israelíes, lo cual tuvo por respuesta la destrucción de barrios
enteros por helicópteros Apache de ataque israelíes proporcionados por
Estados Unidos.

Alrededor de mil israelíes y tres mil palestinos murieron en ese periodo, incluidas docenas de niños, y cuando amainó la violencia en 2005,
las posibilidades de resolver el conflicto subyacente habían cambiado por
completo. El interés de la Administración Bush en Irak, Afganistán y la
guerra contra el terrorismo dejaba poco margen a la preocupación por
la paz en Oriente Próximo y, si bien Bush respaldaba oficialmente la solución de dos estados, era reacio a presionar a Sharon. En público, Arabia

Saudí y otros estados del Golfo seguían prestando apoyo a la causa palestina pero cada vez les preocupaba más limitar la influencia iraní y erradicar amenazas extremistas para sus regímenes. Los propios palestinos se habían dividido tras la muerte de Arafat en 2004: Gaza quedó bajo el control de Hamás y pronto se vio sometida a un duro bloqueo israelí, mientras que la Autoridad Palestina liderada por Fatah, que seguía gobernando Cisjordania, era considerada, incluso por algunos de sus partidarios, como una organización ineficaz y corrupta.

Lo más importante era que las actitudes israelíes hacia las conversaciones de paz se habían endurecido, en parte porque la paz ya no parecía tan crucial para garantizar la seguridad y prosperidad del país. El Israel de los años sesenta que seguía grabado en el imaginario popular, con sus comunas *kibutz* y el racionamiento periódico de suministros básicos, se había convertido en una potencia económica moderna. Ya no era el intrépido David rodeado de Goliats hostiles; gracias a decenas de miles de millones de dólares en ayuda militar estadounidense, las fuerzas armadas israelíes no tenían rival en la región. Los atentados terroristas y los ataques en Israel prácticamente habían cesado, en parte gracias a que este había erigido entre su país y los centros de población palestinos de Cisjordania un muro de más de 640 kilómetros, puntuado por controles ubicados estratégicamente para vigilar la entrada y salida de trabajadores palestinos de Israel. De vez en cuando, el lanzamiento de misiles desde Gaza seguía poniendo en peligro a los habitantes de las ciudades fronterizas de Israel, y la presencia de colonos judíos israelíes en Cisjordania en ocasiones desencadenaba refriegas mortíferas. Pero, para la mayoría de los residentes de Jerusalén o Tel Aviv, los palestinos eran prácticamente invisibles y sus dificultades y resentimientos algo inquietante pero remoto.

Considerando todo lo que ya tenía entre manos cuando fui elegido presidente, habría sido tentador hacer todo lo posible por gestionar el *statu quo*, aplastar cualquier nuevo brote de violencia entre facciones israelíes y palestinas y, por lo demás, ignorar el caos. Pero, teniendo en cuenta las preocupaciones más generales en política exterior, llegué a la conclusión de que no podía seguir ese rumbo. Israel continuaba siendo un aliado clave para Estados Unidos y, aunque las amenazas se habían reducido, aún sufría atentados terroristas que representaban un peligro para los miles de estadounidenses que vivían o viajaban allí. Al mismo tiempo, casi todos los países del mundo consideraban que la ocupación permanente de los territorios palestinos era una violación de la ley internacional. A consecuencia de ello, nuestros diplomáticos se hallaban en la incómoda posición de tener que defender a Israel por acciones a las cuales nos oponíamos. Las autoridades estadounidenses también tenían que explicar por qué no era una hipocresía que presionáramos a países como China o Irán por su historial de derechos humanos a la vez que mostrábamos escaso interés en los derechos de los palestinos. Mientras tanto, la ocupación israelí seguía enfureciendo a la comunidad árabe y alimentando sentimientos antiamericanos en todo el mundo musulmán.

En otras palabras, la ausencia de paz entre Israel y los palestinos hacía que Estados Unidos estuviera menos seguro. Negociar una solución factible entre ambos bandos, en cambio, fortalecería nuestra situación de seguridad, debilitaría a nuestros enemigos y nos otorgaría más credibilidad en la defensa de los derechos humanos en el mundo entero, todo ello de una vez.

En realidad, el conflicto palestino-israelí también me afectaba personalmente. Algunas de las primeras lecciones morales que recibí de mi madre giraban en torno al Holocausto, una catástrofe inconcebible que, al igual que la esclavitud, aseguraba ella, tuvo su origen en la incapacidad o falta de voluntad para reconocer la humanidad de otros. Como muchos niños estadounidenses de mi generación, llevaba la idea del éxodo grabada a fuego. En sexto curso, idealicé el Israel que me describió un monitor de campamento judío que había vivido en un *kibutz*, un lugar donde, dijo, todos eran iguales, todos colaboraban y todos podían compartir las alegrías y dificultades de reparar el mundo. En el instituto había devorado las obras de Philip Roth, Saul Bellow y Norman Mailer, conmovido por historias de hombres que trataban de encontrar su lugar en un Estados Unidos que no los acogía. Más tarde, al estudiar los primeros movimientos por los derechos civiles en la universidad, me interesé por la influencia de filósofos judíos como Martin Buber en los sermones y escritos de Martin Luther King. Admiraba el hecho de que, en todos los ámbitos, los votantes judíos tendieran a ser más progresistas que cualquier otro grupo étnico y, en Chicago, algunos de mis amigos y partidarios más incondicionales provenían de la comunidad judía de la ciudad.

Creía que existía un vínculo esencial entre las experiencias negra y judía, una historia común de exilio y sufrimiento que en última instancia podría redimirse con una sed compartida de justicia, una mayor compasión por los demás y un mayor sentido de la comunidad. Ello me hacía un firme defensor del derecho del pueblo judío a poseer un Estado propio aunque, irónicamente, debido a esos mismos valores comunes, me era imposible ignorar las condiciones en las que se veían obligados a vivir los palestinos de los territorios ocupados.

Sí, muchas tácticas de Arafat habían sido abominables. Sí, con demasiada frecuencia, los líderes palestinos habían perdido oportunidades para instaurar la paz; no había un Havel o un Gandhi que espolearan un movimiento no violento con fuerza moral para influir en la opinión pública israelí. Y, sin embargo, nada de eso negaba el hecho de que millones de palestinos carecían de autodeterminación y de muchos de los derechos básicos de que disfrutaban incluso los ciudadanos de países no democráticos. Varias generaciones estaban criándose en un mundo hambriento y reducido del que literalmente no podían escapar. Su vida cotidiana estaba sometida a los caprichos de una autoridad distante y a menudo hostil y a las sospechas de cada soldado de rostro impasible que, armado con un rifle, exigía ver su documentación en cada control por el que pasaban.

Pero, cuando ocupé el cargo, la mayoría de los republicanos del Congreso habían dejado de fingir que les preocupaba la suerte que corrieran los palestinos. De hecho, buena parte de los evangélicos blancos, el bloque de votantes más fiable de los republicanos, creían que la creación y ampliación gradual de Israel cumplía la promesa de Dios a Abraham y presagiaba el retorno de Cristo. En el bando demócrata, ni siquiera los progresistas acérrimos estaban dispuestos a parecer menos a favor de Israel que los republicanos, sobre todo porque muchos de ellos eran judíos o representaban a grandes circunscripciones judías.

Asimismo, a miembros de ambos partidos les preocupaba irritar al Comité de Asuntos Públicos Estados Unidos-Israel (AIPAC, por sus siglas en inglés), un poderoso grupo de interés bipartidista dedicado a garantizar el apoyo inquebrantable de Estados Unidos a Israel. La influencia del AIPAC podía aplicarse a casi todos los distritos del Congreso que había en el país y prácticamente todos los políticos de Washington, yo incluido, tenían a miembros del AIPAC entre sus principales partidarios y donantes. En el pasado, la organización daba cabida a todo un espectro de opiniones sobre la paz en Oriente Próximo e insistía sobre todo en que quienes buscaran su apoyo debían respaldar el mantenimiento de la ayuda estadounidense a Israel y oponerse a las campañas para aislar o condenar a este último por medio de Naciones Unidas y otros organismos internacionales. Pero, igual que la política israelí se había escorado a la derecha, también lo habían hecho las posiciones políticas del AIPAC. Sus miembros y líderes argumentaban cada vez con más insistencia que los gobiernos estadounidense e israelí debían fortalecer su alianza aunque Israel emprendiera acciones contrarias a las políticas de Estados Unidos. Quienes criticaban la política israelí con demasiada estridencia se arriesgaban a ser tachados de «antisraelíes» (y posiblemente de antisemitas) y se enfrentaban a un oponente bien financiado en las próximas elecciones.

Yo mismo me había visto afectado en algunos aspectos durante mi campaña presidencial, ya que ciertos seguidores judíos afirmaban haber tenido que responder en sus sinagogas y en cadenas de correos electrónicos a acusaciones de que yo no respaldaba suficientemente a Israel o de que incluso era hostil hacia el país. No atribuían esas campañas de rumores a ninguna postura que yo hubiera adoptado (mi apoyo a la solución de dos estados y mi oposición a los asentamientos israelíes eran idénticos a las posturas de los otros candidatos), sino a mis manifestaciones de preocupación por los palestinos de a pie; a mis amistades con ciertos detractores de la política israelí, incluyendo a un activista y estudioso de Oriente Próximo llamado Rashid Khalidi; y al hecho de que, tal como dijo Ben Rhodes con rotundidad, era «un hombre negro con nombre musulmán que vivía en el mismo barrio que Louis Farrakhan e iba a la iglesia de Jeremiah Wright». El día de las elecciones acabé recibiendo más del 70 por ciento del voto judío, pero, para muchos miembros de la junta del AIPAC, yo seguía siendo sospechoso, un hombre con lealtades divididas, alguien cuyo apoyo a Israel, tal como lo expresó ocurrentemente un amigo de Axe, no «sentía en sus *kishkes*», o «entrañas» en yidis.

«La paz no progresa», me había advertido Rahm en 2009, «cuando el presidente estadounidense y el primer ministro israelí tienen orígenes políticos distintos». Habíamos estado hablando del reciente retorno de Bibi Netanyahu como primer ministro de Israel después de que el Likud lograra formar un Gobierno de coalición de corte derechista, a pesar de haber conseguido un escaño menos que su principal opositor, el partido más de centro Kadima. Rahm, que durante un corto espacio de tiempo había sido voluntario civil en el ejército israelí y había ocupado la primera fila en las negociaciones de Bill Clinton en Oslo, estaba de acuerdo en que debíamos intentar retomar las conversaciones de paz entre Israel y Palestina, aunque solo fuera porque eso podía impedir que la situación empeorara. Pero Rahm no era optimista y, cuanto más tiempo pasaba yo con Netanyahu y Mahmud Abás, su homólogo palestino, más entendía por qué.

Con su constitución de *linebacker*, su mandíbula cuadrada, sus rasgos marcados y su cortinilla gris, Netanyahu era un hombre inteligente, astuto y duro, y podía comunicarse fluidamente en hebreo e inglés (había nacido en Israel, pero pasó gran parte de sus años formativos en Filadelfia, y su pulido tono de barítono dejaba entrever rastros del acento de esa ciudad). Su familia tenía profundas raíces en el movimiento sionista: su abuelo, un rabino, emigró de Polonia a la Palestina gobernada por los británicos en 1920, y su padre, un profesor de historia conocido sobre todo por sus escritos sobre la persecución de los judíos por parte de la Inquisición española, se convirtió en un líder del ala más militante del movimiento antes de la fundación de Israel. Aunque se había criado en una familia laica, Netanyahu heredó la devoción de su padre por la defensa de Israel. Había sido miembro de una unidad de las fuerzas especiales de las FDI y en 1973 combatió en la guerra del Yom Kippur. En 1976, su hermano había muerto heroicamente en la legendaria operación Entebbe, en la que unos comandos israelíes rescataron a ciento dos pasajeros tras el secuestro de un vuelo de Air France a manos de unos terroristas palestinos.

Era más difícil saber si Netanyahu había heredado también la irrefrenable hostilidad de su padre hacia los árabes («La tendencia al conflicto está en la esencia del árabe. Es enemigo por naturaleza. Su personalidad no le permite ningún compromiso o acuerdo»). Lo que estaba claro era que había construido todo su personaje político en torno a una imagen de fortaleza y al mensaje de que los judíos no podían permitirse falsas piedades, de que vivían en un barrio conflictivo y por tanto debían ser duros. Esa filosofía lo alineaba claramente con los miembros más extremistas del AIPAC, así como algunas autoridades republicanas y estadounidenses adinerados de derechas. Netanyahu podía ser encantador, o al menos solícito, cuando le convenía; por ejemplo, había insistido mucho en reunirse conmigo en un vestíbulo del aeropuerto de Chicago poco después de que me eligiesen como senador, y me elogió por un intrascendente proyecto de ley a favor de Israel que yo había apoyado en la legislatura del estado de Illinois. Pero su visión de sí mismo como máximo defensor del pueblo judío contra las calamidades le permitía justificar casi cualquier cosa que lo mantuviera en el poder, y su conocimiento de la política y los medios de comunicación estadounidenses le infundían confianza en que podría resistir las presiones que pudiera ejercer una Administración demócrata como la mía.

Mis primeras conversaciones con Netanyahu, tanto por teléfono como durante sus visitas a Washington, habían ido bastante bien pese a nuestras visiones tan distintas del mundo. Le interesaba especialmente hablar sobre Irán, que veía, y con razón, como la mayor amenaza para la seguridad de Israel, y acordamos coordinar esfuerzos para impedir que Teherán obtuviera armas nucleares. Pero, cuando planteé la posibilidad de retomar las conversaciones de paz con los palestinos, respondió con claras evasivas.

«Quiero asegurarle que Israel desea la paz —dijo Netanyahu—. Pero una paz verdadera debe satisfacer las necesidades de seguridad de Israel.» Me dijo que creía que Abás era reacio o incapaz de alcanzarla, y que eso era algo que pensaba enfatizar en público.

Entendía su argumento. Si la negativa de Netanyahu a entablar conversaciones de paz nacía de la creciente fortaleza de Israel, la renuencia del presidente palestino Abás obedecía a la debilidad política. Este, con cabello y bigote blancos, una actitud apacible y movimientos pausados, había ayudado a Arafat a fundar el partido Fatah, que más tarde se convertiría en la formación dominante de la OLP, y pasó gran parte de su carrera gestionando iniciativas diplomáticas y administrativas a la sombra del carismático presidente. Era la opción preferida de Estados Unidos e Israel para liderar a los palestinos tras la muerte de Arafat, en gran parte debido a su reconocimiento inequívoco de Israel y su duradera renuncia a la violencia. Pero su cautela innata y su voluntad de cooperar con el aparato de seguridad israelí, así como los persistentes rumores de nepotismo y corrupción en su Administración, habían dañado su reputación ante su pueblo. Después de perder el control de Gaza frente a Hamás en las elecciones legislativas del 2006, veía las conversaciones de paz con Israel como un riesgo que no merecía la pena correr, al menos sin algunas concesiones tangibles que le otorgaran protección política.

La pregunta inmediata era cómo convencer a Netanyahu y Abás de que se sentaran a la mesa de negociaciones. Al buscar respuestas, recurrí a un talentoso grupo de diplomáticos, empezando por Hillary, quien conocía bien estos problemas y ya había mantenido relación con muchos de los actores principales de la región. Para subrayar la elevada prioridad que otorgaba a la cuestión, nombré a George Mitchell, exlíder de la mayoría en el Senado, enviado especial para la paz en Oriente Próximo. Era una vuelta al pasado, un político agresivo y pragmático con un marcado acento de Maine que había demostrado sus aptitudes pacificadoras al negociar el Acuerdo de Viernes Santo en 1998, que puso fin a décadas de conflicto entre católicos y protestantes en Irlanda del Norte.

Empezamos solicitando un cese temporal de la construcción de nuevos asentamientos israelíes en Cisjordania, un escollo importante entre ambas partes, para que las negociaciones pudieran llevarse a cabo con seriedad. Con el tiempo, la construcción de asentamientos, en su día limitada a pequeños reductos de creyentes religiosos, se había convertido en una política gubernamental *de facto* y, en 2009, había unos trescientos mil colonos israelíes viviendo fuera de las fronteras reconocidas del país. Por su parte, los constructores seguían levantando ordenadas subdivisiones en y alrededor de Cisjordania y Jerusalén Este, la zona disputada y predominantemente árabe de la ciudad que los palestinos esperaban convertir algún día en su capital. Todo ello se hizo con la bendición de unos políticos que, o bien compartían las convicciones religiosas del movimiento colono, o bien veían un beneficio político en apoyarlos, o bien estaban interesados en reducir la escasez de viviendas en Israel. Para los palestinos, la explosión de asentamientos representaba una anexión a cámara lenta de su tierra y un símbolo de la impotencia de la Autoridad Palestina.

Sabíamos que Netanyahu probablemente se resistiría a la idea de detener las construcciones. Los colonos se habían convertido en una fuerza política relevante y su movimiento estaba bien representado en el Gobierno de coalición. Además, este se quejaba de que el gesto de buena fe que pediríamos a cambio a los palestinos (que Abás y la Autoridad Palestina dieran pasos tangibles para dejar de incitar la violencia en Cisjordania) era mucho más difícil de medir. Pero, dada la asimetría de poder entre Israel y los palestinos (no había mucho que Abás pudiera dar a los israelíes que estos no pudieran coger ellos mismos), me pareció razonable pedir a la parte más fuerte que diera un primer paso de mayor envergadura hacia la paz.

Como cabía esperar, la respuesta inicial de Netanyahu a la propuesta de frenar la creación de asentamientos fue sin duda alguna negativa, y sus aliados de Washington no tardaron en acusarnos públicamente de debilitar la alianza entre Estados Unidos e Israel. Los teléfonos de la Casa Blanca empezaron a sonar sin parar mientras los miembros de mi equipo de seguridad nacional atendían llamadas de periodistas, líderes de organizaciones judías estadounidenses, simpatizantes destacados y miembros del Congreso que se preguntaban por qué acosábamos a Israel y nos centrábamos en los asentamientos cuando todo el mundo sabía que la violencia palestina era el principal impedimento para la paz. Una tarde, Ben llegó con retraso a una reunión y parecía especialmente agobiado después de haberse pasado casi una hora al teléfono con un congresista demócrata liberal que estaba muy nervioso.

—Yo creía que se oponía a los asentamientos —dije.

—Así es —repuso Ben—. Y también se opone a que hagamos algo para que cesen los asentamientos.

Esta clase de presión se prolongó casi todo 2009, como también lo hicieron las preguntas sobre mis *kishkes*. Periódicamente, invitábamos a líderes de organizaciones judías o miembros del Congreso a la Casa Blanca para que se reunieran conmigo y mi equipo y pudiéramos corroborarles nuestro férreo compromiso con la seguridad de Israel y su relación con Estados Unidos. No era un argumento difícil de exponer; pese a mis diferencias con Netanyahu en cuanto al cese de la construcción de asentamientos, había cumplido mi promesa de incrementar la cooperación entre Estados Unidos e Israel en todo el mundo, trabajando para contrarrestar la amenaza iraní y financiar el futuro desarrollo de la Cúpula de Hierro, un sistema de defensa que permitiría a Israel abatir misiles de fabricación siria llegados desde Gaza o desde posiciones de Hezbolá en Líbano. No obstante, el ruido orquestado por Netanyahu tuvo el efecto deseado de agotar el tiempo, ponernos a la defensiva y recordarme que unas diferencias políticas normales con un primer ministro israelí, aun presidiendo un frágil Gobierno de coalición, tenían un coste para la política nacional que no existía cuando trataba con Reino Unido, Alemania, Francia, Japón, Canadá o cualquiera de nuestros principales aliados.

Pero, poco después de pronunciar mi discurso en El Cairo a principios de junio de 2009, Netanyahu abrió la puerta al progreso respondiendo con otro discurso en el que declaró por primera vez su apoyo condicional a una solución de dos estados. Y, tras meses de discusiones, él y Abás finalmente aceptaron acompañarme en una reunión cara a cara aprovechando una visita a la ciudad para la reunión anual de líderes en la Asamblea General de Naciones Unidas a finales de septiembre. Ambos fueron corteses (Netanyahu hablador y físicamente cómodo, Abás casi siempre inexpresivo, salvo cuando asentía de vez en cuando), pero se mostraron indiferentes cuando los alenté a correr ciertos riesgos por la paz. Dos meses después, Netanyahu aceptó imponer una moratoria de diez meses a la concesión de nuevos permisos de asentamiento en Cisjordania. Y se negó significativamente a ampliar la moratoria a las construcciones en Jerusalén Este.

El optimismo que pude sentir, concesión de Bibi, duró poco. En cuanto Netanyahu anunció el paro temporal, Abás lo tachó de insignificante, protestando por la exclusión de Jerusalén Este y por el hecho de que la construcción de proyectos ya aprobados continuara a buen ritmo. Insistió en que, de no producirse un cese total, no participaría en ninguna conversación. Otros líderes árabes se hicieron eco de esos sentimientos, animados en parte por la línea editorial de Al Jazeera, la cadena controlada por Qatar que se había convertido en el medio dominante en la región tras cimentar su popularidad avivando las llamas de la ira y el resentimiento entre árabes con la misma precisión algorítmica que Fox News desplegaba tan hábilmente entre los votantes blancos conservadores de Estados Unidos.

La situación no hizo sino empeorar en marzo de 2010, cuando, durante una visita de Joe Biden a Israel en una misión de buena voluntad, el Ministerio del Interior israelí anunció la concesión de permisos para la construcción de mil seiscientas nuevas viviendas en Jerusalén Este. Aunque Netanyahu insistió en que él no tenía nada que ver con el momento en que se habían aprobado los permisos, entre los palestinos la iniciativa reforzó la percepción de que la moratoria era una farsa y Estados Unidos formaba parte de ella. Pedí a Hillary que llamara a Netanyahu y le comunicara que no estaba satisfecho, y reiteramos nuestro consejo de que su Gobierno restringiera más la ampliación de los asentamientos. Su respuesta, pronunciada en la conferencia anual del AIPAC en Washington aquel mismo mes, fue declarar entre aplausos atronadores: «Jerusalén no es un asentamiento. Es nuestra capital».

Al día siguiente, Netanyahu y yo nos reunimos en la Casa Blanca.

Restando importancia a la creciente tensión, acepté la ficción de que el anuncio de la concesión de permisos había sido un simple malentendido, y la conversación fue bien durante el tiempo asignado. Puesto que yo tenía otro compromiso y a Netanyahu le quedaban algunos asuntos que tratar conmigo, propuse que hiciéramos una pausa y retomáramos la charla al cabo de una hora. Mientras tanto, su delegación se reagruparía en la sala Roosevelt. Netanyahu dijo que no tenía problema en esperar y, tras esa segunda sesión, acabamos la velada en términos cordiales después de más de dos horas de reunión. Sin embargo, al día siguiente, Rahm irrumpió en la oficina diciendo que los medios aseguraban que había despreciado deliberadamente a Netanyahu haciéndolo esperar, lo cual suscitó acusaciones de que había permitido que un rencor personal dañara la vital relación entre Estados Unidos e Israel.

Aquella fue una de las raras veces en que maldije más que Rahm.

Volviendo la vista atrás, a veces pienso en cómo afectan las características particulares de los líderes al devenir de la historia; en si los que ascendemos al poder somos meros conductos para las corrientes profundas e inexorables de los tiempos o en si al menos somos en parte artífices de lo que está por venir. Me pregunto si nuestras inseguridades y esperanzas, nuestros traumas de infancia o nuestros recuerdos de bondad inesperada poseen tanta fuerza como cualquier cambio tecnológico o tendencia socioeconómica. Me pregunto si una presidenta Hillary Clinton o un presidente John McCain habrían despertado más confianza en ambos bandos, si las cosas habrían sido distintas si otro hubiera ocupado el puesto de Netanyahu como primer ministro o si Abás hubiera sido más joven y hubiera estado más predispuesto a dejar huella que a protegerse de las críticas.

Lo que sí sé es que, a pesar de las horas que pasaron Hillary Clinton y George Mitchell haciendo diplomacia itinerante, nuestros planes para las conversaciones de paz no fueron a ninguna parte hasta que, a finales de agosto de 2010 y solo un mes antes de que expirara el cese de las construcciones, Abás finalmente aceptó mantener conversaciones directas, gracias en buena parte a la intervención del presidente egipcio, Hosni Mubarak, y el rey de Jordania, Abdalá. Sin embargo, condicionó su participación a la voluntad de Israel de mantener vigente el cese, el mismo cese que en los nueve meses anteriores había tildado de inútil.

Sin tiempo que perder, organizamos que Netanyahu, Abás, Mubarak y Abdalá vinieran a reunirse conmigo en cena íntima en la Casa Blanca el 1 de septiembre para iniciar las conversaciones. El día fue eminentemente ceremonial; la dura tarea de sacar adelante un acuerdo recaería en Hillary, Mitchell y los equipos negociadores. Aun así, lo engalanamos todo con *photocalls*, ruedas de prensa y toda la ostentación que pudimos, y el ambiente entre los cuatro líderes fue de amabilidad y camaradería en todo momento. Todavía conservo una fotografía de los cinco consultando el reloj del presidente Mubarak para comprobar que el sol se había puesto oficialmente, ya que era el mes del Ramadán y teníamos que confirmar que el ayuno religioso había terminado antes de sentarnos a cenar.

Bajo la suave luz del antiguo comedor familiar, cada uno expuso su visión para el futuro. Hablamos de predecesores como Begin, Sadat, Rabin y el rey Husein de Jordania, que tuvo el coraje y la sabiduría de salvar viejas diferencias. Hablamos de los costes de un conflicto interminable, de los padres que nunca volvían a casa y de las madres que habían enterrado a sus hijos.

Para un simple observador, podía parecer un momento de esperanza, el comienzo de algo nuevo.

Pero, una vez terminada la cena, cuando los líderes volvieron a sus hoteles y me senté en la sala de los Tratados a repasar los informes del día, no puede evitar sentir una leve inquietud. Los discursos, las conversaciones banales y la familiaridad: todo parecía demasiado cómodo, casi ritualizado, una actuación en la que cada uno de los cuatro líderes probablemente había participado en docenas de ocasiones, diseñada para aplacar al último presidente estadounidense que pensaba que las cosas podían cambiar. Los imaginé estrechándose la mano después, como actores que se quitan el disfraz y el maquillaje entre bastidores antes de regresar al mundo que conocían: uno en el que Netanyahu podía achacar la ausencia de paz a la debilidad de Abás a la vez que hacía todo lo posible para que siguiera siendo débil; uno en el que Abás podía acusar públicamente a Israel de crímenes de guerra mientras negociaba contratos empresariales con los israelíes, y uno en el que los líderes árabes podían lamentarse de las injusticias que padecían los palestinos por la ocupación a la vez que sus fuerzas de seguridad internas aplastaban despiadadamente a los disidentes e insatisfechos que podían poner en peligro el poder que ostentaban. Y pensé en todos los niños, ya fuera en Gaza, en asentamientos israelíes o en las esquinas de El Cairo y Amán, que crecerían conociendo más que nada la violencia, la coacción, el miedo y el fomento del odio porque, en el fondo, ninguno de los líderes con los que me había reunido creían que fuera posible otra cosa.

Un mundo sin ilusiones. Así lo llamarían.

Israelíes y palestinos acabarían reuniéndose solo en dos ocasiones para mantener conversaciones de paz directas: una vez en Washington, el día después de la cena en la Casa Blanca, y doce días después, para una conversación en dos partes: cuando Mubarak acogió a los negociadores en la ciudad turística egipcia de Sharm el-Sheij antes de que el grupo se trasladara de nuevo a la residencia de Netanyahu en Jerusalén. Hillary y Mitchell informaron de que las conversaciones fueron sustanciales. En ellas, Estados Unidos ofreció estímulos a ambas partes, incluidos generosos paquetes de ayuda y hasta la posibilidad de liberar anticipadamente a Jonathan Pollard, un estadounidense condenado por espiar para Israel que se había convertido en un héroe para muchos israelíes de derechas.

Pero no sirvió de nada. Los israelíes se negaron a prolongar el cese de la construcción de asentamientos. Los palestinos se retiraron de las negociaciones. En diciembre de 2010, Abás amenazó con acudir a Naciones Unidas para solicitar el reconocimiento de un Estado palestino y a la Corte Penal Internacional para que juzgara a Israel por supuestos crímenes de guerra en Gaza. Netanyahu amenazó con hacer más difícil la vida a la Autoridad Palestina. George Mitchell intentó poner las cosas en perspectiva y me recordó que, durante las negociaciones para acabar con el conflicto en Irlanda del Norte, habían «tenido setecientos días malos y uno bueno». Aun así, parecía que, al menos a corto plazo, la puerta a un acuerdo de paz se había cerrado.

En los meses posteriores, pensé a menudo en mi cena con Abás, Netanyahu, Mubarak y el rey Abdalá, en aquella pantomima, en su falta de determinación. Insistir en que el viejo orden de Oriente Próximo se perpetuaría indefinidamente, creer que los hijos de la desesperación no se rebelarían contra quienes lo mantenían... Resultó que esa era la mayor ilusión de todas.

En la Casa Blanca habíamos debatido con frecuencia los desafíos a los que se enfrentaban a largo plazo el norte de África y Oriente Próximo.

Puesto que los petroestados no diversificaban sus economías, nos preguntábamos qué ocurriría cuando desaparecieran los ingresos del petróleo. Lamentábamos las restricciones impuestas a mujeres y niñas, unas restricciones que les impedían ir a la escuela, trabajar o, en algunos casos, incluso conducir. Comentábamos el crecimiento estancado y su impacto desproporcionado en las jóvenes generaciones de los países araboparlantes: los menores de treinta años representaban alrededor de un 60 por ciento de la población y sus índices de desempleo duplicaban a los del resto del mundo.

Nos preocupaba sobre todo la naturaleza autocrática y represiva de casi todos los gobiernos árabes, no solo la falta de una auténtica democracia, sino también el hecho de que quienes ostentaban el poder parecían no responsabilizarse en absoluto de la gente a la que gobernaban. Aunque las condiciones variaban de un país a otro, la mayoría de esos líderes ejercían su control por medio de una vieja fórmula despótica que conllevaba una participación y expresión política limitadas, una intimidación y vigilancia generalizadas a manos de la policía o los servicios de seguridad interna, unos sistemas judiciales disfuncionales y protecciones insuficientes para los procesos legales de garantías, elecciones amañadas (o inexistentes), un ejército arraigado, una intensa censura a la prensa y una corrupción descontrolada. Muchos de esos regímenes existían desde hacía décadas y sobrevivían gracias a apelaciones nacionalistas, creencias religiosas comunes, lazos tribales o familiares y redes clientelistas. Era posible que la represión de la disidencia, sumado a una inercia absoluta, bastara para mantenerlos un tiempo. Pero aunque nuestros organismos de espionaje se dedicaban principalmente a investigar las actividades de las redes terroristas y nuestros diplomáticos no siempre estaban en sintonía con lo que ocurría en «la calle árabe», detectábamos muestras de un descontento cada vez mayor entre los árabes de a pie, quienes, ante la falta de canales legítimos para expresar esa frustración, podían traer problemas. O, como le dije a Denis al regresar de mi primera visita a la región como presidente: «En algún momento, en algún lugar, las cosas estallarán».

¿Qué podíamos hacer con ese conocimiento? Ese era el problema. Durante al menos medio siglo, la política estadounidense en Oriente Próximo había consistido fundamentalmente en mantener la estabilidad, en impedir la alteración del suministro de petróleo y en evitar que las potencias adversarias (primero los soviéticos y luego los iraníes) acrecentaran su influencia. Después del 11-S, el antiterrorismo cobró protagonismo. Al perseguir esos objetivos, habíamos convertido a algunos autócratas en nuestros aliados. Al fin y al cabo, eran predecibles y su máximo interés era mantener el control. Albergaban nuestras bases militares y cooperaban con nuestros planes antiterroristas. Y, obviamente, hicieron muchos negocios con compañías estadounidenses. Gran parte de nuestro aparato de seguridad nacional en la región dependía de su cooperación y, en muchos casos, estaba sumamente involucrado con los suyos. De vez en cuando llegaba un informe del Pentágono o de Langley que recomendaba que la política estadounidense prestara más atención a los derechos humanos y los asuntos de gobierno al tratar con nuestros socios de Oriente Próximo. Pero entonces los saudíes ofrecían un dato clave que impedía que alguien instalara un artefacto explosivo en aviones de carga destinados a Estados Unidos o bien nuestra base naval en Baréin era crucial para gestionar una refriega con Irán en el estrecho de Ormuz, y esos informes quedaban relegados al fondo de un cajón. En todo el Gobierno estadounidense, la posibilidad de que una revuelta populista derrocara a uno de nuestros aliados había sido recibida históricamente con resignación. Sí, podía ocurrir, igual que un terrible huracán azotara la costa del Golfo o el terremoto Big One sacudiera California; pero, como no podíamos saber con exactitud cuándo ni dónde, y como tampoco teníamos medios para impedirlo, lo mejor era trazar planes de contingencia y prepararnos para afrontar las consecuencias.

Me gustaba pensar que mi Administración se resistía a ese fatalismo. Inspirándome en mi discurso en El Cairo, había aprovechado las entrevistas y las declaraciones públicas para alentar a los gobiernos de Oriente Próximo a escuchar la voz de los ciudadanos que pedían una reforma. En las reuniones con líderes árabes, mi equipo ponía frecuentemente los derechos humanos en la agenda. El Departamento de Estado trabajaba diligentemente entre bastidores para proteger a los periodistas, liberar a disidentes políticos y ampliar el espacio para la participación ciudadana.

Sin embargo, Estados Unidos apenas reprendía públicamente a aliados como Egipto o Arabia Saudí por sus violaciones de los derechos humanos. Era un hecho desafortunado, pero, debido a nuestras inquietudes por Irak, Al Qaeda e Irán, por no hablar de las necesidades de seguridad de Israel, había demasiado en juego como para arriesgarnos a romper relaciones. Aceptar ese tipo de realismo, me decía a mí mismo, formaba parte del trabajo. No obstante, a veces llegaba a mi mesa la historia de una activista por los derechos de las mujeres que era detenida en Riad, o leía acerca de un empleado de una organización internacional por los derechos humanos que estaba pudriéndose en una cárcel de El Cairo y me sentía afligido. Sabía que mi Administración jamás podría convertir Oriente Próximo en un oasis de democracia, pero creía que podíamos y debíamos hacer mucho más para fomentar un progreso hacia ella.

Fue en uno de esos estados anímicos cuando pude reservar tiempo para una comida con Samantha Power.

La conocí cuando estaba en el Senado, después de leer *Problema infernal: Estados Unidos en la era del genocidio*, su libro ganador del Pulitzer, un debate apasionado y sumamente razonado sobre la indiferente respuesta de Estados Unidos al genocidio y la necesidad de un liderazgo global más fuerte para impedir atrocidades de masas. En aquel momento, Samantha era profesora en Harvard y, cuando contacté con ella, aceptó con entusiasmo mi propuesta de que intercambiáramos ideas durante una cena la próxima vez que estuviera en Washington. Resultó que era más joven de lo que esperaba, unos treinta y cinco años. Era alta y desgarbada, pelirroja, con pecas, las pestañas gruesas y unos ojos grandes y casi tristes que formaban arrugas en las comisuras cuando se reía. También era intensa. Ella y su madre, de origen irlandés, habían emigrado a Estados Unidos cuando tenía nueve años. Jugó al baloncesto en el instituto, se licenció en Yale y cubrió la guerra de Bosnia como periodista independiente. Sus experiencias en el país, donde fue testigo de las matanzas y la limpieza étnica, la habían inspirado a obtener una licenciatura en Derecho con la esperanza de que eso le ofreciera las herramientas necesarias para sanar parte de la locura del mundo. Aquella noche, después de enumerarme una exhaustiva lista de los errores que había cometido Estados Unidos en materia de política exterior y que, insistía, había que corregir, le propuse que abandonara la torre de marfil y trabajara una temporada conmigo.

La conversación que entablamos en aquella cena continuó intermitentemente durante varios años. Samantha se incorporó a mi equipo en el Senado como asesora de política exterior y ofreció consejos en cuestiones como el genocidio que estaba produciéndose en Darfur. Trabajó en mi campaña presidencial, donde conoció a su futuro marido, mi amigo y más tarde zar legislativo Cass Sunstein, y se convirtió en una de nuestras principales sustitutas en política exterior (tuve que sentarla en el banquillo y apartarla de la campaña cuando, en lo que creía que era un *off the record* con un periodista, tildó a Hillary de «monstruo»). Después de las elecciones, le ofrecí un cargo de responsabilidad en el Consejo de Seguridad Nacional, donde desarrolló una excelente labor, casi siempre entre bastidores, incluido el diseño de una iniciativa global para aumentar la transparencia gubernamental y reducir la corrupción en países de todo el mundo.

Samantha era una de mis mejores amigas en la Casa Blanca. Al igual que Ben, evocaba mi idealismo de juventud, aquella parte de mí que todavía no se había visto afectada por el cinismo, los cálculos fríos o la cautela disfrazada de sabiduría. Y sospecho que, precisamente porque conocía esa faceta mía y sabía qué teclas pulsar, a veces me volvía loco. No la veía mucho en el día a día, y ese era parte del problema. Siempre que Samantha se hacía un hueco en mi calendario, se sentía obligada a recordarme todos los errores que aún no había subsanado («Y bien, ¿qué ideales hemos traicionado últimamente?», le preguntaba yo). Por ejemplo, quedó desolada cuando, durante el día de conmemoración del genocidio armenio, no mencioné explícitamente el genocidio armenio de principios del siglo XX a manos de los turcos (la necesidad de nombrar el genocidio de manera inequívoca era una tesis central de su libro). Pero yo tenía buenos motivos para no hacer declaraciones en aquel momento (los turcos se mostraban muy susceptibles con el tema y yo mantenía delicadas negociaciones con el presidente Erdogan para administrar la retirada estadounidense de Irak), pero, aun así, me hizo sentir deshonesto. Aunque la insistencia de Samantha podía ser exasperante, de vez en cuando necesitaba una dosis de su pasión e integridad, no solo para hacer una revisión de mi conciencia, sino también porque a menudo tenía sugerencias concretas y creativas para afrontar problemas complejos en los que ningún miembro de la Administración había pensado.

Nuestro almuerzo en mayo de 2010 fue una prueba de ello. Samantha apareció aquel día dispuesta a hablar de Oriente Próximo y, más concretamente, del hecho de que Estados Unidos no hubiera formulado una protesta oficial por que, recientemente, el Gobierno egipcio había ampliado un estado «de emergencia» que seguía vigente desde la elección de Mubarak en 1981. Dicha ampliación codificaba su poder dictatorial anulando los derechos constitucionales de los egipcios. «Entiendo que hay consideraciones estratégicas en cuanto a Egipto —dijo—, pero ¿alguien se ha parado a pensar si es una buena estrategia?»

Le dije que yo sí lo había hecho. No era un gran admirador de Mubarak, pero había llegado a la conclusión de que una declaración aislada criticando una ley vigente casi treinta años no serviría de mucho.

—El Gobierno de Estados Unidos es un transatlántico —respondí—, no una lancha motora. Si queremos cambiar nuestra perspectiva sobre la región, necesitamos una estrategia que se desarrolle con el tiempo. Tendríamos que ganarnos la confianza del Pentágono y del personal de inteligencia. Deberíamos calibrar la estrategia para que los aliados de la región tuvieran tiempo de adaptarse.

—¿Y alguien está elaborando esa estrategia? —preguntó Samantha.

Sonreí al ver los engranajes girando en su cabeza.

Poco después, Samantha y tres compañeros del Consejo de Seguridad Nacional (Dennis Ross, Gayle Smith y Jeremy Weinstein) me presentaron un proyecto para una directriz de estudio presidencial que afirmaba que los intereses estadounidenses en la estabilidad de Oriente Próximo y el norte de África se veían afectados negativamente por el apoyo incondicional de nuestro país a varios regímenes autoritarios. En agosto, utilicé esa directriz para pedir al Departamento de Estado, el Pentágono, la CIA y otros organismos gubernamentales que estudiaran cómo podía Estados Unidos alentar grandes reformas políticas y económicas en la región para acercar a esas naciones a los principios del gobierno abierto para que pudieran evitar las revueltas desestabilizadoras, la violencia, el caos y las repercusiones impredecibles que tan a menudo acompañaban a un cambio repentino. El equipo del Consejo de Seguridad Nacional acordó celebrar reuniones quincenales con expertos en Oriente Próximo pertenecientes a todos los estamentos del Gobierno con el propósito de desarrollar ideas concretas para reorientar la política estadounidense.

Como cabía esperar, muchos diplomáticos y expertos veteranos con los que hablaron expresaron su escepticismo en cuanto a la necesidad de cambios en la política estadounidense y argumentaron que, por desagradables que fueran algunos de nuestros aliados árabes, el *statu quo* satisfacía los principales intereses del país, algo que no estaría garantizado si ocupaban su lugar gobiernos más populistas. Pero, con el tiempo, el equipo logró estipular una serie de principios coherentes que guiaran un cambio de estrategia. Según el plan emergente, se esperaba que autoridades estadounidenses de todos los organismos lanzaran un mensaje consecuente y coordinado sobre la necesidad de una reforma. Desarrollarían recomendaciones concretas para liberalizar la vida política y civil en varios países y ofrecerían nuevos incentivos para alentar su adopción. A mediados de diciembre, los documentos que exponían la estrategia estaban prácticamente listos para mi aprobación y, aunque sabía que Oriente Próximo no cambiaría de la noche a la mañana, el hecho de que empezáramos a llevar la maquinaria de política exterior estadounidense en la dirección adecuada me infundió ánimos.

Ojalá el momento hubiera sido un poco más acertado.

Aquel mismo mes, en Túnez, un frutero pobre se prendió fuego delante de un edificio del Gobierno local. Era un acto de protesta motivado por la desesperación; la furiosa respuesta de un ciudadano a un Gobierno que él sabía corrupto e indiferente a sus necesidades. Según todos, Mohamed Buazizi, de veintiséis años, no era un activista ni estaba especialmente interesado en la política. Pertenecía a una generación de tunecinos que habían crecido en una economía estancada y bajo el control de un dictador represivo llamado Zine el-Abidine Ben Ali. Pero, después de ser acosado reiteradamente por inspectores municipales y de que le impidieran declarar ante un juez, se hartó. Según un transeúnte, en el momento de inmolarse, Buazizi gritó a nadie en particular y a todos a la vez: «¿Cómo esperáis que me gane la vida?».

Días después, la angustia del frutero desencadenó manifestaciones contra el Gobierno en todo el país y finalmente obligaron a Ben Ali a huir a Arabia Saudí. Mientras tanto, empezaron a aflorar protestas similares, integradas sobre todo por jóvenes, en Argelia, Yemen, Jordania y Omán, los primeros destellos de lo que se daría a conocer como la Primavera Árabe.

Mientras preparaba mi discurso del estado de la Unión del 25 de enero de 2011, mi equipo discutía en qué medida debía comentar los hechos que se estaban extendiendo rápidamente por todo Oriente Próximo y el norte de África. Después de que unas protestas masivas derrocaran a un autócrata en Túnez, las manifestaciones antigubernamentales estaban propagándose por toda la región, en gran medida impulsadas por las nuevas generaciones. Era casi imposible saber qué pasaría a continuación. Al final, añadimos una única pero rotunda línea al discurso:

«Seamos claros claros esta noche: Estados Unidos apoya al pueblo de Túnez y las aspiraciones democráticas de todos.»

Desde la perspectiva estadounidense, los hechos más significativos se produjeron en Egipto, donde una coalición de organizaciones juveniles, activistas, partidos opositores de izquierdas y escritores y artistas de renombre había hecho un llamamiento nacional a protestar masivamente contra el régimen del presidente Mubarak. El mismo día de mi discurso del estado de la Unión, cerca de cincuenta mil egipcios inundaron la plaza Tahrir, en el centro de El Cairo, para exigir el fin del estado de emergencia, la brutalidad policial y las restricciones a la libertad política. Miles de personas participaron en protestas similares en todo el país. La policía intentó dispersar a la multitud utilizando porras, cañones de agua, balas de goma y gas lacrimógeno, y el Gobierno de Mubarak no solo prohibió oficialmente las manifestaciones, sino que bloqueó Facebook, YouTube y Twitter para intentar reducir la capacidad de los manifestantes para organizarse o conectar con el mundo exterior. Durante varios días y noches, la plaza Tahrir pareció una acampada permanente en la que legiones de egipcios desafiaron a su presidente y exigieron «pan, libertad y dignidad».

Ese era precisamente el escenario que mi directriz de estudio presidencial quería evitar: el Gobierno estadounidense atrapado de repente entre un aliado represivo pero fiable y una población que insistía en el cambio y que expresaba unas aspiraciones democráticas que nosotros afirmábamos defender. Mubarak parecía ajeno a las revueltas que estaban produciéndose a su alrededor, lo cual era alarmante. Había hablado con él por teléfono una semana antes y había sido útil y receptivo cuando comentamos cómo devolver a israelíes y palestinos a la mesa de negociación, así como el llamamiento de su Gobierno a la unidad en respuesta al atentado que habían perpetrado unos extremistas musulmanes en una iglesia cristiana copta de Alejandría. Pero cuando planteé la posibilidad de que las protestas iniciadas en Túnez pudieran propagarse a su país, Mubarak lo descartó, aduciendo que «Egipto no es Túnez». Me aseguró que cualquier protesta contra su Gobierno se apagaría enseguida. Al escuchar su voz, me lo imaginé sentado en una de las salas cavernosas y suntuosamente decoradas del palacio presidencial en las que nos reunimos por primera vez, con las cortinas echadas y él con aspecto majestuoso en una silla de respaldo alto mientras varios asistentes tomaban notas o simplemente observaban, preparados para atender sus necesidades. Al estar tan aislado, vería lo que quisiera ver, pensé, y oiría lo que quisiera oír, y nada de eso era un buen presagio.

Mientras tanto, las imágenes de la plaza Tahrir me traían otros recuerdos. Las multitudes de aquellos primeros días parecían desproporcionadamente jóvenes y laicas, como los estudiantes y activistas que asistieron a mi discurso en El Cairo. En las entrevistas parecían reflexivos e informados, e insistían en su rechazo a la violencia y en su deseo de pluralismo democrático, un Estado de derecho y una economía moderna e innovadora que trajera empleos y mejorara el nivel de vida. En su idealismo y coraje al desafiar a un orden social opresivo no parecían distintos de los jóvenes que en su día habían ayudado a derrocar el Muro de Berlín o los que se habían situado frente a los tanques en la plaza de Tiananmén. Tampoco eran tan diferentes de los jóvenes que habían contribuido a mi elección como presidente.

«Si yo fuera un veinteañero egipcio —le dije a Ben—, probablemente estaría allí con ellos.»

Por supuesto, yo no era un veinteañero egipcio. Era el presidente de Estados Unidos. Y, por convincentes que fueran aquellos jóvenes, tuve que recordarme a mí mismo que representaban, junto con los profesores universitarios, los activistas por los derechos humanos, los miembros de partidos laicos de la oposición y los sindicalistas que también estaban al frente de las protestas, a solo una fracción de la población egipcia. Si Mubarak abandonaba el cargo y creaba un vacío de poder repentino, no era probable que ellos lo llenaran. Una de las tragedias del reinado dictatorial de Mubarak era que había impedido el desarrollo de las instituciones y tradiciones que podían ayudar a Egipto a gestionar eficazmente una transición a la democracia: partidos políticos fuertes, un poder judicial y medios de comunicación independientes, controles imparciales de las elecciones, asociaciones civiles transversales, un servicio civil efectivo y respeto por los derechos de las minorías. Aparte del ejército, que estaba muy arraigado en toda la sociedad egipcia y supuestamente jugaba un gran papel en grandes ámbitos de la economía, la fuerza más poderosa y cohesionada eran los Hermanos Musulmanes, la organización islamista suní cuyo objetivo primordial era que Egipto y todo el mundo árabe estuvieran gobernados por la ley sharia. Gracias a su organización comunitaria y a sus labores benéficas en nombre de los pobres (y pese a que Mubarak los había prohibido oficialmente), los Hermanos Musulmanes contaban con un número considerable de miembros. También enarbo-laban la participación política en lugar de la violencia para conseguir sus objetivos y, en unas elecciones justas y libres, los candidatos a los que respaldaban serían los favoritos. Aun así, muchos gobiernos de la región veían a los Hermanos como una amenaza subversiva y peligrosa, y la filosofía fundamentalista de la organización la hacía poco fiable como guardiana del pluralismo democrático y potencialmente peligrosa para las relaciones entre Estados Unidos y Egipto.

En la plaza Tahrir, las protestas y los enfrentamientos violentos entre manifestantes y policía seguían intensificándose. Aparentemente salido de su estupor, el 28 de enero, Mubarak habló en la televisión egipcia para anunciar que sustituiría su gabinete, pero no dio señales de que pretendiera responder a las exigencias de una reforma más generalizada. Convencido de que el problema no desaparecería, consulté a mi equipo de seguridad nacional para tratar de elaborar una respuesta eficaz. El grupo estaba dividido, casi por completo por cuestiones generacionales. Los miembros más mayores y experimentados de mi equipo (Joe, Hillary, Gates y Panetta) aconsejaban cautela, ya que conocían a Mubarak y habían trabajado con él durante años. Hicieron hincapié en el papel de su Gobierno para mantener la paz con Israel, combatir el terrorismo y asociarse con Estados Unidos en otras cuestiones regionales. Y, aunque reconocían la necesidad de presionar al líder egipcio para que llevara a cabo la reforma, advirtieron que no había manera de saber quién o qué podía reemplazarlo. Por su parte, Samantha, Ben, Denis, Susan Rice y Tony Blinken, el asesor de seguridad nacional de Joe, estaban convencidos de que, para el pueblo egipcio, Mubarak había perdido irremediablemente su legitimidad. En lugar de mantener nuestro vagón enganchado a un orden autoritario y corrupto que se hallaba al borde del desplome (y que pareciera que aceptábamos un uso cada mayor de la fuerza contra los manifestantes), consideraban estratégicamente prudente y moralmente correcto que el Gobierno de Estados Unidos se alineara con las fuerzas del cambio.

Yo compartía las esperanzas de mis asesores más jóvenes y los temores de los mayores. Llegué a la conclusión de que nuestra mejor opción para un resultado positivo era intentar convencer a Mubarak de que aceptara varias reformas sustanciales, incluido el fin del estado de emergencia, el restablecimiento de la libertad política y de prensa y el anuncio de una fecha para unas elecciones nacionales libres y justas. Esa «transición ordenada», como la describía Hillary, daría tiempo a los partidos de la oposición y los posibles candidatos para conseguir seguidores y desarrollar planes serios de gobierno. También permitiría a Mubarak retirarse como un anciano hombre de Estado, lo cual podía ayudar a mitigar las percepciones que imperaban en la región de que estábamos dispuestos a echar a antiguos aliados al menor atisbo de problemas.

Evidentemente, intentar convencer a un déspota envejecido y asediado de que cabalgara hacia el horizonte, aunque eso le interesara, sería una operación delicada. Tras el debate en la sala de Crisis, llamé de nuevo a Mubarak para plantearle la idea de que presentara un paquete de reformas más audaz. Al instante se puso a la defensiva, describió a los manifestantes como miembros de los Hermanos Musulmanes e insistió una vez más en que la situación volvería pronto a la normalidad. Sin embargo, aceptó mi petición de mandar a un emisario (Frank Wisner, que había sido embajador estadounidense en Egipto a finales de los años ochenta) a El Cairo para realizar consultas privadas más extensas.

Utilizar a Wisner para que hiciera una petición directa al presidente egipcio había sido idea de Hillary, y me pareció que tenía lógica: era literalmente un vástago de los dirigentes de la política exterior estadounidense; su padre había sido un líder icónico durante los años fundacionales de la CIA y Mubarak lo conocía bien y confiaba en él. Al mismo tiempo, entendía que la historia de Wisner con el presidente egipcio y su perspectiva tradicional sobre la diplomacia estadounidense podían hacer que evaluara las posibilidades de cambio desde una perspectiva conservadora. Antes de que se fuera, lo llamé para indicarle claramente que fuera «atrevido»: quería que obligara a Mubarak a anunciar que dimitiría tras los nuevos comicios, un gesto que esperaba que fuera lo bastante espectacular y específico para que los manifestantes confiaran en que se avecinaba ese cambio.

Mientras aguardábamos el desenlace de la misión de Wisner, los medios de comunicación se centraron más en la reacción de mi Administración a la crisis y, más concretamente, en el bando en el que estábamos. Hasta ese momento, habíamos hecho poco más que emitir comunicados genéricos para ganar tiempo. Pero los periodistas de Washington, muchos de los cuales consideraban atractiva la causa de los jóvenes manifestantes, empezaron a preguntar con insistencia a Gibbs por qué no apoyábamos de manera inequívoca a las fuerzas de la democracia. Por su parte, los líderes extranjeros de la región querían saber por qué no respaldábamos más enérgicamente a Mubarak. Bibi Netanyahu insistía en que mantener el orden y la estabilidad en Egipto era lo más importante y me dijo que, de lo contrario, «Irán intervendrá en dos segundos». El rey Abdalá de Arabia Saudí estaba aún más alarmado; la propagación de las protestas en la zona constituía una amenaza existencial para una monarquía familiar que durante mucho tiempo había acallado cualquier forma de discrepancia interna. También creía que los manifestantes egipcios en realidad no hablaban por sí mismos. Enumeró las «cuatro facciones» que en su opinión estaban detrás de las protestas: los Hermanos Musulmanes, Hezbolá, Al Qaeda y Hamás.

Ninguno de los análisis de esos líderes resistía un escrutinio. Los suníes, que representaban a la amplia mayoría de los egipcios (y la totalidad de los Hermanos Musulmanes), eran poco susceptibles a la influencia del Irán chií y a Hezbolá, y no existía una sola prueba de que Al Qaeda y Hamás estuvieran detrás de las manifestaciones. Con todo, líderes aún más jóvenes y con una mentalidad más reformista, entre ellos el rey Abdalá de Jordania, temían que las protestas engulleran a sus países y, aunque utilizaban un lenguaje más sofisticado, estaba claro que esperaban que Estados Unidos eligiera, en palabras de Bibi, la «estabilidad» y no el «caos».

El 31 de enero había tanques del ejército egipcio por todo El Cairo, el Gobierno había interrumpido el servicio de internet en la ciudad y los manifestantes planeaban una huelga general para el día siguiente. La lectura de Wisner sobre su reunión con Mubarak había llegado: el presidente egipcio se comprometería públicamente a no presentarse a otro mandato, pero no suspendería el estado de emergencia ni apoyaría un traspaso pacífico de poderes. El informe no hizo sino agrandar la brecha en mi equipo de seguridad nacional: los miembros más veteranos veían la concesión de Mubarak como una justificación suficiente para apoyarlo, mientras que los asesores más jóvenes consideraban la medida, igual que su repentina decisión de nombrar vicepresidente a Omar Suleiman, su jefe de espionaje, una mera táctica de postergación que no apaciguaría a los manifestantes. Tom Donilon y Denis me comentaron que los debates se habían agriado, y que los periodistas habían captado la discrepancia entre Joe y las declaraciones prudentemente anodinas de Hillary y las críticas más estridentes que lanzaban Gibbs y otros miembros de la Administración contra Mubarak.

En parte para asegurarme de que todos se ceñían al mismo guion mientras decidíamos los siguientes pasos, me personé sin previo aviso en una reunión del Comité de Directores del Consejo de Seguridad Nacional que tuvo lugar en la sala de Crisis el 1 de febrero a última hora de la tarde. Apenas había comenzado el debate cuando un asistente nos informó de que Mubarak estaba dirigiéndose al pueblo egipcio en una retransmisión nacional, así que encendimos el televisor para poder verlo en tiempo real. Vestido con traje oscuro y leyendo un texto preparado, Mubarak parecía estar cumpliendo la promesa que le hizo a Wisner al afirmar que nunca tuvo intención de presentarse a otro mandato como presidente, además de anunciar que pediría al Parlamento egipcio (que él controlaba por completo) que acelerara un calendario para los nuevos comicios. Pero las condiciones para el traspaso de poderes eran tan difusas que cualquier egipcio que estuviera viendo la retransmisión probablemente llegaría a la conclusión de que las promesas que hiciera Mubarak podrían y serían revocadas en cuanto se acallaran las protestas. De hecho, el presidente egipcio dedicó el grueso del discurso a acusar a provocadores y fuerzas políticas no identificadas de secuestrar las protestas para socavar la seguridad y estabilidad de la nación. Insistió en que, para proteger a Egipto de los agentes del caos y la violencia, seguiría cumpliendo con sus responsabilidades como una persona que «jamás había buscado el poder». Cuando finalizó el discurso, alguien apagó el televisor y yo me recosté en la silla y estiré los brazos por encima de la cabeza.

«Eso no bastará», dije.

Quería intentar convencer por última vez a Mubarak de que iniciara una transición real. A mi regreso al despacho Oval, lo llamé y activé el altavoz para que mis asesores pudieran oírlo. Empecé felicitándolo por su decisión de no volver a presentar su candidatura. Solo podía imaginar lo difícil que sería para Mubarak, una persona que había asumido el poder cuando yo iba a la universidad y que había sobrevivido a cuatro de mis predecesores, oír lo que estaba a punto de decirle.

«Ahora que ha tomado esta histórica decisión para un traspaso de poderes —dije—, quiero comentar con usted cómo se hará. Lo digo con el máximo respeto. Quiero compartir mi valoración honesta sobre lo que considero que conseguirá sus objetivos.» Luego fui al grano: en mi opinión, si seguía en el cargo y demoraba el proceso de transición, las protestas continuarían y probablemente se descontrolarían. Si quería garantizar la elección de un Gobierno responsable que no estuviera dominado por los Hermanos Musulmanes, había llegado el momento de que dimitiera y utilizara su prestigio para contribuir a la llegada de un nuevo ejecutivo egipcio.

Aunque Mubarak y yo solíamos hablar en inglés, en esta ocasión decidió dirigirse a mí en árabe. No necesité al traductor para detectar su agitación. «Usted no entiende la cultura del pueblo egipcio —declaró, elevando el tono de voz—. Presidente Obama, si afronto la transición de esa manera, será lo más peligroso para Egipto.»

Reconocí que no sabía tanto como él sobre la cultura egipcia y que llevaba mucho más tiempo que yo en el mundo de la política. «Pero hay momentos de la historia en los que, porque las cosas hayan sido iguales en el pasado, no tienen por qué serlo en el futuro. Usted ha servido bien a su país durante más de treinta años. Quiero asegurarme de que aprovecha este momento histórico de un modo que deje un gran legado para usted.»

Pasamos así varios minutos y Mubarak insistió en la necesidad de seguir donde estaba y reiteró que las protestas terminarían pronto. «Conozco a mi gente —aseguró hacia el final de la llamada—. Son emocionales. Hablaré con usted más adelante, señor presidente, y podré decirle que yo tenía razón.»

Colgué el teléfono. Por un momento, la sala quedó en silencio y todos clavaron su mirada en mí. Había dado a Mubarak mi mejor consejo. Le había ofrecido un plan para una salida elegante. Sabía que cualquier líder que lo sustituyera podía acabar siendo peor socio para Estados Unidos y, tal vez, para el pueblo egipcio. Y lo cierto era que podría haber vivido con cualquier plan de transición genuino que hubiera propuesto Mubarak, aunque dejara la actual red del régimen intacta. Era lo bastante realista como para suponer que, de no haber sido por la terca persistencia de aquellos jóvenes de la plaza Tahrir, habría trabajado con Mubarak el resto de mi presidencia pese a lo que representaba, igual que seguiría trabajando con los demás órdenes autoritarios corruptos y podridos, como a Ben les gustaba llamarlos, que controlaban la vida en Oriente Próximo y el norte de África.

Sin embargo, esos jóvenes estaban en la plaza Tahrir. Gracias a su descarada insistencia en una vida mejor, otros se habían unido a ellos: madres, obreros, zapateros y taxistas. Al menos por unos breves instantes, aquellos cientos de miles de personas perdieron el miedo y no dejarían de manifestarse a menos que Mubarak restableciera ese miedo como solo él sabía hacerlo: por medio de palizas, disparos, detenciones y torturas. En momentos anteriores de mi presidencia, no había conseguido influir en la despiadada represión del régimen iraní contra los manifestantes de la Revolución Verde. Y tal vez no podría impedir que China o Rusia aplastaran a sus disidentes. Pero el régimen de Mubarak había recibido miles de millones de dólares de los contribuyentes estadounidenses; les proporcionábamos armas, compartíamos información y colaborábamos en la preparación de sus oficiales. Permitir al receptor de esa ayuda, alguien a quien llamábamos aliado, que perpetrara una violencia gratuita contra unos manifestantes pacíficos, mientras el mundo entero observaba, era una línea que no estaba dispuesto a cruzar. Sería demasiado perjudicial para la idea de Estados Unidos. Sería demasiado perjudicial para mí.

«Preparemos un comunicado —dije a mi equipo—. Vamos a pedir a Mubarak que dimita ahora mismo.»

Contrariamente a las creencias de muchos en el mundo árabe (y bastantes periodistas norteamericanos), Estados Unidos no es un gran marionetista que mueve caprichosamente los hilos de los países con los cuales hace negocios. Incluso los gobiernos que dependen de nuestra ayuda militar y económica piensan ante todo en su supervivencia, y el régimen de Mubarak no era una excepción. Después de anunciar públicamente mi convicción de que ya era hora de que Egipto iniciara una rápida transición hacia un nuevo Gobierno, su presidente siguió mostrándose desafiante y puso a prueba hasta qué punto podía intimidar a los manifestantes. Al día siguiente, mientras el ejército egipcio permanecía inmóvil, grupos de seguidores de Mubarak acudieron a la plaza Tahrir, algunos a lomos de camellos y caballos, blandiendo látigos y garrotes, otros arrojaron bombas incendiarias y piedras desde los tejados, y empezaron a atacar a los manifestantes. Tres de ellos murieron y hubo seiscientos heridos. Durante varios días, las autoridades detuvieron a más de cincuenta periodistas y activistas por los derechos humanos. La violencia se prolongó hasta el día siguiente, junto a contramanifestaciones a gran escala organizadas por el Gobierno. Las fuerzas favorables a Mubarak incluso agredieron a periodistas extranjeros y los acusaron de incitar activamente a la oposición.

Mi mayor desafío en aquellos días de tensión fue lograr que todos los miembros de mi Administración estuvieran de acuerdo. El mensaje que salió de la Casa Blanca era claro. Cuando a Gibbs le preguntaron a qué me refería cuando dije que la transición en Egipto debía comenzar «ya», se limitó a responder: «Ya significa "ayer"». También logramos que nuestros aliados europeos emitieran un comunicado conjunto similar al mío. Pero, más o menos en el mismo momento, Hillary fue entrevistada en una reunión de seguridad en Múnich y pareció muy interesada en advertir de los peligros de una transición rápida en Egipto. En la misma reunión, Frank Wisner, que ya no ejercía un papel oficial en la Administración y aseguró hablar como ciudadano, opinó que Mubarak debía seguir en el poder durante el periodo de transición. Al oírlo, le dije a Katie que localizara a mi secretaria de Estado. Cuando la tuve el teléfono, no oculté mi disgusto.

«Entiendo perfectamente los problemas que podría conllevar alejarse de Mubarak —dije—, pero he tomado una decisión y no puedo permitir que se lancen mensajes contradictorios.» Antes de que Hillary pudiera responder, añadí: «Y dígale a Wisner que me importa un comino en calidad de qué hable. Tiene que cerrar la boca».

Pese a las frustraciones que experimenté al tratar con una cúpula de seguridad nacional que seguía sintiéndose incómoda con la posibilidad de un Egipto sin Mubarak, esa misma cúpula, en especial el Pentágono y la comunidad de inteligencia, probablemente tuvo más impacto en el desenlace en Egipto que cualquier declaración moralista proveniente de la Casa Blanca. Una o dos veces al día pedíamos a Gates, Mullen, Panetta, Brennan, entre otros, que contactaran discretamente con altos mandos del ejército y los servicios de inteligencia egipcios para dejar claro que una represión autorizada por los militares contra los manifestantes tendría graves consecuencias para la futura relación entre Estados Unidos y Egipto. Las inferencias de esos contactos entre ejércitos eran claras: la cooperación entre Estados Unidos y Egipto y la ayuda que esta conllevaba no dependían de si Mubarak seguía en el poder, así que los generales y jefes de inteligencia egipcios tal vez debían pensar bien qué acciones satisfarían mejor sus intereses institucionales.

Al parecer, nuestros mensajes surtieron efecto, ya que, la noche del 3 de febrero, los soldados egipcios se habían interpuesto entre los partidarios de Mubarak y los manifestantes. Las detenciones de periodistas y activistas por los derechos humanos egipcios empezaron a reducirse. Animados por el cambio de postura del ejército, acudieron más manifestantes pacíficos a la plaza. Mubarak resistió una semana más y juró que no cedería a «las presiones extranjeras». Pero el 11 de febrero, transcurridas menos de dos semanas y media desde la primera gran protesta en la plaza Tahrir, el vicepresidente Suleiman apareció con aspecto de agotamiento en la televisión egipcia para anunciar que Mubarak había dejado el cargo y que un Gobierno interino liderado por el Consejo Supremo de las Fuerzas Armadas iniciaría el proceso de unas nuevas elecciones.

Desde la Casa Blanca vimos en CNN las imágenes de la multitud celebrándolo en la plaza Tahrir. Muchos asesores estaban exultantes. Samantha me envió un mensaje para decirme lo orgullosa que se sentía de formar parte de la Administración. Al recorrer la columnata camino de la rueda de prensa, Ben no podía borrar su sonrisa. «Es increíble ser parte de la historia», dijo. Katie imprimió una foto de agencia y la dejó encima de mi mesa. En ella aparecía un grupo de jóvenes manifestantes en la plaza egipcia que sostenían un cartel con el lema «Sí se puede».

Me sentí aliviado y prudentemente esperanzado. Aun así, a veces pensaba en Mubarak, que unos meses antes había sido mi invitado en el antiguo comedor familiar. Al parecer, en lugar de huir del país, el anciano líder se había instalado en su residencia privada de Sharm el-Sheij. Me lo imaginé allí, solo con sus pensamientos, sentado en un fastuoso salón en el que una tenue luz proyectaba sombras sobre su rostro.

Sabía que, a pesar de las celebraciones y el optimismo imperante, la transición en Egipto era tan solo el comienzo de una batalla por el alma del mundo árabe; una batalla cuyo resultado no era en modo alguno seguro. Recordé la conversación que mantuve con Mohamed bin Zayed, el príncipe de Abu Dabi y gobernante *de facto* de los Emiratos Árabes Unidos, inmediatamente después de pedirle a Mubarak que dimitiera. Joven, cosmopolita, próximo a los saudíes y tal vez el líder más perspicaz del Golfo, MBZ, como nosotros lo llamábamos, no se mordió la lengua al describir la acogida que estaba teniendo la noticia en la región.

MBZ me dijo que las declaraciones estadounidenses sobre Egipto eran seguidas con atención y mucha preocupación en el Golfo. ¿Qué ocurriría si los manifestantes en Baréin pedían la dimisión del rey Hamad? ¿Las declaraciones de Estados Unidos serían similares a las del caso egipcio?

Le dije que esperaba trabajar con él y otros para no tener que elegir entre los Hermanos Musulmanes y unos enfrentamientos potencialmente violentos entre algunos gobiernos y su pueblo.

«El mensaje público no afecta a Mubarak sino a la región», dijo MBZ. Sugirió que si Egipto se desmoronaba y los Hermanos Musulmanes tomaban las riendas, caerían otros ocho líderes árabes, y por ello mi declaración era crucial. «Demuestra —dijo— que Estados Unidos no es un socio en el que se pueda confiar a largo plazo.»

Su voz era pausada y fría, y me di cuenta de que no era tanto una petición de ayuda como una advertencia. Ocurriese lo que ocurriera con Mubarak, el viejo orden no tenía intención de renunciar al poder sin presentar batalla.

Las manifestaciones contra el Gobierno en otros países no hicieron sino crecer e intensificarse tras la dimisión de Mubarak, y cada vez más gente creía que el cambio era posible. Varios regímenes consiguieron por lo menos hacer reformas simbólicas en respuesta a las exigencias de los manifestantes a la vez que evitaban grandes derramamientos de sangre o revueltas: Argelia derogó el estado de emergencia después de diecinueve años, el rey de Marruecos trazó reformas constitucionales que ampliaban modestamente el poder del Parlamento electo del país, y el monarca jordano pronto haría lo mismo. Pero, para muchos gobernantes árabes, la principal lección que aportó Egipto era la necesidad de aplastar sistemática y despiadadamente las protestas, por mucha violencia que ello exigiera y por más críticas internacionales que generara dicha represión.

Dos de los países que ejercieron la peor violencia fueron Siria y Baréin, donde las divisiones sectarias eran intensas y unas minorías privilegiadas gobernaban a unas mayorías numerosas y resentidas. En Siria, la detención y tortura en marzo de 2011 de quince colegiales que habían hecho pintadas contra el Gobierno en muros de la ciudad desencadenaron importantes protestas contra el régimen del presidente Bashar al-Ásad, dominado por los chiíes alauitas, en muchas comunidades predominantemente suníes del país. Cuando los gases lacrimógenos, los cañones de agua, las palizas y las detenciones masivas no lograron contener las manifestaciones, las fuerzas de seguridad de Al-Ásad emprendieron operaciones militares a gran escala en varias ciudades que incluyeron disparos, tanques y registros casa por casa. Mientras tanto, tal como había predicho MBZ, en la pequeña nación insular de Baréin, se celebraron enormes manifestaciones mayoritariamente chiíes contra el Gobierno del rey Hamad bin Isa bin Salman al-Jalifa en la capital, Manama, y el Gobierno respondió con la fuerza y mató a docenas de manifestantes e hirió a centenares más. Cuando la indignación por la brutalidad policial alimentó manifestaciones aún más grandes, el asediado Hamad fue más allá y dio el paso inaudito de pedir a divisiones armadas de los ejércitos de Arabia Saudí y Emiratos Árabes ayuda para reprimir a sus propios ciudadanos.

Mi equipo y yo pasamos horas discutiendo cómo podía influir Estados Unidos en los acontecimientos que estaban produciéndose en Siria y Baréin. Por desgracia, nuestras opciones eran limitadas. Siria era un viejo adversario de Estados Unidos, históricamente aliado con Rusia e Irán, y defensor de Hezbolá. Sin la influencia económica, militar o diplomática que habíamos tenido en Egipto, nuestras condenas oficiales al régimen de Al-Ásad (y la posterior imposición de un embargo estadounidense) no tuvieron un efecto real y el presidente sirio podía contar con que Rusia vetara cualquier esfuerzo que hiciéramos por imponer sanciones internacionales mediante el Consejo de Seguridad de Naciones Unidas. Con Baréin teníamos el problema contrario: el país era un viejo aliado y albergaba a la Quinta Flota de la Armada de Estados Unidos. Esa relación nos permitió presionar en privado a Hamad y sus ministros para que respondieran parcialmente a las exigencias de los manifestantes y controlaran la violencia policial. Aun así, la clase dirigente del país veía a los manifestantes como enemigos influidos por Irán a los que había que contener. En concierto con los saudíes y los emiratíes, el régimen de Baréin nos obligaría a elegir, y todos éramos conscientes de que, llegado el momento de la verdad, no podríamos permitirnos arriesgar nuestra posición estratégica en Oriente Próximo rompiendo relaciones con tres países del Golfo.

En 2011, nadie cuestionaba nuestra influencia limitada en Siria; eso llegaría más tarde. Pero, a pesar de las múltiples declaraciones de mi Administración condenando la violencia en Baréin y nuestros esfuerzos por mediar en un diálogo entre el Gobierno y los líderes de la oposición chií más moderada, el hecho de que no rompiéramos con Hamad, sobre todo después de nuestra postura hacia Mubarak, fue duramente criticado. Yo no tenía una manera elegante de explicar esa aparente inconsistencia más allá de reconocer que el mundo era un caos; que en política exterior tenía que equilibrar sin cesar intereses enfrentados, unos intereses condicionados por las decisiones de administraciones anteriores y las contingencias del momento, y que el hecho de que no siempre pudiera anteponer nuestro programa de derechos humanos a otras consideraciones no significaba que no debiera intentar hacer lo que pudiera, cuando pudiera, para fomentar los que consideraba los más elevados valores estadounidenses.

Pero ¿y si un Gobierno empieza a masacrar no a cientos, sino a miles de ciudadanos y Estados Unidos tiene poder para impedirlo? Entonces ¿qué?

Durante cuarenta y dos años, Muamar el Gadafi había gobernado Libia con una crueldad que, incluso comparándola con otros dictadores, degeneró en locura. Proclive a gestos ostentosos, diatribas incoherentes y un comportamiento excéntrico (antes de las reuniones de la Asamblea General de Naciones Unidas celebradas en Nueva York en 2009, intentó conseguir aprobación para erigir una enorme tienda beduina en medio de Central Park para él y su séquito), había sido despiadadamente eficiente a la hora de aniquilar la disidencia en su país utilizando una combinación de policía secreta, fuerzas de seguridad y milicias auspiciadas por el Estado para encarcelar, torturar y asesinar a quien osara oponerse a él. En los años ochenta, su Gobierno también fue uno de los máximos defensores del terrorismo en todo el mundo y facilitó ataques tan horrendos como la bomba del vuelo 103 de Pan Am en 1988, donde murieron ciudadanos de veintiún países, incluyendo a ciento ochenta y nueve estadounidenses. Más recientemente, Gadafi había intentado envolverse en un manto de respetabilidad poniendo fin a su respaldo al terrorismo internacional y desmantelando su inicial programa nuclear (lo cual llevó a los países occidentales, entre ellos Estados Unidos, a retomar las relaciones diplomáticas). Pero en Libia no había cambiado nada.

Transcurrida menos de una semana desde que Mubarak abandonó el poder en Egipto, las fuerzas de seguridad de Gadafi dispararon contra un numeroso grupo de civiles que se habían reunido para protestar por la detención de un abogado a favor de los derechos humanos. Al cabo de unos días, las protestas se habían extendido y murieron más de cien personas. Una semana después, gran parte del país se había rebelado abiertamente, y las fuerzas contrarias a Gadafi se hicieron con el control de Bengasi, la segunda ciudad más grande de Libia. Diplomáticos y antiguos partidarios del régimen, incluido el embajador libio ante Naciones Unidas, empezaron a desertar y apelaron a la comunidad internacional para que acudiera al rescate del pueblo libio. Acusando a los manifestantes de ser tapaderas de Al Qaeda, Gadafi inició una campaña de terror y declaró: «Arderá todo». A principios de marzo, el número de muertos había ascendido a mil.

Consternados por la creciente carnicería, pronto hicimos cuanto pudimos para contener a Gadafi, excepto utilizar la fuerza militar. Le pedí que renunciara al poder, argumentando que había perdido la legitimidad para gobernar. Impusimos sanciones económicas, congelamos miles de millones de dólares en activos que les pertenecían a él y a su familia y, en el Consejo de Seguridad de Naciones Unidas, aprobamos un embargo armamentístico y pusimos el caso de Libia en manos del Tribunal Penal Internacional, donde Gadafi y otros podrían ser juzgados por crímenes contra la humanidad. Pero el líder libio no se dejó amedrentar. Los analistas pronosticaban que, cuando las fuerzas de Gadafi llegaran a Bengasi, podían morir miles de personas.

Fue más o menos por esa época cuando se formó un coro de voces, primero entre organizaciones de derechos humanos y algunos columnistas y más tarde entre miembros del Congreso y gran parte de los medios de comunicación, que exigía que Estados Unidos emprendiera acciones militares para frenar a Gadafi. En muchos sentidos, aquello me pareció un signo de progreso moral. Durante casi toda la historia de Estados Unidos, la idea de utilizar nuestras fuerzas de combate para impedir que un Gobierno matara a su propio pueblo habría sido impensable: porque la violencia de Estado era una constante, porque los políticos estadounidenses no consideraban que la muerte de camboyanos, argentinos o ugandeses fuera relevante para nuestros intereses y porque muchos de sus artífices eran nuestros aliados en la lucha contra el comunismo (esto incluyó el golpe militar supuestamente respaldado por la CIA que derrocó a un Gobierno comunista en Indonesia en 1965, dos años antes de que mi madre y yo llegáramos allí, y causó entre medio millón y un millón de muertes). Pero, en los años noventa, las denuncias internacionales más tempranas de esos crímenes, sumadas al ascenso de Estados Unidos como única superpotencia mundial después de la Guerra Fría, habían propiciado una reevaluación de la inacción estadounidense y la intervención de la OTAN, liderada por Estados Unidos, en el sangriento conflicto bosnio. De hecho, nuestra obligación de priorizar la prevención de atrocidades en política exterior era el tema del libro de Saman-tha, que fue uno de los motivos por los que la traje a la Casa Blanca.

Y, por más que compartiera el impulso de salvar a gente inocente de los tiranos, era sumamente reacio a ordenar una acción militar contra Li-bia por la misma razón que había desechado la propuesta de Samantha de que mi discurso del Premio Nobel incluyera un argumento a favor de una «responsabilidad global de proteger» a los civiles de sus propios go-biernos. ¿Dónde terminaría la obligación de intervenir? ¿Y cuáles eran los límites? ¿Cuánta gente debía morir y cuánta estar en peligro para de-sencadenar una respuesta militar estadounidense? ¿Por qué Libia y no Congo, por ejemplo, donde una serie de conflictos civiles habían provo-cado millones de muertes? ¿Intervendríamos solo cuando no hubiera posibilidad de bajas estadounidenses? En 1993, Bill Clinton creía que existían pocos riesgos cuando envió fuerzas de operaciones especiales a Somalia para capturar a miembros de la organización de un señor de la guerra en apoyo a las campañas de pacificación estadounidenses en la re-gión. En el incidente, conocido como «Black Hawk derribado», murie-ron dieciocho soldados y otros veintisiete resultaron heridos.

Lo cierto es que la guerra nunca es ordenada y siempre tiene conse-cuencias indeseadas, incluso cuando se declara contra países aparente-mente desvalidos en nombre de una causa justa. En el caso de Libia, los defensores de una intervención estadounidense habían intentado ocul-tarse esa realidad aferrándose a la idea de imponer una zona de exclusión aérea para dejar en tierra los aviones militares de Gadafi e impedir los bombardeos, lo cual presentaban como una manera antiséptica y exenta de riesgos de salvar al pueblo libio (típica pregunta de un periodista de la Casa Blanca en aquel momento: «¿Cuánta gente tiene que morir antes de que tomemos esa medida?»). Lo que no tenían en cuenta era que im-poner una zona de exclusión aérea exigiría que primero disparáramos misiles contra Trípoli para destruir las defensas de Libia, un acto mani-fiesto de guerra contra un país que no representaba una amenaza para nosotros. Además, tampoco estaba claro que dicha zona de exclusión aé-rea fuese a tener efecto alguno, ya que Gadafi estaba utilizando a las fuer-zas de tierra y no los bombardeos aéreos para atacar bastiones de la opo-sición.

Por otro lado, Estados Unidos seguía sumido en las guerras de Irak y Afganistán. Acababa de ordenar a sus fuerzas en el Pacífico que ayudaran a los japoneses a afrontar el peor accidente nuclear desde Chernóbil, provocado por un tsunami que había arrasado la ciudad de Fuskushima; estábamos seriamente preocupados por la posibilidad de que la lluvia radioactiva llegara a la costa oeste. A ello hay que sumarle el hecho de que estaba gestionando una economía apenas recuperada y un Congreso republicano que había prometido deshacer todo lo que había conseguido mi Administración en los primeros dos años, y es justo decir que la idea de librar una nueva guerra en un país lejano sin importancia estratégica para Estados Unidos no me parecía prudente en absoluto. Y no era el único. Bill Daley, quien hacía solo dos meses que era mi jefe de gabinete, parecía perplejo por que alguien estuviera barajando siquiera esa posibilidad.

«A lo mejor se me escapa algo, señor presidente —dijo durante una de nuestras reuniones vespertinas—, pero no creo que nos machacaran en las elecciones de medio mandato porque los votantes no crean que esté haciendo suficiente en Oriente Próximo. Pregunte a diez personas en la calle y nueve ni siquiera saben dónde carajo está Libia.»

Y, sin embargo, ante las constantes noticias llegadas desde Libia sobre heridas espantosas colmando los hospitales y jóvenes ejecutados sin contemplaciones en las calles, el apoyo alrededor del mundo a la intervención cobró fuerza. Para sorpresa de muchos, la Liga Árabe votó a favor de una intervención internacional contra Gadafi, lo cual no solo era un signo de lo extremos que eran los niveles de violencia en Libia, sino también del grado en que el comportamiento errático del dictador del país y sus intromisiones en los asuntos de otras naciones lo habían aislado de otros líderes árabes (es posible que el voto también fuera una treta de los países de la región para desviar la atención de sus abusos contra los derechos humanos, ya que naciones como Siria y Baréin seguían siendo miembros respetables). Mientras tanto, Nicolas Sarkozy, que había sido criticado despiadadamente en Francia por apoyar al régimen de Ben Ali en Túnez hasta el amargo final, de repente decidió convertir la salvación del pueblo libio en su causa personal. Junto a David Cameron, anunció su intención de presentar de inmediato una resolución en el Consejo de Seguridad de Naciones Unidas en nombre de Francia y Reino Unido en la que autorizaría a una coalición internacional a que impusiera una zona de exclusión aérea en Libia, una resolución sobre la cual nosotros deberíamos posicionarnos.

El 15 de marzo convoqué una reunión de mi equipo de seguridad nacional para debatir la resolución pendiente del Consejo de Seguridad. Empezamos con un informe sobre los progresos de Gadafi: las tropas libias, equipadas con armas pesadas, pretendían conquistar una ciudad situada a las afueras de Bengasi, lo cual les permitiría interrumpir el suministro de agua, comida y electricidad de seiscientos mil habitantes. Cuando sus fuerzas se hubieran concentrado, Gadafi prometió ir «casa por casa, callejón por callejón, persona por persona, hasta que el país» estuviera «limpio de basura y escoria». Le pregunté a Mike Mullen de qué serviría una zona de exclusión aérea. Básicamente de nada, me dijo, lo cual confirmó que, puesto que Gadafi estaba utilizando tropas de tierra de manera casi exclusiva, la única forma de impedir un ataque a Bengasi era enfrentarse a dichas tropas con ofensivas aéreas.

«En otras palabras —dije—, nos piden que participemos en una zona de exclusión aérea que hará que parezca que todo el mundo está actuando pero que no salvará Bengasi.»

Luego les pedí recomendaciones. Gates y Mullen se oponían con firmeza a una acción militar estadounidense e insistieron en el esfuerzo que suponían ya las misiones en Irak y Afganistán para nuestras tropas. También estaban convencidos (acertadamente, a mi juicio) de que, pese a la retórica de Sarkozy y Cameron, el ejército estadounidense acabaría llevando casi todo el peso de cualquier operación en Libia. Joe consideraba una estupidez intervenir en otra guerra en el extranjero y Bill siguió asombrado porque tan siquiera estuviéramos manteniendo aquel debate.

Pero, mientras recorría el despacho, llegaron las voces favorables a una intervención. Hillary inició una conferencia desde París, donde asistió a una reunión del G8, y dijo que la había impresionado el líder opositor libio, al que había conocido allí. A pesar de, o tal vez debido a, su *realpolitik* en relación con Egipto, ahora estaba a favor de que participáramos en una misión internacional. Hablando desde nuestras oficinas en la sede de Naciones Unidas en Nueva York, Susan Rice dijo que la situación le recordaba a 1994, cuando la comunidad internacional no intervino en el genocidio de Ruanda. Entonces formaba parte del Consejo de Seguridad Nacional de Bill Clinton y la falta de acción en ese momento aún la atormentaba. Si una acción relativamente modesta podía salvar vidas, argumentó, debíamos llevarla a cabo, aunque propuso que, en lugar de respaldar la propuesta de una zona de exclusión aérea, debíamos presentar una resolución propia que planteara un mandato más amplio para emprender las acciones necesarias para proteger a los civiles sirios de las fuerzas de Gadafi. Algunos asesores más jóvenes manifestaron su preocupación por que una acción militar contra Libia tuviera la consecuencia no deseada de convencer a países como Irán de que necesitaban armas nucleares para protegerse de un futuro ataque estadounidense. Pero, igual que ocurrió con Egipto, Ben y Tony Blinken consideraban que teníamos la responsabilidad de apoyar a las fuerzas que protestaban por un cambio democrático en Oriente Próximo, sobre todo si los estados árabes y nuestros máximos aliados estaban dispuestos a actuar con nosotros. Y, aunque Samantha siguió mostrándose inusualmente fría cuando describía la cifra potencial de muertos en Bengasi si decidíamos no actuar, yo sabía que mantenía contacto directo a diario con libios que suplicaban ayuda. Casi no era necesario que le preguntara cuál era su postura.

Consulté el reloj, consciente de que en breve debía asistir a una cena anual con los comandantes del ejército estadounidense y sus esposas en la sala Azul de la residencia. «De acuerdo —dije—. Todavía no estoy preparado para tomar una decisión, pero, basándome en lo que he oído, hay algo que no haremos: no participaremos en una zona de exclusión aérea a medias que no cumplirá nuestro objetivo.»

Le dije al equipo que nos reuniríamos de nuevo en un par de horas, momento en el cual esperaba oír opciones reales para una intervención eficaz, incluyendo un análisis de los costes, recursos humanos y riesgos. «O hacemos esto bien —dije—, o dejamos de fingir que nos tomamos en serio salvar Bengasi para sentirnos mejor.»

Cuando llegué a la sala Azul, Michelle y nuestros invitados ya estaban allí. Nos hicimos fotos con cada comandante y su mujer, y hablamos de nuestros hijos y bromeamos sobre nuestras partidas de golf. Durante la cena me senté al lado de un joven marine y su esposa; había pisado un artefacto explosivo improvisado cuando trabajaba como artificiero en Afganistán y perdió ambas piernas. Todavía estaba acostumbrándose a las prótesis, me dijo, pero parecía animado y resultaba atractivo con su uniforme. En la cara de su mujer vi aquella mezcla de orgullo, determinación y angustia contenida a la que me había acostumbrado durante las visitas a familias de militares en los dos años anteriores.

En todo momento, mi cerebro estuvo realizando cálculos, pensando en la decisión que debería tomar en cuanto Buddy, Von y el resto de camareros recogieran los platos del postre. Los argumentos que habían planteado Mullen y Gates en contra de una acción militar en Libia eran convincentes. Ya había enviado a la guerra a miles de jóvenes como el marine que tenía a mi lado y no había garantía, pensaran lo que pensaran quienes se hallaban en los márgenes, de que un nuevo conflicto no provocaría a otros esas lesiones o algo peor. Me irritaba que Sarkozy y Cameron me hubieran involucrado en la cuestión, en parte para solventar sus problemas de política nacional, y despreciaba la hipocresía de la Liga Árabe. Sabía que Bill tenía razón: fuera de Washington no había mucho apoyo para lo que nos habían pedido que hiciéramos y, en el momento en que una operación militar estadounidense en Libia saliera mal, mis problemas políticos no harían más que agravarse.

También sabía que, a menos que tomáramos las riendas, el plan europeo probablemente no iría a ninguna parte. Las tropas de Gadafi sitiarían Bengasi. En el mejor de los casos, estallaría un conflicto prolongado, y puede que incluso una guerra civil en toda regla. En el peor, decenas de miles de personas o más morirían de hambre, serían torturadas o recibirían un disparo en la cabeza. Y, al menos por el momento, quizá yo era la única persona en el mundo que podía impedir que eso ocurriera.

La cena terminó. Le dije a Michelle que estaría en casa en una hora y volví a la sala de Crisis, donde el equipo había estado valorando opciones y esperaba más instrucciones.

«Creo que tengo un plan que podría funcionar», dije.

26

Esa noche nos reunimos durante otras dos horas en la sala de Crisis y repasamos punto por punto el plan que había esbozado en mi cabeza durante la cena, conscientes de que debíamos intentar evitar una masacre en Libia al tiempo que minimizábamos los riesgos y los esfuerzos de un ejército estadounidense ya sobrecargado. Estaba dispuesto a adoptar una postura firme contra Gadafi y ofrecer al pueblo libio la oportunidad de organizar un nuevo Gobierno. Pero lo haríamos rápidamente, con el respaldo de nuestros aliados y con los límites de nuestra misión definidos con claridad.

Le dije al equipo que quería empezar haciendo lo que Susan Rice había propuesto; convencer a los franceses y los británicos de que retirasen su propuesta de resolución de una zona de exclusión aérea, para que pudiésemos presentar ante el Consejo de Seguridad una resolución enmendada en la que solicitaríamos un mandato más amplio para detener los ataques de las fuerzas de Gadafi y así proteger a los civiles libios. Entretanto, el Pentágono prepararía una campaña militar que contemplara una clara división de tareas entre los aliados. En la primera fase de la campaña, Estados Unidos ayudaría a detener el avance de Gadafi sobre Bengasi y destruiría su sistema de defensa aérea; una tarea para la que estábamos particularmente bien preparados, dada la superioridad de nuestros medios. A continuación, cederíamos el grueso de la operación a los europeos y a los estados árabes participantes. Los aviones caza europeos serían los principales encargados de llevar a cabo los ataques aéreos selectivos necesarios para impedir que las fuerzas de Gadafi avanzasen contra las poblaciones civiles (en esencia, mediante el establecimiento de una zona de exclusión aérea y terrestre), mientras que los aliados árabes proporcionarían sobre todo apoyo logístico. Como el norte de África estaba en las inmediaciones de Europa y no en las nuestras, también pediríamos a los europeos que costeasen buena parte de la ayuda posconflicto que se necesitaría para reconstruir Libia y para favorecer la transición del país a la democracia una vez que Gadafi ya no ocupase el poder.

Pedí su opinión a Gates y a Mullen. Aunque seguían siendo reacios a implicarse en lo que era más que nada una misión humanitaria mientras aún seguíamos inmersos en otras dos guerras, admitieron que el plan era viable, limitaba el coste y el riesgo para el personal estadounidense, y probablemente podría hacer retroceder a Gadafi en cuestión de días.

Susan y su equipo trabajaron con Samantha durante toda la noche, y al día siguiente distribuimos un borrador de resolución entre los miembros del Consejo de Seguridad de Naciones Unidas. De cara a la votación, la duda principal era si Rusia vetaría la nueva medida, por lo que, mientras Susan intentaba persuadir a sus homólogos en el hemiciclo de Naciones Unidas, esperábamos que nuestro trabajo de los dos últimos años con Dmitry Medvédev nos ayudaría a conseguir su apoyo, insistiendo a Rusia que más allá del imperativo moral de evitar una atrocidad en masa, tanto a Rusia como a Estados Unidos les interesaba asegurarse de que no asistíamos a una prolongada guerra civil en Libia, pues en ese caso el país podría convertirse en terreno abonado para el terrorismo. Estaba claro que Medvédev tenía importantes reservas respecto a cualquier iniciativa militar liderada por Occidente que pudiese conducir a un cambio de régimen, pero tampoco quería interferir en favor de Gadafi. Al final, el Consejo de Seguridad aprobó nuestra resolución el 17 de marzo con diez votos a favor, cero en contra y cinco abstenciones (entre ellas, la rusa). Llamé a los líderes europeos clave, Sarkozy y Cameron, que apenas disimularon su alivio al comprobar que les estaba proporcionando una vía para salir del atolladero en que se habían metido. Al cabo de unos pocos días, ya estaban a punto todos los elementos de la operación: los europeos aceptaban que sus fuerzas operaran bajo la estructura de mando de la OTAN y había la suficiente participación árabe —de jordanos, cataríes y emiratíes— para inmunizarnos ante las acusaciones de que la misión en Libia era un ejemplo más de cómo las potencias occidentales hacían la guerra contra el islam.

Cuando el Pentágono ya estaba preparado y esperaba mi orden para comenzar los ataques aéreos, ofrecí públicamente una última oportunidad a Gadafi y le insté a retirar sus fuerzas y a respetar el derecho de los libios a participar en protestas pacíficas. Confiaba en que, con el mundo unido en su contra, entrase en acción su instinto de supervivencia y tratase de negociar una salida segura a un país dispuesto a acogerlo, donde podría vivir el resto de sus días con los millones de petrodólares que, durante años, había desviado a varias cuentas bancarias en Suiza. Pero, al parecer, cualquier conexión que Gadafi hubiese podido tener con la realidad en el pasado se había roto.

Se daba la circunstancia de que esa noche debía partir hacia Brasil, primera parada de un viaje de cuatro días de duración a tres países pensado para reforzar la imagen de Estados Unidos en Latinoamérica. (La guerra de Irak, así como la lucha contra las drogas y la política de la Administración Bush hacia Cuba no habían sentado muy bien en la región.) Lo mejor era que habíamos programado el viaje deliberadamente para que coincidiera con las vacaciones de primavera de Malia y Sasha, y así pudiéramos viajar la familia entera.

Lo que no habíamos tenido en cuenta era un inminente conflicto militar. Cuando el Air Force One aterrizó en la capital, Brasilia, Tom Donilon me informó de que las fuerzas de Gadafi no daban señales de retirarse; de hecho, habían empezado a cruzar el perímetro de Bengasi.

«Probablemente tengas que firmar una orden a lo largo del día de hoy», me dijo.

Con independencia de las circunstancias, lanzar una acción militar estando de visita en un país extranjero suponía un problema. Y el hecho de que Brasil por lo general evitase tomar partido en las disputas internacionales, y se hubiese abstenido en la votación del Consejo de Seguridad sobre la intervención en Libia, solo complicaba aún más las cosas. Esta era mi primera visita a Sudamérica como presidente, y mi primer encuentro con Dilma Rousseff, recién elegida presidenta de Brasil. Economista, había sido jefa de gabinete de su carismático predecesor, Lula da Silva, y estaba interesada, entre otras cosas, en mejorar las relaciones comerciales con Estados Unidos. Acompañada de sus ministros, Rousseff ofreció una calurosa bienvenida a nuestra delegación cuando llegamos al palacio presidencial, una estructura espaciosa y moderna con contrafuertes en forma de ala y altas paredes acristaladas. Durante las varias horas que siguieron, discutimos formas de profundizar la cooperación entre Estados Unidos y Brasil en materia de energía, comercio y cambio climático. Pero con el mundo entero especulando sobre cuándo y cómo comenzarían los ataques contra Libia, la tensión se hizo difícil de ignorar. Me disculpé ante Rousseff por cualquier incomodidad que la situación pudiese estar causando. Se encogió de hombros y clavó en mí sus ojos oscuros con una mezcla de escepticismo e inquietud.

«Nos las apañaremos —me dijo en portugués—. Espero que este sea el menor de sus problemas.»

Cuando terminó mi encuentro con Rousseff, Tom y Bill Daley me llevaron apresuradamente a una sala de reuniones cercana, me explicaron que las fuerzas de Gadafi seguían avanzando y que ese era el mejor momento para tomar una decisión. Para dar comienzo formal a las operaciones militares tenía que contactar con Mike Mullen. Pero al parecer el sistema de comunicaciones móviles seguras de última generación, el que debía permitirme ejercer como comandante en jefe desde cualquier lugar del planeta, no funcionaba.

—Lo siento, señor presidente... Seguimos teniendo problemas para conectar.

Mientras nuestros técnicos de comunicaciones se afanaban en encontrar algún cable mal conectado o algún portal averiado, me senté en una silla y cogí un puñado de almendras de un cuenco que había sobre una mesa auxiliar. Hacía ya mucho tiempo que había dejado de preocuparme por los detalles logísticos de la presidencia, pues sabía que en todo momento tenía a mi alrededor un equipo sumamente competente. Aun así, podía ver cómo se formaban gotas de sudor en la frente de los allí presentes. A Bill, en su primer viaje al extranjero como jefe de gabinete y notando claramente los efectos de la presión, parecía que le iba a dar un ataque.

—¡Esto es increíble! —dijo con un tono de voz cada vez más agudo.

Miré el reloj. Habían transcurrido diez minutos, y nos esperaban en nuestra siguiente reunión con los brasileños. Me volví hacia Bill y Tom, que parecían a punto de estrangular a alguien.

—¿Por qué no usamos simplemente tu teléfono móvil? —le dije a Bill.

—¿Qué?

—No será una conversación larga. Mira a ver si tienes suficiente cobertura.

Tras un debate entre los miembros del equipo sobre si era aconsejable que utilizase una línea no segura, Bill marcó el número y me pasó su teléfono.

—¿Mike? —dije—. ¿Me oyes?

—Sí, presidente.

—Tienes mi autorización.

Y con esas tres palabras, pronunciadas en un dispositivo que probablemente también se había utilizado para pedir pizza, inicié la primera nueva intervención militar de mi presidencia.

Durante los dos días siguientes, incluso mientras los buques de guerra estadounidenses y británicos empezaban a disparar misiles Tomahawk y a destruir las defensas aéreas libias, mantuvimos mi agenda en gran medida inalterada. Me reuní con un grupo de dirigentes empresariales estadounidenses y brasileños para discutir maneras de ampliar los vínculos comerciales. Asistí a una recepción con autoridades gubernamentales y me hice fotos con el personal de la embajada estadounidense y sus familias. En Río de Janeiro, pronuncié un discurso ante más de mil de los líderes políticos, cívicos y empresariales más destacados de Brasil sobre los retos y las oportunidades que nuestros países tenían en común al ser las dos mayores democracias del hemisferio. Pero durante todo ese tiempo Tom me mantenía al corriente de las novedades sobre Libia, e imaginaba las escenas que estarían teniendo lugar a más de ocho mil kilómetros de distancia: las ráfagas de misiles atravesando el cielo; la sucesión de explosiones, escombros y humo; los rostros de los fieles a Gadafi mientras escudriñaban el firmamento y calculaban sus probabilidades de sobrevivir.

Estaba distraído, pero al mismo tiempo era consciente de que mi presencia en Brasil era importante, en particular para los afrobrasileños, que componían algo más de la mitad de la población del país y experimentaban la misma clase de racismo y pobreza profundamente arraigados —aunque a menudo no se reconociese su existencia— que los negros en mi país. Michelle, las niñas y yo visitamos una extensa favela en el extremo occidental de Río, donde acudimos a un centro juvenil para asistir al espectáculo de un grupo de capoeira y yo di unas patadas a un balón de fútbol con unos cuantos chavales de la zona. Cuando nos disponíamos a salir de allí, cientos de personas se habían congregado en el exterior del centro y, aunque mis escoltas del Servicio Secreto rechazaron de plano la idea de que diese una vuelta por el barrio, los convencí para que me permitiesen salir del recinto a agradecer a la multitud su presencia. En mitad de una estrecha calle, saludé con un gesto a los rostros negros, morenos y cobrizos; habitantes de la zona, muchos de ellos niños, apelotonados en las azoteas y pequeños balcones y agolpados contra las barreras policiales. Valerie, que viajaba con nosotros y fue testigo de la escena completa, sonreía cuando volví adentro, y me dijo: «Estoy segura de que ese saludo ha cambiado para siempre la vida de algunos de estos chavales».

Me pregunté si sería cierto. Eso era lo que me había dicho a mí mismo al inicio de mi trayectoria política como parte de mi justificación ante Michelle para ser candidato a la presidencia: que la elección y el liderazgo de un presidente negro podría cambiar la manera en que los niños y jóvenes de todo el país se veían a sí mismos y veían su mundo. Por supuesto, sabía que cualquier impacto que mi fugaz presencia pudiera tener en esos niños de las favelas, y por mucho que pudiera hacer que algunos de ellos caminasen más erguidos y tuviesen sueños más ambiciosos, seguiría sin compensar la absoluta miseria en la que vivían cada día: las escuelas deficientes, el aire contaminado, el agua envenenada y el puro desorden que todos ellos tenían que sortear para poder sobrevivir sin más. Según mis propias estimaciones, hasta ese momento mi impacto en las vidas de los niños pobres y sus familias había sido despreciable, incluso en Estados Unidos. Había dedicado mi tiempo poco más que a intentar evitar que las circunstancias de los pobres, tanto en mi país como en el extranjero, empeorasen: asegurándome de que una recesión global no aumentase drásticamente su número o eliminase el precario hueco que pudieran tener en el mercado laboral; procurando atajar un cambio en el clima que pudiese dar lugar a una inundación o una tormenta mortíferas; o, en el caso de Libia, intentando evitar que el ejército de un loco masacrase a la población en las calles. No era poca cosa, me decía, siempre que no empezase a engañarme y me convenciese de que era siquiera remotamente suficiente.

En el breve vuelo de vuelta al hotel en el Marine One, el helicóptero sobrevoló la majestuosa cadena de montañas boscosas que bordean la costa, y de pronto apareció ante nosotros la icónica estatua del *Cristo Redentor*, de treinta metros de altura situada en lo alto del pico cónico conocido como Corcovado. Habíamos hecho planes para visitar el lugar esa noche. Me apreté contra Sasha y Malia y les señalé el monumento: una figura distante y embozada con los brazos extendidos, blanca contra el cielo azul.

«Mirad... ahí es donde iremos esta noche.»

Ambas iban escuchando música en sus iPods mientras hojeaban unas revistas de Michelle y repasaban con la mirada las satinadas imágenes de celebridades de rostros maquillados que yo no reconocía. Después de que sacudiese las manos para que me hiciesen caso, se quitaron los auriculares, giraron la cabeza a la vez hacia la ventana y asintieron sin decir palabra, deteniéndose un instante como para darme satisfacción antes de volver a ponerse los auriculares. Michelle, que parecía dormitar mientras escuchaba música de su propio iPod, no hizo ningún comentario.

Más tarde, mientras cenábamos en el restaurante exterior de nuestro hotel, nos informaron de que había descendido una densa niebla sobre Corcovado y quizá tendríamos que cancelar la excursión al *Cristo Redentor*. Malia y Sasha no parecían demasiado decepcionadas. Las observé mientras interrogaban al camarero sobre el menú de postres, sintiéndome un poco dolido por su falta de entusiasmo. Tenía que dedicar una mayor parte de mi tiempo a supervisar los acontecimientos en Libia, por lo que, en ese viaje, veía a mi familia menos aún que en casa, lo cual exacerbaba mi sensación —ya demasiado habitual en los últimos tiempos— de que mis hijas estaban creciendo más rápido de lo que yo había esperado. Malia estaba a punto de entrar en la adolescencia: sus dientes relucientes con el aparato dental, su pelo recogido en una coleta floja, su cuerpo estirado como si estuviese en un invisible potro de tortura; como si de alguna manera, de la noche a la mañana, se hubiese vuelto larga y esbelta, y casi tan alta como su madre. A sus nueve años, Sasha al menos aún parecía una niña, con su dulce sonrisa y sus hoyuelos en las mejillas, pero había notado un cambio en su actitud hacia mí: ahora ya no le gustaba tanto que le hiciese cosquillas; parecía impaciente y un poco avergonzada cuando intentaba llevarla de la mano en público.

Seguía asombrado ante lo estables que eran ambas, lo bien que se habían adaptado a las extrañas y extraordinarias circunstancias en las que estaban creciendo y cómo pasaban sin alterarse de audiencias con el Papa a salidas al centro comercial. Por lo general, eran alérgicas a cualquier tratamiento especial o atención indebida, y solo querían ser como el resto de los chavales de la escuela. (Cuando, el primer día de su cuarto curso de primaria, un compañero de clase había intentado hacerle una foto a Sasha, esta le había arrebatado la cámara y le había advertido que más le valía no volver a intentarlo.) De hecho, lo que más les gustaba a una y otra era pasar tiempo en casa de sus amigas, en parte porque esos hogares al parecer eran menos estrictos en cuanto al consumo de aperitivos y al tiempo que podían pasar ante el televisor, pero sobre todo porque en esos lugares era más fácil fingir que su vida era normal, aunque los escoltas del Servicio Secreto estuviesen aparcados en la calle. Y todo eso estaba muy bien, salvo por el hecho de que su vida nunca era menos normal que cuando estaban conmigo. No lograba sacudirme el temor de estar perdiendo el precioso tiempo que podía pasar con ellas antes de que abandonasen el nido...

«Todo arreglado —dijo Marvin tras acercarse a nuestra mesa—. La niebla se ha levantado.»

Los cuatro nos amontonamos en la parte trasera de la Bestia y al poco rato subíamos en la oscuridad por una carretera tortuosa bordeada de árboles hasta que nuestra comitiva se detuvo abruptamente frente a una amplia plaza iluminada con focos. Una enorme figura resplandeciente parecía llamarnos a través de la neblina. Mientras ascendíamos una serie de peldaños, con la cabeza echada hacia atrás para poder contemplar el panorama entero, sentí cómo Sasha se agarraba de mi mano. Malia me pasó el brazo por la cintura.

—¿Tenemos que rezar o algo así? —preguntó Sasha.

—¿Por qué no? —respondí. Nos apretujamos e inclinamos la cabeza en silencio, y supe que, esa noche, al menos una de mis plegarias había sido escuchada.

No puedo decir a ciencia cierta que el peregrinaje hasta lo alto de ese monte contribuyese a satisfacer mi otra plegaria. Lo que sí sé es que los primeros días de la campaña en Libia transcurrieron de manera inmejorable. Se desmantelaron enseguida las defensas aéreas de Gadafi. Los cazas europeos habían entrado en acción tal y como habían prometido (Sarkozy se aseguró de que fuese un avión francés el primero en entrar en el espacio aéreo libio) y ejecutaron una serie de ataques aéreos contra las fuerzas que avanzaban hacia Bengasi. Al cabo de pocos días, las fuerzas de Gadafi se habían retirado y nuestras zonas de exclusión aérea y terrestre se habían implantado de manera eficaz en gran parte de la región oriental del país.

Aun así, nuestra gira latinoamericana siguió adelante. Yo seguía inquieto. Cada mañana hablaba con mi equipo de seguridad nacional mediante videoconferencia segura y recibía noticias del general Carter Ham, el comandante que supervisaba la operación, así como de los líderes militares del Pentágono, antes de revisar una lista detallada de los siguientes pasos. Además de tener en todo momento una idea clara de en qué medida estábamos cumpliendo nuestros objetivos militares, quería asegurarme de que nuestros aliados cumplían su parte del trato y que el papel estadounidense no iba más allá de los restrictivos límites que había establecido. Era del todo consciente de que el apoyo de la ciudadanía estadounidense a lo que estábamos haciendo era extraordinariamente frágil y que cualquier contratiempo podría resultar devastador.

Tuvimos un buen susto. Nuestra primera noche en Santiago de Chile, Michelle y yo asistimos a una cena de Estado organizada por Sebastián Piñera, el extrovertido multimillonario de centroderecha que había sido elegido presidente apenas un año antes. Estaba sentado en la mesa de honor, escuchando a Piñera hablar sobre el creciente mercado del vino chileno en China, cuando sentí un toque en el hombro y al volverme me encontré con Tom Donilon, que tenía un aspecto aún más estresado que de costumbre.

—¿Qué pasa? —le pregunté.

Se inclinó para susurrarme al oído:

—Acabamos de saber que un caza estadounidense se ha estrellado en Libia.

—¿Derribado?

—Fallo técnico —dijo Tom—. Dos soldados se eyectaron antes de que cayese a tierra, y hemos recogido a uno de ellos, el piloto. Está bien... pero el artillero sigue desaparecido. Tenemos equipos de búsqueda y rescate en las inmediaciones del lugar del impacto, y estoy en contacto directo con el Pentágono; en cuanto haya noticias, se las comunico.

Mientras Tom se alejaba, Piñera me lanzó una mirada inquisidora.

—¿Todo bien? —preguntó.

—Sí, lamento la interrupción —respondí, mientras repasaba mentalmente los escenarios posibles, la mayoría de ellos malos.

Durante los siguientes noventa minutos o así, sonreí y asentí mientras Piñera y su mujer, Cecilia Morel Montes, nos hablaban de sus hijos, de cómo se habían conocido y de cuál era la mejor época del año para visitar la Patagonia. En un momento dado, un grupo chileno de folk-rock llamado Los Jaivas empezó a interpretar lo que sonaba como una versión en español de *Hair*. Durante todo ese tiempo, estuve esperando sentir otro toque en el hombro. No podía pensar en otra cosa que en el joven soldado al que había enviado a la guerra y que ahora estaría posiblemente herido, había sido capturado o algo incluso peor. Sentía que estaba a punto de estallar. No volví a ver a Tom dirigiéndose hacia nosotros hasta que Michelle y yo estábamos a punto de subir a la Bestia una vez finalizada la cena. Jadeaba ligeramente.

—Lo tenemos —dijo—. Parece que lo recogieron unos libios amigos, y estará bien.

En ese momento tuve ganas de besar a Tom, pero besé a Michelle en su lugar. Cuando alguien me pide que describa lo que se siente al ser presidente de Estados Unidos, pienso a menudo en ese rato que pasé, impotente, en la cena de Estado en Chile, en el filo de la navaja entre el aparente éxito y la posible catástrofe; en este caso, la deriva del paracaídas de un soldado sobre un desierto lejano en mitad de la noche. No era solo que cada decisión que había tomado fuese básicamente una apuesta de alto riesgo, sino que, a diferencia de lo que ocurre en el póker, en el que un jugador espera, y puede permitirse, perder unas cuantas manos importantes y acabar teniendo una noche ganadora, un solo percance podía costar una vida, y eclipsar —tanto en la prensa política como en mi propio corazón— cualquier objetivo más amplio que pudiese haber logrado.

Finalmente, el accidente del avión acabó siendo una relativa minucia. Cuando volví a Washington, la abrumadora superioridad de las Fuerzas Aéreas de la coalición internacional había dejado a los leales a Gadafi con pocos lugares donde esconderse, y las milicias opositoras —incluidos muchos desertores de alto rango del ejército libio— empezaron a avanzar hacia el oeste. Transcurridos doce días de la operación, la OTAN tomó el mando de la misión y varios países europeos asumieron la responsabilidad de repeler a las fuerzas de Gadafi. Cuando me dirigí a la nación, el 28 de marzo, el ejército estadounidense había empezado a adoptar un papel de apoyo, y se dedicaba principalmente a colaborar en la logística, al repostaje de aviones y a identificar objetivos.

Dado que varios republicanos habían sido destacados adalides de la intervención, cabría haber esperado cierto reconocimiento a regañadientes de la veloz precisión de nuestra operación en Libia. Pero mientras estaba de viaje ocurrió algo curioso: algunos de esos mismos republicanos que me habían exigido que interviniese en Libia decidieron que ahora estaban en contra de dicha actuación. Criticaron la misión por ser demasiado amplia, o por llegar demasiado tarde. Se quejaron de que no había consultado lo suficiente con el Congreso, a pesar de que me había reunido con los líderes de dicha cámara la víspera de la campaña. Cuestionaron la base legal para mi decisión, dando a entender que debería haber obtenido la autorización del Congreso, de acuerdo con la Ley de Prerrogativas Bélicas; una duda legítima y de larga data sobre el poder del presidente, de no ser porque todo esto venía de un partido que había concedido una y otra vez carta blanca a administraciones anteriores en el frente de la política exterior, en particular en lo tocante a librar una guerra. Esta inconsistencia no parecía avergonzar a los republicanos. En la práctica, me estaban advirtiendo de que, incluso las cuestiones de guerra o paz, de vida o muerte, habían pasado a formar parte del sombrío e implacable juego partidista.

No eran los únicos que se dedicaban a jugar. Enseguida, Vladimir Putin había criticado públicamente la resolución de Naciones Unidas —y, de manera implícita, a Medvédev— por dar cobertura a un amplio mandato para la acción militar en Libia. Era inconcebible que Putin no hubiese dado el visto bueno a la decisión de Medvédev de que Rusia se abstuviese en lugar de vetar nuestra resolución, o que en su momento no hubiese entendido el alcance de la misma; y, como el propio Medvédev señaló en respuesta a los comentarios de Putin, los cazas de la coalición seguían bombardeando a las fuerzas de Gadafi solo porque el dictador libio no daba señales de llamar a la retirada o de apaciguar a los sanguinarios combatientes mercenarios que financiaba. Pero, por supuesto, eso no era lo fundamental. Al cuestionar abiertamente a Medvédev, Putin parecía haber decidido con toda la intención poner en un brete al sucesor que él mismo había elegido a dedo; lo cual no me dejaba más opción que suponer que era un indicio de que Putin planeaba volver a tomar las riendas de Rusia.

Pese a todo, marzo terminó sin una sola víctima mortal estadounidense en Libia, y, con un coste aproximado de 550 millones de dólares —no mucho más de lo que gastábamos al día en operaciones militares en Irak y Afganistán—, habíamos logrado nuestro objetivo de salvar Bengasi y sus ciudades vecinas y quizá decenas de miles de vidas. Según Samantha, había sido la intervención militar internacional para evitar una atrocidad en masa más rápida en toda la historia moderna. Aún no estaba claro lo que sucedería con el Gobierno libio. Gadafi seguía ordenando más ataques incluso ante las operaciones de bombardeo de la OTAN, mientras que la oposición había impulsado una coalición dispersa de milicias rebeldes, y a mi equipo y a mí nos inquietaba la perspectiva de una prolongada guerra civil. En opinión del diplomático estadounidense al que Hillary había enviado a Bengasi para que actuase como persona de contacto con el incipiente consejo de Gobierno en la ciudad, la oposición al menos decía lo apropiado sobre cómo sería una Libia pos-Gadafi: hacía hincapié en la importancia de que hubiese elecciones libres y justas y en que se respetasen los derechos humanos y el Estado de derecho. Pero sin tradiciones democráticas en las que inspirarse, los miembros del consejo tenían ante sí una ardua tarea. Además, una vez desarticulada la policía de Gadafi, la seguridad en Bengasi y otras zonas rebeldes recordaba ahora al salvaje Oeste.

—¿A quién enviamos a Bengasi? —pregunté, tras oír uno de estos despachos.

—Un tipo llamado Chris Stevens —me dijo Denis—. Era encargado de negocios en la embajada estadounidense en Trípoli, y antes estuvo en unos cuantos destinos en Oriente Próximo. Al parecer, junto con un pequeño equipo se coló en Bengasi a bordo de un carguero griego. Dicen que es buenísimo.

—Un tío valiente —dije.

Un apacible domingo de abril, me vi solo en la residencia —las chicas habían salido con sus amigas y Michelle había quedado para comer—, así que decidí bajar a trabajar un rato. Era un día fresco, con algo menos de veinte grados y nubes y claros en el cielo, y, al recorrer la columnata, me detuve a apreciar los suaves lechos de tulipanes —amarillos, rojos, rosas— que los jardineros habían plantado en el jardín de las Rosas. Rara vez trabajaba en el despacho Oval los fines de semana, porque siempre había al menos unas pocas visitas guiadas a la Casa Blanca que pasaban por ahí, y los visitantes podían echar un ojo al despacho desde detrás de una cuerda de terciopelo rojo solo si yo no estaba dentro. Normalmente me instalaba en el comedor y el estudio adjuntos al despacho Oval, una zona privada y cómoda repleta de recuerdos que había ido acumulando con los años: una portada de la revista *Life* sobre la marcha en Selma, enmarcada y firmada por John Lewis; un ladrillo del bufete de abogados de Abraham Lincoln en Springfield; un par de guantes de boxeo de Muhammad Ali; un cuadro del litoral de Cape Cod de Ted Kennedy que este me había enviado como regalo después de que lo elogiase al verlo en su despacho. Pero, cuando el cielo se despejó y los rayos de sol entraron con fuerza por la ventana, me trasladé a la terraza situada en el exterior del comedor, un espacio agradable y recogido con setos y cultivos en un extremo y una pequeña fuente en el otro.

Había llevado una pila de informes para leer, pero mi mente divagaba una y otra vez. Acababa de anunciar que me presentaría a la reelección. En realidad, era una formalidad, cuestión de entregar unos papeles y grabar un breve vídeo con el anuncio. Nada que ver con aquel viernes gélido y vertiginoso en Springfield, cuatro años antes, cuando había anunciado mi candidatura ante una multitud de miles de personas, con la promesa de traer esperanza y cambio. Parecía que había pasado toda una eternidad desde esa época de optimismo, energía juvenil e inocencia innegable. La campaña para mi reelección sería una empresa completamente distinta. Convencidos de mi debilidad, los republicanos ya hacían cola para tener la oportunidad de competir contra mí. Me había percatado de que mi equipo político había empezado a introducir los primeros actos de recaudación de fondos en mi agenda, en previsión de una contienda costosa y sangrienta. En parte, rechazaba la idea de prepararme para las elecciones con tanta antelación; aunque mi primera campaña parecía un recuerdo lejano, sentía que mi verdadero trabajo como presidente apenas acababa de empezar. Pero no tenía sentido discutir al respecto. Yo mismo podía ver las encuestas.

Lo paradójico era que nuestros esfuerzos de los dos años anteriores por fin empezaban a dar algún fruto. Cuando no había tratado asuntos de política exterior, había recorrido el país centrándome en las fábricas de automóviles que acababan de reabrir, los pequeños negocios que se habían salvado, las granjas eólicas y los vehículos energéticamente eficientes que marcaban el camino hacia un futuro de energías limpias. Una serie de proyectos de infraestructuras financiados por la Ley de Recuperación —carreteras, centros comunitarios, líneas de tren ligero— ya casi se habían completado. Los jóvenes recibían más ayudas para financiar su educación universitaria, y toda una serie de disposiciones del Obamacare ya habían entrado en vigor. En muchos sentidos, habíamos conseguido que la Administración federal fuese mejor, más eficiente y más ágil. Pero hasta que la economía no empezase realmente a remontar nada de lo anterior tendría mucha importancia política. Hasta entonces, habíamos conseguido evitar la «doble recaída» de una segunda recesión, en gran parte gracias a los miles de millones de dólares de estímulo que habíamos vinculado a la extensión de los recortes de impuestos de Bush durante el periodo de pato cojo. Pero por muy poco. Y daba toda la impresión de que la nueva mayoría en la Cámara tenía intención de dar marcha atrás en la economía.

Desde el momento en que fue elegido presidente de la Cámara en junio, John Boehner había insistido en que los republicanos tenían toda la intención de cumplir con su compromiso de campaña de poner fin a lo que llamaba mi «exceso de dispendios demoledor para el empleo de los últimos dos años». En una alocución tras mi discurso del estado de la Unión de 2011, Paul Ryan, presidente del Comité de Presupuestos de la Cámara, había predicho que, a consecuencia de ese despilfarro descontrolado, la deuda federal «pronto sería superior a toda nuestra economía y crecería hasta niveles catastróficos en los próximos años». La nueva camada de líderes del Partido Republicano, muchos de los cuales habían defendido durante sus campañas ideas propias del Tea Party, estaban sometiendo a Boehner a una intensa presión para lograr una reducción inmediata, drástica y permanente del tamaño de la Administración federal; una reducción que creían que por fin restauraría el orden constitucional en Estados Unidos, y recuperaría el país de las garras de las corruptas élites políticas y económicas.

En un sentido puramente económico, todos en la Casa Blanca creíamos que sería un absoluto desastre poner en práctica los planes de grandes recortes en los presupuestos federales de los republicanos de la Cámara. El desempleo seguía en torno al 9 por ciento. El mercado inmobiliario aún no se había recuperado. Los estadounidenses todavía estaban intentando pagar los 1,1 billones de dólares de deuda de las tarjetas de crédito y otros préstamos que habían acumulado a lo largo de la década anterior; millones de personas debían por sus hipotecas más dinero del que valían sus casas. Las empresas y los bancos se enfrentaban a una resaca de deuda similar y seguían siendo cautelosos a la hora de invertir en la expansión de sus negocios o al conceder nuevos préstamos. Era verdad que el déficit federal había aumentado considerablemente desde que yo había asumido el cargo, sobre todo a consecuencia de la reducción de los ingresos fiscales y del incremento de gasto en los programas sociales tras lo que se había llamado la Gran Recesión. A petición mía, Tim Geithner ya estaba esbozando planes para reducir el déficit hasta los niveles anteriores a la crisis una vez que la economía se hubiese recuperado por completo. También había creado una comisión, encabezada por Erskine Bowles, antiguo jefe de gabinete de Clinton, y Alan Simpson, exsenador por Wyoming, encargada de elaborar un plan razonable para la reducción del déficit y la deuda a largo plazo. Pero, en ese momento, lo mejor que podíamos hacer para rebajar el déficit era impulsar el crecimiento económico y, con la demanda agregada tan débil como estaba, esto significaba más gasto federal, no menos.

El problema era que había perdido la discusión en las elecciones de medio mandato, al menos entre aquellos que se habían molestado en ir a votar. Los republicanos no solo podían argumentar que estaban cumpliendo con la voluntad de los votantes cuando intentaban recortar gastos, sino que los resultados electorales parecían haber convertido a todo Washington en halcones del déficit. De pronto, los periódicos y los telediarios daban la voz de alarma diciendo que el país vivía por encima de sus posibilidades. Los comentaristas denunciaban la herencia de deuda que estábamos endosando a las generaciones futuras. Incluso los dirigentes empresariales y la gente de Wall Street, muchos de los cuales se habían beneficiado, de manera directa o indirecta, del rescate del sistema financiero, tuvieron la temeridad de apuntarse al carro antidéficit y hacer hincapié en que ya era hora de que los políticos de Washington fuesen «valientes» y recortasen «el gasto en privilegios»; empleando esta engañosa expresión para meter en un mismo saco la Seguridad Social, Medicare, Medicaid y los demás programas de la red de protección social. (Pocos de ellos expresaron interés en sacrificar sus propias rebajas de impuestos para abordar esta supuesta crisis.)

En nuestra primera escaramuza con Boehner, en torno a los niveles de financiación para el resto del año fiscal 2011, habíamos concedido 38.000 millones de dólares en recortes presupuestarios, una cantidad suficiente para que Boehner fuese con ella a los miembros de su caucus conservador (que en un principio habían aspirado al doble) pero lo bas-

811

tante pequeña en el marco de un presupuesto de 3,6 billones de dólares como para evitar cualquier perjuicio económico real, en particular habida cuenta de que una buena parte de esos recortes provenía de trucos contables y no reducirían los servicios o programas esenciales. Boehner ya había señalado, no obstante, que los republicanos volverían enseguida a por más, y había llegado a sugerir que su caucus podría negar los votos necesarios para incrementar el límite legal de la deuda si no satisfacíamos sus exigencias futuras. Ninguno creímos que el Partido Republicano fuese a actuar de un modo tan irresponsable. A fin de cuentas, elevar el techo de deuda era una tarea legislativa rutinaria con la que cumplían ambos partidos, una cuestión de pagar por los gastos que el Congreso ya había aprobado, y la incapacidad de hacerlo tendría como consecuencia que Estados Unidos incurriese en el incumplimiento del pago de su deuda por primera vez en la historia. Aun así, el hecho de que Boehner hubiese siquiera insinuado una idea tan radical, y de que enseguida hubiese tenido buena acogida entre los miembros del Tea Party y los medios de comunicación conservadores, ofreció un atisbo de lo que se avecinaba.

¿A esto ha quedado reducida mi presidencia?, me pregunté. ¿A luchas en la retaguardia para evitar que los republicanos saboteasen la economía estadounidense y desmantelasen todo lo que había hecho, solo porque lo había hecho yo? ¿Podía realmente mantener la esperanza de encontrar algún punto en común con un partido que daba la impresión de que, cada vez en mayor medida, consideraba que la oposición a mí era su principio unificador, el objetivo que prevalecía sobre todos los demás? Al parecer había un motivo para que Boehner, al vender nuestro reciente acuerdo presupuestario a su caucus, hubiera destacado lo «enfadado» que yo estaba durante nuestras conversaciones (una ficción útil que había pedido a mi equipo que no desmintiese para evitar que el acuerdo descarrilase). Para sus miembros, no había mejor argumento de venta. De hecho, cada vez más, me había percatado de que el estado de ánimo que habíamos presenciado por primera vez en los mítines electorales de los últimos días de la campaña de Sarah Palin y después a lo largo del verano del Tea Party se había trasladado de los márgenes de la política del Partido Republicano al centro mismo: una reacción emocional, casi visceral, a mi presidencia, independiente de cualesquiera diferencias políticas o ideológicas que pudieran existir. Era como si mi mera presencia en la

Casa Blanca hubiese desatado un pánico muy arraigado, la sensación de que se había perturbado el orden natural de las cosas. Que es exactamente lo que Donald Trump comprendió cuando empezó a pregonar que yo no había nacido en Estados Unidos y era, por tanto, un presidente ilegítimo. A los millones de estadounidenses atemorizados por un hombre negro en la Casa Blanca, Trump les prometió un elixir para su ansiedad racial.

La insinuación de que yo no había nacido en Estados Unidos no era nueva. Al menos un conservador loquinario había promovido esa teoría desde los tiempos en que me presenté al Senado estatal de Illinois. Durante la campaña de las primarias para la candidatura presidencial, algunos seguidores contrariados de Hillary habían vuelto a hacer circular la idea, y aunque su campaña la había desmentido de manera rotunda, los blogueros y locutores de radio conservadores la habían retomado, lo cual había desencadenado febriles cadenas de correos electrónicos entre los activistas de derechas. Para cuando el Tea Party se valió de ella durante mi primer año como presidente, la fábula había crecido hasta convertirse en toda una teoría de la conspiración: no solo había nacido en Kenia, sino que también era un socialista musulmán encubierto, un mensajero del miedo a quien habían adoctrinado desde la infancia —y habían colocado en Estados Unidos usando documentación falsa— para infiltrarse en las más altas esferas del poder estadounidense. A pesar de todo, no fue hasta el 10 de febrero de 2011, el día antes de que Hosni Mubarak abandonase el poder en Egipto, cuando esta absurda teoría tomó impulso de verdad. Durante un discurso en la Conferencia para la Acción Política Conservadora en Washington, Trump dejó caer que podría presentarse a la presidencia y afirmó que «nuestro actual presidente apareció de la nada [...]. Quienes fueron a clase con él nunca lo vieron, no saben quién es. Es una locura».

En un principio, no presté atención. Mi biografía estaba documentada al detalle. Mi certificado de nacimiento constaba en Hawái, y ya en 2008 lo habíamos publicado en mi sitio web para lidiar con la primera oleada de lo que se acabaría conociendo como *birtherism*. Mis abuelos habían guardado un recorte de la edición del 13 de agosto de 1961 del *Honolulu Advertiser* que se hacía eco de mi nacimiento. De niño, camino de la escuela, cada día pasaba delante del Centro Médico Kapi'olani, donde mi madre me había traído al mundo.

En cuanto a Trump, no lo conocía en persona, aunque a lo largo de los años había llegado a ser vagamente consciente de su existencia: primero como un promotor inmobiliario que intentaba llamar la atención; más tarde, y de manera más inquietante, como alguien que se había lanzado sobre el caso de los Cinco de Central Park, cuando, en respuesta a la historia sobre cinco adolescentes negros y latinos a los que habían encarcelado por haber violado brutalmente a una corredora blanca (acusación de la que fueron en última instancia exonerados), había comprado un anuncio de página entera en cuatro importantes periódicos para exigir que volviese a implantarse la pena de muerte; y, por último, como personalidad televisiva que se promocionaba a sí mismo y a su marca como el culmen del éxito capitalista y del consumo chabacano. Durante mis primeros dos años en el cargo, Trump al parecer elogió mi presidencia, y declaró a *Bloomberg* que «en general, creo que ha hecho un muy buen trabajo»; pero quizá porque no veía mucha televisión, me costaba tomarme a Trump demasiado en serio. Los promotores y líderes empresariales neoyorquinos que conocía lo describían sin excepción como alguien que era todo fachada, que había dejado a su paso un rastro de bancarrotas, incumplimientos de contrato, impagos a empleados y acuerdos económicos turbios, y cuyo negocio ahora consistía en gran medida en cobrar por permitir que su nombre figurase en propiedades que él ni poseía ni gestionaba. De hecho, mi contacto más cercano con Trump se había producido a mediados de 2010, durante la crisis de la plataforma Deepwater Horizon, cuando él había llamado inesperadamente a Axe para proponer que yo le encomendase la tarea de atajar el vertido. Cuando le informaron de que el pozo estaba casi sellado, Trump cambió de tercio: comentó que poco tiempo antes habíamos organizado una cena de Estado bajo una carpa en el jardín Sur y le dijo a Axe que estaría dispuesto a construir un «hermoso salón de baile» en el recinto de la Casa Blanca, oferta que se rechazó educadamente.

Lo que yo no había previsto era la reacción de los medios a la repentina adhesión de Trump al *birtherism*. La línea que separaba las noticias del entretenimiento se había difuminado hasta tal punto, y la competencia por la audiencia era tan feroz, que los medios se agolparon con avidez para ofrecerse a dar pábulo a una afirmación sin fundamento. Fue difundida primero por Fox News, como era natural; una cadena cuyo poder y beneficios se habían edificado en torno a la agitación de los mismos temores y resentimientos raciales que Trump buscaba ahora usar en provecho propio. Noche tras noche, sus presentadores le hacían un hueco en los espacios más populares. En el *O'Reilly Factor* de Fox, Trump declaró: «Para ser presidente de Estados Unidos, hay que haber nacido en este país. Y hay dudas sobre si él nació aquí o no [...]. No tiene certificado de nacimiento». En el programa matutino de esa misma cadena, *Fox & Friends*, insinuó que la noticia de mi nacimiento podía ser falsa. De hecho, Trump aparecía tanto en Fox que enseguida se sintió obligado a aportar algún material novedoso, y dijo que había algo raro en que me hubiesen admitido en Harvard, dado que «mis notas eran pésimas». Le dijo a Laura Ingraham que estaba seguro de que Bill Ayers, mi vecino en Chicago, era el verdadero autor de *Los sueños de mi padre*, ya que el libro era demasiado bueno como para que lo hubiese escrito alguien de mi calibre intelectual.

Pero no era solo Fox. El 23 de marzo, inmediatamente después de que hubiésemos entrado en guerra en Libia, Trump apareció en el programa *The View* de la cadena ABC para decir: «Quiero que muestre su certificado de nacimiento [...]. Hay algo en ese certificado que no le gusta». En NBC, la misma cadena que emitía en horario de máxima audiencia el programa de telerrealidad de Trump, *The Apprentice*, y que claramente no veía con malos ojos la publicidad adicional que su estrella estaba generando, Trump les contó a los presentadores del programa *Today* que había enviado investigadores a Hawái para que inquiriesen sobre mi certificado de nacimiento. «Tengo gente que lo ha estado estudiando, y no pueden creer lo que están descubriendo.» Más tarde, le dijo a Anderson Cooper en CNN: «Me han dicho hace muy poco, Anderson, que el certificado de nacimiento no aparece. Me han dicho que no está ahí y que no existe».

Fuera del universo Fox, no podía decir que ningún periodista establecido hubiese dado credibilidad de manera explícita a estas extrañas acusaciones. Todos ellos se esforzaban en expresar una cortés incredulidad, y le preguntaban a Trump, por ejemplo, por qué pensaba que a George Bush y Bill Clinton nunca se les había pedido que mostrasen sus certificados de nacimiento. (Por lo general, contestaba diciendo algo del estilo: «Bueno, sabemos que ellos nacieron en este país».) Pero en ningún momento se plantaron ante Trump y lo acusaron directamente de mentir o dijeron que la teoría de la conspiración que promovía era racista. Desde luego, mostraron poco o ningún interés en calificar sus teorías de inaceptables, como la abducción por extraterrestres o las conspiraciones antisemitas en los *Protocolos de los sabios de Sion*. Y cuanto más oxígeno les daban los medios, más dignas de crédito parecían.

No nos habíamos molestado en dignificar todo esto con algún tipo de respuesta oficial por parte de la Casa Blanca, pues no teníamos ningún interés en proporcionarle a Trump una atención aún mayor, pues sabíamos que teníamos cosas mejores que hacer. En el Ala Oeste, el *birtherism* se consideraba como un mal chiste, y a los miembros más jóvenes de mi equipo los reconfortaba la manera en que los presentadores de los programas nocturnos solían burlarse de «el Donald». Pero no pude evitar darme cuenta de que los medios de comunicación no solo llevaban a Trump para entrevistarlo; también cubrían constantemente sus incursiones en la carrera presidencial, incluidas las ruedas de prensa y un viaje al estado de New Hampshire, el primero en votar en las primarias. Las encuestas mostraban que en torno a un 40 por ciento de los republicanos estaban ahora convencidos de que no había nacido en Estados Unidos; y poco antes le había oído decir a Axe que, según un conocido suyo que hacía encuestas para los republicanos, Trump era el primero entre los potenciales contendientes por la presidencia, a pesar de que no había hecho pública su candidatura.

Opté por no comentar este último dato con Michelle. Solo con pensar en Trump y en la relación simbiótica que había establecido con los medios, se enfurecía. Veía todo ese circo como lo que era: una variación de la obsesión de la prensa con los pines de banderas y los choques de puños durante la campaña, la misma predisposición por parte tanto de rivales políticos como de periodistas de dar pábulo a la idea de que su marido no era de fiar, que era un «otro» perverso. Me dejó claro que la inquietud que sentía respecto a Trump y el *birtherism* no tenía tanto que ver con mis perspectivas políticas como con la seguridad de nuestra familia. «La gente piensa que todo esto es un juego —dijo—. Les da igual que por ahí haya miles de hombres con armas que se crean todo lo que se dice.»

No lo rebatí. Era evidente que a Trump no le importaban las consecuencias de difundir teorías de la conspiración que casi con toda certeza sabía que eran falsas, siempre que le permitiese alcanzar sus objetivos; y se había dado cuenta de que, si en otra época hubo guardarraíles que marcaban los límites del discurso político aceptable, estos llevaban ya mucho tiempo derribados. En ese sentido, no había mucha diferencia entre Trump y Boehner o McConnell. Ellos también entendían que daba igual si lo que decían era cierto o no. No tenían que creer realmente que yo estaba llevando al país a la quiebra, o que el Obamacare promovía la eutanasia. De hecho, la única diferencia entre el estilo político de Trump y el suyo era la desinhibición de este último, que entendía de manera instintiva qué era lo que más motivaba a los votantes conservadores, y se lo ofrecía en forma no adulterada. Aunque yo dudaba que estuviera dispuesto a ceder el control de sus empresas o a someterse al escrutinio necesario para postularse como candidato a la presidencia, sabía que las pasiones que él azuzaba, la oscura visión alternativa que promovía y legitimaba, era algo contra lo que probablemente tendría que luchar durante el resto de mi presidencia.

Más adelante ya tendría suficiente tiempo para preocuparme por los republicanos, me decía a mí mismo. Y lo mismo ocurría con las cuestiones presupuestarias, la estrategia de campaña y el estado de la democracia estadounidense. De hecho, de todo lo que me daba dolores de cabeza ese día en la terraza, sabía que había una cosa que exigiría mi atención por encima de todas las demás en las siguientes semanas.

Tenía que decidir si autorizaba una incursión en lo más profundo del territorio pakistaní para perseguir un objetivo que creíamos que era Osama bin Laden y, con independencia de cualquier otra cosa que pudiera ocurrir, era probable que mi presidencia no durase más que un solo mandato si esto salía mal.

27

El paradero exacto de Osama bin Laden había sido un misterio desde diciembre de 2001 cuando, tres meses después de los atentados del 11-S, que acabaron con la vida de casi tres mil inocentes, escapó por poco del cerco que impusieron las fuerzas estadounidenses y aliadas a su cuartel general en Tora Bora, una región montañosa situada junto a la frontera entre Afganistán y Pakistán. Aunque la búsqueda había continuado exhaustivamente durante años, cuando ocupé el cargo, la pista de Bin Laden se había perdido. Seguía ahí fuera. Mientras Al Qaeda se reorganizaba poco a poco y se instalaba en las áreas tribales bajo la Administración Federal de Pakistán (FATA, por sus siglas en inglés), su líder lanzaba periódicamente mensajes de audio y vídeo en los que incitaba a sus partidarios con llamamientos a la yihad contra las potencias occidentales.

Desde la primera vez que hablé en público sobre la respuesta de Estados Unidos al 11-S y me opuse a la guerra de Irak en Federal Plaza, Chicago, la víspera de mi campaña al Senado, yo había defendido que nos centráramos de nuevo en llevar a Bin Laden ante la justicia. Retomé el tema durante la carrera presidencial y prometí buscar a Bin Laden en Pakistán si su Gobierno no podía o no quería atraparle. Casi todo Washington, incluidos Joe, Hillary y John McCain, consideró aquella promesa el ardid de un joven senador sin experiencia en política exterior que intentaba hacerse el duro. E incluso después de llegar a la presidencia, algunos daban por hecho que aparcaría la cuestión de Bin Laden para abordar otros asuntos. Pero, en mayo de 2009, tras una reunión sobre amenazas terroristas celebrada en la sala de Crisis, llevé a varios asesores, entre ellos Rahm, Leon Panetta y Tom Donilon, al despacho Oval y cerré la puerta.

«Quiero dar a la búsqueda de Bin Laden máxima prioridad —dije—. Quiero ver un plan formal para dar con él. Cada treinta días, quiero encima de mi mesa un informe de nuestros progresos. Y, Tom, incluyámoslo en una directriz presidencial para que todo el mundo esté al corriente.»

En mi opinión, la libertad de Bin Laden era dolorosa para las familias de los desaparecidos en los atentados del 11-S y una burla al poder estadounidense. Aunque estaba escondido, seguía siendo el reclutador más eficaz de Al Qaeda y radicalizaba a jóvenes desafectos de todo el mundo. Según nuestros analistas, cuando salí elegido, Al Qaeda era más peligrosa de lo que lo había sido en años, y en mis informes aparecían frecuentes advertencias sobre tramas terroristas originadas en las FATA. También consideraba esencial la eliminación de Bin Laden para mi objetivo de reorientar la estrategia antiterrorista de Estados Unidos. Al obviar al pequeño grupo de terroristas que habían planificado y ejecutado el 11-S y definir la amenaza como una «guerra contra el terrorismo» abierta y universal, habíamos caído en lo que yo veía como una trampa estratégica que había acrecentado el prestigio de Al Qaeda, racionalizado la invasión de Irak, alineado a gran parte del mundo musulmán y pervertido casi una década de política exterior estadounidense. En lugar de avivar el temor a grandes redes terroristas y alimentar las fantasías de los extremistas que afirmaban participar en una batalla maniquea, quería recordar al mundo (y, lo que era más importante, a nosotros mismos) que dichos terroristas no eran más que una panda de asesinos ilusos y despiadados, unos delincuentes que podían ser capturados, juzgados, encarcelados o ejecutados. Y no habría mejor manera de demostrarlo que eliminando a Bin Laden.

Un día antes del noveno aniversario del 11-S, Leon Panetta y Mike Morell, el subdirector de la CIA, pidieron verme. Me parecía que formaban un buen equipo. A sus setenta y dos años, Panetta, que había pasado gran parte de su carrera en el Congreso y luego fue jefe de gabinete de Bill Clinton, manejaba la agencia con firmeza, pero también disfrutaba estando en el ojo público, mantenía buenas relaciones con congresistas y periodistas y tenía olfato para las políticas de seguridad nacional. Morell, por su parte, estaba muy bien informado, poseía la mente meticulosa de un analista y, aunque apenas superaba los cincuenta años, tenía décadas de experiencia en la CIA.

«Señor presidente, esto es muy preliminar —dijo Leon—, pero creemos tener una pista sobre Bin Laden, con diferencia la mejor desde Tora Bora.»

Asimilé la noticia en silencio. Leon y Mike explicaron que, gracias a un trabajo paciente y concienzudo en el que se recopilaron miles de datos y se establecieron patrones, los analistas habían identificado el paradero de un hombre conocido como Abu Ahmad al-Kuwaiti. Creían que ejercía de mensajero de Al Qaeda y era sabido que mantenía lazos con Bin Laden. Habían realizado un seguimiento de su teléfono y sus hábitos diarios, lo cual no los condujo a una localización remota en las FATA, sino a un gran complejo de un barrio adinerado a las afueras de Abbottabad, una ciudad paquistaní situada cincuenta kilómetros al norte de Islamabad. Según Mike, el tamaño y estructura del complejo indicaban que allí vivía alguien importante, probablemente un miembro de Al Qaeda muy valioso. La comunidad de inteligencia había sometido el complejo a vigilancia y Leon prometió informarme de cualquier cosa que averiguáramos sobre sus ocupantes.

Cuando se fueron, me obligué a moderar mis expectativas. En aquel complejo podía vivir cualquiera. Aunque fuera alguien relacionado con Al Qaeda, las probabilidades de que Bin Laden se alojara en una zona urbana habitada parecían remotas. Pero, el 14 de diciembre, Leon y Mike estaban de vuelta, esta vez con un agente y un analista de la CIA. Este último era un joven con el aspecto pulcro y saludable de un alto asesor del Congreso, y el agente era un caballero esbelto con barba poblada y el aire ligeramente desaliñado de un profesor. Resultó que era el jefe del Centro Antiterrorista de la CIA y líder del equipo de búsqueda de Bin Laden. Lo imaginé refugiado en un laberinto subterráneo, rodeado de ordenadores y gruesas carpetas de color marrón y ajeno al mundo mientras repasaba montañas de datos.

Ambos me contaron todo lo que nos había llevado hasta el complejo de Abbottabad, un extraordinario hito detectivesco. Por lo visto, Al-Kuwaiti había comprado la propiedad utilizando un nombre falso. El lugar era inusualmente espacioso y seguro, ocho veces más grande que las residencias vecinas, estaba rodeado de unos muros de tres a cinco metros coronados por alambre de espino y contaba con más muros dentro del perímetro. Según los analistas, quienes vivían allí se esforzaban mucho en ocultar su identidad. No tenían línea de teléfono fija ni servicio de internet, casi nunca salían del complejo y quemaban la basura en lugar de dejarla en la calle para su recogida. Pero la edad y el número de niños que habitaban la vivienda principal parecían coincidir con los de los hijos de Bin Laden. Y, utilizando vigilancia aérea, nuestro equipo había visto a un hombre alto que nunca salía de la propiedad pero paseaba habitualmente en círculos por una pequeña zona ajardinada dentro de los muros del complejo.

«Lo llamamos el Paseante —dijo el investigador jefe—. Creemos que podría ser Bin Laden.»

Yo tenía miles de preguntas, pero la principal era esta: ¿qué más podíamos hacer para confirmar la identidad del Paseante? Aunque seguían estudiando posibles estrategias, los analistas confesaron que no albergaban demasiadas esperanzas. Dada la configuración y ubicación del complejo, así como la cautela de sus ocupantes, los métodos que podían corroborar que en efecto era Bin Laden podían despertar sospechas rápidamente. Sin que llegáramos a saberlo, los ocupantes podían desaparecer sin dejar rastro. Miré al investigador jefe.

«¿Usted qué opina?», pregunté.

Vi que dudaba y sospeché que había estado en activo desde antes de la invasión de Irak. La comunidad de inteligencia todavía estaba recuperándose del papel que había desempeñado al respaldar la insistencia de la Administración Bush en que Sadam Husein estaba desarrollando armas de destrucción masiva. Aun así, en su rostro detecté una expresión que denotaba el orgullo de alguien que había resuelto un rompecabezas complicado, aunque no pudiera demostrarlo.

«Creo que hay bastantes posibilidades de que sea nuestro hombre —respondió—, pero no podemos estar seguros.»

Basándome en lo que había oído, concluí que teníamos información suficiente para empezar a desarrollar opciones para un ataque al complejo. Mientras el equipo de la CIA seguía trabajando en la identificación del Paseante, pedí a Tom Donilon y John Brennan que estudiaran una posible incursión. La necesidad de secretismo agrandaba el desafío; sabíamos que, si se filtraba mínimamente la pista sobre Bin Laden, perderíamos nuestra oportunidad. A consecuencia de ello, en todo el Gobierno federal solo estaban al corriente de la fase de planificación unas pocas personas. Además, teníamos otra limitación: cualquier opción que eligiéramos debía dejar fuera a los paquistaníes. Aunque su Gobierno colaboraba con nosotros en multitud de operaciones antiterroristas y ofrecía una vía de suministros crucial para nuestras fuerzas en Afganistán, era un secreto a voces que ciertos elementos del ejército del país, y en especial sus servicios de espionaje, mantenían vínculos con los talibanes y puede que incluso con Al Qaeda, a quienes a veces utilizaban como activos estratégicos para asegurarse de que el Gobierno afgano seguía siendo débil e incapaz de alinearse con India, el principal rival de Pakistán. El hecho de que el complejo de Abbottabad se encontrara a solo unos kilómetros del equivalente militar paquistaní de West Point solo hacía que aumentaran las posibilidades de que cualquier cosa que les dijéramos a los paquistaníes acabara desviándonos de nuestro objetivo. Por tanto, hiciéramos lo que hiciéramos en Abbottabad, conllevaría violar el territorio de un aliado putativo de la manera más ofensiva posible a excepción de una guerra, lo cual elevaría las complejidades diplomáticas y operativas.

A mediados de marzo, en los días previos a la intervención en Libia y mi viaje a Latinoamérica, el equipo presentó lo que, según advirtió, eran unos conceptos preliminares para un ataque al complejo de Abbottabad. En líneas generales, me dieron dos opciones. La primera era destruirlo mediante un ataque aéreo. Las ventajas de esa opción eran obvias: no se pondría en peligro ninguna vida estadounidense en suelo paquistaní. Esto nos ofrecía cierta capacidad de negar la autoría, al menos públicamente. Por supuesto, los paquistaníes sabrían que nosotros éramos los artífices del ataque, pero nos sería más fácil mantener por un tiempo la ficción de que no era así, lo cual ayudaría a contener la indignación entre su pueblo.

Pero, cuando ahondamos en los detalles de un ataque con misiles, las desventajas eran significativas. Si destruíamos el complejo, ¿cómo podríamos estar seguros de que Bin Laden se encontraba allí? Si Al Qaeda negaba que este había sido asesinado, ¿cómo podríamos justificar que habíamos hecho estallar una residencia en las profundidades de Pakistán? Además, en Abbottabad vivían con los cuatro varones adultos unas cinco mujeres y veinte niños y, en su versión inicial, el ataque propuesto no solo arrasaría el complejo, sino, casi con total seguridad, varias residencias adyacentes. Al poco de comenzar la reunión le dije a Hoss Cartwright, vicepresidente del Estado Mayor Conjunto, que ya había oído suficiente: no autorizaría el asesinato de treinta personas o más si ni siquiera estábamos seguros de que Bin Laden se hallaba en el complejo. Si íbamos a lanzar un ataque, deberíamos trazar un plan mucho más preciso.

La segunda opción era autorizar una misión de operaciones especiales en la que un equipo selecto viajaría de incógnito a Pakistán en helicóptero, entraría en el complejo y saldría antes de que la policía o el ejército paquistaníes tuvieran tiempo de reaccionar. Para preservar el secretismo de la operación y la posibilidad de negar la autoría si algo salía mal, tendríamos que llevarlo a cabo bajo la autoridad de la CIA y no del Pentágono. Por otro lado, en una misión de tal magnitud y riesgo necesitábamos una mente militar de altos vuelos, motivo por el cual teníamos en la sala al vicealmirante William McRaven, jefe del Mando Conjunto de Operaciones Especiales (JSOC, por sus siglas en inglés) del Departamento de Defensa, para que nos explicara qué podía entrañar una incursión.

La posibilidad de trabajar estrechamente con los hombres y mujeres del ejército estadounidense, ser testigo de primera mano de su trabajo en equipo y su sentido del deber, había sido uno de los aspectos más aleccionadores de mis dos años en el cargo. Y, si tuviera que elegir a una persona que representa todos los aspectos positivos de nuestro ejército, ese sería Bill McRaven. Rondando los cincuenta y cinco años, con una cara afable y despejada, un humor socarrón y un estilo directo y dinámico, me recordaba a un Tom Hanks rubio (si Tom Hanks hubiera sido un SEAL de la Marina). Igual que Stan McChrystal, su predecesor en el JSOC, de quien había sido segundo al mando, McRaven había ayudado a escribir el manual sobre operaciones especiales. De hecho, para su tesis de posgrado, dieciocho años antes, había estudiado varias operaciones de comandos del siglo XX, incluido el rescate en planeador de Mussolini ordenado por Hitler en 1943 y la misión llevada a cabo por Israel en 1976 para liberar a unos rehenes tras un secuestro en Uganda. Había examinado las condiciones en que un pequeño grupo de soldados bien entrenados podían utilizar el sigilo para mantener una superioridad temporal sobre contingentes más numerosos o mejor armados.

McRaven había desarrollado un modelo de operaciones especiales que dio forma a la estrategia militar estadounidense en todo el mundo. A lo largo de su distinguida carrera había liderado en persona o participado en más de mil operaciones especiales en algunos de los lugares más peligrosos que quepa imaginar, más recientemente persiguiendo a valiosos objetivos en Afganistán. También era famoso por mantener la calma bajo presión. Como capitán de los SEAL de la Marina, en 2001 había sobrevivido a un accidente de paracaidismo en el que quedó seminconsciente durante un salto y cayó ciento veinte metros antes de que se desplegara su paracaídas (se rompió la espalda, y los músculos y tendones de las piernas se le separaron de la pelvis). Aunque la CIA había creado equipos de operaciones especiales propios, Leon había tenido el acierto de consultar a McRaven para trazar una posible incursión en Abbottabad. Su conclusión fue que ningún agente de la CIA poseía las habilidades y experiencia del equipo SEAL de McRaven y, por tanto, recomendó una organización inusual en la que la cadena de mando llegaba desde mí hasta él y luego McRaven, que tendría autoridad absoluta para diseñar y ejecutar la misión si decidíamos seguir adelante.

Guiándose por los datos recabados mediante fotografías aéreas, la CIA había creado una pequeña réplica tridimensional del complejo de Abbottabad y, durante nuestra reunión en marzo, McRaven nos expuso cómo se llevaría a cabo la incursión: un selecto equipo SEAL viajaría en uno o más helicópteros al abrigo de la oscuridad durante hora y media desde la ciudad afgana de Jalalabad hasta el objetivo y aterrizaría al otro lado de los muros del complejo. Luego asegurarían todos los accesos al perímetro, puertas y ventanas y entrarían en la vivienda principal de tres plantas, registrarían las instalaciones y neutralizarían cualquier resistencia con la que se toparan. Entonces apresarían o matarían a Bin Laden, despegarían nuevamente y harían un alto para repostar en Pakistán antes de regresar a la base de Jalalabad. Cuando McRaven hubo concluido la presentación, le pregunté si creía que su equipo podría conseguirlo.

—Señor, ahora mismo solo hemos expuesto un concepto a grandes rasgos —dijo—. Hasta que reúna a un grupo más numeroso para llevar a cabo varios ensayos no sabré si mi idea es la mejor manera de hacerlo. Tampoco puedo decirle cómo entraríamos y saldríamos; para eso necesitamos planos aéreos detallados. Lo que sí puedo decirle es que, si llegamos hasta allí, podemos llevar a cabo la incursión, pero no puedo recomendar la misión hasta que haya hecho los deberes.

Asentí.

—Entonces, ¿por qué no se pone manos a la obra?

El 29 de marzo, dos semanas después, nos reunimos de nuevo en la sala de Crisis y McRaven aseguró estar convencido de que la incursión podría realizarse. Por otro lado, creía que salir tal vez sería un poco más «peliagudo». Basándose en su experiencia en incursiones parecidas y en los ensayos preliminares que había realizado, estaba bastante seguro de que el equipo podría terminar el trabajo antes de que las autoridades paquistaníes supieran lo que estaba ocurriendo. No obstante, tuvimos en cuenta todos los escenarios en los que esa suposición podía ser incorrecta. ¿Qué haríamos si los cazas paquistaníes interceptaban a nuestros helicópteros a la ida o a la vuelta? ¿Y si Bin Laden se encontraba allí pero estaba escondido o en una sala segura, lo cual prolongaría la presencia del equipo de operaciones especiales en el lugar? ¿Cómo respondería el equipo si la policía o el ejército paquistaní rodeaban el complejo durante la incursión?

McRaven recalcó que toda su planificación se basaba en la premisa de que el equipo debía evitar un enfrentamiento armado con las autoridades paquistaníes y, si estas se encaraban con nosotros allí mismo, él se decantaba por que los SEAL mantuvieran sus posiciones mientras nuestros diplomáticos intentaban negociar una salida segura. Yo comprendía esos instintos; su propuesta era un ejemplo más de la prudencia que siempre me había encontrado cuando trataba con nuestros comandantes del ejército. Pero, dada la situación especialmente precaria de las relaciones entre Estados Unidos y Pakistán, Bob Gates y yo manifestamos serias reservas en cuanto a aquella estrategia. Los ataques estadounidenses con drones contra objetivos de Al Qaeda en las FATA habían generado una creciente oposición entre la ciudadanía paquistaní y el sentimiento antiamericano se había inflamado aún más a finales de enero, cuando un contratista de la CIA llamado Raymond Allen Davis mató a dos hombres armados que se acercaron a su vehículo en la ajetreada ciudad de Lahore, lo cual provocó airadas protestas por la presencia de la CIA en Pakistán y casi dos meses de tensos dramas diplomáticos mientras negociábamos la puesta en libertad de Davis. Les dije a McRaven y al equipo que no me arriesgaría a dejar el destino de nuestros SEAL en manos de un Gobierno paquistaní que sin duda se vería sometido a una intensa presión ciudadana a la hora de encarcelarlos o dejarlos en libertad, sobre todo si Bin Laden finalmente no se hallaba en el complejo. Por tanto, quería que trazara planes para sacar de allí al equipo atacante ocurriera lo que ocurriese, quizá añadiendo dos helicópteros de apoyo para los soldados que entraran en el complejo.

Antes de terminar, Hoss Cartwright planteó una nueva opción más quirúrgica para un ataque aéreo en el que intervendría un dron que disparía un pequeño misil de catorce kilos cuando el Paseante saliera a caminar como cada día. Según Cartwright, los daños colaterales serían mínimos y, teniendo en cuenta la experiencia que había ganado nuestro ejército atacando a otros terroristas, estaba seguro de que cumpliría el objetivo a la vez que evitaría los riesgos inherentes a una incursión.

Ahora, los posibles rumbos a seguir estaban claros. McRaven supervisaría la construcción de una maqueta a gran escala del complejo de Abbottabad en Fort Bragg, donde el equipo SEAL llevaría a cabo una serie de ensayos generales. Si decidía autorizar el ataque, me dijo, el momento óptimo para su ejecución sería el primer fin de semana de mayo, cuando un par de noches sin luna ofrecerían más protección a los SEAL. Nadie mencionó la obvia preocupación por que, con cada paso que dábamos para planificar y prepararnos y con cada día que pasaba, más gente conocía nuestro secreto. Les dije a McRaven y Cartwright que todavía no estaba listo para elegir una opción, si es que elegíamos alguna. Pero, con la planificación en mente, dije: «Supongamos que es un sí».

Mientras tanto, seguimos con nuestros quehaceres habituales en la Casa Blanca. Yo estaba realizando un seguimiento de la situación en Libia, la guerra en Afganistán y la crisis de la deuda griega, que se había reavivado y estaba afectando una vez más a los mercados estadounidenses. Un día, volviendo de la sala de Crisis, me encontré con Jay Carney, que había sustituido a Robert Gibbs como mi secretario de prensa. Jay era un experiodista que había asistido en primera fila a toda clase de momentos históricos. Había cubierto la caída de la Unión Soviética como corresponsal de la revista *Time* en Moscú, y la mañana del 11-S viajaba en el Air Force One con el presidente Bush. Ahora me estaba contando que se había pasado parte de la rueda de prensa diaria respondiendo preguntas sobre si mi partida de nacimiento era válida.

Hacía más de un mes que Donald Trump se había incorporado al diálogo político nacional. Mis asesores y yo dimos por sentado que, después de exprimirlo todo lo que pudieran, los medios de comunicación acabarían cansándose de la obsesión de Trump con mi nacimiento. Y, sin embargo, como algas en un estanque, las noticias sobre sus cavilaciones conspiratorias proliferaban con el paso de las semanas. Los programas de la televisión por cable dedicaban extensos apartados a Trump y sus teorías. Los periodistas especializados en política buscaban nuevas perspectivas sobre la importancia sociológica del *birtherism*, su impacto en mi campaña de reelección o, sin apenas reconocer la ironía, lo que decía acerca del negocio de la prensa. Un tema de debate importante era que lo que habíamos publicado en internet en 2008 era una partida de nacimiento «resumida», que era el documento estándar expedido por el Departamento de Salud del estado de Hawái y que podía utilizarse para obtener un pasaporte, un número de la Seguridad Social o un carné de conducir. Pero, según Trump y los demás *birthers*, ese documento resumido no demostraba nada. Nos preguntaron por qué no había enseñado la versión completa de mi partida de nacimiento. ¿La versión reducida omitía deliberadamente información contenida en la versión extensa, tal vez alguna pista de que yo era musulmán? ¿Se había manipulado la versión completa? ¿Qué ocultaba Obama?

Finalmente, decidí que ya había tenido suficiente. Llamé a Bob Bauer, el abogado de la Casa Blanca, y le dije que obtuviera la partida de nacimiento completa, que se encontraba en un archivador en las profundidades del registro civil de Hawái. Luego comuniqué a Plouffe y Dan Pfeiffer, mi director de comunicaciones, que no solo pensaba divulgar el documento, sino hacer un comunicado público. A ellos les pareció mala idea, argumentaron que solo alimentaría la historia y que, en cualquier caso, responder a acusaciones tan ridículas no estaba a mi altura ni a la del cargo de presidente.

«De eso se trata, precisamente», repuse.

El 27 de abril subí al estrado de la sala de conferencias de la Casa Blanca y saludé a la prensa. Empecé comentando el hecho de que todas las televisiones nacionales hubieran decidido interrumpir su programación habitual para retransmitir mis declaraciones en directo, algo que rara vez hacían. Observé también que, dos semanas antes, cuando los republicanos de la Cámara de Representantes y yo planteamos propuestas presupuestarias marcadamente distintas, lo cual tendría profundas repercusiones para la nación, los telediarios estuvieron dominados por habladurías sobre mi partida de nacimiento. Señalé que Estados Unidos hacía frente a enormes desafíos y decisiones importantes, que cabía esperar debates serios y en ocasiones feroces discrepancias, porque así funcionaba supuestamente nuestra democracia, y que estaba seguro de que juntos podríamos labrarnos un futuro mejor.

«Pero no podremos hacerlo si nos distraemos —dije—. No podremos hacerlo si nos pasamos el día vilipendiándonos unos a otros. No podremos hacerlo si nos inventamos cosas y fingimos que los hechos no son hechos. No podremos resolver nuestros problemas si nos distraemos con atracciones secundarias y charlatanes de feria.» Miré a los periodistas allí reunidos evitando que se me notara el enfado. «Sé que habrá una parte de la población que no dejará correr este asunto publiquemos lo que publiquemos. Pero yo me dirijo a la gran mayoría del pueblo estadounidense, y también a la prensa. No tenemos tiempo para estas estupideces. Tenemos mejores cosas que hacer. Tengo mejores cosas que hacer. Hay grandes problemas que resolver. Y estoy convencido de que podemos resolverlos, pero tenemos que concentrarnos en ellos, no en esto.»

Por unos instantes hubo silencio en la sala. Salí por las puertas correderas que llevaban a las oficinas del equipo de comunicación, donde me encontré a un grupo de jóvenes pertenecientes a nuestra sección de prensa que habían estado viendo mis declaraciones por televisión. Todos parecían veinteañeros. Algunos habían trabajado en mi campaña. Otros se habían incorporado recientemente a la Administración, atraídos por la idea de servir a su país. Me detuve y establecí contacto visual con cada uno de ellos.

«Somos mejores que todo esto —dije—. Recordadlo.»

Al día siguiente, en la sala de Crisis, mi equipo y yo repasamos por última vez nuestras opciones para una posible operación en Abbottabad aquel fin de semana. A principios de semana había dado mi aprobación a McRaven para que enviara a los SEAL y un contingente de helicópteros de asalto a Afganistán, y el equipo se encontraba en Jalalabad esperando órdenes. Para asegurarse de que la CIA había evaluado adecuadamente su trabajo, Leon y Mike Morell pidieron a Mike Leiter, el jefe del Centro Nacional Antiterrorista, que un nuevo equipo de analistas revisara la información disponible sobre el complejo y sus habitantes para ver si las conclusiones de la agencia coincidían con las de Langley. Leiter dijo que su equipo había manifestado entre un cuarenta y un cincuenta por ciento de certeza de que se trataba de Bin Laden frente a un sesenta u ochenta por ciento en el caso del equipo de la CIA, y se debatió a qué podía obedecer esa diferencia. Al cabo de unos minutos los interrumpí.

«Ya sé que estamos intentando cuantificar esos factores lo mejor que podamos —dije—. Pero, al final, es una apuesta al cincuenta por ciento. Continuemos.»

McRaven nos informó de que los preparativos para la incursión habían concluido. Él y sus hombres estaban listos. Por su parte, Cartwright confirmó que se había probado la opción del dron cargado con un misil y podía activarse en cualquier momento. Con las posibilidades ante nosotros, recorrí la mesa para que todos me hicieran sus recomendaciones. Leon, John Brennan y Mike Mullen estaban a favor de la incursión. Hillary dijo que para ella era una apuesta cincuenta y uno a cuarenta y nueve, y repasó exhaustivamente los riesgos de una incursión, sobre todo el hecho de que pudiéramos deteriorar nuestras relaciones con Pakistán o incluso vernos sumidos en un enfrentamiento con su ejército. Sin embargo, añadió que, teniendo cuenta que era la mejor pista que habíamos conseguido sobre Bin Laden en diez años, en última instancia estaba a favor de enviar a los SEAL.

Gates se oponía a una incursión, aunque estaba abierto a plantearse la opción del ataque. Mencionó un precedente de abril de 1980 conocido como Desert One, un intento de rescatar a cincuenta y tres rehenes capturados en Irán que acabó en catástrofe cuando un helicóptero del ejército estadounidense se estrelló en el desierto y perecieron ocho soldados. Era un recordatorio, dijo, de que operaciones como aquella podían salir muy mal por concienzuda que fuera la planificación. Además del riesgo para el equipo, le preocupaba que una misión fallida afectara negativamente a la guerra en Afganistán. Aquel mismo día, yo había anunciado la retirada de Bob tras cuatro años como secretario de Defensa y mi intención de nombrar a Leon como su sucesor. Mientras escuchaba la sobria y razonada valoración de Bob, recordé lo valioso que había sido para mí.

Joe también se mostró contrario a la incursión y me dijo que, en vista de las enormes consecuencias de un fracaso, debía postergar cualquier decisión hasta que la comunidad de inteligencia estuviera más segura de que Bin Laden se encontraba en el complejo. Igual que había ocurrido en todas las grandes decisiones que había tomado como presidente, agradecí su voluntad de calmar los ánimos y hacer preguntas complejas, a menudo para darme el espacio que necesitaba para mis deliberaciones internas. También sabía que Joe, al igual que Gates, había estado en Washington durante la operación Desert One. Imaginé que guardaba recuerdos muy vivos de aquella época: el dolor de las familias, el mazazo al prestigio estadounidense, las recriminaciones y el retrato de Jimmy Carter como un presidente débil y temerario por autorizar la misión. Carter no se había recuperado nunca políticamente. El mensaje implícito era que quizá yo tampoco lo haría.

Anuncié al grupo que tendrían mi decisión por la mañana; si autorizaba la incursión, quería asegurarme de que McRaven disponía de todo el tiempo posible para programar su lanzamiento. Tom Donilon volvió conmigo al despacho Oval con sus habituales carpetas y cuadernos bajo el brazo, y repasamos en silencio su lista de posibles acciones para el fin de semana. Al parecer, él y Brennan habían preparado un manual de estrategia con todas las contingencias, y percibí la tensión y el nerviosismo en su rostro. Siete meses después de haber sido nombrado asesor de seguridad nacional, estaba intentando hacer más ejercicio y dejar la cafeína, pero, por lo visto, estaba perdiendo la batalla. Me maravillaba la capacidad de trabajo duro de Tom, los numerosos detalles de los que estaba pendiente, el volumen de memorándums, telegramas y datos que tenía que consumir, las meteduras de pata que solucionaba y las refriegas entre agencias que resolvía, todo para que yo dispusiera de la información y el espacio necesarios para concentrarme en mi labor. En una ocasión le pregunté de dónde salían su motivación y diligencia, y lo atribuyó a sus orígenes. Se había criado en el seno de una familia irlandesa de clase trabajadora, acabó la carrera de Derecho y trabajó en varias campañas políticas hasta convertirse en un contundente experto en política exterior, pero, a pesar de sus éxitos, siempre tenía la necesidad de demostrar su valía, pues le aterraba el fracaso.

Yo me eché a reír y le dije que lo entendía.

Durante la cena, Michelle y las niñas estaban de muy buen humor y no pararon de meterse conmigo por lo que denominaban mis «costumbres»: que comía frutos secos a puñados y siempre agitaba primero la mano, que todo el tiempo llevaba las mismas sandalias andrajosas por casa o que no me gustaban los dulces («Vuestro padre no cree en las cosas deliciosas. Es demasiada felicidad»). No le había hablado a Michelle de la decisión que debía tomar, ya que no quería cargarla con ese secreto hasta que supiera qué pensaba hacer y, si estaba más tenso de lo habitual, no pareció percatarse. Después de meter a las niñas en la cama, fui a la sala de los Tratados y me puse un partido de baloncesto, durante el cual seguí con la mirada la pelota mientras repasaba mentalmente varios escenarios por última vez.

Lo cierto era que había acotado las posibilidades al menos un par de semanas antes. Cada reunión mantenida desde entonces había ayudado a confirmar mis instintos. No estaba a favor de un ataque con misiles, ni siquiera uno tan preciso como el que había ideado Cartwright, ya que no creía que mereciese la pena correr el riesgo si no teníamos la posibilidad de confirmar que Bin Laden había muerto. También era escéptico con la idea de dar más tiempo a la comunidad de inteligencia, pues los meses adicionales que habíamos pasado vigilando el complejo apenas habían arrojado nueva información. Al margen de eso, atendiendo a toda la planificación que ya se había llevado a cabo, dudaba que pudiéramos mantener nuestro secreto un mes más.

El único interrogante pendiente era si ordenaba o no la incursión. Tenía muy claro qué había en juego. Sabía que podíamos mitigar los riesgos, pero no eliminarlos. Tenía una confianza máxima en Bill McRaven y sus SEAL. Sabía que, en las décadas transcurridas desde Desert One y el incidente del Black Hawk derribado en Somalia, la capacidad de las fuerzas especiales estadounidenses había cambiado. Pese a los errores estratégicos y las políticas poco meditadas que habían asolado las guerras de Irak y Afganistán, estos también habían generado a un grupo de hombres que habían llevado a cabo innumerables operaciones y aprendido a responder en casi cualquier situación imaginable. Teniendo en cuenta sus habilidades y profesionalidad, confiaba en que los SEAL encontraran la manera de salir sanos y salvos de Abbottabad incluso si algunos de nuestros cálculos y suposiciones resultaran incorrectos.

Vi a Kobe Bryant dar media vuelta y lanzar desde la línea de tiros libres. Los Lakers se enfrentaban a los Hornets e iban camino de cerrar la primera ronda de los *play-offs*. El reloj de pie hacía tictac apoyado en la pared de la sala de los Tratados. En los dos últimos años había tomado innumerables decisiones: sobre los bancos en quiebra, sobre Chrysler, sobre los piratas, sobre Afganistán y sobre la sanidad pública. Eso me había familiarizado, aunque no inmunizado con las posibilidades de fracaso. Todo cuanto hacía o había hecho conllevaba sopesar las contingencias, en silencio y a menudo a altas horas de la noche en la sala en la que me encontraba en ese momento. Sabía que no podía haber ideado un proceso más adecuado para evaluar esas posibilidades ni haberme rodeado de una mezcla más acertada de gente para ayudarme a valorarlas. Me di cuenta de que, gracias a todos los errores que había cometido y a los atolladeros de los que había tenido que salir, en muchos sentidos había estado preparándome para este momento. Y, si bien no podía garantizar el resultado de mi decisión, estaba plenamente listo para tomarla y sentía una confianza absoluta.

Al día siguiente, viernes 29 de abril, estuve viajando casi todo el tiempo. Iba a Tuscaloosa, Alabama, a supervisar los daños de un devastador tornado, y por la noche debía pronunciar un discurso de graduación en Miami. Entre tanto, estaba previsto que llevara a Michelle y las niñas a Cabo Cañaveral para ver el último despegue del transbordador espacial *Endeavour*, que iba a ser retirado. Antes de partir, envié un correo electrónico para pedir a Tom, Denis, Daley y Brennan que se reunieran conmigo en la sala de Recepción Diplomática, y me encontraron justo cuando la familia salía al jardín Sur, donde aguardaba el Marine One. Con el estruendo del helicóptero de fondo (y el sonido de Sasha y Malia enzarzadas en una amarga discusión), autoricé oficialmente la misión en Abbottabad, y subrayé que McRaven tendría pleno control operativo y que el momento exacto de la incursión sería decisión suya.

Ahora la operación ya no estaba en mis manos. Me alegró salir de Washington, al menos por un día, para ocupar la mente con otras cuestiones y, según descubrí, apreciar el trabajo de otros. Aquella semana, una monstruosa tormenta supercelular había arrasado los estados del sudeste y provocado tornados que acabaron con la vida de más de trescientas personas, lo cual la convertía en el desastre natural más mortífero desde el huracán Katrina. Un único tornado con un diámetro de dos kilómetros y medio alimentado por vientos de ciento noventa kilómetros por hora había recorrido Alabama y destruido miles de casas y negocios. Al aterrizar en Tuscaloosa me recibió el director de la Agencia Federal para la Gestión de Emergencias, un hombre fornido y discreto originario de Florida que se llamaba Craig Fugate, y, junto a varias autoridades estatales y locales, recorrimos unos barrios que parecían haber sido destruidos por una bomba de megatones. Visitamos un centro de asistencia y ofrecimos consuelo a las familias que habían perdido todo lo que tenían. Pese a la devastación, casi todas las personas con las que hablé, desde el gobernador republicano del estado hasta la madre que estaba consolando a su bebé, alabaron la respuesta federal y mencionaron lo rápido que llegaron los equipos al lugar, la eficacia con la que habían trabajado con las autoridades locales y el cuidado y la precisión con la que se atendieron todas las peticiones, por pequeñas que fueran. No me sorprendió, ya que Fugate había sido uno de mis mejores fichajes, un funcionario práctico y carente de ego que no ponía excusas y poseía décadas de experiencia en la gestión de desastres naturales. Aun así, me satisfizo ver que se reconocían sus esfuerzos y, una vez más, recordé que muchas de las cosas verdaderamente importantes en un Gobierno eran los actos cotidianos e inesperados de gente que no buscaba atención, sino que sabía lo que estaba haciendo y lo hacía con orgullo.

En Cabo Cañaveral nos decepcionó saber que la NASA se había visto obligada a cancelar el lanzamiento del transbordador en el último momento debido a unos problemas con un generador auxiliar, pero nuestra familia tuvo la oportunidad de hablar con los astronautas y pasar un rato con Janet Kavandi, la directora de operaciones de vuelo en el Johnson Space Center de Houston, quien había viajado desde Florida para el lanzamiento. De niño me fascinaba la exploración espacial y, mientras fui presidente, prioricé el valor de la ciencia y la ingeniería siempre que fue posible, lo cual incluyó la creación de una feria científica anual en la Casa Blanca en la que los estudiantes mostraban con orgullo sus robots, cohetes y coches alimentados por energía solar. También había animado a la NASA a innovar y a prepararse para una futura misión a Marte, en parte colaborando con empresas comerciales en viajes espaciales de órbitas bajas. Vi que Malia y Sasha ponían unos ojos como platos cuando Kavandi destacó todas las personas y las horas de trabajo diligente que eran necesarias para un único lanzamiento, así como cuando describió su trayectoria desde que era una niña hipnotizada por el cielo nocturno que cubría la granja de ganado de su familia en el Missouri rural hasta convertirse en una astronauta que había participado en tres misiones espaciales.

Mi jornada concluyó con la ceremonia de graduación de Miami Dade, que, con más de ciento setenta mil alumnos repartidos en ocho campus, era la mayor institución de educación superior del país. Su director, Eduardo Padrón, había asistido a la escuela en los años sesenta, cuando era un joven inmigrante cubano con un inglés rudimentario y ninguna otra opción para recibir una educación superior. Tras obtener su diplomatura y más tarde un doctorado en Economía por la Universidad de Florida, rechazó lucrativas ofertas de trabajo en el sector privado para regresar a Miami Dade, donde en los últimos cuarenta años se había consagrado a lanzar a otros el mismo salvavidas que la escuela le había lanzado a él. Describía el centro como una «fábrica de sueños» para sus alumnos, que provenían eminentemente de familias latinas, negras e inmigrantes con ingresos bajos y que en la mayoría de los casos eran los primeros miembros de su familia en ir a la universidad. Mientras hablaba de las ayudas que había creado para evitar que los estudiantes se quedaran por el camino, no pude evitar sentirme inspirado por la generosidad de su visión. «No tiramos la toalla con ningún alumno —me dijo—, y, si hacemos nuestro trabajo, no permitimos que ellos la tiren.»

En mis comentarios de aquella noche, les hablé a los graduados del carácter estadounidense: lo que decían sus logros sobre nuestra determinación individual para dejar atrás las circunstancias de nuestro nacimiento, así como nuestra capacidad colectiva para superar nuestras diferencias y afrontar así los desafíos de nuestro tiempo. Relaté uno de mis primeros recuerdos de infancia, sentado sobre los hombros de mi abuelo y ondeando una pequeña bandera estadounidense entre una multitud congregada para recibir a los astronautas de una de las misiones espaciales Apolo tras un amerizaje exitoso en las aguas de Hawái. Y ahora, más de cuarenta años después, les dije, acababa de ver a mis hijas hablar con una nueva generación de exploradores espaciales. Ello me hizo reflexionar acerca de todo lo que había conseguido Estados Unidos desde mi infancia. Era un ejemplo de cómo se cerraba un círculo en la vida y una prueba, igual que sus diplomas, igual que el hecho de que yo hubiese sido elegido presidente, de que la idea estadounidense perdura.

Los estudiantes y sus padres lanzaron vítores y muchos ondearon banderas estadounidenses. Pensé en el país que acababa de describirles: un Estados Unidos esperanzado, generoso y valiente, un Estados Unidos abierto a todo el mundo. Cuando tenía más o menos la misma edad que aquellos graduados, me aferré a aquella idea como si me fuera la vida en ello. Por ellos, y no por mí, deseaba ardientemente que fuera cierta.

A pesar de lo enérgico y optimista que me sentí durante el viaje del viernes, sabía que la noche del sábado, cuando Michelle y yo debíamos asistir a la cena de Corresponsales de la Casa Blanca en Washington, prometía ser mucho menos inspiradora. Organizada por los periodistas de la Casa Blanca y con la presencia al menos en una ocasión de todos los presidentes desde Calvin Coolidge, la cena había sido concebida inicialmente para dar una oportunidad a los periodistas y los personajes sobre los que informaban de aparcar por una noche sus posturas a menudo antagónicas y pasarlo bien. Pero, con el tiempo, a medida que las empresas de noticias y de entretenimiento empezaron a fusionarse, la reunión anual se convirtió en una versión al estilo Washington de la gala del Met o los Oscar, con la actuación de un cómico profesional emitida en la televisión por cable y con la asistencia de unos dos mil periodistas, políticos, magnates empresariales y miembros de la Administración, así como un elenco siempre cambiante de famosos de Hollywood que se agolpaban en una incómoda sala de baile de un hotel para codearse, dejarse ver y escuchar al presidente pronunciar el equivalente a un monólogo humorístico en el que despellejaba a los rivales y bromeaba sobre las últimas noticias políticas del día.

En un momento en que personas de todo el país intentaban averiguar cómo encontrar trabajo, conservar su hogar o pagar sus facturas después de una recesión, mi presencia en la gala, con su elitismo y su ostentación de alfombra roja, siempre me había resultado políticamente incómoda. Pero, como había asistido los dos últimos años, sabía que no podía cancelar en el último momento porque despertaría suspicacias. Aunque sabía que McRaven se uniría pronto al equipo SEAL en Jalalabad y probablemente lanzaría la operación en cuestión de horas, tendría que hacer todo lo posible por aparentar normalidad en una sala de baile llena de periodistas. Por suerte, aquella noche la principal distracción del país había sido invitada a sentarse a la mesa de *The Washington Post*, y nos infundió una extraña tranquilidad saber que, cuando Donald Trump entrara en la sala, estaba prácticamente garantizado que los medios de comunicación no pensarían en Afganistán.

En cierto modo, publicar la versión larga de mi partida de nacimiento y haber reprendido a la prensa en la sala de conferencias de la Casa Blanca había tenido el efecto deseado: Donald Trump había reconocido a regañadientes que ahora creía que yo había nacido en Hawái y se responsabilizaba de haberme obligado, en nombre del pueblo estadounidense, a certificar mi estatus. Con todo, la controversia sobre mi nacimiento seguía en la mente de todos, como quedó claro cuando me reuní con Jon Favreau y los escritores que habían preparado mi discurso, ninguno de los cuales conocía la operación que estaba a punto de producirse. Habían ideado un monólogo ocurrente, aunque me detuve en una frase que se mofaba de los *birthers* diciendo que Tim Pawlenty, exgobernador republicano de Minnesota que estaba planteándose concurrir a las elecciones presidenciales, había ocultado que su nombre completo era «Tim bin Laden Pawlenty». Le pedí a Favs que cambiara «bin Laden» por «Hosni», aduciendo que, debido a la reciente presencia de Mubarak en los telediarios, sería de más actualidad. Noté que el cambio no le parecía una mejora, pero no discutió.

A última hora de la tarde, hice una llamada final a McRaven, quien me dijo que, debido a la niebla que había en Pakistán, su intención era esperar al domingo por la noche para comenzar la operación. Me aseguró que todo estaba en orden y su equipo preparado, pero respondí que ese no era el principal motivo de mi llamada.

—Transmita a todos los miembros del equipo lo mucho que los aprecio —dije.

—Sí, señor.

—Bill —añadí, ya que en aquel momento no encontraba las palabras para expresar lo que sentía—, lo digo en serio. Transmítaselo.

—Lo haré, señor presidente —respondió.

Aquella noche, Michelle y yo desfilamos hacia el Washington Hilton, nos hicimos fotos con varios personajes VIP y pasamos un par de horas sentados en un estrado charlando mientras invitados como Rupert Murdoch, Sean Penn, John Boehner y Scarlett Johansson aderezaban sus conversaciones con vino y unos bistecs demasiado hechos. Yo mantuve una sonrisa amable en todo momento mientras mis pensamientos hacían equilibrios sobre una cuerda floja a miles de kilómetros de distancia. Llegado mi turno, me levanté y empecé mi discurso. Cuando iba más o menos por la mitad, desvié mi atención hacia Donald Trump.

«Sé que últimamente ha recibido críticas —dije—, pero nadie se alegra más, nadie se siente más orgulloso de dejar correr este asunto de la partida de nacimiento que Donald. Y eso es porque finalmente puede concentrarse de nuevo en los temas importantes. ¿La llegada a la luna fue una farsa? ¿Qué sucedió de veras en Roswell? ¿Y dónde están Biggie y Tupac?» Mientras el público reía, seguí de esta guisa, mencionando sus «credenciales y amplia experiencia» como presentador de *Celebrity Apprentice* y felicitándolo por cómo había afrontado el hecho de que, «en el restaurante, el equipo de cocineros no impresionó a los jueces de Omaha Steaks [...]. Esa es la clase de decisiones que me quitarían el sueño. Bien jugado, señor. Bien jugado».

La audiencia se puso a gritar mientras Trump permanecía en silencio y esbozaba una sonrisa forzada. No podía ni imaginarme qué se le pasó por la cabeza durante los pocos minutos que pasé burlándome de él en público. Lo que sí sabía era que Trump era un espectáculo y, en el Estados Unidos de 2011, eso era una forma de poder. Traficaba con una divisa que, por superficial que fuera, parecía afianzarse más cada día que pasaba. Los mismos periodistas que se reían de mis bromas seguirían dedicándole tiempo en antena; sus directores matarían por tenerlo sentado a su mesa. Lejos de verse condenado al ostracismo por las conspiraciones que había difundido, era más relevante que nunca.

A la mañana siguiente me levanté antes de la habitual llamada de la operadora de la Casa Blanca. Aquel día habíamos tomado la inusual medida de cancelar las visitas públicas al Ala Oeste, ya que imaginamos que se avecinaban reuniones importantes. Había decidido disputar una partida rápida de nueve hoyos con Marvin, como solía hacer los domingos tranquilos, en parte para evitar transmitir que había algo fuera de lo normal y en parte para salir al exterior en lugar de sentarme a mirar el reloj en la sala de los Tratados y esperar a que cayera la noche en Pakistán. Era un día frío aunque sin viento y deambulé por el campo, donde perdí tres o cuatro pelotas en el bosque. Al volver a la Casa Blanca contacté con Tom. Él y el resto del equipo ya se encontraban en la sala de Crisis para asegurarse de que estábamos preparados para responder a lo que sucediera. En lugar de distraerlos con mi presencia, le pedí a Tom que me confirmara el despegue de los helicópteros que transportaban al equipo SEAL. Me senté en el despacho Oval e intenté leer algunos documentos, pero era incapaz, y mis ojos se paseaban por las mismas frases una y otra vez. Finalmente hice llamar a Reggie, Marvin y Pete Rouse, que en aquel momento ya sabían lo que estaba a punto de acontecer, y los cuatro nos sentamos en el comedor del despacho Oval a jugar a las cartas.

A las dos de la tarde, hora del Este, dos helicópteros Black Hawk modificados para acciones furtivas despegaron del aeródromo de Jalalabad con veintitrés miembros del equipo SEAL, además de un intérprete estadounidense de origen paquistaní que trabajaba para la CIA y un perro del ejército llamado Cairo. Fue el comienzo de lo que se conoció oficialmente como operación Lanza de Neptuno, y el equipo tardaría noventa minutos en llegar a Abbottabad. Salí del comedor y bajé a la sala de Crisis, que a todos los efectos se había convertido en una sala de guerra. Leon estaba hablando por videoconferencia con Langley para transmitir la información de McRaven, que se encontraba en Jalalabad y mantenía comunicación directa y permanente con sus SEAL. Como cabía esperar, el ambiente era tenso, y Joe, Bill Daley y buena parte de mi equipo de seguridad nacional (incluidos Tom, Hillary, Denis, Gates, Mullen y Blinken) ya estaban sentados a la mesa de reuniones. Me informaron de los planes para notificar la situación a Pakistán y otros países, así como de nuestras estrategias diplomáticas en caso de éxito o fracaso. Si Bin Laden moría en el ataque, se habían ultimado los preparativos para un entierro islámico tradicional en el mar, lo cual evitaría la creación de un lugar de peregrinaje para yihadistas. Al rato, me di cuenta de que el equipo simplemente estaba facilitando información antigua para que yo tuviera constancia de ella. Preocupado por si estaba distrayéndolos, volví al piso de arriba hasta poco antes de las 15.30, cuando Leon anunció que los Black Hawk estaban aproximándose al complejo.

El equipo había planeado que siguiéramos la operación de forma indirecta, a través de Leon, pues a Tom le inquietaba que me comunicara directamente con McRaven, lo cual podía causar la impresión de que yo estaba microgestionando la operación; una mala práctica en general y un problema político si la misión fracasaba. Pero, a mi regreso a la sala de Crisis, vi que en una sala de reuniones más pequeña situada al otro lado del pasillo, un monitor estaba retransmitiendo imágenes aéreas del complejo, así como la voz de McRaven. Cuando los helicópteros se acercaron al objetivo, me levanté de mi asiento. «Tengo que ver esto», dije, y fui a la otra sala. Allí encontré a Brad Webb, un general de brigada de la Fuerza Aérea, sentado con uniforme azul delante de su ordenador. Intentó cederme su silla. «Siéntese», dije, poniéndole una mano en el hombro. Luego encontré sitio en una silla de comedor. Webb informó a McRaven y Leon de que yo había cambiado de ubicación y estaba viendo la retransmisión en directo. Pronto, todo el equipo estaba apretujado en la sala.

Era la primera y última vez que, como presidente, veía una operación militar en tiempo real, con imágenes fantasmagóricas que se movían por la pantalla. Apenas llevábamos un minuto siguiendo la acción cuando uno de los Black Hawk dio una leve sacudida al descender y, antes de que pudiera comprender qué estaba ocurriendo, McRaven nos explicó que el aparato había perdido altura momentáneamente y golpeado el lateral de uno de los muros del complejo. Por un instante sentí un miedo eléctrico. En mi cabeza se reprodujo una escena desastrosa: un helicóptero estrellándose, los SEAL saliendo en desbandada antes de que el aparato se incendiara y todo un barrio echándose a la calle para ver qué sucedía mientras el ejército paquistaní acudía a toda prisa al lugar. La voz de McRaven interrumpió mi pesadilla.

«Todo irá bien —dijo, como si estuviera hablando de un parachoques que había impactado en un carrito en el centro comercial—. Es el mejor piloto que tenemos y aterrizará sin contratiempos.»

Y eso fue exactamente lo que ocurrió. Más tarde supe que el Black Hawk se había visto atrapado en un remolino causado por unas temperaturas más altas de lo esperado y que el aire de las aspas se había acumulado dentro de los muros del complejo, lo cual obligó al piloto y los SEAL que iban a bordo a improvisar el aterrizaje y la salida (de hecho, el piloto había apoyado la cola del helicóptero encima del muro para evitar un choque más peligroso). Pero lo único que veía en aquel momento eran figuras granulosas situándose con rapidez en posición y entrando en la casa principal. Durante veinte minutos agónicos, incluso McRaven tuvo una panorámica limitada de lo que estaba pasando, o tal vez no quería desvelar los detalles de la búsqueda que estaba realizando el equipo habitación por habitación. Entonces, más repentinamente de lo que imaginaba, oímos las voces de McRaven y Leon pronunciando casi al unísono las palabras que todos esperábamos, la culminación de varios meses de planificación y de años recabando datos.

«Gerónimo identificado [...] Gerónimo muerto en acción.»

Osama bin Laden, cuyo nombre en clave durante la operación era «Gerónimo», el responsable del peor atentado terrorista de la historia de

Estados Unidos, el hombre que había orquestado el asesinato de miles de personas y puesto en marcha un tumultuoso periodo de la historia mundial, había sido ajusticiado por un equipo SEAL de la Marina estadounidense. En la sala de reuniones se oyeron suspiros. Yo seguía mirando fijamente la retransmisión en directo.

«Lo tenemos», dije en voz baja.

Nadie se movió de su asiento en otros veinte minutos mientras el equipo SEAL terminaba su tarea: meter el cuerpo de Bin Laden en una bolsa, poner a salvo a las tres mujeres y los nueve niños presentes en aquel momento e interrogarlos en un rincón del complejo, recoger ordenadores, archivos y otros materiales que pudieran contener información valiosa y colocar explosivos en el Black Hawk dañado, que luego sería destruido y sustituido por un Chinook de rescate que sobrevolaba la zona a escasa distancia de allí. Cuando despegaron los helicópteros, Joe me puso una mano en el hombro y me dio un apretón.

«Felicidades, jefe», dijo.

Me levanté y asentí. Denis me chocó el puño y estreché la mano a otros miembros del equipo. Sin embargo, puesto que los helicópteros seguían en el espacio aéreo paquistaní, todos guardaban silencio. Hasta aproximadamente las seis de la tarde, cuando los helicópteros aterrizaron sin percances en Jalalabad, no sentí que desaparecía parte de la tensión. En una videoconferencia que mantuvimos poco después, McRaven explicó que estaba observando el cuerpo mientras hablaba y que, en su opinión, se trataba de Bin Laden. Al poco, el software de reconocimiento facial de la CIA indicó lo mismo. Para terminar de corroborarlo, McRaven pidió a un miembro de su equipo que se tumbara junto al cuerpo para comparar su metro ochenta y ocho con el metro noventa y cinco que supuestamente medía Bin Laden.

«¿En serio, Bill? —bromeé—. ¿Tanta planificación y no podíais llevar una cinta métrica?»

Era el primer comentario divertido que hacía en todo el día, pero las risas no duraron demasiado, ya que pronto empezaron a circular por la mesa fotografías del cadáver de Bin Laden. Las miré un momento; era él. Pese a las evidencias, Leon y McRaven dijeron que no podían estar completamente seguros hasta que recibiéramos los resultados de ADN, que tardarían uno o dos días. Comentamos la posibilidad de postergar el anuncio oficial, pero en internet ya empezaban a hablar de un helicóptero que se había estrellado en Abbottabad. Mike Mullen había llamado al general Ashfaq Parvez Kayani, jefe del ejército de Pakistán, y, aunque la conversación fue educada, este pidió que anunciáramos el ataque y su objetivo lo antes posible para ayudar a su gente a gestionar la reacción de la ciudadanía paquistaní. Sabiendo que no había manera de ocultar la noticia veinticuatro horas más, subí con Ben para dictarle rápidamente mis ideas sobre lo que le diría a la nación aquella misma noche.

Durante varias horas, el Ala Oeste fue un hervidero de actividad. Mientras los diplomáticos empezaban a contactar con gobiernos extranjeros y nuestro equipo de comunicaciones se preparaba para informar a la prensa, yo telefoneé a George W. Bush y a Bill Clinton para darles la noticia, y reconocí al primero que la misión era la culminación de un largo y duro proceso iniciado durante su presidencia. Aunque al otro lado del Atlántico era de madrugada, también contacté con David Cameron para reconocer el apoyo incondicional que nos había prestado nuestro mayor aliado desde el principio de la guerra en Afganistán. Imaginaba que la llamada más difícil sería a Asif Ali Zardari, el atribulado presidente de Pakistán, que sin duda tendría que aguantar la reacción violenta en su país por nuestra violación de su soberanía. Sin embargo, cuando hablé con él me transmitió su enhorabuena y apoyo. «Sean cuales sean las repercusiones —dijo—, son muy buenas noticias.» Mostró una emoción real y recordó que su mujer, Benazir Bhutto, fue asesinada por extremistas con supuestos lazos con Al Qaeda.

No había visto a Michelle en todo el día. Un rato antes le había contado lo que ocurriría y, en lugar de esperar ansiosa las noticias en la Casa Blanca, había dejado a Malia y a Sasha con su abuela y había salido a cenar con unos amigos. Acababa de afeitarme y ponerme un traje y una corbata cuando entró por la puerta.

—¿Y bien? —dijo. Yo levanté el pulgar y Michelle sonrió y me dio un abrazo—. Es increíble, cariño —añadió—. En serio, ¿cómo te sientes?

—Ahora mismo, aliviado —respondí—. Pero vuelve a preguntarme en un par de horas.

Cuando regresé al Ala Oeste me senté con Ben a dar los últimos retoques a mi discurso. Le había propuesto varios temas generales. Quería recordar la angustia compartida del 11-S y la unidad que todos sentimos en los días inmediatamente posteriores. No solo quería dar las gracias a quienes habían participado en la misión, sino a todos los miembros del ejército y la comunidad de inteligencia que seguían sacrificando tanto para que estuviéramos a salvo. Quería reiterar que nuestra lucha era contra Al Qaeda y no contra el islam. Y quería terminar recordando al mundo y a nosotros mismos que Estados Unidos hace lo que se propone, que como nación todavía somos capaces de lograr grandes cosas.

Como de costumbre, a partir de mis pensamientos dispersos Ben había hilvanado un excelente discurso en menos de dos horas. Sabía que este era más importante para él que la mayoría, ya que la experiencia de ver el colapso de las Torres Gemelas había alterado la trayectoria de su vida y lo había llevado a Washington con un ardiente deseo de cambiar las cosas. Yo también recordé aquella jornada: Michelle acababa de llevar a Malia a su primer día en preescolar. Yo me encontraba frente al edificio State of Illinois, en el centro de Chicago, y me sentí abrumado y vacilante después de asegurarle por teléfono a Michelle que ella y las niñas estarían a salvo. Aquella noche, Sasha, que tenía tres meses, durmió apoyada en mi pecho mientras yo veía las noticias con las luces apagadas e intentaba contactar con amigos de Nueva York. Igual que le sucedió a Ben, aquel día el rumbo de mi vida cambió de un modo que no habría podido predecir y desencadenó una serie de acontecimientos que de algún modo me llevaron hasta el momento presente.

Después de repasar el discurso por última vez, me levanté y di una palmada en la espalda a Ben. «Buen trabajo, hermano», dije. Él asintió y, con una mezcolanza de emociones en el rostro, se fue a pedir que incluyeran las últimas correcciones del discurso en el teleprónter. Eran casi las 23.30. Las principales cadenas de televisión ya habían anunciado la muerte de Bin Laden y ahora esperaban emitir mi discurso en directo. Frente a las puertas de la Casa Blanca se había congregado una multitud para celebrarlo y había miles de personas en las calles. Cuando salí al frío nocturno y me dirigí por la columnata hacia la sala Este, donde pronunciaría el discurso, oí los cánticos estridentes y rítmicos de «¡U.S.A.! ¡U.S.A.! ¡U.S.A.!» provenientes de Pennsylvania Avenue, un sonido que llegaba a todos los rincones y se prolongó hasta la madrugada.

Incluso cuando se hubieron apaciguado las muestras de júbilo, en los días posteriores al ataque en Abbottabad todos los miembros de la Casa Blanca notamos un cambio palpable en el estado de ánimo del país. Por primera y única vez en mi presidencia no tuvimos que justificar lo que habíamos hecho. No tuvimos que contener ataques republicanos ni responder a acusaciones de electorados clave que aseguraran que habíamos cedido en algún principio crucial. No afloraron quejas sobre la ejecución de la misión ni consecuencias imprevistas. Todavía tenía decisiones que tomar, por ejemplo, si publicábamos fotografías del cadáver de Bin Laden; mi respuesta fue que no, les dije a mis asesores que no necesitábamos gestos ostentosos ni alzar un trofeo macabro y no quería que la imagen del cuerpo con un disparo en la cabeza se convirtiera en una arenga para otros extremistas. Aún teníamos que mejorar las relaciones con Pakistán. Aunque los documentos y archivos informáticos requisados en el complejo resultaron una mina de información que confirmó que Bin Laden seguía desempeñando una labor esencial en la planificación de ataques contra Estados Unidos, así como la enorme presión que habíamos logrado ejercer en su red atacando a sus líderes, nadie creía que la amenaza de Al Qaeda hubiera desaparecido. Lo que era incuestionable era que habíamos asestado un golpe decisivo a la organización y la habíamos acercado un poco más a la derrota estratégica. Incluso nuestros detractores más acérrimos tuvieron que reconocer que la operación había sido un éxito rotundo.

En cuanto al pueblo estadounidense, el ataque en Abbottabad supuso una especie de catarsis. Habían visto a nuestras tropas combatiendo durante casi una década en Afganistán e Irak con unos resultados que, tal como sabían, eran ambiguos en el mejor de los casos. Creían que el extremismo violento había llegado para quedarse de un modo u otro y que no habría una batalla concluyente o una rendición formal. A consecuencia de ello, los ciudadanos parecieron interpretar instintivamente la muerte de Bin Laden como lo más parecido al día de la Victoria que veríamos y, en un momento de estrecheces económicas y rencores partidistas, les satisfizo que su Gobierno cosechara un triunfo.

Mientras tanto, los miles de familias que habían perdido a seres queridos el 11-S interpretaron lo que habíamos hecho de manera más personal. El día después de la operación, mi remesa diaria de diez cartas de los votantes contenía un correo electrónico impreso de una joven llamada Payton Wall, que en el momento de los atentados tenía cuatro años y ahora ya había cumplido catorce. Explicaba que su padre estaba en una de las torres y había llamado para hablar con ella antes de que se derrumbara. Toda su vida, escribía, la había perseguido el recuerdo de la voz de su padre y la imagen de su madre llorando al teléfono. Aunque nada podía cambiar el hecho mismo de su ausencia, quería que yo y todos los que habían participado en el ataque supieran cuánto significaba para ella y su familia que Estados Unidos no hubiera olvidado a su padre.

Sentado a solas en la sala de los Tratados, releí aquel correo electrónico un par de veces con los ojos nublados por la emoción. Pensé en mis hijas y en lo mucho que les dolería perder a su madre o su padre. Pensé en los jóvenes que se habían alistado a las fuerzas armadas después del 11-S para servir a la nación sin importar los sacrificios que ello comportara. Y pensé en los progenitores de los heridos y fallecidos en Irak y Afganistán, en las mujeres de Gold Star Mothers a las que Michelle y yo habíamos consolado, en los padres que me habían enseñado fotografías de sus difuntos hijos. Sentí un orgullo enorme por quienes habían intervenido en la misión, desde los propios SEAL hasta los analistas de la CIA que habían seguido el rastro hasta Abbottabad, los diplomáticos que se habían preparado para gestionar las consecuencias de la misión o el intérprete paquistaní-estadounidense que se quedó frente al complejo ahuyentando a vecinos curiosos mientras tenía lugar la incursión. Habían trabajado todos juntos, impecable y altruistamente, sin pensar en méritos, territorios o preferencias políticas, para alcanzar un objetivo común.

Esos pensamientos desencadenaron otro: ¿aquella unidad de esfuerzos, aquella idea de un propósito compartido, solo era posible cuando ese propósito era matar a un terrorista? La pregunta me inquietaba. Pese al orgullo y la satisfacción que sentía por el éxito de nuestra misión en Abbottabad, lo cierto era que estaba más eufórico la noche que se aprobó el proyecto de ley de atención sanitaria. Me imaginé cómo sería Estados Unidos si pudiéramos unir al país para que nuestro Gobierno invirtiera el mismo nivel de experiencia y determinación en educar a nuestros hijos o dar cobijo a los indigentes que en atrapar a Bin Laden; cómo sería si pudiésemos aplicar la misma persistencia y recursos a reducir la pobreza o los gases de efecto invernadero o asegurarnos de que todas las familias tuvieran acceso a guarderías decentes. Sabía que incluso mis asesores tacharían esas ideas de utópicas. Y el hecho de que fuera cierto, el hecho de que solo pudiéramos imaginarnos al país unido para impedir atentados y derrotar a enemigos externos, me pareció un indicativo de lo lejos que se hallaba aún mi presidencia de donde quería estar y de cuánto trabajo me quedaba por hacer.

Aparqué esas cavilaciones el resto de la semana y me permití disfrutar del momento. Bob Gates asistió a su última reunión del Gabinete y recibió una sonora ovación; por un momento pareció verdaderamente conmovido. Pasé tiempo con John Brennan, que de un modo u otro había participado en la caza de Bin Laden durante casi quince años. Bill McRaven pasó por el despacho Oval y, además de mi sentido agradecimiento por su extraordinario liderazgo, le regalé una cinta métrica que había montado sobre una placa. Y el 5 de mayo de 2011, cuatro días después de la operación, viajé a Nueva York y comí con los bomberos de la 54.ª compañía, escalera 4, 9.º batallón, que habían perdido a los quince miembros que estaban de servicio la mañana de los atentados, y participé en una ceremonia en la que se depositó una corona de flores en la Zona Cero. Aquel día, algunos de los que habían acudido primero a las torres en llamas formaban parte de la guardia de honor y tuve la posibilidad de reunirme con las familias del 11-S que asistieron, incluida Payton Wall, a quien di un fuerte abrazo. Luego me preguntó si podía organizarle un encuentro con Justin Bieber y le dije que estaba bastante convencido de que podría hacerlo realidad.

Al día siguiente me desplacé a Fort Campbell, en Kentucky, donde McRaven nos presentó a Joe y a mí al equipo SEAL y a los pilotos que participaron en el ataque en Abbottabad. Al frente de la sala habían instalado una maqueta a pequeña escala del complejo y, mientras el oficial al mando nos detallaba metódicamente toda la operación, observé a unos treinta militares de élite sentados delante de mí en sillas plegables. Algunos tenían aspecto de soldado, jóvenes corpulentos cuyos músculos se adivinaban bajo el uniforme. Pero me sorprendió cuántos habrían pasado por contables o directores de instituto, hombres de poco más de cuarenta años con el pelo canoso y una actitud sobria. Eran una muestra del papel que habían desempeñado las aptitudes y el criterio nacidos de la experiencia en la consecución de las misiones más peligrosas; una experiencia, subrayó el comandante, que también les había costado la vida a muchos de sus compañeros. Cuando hubo finalizado la sesión informativa, estreché la mano a todos los allí presentes e hice entrega al equipo de la Distinción Presidencial de Unidades, la más alta condecoración que podía recibir una unidad militar. A cambio, ellos me sorprendieron con

un regalo: una bandera estadounidense que habían llevado consigo a Abbottabad y que habían enmarcado y firmado en la parte posterior. Durante mi visita, nadie mencionó quién había disparado la bala que mató
a Bin Laden, y yo no pregunté jamás.

En el vuelo de regreso, Tom me puso al día sobre la situación en Libia, Bill Daley y yo repasamos mi agenda para el resto del mes y leí algunos documentos atrasados. A las 18.30 habíamos aterrizado en la base
aérea Andrews y embarqué en el Marine One para cubrir el breve trayecto hasta la Casa Blanca. En aquel momento todo estaba tranquilo y al
fin pude respirar. Contemplé el ondulante paisaje de Maryland, los pulcros barrios que se extendían más abajo y el Potomac centelleando bajo
el sol mortecino. El helicóptero realizó un suave viraje hacia el norte y
puso rumbo a la Explanada Nacional. El monumento a Washington apareció de repente a un lado, daba la sensación de que podías tocarlo.
Al otro lado divisé la figura sentada de Lincoln, envuelta en sombras tras
las columnas de mármol curvado del monumento. Cuando nos aproxi-
mamos al jardín Sur, el Marine One empezó a temblar de un modo que
ya me resultaba familiar e indicaba el descenso final. Luego miré hacia la
calle, todavía abarrotada en hora punta. Eran otros viajeros como yo, pensé,
ansiosos por llegar a casa.

Agradecimientos

Este libro conllevó el trabajo entre bastidores de muchas personas diligentes a quien estoy enormemente agradecido:

Mi editora de tanto tiempo, Rachel Klayman, ha permanecido a mi lado durante dieciséis años ya, aportando su agudo intelecto, sano juicio y feroz ojo para los detalles a cada línea que publico. Su generosidad, paciencia y dedicación fueron fundamentales. Ojalá todos los autores fuesen tan afortunados.

Sara Corbett aportó experiencia editorial y visión creativa a este proyecto: coordinó nuestro equipo, editó varios borradores e hizo sugerencias cruciales a lo largo de su desarrollo. Además, ha estado llena de sabiduría, motivación y buen ánimo, y ha hecho que el libro sea mucho mejor de lo que lo habría sido sin ella.

Cody Keenan, que me ayudó a redactar algunos de los discursos más célebres de mi carrera, siguió siendo un valioso colaborador durante estos últimos tres años: llevó a cabo entrevistas previas, me ayudó a organizar mis ideas en torno a la estructura del libro y contribuyó atentamente a mi trabajo de innumerables maneras.

Ben Rhodes no solo estuvo presente en muchos de los momentos que se describen en el libro, sino que aportó a cada borrador un respaldo clave de edición y de investigación. Y, lo que es más importante, nuestras incontables horas de conversación y años de amistad han contribuido a dar forma a muchas de las reflexiones que estas páginas contienen.

Samantha Power ofreció comentarios rigurosos, inteligentes y de una utilidad extraordinaria a lo largo del proceso. Le agradezco tanto su integridad como su intensidad: me hace mejor persona y mejor escritor.

Tengo una especial deuda de gratitud con Meredith Bohen, que aplicó a este empeño estándares escrupulosos y una extraordinaria ética de trabajo, aportando investigación y verificación de datos fundamentales de principio a fin. Contó con el respaldo de los considerables talentos de Julie Tate y Gillian Brassil, cuyas contribuciones también agradezco.

Todo lo que hago está alentado por la competencia, esfuerzo y buen humor de las personas inteligentes y dinámicas que componen mi equipo, muchas de las cuales llevan años a mi lado. Anita Decker Breckenridge trabajó a destajo para proteger la santidad de mis horas de escritura y nos guio con destreza a través del proceso de publicación. Henock Dory ha contribuido a este libro de incontables maneras y con indefectible profesionalismo, siempre atento a cualquier detalle e impulsándome una y otra vez hacia delante. Emily Blakemore, Graham Gibson, Eric Schultz, Katie Hill, Addar Levi, Dana Remus y Carolin Adler Morales también ayudaron a llevar a buen puerto la publicación. Quiero expresar mi agradecimiento asimismo hacia Joe Paulsen, Joelle Appenrodt, Kevin Lewis Desiree Barnes, Greg Lorjuste, Michael Brush y Kaitlin Gaughran.

Tengo una deuda eterna con quienes formaron parte de mi gabinete y de mi equipo, cuyo trabajo sobresaliente e inquebrantable capacidad para conservar la esperanza fue fundamental para sacar adelante la agenda de mi Administración. Unos cuantos de ellos han escrito sus propios libros sobre el tiempo que estuvieron en la Casa Blanca y las cuestiones en las que trabajaron, y esas crónicas han demostrado ser excelentes fuentes (y lecturas fascinantes).

Estoy agradecido a los muchos antiguos miembros de mi equipo y colegas que dedicaron tiempo a aportar sus perspectivas particulares y sus recuerdos personales mientras yo repasaba mi tiempo en la presidencia y en campaña; entre ellos: el almirante Thad Allen, David Axelrod, Melody Barnes, Jared Bernstein, Brian Deese, Arne Duncan, Rahm Emanuel, Matt Flavin, Ferial Govashiri, Danielle Gray, Valerie Jarrett, Katie Johnson, Lack Lew, Reggie Love, Chris Lu, Alyssa Mastromonaco, Marvin Nicholson, Nancy Pelosi, Kal Penn, Dan Pfeiffer, David Plouffe, Fiona Reeves, Harry Reid, Christy Romer, Pete Rouse, Kathy Ruemmler, Ken Salazar, Phil Schiliro, Kathleen Sebelius, Pete Souza, Todd Stern y Tommy Vietor. Y quiero expresar un agradecimiento especial a aquellos colegas que, con generosidad, leyeron y ofrecieron comentarios expertos sobre partes del manuscrito: John Brennan, Carol Browner, Lisa Monaco, Cecilia Muñoz, Steven Chu, Tom Donilon, Nancy-Ann DeParle,

Jon Favreau, Tim Geithner, Eric Holder, Jeanne Lambrew, Denis Mc-Donough, Susan Rice y Gene Sperling.

Quiero agradecer a Anne Withers y Mike Smith, del Consejo de Seguridad Nacional, su revisión del manuscrito, y a Bob Barnett y Deneen Howell, de Williams & Connolly, su valiosa asesoría en el ámbito legal.

Soy perfectamente consciente, y me siento profundamente honrado, por el esfuerzo y la buena fe necesarios por parte de muchas personas en Crown y Penguin Random House para sacar adelante un libro como este, en particular durante los trastornos causados por la pandemia.

Mi gratitud comienza con Markus Dohle, que defendió el proyecto desde el principio y ha movilizado con entusiasmo los recursos de Penguin Random House a lo largo y ancho del planeta para hacer posible esta publicación. Gina Centrello ha sido una compañera competente y firme, y ha aunado los esfuerzos de todos los departamentos de Penguin Random House US para garantizar que el libro se publicaría debidamente. Mi sincero agradecimiento a Madeline McIntosh y Nihar Malaviya, cuyo compromiso con este proyecto, y paciencia cuando se prolongó más de lo previsto, han sido extraordinarios.

En Crown, la experiencia y planificación estratégica de David Drake y Tina Constable ha sido esencial en cada fase del proceso. No solo han contribuido a lo tocante a publicidad y marketing con su creatividad y su intuición, sino que han trabajado codo con codo con sus colegas, mi equipo y los editores extranjeros de este libro para coordinar el proceso de publicación, que por momentos ha sido de una complejidad abrumadora. Además, han mostrado un gran respeto por las decisiones literarias del autor, incluso cuando un libro, de forma inesperada, se convirtió en dos. Me siento afortunado de que mi libro acabase en sus capaces manos.

Gillian Blake leyó atentamente el manuscrito e hizo perspicaces observaciones sobre estructura y contenido. Chris Brand ha estado inspirado en la visión de este libro plasmada en sus diseños —desde la sobrecubierta a los cuadernillos de fotos, pasando por el sitio web—. Lance Fitzgerald ha vendido el libro a veinticuatro idiomas de momento, y ha sido un excelente enlace con nuestros editores británicos y el resto de socios internacionales. Lisa Feuer y Linnea Knollmueller hicieron todo lo posible y más para asegurarse de que el libro se producía a tiempo y con arte y cuidado, obrando milagros con las imprentas y los proveedores. Sally Franklin escribió e hizo pedazos innumerables calendarios y logró que nada descarrilase incluso cuando esta debió de parecer una tarea imposible. Christine Taginawa dedicó largas noches a revisar cada palabra y punto y coma para detectar los errores y cerciorarse de que había dicho lo que quería decir. Elizabeth Rendfleisch se aseguró de que el interior del libro era tan hermoso como el exterior.

Gracias también a la multitud de otras personas en Crown y Penguin Random House que volcaron todos sus esfuerzos en el libro: Todd Berman, Mark Birkey, Tammy Blake, Julie Cepler, Denise Cronin, Kellyann Cronin, Amanda D'Acierno, Sue Dalton, Benjamin, Dreyer, Skip Dye, Carisa Hays, Madison Jacobs, Cynthia Lasky, Sue Malone-Barber, Matthew Martin, Maren McCamley, Dyana Messina, Lydia Morgan, Ty Nowick, Donna Passannante, Jennifer Reyes, Matthew Schwartz, Holly Smith, Stacey Stein, Anke Steinecke, Jaci Updike, Claire Von Schilling, Stacey Witcvagt y Dan Zitt. Estoy igualmente agradecido a Maureen Clark, Jane Hardick, Janet Renard, Do Mi Stauber y Bonnie Thompson, por su excelente labor de redacción, corrección de pruebas e indexación, a Carol Poticny por su excelente trabajo con las fotografías; y a North Market Street Graphics por su maquetación, precisión y su disposición a trabajar día y noche.

Por último, quiero dar las gracias a Elizabeth Alexander y Michele Norris-Johnson, dos escritoras de primer nivel que son también queridas amigas de la familia, por ofrecer inestimables aportaciones editoriales, y por alentar a Michelle a seguir soportándome durante los meses finales —y particularmente frenéticos— de escritura y edición.

Créditos de las fotografías

CUADERNILLO 1

Los abuelos maternos de Barack Obama, Stanley Armour Dunham y Madelyn Lee Payne Dunham. (Archivos familiares de la familia Obama-Robinson.)

El joven Barack Obama y su madre, Ann Dunham, en la playa. (Archivos familiares de la familia Obama-Robinson.)

El joven Barack Obama. (Archivos familiares de la familia Obama-Robinson.)

El padre de Barack Obama, Barack Hussein Obama sénior. (Archivos familiares de la familia Obama-Robinson.)

Barack Obama y su madre, Ann Dunham. (Archivos familiares de la familia Obama-Robinson.)

Las hermanastras de Barack Obama, Maya Soetoro-Ng (*izquierda*) y Auma Obama (*derecha*), con su madre, Ann Dunham, en el monumento a Lincoln en Washington. (Archivos familiares de la familia Obama-Robinson.)

Barack Obama y su madre, Ann Dunham (*izquierda*), y abuela, Madelyn Lee Payne Dunham. (Archivos familiares de la familia Obama-Robinson.)

Barack Obama y Michelle Robinson, el 3 de octubre de 1992, en la recepción de su boda en el South Shore Cultural Center de Chicago. (Archivos familiares de la familia Obama-Robinson.)

Barack y Michelle Obama y sus hijas, Malia y Sasha, en el bautizo de Sasha. (Archivos familiares de la familia Obama-Robinson.)

Barack Obama en Chillicothe, Illinois, durante su campaña para el Senado estadounidense, agosto de 2004. (De *Barack Before Obama*, de David Katz. © 2020 David Katz. Cortesía de HarperCollins Publishers.)

Barack Obama, candidato de Illinois al Senado estadounidense, pronuncia el discurso inaugural en la Convención Nacional Demócrata, 27 de julio de 2004, Boston, Massachusetts. (Spencer Platt/Getty Images.)

Barack y Michelle Obama tras su discurso inaugural en la Convención Nacional Demócrata, 27 de julio de 2004, Boston, Massachusetts. (De *Barack Before Obama*, de David Katz. © 2020 David Katz. Cortesía de HarperCollins Publishers.)

Malia Obama observa a su padre, Barack Obama, durante su campaña al Senado en 2004, 2 de agosto de 2004. (De *Barack Before Obama*, de David Katz. © 2020 David Katz. Cortesía de HarperCollins Publishers.)

Barack Obama, Michelle Obama y sus hijas, Malia y Sasha, celebran su victoria en las elecciones al Senado frente al rival republicano Alan Keyes, 2 noviembre de 2004, Chicago, Illinois. (Scott Olson/Getty Images.)

El senador Barack Obama en el Capitolio, 17 de noviembre de 2005. (Pete Souza/Chicago Tribune/TCA.)

El senador Barack Obama y su jefe de gabinete, Pete Rouse. (David Katz.)

El senador Barack Obama en su despacho en el Capitolio, enero de 2005. (Pete Souza/Chicago Tribune/TCA.)

El senador Barack Obama habla con el congresista John Lewis (*con la mano tendida*) en el exterior de la Casa Blanca, 26 de enero de 2005. (Pete Souza/Chicago Tribune/TCA.)

El senador Barack Obama visita una instalación de destrucción de armas convencionales en Donetsk, Ucrania, 30 de agosto de 2005. (Pete Souza/Chicago Tribune/TCA.)

Unos kenianos esperan la llegada del senador Barack Obama en el exterior de un hospital en Kisumu, Kenia, 26 de agosto de 2006. (Pete Souza/Chicago Tribune/TCA.)

El senador Barack Obama llega a un mitin para anunciar su candidatura a la nominación demócrata para la presidencia, 10 de febrero de 2007, Antiguo Capitolio Estatal, Springfield, Illinois. (Mandel Ngan/AFP a través de Getty Images.)

El senador Barack Obama celebra con su hija Sasha la victoria en un juego de feria en la feria estatal de Iowa en Des Moines, Iowa, 16 de agosto de 2007. (Scott Olson/Getty Images.)

El senador Barack Obama saluda a sus seguidores en un mitin en Austin, Texas, 23 de febrero de 2007. (Scout Tufankjian/Polaris.)

El senador Barack Obama conduce a sus seguidores desde un mitin hasta la barbacoa anual del senador Tom Harkin en Indianola, Iowa, 16 de septiembre de 2007 (David Lienemann/Getty Images.)

El público espera para escuchar al candidato demócrata a la presidencia, el senador Barack Obama, y a Oprah Winfrey, en un mitin en el Centro de Conferencias Hy-Vee, en Des Moines, Iowa, 8 de diciembre de 2007. (Brian Kersey/UPI/Alamy Stock Photo.)

El director de campaña, David Plouffe, y el senador Barack Obama entre bastidores en la Convención Nacional Demócrata, Denver, Colorado, 28 de agosto de 2008. (David Katz.)

El senador Barack Obama, candidato demócrata a la presidencia, pronuncia un discurso delante de la Columna de la Victoria en Berlín, Alemania, 24 de julio de 2008. (Sebastian Willnow/DDP/AFP a través de Getty Images.)

El senador John McCain, candidato republicano a la presidencia, y el senador Barack Obama, candidato demócrata, depositan flores en el lugar que ocupaban las antiguas Torres Gemelas en Nueva York, 11 de septiembre de 2008. (Peter Foley/Reuters.)

El presidente George W. Bush se reúne con los líderes del Congreso, incluidos los candidatos a la presidencia, en la sala del Gabinete de la Casa Blanca para discutir la crisis financiera, 25 de septiembre de 2008. *Sentados, desde la izquierda*: Joshua Bolten, jefe de gabinete; Dick Cheney, vicepresidente; Henry Paulson, secretario del Tesoro; Spencer Bachus, representante; Barney Frank, representante; Steny Hoyer, líder de la mayoría en la Cámara; John McCain, senador y candidato republicano a la presidencia; John A. Boehner, líder de la minoría en la Cámara; Nancy Pelosi, presidenta de la Cámara; George Bush, presidente; Harry Reid, líder de la mayoría en el Senado; Mitch McConnell, líder de la minoría en el Senado; y Barack Obama, senador y candidato demócrata a la presidencia. (Pablo Martínez Monsiváis/Associated Press.)

El senador Barack Obama, candidato demócrata a la presidencia, abraza a David Axelrod, jefe de estrategia y asesor sobre medios, el cuarto día de la Convención Nacional Demócrata, 28 de agosto de 2008, Denver, Colorado. (Charles Ommanney/Getty Images.)

El senador Barack Obama, candidato demócrata a la presidencia, en la Universidad de Mary Washington durante un mitin en Fredericksburg, Virginia, 27 de septiembre de 2008. (De *Barack Before Obama*, de David Katz. © 2020 David Katz. Cortesía de HarperCollins Publishers.)

El senador Barack Obama, candidato demócrata a la presidencia, habla en un mitin celebrado bajo el arco Gateway en Sant Louis, Missouri, 18 de octubre de 2008. (David Katz.)

Barack Obama y su suegra, Marian Robinson, la noche electoral en Chicago, Illinois, 4 de noviembre de 2008. (De *Barack Before Obama*, de David Katz. © 2020 David Katz. Cortesía de HarperCollins Publishers.)

Barack Obama, su esposa, Michelle, y sus hijas, Sasha (*izquierda*) y Malia, en el parque Grant de Chicago tras su victoria en las elecciones presidenciales, 4 de noviembre de 2008. (Ralf-Finn Hestoft/Corbis a través de Getty Images.)

El público se congrega en torno a un transistor en el monumento a Lincoln para escuchar a Barack Obama pronunciar su discurso durante la noche electoral, 4 de noviembre de 2008 (Matt Mendelsohn.)

El presidente electo Barack Obama entre bastidores en el Capitolio estadounidense antes de salir a jurar su cargo, 20 de enero de 2009. (Pete Souza/La Casa Blanca.)

La mano de Barack Obama sobre una Biblia mientras jura su cargo como 44.º presidente de Estados Unidos ante el magistrado del Tribunal Supremo John Roberts delante del Capitolio, 20 de enero de 2009, Washington. (Timothy A. Clary/AFP a través de Getty Images.)

El presidente Barack Obama pronuncia su discurso inaugural en el Capitolio, en Washington, 20 de enero de 2009. (Pete Souza/La Casa Blanca.)

El presidente Barack Obama y la primera dama Michelle Obama caminan por Pennsylvania Avenue durante el desfile inaugural en Washington, 20 de enero de 2009. (Pete Souza/La Casa Blanca.)

El presidente Barack Obama en el despacho Oval durante su primer día en el cargo, 21 de enero de 2009. (Pete Souza/La Casa Blanca.)

El presidente Barack Obama recorre la columnata de la Casa Blanca con sus hijas, Malia (*izquierda*) y Sasha, 5 de marzo de 2009. (Pete Souza/La Casa Blanca.)

CUADERNILLO 2

El presidente Barack Obama con Rahm Emanuel, jefe de gabinete de la Casa Blanca, durante el pícnic del personal de la Casa Blanca, 26 de junio de 2009. (Pete Souza/La Casa Blanca.)

El presidente Barack Obama se reúne con sus asesores en una reunión sobre cuestiones económicas en la sala Roosevelt de la Casa Blanca, 15 de mayo de 2009. Entre los participantes figuran: Larry Summers, director del Consejo Económico Nacional; Timothy Geithner, secretario del Tesoro; Christina Romer, presidenta del Consejo de Asesores Económicos; Rahm Emanuel, jefe de gabinete; y David Axelrod, asesor principal. (Pete Souza/La Casa Blanca.)

El presidente Barack Obama con Harry Reid, líder de la mayoría en el Senado, entre bastidores antes de su encuentro con ciudadanos en Henderson, Nevada, 19 de febrero de 2010. (Pete Souza/La Casa Blanca.)

El presidente Barack Obama abraza a la primera dama Michelle Obama en la sala Roja de la Casa Blanca con la asesora principal Valerie Jarrett, 20 de marzo de 2009. (Pete Souza/La Casa Blanca.)

El presidente Barack Obama corre por la columnata Este con Bo, el perro de la familia, 15 de marzo de 2009. (Pete Souza/La Casa Blanca.)

El presidente Barack Obama visita las Pirámides y la Esfinge en Egipto, 4 de junio de 2009. (Pete Souza/La Casa Blanca.)

Unos palestinos ven por televisión, desde su casa en el sur de la Franja de Gaza, el discurso del presidente Barack Obama en El Cairo, 4 de junio de 2009. (Ibraheem Abu Mustafa/Reuters.)

El presidente Barack Obama habla con la magistrada Sonia Sotomayor antes de su ceremonia de investidura en el Tribunal Supremo, 8 de septiembre de 2009. (Pete Souza/La Casa Blanca.)

El presidente Barack Obama se reúne con Denis McDonough, jefe de gabinete del Consejo de Seguridad Nacional, en el hotel Waldorf Astoria de Nueva York, 23 de septiembre de 2009. (Pete Souza/La Casa Blanca.)

Desde la izquierda: Taro Aso, primer ministro de Japón; Stephen Harper, primer ministro de Canadá; Silvio Berlusconi, primer ministro de Italia; Barack Obama, presidente de Estados Unidos; Dmitri Medvédev, presidente de Rusia; Gordon Brown, primer ministro de Reino Unido; Nicolas Sarkozy, presidente de Francia; Angela Merkel, canciller de Alemania; Fredrik Reinfeldt, primer ministro de Suecia; y José Manuel Barroso, presidente de la Comisión Europea, en la cumbre del G8 en L'Aquila, Italia, 8 de julio de 2009. (Pete Souza/La Casa Blanca.)

El presidente Barack Obama y el viceasesor de seguridad nacional Ben Rhodes en el despacho Oval, 21 de mayo de 2009. (Pete Souza/La Casa Blanca.)

El presidente Barack Obama y miembros de la delegación estadounidense, entre ellos (*desde la izquierda*) el general Jim Jones, asesor de seguridad nacional; Bill Burns, subsecretario de Asuntos Políticos; y Mike McFaul, director principal del Consejo de Seguridad Nacional para asuntos rusos, se reúnen con el primer ministro Vladimir Putin en su dacha a las afueras de Moscú, Rusia, 7 de julio de 2009. (Pete Souza/La Casa Blanca.)

El presidente Barack Obama lleva a su hija Sasha a través del Kremlin en Moscú, Rusia, 6 de julio de 2009. (Pete Souza/La Casa Blanca.)

El presidente Barack Obama entrena al equipo de baloncesto de Sasha con ayuda de su asistente personal Reggie Love en Chevy Chase, Maryland, 5 de febrero de 2011. (Pete Souza/La Casa Blanca.)

El presidente Barack Obama bromea con el secretario de comunicación Robert Gibbs y su asistente personal Reggie Love (*derecha*), 26 de octubre de 2009. (Pete Souza/La Casa Blanca.)

El presidente Barack Obama lee en el jardín de las Rosas de la Casa Blanca, 9 de noviembre de 2009. (Pete Souza/La Casa Blanca.)

El presidente Barack Obama saluda a un joven visitante en el despacho Oval, 5 de febrero de 2010. (Pete Souza/La Casa Blanca.)

Bob Dylan estrecha la mano del presidente Barack Obama tras su actuación en un concierto en la sala Este de la Casa Blanca, 9 de febrero de 2010. (Pete Souza/La Casa Blanca.)

El presidente Barack Obama y el fiscal general Eric Holder (*extremo derecho*) asisten a una ceremonia para honrar a los dieciocho estadounidenses muertos en Afganistán en la Base de la Fuerza Aérea de Dover, en Dover, Delaware, 29 de octubre de 2009. (Pete Souza/La Casa Blanca.)

El presidente Barack Obama saluda a Cory Rembsburg durante su visita a combatientes heridos en el Hospital Naval de Bethesda, Maryland, 28 de febrero de 2010. (Pete Souza/La Casa Blanca.)

El presidente Barack Obama saluda a soldados estadounidenses en un comedor en la Base Aérea de Bagram, en Afganistán, 28 de marzo de 2010. (Pete Souza/ La Casa Blanca.)

Varios asesores presidenciales, entre los que figuran (*desde la derecha*) Hillary Rodham Clinton, secretaria de Estado; Robert Gates, secretario de Defensa; Eric K. Shinseki, secretario de Asuntos de los Veteranos; el almirante Michael Mullen, presidente de la Junta de Jefes de Estado Mayor; y el general David Petraeus, comandante del Mando Central de Estados Unidos, escuchan el discurso del presidente Barack Obama sobre Afganistán en la Academia Militar en West Point, Nueva York, 1 de diciembre de 2009. (Pete Souza/La Casa Blanca.)

El presidente Barack Obama y la primera dama Michelle Obama conversan con la reina Isabel II y el príncipe Felipe, duque de Edimburgo, antes de abandonar Winfield House en Londres, Inglaterra, 25 de mayo de 2011. (Pete Souza/La Casa Blanca.)

El presidente Barack Obama con el presidente chino Hu Jintao en el Gran Salón del Pueblo en Pekín, China, 17 de noviembre de 2009. (Feng Li/Getty Images.)

El presidente Barack Obama y Jon Favreau, redactor jefe de discursos, editan un discurso sobre sanidad en el despacho Oval, 9 de septiembre de 2009. (Pete Souza/La Casa Blanca.)

El presidente Barack Obama, el vicepresidente Joe Biden y varios altos cargos reaccionan en la sala Roosevelt de la Casa Blanca ante la aprobación de la Cámara del proyecto de ley de reforma sanitaria, 21 de marzo de 2010. (Pete Souza/La Casa Blanca.)

El presidente Barack Obama abraza a Kathleen Sebelius, secretaria de Salud y Servicios Sociales, y a Nancy Pelosi, presidenta de la Cámara, tras firmar la Ley de Protección al Paciente y Cuidado de Salud Asequible, 23 de marzo de 2010. (Pete Souza/La Casa Blanca.)

El presidente Barack Obama recibe información sobre la situación en el litoral del golfo de México tras el vertido de petróleo de BP en la base de la Guardia Costera en Venice, Luisiana, 2 de mayo de 2010. Entre los presentes figuran: el almirante Thad Allen, comandante de la Guardia Costera (*sentado a la izquierda*); John Brennan, asistente del presidente para Seguridad Interior y Antiterrorismo; Rahm Emanuel, jefe de gabinete; y Lisa Jackson, directora de la Agencia de Protección Ambiental (*a la derecha*). (Pete Souza/La Casa Blanca.)

El presidente Barack Obama en los columpios del jardín Sur con su hija Malia, 4 de mayo de 2010. (Pete Souza/La Casa Blanca.)

El presidente Barack Obama habla con la embajadora Samantha Powers, representante permanente de Estados Unidos ante Naciones Unidas, tras una reunión del Gabinete, 12 de septiembre de 2013. (Pete Souza/La Casa Blanca.)

El presidente Barack Obama, galardonado con el Premio Nobel de la Paz, llega a la ceremonia de entrega en el Ayuntamiento de Oslo, Noruega, 10 de diciembre de 2009. (John McConnico/AFP a través de Getty Images.)

El presidente Barack Obama y el vicepresidente Joe Biden se dirigen a firmar la Ley Dodd-Frank de reforma de Wall Street y protección del consumidor, 21 de julio de 2010. (Pete Souza/La Casa Blanca.)

El presidente Barack Obama se prepara para dirigirse a la nación desde el despacho Oval tras la finalización de la misión de combate en Irak, 31 de agosto de 2010. (Pete Souza/La Casa Blanca.)

El presidente Barack Obama y el vicepresidente Joe Biden, junto con miembros del equipo de seguridad nacional, reciben noticias sobre el desarrollo de la misión contra Osama bin Laden en la sala de Crisis de la Casa Blanca, 1 de mayo de 2011. *Sentados, desde la izquierda*: general de brigada Marshall B. Webb, adjunto al general en jefe del Mando Conjunto de Operaciones Especiales; Denis McDonough, viceasesor de seguridad nacional; y Robert Gates, secretario de Defensa. *De pie, desde la izquierda*: almirante Mike Mullen, presidente de la Junta de Jefes de Estado Mayor; Tom Donilon, asesor de seguridad nacional; Bill Daley, jefe de gabinete; Tony Blinken, asesor de seguridad nacional del vicepresidente; Audrey Tomason, directora de Antiterrorismo; John Brennan, asistente del presidente para Seguridad Interior y Antiterrorismo; y James Clapper, director de Inteligencia Nacional (fuera del encuadre). (Pete Souza/La Casa Blanca.)

El presidente Barack Obama, sentado entre el primer ministro Manmohan Singh (*izquierda*) y el presidente Pratibha Devisingh Patil en una cena de Estado en Rashtrapati Bhavan, el palacio presidencial, en Nueva Delhi, India, 8 de noviembre de 2010. (Pete Souza/La Casa Blanca.)

El presidente Barack Obama; Mahmoud Abás, presidente de la Autoridad Palestina; Hosni Mubarak, presidente de Egipto; y Benjamin Netanyahu, primer ministro de Israel, en la sala Azul de la Casa Blanca miran sus relojes para ver si se ha completado oficialmente la puesta de sol, 1 de septiembre de 2010. (Pete Souza/La Casa Blanca.)

El presidente Barack Obama mira por la ventana en la sala Azul de la Casa Blanca, 3 de noviembre de 2010. (Pete Souza/La Casa Blanca.)

El presidente Barack Obama, la primera dama Michelle Obama y sus hijas, Sasha y Malia, visitan la estatua del *Cristo Redentor* en Río de Janeiro, Brasil, 20 de marzo de 2011. (Pete Souza/La Casa Blanca.)

El presidente Barack Obama recorre la columnata Oeste de la Casa Blanca, 8 de enero de 2011. (Pete Souza/La Casa Blanca.)

Índice alfabético

Descubre tu próxima lectura

Si quieres formar parte de nuestra comunidad,
regístrate en **libros.megustaleer.club**
y recibirás recomendaciones personalizadas

Penguin
Random House
Grupo Editorial

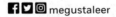 megustaleer